岳阳年鉴

（2018）

岳 阳 市 人 民 政 府 主办
中共岳阳市委党史市志办公室 编

方志出版社
Publishing House of Local Records

图书在版编目（CIP）数据

岳阳年鉴.2018/中共岳阳市委党史市志办公室编.
——北京：方志出版社，2018.12
ISBN 978-7-5144-3437-8

Ⅰ.①岳… Ⅱ.①中… Ⅲ.①岳阳—2018—年鉴
Ⅳ.①Z526.43

中国版本图书馆CIP数据核字（2018）第267027号

岳阳年鉴（2018）

编　　者：中共岳阳市委党史市志办公室
责任编辑：齐　笑

出 版 人：冀祥德
出 版 者：方志出版社
地址　北京市朝阳区潘家园东里9号（国家方志馆4层）
邮编　100021
网址　http：//www.fzph.org
发　　行：方志出版社图书经销中心
电话　（010）67110500
经　　销：各地新华书店
印　　刷：岳阳鑫容印刷有限公司

开　　本：889×1194　1/16
印　　张：32
字　　数：1127千字
版　　次：2018年12月第1版　2018年12月第1次印刷
印　　数：0001～2500册

ISBN 978-7-5144-3437-8　定价：260.00元

编 辑 说 明

一、《岳阳年鉴》是岳阳市人民政府主办，中共岳阳市委党史市志办公室承编，岳阳市各有关部门共同参与编纂，全面反映岳阳市情的年度资料性文献。《岳阳年鉴（2018）》卷为总第21卷，主要记载2017年岳阳市自然、政治、经济、文化和社会等方面的基本情况，旨在为社会各界读者了解和研究岳阳提供基本信息资料。

二、本卷年鉴以马克思列宁主义、毛泽东思想、邓小平理论、“三个代表”重要思想、科学发展观、习近平新时代中国特色社会主义思想为指导，坚持辩证唯物主义和历史唯物主义的立场、观点和方法，存真求实，全面、客观、系统地记述年度发展情况。

三、本卷年鉴采用分类编辑法，主体内容分类目、分目、条目三个层次。全书设类目33个，分目279个，收入条目1615个，随文插图146幅，表格50张。按照常编常新的理念，全书框架在上年的基础上主要有以下调整：新增“中共岳阳市纪律检查委员会”“人力资源和社会保障”类目；“法治”类目新增“立法工作”“法治政府建设”；社会民生类目新增“妇女·儿童”“青年”“老年人生活”分目。部分分目下设子分目，以条目作为记述的基本形式，条目标题统一用黑体加【 】表示。本年鉴检索系统包括中英文目录和主题索引，附全文检索光盘，方便读者查阅。

四、本卷年鉴记述时限为2017年1月1日至12月31日，特载、人物、彩版部分内容涉及2018年。所载领导人名录以2017年12月31日在职为准。

五、本卷年鉴所载稿件内容和数据均由各部门、各单位提供，并经撰稿单位领导审核。主要数据由市统计局提供。

《岳阳年鉴》编辑委员会

徐　奎	岳阳市地方税务局局长
谢春生	岳阳经济技术开发区管委会主任
王文华	湖南城陵矶新港区管委会主任
雷　欣	岳阳市南湖新区管委会主任
黄伟雄	平江县人民政府县长
曾平原	岳阳县人民政府县长
陶伟军	华容县人民政府县长
李镇江	湘阴县人民政府县长
魏淑萍	临湘市人民政府市长
朱平波	汨罗市人民政府市长
黄建文	岳阳楼区人民政府区长
刘正仁	云溪区人民政府代区长
李　勇	君山区人民政府区长
万　东	屈原管理区管委会主任

《岳阳年鉴》理事会

《岳阳年鉴（2018）》编审人员

主　　　　编	李　为
常务副主编	陈念军
副　主　编	易　林　　胡萍萍　　朱　平
执行副主编	易　林　　刘兴汉
编辑部主任	刘兴汉
编　　　　辑	刘兴汉　　曹春友　　李　幸
编　　　　务	黄玉祥　　穆利国　　赵　晶
图片编辑	李　幸
英文翻译	陈　芬

《岳阳年鉴（2018）》组稿人

（按姓氏笔画为序）

万　文	万鸿飞	王　为	王相婷	王星耀	王　艳
王振华	王清东	王　斌	毛家伟	方吉良	邓　平
邓东海	艾传刚	卢长裕	卢　炎	田　攀	白锁铭
冯　为	冯　伟	冯　俨	权　怿	施　亮	师　巍
朱本发	朱东红	朱　珊	伏　虎	任小娟	任栩栩
向　阳	刘月平	刘风波	刘　文	刘庆华	刘青山
刘和华	刘保良	刘湛涛	刘　磊	汤文彬	许　辉
许红丽	许　韬	许　赞	严俊杰	苏国武	李三军
李元平	李　乐	李成域	李向阳	李宇翔	李志云
李杨丽	李林霏	李　娟	李　萌	李　情	李超军
李　谦	李　瑶	杨川勇	杨丹丹	杨　波	杨　盛
杨雅丽	肖文波	吴立信	吴　霄	邱　梁	何人类
何文鹏	何　旭	何晓斌	谷丞凯	沈斌湘	宋建武
张艺弘	张明富	张学海	张倚愚	张　静	张碧华
陈文斌	陈四海	陈宏伟	陈启洲	陈国阳	陈　显
陈　亮	陈艳飞	陈海强	陈　焕	陈　琴	陈琪钢
邵伟兵	林　荡	易　万	易哲夫	罗正根	罗　平
罗岳锋	罗　鹏	周文健	周正良	周　光	周志勇
周洪勇	周傲文	周　裕	周　静	郑叶新	屈　敏
赵　祯	郝　纯	胡　明	胡岳君	胡定邦	柳　毅
钟永辉	钟艳波	段志勇	姜　曼	胥正旺	贺　曦
秦　亮	袁五一	贾　伟	夏佩华	夏金城	徐远鹏
高柒军	唐国良	唐　莺	唐　慧	涂复兴	黄力群
黄玉祥	黄红晖	黄　佳	黄　绚	黄健民	黄　彬
曹　风	曹向林	曹道伍	龚凤珍	龚　文	盛正伟
梁　超	彭乐君	彭红玖	彭　取	彭京京	程　强
曾四海	曾志刚	楚小越	雷　炽	蔡春辉	蔡高宏
廖　岚	谭振华	谭　綮	熊　黎	黎　伟	颜石湘
潘正茂	戴述广	魏　来			

目录
CONTENTS

图片专辑

特载

大事记

岳阳概览

中共岳阳市委员会

岳阳市人民代表大会

岳阳市人民政府

政协岳阳市委员会

中共岳阳市纪律检查委员会

民主党派

人民团体

法　治

军 事

经济监督与管理

人力资源和社会保障

财政·税务·审计

金　融

农业·水利

工　业

商贸服务业

信息业

交通·邮政

城乡建设与管理

旅 游

科学技术

教育·体育

文 化

卫生·计划生育

社会·民生

县市区概况

人 物

统计资料

附 录

彩色插页

Main Contents

PHOTO GALLERY

SPECLAL EDITION

CHRONICLE OF EVENTS

YUEYANG GENERAL INTRODUCTION

THE COMMUNIST PARTY OF CHINA YUEYANG MUNICIPAL PARTY COMMITTEE

YUEYANG MUNICIPAL PEOPLE'S CONGRESS

YUEYANG MUNICIPAL PEOPLES GOVERNMENT

C.P.P.C.C.YUEYANG MUNICIPAL PARTY COMMITTEE

YUEYANG DISCIPLINE LNSPECTION COMMITTEEE OF THE COMMUNIST PARTY OF CHINA

DEMOCRATIC PARTY ASSOCIATION OF INDUSTRY

PEOPLE'S ORGANIZATION

RULE OF LAW

MILITARY

ECONOMIC SUPERVISION AND ADMINISTRATION

HUMAN RESOURCES AND SOCIAL SECURITY

FINANCE TAX AUDIT

FINANCE

AGRICULTURAL AND WATER CONSERV ANCY

INDUSTRY

BUSINESS SERVICE INDUSTRY

INFORMATION INDUSTRY

TRAFFIC POST

URBAN—RURAL CONSTRUCTION AND MANAGEMENT

DEVELOPMENT ZONE · NEW ZONE

ENVIRONMENTAL PROTECTION

TOURISM

SCIENCE AND TECHNOLOGY

EDUCATION — SPORTS

CULTURE

SANITATION FAMILY PLANNING

SOCIETY AND PEOPLE'S LIVELIHOOD

SURVEY OF DISTRICT COUNTY AND CITY

FIGURES

STATISTICAL DATA

APPENDIX

COLORED INSERTS

岳阳市行政区划图

地市级行政中心	乡　镇	省　界	县区界	武广高速铁路	在建高速
县级行政中心	景　点	地市界	铁　路	高　速	国　道

省　道　县乡道

湖南地图出版社　审图号：湘S（2017）087号

岳阳市中心城区图

沿湖
君
山
区
洞庭湖大桥
道
大
西瓜山
湖
路
东
风
湖
洞庭
沿
湖
风
汴河
东风湖
东
九华山
北门
洞
建
晨
曦
路
汽车西站
北环路
庭
市一中
岳阳楼
设
鹰山
中石化巴陵分公司
岳阳楼
枫
枫桥湖
中医院
洞
岳阳楼
北
剪刀池
桥
岳城
枫桥湖
北
得
胜
湘爱园
岳阳
火车站
铁路新村
市二中
路
庙前街
路
东茅岭
北
新胜
站前路
联运
市十二中
望城岭
琵琶王
郭亮
巴陵广场
巴
岳阳楼区人民医院
汽车站
连云路
观音阁
陵
西
东茅岭
巴
陵
中
路
岳阳楼区
吕仙亭
岳港
市一医院
桥头
年丰巷
紫家山
南
岳阳汽车站
市妇幼保健院
慈氏塔
梅溪桥
东
学坡
年丰巷
运通街
市粮食局
市审计局
五
里
市三中
市档案局
市住建局
市政务中心
五里牌
市二医院（老院）
慈氏塔
庭
炮台山
新城
佘家垅
市七中
鄢
家
冲
太子庙
市救助管理站
市规划局
高山坡
芋头田
新桥巷
市人防办
杨树塘
四化建
岳荣
螺丝港
万家坡
市三医院
市十四中
市十中
市人社局
市六中
市广播电视台
金鹗山公园
市疾控中心
三角线
吕仙亭
寓园
市房屋经营管理中心
古井
南津港
市风景园林局
市委
花板桥
湘岳医院
良万
金鹗山
市旅游局
市环卫局
市政府
鹗西路
白杨坡
求索
湘都
夏万路
科技局
地震局
岳阳供水
市信访局
市八中
市九中
金鹗山
市林业局
李家冲
朝阳小学
三眼桥
朝阳
湖畔
楼区民政局
渔光
南湖
市财政局
市城市管理局
市路桥
尚书山
南湖广场
南湖风景区管委会
南湖
南湖公园
南湖宾馆
党校
岳阳中学
八仙台路
龟山
南
湖

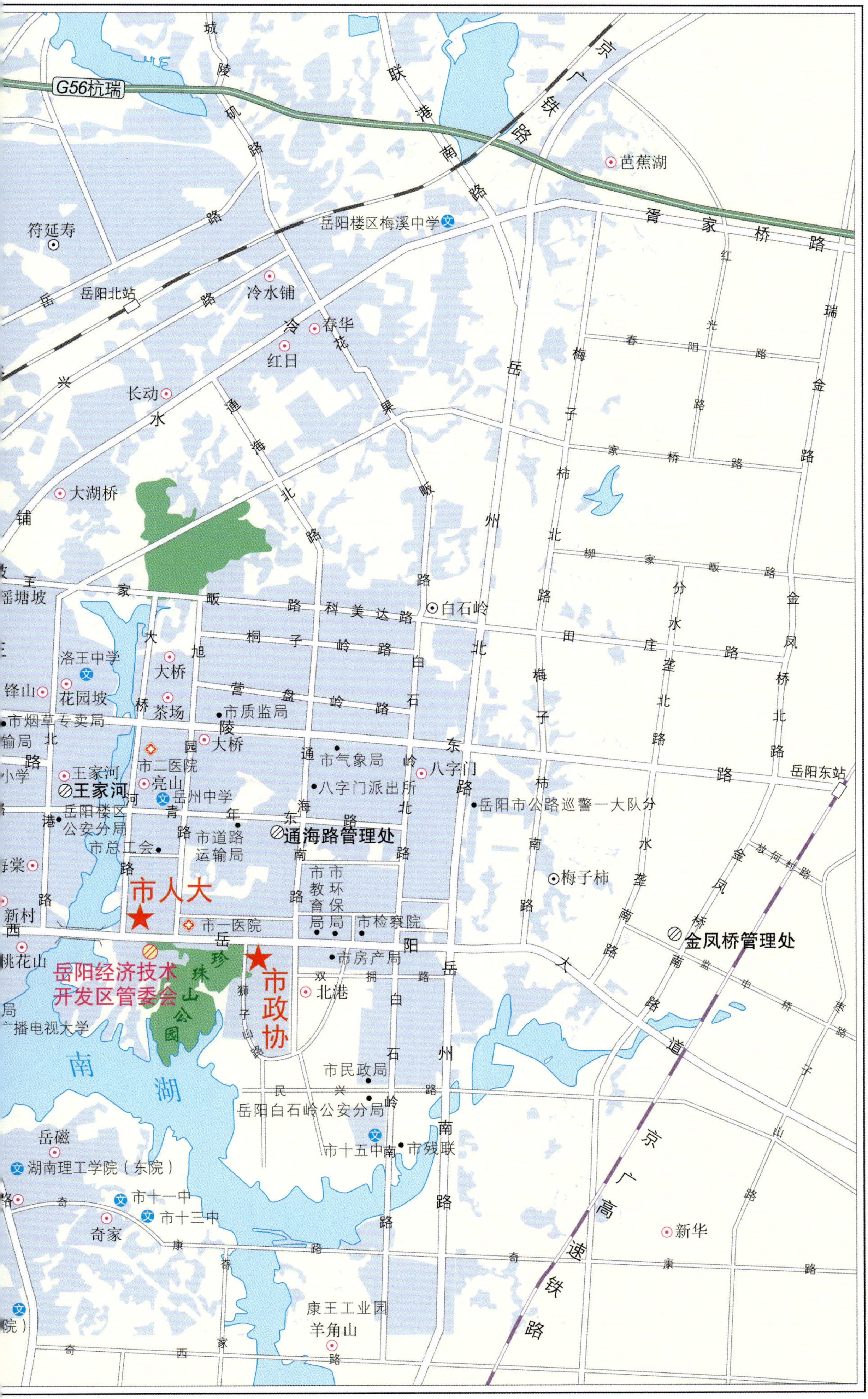
G56杭瑞
京广铁路
城陵矶路
联港南路
芭蕉湖
胥家桥路
岳阳楼区梅溪中学
符延寿
岳阳北站
冷水铺
冷水铺路
春华
红日
兴水铺
长动
通海北路
花果畈路
岳州北路
梅子桥北路
红光路
春阳路
家桥路
瑞金路
柳家畈路
大湖桥
王家畈路
科美达路
白石岭
窑塘坡
洛王中学
大桥
花园坡
茶场
桐子岭路
营盘岭路
田庄路
分水垄北路
金凤桥北路
市质监局
市烟草专卖局
大桥
市气象局
八字门
白石岭北路
东路
岳阳东站
王家河
市二医院
亮山
岳州中学
八字门派出所
岳阳市公路巡警一大队分
王家河
岳阳楼区公安分局
通海路管理处
市道路运输局
市总工会
梅子桥南路
梅子柿
放荷村路
金凤桥路
市人大
市教育局
市环保局
市检察院
市一医院
金凤桥管理处
市房产局
市政协
岳阳经济技术开发区管委会
珍珠山公园
狮子山路
双拥路
北港
白石岭南路
岳州路
大道
南湖
市民政局
民兴路
岳阳白石岭公安分局
京广高速铁路
岳磁
湖南理工学院（东院）
市十五中
市残联
市十一中
市十三中
奇家
奇康路
新华
康路
康王工业园
羊角山
奇西家路
桃花山
新村
广播电视大学

数字岳阳 2017

全市总面积	1.5万平方千米
全市总人口	573.33万人
全市生产总值	3258.03亿元
第一产业增加值	362.35亿元
第二产业增加值	1424.93亿元
第三产业增加值	1470.75亿元
财政总收入	318.09亿元
全年工业增加值	1258.52亿元
规模以上工业企业实现利润	153.0亿元
全社会建筑业增加值	168.7亿元
固定资产总投资	2633.55亿元
民间固定资产投资	1309.18亿元
房地产开发投资	154.01亿元
上市公司	10家
证券公司营业部	28家
全市期货公司	4家
证券交易额	2896.89亿元
货物运输总量	3.3亿吨
货物进出口总额	22.73亿美元

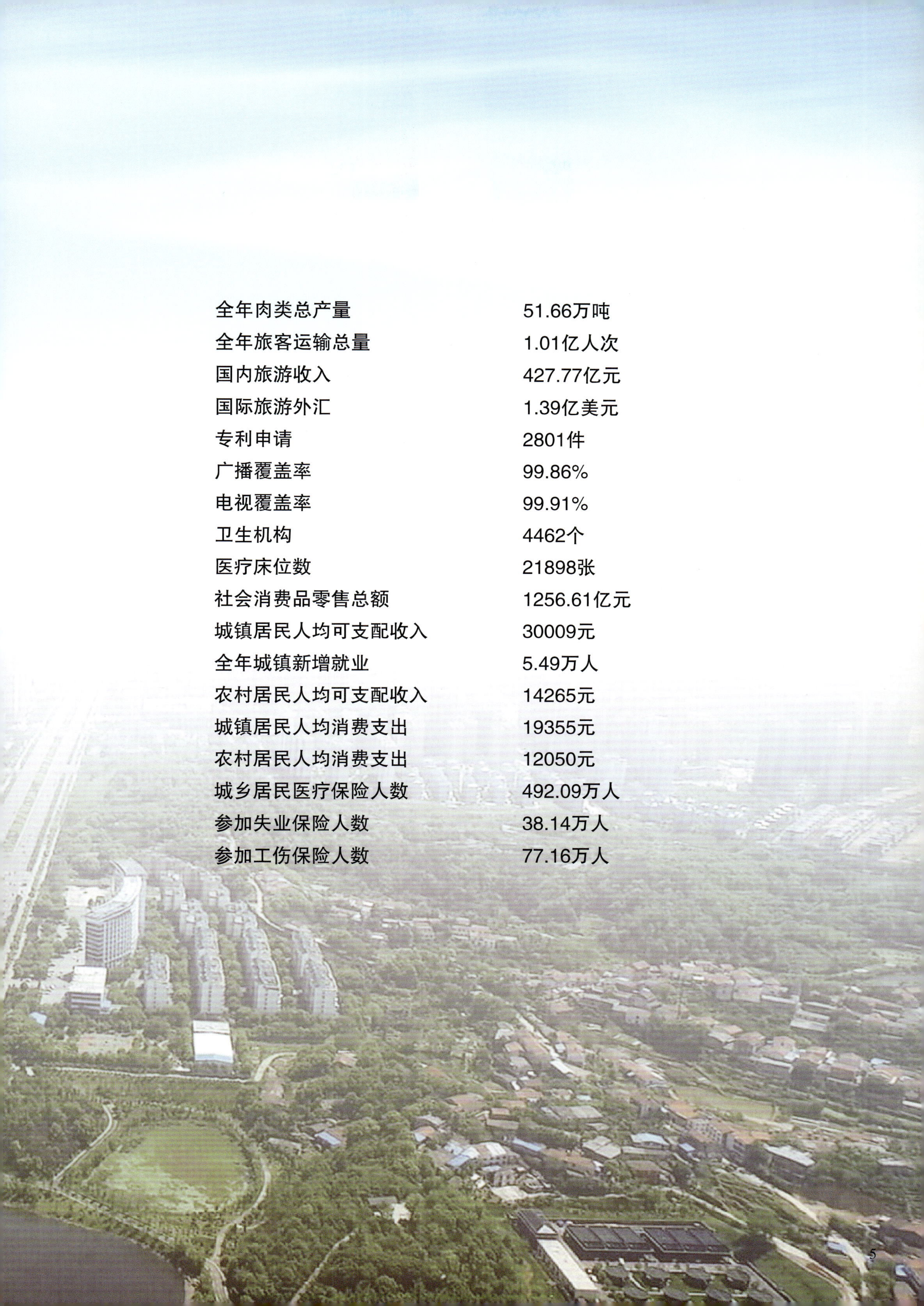

全年肉类总产量	51.66万吨
全年旅客运输总量	1.01亿人次
国内旅游收入	427.77亿元
国际旅游外汇	1.39亿美元
专利申请	2801件
广播覆盖率	99.86%
电视覆盖率	99.91%
卫生机构	4462个
医疗床位数	21898张
社会消费品零售总额	1256.61亿元
城镇居民人均可支配收入	30009元
全年城镇新增就业	5.49万人
农村居民人均可支配收入	14265元
城镇居民人均消费支出	19355元
农村居民人均消费支出	12050元
城乡居民医疗保险人数	492.09万人
参加失业保险人数	38.14万人
参加工伤保险人数	77.16万人

岳阳城市一角

环南湖千人健步行活动

南湖之滨

岳阳天下楼

洞庭湖风光

湘阴县玉华镇新农村建设鸟瞰图

汨罗江国家湿地公园

南湖天灯咀

时任市委书记胡忠雄考察平江产业园区

岳阳经开区现代装备制造产业园

市委书记刘和生在岳阳经开区调研

岳阳绿色化工产业园区

市委书记刘和生实地督查长江岸线港口码头专项整治工作

5月22日，市委副书记、市长李爱武专题调研三荷机场及空港经济区建设

2018年2月1日，杭瑞洞庭大桥建成通车

皇姑塘立交桥

国道240汨罗段公路

临湖公路竣工通车仪式

城陵矶新港区集装箱码头

岳阳城陵矶综合保税区

城陵矶新港区码头

港口一角

城陵矶新港区

市委书记刘和生在平江县梅仙镇三里村看望贫困村民

平江县产业扶贫——三市镇茶园

2017年全国垂钓俱乐部挑战赛在临湘市举行

华容县新农村居民安置房

湘阴县新泉镇美丽乡村建设

湖南省非物质文化遗产——

岳州窑烧制技艺

岳州窑位于洞庭南岸、湘江下游、湖南省湘阴县境内。始于东汉，盛于隋唐，为唐代六大名窑之一，享有史上“最早的青瓷、最早使用匣钵腹烧、最早的官窑、最早的釉下彩”的美誉。岳州窑沿湘江两岸烧制，顺、逆湘江而延伸，主要有三峰窑、乌龙窑、洋沙湖窑、青竹寺窑、樟树窑、铁角嘴窑、营田窑、鹿角窑等。2013年，岳州窑烧制技艺入选市级非物质文化遗产项目；2016年，入选第四批省级非物质文化遗产代表性项目名录。

摄影：杨一九

2018年2月2日，岳阳市委原书记胡忠雄与新任市委书记刘和生亲切握手

摄影：杨一九　范向辉　李筑光　章正国
柴立新　鲁　力　彭宏伟　姚　毅

特　载

SPECLAL EDITION

责任编辑·刘兴汉

真抓实干　跨越发展
全力建设湖南发展新增长极

——在岳阳市市县乡负责干部大会上的讲话

中共岳阳市委书记　刘和生

（2018年2月26日）

市委书记　刘和生

这次会议的主要任务是，认真贯彻落实党的十九大精神和中央、省委省政府系列决策部署，谋划新形势下加快岳阳发展的思路举措，动员全市上下进一步统一思想、凝聚力量，真抓实干、跨越发展，全力建设湖南发展新增长极。

刚才，爱武市长宣读了2017年度综合绩效考评和四项底线工作考核结果通报，平江县、临湘市、市交通局等六个地方和单位的负责同志作了交流发言，都讲得很好。过去一年，岳阳面临的挑战比预料的大，但收获的成果比预想的多。全市上下全面贯彻中央和省委省政府各项决策部署，大力实施创新引领开放崛起战略，坚持以“四大会战”统揽新增长极建设，经济社会发展稳进向好，多项工作在全省乃至全国有位置、有影响。这些成绩的取得，是全市上下和衷共济、拼搏实干的结果，也凝聚着在座各级负责同志的智慧、心血和汗水。在此，我代表市委、市政府向同志们表示衷心感谢！

关于今年的工作，去年底召开的市委全会暨市委经济工作会议、市人大政协“两会”作了全面部署，我就不再面面俱到讲了。这里，根据市委常委会研究的意见，我重点讲六个方面的问题。

一、着力构建岳阳发展新格局

一个地方的发展，是历史累积和接续奋斗的过程。一代有一代的传承，一任有一任的使命。经过这些年的发展，岳阳已经站上一个新的历史起点，加快发展的架势已经拉开，赶超跨越的态势正在形成，处于机遇叠加、不进则退的关键期，转型发展、爬坡过坎的攻坚期，必须顺应新形势、把握新要求、担当新使命，坚定不移地贯彻落实党的十九大精神和中央、省委、省政府的决策部署，走好新时代岳阳发展的“长征路”，在建设富饶美丽幸福新湖南的宏伟征程中走在前列、多作贡献。当前及今后一个时期，岳阳发展要着力把握和坚持“一三五”的基本思路，即“一个总体要求”：真抓实干、跨越发展，全力建设湖南发展新增长极；“三个工作重点”：党建总揽、产业主导、基础先行；“五个新的格局”：现代产业、开放带动、立体交通、城乡统筹、生态发展新格局。

——“一个总体要求”：真抓实干、跨越发展，全力建设湖南发展新增长极。真抓实干，就是要大力弘扬求真务实的作风，真正沉下身、沉下心、沉下力去干事创业。跨越发展，就是要推动发展从投资驱动向创新驱动跨越，从外延式增长向内涵式发展跨越，从中高速增长阶段迈入高质量发展阶段，打造岳阳发展的“升级版”。建设湖南发展新增长极，是省委、省政府统筹全省区域发展大格局，对岳阳发展作出的定位要求，是必须担当的重大责任和时代使命。我们要按照省市党代会的要求，以新增长极建设引领国家区域性中心城市和省域副中心城市建设，坚持一张蓝图绘到底，一以贯之抓落实，以“功成不必在我”的胸襟、“建功必须有我”的担当，保持定力、精准发力，持之以恒、久久为功，一年接着一年抓，一任接着一任干。

——“三个工作重点”：党建总揽。党政军民学，东西南北中，党是领导一切的。党的建设是关键、是保障。党建总揽就是要坚持和加强党的全面领导，无论是党委工作部门，还是政府工作部门、其他部门，都要用党建总揽工作全局，发挥党的领导核心作用，以党的政治建设为统领，全面推进党的各项建设，不断提高党把方向、谋大局、定政策、促改革的能力和定力，为加快岳阳发展提供坚强保证。产业主导。产业是立市之本、兴市之基。近年来，岳阳产业发展尽管取得了很大成绩，但实事求是地讲，存在的差距也是比较大的，产业结构不优、优质民营企业不多、非公经济总量偏小等短板依然突出，工业发展过分依靠“两厂”的格局没有得到根本改观。产业主导就是要把发展经济的着力点放在实体经济上，把产业项目建设放在重中之重的位置，聚精会神谋产业，千方百计兴产业，一心一意强产业，以产业补齐发展短板、领跑新增长极建设、牵引高质量发展。基础先行。基础不牢，地动山摇。基层基础是一切工作的“根”。基础先行就是要顺应人民群众美好生活新需要，加强基础设施、基层治理、基本保障，多干强基层、打基础的事，多干增后劲、利长远的事，多干补短板、扬优势的事，多干惠民生、得民心的事，以基层基础基本的全面夯实，筑牢岳阳发展的“四梁八柱”。

——“五个新的格局”：现代产业新格局。始终突出重大产业项目建设和园区建设，坚持改造提升传统产业与大力发展新兴产业“两手抓”，做强做优石化、食品2个千亿级产业，培育壮大现代物流、装备制造、文化旅游、生物医药、军民融合、节能环保等新兴产业，使产业结构明显优化，地方工业实力明显增强，石化“一业独大”、工业依靠“两厂”的局面得到明显改观。开放带动新格局。坚持“敞开门户促发展”，放大通江达海优势，全面提升港口功能，深化岳阳港与上港集团的合作，加强与长江、四水流域港口的对接，发挥开放平台的辐射带动效应，做强做优港口经济，彰显岳阳港在全省开放崛起中的首位度，形成水空“双港驱动”，城陵矶新港区、综保区、空港经济区“三区联动”，邻长地区、沿江环湖地区“南北融动”的开放发展局面。立体交通新格局。着力完善综合立体交通运输体系，统筹推进高速公路、干线公路、城区快速环线、农村公路建设，形成市域1小时、城区30分钟交通圈，构建市域“两纵两横”干线铁路网，加快水空航道航线建设，推动“南客北货”航空互动发展，构建外部配套成环、内部纵横成网的水、公、铁、空多式联运体系，打造长江中游交通物流枢纽城市。城乡统筹新格局。以城乡融合发展为方向，推进“1+4+2”大岳阳城市圈建设，特别是要加快岳荣（岳阳—荣家湾）融城步伐，统筹抓好棚改片区规划、招商与建设，把每一个城市“棚户区”打造成为城市“精品区”，把东风湖新区打造成为“生态、高端、现代、时尚”的城市新名片，整体提升岳阳城镇品质与品位；大力实施乡村振兴战略，开展农村“空心房”整治，规范村民建房，发展现代农业，推进脱贫攻坚，使农村面貌显著改观，让农业成为有奔头的产业，让农民成为有吸引力的职业，让农村成为安居乐业的美丽家园。生态发展新格局。统筹山水林田湖草系统治理，强力推进湘江保护与治理、洞庭湖生态环境整治和市域重点河湖综合整治，还河湖一片安澜，还群众一泓净水；加强城市山体水体保护和生态修复，加强土壤、大气污染防治，启动大规模国土绿化行动，让“岳阳绿”成为城市的鲜明底色，让“岳阳蓝”成为城市的靓丽名片，让“岳阳人”可以惬意自由深呼吸！

“一三五”的发展思路是一个有机整体，其中“一个总体要求”是目标定位、发展遵循；“三个工作重点”是主攻方向、发展保障；“五个新的格局”是战略布局、发展路径，三者紧密关联、相互支撑、完整统一，构成一个具有很强逻辑性、实践性、操作性、科学性的发展图景。这是贯彻落实党的十九大精神的“岳阳实践”，贯穿了新发展理念的内涵，体现了高质量发展的要求。这是实施创新引领开放崛起战略的“岳阳路径”，坚持从实际出发，着眼改革创新，致力打造名副其实的湖南对外开放“桥头堡”。这是对历届市委、市政府执政理念和思路继承发展的“岳阳接力”，既保持了发展目标、工作思路的连续性，又适应新的时代要求。这是实现全市人民共同愿景的“岳阳答卷”，顺应了各方面对岳阳发展的期望要求，回应了人民群众过上幸福美好生活的现实期待。我们要用“一三五”的发展思路统一思想和行动，坚持不懈地按照这个思路抓下去，一步一个脚印把美好蓝图变成美丽现实！

二、大力推动产业项目建设

经济工作的根基在实体、在产业、在项目。省委、省政府作出开展“产业项目建设年”活动、抓好“五个100”的决策部署，吹响了全省新一轮产业项目建设的进军号；省委、省政府主要领导对岳阳发展特别是产业发展看得很重，寄予厚望、充满期待。我们必须提高站位、担当责任，采取超常措施，拿出超常劲头，在全市持续掀起产业项目建设热潮。今年总的任务是，全力抓好入选全省“五个100”项目库的重大项目建设；市级重点推动63个5亿元以上的重大产业项目建设；全市产业园区开工1亿元以上项目120个，竣工投产65个。

1.强化比学赶超。这次会上，专门印发了园区建设情况通报，各园区比一比、晒一晒，处于什么位置、差距在哪里，大家一目了然，之所以这样做，就是要传递信号、传导压力，形成比学赶超的鲜明导向。当前，各地抓产业项目建设的势头强劲、竞争激烈，从省内看，不少市州都提出产业先导、产业立市等战略，我们稍有松劲，就会被动落后。特别是去年，由于“两厂”周期性停产检修等多重因素影响，我市主要经济指标在全省排名下滑，GDP只比第三位的常德多20亿元，公共财政预算收入被株洲超过20亿元，可以说离“标兵”越来越远，与“追兵”越来越近。从市内看，各县市区产业发展取得了一定成绩，但总体上特色还不够鲜明、优势还不够突出，特别是大项目、好项目还不多，工作推进不平衡，有的园区发展势头较好，项目建设热火朝天；有的园区发展势头不足，项目工地冷冷清清。全市上下要认清形势、顺应大势，切实增强抓发展、抓产业、抓项目的责任感和紧迫感。要对标赶，对照工作目标，按照时间节点、进度要求，跑表计时、挂图作战，形成你追我赶、争先进位的态势；要严格督，市园区会战指挥部要坚持一旬一调度、一月一督查、一季一讲评，实行园区问题整改派单制，统一交办，限期销号；要集中考，年底召开产业项目建设流动现场会，集中交卷、集中检阅，晒成绩、排位次、论高低，真正把压力传下去，把状态提上来。

2.坚持领导带头。抓产业也好，建项目也好，没有强有力的组织领导，是很难见到成效的。去年我们开展“产业招商月”活动，正是因为几大家领导靠前指挥、带头示范，各级各部门主要负责同志集中精力重点抓，才能取得实实在在的成效。今年抓产业项目建设要始终保持这股劲头，不能一般性、常规性地抓，要继续开展“产业招商月”活动，坚持领导带头、高位推动，以上率下、整体联动。要让责任上肩，成立全市产业项目建设领导小组，由我和市长亲自抓，定期研究解决产业项目建设中的重大问题，把责任压紧压实。要把担子担硬，这次会议下发了产业项目建设市级领导联点责任表，变过去一群领导联系一个产业为一名领导联系一个项目，实行“一对一”抓项目制度，靶向瞄准、精准发力、一抓到底。要将工作做实，各级领导干部要真正沉到项目一线，研究问题、协调矛盾、解决难题；对一些投资大、质量高的重大产业项目，几大家班子主要负责同志和相关市级领导，要亲自调度、亲自推动，3月份集中精力开展一轮产业项目建设行动。

3.严格“一票否决”。抓产业项目建设既要有硬指标，更要有硬措施，搞形式主义、做表面文章是抓不出什么成效的。去年，我们对园区产业招商的新引进开工项目实行“一票否决”，大家普遍反映这一招很管用。今年要在此基础上进一步加压加力，具体来说，就是不仅要看新引进开工项目，而且要看新竣工投产项目。今年的目标要求是，岳阳经开区、城陵矶新港区、绿色化工产业园至少各开工、竣工一个10亿元以上产业项目，其他园区至少各开工、竣工一个5亿元以上产业项目，没有完成任务的，坚决实行“一票否决”，县市区党政主要领导、园区主要负责人一律不评先、不提拔、不重用，形成强有力的产业项目建设倒逼机制。

4.抓实政策落地。去年以来，市委、市政府出台“四个十条”和实体经济“二十条”，打出了一套政策创新的“组合拳”，这是发展产业、振兴实体的有力抓手。要进一步把政策研究好、落实好、运用好，发挥政策杠杆作用，深挖政策含金量，提高政策精准度。要突出简政放权，该简的坚决简到位，该放的坚决放下去，真正发挥“二号公章”作用，以“权力瘦身”推进“服务健身”；要突出降税减负，落实惠企政策，努力降低企业制度性交易成本、人工成本、税费负担等，让企业轻装上阵；要突出要素保障，推进土地、资金、人才、煤电油气等要素资源，优先向重点产业项目倾斜，营造良好营商环境。

三、继续打好“四大会战”

“四大会战”攻的是岳阳的短板弱项，抓的是发展的基础关键。去年的实践证明，我们以“四大会战”统揽新增长极建设的路子是对的。今年，要适应新的形势任务要求，继续打好“四大会战”，争取更大成效。

1.深化园区建设大会战。产业主导，园区领跑。今年园区建设总的目标要求是，10个省级以上园区技工贸总收入达到4600亿元，新增规模以上工业企业100家，实缴税收60亿元以上，园区规模工业增加值占全市比重达到80%以上，园区工业税收占全市工业税收比重提高到70%以上（不含两厂）。要明特色，坚持走特色化、差异化发展路子，每个园区重点培育发展2~3个特色产业，提高园区产业集聚度；积极探索市域“飞地经济”模式，引导园区组团发展、抱团竞争。要大招商，紧盯国际500强、国内500强、民营企业500强，着力引进一批“高大强”的产业项目，形成龙头效应和集聚效应。要强基础，继续加大标准化厂房建设力度，加快污水处理厂、园区绿化等基础建设，提升综合承载能力。要活机制，全面落实“园区十条”，加快去行政化步伐，建立绩效工资制度，配优配强园区班子，把园区建成深化改革先行区、体制创新示范区。

2.深化交通建设大会战。交通是发展的基础、地方的形象。去年是全市交通建设超常突破、成果丰硕的一年，今年要再接再厉、取得更大突破。总的要求是，加快建设进度，落实资金保障，确保全年完成交通建设项目42个，总投资120亿元。高速公路方面，加快岳望、平益、城陵矶高速建设，打通出境通道，构建“四纵两横”的高速公路网。干线公路方面，重点建设西环线、北环线、东环线、机场快速通道、国道107东移、省道308南江至龙湾段公路、汨杨公路，建成运营杭瑞高速金凤桥连接线、湘北大道。城市公路方面，确保奇康路、北港北路、汴河园路、杭瑞高速冷水铺连接线等7条道路建成通车，推进断头路拉通和背街小巷改造提质，着力解决城市交通拥堵难题。农村公路方面，抓好通组公路、窄路加宽、安防工程、危桥改造等，探索“建、管、养、运”新模式。站场园区方面，健全城市公交体系，启动公交南枢纽建设，提质改造岳阳东站广场，推进重点物流园区建设。

3.深化港口建设大会战。港口是岳阳开放发展的优势所在、潜力所在。要以港口建设为“龙头”，加快构建开放带动新格局，在全省开放崛起战略中“打头阵”“当先锋”，力争今年完成集装箱吞吐量65万标箱，实现外贸进出口总额30亿美元；三荷机场实现客运通航，货运格局加快形成。要突出产业大发展，依托水运优势，着力引进一批大运量、大耗水外向型企业布局，抓好白杨湖总部经济港、哈工大机器人、和润粮油等重大项目建设，加快构建临港特色产业体系。要突出基础大建设，着力推进城陵矶新港二期、综保区二期、空港产业园、三荷机场建设，加快长江沿线、湘江内河等港口岸线资源整合，尽快形成“双港驱动”发展的新格局。要突出平台大拓展，在推动“一区一港四口岸”高效运营基础上，抓好中国（湖南）自由贸易试验区申报跟进工作，加快推进湘欧快线国际货运班列站点、跨境电商等平台建设，全面提升开放平台优势。要突出外贸大提质，支持骨干外贸企业挖潜扩规，既让外资“进得来”，又让企业“出得去”，做大做强海吉星农产品物流园、中粮物流产业园、临港国际汽车城等物流园区，加快建设长江中游交通物流枢纽城市。

4.深化脱贫攻坚大会战。今年是脱贫攻坚决战之年，要继续把脱贫攻坚作为头等大事，扎硬寨、打硬仗，下足绣花功夫，做实精准文章。要咬定目标，始终保持冲刺姿态、决战状态，确保实现“平江县顺利摘帽、109个贫困村全部退出、全市综合贫困发生率降至2%以下”目标。要突出重点，进一步抓好易地搬迁、产业扶贫、政策兜底、基础建设等重点工作，持续提高贫困地区、贫困群众自我发展的内生能力，加快攻克深度贫困堡垒。要强化责任，各级党政一把手、属地单位、行业部门、村支“两委”、驻村扶贫队要始终把责任扛在肩上，按照“脱贫攻坚作风建设年”要求，继续实行“三走访三签字”，把工作做细做实。要注重长效，健全稳定脱贫机制，既防“拖延病”，又防“急躁症”；既不降低标准，也不吊高胃口，坚决做到脱真贫、真脱贫。

四、扎实推进乡村振兴

实施乡村振兴战略，是党的十九大作出的重大决策部署，是决胜全面小康社会、全面建设社会主义现代化国家的重大历史任务，是新时代“三农”工作的总抓手。全市各级各部门要提高政治站位、深化思想认识，坚决贯彻落实中央、省委决策部署，以更大的决心、更明确的目标、更有力的举措，推动乡村振兴战略在岳阳落地生根。

1.推进产业兴旺。乡村振兴首先产业要振兴。要加快发展现代农业，以农业供给侧结构性改革为主线，推动农业由增产导向转向提质导向，坚定不移地走绿色化、特色化、优质化、品牌化农业发展路子，培育壮大岳阳黄茶、平江豆干、华容芥菜、汨罗粽子、洞庭小龙虾等地域特色产业。要鼓励和引导工商资本下乡村，扎实开展“千企下乡”行动，引导企业主体进农村，以规模化、集约化、企业化方式参与农业生产和农村发展；要加快农村土地流转，通过工商资本与土地的结合，实现生产要素的优化配置，积极培育新型农业经营主体，大力发展多种形式的适度规模经营，促进农村一二三产业融合发展，不断提高农业综合效益和竞争力。

2.推进生态宜居。实现乡村振兴，必须坚定不移地走乡村绿色发展之路。要突出抓好农村生态环境和人居环境治理，重点抓好农村“空心房”（包括闲置房、危旧房、零散房、违建房等）整治，按照市“空心房”整治方案的要求，坚持“拆、建、管”并重，突出“三类”重点整治区域，实现整治对象“四纳入”，确保整治“五到位”，坚决完成今年52个重点乡镇的整治任务；通过2到3年努力，实现“空心房”整治市域全覆盖，以“空心房”整治带动农村集中建房，着力解决农村“有新房无新貌”的问题。全面落实农村人居环境整治三年行动方案，统筹推进村容村貌整治、沟渠塘坝清淤疏浚、生活垃圾污水处理、厕所革命等，建设青山绿水、村美人和的新乡村。

3.推进乡风文明。乡村振兴，既要塑形，也要铸魂。去年来，我们在全市开展“治陋习、树新风”专项行动，推动农村移风易俗，树立文明乡风，取得良好的效果，人民群众是广泛认可的。要继续整治农村不良习俗，让“婚事新办、丧事简办、其他不办”逐步制度化、常态化，让农村社会风气重新回归淳朴、质朴、简朴，着力营造简简单单、清清爽爽的农村社会关系。

4.推进治理有效。要突出基层党建引领，发挥基层组织的战斗堡垒作用，扎实开展“基层党建质量提升年”活动，加强农村基层党组织、带头人队伍和党员队伍建设，努力培养一支懂农业、爱农村、爱农民的“三农”工作队伍。要管好用好村级综合服务平台，着力打通联系服务群众的“最后一公里”。要健全自治、法治、德治相结合的乡村治理体系，深入推进平安乡村建设，严厉打击“村霸”和宗族黑恶势力，给老百姓一个安全安定、和谐幸福的乡村。

5.推进生活富裕。生活富裕是乡村振兴的根本。要把脱贫攻坚作为当前实现农民富裕的首要任务，以巩固和扩大脱贫成果为重点，不断提升农村教育、卫生、社保、基础设施等公共服务水平。要做好供

岳阳市市县乡负责干部大会

销合作社综合改革这篇文章，发挥“两组织一平台”作用，畅通“工业品下乡、农产品进城”渠道，让农业增效益、让农民得实惠。

这里要特别强调下，我们推进乡村振兴，既要全面抓、抓全面，又要重点抓、抓重点，做到以点带面，推动全局。开展农村“空心房”整治，与乡村振兴战略、农村厕所革命、洞庭湖生态环境专项整治等高度吻合，是一件一举多得、多方共赢的大好事，可以盘活农村闲置土地资源，推进土地流转，实现生产要素优化配置；可以带动规范村民建房、集中建房，改善农村生态环境和人居环境；可以转变农民观念，引领社会风气；还可以带动农村基础建设，提升公共服务水平。我们要把“空心房”整治作为实施乡村振兴战略的“先手棋”，与规范村民建房、农村危房改造、洞庭湖综合治理、厕所革命、基础设施建设等有机结合起来，以“空心房”整治推动生态大修复、建房大集中、面貌大提升、乡村大振兴，走出一条具有岳阳特色的乡村振兴路子。做好这项工作，既要态度坚决，措施过硬，扎实推进；又要依法依规，做好群众工作，不搞大拆大建、盲目蛮干。下午的全市农业农村工作会议还要就这项工作进行专题部署，会后就要迅速掀起农村“空心房”整治的高潮，力争首战告捷。

五、切实做好底线工作

底线工作都是不能逾越的“硬杠杠”，不能有一丝懈怠，不能有半点纰漏。各级各部门要牢固树立以人民为中心的发展思想，保持清醒头脑，强化底线思维，把底线工作牢牢抓在手上、抓到实处，确保社会长治久安，确保人民安居乐业。

1.坚守民生保障底线。改善民生是最大政绩。要扎实办好民生实事，突出抓好就业、就学、就医、社保等工作，把人民群众最盼最急最忧的事情办实办好办成。要扎实推进城市棚户区改造，中心城区“十大片区”要快速清零，抓紧建设。要坚持“房子是用来住的，不是用来炒的”定位，加快建立多主体供应、多渠道保障、租购并举的住房制度，全面推进“五个5”惠民工程，坚决将市场房价控制在合理区间。要积极构建中心城区就近诊疗、就近入学、健身休闲、社区警务、政务服务“五个一公里”公共服务圈，让人民群众享受更多公共服务红利。要启动中心城区珍珠山公园建设，打造又一处市民休闲的好去处。要加大严重低洼渍水地段整治、农贸市场改造力度，加快公共停车场、停车泊位、人行天桥、地下人行通道建设，切实解决老百姓出行难、买菜难、停车难等民生问题。

2.坚守生态环境底线。大江大湖过去是岳阳的发展优势，现在更多的是岳阳的环保压力。特别是中央开展环保督察，以及省委、省政府启动湘江、洞庭湖综合治理之后，岳阳生态环境保护任务更加艰巨、压力更加明显。各级各部门要进一步提高政治站位，进一步树牢“绿水青山就是金山银山”的理念，一手抓经济发展，一手抓生态保护，实现“含金量”与“含绿量”的同步提升。要突出抓好湘江、洞庭湖水环境整治工作，进一步巩固扩大集中整治成果，大力实施《洞庭湖生态环境专项整治三年行动实施方案》，继续抓好中央环保督察反馈问题整改，强力推进采砂秩序整治、工业污染防治、黑臭水体治理、生态环境修复，坚决打赢洞庭湖生态环境专项整治这场硬仗。要突出抓好城市内湖内河治理，加快推进南湖、芭蕉湖等治理工程，东风湖治理要加快步伐，力争打造城市建设新名片；要加强铁山水库等重点饮用水源地保护，全面改善流域生态环境。要突出抓好“河长制”落实，严格执行“河长巡河工作方案”，定期开展巡河和暗访督查，发现问题，拉出清单，坚决整改。要突出环保监管执法，持续开展“环湖利剑”行动，始终保持惩治环境违法行为的高压态势。

3.坚守风险防控底线。防范化解重大风险位列“三大攻坚战”之首，是一场输不起的战役。要牢固树立忧患意识，切实增强工作的预见性、预警性，不断提高防范和抵御风险能力，有效防范、化解、管控各类风险。要防范化解政府债务，坚持“遏制增量、化解存量、严控风险”的目标，严禁新上超出实际承受能力的“高大上”项目，严禁新上非必要性、非紧迫性、非公益性的“功利型”项目，坚决降低政府投资项目的造价和成本，坚决打破“一谈上项目就靠政府兜底，一谈发展就要政府拿钱”的路径依赖；同时，要正确处理好上项目、抓发展与防风险、控债务的关系，切实转变思想观念，不能把推进发展与化解债务对立起来，不能一谈控制政府债务就不抓发展了，对事关长远发展、事关民生改善的项目，该搞的还是要搞。要防范化解金融风险，狠抓金融生态整治，加快诚信体系建设，突出抓好公职人员参与非法集资专项整治，依法严厉打击非法集资、高息揽储等违法违规金融活动，确保不发生系统性、区域性金融风险。

4.坚守安全稳定底线。发展是硬道理，稳定也是硬道理。要时刻绷紧安全生产这根弦，压紧责任链条，排查整治隐患，突出抓好烟花爆竹、道路交通、危化物品等重点领域监管，以安全责任的“零缺位”、安全隐患的“零漏洞”、安全问题的“零容忍”，确保重特大安全事故的“零发生”。要加强和创新社会治理，深化全国综治优秀市创建，突出抓好综治维稳、信访积案化解和应急处突等工作，坚决开展扫黑除恶专项斗争和缉枪治爆、缉毒扫黄等专项行动，确保社会大局和谐稳定。现在还是春节期间，特别是全国“两会”即将召开，信访、安全生产、社会稳定不能出任何事故。各级各部门要始终保持临战状态，加强隐患矛盾排查，强化重点领域监管，提升事态预警管控处置能力，确保万无一失。

六、深入改进干部作风

加快岳阳发展，关键在党，关键在干部，关键在作风。要认真贯彻党的十九大精神，全面落实新时代党的建设总要求，以永远在路上的执着把全面从严治党引向深入。要强化政治建设，确保在政治立场、政治方向、政治原则、政治道路上和以习近平同志为核心的党中央保持高度一致，坚决维护党中央权威和集中统一领导。要强化理论武装，深入开展“不忘初心、牢记使命”主题教育，以习近平新时代中国特色社会主义思想武装头脑、指导实践、推动工作，牢牢掌握意识形态工作领导权和主动权。要强化队伍建设，落实“五个过硬”要求，推进“巴陵人才工程”，建设高素质干部人才队伍。要强化基层基础，树立一切工作到支部的鲜明导向，全面推进党支部“五化十有”建设，推动基层党建全面进步、全面过硬。要强化正风肃纪，坚决落实中央八项规定及实施细则精神，始终保持反腐败斗争高压态势，营造风清气正的政治生态。

这里，我重点讲讲作风建设问题。有什么样的干部作风，就有什么样的发展局面。没有好的作风，新增长极建设就是一句空话。我们要驰而不息反“四风”、转作风，引导和激励党员干部以踏石留印、抓铁有痕的劲头履职尽责、干事创业。

1.倡导干在一线的风尚。前不久，为落实总书记习近平“大兴调查研究之风”的重要指示，省委、市委部署开展“抓重点、补短板、强弱项”大调研活动，动员各级干部特别是领导干部深入一线发现问题、研究问题、解决问题。我们要大力倡导和推行“一线工作法”，点对点督查工作，实打实掌握情况，硬碰硬压实责任，面对面解决问题，真正做到沉在一线、干在一线。坚持问题在一线发现，走出院子，迈开步子，深入基层一线听实话、摸实情、谋实招，弄清问题底数，找准问题症结，拿出问题清单。坚持矛盾在一线解决，面对矛盾不绕道，碰到困难不回避，有什么问题就解决什么问题，有什么困难就攻克什么困难，做到矛盾不上交、责任不推诿。坚持工作在一线推动，身体力行，深入一线，抓调度、抓服务、抓督查、抓落实，确保工作有力有序有效。坚持形象在一线树立，以扎扎实实的作风创造实绩，以实实在在的业绩取信于民，彰显公仆本色，树立良好形象。

2.弘扬勇于担当的精神。当前，我们干部队伍中实干担当是主流，但也有一些干部不愿担当、不敢担当、不能担当。有的工作上“守摊子”，只要不出事，宁可不干事；有的当“老好人”，明哲保身，不愿得罪人；有的搞“选择性担当”，容易的事就抢着干，困难的事就绕道走；有的怕担责任，对自己应该决策拍板的事，议而不决、决而不行。这样，想出成绩、出干部是不可能的！干部就要有担当，有多大担当，才能干多大事业。一方面，干部要敢作敢为、敢抓敢管，在推进项目建设、破解发展难题、攻克改革险阻、办好民生实事中，勇于挑最重的担子、敢于啃最硬的骨头、善于接最烫手的山芋，以“挑战不可能”的精神迎着困难上、顶着压力干。去年，赶山东路从3月29日开工，12月底竣工，短短9个月时间即全线完工；天灯咀棚户区征拆，在170天时间内完成了1131亩范围内781户、12万平方米建筑面积的房屋签约、倒房、腾地任务，靠的就是“挑战不可能”的勇气和担当。另一方面，要为担当者担当、为负责者负责，坚持“三个区分开来”，建立容错纠错机制，为担当尽责的干部撑腰壮胆，当好后盾。

3.锻造狠抓落实的作风。“一分部署，九分落实”。对市委、市政府的决策部署，过来有的地方、有些工作没有落实，项目建设、环境整治、脱贫攻坚等方面都存在一些问题，关键还是压力没有传导到位，落实出现空档。抓落实，就是要做到“四办”。马上就办，说了的事坚决做到，定了的事坚决执行，对省市部署的重点任务、重要工作，对领导交办的重大事项，要不折不扣抓落实、第一时间抓落实、雷厉风行抓落实，决不能上有政策、下有对策，决不能有利的就执行、不利的就拒不执行，决不能拖拖拉拉、敷衍塞责，确保政令畅通、令行禁止。用心去办，现在文件多、会议多、检查多的问题仍然比较突出，要坚决反对形式主义、官僚主义，下决心整治文山会海，可发可不发的文件一律不发，可开可不开的会议一律不开，可搞可不搞的检查一律不搞，把有限的时间精力集中到谋发展、抓落实上。一办到底，以真抓的实劲、敢抓的狠劲、善抓的巧劲、常抓的韧劲，一锤接着一锤敲，一颗接着一颗钉，锲而不舍、久久为功。办就办好，既要看重办的过程，更要看重办的结果，尽最大的努力，争取最好的成效，决不允许说大话、放空炮，确保各项工作落地落细。

4.树牢看重实绩的导向。选什么人就是“风向标”，就有什么样的干部作风。选用干部就是要看在项目建设、产业发展、乡村振兴、脱贫攻坚等重点工作中干得怎样，干成了哪些事，真正树立“凭实绩论英雄，以实绩用干部”的鲜明导向。注重从基层一线选用干部，将基层一线特别是艰难困苦地方作为培养选用干部的“主阵地”，对扎根基层、坚守一线，勤恳工作、默默奉献的干部，要特别关心、特别爱护，切实保障他们流得动、用得上、干得好。注重从攻坚战场选用干部，对在“五个100”建设、四大会战、生态环境治理等重点工作中敢作敢为、善作善成，能解决难题、打开局面的干部，要优先提拔、优先使用。注重从改革前沿选用干部，坚决把那些改革创新有思路、有胆识、有魄力的干部，特别是善于用市场的机制和办法破解发展难题的优秀干部选出来、用起来。注重从急难时刻选用干部，对在急难险重任务中冲得上、豁得出、顶得住、打得赢的干部要特别看重、提拔重用。我们就是要以好作风选用作风好的人，坚决让作风过硬、实绩突出、群众公认的干部脱颖而出，坚决让胸中无数、手中无招、落实无果的“三无”干部没有市场。

同志们，新使命呼唤新担当，新征程期待新作为。站在岳阳发展的新起点，使命高于一切，责任重如泰山。让我们紧密团结在以习近平同志为核心的党中央周围，全市一盘棋、上下一条心、拧成一股绳，为建设湖南发展新增长极而努力奋斗！

在市政府全体（扩大）会议上的讲话

岳阳市人民政府市长　李爱武

（2018年5月4日）

市长　李爱武

刚才，传汉同志通报一季度全市主要经济指标和重点工作、重大项目进展情况；各位副市长就分管工作进行讲评，都讲得很好，请大家抓好落实。下面，我再强调几点意见：

一、认清“新形势”，切实增强加快发展的紧迫感

今年一季度，我市经济社会发展的背景特征，概括起来讲就是“三多”：一是领导关注多。3—4月，全国政协副主席、农工党中央常务副主席何维，水利部部长鄂竟平和省委家毫书记、达哲省长等10多位中央和省里领导，密集到岳阳检查指导工作，特别是总书记习近平4月25日到岳阳视察，针对长江和洞庭湖的保护治理作出一系列重要指示，说明岳阳位置重要，也很特殊。总书记习近平到长江的几个节点城市进行调研，在武汉召开的座谈会产生极大的影响和震动。从各级媒体的报道中我们可以看出来，中央各个部门对总书记这次的视察非常重视，纷纷响应总书记的重要讲话精神，也是要以这次调研和会议为契机，强力推动长江经济带发展，其种程度上也是从推动整个中国由高速度增长转向高质量发展。这次总书记选择到岳阳来，对我们也是一种莫大的信任和极大的光荣，之前中办、环保部、水利部等多个部门到岳阳来明察暗访，对我们进行深入的体检，总体来说，我们阶段性的成果还是比较明显。我感觉，在未来这对于岳阳的发展这是一件大事，也是一件好事。二是战略部署多。今年来，中央、省、市就“三大攻坚战”、乡村振兴、产业项目建设和构建“五大新格局”、推进“四大会战”、整治农村“空心房”等作出一系列战略部署，说明新时代发展的路径、重心和方式都在向“高质量”聚焦。三是专项督察多。一季度，中办的环保督查和省里部署的“三大攻坚战”审计督查、省委地方政府债务专项督查、省安委办安全生产督查、洞庭湖综合治理督查、防汛工作督查等一个接一个、一项接一项，说明中央和省里对“三大攻坚战”，对底线工作看得很重、抓得很紧。总体而言，感觉岳阳发展有一种“形势逼着走、上级推着走、主动跟着走”的很强的工作特性。在这种背景下，各级各部门扎实工作、主动作为，虽然一季度主要经济指标增速没有达到预期，但大家工作是很努力的，来势也是比较好的。全市经济社会运行情况总体来看是有喜有忧：喜的方面是经济运行稳进向好、走势上行；忧的方面是岳阳发展挑战增多、压力加大。

一季度，全市GDP增长7.4%，同比提高0.7个百分

点；规模工业增加值、固定资产投资、社会消费品零售总额、一般公共预算收入同比分别增长5.5%、12.4%、9.3%和4.4%。成绩主要表现在以下几个方面：

1.经济质量效益不断提升。一季度，全市第三产业增加值增长10.8%，占GDP比重41.6%，同比提高1.5个百分点，说明我市产业结构在不断优化；全市产业园区新签约5亿元、10亿元以上工业项目7个，园区规模工业增加值增长8%，占规模工业比重提高11.4个百分点，说明我们抓园区建设大会战产生实实在在的效果；全市非税收入占公共财政预算收入比重下降8.8个百分点，说明我市财政质量在逐步提高；全市民间投资增长25%，同比提高8.7个百分点，新登记市场主体9823户，同比增长11.7%，说明我市实体经济发展后劲在逐步增强。

2.重大产业项目扎实推进。积极开展“产业项目建设年”活动，目前来势看好。持续推进产业招商，全市新签约产业项目91个，投资额175.5亿元，同比均创历史新高。突出抓好“五个100”项目，纳入省笼子的8个重大产业项目，有7个开工建设；11个重大产品创新项目，今年开工2个、续建9个；12个“500强”企业引进项目，已签约5个；7个重大科技创新项目都在有序推进。狠抓63个重大产业项目建设，目前已开工32个，科伦药业新药研发及生产、军民融合装备制造基地及创新中心等18个在建项目进度较快、达到预期。

3.港区开放发展提速增效。深入推进“港口建设大会战”，外向型经济高位增长。从进出口来看，全市完成进出口总额8.3亿美元，同比增长237.2%，总量和增幅分别居全省第三位、第二位，实现“开门红”。从吞吐量来看，城陵矶口岸完成集装箱吞吐量9.26万标箱，进口汽车、粮食、肉类同比分别增长100%、85%和59%，均处在高位增长区间。从外贸业绩来看，一季度有154家外贸企业产生业绩，同比新增31家，外贸“破零倍增”计划取得实质性成效。

4.乡村振兴战略加快破题。“空心房”整治扎实推进，截至4月20日，52个重点整治乡镇（办事处）共整治“空心房”370万平方米，腾地936.67公顷。脱贫攻坚继续加力，一季度完成脱贫财政专项投入2.58亿元，组织开展“脱贫攻坚作风建设年”活动，为扶贫资金专款专用提供坚实保障。现代农业加快发展，一季度农业增加值增长3.9%，同比提高1.6个百分点。

5.交通建设会战进展顺利。高速公路方面，岳望高速路基土石方基本完成，平益高速获省发改委立项批复，城陵矶高速建设方案已经确定。干线公路方面，长康南路土石方工程完成50%；湘北大道北段、南段附属工程正在扫尾，中段项目加快推进。城市道路方面，北环线、奇康路、汴河园路、湖东路等道路建设加快推进，年内将有7条城市道路建成通车；金凤桥路、建湘南路等11条道路完成修复，修复路面9万多平方米。农村公路方面，已完成路基工程371千米。

6.重大风险防控持续加力。全力防控政府债务风险，对全市政府债务进行三轮清理、甄别与核实，按照省里的统一部署，“停、缓、调、撤”一批政府投资项目，目前压减投资额约200亿元，踩住政府债务增长的“刹车”；全力防控生态污染风险，第2号省河长令任务、达哲省长指出的“四类问题”整改基本完成，168条“僵尸船”清理任务提前完成，27处省定黑臭水体治理加快推进。全力防控社会稳定风险，一季度全市安全事故率、死亡率分别下降68.5%和70.8%；全国“两会”期间没有发生一起进京到省非正常上访事件，社会大局和谐稳定。

7.其他社会事业持续发展。坚持促发展与惠民生并重，一季度民生支出增长16.6%，占财政支出比重71.6%。“两改”工作方面：“十大片区”征拆即将清零，“五个5”保障性房源供应惠民工程加快实施；农村159个集中建房点完成选址，91个启动“三通”工程，71个动工建房。社会保障方面：城市和农村低保标准进一步提标，月人均标准分别达到480元和285元。社会事业方面：“六建六扩”强力推进，白杨坡小学等5所学校新建、改扩建加快实施；市妇女儿童医院、市中医院基本医疗大楼、市二医院全科医生培养大楼加快建设。便民服务方面：中心城区交通综合整治、环境卫生集中整治全面启动；“五个一公里”公共服务圈加快布局；30家临街单位共享厕所向社会开放；首批10家单位正式对外开放内部停车场。

在肯定成绩的同时，我们也要清醒地看到，岳阳发展还存在不少困难和问题，主要表现在三个方面。

一是转型发展有压力。一季度，我市GDP、规模工业增加值、社会消费品零售总额、公共财政预算收入增速，分别低于年初目标0.6、2、2.2和4.6个百分点，分别居全省第12、12、14和11位。与经济总量紧跟我市后面的常德、衡阳相比，我市GDP增速分别低0.9、0.8个百分点，规模工业增加值增速分别低2.2、2个百分点，固定资产投资增速分别低1.3、1.8个百分点，社会消费品零售总额增速分别低2.3、2.1个百分点。2017年，我市GDP分别只比常德、衡阳多20、120个亿，后段再不加速加力，岳阳全省经济总量第二的位置就岌岌可危。岳阳发展有一个立体的坐标体系，一个是在湖南各市州当中，我们的经济总量排第二，但这是一个很脆弱的“老二”的位置，在湖南、湖北市州第二方阵当中，衡阳、宜昌与我们在各自省内的位置都差不多；还有一个就是在国家“十三五”规划中批复的国家区域中心城市有五个，包括赣州、洛阳、宜昌、芜湖，还有岳阳，总量不好比，但是增速、发展态势是可以比的，岳阳的位置并不靠前，还要继续加速加力。数据只是表象，问题才是根源。当前岳阳发展压力主要有三个：首先是工业发展的压力。现阶段，我市经济发展主动力还是在工业，但一季度规模工业增速比GDP低1.9个百分点，不但总量不匹配、不对称，而且增速不同步、不协调，这说明工业发展后劲还不强。其次是产业项目投资的压力。一季度，我市63个重大产业项目投资完成率只有12.5%，仅为时序进度的一半，还没有形成“产业项目建设年”应有的态势和效果。再次是财税增收的压力。2017年我市非税收入占比达48.1%，居全省第13位，高于全省平均水平11.9个百分点。按照省政府“收入质量提升三年行动计划”和省财政厅非税收入限额要求，我市非税收入要在去年基础上再压减19.47亿元，对财政增收带来困难。一季度部分项目进度不理想，数据指标受影响，辩证地看，这当中有客观原因，我们发展正在从高速度向高质量转型，特别是今年化解政府债务，这个攻坚战已经正式打响，省里面也在强力推进，这对我们的指标数据会有一定的影响，我们要本着实事求是的态度，一方面不唯指标论，特别是不唯阶段性的指标。我们可以作一些客观的研判，特别是对中央和省委的重大部署安排要坚决执行，该停的停，该撤的撤，该转的转，态度要坚决；另一方面要以强烈的紧迫感发挥倒逼效应，在转型换挡过程中肯定会有震动，但震动期也不能太长，而且最好是无痕切换，技术熟练的司机换挡的时候，就让人一点感觉都没有。包括财政收入这一块，我们非税收入占比接近50%，比省里平均水平要高很多，要高度重视、认真解决。

二是“三大攻坚”有短板。风险防范方面，市本级债务增速排全省前3位，个别县市区进入全省前15位，特别是平台公司集中90%隐性债务，风险较大。污染防治方面，中央环保督察整改任务“华容河水环境整治”问题超期未完成整改；中办督查室反馈我市9个环保问题，需立案查处的有2个；市区10个污水直排口9个超标，南湖水质今年同比有所下降等等，污染防治任重道远。生态文明建设，我们岳阳原来就是在“风口”，总书记习近平来了之后，我们更是在“风口浪尖”。原来我们强力攻坚的战果要巩固，现在还有很多短板要补齐，刚才作风同志也讲到控污截污、黑臭水体的整治、岸线资源的整治等都是硬仗，我们是湖南唯一的沿江城市，长江洞庭湖的重要节点城市，任务艰巨、责任重大。精准扶贫方面，主要是精准施策措施不到位，产业扶贫抓得不实，贫困识别还存在优亲厚友、错评漏评现象，有的单位还存在以行业普惠性政策代替精准扶贫政策的现象。

三是基层基础有差距。主要是存在作风不实、思路不宽、办法不新、机制不顺等问题。比如安全生产，4月10日，省安委办督查组反馈我市八大类29个问题，大部分问题症结就在于基层薄弱、基础脆弱，这尽管有客观原因，但主观上的放松放任肯定是存在的。比如“河长制”，昨天我是和达哲省长在湘阴上船，一路巡湘江、资江到益阳，再参加全省的“河长制”会议，有几个市县区的负责同志在现场，应该是感受到我们环保方面承受的巨大压力，一河一策、河湖划界等基础工作都有待加强。比如，有的河长对河流两岸有多少家高排污企业、多少个排污口、水质变化都不清楚、不敏感，有的指示牌流于形式，公示信息都是错误的，工作敷衍了事。前段时间，王家河水质出现问题，老百姓反响很强烈，现在老百姓对生态环境比较敏感，因为这与他们的幸福指数是密切相关的，他们也关注到王家河岸边有“河长制”的公示牌，但是认为那个公示牌是假的，不起作用，所以说我们推行“河长制”，这个牌子竖起来就要真正成为一种约束，一种责任。比如营商环境，一季度，全市受理环境投诉80多起，查办影响机关效能和损害经济发展环境的案件40起，仅蒙华铁路就发生严重阻工事件20多次，这说明我市营商环境是有问题的。前几天，我在调度港口建设大会战的时候，对港区目前的施工环境，特别是强揽工程、强行阻工这一块，我是讲得比较严厉的，因为最近发生的几起阻工案件是非常典型的，也是很令人愤慨的，所以这个事情要引起各地、各部门的高度重视。

成绩不讲跑不了，问题不讲不得了。导致这些问题产生的原因是多方面的，我看主要有这么几条。

一是对新发展理念领会不深不透。当前，新发展理念已变成非常具体的工作标准和非常严格的工作要求，比如“四个意识”“四个自信”“四个全面”的落地是具体的、现实的，“创新、协调、绿色、开放、共享”发展理念的落地是要见行动、见实效的，“抓重点、补短板、强弱项、防风险、固底板”的落地是要打收条、交答卷的，都要求我们紧跟时势变化，切实转变发展观和政绩观。确实，以前“四个意识”“五大发展理念”“抓重点、补短板”等大多停留在口号上，现在条条都要兑现。但少数领导干部对新理念学得不深、悟得不透，对新要求不适应、不习惯，身子进入“新时代”，脑子停留在“过去时”，思想上的结没打开，没有用新发展理念武装头脑、推动工作，思想和行动还跟不上节拍。“思想上的结没打开”这句话是总书记习近平这次在武汉座谈会上讲到的，这次总书记就长江大保护来开这个会，一个基调就是对前段工作不是很满意，觉得这项工作推进的力度还不够，所以现在回过头来看，中央的部委非常重视这次调研和会议，那么密集的到地方来，他们有压力，新发展理念还没有真正落地见效，路径依赖还是太强。家毫书记在省里传达会议的时候讲到，总书记当时脱稿讲“既然我们重视的一些事情你们不在意，那我们就只好发挥指挥棒的作用了”。总书记习近平这次一到湖南境内，就问家毫书记和达哲省长有没有了解中财委第一次会议的相关精神和内容，这次总书记一路调研过来，强调一个“转”字，中财委第一次会议的一个重要内容就是各个地方和部门要按照高质量发展的要求对标对表，对得上的抓紧推，对不上的抓紧改，要抓好顶层设计，抓好高质量发展的政策体系、指标体系、标准体系、统计体系、绩效体系、政绩体系和考核办法的跟进，使各地区、各部门在推动高质量发展上有所遵循，这就是总书记讲的指挥棒。下一步，估计这些也会变成非常具体的政策和考核办法，这也是我们非常期待的，如果指挥棒不转，我们在转型发展中就会失去遵循，但我们也不能只靠等，要提前谋划争取主动权。

二是践行新政绩观不够彻底。少数领导干部抓发展存在惯性思维，还是“总量重于质量、速度重于效益”，总认为打基础、利长远的事难度大、跨度长、见效慢，缺乏“功成不必在我”的担当和“久久为功”的定力。抓发展过度依赖传统路径，没有摆脱拼资源、拼投入、拼消耗、拼环境的粗放型增长模式，只算总量账和增速账，没有算成本账和效益账，只求一时不求长远，产生很多“经济激素”，造成经济“虚胖虚肿”。我们现在抓污染防治、政府化债和统计核查，就是在打“转向灯”和“方向盘”，就是要剔除过去的经济“激素”，也是在还过去的欠账。家毫书记在传达总书记习近平在武汉座谈会上的讲话精神的时候，也讲到地方和部门在生态优先绿色发展方面的职责和使命，所以对经济发展方式一定要特别的研究。他说，青海的省委书记、省长在给总书记汇报时候，总书记对他们说，不要汇报经济怎么增长，你们就算经济总量翻两番，也只能抵到沿海一个地级市的水平，就说你们要怎么保护好三江源，怎么保护好长江的发源地，生态环境破坏你就是罪人，这都是一种观念上的彻底转变。

三是应对处理问题的能力不强。有的同志对新挑战不敏感，缺乏“知识恐慌”“本领恐慌”，老办法不管用、新办法不会用、硬办法不敢用、软办法不顶用，面对新矛盾“束手无策”，特别是各种矛盾叠加时无从下手，思路打不开，措施跟不上，表决心是“说话的巨人”，解难题是“行动的矮子”，导致矛盾积少成多、问题积重难返。三大攻坚战都是难啃的硬骨头，还有经济发展也要换挡转型，所以在换挡过程中允许出现一些不可抗拒的减速，但不能以此为借口，为不作为找理由。昨天，省里召开“河长制”和洞庭湖治理会议，达哲省长和向群常务副省长就花了很大的篇幅讲“环境要治理，钱的问题怎么解决？”这也是对我们思路的一种梳理，现在我们抓扶贫、抓生态治理，的确需要很大的投入，但是总书记习近平在武汉会议上也强调了，不能以没钱为借口拖延在环境整治上的行动力，达哲省长和向群常务副省长也是这个意思。我相信从中央到省里，都会针对三大攻坚战出台一些政策，提供一些资金渠道来解决这些矛盾。但是不能一开始一上手就提钱的问题。并且实际上很多事情不需要花那么多的钱，有些时候思路一打开，问题就解决了，可以先把治标的问题、急难的问题、不讲价钱的先解决好，这既是一个思路问题，也是一个态度问题。包括我们下一步要推进的城区治污截污、污水直排口整治的问题，你如果一上来就把这个经济账算的那么精细，那么这个事情就不要做了。

四是统筹兼顾协调发展的机制不够完善。有的单位缺乏大局意识和系统思维，对市委、市政府三令五申要求配合推进的征地拆迁、生态整治等重点工作，还在打“小算盘”，抱着部门的条条框框不放，抱着地方的局部利益不放，上下联动、左右互动的工作机制还不顺畅，在治标和治本、整体和局部、短期和长期措施结合上还不够，工作顾此失彼，“按下葫芦浮起瓢”，许多工作只能应急，不能从根本上解决问题。

二、聚焦“高质量”，加快构建岳阳发展的新格局

推动高质量发展，是岳阳构建发展新格局的主攻方向，各级各部门要对照半年工作“双过半”、全年工作“满堂红”的目标，把高质量发展的要求落到实处。

1.坚持以大江大湖治理为突破，加快构建生态发展新格局。要以总书记习近平到岳阳来视察长江大保护工作为鞭策，正确处理经济发展与环境保护的关系，用长江大保护倒逼我们践行新发展理念，抢抓机遇，解决一批长期想解决而没能解决的环境生态方面的欠账问题。按照我们“一三五”基本思路，生态发展新格局原来的排序是在第五，有五个新格局，但是我为什么把它提到第一个第一项内容来讲，就是我感觉这项工作在未来一段时间对我们岳阳来说，可能就是排在第一位吧。达哲省长昨天在益阳的会议上，对我们整个湖南的，尤其是洞庭湖、长江的综合治理，提出三句话的要求：“第一，把长江岸线变成美丽的风景线。”谈到这一点的时候，特别点了两次岳阳责无旁贷，163千米岸线全在岳阳；“第二，把洞庭湖区变成大美湖区。”洞庭湖区治理我们岳阳也是首当其冲；“第三，把‘一湖四水’变成湖南靓丽的名片。”我想湖南要提‘一湖四水’靓丽的名片，那首先也是岳阳，各电视台、各大媒体出现的画面里，拍到湖南的时候必有岳阳楼，必有洞庭湖湿地群鸟起飞、麋鹿奔跑的镜头，所以说达哲省长提的这三句话，我觉得提得都非常好，“美丽的风景线、大美湖区、亮丽的名片”，哪一个能少掉岳阳？要抓好河湖长制落地。按照第1号省总河长令、市河委会1号指令要求，将巡河巡湖固定下来。对省总河长令任务以及市总河长令任务，严格打表计时、到点验收；对中央环保督察交办的突出问题和达哲省长指出的“四大类问题”，已销号的要进行“回头看”，没销号的要尽快整改，总的要求是“确保省市总河长令全面落实、确保岳阳河长制工作进入全省先进行列”。去年我们这项工作是比较滞后的，今年一定要做先进。要抓好长江岸线码头集中整治，按照家毫书记提出的“专项整治、边整边改、依法整合、限期完成”的要求，以超常规措施，对长江干线码头岸线实施“关停并转”，力争三个月内见到明显成效。这项工作如果我们在市级层面来推进，三年都难做成。但是，现在作为省里对习总书记到湖南视察的一种积极响应，省里在高位协调、超常推进。所以对我前面讲到的那些问题来说，尽管有超常的压力，但这也是一次超常的机遇，就是说如果我们抓住新一轮“长江大保护”这个机遇的话，可以解决一批长期想解决而没能解决的问题，包括这个岸线整治、码头整治。要抓好黑臭水体治理。围绕省定27处黑臭水体治理目标，按照“一水一策”的要求，推动黑臭水体整治向基层延伸，今年要完成马壕污水处理厂扩建任务。严格落实《市中心城区污水排放专项整治行动方案》，力争2年内基本解决中心城区污水排放突出问题。要抓好专项执法行动。抓紧启动新一轮污染防治攻坚战“夏季攻势”，组织开展2018年“蓝天利剑”“环湖利剑”专项执法行动，统筹抓好大江大湖、内湖内河治理，切实加强铁山水库等水源地保护，为岳阳发展构筑一道绿色屏障。向群常务副省长昨天在讲话当中，对目前我们生态保护、环境治理方面的问题，他点到有“视而不见的问题、久拖不决的问题、反弹反复的问题、质量监测的问题”。这个我们对标对表都有，比如说“视而不见的问题”，昨天陪达哲省长、向群常务副省长、忠诚副省长等省领导和14个市州的政府负责人、还有许多厅局长们，浩浩荡荡的队伍巡河，从湘阴上船，一直巡到益阳，其中到南湖洲，在途中总河长达哲省长就给我下了整改问题清单，两项突出问题，一个就是沙石码头整治还不到位；另一个就是乡镇沿堤无序建房、占用行洪道建房，影响防洪、影响航道，还造成直排。特别典型的是那个南湖洲，几位省长看了情绪都有点激动，说房子怎么能这么建呢？像那个吊脚楼一样，但是它是钢筋水泥的，破坏性很大。南湖洲是个集镇，老百姓也比较有钱，所以房子体量就大，确实伸到河道里面很远。来之前，我也知

市委副书记、市长李爱武深入中心城区，专题督导棚改攻坚清零工作

道湘阴县对河道垃圾做处理，可以想象没清理之前肯定是垃圾污水成堆，因为它没有别的收集措施。这个问题原来肯定是视而不见的，这是历史形成的，当初认为没有什么了不起，一直视而不见，现在成为一个特别突出的问题、重大的问题要整改，但怎么整改现在还理不清头绪，一万多人的集镇一下子怎么能够整改到位。“久拖不决的问题”，刚才我们点到了中心城区九大直排口，都拍了视频，污水横流，大家都知道这个不行，都知道要治，但是行动也比较慢。“反弹反复的问题”，昨天放的视频里面，有君山矮围拆除的问题，还有一个是垃圾问题，再一个就是中心城区南岳坡直排问题，这都是环保志愿者引导记者去拍的一些问题，都是反弹反复现象，这还只是冰山一角。刚才作风同志提到，马上要对我们已经整治的20多个黑臭水体来验收，我就感到紧张，担心能否过关？当时整治都是临时抱佛脚，治本还很不够。再一个就是“质量监测的问题”，很多东西为什么我们不敏感，或者到了一定程度才预警，这就是我们实时质量检测手段没有到位，没有及时发现问题、踩住刹车。

2.坚持以产业项目建设为抓手，加快构建现代产业新格局。当前，岳阳产业结构还是石化“一业独大”、财政收入质量不高，要改变这种状况，必须把发展的着力点转移到实体经济上来，加快构建多点支撑的现代产业体系。要牵住产业项目建设的“牛鼻子”。深入推进“产业项目建设年”活动，突出抓好“五个100”项目、63个重大产业项目、33个市级领导联点项目建设，针对项目审批报建、征地拆迁、建设进度、施工环境、资金筹措等问题，一个一个解难题、抓突破。要坚持重大项目开工竣工“两手抓”，深入开展“产业招商月”活动，各地各园区5亿元、10亿元产业项目招商和建设任务要坚决兑现，完不成任务的将“一票否决”。刚才讲来势不错，但是从整体推进的进度来看，特别是一些开工项目方面，包括投资进度方面还远远不够，还有差距，希望大家抓紧。要打好产业园区发展的“特色牌”。继续抓好园区建设大会战，严格落实“园区十条”，每个省级园区要坚定不移地培育2—3个特色产业，发改、财政部门要尽快出台完善相关措施，引导各个省级园区错位发展，杜绝恶性拼抢项目，推动产业集聚，尽快建成一批“特色园区”。我们各个园区的产业特色不鲜明一直是一个非常突出的问题，大家都看到了，而且经常围绕一个项目搞同质竞争、搞恶意拼抢，但是一直没有很好地解决这个问题，希望发改、财政一定要拿出一个有效的办法，发挥一个引导机制，在全市的各个园区里面，特别是省级园区进行合理布局，形成错位发展格局，形成特色产业集群。要依托标准化厂房开展“满园扩园”行动，力争今年新增规模企业100家以上，园区规模工业增加值占比达到80%以上。要补齐优势产业扩张的“产业链”。坚持培育壮大新兴产业与提质改造传统产业“两手抓”，重点围绕优势产业和龙头企业，引进一批关联度高、配套性强的上下游企业，实现传统产业“老树发新芽”，新兴产业“小苗成大树”，推动形成现代产业体系。前几天，市委常委会已经研究议定石化产业这一块，岳阳境内所有其他园区都要“零增长”，要向绿色化工产业园进行集并，关闭小、散、乱化工企业，这个也是针对习总书记这次武汉讲话反复提到“化工围江”现象，现阶段要重点解决的问题。

3.坚持以城陵矶新港区为龙头，加快构建开放带动新格局。今年家毫书记到岳阳调研，专门在港区召开了座谈会，对我市开放发展提出了明确要求。我们要按照家毫书记的指示精神，继续推进港区建设大会战，在全省开放崛起战略中当好“先锋”。要坚持“双港驱动”。水港要切实抓好岸线资源整合和管理运营，依托物流优势，加快发展一批大耗水、大运量的装备制造业和物流企业，形成“前有高效率水港、后有高质量工厂”的空间布局；空港要围绕湖南“南客北货”的定位，加快三荷机场建设，确保今年通航，尽快拿到空港产业园的“准生证”，抓紧谋划布局一批符合空港经济规律的优质关联产业。要坚持“产城互动”。前几年，港区都是重在建码头、建平台、建厂房，现在要重在向上项目、做产业、强园区转变，在抓紧补齐生活服务配套设施短板的同时，突出抓好国家级产城融合示范区建设，做到“以产促城、以城兴产”。要坚持“政策推动”。一方面，要用活用足近年来省、市出台的开放政策，把政策“大礼包”变成港区发展的“大动能”。另一方面，要积极在投融资机制、招商模式、征拆机制、绩效管理、人才引进等方面大胆创新，增强岳阳开放政策的洼地效应。同时要积极发展网络消费、分享经济等消费新业态、新模式，不断提升现代服务业比重。

4.坚持以交通建设大会战为重点，加快构建立体交通新格局。今年的交通建设大会战面临着最为严峻的挑战，就是政府债务的防控。但是我们去年一年下来交通大会战取得了积极成效，特别是一批在建的道路现在到了一个关键节点上，所以我们还是要科学应对。的确，对岳阳来讲交通建设特别是中心城区打造立体交通网络方面，还是有不少短板的，既然打了这一仗，还是要在这么严峻的资金压力下咬牙坚持好，把重点在建项目完成好。客观来看，经济发展具有很强的时效性，我们要按照“以时间换空间”的思路，抓紧补齐交通短板，打通经济发展的“大动脉”。一方面要抓建设、保重点。统筹推进高速公路、干线公路、城区快速环线和农村公路建设。特别是要服务好岳望高速项目，确保7月底建成通车；要争取国家发改委支持沿江高铁途经岳阳，相信长江经济带现在在全国的位置也会越来越重要，前不久省里主要领导出面亲自到国家发改委协调常岳九铁路，启动建设的可能性是比较大的，沪蓉高铁改线现在也是希望蛮大，我们要抓住机遇，尽快形成市域“两纵两横”的干线铁路网；要加快水空航道航线建设，全面构建铁、公、水、空多式联运体系。另一方面要抓整治、保畅通。严格落实“主城区交通综合整治行动方案”，坚持加强管控与优化服务并重，在突出抓好优化城区路网结构、加强重要交通节点改造、强化路面交通管控的同时，加快修建更多的公共停车场、人行过街设施，以及倡导绿色出行方式，力争通过两年的专项整治，有效缓解中心城区交通拥堵这个“痛点”。

5.坚持以乡村振兴战略为契机，加快构建城乡统筹新格局。实施乡村振兴战略是当前的一项重要工作，岳阳要率先全省出成绩、出经验。要把“空心房”整治作为“先手棋”来抓。抓紧完成52个重点乡镇（办事处）“空心房”拆除扫尾工作，将“空心房”整治与规范村民建房、农村土地流转、洞庭湖治理、厕所革命等结合起来，形成长效机制。今年我们一季度“空心房”整治取得的成效，远远超过原来的预期，在省里面也获得了充分的肯定，全省“空心房”整治现场会初定在湘阴召开，我们不仅要把会议承办好，更要把经验总结好。要把现代农业发展作为“重头戏”来抓。坚持“质量兴农”，重点抓好特色产业培育、农村土地流转、工商资本下乡和“千企下乡”行动，促进一二三产业融合发展，以农业增效促进农民增收。当前，要抓紧落实备耕生产，为全年粮食丰产打基础。要把农村综合改革作为“主攻点”来抓。在抓好农村土地制度改革、农村集体产权制度改革、供销合作社综合改革示范市创建等规定动作的同时，还要统筹抓好屈原农村改革集中区创建等自选动作，为乡村振兴注入更多内生动力。

三、突出“固底板”，牢牢把握驾驭全局的主动权

4月8日，达哲省长主持召开省政府常务会议，分析了一季度经济形势，特别强调要紧盯关键领域和薄弱环节，打基础、固底板，这项工作要作为我们后段工作的重中之重来抓。

1.坚决防范债务风险。这是一项政治任务，大家要提高政治站位，不遗余力抓落实。要强化目标导向。今年我市对政府债务总的要求是“不能进入全省前五位”，这既是债务排位的“天花板”，也是债务总量的“警戒线”。各级各相关部门要科学制定防控方案，一个一个项目、一笔一笔债务严防严控、消债减债。要强化问题导向。一方面，严控债务增量堵“后门”。严格执行“停、缓、调、撤”的要求，对不符合要求的项目坚决停下来。另一方面，化解债务存量开“前门”。当前尤其要加快棚改腾地和资金回笼，减少贷款利息支出；扎实开展国有资产清理整治专项行动，将清理出来的资金优先削减债务存量；加大平台公司整合力度，通过注入优质资产壮大平台公司实力，为政府偿债提供后盾。要紧盯土地储备、收费公路等专项债券开辟新的融资渠道，确保融资渠道不堵死、资金链条不断裂。要强化责任导向。省、市已将债务情况纳入党委政府绩效考核和领导干部离任经济责任审计，各县市区要按照“谁家的孩子谁来抱”的原则，把债务防控作为“一把手”工程来抓，从“借、管、用、还”等环节严管严控，确保筑牢政府债务风险的“防火墙”。

2.坚决托住民生底线。坚持“以人民为中心”，托实托牢每一条民生底线。突出脱贫攻坚，严格按照“两不愁、三保障”的标准和“一接近、一高于”的要求，把提高脱贫质量放在首位，加快攻克深度贫困堡垒，确保今年实现“平江县顺利摘帽、109个贫困村全部退出、全市综合贫困发生率降至2%以下”的目标。上次，我们常委会集体研究了如何贯彻落实省里面脱贫攻坚工作会议的精神，我们市级领导都会带队进行暗访，“四不两直”直接到所联系的县市区去查找问题，根据查出的问题再来进行指导。突出城市棚改，按照“规模适度、节奏放缓，优先保障省市重点工程”的要求，合理把握棚改征拆、招商、建设的节奏和力度，稳步推进棚改项目。当前，要重点抓好棚改项目征拆存量清零集中攻坚行动，列入攻坚计划的地块，原则上5月30日前要清零交地，确保棚改项目能够合理接续、有效运作。突出实事办理，严格落实省政府明确的八大领域、92项基本公共服务清单和五大公共服务工程，抓紧推出纾解民生痛点的新招与实招，办好每一件省、市民生实事，以群众的满意度检验发展的普惠度。

3.坚决维护社会稳定。发展是目标，稳定是基础，基础不牢，地动山摇。要狠抓防汛抗灾。据气象部门和水文专家预测，今年我市很可能出现“旱涝交替”的严峻形势。大家要做好两手准备，既要全力以赴防大汛，又要毫不放松抗大旱，要加快水利工程建设，配足防汛物资，整治险工隐患，坚决实现“五个确保”的目标。要狠抓安全生产。坚持“党政同责、一岗双责、失责追责”，深入开展“落实企业安全生产主体责任年”活动，组织开展“打非治违百日行动”，突出抓好危化物品、道路交通等13个重点领域专项整治，确保实现省政府提出的“三下降一杜绝”目标（即生产经营性事故总量、职业病新增发病率、较大事故起数持续下降，有效防范和杜绝重特大事故）。安全生产方面，岳阳在省里面进步还是很明显，得到了省主管部门的充分肯定，初定6月全省安全生产月活动启动仪式要在我市召开，但是这项工作容不得半点松懈，我们还要持续抓紧。要狠抓信访维稳。严格落实包案领导责任，加大信访积案要案处理力度，强化源头防控手段和包案稳控措施，力争攻克一批反复调解无效的“硬骨头”。要狠抓社会治理。以“平安岳阳”创建为抓手，积极开展打黑除恶专

项行动，确保社会大局平安稳定。这几项工作都是“一票否决”的底线工作，是“100—1=0”的特殊工作，决不能有一丝一毫的差错。

四、把握“着力点”，加快构筑廉政建设的防火墙

4月27日，国务院召开了第一次廉政工作电视电话会议，李克强总理作了重要讲话；随后省政府召开了2018年廉政工作电视电话会议，达哲省长提出了明确要求。大家要把思想和行动统一到李克强总理、许达哲省长的讲话精神上来，自觉提高政治站位，严格坚守廉政底线，努力营造风清气正的政治生态。

1.更加注重优化经济环境，持续推动高质量发展。制度是最好的“防腐剂”。我们要按照省里的统一部署，深入推进对接“北上广”优化大环境行动，抓紧出台《岳阳市“最多跑一次”优化营商环境工作方案》《全市营商环境评价指数实施方案》，严格执行《岳阳市2018年涉企检查工作及“双随机一公开”监管计划》，组织开展优化经济发展环境专项整治行动，努力营造安全、公正、优质、可预期的营商环境，为振兴实体经济提供制度保障。优化经济环境是打基础、利长远的事情，是触动利益、自我革命的事情，要下决心来做。产业发展靠项目，项目落地靠环境，环境优化靠政府管住自己、放活市场，下一步这项工作也要作专题部署。这项工作虽然不像我们抓项目、抓产业包括其他一些工作来得那么急，但是是特别重要、管长远的工作，要用点韧劲、要用点决心、也要用点绣花功夫来做。

2.更加注重商事制度改革，持续推动简政放权。严格实施“权力清单”“责任清单”“负面清单”制度，稳步推进商事制度改革，加大“简政放权”力度，做到能压减的审批项目坚决减到位，能下放的审批权限坚决放到位，能合并的审批事项坚决并到位，尽量把经济管理权放到离市场最近的地方，把社会管理权放到离老百姓最近的地方，最大限度地把方便留给客商、留给群众。

3.更加注重突出问题治理，持续推动政风转变。全面加强公共工程、公共平台、公共资产、公共资金、公共资源交易、公共权力运行等关键领域、关键环节的廉政风险防控，斩断各种乱象背后的利益链和关系网，有效铲除滋生腐败的土壤。今年作风领域专项治理比较多，要重点组织开展违反中央“八项规定”精神突出问题、扶贫领域作风和腐败问题、公职人员参与非法集资问题、棚改资金审计发现问题等专项治理，严格标准、严肃纪律、动真碰硬，把自己摆进去，坚决防止“四风”问题反弹回潮、死灰复燃。

4.更加注重严格执纪问责，持续推动反腐倡廉。坚持全面从严管党治党，严格落实党风廉政建设“一岗双责”。一方面，要严格执纪问责，继续保持反腐败斗争的高压态势，严肃查处懒政庸政怠政行为，坚持从重从严从快、抓早抓小抓了，倒逼政府系统党员干部主动系好廉政的“安全带”。另一方面，要加强廉政教育，引导政府系统党员干部把握好用权的“方向盘”，自觉立政德、明大德、守公德、严私德，习惯在越来越严格的约束和监督下用权履职，永葆干净做人、干净干事、干净从政的清廉本色。

五、提振“精气神”，全面提高狠抓落实的执行力

执行力是政府工作的生命力。要始终保持“满格充电”，进一步提振精气神，推动中央、省、市各项决策部署落到实处。

1.要以“时不我待、只争朝夕”的精神抓落实。今年的时间已经过了三分之一，大家要有一种“等不起、慢不得”的危机感和责任感，绝不能“平时不烧香，急时抱佛脚”，如果现在不慌不忙、不紧不慢，等到临近收官再“临门一脚”搞突击，那是行不通的。特别是今年的任务尤为艰巨，“三大攻坚战”都到了最关键的节点时间，要针对当前的短板指标和突出问题，一个一个指标去调度，一项一项工作去推进，尽量把工作往前排、把任务朝前赶、把进度向前推，确保圆满完成全年各项目标任务。

2.要以“干到极致、走在前列”的信念抓落实。工作取向不高，完成质量肯定就打折扣。大家要摒弃“过得去就好”“差不多就行”的思想，发扬“挑战不可能”的精神，坚持“跳起来摘桃子”，自我提标、自我加压，敢于与工作进度快的比速度、与工作劲头足的比干劲、与工作效率高的比成效，确保岳阳各项工作在全省走在前列。这次我和大家一起迎接总书记到岳阳来视察，包括围绕总书记到来的其他各位领导视察与来访，在这个过程中我特别有感触，一个方面是感觉我们岳阳的干部能打硬仗；第二个就是“人心齐、泰山移”。这次接待工作任务其实是非常艰巨的，时间又特别紧，标准要求特别高、特别严，很多部门和地方的同志都参与了，尤其是楼区和君山区，部门有海事、环保、水务、公安、林业、城管等等，很多东西是大家看不见的，没有参与的同志体验不到。最后我们的工作是得到了省里的主要负责人的肯定，家毫书记在几次场合公开表扬了我们；中办、省委办公厅的同志，对我们岳阳给予了高度评价；特别是省委办公厅主要负责人讲，你们岳阳真的是不错，“创造了不少人间奇迹”。有时候领导来一趟提一些要求，中办来一次提一些要求，省委来一次提一些要求，很多时候就给我们三天、甚至是一两天时间整改完善，我们是不打一点折扣，有时侯是超乎他们想象地完成了，这说明大家只要下决心干，困难都是可以克服的。所以讲人的主观能动性是最重要的，只要大家的积极性调动起来，只要人心齐，确实可以产生惊人的执行力。我觉得岳阳各项工作要走在全省前列，我是非常有信心的，只要大家思想上想明白了，同时也形成了合力，就一定能够达到目的。

3.要以“持续用力、久久为功”的定力抓落实。各级各部门要围绕市委、市政府部署的重点工作、重点项目、重点任务等，发扬钉钉子的精神，定一件、干一件、成一件。要自觉践行“一线工作法”，不搞“遥控指挥”和“电话调度”，主动到企业去、到项目去、到基层去，推动工作问效从“落地听声”到“落地生根”转变。

同志们，做好当前工作，完成全年任务，使命在肩、责无旁贷。我们要发扬克难奋进、主动担当的实干精神，发扬逢山开路、遇水架桥的开拓精神，认真践行“一三五”发展思路，全力推动岳阳各项工作再上新的台阶！

岳阳市人民代表大会常务委员会工作报告

——在岳阳市第八届人民代表大会第二次会议上

岳阳市人民代表大会常务委员会党组书记、常务副主任 向伟雄

（2018年1月3日）

市人大常委会党组书记、常务副主任 向伟雄

各位代表：

我受岳阳市第八届人民代表大会常务委员会的委托，向大会报告工作，请予审议。

2017年主要工作

2017年，在中共岳阳市委的坚强领导下，在省人大常委会的正确指导下，市人大常委会认真贯彻党的十八届三中、四中、五中、六中全会和党的十九大精神，全面落实市委“一个目标总揽、两大战略引领、三条底线筑牢、四大会战发力”的决策部署和市八届人大一次会议精神及省市人大有关决议决定，开拓创新，积极作为，实现了本届人大工作良好开局。一年来，市人大常委会颁布施行地方性法规1部，审议通过并公布地方性法规1部，作出重大事项决议决定5项，听取和审议“一府两院”专项工作报告20项，检查2部法律法规实施情况，依法任免国家机关工作人员145人次。

一、议决大事，在推动发展上取得新成效

常委会充分行使重大事项决定权和人事任免权，有力促进全市经济社会发展。

一是助推经济发展。听取和审议全市半年度经济社会发展、财政预算执行，以及政府性债务管理等情况报告，就债券资金安排、市级预算调整、财政决算等作出决议决定，推动政府合理安排资金，促进经济转型升级；听取和审议年度城乡规划实施、城建项目资金计划执行及计划编制情况报告，推动政府科学合理组织城乡建设管理；开展休闲农业与乡村旅游发展情况调研，组织在岳全国人大代表调研农产品加工业发展，推动政府促进农业生产经营方式转变和农业供给侧结构性改革；将助推“四大会战”、落实“四个十条”作为常委会工作重点，主任会议成员牵头或参与“四大会战”，70多名国、省、市三级人大代表集中视察交通建设大会战重点项目，近万名各级人大代表积极参与脱贫攻坚、港口建设、园区建设大会战有关项目，有力地推动“园区十条、开放十条、非公十条、金融十条”落地落实。

二是着力民生改善。组织视察城乡医疗卫生基础设施建设，调研“健康中国2030”规划纲要实施情况，督促政府优化医疗资源布局，加强医疗保障体系建设，推进医疗项目实施；听取和审议《中华人民共和国食品安全法》执法检查审议意见落实情况，视察农产品质量安全检验检测体系建设，开展农产品质量安全行活动，督促政府强化农产品质量安全和食品安全监管；听取和审

议全市残疾人权益保障情况，调研贫困残疾人扶贫工作，督促政府保障和维护弱势群体利益；开展农民健康行、民族团结进步行动活动，调研中心城区棚改、教育均衡发展、体育中心建设、少数民族服务管理等工作，督促政府拓展民生工作普惠面。

三是严督环境保护。听取和审议2016年度全市环境状况和环境保护目标完成情况，认真开展环保世纪行活动，督促政府抓好大气、水、土壤三大污染防治，提升岳阳人居环境和城市品位；针对中央环保督察组反馈的20项突出环境问题，开展整改督查，督促政府将黄盖湖网箱养殖、东洞庭湖违规采砂、环湖违规垃圾堆放等17个问题整改到位或销号；专题调研城区河流治理情况，督促政府完成城陵矶新港区象骨港渠、南湖蛇皮套区域三大湖等20处黑臭水体整治项目，组织实施中心城区污水管网三年行动计划。

四是加强人事任免。落实市委人事意图，为发展提供组织保障。在人事任免上严格把关，制定《人事任免办法》，规范和完善任免程序；认真执行任前法律知识考试、任职资格审查、供职发言、向宪法宣誓、颁发任命书等制度，任免国家机关工作人员145人次，组织41人进行宪法宣誓，聘任各专门委员会兼职委员42人；督促国家机关工作人员依法行使职权，服务经济社会发展。

二、主导立法，在促进法治上开创新局面

常委会坚持科学立法、民主立法、依法立法，促进法治岳阳建设。

一是坚持科学立法。根据市委决策部署和人大代表、社会各界建议，立足岳阳实际，珍惜山水资源，审议通过并公布《岳阳市城市规划区山体水体保护条例》，为绿色生态发展构筑法律保障；颁布施行《岳阳历史文化名城保护条例》，组织相关单位制定工作方案，督促政府认真实施，保护岳阳历史文化资源；根据社会公众意见建议，组织开展城乡建设、环境保护方面的立法调研、论证工作。

二是坚持民主立法。扩大社会公众有序参与立法工作，通过报刊、网站向社会征求立法建议1000多条，组织召开立法调研座谈会30余次，听取意见建议400多人次；建立法规草案征求市人大代表和县市区人大意见机制，对意见建议采纳情况逐一反馈和说明；与湖南理工学院、市内知名律师事务所建立立法合作和技术支持机制；聘用相关领域专家40人，建立立法咨询专家库；在各县市区确定立法工作联系点，通过联系点收集、汇聚社情民意。

三是坚持依法立法。严格遵守立法权限，遵循立法原则，遵从立法程序，依法开展立法活动，制定《地方立法工作若干规定》，对年度立法计划编制、法规案的起草与提出、法规草案征求意见等立法工作程序进行规范；组织全市近50名立法工作人员进行集中培训，强化依法立法意识，夯实立法工作基础；加强人大相关专门委员会、政府法制办及有关部门的沟通协调，促进立法项目依法推进、立法阶段有序衔接。

三、加强监督，在增强实效上实现新突破

常委会创新监督形式，突出监督重点，增强监督实效，促进“一府两院”依法行政、公正司法。

一是强化法律监督。由常委会组成人员带队，以分组检查、问卷调查、逐村逐单位抽查方式，组织开展《湖南省农村扶贫开发条例》执法检查，督促政府落实法律规定，加快脱贫攻坚步伐；组织开展《中华人民共和国禁毒法》执法检查，督促政府加大禁毒力度，惩治毒品犯罪；跟踪督查执法检查审议意见的落实，督促政府切实解决法律法规执行中存在的贫困主体作用发挥不够、社会兜底政策有扩大化倾向、毒品蔓延、吸毒人群增多等问题；对全市法院司法改革、市人民检察院案件管理等工作进行调研，督促司法机关改进工作，公正司法；认真做好规范性文件备案审查工作，接收报备规范性文件46件，向省人大常委会报送备案规范性文件5件。

二是强化工作监督。对道路运输管理、救灾救济、城区环卫、森林防火、文物保护、规范性文件管理6项工作进行认真评议，对城乡医疗卫生基础设施、消防应急救援、农产品质量安全检验检测体系、人防工程及停车场建设5项民生工作进行集中视察，对城区交通秩序管理、禁违拆违治违、突出环保问题整治、代表建议办理等8项重点工作进行专题督查，对血吸虫病防治、工业园区建设、残疾人保障等20项热点工作进行专题调研，提出审议、评议、视察意见和工作建议，交由政府整改落实，促进政府改进工作；对执法检查审议意见落实情况、劳动监察工作审议意见落实情况、工作评议意见整改报告等12项工作报告，在常委会上进行票决和满意度测评，并向社会公布，促进政府依法行政、履职为民。

三是强化预算监督。出台《关于预算审查前听取人大代表和社会各界意见建议的若干规定》，建立听取财政预算意见建议网络平台，成立财经专家咨询委员会，扩大预算审查社会参与面；出台《市属非行政区预算审查监督暂行办法》，规范岳阳经济技术开发区、南湖新区、城陵矶新港区和屈原管理区预决算监督；推进全口径预算审查工作，除部门预算草案外，同时将政府性基金预算、国有资本经营预算、社会保险基金预算和四个非行政区预算草案，首次提请本次代表大会审查批准；听取和审议年度市本级预算执行和其他财政收支审计工作报告及审计查出问题整改报告，对审计报告指出的205个问题的整改情况进行跟踪督查，5个重点被督查单位首次在常委会上报告整改情况，并进行表决，整改力度明显加大；对科技研究与开发资金、新型工业化引导资金、城陵矶新港区财源建设奖励资金、产业发展基金开展细化审查，促进专项资金安排更加科学合理，资金使用绩效更加充分发挥。

四、发动代表，在服务群众上彰显新作为

常委会坚持服务代表，发挥代表“压舱石”作用，全体市人大代表迸发出新的活力。

一是加强“双联”工作。出台《常委会组成人员联系市人大代表及考核办法》，一年来，常委会组成人员走访联系代表800多人次，收集整理饮水安全、社区管理等方面的意见建议50多条，邀请近200名代表列席常委会会议，参与专题调研、执法检查、视察、建议督办

市人大常委会党组书记、常务副主任向伟雄调研西环线项目建设

等活动；出台《市人大代表联系原选举单位和人民群众及考核办法》，全体市代表联系县市区代表900多人，同时通过147个乡镇工作平台联系群众1100多人次，为群众解决实际问题500多个。

二是督办代表建议。市八届人大一次会议及闭会期间，代表共提出建议241件，按照“提得准、交得细、办得实、考得严”的要求，将其全部录入网上平台，公开办理情况，采取主任会议成员带队、委室督办、考评促办等做法，加强建议督办。到11月底，241件建议全部办理完毕，所提问题已经解决或基本解决的83件，占34.5%；正在解决或列入规划逐步解决的138件，占57.2%；因受政策或条件限制暂时难以解决，已向代表说明情况的20件，占8.3%。谢胜代表《关于保护岳阳中心城区山体水体的建议》、彭艳代表《关于加快园区发展促进工业强市的建议》等许多建议办出了实效，共解决问题124个。从反馈的意见来看，代表表示很满意的94件，占39%；满意的118件，占49%；基本满意的29件，占12%。同时，将其中15件建议作为重点建议进行重点督办，代表很满意9件，满意5件，基本满意1件。

三是组织开展活动。组织全市万名各级人大代表开展“我为脱贫攻坚争贡献”系列竞赛活动，全市有8753名人大代表结对帮扶贫困户8696户、贫困学生3069名，引进帮扶资金5.9亿多元，落实“引老乡回故乡建家乡”项目267个，安排贫困人口就业1.59万人，涌现出一大批表现优秀的人大代表；向代表发出积极参与环境保护，刹人情歪风、治婚丧陋习、树文明新风倡议书，动员参与防汛抗灾工作，全市人大代表积极响应，以个人行动、代表小组活动等形式率先垂范，彰显了代表风采。

五、提升能力，在自我修为上展现新形象

常委会及机关开展“五大”主题活动，提升履职能力，推动工作上水平、争一流、作贡献。

一是着力大培训。举办学习党的十九大精神、“四种精神”“四大会战”“四个十条”等专题讲座12场次，开展市人大代表任职培训、常委会组成人员履职培训、全市乡镇街道人大负责人业务培训等900多人次，组织“不忘初心、笃志前行”演讲比赛、道德讲堂等活动9场次，有效提升了人大代表和人大工作者的政治站位和能力素质。

二是着力大调研。全年开展调研近40次。其中开展“创新引领在岳阳”等课题调研6次，围绕落实中央、省、市关于加强县乡人大工作和建设的文件会议精神专题调研4次，有20项调研成果转化为常委会、主任会议议题，将调研情况向市委报告，向有关部门反馈，为工作决策提供参考，将审议意见向“一府两院”交办，督促改进工作。

三是着力大创新。创新工作制度，完善《常委会工作规范》，新增工作制度14项；创新工作方法，改进执法检查、预算审查方式，建立社会参与立法机制，举办国、省、市三级人大代表履职报告会；创新舆论宣传，开通人大微信公众号，在《中国人大》《人民之友》等刊物上系统推出、重点推介全市人大工作。

四是着力大督查。对常委会决议决定、审议评议意见等落实情况严格跟踪督办，组织开展督查活动47次，其中，常委会审议意见督办12次，视察意见督办5次，代表建议督办30次，有力促进了各项工作落实；依法办理信访，全年接待群众来信来访210件417人次，建立周五信访督办日制度，限期报告办结情况，信访交办件到期回复率100%。

五是着力大提升。在年初成功创建省级文明单位基础上，着力创建省级文明标兵单位、省级模范职工之家、全市综治先进单位；组织机关32名人大代表和93名党员干部，深入华容县建华村扶贫办点，督促落实扶贫资金，结对帮扶贫困户，帮助汨罗市西长片区美丽乡村建设，协调发展项目；推进“两学一做”学习教育常态化制度化，落实党风廉政建设主体责任，支持市纪委派驻纪检组工作，机关党的建设全面加强。

此外，常委会争取市委重视，督促县乡人大落实中央、省委、市委有关文件和会议精神，召开有党委相关部门和市县乡三级人大负责人参加的全市加强县乡人大工作和建设推进会，积极推进县乡人大工作和建设，取得明显成效。一是党对人大工作领导更加强化。县乡党委将人大工作纳入总体布局，定期研究、听取汇报。二是履职行权更加到位。聚焦重大事项、民生热点，有计划、有重点地加强重大事项决定与监督工作，促进了“一府两院”依法行政、公正司法。三是代表作用发挥更加充分。县乡人大开展丰富多彩、富有成效的代表活动，影响大，反响好。四是自身建设更加完善。县乡人大机构设置逐步规范，人员配备逐步到位，基层基础进一步夯实。

各位代表，过去一年，常委会工作取得了一定成绩，这是中共岳阳市委坚强领导的结果，也是全体常委会组成人员和市人大代表认真履职的结果，还是“一府两院”密切配合和社会各界、人民群众大力支持的结果。同时，我们也清醒地认识到，与宪法和法律赋予的职责、与人民群众的期待相比，常委会工作还存在一定的差距：立法机制有待进一步完善，监督刚性和实效有待进一步增强，代表履职方式有待进一步丰富，代表议案建议办理水平有待进一步提升，县乡人大机构编制有待进一步加强等。我们将高度重视，认真研究，加以改进。

2018年工作安排

党的十九大报告强调，人民代表大会制度是坚持党的领导、人民当家作主、依法治国有机统一的根本政治制度安排，必须长期坚持、不断完善。把握党的十九大对坚持和完善人民代表大会制度、推进社会主义民主政治建设的新要求，是做好新形势下人大工作的关键。2018年，常委会将全面贯彻党的十九大精神，以习近平新时代中国特色社会主义思想为指导，不忘初心，牢记使命，加力推进民主法治建设，努力建设全面担负起宪法法律赋予各项职责的工作机关、同人民群众保持密切联系的代表机关，依法行使职权，发挥代表作用，服务高质量发展，助力打好防范化解重大风险、精准脱贫、污染防治攻坚战，助推实施创新引领开放崛起战略，积极响应“四大会战”决策部署，为建设湖南发展新增长极和国家区域性中心城市作出新贡献。

一、依法行使职权，服务岳阳发展

党的十九大报告要求，支持和保证人大依法行使立法权、监督权、决定权、任免权。常委会将视使命为生命，凭发展论英雄，以项目比能力，从担当看品格，有效行使法定职权。

立好地方法规。一是在人大代表、人民群众立法需求和立法建议基础上，建立2018—2021年立法项目库；二是起草审议《岳阳市机动车停车条例》；三是进一步发挥人大主导立法作用，完善立法机制，推进常委会组成人员深度参与立法选项、调研、起草、审议全过程。

抓好监督工作。落实市委七届五次全会精神，以促进实体经济发展作为监督工作重点。一是听取和审议政府关于精准脱贫、交通建设、实体经济发展、城区农贸市场规划建设管理、就业工作、半年度国民经济及社会发展计划执行、市本级预算执行和其他财政收支情况审计及问题整改、“十三五”规划中期评估，市中级人民法院刑事审判、市人民检察院公诉工作等专项报告；二是开展《中华人民共和国水污染防治法》《湖南省中小学校幼儿园规划建设条例》等法律法规的执法检查，促进政府持续整改环境突出问题，合理布局和建设中小学校、幼儿园；三是对市旅游外事侨务办全域旅游、市科技局促进科技成果转化、市国土资源局不动产登记、市公安局治安管理、市农委规范农村村民建房、市经信委产业帮扶、市质监局特种设备监管、市工商局商事制度放管服改革等有关工作进行评议；四是视察全市工业园区建设、港口建设、水利建设、平安岳阳建设和历史文化名城保护等工作；五是专题调研全市乡村振兴战略、移风易俗、学校周边及农村地区食品安全等工作；六是督促政府落实2017年常委会执法检查、工作评议审议意见和有关工作视察意见；七是依法开展对市监察委员会监督的有关工作；八是继续开展环保世纪行、农产品质量安全行、农民健康行、民族团结进步行动活动；九是加强规范性文件备案审查，增强备案审查实效。

议好重大事项。修订《常委会讨论决定重大事项规定》，健全讨论决定重大事项协调机制，探索重大事项票决制，发挥人大代表和常委会组成人员在讨论决定重大事项时的作用。把听取和审议有关工作报告、审查批准计划和预算、城建项目等专项资金安排作为行使重大事项决定权的重点，就服务实体经济发展、实施乡村振兴战略、城市总体规划修编、财政决算、预算调整等方面工作，依法作出决议决定。

把好任免关口。规范和完善人事任免程序，规范被推荐提名人选在会议投票选举任免表决前与人大代表、常委会组成人员见面程序。做好市监察委员会组成人员的任命工作。加强对人大及常委会选举和任命人员的履职监督工作。

二、规范管理服务，发挥代表作用

党的十九大报告要求，更好地发挥人大代表作用，使各级人大及其常委会成为同人民群众保持密切联系的代表机关。常委会将加大力度，依法保障代表权利，支持代表充分履职，发挥代表主体作用。

加大“双联”工作力度。健全常委会组成人员联系市人大代表制度，推进市人大代表向原选举单位述职工作，密切市人大代表与原选举单位和人民群众的联系，对代表和群众提出的问题认真督办，及时反馈。加强对市人大代表履职考核管理，探索建立动态管理机制，督促代表认真履行义务，对表现突出的代表进行表彰奖励。

加大平台建设力度。提升人大代表联系群众工作平台规范化建设水平，推进村（社区）平台建设，2018年实现村（社区）平台建设全覆盖；完善代表建议办理平台和办理结果公开平台，为代表提交建议、查询办理进度和结果、反馈意见等提供服务；加强人大新闻宣传平台建设，着力宣传代表履职情况，聚焦和推介代表联系群众先进典型。

加大建议办理力度。认真落实《代表建议批评意见处理办法》《代表建议办理工作考核办法》，改进督办方式，着力提高代表建议办成率；组织代表参与建议办理全过程，促进承办单位与代表面对面研究，有效解决问题；建立建议办理结转机制，对没有办结的建议，转入下一年度继续办理，加强跟踪督办，直至办结，让每一件建议都能办出实效。

加大活动组织力度。分批组织代表开展有针对性的学习培训活动，提升代表履职能力；结合代表职业特点、业务专长，邀请更多代表列席常委会会议，参与视察调研、执法检查、专题询问和工作评议等活动；健全常委会和有关国家机关向代表通报工作情况和重要事项制度，拓宽代表知情知政渠道；督促代表所在单位支持代表履职，提供必要的时间和物质保障。组织国、省人大代表专题视察活动，组织市人大代表集中视察活动，围绕市委中心工作，在全市各级代表中开展“治陋习、树新风”和履职问效等主题活动。

三、突出履职担当，加强自身建设

党的十九大报告要求，使各级人大及其常委会成为全面担负起宪法法律赋予各项职责的工作机关。常委会将努力加强自身建设，切实提升工作水平。

推进“五大”主题活动。一是推进大培训，通过“红星云”、支部学习、专题辅导等形式，深入学习宣传党的十九大精神，开展“不忘初心、牢记使命”主题教育活动，继续组织代表履职报告会。二是推进大调研，围绕十九大精神及市委、市政府中心工作，开展专题调研；围绕常委会议题，组织常委会组成人员和人大代表，开展审议调研。三是推进大创新，在全市人大系统实施乡村振兴战略助力行动，由主任会议成员带队，开展分组执法检查和视察。四是推进大督查，落实“双联一办”考核办法，坚持对政府有关工作整改报告进行督查测评，重点对审计工作报告指出问题整改情况进行专题督查，督促信访事项落实，维护群众合法权益。五是推进大提升，完善人大网刊，办好人大微信公众号，做好全省人大机关信息化建设示范试点工作，创建省级文明标兵单位、省级模范职工之家和全市综治先进单位，建立综合绩效考评体系，推动常委会工作在全国有影响、在全省争先进、在全市作贡献。

推进组织机构建设。按照党的十九大报告要求，完善市人大专门委员会设置，聘任相关专业代表参与专门委员会工作，充分发挥专门委员会职能作用。加强常委会组成人员能力建设，定期组织调研视察，提高常委会会议审议质量。完善常委会代表联络、环境监督、司法监督和信息服务等机构建设。争取市委重视，加大人大干部与党政干部的交流力度。

推进党风廉政建设。坚持全面从严治党，加强常委会党的工作和建设，驰而不息反“四风”，坚决反对形式主义、官僚主义、享乐主义和奢靡之风。严格执行党风廉政建设责任制，严肃党内政治生活，严明党的纪律规矩，提升代表和工作人员政治素养，引导代表和工作人员忠诚、干净、规范履职，使全体市人大代表和常委会及机关始终保持清正廉洁的政治本色，营造风清气正的政治生态。

推进县乡人大建设。深入落实中央、省委、市委关于加强县乡人大工作和建设的文件及会议精神，进一步推进全市县乡人大工作和建设；加强对县乡人大工作的指导，督促县市区人大完善机构设置，加强人员配备，强化考核管理，督促乡镇人大开好会议，发挥人大主席团作用；调研非行政区人大工作，逐步规范工作开展；完善市、县、乡人大工作联动机制，重点工作上下联动、同频开展、共振发力，发挥全市人大工作整体效能。

各位代表，新时代赋予新使命，新征程召唤新担当。让我们紧密团结在以习近平同志为核心的党中央周围，在中共岳阳市委坚强领导下，开拓创新，奋发进取，为加快建设湖南发展新增长极和国家区域性中心城市不断贡献人大智慧和力量。

中国人民政治协商会议
岳阳市第八届委员会常务委员会工作报告

——在政协岳阳市第八届委员会第二次会议上

市政协主席　徐新楚

（2017年12月31日）

市政协主席　徐新楚

各位委员、同志们：

我代表政协岳阳市第八届委员会常务委员会，向大会报告工作，请各位委员审议，并请列席会议的同志提出意见。

2017年工作回顾

2017年，在中共岳阳市委的坚强领导和省政协的正确指导下，市政协常委会牢牢把握主题，充分发挥优势，广泛凝聚力量，紧贴中心大局，忠实履行职责，着力把政协工作往深想、朝实做、向前推，为加快岳阳“城、堡、极”建设作出了积极贡献。

一、强化政治引领，确保了“高站位”

坚持把政治建设摆在首位、抓在手上，牢树“四个意识”，增强“四个自信”，在推进社会主义协商民主和政协事业新发展的生动实践中，找准了时代坐标，坚定了矢志目标。

强化了根本保证。市委的坚强领导是政协事业进步发展的根本保证。市政协党组及时向市委汇报重点工作、请示重要事项、报告重大活动。自觉通过协商民主的程序，把市委的决策部署、中心工作，转化为政协组织和广大委员的履职行动；市委认真贯彻落实省委政协工作会议精神，高度重视政治协商、精准指导政协履职、真情关爱委员干部，市委常委会专题审定市政协调研协商监督计划、听取市政协工作情况汇报、研究市政协八届二次全会筹备，为我们做好政协工作指明了方向、提供了遵循、注入了动力，有效实现了党对人民政协的政治领导、思想领导和组织领导。

增进了政治认同。通过开设理论课堂、道德讲堂、轮训学堂，组织专题讲座、荐书悦读、书友沙龙等活动，引领全市政协系统深刻领会、准确把握习近平系列重要讲话和十九大报告提出的新论断、新理论、新特点、新目标、新要求，进一步增进了各党派团体、各族各界人士的政治认同、思想认同、理论认同、情感认同，夯实了合作谋事、团结奋斗的共同思想政治基础，使之更加自觉地在政治立场、政治方向、政治原则、政治道路上与以习近平同志为核心的党中央保持高度一致。

抓住了关键少数。市政协党组和常委会不仅把学习宣传贯彻党的十九大精神作为首要政治任务抓得很实抓得很紧，而且坚持用习近平新时代中国特色社会主义思想统领政协各项工作；不仅设计了调研式、互动式、开放式学习形式，发挥了领导班子成员和常委会组成人员“领学、促学”示范作用，筑牢思想之基，补足精神之钙，把稳思想之舵，而且着眼全局、站位全局、融入全局，与市委始终同心同向、合力合拍，真正做到了旗帜鲜明讲政治、坚定不移讲看齐、不折不扣讲执行。

二、忠实履行职能，交出了“好答卷”

启届之年，政协各项履职工作有力有序开展、扎实深入推进，起步稳健、开局良好。

专题调研硕果累累。按照省政协三级联动和市委点题交办要求，高质量完成了“开放崛起在岳阳”首位课题调研，分析了我市开放崛起的战略背景、现状短板，提出了打造“一极三区两中心”的开放定位和发展对策，谋划了178个、总投资达3754亿元的重大项目，通过清单报送、专题宣讲、党校授课、走进红网、集中视察等方式促进了调研成果转化。组织开展了“打造交通物流枢纽”“优化非公经济发展法治环境”等5个重点课题和“教育扶贫”“历史街区保护”“特色小镇建设”“地方戏曲传承发展”“基层宗教场所公共安全”“有色金属固废循环利用”等自选课题调研；各党派团体委员积极参与“大岳阳城市圈建设”“河湖连通工程”“园区经济发展”等7个课题调研，形成了一批有见解、有价值的调研成果。

协商民主有声有色。组织了金融扶贫、规范村民建房、加强食品安全监管体系建设等专题协商，同时就美丽乡村建设、石化产业转型升级、建筑垃圾处理与综合利用、航运物流和多层次资本市场等主题开展了界别协商、对口协商、提案办理协商，不仅发挥了界别优势，而且形成了“三位一体”的职能聚焦、闭环管理和成果叠加。

民主监督有力推进。组织开展了产业扶贫、港口会战、明厨亮灶、分级诊疗、医疗废弃物集中处置等视察监督活动，提高了民主监督的组织化程度。带领政协委员走进法检两院和纪委，探索了刚性执纪监督与柔性民主监督的互融、互鉴、互促机制，获得了良好的社会反响。

一年来，市政协共开展专题调研15次、协商活动31次、视察监督27次，形成调研视察报告20篇、建议案11件，提出建议459条，市委、市政府领导27次作出批示。省政协李微微主席和7位副主席来岳阳指导工作；市委胡忠雄书记坚持每季度到政协走访调研一次，并18次在政协提交的履职成果上作出批示；市人民政府刘和生市长参加政协专题协商会、领办政协提案，并在机构编制、财政保障等方面为政协工作创造了良好条件；市委李爱武副书记和各位市委常委、市政府副市长及法检“两长”均参加政协相关调研、视察和会议，形成了市委坚强领导、政府大力支持、部门积极配合、委员激情履职的生动局面。

三、倾心服务发展，汇聚了“正能量”

坚持将助力“一个目标、两大战略、三条底线、四大会战”作为政协组织和广大委员的最大担当，在围绕中心中定位、在服务大局中尽责、在履行职能中作为。

助力“四大会战”。开展了“聚力‘四大会战’、强化履职担当”主题活动，助推“四个十条”落实落地。市政协主席担任脱贫攻坚大会战指挥长，协助市委、市政府全力攻坚，通过推进产业、行业、社会扶贫和基础设施、服务平台建设，紧扣“两不愁、三保障”和“三率一度”等核心指标，超额完成了省定目标任务，6.6万人摆脱贫困、187个村脱贫出列，得到省实地考核组充分肯定和较高评价。市政协机关和三位副主席示范性办好4个联点贫困村，为贫困村发展产业扶贫项目14个、建成基础设施和公共服务项目25个，多渠道争取项目资金2173万元。全市2243名市、县两级政协委员结对帮扶贫困户2897户，资助贫困学子574名，提供就业岗位405个，帮助1400多户贫困家庭实现增收，捐款捐物1200多万元，委员“三个一”扶贫行动成为社会扶贫的重要力量。

协力重点工作。招商引资方面，市政协领导帮助引进了经阁铝材等近30亿元的园区产业和文化旅游项目，同时负责3个投资10亿元以上重大项目的“一对一”推进；产业培育方面，各位主席牵头负责或参与指导全市九大重点产业帮扶；重点工程方面，一名市政协领导专职负责棚户区改造、“两湖”连通、洞庭新城和东风湖新区开发等重点项目建设；急难任务方面，防汛抢险期间，市政协班子成员坚守一线指挥督导，同时组织市、县两级政协委员组成抢险突击队、志愿服务团，“洪灾无情、政协有爱”救灾捐赠活动所捐款物超过800万元。

着力服务民生。围绕群众所忧、所急、所盼，开展了城区防涝排渍、静态交通治堵、农贸市场建管提质、公厕合理布点等“民生热、切口小”的调研和协商；各界委员反映社情民意信息230余条，编发24期，其中12期得到市委、市政府领导批示，成为决策参考；文化、医卫、法律、科技等界别组织开展了“文化下乡”“送医上门”、法律援助等系列活动，引导广大委员参与公益事业、帮扶弱势群体。

四、坚持创新探索，增强了“内驱力”

市政协常委会将理念创新作为引领政协事业发展的内在动力，提出了从五个方面打造相得益彰政协的工作思路，努力做到以“书香”浓氛围、以“活力”强主体、以“智慧”增手段、以“有为”升地位、以“品质”树形象，“五个政协”品牌创建被《湘声报》头版头条予以推介。

创新工作机制。建立了主席联常委、常委联委员、委员联群众、委室联界别的“四联”制度，开展了“主席接待委员日”和委员履职践责“十个一”活动，健全了县级政协工作10项指导机制，将委员履职活动和基层政协工作进行量化管理，方便了考核评价。一年来，共增补各类规章制度30多项，机关事务和履职活动均有章可循，制度的基础作用和规制效果日益显现。

创新工作平台。对接省政协云，加速岳阳“1116”智慧政协建设，成立了网络信息中心，完成了网站扩容提质和微信公众号建设，实现了网微云同步推送，强化了对履职成果和委员风采的立体宣传。搭建了洞庭湖生态经济区（湘鄂四市一区）政协交流平台，首次主席联席会议将在岳阳召开。启动了“三强”企业名录库、知名乡友信息库、重大调研课题库、政协特邀专家库“四库”建设，为招商引资、开放发展献策助力。

创新工作方法。坚持以专题调研为“基点”和“圆心”，确定协商课题、监督对象、精品提案、视察重点，首次以“三办”名义对调研协商监督计划下发实施文件，推进调研、协商、监督“三位一体”。呼应省、市、县政协“三级联动”，在课题调研、民主监督、远程协商、学习培训、委员扶贫等方面资源共享、协同发力。

五、狠抓常规工作，打造了“升级版”

市政协常委会主动适应新形势、新变化、新要求，以提标、提质、提效为目标，着力改进和加强经常性工作。

提质提案办理。全面落实市委胡忠雄书记“交办要精准、办理要务实、督办要及时、考评要严格”工作要求，优化升级了“互联网+提案”平台，探索建立了提案办理“一案三双”制度，将提案办理民主评议结果作为“社会评价”板块的重要内容纳入全市综合绩效考评，促进了提案工作创新创优、见行见效。全年审查立案的308件提案全部办复，其中14件列为市领导牵头重点督办提案，9件提案和建议得到市领导批示、2件得到省领导批示、1件升级为全国政协提案。

广泛团结联谊。市政协3名副主席率（参）团参加“湖南走进美洲”、2017阿斯塔纳世博会及俄罗斯、蒙古系列经贸活动，推动岳阳扩大开放和政协对外联谊。加强与新经济组织和新社会组织从业人员的团结工作，密切联系“三胞三属”和海外同乡会，积极为他们投资岳阳牵线搭桥。扩大政协系统交流交往，组织16批次政协委员、机关干部赴外调研，共有40余批次外地政协组织来岳考察，学习了创新经验，讲好了岳阳故事。

做实文史工作。重视做好文史资料工作，编辑出版了《岳阳老字号》，参与《岳阳历史文化丛书》编纂，组织《厚重的历史》编撰研讨，完成农业文化遗产搜集整理，与省内外20余家政协组织开展文史图书赠送、换读活动。

六、加强自身建设，树立了“新形象”

突出加强领导班子、常委会成员、机关干部和政协委员“四支队伍”建设，不断提高其综合素质和履职能力。

履行党建责任。成立了市政协机关党组，完成了机关党委换届。扎实推进“两学一做”学习教育常态化制度化，市政协党内主席带头讲授专题党课，开展了5期主题党日活动。选举产生了第一届机关纪委，支持市纪委派驻市政协机关纪检组工作，依纪依规开展了机关干部“涉砂涉矿涉金”和“吃空饷”等清理整治行动，切实担负起了党风廉政建设主体责任。

促进作风转变。实施“慵懒散拖”整治、干部轮岗公招、兼职主任配备、“晒日志、比实绩”和机关委室千分制绩效考核，建立“单周安排、双月讲评、半年通报、年度考核”督办推进机制，试行委员履职讲评报告和量化考核，避免抓空抓乱抓偏。全市政协系统崇实奉公、严谨负责、创优争先蔚为风气。

提升机关品质。把忠诚作为最高尚的政治品质，把严实作为最恒久的作风品质，把和谐作为最厚重的文化品质，把简约作为最推崇的人际品质，把文明作为最优美的形象品质，大力推进文明标兵单位、全市综治优胜单位创建和有品位有品质政协建设。投资240多万元，完成了重点区域提质改造和文化长廊、悦享书吧建设，机关格调提升、面貌一新。

凡是过去皆为序章。总结一年来的工作，我们也清醒地认识到，相较时代的发展、市委的要求、社会的期待，我市政协工作还存在诸多差距和不足，主要表现在：协商建言的成果转化还需进一步推动，民主监督的机制方式还需进一步创新，团结联谊的范围对象还需进一步扩大，委员履职的管理服务还需进一步提升等等，这些问题将在今后工作中切实加以改进。

各位委员、同志们，回顾一年走过的足迹，最让我们感动的，是市委的坚强领导、市政府的鼎力支持，还有各部门单位的积极配合，为我们做好政协工作提供了根本保障；最让我们珍视的，是各民主党派、工商联、无党派人士、各人民团体以及各族各界人士的踊跃参与，为我们做好政协工作形成了广泛支撑；最让我们铭心的，是在“五个政协”的建设中有委员的铿锵脚步，在“四大会战”的战场上有委员的矫健身姿，在“三个一”扶贫的行动中有委员的温情援手，在防汛救灾的洪流中有委员的牢实臂膀，为我们做好政协工作注入了蓬勃力量；最让我们欣喜的，是省、市、县三级政协的联动协作，特别是县市区政协的“一盘棋”“一家亲”“一股劲”，为我们做好政协工作增强了整体合力；最让我们温暖的，是历届老领导、老同志打下了良好基础，特别是他们不遗余力给予我们倾情关心、真情指导，为我们做好政协

市脱贫攻坚指挥部成员单位工作调度推进会 （市政协 供稿）

工作激发了前行动力。这里，我代表市政协常委会，对各个方面的关心支持、对全体委员的努力付出，表达由衷的感谢和崇高的敬意！

2018年工作安排

2018年是全面贯彻落实党的十九大精神的开局之年，是决胜全面建成小康社会的关键之年，也是“五个政协”不断深化、全面提升的发力之年。做好我市新一年政协工作，总体要求是：深入学习贯彻党的十九大精神，以习近平新时代中国特色社会主义思想为指导，不忘初心，牢记使命，在市委的坚强领导下，更加突出团结民主主题，更加聚焦服务中心主轴，更加凸显“五个政协”主线，把协商民主贯穿政治协商、民主监督、参政议政全过程，为助推岳阳谱写富饶美丽幸福新篇章贡献智慧和力量。

一、坚持理论武装，务求新提升

将学习宣传贯彻十九大精神作为全市政协系统明年和今后一个时期的首要政治任务，学懂弄通做实，自觉用习近平新时代中国特色社会主义思想武装头脑、指导实践、推动工作。

在学深悟透、融会贯通上下功夫。坚持全面准确，读原著、学原文、悟原理，原原本本研读党的十九大报告和新修订的党章，系统掌握、深刻领会党的十九大精神实质，学出信仰，学出忠诚。坚持学思结合，在全市政协系统组织大学习、实施大培训、部署大宣讲、开展大讨论，把科学理论转化为推动政协工作的强大力量，学出动力，学出本领。坚持联系实际，切实把自己摆进去、把政协组织和政协委员的职能职责摆进去、把当前正在做和将来打算做的工作摆进去，务实性、创造性推动十九大精神在政协系统落地生根、开花结果，学出担当，学出实效。

在广泛宣传、凝聚共识上添力量。发挥政协统战功能，深入界别群众，通过开办微信公众号“指尖课堂”、政协云“移动课堂”、宣传展板“楼道课堂”、委员宣讲“巡回课堂”等，全面讲清、透彻讲解、生动讲述党的十九大精神，推动党的理论创新成果走进社区乡村、走进群众心坎，把党的指导思想和政策主张转化为参加政协工作的各党派团体和各族各界人士的思想共识和行动自觉。

在努力践行、推动工作上见成效。党的十九大报告对新时代人民政协是什么、干什么、怎么干等都作出了新阐述、提出了新要求，赋予了人民政协新的重大使命，为发展政协事业和社会主义协商民主指明了前进方向、提供了根本遵循。全市政协系统要在紧密结合实际中找到着力重点、落实基点，做到“政治协商聚焦大事，参政议政关注时事，民主监督紧盯难事”，使履职活动更加契合党的十九大提出的战略部署和任务要求，进一步聚焦市委工作大局、政府中心工作，围绕创新引领、扩大开放、实体经济、产业融合、项目建设、生态保护、风险防控和乡村振兴、民生改善等精准助力，紧扣“四大会战”攻坚、“四个十条”落实、决胜全面小康、打造新增长极献务实之策、谋创新之道、立长远之功。

二、发挥政协优势，彰显新作为

用好人才荟萃、智力密集、联系广泛的优势，放大协调关系、汇聚力量、建言献策、服务大局的功能，在融入大局、服务中心中再求新作为。

坚持谋深谋远，推进咨政建言。深入开展调研。按照“党政所需、人民所盼、政协所长”的选题方向，紧扣党的十九大、省第十一次党代会和市委七届四次、五次全会精神，紧盯非公经济、县域经济、开放经济、转型升级、全域旅游等短板弱项，抑制房价过快增长、建立精准脱贫机制、健康养老和厕所革命等民生热点，以及省政协确定的企业创新、产业扶贫、洞庭湖生态环境保护治理等“三级联动”课题，开展系列调研，做到调查研究有真实性、分析问题有前瞻性、借鉴经验有实用性、提出建议有可操作性。发挥提案作用。落实“提准、交细、办实、求效”要求，坚持“分着办”与“统着办”“交着办”与“催着办”“商着办”与“盯着办”“评着办”与“考着办”相结合，切实提高办理的统筹性、多样性、互动性和责任性，着力解决“重答复、轻落实”“交办严、督办宽”的现实难题。反映社情民意。拓展信息来源，完善信息分类收集、综合分析和整理报送，更好地发挥社情民意咨政知情作用，当好界别群众的知心人、贴心人、代言人。

坚持群策群力，推进协商议政。按照广泛、多层、制度化的要求，把协商民主贯穿政治协商、民主监督、参政议政全过程，形成完整的制度程序和参与实践，达到商以资政、商以惠民、商以襄和的目的。突出协商重点，选择支持实体经济发展、推进质量效率动力三大变革、拓展农村空心房专项整治、办好职业技术教育、巩固城乡社会治理成效等协商主题，建有用之言，献睿智之策，力争形成一批有分量、有价值的协商成果。完善协商格局，丰富协商形式和载体，构建以全体会议为龙头、以议政性常委会议和常委专题协商会为重点、以界别协商座谈会为常态、以网络议政和远程协商为突破的协商新格局。提升协商质量，多组织一些选题准、规格高、切口小、参与广、互动多、建议实的协商活动，致力于决策前提供参考、决策中促进完善、决策后推动落实，切实增强协商密度、建言力度、共识程度。转化协商成果，以专题议政报告、协商专报、建议案等形式将重要的意见建议报送市委、市政府，进一步扩大协商通报范围，推动协商成果落地有声、转化有为。

坚持有用有效，推进民主监督。不存旁观之心，不为敷衍之事，做到在参与中支持、在支持中监督。强化监督导向，围绕市委决策、政府执行、群众关切，开展有重点、有针对性的民主监督活动，特别要盯住重大调研建议落实、行业扶贫政策执行、环境污染防治攻坚、治陋习树新风、营商环境优化以及民生“三难”破解，督促突出问题整改、部门履责到位。完善监督机制，健全民主监督的组织领导、权益保障、知情反馈、沟通协调机制，推进民主监督制度化、规范化、程序化、多样化。扩大监督融合，始终坚持协商式监督的要求和原则，推动政协民主监督与党内监督、人大监督、行政监督、舆论监督相结合，让软监督硬起来、强起来。

三、凝聚智慧力量，共襄“新胜状”

高扬大团结、大联合旗帜，团结各界人士，不断巩固和扩大爱国统一战线，协力开创富饶、美丽、幸福的巴陵新胜状。

奏响最美和音。固守政治底线的圆心，拉长包容多样性的半径，画出最大最美同心圆。多搭合作平台。完善与民主党派、工商联、无党派人士走访共商、课题共研、履职共评、委员共管机制，以实际行动助力大统战格局构建。多交各界朋友。密切与少数民族、宗教界委员和“三胞”人士联系，增进与党外知识分子、留学人员、新阶层中的代表性人士、非公有制经济人士等各界人士的沟通，做到以道相交同甘苦、以诚相交见肝胆、以志相交共奋斗，汇聚岳阳改革发展的磅礴力量。多推三级联动。进一步推进县、乡政协工作，通过领导联点、对口指导、联手调研、业务培训、上挂下派，理顺基层体制，找准职能定位，搭建共享平台，提升履职能力，强化服务保障。

关切民生福祉。完善“四联”机制，推广“委员工作室”，使委员工作室成为反映社情民意的“直通车”、化解社会矛盾的“缓冲带”、融洽干群关系的“润滑剂”。继续用好委员“十个一”活动载体，持续深化“三个一”扶贫行动，广泛发动委员参与扶贫济困、捐资助学、公益慈善，多做致民富、增民利、纾民忧、解民困的实事好事，不断提升群众幸福感和城乡温暖度。

共促社会和谐。发挥政协代表性强、联系面广、包容性大的优势，通过政协云平台对接网格化社会治理、增设社情民意联络点、开设政协委员信箱等，多做协调关系、理顺情绪、消除阻力、增进共识、凝聚合力的工作，同时带头维护团结、遵纪守法，促进社会公平正义。

四、突出从严从实，展现新面貌

始终把党风建设、廉政建设、队伍建设的要求刻在心上、责任扛在肩上、工作抓在手上，以自身建设大提升带动履职实效大提升，不断提高政协工作规范化水平，光大政协干部和委员队伍形象。

着力加强党的建设。推进思想政治建设，组织开展“不忘初心、牢记使命”主题教育，不断强化“四个意识”，坚定“四个自信”，自觉做共产主义远大理想和中国特色社会主义共同理想的坚定信仰者和忠实践行者，做到守牢方向绝不动摇、把握大局绝不偏离、坚定落实绝不含糊。推进组织作风建设，建强机关组织，夯实基础工作，从严落实“三会一课”、民主生活会和组织生活会、谈心谈话、积分管理、民主评议等制度，选优书记、建强支部、管好党员；驰而不息整治隐形变异的“四风”问题，克服新的官僚主义、形式主义，持之以恒落实中央“八项规定”精神和省委、市委加强作风建设的规定要求。推进党风廉政建设，抓在日常，严在经常，切实履行党风廉政建设主体责任，始终把纪律和规矩挺在前面，综合运用监督执纪“四种形态”，全力支持驻政协机关纪检组开展工作，构筑政协系统风清气正的政治生态，树立“为民、务实、清廉”的良好形象。

持续打造“五个政协”。坚持一张蓝图干到底，一锤接着一锤敲，善始善终、善作善成抓好“五个政协”建设。推进书香政协建设，用好“一吧一网一微一云三堂”等学习平台，健全管学、考学、述学、评学、奖学机制，打造学风浓厚、书香浓郁、求知上进、争创一流的学习型组织；推进有为政协建设，把“视使命为生命、凭发展论英雄、以项目比能力、从担当看品格”作为“座右铭”和“试金石”，充分发挥专委会的基础作用、界别的特色作用以及委员的主体作用，着力营造“真心愿干、公心敢干、用心实干、匠心巧干”的良好局面；推进活力政协建设，通过搭建平台、创新载体、拓展活动，激活委员的“点”、连接界别的“线”、巩固党派的“阵”、辐射政协的“面”，使政协组织的主体、要素连起来、动起来、实起来、活起来；推进智慧政协建设，坚持建管并重、以用促建，加速门户网站、委员异地办公系统、机关公文运转系统“三合一”，通过开设“微建议”“微协商”“微监督”，开通网上访谈、委员博客，为委员知情明政、网上议政、便捷履职、风采展示提供“互联网+政协”云平台；推进品质政协建设，通过创优履职环境、创新制度文化、创建文明单位，提高工作标准、提振精神状态、提升幸福指数，不断升华品位、锤炼品质、塑造品牌。

切实抓严“四支队伍”。政协党组和班子成员要把牢方向、管好大局，增强管党治党意识，压实管党治党责任，充分发挥在政协组织中的领导核心作用。政协常委会组成人员要带头讲政治、争做维护核心的表率，带头强学习、争做勤学善思的表率，带头重担当、争做忠诚履职的表率，带头促团结、争做凝心聚力的表率，带头树形象、争做务实廉洁的表率。政协机关要用准用顺干部、配优配强委室、管严管好队伍、做好委员联络服务，打造政治坚定、作风优良、学识丰富、业务熟练的高素质干部队伍。政协委员要把“懂政协、会协商、善议政”作为价值追求和身份标配，勤学提能、内悟于心，知行合一、外践于行，努力在“四比五做”中争先创优，在本职岗位上建功立业，在政协工作中尽职尽责，在界别群众中示范引领。

各位委员、同志们，海阔潮涌千帆竞，乘风破浪启新程。让我们以党的十九大精神为指引，更加紧密地团结在以习近平同志为核心的党中央周围，在中共岳阳市委的坚强领导下，不忘初心，牢记使命，忠诚履职，奋发有为，为加快岳阳“城、堡、极”的建设、谱写富饶美丽幸福新湖南的岳阳篇章而努力奋斗！

大事记

CHRONICLE OF EVENTS

责任编辑·李　幸

1月

3日　市委七届二次全会暨市委经济工作会议召开。市委书记胡忠雄讲话，市长刘和生主持并讲话。

4日　政协岳阳市第八届委员会第一次会议开幕。

6日　岳阳市八届人大一次会议开幕。市委书记胡忠雄主持，市长刘和生作政府工作报告。

7日　政协岳阳市八届一次会议闭幕，徐新楚当选市政协主席。

9日　岳阳市八届人大会一次会议闭幕，胡忠雄当选市八届人大常委会主任、刘和生当选市长。

10日　市委常委班子2016年度民主生活会召开。省军区司令员黄跃进到会指导，市委书记胡忠雄主持。

11日　市委书记胡忠雄主持召开市委七届三次全会，审议通过岳阳市出席中国共产党第十九次全国代表大会代表候选人初步人选名单，审议通过市纪委七届二次全会工作报告（审议稿）。

16日　浦发银行岳阳分行正式开业。

20日　市第七届纪委第二次全会召开，传达贯彻十八届中纪委第七次全会、省十一届纪委二次全会精神，总结回顾2016年、部署推进2017年全市党风廉政建设和反腐败工作。市委书记胡忠雄讲话，市长刘和生主持。

22日　副省长何报翔到岳阳市调研重点帮扶企业和检查安全生产等工作。

2月

6日　市委书记胡忠雄主持召开“1+4+2”大岳阳城市圈建设调度会。

8日　岳阳籍烈士张超当选“感动中国2016年度人物”。

9日　市县乡负责干部大会召开，会议贯彻落实党的十八届六中全会、中央经济工作会和省市党代会、经济工作会及“两会”精神，通报2016年工作情况，部署2017年工作任务。市委书记胡忠雄讲话，市长刘和生主持，市委副书记李爱武宣读2016年度“一极三宜”江湖名城建设综合绩效考评等8项工作考核结果情况通报。

10日　市委书记胡忠雄主持召开专题会议，听取《岳阳市城市总体规划（2008—2030）》修改项目汇报，集中为岳阳未来发展会诊把脉。

△　湖南抬阁故事联盟在汨罗市长乐镇成立。“抬阁湖南·演绎湖湘”湖南省首届抬阁故事文化节开幕式在汨罗市长乐镇举行。

13日　国家一级重点保护动物中华秋沙鸭7只首现汨罗兰家洞水库。

15日　省委常委、省委统战部部长黄兰香在岳阳市召开统战工作座谈会，与统一战线成员座谈，听取2016年工作情况及2017年工作举措汇报。

△　国家发改委副主任胡祖才率队到岳阳市调研全市经济社会发展及相关项目建设情况。

16日　全市组织工作会议召开。市委书记胡忠雄出席并讲话，市委常委、组织部部长王瑰曙主持并作工作部署。

17日　根据省统计局发布2016年全省14个市州GDP排行：从经济总量上看，12个市州GDP超过千亿元，与上年持平；从经济发展速度上看，7个市州保持8%以上的高速增长，增速高于全省平均水平，长沙市、湘潭市、郴州市增长最快。据核算，长沙市GDP突破9000亿元，居全省第一位；岳阳市GDP首次跃过3000亿大关，达3100.87亿元，居全省第二位。

△　证监会核发12家IPO批文，其中核准岳阳市道道全粮油股份有限公司在深交所中小板的首发申请，“道道全”成为中国菜油第一股。2月11日，“道道全”正式在深交所中小板挂牌上市，A股“岳阳板块”上市公司扩容至10家。

23日　岳阳市召开“乔木进城、绿化增量”推进工作会议，2017—2019年岳阳市将在市中心城区栽植30万株乔木，打造“百园之城”。

24日　省政协主席李微微率“实施开放崛起战略，建设开放强省”重点课题调研监督组到岳阳市调研。

3月

2日　几内亚共和国总统顾问马拉尼率考察团到岳阳市考察。市长刘和生参加考察座谈会，与考察团洽谈，推动双方交流合作。

5日　十二届全国人大五次会议在北京召开。岳阳市参会的5位全国人大代表分别是：市委书记胡忠雄，市人大常委会原主任李湘岳，长岭炼化公司董事长、总经理李华，中国化学工程第四建设有限公司董事长、党委书记刘德辉和岳阳市屈原管理区凤凰乡凤凰村委会主任杨莉。

6日　全市交通运输工作暨交通建设大会战推进会召开。会议分析当前交通运输形势，部署下阶段工作，加力推进交通建设大会战。市长刘和生作书面讲话，市人大常委会党组书记、副主任向伟雄主持，副市长杨昆作工作报告。

12日　市二医院举行“三甲医院”挂牌仪式，正式晋升并挂牌国家三级甲等综合医院，副市长李为等为该院“三甲医院”揭牌。

19日　蒙华铁路洞庭湖大桥湖面全桥最后一块钢板起吊成功合龙，结束洞庭湖上不通铁路的历史。

21日　岳阳市“四大会战”工作推进会召开。市委书记胡忠雄讲话，市长刘和生主持。

△　岳阳市第一批重大项目建设集中开工（限时开工）仪式，在城陵矶港区（松阳湖）二期项目施工现场举行。此次集中开工的重大项目43个，总投资152.8亿元，项目单体平均投资规模达3.5亿元。

23日　岳阳市召开科技创新暨科学技术奖励大会和市科协第七次代表大会。市委书记胡忠雄讲话，市长刘和生主持，市委副书记李爱武宣读表彰决定。市科学技术特殊贡献奖获得者梁红文获得奖励50万元。

20—23日　中共中央政治局委员、中央政法委书记孟建柱在湖南省长沙市、岳阳市、株洲市调研。强调要深入贯彻总书记习近平系列重要讲话精神，深入贯彻全国两会精神，坚持改革创新，深化科技应用，不断提高社会治理科学化、法治化、智能化水平，以优异成绩迎接党的十九大胜利召开。

31日　湖南省十二届人大常委会第二十九次会议表决通过省人大常委会关于批准《岳阳历史文化名城保护条例》（简称《条例》）的决定，标志着岳阳市首部地方性法规正式出台。5月1日，该《条例》颁布实施。

4月

6日　财政部农业司司长、国务院农村综合改革办主任吴奇修率国家防总检查组，到岳阳市检查指导防汛抗旱工作。

12日　岳阳市召开县级巡察工作推进会暨七届市委第二轮巡察工作动员部署会。市委书记胡忠雄讲话，市委副书记李爱武主持会议，市委常委、纪委书记李挚传达中央、省委巡视巡察工作精神并宣读七届市委第二轮巡察实施方案，市委常委、市委秘书长谈正红宣读市委巡察组分组安排并授权。

△　岳阳市在“一河三湖”（华容河、芭蕉湖、东风湖—吉家湖、松杨湖）先行实施“河长制”的基础上，出台《岳阳市全面推行河长制实施方案》，全面推行“河长制”。

14日　省委常委、省委宣传部部长蔡振红在岳阳市调研。强调要把迎接党的十九大召开作为全年宣传思想文化工作的主线，牢固树立融合发展理念，为全省“创新引领、开放崛起”战略实施、建设文化强省贡献岳阳力量。

17—19日　省委副书记、省长许达哲到岳阳市调研。强调要全面贯彻落实五大发展理念，坚持以人民为中心的发展思想，统筹抓好经济社会发展和生态文明建设，坚决打赢脱贫攻坚、转型升级和环境治理三大战役。

20日　长江经济带洞庭湖水环境综合治理“五大专项行动”现场推进会在岳阳市召开。省委常委、常务副省长陈向群出席并讲话，副省长、省政协副主席戴道晋主持会议。

22日　省委常委、省委组织部部长王少峰到岳阳市部分企事业单位，调研基层党组织开展工作情况。强调要全面贯彻落实中央和省委各项部署要求，把支部建设作为最重要的基本建设，发挥各级党组织的战斗堡垒和党员的先锋模范作用，持续用力抓基层打基础，深入推进“两学一做”学习教育常态化制度化，不断提升基层党建科学化水平。

25日　岳阳市召开深化全国文明城市建设工作动员会，贯彻落实全国创建文明城市工作经验交流会议精神，部署深化文明城市建设工作。市委书记胡忠雄讲话，市委副书记李爱武主持，市委常委、宣传部部长马娜作动员报告。

27日　庆祝“五一”国际劳动节暨全国“五一”劳动奖和全国工人先锋号表彰大会在北京人民大会堂举行。岳阳市3个集体、2名个人获得“全国五一劳动奖章（奖状）”和“全国工人先锋号”荣誉称号。获得“全国五一劳动奖状”的先进集体是岳阳市地税局，获得“全国五一劳动奖章”的先进个人是中国石油化工股份有限公司长炼分公司夏登刚、际华三五一七橡胶制品有限公司蒋绮云，国网湖南省电力公司岳阳供电分公司检修公司变电检修室、岳阳东方雨虹防水技术有限公司沥青卷材车间获得“全国工人先锋号”荣誉称号。

建设中的蒙华铁路洞庭湖大桥

5月

2日　青年警察胡光志被共青团湖南省委、湖南省青年联合会授予第十六届“湖南青年五四奖章”，成为岳阳市唯一入选人。

4日　水利部参事咨询委主任、水利部原党组副书记、副部长矫勇一行到岳阳市，开展长江保护法立法调研。

8—12日　中共中央政治局委员、全国人大常委会副委员长李建国率全国人大常委会药品管理法执法检查组在湖南省开展执法检查。执法检查组到长沙、岳阳两地药品生产企业、医院、药店、医药产业园区实地检查，详细了解药品生产、流通、使用情况，就药品管理法实施中存在的问题听取意见和建议。

13日　岳阳县张谷英村入选“2017最美古村落”。

16日　湖南省党代表会议选举产生出席党的十九大代表64名。其中，岳阳市委书记胡忠雄，中石化巴陵石化公司总经理李大为，岳阳市市容环境卫生管理局城南清扫保洁管理所职工邓伟（女）均全票当选。

19日　全国公安系统英雄模范

立功集体表彰大会在北京人民大会堂举行。岳阳楼公安分局东茅岭派出所教导员高城被授予“全国优秀人民警察”称号，岳阳楼公安分局经侦大队获得“全国优秀公安基层单位”称号。

19日　香港岳阳联谊会成立大会在香港举行。省委常委、省委统战部部长黄兰香，中国人民解放军驻香港部队政治部主任周吴刚，中央人民政府驻香港特别行政区联络办公室社联部部长李文，市委书记胡忠雄，市委常委、市委秘书长谈正红和近400名岳阳籍乡友参加活动。

30日　湖南省“十二五”规划重大文化项目和标志性重大文化工程——屈子文化园开园。

31日　全省脱贫攻坚工作大督查正式启动，省卫计委主任陈小春率第九督查组到岳阳市开展督查。

6月

1日　市长刘和生与到访的法国大圣富瓦市市长查纳德签署缔结友好城市备忘录，标志岳阳市与大圣富瓦市正式缔结为友好城市。

13—15日　中共中央政治局委员、中央书记处书记、中宣部部长刘奇葆在湖南调研，到长沙市、湘潭市、岳阳市等地的企业、社区和宣传文化单位，考察新闻宣传、社会主义核心价值观建设、文化改革发展等工作，与基层干部群众座谈交流。强调要深入学习贯彻总书记习近平系列重要讲话精神和治国理政新理念新思想新战略，扎实做好迎接党的十九大宣传工作，振奋干部群众精气神，凝聚团结奋进正能量。

15日　湖南省长乐情食品科技股份有限公司的股票“长乐情（代码871369）”在新三板挂牌上市。

16日　湘阴顺天洋沙湖国际旅游度假区开园。

28日　副省长何报翔到湘阴县、屈原管理区、汨罗市、岳阳县等地，实地查看全市电排改造、堤段加固、物资储备等防汛重点工作，详细听取各项防汛措施落实情况，并对全市防汛准备工作进行全面检查。

△　亚洲首个年产50万吨级建筑装饰涂覆建材工厂——蓝天豚硅藻产业园一期工程在湘阴县竣工投产。

30日　岳阳市第二批重大项目集中开工仪式，在“芭蕉湖——南湖两湖连通工程”项目工地举行。29个项目总投资139.8亿元，单体平均投资规模4.8亿元。

△　全市举行市纪委派驻机构全覆盖工作会议，26家派驻机构授牌，岳阳市在全省率先全面启动派驻工作。

7月

1日　市委书记胡忠雄，市长刘和生到市防指紧急会商，部署当前防汛救灾工作。15时，市防指在全市范围内启动防汛Ⅱ级应急响应。副省长何报翔到岳阳市检查指导防汛抗灾工作。

2日　湘阴县沙田垸外河柳林江大堤多处发生管涌和散浸。省委副书记、省长许达哲到湘阴县城西垸浩河口堤段、沙田垸北闸堤段检查防汛抢险情况，与一线防汛工作人员研究应对措施，并看望慰问抢险官兵和干部群众。

3日　省委书记、省人大常委会主任杜家毫到岳阳市督查指导防汛抗灾工作，看望慰问一线干群和部队官兵，会商下步重点工作。

10日　《岳阳市城区禁止燃放烟花爆竹管理办法》经市人民政府第七次常务会议通过，8月1日起施行。

14日　市委书记胡忠雄主持召开上半年经济形势分析调度会。

21日　市委七届四次全体（扩大）会议召开。深入学习贯彻省委十一届三次全会精神，总结上半年工作，安排下半年工作，部署实施“四个十条”，动员全市上下进一步强化发展为要、民生为本、项目为重、担当为贵。全会审议通过《中共岳阳市委关于全力实施“四个十条”，深入推进供给侧结构性改革的决议》。市委书记胡忠雄讲话，市长刘和生讲评部署经济工作，市委副书记李爱武主持，并就“四个十条”作简要说明。

27日　省委常委、常务副省长陈向群率省直有关部门负责人到岳阳市专题调研城陵矶新港区建设与发展，并召开现场办公会，研究部署下阶段工作。

8月

1—2日　省军区司令员黄跃进到平江县、岳阳县调研精准扶贫、灾后重建、“两学一做”学习教育等工作。

3日　省军区司令员黄跃进到城陵矶新港区调研指导“两学一做”学习教育活动并参加专题讨论，寄语新港区在加快推进通江达海新增长“极核”建设中打头阵、挑大梁、作表率。市委书记胡忠雄主持专题讨论。

11日　十二届全国人大代表岳阳小组专题调研岳阳市支持农产品加工业发展、推进农业供给侧结构性改革相关工作。

16日　副省长张剑飞到岳阳市督查安全生产工作。

16—17日　西藏自治区山南市委副书记、市政协主席、市委党校校长丁哲峰率山南市党政代表团到岳阳市考察。市委书记胡忠雄出席见面会并讲话，市委副书记李爱武主持。

23日　中共岳阳市委追授李大元、彭克昌“全市优秀共产党员”称号。28日，在2017全省抗洪救灾总结大会上，中共湖南省委追授李大元“湖南省优秀共产党员”称号，号召全省广大党员干部向李大元学习。省委书记、省人大常委会主任杜家毫向李大元家属颁发荣誉证书。省委常委、省委组织部部长王少峰宣读决定。

△　首届湖南区域港航物流发展研讨会在岳阳市召开。湖南城陵矶国际港务集团、上港集团和常德市、武汉市、重庆市、上海市以及日本等大型航运物流企业的近百名相关权威专家参加，共同商讨“一江”带“一湖四水”港航物流发展现实问题和发展路径。

24日　省委常委、省委政法委书记黄关春到湘阴县，实地调研政法综治、司法体制改革、公安改革等工作。

24—25日　省政协副主席张大方率省脱贫攻坚常态化联点督查组

进驻平江县，开展脱贫攻坚常态化联点督查。

28日 华容县东山镇入选第二批全国特色小镇名单。

31日 中国石化巴陵石化合成橡胶事业部建成投产国内首套年产2万吨热塑橡胶SEPS（氢化苯乙烯/异戊二烯共聚物）工业化装置，聚合加氢单元首次投料开车成功。标志巴陵石化成为全球第三家采用具有自主知识产权核心技术工业化生产SEPS的企业，填补中国SEPS产品研发生产的空白。

9月

1日 市第十八中学正式揭牌开学，市长刘和生出席揭牌仪式并讲话。

△ 中南地区第一个化工行业电子商务平台——湖南化工品电子交易市场（畅化网）落户云溪，正式上线。

6日 全市承担行政职能事业单位改革试点部署会议召开，部署推进改革试点工作。市委常委、组织部部长王瑰曙出席会议并作工作部署。岳阳市市本级、华容县、临湘市被列为湖南省承担行政职能事业单位改革试点范围。通过职能清理，此次岳阳市市直纳入改革试点实施范围的事业单位91家，其中行政执法机构31家（这类机构除交通运输、农业、水务系统外均纳入下一轮综合行政执法体制改革统筹推进，在改革试点期间暂不涉及职能整合和机构编制调整），其他承担行政职能的事业单位60家。

△ 岳阳籍摔跤运动员周倩在第十三届全国运动会女子75公斤级夺冠，实现岳阳市在全运会上金牌“零”突破。

△ 住建部发布2017年全国改善农村人居环境示范村名单，平江县安定镇横冲村和岳阳县新墙镇清水村分别入选全国保障基本示范村和环境整治示范村。

7—8日 全国政协常委、经济委员会副主任陈锡文率全国政协调研组到岳阳市，就推进粮食定价机制、补贴政策和收储制度改革进行专题调研。

11日 彭宇华、李明哲颠覆国家政权案在岳阳市中级人民法院一审公开开庭审理，庭审进行全程视频和图文播报。

13—14日 副省长隋忠诚到岳阳市调研水利工作，强调要加快重点工程建设，尽早发挥综合效益，强化湖区防汛抗灾能力。

14日 岳阳市举行首届忧乐精神典型人物表彰暨叶剑芝先进事迹报告会。市委书记胡忠雄，市委副书记李爱武，市委常委、统战部部长熊炜，市委常委、宣传部部长马娜，市委常委、市委秘书长谈正红为受到表彰的10位典型人物颁奖。

17日 水利部总规划师汪安南率调研组到岳阳市，专题调研洞庭湖综合治理与保护工作。

19日 全国政协委员、全国政协民族和宗教委员会副主任、住鄂全国政协委员活动召集人杨松率住鄂全国政协委员到岳阳市，就“长江干流水污染防治”进行考察。

19—20日 全国社会治安综合治理表彰大会在北京召开，岳阳市被评为全国社会治安综合治理优秀市，市委书记胡忠雄参加表彰大会。

20日 国道240岳阳县城至湘阴公路全线主线（汨罗江大桥除外）通车，途经岳阳县、汨罗市、湘阴县等3县市，全长64千米，投资17亿多元。

25日 2017中国湖南国际旅游节在湘阴县顺天洋沙湖国际旅游度假区开幕。由省旅游发展委员会和市政府主办，全国政协常委、国际山地旅游联盟副主席、国家旅游局原局长邵琪伟，副省长何报翔，省旅游发展委员会主任陈献春，市委书记胡忠雄在开幕式上共同开启“湖南国际旅游之花”。市长刘和生主持并宣布2017中国湖南国际旅游节开幕。

27日 南湖大桥爆破拆除。

28日 省委报告团“砥砺奋进的五年”形势报告会暨市委学习中心组2017年第六次集中（扩大）学习在岳阳文化艺术会展中心举行。市委书记胡忠雄主持，省委报告团成员、省委讲师团巡视员、教授谭跃湘作主题报告。

△ 市中医院基本医疗大楼正式开工建设，市长刘和生出席仪式并宣布开工。

10月

9日 全省巡视巡察工作电视电话会议召开。市委书记胡忠雄在主会场作交流发言，介绍岳阳市的经验做法。

10日 市长刘和生出席全省重点航运物流项目——湖南建工临港国际汽车城项目开工仪式并致辞。临港国际汽车城地处芭蕉湖，占地128.33公顷，投资50亿元，是湖南省重点航运物流项目。

10日 中国楹联学会分别授予长乐镇和长乐中学“中国楹联文化之乡”“中国楹联教育基地”牌匾。中国楹联学会会长蒋有泉出席会议。

10—11日 全省离退休干部党建工作推进会在岳阳市举行，交流工作经验，为全省示范离退休干部党支部授牌。

11日 2017中国——亚行国别规划磋商与中期回顾活动在岳阳市启动。

15日 2017中国新能源汽车拉力锦标赛岳阳站比赛结束，标志拉力赛闭幕。副省长向力力，市长刘和生，市领导马娜、李为，市政府秘书长刘传汉等出席闭幕式并给获奖选手颁奖。

△ 湖南省扶贫开发领导小组举行“扶贫日”宣传活动暨湖南省脱贫攻坚示范村、最美扶贫人物授牌颁证仪式，岳阳市杨莉、吴辉、李国武、李岳平、郭韬被评为“湖南省百名最美扶贫人物”。

16日 副省长向力力率省直相关部门负责人到岳阳市调研，强调要深入贯彻落实中央全面深化改革精神，以更大胆识推动改革创新，推进政府职能转变，创优营商环境，为建设富饶美丽幸福新湖南作出新贡献。

21—22日 副省长隋忠诚到岳阳市就洞庭湖生态环境整治展开专题调研，强调要牢固树立新发展理念，围绕“共抓大保护、不搞大开发”的战略思想，推进洞庭湖生态环境整治和中央环保督察交办问题整改。

26日　2017中国（岳阳）国际热气球节在君山区洞庭湖博览园开幕，市委常委、市委组织部部长王瑰曙宣布活动开幕。

△　2017年全国国土资源科普基地工作研讨会召开，平江石牛寨国家地质公园被授予“国土资源科普基地”称号，这是岳阳市首块“国字号”国土资源科普基地。

27日　全市传达学习党的十九大精神大会召开，动员全市上下把思想和行动统一到党的十九大精神特别是习近平新时代中国特色社会主义思想上来，不忘初心，牢记使命，高举旗帜，团结奋进，奋力开创新时代岳阳发展新局面。党的十九大代表、市委书记胡忠雄全面传达党的十九大精神并作工作部署，市长刘和生主持，党的十九大代表李大为、邓伟与大家交流参加会议的感受和体会。

28日　2017中国杯国际定向越野巡回赛“南湖壹号·茶博城”岳阳南湖站，在南湖新区渔人码头开赛。

30日，反映洞庭湖湿地保护的电影《洞庭情缘》开机仪式在城陵矶新港区举行。《洞庭情缘》是中国第一部湿地生态保护电影，省林业厅厅长邓三龙任编剧。

11月

1日　省委、省政府召开省、市、县、乡、村五级干部电视电话会议，就洞庭湖生态环境专项整治工作进行动员部署。会议强调，要以习近平新时代中国特色社会主义思想为指导，把握总体要求、强化问题导向、坚持精准发力、凝聚共治合力，打好洞庭湖生态环境保卫战，开启湖南省生态文明建设新征程。市委书记胡忠雄在长沙主会场参会并作表态发言。

△　中国航天工业总公司原总经理刘纪原率“两弹一星”专家团队到岳阳市考察军民融合产业发展情况。

2日　临湘浮标特色小镇被农业部评为全国休闲渔业示范基地，在厦门参加第二届中国休闲渔业高峰论坛暨全国休闲渔业品牌发布活动并领奖牌。

2—3日　副省长何报翔到岳阳市调研指导中央环保督察问题整改及外向型经济发展等工作，强调以党的十九大精神为引领，不折不扣完成中央环保督察问题整改任务，要谋划布局好外向型经济发展规划，为今后发展留足空间、打牢基础。

3日　岳阳档案新馆项目举行竣工仪式。

9日　由中宣部、中央文明办等评选表彰的第六届全国道德模范名单正式公布，湘阴籍导弹专家谭清泉当选为敬业奉献模范。

14日　第五届全国文明城市名单和复查确认工作结果公布，岳阳市继续保留全国文明城市荣誉称号。

15日　副省长张剑飞率省政府督办组到岳阳市专题督办稳增长工作情况，要求要以党的十九大精神为指引，全力以赴抓好稳增长各项工作落实，努力完成年度目标任务。

△　市委学习中心组2017年第七次集中（扩大）学习暨市管干部学习贯彻党的十九大精神第一期集中轮训班开班仪式在岳阳文化艺术会展中心举行。十九大代表、省委宣讲团成员、市委书记胡忠雄作专题辅导报告，市长刘和生主持，市委副书记李爱武传达中央两个文件精神。

17日　中央综治委副主任、中央政法委副秘书长、中央综治办主任陈训秋在岳阳市调研综治中心建设。

美丽千亩湖

△ 全国精神文明建设表彰大会在北京人民大会堂举行。华容县东山镇、华容县章华镇五星村、汨罗市神鼎山镇神鼎山村、屈原管理区营田镇义南村、湘阴县东塘镇赛美村、云溪区云溪镇八一村被评为第五届全国文明村镇。

21日 在长沙召开的湖南工业绿色制造推进会上，岳阳市湖南科伦制药有限公司、远大可建科技有限公司、湖南巴陵炉窑节能股份有限公司、湖南科创纺织股份有限公司、湖南省玉峰食品实业有限公司5家企业确定为第一批湖南省绿色工厂；岳阳绿色化工产业园为第一批省级绿色园区；湖南省长康实业有限责任公司第一批通过湖南省两型工业企业认证。

23日 以“湖泊生态环境保护修复与绿色发展”为主题的第七届中国湖泊论坛在岳阳市开幕。本次论坛由中国科协主办，湖南省科协、岳阳市人民政府承办，中国环境科学学会、中国水利学会、中国林学会、中国可持续研究会等11家全国学会和岳阳市科协协办。

24日 出席第七届中国湖泊论坛的全体与会代表一致通过《中国岳阳南湖共识》。《中国岳阳南湖共识》指出：水是生命之源，湖是聚水之地。湖泊是人类赖以生存的生命之源。泱泱中国，幅员辽阔，湖泊众多，2.4万个天然湖泊起着维系生态平衡、调蓄洪水、滋养万物的重要作用。

27日 全市产业园区建设大会战现场推进会在平江县召开，市委书记胡忠雄，市长刘和生与各县市区、园区和市直部门负责人到企业和项目建设工地，实地观摩、督导产业园区项目建设推进工作。

30日，省十二届人大常委会第三十三次会议全票表决通过《湖南省人民代表大会常务委员会关于批准〈岳阳市城市规划区山体水体保护条例〉的决定》。

12月

5日 “贯彻发展新理念，转型升级补短板——强力打造内陆港与建设开放强省”高峰论坛在岳阳市举行，20多名国内知名专家学者展开讨论，为湖南和岳阳开放崛起提供“金点子”。市委书记胡忠雄和湖南大学常务副校长刘金水出席并致辞，市委副书记李爱武主持。此次高峰论坛由湖南大学与市委、市政府联合主办，湖南大学经济与贸易学院、湖南城陵矶新港区、岳阳城陵矶综合保税区承办。

6日 市妇幼保健院迁建及市儿童医院新建项目正式开工建设，市长刘和生出席开工仪式并宣布项目开工。

7日 市委书记胡忠雄主持召开专题会议，听取加快建设国家区域性中心城市课题调研成果汇报。

10日 2017洞庭湖观鸟赛闭幕，首次发现濒危物种白颊黑雁。

12日 大岳高速洞庭湖大桥主体工程全面建设完成。

22日 国网湖南省电力有限公司宣布平江抽水蓄能电站开工，电站装机容量140万千瓦，设计年发电量14.74亿千瓦时，是湖南省最大抽水蓄能电站，建成后承担全省电网系统中调峰、填谷、调频、调相、紧急事故备用等任务。

28日 全市第三批重大建设项目集中开工（限时开工）仪式在汨罗市经卓新材料项目建设现场举行。市委书记胡忠雄宣布开工，市长刘和生讲话，市委副书记李爱武主持。

岳阳概览

YUEYANG GENERAL
INTRODUCTION

责任编辑 · 李　幸

岳阳概况

【地理位置】 岳阳市位于湖南东北部，素称“湘北门户”。地处北纬28°25′33″～29°51′00″，东经112°18′31″～114°09′06″之间。东邻江西省铜鼓、修水县和湖北省通城县，南抵湖南省浏阳市、长沙县、望城区，西接湖南省南县、安乡县、沅江县，北界湖北省赤壁市、洪湖市、监利县、石首县。市东西横跨177.84千米，南北纵长157.87千米。土地总面积1.5万平方千米，占全省总面积的7.05%。城市规划区面积845平方千米，其中市区建成区面积83.73平方千米。

【历史沿革】 岳阳历史悠久。早在20万年前，就出现人类活动。距今9000年前，先民们就在此繁衍生息，用石制器具，开拓远古文明。夏、商时为“三苗”之地。春秋战国时期属楚，秦代属长沙郡。汉高祖五年（前202年），东属长沙国下隽县、罗县，西属南郡华容县、武陵郡孱陵县。建安十五年（210年），孙权分长沙郡北的下隽、罗县建汉昌郡，郡治设今平江县金铺观。建安十九年（214年），孙权遣鲁肃率万人屯巴丘邸阁，筑巴丘城（今岳阳楼区）。晋武帝太康元年（280年），分下隽县西部建巴陵县。元康元年（291年），分长沙郡北部四县建立建昌郡，郡治设巴陵县城。南朝宋元嘉十六年（439年）置巴陵郡。隋开皇九年（589年）废巴陵郡为巴州，开皇十一年（591年）改为岳州。元为岳州路。明为岳州府。民国2年（1913年）废府，后设湖南第一行政督察区，并改巴陵县为岳阳县。1949年7月，境内各县相继解放，现辖区东部属长沙专区，后改属湘潭专区，西部华容县属常德专区。1960年1月，以岳阳县城关镇建立岳阳市。1962年10月，撤销复为城关镇。1964年9月，设岳阳专区，辖岳阳、临湘、华容、平江、湘阴5县。1966年2月，拆分湘阴县为湘阴县、汨罗县。1975年12月，恢复岳阳市，实行县、市分治。1981年10月，撤销岳阳县，行政区划并入岳阳市。1983年7月，岳阳市升为省辖市，实行地、市分设。1986年1月，撤销岳阳地区，所辖县并入岳阳市，实行市管县体制。1996年4月，撤销岳阳市南区、郊区，设立岳阳楼区、君山区，北区更名为云溪区。2000年，撤黄盖湖农场建镇，归临湘市管辖，撤君山农场、钱粮湖农场建镇，归君山区管辖，同年12月，撤屈原农场，建屈原管理区。1992年，岳阳市被列为长江沿岸对外开放城市，1994年，被列为国家历史文化名城；1998年，被批准为中国优秀旅游城市；2003年，被评为国家卫生城市；2006年，被列为国家园林城市；2007年，被授予中国观鸟之都；2013年，被评为全国绿化模范城市；2014年，被评为全国文明城市；2016年，被评为“中国十佳绿色城市”；2017年，被评为全国社会治安综合治理优秀市。

【行政区划】 2017年，岳阳市有乡镇（街道）127个，其中，乡镇103个、街道24个，村1379个、社区456个。市民政局承办鄂湘线界线联检联席会议，与湖北省荆州市、咸宁市和湖南省益阳市民政局分别开展行政区域界线联合检查。至年底，全面完成省、市、县三级行政区域界线联检任务，在鄂湘线界线联检总结会上，岳阳市作典型发言。加强平安边界创建，印发《2017年度岳阳市平安边界创建工作考评细则》等文件，分别在临湘市、湘阴县召开岳阳市、咸宁市平安边界建设暨联检联谊会和岳阳市、益阳市平安边界建设暨联检联谊会，签订平安边界创建协议，以全省第一名的成绩通过平安边界建设验收。在各县市区地名普查前期准备工作全面完成的基础上，加大对普查外业实施工作指导，按时间节点完成外业调查、内业整理、数据入库和普查验收，强化保密意识，确保普查安全，工作中没有出现任何失密、泄密事故。全市12个县市区一次性通过省级地名普查验收和省级复核。全市录入数据14万多条，初验评分有5个县市区达95分以上，复核评分12个县市区都达到95分以上，岳阳市地名普查工作排名全省前列。

（吴　伟）

【自然资源】 地质、地貌：岳阳市处于新华夏系巨型第二沉降带，地貌组合复杂，拥有山地、丘陵、岗地、平原、水面5种地貌，丘陵与平原是构成地貌的主体。地势东高西低，呈阶梯状向洞庭湖盆倾斜。东部是连绵起伏的山岳地带，中部以岗地丘陵为主，西部是河湖冲积的平原。最高海拔1600.3米（平江县境内连云山主峰），最低海拔23米。平原面积38.78万公顷，占全市国土总面积的26%，丘陵35.78万公顷，占24%，岗地26.8万公顷，占18%，山地23.8万公顷，占16%，水面23.8万公顷（其中，东洞庭湖面积7.6万公顷、横岭湖面积4.3万公顷），占16%。

气候：岳阳市属于东亚热带季风性（湿润）气候，具有光热资源丰富，雨量充沛，山区略多湖区，生产季节光热水基本协调，四季分明，春秋多变等特点。

土壤：岳阳市土壤种类繁多，有8个土类、21个亚类、76个土属，222个土种，357个变种。其中，红壤土地面积占总面积的52.1%，其次为水稻土，占25.2%，潮土占15.7%，其他有紫色土、山地黄壤、菜园土、黄棕壤、山地草甸土占7%。

植被：岳阳市属中亚热带阔叶林带区，同时具备中亚热带向北亚热带过度的明显特征，植被种类繁多，区系成分复杂。特别是幕阜山及连云山区天然针阔叶林植被群落和君山岛繁杂的刚竹属植被类群，成为全省重要的天然物种基因库之一。由于地理条件悬殊和水热条件不同，植被分布也存在着明显的地区性差异，东部中山区从山麓到山顶，由常绿阔叶林向落叶阔叶林过度的地带性明显，中部丘陵及环湖丘岗区以常绿阔叶林为主，洞庭湖平原区以落叶阔叶林为主。有野生植物、栽培植物90多科300多属1118种，属国家保护的古树古木有19种。其中，属国家一级保护的植物有银杏、水杉、红豆杉3种，属国家二级保护植物的有樟树、金钱松、闽楠3种。

野生动物资源：岳阳市野生动

2017年岳阳市行政（管理）区划

表1　单位：个

单位	街道办事处（管理处）	镇	乡
平江县		汉昌、三市、安定、福寿山、加义、长寿、龙门、石牛寨、虹桥、上塔市、南江、梅仙、余坪、岑川、瓮江、浯口、伍市、向家、童市	三阳、板江、大洲、木金、三墩
岳阳县		荣家湾、张谷英、月田、毛田、公田、筻口、新开、新墙、黄沙街、柏祥、步仙杨林街	长湖、中洲
华容县		东山、三封寺、注滋口、插旗、禹山、操军、鲇鱼须、万庾、梅田湖、治河渡、北景港、章华	团洲、新河
湘阴县		文星、樟树、金龙、东塘、鹤龙湖、新泉、岭北、湘滨、南湖洲、三塘、静河、玉华	六塘、杨林寨
临湘市	长安、五里牌、桃矿	江南、聂市、黄盖、坦渡、羊楼司、忠防、桃林、詹桥、长塘、白羊田	
汨罗市		白塘、长乐、三江、归义、汨罗、新市、大荆、罗江、神鼎山、弼时、桃林寺、屈子祠、古培、白水、川山坪	
岳阳楼区	岳阳楼、吕仙亭、东茅岭、金鹗山、五里牌、望岳路、城陵矶、三眼桥、奇家岭、枫桥湖、洛王、洞庭、站前路、王家河		郭镇
云溪区	长岭	云溪、路口、陆城	
君山区	柳林洲	钱粮湖、良心堡、广兴洲、许市	
屈原管理区	天问	营田、河市	凤凰
经济技术开发区	金凤桥、木里港、通海路	西塘	康王
南湖新区	求索、湖滨、南湖、龙山、月山		

物资源比较丰富，有以洞庭湖为核心的湿地生态类型（水禽为主），以幕阜山、药菇山为核心的森林生态类型（兽类为主），境内各类动物23目84科近600种。其中，属国家一类保护的有云豹、黄腹角雉、金雕、白鹤、白头鹤、东方白鹳、黑鹳、大鸨、中华秋沙鸭、白尾海雕、草鸮、麋鹿12种，属国家二类保护的有河豚、穿山甲、灰鹤、白枕鹤、虎纹蛙、猛禽类等36种。鸟类资源极其丰富，2017年年末，仅东洞庭湖自然保护区内观测记录的鸟类有18目64科345种，其中，属国家一类保护的有7种。鱼类资源有11目22科124种，其中，国家一类保护的有中华鲟、白鲟等。

水资源：岳阳市水系发达，河湖密布，雨量充沛，过境水量大，水资源丰富，湘江和资水、汨罗江和新墙河、华容河和藕池河分别从南、东、北三面汇入洞庭湖，经城陵矶注入长江。境内长江堤岸线142千米。5000米以上的河流265条，流域面积100平方千米的河流27条，流域面积2000平方千米以上的河流2条，10平方千米以上的湖泊9个。大小水库1201座，其中，大型水库1座，中型水库23座。至年底，铁山水库蓄水量3.94亿立方米，同比蓄水量增加6.2%。全市有水面约2583平方千米，约占全市国土面积的1/6。本地降水年径流总量95.21亿立方米，地下水可采量131.6亿立方米，多年平均过境水量6382亿立方米。洞庭湖出口年平均径流总量为2765亿立方米，其中，长江1079亿立方米，四水（湘、资、沅、澧）1465亿立方米，区间221亿立方米。全年人均水资源2369立方米。总用水量30.23亿立方米，同比下降2.9%。人均用水量532立方米，下降3.8%。

矿藏：岳阳市矿产资源比较丰富，已发现矿产种类49种，探明资源储量的矿种31种，按矿种类别可分为能源矿产3种，金属矿产22种，非金属矿产22种，水气矿产2种。实施地质勘查项目（含续作项目）81个，实施老矿山边深部找矿项目4个。国家地质公园1个。矿泉水达到饮用标准的26处。温泉2处。

【人口状况】 2017年年末，岳阳市常住人口573.33万人，同比增加5.22万人，其中城镇常住人口327.98万人，占总人口比重为57.21%。出生人口7.42万人，出生率12.91‰；死亡人口3.5万人，死亡率6.1‰；自然增长率6.81‰。

【民族宗教】 岳阳市是一个多民族散杂而居的城市，有少数民族50个，人口21726人，约占全市总人口的0.38%，其中千人以上的少数民族有土家族、苗族、壮族、侗族、回族、瑶族6个。岳阳有佛教、道教、基督教、伊斯兰教、天主教五大宗教。三国时吴赤乌十年（247年），吴国在罗县隐居山（今汨罗市铜盆乡）建宏济寺，佛教逐渐传入岳阳，有代表性的佛教场所有岳阳地区的乾明古寺、圣安禅寺，汨罗市资圣寺，湘阴县法华古寺、南泉寺，平江县东山古寺等。晋太康年间（280—289年），道教开始在岳阳建观传道。有代表性的宫观有吕仙道观、大云山祖师殿、汨罗普德大庙，特别是大云山祖师殿始建于唐代，迄今约1300年历史。伊斯兰教于南宋德祐元年（1275年）传入岳阳，天主教于康熙四十三年（1704年）传入岳阳，基督教于1990年1月由美国复初会牧师海维礼传入岳阳。

【语言文化】 岳阳话，俗称“巴陵话”或“巴陵腔”，属汉语北方话语系。境域洞庭湖以西，长江以北，与西南官语区相接，幕阜山、连云山以东，是赣方言地域，南部与湘语的典型——长沙话连成一片。这种地理特点，造成境内方言的差异。历史上政区隶属关系的演变、人口的迁徙以及交通条件的发展，使岳阳话经历一个由与北趋同变为与南趋同的过程。岳阳是湖湘文化的重要发源地，以“先忧后乐”“团结求索”为精髓的岳阳文化，底蕴深厚。包括汨罗江畔端午习俗在内的中国端午节被联合国教科文组织列入“世界人类非物质文化遗产名录”。岳阳巴陵戏、平江九龙舞、岳阳花鼓戏、临湘花鼓戏、汨罗长乐故事会被列入首批国家级非物质文化遗产名录，华容夹叶点子、洞庭渔歌、平江花灯戏、汨罗抬阁故事、临湘嗡琴戏等13项列入湖南省非物质文化遗产代表作名录，云山高腔、临湘天狮、汨罗饮茶习俗等26项列入市级非物质文化遗产名录。

【风景名胜】 岳阳市是一座历史文化名城，是中国优秀旅游城市，以“洞庭天下水、岳阳天下楼”著称于世。全市有各类文物点1670多处。其中，国家重点文物保护单位17处，省级重点文物保护单位44处，市级重点文物保护单位98处，国家AAAAA级景区1处，国家AAAA级景区6处，国家AAA级景区16处，国家历史文化名镇名村1处，国家重点风景名胜区2处，国家森林公园3处，国家级自然保护区1处。东洞庭湖湿地入选国际重要湿地，岳阳楼和君山岛旅游区为国家AAAAA级旅游区。著名的历史文化古迹有古楼（岳阳楼）、古庙（岳州文庙）、古塔（慈氏塔）、古祠（湘妃祠、屈子祠）、古屋（张谷英古建筑群）、古桥（三眼桥）、古亭（朗吟亭、三醉亭、独醒亭）等。岳阳楼景区尽显古城风貌、衬托楼湖风光、再现巴陵胜状。屈原投江殉国的汨罗江是龙舟文化的发源地。以爱情文化为主题的君山岛被誉为“东方伊甸园”。团湖荷花公园，被上海大世界吉尼斯评为“面积最大的野生荷花成处聚生地”。有“东方日内瓦”之美誉的南湖，湖内绿岛耸立，呈现“一龙赶九龟”的奇观，湖畔修建环湖旅游走廊和总面积15万平方米的南湖广场。

【交通状况】 岳阳承东联西、贯穿南北，区位优势明显。港口：城陵矶港是国家对外开放的一类口岸，是湖南唯一的国际标准集装箱港口，也是湖南首个亿吨级港口。铁路：京广铁路，武广高速铁路。公路：京珠高速公路，随岳高速公路，岳望高速公路，岳宜高速公路，平汝高速公路，杭瑞高速公路。城市公交：线路48条。其中，2路、4路、游1路等25条为新能源车线路；游1、游15、游21、游31、游55为旅游线路；3路、47路、48路为城乡线路；游15路、52路、12

路、16路为跨区线路；55路为夜班线路。

【市树市花】 1985年，岳阳市开展市树、市花评选工作，评选出杜英树为市树，栀子花为市花。杜英树干形高大，树冠广阔，枝繁叶茂。树叶红绿相间，大方美观，喜温暖湿润环境，是理想的庭院风景林树种。栀子花属茜草科，四季常青，品种较多，喜光稍耐荫，喜肥耐瘠薄干旱，分布面广，尤具本地特色。花洁白无瑕，芳香馥郁，备受岳阳人喜爱。

【2017年气候】 2017年，岳阳市气温偏高，年降水量偏多，时空差异明显，汛期暴雨过程频繁、重叠度高、极端性强，突发天气致灾严重，干旱、强对流等灾害偏轻，雾霾日给全市交通运输及人体健康等造成一定的影响，暴雨洪涝灾害重，造成的各类经济损失大，根据气候对国民经济影响评价，2017年度气候年景属偏差年景。

气温。全市年平均气温18℃，距平0.8℃，与2016年同为历年第5高值。年平均最低气温15℃，较常年偏高1℃，为历年同期并列第一高值（2007年、2016年）。年平均低温日数6天，较常年偏少12天，创历年最少低温日新值。全市均未出现严寒期，自2008年冰灾之后连续9年未出现严寒期。年平均最高气温22.3℃，较常年偏高0.8℃。年极端日最高气温40.6℃（临湘市，7月27日）。年平均高温日数26天，较常年偏多5天。

降水。全市年平均降水量1792.8毫米，降水量距平353.7毫米，降水量距平百分率为25%，属偏多，同比偏多216.3毫米。全年出现12次暴雨及以上的过程，有39站次出现暴雨，较常年偏多12站次，其中大暴雨及以上11站次，较常年偏多8站次。出现4段雨水集中期，其中6月22—7月3日为雨水相对集中期，全市累计降水量174～560.4毫米。

日照。全市年平均日照时数为1491.6小时，日照时数距平为-137.8小时，距平百分率为-8%，属偏少，同比偏多34.5小时。

（章 鸿）

【主要天气气候事件】 2017年，岳阳市极端性天气增多，年平均气温为18.0℃，自1952年以来第五高值，7月现极端高温事件创极值。年降水偏多，汛期降水占比大，部分地区创新值，暴雨过程频、叠度高、极端多，遭遇1952年以来最强区域降水过程，致严重洪涝，引发城市内涝、山体滑坡、泥石流等次生灾害严重。日照时数仍续4年持续偏少，出现多段阴雨寡照天气。气象干旱影响不明显，没有出现大范围、持续时间长的干旱，旱情较常年偏轻。

遭遇1952年以来最强区域降水过程。年内全市出现暴雨39站次，较常年偏多12站次，其中，出现大暴雨及以上11站次，较常年偏多8站次。其中，6月23—7月2日的天气过程为岳阳市自1952年有连续记录以来最强区域暴雨过程，全市平均过程降水量409.7毫米，单站最大过程降水量临湘市561毫米。

出现1952年以来最强暖冬。冬季全市平均气温为8.3℃，比常年同期偏高2.1℃，位居自1952年岳阳市有连续记录以来第一高位，且冬季各月气温较常年偏高1.5～2.8℃。其中，华容县和汨罗市冬季平均气温为当地同期第二高值，其余县市区均创当地历史同期新高值。冬季偏暖的另一个显著特点是全市平均最低气温、平均最高气温同时偏高，全市平均最低气温（5.2℃）创自1952年以来第一高位，平均最高气温（12.5℃）位居1952年以来第二高位（1999年，13.1℃）。

区域性寒潮和强冷空气。年内全市遭遇1次寒潮和6次强冷空气过程。2月20—22日平江县48小时日最低气温下降幅度为11.3℃，其余各县（市）24小时内日最低气温下降幅度为8.5～9.8℃，日最低气温为2～3.3℃。2月21日寒潮天气过程带来2017年初雪，汨罗市玉池山通信光缆出现故障，达摩岭电视转播塔失去网络信号。3月12—14日，全市平均最低气温24小时下降幅度6.6℃，其中，湘阴县48小时最低气温降温幅度8.0℃。4月9—11日，48小时全市平均最低气温下降幅度为9.1℃。11月11—12日、11月29—30日出现的冷空气过程，48小时全市平均最低气温分别下降7.8℃、7.6℃。12月16—18日、12月23—25日出现的冷空气过程，全市48小时平均最低气温最大降幅分别为5.5℃、6.8℃。

局地强对流。年内全市遭遇大风5站次，分别是3月30日汨罗市（17.2米/秒，NW）和岳阳市（18.3米/秒，NNW），4月17日汨罗市（18.4米/秒，NW），5月23日汨罗市（17.2米/秒，NNW），6月10日平江县（17.4米/秒，NNW）。5月11日岳阳市出现中到大雨、局地暴雨天气过程，岳阳市区、湘阴县、汨罗市和平江县部分地区出现7级以上大风，平江县安定、三市等地出现大风、冰雹。6月29—7月2日出现连续强降水过程，岳阳市区、君山区局地出现大于18米/秒（八级）的大风。8月13日，岳阳洞庭湖扁山方向和岳阳城南片区个别地段遭遇龙卷风。

连阴雨。年内全市出现5段连阴雨天气。2月1—8日湘阴县连续8天日降水量≥0.1毫米且无日照，达到轻度连阴雨标准。3月岳阳市出现大范围持续阴雨寡照天气，9—24日各县（市）出现8～16天的连续降水。6月8—16日各县（市）出现7～9天的连续降水。10月10—19日出现阴雨寡照天气。11月上旬末岳阳市出现持续的阴雨寡照天气，各县（市）日照时数为0～2.3小时。

高温热害。2017年夏季全市平均高温日（日最高气温≥35℃）日数为25天，较常年偏多5天，夏季极端最高气温为40.6℃。极端高温事件监测结果表明：7月12—30日，华容县、临湘市、湘阴县最高气温达极端事件标准；临湘县、华容县过程高温强度达极端事件标准；华容县、岳阳县、临湘县37℃以上累计日数达极端事件标准；临湘市过程40℃以上累计日数（4天）突破历史极值。

局地出现气象干旱。7月全市平均降水量为93毫米，降水量距平百分率为-48%。7月12—30日全市平均降水量5.1毫米，较常年偏少90%。12月全市平均降水量为19.0毫米，较常年偏少56%，其中，华容县12月份偏少近9成，自10月份开始受持续少雨天气影响，华容县出现轻度气象干旱。

雾与霾。年内全市平均雾日数为18天，较常年偏少9天。全年小时出现霾13天，较常年偏多6天。出现大范围、持续性霾天气主要出现在1月中旬、2月中旬、11月上旬以及12月上旬、下旬。

（章 鸿）

国民经济和社会发展

【综合经济】 2017年，岳阳市经济运行总体平稳。全市国内生产总值3258.03亿元，总量居全省第二位，同比增长7%，高于全国平均水平0.1个百分点。其中，第一产业增加值362.35亿元，增长3.6%；第二产业增加值1424.93亿元，增长5.3%；第三产业增加值1470.75亿元，增长10.1%。第一产业增加值占国内生产总值的比重为11.1%，第二产业增加值比重为43.8%，第三产业增加值比重为45.1%。全市三次产业结构比调整为11.1：43.8：45.1，产业结构首次转化为三、二、一，服务业成为岳阳经济新的主导力量。全年城镇新增就业5.49万人。年末城镇登记失业率为3.48%。失业人员再就业2.78万人。居民消费价格（CPI）同比上涨1.3%。商品零售价格（RPI）同比上涨0.7%。工业生产者出厂价格（PPI）同比上涨1.8%。全市公共财政预算收入318.09亿元，同比减少12.66亿元，下降3.8%，其中，税收收入243.44亿元，减少3.81亿元，下降1.5%。地方公共财政预算收入152.14亿元，同比增加0.1亿元，增长0.1%，其中，税收收入78.94亿元，增加8.65亿元，增长12.3%。

【农业发展】 2017年，岳阳市粮食种植面积56.31万公顷，同比增长0.1%。棉花种植面积3.66万公顷，增长0.7%。油料种植面积13.01万公顷，增长1%。蔬菜种植面积10.66万公顷，增长3%。粮食产量320.79万吨，同比增长1%。棉花产量5.64万吨，增产1.1%。油料产量22.41万吨，增产1.5%。蔬菜产量350.61万吨，增产3.5%。茶叶产量1.9万吨，增产1.6%。猪、牛、羊肉总产量51.66万吨，同比下降0.9%。其中，猪肉产量48.9万吨，下降0.8%。禽蛋产量7.8万吨，下降7.4%。水产品产量52.2万吨，下降2.9%。

【工业和建筑业】 2017年，岳阳市工业生产增长平稳。全年全部工业增加值1258.52亿元，同比增长5.4%。规模以上工业增加值增长5.6%。在规模以上工业中，分经济类型看，国有企业增长14.1%，股份制企业增长4.6%，外商及港澳台商投资企业增长1.4%，其他经济类型企业下降16.2%。规模以上工业中，全市九大优势产业增加值多数增长：食品业增长7.4%，医药业增长11.2%，造纸业增长5.1%，机械业增长10.7%，建材业增长4.7%，有色及循环业增长2.5%，纺织业增长6.5%，电力行业增长11.8%。石化业同比下降3.7%。六大高耗能行业增加值同比下降3.8%。高技术产业增加值同比增长4.5%。高加工度工业增加值增长8.5%。规模以上工业企业实现利润153亿元，同比增长14.6%，其中，国有企业1.91亿元，增长1.8%；集体企业0.65亿元，下降31.9%；股份制企业138.03亿元，增长22.1%；外商及港澳台商投资企业7.14亿元，下降13.2%。全社会建筑业增加值168.7亿元，同比增长4.7%。

【固定资产投资和房地产开发】

2017年，岳阳市固定资产投资2633.55亿元，同比增长13.6%。其中，第一产业投资113.86亿元，增长6.7%；第二产业投资953.61亿元，增长3%；第三产业投资1566.08亿元，增长21.9%。民间固定资产投资1309.18亿元，增长1.8%，占固定资产投资的比重为49.7%。房地产开发投资154.01亿元，同比增长15.8%。商品房销售面积485.53万平方米，下降9.1%；商品房销售额241.65亿元，增长12.3%。

【国内贸易】 2017年，岳阳市消费市场运行平稳。社会消费品零售总额1256.61亿元，同比增长10.0%。按经营地统计，城镇消费品零售额1091.64亿元，增长9.8%；乡村消费品零售额164.97亿元，增长11.3%。限额以上法人批发零售业商品零售额中，粮油、食品、饮料、烟酒类下降3.4%，服装、鞋帽、针纺织品类下降13.5%，化妆品类下降35.4%，金银珠宝类增长18%，日用品类增长2.7%，书报杂志类下降1.4%，家用电器和音像器材类下降6.9%，中西药品类增长11.9%，文化办公用品类增长13.7%，家具类下降87.3%，通信器材类下降22%，石油及制品类增长7.8%，建筑及装潢材料类增长5.4%，汽车类下降13.9%。

【对外经济】 2017年，岳阳市货物进出口总额22.73亿美元，同比增长65.4%。其中，出口16.83亿美元，增长64.4%；进口5.9亿美元，增长68.2%。顺差（出口减进口）10.93亿美元。

【交通邮电和旅游】 2017年，岳阳市交通运输平稳增长。至年底，货物运输总量3.3亿吨，同比增长7.1%。旅客运输总量1.01亿人次，同比增长0.6%。旅客运输周转量49.29亿人千米，下降7%（注：旅客运输周转量不含铁路）。年末全市民用汽车保有量达到48.95万辆，同比增长16.4%，新注册汽车9.59万辆，增长23%。邮电业务增长较快。至年底，邮电业务总量（2010年不变价）68.97亿元，同比增长19.1%。其中，邮政业务总量10.7亿元，增长30%；电信业务总量58.27亿元，增长17.3%。旅游接待总人数4892.79万人次，旅游总收入427.77亿元。接待入境游客30.3万人次，旅游收入1.39亿美元。

【金融】 2017年，岳阳市年末全部金融机构本外币各项存款余额2600.17亿元，同比增长19.4%。其中，住户存款1440.56亿元，增长14%；非金融企业存款661.61亿元，增长36.5%；广义政府存款493.43亿元，增长15.9%。全部金融机构本外币各项贷款余额1318.28亿元，增长28.7%。其中，短期贷款354.07亿元，增长6.7%；中长期贷款951.88亿元，增长40.7%。上市公司10家。A股上市公司总股本49亿股，A股上市公司总市值701亿元。年末证券公司营业部28家，证券交易额2896.89亿元，同比增长4.7%。年末期货公司4家。保险公司原保险保费收入72.5亿元，同比增长26.9%。其中，寿险业务原保险保费收入42.6亿元，增长37.5%；财产险业务原保险保费收入22.5亿元，增长23.3%。原保险赔付支出26.6亿元，增长9%。其中，寿险业务给付13.2亿元，增长0.1%；财产险业务赔款13.40亿元，增长19.4%。

【人民生活和社会保障】 2017年，岳阳市城乡居民收入继续增加。2017年全市城镇居民人均可支配收入30009元，同比增长8.9%。农村居民人均可支配收入14265元，同比增长8.7%。全市居民人均消费支出17229元，同比增长8.2%。按常住地分，城镇居民人均消费支出20808元，增长7.5%；农村居民人均消费支出13033元，增长8.2%。城乡居民医疗保险参保人数492.09万人。参加职工基本医疗保险人数62.96万人。参加失业保险人数38.14万人。年末，全市领取失业保险金人数4.46万人。参加工伤保险人数77.16万人。

【教育科学技术和文化体育】

2017年，岳阳市教育科技和文化体育事业较快发展。全年中等职业教育招生2.2万人，在校生6.09万人，毕业生1.47万人。普通高中招生2.92万人，在校生8.55万人，毕业生2.74万人。初中招生5.39万人，在校生16.02万人，毕业生5.27万人。普通小学招生6.15万人，在校生34.72万人，毕业生5.32万人。特殊教育招生108人，在校生1179人，毕业生67人。幼儿园在园幼儿17.58万人。至年底，累计建设国家工程技术研究中心1个，省级工程技术研究中心14个，市级工程技术研究中心70个。科技成果登记数43项。全年专利申请2801件，授权专利权1782件。全年签订技术合同286项，技术合同成交金额3.27亿元。年末检验监测机构9个，其中国家产品质量监督检验中心1个。全市有法定计量技术机构7个。食品生产许可证805张。全年强制检定计量器具13万台（件）。年末全市文化系统有艺术表演团体112个，与2016年持平。群众艺术馆、文化馆11家，公共图书馆11家，博物馆、纪念馆12家，放映农村公益电影3.74万场。全市广播电台1座，广播综合人口覆盖率99.86%。电视台1座，电视综合人口覆盖率99.91%，有线电视用户157.1万户。全市国家级非物质文化遗产保护目录7个，省级非物质文化遗产保护目录17个。全市有体育场地9617处，其中体育馆20座。全市经常参加体育锻炼人数211万人，开展全民健身项目242项次。新建农民体育健身工程的行政村180个。

【卫生和社会服务】 2017年，岳阳市卫生和社会服务事业不断改善。年末全市有医疗卫生机构4462家，其中，医院86家，妇幼保健院10家，专科疾病防治院（所、站）18家，村卫生室3226个。卫生技术人员30554名，其中，执业医师和执业助理医师15339名，注册护士10495名。全市疾病预防控制中心（防疫站）11家，卫生监督所（中心）10家。医院床位21898张。

【资源环境和安全生产】 2017年，岳阳市全市已发现矿种49种，已探明资源储量的矿种31种，其中，能源矿产3种，金属矿产20种，非金属矿产7种，水气矿产1种。实施地质勘查项目（含续作项目）70个。国家地质公园1个。全年人均水资源量2610立方米。全年平均降水量1763.9毫米。年末全市大型水库蓄水总量4.31亿立方米，同比年末蓄水量增加6.5%。全年总用水量36.58亿立方米，同比增加0.36%。人均用水量638立方米，同比减少0.62%。全市自然保护区11个，其中，国家级1个，省级4个，自然保护区面积29.35万公顷。全市森林覆盖率45.31%。全年规模工业综合能源消费量941.98万吨标准煤，同比下降1.88%，其中，六大高耗能行业综合能源消费量736.57万吨标准煤，下降2.58%。全社会用电量136.25亿千瓦时，增长3.7%，其中，工业用电量79.86亿千瓦时，增长2%。全年发生各类生产经营性安全事故50起，同比下降64.5%；死亡62人。其中亿元GDP生产安全事故死亡率为0.019人/亿元；道路交通万车死亡率0.34人/万辆。

（卢盛鸿）

政治文明建设

【政府立法工作】 2017年，岳阳市人民政府法制办公室（简称市政府法制办）科学制定年度立法计划，首次由市政府常务会议审议并印发实施。至年底，提请市人大常委会审议《岳阳市城市规划区山体水体保护条例》，出台市政府首部规章《岳阳市城区禁止燃放烟花爆竹管理办法》，完成《湖南东洞庭湖国家级自然保护区管理办法》《岳阳市政府合同管理办法》两部规章起草。

（冯庆慧）

【政府法律服务】 2017年，市政府法制办围绕市委、市政府决策部署，突出园区建设、港口建设、交通建设和脱贫攻坚“四大会战”，参与制定园区发展、非公经济、金融和开放发展等“四个十条”和支持实体经济发展的“二十条”意见，为全市重点工程、项目建设、招商引资等把好法律关口，有效防控经济风险和社会稳定风险。至年底，市政府法制办参加市政府各类涉法事务会议60余次，办理市政府领导批示件88件，出具法律意见书36份，审核重大项目合同33份，合同金额约1763亿元。

（冯庆慧）

【放管服改革】 2017年，岳阳市深化放管服改革，在优化服务上做“加”法，推进行政许可标准化，成功在市水务局试点。至年底，31家市直单位出台行政许可标准化工作实施方案，梳理市本级公共服务事项249项。在简政放权上做“减”法，及时取消和下放行政审批事项，市本级保留行政审批项目170项，同比精简10项。开展减证便民专项行动，市本级清理100项，规范保留65项，取消率60.6%。工作经验在《湖南日报》市州版头条推介。在强化监管上做“乘”法，着重对园区行政审批事项目录进行实时监管，动态调整，对应取消合并

4项，因实际运行情况对应不再授权5项，新增授权3项，新增代办事项1项，园区行政审批效率整体提速50%。在降低成本上做“除”法，清理规范行政审批中介服务31项。推进“两集中、两到位”改革，市直27家部门63项行政审批事项进驻市政府政务服务中心办理，投资项目审批提速41%，企业开办时间压缩72.4%。

（易振波）

【政务公开】 2017年，市政府政务服务中心制定出台《全面推进政务公开重点任务分解方案》《2017年度全市政务公开工作考评细则》《关于做好2017年省市政务公开工作要点落实工作的通知》，在全省率先出台市级《全面推进“互联网+政务服务”工作实施方案》，规范完善政府信息公开申请接收、登记、办理、审核、答复、归档等制度，公开政府信息45.5万条，办理政府信息公开申请268起，回应社会关切1540次，其中，政策解读891篇次，新闻发布会53次，政府网站在线访谈20次，政府微信、微博及其他576次，满意率100%。开展全国基层政务公开标准化规范化（平江县）试点工作，试点方案报国务院办公厅备案。

（吴立信）

【政务服务】 2017年，岳阳市深化行政审批“两集中、两到位”改革，规范27个部门事项进厅63项。在全省率先深化不动产统一登记制度改革，房产过户手续从10个环节压缩5个外部流程，办理时限从48个工作日压缩至20个工作日以内，实现群众即来即办。在全省率先实现商事登记“15证合一”，行政审批整体提速42.3%，其中，缴税服务办理提速83.2%，商事登记服务办理提速72.6%。实行投资项目立项招标“三步合一”，建设项目评估评审“多评合一”。实施省、市重点工程项目行政审批委托代办，实现审批提速58%。严格执行“三个一、三核实”收费规程，规范行政裁量权，至年底，征缴税费5.93亿元，同比增加1.56亿元，增长35.7%。规范基层政务服务，1806个村（社区）综合服务平台建设均设置党建工作室、党群活动室、文化艺术室、民情工作室、村务议事室、卫计保健室、信息档案室、便民服务大厅和村民活动广场“七室一厅一广场”。协同编制便民服务事项目录清单179份。全面完成38项即办事项流程、指南编制，核实办理依据66项、办理条件97项，核准申报材料191项，压缩办理时限40%以上。市政府政务服务中心获得全国优秀政务大厅管理创新奖，被评为2013—2017年度全省先进单位。

（吴立信）

【电子政务云平台上线运行】

2017年7月，岳阳市电子政务云平台项目建设完成设备调试和软件部署，总投资3200多万元，云平台正式上线运行。市电子政务办加强对云中心的管理，制定《岳阳市电子政务云计算中心建设与应用管理办法》，有效解决电子政务基础设施重复建设、资源分散、推广云资源应用等问题，规定以后市直各单位新建业务系统原则上应部署在电子政务云平台上，市财政不再安排硬件采购经费，鼓励县市区业务系统部署在市电子政务云平台上。制定系统迁移方案，将原部署于市政府机房的政府门户网站群、数字城管、综合治税、商事登记、网格化管理、“12345”热线等应用系统和电子政务外网，进行数据割接迁移上云平台，实现无缝切换。

（叶　辉）

【市政府门户网站建设】 2017年，岳阳市所有县市区政府门户网站集约至市政府网站群统一平台，在全省率先完成政府门户网站市级集约化建设任务。全市51个政府网站全部按照统一标准规范、统一后台管理，统一数据库、统一安全运维，集约至岳阳市政府网站群统一平台，部署于岳阳市政务云计算中心，实现“一市一平台”目标。市电子政务办对政府门户网站再次进行大规模的改版升级，统一部署新版无障碍浏览系统，新增智能检索与问答平台、个性化主页、智能推送、知识库和归档管理等功能，对首页的监督举报平台入口、网站标识码、网站主办单位及联系方式、ICP备案编号、公安机关备案标识等内容进行规范。制定《岳阳市政府门户网站新媒体管理暂行办法》，加强对新媒体的管理。政府网站服务能力提升，市电子政务办利用政务公开要点专栏，推动决策公开、执行公开、管理公开、结果公开、务求公开实效，市政府门户网站微博进入《人民日报》和新浪微博联合发布的“湖南十大党政新闻发布微博”。市政府门户网站全面、及时、准确地发布各类政务服务信息，网上办事窗口功能不断完善，加强与网民的互动交流，根据“新华云智”2017年发布的“省市政府电子服务能力测评报告”显示，岳阳市政府网站服务能力指数居全国地级城市第四位。

（叶　辉）

【电子政务项目建设】 2017年，市电子政务办加强电子政务项目建设，一批跨部门应用系统上线运行。“12345+网格化”服务管理工作平台在10月上线运行，在利用岳阳楼区网格化服务平台建设成果的基础上，将管理平台升级为1个市级管理平台，12个县市区平台，避免各县市区单独建设、重复建设的问题，节约建设资金约5000万元，项目实现市级网格化服务管理平台与“12345”公众服务热线联动融合。公共信用信息平台建设完成，平台涵盖市本级与县市区，纵向与省和县市区公共信用信息平台互联互通，横向与市行业信用信息系统互联互通，打通部门信息数据交换渠道，整合资源，实现跨部门信息数据共享。会同市重点办、市园区办开发建设重点项目建设管理平台和园区项目建设管理平台，为“四大会战”服务。完善电子政务外网体系，在现有网络系统基础上，采用成熟、可靠、先进的网络技术，实现岳阳市县区所辖各村（社区）接入电子政务外网，建成覆盖各村（社区）的电子政务外网体系，有效支撑相关业务应用系统的运行。会同市财政局、市审计局对全市31家市直主要预算单位进行市直电子政务项目绩效评价暨发展情况调研，撰写《2014—2016年度岳阳市电子政务项目建设绩效评价情况报告》，促进全市电子政务协调发展。至年底，评审市规划三维电子会商室系统等67个项目，总金额1.46亿元，其中，投资金额500万元以上的项目5个，200万元—500万元的项目有10个。

（叶　辉）

【“12345”热线服务】　2017年，岳阳市“12345”热线受理市民来电28.2万件，日均话务量1100多件，话务总量突破142万件，来电15秒接通率98%，工单综合办结率99.97%，收到市民表扬感谢来电682件，群众满意率94.86%。完成全国20多个省区130多批次的调研接待任务，其中，中共中央政治局委员、中央政法委书记孟建柱，国务院副秘书长、国家信访局局长舒晓琴，省委书记、省人大常委会主任杜家毫，省委副书记、省长许达哲等领导到岳阳市“12345”热线视察，对岳阳市“12345”热线的先进工作做法给予肯定。应邀到北京参加“2017年全国首届12345政府服务热线峰会”，并作题为“以新思维引领新发展”的典型发言。在全国335个地级及以上城市“12345”政务服务热线综合排名中位居第十五位，连续第六年跻身“全国优秀热线”行列，获得湖南省“十佳巾帼文明岗”荣誉称号和“12345热线先锋奖”“服务之星”和“百分百接通奖”三项大奖。“12345+110+网格化”工作模式作为全国社会治安综合治理新亮点。

（王　奕）

【“12345”热线平台建设】
2017年，岳阳市“12345”热线整合渠道、共享数据、拓展功能，推动热线平台优化升级。在充分调研、征求意见的基础上，整合全市38条政务服务热线，完成对“12315”“12358”“12369”“12365”等号码在内的非紧急类政务服务热线的整合工作，实现“12345”热线“一号直通”，市民牢记和拨打“12345”一个号码，就可以享受诉求表达、事项办理、反馈评价等一系列政府公共服务。承接“市长信箱”办理工作，明确办理时限、规范回复内容、落实人员责任、确保办理效果，市长信箱各项主要指标稳中有升，实现无缝对接和平稳过渡。至年底，市长信箱接到市民来信8033件，办结率99.84%，满意率79.07%，公示信件812件，收到表扬来信32件。完成市级网格化服务管理平台建设，在全省率先搭建起以“12345”热线平台为依托的市级网格化服务管理综合平台，实现“问题上报”与“工作下派”双向循环，让基层群众共享岳阳政务服务发展成果。开发“大数据”分析系统，“12345”热线“大数据可视化分析系统”建成，依托市GIS时空信息云平台，在城市地图上以文字、图片、动画等要素全面展示民生诉求、政务服务等动态信息，同时具备对城市运行关键领域的信息分析、整合与展现能力，初步实现“12345”热线诉求管理向智能化、扁平化的历史性转变。完成“12345”热线平台系统、语音两大数据库向岳阳政务“云平台”的整体迁移，降低“12345”热线系统运行和维护成本，提高“12345”热线平台的负载能力。

（王　奕）

【“12345”热线效能建设】
2017年，岳阳“12345”热线通过专项督办、重点协调、媒体合作，进一步推进“12345”热线平台效能建设。专项督办县级“12345”平台建设，5个县级平台初步建成，全市“12345”热线县级平台建设任务全面完成。重点协调关系群众切身利益的热点问题，开展专项督查行动9次，调动相关职能部门17家52人，协调推动解决民院附小西侧工地施工扬尘严重影响校园环境、洞庭湖水域乱收费和违法采砂、康王乡居民长期用水困难等一系列问题。与《岳阳日报》、岳阳电视台等主流媒体开展合作，在《岳阳日报》开辟“12345热线专栏”，每周一版，刊登具有代表性的民生热点问题和具有典型性的诉求处理案例进行公示，全年刊发“12345”热线专栏48期，推介典型案例110余件。

（王　奕）

精神文明建设

【社会主义核心价值观宣传教育】
2017年，岳阳市加强社会主义核心价值观宣传教育，推进公益广告宣传，出台《岳阳市中心城区户外公益广告管理办法》《2017年关于在全市深入开展公益广告宣传的通知》等文件，举办“图说我们的价值观”原创公益广告征集大赛，征集作品75件，选送40幅作品参加省“图说我们的价值观”公益广告作品征集活动，《岳阳精神系列组图》获得全省二等奖。各级各类媒体常态化刊播公益广告，做到“周周有专版、月月有主题”。新建48个道路广告牌、300块交通隔离护栏广告牌。开展公益广告督查4次，提升各窗口单位、建筑围挡、车站码头的公益广告宣传覆盖量，130台公交车、400多个公交站台、400个民政路牌实现常态化宣传。

继承发扬传统节日文化。开展“我们的节日”主题活动，弘扬中华优秀传统文化和传统美德。春节期间，举办汴河街庙会、开展“红红火火过大年”送春联活动。清明节期间，组织各地开展缅怀革命先烈、网上祭先烈等活动。端午节期间，组织队伍参加全省龙舟赛，承办“爱我国家，圆梦中华”——我们的节日·端午全国文明村镇文艺展演暨2017年中国汨罗江国际龙舟邀请赛，全国各省市区800多名代表参加，节目在央视七套播出。中秋节期间，在君山岛举办中秋祭月、赏月活动。重阳节期间，组织各地开展关爱空巢老人、孤残老人等活动。

开展网络文明传播。开展“春节年俗随手拍”“做雷锋精神的种子”“我们这样过端午”“我为文明城市献良策”等网络文明传播活动。加强岳阳文明网的内容建设，在中国文明网刊发新闻稿件30多篇，其中，首页要闻8篇，刊发原创评论文章80多篇。

【公民道德实践活动】　2017年，岳阳市开展公民道德教育和公民道德实践活动，把公民思想道德建设不断引向深入，形成文明道德新风尚。选树各类先进典型。发动基层群众推出各行各业先进人物，挖掘百姓身边好人好事，其中，方赛群当选湖南省第六届道德模范提名奖，李立华、王新文、叶剑芝等3人当选“中国好人”，肖治中等21人当选“湖南好人”。推荐好人线索2.3万条，为“中国好人”候选人点赞6万次。评选表彰12名岳阳市第六届道德模范及5名提名奖。

创新道德讲堂活动。下发《关于创新道德讲堂活动的通知》，要求全市各地各单位道德讲堂做到“七有”（有场地、有机构、有队伍、有设施、有活动、有实效、有资料），活动开展过程中有“看短片”“讲故事”“问自己”“谈体会”等四个环节。至年底，市道德讲堂总堂举办活动7次。

社会诚信建设。全市启动挖掘、宣传“诚信之星”“诚信人物”“诚信企业”优秀事迹活动，通过宣传诚信典型和标杆，引领社会新风尚。开展“网络诚信消费无忧”“3·15”消费者权益日活动，引导社会舆论关注网络消费热点问题，推动网络诚信建设。在岳阳楼区汴河街开展“诚信示范街”创建活动，培育一批诚实信用、依法经营的商户，营造和维护良好的消费环境和市场经济秩序。组织相关市直部门发布诚信红黑榜16次。

文明风尚行动。开展文明餐桌、文明旅游、文明交通、文明礼仪等专项行动，提高市民素质，提升城市品位。开展文明餐桌行动，联合市食药监局对各餐饮经营户进行查漏补缺，印发“文明用餐、节俭惜福”主题环保饭盒、宣传挂画、酒水牌和小卡片8000份。表彰年度文明食品经营店和文明药店20家。开展文明旅游行动，启动全市旅游行业文明先进单位和文明旅游岗位明星评选活动，召开文明旅游联席会议，开展“5·19”中国旅游日活动。开展文明交通行动，发动全市68家文明单位和15个志愿服务组织，在市中心城区35个主要交通路口，开展“文明交通我先行”志愿服务活动，定期在全市各主要交通路口进行文明劝导。至年底，出动志愿者6000人次，服务时长3.1万小时，城区中小学校、幼儿园及街心花园等乱点路段交通秩序改善，交通违法行为减少。评选表彰80个先进集体和196名先进个人，启动岳阳市文明交通“万千百”评选活动。开展文明礼仪行动，印制《岳阳市民文明手册》4.5万册，《致市民的一封信》10万份，发放至各区和各窗口单位，营造“人人讲秩序、处处讲文明、事事讲礼仪”的社会氛围。

【文明村镇创建】 2017年，岳阳市推进移风易俗，深化文明村镇创建。市文明办制定下发《关于贯彻落实市委办〈岳阳市在农村开展“刹人情歪风、治婚丧陋习、树文明新风”专项工作实施方案〉的工作要点》，针对方案要求和市文明办工作职责，移风易俗工作纳入文明村镇、文明单位、文明家庭的测评内容，纳入各级年度绩效考核精神文明建设重要内容。《人民日报》、中央电视台《新闻联播》、人民网、《湖南日报》、湖南卫视等主流媒体进行报道推介。开展清洁田园、清洁水源和清洁能源行动，开展保护环境、节约资源活动，持续推进农村公共文化服务体系建设，开展全市文化科技卫生“三下乡”活动，开展星级文明户创建，评选50户岳阳市农村文明家庭。至年底，全市县级及县级以上文明乡镇39个，占比36.1%；县级及县级以上文明村147个，占比9.3%。其中，华容县东山镇被评为全国文明镇，华容县章华镇五星村等5个村被评为全国文明村，云溪区云溪镇八一村党支部书记刘友明作为全省唯一的文明村镇代表到北京参加表彰会。

【群众性精神文明创建】 2017年，岳阳市以常态化推动群众性精神文明创建活动向纵深发展。文明单位创建，举办全市精神文明创建工作培训班，市财政局等5家单位被评为全国文明单位。开展市级文明单位评选工作，对新申报单位进行考评，同时随机抽取部分往届文明单位进行复查。强化对文明单位创建工作的日常监督检查和考核评估，给予屈原管理区虎形山社区、南湖新区湖滨街道八仙台社区限期整改，给予汨罗市政务服务中心黄牌警告处理。文明家庭创建，开展传承好家训、讲家训活动，弘扬中华优秀传统美德，融入“好婆媳”“好夫妻”“好妯娌”“好邻里”等评选活动，岳阳市黄素萍、杨其凡家庭获评全国“最美家庭”称号，评选表彰100户首届岳阳市文明家庭。文明校园创建，围绕“领导班子好、思想道德教育好、活动阵地好、教师队伍好、校园文化好、校园环境好”的“六好”标准，稳步推进文明校园创建工作，其中岳阳楼区东方红小学被评为全国文明校园。开展未成人思想道德建设暨“不忘初心跟党走”集中入团仪式，“童心向党”“向国旗敬礼”等“我的中国梦”2017年未成年人主题教育实践活动，开展乡村学校少年宫项目专项督查，全市有乡村学校少年宫项目124个，其中，中央专项支持项目54个，省级专项支持项目70个。

【学雷锋志愿服务制度化建设】

2017年，岳阳市推进学雷锋志愿服务制度化，培育壮大助残、环保、体育、卫生、计划生育、交通、法律、消防、禁毒、扶贫等专业志愿者服务组织，引导居民立足社区实名注册，壮大社区志愿服务队伍。招募专业志愿者开展公共文化志愿服务，全市县级以上公共文化设施均成立志愿服务组织，岳阳市志愿服务组织联合会新办公场所正式运行，开展各类志愿服务专业培训100余场次，各志愿服务组织进学校、进社区开展防溺水知识、禁毒知识、应急救援知识培训近千场次，获益群众数十万人。市文明办为优秀志愿者增送1000份公益保险。与壹基金结为公益伙伴，为湘阴县注入公益金100万元建造8个农村学校游乐场（壹乐园）。60多个志愿服务组织参与防汛抗灾，近3万人次参与志愿服务，组织捐款捐物200多万元，申请物资160万元发放灾区。至年底，全市注册志愿者69万人，团队1363个。“送文化进高墙”文化志愿服务项目被评为全国文化馆文化志愿服务十佳示范项目，并获得“最佳关爱项目”，岳阳市蓝天救援队队长陈华当选全国

“最美志愿者”，王永林、康妹、邹许等3人被评为中华骨髓库“五星级志愿者”，岳阳市13项入选全省志愿服务“四个100”先进典型，程琼等9人入选最美志愿者，汨罗市爱心之家志愿者协会入选最佳志愿服务组织，“大爱平江”扶贫助困公益项目入选最佳志愿服务项目，岳阳楼区新城社区和平江县城关镇月池塘社区入选最美志愿服务社区。

【岳阳市文明城市创建实现“二连冠”】　2017年，岳阳市继续深化文明城市创建，坚持市委常委会、市文明委全会、创建动员大会、创建讲评调度会“四会”齐讲，坚持长期规划、年度计划、单项工作、专项整治实施方案“四文”共下，坚持专题部署调度、一线现场督办、明察暗访考核、见面约谈问责“四措”同抓，坚持市主要领导、牵头分管领导、责任单位一把手、城区五区党政负责人“四级”联管。在全市开展交通秩序整治、环境卫生整治、集贸市场整治、农贸市场整治、五小门店整治、窗口单位整治、网吧整治、校园周边环境整治和绿化美化整治九大整治行动。强化督导考核，开展深化文明城市建设专题督查调度。恢复市创建办，每天开展巡查，督办问题4000多个，下发督办函156份，指导单位610多家，协调处理事项120多次。开展公共文明指数模拟测评，成绩在媒体上公布，召开讲评会进行讲评。11月14日，中央文明办发布《第五届全国文明城市名单和复查确认继续保留荣誉称号的往届全国文明城市名单》，岳阳市继续保留“全国文明城市”荣誉称号。11月17日，市委书记、市人大常委会主任胡忠雄到北京参加全国精神文明建设表彰大会。

（毛家伟）

生态文明建设

【洞庭湖湿地保护】　2017年，东洞庭湖国家级自然保护区加强洞庭湖湿地保护，加大以候鸟保护为重点的野生动物资源保护力度。联合公安、渔政等职能部门开展集中执法打击行动20多次，出动车船110多台次，查处持枪猎鸟案件3起，收缴狩猎枪支3支，清除捕鸟天网20多张，查处违反规定进入保护区禁止捕捞案件10多起，查处电打鱼等非法捕捞案件10多起，现场制止后湖排水捕鱼行为，移送非法狩猎涉嫌刑事犯罪案件4起，清除影响候鸟安全栖息及鱼类资源的“迷魂阵”200多档4万多米，成功救护受伤受困鸟类50多只，其中麋鹿7只。

专项整治行动。组织开展“绿剑行动”“绿盾行动”等专项整治行动，组织人员对卫星遥感监测问题逐一进行现场核查，对生态破坏问题制定整治工作方案，全面开展整治工作，拆除湿地洲滩违规建设的烧烤休闲设施，拆除侵占湿地违规建设的砂石堆场和养殖场、关停拆除或搬迁保护区内违规建设等工业企业128家，拆除建筑约29万平方米。

生态环境问题整改。全面停止保护区范围内采砂活动，并将所有采砂船统一集中停靠保护区实验区内鹿角水域。强制拆除侵占湿地违规建设的砂石码头（堆场）44个（处），恢复侵占岸线8000米，恢复侵占的湿地洲滩面积70公顷。全面查封关停的保护区范围内的20余家水上餐饮，全面清除保护区范围内养殖网箱1300多个，全面拆除湿地洲滩区域烧烤休闲设施，拆除烧烤休闲设施280余个，棚屋2间，清除湿地洲滩区域违规建设的养禽棚舍9处，全部关闭或搬迁沿湖大堤1000米范围内畜禽养殖场，关闭畜禽养殖场300多家。组织实施采桑湖、君山后湖生态修复，牵头制定问题整改方案，对整改任务进行分工细化，聘请专家编制《生态修复方案》，组织专家对生态修复方案进行评审，并督察整改主体责任单位按通过专家评审生态修复方案完成生态修复。

（陈秋荣）

【洞庭湖生态科研】　2017年，东洞庭湖国家级自然保护区加大洞庭湖生态科研力度，进一步完善科研监测方案，优化科研监测队伍，开展隆冬水鸟的监测与调查、“逢八”鸟类监测、春季水鸟、夏候鸟监测与调查，首次监测记录到保护区新鸟种凤头鹰、彩鹮。开展鸟类、麋鹿、东方田鼠、植被四大类生物多样性监测及疫源疫病等常规性科研监测工作。据调查统计，2016—2017年度隆冬越冬水鸟环洞庭湖调查，监测水鸟数47种15.06万只，占整个洞庭湖区域的82%，较2015—2016年增加3万多只，增长幅度25%，通过无人机监测，在注滋口一次性监测到62头野生麋鹿种群。与中科院、WWF、环科院、市老年协会等科研校院和国内国际协会组织就东洞庭湖湿地保护进行交流，就2017年洞庭湖湿地保护与研究进行座谈，在洞庭湖课题研究、湿地资源保护与利用、科技成果共享、长江流域生态补偿项目等问题上达成共识。

【洞庭湖湿地保护宣传】　2017年，东洞庭湖国家级自然保护区多渠道、多形式开展湿地保护宣传，宣传报道80次，其中，中央级报道6次、省级报道33次、市级报道40次。3月2日，在采桑湖举办第4个“世界野生动植物日”宣传活动暨环洞庭湖春季水鸟调查启动仪式，由市林业局、东洞庭湖国家级自然保护区、市老年科技工作者协会主办，WWF协办，开展“世界野生动植物日”宣传。3月31日，开展以“依法保护候鸟，守护绿色家园”为主题的第36届“爱鸟周”的系列活动，发布《2017年鸟类监测公报》，在南湖广场以标本和“百鸟图”展示、《中华人民共和国野生动物保护法》等法律法规播放、爱鸟护鸟宣传资料发放、鸟类有奖知识答题等形式，向社会公众普及保护鸟类资源，发展生态文明的自然公益理念。参加岳阳新闻频道嘉宾访谈栏目——《新闻会客厅》，就洞庭湖生态环境保护与治理及湿地生态科学研究等工作接受采访并作出回应。开展湿地生态电影拍摄，提升湿地品牌。

（陈秋荣）

【2017洞庭湖观鸟赛】　2017年2月7—10日，岳阳市举办2017洞庭湖观鸟赛，以“共享碧水蓝天”为主题，由中国野生动物保护协会、

湖南省林业厅、岳阳市人民政府主办。整个活动由开幕式、观鸟赛队伍交流会、观鸟赛、湖南湿地水鸟调查培训、观鸟赛答辩与评奖及观鸟赛颁奖典礼暨闭幕式组成。来自全国各地的13支观鸟队伍参加观鸟赛，观鸟赛记录143种鸟类，其中新记录鸟种白颊黑雁，东洞庭湖保护区鸟类记录总数达348种。

（陈秋荣）

【洞庭湖生态环境整治】 2017年，岳阳市推进洞庭湖生态环境整治，市委常委会议3次研究部署相关工作，市委书记、市人大常委会主任胡忠雄，市长刘和生调度督查整治工作8次。市委、市政府启动洞庭湖突出环境问题集中整治行动，成立领导小组、明确整改目标、制定整改清单、确定整改机制，整治效果明显。开展洞庭湖非法采砂问题整改，加大打击非法采砂力度，开展打击盗采专项行动，查处盗采船只133艘，治安拘留36人，刑事拘留49人，逮捕22人，判处有期徒刑8人，完成《2017—2020年河道采砂规划》的编制工作。

开展砂石码头、堆场及采砂船、运砂船清理整治，自然保护区内原有44处砂石堆场全面关停清理，启动采运砂船乱停乱靠整改工作，规范集中停泊船只327艘。开展城区生活污水、黑臭水体整治及环湖生活垃圾堆放点清理整治，全面完成省定黑臭水体20处整治年度任务，55个环湖生活垃圾堆放点全部清理整治。开展沟渠塘坝清淤整治，完成渠道清淤2082条4131千米，塘坝清淤1449处。开展畜禽养殖、矮围网围等农业面源污染整治，完成洞庭湖区饮用水源地381户养殖场退养，完成洞庭湖水环境治理五大行动畜禽养殖专项退养任务2513户，栏舍797882.07平方米，完成华容河周边畜禽养殖139户全部退养，东洞庭湖矮围全部拆除20处。开展欧美黑杨生态影响问题整治，自然保护区核心区内黑杨全部清除。开展黏土砖窑依法取缔整治，列入整改范围的87家砖窑全部关停取缔。开展华容河水环境整治，畜禽养殖退养全部完成，麻浬泗污水处理厂提质扩容主体工程完成，桥东污水处理厂建设推进。开展黄盖湖、采桑湖、君山公园后湖污染整治及生态修复，采桑湖、君山后湖生态修复提前一年完成整治任务。推进120万农村人口安全饮水问题整治，完成投资3.5亿元，解决农村饮水不安全人口61.8万人，超额完成年度任务。

（廖从志）

【第七届中国湖泊论坛通过《中国岳阳南湖共识》】 2017年11月23日，第七届中国湖泊论坛在岳阳市开幕，论坛以“湖泊生态环境保护修复与绿色发展”为主题，由中国科协主办，湖南省科协、岳阳市人民政府承办，中国环境科学学会、中国水利学会、中国林学会、中国可持续研究会等11家全国学会和岳阳市科协协办，该论坛首次在地级市举办。市委副书记、市长刘和生出席开幕式并致辞，市领导王小中、彭先政、黎四清及来自全国各地的院士专家学者近800人出席论坛活动。来自环保、水利、农林、经济政策等领域，从事湖泊研究、湖泊保护与管理的近200名专家学者就目前中国湖泊环境状况与发展趋势以及对策措施进行研讨。中国科学院院士桂建芳作题为《湖泊生态养护与净水渔业模式发展》主题报告，中国科学院亚热带农业生态研究所研究员何寻阳、南京水科院生态中心主任陈求稳、中国科学院南京地理与湖泊研究所研究员范成新，分别作主题报告。与会专家围绕“湖泊生态系统与生物多样性保护”“山水林田湖系统治理与综合管理”“湖泊流域生态经济与绿色发展转型”“洞庭湖生态经济区建设与发展”4个专题进行交流研讨，并到东洞庭湖自然保护区、洞庭湖博物馆工程、君山后湖湿地、南湖生态治理修复样板工程等地进行现场考察。出席第七届中国湖泊论坛的全体与会代表一致通过《中国岳阳南湖共识》。《中国岳阳南湖共识》指出：水是生命之源，湖是聚水之地。湖泊是人类赖以生存的生命之源。泱泱中国，幅员辽阔，湖泊众多，2.4万个天然湖泊起着维系生态平衡、调蓄洪水、滋养万物的重要作用。

全面深化改革

【概况】 2017年，岳阳市推进9大类31大项145小项全面深化改革任务，市委全面深化改革领导小组和各专项小组发挥牵头抓总作用，推动改革落实，召开深改组会议和改革调度会议15次，改革协调推进会议20次，专项小组改革调度会70多次，出台《关于深化市纪委派驻机构改革的实施意见》《岳阳市科协系统深化改革实施方案》《关于进一步深化文化市场综合执法改革的实施意见》等改革方案50多个，至年底，改革目标任务推进完成率97.7%。

【经济体制改革】 2017年，岳阳市经济体制改革15大项62小项，其中，供给侧结构性改革、金融改革、园区行政管理体制改革、开放型经济体制改革等彰显岳阳特色，成效明显。

供给侧结构性改革。岳阳市出台《供给侧结构性改革“四个十条”实施意见》，彻底整治5家地条钢生产企业，排查34家造纸企业，列入国家淘汰落后产能公告的29家企业31个项目落后设备彻底拆除到位，完成年度去产能任务。中心城区库存商品住房83.88万平方米，去化周期为4.4个月。开展金融生态环境专项整治行动，严厉打击非法集资，整治涉众型金融风险隐患，有效防范金融风险。出台《岳阳市人民政府关于降低实体经济企业成本的实施意见》，推进营改增试点，减免企业税负20亿元。建立全市行政事业性收费动态监管平台，公布《行政事业收费目录清单》。实施“五降一减”，全市涉企行政事业性收费降标35项、取消12项、暂停6项，收费金额比3年前下降30%。改制农村信用社8家，组建村镇银行5家。发展多层次资本市场，全市上市公司10家，新三板挂牌企业9家，股权挂牌企业46家。

金融体制改革。岳阳市出台“金融十条”，运用奖补、贴息等杠杆工具，缓解中小微企业融资难题，国开行、进出口银行、农发行3

家金融机构在岳阳市投放贷款170.6亿元，同比实现翻番。建立重点项目和企业融资需求发布机制，开发“岳阳金融信息平台”软件，适时将市政府重点项目、各类企业融资需求、银行信贷政策和产品等在平台上发布推介。搭建银企洽谈平台，举办金融支持小微企业发展银企洽谈会、市重点民营企业帮扶银企合作推进会等2次洽谈会，220家企业和银行签订20亿元贷款协议。完善担保体系，规范发展小额贷款公司，设立小额贷款公司19家；组建融资担保公司9家。实现县域融资担保机构全覆盖。

园区行政管理体制改革。岳阳市出台“园区十条”，探索“去行政化”管理，试行产业园区用编进人自主权下放，印发《关于授权岳阳经济技术开发区、湖南城陵矶新港区管委会实施部分市级行政审批事项的通知》，将89项行政审批权限授权或委托园区实施。调整授权新港区市级行政审批项目，其中，委托授权43项，限时代办6项。出台《关于推进产业园区管理体制改革创新的指导意见》，围绕园区功能定位、简政放权、用人机制和薪酬体系等四个方面攻坚发力，激励和推动园区管理体制改革创新，构建“办事不出园、服务一站式”的园区审批新模式。

开放型经济体制改革。岳阳市出台“开放型经济十条”，建立市、县政府领导定点联系招商引资重大项目制度，确定市级领导联系重大产业招商项目84个。收集整理重大投资促进项目196个。制定《岳阳市关于促进电子商务发展的实施意见》。实施“互联网+创新商贸”行动，全市从事网络交易的企业和经营主体达3.8万户，占注册企业总数的87.6%。90家省内外知名电商企业入驻岳阳电子商务产业园。逐步完善跨境电商平台功能，开展跨境电商业务企业增至60家。深化大通关改革，全面梳理“三个一”（一次申报、一次查验、一次放行）作业流程，实现口岸管理部门“信息互换、监管互认、执法互助”，通关时长压缩1/3。

商事制度改革。岳阳市围绕利企便民，统筹推进商事制度“放、管、服”综合改革试点，建成5家省级创业孵化基地、10家市级创业基地和7家创客空间。全年新登记各类市场主体37032户，其中，各类企业8471户，分别比2016年同期增长33.5%、20.46%。小微企业成活率达89%。新登记市场主体年营业收入达99.2亿元；年新增就业岗位超过5万多个，带动2万余失业人员实现再就业。

【农村改革】 2017年，岳阳市农村改革任务4大项17小项。其中，供销合作社综合改革、服务脱贫攻坚机制创新等工作成效明显。

供销合作社综合改革。岳阳市在全省推选供销合作社综合改革示范工作中以73.78的高分排名第一，被省委、省政府确定为全省唯一的深化供销合作社综合改革示范市。制定《岳阳市创建湖南省深化供销合作社综合改革示范市工作方案（试行）》，明确改革基本原则、总体目标等6个方面内容，明确14项问题清单、16项任务清单、各县市区创建任务分解表。至年底，基本完成30个乡镇惠农服务中心选址规划，为周边农户生产生活提供全方位、一站式服务。

服务脱贫攻坚机制创新。岳阳市将脱贫攻坚纳入党建述职评议考核内容，集中投入，实现全市所有贫困村村级综合服务平台全覆盖，完成259个贫困村电网改造，贫困村4G覆盖率和光纤通达率均达100%。创新社会扶贫机制，协助市人大常委会和市政协等单位开展一系列扶贫行动，“大爱平江”扶贫慈善基金筹资1.03亿元。倡导新的文明风尚，开展“刹人情歪风、治婚丧陋习、树文明新风”的移风易俗行动，减轻农村人情负担，破解因事致贫顽疾。创新金融扶贫机制，在全市319个贫困村设立金融扶贫服务站，推进金融扶贫服务站、电商服务站和助农取款点三站融合共建，构建“基础金融不出村、综合金融不出乡镇”的普惠金融服务体系，引导信贷资金流向贫困地区，全市银行业金融机构共发放金融扶贫贷款53.11亿元，惠及1.3万农户。完成348个贫困村的农网改造任务。争取公共基础设施建设中央、省内投资到位资金14.5亿元。

【生态文明体制改革】 2017，岳阳市生态文明体制改革任务2大项10小项。出台《岳阳市全面推行河长制实施方案》《深化公安、环保联动执法指导意见》等改革方案。在健全环境保护行政执法与刑事司法衔接工作机制方面成效明显，至年底，全市立案查处环境违法案件622起，办案数量居全省第二位，其中，查封扣押类案件112起，限产停产类案件71起，行政拘留类案件66起。在新环保法及四个配套办法运用方面，全市按日连续处罚案12件，查封扣押案132件，限产停产案76件，移送拘留案127件，申请法院强制执行案21件，涉嫌污染犯罪移送公安案2件，较2016年同期有大幅度增加。

【民主法制领域改革】 2017年，岳阳市民主法制领域改革任务1大项8小项。出台《关于预算审查前听取人大代表和社会各界意见建议的若干规定》《岳阳历史文化名城保护条例》《岳阳市城市规划区山体水体保护条例》。构建全市县级大统战工作格局，经验被中央统战部向全国推介。开展全市统一战线代表人士调查摸底工作，完成科级以上党外干部800多人和党外代表人士1000多人的基本数据采集，建成党外代表人士数据库。推动各县市区出台落实《党外代表人士分级分类管理办法》。《中国统一战线》第9期以《用‘四心’推动党外代表人士队伍建设》为题，推介岳阳党外干部培养使用、监督管理方面的经验。

【文化体制改革】 2017年，岳阳市文化体制改革任务1大项6小项。数字文化馆建设按国家相关标准要求完成设施建设和系统运行测试，经验被文化部收录进《数字文化馆服务典型案例汇编》。临湘市公共文化服务示范区创建按标准完成基础设施建设、群众性文化服务活动以及相关制度、机制建设任务，通过省文化厅检查验收。制定出台基层综合性文化服务中心建设实施方案。至年底，全市1435个村级（社区）综合文化服务中心，建成率超过80%。

【司法体制改革】 2017年，岳阳市司法体制改革任务2大项11小项。以司法责任制为核心的“四项改革”中，司法责任制改革推动建立权责明晰、监管有效、保障有力的司法权运行新机制，分类管理使员额法官、员额检察官和司法辅助人员、司法行政人员、司法警察等司法人员各归其位，职业保障制度为司法人员依法公正履职提供必要的职业保障，市、县市区法院检察院实行人财物省级统一管理开展前期工作。“网格化+12345+110”实现“三网”联通，市、县两级中心城区贯通，联动融合模式得到中央政法委、中央综治办肯定并向全国推介。公安部、省公安厅分别在岳阳市召开110警务新机制和“4+X”警务机制改革的全国现场会、全省现场会。岳阳楼区法院被最高人民法院确定为全国繁简分流机制改革示范法院，屈原法院被省高院确定为大部制改革试点单位，平江县检察院内设机构改革试点经验在全省、全市推广。

【社会体制改革】 2017年，岳阳市社会体制改革任务3大项12小项。推进社会保障制度改革，新增养老服务床位904张。五险统一征缴全面铺开，市本级新增参保单位全部实现统征统缴，统征单位140家。市、县两级开通24家医院跨省异地就医直接结算业务，工作进度居全省第一位。印发《岳阳市生育保险和职工基本医疗保险合并实施试点方案》，推行按病种付费、多元复合式付费并存的医保支付方式，完成65家定点医疗机构协议签订，纳入医保支付单病种100多个。印发《岳阳市推进医疗联合体建设的实施方案》，建成城市医联体2个，县级医联体2个，专科联盟5个，远程医疗协作网4个，医联体内双向转诊各类患者1.22万人次。家庭医生签约服务全面启动，组建签约服务团队1218个，签约服务总人数达172.8万人，签约覆盖率30.75%。全市所有公立医院从10月1日起全面实施药品采购“两票制”，公立医院“药占比”从39.27%下降到32.18%。

【党的建设制度改革】 2017年，岳阳市党的建设制度改革任务2大项13小项。实施“智慧党建”工程，开发“巴陵e支部”党务管理系统，构建集党务公开、学习教育、党员积分管理、党费收缴等于一体的移动终端平台，与58农服公司合作，开发“岳农”互联网信息平台，在全市全面上线正式版。推广党员“红星云”微信公众号，打造“指尖党校”“网上支部”，14.8万名党员注册使用，9000余名村（社区）干部接受党务学习培训。新建非公企业党组织830个、社会组织党组织389个，党组织新增率持续排名全省前列，“两新”党建工作经验在全省推介。

【纪律检查体制改革】 2017年，岳阳市纪律检查体制改革任务1大项6小项。在全省率先完成市级纪委派驻机构改革，是全省唯一一个在6月底前实现市本级派驻全覆盖的市州，是全省两个对派驻机构人财物实行统收统管的市州之一。出台《关于加强县市区纪委派驻机构建设的指导意见》，在改革范围、机构设置、日常管理、干部政策、时间节点方面实行“五个统一”，9个县市区纪委均按要求完成派驻机构改革。在平江县开展深入推进县乡纪检监察工作一体化试点，出台《关于推进县市区纪检监察工作一体化建设的指导意见（试行）》，乡镇片区实行联合办信办案，建成高标准乡镇谈话点64个。市级巡察机构形成“一办五组”的格局，七届市委完成三轮常规巡察和两轮专项巡察。在全省率先探索开展县级交叉巡察。岳阳巡察经验在全省巡视巡察工作电视电话会上推介。

（邓岳平）

全面小康社会建设

【概况】 2017年，岳阳市全面小康实现程度97.4%，在全省排名第四位，同比提升6.9个百分点，获得4个奖项、9块奖牌。其中，岳阳市获得省“全面小康先进奖”；君山区获得“全面小康前十位县”奖，实现程度在全省47个二类县中排第一位；岳阳县获得“全面小康十快进县”奖，提升幅度得分在全省27个一类县中排第二位；汨罗市获得“经济强县”奖，经济快县评比得分在全省47个二类县中排第三位，汨罗市、临湘市、湘阴县、华容县、君山区等县市区通过达标认定。

【小康目标任务分解】 2017年，市委常委会专题调度全面小康工作，提出“市级必须取得一个奖项，县市区实现奖项全覆盖”的目标要求。市小康办通过科学测算、研判分析，明确市级和县市区创优目标：市级总体实现程度确保达到96%以上，力争达97%，争创“全面小康先进奖”；汨罗市、临湘市、君山区和云溪区争创“全面小康前十位县”，华容县、岳阳县和平江县争创“全面小康十快进县”，岳阳楼区和湘阴县争创“经济十快进县”；汨罗市、华容县、临湘市、君山区力争达标认定。根据创优目标，对50项市级指标逐个研究、逐一分解，对32家相关市直单位下达《关于明确2017年度责任指标目标任务的函》，要求对照目标任务，做好细化分解、指导调度等相关工作，对参与省里考评的9个县市区，通过充分征求意见、反复核算后，分析确定各地争先创优指导目标。根据9月新考核体系，调整变化情况重新测算，分析研判创优形势，精准细化年度目标、提升幅度等，并逐一下达《县市区争先创优分析建议函》，为各县市区争先创优指明方向。

【小康工作监测督查】 2017年，市小康办制定下发《关于按月报送全面小康责任指标推进情况的通知》，对年度综合绩效考评中小康考核办法进行修订完善，制定出台全面小康推进工作奖惩办法，小康工作实现动态监测。明确数据统计监测部门在报送相关指标数据，严格把好数据报送审核关，加强监测预警、业务指导等工作，确保科学统计，真实反映经济社会发展水平。对30项指标数据进行重点监测分析，对其中18项指标数据进行跟踪预警，向5个部门下达6份指标数据预警函，推动工作整改，促进指标提升。深入分析监测数据，摸清市县小康指标的主要短板，并以短板指标作为突破重点，全面开展攻坚行动。将市本级50项一、二级指标按照责任分工分解到部门，要求对35项达标指标实现正向提升，对15项没有达标的短板指标制定攻坚方案，针对短板指标，一个指标一个函，下发函30多份，要求13个短板部门和12个县市区实行挂图作战，对照差距，调研分析，强化工作措施攻坚突破。与市委督查室对县市区和市直部门开展督查，对发现的问题进行分析汇总，及时协调处理。至年底，开展统一督查2轮次，对市直部门开展专项督查30多次，反映和协调指标提升突出问题18个，极大促进指标提升。针对工作落后、进度滞后的指标，约谈部门负责人或分管负责人30多人次。

【胡忠雄坚持小康工作月调度】

2017年，市委书记胡忠雄把全面小康放在心上，抓在手里，坚持每月5日左右调度小康推进工作，每次由市小康办汇报全市整体推进情况，1~2个短板指标部门或县市区负责人汇报指标攻坚情况，分管市级领导补充汇报，全年调度市级短板指标11项、县区2个，成效明显。专题调度民政类指标，在全市推出建设“七室一厅”村级服务平台、成立“红白理事会”等系列举措，“社区综合服务设施覆盖率”“每万人口拥有社会组织数”等几项短板实现快速提升。

（陈四海）

实事项目建设

【重点民生实事办理】　2017年，岳阳市20件省市重点民生实事全部完成或超额完成任务。在全省绩效评估中，岳阳市重点民生实事工作获得满分。省市重点民生实事指标任务明确后，市实事办对指标任务进行分解，以两办名义下发《关于认真做好2017年省市重点民生实事工作的通知》，明确每项指标任务由市政府分管副市长牵头负责，市政府分管副秘书长为具体责任人，相关部门单位一把手为直接责任人；同时，对实事主要责任单位和相关责任单位的职责、实事协调领导小组成员单位的职责一并进行明确。市直各责任单位、各县市区政府根据所承办实事指标内容，编制实施方案，详细制订工作措施，排出时间进度表，明确实事联络员，按照谁主管、谁负责的原则，对资金筹措、问题协调、组织实施、工作联络等工作定人定责。市实事办按照“月调度、季讲评、半年检查、年终考核”的要求，各责任单位在每月25日报送项目进度，按月对实事项目进展情况进行调度，对进度滞后的实事项目进行跟踪督查。至年底，召开重点民生实事工作调度会3次，开展现场督查8次，下发督办函16份。省市重点民生实事工作纳入全市2017年综合绩效考评范围，明确规定“未全面完成2017年度省市重点民生实事任务的单位取消年度评先资格”。市实事办完善考核验收标准和考核办法，在年底通过查阅台账资料、电话抽

2017年省级重点民生实事项目完成情况表

表2

序号	考核指标		单位	年度目标	实际完成	完成率（%）
1	精准扶贫	农村危房改造	户	11970	12800	106.9
		农村饮水安全巩固提升	人	58300	60269	103.4
		特困移民解困避险搬迁安置	人	3157	3157	100.0
2	农村公路建设	提质改造	千米	370	834.213	225.5
		安保设施建设	千米	1100	1357.955	123.5
3	新增城镇就业		人	52000	54867	105.5
4	城市棚户区改造		套	37878	37878	100.0
5	农村适龄妇女“两癌”免费检查		人	93300	97312	104.3
6	新增养老床位		张	1550	1585	102.3
7	新增社会治安视频监控摄像头		个	1600	1600	100.0
8	农村宽带网络升级改造		行政村	370	410	110.8
9	行政村配电网改造		行政村	90	90	100.0
10	孕妇产前免费筛查		人	42205	47226	111.9

2017年市级重点民生实事项目完成情况表

表3

序号	考核指标		单位	工作目标	实际完成	完成率（%）
1	深化机关事业单位养老保险制度改革和提高城乡低保补助标准	完成在职参保人数11.08万人，征缴基金17亿元	万人	11.08	12.9	116.4
			亿元	17	19.5	114.7
		城市低保、农村低保补差水平月均分别达到300元/人、140元/人			已完成	100.0
2	新增城镇管输天然气		户	28000	35066	125.2
3	义务教育标准化教学点和农村公办幼儿园建设	建设义务教育标准化教学点	个	65	65	100.0
		建设农村公办幼儿园	所	17	17	100.0
4	残疾儿童康复		名	350	385	110.0
5	实施“质量强市”战略和食品安全“扫雷”行动	培育省、市名牌产品各15个，批准实施国家标准2项			已完成	100.0
		食品生产经营监督检查覆盖率100%，不合格食品核查处置率100%，违法行为立案查处率100%；查处食品“五类”违法案件92起以上			监督检查覆盖率100%；不合格食品处置率100%；违法行为立案查处率100%。办理食品“五类”案件97起	105.4
6	文化惠民工程	送戏曲下乡	场	710	801	112.8
		送电影下乡	场	36912	37164	100.7
		送图书下乡	万元	867	867	100.0
7	新建和标准化改造农贸市场		家	10	10	100.0
8	中心城区人行过街设施建设		处	1	1	100.0
9	铁山水资源保护	实现违法建设零增长，水库砂石禁采率达100%；完成一、二级保护区畜禽规模养殖业退出工作；规范生态公益林等库区补偿资金发放；完成板江乡垃圾中转站主体工程建设等			已完成	100.0
10	蛇皮套污水整治工程	积极推进蛇皮套污水治理项目建设，完成调蓄池清淤和基础工程建设			已完成	100.0

（黄雷军）

查和现场核实等方式，对重点民生实事项目进行考核和验收。

（黄雷军）

聚焦岳阳

【岳阳市被评为全国社会治安综合治理优秀市】 2017年9月19—20日，全国社会治安综合治理表彰大会在北京召开，岳阳市被评为全国社会治安综合治理优秀市，市委书记、市人大常委会主任胡忠雄参加表彰大会。全国社会治安综合治理优秀市是全国政法综治维稳领域最高综合性奖项，彰显城市美誉度、社会和谐度、群众满意度的“金字招牌”，由中央综治委每四年组织评选一次，评选条件高，时间跨度大，综合体现一个地方的平安建设和社会治理水平。这次全国新增表彰的2013—2016年度全国社会治安综合治理优秀市（地州盟）10个，岳阳市为其中之一。

【“四大会战”推进岳阳发展】 2017年，市委、市政府为推进岳阳发展，在全市开展以产业园区建设、交通建设、港口建设、脱贫攻坚的“四大会战”。成立市“四大会战”工作指挥部，市委书记、市人大常委会主任胡忠雄任政委，市委副书记、市长刘和生任指挥长，“四大会战”纳入年度综合绩效考评重要内容，按照“月调度、季讲评、年考核”方式，加大督查，加强调度。至年底，产业园区建设大会战，10个园区签约产业项目325个，其中30个5亿元以上工业项目开工18个；交通大会战，完成交通固定资产投资112亿元，完成年度投资目标任务的112%，同比增长24%；港口建设大会战，城陵矶口岸进出口货物总量2420万吨，同比增长12.7%，集装箱吞吐量42.28万标箱，同比增长42.7%；脱贫攻坚大会战，实现6.6万人摆脱贫困、187个村脱贫出列。

【2017年岳阳经济社会发展“十大亮点”】

亮点一：交通建设迈上“大台阶”

2017年8月15日，杭瑞高速洞庭湖大桥成功合龙；9月20日，岳阳县城到湘阴县的国道240全线通车，从岳阳到湘阴县比原来节约1个小时；临湖公路、赶山东路通车，中心城区拥有东环线和南环线。至年底，全市建成主干道路12条，新增一级公路118千米，一级公路总里程跃升全省第二位。

亮点二：产业园区实现“大提质”

2017年，岳阳经开区、岳阳绿色化工产业园有望晋升千亿产业园区，实现岳阳千亿产业园区“零”突破。至年底，全市10个园区签约产业项目325个，其中30个5亿元以上工业项目开工18个。

亮点三：港口建设取得“大突破”

2017年，岳阳港口集装箱吞吐量突破40万标箱，首次超过九江市和宜昌市，进出口总额同比增长70%以上，由2016年全省第六位跃居第三位。岳阳市成功纳入中国（湖南）自由贸易试验区申报范围，首次入围“中国外贸百强城市”榜单，居全国第三十五位。

亮点四：脱贫攻坚打响“大决战”

2017年，岳阳市组建600支驻村工作队，实现296个贫困村、贫困人口较多的304个非贫困村全覆盖，全市完成易地扶贫搬迁项目29个，7002户贫困户乔迁新居，实现187个贫困村6.6万人脱贫。

亮点五：商贸物流迎来“大升温”

2017年，建筑面积10万平方米的步步高·新天地建成开业；南辅道棚改项目引进友阿集团，总建筑面积突破40万平方米，打造全省单体面积最大的商业综合体；金悦洋商业公园二期、红星美凯龙等一批项目集中入驻。

亮点六：生态治理迈开“大步伐”

2017年，岳阳市关停砂石堆场44处，取缔黏土砖窑87家，退养洞庭湖区养殖场2513户。中心城区完成黑臭水体整治20处，芭蕉湖截污干管建设、南湖治理工程等推进，东风湖新区按照“治理与开发相结合”的原则，加快建设。启动实施“乔木进城三年行动”，中心城区增添树木10多万株。

亮点七：规范建房获得“大进展”

2017年，岳阳市推进农村规范建房工作，全市规划300个集中建房点，开工203个，建成103个，竣工6875户，3.5万群众享受到惠民政策。

亮点八：防汛救灾经受“大考验”

2017年，面对特大洪涝灾害，岳阳市未垮一堤一垸，打赢全省汛情最严峻、最复杂、最危急的沙田垸保卫战。

亮点九：民生红利得到“大释放”

2017年，岳阳市中心城区中小学校“六建六扩”推进，市十八中、市十六中、北港小学等建成投入使用，市妇女儿童医院、市中医院基本医疗大楼、市二医院全科医生临床培养大楼等开工建设，广大群众反映强烈的“大班额”“就医难”等问题加快化解。

亮点十：社会风气出现“大淳化”

2017年，岳阳市开展“刹人情歪风、治婚丧陋习、树文明新风”专项行动，形成勤俭节约、文明健康的社会新风尚，中央电视台《新闻联播》栏目予以重点推介。岳阳市蝉联全国文明城市，被评为全国社会治安综合治理优秀市。

（刘　岳）

组织机构及负责人名单

（负责人任职时间以2017年12月31日在职为准）

中国共产党岳阳市委员会

书　记　胡忠雄
副书记　刘和生
　　　　李爱武
常　委　唐道明
　　　　王瑰曙
　　　　李　挚
　　　　张作坤（2017年7月免）
　　　　胡小闽
　　　　熊　炜
　　　　王小中
　　　　马　娜
　　　　谈正红
秘书长　谈正红
常务副秘书长　倪慧君
副秘书长　任小娟
　　　　丁源源（2017年3月去世）
　　　　吴敬文
　　　　杨志军
　　　　黄岳山（2017年9月任）
　　　　王家树（2017年9月退休）
　　　　孙志诚（2017年3月免）
　　　　胡　玮
　　　　许　杨（2017年3月免）
　　　　杜　宇（援藏）
　　　　寻　健（挂职，2017年3月免）
　　　　邹青松（2017年3月任）

岳阳市人民代表大会常务委员会

主　　任　胡忠雄
常务副主任　向伟雄
副　主　任　许伟奇　万岳斌
　　　　陈志莲　彭先政
　　　　陈光荣　李永丰
　　　　赵岳平
党组书记　向伟雄
党组副书记
　　　　刘美树（2017年3月免）
　　　　许伟奇（2017年3月任）
党组成员　陈志莲　彭先政
　　　　陈光荣　李永丰
　　　　赵岳平　骆岳梨
秘书长　骆岳梨
副秘书长　方平波　戴　丽
　　　　戴　斌

岳阳市人民政府

市长、党组书记　刘和生
常务副市长、党组副书记　唐道明
副市长　胡小闽　李　为
　　　　李激扬　唐文发
　　　　黎作风　杨　昆
　　　　邱　虹
　　　　喻　昌
　　　　（挂职，2017年2月任）
　　　　宋爱华
　　　　（2017年5月退休）
副巡视员　苏耀辉
　　　　（2017年6月退休）
副厅级干部、党组成员　张益民
秘书长　刘传汉（2017年3月任）
党组成员　罗　荣
副秘书长　周金龙
　　　　费荣新（2017年2月免）
　　　　陈正文（2017年2月免）
　　　　陈　峰（2017年3月免）
　　　　廖长生
　　　　毛绍武（2017年3月任）
　　　　易兴吾
　　　　张　翎
　　　　胡宗明
　　　　（兼，2017年2月免）
　　　　刘衡岳
　　　　向科军（2017年2月任）
　　　　何四军（2017年2月任）
　　　　陈文亮（2017年3月任）

中国人民政治协商会议岳阳市委员会

主　席　徐新楚
副主席　罗陆平　刘晓英
　　　　黎四清　李　平
　　　　方争奇　万五龙
　　　　秧　励　孔福建
党组书记　徐新楚
党组副书记　李可波
　　　　罗陆平（2017年3月任）
党组成员　黎四清　秧　励
　　　　孔福建　欧江平
　　　　张群望
秘　书　长　张群望
副秘书长　邹岳湘
　　　　刘岸芳（2017年12月免）
　　　　黄建平（2017年12月任）

中国共产党岳阳市纪律检查委员会

书　记　李　挚
副书记　罗　荣　李建雄
　　　　任茂辉（2017年12月免）
常　委　付汉家　刘建民
　　　　张志辉　刘陆军
　　　　刘曙光
办公室
主　任　冯　为
组织部
部　长　胡　敏
宣传部
部　长　黎罗清
调研法规室
主　任　李　军
党风政风监督室
主　任　刘　润
信访室
主　任　郑　星（2017年9月免）
　　　　邓旭旺（2017年9月任）
案件监督管理室
主　任　何选军
第一纪检监察室
主　任　李子红
第二纪检监察室
主　任　李　定
第三纪检监察室
主　任　姚恒毅
第四纪检监察室
主　任　陈高飞
第五纪检监察室
主　任　龚圣伟
第六纪检监察室
主　任　杨革新
案件审理室
主　任　甘定辉
纪检监察干部监督室
主　任　单复果
预防腐败室
主　任　何素琴
监察局局长　罗　荣
副局长　汪四新（2017年2月免）
　　　　曹克强（2017年2月免）
　　　　陆敏刚（2017年2月免）
　　　　付汉家（2017年2月任）
　　　　刘建民（2017年2月任）

预防腐败局局长 罗 荣
副局长 张志辉（2017年2月免）
陈绍东（2017年2月任，12月免）

市委巡察办
主 任 黄定军
副主任 王振华（2017年9月任）
巡察办组长 湛锡光 曲安江
罗黑皮 蒋跃进
范安晖
巡察办副组长
余 渊（2017年9月任）
肖华斌（2017年9月任）
曹红斌（2017年9月任）
李武雄（2017年9月任）

岳阳军分区

司令员 黄大军
政 委 吴晓波
副司令员 易长运
战备建设处处长 王沙莎
动员处处长 刘晓荡
政治工作处主任 黄良武
保障处处长 黄爱炼

岳阳经开区、城陵矶新港区、南湖新区

岳阳经济技术开发区
工委书记 文春方（2017年3月任）
工委副书记、管委会主任
谢春生（2017年3月任）
工委副书记 刘光明
工委委员、管委会副主任
黄小年 严若鹏
许 淞 谭国良
罗同乐（2017年3月免）
工委委员、纪工委书记
胥棉桃（2017年12月免）
赵 瑾（2017年12月任）
工委委员、党群工作部部长
郑德明
工委委员、总经济师 李兴吾
工委委员、白石岭公安分局局长
黄件保
工委委员
何厚德
梁盛发（挂职，2017年3月任）
江东红（挂职，2017年12月任）
许 淞（2017年6月任）

湖南城陵矶新港区
第一书记 李爱武
工委书记 黄俊钧（2017年3月任）
工委副书记、管委会主任
王文华（2017年3月任）
工委副书记
田文静（兼，2017年3月免）
纪工委书记
王文华（2017年3月免）
工委副书记、纪工委书记
彭公穆（2017年3月任）
工委委员、综合保税区党工委书记、管委会主任 李建华
党工委委员、管委会副主任
林军华（2017年3月免）
刘 勇（2017年3月任）
伍 刚（2017年3月任）
李岳东（2017年9月任）
陈新焕（挂职，2017年3月任委员，5月任副主任）
党工委委员
贺正哲（挂职，2017年12月任）
新港区管委会副主任
陈立新（挂职，2017年3月任）

南湖新区
工委书记 李运帷
工委副书记、管委会主任
尹家辉（2017年3月免）
雷 欣（2017年3月任）
工委委员、管委会副主任 李征兵
管委会副主任 李精明
工委委员、管委会副主任
苏正明
方克君（2017年6月任）
工委委员、总经济师 姜 华
工委委员、组织部长
甘 磊（2017年6月任）
工委委员、政法委书记（兼）
张朝东
工委委员、纪工委书记
李军辉（2017年6月免）
郑 星（2017年9月任）
工委委员
夏金城（2017年6月免）

岳阳市中级人民法院

党组书记、院长 彭世理
党组副书记、常务副院长 王雨田
党组副书记、副院长
龙建新（2017年6月免）
党组成员、副院长
姜跃军
田光辉（2017年6月任）
副院长 袁小文
党组成员 付小勇（2017年3月免）
党组成员、执行局局长 聂晴晓
党组成员、纪检组组长
刘亚洲（2017年3月免）
党组成员、市纪委驻市中院纪检组组长
刘其盛（2017年6月任）
党组成员、政治部主任
谭 颖（2017年6月任）

岳阳市人民检察院

党组书记、检察长 罗 青
党组副书记、常务副检察长
何季如（2017年3月任）
党组成员、副检察长
许 太
周 湘（2017年3月任）
副检察长 周 升
党组成员、工会主席 许乐平
党组成员、市纪委驻市检察院纪检组组长
李建军（2017年6月任）
党组成员、政治部主任 徐立泉
检委会专职委员 姜琪辉
严爱国
李汉斌

市委机构

市委办公室
主 任 谈正红（兼）
平江县委原书记（副厅） 田自力
市纪委驻市委办纪检组组长
董艳萍（2017年6月任）
常委秘书 谢文辉
机关党委书记
李适时（2017年9月任）

市委政策研究室
主 任 侯喜保（2017年6月免）
汤跃军（2017年6月任）
副主任 余友安
罗 鹏（2017年6月任）

市委改革办
主 任 谈正红（兼）
副主任 刘传汉（兼）
杨志军（兼）
黄岳山（兼）
专职副主任 李 术 张 莉

市委党史市志办公室
党组书记、主任　陈念军
党组成员、副主任
易　林　胡萍萍　朱　平
任弼时纪念馆
党组书记　吴敬文（2017年9月免）
胡　玮（2017年9月任）
党组成员、副馆长
符国凡　夏剑光
市委机要局（市国家密码管理局）
局　长　邹青松（2017年3月免）
黄维真（2017年6月任）
岳阳市国家保密局
局　长　刘利民
岳阳市专用通信局
局　长　周艳光（2017年6月任）
市委组织部
部　长　王瑰曙
常务副部长　张赟
副部长　贺名良
任栩栩
罗忠勇（兼、2017年3月免）
尹家辉（兼、2017年3月任）
刘腊干（兼）
部务会成员　张中霏
市纪委驻市委组织部纪检组组长
臧石田（2017年6月任）
市委非公有制经济组织和社会组织工委
专职副书记　谭　军
副书记
方亚华（兼、2017年5月任）
任焱辉（兼、2017年5月任）
许亚平（兼、2017年5月任）
市委状态调研与问责处理办公室
主　任　谭立华
市委基层办
主　任　潘岳清（2017年3月任）
市直机关工作委员会
工委第一书记　谈正红（兼）
书　记　李桂华
副书记　毛永明（2017年6月免）
李春光（2017年6月任）
吕敬国　翁桂萍　周雄勇
委员、工委主任
周　劲（2017年6月免）
委　员　方克君（2017年6月免）
曹克强（2017年6月任）
市委机构编制委员会办公室
党组书记、主任　殷清华
党组副书记、副主任
荣般芝（2017年6月免）
党组成员、副主任
袁益志
张幼明（2017年6月任）
党组成员、纪检组长　郑雄辉
市事业单位登记管理局
局　长　杨九年
市委党校、市行政学院、市社会主义学院
校（院）长　李爱武（兼）
常务副校（院）长　王伊亮
副（院）校长
刘宇赤　禹　辉　霍益辉
刘光明（2017年6月免）
张　建（2017年6月任）
教育长　付文兴
市委老干部局
党组书记、局长　刘腊干
党组副书记、副局长　周　兰
党组成员、副局长
陈文斌　余长庚
胡向荣（2017年6月免）
党组成员　韩英
市老干部活动中心
主　任　丁立秋
市委宣传部
部　长　马　娜
常务副部长　许卫国
副部长
徐远杰（2017年12月退休）
彭东明　章宏平（兼）
部务会成员、市纪委驻市委宣传部纪检组组长
瞿伟华（2017年6月任）
市文明办
主　任　章宏平（兼）
市委网信办
主　任　罗　岚（2017年9月任）
副主任　邹文锋（2017年9月任）
市文化广电新闻出版局
党组书记、局长　费荣新
党组成员、副局长
何立夫
杨　勤（2017年6月任）
甘学红
罗岳锋（2017年12月任）
丁建兵　姚正国
党组成员
陈　勇（2017年12月免）
罗　雯（2017年6月免）
副局长　范泽容（2017年6月免）
党组成员、总工程师　余国荣
市文化市场综合执法局
局　长　喻飞跃
党组成员、纪检组长
李玉新（2017年6月免）
副局长　熊少先（2017年12月免）
吴春华　朱　霞
市广播电视台
党组书记、台长　周泽柱
党组副书记、总编辑　李　红
党组副书记　罗永明（2017年3月任）
副台长　罗永明　张立军　陈国柱
总工程师　周　巍
副总编辑　施卫军
市广播电视台广播中心
主　任　陈晓鹏
市广播电视台电视中心
主　任　刘　涛
岳阳电视转播台
台　长　李四军（2017年9月任）
岳阳日报社
党组书记、社长　刘朝晖
总编辑　刘朝晖（2017年3月免）
党组副书记、总编辑
冯元满（2017年3月任）
党组副书记、机关党委专职副书记
皮露基
党组成员、副社长
肖艳娟　金海军
党组成员、工会主席
黄俊拔（2017年3月任）
党组成员、副总编辑
袁乐之
李德春（2017年3月任）
市委讲师团
主　任　戴文慧
副主任　蔡吉跃　李卫兵
市委政法委员会
市委常委、政法委书记　王小中
副书记　蒋仁凯　贾建湘
李湘滨　李伍华
委员会议成员　李军威
市纪委驻市委政法委纪检组长
李季平（2017年6月任）
市维护稳定工作领导小组办公室
主　任　胡　卫（2017年9月免）
副主任　周　勇
市社会治安综合治理委员会办公室
主　任　李伍华
副主任　汤　露
市委统战部
部　长　熊　炜
常务副部长　邓有根
副部长　汪四新　方亚华　姜佳莉
市纪委驻市委统战部纪检组长
冯楚生（2017年6月任）

市委台湾工作办公室

主　任　罗　纯

（2017年12月退休）

副主任　刘中力　张志勇

市归国华侨联合会

党组书记　李超军（2017年6月任）

主　　席　刘力群（2017年6月免）

高鸽子（2017年6月任）

党组成员、副主席

毛伟华（2017年6月免）

刘永平（2017年6月任）

副主席

许　勇（兼、2017年12月任）

刘佳琪（兼、2017年12月任）

柳玲玲（兼、2017年12月任）

市人大常委会机构

内务司法委员会

主任委员　黄志强

副主任委员　黄小清　谌国华

财政经济委员会

主任委员　杨岳斌

副主任委员

刘志强（2017年12月辞）

余子鹏

教育科学文化卫生委员会

主任委员　卢宗仁

副主任委员　李首元　李正钧

环境和资源保护委员会

主任委员　万方平

副主任委员　鲁　勇　刘高但

农业与农村委员会

主任委员　　曾君华

副主任委员　李有根　杨大宏

法制委员会

主任委员　姜　彬（2017年11月辞）

副主任委员　刘沧海

选举任免联络工作委员会

主　任　万旦明

副主任　黄三梅

张扩军（2017年6月免）

办公室

主　任　骆岳梨

副主任　黄淑平　张恩科

常委会机关党组成员、纪检组长

徐舒翔（2017年6月免纪检组长）

常委会机关党委书记

杨大宏（2017年11月免）

王新华（2017年11月任）

市纪委派驻市人大常委会机关纪检组长

陈　虎（2017年6月任）

信访办主任

凌颂军（2017年3月任）

研究室

主　任　汤文彬

副主任　周拥军（2017年3月任）

方　洁（2017年3月任）

预算工作委员会

主　任　刘志强（2017年11月免）

副主任　李　昶（2017年11月任）

法制工作委员会

主　任　姜　彬（2017年11月免）

刘志强（2017年11月任）

副主任　刘沧海

市政府机构

市政府办公室

主任、党组书记　刘传汉

副主任　李海林

胡　巍（2017年9月任）

办党组成员

陈　锋（2017年3月免）

卢志平（2017年3月免）

毛绍武（2017年3月任）

胡　巍（2017年9月任）

何移兵（2017年12月任）

冯嘉皇（2017年12月任）

白锁铭（2017年12月任）

纪检组长　陈文亮（2017年3月免）

办党组成员、市纪委驻市政府办纪检组长　王东培（2017年6月任）

市政府研究室

党组书记、主任

甘　勇（2017年3月免）

陈平刚（2017年3月任）

党组成员、副主任

叶　罡（2017年6月免）

易　万（2017年9月任）

胡　巍（2017年3月任，9月免）

李文伟（2017年12月免）

党组成员　陆亚超（2017年6月免）

市政府法制办公室

党组书记、主任

仇新华（2017年3月任）

党组成员、副主任

柴　青　杨思权

任育平（2017年9月任）

向元宗（2017年6月免）

党组成员　高　峰（2017年6月免）

市信访局

党组书记、局长　向科军

党组成员、副局长

李　霖

刘迪虎

沈晓初（2017年9月免）

向阳春（2017年6月免）

许爱秋（2017年12月任）

党组成员、市委群众工作部副部长

王　维（2017年6月任）

市委、市政府接待处

党组书记、处长

许　杨（2017年3月任）

党组副书记、副处长

孙建秋（2017年3月任）

党组成员、副处长　张碧华

市政府驻北京联络处

主　任　郑绍华

副主任　袁　波　祖庆恒

彭忠益　谢朝春

市政府驻上海联络处

主　任　尤庆学（2017年2月任）

副主任　徐　鸿　蔡志芳

市移民开发局

局　长　柳　怀

副局长　陈卫成　朱敬礼

市电子政务管理办公室

主　任　谢芳茂

市政府民族宗教事务局

局　长　查　宜（2017年12月免）

易兴吾（2017年12月任）

副局长　熊　伟

市政府政务服务中心

主　任　徐继兴

市政府住房公积金管理中心

主　任　刘跃红

市公共资源交易中心

党组书记、主任

余国祥（2017年12月免）

党组成员、副主任

刘月平　宋　洁　付晓斌

市发展和改革委员会

党组书记、主　任

谢春生（2017年3月免）

主　任　刘晓英（2017年3月任）

党组书记　焦铎辉（2017年3月任）

党组副书记、副主任

张　鑫（2017年6月任）

党组成员、副主任

陈　辉（2017年6月免）

刘光明（2017年6月任）

伏沛根　周和平　彭　晟

韩保新　张志超　夏安民

周文健　傅传贵

党组成员　周孝元　陈岳林

党组成员、市纪委驻发改委纪检组组长
肖　强（2017年6月任）
党组成员、总经济师
蒋仕林（2017年6月免）
李　行（2017年6月任）
市优化办
主　任　陈岳林
市经济和信息化委员会
党委书记、主任
许　永（2017年3月任，10月免）
余国祥（2017年12月任）
党委委员、副主任
李　煌（2017年5月退休）
李岳星　姚海燕
陈岳红（2017年6月免）
程　均（2017年12月免）
胡向荣（2017年6月任）
余　炯（2017年12月任）
党委委员　周洪兵（2017年6月免）
党委委员、市纪委驻市经信委纪检组组长
廖敬东（2017年6月任）
副主任　向　阳
党委委员、工会主任　刘建武
党委委员、总经济师　陈　丰
党委委员、总工程师　李　智
市科学技术局
党组书记、局长　曹合群
党组副书记、副局长
彭波涛（2017年6月任）
党组成员、副局长
李石六（2017年6月任）
何厚德　李争元
张　忠（2017年6月免）
副局长　李立平
党组成员　戴本柱
党组成员、总工程师
罗明亮（2017年3月免）
市地震局
局　长　吴奇良
市教育体育局
党组书记、局长　王德华
党组副书记、副局长　喻玲玲
副局长　万五龙　李永波
党组成员、副局长、主任督学
朱新和
党组成员、副局长
陈　彬（2017年6月任）
宋杰林（2017年9月退休）
刘志高（2017年6月免）
程岳华
王志红（2017年7月退休）
陈育文
党组成员、工会主席　张诗文
党组成员　周　赞　童卓君
党组成员、市纪委驻市教体局纪检组组长
赵志坚（2017年6月任）
市招生考试委员会办公室
主　任　刘益良
市大中专毕业生就业管理办公室
主　任　曹金钟
市公安局
党委书记、公安局长　唐文发
党委副书记、常务副局长
喻伟民（2017年6月免）
许　雄（2017年6月任）
党委副书记、副局长
王景亮（2017年9月任）
党委委员、市纪委驻市公安局纪检组组长
夏荣才（2017年6月任）
党委委员、副局长　廖亚文
党委委员、政治部主任　欧阳德儒
市刑侦支队
支队长　陈文化
市治安支队
支队长　阳文益
市交警支队
支队长　方年文
市监管支队
支队长　易　昊
政　委　万艳秋
市巡特警支队
支队长　刘修赫
政　委　郝鹏军
市警官培训中心
主　任　张伟明
市委警卫处
副处长　马　嘉
市国家安全局
党委书记、局长　胡宗明
市司法局
党组书记、局长
许　雄（2017年6月免）
姜　彬（2017年9月任党组书记、2017年11月任局长）
党组成员、副局长
胡进良　郑志辉
赵碧喜（2017年10月退休）
向元宗（2017年6月任）
党组成员　陈绍华
党组成员、政治部主任　黎鹏飞
市依法治市办
专职副主任　张　韬
市强制隔离戒毒所
党委书记、所长　陈文联
党委副书记、政委　阳海威
市民政局
党组书记、局长
刘树平（2017年3月免）
任焱辉（2017年3月任）
党组副书记、副局长　陈　平
党组成员、机关党委书记　李　晔
党组成员、副局长
曹远鹏　杨书生　谭应兵
副局长　李建军
党组成员、市老龄办主任　周伟祥
党组成员、市纪委驻市民政局纪检组组长
许万景（2017年6月任）
市康复医院
院　长　曾建国
市特困家庭大病医疗慈善救助管理办公室
主　任　周拥军（2017年3月免）
袁　康（2017年3月任）
市财政局
党组书记、局长　邹三友
党组副书记、副局长
洪建军（2017年6月任）
党组成员、副局长
熊建伍　羊卫东
谢建华（2017年6月免）
向阳春（2017年6月任）
党组成员、总经济师　何　斌
党组成员　彭　坚
党组成员、工会主席　李向阳
党组成员、总会计师
周继祥（2017年6月免）
谢　卿（2017年6月任）
党组成员、市纪委驻市财政局纪检组组长
何　雄（2017年6月任）
副局长　陆敏刚（2017年12月任）
市非税收入征收管理局
局　长　陈定宝
市国库集中支付核算中心
主　任　隋　蕾（2017年6月免）
钟　肯（2017年6月任）
市农业综合开发办公室
主　任　钟　肯（2017年6月免）
隋　蕾（2017年6月任）
市城市建设投资集团有限公司
党委书记、董事长　游志坚
党委副书记、总经理　涂克成
纪委书记、监事会主席　易　轩

党委委员、副总经理
夏金城（2017年6月任）
龙　强　易　放
市旅游发展有限公司
党委委员、董事长　李方爱
总经理　田共兵
市水利建设投资有限公司
党委委员、董事长　刘宝山
总经理　杨雄辉
市人力资源和社会保障局
党组书记、局长
罗忠勇（2017年3月免）
尹家辉（2017年3月任）
党组副书记、副局长　卢进星
党组成员、副局长
晏桃保（2017年6月免）
陈　彬（2017年6月免）
刘志高（2017年6月任）
何文忠　文飞宇
党组成员　李鹏杰　邹望春
姜继辉　李有星
副局长　卿　漪（2017年6月任）
党组成员、工会主席　卢景辉
党组成员、市纪委驻市人社局纪检组组长
李玉新（2017年6月任）
党组成员、总会计师　谈　抒
市劳动就业服务局
局　长　李鹏杰
市人力资源服务中心
主　任　邹望春
市社会保险事业管理处
处　长　姜继辉
市劳动人事争议仲裁院
院　长　姜汀兰
市劳动保障监察支队
队　长　刘跃裕
市医疗生育保险基金管理服务处
主　任　谭　星
市工伤保险基金管理服务处
主　任　江玉良（2017年10月任）
岳阳市住房与城乡建设局
党组书记、局长
罗黑皮（2017年3月免）
王星耀（2017年3月任）
党组副书记、副局长
叶建国
赵海波（2017年12月任）
党组成员、副局长
程文艺
吴德仁（2017年12月任）
晏桃保（2017年6月任）
葛文斌（2017年12月任）
叶湘林（2017年12月任）
沈晓初（2017年9月任）
艾更知（2017年9月免）
谢　卿（2017年6月免）
党组成员
许阳春（2017年12月任）
胡列宇（2017年6月任）
党组成员、副局长、总工程师
刘新华
党组成员、工会主任　易立先
党组成员、市纪委驻市住建局纪检组组长
张扩军（2017年6月任）
市住房制度改革领导小组办公室
主　任　杨康乐
岳阳市交通运输局
党组书记、局长
刘海波（2017年3月任）
党组副书记、副局长
徐浩明　刘勇强
党组成员　彭旅京
（兼、2017年12月免）
党组成员、副局长
方全民
李茂文（2017年12月任）
张建辉（2017年6月免）
胡荣满
赵启鸿（2017年6月任）
黄宇辉（2017年12月任）
党组成员、纪检组长
臧石田（2017年6月免）
党组成员、交通工会主任　周赞先
党组成员、市纪委驻市交通运输局纪检组组长
罗　湘（2017年6月任）
党组成员、总工程师　孙晓红
市道路运输管理处
党委书记、主任　李　晖
市交通质量和安全监督管理局
局　长　谢　钢
市公路局
党委书记、局长　冯嘉皇
党委委员、副局长
李茂文　付瑞祥　高建勋
吴岳新　余欲晓
罗　海（2017年3月免）
总工程师　徐　军
市洞庭湖大桥管理局
党组书记、局长　彭旅京
副局长　钟鉴波　李文新
李华云　杨涛广
党组成员、总工程师
伏晓宁（2017年5月退休）
纪检组长　缪小新
市一〇七国道管理处
主　任　范　律
岳阳三荷机场投资建设管理有限公司
董事长　李炎云
总经理　艾更知（2017年9月任）
监事会主席　李　铮
副总经理
伍　刚（2017年3月免）
梁盛发　冯建坤　付旭光
湖南龙骧神驰运输集团有限责任公司
董事长、党委副书记　江海清
总经理、党委副书记　胡太勋
党委书记　袁　俊
党委副书记、纪委书记　汪景林
监事会主席、工会主席　李宏伟
董事、副总经理　李载良　罗辉进
副总经理　戴文力　许　峰
张怀国
市邮政管理局
党组书记、局长　胡荣满
市公共交通总公司
总经理　卢　平
党委书记　胡春山
市农业委员会
党组书记、主任
湛锡光（2017年3月免）
孙志诚（2017年3月任）
党组副书记、副主任
陈　辉（2017年6月任）
党组成员、副主任
邹国良
刘利文（2017年6月免）
孟正兴（2017年6月任，12月免）
高四新（2017年12月任）
杨林彬
蒋文胜（2017年12月任）
徐　勇（2017年12月任）
徐福保（2017年12月任）
陈　刚　左仕庚
曾新保（2017年12月任）
付明中
李永周（挂职，2017年3月任）
党组成员、市纪委驻市农委纪检组组长
袁　武（2017年6月任）
党组成员
黄泽根（2017年10月退休）
肖　强（2017年6月免）
副主任　黄玉祥（2017年6月免）
周　泉（2017年12月免）
市扶贫办
主　任　李永胜

市水务局
党组书记、局长
陈正文（2017年3月任）
党组副书记、副局长
李超军（2017年6月免）
刘利文（2017年6月任）
党组成员、副局长
许　杰（2017年10月退休）
丁文奇　刘固华　刘湘龙
徐育才
陈卫成（2017年12月任）
朱敬礼（2017年12月任）
李华生（挂职，2017年4月）
党组成员、总工程师
方　潭（2017年6月免）
谢月秋（2017年6月任）
党组成员、市纪委驻市水务局纪检组组长
田德年（2017年6月任）
党组成员、工会主席
毛再斌（2017年12月免）
岳阳市防汛抗旱指挥部办公室
主　任　冯楚生（2017年6月免）
常务副主任（主持工作）　陈伟力
市林业局
局　长　何祚云（2017年3月免）
党组书记、局长
方归农（2017年3月任）
党组副书记、副局长
曹道伍（2017年6月任）
党组成员、副局长
孟正兴（2017年6月免）
李赐军（2017年6月免）
李洪泽（2017年6月任）
谢建华（2017年6月任）
杨大成
党组成员
邓金洲（2017年6月任）
黄景文
党组成员、总工程师
付冬蕾（2017年9月任）
湖南东洞庭湖国家级自然保护区管理局
局　长　赵启鸿（2017年9月免）
杨　盛（2017年9月任）
市铁山供水工程管理局
党委书记、局长
熊树林（2017年12月免）
党委副书记、副局长　尹　山
党委委员、副局长
李新武（2017年6月免）
骆新保　许石兵　许泽波
胡世忠（2017年6月任）
党委委员、总经济师
余东球（2017年6月免）
党委委员、总工程师
袁细红（2017年9月任，12月免）
市长江修防处
党组书记、处长
蔡冬华（2017年6月免）
何　晖（2017年6月任）
副处长　胡世忠（2017年6月免）
李新武（2017年6月任）
谢月秋（2017年6月免）
余东球（2017年6月任）
杨　烈　杨天强
总工程师　吴文胜
党组成员、纪检组长
余　渊（2017年9月免）
市贸促会
党组书记　何　晖（2017年6月免）
李白才（2017年6月任）
会　长　方争奇（2017年3月免）
范泽容（2017年6月任）
党组成员　唐立德
党组成员、副会长
刘友才　罗爱慧
杨政文　刘大海
市商务粮食局
党组书记、局长　刘正仁
党组副书记、副局长　张善保
副局长　吴　桐
党组成员、副局长
吴新平　蔡宇志　黄时正
司马孟军　吴　灿
许德煌（2017年6月免）
廖敬东（2017年6月免）
郑建华（2017年6月任）
市卫生与计划生育委员会
党组书记、主任　彭纲要
党组副书记、副主任
吴小青（2017年3月免）
党组成员　赵曙光　黄岳四
胡小军（2017年6月免）
董艳萍（2017年6月免）
副主任　任浩波　刘志敏
党组成员、副主任
孙　奕　徐伟科
周志宏（2017年6月任）
邵爱军　王耀平　周立标
党组成员、工会主席　李江辉
党组成员、市纪委驻市卫计委纪检组组长
许勇兵（2017年6月任）
市疾病预防控制中心
主　任　黄岳四
党委书记　姚建云
卫生计生综合监督执法局
局　长　张壮军（2017年9月免）
常务副局长　付寒昭
市中心血站
站　长　方奎明
市红十字会
常务副会长　刘　玲
市审计局
党组书记、局长　谌亚忠
党组副书记、副局长
干忠叶（2017年6月任）
副局长　丁湘平
党组成员、副局长
周继祥（2017年6月任）
李星吾（2017年6月免）
陈　超（2017年6月免）
杨如松（2017年12月退休）
党组成员　曾建国
蒋芝辉（挂职，2017年4月任）
万春霞（2017年6月免）
党组成员、市经责办专职副主任
毛朝晖（2017年9月任）
市环境保护局
党组书记、局长
王文选（2017年6月免）
喻伟民（2017年6月任）
党组副书记、副局长
余岳良（2017年5月退休）
党组成员、副局长
李石六（2017年6月免）
蒋　卉　万四良
周　兴　付　平　王　新
胡小军（2017年6月任）
副局长　卿　漪（2017年6月免）
黄玉祥（2017年6月任）
党组成员、总工程师
方　潭（2017年6月任）
市统计局
党组书记、局长
许平亚（2017年3月免）
任欣欣（2017年3月任）
党组副书记、副局长
许勇球（2017年6月免）
党组成员、副局长
徐光明
蒋仕林（2017年6月任）
吴龙标　邓兴亮
副局长　殷　俊
党组成员　许万景（2017年6月免）
市旅游发展和外事侨务委员会
主　任　方争奇（2017年3月任）
党组书记　任焱辉（2017年3月免）
罗同乐（2017年3月任）

党组成员、副主任
杨川勇　王诗宽　吴　波
卢　谦（2017年6月免）
刘　沅（2017年6月任）
欧阳娟　黄　立
党组成员
巢岳农（2017年12月退休）

市规划局

党组书记、局长
曲安江（2017年3月免）
陈　峰（2017年3月任）
党组副书记
许　淞（2017年6月免）
党组副书记、副局长
蔡勋华（2017年9月任）
副局长　张世愚
党组成员、副局长
易湘清
杨建军（2017年6月免）
李佳军（2017年6月任）
党组成员、总工程师　胡伟华
党组成员　罗　湘（2017年6月免）
市规划勘测设计院
伍　丽

市人民防空办公室

党组书记、主　任
范安珲（2017年3月免）
卢志平（2017年3月任）
党组成员、副主任
杨建军（2017年6月任）
贾建中
李佳军（2017年6月免）
徐光华（2017年6月免）
冯胜建（2017年6月任）
刘绍斌　李永红
付　荣（2017年12月任）
机关党委书记　任伟明

市档案局

党组书记、局长
任欣欣（2017年3月免）
许勇球（2017年6月任）
党组成员、副局长
赵小龙　余伏良
党组成员　马岳生

市安全生产监督管理局

党组书记、局长
毛绍武（2017年3月免）
林军华（2017年3月任）
党组成员、副局长
赵珍彩
李春光（2017年6月免）
童俏冰（2017年6月免）
樊　卫（2017年6月任）
方延子
周　劲（2017年6月任）
陈卫兵
党组成员　李荣华（2017年6月免）
党组成员、总工程师
陈　宏（2017年12月任）

市国有资产监督管理委员会

党委书记、主任　陈琪钢
党委副书记、副主任
曹冠军（援藏、2017年3月任）
党委委员、副主任
刘其元　付维民
余凤祥（2017年12月免）
程　均（2017年12月任）
党委委员　余良成
党委委员、总经济师　贾双彬
党委委员、工会主席　陈解建
党委委员、市纪委驻市国资委纪检组组长
高　峰（2017年6月任）
湖南城陵矶国际港务集团有限公司
董事长　陈岳红
总经理　龚耀南
岳阳市国有资产经营有限责任公司
董事长　吴亚雄
总经理　刘德承
岳阳市交通建设投资有限公司
董事长　刘爱军
总经理　谌　曦
岳阳市教育建设投资有限公司
董事长　姚育章
总经理　陈仁和
湖南城陵矶临港新区开发投资有限公司
董事长　贺正哲
总经理　冯　锦
岳阳市自来水公司
党委书记　杨　平
党委副书记、经理　李宇宙

市食品药品监督管理局

党组书记、局长
卢大平（2017年3月免）
柳　怀（2017年3月任）
党组副书记、副局长　王亚明
党组成员、副局长
周志宏（2017年6月免）
张　忠（2017年6月任）
王如松　徐焕斌
党组成员、机关党委书记
欧阳藏修
副局长　李岳玲
市食品药品检验所
所　长　毛谊平

市供销社

党组书记、理事会主任
彭岳武（2017年9月任）
党组副书记、理事会副主任
蔡勋华（2017年9月免）
党组成员、理事会副主任
陈晀军　刘立蒙
李贻华　周传龙
许　波（2017年9月任）
市口岸管理办公室
主　任　刘师迅（2017年12月任）

市地方海事局

党委书记、局长
李白才（2017年6月免）
张长庚（2017年6月任）
党委委员、副局长
李中汉
李胜军（2017年6月任）
戴武会　李志勋
钟爱国（2017年12月免）
熊少先（2017年12月任）
党委委员　杨德华（2017年6月免）
党委委员、总经济师　黄　河

市城市管理和行政执法局

党组书记、局长　陈克祥
党组副书记、副局长　柳泗明
党组成员、副局长
鲍京平　许心豪
李国伟　胡荣华
樊　卫（2017年6月免）
张建辉（2017年6月任）
邓晓峰
党组成员、总会计师　袁本德
党组成员、总工程师　陈　鑫
党组成员、市纪委驻市城管局纪检组组长　周洪兵（2017年6月任）
市市容环境卫生中心
主　任　刘其汉（2017年3月任）
市城市管理行政执法支队
支队长　刘其汉（2017年3月免）
郭沫农（2017年9月任）

市政协机构

办公室

主　任　张群望
副主任　田　军
严若光（2017年3月任）
市纪委驻市政协机关纪检组组长
范　瑛（2017年6月任）

提案委员会

主　任　毕金林
副主任　李　星

经济科技委员会
主　任　黄建平（2017年12月免）
　　　　李文伟（2017年12月任）
副主任　刘雪梅　姚海根
文教卫体委员会
主　任　郭介川
副主任　陈书凝（2017年3月任）
法制群团人环委员会
主　任　陈慧君
副主任　谢志武
文史学习委员会
主　任　王志龙
副主任　安立萍
港澳台侨民族宗教外事委员会
主　任　杨驰军（2017年3月任）
副主任　莫新兵（2017年3月任）
研究室
主　任　徐　煜
副主任　亓　磊

驻岳部队

湖南陆军预备役步兵师第三团
团　长　王如良
参谋长　谢伟雄
政治处主任　严　进
武警岳阳市支队
第一政治委员　唐文发
支队长　蒋建军
政治委员　袁勇智
副支队长　陈雪纯　刘　辉
副政治委员　宋　炀
参谋长　张国忠
政治处主任　毛建国
后勤处处长　陈　超
市公安消防支队
支队长　谷臣凯
政治委员　廖国庆
副支队长　杨胜利　秦绍兴
副政治委员　谢立辉
司令部参谋长　潘　正
政治处主任　张　容
后勤处处长　张维国
防火监督处处长　肖　进
市边防检查站
党委书记、政治委员　程　强
党委副书记、站长　陈亚玲
党委委员、副站长
　杨尚才　霍　频
党委委员、综合办公室主任
　熊　锋

省主管机关、银行

国家统计局岳阳调查队
党组书记、队长　吴当时
党组成员、副队长
　刘爱玲　于细文
党组成员、纪检组长　李　俞
市国土资源局
党组书记、局长　胡　辉
党组副书记、副局长　易拓新
党组成员、副局长
　刘险峰　严　菲
党组成员、执法监察支队支队长
　彭四林
党组成员、总工程师　李志宏
党组成员、总经济师　陈湘栋
党组成员、机关党委书记　周治中
党组成员、市纪委驻市国土资源局纪检组组长
　罗　雯（2017年6月任）
土地储备中心
主　任　任军强
土地整理与复垦中心
主　任　王　诚
不动产登记中心
主　任　唐肱庆
市国家税务局
党组书记、局长　李石道
党组成员、副局长
　李森岩　张登炎
　朱春辉　练建平
党组成员、纪检组长　肖标志
市地方税务局
党组书记、局长　徐　奎
党组副书记、副局长　黎　毅
党组成员、副局长
　罗平原　龙伟华
党组成员、总会计师　余爱华
党组成员、纪检组长　田平力
党组成员、总经济师　何国祥
市工商行政管理局
党组书记、局长
　王星耀（2017年3月免）
　许平亚（2017年3月任）
党组副书记
　张长庚（2017年6月免）
党组成员、副局长
　颜鸿钊（2017年6月任）
　罗岳锋（2017年12月免）
　颜石湘　杨彦华
党组成员　田德年（2017年6月免）
副局长　刘岸芳（2017年12月任）

市质量技术监督局
党组书记、局长
　蒋跃进（2017年3月免）
　卢大平（2017年3月任）
党组副书记、副局长
　赵奇志（2017年6月任）
党组成员、副局长
　胡力平　周　喆　刘正光
党组成员　刘荣保
党组成员、总工程师　杨建良
党组成员、市纪委驻质监局纪检组组长
　陆亚超（2017年6月任）
岳阳海关
党组书记、关长　刘探扭
党组成员、缉私分局局长兼副关长
　戴胜恒（2017年11月任）
党组成员、副关长
　洪余喆　刘　廷
党组成员、驻城陵矶办事处主任
　龚先明
岳阳海事局
局长、党委书记
　左中君（2017年6月任）
政委、纪检组组长　朱远志
副局长　张　帆　丁玉林
岳阳出入境检验检疫局
党组书记、局长　盛胜军
党组成员、副局长　谢忻然
党组成员、副局长　林建军
国网岳阳供电公司
总经理、党委副书记　王　健
党委书记、副总经理　汤美云
副总经理　杨五一　姚维平
　姜坤山（2017年6月）
纪委书记、工会主席　李泽龙
市邮政公司
党委书记、总经理　李胜军
党委委员、副总经理
　蒋震宇（2017年7月任）
　范宏松（2017年8月任）
中国电信股份有限公司岳阳分公司
总经理　施宁堃
副总经理　万建湘　陶　涛
　李清华
湖南移动通信有限责任公司岳阳分公司
总经理、党委书记　武　樵
副总经理　罗定安
副总经理、工会主席、纪委书记
　封加根
副总经理　曾卫华

中国联合网络通信有限公司岳阳市分公司
总经理　杨铸顺
纪委书记　廖文峰
副总经理　张　波　余　惠　彭　岳
市烟草专卖局（公司）
党组书记、局长、经理
　吴胜波（2017年9月任）
党组成员、副经理
　邓　杰　毛岳胜
党组成员、副局长
　潘新安（2017年3月任）
湖南盐业股份有限公司岳阳市分公司（市盐务管理局）
总经理　周　伟
党委书记　李克才
副总经理　方卫平　唐国良
市气象局
党组书记、局长　彭　洁
党组成员、副局长
　李东阳（2017年6月免）
　刘　敏
党组成员、纪检组组长　向良权
岳阳监狱
党委书记、监狱长　彭　锋
党委委员、建新实业有限责任公司总经理　陈志刚
党委委员、副监狱长
　张运良　艾祥卫　程志文
　刘桂平　周正文
党委委员、纪委书记　彭立春
党委委员、建新实业有限责任公司副总经理　康　健
党委委员、政治处主任　谭冬明
建新实业有限责任公司副总经理
　郭立中　陶　波
健朗药业有限责任公司总经理
　陈德飞
中国人民银行岳阳市中心支行（国家外汇管理局岳阳中心支局）
党委书记、行长（局长）　曹平辉
党委委员、副行长（副局长）
　李利华　兰红梅
　覃兆勇（挂职）
　黄　勇（2017年6月任）
党委委员、纪委书记
　贺雄辉（2017年9月任）
党委委员、行长助理
　王　龙（2017年3月任）
中国银行业监督管理委员会岳阳监管分局
党委书记、局长　易　文
党委委员、副局长
　金爱钦　贺爱卿
党委委员、纪委书记　李雁新
中国农业银行岳阳市支行
党委书记、行长　伍高琴
党委副书记、副行长　吕桂玲
党委委员、副行长
　刘利国　刘献兵
党委委员、纪委书记　杨英云
中国银行股份有限公司岳阳分行
党委书记、行长　吕　军
党委委员、副行长、纪委书记
　蔡　旭
党委委员、副行长
　刘飞舟
　周继列（2017年5月任）
　王　武（2017年8月任）
　于　静（2017年8月任）
中国农业发展银行岳阳市分行
行　长　周芳华
副行长　唐双华　陈良东　胡云霞
交通银行股份有限公司岳阳分行
党委书记、行长　马学军
党委委员、副行长
　李克拉　胡　昕　曾　明
中国工商银行股份有限公司岳阳分行
党委书记、行长　杨　林
党委委员、副行长
　柳会刚　陈飞宝
　罗　健　袁校刚
党委委员、纪委书记　李俊厚
中国建设银行股份有限公司岳阳分行
党委书记、行长
　刘　星（2017年11月免）
　李勇军（2017年11月任）
党委委员、纪委书记　梁运胜
党委委员、副行长
　周　强　王逸辉
　周栋兵（2017年9月免）
　李　鑫
　林　伟（2017年9月任）
华融湘江银行岳阳分行
党委书记、行长
　郑　武（2017年11月免）
　姜卫其（2017年11月任）
党委委员、副行长、纪委书记
　王湘平
党委委员、副行长　胡炯钢
党委委员　刘　倩
　　欧阳辉（2017年8月任）
中国邮政储蓄银行股份有限公司岳阳市分行
副行长、党委副书记　郑精兵
副行长　金　超　阳建强
　　胡　军　周　炜
中国光大银行岳阳分行
党委书记、行长　赵　祯
党委委员、副行长　孙晓龙
纪委书记　刘跃良
党委委员　陶　亮
湖南省农村信用社联合社岳阳办事处
党组书记、主任　刘汉军
党组成员、副主任　朱晓华
党组成员、副主任、纪检组长
　何建国（2017年6月任）
兴业银行岳阳分行
代行长　胡定邦（2017年11月）
中信银行岳阳分行
行　长　王晓燕
副行长　苏朝霞　张学海
长沙银行岳阳分行
行　长　曾晓震（2017年3月任）
副行长　管　峰（2017年3月任）
　　刘　伟（2017年3月任）

社会团体

市总工会
主　席　彭先政
党组书记、副主席　谭志兰
党组副书记、副主席
　彭慕侬（2017年3月免）
党组成员、副主席
　冯胜建（2017年6月免）
　徐光华（2017年6月任）
　童俏冰（2017年6月任）
　杨红杰
党组成员、经审委主任
　刘　沅（2017年6月免）
　陶明亮（2017年9月任）
市妇女联合委员会
党组书记、主席　王亚丹
党组成员、副主席
　杨　勤（2017年6月免）
　胡晓明　吴玉玺
党组成员　曾　琴
副主席
　练　伟（2017年6月任）
　李元珍（兼、2017年6月任）
　朱飞鹰（兼、2017年6月任）
　尚云峰（兼、2017年6月任）
共青团岳阳市委员会
书　记　李　乐（2017年3月任）
副书记
　蔡小广
　赵　婷（2017年9月任）

陈　勇（挂职，2017年9月任）
向　亚（兼、2017年9月任）

市社会科学界联合会

党组书记、主席　魏　星
党组成员、副主席
郑立新　张　萍　汤迪军

市文学艺术界联合会

主　席　余三定
党组书记、副主席　钟　辉
党组副书记、副主席　刘子华
党组成员、副主席　徐喜德

市科学技术协会

党组书记、副主席　陶沙岸
主　席　徐载满
党组成员、副主席　傅道德
唐　慧
副主席　彭晓霞
党组成员　陈　虎（2017年6月免）

市残联人联合会

党组书记、理事长　方欲林
党组成员、副理事长
李正望　巢向阳　邹湖平
副理事长
危　李（兼、2017年11月任）

民主党派·工商联

中国国民党革命委员会岳阳市委员会

主　委　任浩波
专职副主委　陈立新
副主委　袁正宏　范泽容　候练兵

中国民主同盟岳阳市委员会

主　委　万岳斌
专职副主委　黎雄兵
副主委　李石夫　李赴军　高鸽子

中国民主建国会岳阳市委员会

主　委　方争奇
专职副主委　郝　纯
副主委　王五星　李永波　刘怀金

中国民主促进会岳阳市委员会

主　委　张世愚
专职副主委　汪　扬
副主委　李尧瑶　丁卫平
李国武　李建军

中国农工民主党岳阳市委员会

主　委　李为
专职副主委　周　波
兼职副主委　林　辉　练　伟

中国致公党岳阳市委员会

主　委　丁湘平
专职副主委　陈跃平
兼职副主委　李　文　陆敏刚
刘岸芳

九三学社岳阳市委员会

主　委　李　平
副主委　付　萍　周　升　杨　善

市工商业联合会

党组书记　方亚华
主　席　刘晓英（2017年3月免）
何祚云（2017年3月任）
党组成员、副主席　张　超
党组成员　周宇岳
肖华斌（2017年9月免）
副主席　郑叶新

学校（院）、医院

湖南理工学院

党委书记　李　明
党委副书记、院长　卢先明
党委副书记　邱绍雄
党委委员、副院长
刘亦工　钟　华
徐小立　张国云
副院长　李　文
党委委员、纪委书记　谢贵辉
党委委员、组织部部长　刘　创

岳阳职业技术学院

党委书记　喻岳兰
党委副书记、院长
潘岳生（2017年7月任）
党委副书记
吴丽文（2017年7月任）
常务副院长　李晚林
党委委员、副院长
陈细兵
李应龙（2017年5月退休）
黄二良（2017年7月任）
李永红（2017年7月任）
彭利余（2017年7月任）
党委委员、纪委书记
王　平（2017年7月任）
党委委员、组织人事处处长
彭济红（2017年7月任）
党委委员、宣传统战部部长
彭宣红（2017年7月任）
党委委员、护理学院院长
尚云峰（2017年7月任）

湖南民族职业学院

党委书记　李　红
党委副书记、副院长
甘　勇（2017年3月任）
党委副书记　童和钦
党委委员、常务副院长
戴南海（2017年5月退休）
戴金波（2017年7月任）
党委委员、副院长
文小华　杨火保　蒋　文
副院长　李葵模
党委委员、纪委书记　宋可权
党委委员、组织人事处处长　李江
党委委员、宣传统战处处长　姜宗福
党委委员、学前教育学院院长
王志平

岳阳广播电视大学

党委书记　陈美中
党委副书记、校长　袁　征
党委委员、副校长
江家立　封　屹
党委委员、纪委书记　乐艳华
党委委员、校长助理　熊　灏
副校长　邹欣欣

湖南石油化工职业技术学院

党委书记　雷放华（2017年12月免）
党委书记、副院长（主持工作）
徐　方（2017年12月任）
党委委员、副院长
孙　雷　郭丽荣
党委委员　陈　平
刘滔（2017年12月任）
刘三青（2017年12月任）
副院长　符文文

湖南省工业技师学院（中南工业学校）

院　长　张文兵
党委书记　李　勇
副院长　张旭辉　符兴承
工会主席　吴细细
市一中
党委委员、校长　廖炳晔
党委书记　李赞辉
市十四中
校　长　符新培
党委书记　杨　锋
岳阳中学
党委书记、校长
林　立（2017年12月免）
葛天普（2017年12月任）
市十五中
党委书记、校长　宋卓辉
市第一职业中等专业学校
党委书记、校长　孙光友

市一人民医院

院长、党委副书记
唐　敏（2017年9月免）
曾　强（2017年9月任）
党委书记
张壮军（2017年10月任）
党委副书记、副院长
王松柏（2017年9月任）

党委委员、副院长
李自华
王学明（2017年9月任）
副院长
许文杰（2017年9月免）
夏伟瑜
党委委员、工会主席　陆海湖
党委委员　张建安
朱洪辉（2017年9月任）
李罗清（2017年9月任）
陈　勤（2017年9月任）
党委委员、纪委书记
李　伟（2017年10月任）

市二人民医院

院　长　余飞跃
党委书记　许文杰（2017年9月任）
党委副书记、副院长
应民政（2017年9月免）
党委委员、副院长
刘　芳　杨福炎
刘文龙（2017年9月任）
副院长　方兴旺（2017年9月免）
党委委员　林春龙
黎　珊（2017年9月任）
党委委员、纪委书记
申红连（2017年9月任）

市中医院

院　长　向明波
党委书记　司马雄翼
党委副书记、副院长　邹智国
党委委员、副院长
余绍清　钟利明
张伟（挂职）　陈亚红
党委委员、纪委书记　陈　剑
党委委员　付红伟（2017年9月任）
李森林（2017年9月任）

市三人民医院

常务副院长
彭国庆（2017年9月任）
党委书记　文立波
市妇幼保健院
院　长　陈　卓
党委书记　袁劲进

省血吸虫病防治所

所　长　罗志红
党委书记　邓维成
副所长　任光辉　贺宏斌
彭先平　肖翠兰　丁国建
纪委书记　肖　群
工会主席　曹春连

部·省·市属企业单位

中国石油化工股份有限公司巴陵分公司

中国石化集团资产经营管理有限公司巴陵石化分公司

党委副书记、总经理　李大为
党委书记、副总经理　李德刚
党委委员、副总经理
许世政（2017年12月免）
彭鸽威
周立新（2017年4月任）
颜　刚（2017年4月任）
党委委员、总会计师　皮明生
党委副书记、纪委书记　阳　忠
中国石化高级专家　夏全魁
副总会计师　方术南
副总工程师　王国胜
安全总监　周忠良

中国石油化工股份有限公司长岭分公司

中国石化集团资产经营管理有限公司长岭分公司

党委书记、董事长　李　华
党委副书记、副董事长、总经理
王妙云
党委副书记、纪委书记、监事会主席
胡先红

华能湖南岳阳发电有限责任公司（华能岳阳电厂）

总经理、厂长　尹开颜
党委书记、副厂长　唐明华
副总经理、副厂长、工会主席
李亚强
纪委书记　周祖芳
副总经理、副厂长
郑伟德　刘文华　曾庆丰
总工程师　刘立红

岳阳林纸股份有限公司岳阳分公司

党委书记、总经理　禚　昊
总工程师　朱宏伟
副总经理　周训富　郑聚雄
易兰锴　闫成珉
党委副书记、纪委书记　姚泽阳

湖南华升洞庭麻业有限公司

董事长（代党委书记）　黄云晴
总经理　宋学军
常务副总经理　陈继元
财务总监　曾建云
副总经理、纪委书记　易章元
副总经理　汤翠娥

际华3517橡胶制品有限公司

党委委员、际华股份副总经理、公司执行董事　容三友
党委书记　傅　胜
党委副书记、总经理　朱归臣
党委副书记、纪委书记、工会代主席　李小辉
党委委员、总会计师　孙贤进
副总经理　曾　轶　刘文辉
副总经理、纪委副书记　黄　奕

中国化学工程第四建设有限公司

党委书记、董事长　刘德辉
董事、总经理　胡流芳
董事、副总经理　钱家林
党委副书记、监事会主席、纪委书记、工会主席　何玉文
副总经理　陈荣仓　周　鸿
周　栗　刘　斌
副总经理、总工程师　孙　韵

岳阳城陵矶新港有限公司

党总支书记　李朝阳
执行总经理　李石球
副总经理　方滔

国信军创（岳阳）六九零六科技有限公司

总　裁　向志明
通信事业部总经理　张万英
党委书记　涂永良
物业公司总经理　张　云
总工程师　郭智俊
北斗事业部总经理　邓　涛
北斗事业部副总经理　贾　坤
人力行政中心副总经理　周婉如
制造事业部总经理　万　平
民品公司总经理　余正军

岳阳金秋红日工业有限公司

党委书记、总经理　彭欣荣
常务副总经理　黄力群
副总经理　黄建强　廖　斌
纪委书记、工会主席　陈历辉
财务总监　唐黎君

中国航发长江动力机械厂

党组书记、董事长　徐义军
党组副书记、总经理　周　华
党组副书记、纪委书记　胡国明
副总经理　周　耿
副总经理、总会计师　李东启

（李　幸）

中共岳阳市委员会

THE COMMUNIST PARTY OF
CHINA YUEYANG MUNICIPAL
PARTY COMMITTEE

责任编辑·李　幸

综 述

【概况】 2017年，中共岳阳市委坚持“一个目标”总揽、“两大战略”引领、“三条底线”筑牢、“四大会战”发力，推动各项工作取得新进步。

迎接学习宣传贯彻党的十九大。岳阳市坚持把迎接学习宣传贯彻党的十九大作为全年工作的一条主线贯穿始终，组织开展“砥砺奋进的五年·岳阳足迹”“喜迎十九大”新闻发布会等系列活动，宣传五年来岳阳改革发展的新成就、新变化。加强党对意识形态工作的领导，每月定期调度网络舆情，抓好“网站、网宣、网军、网监”工作，加大舆情研判处置力度，讲好岳阳故事、传递岳阳声音、展示岳阳形象。第一时间召开全市领导干部大会进行传达学习，组织各级宣传宣讲，市委班子成员带头进企业、进农村、进机关、进校园、进社区、进军营、进网站、进支部开展宣讲，举办两期市管干部集中轮训班，开展基层“微宣讲”“千名书记讲党课”等活动，带动全市上下不断掀起学习宣传贯彻党的十九大精神的热潮。

实施“两大战略”。岳阳市实施“创新引领在岳阳”“开放崛起在岳阳”战略，推动创新引领干出特色、开放崛起走在前列。创新引领：坚持以科技创新为核心，着力推进理念、科技、产业、金融、文化和管理全方位创新。召开全市科技创新大会，推进科技园区、创新平台建设，实施“巴陵人才工程”，落实“十百千”高层次人才引进计划，引进90名专家教授到岳柔性挂职首席专家，创新引才工作被中组部推介；推进金融创新，引进设立金融机构，发展资本市场，境内上市公司10家，总量居全省第二位，全市存款、贷款本年新增额均创历史新高。坚持以改革促创新，每月定期调度全面深化改革工作，纵深推进9大类145项改革任务，商事制度“放管服”综合配套改革、岳阳楼区社区治理服务“三合一”改革、临湘浮标特色小镇产城融合改革等一批试点特色改革走在全省前列，创建深化供销合作社综合改革示范市，屈原农村改革集中区创建取得初步成效。特别是着眼抓重点、补短板、强弱项，制定出台“园区十条”“金融十条”“非公十条”“开放十条”和“实体经济二十条”，打出一套政策“组合拳”，不断增强发展新动能。开放崛起：进一步放大通江达海区位优势，对接融入“一带一路”、长江经济带、长江中游城市群、洞庭湖生态经济区等国家战略，增强开放定力，打开开放通道，引进开放人才，培育开放企业，建设贸易强市，打造沿江对外开放“桥头堡”。进出口总额增长70%，增幅居全省第三位；集装箱吞吐量突破40万标箱，首次超过九江、宜昌。岳阳成功入围“中国外贸百强城市”榜单，居全国第三十五位、全省第一位。

打好“四大会战”。岳阳市全面打响园区建设、交通建设、港口建设、脱贫攻坚“四大会战”，以重点突破带动全局发展。园区建设大会战：实施“园区十条”，着力解决“权、人、钱、地”要素问题，加快园区去行政化；召开全市产业园区建设大会战现场推进会，实行园区产业项目“一票否决”，10个产业园区累计签约产业项目325个，合同引资787亿元，一大批科技含量高、带动能力强的工业项目成功落户；加大标准化厂房建设力度，新建厂房260万平方米以上，企业入驻率82%，园区基础配套能力进一步提高。全年园区新增规模企业110家，岳阳经开区、岳阳绿色化工产业园有望晋升千亿产业园区。交通建设大会战：统筹推进高速公路、干线公路、城建道路、农村公路建设，总投资额居全省第二位，新增一级公路里程占全省1/3以上。杭瑞高速洞庭湖大桥、皇姑塘立交桥、高速国道240岳阳县城至湘阴公路、临湖公路、湘北大道、空港大道、赶山东路等12条主干通道建成或即将建成通车；三荷机场、蒙华铁路、平益高速等一批重大项目扎实推进，打通一批多年想打通而没有打通的交通瓶颈，拉开一批多年想拉开而没有拉开的交通骨架，核心城区15分钟交通圈、中心城区30分钟交通圈、市域1小时交通圈初具雏形。港口建设大会战：重点围绕“规划、建设、整合、管理”4个方面，加快自贸区等平台申报、11.9千米核心岸线规划整合、航道疏浚和航线拓展、新港二期和综保区二期建设，“一区一港四口岸”运营管理、航空货运核心枢纽等重点突破，推动形成空港、水港“双港”驱动、大出大进的新格局，打造长江中游交通物流枢纽城市。城陵矶新港区产业项目建设成效显著，综保区和粮食、汽车、肉类口岸运营良好。全市物流业产值可望突破700亿元，正在加快成长为全市第三个千亿产业。脱贫攻坚大会战：坚持把脱贫攻坚作为重要政治任务和第一民生工程，市委班子成员带头蹲点帮扶，带头开展“三走访、三签字”，加强调度督导问责，严格落实“五个一批”“六个精准”工作要求，围绕“扶谁、谁扶、怎么扶、扶得怎样”，压紧压实党政主体责任、驻村帮扶责任、结对帮扶责任、村支两委责任，开展“双带双心”活动。加大涉农资金整合力度，强力推进产业扶贫、就业扶贫、金融扶贫、住房安全扶贫、健康扶贫、教育扶贫、基础设施扶贫等取得实效，产业发展与贫困户的关联度不断增强，扶贫小额信贷大幅提升，易地搬迁扶贫扎实推进。

加强生态环境保护。岳阳市出台实施《岳阳市城市规划区山体水体保护条例》，全面推行“河长制”，统筹山水林田湖草系统治理，促进人与自然和谐共生，打造天更蓝山更绿水更清的美丽岳阳。抓涉砂涉矿专项整治。全面开展公职人员涉砂经营专项整治，集中清查重点对象716名，立案查处党员干部38人。启动涉矿等6类经营性活动专项整治。抓环保督察突出问题整治。开展中央环保督察组反馈问题整改和交办信访件办理，第一时间召开市委常委会议专题研究整改落实方案，以最坚决的态度抓好20项突出问题整改，完成16项整改任务，必须2017年完成销号的15项全部销号。抓洞庭湖水环境治理。针对突出问题，开展“洞庭湖突出环境问题集中整治月”行动，集中时间、集中力量、集中攻坚，全面打响洞庭湖生态环境保卫战。15项问题中14项整治到位，剩余1项按全省统一部署2020年完成。

坚持全面从严治党。岳阳市推进“两学一做”学习教育常态化制度化，学习习近平新时代中国特色社会主义思想，围绕学习十九大精神等主题开展7次市委中心组集中学习。弘扬“四种精神”，组织评选首届忧乐精神典型人物，召开表彰和事迹报告会，树学精神标杆，传递精神力量，引导和激励党员干部切实担负起加快岳阳发展的历史使命。推进基层党建“五个一”，抓书记、抓支部、抓党员，圆满完成村（社区）“两委”换届选举，组织支部书记集中轮训。开展“支部建设年”活动，创建“五化十有”支部，推广学用“红星云”，打造“学习平台、情感家园、精神高地”；推行“巴陵先锋党员活动日”，落实党员积分管理，发挥党员先锋模范作用。投入12.8亿元，高标准全覆盖建成1806个村（居）民服务中心，同步开发“岳农”互联网平台，整合党务政务村（居）务商务社务资源，构建8大类122项线上线下结合的便民服务超市，建设“两委”之家、党员之家、村（居）民之家。2017年全省市州委书记抓基层党建述职评议考核排全省前列。贯彻新时期好干部标准，着力用好用活基层一线和困难艰苦地方的干部，严格干部监督管理，推进干部交流，市委研究调整干部576人次，其中，提拔重用162人，重点向产业园区、项目建设、扶贫攻坚、棚改征拆、环境治理等基层一线倾斜，形成良好的用人导向。强化正风反腐，驰而不息纠四风，每季度开展交叉检查，查处违反中央八项规定精神的案件205起。推动市县巡察工作全覆盖，本届市委对29个单位党组织开展3轮巡察；9个县市区党委首轮巡察全面完成，第二轮巡察正有序开展，发现信访反映和问题线索446件，纪检监察机关立案58件。推进纪检体制改革，市县纪委派驻机构实现全覆盖；稳妥推进国家监察体制改革试点工作，市本级和9个涉改县市区顺利完成监察委员会组建工作。持续加大纪律审查力度，有案必查、违纪必究，以扶贫领域为重点，着力整治“雁过拔毛”式腐败问题，推动反腐倡廉向纵深推进、向基层延伸。全市纪检监察机关立案1888件，给予党纪政纪处分1952人。

（杨　滔）

重要会议

【中共岳阳市委七届二次全体（扩大）会议暨市委经济工作会议】 2017年1月3日，岳阳市委七届二次全体（扩大）会议暨市委经济工作会议召开。会议学习贯彻中央、省委经济工作会议精神，总结2016年经济工作，分析当前形势，部署2017年经济工作。市委书记胡忠雄讲话，市委副书记、市长刘和生主持并作工作部署。会议明确，2017年经济工作的总体要求是：全面贯彻落实党的十八大和十八届三中、四中、五中、六中全会以及中央、省委经济工作会议和省市党代会精神，统筹推进“五位一体”总体布局，协调推进“四个全面”战略布局，坚持稳中求进工作总基调，牢固树立和贯彻落实新发展理念，适应把握引领经济发展新常态，坚持以推进供给侧结构性改革为主线，实施创新引领开放崛起战略，突出工业强市，坚持项目为重，着力转型升级，加强民生保障，注重实干担当，推动经济平稳健康发展和社会和谐稳定，加快建设“一极三宜”江湖名城，奋力谱写富饶美丽幸福新湖南的岳阳篇章。

【中共岳阳市第七届委员会第三次全体会议】 2017年1月11日，市委书记、市人大常委会主任胡忠雄主持召开中共岳阳市第七届委员会第三次全体会议，审议通过岳阳市出席中国共产党第十九次全国代表大会代表候选人初步人选名单，审议通过市纪委七届二次全会工作报告（审议稿），研究部署当前重点工作。

【市县乡负责干部大会】 2017年2月9日，岳阳市召开市县乡负责干部大会，贯彻落实党的十八届六中全会、中央经济工作会和省市党代会、经济工作会及“两会”精神，通报2016年工作情况，部署2017年工作任务，动员全市上下进一步凝心聚力，真抓实干，奋力开创“一极三宜”江湖名城建设新局面。市委书记、市人大常委会主任胡忠雄讲话，市委副书记、市长刘和生主持，市委副书记李爱武宣读2016年度“一极三宜”江湖名城建设综合绩效考评等8项工作考核结果情况通报。市领导王瑰曙、李挚、王小中、李为、黎作凤分别就基层党建工作、党风廉政建设和反腐败工作、综治信访工作、人口计划生育工作、安全生产工作作书面发言，

长江经济带洞庭湖水环境综合治理“五大专项行动”现场推进会在岳阳市举行

平江县、岳阳楼区、市交通运输局作书面典型发言。

【中共岳阳市第七届委员会第四次全体（扩大）会议】　2017年7月21日，中共岳阳市第七届委员会第四次全体（扩大）会议召开，学习贯彻省委十一届三次全会精神，总结上半年工作，安排下半年工作，部署实施“四个十条”，动员全市上下进一步强化发展为要、民生为本、项目为重、担当为贵。全会审议通过《中共岳阳市委关于全力实施“四个十条”，深入推进供给侧结构性改革的决议》。市委书记、市人大常委会主任胡忠雄讲话，市委副书记、市长刘和生讲评部署经济工作，市委副书记李爱武主持，并就“四个十条”作简要说明。

【传达学习党的十九大精神大会】　2017年10月27日，岳阳市传达学习党的十九大精神大会召开，动员全市上下把思想和行动统一到党的十九大精神特别是习近平新时代中国特色社会主义思想上来，不忘初心，牢记使命，高举旗帜，团结奋进，奋力开创新时代岳阳发展新局面。党的十九大代表、市委书记、市人大常委会主任胡忠雄全面传达党的十九大精神并作工作部署；市委副书记、市长刘和生主持；党的十九大代表李大为、邓伟与大家交流参加会议的感受和体会。

【中共岳阳市委七届五次全体（扩大）暨市委经济工作会议】　2017年12月29日，岳阳市委七届五次全体（扩大）暨市委经济工作会议召开。会议高举习近平新时代中国特色社会主义思想伟大旗帜，学习贯彻党的十九大精神和中央、省委经济工作会议精神，听取和讨论市委常委会工作报告，审议通过《中共岳阳市委岳阳市人民政府关于加快实体经济发展的若干意见》（简称《意见》），安排部署2018年经济工作。市委书记、市人大常委会主任胡忠雄受市委常委会委托向会议报告工作并主持会议，市委副书记、市长刘和生作经济工作报告，市委副书记李爱武就《意见（讨论稿）》作起草说明。　（杨　滔）

【市委常委会议】　市委第七届第9次常委会议。2017年1月10日，市委书记胡忠雄主持召开市委第七届第9次常委会议。听取关于清理国家公职人员参与采砂、运砂、浮吊、砂石码头经营活动专项整治工作有关情况的汇报，研究审定市县乡负责干部会议方案，审议市纪委七届二次全会工作报告和出席党的十九大代表候选人初步人选。

市委第七届第10次常委会议。1月25日，市委书记胡忠雄主持召开市委第七届第10次常委会议。传达学习总书记习近平在全国国有企业党的建设工作会议、全国高校思想政治工作会议上的重要讲话精神和省委办公厅、省政府办公厅《关于严防严查利用或冒用领导干部名义谋取不正当利益行为的通知》精神，传达十八届中纪委七次全会精神，听取党风廉政建设“两个责任”落实目标管理考核情况汇报、2016年度“一极三宜”江湖名城建设综合绩效考评汇总情况和实施县域经济壮大战略考核情况汇报和文明创建、安全生产、综治、信访、人口计划生育工作考核情况汇报，研究审定“四大会战”工作方案。

市委第七届第11次常委会议。2月4日，市委书记胡忠雄主持召开市委第七届第11次常委会议。讨论研究基层党建和人才工作、党风廉政建设和反腐败工作和政法综治、信访、人口计划生育、安全生产工作。

市委第七届第12次常委会议。2月28日，市委书记胡忠雄主持召开市委第七届第12次常委会议。传达学习全省市厅级党员主要领导干部深入学习总书记习近平系列重要讲话精神专题研讨班精神、全省组织部长会议精神和省委办公厅《关于省领导贯彻执行中央八项规定精神和省委九项规定情况的通报》精神，听取对汨罗市非法生产烟花爆竹安全生产事故处理情况的汇报和反恐怖工作和国家安全工作情况汇报，讨论研究全市民族宗教工作。

市委第七届第13次常委会议。3月20日，市委书记胡忠雄主持召开市委第七届第13次常委会议。讨论研究全市巡察工作，讨论研究环境保护工作和迎接中央环保督察有关工作，传达全省市州纪委领导干部培训班精神。

市委第七届第14次常委会议。4月7日，市委书记胡忠雄主持召开市委第七届第14次常委会议。传达学习孟建柱在湖南调研时的讲话精神和省军区党委十三届十三次全体（扩大）会议精神，讨论研究全面小康工作暨市全面建成小康社会推进工作领导小组会议，听取关于“创新引领在岳阳”和“开放崛起在岳阳”课题调研情况汇报。

市委第七届第15次常委会议。4月19日，市委书记胡忠雄主持召开市委第七届第15次常委会议。学习贯彻中央、省委有关文件和全省领导干部会议精神，传达贯彻落实省长许达哲在岳阳调研和环保督察期间的讲话精神，讨论研究全面深化改革工作暨市全面深化改革领导小组第11次会议和对台工作，传达中共中央关于部分纪检监察干部违纪案件及其教训警示的通报精神，听取落实市委常委会议决定事项督查情况汇报。

市委第七届第16次常委会议。5月3日，市委书记胡忠雄主持召开市委第七届第16次常委会议。讨论研究市妇联工作和市区两级党校整合与市委党校校园建设等问题，研究审定《市管国有企业负责人薪酬制度改革的意见》《岳阳市国资委监管企业负责人经营业绩考核办法》《关于加强人民防空建设的实施意见》，讨论研究平江起义90周年纪念活动有关事项，听取国家和省人民防空会议精神汇报和当前经济运行情况汇报。

市委第七届第17次常委（扩大）会议。5月13日，市委书记胡忠雄主持召开市委第七届第17次常委（扩大）会议。传达学习省委书记杜家毫与岳阳市委常委会组成人员座谈会讲话精神。

市委第七届第18次常委会议。5月17日，市委书记胡忠雄主持召开市委第七届第18次常委会议。传达学习省党代表会议和全省干部监督工作视频会议精神，研究审定《岳阳市扶持发展非公有制经济十条》《岳阳市2017年重点产业和重点民营企业帮扶行动方案》。

市委第七届第19次常委会议。6

月2日，市委书记胡忠雄主持召开市委第七届第19次常委会议。学习贯彻中央、省委关于做好新形势下反邪教工作的重要批示和文件精神，听取当前意识形态领域情况的汇报，讨论研究招商引资工作及2017年产业招商月活动有关事项、脱贫攻坚工作和芭蕉湖南湖两湖连通工程、引进比亚迪座式单轨产业项目有关事项，研究审定《关于构建县级大统战工作格局的指导意见（试行）》。

市委第七届第21次常委会议。6月27日，市委书记胡忠雄主持召开市委第七届第21次常委会议。传达学习刘奇葆在湖南调研时的讲话精神、中央有关文件精神和全省国有企业党的建设工作会议、全省高校思想政治工作会议精神，讨论研究机构编制有关工作和市纪委派驻机构全覆盖工作。

市委第七届第22次常委会议。7月20日，市委书记胡忠雄主持召开市委第七届第22次常委会议。传达中纪委扶贫领域监督执纪问责工作电视电话会议精神，听取党委政法委纪律作风督查巡查情况汇报，讨论研究深化全国文明城市建设工作、东风湖新区开发工作，研究审定《关于加快金融发展的实施意见》《关于做好岳阳市“一极三宜”江湖名城建设2017年度综合绩效考评工作的通知》，审议《中共岳阳市委关于全力实施“四个十条”，深入推进供给侧结构性改革的决议》。

市委第七届第23次常委会议。8月1日，市委书记胡忠雄主持召开市委第七届第23次常委会议。听取全市村（社区）综合服务平台建设情况、市老科技工作者协会工作情况汇报，传达学习全国市地以上新任统战部长培训班和省委常委、常务副省长陈向群在岳阳调研时讲话精神及省委办公厅《关于深入开展向廖俊波学习活动的通知》和全省党委秘书长座谈会议精神，传达贯彻全省脱贫攻坚巡查整改工作会议精神，研究审定中央环保督察组反馈问题的整改方案和《岳阳历史文化丛书》编纂出版发行方案。

市委第七届第24次常委会议。8月10日，市委书记胡忠雄主持召开市委第七届第24次常委会议。学习贯彻总书记习近平“7·26”重要讲话精神和全省宣传部长专题工作会议精神，传达学习省委市州领导班子建设工作座谈会精神，研究审定中央环保督查反馈意见整改工作方案和省军区司令员黄跃进在城陵矶新港区党支部“两学一做”专题讨论时的讲话精神，听取市直机关工委工作情况汇报。

市委第七届第25次常委会议。8月31日，市委书记胡忠雄主持召开市委第七届第25次常委会议。通报省委组织部关于岳阳市领导班子开局工作调研有关情况的反馈，传达学习全省优秀年轻干部培养选拔工作推进会精神、全省抗洪救灾总结大会和省委有关文件精神，学习贯彻新修改的《中国共产党巡视工作条例》，听取全省司法体制改革推进会、全省党委秘书长会议精神汇报和党的十九大安保维稳工作有关情况的汇报，讨论研究忧乐精神典型人物推树工作有关事项，研究审定《关于加强新的社会阶层人士统战工作的实施意见》。

市委第七届第26次常委会议。9月13日，市委书记胡忠雄主持召开市委第七届第26次常委会议。传达学习市州委书记视频会议、全国全省城市基层党建工作经验交流座谈会、全省加强县乡人大工作和建设推进会精神，学习贯彻省委有关文件精神，听取全市产业招商月活动情况、全市2017年度防汛救灾评选工作情况汇报和关于制定《岳阳市城市规划区山林水体保护条例》主要情况的汇报。

市委第七届第27次常委（扩大）会议。9月29日，市委书记胡忠雄主持召开市委第七届第27次常委（扩大）会议。传达贯彻全省产业发展现场推进会精神，传达学习省群团改革工作座谈会、省人大政府政协换届人事工作座谈会精神、全省军分区（警备区）党委第一书记党管武装工作述职会和军队全面停止对外有偿服务主要精神，听取全面推进洞庭湖生态环境突出问题集中整治月行动情况汇报、“四大会战”推进情况和贯彻落实全国社会治安综合治理表彰大会精神情况汇报。

市委第七届第28次常委会议。10月13日，市委书记胡忠雄主持召开市委第七届第28次常委会议。传达学习全省巡视巡察工作电视电话会议精神和中共中央、国务院《关于营造企业家健康成长环境弘扬优秀企业家精神更好发挥企业家作用的意见》精神，听取全省意识形态工作研判会精神及贯彻落实意见汇报，研究审定补缴党费使用专项经费下拨安排方案。

市委第七届第29次常委会议。11月2日，市委书记胡忠雄主持召开市委第七届第29次常委会议。听取党的十九大期间信访安保维稳工作情况、产业园区建设大会战情况、洞庭湖突出环境问题集中整治攻坚月工作情况、关于做好落实党风廉政建设主体责任检查考核准备工作情况汇报，传达十九届一中全会和中纪委一中全会精神、全省洞庭湖生态环境专项整治推进大会精神，研究审定学习宣传贯彻党的十九大工作方案，讨论研究军民融合相关工作。

市委第七届第30次常委会议。11月6日，市委书记胡忠雄主持召开市委第七届第30次常委会议。听取市人大常委会、市政府、市政协和市中级人民法院、市检察院党组履行党风廉政建设主体责任的情况汇报，讨论研究全面深化改革工作暨市全面深化改革领导小组第12次会议，审议省人大代表和省政协委员正式提名人选。

市委第七届第31次常委会议。11月23日，市委书记胡忠雄主持召开市委第七届第31次常委会议。研究审定《岳阳市深化国家监察体制改革试点工作实施方案》《岳阳市第六次归侨侨眷代表大会方案》，讨论研究市残联换届人事工作。

市委第七届第32次常委会议。11月28日，市委书记胡忠雄主持召开市委第七届第32次常委会议。传达学习省委十一届四次全会、市州委书记视频会议精神和全国人大代表、全国政协委员推荐提名工作会议精神，听取军队转业干部安置工作情况汇报，研究审定全国人大代表推荐人选。

市委第七届第33次常委会议。12月8日，市委书记胡忠雄主持召开市委第七届第33次常委会议。听取脱贫攻坚迎省检工作情况、洞庭新城股权结构调整和重点项目工作情况汇报，全国精神文明建设表彰大会和省委精神文明建设工作座谈会精神汇报，全面开展公益诉讼工作情况汇报，人大、政协“两会”有关事项、2018年元旦和春节前重大活动预安排有关情况汇报，岳阳市落实省委第八巡视组反馈意见整改工作情况、2018年全市经济社会发展主要指标预期目标建议和市本级财政预算草案情况汇报，讨论研究岳阳市深化全国文明城市建设工作。

市委第七届第34次常委会议。12月19日，市委书记胡忠雄主持召开市委第七届第34次常委会议。传达学习上级关于纠正“四风”加强作风建设的有关精神和省委有关通知要求、经济建设和国防建设融合发展有关文件精神和省深化监察体制改革试点工作小组第三次会议精神，听取洞庭湖生态环境整治情况汇报，研究审定《岳阳市关于进一步把社会主义核心价值观融入法治建设的实施意见》。

市委第七届第35次常委会议。12月25日，市委书记胡忠雄主持召开市委第七届第35次常委会议。传达学习中央经济工作会议和省委经济工作会议精神，审议市委常委会向市委七届五次全体（扩大）会议的工作报告和《政府工作报告》《中共岳阳市委关于支持实体经济加快发展的决议》，研究审定《关于支持实体经济加快发展的若干意见》《共青团岳阳市委改革实施方案》。

（谢文辉　许　祺）

重大决策及活动

【“四大会战”工作方案】 2017年2月6日，市委、市政府制定出台《岳阳市产业园区建设大会战工作方案》《岳阳市交通建设大会战工作方案》《岳阳市港口建设大会战工作方案》《岳阳市脱贫攻坚大会战工作方案》。其中，《岳阳市产业园区建设大会战工作方案》明确会战目标：到2020年，全市产业园区经济总量、发展质量、辐射能量显著提升。会战内容：加强规划引领，坚持规划先行、开展产业园区清理整顿；推动转型升级，突出主导产业、推动产业聚集、鼓励创新发展、促进开放发展、坚持绿色发展；优化基础设施，提升产业园区承载能力、提高信息化水平、鼓励标准化厂房建设。《岳阳市交通建设大会战工作方案》，明确会战目标：2017—2020年，推进10条干线公路、10条城建道路、4条高速公路、8728千米农村公路（含2097千米农村公路和6631千米安防工程）建设，计划投资519亿元。会战内容：干线公路，建设一级公路509千米、二级公路40千米，投资282亿元。高速公路，构建“四纵两横两连接线”的高速公路网络，建设里程286千米，投资200亿元。农村公路，完成农村公路建设2097千米、农村公路安防工程建设6631千米，投资22亿元。《岳阳市港口建设大会战工作方案》，明确会战目标：以城陵矶新港区为主战场，全力推动资源大整合、基础大建设、项目大招商、平台大建设、机制大创新，全力将岳阳打造成中部地区内陆开放的新高地、国际物资聚集的新基地和两型消费的新洼地。力争到2020年，千吨级以上码头泊位达到80个；实现外贸进出口额50亿美元，集装箱吞吐量70万标箱。会战内容：做大做强港口航运物流、提质提效口岸平台功能、加力加速产业集群发展和提标提档基础设施建设。《岳阳市脱贫攻坚大会战工作方案》，明确会战目标：贫困人口脱贫目标任务，实现10.5万人（其中，贫困村4万人，非贫困村6.5万人）现有建档立卡贫困人口脱贫目标。贫困村退出目标任务，整体实现219个贫困村退出目标。平江县摘帽目标任务，确保2018年摘除国家扶贫开发重点县的帽子。明确会战内容：实施十大脱贫攻坚行动，包括产业脱贫攻坚行动、培训就业脱贫攻坚行动、金融脱贫攻坚行动、兜底保障脱贫攻坚行动、教育助学脱贫攻坚行动、医疗救助脱贫攻坚行动、住房安全脱贫攻坚行动、基础设施完善脱贫攻坚行动、基层组织建设与公共服务完善脱贫攻坚行动和社会扶贫攻坚行动。

【贯彻落实创新引领开放崛起战略】 2017年12月31日，市委、市政府制定下发《关于贯彻落实创新引领开放崛起战略的行动方案》，明确主要目标：到2021年，经济竞争力、科技创新力、文化软实力、生态承载力、开放带动力走在全省前列，在长江中游乃至中部地区发挥更大影响力，创新发展、对外开放、人才强市和政府管理新格局逐步形成。明确重点任务：加快全面创新步伐，推进科技创新，推进文化创新，推进管理创新；提升开放发展水平，加大招商引资力度，夯实对外开放平台，培育外贸竞争优势，加强区域经济合作，优化开放发展环境；推进巴陵人才工程，引进高层次人才，实施系列人才计划，加强高技能人才队伍建设，加强农村基层人才队伍建设。

【加快绿色发展建设生态强市】 2017年12月31日，市委、市政府制定下发《关于加快绿色发展建设生态强市的实施意见》，提出7个方面的意见：总体要求，到2020年，经济发展方式实现重大转变，生态文明建设取得显著成效，资源节约、环境友好的体制机制基本形成，绿色低碳、循环发展的产业体系逐步建立，绿水青山、蓝天净土的生态环境持续改善，生态文明主流价值观更加深入人心，建设成为全省两型社会建设示范区、长江中游滨湖宜居城市和国内知名的现代化生态城市；着力转变资源利用方式，建立自然资源资产产权制度、实施资源环境价格改革政策、推进资源循环高效利用、建设低碳能源体系和完善资源集约节约管理制度；全面加强环境保护治理，健全生态环境管理制度、建立环境保护市场体系、探索建立生态补偿制度和推进重点污染防治行动；加快推动产业转型升级，完善产业引导机制、构建绿色制造体系、推进绿色金融创新和拓展对外开放平台；深入实施创新驱动战略，加强创新能力建设、健全科技支撑体系、完善两型采购制度和推进巴陵人才工程；完善生态文明治理体系，开展生态文明建设目标评价考核、完善环境资源司法体系和健全公众参与机制；

保障措施，加强组织领导、推广典型经验和健全落实机制。

【推进全市殡葬改革】 2017年6月26日，市委、市政府制定下发《关于推进全市殡葬改革工作的指导意见》，提出4个方面意见：基本目标，倡导丧事简办，提升火化率，强化公墓建设，殡葬回归公益，推广文明祭祀；重点工作，加强农村公墓建设，强化城市殡葬设施建设，全面推进丧事简办礼俗改造，开展“三沿六区”乱埋乱葬专项整治行动，完善殡葬奖补政策，党员干部带头示范；明确责任，市人民政府、各县市区人民政府（管委会）、乡镇人民政府、街道办事处和村（社区）“两委”四级部门分别明确具体责任；工作措施，提高认识、加强领导，明确职责、出台措施，增加投入、强化保障，广泛宣传、营造氛围，严肃问责、推动落实。

【支持发展非公有制经济】 2017年8月8日，市委、市政府制定下发《关于支持发展非公有制经济的若干意见》，提出10个方面意见：加大财政支持力度，每年安排的各类支持经济发展专项资金2.5亿元；营造尊重企业家的舆论氛围，宣传非公有制经济的重要地位和作用；加大企业金融扶持，组建注册资本金达到10亿元以上的市级中小企业融资担保公司；强化人力资源服务，实施“巴陵人才工程”，鼓励和支持非公有制企业引进和培训各类人才；支持企业创新发展，按照条件要求给予奖励支持；加大本地产品推广；开展企业帮扶行动，继续实行重点产业和重点非公有制企业帮扶行动；加大对财税贡献大户的奖励；构建新型政商关系，打造亲商、安商、富商环境，构建“亲”“清”新型政商关系；优化发展环境，推进“放管服”改革，完善非公有制经济发展环境监管机制。

【清理国家公职人员参与采砂、运砂、浮吊、砂石码头经营活动专项整治】 2017年1月13日，市委、市政府制定下发《岳阳市清理国家公职人员参与采砂、运砂、浮吊、砂石码头经营活动专项整治方案》，明确清理内容：包括国家公职人员本人及其近亲属、特定关系人从事或参股（持暗股）进行涉砂经营活动的；国家公职人员本人及其近亲属、特定关系人在其本人服务或管理对象从事的涉砂经营活动中持有干股的；国家公职人员在其管辖业务范围内利用职务上便利在涉砂经营活动中谋求利益的；利用职权或职务上的影响，在涉砂经营活动中采取请托等不当方式施加影响以及指定、授意、暗示涉砂经营企业或个人选择特定的材料、供应商或检测、检验、评估、代理等中介机构，为本人及其近亲属、特定关系人谋取利益的；国家公职人员及其近亲属、特定关系人在涉砂经营企业中兼职或兼职取酬，或者从事有偿中介活动的；辞去公职或退休未满三年的领导成员以及辞去公职或退休未满两年的其他公职人员从事或参股（持暗股）进行涉砂经营活动或者接受涉砂经营企业或个人聘任的；其他涉砂经营活动。

【全面推行“河长制”】 2017年4月5日，市委、市政府制定《岳阳市全面推行河长制实施方案》，明确工作目标：到2017年年底，各级河道实现“河长制”全覆盖，基本建立责任明确、制度健全、运转高效的河道管理体系。到2018年年底，全市“河长制”管理全面落实，主要河道实现“清面全面完成、清乱基本完成、清养初步完成”的目标。到2020年年底，完成“一河三湖”（华容河、芭蕉湖、东风湖—吉家湖、松杨湖）整治任务。通过“十三五”时期努力，实现用水总量严格控制，水体水质根本好转，水域岸线有效保护，生态环境明显改善，管理制度健全完善。

【在农村开展“刹人情歪风、治婚丧陋习、树文明新风”专项工作】 2017年6月7日，市委制定下发《岳阳市在农村开展“刹人情歪风、治婚丧陋习、树文明新风”专项工作实施方案》，明确三大工作重点，婚事新办：提倡不收彩礼（聘礼），提倡仅邀请亲属参加婚礼或举办集体婚礼、旅行婚礼、爱心婚礼、社会公益婚礼等新式婚礼，提倡限制迎亲车辆、宴席桌数、宴席标准，提倡使用环保餐具和电子鞭炮，提倡开展文明健康的娱庆活动。丧事简办：提倡播放哀乐、鞠躬、默哀、佩戴白花等文明健康的治丧方式，提倡简化仪式、缩短时间，限制宴席标准，提倡使用环保餐具和电子鞭炮，提倡火化安葬或集中连片建设农村公墓等生态殡葬方式，提倡采用敬献鲜花、植树绿化、踏青遥祭、网上祭奠等方式缅怀逝者。其他事项不办：除婚丧外的乔迁、寿诞、升学等其他事项提倡不办酒席；确需庆贺的，提倡仅邀请亲属俭办聚会，且不邀请亲属以外人员参加，不收受亲属以外人员的礼品礼金，不向亲属以外人员赠送礼品礼金。

【孟建柱到岳阳市考察调研社会综合治理工作】 2017年3月22日，中共中央政治局委员、中央政法委书记孟建柱到岳阳市考察调研。到岳阳市“12345”公众服务热线平台调研便民服务和社会治理联动融合模式，到岳阳市中级人民法院调研司法体制改革，到岳阳楼街道办事处岳阳楼社区调研社区网格化服务管理工作等。他强调，要深入贯彻总书记习近平系列重要讲话精神，深入贯彻全国两会精神，坚持改革创新，深化科技应用，不断提高社会治理科学化、法治化、智能化水平，以优异成绩迎接党的十九大胜利召开。

【刘奇葆到岳阳市考察宣传思想文化工作】 2017年6月13日，中共中央政治局委员、中央书记处书记、中宣部部长刘奇葆到岳阳市考察调研。刘奇葆一行到岳阳楼景区考察岳阳楼景区文明旅游建设情况，到五里牌街道新城社区考察社会主义核心价值观建设等。他强调，要深入学习贯彻总书记习近平系列重要讲话精神和治国理政新理念新思想新战略，扎实做好迎接党的十九大宣传工作，振奋干部群众精气神，凝聚团结奋进正能量。

【杜家毫到岳阳市督查指导防汛工作】 2017年7月3日，省委书记、省人大常委会主任杜家毫到岳阳市督查指导防汛抗灾工作，看望慰问连日来奋战在一线的广大干群和部队官兵，会商下步重点工作。他强调，要充分认识今年防汛抗灾形势的严峻性、特殊性和持久性，集中精力把防汛抗灾作为当前压倒一切的中心工作，科学调度、分秒必争，团结协作、共渡难关，夺取防汛抗灾全面胜利。省委常委、省委秘书长、副省长谢建辉，省军区司令员黄跃进，市委书记、市人大常委会主任胡忠雄，市委副书记、市长刘和生，市领导李爱武、徐新楚、谈正红、黄大军、唐文发和市政府秘书长刘传汉等参加督查或出席会商会。

（杨　滔）

组织工作

【概况】2017年，岳阳市组织系统以迎接党的十九大和学习贯彻党的十九大精神为主线，坚持谋全局、抓关键、促落实，推动各项重点工作取得新进展。岳阳市委组织部（简称市委组织部）抓政治建设和思想建设，到农村、社区、“两新”组织、国有企业等，广泛宣讲习近平新时代中国特色社会主义思想和党的十九大精神，广大党员干部“四个意识”“四个自信”进一步增强。推进“两学一做”学习教育常态化制度化，全面推行巴陵先锋党员活动日，弘扬“四种精神”，教育引导广大党员干部强化党性观念和责任担当。

领导班子和干部队伍建设。市委研究调整干部576人次，提拔重用干部162人，推动58名在同一职位任职10年以上的市直单位班子副职集中交流，激发班子队伍活力。完成高职院校和医院党委集中换届，领导班子结构进一步优化。举办专题培训班8个、“巴陵名师讲堂”13期、各类主体班22期，培训8000多人次。提拔重用40岁以下优秀年轻干部22人，选派21名市直机关干部和乡镇干部双向交流挂职锻炼，对44名优秀年轻选调生进行重点管理培养。

干部管理监督问责。突出抓好党政正职和关键岗位干部管理监督，将市直单位70名重要职能岗位科长纳入重点监督范围。严格落实领导干部报告个人有关事项“两项法规”，查核516人次，诫勉49人，取消提拔重用资格15人。严格执行“双控预审”制度，否决34名科级干部拟任职决定。全市整改基数内超配县处级领导职数和非领导职数全部消化到位。推进问责工作常态化长效化，全市问责处理党员干部462人。

基层党组织战斗堡垒作用。圆满完成全市1806个村（社区）“两委”换届选举。高标准、全覆盖完成村（社区）综合服务平台建设，创设“岳农”互联网平台。强力推动集中组建“百日攻坚行动”，全市“两新”党组织新增率持续排名全省第一。强力推进抓党建促脱贫攻坚，认真抓好驻村工作队员的“选管用”，深入开展“双带双心”党建主题活动，全市减贫6.6万人，贫困村退出187个。强力推进抓党建引领移风易俗，中央电视台《新闻联播》《人民日报》《湖南新闻联播》相继报道，岳阳市在全省组织部长会议上作经验交流。在全省市（州）委书记抓基层党建述职评议考核中，岳阳市综合成绩持续名列前茅。

人才创新创造创业。举办“四海揽才”大型招聘活动2场，组织360余家企事业单位引进各类人才2000多人。创新实施“百名专家挂职岳阳”柔性引才行动，新华网等20多家主流媒体报道推介，并入选全国人才工作创新优秀案例。创新做好人才服务管理，开辟人才“绿色通道”，对专家人才实行“特事特办”，认真落实党政领导干部联系服务专家制度，开展生日慰问、健康体检等人文关怀，各类人才创新创造创业活力迸发。

【“两学一做”学习教育】2017年，岳阳市推进“两学一做”学习教育常态化制度化，突出抓党的十九大精神学习宣传贯彻，通过党员活动日、“三会一课”、微党课和微宣讲等形式，组织党员参与学习教育。市委常委班子成员下基层宣讲党的十九大精神，市委书记胡忠雄19次到机关、企业、农村、军营等基层单位，向党员群众面对面宣讲党的十九大精神。挖掘岳阳文化遗产和红色资源，把弘扬求索精神、忧乐精神、骆驼精神和平江起义的革命精神，融入“两学一做”学习教育，开发“四种精神”精品课程，推动“四种精神”进党校课堂、进基层支部。依托屈子文化公园、岳阳楼景区、任弼时纪念馆、平江起义纪念馆，打造党员干部教育“四个基地”，接纳9.6万名党员干部参观学习。把“两学一做”学习教育融入大局、付诸行动，市委常委会带头落实学习教育常态化制度化的十项措施；市委组织部号召基层党组织和广大党员在“四大会战”“治陋习、树新风”、防汛救灾等重点工作中，践行“两学一做”，发挥战斗堡垒和先锋模范作用。

【干部档案审核集中整改】2017年10月，市委组织部在全市部署开展干部人事档案审核集中整改，对2015—2016年档案审核工作中发现的突出问题进行彻底整改。整改过程中，突出重点对象、重点内容、重点方向，复核每一卷档案。对存在问题的市管干部档案，根据缺失材料、缺少认定表、以往认定有误、涉嫌涂改造假等不同情况制定集中整改分类处理方案，统一政策标准，不搞弹性变通。至年底，审核档案2.95万卷，查缺材料1.2万余份，重新认定信息783人，基本还原有问题档案的“真实面貌”。

【村（社区）“两委”换届】
2017年2月，岳阳市启动村（居）“两委”换届工作。市委把加强党的领导、树立良好用人导向、严格规范操作、从严正风肃纪贯穿始终，成立由副书记任组长，组织部长、纪委书记和分管副市长任副组长的换届工作领导小组。市委组织部印发《村（居）党组织换届选举工作操作手册》等资料，培训乡镇（街道）党（工）委书记、组织委员等5000多人次。成立12个由市委常委会成员任组长，市纪委、市委组织部班子成员任副组长的督导和纪律监督组，建立每周调

省委常委、组织部部长王少峰到岳阳调研党的建设和组织工作

（市委组织部 供稿）

度、随机督查、定期通报和全程纪实“四项制度”，确保换届顺利推进、平稳有序。至6月底，全面完成1806个村（社区）换届选举工作，选举产生村（社区）“两委”班子成员11073人，较上届减少20.9%，每个村（社区）配备1名女性干部和1名30岁左右的年轻干部，班子结构明显优化，素质明显提高。换届后，分5批对1806名村（社区）党组织书记进行集中任职培训，提高履职能力。省委组织部对岳阳市村（社）“两委”换届工作明察暗访6次，均给予肯定。

【村（社区）综合服务平台建设】 2017年4月，岳阳市在全市部署推进村（社区）综合服务平台建设，加强村（社区）党组织规范化建设，创新基层治理方式，满足群众多样化、个性化、一站式公共服务需求。市委组织部编印村（居）民服务中心硬件体系、制度体系和服务体系建设手册，实行服务平台建筑风格、功能布局、标识标牌“三个统一”，完善硬件、制度、服务“三个体系”，选配便民服务员、业务指导员、全程代办员“三支队伍”；规范设置“七室一厅一广场”。开发“岳农”互联网服务平台，设置互联网+党务服务、政务服务、村（居）务服务、商务服务、信息服务、精准扶贫、网格管理、民主监督等八大板块，同步开发“岳农”手机APP。下发《关于建立村（居）民服务中心便民服务体系的通知》，梳理便民服务事项122项，推动服务事项下沉。全市以县为单位多渠道融资12.76亿元，全面完成1806个村（社区）综合服务平台建设，打造“线上线下结合、前台后台打通、纵向横向联动”的服务新模式。

【党建引领移风易俗】 2017年5月，市委组织部以基层党建为引领，参与全市“刹人情歪风、治婚丧陋习、树文明新风”专项工作，下发《在“刹人情歪风、治婚丧陋习、树文明新风”专项工作中充分发挥基层党组织和共产党员作用的通知》，开展“支部发倡议，党员作承诺”活动，把党的建设有机嵌入基层社会治理。通过号召基层党组织和党员带头治陋习、树新风，推举老党员、老干部、老教师、组长和村民代表组成“红白理事会”，结合实际制定村规民约，划清人情底线，明确行为准线，引导群众共同遵守，实行自我管理、自我监督，强化村民自治。全市1.4万个基层党组织发出倡议书，31.2万名党员带头公开承诺，带头落实规定，带动群众自觉抵制陈规陋习。岳阳市党建引领移风易俗，被中央电视台《新闻联播》《人民日报》《湖南新闻联播》和中组部《党建研究》等媒体推介。

【派驻村管理工作】 2017年6月，岳阳市在全省率先成立市派驻贫困村帮扶工作队管理办公室（简称市派驻村办）。市派驻村办在专题调研、广泛掌握情况的基础上，制定《岳阳市市派驻村帮扶工作队管理办法》《岳阳市市派驻村工作队队员约谈制度》《岳阳市市派驻村工作队员召回办法》等，规范工作队员日常管理。不定期检查驻村队员履职情况，对14名因健康状况、工作不力、表现不好，不能胜任帮扶工作的驻村队员进行召回撤换，对防汛期间3支擅自离岗的驻村工作队进行通报批评；对资金帮扶力度不大、工作推进不力、队员表现不好的5家市直单位分管负责人进行警示约谈、责令限期整改；开展半年度派出单位“一把手”到村次数和帮扶资金到位情况督查并通报，有效推动派出单位脱贫攻坚目标任务的落实。落实激励保障措施，明确队员驻村期间的伙食、交通、工作经费等补助标准，加大优秀扶贫干部的提拔重用力度，为脱贫攻坚大会战提供队伍保障。

【“党支部建设年”推进基层党组织规范化建设】 2017年，岳阳市推进基层党组织规范化建设，市委组织部将2017年确定为“党支部建设年”，印发《岳阳市“党支部建设年”工作实施方案》，制定党支部纪实管理、党支部书记双述双评、党员积分管理3个配套性指导意见。针对农村、社区、机关以及“两新”组织实际，分类提出党支部建设要求，细化考核标准，推动每个支部达到“五化十有”标准。下发《关于全面推行“巴陵先锋党员活动日”的指导意见》，基层党支部每月相对固定一天作为“巴陵先锋党员活动日”，组织开展学习教育、党性分析、民主议事、交纳党费、服务群众等活动，提高党员教育管理水平。2017年10月10—11日，全省离退休干部党建工作推进会在岳阳市召开，中组部老干部局副局长杨保平，省委常委、组织部部长王少峰出席会议，对岳阳基层党建工作给予高度评价。

【“百名专家挂职岳阳”柔性引才行动】 2017年6月，市委组织部创新实施“百名专家挂职岳阳”柔性引才行动，从21所高等院校和科研机构引进86名专家教授到岳阳市挂职，担任县市区、市直职能部门和重点企业首席专家，提供决策咨询和参谋服务。研究出台《高层次人才来岳挂职管理暂行规定》和《关于进一步发挥好来岳挂职专家作用的实施意见》，精心做好专家管理、激励、服务保障等工作。根据挂职专家的研究方向和专业特长，成立园区建设大会战、交通建设大会战、港口建设大会战、脱贫攻坚大会战、旅游产业发展、城乡规划、财政金融产业发展7个专家小组。协调各专家小组成员，对口参加市委、市政府的重要专题会议、重大专题活动，提高决策参谋、献智献策的针对性和科学性。实施系列讲座、专题研讨、专业培训、参与重大项目、产学研结合转化、互动协助等“六大工程”。至年底，挂职专家参与各级各类评审会、咨询会、实地调研指导活动1320多场次，提出意见建议1722条；举办城建、交通、园林、农业、法律等专业讲座100多堂，累计培训9817人次；牵线引荐792名研究生到岳阳市实习调研，协调在岳设立研究院、博士工作站、博士流动站、研究生实习实训基地50个，签订校地合作协议7份。“百名专家挂职岳阳”柔性引才行动，得到中组部、湖南省委组织部肯定，中组部《组工通讯》专题推介，《中国组织人事报》《湖南日报》《湖湘人才周刊》和湖南卫视等主流媒体进行重点报道，并入选年度全国人才工作创新优秀案例。

（陈豪华）

宣传思想工作

【概况】 2017年，市委宣传部把握新闻舆论主旋律，围绕迎接宣传贯彻党的十九大持续发力，在全市主流媒体推出“喜迎十九大”“砥砺奋进的五年”“十九大代表风采录”“学习贯彻党的十九大”等专栏；连续举办13场新闻发布会，宣传党的十八大以来各行各业所取得的成就、人民群众生活的新变化和获得感、幸福感；对党的十九大报告全面解读、阐释，为党的十九大召开及党的十九大精神学习贯彻营造氛围、提供资讯。围绕“四大会战”“四个十条”、防汛抗灾、中央环保督察及生态环境专项整治，组织市直媒体精心策划、开设专栏，高质量采稿、高密度报道，制作和配合制作防汛抗灾、生态环境整治汇报片、宣传片；组织知名文艺家到“四大会战”主战场，创作一系列精品力作，其中，描写岳阳市脱贫攻坚的文章《山岭上的血脉》在《人民日报》上发表。《人民日报》以《这里的乡风淳了民心聚了》为题，大篇幅报道岳阳市“治陋习、树新风”的成功经验；中央电视台《新闻联播》单条并进提要播出《湖南岳阳：移风易俗，树立文明新风》重头新闻，引起社会各界广泛关注。策划港洽周岳阳宣传活动，在香港《文汇报》刊发专版推介岳阳，邀请11家重量级港媒参与岳阳市在香港举办的专题招商推介活动，发稿30余篇（条）；精心策划制作出版《中国·岳阳》外宣画册，赠送至海军岳阳舰官兵，得到好评；举办全市领导干部和新闻发言人培训班，提升全市新闻发言人综合素质和新闻发布实战能力。至年底，组织在中央级媒体上稿300余篇，省级主流媒体上稿1100余篇；向中宣部报送舆情信息4764条，综合采用201条，蝉联全国全省舆情信息工作先进单位。

筑牢思想阵地。始终坚守党性，高举旗帜，不断巩固马克思主义在意识形态领域的指导地位。理论学习研究成绩显著，组织开展“社会主义‘有点潮’”主题征文竞赛活动，岳阳市6篇文章获得奖，成绩名列前茅，市委宣传部获全省组织奖；加强理论研究，论文《涵养新时代的忧乐精神》在《人民日报》理论版发表。党的十九大精神宣讲形式多样，组建党的十九大精神市委宣讲团，到各县市区和市直各单位宣讲党的十九大精神；组织岳阳市理论宣讲品牌“千名书记讲党课”优秀人员分赴基层开展面对面微宣讲，让党的十九大精神“七进”落实到位。党委（党组）中心组学习推进，举办市委理论学习中心组7次集中学习，特别是第三次中心组集中学习安排在任弼时纪念馆举行，创新理论中心组学习方式。意识形态责任制落实有力，组织召开3次专题会议，对全市意识形态工作进行研判、分析、预警；印发《岳阳市党委（党组）意识形态工作责任制考核指标》；严格按照责任制要求开展年度意识形态工作专项督查，下发督查通报2次，对相关部门提出整改意见。

增强文化惠民。重点对巴陵戏《远在江湖》进行提质打磨，该剧与儿童文学《亲爱的女儿》、风光歌曲《水灵灵的洞庭湖》获得全省“五个一工程”奖，市委宣传部获得组织奖。在全省群众文艺会演决赛中，岳阳市获得2个一等奖，2个二等奖，4个三等奖。完成基层综合性文化服务中心建设，特别是平江县贫困地区村级综合文化服务中心示范点建设，作为典型在全省推介。抓实基层文化服务，岳阳县文化馆获得第七届“全国服务农民、服务基层文化建设先进集体”称号。“欢乐潇湘·幸福岳阳”影响深远，参与演出的群众演员1.5万多人，140多万人次现场或通过网络直播观看演出，真正做到人民的文艺让人民当主角。高雅艺术剧场和一元惠民剧场持续有序推进常态演出，进一步丰富人民群众精神文化生活。

精神文明建设。顺利通过第五届全国文明城市复查，保持全国文明城市荣誉称号，复检测评成绩全省排名第一。开展“刹人情歪风、治婚丧陋习、树文明新风”移风易俗工作，将移风易俗纳入文明村镇、文明单位、文明家庭的测评内容，纳入各级年度绩效考核精神文明建设内容，治陋习、树新风成效卓著，在全省宣传部长会议上，岳阳市就此项工作作典型发言。注重社会主义核心价值观培育践行，举办“图说我们的价值观”原创公益广告征集大赛；市直媒体做到“周周有专版、月月有主题”；新建多个道路广告牌、交通隔离护栏广告

岳阳市2018年"文明劝导我先行"志愿服务启动仪式
（市委宣传部 供稿）

牌，做到公交车、公交站台、民政路牌全覆盖；承办"爱我国家，圆梦中华"——我们的节日·端午全国文明村镇文艺展演暨2017年中国汨罗江国际龙舟邀请赛，节目在中央电视台军事农业频道播出，受到中宣部和中央文明办好评。

推树"典型人物"。开展忧乐精神典型人物评选、宣传、表彰等系列活动，评选出10名岳阳市首届忧乐精神典型人物，其中，平江县扶贫办主任叶剑芝，推树为全省重大典型，媒体开设专栏报道。中新社、《湖南日报》、湖南卫视、湖南红网等媒体集中对其进行宣传推介，作为"时代楷模"推荐到中宣部。

网络信息工作。市委网信办升格，构建网络舆情大监测机制和分级处置机制，组建网络评论员队伍，提高网络舆情的发现、研判、处置效率，得到省委网信办的充分肯定；加强网络"扫黄打非"工作，成功查办岳阳"狼友"网络直播平台传播淫秽物品牟利案，得到全国和湖南省扫黄打非办公室表扬，并获2017年全省扫黄打非工作先进。

文化产业发展。完成全市文化企业摸底统计，全市文化企业约3580余家，"四上"文化企业232家，全年新增"四上"文化企业72家。文化产业增加值占GDP比重4.95%。

【学习宣传贯彻党的十九大精神】

2017年，学习、宣传、贯彻党的十九大精神是全市宣传思想文化战线的主要任务。会前，市委宣传部推出《砥砺奋进的五年·岳阳足迹》、"十九大代表风采录"系列特别报道；连续召开13场"喜迎十九大"新闻发布会；组织开展"社会主义'有点潮'"主题征文竞赛活动，获奖论文数量、质量在全省均排在前列；参与省委宣传部牵头组织的湖南省爱国主义教育基地庆祝党的十九大形象展示大赛，市委宣传部获得"优秀组织奖"。会中，组织部署做好收听收看党的十九大反响报道，及时推送岳阳市到北京参加党的十九大会议的市委书记胡忠雄、巴陵石化公司总经理李大为、市环卫南所职工邓伟等三位代表的新闻；配合做好《人民日报》等中央媒体以及《湖南日报》、湖南卫视、湖南经视、湖南红网等省级媒体采访报道工作。会后，组织全市各媒体推出《学习贯彻党的十九大精神》专栏；组建市委宣讲团开展七进活动，组织"千名书记讲党课"优秀人员进基层开展微宣讲。

【文化产业排查统计】 2017年，岳阳市开展大规模的文化产业排查统计工作，建立文化企业名录库、骨干企业信息库、特色企业信息库和统计工作部门联动制度，通过"三库一机制"建设，进一步澄清岳阳市文化产业底子，明确重点扶持发展的方向。至年底，全市文化企业约3580余家，"四上"文化企业232家，新增"四上"文化企业72家，文化产业增加值占GDP比重达4.95%。

【"忧乐精神"典型人物推树】

2017年6—9月，市委宣传部会同市委组织部在全市开展忧乐精神典型人物推荐、评选、宣传、表彰等系列活动，评选出叶剑芝等10名岳阳市首届忧乐精神典型人物；将叶剑芝作为"忧乐精神"典型报省委宣传部，组织中新社、《湖南日报》、湖南卫视、湖南经视、红网、新湖南等11家央媒省媒集中采访报道，并作为"时代楷模"推荐到中宣部；同时，加强忧乐精神理论研究，着力弘扬时代精神，传承发扬优秀传统文化，10月25日，《人民日报》发表市委常委、市委宣传部部长马娜《涵养新时代的忧乐精神》的署名文章。

【"欢乐潇湘·幸福岳阳"群众文艺会演】 2017年，岳阳市开展"欢乐潇湘·幸福岳阳"大型群众文化会演活动，各县市区在4月—9月完成初赛、复赛和决赛，整个活动吸引1000支社会文艺团体演出，参与演出的群众演员1.5万多人，演出节目1300多个，现场观众40多万人次，100多万名观众通过网络直播观看演出。活动践行"全民参与"理念，着重推出"大众牌""草根牌""连心牌"，群众参与度高。在全省群众文艺会演决赛中，岳阳市2个节目获得一等奖，2个节目获得二等奖，4个节目获得三等奖。

（刘 傚）

统一战线工作

【概况】 2017年，岳阳市统一战线团结带领广大统战干部和统一战线各界人士凝心聚力、开拓创新，各项工作取得良好成效。其中，"探索实施'1+4'合署办公，形成基层统战工作合力""依托'互联网+网格化'平台，开启智慧统战新模式”被评为全省统战工作实践创新成果，市委统战部获得全省统战信息工作一等奖、全省统战调研工作先进单位，临湘市十三村酱文化博览园、汨罗市白水镇西长村分别被授予“省级同心项目”和“省级同心乡村”。

【统战服务】　2017年，市委统战部发挥统一战线优势，实施凝心聚力“十三五”行动，在围绕中心、服务大局工作中贡献智慧和力量，统战“大调研、大扶贫、大招商”成效显著。聚焦省委、省政府两个“一号工程”，把湘江保护与治理、洞庭湖生态环境保护的民主监督与调查研究结合起来，形成民盟岳阳市委《关于洞庭湖生态保护补偿机制问题的研究报告》、致公党岳阳市委《洞庭湖水域生态修复和湿地保护调研》等专题调研报告。围绕“四大会战”、大岳阳城市圈建设等中心工作，引导各民主党派市委开展调查研究，形成调研成果，向市委常委会作专题汇报。市县统战系统全年形成重点调研成果46个，为党委、政府决策提供重要参考。引导统战系统单位和统一战线各界人士投身脱贫攻坚主战场，其中，工商联系统“万企帮万村”行动，组织818家民营企业联系帮扶585个贫困村，被全国工商联点名表扬。教育扶贫方面，通过“泛海助学”等活动资助贫困学子8860人，资助金额3810万元。组织引导统一战线各界人士参与招商引资和项目建设，全市统战系统引进岳阳经开区东方雨虹、湘阴琴海数码科技、临湘国际汽贸城、君山庆胜新能源等重大项目48个，其中，市直统战系统引进重大招商项目26个，落地项目21个。

【统战团结合作】　2017年，市委统战部坚持大团结大联合的主题，促进政党关系、民族关系、宗教关系、阶层关系、海内外同胞关系和谐。出台《中共岳阳市委关于加强政党协商的实施意见》，组织党外代表人士开展协商活动10多次，民主监督活动60多次。举行党外代表人士暑期谈心活动，市委常委会成员带头与40名党外代表人士交朋友，县市区委常委会成员与371名党外代表人士交朋友。召开全市民族宗教工作会议、全市宗教界代表人士谈心活动座谈会等，开展宗教工作“回头看”，着力解决假冒宗教教职人员等16个历史遗留难题。开展非公经济发展专题调研，推动市委出台《关于支持发展非公有制经济的若干意见》，推动岳阳发展的“四个十条”。组织召开市委书记与民营企业家座谈会，帮助企业解决实际问题。开办企业香港上市辅导培训班，6家民营企业赴港进行考察。成立香港岳阳联谊会，推动市工商联与全港各区工商联签订友好合作协议，香港岳阳联谊会主动募捐440多万元抗洪救灾爱心善款。完成市侨联、市台协会换届工作，成功筹办“2017香港湖南联谊总会‘百人访湘团’来岳参访”和“2017台湾学子湖南行”活动，岳阳与港澳台侨交流合作更加深入。

岳阳市新的社会阶层人士统战工作座谈会　（市委统战部　供稿）

【统战招商活动】　2017年，市委统战部牵头制定“非公十条”，作为“四个十条”之一，以市委全会决议形式通过实施，成为补齐全市非公经济短板的“发展处方”、促进非公“两个健康”的“政策套餐”。全市统一战线主动投身招商引资和项目建设，开展敲门招商、以商招商，举办“迎老乡、回故乡、建家乡”招商推介会、百名浙商岳阳行、对台招商推介会等活动，在城陵矶新港区创建“统战园中园”，成功引进威尔重工、港通贸易等企业入驻。至年底，全市统战系统引进岳阳经开区东方雨虹、平江金凤凰石膏建材、湘阴琴海数码科技、临湘国际汽贸城、君山庆胜新能源等重大项目48个。其中，市直统战系统引进招商项目26个，总投资155.47亿元，落地项目21个，到位资金18.78亿元。

【统战助力扶贫攻坚】　2017年，市统战系统单位和统一战线各界人士投身脱贫攻坚，结对帮扶贫困户1.2万户。开展“万企帮万村”行动，组织818家工商联会员企业，联系帮扶585个村，落实帮扶项目1020个，到位帮扶资金4.3亿元。市委统战部组织引导各民主党派、非公人士，发挥自身优势，开展教育扶贫，通过“泛海助学”等活动资助贫困学子8860人，资助金额达3810万元；各民主党派市委设立“张曼珠教育奖”“鸿升助学基金”“岳阳致公助学金”、同心·华夏双语学校、“九三长医班”“九三钰睿班”等；非公经济人士参与扶贫攻坚，资助贫困学生1100余万元。

【“1+4”县级大统战工作改革获省推介】　2017年，市委统战部瞄准基层“统一战线不统一”的现实难题，在调研、征求意见的基础上，推动出台《中共岳阳市委关于推进县市区大统战工作格局的实施意见》，改革推行“1+4”县级大统战工作模式和“四统一”工作机制。全市9个县市区大统战格局基本到位，127个乡镇（街道办事处）全部配备1名统战委员、1名统战专干，1806个村（居委会）均明确一名村委会成员兼任统战工作联络员，建立起横向到边、纵向到底的统战工作网络。中央统战部《每日汇报》、省委《改革简报》推介岳阳经验。12月11日，全省学习贯彻党的十九大精神构建县级大统战工作格局座谈会在岳阳召开，岳阳市作典型发言，岳阳模式在全省推介。

（樊 彬）

政策研究工作

【概况】 2017年，中共岳阳市委政策研究室（简称市委政研室）坚持以文立室、以文辅政、以文成才，推动政务服务工作创特色、出亮点、上台阶，开展以“出彩政研、创优品牌”为主题的创先争优行动，打造精致文稿、精深调研、精美党刊、精英支部等品牌，起草完成市委领导讲话稿、汇报材料、署名文章等300多篇近150万字，编办《江湖名城》刊物10期，获得市文明单位荣誉称号，政研室支部被评为市直机关先进基层党组织。

【文稿服务】 2017年，市委政研室开展实际工作研究，扎实做好政务文稿起草，顺利完成市委经济工作会、市县乡负责干部会、“四大会战”推进会、市委七届四次、五次全会讲话和工作报告、首届优乐精神典型人物表彰会、第七次妇代会、全市产业园区建设大会战现场推进会、市委经济工作会议等一批重要文稿，得到市委主要领导肯定。至年底，起草完成市委领导讲话稿、汇报材料、署名文章等300多篇近150万字，其中，《用以人民为中心的发展思想浇灌民生之花》《扶贫一定要让老百姓打收条》《创新引领干出特色，开放崛起走在前列》《移风易俗催开文明之花》等文稿发表于《人民日报—民生周刊》《湖南日报》《湖南工作》等主要媒体。按照“紧扣发展全局、紧贴领导思路、紧跟热点问题”思路加强调研，配合省委政研室就现代农业发展，联合市发改委对国家区域性中心城市建设，到市直单位和县市区分别就市中心城区数字城管建设、治陋习树新风、临湘等地脱贫攻坚工作开展系列调研，形成多篇调研报告，并以不同形式报送省、市领导决策参考。

【承编《江湖名城》刊物】 2017年，市委政研室以“决策参考、工作交流、风采展示、友谊桥梁”的办刊方向，努力办好市委党刊《江湖名城》，将刊物打造成加强工作交流的平台、推动工作落实的载体、展示岳阳形象的窗口、反映社情民意的渠道，全年编印月刊10期，刊物质量稳步提升，影响不断扩大。其中，“决策前言”“领导论坛”专栏紧贴市委、市政府工作重点，当好市委、市政府的喉舌，及时准确地宣传市委、市政府的决策。及时策划“学习宣传贯彻十九大精神”“创新引领在岳阳、开放崛起在岳阳”“聚焦‘四大会战’落实‘四个十条’弘扬‘四种精神’”“治陋习、树新风”等栏目，传达学习宣传贯彻党的十九大精神和市委中心工作；“调研与实践”“基层经验”等栏目坚持面向基层、面向一线，关注社情民意，反映干群呼声，刊登一大批反映基层工作、总结基层经验的优秀稿件，架设市委、市政府联系群众与全市各界的桥梁纽带。

（凌丹华）

党史地方志工作

【概况】 2017年，中共岳阳市委党史市志办公室（简称市委史志办）。学习贯彻党的十九大精神，把握史志工作的正确方向，发挥咨询参谋作用，为市委、市政府和各部门单位工作提供史鉴支持。实行史志资源共享，发挥史志网站杂志作用，推进史志资源开发利用。注重史志业务成果，在编、出版史志书籍4部，指导县市区史志办出版史志书籍21部，计1200多万字。全市第二轮修志顺利收官，市县两级第二轮修志在全省率先完成。加强对县市区史志工作的业务指导，市县两级综合年鉴在全省率先实现一年一鉴、公开出版。为《中国年鉴》组稿2个版面，向全国推介岳阳经济社会发展成就。组织参加全国、全省年鉴质量评比活动，全市有10部年鉴分别获得一、二、三等奖。被省委党史研究室评为全省党史工作先进单位，被省地方志编纂委员会评为全省地方志工作先进集体。

党史征研。把编纂《中国共产党岳阳历史（1978—2012年）》作为全办近两年攻坚性任务，召开编务会议3次，完成初稿40万字。督促未出版党史正本的县市区加快编纂进度，指导汨罗市委史志办开展《中国共产党汨罗历史》审定出版工作，对编纂进度较慢的县区提出意见建议。完成《湖南党委工作纪事·2017年卷》组稿14篇。《争当创新引领、开放崛起的先行区——岳阳国家级经济技术开发区跨越发展纪实》入选《湖南改革开放实录·2017年卷》，并报送中央党研室。《建设“一极三宜”江湖名城，谱写富饶美丽幸福新湖南的岳阳篇章》入选《“四个全面”看湖南——从党的十八大到十九大》。对《华国锋年谱·岳阳部分》内容注明资料来源出处，并按新的规范要求进行考证和完善。对全市健在的109名抗战老战士进行摸底调查，收集整理有关抗战将士的回忆录12篇。组织全市党史工作者、党史专家、学者参加“毛泽东与秋收起义”“湖南革命老区历史贡献与精准扶贫”等学术研讨会，组织撰写论文5篇，2人分别参加上述研讨活动。全市发表党史学术文章8篇，党史科研的质量和数量继续在全省保持在较高水平。组织参加地方志学术研讨，在“湘志杯”地方志理论研究征文中有4件作品获奖。市党史联络组开展《回首当年》第十辑（“作风建设”专辑）的稿件征集工作，征集文章148篇，完成初审。完成省编《回忆录》第23辑组稿任务，报送反映岳阳城市建设成就的专稿4篇。审读《华国锋年谱（山西卷）》有关岳阳部分的内容。

方志编修。全市第二轮修志收官，制定全面完成第二轮志书编纂任务表，《岳阳楼区志》《汨罗市志》《岳阳县志》《云溪区志》出版发行，全市县市区二轮修志率先在全省完成。《湖南乡镇简志·岳阳市卷》编修进一步推进，开展总纂工作，各县市区对初稿作修订补充。做好特色志编修工作，加强名镇志编修的业务指导，推动《中国名镇志（岳阳部分）》编修工作，并纳入中国名镇志系列丛书，其中，《聂市镇志》形成初稿，《张谷英镇志》完成40万字初稿，《长乐镇志》启动编修工作。

资政宣教。为市委、市政府各部门单位工作提供史鉴支持，参与岳阳烈士陵园陈列布展，为浮雕制作摆放、碑记撰写等提出意见建议。为任弼时纪念馆、平江起义纪念馆等场馆陈列布展和专题展览提供指导，审校史料。继续对刘士奇故居申报省级文物保护单位提供史料支持。为岳阳市向国家商标局申请注册“君山银针”地理标志证明商标，提供君山银针茶种植、加工的史料。参与市民政局组织的《中国地名志》编修工作。全年接待查阅史志资料的群众300多批次600多人次，赠送交流史志书籍2000多册。协同市党史联络组开展红色旅游专题调研，对南湖新区建设及全域旅游发展提出建议。以平江县为现场，承办省党史联络组长株潭岳片组党史惠民经验交流会，推介全市推动史志惠民，助力脱贫攻坚做法。注重史志宣教，抓住建军90周年、抗战胜利72周年等重要时间节点，在各类媒体推出纪念文章、史志工作动态26篇。做好岳阳市情网运行维护工作，增加史志资料167万字，更新信息600多条，网站累计浏览量240多万次。指导县市区创造条件建好史志网站、办好史志刊物，《平江风情》《古今华容》《汨罗春秋》等刊物越办越好，《古今巴陵》《临湘风云》创刊。做好《湘潮》订刊学刊用刊工作，被评为全省党史系统“以史铸魂”平台建设组织工作先进单位，在全省专题会议上做典型发言。联合各方力量抓好党史国史教育，会同市关工委在汨罗市举行党史国史教育现场经验交流会暨工作座谈会，推动“两史”教育在青少年中广泛深入开展。向市委组织部党教中心提供史志书籍，支持开展全市党员教育工作。

【《岳阳年鉴（2017）》出版】 2017年10月，《岳阳年鉴（2017）》出版发行。全书围绕市委、市政府中心工作、各县市区和各部门单位重点工作和社会关注关心的热点，收录编辑部类34个98.9万字。年鉴工作突出改革创新主题，实现职能归位，改年鉴编辑全办参与为年鉴科独立承担，优化编辑力量配备。创新年鉴组稿方式，与撰稿单位加强沟通协调，从源头把关，提高来稿质量。创新篇目设计，突出年度性、资料性、可读性，在公共版面，围绕中心工作开辟“打好‘四大会战’加速岳阳发展”专栏；在“岳阳综述”部类、法治部类增加“生态文明”“法治政府建设”等分目，篇目设计更加科学合理；在附录部类为读者提供大量数据和资料。改进装帧设计，扉页、随文插图比2016卷增加近60%。完善编辑方案，严格执行编辑方案、流程，边组稿边编辑，开展自校、交叉校对5次，进一步提升年鉴质量。

【牵头《岳阳历史文化丛书》编纂】 2017年8月，市委史志办贯彻落实市委第七届第23次常委会议精神，牵头《岳阳历史文化丛书》（简称《丛书》）首期10本书的编纂。及时向市领导李爱武、马娜、谈正红等汇报相关方案、工作安排和进展情况，并根据他们的指示和意见修改推进。加强与有编纂任务的牵头单位协调，广泛征求相关部门和有关专家对《丛书》编纂出版发行等工作的意见，作出修订完善，草拟工作简案。在原有任务分配的基础上，协调和对接市人大、市政协有关委室参与《丛书》编纂工作。协同市委督查室，每月对各责任牵头单位的进展情况摸底了解，及时掌握进度，做好答疑和协调工作。同时，承担《丛书》中《忧乐的名楼》一书编纂任务，确定“率先、精品”两个原则，务求示范引领，弘扬名楼文化，发掘名楼精神，编纂出综合反映岳阳楼精神的文化读本。

【平江起义革命精神精品课】 2017年，市委史志办贯彻落实市委提出的弘扬“四种精神”（求索精神、忧乐精神、骆驼精神和平江起义革命精神）的要求，落实市委打造“四堂精品课”的决定，承担打造平江起义革命精神精品课的任务，认真讲述岳阳故事，传播岳阳文化，展现岳阳元素。成立攻关小组，制定课题方案，广泛搜集史料，精心设计教案，分别写出2个小时和50分钟的两个底本，进行5次试讲，形成较成熟课件，得到市领导肯定。

（黄玉祥 王时康）

任弼时纪念馆

【概况】 2017年，任弼时纪念馆围绕传承“骆驼精神”这个主业主责，免费讲解4800批次，接待社会各界游客70万人次，重点组织接待省委副书记、省长许达哲以及省政协、省政法委、省文物局、岳阳市各级部门单位800多批次，在各类学术研讨会采用或在期刊上发表学术论文8篇，全年实现日常工作“零差错”，游客服务“零投诉”，文物安全“零事故”。被评为湖南省文物工作先进单位、岳阳市党员干部骆驼精神教育基地，在全市“千名书记讲党课”决赛活动中，纪念馆副馆长符国凡获得一等奖。

【教育服务】 2017年，任弼时纪念馆弘扬“四种精神”，围绕“骆驼精神”传承抓教育服务。结合“两学一做”学习教育要求，策划举办“弘扬骆驼精神，争做合格党员”专题展览，接待参观者18万人次，为岳阳市委学习中心组年度第三次集中学习提供现场服务，配合省、市直等300多家部门单位开展现场学习。配合市委党校打造“骆驼精神”精品党课，组成精品党课攻关小组，通过反复打磨，“人民的骆驼——任弼时”精品党课基本成熟，对外公开试讲10多场次。独立编撰《岳阳历史丛书——人民的骆驼》，制定编撰方案，由馆班子成员和研究室人员组成编撰小组，经过反复研讨，拟定丛书的提纲，按章节撰写。“骆驼精神”教育短片即将开拍，片名《骆驼精神励后人》，内容以任弼时的生平业绩、党性修养、精神风范为主题，完成脚本初稿等前期拍摄事宜，由岳阳电视台进行拍摄。

【馆区建设】 2017年，任弼时纪念馆协助市委党校推进二校区建设，配合完成项目的现场勘探、规划设计、国土调规、环境评估、周边关系协调等工作，组织召开项目建设现场协调会议2次，拆除馆区内民房一栋。加强基础建设，投入资金110多万元，对馆区围墙及附属工程进行扫尾，对任弼时故居、游客服务中心以及展馆屋面进行检修，对故居后山挡土墙进行护坡加固，实施完成绿化改造、铜像广场至游客中心麻石便道、办公楼消防通道等维修改造项目。开展项目申报，完成红色旅游三期项目、可移动文物保护、白蚁防治、青少年活动场所、党性教育活动室提质改造等7个项目申报。

【文物保护和安防】 2017年，任弼时纪念馆征集雕花衣柜、蚊帐、书桌、竹书柜等民俗文物37件。新增文物库房3间，添置文物藏品专柜及书画卷轴柜。对馆藏文物进行全面清理和部分修复，对库房实施除湿防潮措施，开展好白蚁防治工作，确保文物藏品安全。组织人员参加全国博物馆安全管理等各类业务培训班，做好馆区消防设施的维护。

（吴婉婷）

督查工作

【概况】 2017年，市委督查室围绕市委、市政府中心工作和重大决策部署，推进各项工作落实。至年底，开展各类督查活动128次，办理省委、市委领导批示件45件，办理人大建议、政协提案71件，开展督查调研13次，向市委主要领导呈报督查报告58篇，下发督查通报8期、督办函32件，获得市委主要领导肯定性批示32次，督查建议多次被市委、市政府采纳，形成市委文件2个。

【重大决策落实督查】 2017年，市委督查室抓会议决定落实，制定并印发《落实市委常委会议决定事项督查制度》，从制度上对落实常委会议决定事项工作进行规范，对全年27次常委会研究的129个议题235项决定事项进行督查，年底筛选180项重点事项全面“回头看”，逐一督查落实打收条。对市委全会、市委专题工作会、书记调研会等重要会议，均做到及时督查汇总，分类造册，确保各地各单位尽快贯彻落实。促四大会战落实，下发《关于切实加强“四大会战”督查工作的通知》，建立督查台账，月通报、季讲评、年考核，形成健全高效的专项督查落实机制。把“四大会战”纳入为市委、市政府年度绩效考核核心内容，执纪问责，倒逼任务落实落地。全年5次组织相关部门对全市13个县市区和相关市直单位“四大会战”情况开展专项督查。推重点工作落实，对棚户区改造、安全生产、基层党建、国家文明城市复查、重点项目建设、洞庭湖环境综合治理等20多项重点工作进行督查。市委主要领导每月定期召开深化改革、全面小康、安全生产、棚户区改造等八项重点工作调度会，督查室月讲评、季点评重点工作36次，提出并解决突出问题50多个。其中，针对棚改工作提出的“实物安置与货币安置相结合、着力加快我市定向限价商品房建设和管理、抓紧清理确保成效最大化”的系列建议得到市委、市政府主要领导肯定，被采纳为重要决策，写入2018年市政府工作报告。

【难点问题督查】 2017年，市委督查室抓环保督查，3月至6月中央环保督察组在湘驻岳期间，市委督查室全程参与环保督查，督查办结信访件351件，办结率100%，责令整改企业174家，立案处罚150起，约谈468人，问责181人。开展专项查办，针对王家河整治的重点信访件，联合职能部门开展明察暗访3次，厘清、明确责任，强化跟踪，直至问题解决。在6月下旬至7月初的暴雨洪灾中，日夜巡视一线大堤干部值班值守情况，起草支援平江迎战特大暴雨洪涝灾害情况综述，推动全市防汛抗灾顺利开展。对市中心城区32处黑臭水体整治工作，采取“四不两直”方式，进行扫描式督查，首次采取对各项目整治工作进行模拟考核，逐一评分排队，通报全市。突出办好领导批示，坚持十天一跟踪，一月一总结，全年办理省委、市委领导重要批示件45件。其中，就省委书记杜家毫对国家统计局检查岳阳市统计执法反馈意见所作批示，市委督查室组织对全市61家规模以上工业企业和60家批发零售企业上报数据全面核查，确保源头数据准确真实。就省委副书记乌兰关于“3·19”京港澳高速公路车辆爆燃事故信访问题的批示，市委督查室组织对受灾核心区6个村民小组178户受灾群众进行全面走访，解决群众的合理诉求。

【绩效考核评估】 2017年，市委督查室优化考评考核体系，对全市综合绩效考评的内容、重点进行调整和完善，增强考评工作的针对性、科学性。其中，明确市直和中央、省驻岳单位必须对所属二级机构开展年度绩效考核；调整、新增岳阳海事局和市房产局等20个考评对象；突出主要经济指标的同时，对考评办法大幅度“瘦身”，删减非重点工作指标和覆盖面狭窄指标79项，精简率达58%。强化考评考核监管，探索解决“一考定全年”的不足，把日常督查和年终考评结合起来，变下乡检查为日常监测，让数据多跑路，让督查多跑腿，切实减轻基层负担，提高考评的公信度。发挥考评考核作用，把绩效考评指标体系直接和经济奖励、干部任用、奖惩等挂钩，切实考出压力，评出动力，在全市经济社会发展中充分发挥“指挥棒”和“风向标”作用。

（黄　林）

保密工作

【概况】 2017年，岳阳市国家保密局（简称市国家保密局）引导全市保密系统和重点涉密单位，突出政治意识、大局意识、使命意识、服务意识，谋划保密工作，加大依法治密力度，对因违反保密规定，相关单位12人进行依法处理。加大保密管理服务，针对不同的培训对象提供定制版宣教服务，创新工作手段，提供跟进型保密检查，为市委办重点涉密科室提供一键式技术服务，指导岳阳市3家重点企业获得军工资质认证。被评为湖南省保密工作优秀单位。

【保密宣传监管】　2017年，市国家保密局强化保密宣传监管，保密宣教的规模和层面取得突破，组织的大规模培训18场次，最多单场480人，参训人员厅级领导60多人次、科级以上干部600多人次、初任公务员380多人次以及专业技术人员和企业人员1400多人次，实现全覆盖。在中央保密办主办的国家级保密期刊发表经验推荐文章1篇。保密监管的领域和范围取得突破，除进行常规保密检查外，还将主要单位政务公开新平台、信息发布新媒体、公文传输新系统纳入督查内容。受检单位的范围和检查拓展的领域有较大突破。保密技防的建设和投入取得突破，市国家保密局主动对接相关部门，为保密技防设备建设经费的到位提供保障，保密监管平台正式启动建设。

（杨晨牧）

市直机关党建工作

【概况】　中共岳阳市委市直机关工作委员会（简称市直机关工委）是中共岳阳市委的派出机构，领导市直机关党的工作。2017年，市直机关工委有行政编制15名，在职干部18人，下设4个派出机构（纪工委、工会工委、团工委、妇工委）、3个内设机构（办公室、组织部、宣传部）和1个机关党支部。召开系统机关党委书记工作推进会6次，分6个督查组到70个市直正处级单位督查年度党建重点工作，指导市检察院、市电信局等12个单位机关党委换届，指导市农业委、市国土局等35个单位机关党委届中调整，推进市直单位机关纪委普遍设立，举办100余人次以“爱岗敬业、创先争优”为主题的市委机关“道德讲堂”，组织开展“社会主义有点潮——春天的故事”主题征文活动，收到投稿105篇，评奖34篇，举行“新时代的弄潮儿”电视展播活动，11个具有突出事迹的集体（个人）被纳入展播，营造打好“四大会战”的良好氛围。

【党建学习培训】　2017年，市直机关工委加强党员业务培训和入党积极分子培训，分别在4月和10月组织78名、72名市直单位机关党委书记、副书记到遵义、中山大学珠海分校参加为期8天的培训，通过红色革命教育、国情教育和党建业务知识学习，提升书记队伍综合素质。7月，启动“市直机关千名党支部书记大轮训”第一期，330名支部书记参加培训学习。针对部分机关党支部书记业务不熟等问题，选购、编印下发《市直机关党支部书记常用法规文件》等7本书籍，讲授“支部工作方法”“机关党建工作操作实务”等课程，培训成效显著。坚持以党建带工建，组织7名基层新任工会主席参加全省机关事业单位岗位培训，提高市直机关工会干部服务水平。分两期组织698名市直机关和“两新”组织的入党分子培训，84名学员被评为优秀学员。

【党建示范单位创建】　2017年，市直机关工委按照“五化”要求、“十有”标准，下发《关于在市直单位深入开展创建基层党建示范单位工作方案》，全面推进党支部工作纪实、支部主题党日和党员活动日等工作，通过严格考评验收和动态管理，营造“比学赶超”浓厚氛围。年初表彰市直机关党费收缴管理先进单位18个、先进个人13名；“七一”活动期间，表彰先进基层党组织31个、优秀党员56名、优秀党务工作者37名。

【党内监督和专项整治】　2017年，市直机关工委根据调研市直单位机关纪委建设现状，出台《关于加强市直机关纪委建设的意见》，进一步健全机关纪委工作机制。推动市直单位机关纪委履职，从35条上报信息中分析筛选出问题线索11条，通过对16名支部书记提醒谈话，1名支部书记诫勉谈话，及时把问题解决在“萌芽”状态。联合市纪委、市委组织部、市委宣传部下发《岳阳市直机关“刹人情歪风、治婚丧陋习、树文明新风”专项工作方案》，推动专项工作在机关和农村同步开展。抓中秋、国庆等重要时间节点，守住酒店、宾馆等重要餐饮场所，开展“纠‘四风’治陋习”明察暗访。加强案件查办力度，至年底，查办科级及以下党员违纪案件25起，自办5起，审理20起，处分党员干部18人，其中，撤销党内职务以上重处分11人，追缴违纪款63万余元。

【党组（党委）书记党建述职暨市直机关党的工作会议】　2017年3月24日，市直机关工委牵头组织召开市直部分单位党组（党委）书记党建述职暨市直机关党的工作会议，市委书记胡忠雄，市委副书记李爱武，市委常委、市委组织部部长王瑰曙，市委常委、市委秘书长、市直机关工委第一书记谈正红出席。市委组织部部务会成员及相关科室负责人，市直机关工委委员会成员，市直和中央、省驻岳正处级以上行政事业单位党组（党委）书记，机关党委书记、专职副书记，各县市区、岳阳经开区、南湖新区、屈原管理区直属机关党（工）委书记，城陵矶新港区综合管理部负责人等近250人参加会议。会议回顾2016年市直机关党建工作情况，部署2017年的工作，表彰18个市直机关党费收缴、管理和使用工作先进单位和先进个人13人。市委书记胡忠雄讲话，强调要抓书记、抓支部、抓党员，不忘初心、不忘民心，作基层党建工作的排头兵。市委常委、市委秘书长、市委市直机关工委第一书记谈正红对8名市直单位党组（党委）书记履行党建工作责任情况进行点评。

（陈　虎）

机构编制工作

【机构编制管理】　2017年，市委机构编制委员会办公室（简称市委编办）科学规范严肃管理机构编制，严格日常管理，出台一系列严格机构编制管理的具体措施，严格规范市直单位人员逆向流动、严格规范领导职数设置和配备、严格控制事业单位招聘补员、严格执行军转干部、退伍士兵安置政策等。至年底，全市在编实有人数同比减少440人，机构编制连续5年保持负增长的态势。严格借用、临聘人员管理，清退借调人员218人，清退临聘人员1535人。同时，出台具体举措，严格规范借用、临聘人员管理。严格实名制管理，全面推广新的机构编制综合管理平台，严格执行编制使用核准制度、实名制数据动态管理制度、数据专人负责制度、实名制公示制度。严格监督检查，加强部门联动，及时查处和纠正机构编制违纪违规问题，牵头在全市开展“吃空饷”问题专项治理，成效明显，获中央联合督查组高度肯定，经验在中国机构编制网上推介。

【事业单位管理】 2017年，市委编办加强事业单位管理，强化事业单位公益属性，严控机构编制总量，撤并整合“散、小、弱”事业单位30多个，清理“空壳”事业单位10个。在市直涉改事业单位及未涉改的全额拨款事业单位（医院、学校除外）精简上收事业编制606名。创新管理方式，细化分类管理，针对事业单位类别、经费形式、职能定位等，分类制定事业单位机构编制管理方式，有保有压。推进政府购买服务，不再通过增加编制来解决事业单位人手不够的问题。市直在城管、规划、民政等岗位核定712名用工计划，全部实行财政购买服务。科学调控编制结构，对基础教育编制实行结构管理，精确到各个学科，严格按结构标准用编进人。聚焦事业单位公益职能，在改革中，对职能进行认真梳理界定，实现行政职能回归行政机关，事业单位强化公益职能。继续用好年度报告公示、履职评估等有效抓手，加强监管，全年对市直10家事业单位开展履职评估。对急需引进专业技术人才的满编单位，采取使用周转编制的方式支持，提高公益服务质量和效率。

【重点领域改革】 2017年，市委编办推进承担行政职能事业单位改革，改革试点工作顺利通过中编办检查验收，改革经验被《湖南日报》《湖南机构编制》推介。推进纪检监察体制改革，纪检派驻体制改革在全省率先完成，部署推进监察体制改革，市监委正式挂牌成立。推进构建县级大统战格局改革，全面规范县级统战系统机构设置，12月11日，全省构建县级大统战格局座谈会在岳阳市召开，经验在全省推广。推进产业园区管理体制改革，制定出台《关于推进产业园区管理体制改革创新的指导意见》，从园区功能定位、简政放权、用人机制和薪酬体系等四个方面攻坚发力，为园区建设提供坚实的体制机制保障。同时，文化执法体制改革、城区公证体制改革全面完成；经营类事业单位改革、城市综合执法体制改革启动；群团机构改革、供销合作社改革、法院审执分离改革有序推进。

（易振波）

党校工作

【概况】 2017年，市委党校以教育培训为中心，不断深化教学改革，扩大培训规模，提升培训质量，发挥培训主渠道主阵地作用。至年底，开办主体班21个，培训人数1618人。举办全市县处级领导干部学习贯彻党的十九大精神集中轮训班2期。承办各类社会培训班43个，培训人数7329人。完成在职研究生3个班次160人的教学管理工作。

【教学培训】 2017年，市委党校加强教学培训，根据培训对象的职级层次、工作性质、培训时间以及培训目标的不同，按照长、中、短三种学制设置班次类型，做到不同类型、不同学制班次教学培训的差别化，强化针对性。首次开办30岁以下年轻干部培训班，反响较好。突出理论教育和党性教育主业主课，开设总书记习近平7·26讲话精神、党的十九大 精神、“开放崛起”和“创新引领”战略等专题课程，市领导胡忠雄、李爱武、徐新楚、向伟雄、王瑰曙、熊炜、王小中等多次到党校授课。深挖岳阳特色和传统文化资源，围绕屈原求索精神、岳阳楼忧乐精神、任弼时骆驼精神和平江起义革命精神，打造4堂具有岳阳特色的党性教育和爱国主义教育精品课程。强调全员互动，突出启发性，注重学员与教师“双向交流”，组织“电视问政”“电视访谈”“新闻发布会”等模拟式教学，开展“课前5分钟”活动，学员组织诵读古诗词名篇、演唱革命歌曲，组织多个班次开展异地培训、省内调研等活动，增强培训效果。教学质量考评优良率98.89%，学员结业考试考核成绩优良率93%。

【科研咨政】 2017年，市委党校推动科研咨政，领导班子带头科研，至年底，市委党校参与完成国家社科基金项目1个，主持完成省社科基金项目和省社科成果评审委项目各1个，完成其他省级课题5个、市级课题3个，申报立项省级课题7个；在省级以上理论刊物发表论文31篇（其中，C刊扩展版1篇）；专著《中国特色社会主义法制思想研究》由中国社会科学出版社出版。在2017年第三届绿色发展论坛上，获得二等奖1个；在全省党校行政学院系统理论研讨会上，获得二等奖3个；在其他省级专业学会理论研讨会上，获得等次奖8个。其中，省级课题“村级治理评价体系建构对策研究”“洞庭湖区饮食文化旅游资源及其开发研究”等研究成果，具有较强的咨政服务价值。

【党校资源整合】 2017年，市委党校贯彻落实市委第七届第16次常委会议精神，实行市、区两级党校资源整合，提升党校系统整体合力，撤销岳阳楼区、云溪区、君山区三区党校，成立市委党校工作办公室，市委党校全面负责五区党员干部培训工作，并调整内部机构，增设党校工作联络办公室，负责与上下级党校及其他党校联络工作。利用全市的红色资源，加强党员干部党性教育，将任弼时纪念馆设为党校第二校区。

（李林霏）

老干部工作

【概况】 2017年，岳阳市有离退休干部党员5.12万人，中共岳阳市委老干部局（简称市委老干局）推动老干部工作纳入市委、市政府决策范围和议事日程，加强示范支部创建，7个离退休干部党支部被评为省级示范性离退休干部党支部，47个离退休干部党支部被评为市级示范支部，探索建立“互联网+”社区养老新模式，以党建工作引领，促进老干部工作转型发展，承办全省离退休干部党建工作推进会，被评为全省老干部工作先进集体。

【老干正能量活动】 2017年，市老干局把握为党和人民的事业增添正能量的价值取向，在岳阳电视台、《岳阳日报》开辟专栏，持续刊播正能量活动。组织开展“点赞新变化、建言十九大”专题座谈会，动员全市广大离退休干部党员讲好岳阳故事、唱响岳阳好声音，收到点赞、建言优秀文章54篇；号召广大离退休干部发挥“三个优势”，参与防汛救灾，带头移风易俗，倡导文明新风，近千名老党员、老专家主动巡堤查险，1500余名老干部、老党员加入村（社）红白理事会；引导离退休干部正确把握网络舆论导向，发表时政评论、撰写网络博文3000多篇次，弘扬积极向上的思想和精神境界。开展关心下一代工作，以“五老”关怀为平台，在青少年中大力开展“一观（社会主义核心价值观）、两史（党史、国史）、三爱（爱学习、爱劳动、爱祖国）”主题教育活动；调动社会爱心力量，募集帮扶资金7662万元，资助贫困学生9869人，奖励优秀学生9380人；温情关爱留守儿童，全市投入年度项目资金2295万元，建立留守儿童托管学校63所、托管中心202所、托管站106个，入托学生3.45万人。

【老干党建工作】 2017年，市老干局加强离退休干部政治建设、思想建设和组织建设，举办党的十九大精神学习培训班，参与学习离退休干部党员3.6万多人；开展“做全面从严治党的坚定支持者和模范践行者”活动，组织专题学习讨论1800多场次，离退休干部党员参与率95%以上，收到体会文章300余篇；下发离退休干部党支部主题党日、“三会一课”纪实管理、党员积分管理和党支部书记“双述双评”等四个规范性文件，推进“两学一做”学习教育常态化制度化；开展示范性离退休干部党支部创建活动，7个离退休干部党支部被评为省级示范性离退休干部党支部，47个离退休干部党支部被评为市级示范支部。10月12日，全省离退休干部党建工作推进会在岳阳市召开，岳阳市离退休干部党建工作得到肯定，中组部老干局和吉林、山东、福州等多个省市委老干部局到岳阳市调研考察，岳阳市离退休干部党建工作全省领先。

【全省离退休干部党建工作推进会】 2017年10月月11日，全省离退休干部党建工作推进会在岳阳市召开。省委常委、省委组织部部长王少峰，中央组织部老干部局副局长杨保平出席并讲话，省委组织部副部长、省委老干部局局长、省委离退休干部工委书记崔永平作工作报告。岳阳市委书记、市人大常委会主任胡忠雄致辞，省委老干部局副局长、省委离退休干部工委专职副书记孔寅湘主持。省委离退休干部工委委员，省委老干部局局务会成员，湖南广播电视大学负责人，市州委离退休干部工委书记、专职副书记、老干部局办公室主任，省直单位片组长，部分全省示范离退休干部党支部书记，部分涉老协会党组织负责人，以及岳阳市委离退休干部工委委员，县市区委组织部、老干部局负责人，市直各战线分管老干部工作的负责人等200多人参加会议。

（赵咏屏）

讲师团工作

【概况】 2017年，市委讲师团发挥中心组学习服务、理论宣讲和理论研究等方面的职能，圆满完成全年工作目标。组织市委中心组学习8次16天，举办培训班1期，授课212场次，开展重大理论集中宣讲116场次，主持或参与完成省市社科课题3个，发表和获奖文章100余篇，在全省率先开展“党性教育体验式”集中学习。

【党委中心组学习】 2017年，市委讲师团以为市委中心组学习提供优质服务为龙头，延伸到市直和县市区党委（党组）中心组学习服务，工作成效和影响力加强。研究制定《2017年市委学习中心组理论学习安排意见》，确定6个重点学习专题和7个专题讲座，指导全市副处级以上单位党委（党组）中心组理论学习。严格按照“六个环节”要求，组织市委中心组集中（扩大）学习8次16天，每次集中学习，安排专题辅导和中心发言，及时上传岳阳理论学习服务网。加强对全市各级党委（党组）中心组学习秘书的管理和培训，完善党委（党组）中心组学习工作机制，全市各级党委中心组全部形成党委主要领导亲自抓、分管领导具体抓、职能部门协助抓的工作机制，联合市委宣传部举办1期“全市党委（党组）中心组秘书暨理论骨干培训班”，培训学员140人。开展意识形态和中心组学习工作专项督查，与市委宣传部成立联合督查小组，2次对各县市区委和市直16条战线牵头单位进行专项督查，下发《关于2017年度意识形态和理论学习中心组工作专项督查情况的通报》，进一步指导规范全市各级党委（党组）意识形态和中心组学习工作。

【理论宣讲活动】 2017年，市委讲师团策划重点专题开展理论集中宣讲，在全市理论学习服务网发布包含52个专题在内的“2017年理论学习专题菜单”，供全市各地各单位按需点课，至年底，开展重大理论集中宣讲116场次。结合理论热点开展大面上理论宣讲，为各县市区、市直各单位、厂矿企业、部队、学校、乡镇（街道）和村（社区）讲课212场次，听众达2万多人次，其中微宣讲下基层12场次。授课专题涉及“党的十八届六中全会精神”“党的十九大精神”“中央经济工作会议精神”“落实‘党管意识形态工作责任制’”等20多个方面。编写《岳阳市2017年党员干部理论学习专题讲座》，设6讲，每讲1万字左右，后附“资料链接”和“理论学习专题菜单”，作为全市党员干部理论学习辅导资料和培训教材。

【课题调研与理论研究】　2017年，市委讲师团围绕省、市经济社会发展的重大理论与现实问题，开展课题调研与理论研究，撰写理论文章。围绕“四种精神”、国防教育、岳阳自由贸易区建设等重大问题和课题开展理论研究和课题调研，其中，“四种精神”研究课题之一的“求索精神”，推出系列成果，并在岳阳电视台《新闻会客厅》受邀参与制作“忧乐精神”访谈节目，《国防教育18讲系列研究成果》获得岳阳市科学技术进步三等奖，《岳阳市建设自由贸易试验区研究》《岳阳市土地利用空间优化对策研究》《大学生社团及青年社会组织发展状况研究报告》等三个市社科重大立项课题均结题。至年底，在省级刊物上发表理论文章6篇，在市级刊物及媒体上发表文章100余篇。参加“全省学而习讲坛：中国共产党的自信从哪里来”微宣讲比赛，《让文化自信成为民族强大的基因》获得二等奖；《坚持南海诸岛主权属我，切实维护我国海洋权益》被评为全省优秀教案；在全省讲师团系统学习贯彻党的十九大精神理论研讨会上，理论文章《中国特色社会主义进入新时代》获得一等奖，《科学分析和准确判断当前世情国情党情》《习近平新时代中国特色社会主义思想的重大意义、丰富内涵和实践要求》获得二等奖。

【“党性教育体验式”创新性集中学习】　2017年4月26—27日，市委中心组第3次集中（扩大）学习在任弼时纪念馆举行。中心组全体成员向任弼时铜像敬献花篮，并参观任弼时生平事迹展览。省委讲师团主任郑昌华全程旁听这次中心组学习，并点评这次学习内容好、形式好、效果好，是全省各市州委中心组中率先开展“党性教育体验式”集中学习的典范。

（王　随）

对台工作

【概况】　2017年，中共岳阳市委台湾工作办公室（简称市台办）适应对台工作新形势，做好台胞台商台企服务工作，抓好岳台经贸交流合作，台创园转型发展加快推进；筹划举办大型对台招商推介会，合同投资总额10亿元；以全市县级统战系统全面推行“1+4”（县级党委统战部+民宗、台办、工商联、侨联）工作模式和“四统一”工作机制为契机，县级台办主任均由县委统战部副部长担任，改善县级对台工作状态；利用新媒体宣传全市对台工作，至年底，在《名城岳阳》网页发稿35篇，利用微信等平台发送宣传岳阳经济社会发展情况的信息100多篇。

【对台招商引资】　2017年4月，市台办利用岳阳市台商协会换届机会，筹划举办大型对台招商推介会，全国台企联常务副会长、华中片区长余进明及广州、武汉、成都、厦门、东莞、昆山等地台协会长、副会长及各地重要台商近100人到岳阳市参会和考察，与岳阳爱润食品有限公司、福建佑康农业股份有限公司、湖北新美香食品有限公司成功签约投资合作项目，合同投资总额10亿元。7月，台湾威杰企业有限公司正式落户岳阳市，现设立办公场所、台湾地区特色产品展示橱柜，计划投资2亿~3亿元的台湾文创园项目公司注册、项目选址、项目规划等前期工作启动。11月，岳阳市副市长邱虹率市台办、市经信委、市商务粮食局及南湖新区有关负责人参加第十三届湘台经贸交流合作会和第二届海峡两岸（长沙）电子信息博览会，云南云台旅游文化发展有限公司拟在岳阳市南湖新区投资100亿元的南湖旅游综合开发项目在开幕式上签约。接待台湾地区智慧生活暨大健康产业对接考察团一行11人，协调岳阳经开区、城陵矶新港区和综合保税区就相关合作项目与到岳阳市的台商交流沟通。

【岳阳台创园转型发展】　2017年4月，市委第七届第15次常委会议将台创园的发展问题提上议事日程，明确要求实现保牌和转型发展。5月，市委常委、统战部部长熊炜率领市台办、市发改委、市环保局等单位负责人在岳阳台湾农民创业园召开现场办公会，就台创园保牌和转型发展问题进行专题研究，明确台商台企入园、理顺工作机制、支持台创园发展等具体事项，成立由熊炜任组长、邱虹任副组长的湖南岳阳台湾农民创业园建设工作指导小组。市台办会同市农委、岳阳县委统战部和岳阳台创园，专程向省农业厅、农业部汇报，到成都新津县台创园考察学习，走访市内涉农台资企业，制定岳阳市涉农台资企业和项目入园登记管理办法等一系列“保牌”工作，台创园转型发展加快推进。

【对台交流交往】　2017年，市台办加强与台湾地区乡会交流，新开辟与台湾地区“湖南新住民交流协会”和台湾岳阳陆配的联结。拓宽与台湾地区青少年学生交流平台，连续多年开展“湖湘文化之旅”活动，新建“在台湘籍后裔湖南行”交流平台，并于7月在岳阳市举行为期8天的交流活动。承办“台湾湖南同乡会联合总会访湘参访岳阳行”“台湾中华青年发展联合会文史研习岳阳行”、台湾地区中华中小企业经营领袖协会代表团到岳参访等活动。涉台信访、息访工作及时、扎实、稳妥，受理7起涉台投诉案件，涉台权益保护案件办结率100%，接待两岸婚姻家庭成员湖南参访团等8批次重要涉台活动。

（权　怿）

岳阳市人民代表大会

YUEYANG MUNICIPAL
PEOPLE'S CONGRESS

责任编辑 · 曹春友

综 述

【概况】 2017年，岳阳市第八届人民代表大会常务委员会（简称市人大常委会）在市委重视、支持下，依法依规履职尽责，落实中央、省委、市委有关文件和会议精神，扎实推进市县乡人大工作和建设，各项工作取得明显成效。党对人大工作领导更加强化。市县乡党委将人大工作纳入总体布局，定期研究、听取汇报。履职行权更加到位。聚焦重大事项、民生热点，有计划、有重点地加强重大事项决定与监督工作，促进“一府两院”依法行政、公正司法。代表作用发挥更加充分。市县乡人大开展丰富多彩、富有成效的代表活动，自身建设更加完善。市县乡人大机构设置逐步规范，人员配备逐步到位，基层基础进一步夯实。市人大常委会颁布施行地方性法规1部，审议通过并公布地方性法规1部，作出重大事项决议决定5项，听取和审议“一府两院”专项工作报告20项，检查2部法律法规实施情况，依法任免国家机关工作人员145人次。

重要会议

【市八届人大一次会议】 2017年1月6—9日，岳阳市第八届人民代表大会第一次会议在市会展中心召开。会议听取和审查市七届人大常委会、市人民政府、市中级人民法院和市人民检察院工作报告；审查和批准岳阳市2016年国民经济和社会发展计划执行情况与2017年国民经济和社会发展计划（草案）的报告，批准岳阳市2017年国民经济和社会发展计划；审查和批准岳阳市2016年预算执行情况与2017年预算（草案）的报告，批准岳阳市2017年市级预算；选举岳阳市第八届人民代表大会常务委员会主任、副主任、秘书长、委员；选举岳阳市人民政府市长、副市长，岳阳市中级人民法院院长、岳阳市人民检察院检察长（须报省人大常委会批准）。

【市八届人大常委会会议】 2017年1月9日，市八届人大常委会召开第一次会议。会议审议通过市人大常委会工作规则，印发市人大常委会2017年工作要点。

3月28日，市八届人大常委会召开第二次会议。会议传达学习十二届全国人大五次会议精神，听取市人大常委会法工委关于2016年度规范性文件备案审查工作情况的报告，听取和审议市人民政府关于2017年市本级财政专项资金（基金）预算的报告、关于2016年度城乡规划实施情况的报告、关于2016年度全市环境状况和环境保护目标任务完成情况的报告，表决通过市人大常委会主任会议关于提名许伟奇等为市第八届人大常委会代表资格审查委员会组成人员的议案及有关人事事项。

5月26日，市八届人大常委会召开第三次会议。会议审议《岳阳市城市规划区山体水体保护条例（草案）》，审议通过市人民政府关于《中华人民共和国水法》执法检查审议意见落实情况的报告、关于全市劳动保障监察工作审议意见落实情况的报告、《岳阳市人大常委会地方立法工作若干规定》《岳阳市人大常委会人事任免办法》及人事事项。岳阳市人民检察院检察长罗青在会上进行宪法宣誓。

7月27—28日，市八届人大常委会召开第四次会议。会议听取和审议市人大常委会执法检查组关于检查《湖南省农村扶贫开发条例》实施情况的报告，市人民政府关于岳阳市2017年上半年国民经济和社会发展计划执行情况的报告，市人民政府关于岳阳市2016年财政决算草案和2017年上半年预算执行情况的报告，市人民政府关于2016年度市本级预算执行和其他财政收支的审计工作报告，审议《岳阳市城市规划区山体水体保护条例（草案·二次审议稿）》，表决通过《关于批准2016年市级财政决算的决议》、市人民政府关于《中华人民共和国食品安全法》执法检查审议意见落实情况的报告、《关于预算审查前听取人大代表和社会各界意见建议的若干规定》《岳阳市人大常委会组成人员联系市人大代表及考核办法》《岳阳市人大代表联系原选举单位和人民群众及考核办法》《岳阳市人大代表建议办理工作考核办法》、市人大常委会主任会议关于提请确认许可对岳阳市第八届人大代表彭文华、李永安采取强制措施的议案及有关人事事项。市环境保护局局长喻伟民在会上进行宪法宣誓。

9月21—22日，市八届人大常委会召开第五次会议。会议听取和审议2017年全市地方政府债务资金安排及市级预算调整方案（草案）的报告，对市民政局救灾救济工作、市交通局道路运输管理工作、市文广新局文物保护工作、市城管局环卫工作、市林业局森林防火工作、市政府法制办规范文件管理工作进

岳阳市第八届人民代表大会常务委员会第一次会议 （市人大 供稿）

行评议，审议通过《岳阳市人民代表大会常务委员会关于批准2017年我市地方政府债券资金安排及市级预算调整方案的决议》。会议还审议通过《岳阳市城市规划区山体水体保护条例》，待报省人大常委会审查批准后，再公布实施。

11月29日，市八届人大常委会召开第六次会议。会议听取和审议市人大常委会执法检查组关于检查《中华人民共和国禁毒法》贯彻实施情况的报告，市人民政府、市中级人民法院、市人民检察院关于代表建议办理工作情况的报告，市人大常委会关于代表建议督办工作情况的报告，市人民政府关于中央环保督察反馈突出环境问题整改工作情况的报告；审议通过市人民政府关于2016年度市本级预算执行和其他财政收支审计工作报告指出问题整改情况的报告及有关被重点督查单位整改情况的报告，《岳阳市人民代表大会常务委员会关于市属非行政区预算审查监督暂行办法》《岳阳市人民代表大会常务委员会关于召开岳阳市第八届人民代表大会第二次会议的决定》及有关人事事项。一批新任命人员在会上进行宪法宣誓。

12月21日，市八届人大常委会召开第七次会议。会议听取和审议市人民政府关于2017年全市主要经济指标预期完成情况的报告，市人民政府关于2017年度全市环境状况及环境保护目标任务完成情况的报告；初审市人民政府关于2017年财政预算执行情况与2018年财政预算草案的报告，市人大常委会工作报告（送审稿），市八届人大二次会议议程和日程（草案），市八届人大二次会议有关名单（草案），市八届人大二次会议选举办法（草案），市八届人大二次会议关于代表提出议案、质询案截至时间的决定（草案）；听取市人大常委会代表资格审查委员会关于部分岳阳市第八届人民代表大会代表资格终止、补选有关情况的报告，表决通过有关人事事项。

【市人大常委会主任会议】 2017年，市八届人大常委会召开主任会议22次，在审定市八届人大常委会各次会议内容的基础上，还讨论通过市人大常委会2017年工作要点、《2017年“双联”工作考核方案》《2017年市人大代表建议办理工作考核方案》《市人大常委会2017年工作评议方案》，明确主任会议成员分工，研究确定15件重点督办建议、“创新引领在岳阳”课题调研工作方案；听取2016年城建项目资金计划执行及2017年计划编制情况、司法体制改革工作情况、残疾人保障情况、全面建设小康社会情况、2017年年终财政决算情况、全市法治宣传教育和组织行政执法单位国家工作人员学法用法集中考试情况的汇报，听取市人大有关专门委员会关于“环保世纪行、农产品质量安全行、农民健康行、民族团结进步行”活动情况的汇报。

【加强县乡人大工作和建设推进会】 2017年12月13日，全市召开加强县乡人大工作和建设推进会，市领导胡忠雄、向伟雄、许伟奇、万岳斌、彭先政、李永丰、赵岳平，市人大常委会秘书长骆岳梨等出席。市委书记、市人大常委会主任胡忠雄在讲话中强调，要牢牢把握人大工作之魂，坚持党的领导、制度自信和服务大局；要牢牢把握人大工作之责，坚持依法行使职权，较真碰硬，加强监督；要牢牢把握人大工作之本，坚持代表主体地位，发挥人大代表“压舱石”的作用；要牢牢把握人大工作之基，坚持夯实基层基础；要牢牢把握人大工作之要，坚持加强自身建设。党委相关部门，市人大常委会各委、室，县市区乡人大负责人参加会议，部分县市区在会上作交流发言。

决议决定

【审议决定重大事项】 2017年，市人大常委会充分行使重大事项决定权和人事任免权，有力促进全市经济社会发展。

助推经济发展。市人大常委会听取和审议全市半年度经济社会发展、财政预算执行，以及政府性债务管理等情况报告，就债券资金安排、市级预算调整、财政决算等作出决议决定，推动政府合理安排资金，促进经济转型升级；听取和审议年度城乡规划实施、城建项目资金计划执行及计划编制情况报告，推动政府科学合理组织城乡建设管理；开展休闲农业与乡村旅游发展情况调研，组织在岳全国人大代表调研农产品加工业发展，推动政府促进农业生产经营方式转变和农业供给侧结构性改革；将助推“四大会战”、落实“四个十条”作为常委会工作重点，主任会议成员牵头或参与“四大会战”，70多名全国、省、市三级人大代表集中视察交通建设大会战重点项目，近万名各级人大代表积极参与脱贫攻坚、港口建设、园区建设大会战有关项目，有力地推动“园区十条、开放十条、非公十条、金融十条”落地落实。

着力民生改善。组织视察城乡医疗卫生基础设施建设，调研“健康中国2030”规划纲要实施情况，督促政府优化医疗资源布局，加强医疗保障体系建设，推进医疗项目实施；听取和审议《中华人民共和国食品安全法》执法检查审议意见落实情况，视察农产品质量安全检验检测体系建设，开展农产品质量安全行活动，督促政府强化农产品质量安全和食品安全监管；听取和审议全市残疾人权益保障情况，调研贫困残疾人扶贫工作，督促政府保障和维护弱势群体利益；开展农民健康行、民族团结进步行动活动，调研中心城区棚改、教育均衡发展、体育中心建设、少数民族服务管理等工作，督促政府拓展民生工作普惠面。

严督环境保护。听取和审议2016年度全市环境状况和环境保护目标完成情况，开展环保世纪行活动，督促政府抓好大气、水、土壤三大污染防治，提升岳阳人居环境和城市品位；针对中央环保督察组反馈的20项突出环境问题，开展整改督查，督促政府将黄盖湖网箱养殖、东洞庭湖违规采砂、环湖违规垃圾堆放等17个问题整改到位或销号；专题调研城区河流治理情况，督促政府完成城陵矶新港区象骨港渠、南湖蛇皮套区域等20处黑臭水体整治项目，组织实施中心城区污水管网三年行动计划。

【审议决定人事任免】 2017年，市人大常委会坚持党管干部的原则，落实市委人事安排，在人事任免上严格把关，制定《岳阳市人大常委会人事任免办法》，规范和完善任免程序；严格执行任前法律知识考试、任职资格审查、供职发言、向宪法宣誓、颁发任命书等制度，任免国家机关工作人员145人次，组织41人进行宪法宣誓，聘任各专门委员会兼职委员42人；督促国家机关工作人员依法行使职权，服务经济社会发展。

【主导地方立法工作】 2017年，市人大常委会主导地方立法工作，坚持科学立法、民主立法、依法立法，促进法治岳阳建设。

坚持科学立法。根据市委决策部署和人大代表、社会各界建议，立足岳阳实际，珍惜山水资源，审议通过并公布《岳阳市城市规划区山体水体保护条例》，为绿色生态发展构筑法律保障；颁布施行《岳阳历史文化名城保护条例》，组织相关单位制定工作方案，督促政府认真实施，保护岳阳历史文化资源；根据社会公众意见建议，组织开展城乡建设、环境保护方面的立法调研、论证工作。

坚持民主立法。扩大社会公众有序参与立法工作，通过报刊、网站向社会征求立法建议1000多条，组织召开立法调研座谈会30余次，听取意见建议400多人次；建立法规草案征求市人大代表和县市区人大意见机制，对意见建议采纳情况逐一反馈和说明；与湖南理工学院、市内知名律师事务所建立立法合作和技术支持机制，聘用相关领域专家40人，建立立法咨询专家库；在各县市区确定立法工作联系点，通过联系点收集、汇聚社情民意。

坚持依法立法。严格遵守立法权限，遵循立法原则，遵从立法程序，依法开展立法活动，制定《岳阳市人大常委会地方立法工作若干规定》，对年度立法计划编制、法规案的起草与提出、法规草案征求意见等立法工作程序进行规范；组织全市近50名立法工作人员进行集中培训，强化依法立法意识，夯实立法工作基础；加强人大相关专门委员会、政府法制办及有关部门的沟通协调，促进立法项目依法推进、立法阶段有序衔接。

【重要决议决定】关于批准2016年市级财政决算的决议。2017年7月28日，市八届人大常委会第四次会议作出《关于批准2016年市级财政决算的决议》。

关于批准2017年我市地方政府债券资金安排及市级预算调整方案的决议。9月22日，市八届人大常委会第五次会议作出《关于批准2017年我市地方政府债券资金安排及市级预算调整方案的决议》。决定通过《关于2017年我市地方政府债券资金安排及市级预算调整方案（草案）的报告》，批准2017年市级预算调整方案。岳阳经济技术开发区、城陵矶新港区、南湖新区、屈原管理区债券资金安排需报市人大常委会审查备案。

关于召开岳阳市第八届人民代表大会第二次会议的决定。11月29日，市八届人大常委会第六次会议作出《关于召开岳阳市第八届人民代表大会第二次会议的决定》，定于2018年1月初在市区召开岳阳市第八届人民代表大会第二次会议。

重大活动

【依法行使监督职权】 2017年，市人大常委会依法行使监督职权，在增强实效上实现新突破。常委会创新监督形式、突出监督重点，增强监督实效，促进“一府两院”依法行政、公正司法。

强化法律监督。由常委会组成人员带队，以分组检查、问卷调查、逐村逐单位抽查方式，组织开展《湖南省农村扶贫开发条例》执法检查，督促政府落实法律规定，加快脱贫攻坚步伐；组织开展《中华人民共和国禁毒法》执法检查，督促政府加大禁毒力度，惩治毒品犯罪；跟踪督查执法检查审议意见的落实，督促政府切实解决法律法规执行中存在的贫困主体作用发挥不够、社会兜底政策有扩大化倾向、毒品蔓延、吸毒人群增多等问题；对全市法院司法改革、市人民检察院案件管理等工作进行调研，督促司法机关改进工作，公正司法；做好规范性文件备案审查工作，接收报备规范性文件46件，向省人大常委会报送备案规范性文件5件。

强化工作监督。对道路运输管理、救灾救济、城区环卫、森林防火、文物保护、规范性文件管理6项工作进行评议，对城乡医疗卫生基础设施、消防应急救援、农产品质量安全检验检测体系、人防工程及停车场建设5项民生工作进行集中视察，对城区交通秩序管理、禁违拆违治违、突出环保问题整治、代表建议办理等8项重点工作进行专题督查，对血吸虫病防治、工业园区建设、残疾人保障等20项热点工作进行专题调研，提出审议、评议、视察意见和工作建议，交由政府整改落实，促进政府改进工作；对执法检查审议意见落实情况、劳动监察工作审议意见落实情况、工作评议意见整改报告等12项工作报告，在常委会上进行票决和满意度测评，并向社会公布，促进政府依法行政、履职为民。

强化预算监督。出台《关于预算审查前听取人大代表和社会各界意见建议的若干规定》，建立听取财政预算意见建议网络平台，成立财经专家咨询委员会，扩大预算审查社会参与面；出台《市属非行政区预算审查监督暂行办法》，规范岳阳经开区、南湖新区、城陵矶新港区和屈原管理区预决算监督；推进全口径预算审查工作，除部门预算草案外，同时将政府性基金预算、国有资本经营预算、社会保险基金预算和四个非行政区预算草案，首次提请代表大会审查批准；听取和审议年度市本级预算执行和其他财政收支审计工作报告及审计查出问题整改报告，对审计报告指出的205个问题的整改情况进行跟踪督查，5个重点被督查单位首次在常委会上报告整改情况，并进行表决，整改力度明显加大；对科技研究与开发资金、新型工业化引导资金、城陵矶新港区财源建设奖励资金、产业发展基金开展细化审查，促进专项资金安排更加科学合理，资金使用绩效更加充分发挥。

【人大代表作用发挥】 2017年，市人大常委会坚持服务代表，发挥代表“压舱石”作用，全体市人大代表迸发出新的活力。加强“双联”工作。出台《常委会组成人员联系市人大代表及考核办法》，常委会组成人员考核考评有据可依。常委会组成人员走访联系代表800多人次，收集整理饮水安全、社区管理等方面的意见建议50多条，邀请近200名代表列席常委会会议，参与专题调研、执法检查、视察、建议督办等活动；出台《市人大代表联系原选举单位和人民群众及考核办法》，全体市代表联系县市区代表900多人，同时通过147个乡镇工作平台联系群众1100多人次，为群众解决实际问题500多个。督办代表建议。市八届人大一次会议及闭会期间，代表提出建议241件，按照“提得准、交得细、办得实、考得严”的要求，将其全部录入网上平台，公开办理情况，采取主任会议成员带队、委室督办、考评促办等做法，加强建议督办。到11月底，241件建议全部办理完毕，所提问题解决或基本解决的83件，占34.5%；正在解决或列入规划逐步解决的138件，占57.2%；因受政策或条件限制暂时难以解决，向代表说明情况的20件，占8.3%。谢胜代表《关于保护岳阳中心城区山体水体的建议》、彭艳代表《关于加快园区发展促进工业强市的建议》等许多建议办出实效，解决问题124个。从反馈的意见来看，代表表示很满意的94件，占39%；满意的118件，占49%；基本满意的29件，占12%。同时，将其中15件建议作为重点建议进行重点督办，代表很满意9件，满意5件，基本满意1件。组织开展活动。组织全市万名各级人大代表开展“我为脱贫攻坚争贡献”系列竞赛活动，全市有8753名人大代表结对帮扶贫困户8696户、贫困学生3069名，引进帮扶资金5.9亿多元，落实“引老乡回故乡建家乡”项目267个，安排贫困人口就业1.59万人，涌现出一大批表现优秀的人大代表；向代表发出参与环境保护，刹人情歪风、治婚丧陋习、树文明新风倡议书，动员参与防汛抗灾工作，全市人大代表纷纷响应，以个人行动、代表小组活动等形式率先垂范，彰显代表风采。

【人大代表履职能力建设】 2017年，市人大常委会加强代表履职能力建设，在自我修为上展现新形象。常委会及机关开展“五大”主题活动，提升履职能力，推动工作上水平、争一流、作贡献。开展培训。举办学习党的十九大精神、“四种精神”“四大会战”“四个十条”等专题讲座12场次，开展市人大代表任职培训、常委会组成人员履职培训、全市乡镇（街道）人大负责人业务培训等900多人次，组织“不忘初心、笃志前行”演讲比赛、道德讲堂等活动9场次，有效提升人大代表和人大工作者的政治站位和能力素质。深入调研。全年开展调研近40次。其中开展“创新引领在岳阳”等课题调研6次，围绕落实中央、省、市关于加强县乡人大工作和建设的文件会议精神专题调研4次，有20项调研成果转化为常委会、主任会议议题，将调研情况向市委报告，向有关部门反馈，为工作决策提供参考，将审议意见向“一府两院”交办，督促改进工作。创新工作。创新工作制度，完善《岳阳市人大常委会工作规范》，新增工作制度14项；创新工作方法，改进执法检查、预算审查方式，建立社会参与立法机制，举办全国、省、市三级人大代表履职报告会；创新舆论宣传，开通人大微信公众号，在《中国人大》《人民之友》等刊物上系统推出、重点推介全市人大工作。严格督查。对常委会决议决定、审议评议意见等落实情况严格跟踪督办，组织开展督查活动47次，其中，常委会审议意见督办12次，视察意见督办5次，代表建议督办30次，有力促进各项工作落实；依法办理信访，全年接待群众来信来访210件、417人次，建立周五信访督办日制度，限期报告办结情况，信访交办件到期回复率100%。全面提升。在年初成功创建省级文明单位基础上，着力创建省级文明标兵单位、省级模范职工之家、全市综治先进单位；组织机关32名人大代表和93名党员干部，深入华容县建华村扶贫办点，督促落实扶贫资金，结对帮扶贫困户，帮助汨罗市西长片区美丽乡村建设，协调发展项目；推进“两学一做”学习教育常态化制度化，落实党风廉政建设主体责任，支持市纪委派驻纪检组工作，机关党的建设全面加强。

市人大常委会领导到临湘市调研《食品安全法》执法检查审议意见的落实情况
（市人大　供稿）

【《湖南省农村扶贫开发条例》执法检查】 2017年6月中下旬，由7名市人大常委会副主任牵头组成7个执法检查组，对市人民政府和9个县市区、屈原管理区、岳阳经开区及相关职能部门贯彻实施《湖南省农村扶贫开发条例》情况开展执法检查。该次执法检查有16名市人大常委会组成人员、18名市人大代表参加，实地检查20个乡镇22个贫困村，走访48户贫困户，查看23个扶贫项目，召开18次座谈会，闭卷考试干部126人，发放315份调查问卷，查阅18个职能部门扶贫资料台账。7月28日，市八届人大常委会第四次会议听取和审议市人大常委会执法检查组关于检查《湖南省农村扶贫开发条例》实施情况的报告，并提出审议意见交由市人民政府整改。

【《中华人民共和国禁毒法》执法检查】 2017年10—11月，市人大常委会副主任陈光荣带领市人大常委会内司委组成执法检查组，对全市近三年贯彻实施《中华人民共和国禁毒法》的情况开展执法检查。执法检查组到市司法局及其所属强制隔离戒毒所、市公安局及其所属强制隔离戒毒所、市中心城区涉毒重症违法犯罪人员收治中心、市区部分社区、部分中小学校实地走访了解禁毒工作开展情况。听取市人民政府、市中级人民法院、市人民检察院及市公安局、市司法局、市教体局等部门单位禁毒工作情况汇报。组织召开市禁毒委成员单位相关负责人座谈会，全面听取各部门单位对禁毒工作的意见和建议。同时，委托平江县、岳阳县、华容县、湘阴县、临湘市、汨罗市、君山区等7个县市区人大常委会，就当地禁毒工作情况开展调查，并对市禁毒委2017年重点督办乡镇、街道办事处禁毒工作开展重点调查。11月29日，市八届人大常委会第六次会议听取和审议市人大常委会执法检查组关于检查《中华人民共和国禁毒法》贯彻实施情况的报告，并提出审议意见交由市人民政府整改。

【交通建设大会战视察】 2017年6月20日，市人大常委会组织全国、省、市三级人大代表，对全市交通建设大会战情况进行视察，实地查看杭瑞高速洞庭湖大桥项目、临湖公路、赶山东路和国道240岳阳县城至湘阴公路等交通建设项目，听取市人民政府情况汇报。代表们提出三个方面的建议：强化举措，加快建设进度；强化管理，加大监管强度；强化服务，加大保障力度。

市人大常委会党组书记、常务副主任，市交通大会战指挥长向伟雄现场调度交通大会战项目

（市人大 供稿）

【农产品质量安全检验检测体系建设视察】 2017年8月22日，市人大常委会对全市农产品质量安全检验检测体系建设工作情况进行专题视察，实地查看君山区农产品质量安全检验检测中心、花板桥市场检测中心和市农产品质量安全检验检测中心，听取市人民政府关于全市农产品质量安全检验检测体系建设工作情况的汇报。视察提出四个方面的建议：提高政治站位，不断提高思想认识；加大工作力度，提升综合检测能力；加快资源整合，健全检验检测体系；加强日常检测，着力履行检测职能。

【城乡医疗卫生基础设施建设视察】 2017年9月1日，市人大常委会驻会组成人员就全市城乡医疗卫生基础设施建设情况开展集中视察，实地察看市中医院、枫桥湖街道社区卫生服务中心、中心医院项目新址，听取市人民政府及相关部门工作情况汇报。视察提出三个方面的建议：优化医疗卫生资源布局；加强医疗保障体系建设；聚焦医疗重点项目实施。

【城区人防工程建设视察】 2017年10月19日，市人大常委会组织部分组成人员对全市人防工程建设情况进行视察，实地察看东茅岭商业圈、云梦新城、人防疏散基地、东方明珠小区和新电园小区的人防工程建设情况，听取市人民政府及相关部门情况汇报。视察提出三个方面的建议：增强法律意识，依法发展人防事业；强化规划引领，科学推动人防工作；突出融合发展，充分利用人防工程。

【城区消防工作视察】 2017年9月8日，市人大常委会组织部分组成人员对全市消防工作情况开展专题视察，实地察看巴陵大桥市场群、岳阳楼社区、岳阳楼区消防大队及市消防支队消防工作情况，听取市人民政府关于全市消防工作情况的汇报。视察提出四个方面的建议：强化宣传教育，增强公众消防意识。加强组织领导，落实消防安全责任。严格监督管理，着力消防隐患整治。夯实工作基础，提升消防安全保障。

【评议救灾救济等六项工作】 2017年9月21—22日，市八届人大常委会第五次会议对市民政局救灾救济工作、市交通局道路运输管理工作、市文广新局文物保护工作、市城管局环卫工作、市林业局森林防火工作、市政府法制办规范性文件管理工作进行评议，肯定成绩，指出问题，提出建议，要求相关单位对照指出问题，及时抓好整改落实。

【建议办理工作】 2017年，市八届人大一次会议期间及闭会后，收到代表建议241件，其中，大会期间收到234件，闭会后收到7件。市人大常委会及时向“一府两院”交办，并研究确定重点督办建议15件，其中，市政府系统主办221件、党群部门主办15件、法院主办3件、检察院主办1件、市人大常委会主办1件。至年底，241件建议均已答复代表，并征求代表意见。通过各承办单位的努力和社会各界的支持，所提问题解决或基本解决的（A类）83件，占34.5%；正在解决或列入规划逐步解决的（B类）138件，占57.2%；受政策或条件限制暂时难以解决，向代表说明情况的（C类）20件，占8.3%。从反馈意见来看，代表表示很满意的94件，占39%；满意的118件，占49%；基本满意的29件，占12%。

【颁布实施一批规章制度】 2017年，市人大常委会加强规章制度建设，依法依规履行职责。1月9日，市八届人大常委会第一次会议审议通过《岳阳市人大常委会工作规则（修改稿）》，确保常委会工作有序开展。

7月28日，市八届人大常委会第四次会议通过《岳阳市人大常委会组成人员联系市人大代表及考核办法（试行）》《岳阳市人大代表联系原选举单位和人民群众及考核办法（试行）》《岳阳市人大代表建议办理工作考核办法（试行）》。三个《考核办法》的颁布实施，确保加强市人大常委会组成人员与市人大代表的联系，保障人大代表依法行使职权，充分发挥代表作用；加强和规范市人大代表联系原选举单位和人民群众工作，密切市人大代表与基层单位及人民群众的联系；规范和加强市人大代表建议、批评和意见办理考核工作，切实增强办理实效提供制度保障，有效推动办理工作的制度化、规范化和科学化。会议还通过《关于预算审查前听取人大代表和社会各界意见建议的若干规定》，从制度层面保障人大代表对政府预算的知情权、监督权，有效推进预算审查监督的民主性和透明度。

11月29日，市八届人大常委会第六次会议审议通过《岳阳市人民代表大会常务委员会关于市属非行政区预算审查监督暂行办法》，进一步加强对岳阳经济技术开发区、城陵矶新港区、南湖新区以及屈原管理区四个市属非行政区的预算审查监督工作，规范其预算行为。《办法》自2017年12月1日起执行。

【创新引领在岳阳课题调研】

2017年1月8日，市人大常委会党组领受市委交办的“创新引领在岳阳”课题调研任务，成立以市人大常委会党组书记、常务副主任向伟雄任组长，市人大常委会副主任李永丰、市人大常委会秘书长骆岳梨为副组长的课题调研领导小组，组建一支由35人组成的调研团队，开展实地考察、座谈研讨、外出取经、征求意见、专家评审、常委会党组审议等一系列活动。3月28日，市人大常委会党组正式向市委“交卷”：含一个总课题调研报告、一个项目库和科技创新、产业创新、城镇创新、金融体系创新四个专题报告，调研报告15万字，圆满完成“创新引领在岳阳”课题调研任务，受到专家评审组和市委常委会的肯定。

（曾岳林）

岳阳市人民政府

YUEYANG MUNICIPAL
PEOPLES GOVERNMENT

责任编辑 · 李　幸

重要会议

【市政府全体（扩大）会议】 2017年4月21日，市政府召开全体（扩大）会议。评估分析一季度经济运行情况，安排部署下阶段工作。市长刘和生强调，要突出抓好“四大会战”、转型升级、城市建设、县域发展和底线工作，确保上半年“时间过半、任务过半”。市委常委、常务副市长唐道明主持会议并通报一季度各县市区、市直有关部门主要经济指标排位情况，市政府重点工作进展情况和全市重大项目建设情况。市领导胡小闻、陈奇达、黄大军、陈志莲、李为、唐文发、黎作凤、邱虹、喻昌、李可波，市政府秘书长刘传汉等参加会议。

7月25日，市政府全体（扩大）会议在临湘市召开，市长刘和生出席并讲话。刘和生强调，要进一步提高政府工作的执行力，坚决打赢“四大会战”，坚决落实“四个十条”，坚决守住“三条底线”，努力推动岳阳发展步入“快车道”。市人大常委会党组书记、常务副主任向伟雄就上半年交通建设大会战作讲评，市委常委、常务副市长唐道明主持。市领导陈奇达、黎作凤、杨昆、邱虹、喻昌、李可波、刘晓英、谢春生，市政府秘书长刘传汉参加会议。

【市政府常务会议】 市政府第一次常务会议。2017年1月12日，市长刘和生主持召开市政府第一次常务会议。传达贯彻全国、全省安全生产电视电话会议精神，明确市政府领导成员工作分工，听取2017年市政府重点工作任务分解情况汇报、全市河道采砂管理工作情况汇报和岳阳市城乡三年绿化行动、2017—2019年市中心城区“乔木进城绿化增量”初步实施方案汇报，审议《岳阳市人民政府工作规则》，通报《岳阳市清理国家公职人员参与采砂运砂浮吊砂石码头经营活动专项整治方案》。

市政府第二次常务会议。1月23日，市长刘和生主持召开市政府第二次常务会议。听取2016年度“一极三宜”江湖名城建设综合绩效考评汇总和实施县域经济发展壮大战略考核情况汇报和2016年度全市安全生产、综治、信访、人口计划生育、文明创建工作考核情况汇报。

市政府第三次常务会议。2月6日，市长刘和生主持召开市政府第三次常务会议。传达全省卫生与健康大会精神，听取环境保护工作情况汇报，审议2017—2019年市中心城区“乔木进城、绿化增量”实施方案暨岳阳大道设计方案。

市政府第四次常务会议。3月17日，市长刘和生主持召开市政府第四次常务会议。听取2017年全市“双百工程”重大项目推进计划情况汇报和国家、省人民防空会议精神及岳阳市贯彻落实情况汇报，审议《岳阳市全面推行河长制的实施方案》《岳阳市打造千亿现代物流产业行动方案（2017—2020年）》《岳阳市城市建设发展基金方案》。

市政府第五次常务会议。4月13日，市长刘和生主持召开市政府第五次常务会议。传达学习贯彻总书记习近平在中央政治局第三十九次集体学习时的重要讲话精神。听取积极稳妥推广运用PPP模式情况汇报、市本级2017年存量债务置换情况汇报和2017年立法计划项目情况汇报，审议《岳阳市中心城区2017年城建计划（草案）》。

市政府第六次常务会议。5月26日，市长刘和生主持召开市政府第六次常务会议。听取东风湖新区开发方案汇报、招商引资工作情况汇报、脱贫攻坚大会战情况汇报，重申领导干部不得插手工程建设事项，部署当前工作。

市政府第七次常务会议。7月10日，市长刘和生主持召开市政府第七次常务会议。听取当前防汛救灾工作情况汇报、脱贫攻坚工作情况汇报，审议《全市产业园区建设大会战绩效考核计分办法》《关于做好岳阳市“一极三宜”江湖名城建设2017年度综合绩效考评工作的通知》《岳阳市中心城区禁止燃放烟花爆竹管理办法（草案）》。

市政府第八次常务会议。8月31日，市长刘和生主持召开市政府第八次常务会议。听取进一步规范市直机关事业单位地方性补贴奖金福利发放工作建议意见汇报，审议《中央环保督察反馈意见整改工作方案》《岳阳市中心城区海绵城市建设、黑臭水体整治及污水管网建设三年行动实施方案》《关于切实做好计划生育特殊困难家庭扶助工作的通知》。

市政府第九次常务会议。10月12日，市长刘和生主持召开市政府第九次常务会议。听取严控政府债务情况汇报和加强安全生产基层基础工作情况汇报，审议《市中心城区缓解停车难工作方案》《关于加强建筑行业招商与协税工作的通知》《关于进一步促进市中心城区房地产市场平稳健康发展的通知》。

市政府第十次常务会议。11月16日，市长刘和生主持召开市政府第十次常务会议。听取全市脱贫攻坚工作情况汇报、交通建设大会战部分重点项目建设情况汇报和进一步促进房地产市场平稳健康发展情况汇报。

市政府第十一次常务会议。12月7日，市长刘和生主持召开市政府第十一次常务会议。听取岳阳楼区五个“一公里公共服务”工作情况汇报、东风湖新区规划方案及招募公告情况汇报和2018年经济社会发展主要指标预期目标建议情况汇报。

市政府第十二次常务会议。12月26日，市长刘和生主持召开市政府第十二次常务会议。听取2018年经济社会发展主要工作目标建议情况汇报，讨论《政府工作报告》，审议《岳阳市2018—2020年棚户区改造计划项目库》《云溪区关于撤销云溪镇设立云溪街道方案》。

【市政府专题会议】 2017年2月7日，市长刘和生主持召开专题会议。研究市中心城区限制燃放烟花鞭炮问题，副市长黎作凤、市政府秘书长刘传汉等参加。

5月2日，市长刘和生主持召开市长碰头会和市政府专题会议。听取东风湖、南湖、松杨湖等城市内湖水环境整治和迎接中央环保督察有关情况汇报。市领导唐道明、胡小闻、陈奇达、李为、唐文发、黎作凤、杨昆、邱虹、苏耀辉、李可波、张益民，市政府秘书长刘传汉及相关部门负责人参加。

6月29日，市长刘和生主持召开市政府专题会议。听取岳阳市交通建设大会战推进情况汇报，研究西环线、北环线和学院路项目建设有关问题，听取国道240岳阳县城至湘阴公路绿化景观设计方案、东风湖新区开发近段工作情况汇报等。市领导向伟雄、黎作凤、杨昆、李可波，市政府秘书长刘传汉及相关单位负责人参加。

8月29日，市长刘和生主持召开市政府专题会议。听取前段工作情况汇报，研究部署当前重点工作。市领导唐道明、李为、唐文发、黎作凤、杨昆、邱虹、喻昌、张益民，市政府秘书长刘传汉等参加。会上，市政府领导结合各自分管条线，分别汇报当前重点工作的推进情况，并就如何继续做好后段重点工作提出意见和建议。

9月28日，市长刘和生主持召开市政府专题会议。研究蛇皮套及三大湖PPP项目方案和岳阳市智能交通系统建设PPP项目方案等。市委常委、常务副市长唐道明，市政府秘书长刘传汉及相关单位负责人参加。

11月3日，市长刘和生主持召开市政府专题会议。传达学习党的十九大精神，研究部署当前重点工作。全体在家市政府领导参加。会上，市直机关工委书记、教授李桂华作党的十九大精神专题辅导。结合贯彻落实党的十九大精神，会议还安排部署当前各项重点工作。

12月5日，市长刘和生主持召开市政府专题会议。听取金凤桥北路、置田庄路PPP项目招标相关情况汇报和市城投集团申请国家开发银行棚改贷款审核意见汇报，审议《关于国资委控股的县市区城投公司管理规定》等，市领导唐道明、刘晓英，市政府秘书长刘传汉等参加。

12月8日，市长刘和生主持召开专题会议。听取京港澳高速“3·19”事故善后处理工作情况汇报，市政府秘书长刘传汉参加。

12月14日，市长刘和生主持召开市政府专题会议。听取全市30个5亿元以上工业项目进展、三鼎集团100万吨己内酰胺和60万吨聚酰胺切片项目及市中心城区己内酰胺搬迁、岳纸210万吨包装纸暨一期70万吨项目建设情况汇报等，对各项目逐一梳理、逐一调度，明确时间节点。市领导唐道明、杨昆、刘晓英、孔福建，中石化巴陵石化公司总经理李大为等参加。

市委书记刘和生调研南湖项目建设

【市长办公会议】 2017年5月24日，市长刘和生主持召开市长办公会议。听取交通建设大会战重点项目情况汇报。会议听取市交通、公路、国土、规划等部门关于学院路综合提质改造暨岳望高速岳阳连接线、沿湖大道提质改造工程、国道240洞庭湖大桥至湖滨公路（西环线）及洞庭湖大桥东互通工程、国道353洞庭湖大桥—岳阳东站公路（含北环线）、岳阳长江经济带沿江公路（儒溪至道仁矶）等交通大会战重点项目的推进情况汇报，并就各项目的设计方案、业主单位、时间节点等形成原则性意见。市领导向伟雄、黎作凤、杨昆、李可波等参加。

6月15日，市长刘和生主持召开市长办公会议。审议《岳阳市人民政府与比亚迪汽车工业有限公司战略合作协议》《中储粮直属库整体搬迁项目与中储粮油脂基地项目一体化建设协议》《市中心路网（一期）工程金凤桥北路、置田庄路PPP项目实施方案》，听取促进中心城区房地产业发展情况汇报等。市领导唐道明、杨昆、邱虹、李可波，市政府秘书长刘传汉等参加。

12月1日，市长刘和生主持召开市长办公会议。听取环境保护、“河长制”、主城区消防站建设情况汇报等。市领导唐道明、吴晓波、唐文发、黎作凤、谢春生，市政府秘书长刘传汉等参加。

（万　文）

重要活动

【产业园区建设大会战调研调度督导】 2017年4月11日，市长刘和生到岳阳经开区调研。刘和生强调，岳阳经开区要围绕“打造千亿园区”目标持续发力，当好岳阳市新增长极建设的排头兵、领头羊。市领导刘晓英、文春方、谢春生和市政府秘书长刘传汉等随同调研。9月26日，市长刘和生到湘阴县专题考察调研工业园区发展及重点产业项目建设情况。市政协副主席刘晓英，市政府秘书长刘传汉等参加。10月11日，市长刘和生到岳阳经开区调研园区产业建设情况并主持召开座谈会。市委常委、常务副市长唐道明，市领导刘晓英、文春方、谢春生，市政府秘书长刘传汉及市直有关部门负责人等参加。10月19日，市长刘和生到平江县、汨罗市、屈原管理区，重点就产业园区发展和项目建设进行调研。副市长杨昆，市政府秘书长刘传汉及相关单位负责人参加。10月24日，市长刘和生到君山区、华容县调研产业园区项目建设。刘和生强调，必须把发展经济的着力点放在实体经济上，各地要以工业园区提质增效为支撑，不断壮大推进实体经济发展。市委常委、常务副市长唐道明，市政协副主席刘晓英，市政府秘书长刘传汉及相关市直单位负责人参加。

【交通建设大会战调研调度督导】

2017年4月14日，市长刘和生到交通建设大会战项目建设现场实地调研。强调要坚持高标准、严要求，保进度、保质量、保安全，通过抓好交通大会战项目建设，使全市综合交通网络基本成型。市领导向伟雄、杨昆及相关部门负责人参加。7月24日，刘和生率参加市政府全体（扩大）会议的县市区及市交通建设大会战指挥部成员单位主要负责人，调研全市多个交通大会战项目，现场办公推进项目加快建设。市领导向伟雄、杨昆、刘晓英、谢春生，市政府秘书长刘传汉等参加。7月25日，市长刘和生带领市交通局、公路局、规划局、财政局等相关部门负责人，到国道240西环线项目建设一线，对制约和影响项目建设的有关问题，现场办公，推进解决。市领导向伟雄、杨昆参加。9月12日，市长刘和生实地调研交通建设大会战重点工程项目建设情况，并到学院路南湖大桥、国道240公路、赶山东路、皇姑塘立交桥、临湖公路长康段、杭瑞高速洞庭湖大桥项目施工现场进行实地察看，详细解项目建设进展情况，并就项目建设中存在的征拆、配套等问题进行协调解决。市领导向伟雄、杨昆、刘晓英、文春方、谢春生，市政府秘书长刘传汉及市交通、规划、公路等部门负责人参加。11月6日，市长刘和生带队实地调研全市重点交通项目建设，现场办公协调解决项目建设过程中遇到的困难和问题，明确下一步工作要求，打好四季度交通建设大会战。市领导向伟雄、黎作凤、文春方、谢春生，市政府秘书长刘传汉及相关单位负责人参加。

【城陵矶新港区产业项目建设调研】

2017年10月10日，市长刘和生到城陵矶新港区调研产业项目建设

市委副书记、市长李爱武调研港口大会战重点项目建设

情况，并重点考察一批今年新引进和新开工的项目。市委副书记李爱武，市领导杨昆、刘晓英，市政府秘书长刘传汉等参加。刘和生强调，要认真贯彻省委、省政府的要求，下大决心抓好工业经济发展和产业项目建设，对重点项目要真正做到精准调度，建立从开工、建设到投产的时间表，按照时间节点稳步推进项目建设。

【脱贫攻坚大会战调研调度督导】

2017年5月19日，市长刘和生围绕脱贫攻坚工作到岳阳县毛田镇小港村，随机暗访调研，现场发现问题，提出整改要求。5月23日，市长刘和生到汨罗市、岳阳县，暗访督查精准扶贫、安全生产工作，就“三农”问题开展调研。刘和生指出，打好打赢精准扶贫、精准脱贫攻坚战，是各级党委政府重大的政治责任、头等民生大事。各级各部门要强化责任，将精准扶贫精准脱贫工作做细致、做深入、做扎实，坚决打赢脱贫攻坚战。10月25—26日，市长刘和生到平江县多个乡镇，实地督导脱贫攻坚、产业发展、规范建房等工作。刘和生强调，要深入贯彻落实党的十九大精神，坚持精准扶贫、精准脱贫，坚持问题导向、着力补齐短板，坚决打赢脱贫攻坚战。11月23日，市长刘和生到临湘市调研脱贫攻坚等方面工作。刘和生强调，要认真贯彻落实党的十九大精神，始终坚持以人民为中心的发展思想，精准精细落实扶贫政策和措施，保质保量完成年度目标任务。11月28日，市长刘和生到岳阳县公田镇、毛田镇专题调研脱贫攻坚工作。刘和生强调，脱贫致富关键还是要靠发展产业，要通过发展特色产业，增强贫困地区和贫困农户的“造血”功能。市政府秘书长刘传汉参加。

【中央环保工作督察调度督导】

2017年4月30日，市长刘和生率队实地督察推进全市突出环境问题整治工作。刘和生要求，要以配合中央环境保护督察为契机，坚持问题导向，切实解决一批突出环境问题，不断提升城市品质。副市长黎作凤，市政府秘书长刘传汉及相关单位负责人参加。5月2日，市委副书记、市长刘和生到南湖新区，现场督导牛羊定点屠宰场关停工作。刘和生强调，就中央环保督察交办和全市自查突出环境问题，逐条逐项列出问题清单，明确责任单位和责任人，明确整改方案和整改时间，一抓到底、不留死角，对整改责任落实不到位、问题整改不力的，坚决严肃追责。8月11日，全省推进中央环保督察整改工作动员部署电视电话会召开。市长刘和生参加省主会议场会议，并作表态发言。市领导唐道明、胡小闽、唐文发、黎作凤、杨昆等出席岳阳分会场。

【洞庭湖突出环境问题整治调度】

2017年10月7日，市长刘和生主持召开洞庭湖突出环境问题整治月行动推进情况调度会。副市长黎作凤，市政府秘书长刘传汉参加。刘和生强调，要进一步提高政治站位，深化思想认识，强化责任担当，切实把思想和行动统一到市委、市政府的决策部署上来，以铁的决心、铁的手腕、铁的措施，坚决打赢洞庭湖突出环境问题整治月行动攻坚战；要扎实抓好洞庭湖突出环境问题整治月行动方案的落实，市城区32处黑臭水体整治要力争提前完成，七里山附近水域船舶停靠乱象要继续加力整治，其他整治任务要按时间节点坚决到位；要强化与上级部门的沟通、衔接、协调，切实听取专家建议，营造整治工作浓厚氛围，以严实的工作作风抓好整改工作，全力确保洞庭湖突出环境问题整治月行动见实效、有成效。10月19日，市长刘和生主持召开洞庭湖突出环境问题集中整治月行动调度讲评会，听取集中整治月行动进展情况汇报，研究部署后段工作举措。市领导谈正红、唐文发、黎作凤、喻昌、刘晓英、文春方，市政府秘书长刘传汉等参加。

【防汛工作调度检查督导】　2017年6月24日，市长刘和生到城区内涝地段查看浸水情况，协调相关部门排出渍水，疏导交通，维持秩序。刘和生强调，要及时有效处置部分区域的内涝问题，确保城区畅通、百姓安全。副市长黎作凤，岳阳经开区管委会主任谢春生，市政府秘书长刘传汉等参加。7月2日，副省长何报翔、市长刘和生一行到湘阴县岭北镇沙田垸大堤出险处督查指导抢险工作。7月4日，市长刘和生到岳阳县、汨罗市督查暗访防汛抗灾工作。7月5日，市长刘和生到湘阴县、屈原管理区督查指导防汛抗灾工作。市领导熊炜、黄大军、许伟奇、黎作凤、孔福建，市政府秘书长刘传汉分别随同参加督查。8月12日，市长刘和生2次到市防指就当前防汛抗灾工作进行会商和调度，听取天气、水情、汛情、灾情最新情况。刘和生要求，各有关部门、各县市区要把防汛抗灾当成当前压倒一切的重要工作，确保政令畅通，全力应对汛情。市委常委、市委秘书长谈正红，市政府秘书长刘传汉等参加。8月13日，市长刘和生到岳阳县月田镇，现场指导当地的防汛抗灾工作。刘和生强调，要把保障人民生命安全放在第一位，最大限度减少灾害造成的损失。市政府秘书长刘传汉参加。

【东风湖新区建设调研调度】

2017年9月15日，市长刘和生到东风湖新区建设现场进行实地踏勘，主持召开专题会议，就东风湖新区建设工作进行研究部署。市政协党组副书记李可波，市政府秘书长刘传汉及相关部门负责人参加。在座谈会上，市城投集团主要负责人就新区建设工作开展情况及面临的困难和亟待解决的问题进行汇报。刘和生指出，东风湖新区的开发建设是市委、市政府的重大决策部署，要按照“一年起步、三年基本建成、五年全部建成”的目标，坚定不移地加快推进各项工作，尽快实现控规落地、征拆落地、政策落地。10月31日，市长刘和生到市城投集团调研，并研究推动东风湖新区开发等项目建设。市领导黎作凤、李可波、刘晓英，市政府秘书长刘传汉等参加。11月29日，市长刘和生专题调研东风湖新区开发建设。刘和生强调，要认真践行新发展理念，提升标杆，以生态、高端、时尚、现代的定位和对历史负责的态度，高起点高标准建设好东风湖新区，提升城市功能，彰显岳阳特色。市领导黎作凤、杨昆、李可波，市政府秘书长刘传汉等参加。

【公立医院改革调研】　2017年12月6日，市长刘和生到市一医院、市三医院等地，专题调研岳阳市公立医院改革情况。刘和生强调，要全力推进公立医院综合改革迈出更大步伐，以实实在在的改革成效，助力建设“健康岳阳”。副市长李为、市政府秘书长刘传汉及相关部门负责人参加。

【中心城区截污管网建设调研】

2017年12月14日，市长刘和生到市中心城区，实地调研截污管网建设和排污治理情况。刘和生强调，排污治理工作是推进生态文明建设、改善人居环境、提升城市品位的重要抓手，各级各部门要切实增强责任感和紧迫感，坚持问题导向，推动城区水环境综合治理取得成效。

【城区黑臭水体治理情况督导检查】

2017年9月25日，市长刘和生率市直有关部门负责人，现场督导检查城区黑臭水体治理情况，协调解决有关问题，研究部署下一阶段工作。刘和生一行查看蛇皮套及三大湖综合治理工程、冷水铺社区排水沟渠、北港河牛郎坡箱涵溢流口、黄梅港河道综合治理工程等，详细听取各地黑臭水体治理情况汇报，全面了解各处黑臭水体水质现状及清淤、截污、净化等各类整治措施的落实和进展情况。副市长黎作凤、岳阳经开区管委会主任谢春生、市政府秘书长刘传汉等参加。

【项目考察洽谈活动】　2017年6月7—8日，市长刘和生率队到东莞理想新材料技术有限公司、深圳海吉星国际农产品物流园实地考察，并与企业负责人深入对接洽谈。6月19—22日，市长刘和生到北京、上海、浙江等地考察对接项目，推动在岳项目早落地、早投产。19日，刘和生到北京东方雨虹有限公司，与董事长李卫国就合作事宜展开交流。7月12—14日，市长刘和生率队到浙江、江苏等地开展考察招商活动，与日昌升集团董事长张朝辉、总裁唐军等高管座谈，双方就汨罗市川山坪镇2000万吨骨料项目达成共识。10月31日，市长刘和生与到访的北京东方雨虹防水技术股份有限公司董事长、北京高能时代环境技术股份有限公司董事长李卫国座谈，研究推动企业在岳项目落地和建设。副市长黎作凤、岳阳经开区工委书记文春方、市政府秘书长刘传汉等参加。12月11日，市长刘和生与到岳考察的四川科伦药业股份有限公司董事长刘革新座谈，双方就深化合作、实现共赢进行深入交流。市领导杨昆、谢春生，市政府秘书长刘传汉等参加。

【“中华文化四海行”走进岳阳】 2017年5月23—24日，国务院参事室、中央文史研究馆、湖南省人民政府共同举办的“中华文化四海行——走进湖南”活动走进岳阳市。国务院参事室文史业务司司长耿识博率全国各地文史专家、文艺界代表组成的代表团在岳阳市调研并出席相关活动。市委副书记、市长刘和生参加座谈，市领导唐道明、马娜、李为参加活动。

【“开放崛起从头越”媒体专访】 2017年8月13日，市委副书记、市长刘和生在长沙接受中央驻湘和省内主要媒体专访。刘和生指出，岳阳市开放崛起战略定位上：打造湖南对外开放的“桥头堡”，争当全省开放崛起的“排头兵”，确保在全省开放崛起的征程中走在前列、多作贡献。刘和生强调，岳阳市实施开放崛起战略的抓手就是“四个大”：构建大交通——补齐开放短板，启动交通建设大会战，计划用4年时间投资560亿元，规划建设4条高速公路、10条干线公路、10条城市道路和8728千米农村公路。做强大港口——昂起开放龙头。推进港口建设大会战，在突出抓好六大口岸平台运营，重点推进城陵矶新港二期、7个重点码头、长江航道疏浚和“单一窗口”等项目建设。建设大园区——打造开放板块。力争把岳阳经开区打造成为千亿园区，园区工业占全市规模工业比重达到70%以上。培育大产业——提升开放实力。坚持传统产业与新兴产业“两手抓”，坚持国有经济与民营经济“两并重”。刘和生介绍，岳阳市在研究出台“1+2”开放发展政策组合文件，明确26条高“含金量”的政策基础上，推出“开放十条”，开启开放发展的“加速度”。

【访问澳大利亚活动】 2017年8月15—17日，应澳大利亚科克本市政厅、西澳大利亚湖南同乡会暨总商会的邀请，市委副书记、市长刘和生率岳阳市代表团访问澳大利亚科克本和珀斯两市。访问期间，代表团与当地政府、商会和企业负责人进行深入交流，并签署一系列政府或企业间友好协议，就推进双方务实合作和友好交往达成广泛共识，取得丰硕成果。

【山南市党政代表团到岳阳市考察】 2017年11月18日，西藏自治区山南市委副书记、市长普布顿珠，市委常委、副市长、湖南省第八批援藏总领队廖良辉，市政府秘书长罗天华等山南市党政代表团一行到岳阳考察调研。岳阳市委副书记、市长刘和生出席见面会并讲话，市领导唐道明、王瑰曙、刘晓英，市政府秘书长刘传汉等参加代表团见面会。

【“我看岳阳新变化”现场考察活动】 2017年12月27日，由市政府组织的诚邀市民代表参加“我看岳阳新变化”现场考察活动启动，62名来自各行各业的市民代表到多个重大项目建设现场，零距离感受城市新变化。市委副书记、市长刘和生出席见面会，市政府秘书长刘传汉全程参加考察。

（李绍峰）

政务督查

【上级政策落实配合督查】 2017年，市政府督查室贯彻落实党中央、国务院和省委、省政府重大政策措施，牵头组织、协调配合中央环保大督查、国务院第4次大督查、省政府综合督查等到岳阳市实地督查的各项工作，召开迎检准备工作会议9次，编印迎检资料台账110多本，向省政府督查室上报典型经验材料50篇，配合督查组组织开展专题座谈会8次，实地察看现场36个。围绕中央政法委书记孟建柱到岳阳市视察、国务院拖欠农民工工资专项督查、国务院“放管服”改革专题督查、国务院大督查71件热线电话群众来电办理、中央预算内投资项目专项督查，省环保厅下达的20处黑臭水体整治、2016年四季度稳增长审计发现问题整改、2017年第三季度贯彻落实国家重大政策措施情况跟踪审计报告指出问题整改等做大量的组织协调和督促落实工作，确保上级各项决策部署的贯彻执行。市政府督查室被省政府督查室评为全省2017年政务督查工作优秀单位。

【市政府重点工作任务督查】 2017年，市政府督查室对市政府工作报告等内容进行任务分解，结合省、市相关会议及报告精神，确定137项市政府重点工作任务，明确年度目标任务、牵头单位、责任领导和政府分管领导，制定《市政府重点工作年度考核方案》，每月定期调度，开展全面督查3次。至年底，137项政府重点工作任务基本完成。

【重要会议落实和批示件办理督查】 2017年，市政府督查室对市政府第1~12次常务会议议定事项进行跟踪督查，并将每次常务会议议定事项落实情况在下一次会议上进行汇报。对市长批示事项进行跟踪督查，实行月报告制度。至年底，市政府常务会议43项议定事项落实32项、正在落实11项，市长批示的68项工作任务按批示精神全部落实到位。

【专项工作督查】 2017年，市政府督查室按照市委、市政府主要领导批示，围绕中心工作，服务全市工作大局，市政府督查室开展“四大会战”、油气管道安全隐患整治、蒙华铁路建设、公路路域环境和超限超载整治、砂石码头整治、洞庭湖水域浮吊船舶整治、洞庭湖突出环境问题整治、环保突出问题整治、淘汰黄标车、农村环境整治、垃圾填埋场整治、城市黑臭水体整治、南湖水环境综合治理、铁山水资源保护、防汛抗灾、脱贫攻坚、保障性安居工程、棚户区改造、禁违拆违治违、海棠社区违法抢搭建房暗访、乔木进城和三年绿化行动、退耕还林还湿、岳阳大道连接线绿化及环卫整治、文明创建、岳阳高铁站交通秩序整治、信访工作、政务公开“两集中两到位”、重大项目调度信息平台建设、下放行政许可审批权限、产业园区建设、审计报告指出问题整改等31项专题督查，下发督办函60份，力促相关单位推进工作进程。

【省绩效评估指标落实督查】 2017年，市政府督查室抓省绩效评估指标落实，强化责任分解，将省绩效评估5大类40个指标，逐项进行分解，明确责任单位、规定完成时限，纳入全市综合绩效考核内容，压实各级各部门完成绩效目标任务的责任。定期分析预警，每季度组织统计部门对主要经济指标进行预测分析，及时预警进度滞后指标，提请相关领导和部门重视，促进各项指标任务落实到位。加强督查调度，组织开展综合调度3次，指标进度情况在全市予以通报，对重点指标、滞后指标点对点督办、跟踪调度，及时向市政府领导报告进度情况，对相关责任单位下发督办函13份。

【重点民生实事办理督查】 2017年，市政府督查室对全市重点民生实事办理指标任务和责任进行分解，明确牵头副市长和市直责任单位。按照“月调度、季讲评、半年检查、年终考核”的要求，按月对实事项目进展情况进行调度，至年底，组织召开工作调度会3次，开展现场督查4次，下发督办函16份。通过将“全面完成省市实事指标任务”作为责任单位在年度绩效考评中评先评优的前置条件，倒逼责任单位完成实事任务。年底对省市实事项目完成情况进行考核验收，20项省市重点民生实事全部完成或超额完成年度目标任务。

（黄雷军）

建议提案办理

【概况】 2017年，市政府系统承办市八届人大一次会议以来的建议221件，市政协八届一次会议以来的提案276件，见面率、办结率100%、满意率99.7%。市政府提案办制定《岳阳市政府系统办理人大代表建议和政协提案工作规定》，对建议提案的交办、承办、答复、办理结果公开、跟踪办理、检查、总结、报告、考核、存档等10个方面的办理工作流程作详细规定和要求，突出《关于保护岳阳中心城区山体水体的建议》《关于降低实体经济成本，促进非公经济健康发展的建议》等28件重点建议和重点提案办理。在建议提案办理过程中，圆满完成各项办理任务，解决一批涉及岳阳市经济社会发展的重大问题和人民群众广泛关注的民生问题，取得明显成效。

（王小阳）

经济研究

【概况】 2017年，市政府研究室围绕“四大会战”和新增长极建设，履行职责职能，高质量完成各项工作目标和任务。起草领导文稿材料437篇，同比增加105篇，编辑市级刊物《政府通报》《经济动态》等，参与《江湖名城》编辑组稿，推送稿件20余篇，向国务院、省政府报送信息700多条。市政府研究室连续3年获奖被评为全市年度绩效考核先进单位。

【文稿起草服务】 2017年，市政府研究室树立精品意识，坚持站在全局高度、领导角度去思考问题，不断提高参政设谋水平。其中，起草的《政府工作报告》，获得市“四大家”领导好评；《“开放崛起”引领岳阳向新增长极坚实迈进》《打造全域旅游目的地加快建设湖南发展新增长极》《还洞庭一片安澜还群众一湖净水》等9篇文章，在《湖南日报》《湖南工作》等刊载；6篇环保评论文稿、7篇“我看岳阳新变化”专题文稿、《一路征程一路歌》专题片等在《岳阳日报》、微信公众号等刊发，取得良好的社会反响。

【专题调研】 2017年，市政府研究室紧扣发展大局，开展系列具有针对性、前瞻性的调查研究，为市委、市政府提供决策参考。其中，围绕补齐非公经济发展短板，到长沙市、株洲市和全市相关单位进行专题调研，形成《关于加快非公经济发展的调研报告》，为市委、市政府出台“非公十条”提供参谋意见；围绕屈原农村综合改革集中区创建工作，到屈原管理区、相关市直部门和北海市进行调研，形成《关于屈原农村改革集中区创建工作的调查报告》，推动岳阳率先在全省探索一条破解‘三农’难题的新路子；围绕政府债务问题，牵头与市财政局、市发改委、银行等相关部门展开课题研究，形成专题报告，提出多条有价值的具体举措。

【信息工作】 2017年，市政府研究室采取周调度、月小结，半年评议、年终考核的形式，推动全市政务信息工作上水平。坚持抓住重点、跟踪热点、剖析难点、关注弱点、捕捉亮点，加强生态治理、开放崛起、脱贫攻坚、产业发展等信息报送，进一步增强信息工作的准确性、实效性。至年底，向国务院、省政府报送信息700多条，其中，80多条信息被国务院办公厅、省政府办公厅采用，全面及时反映岳阳工作成绩。市政府研究室被评为全省年度政府系统政务信息工作目标管理先进单位，2人被评为先进个人。

（谢　亢）

外事工作

【因公出国（境）管理】 2017年，市旅游外事侨务办严格执行因公出国（境）计划管理，根据因事定人的原则，按照任务需要派遣人员出国执行公务，团组回国后，及时做好出访报告收集和护照登记管理工作。至年底，办理因公出国业务41批104人次。其中，办理因公出国自组团11批68人次，办理因公出国双跨团30批36人次。审批服务到港澳的出境自组团7批次55人，审批服务出境双跨团6批次7人。

【友好城市交往】 2017年5月，法国大圣富瓦市市长查纳德一行到岳阳市进行友好访问，大圣富瓦市与岳阳市签订结为友好城市意向书。双方表示，将进一步加强两市的联系和交往，密切互访，做好两市结好的前期工作，尽快缔结国际友好城市关系。8月，市长刘和生率市政府代表团访问澳大利亚，到科克本市进行友好访问，进一步加强两市友好城市的关系。10月，日本沼津市代表团一行9人，到岳阳市进行友好访问，双方进一步加强相互了解，洽谈两市互派留学生的事宜，两市友好关系更加稳固。沼津市新当选的市长还给岳阳市发来亲笔信，表示将继续推动两市友好关系深入开展。

【岳阳市与法国大圣富瓦市结为友好城市】　2017年6月1日，市委副书记、市长刘和生与到访的法国大圣富瓦市市长查纳德签署缔结友好城市备忘录，这标志着岳阳市与大圣富瓦市正式缔结为友好城市。市领导邱虹、方争奇，市政府秘书长刘传汉等参加座谈和签约。刘和生对查纳德一行的到来表示欢迎，并介绍岳阳市经济社会发展情况和未来几年岳阳市在对外贸易等方面的巨大潜力和后发优势。查纳德介绍大圣富瓦市的酿酒产业和旅游资源，高度赞赏岳阳市历史文化、生态以及经济社会发展取得的成果，表示非常期待和岳阳市在经贸、文化、旅游、教育等领域开展合作。

（江炫龙）

信访工作

【概况】　2017年，岳阳市信访局（简称市信访局）推进信访工作制度改革，推动“一个责任、两项行动”落实，在“强基础、抓重点、创特色、促落实”上精准发力，各项工作成效显著。至年底，全市各级信访工作机构登记办理来信、来访、网上信访事项1.82万件，信访事项及时受理率、按期办结率、群众满意度评价参评率和满意率等各项指标均处于全省先进行列。全国“两会”期间，岳阳市被评为全省信访维稳工作先进市州；党的十九大期间，市信访局被评为全省信访维稳工作先进集体；在年度全省信访工作考核中，市信访局再次获评优秀单位。

【信访工作责任落实】　2017年，市信访局坚定“党委政府带头履责、领导干部人人有责、缺位失职严肃追责”的工作思路，以责任落实推动信访工作落地。根据《2017年度市领导“联点双包”接访下访工作方案》，所有市领导亲自包联点县市区或所联系分管领域单位的信访积案督查督办，包信访工作督促指导。县市区党政领导坐班接访、带案下访、包案化解，接待上访群众1200多批次，包案信访问题840多个，推动一大批信访问题及时就地化解。对信访工作不重视、信访责任不落实、信访程序不到位，以及重点时段发生的进京到省到市突出访情，坚决按照信访工作责任追究相关文件规定落实责任追究。至年底，市、县两级对30多起信访工作失职失责行为予以追责，80余名干部被通报批评或给予纪律处分。

【信访矛盾问题化解】　2017年，市信访局制定《岳阳市“信访问题源头治理”专项行动工作方案》，按照抓源头、强基础、补短板、控增量的要求，推动信访工作关口前移、重心下移，促进矛盾纠纷及时就地化解。推进“群众工作网”建设，市、县两级建立人民群众来访接待中心，各乡镇（街道）整合综治、司法、信访等力量设置群众来访接待场所，村（社区）设立群众来访接待室，配齐配全相关设备，配备专（兼）职工作人员，确保信访工作有序开展。从村、组党员干部中挑选信访信息员编成到村、到组、到户全覆盖的“矛盾排查网”，每天进村入户收集社情民意、排查矛盾纠纷、联动调度处理，确保问题发现得早、控制得住、处理得好。建立市、县、乡、村四级信访信息预警报送机制，确保群众信访动态“未动先知、一动就知”。贯彻落实《依法分类处理信访诉求工作规则》，进一步厘清信访与其他法定途径之间的边界、受理范围，坚持依法分类处理群众诉求。开展信访“三无”乡镇（街道）创建活动（无到市以上非正常上访、无到市以上越级上访、无因信访问题引发的极端恶性事件和舆论负面炒作），激发县、乡两级强化信访问题源头治理，至年底，13个乡镇（街道）成功创建。

【信访事项规范办理】　2017年，市信访局依托网上信访信息系统，严格按照“网下办理、网上流转”工作流程，全面推进信访事项规范受理办理。在市、县两级信访部门全面推进跟班学习、带班轮训制度，形成一级带着一级学、一级带着一级干的良好氛围。制定《岳阳市信访局信访工作规程》，细化来信、来访、网上信访、协调督查、复查复核等业务工作流程。推进“信访积案清零专项行动”“重点领域突出信访问题治理专项行动”“信访行为依法规范专项行动”，全面抓好重点领域、重点群体、重点人员信访问题化解、人员管控工作。制定《2017年“信访积案清零”专项行动方案》，将省、

全市军队退役人员代表座谈会　　（市信访局　供稿）

市排查的65件信访积案向相关责任单位进行交办，年底全部按照标准化解稳控到位。加强信访事项受理办理督查督办，对业务工作实行周跟踪、月通报、季度讲评，确保信访事项受理办理程序到位、依法依规。开展信访事项“百案回访”活动，加强信访问题实地督办，确保信访问题真处理、工作措施真落实、信访群众真满意。对网上抽查、实地督查、日常检查发现的问题及时予以通报，情况较为严重予以约谈责任人。至年底，下发专门通报5个，约谈4个县市区信访局长、4个市直单位分管领导。

【舒晓琴到岳阳市调研信访工作】

2017年6月19日，国务院副秘书长、国家信访局局长舒晓琴到岳阳市调研信访工作。到岳阳楼区新城社区参观调研社区“网格化+信访”工作，在市“12345”公众服务热线办参观调研“12345+110+网格化”工作，到市人民来访接待中心（市信访局）参观调研信访事项受理办理工作。省委常委、省委政法委书记、省公安厅厅长黄关春，省政府副秘书长、省信访局长许忠建，市委书记、市人大常委会主任胡忠雄，市委常委、市委政法委书记王小中等参加。调研中，舒晓琴与工作人员亲切交谈，详细了解网格化及群众来访接待和办理情况，并仔细查看网上信访事项受理办理流程，对岳阳市“网格化+信访”“12345”公众服务热线、信访事项受理办理等工作予以肯定。舒晓琴强调，要进一步规范信访事项办理程序，广泛推介网格化管理“零距离”接触老百姓等经验做法，不断提高源头预防和化解信访问题水平，扎实做好基层矛盾纠纷排查化解工作。

【全市军队退役人员代表座谈会】

2017年9月27日，全市军队退役人员代表座谈会召开。市委书记、市人大常委会主任胡忠雄，市委常委、常务副市长唐道明，市委常委、政法委书记王小中，市委常委、市委秘书长谈正红，军分区司令员黄大军等出席。胡忠雄寄语大家，永葆本色，自强不息，爱国爱党，热爱岳阳，为全市改革发展增光添彩。各级各部门要进一步做好服务工作，不折不扣落实相关政策，依法依规解决好合理诉求，共享改革开放和岳阳发展的成果。

（邱　梁）

民政工作

【概况】　2017年，岳阳市民政局（简称市民政局），践行“民政为民、民政爱民”工作宗旨，推动各项工作取得新进步。全年保障城乡低保对象266.68万人次，发放低保资金5.52亿元；保障兜底脱贫对象20.13万人次，发放资金5240万元；下拨社会救助资金8.11亿元；医疗救助支出资金9813万元，救助28.3万人次；实施临时救助15.58万人次，发放临时救助资金9953万元。其中，建议提案办理、综治、计划生育、信访、安全生产、行业扶贫、驻村扶贫等工作被评为全市先进。

【社会救助】　2017年，市民政局加强社会救助管理，指导督促县市区进一步精准救助对象，开展城乡低保对象和社会保障兜底脱贫对象清理整顿和精准认定。至年底，全市城乡低保对象16.33万人，其中：城市低保7.20万人，农村低保9.13万人，农村低保中含兜底对象1.52人。保障城乡低保对象266.68万人次，其中，城市104.85万人次，农村161.83人次；发放低保资金5.52亿元，其中，城市低保3.2万元，农村低保2.32亿元，保障兜底脱贫对象20.13万人次，发放资金5240万元。按照国务院及各级政府工作报告中切实提高城乡低保救助按10%的比例逐年递增的要求，以市政府民生实事目标任务确定全市城乡低保救助的补差标准，各县市区城市低保补差标准从2016年的268元提高到2017年的300元，农村低保补差标准从121元提高到140元，完成市政府民生实事目标任务。及时分配下拨社会救助资金，至年底，下拨社会救助资金8.11亿元（上级下达7.98亿元，市本级配套1300万元），其中，困难群众生活补助资金7.3亿元（含城乡低保、特困供养、临时救助）；医疗救助资金8133万元。同时，协调配合慈善、教育、卫计、人社、住建、电力、自来水等部门，做好对城乡低保对象各项救助政策和救助待遇的落实。指导督促县市区对特困人员供养救助对象进一步重新认定，至年底，全市特困人员供养对象40506人，其中，集中供养10425人，分散供养30081人，累计发放特困人员供养资金3.30亿元。结合行业和本职工作职责，抓医疗救助和临时救助工作，制定《岳阳市2017年城乡医疗救助工作方案》，将城乡低保对象、特困供养人员、建档立卡扶贫对象、低收入困难对象全部纳入医疗救助范围，对特困供养对象全额资助参合参保，对社会保障兜底对象对个人缴费部分资助50%，其他低保对象实行定额资助。至年底，全市支出医疗救助资金9813万元，救助28.3万人次。实施临时救助15.58万人次，发放临时救助资金9953万元，人均救助水平639元，保障困境家庭的基本生活。

【兜底扶贫】　2017年，市民政局按照市委、市政府“脱贫攻坚大会战”要求，与市财政局、市人社局、市残联、市扶贫办衔接，召开全市兜底脱贫攻坚行动工作的部门联席会议2次，发挥民政部门牵头作用，推进兜底扶贫工作。出台《岳阳市2017年兜底保障脱贫攻坚行动工作方案》《岳阳市民政局2017年行业扶贫工作方案》《岳阳市民政局脱贫攻坚突出问题集中整改工作方案》《岳阳市民政局兜底脱贫对象认定清理整改督查方案》，根据农村低保标准和国家扶贫标准“两线合一”的要求，将全市农村低保标准从2016年的月人均220元提高到260元，年人均保障标准3120元，在国家扶贫标准3026元的基础上增加94元。开展农村低保和社会保障兜底脱贫对象清理整顿和重新认定工作，通过全面清理整顿、重新审核审批认定，农村低保对象较2016年底减少8.8万人，社会保障兜底脱贫对象较2016年年底减少9206人，发放兜底保障资金5240万元，对兜底脱贫对象实施全额保障。

【救灾救济】 2017年，岳阳市遭受“6·22”“6·29”“8·12”三次大型洪灾，其中，平江县、湘阴县、岳阳县雨情、水情、灾情创近年来新高，全市受灾人口157万人，紧急转移安置16.18万人，因灾死亡9人，倒塌房屋4130间，严重损房9654间，直接经济损失67.77亿元。全市民政系统1800多名干部职工到灾区一线，转移安置受灾群众13.1万人，向灾区下拨救灾资金5000万元，协调县市区配套救灾资金5000万元，发放帐篷5000顶、棉被2万床、毛毯5000床、折叠床3000张、大米500吨、矿泉水2.1万件，确保灾民“五有”，维护灾区社会大局和谐稳定。帮助灾民开展灾后重建，制定因灾倒房重建方案，开展入户调查，所有因灾倒损房及时重建到位，受灾群众全部在春节前搬入新居。

【优抚安置军休工作】 2017年，岳阳市优抚、安置、军休工作稳步推进。市民政局在全市范围内继续打造“优抚对象健康关怀”“关爱老功臣”和“优抚医疗一站式保障”三个帮困品牌，深化“解三难”“四帮”工作。做好优抚对象的年检、年审和信息系统维护工作，优抚对象二代身份证录入率100%。完成烈士公祭日活动组织任务。开展“双带双促”活动，增强服务意识，主动为退役军人排忧解难，按照“以市场需求为导向、以提高素质为要求、以促进就业为目的、以对象满意为目标”的工作思路，加强退役士兵职业教育和技能培训工作，通过培训保障退役士兵权益，提高退役士兵就业能力，做到退役士兵培训知晓率100%，培训率95%，就业率100%。组织春节、“八一”慰问和军队退役人员“大走访”活动，深化与岳阳舰双拥共建情谊。全面落实安置政策，安排符合政府工作条件的退役士兵264人，圆满解决历史遗留问题。创新军休服务，繁荣军休文化，全面落实军休干部“两个待遇”。保障军休服务，推进军供大楼升级改造，军人接待站转型发展态势良好。

【基层民主建设】 2017年2月，岳阳市根据省委、省政府以及市委、市政府的要求和部署，全面开展第十届村民委员会和第九届居民委员会换届选举工作，基层民主政治建设进一步加强。针对这次换届存在的合村比例高、超额职数多、结构矛盾大等突出问题，市民政局围绕“选优班子、程序规范、结果圆满、风清气正”目标，按照“先易后难、分步实施、分类指导、确保平稳”的思路，精心谋划部署，加强组织领导，扎实组织推进，始终做到业务指导精准、进度掌握精准、信访处理精准，确保村（居）委换届选举没有出现违背法律和规定程序的问题，截至6月30日，岳阳市12个县市区的1388个村、418个居委会完成村居“两委”换届选举工作。主动发挥职能作用，参与督查、检查和指导，及时跟踪监测进度，确保全市1379个村、456个社区（因为村改居致社区数增加）在最短时间内建成社区综合服务设施。联合市农委、市文明办、市卫计委下发《关于印发岳阳市美丽县城美丽村庄美丽社区农村文明家庭考核方案的通知》，争取中心城区社区运转经费1648万元，进一步提高社区工作人员待遇，争取社区新（改扩）建经费647万元，为社区基础设施建设奠定坚实基础。

【社会组织管理】 2017年，岳阳市社会组织管理工作有序开展。健全社会组织发展政策措施，社会组织登记管理改革取得成效，顺利完成行业协会、商会脱钩年度任务，每万人拥有社会组织数达到7.3个。强化社会组织孵化基地建设，孵化培育工作深入开展。推进社会组织党建工作，按照“属地管理、条块结合、分线负责”的工作模式，依托市“两新”工委，成立中共岳阳市社会组织综合委员会；督促、指导县市区民政部门全部建立社会组织综合党委，市本级建有负责社会组织党建工作的各类行业党委14个。按照“党支部建设年”活动要求和“应建尽建，全面覆盖”工作要求，组织力量对社会组织和所属党员情况进行摸底调查，建立党建工作台账。开展社会组织党组织集中组建“百日攻坚”，在市社会组织综合党委管理的88家社会组织中新建党支部36个，向25家没有党员的社会组织指派党建指导员，市社会组织综合党委主管的社会组织党组织覆盖率和工作覆盖率100%。加强培训学习，举办党的十九大专题学习辅导，传递新思想、正能量，选派44家社会组织党支部书记参加“全市非公企业和社会组织党组织书记示范培训班”。对建立党组织的社会组织，帮助指导做好“三会一课”和“两学一做”活动，不断提升社会组织党员党性修养，充分发挥社会组织党组织的政治核心作用。

（吴　伟）

公共资源交易

【概况】 2017年，市公共资源交易中心深化公共资源交易改革，加快推进交易平台建设，撤销平江县、汨罗市分支机构，实现市、县区公共资源交易全面整合。加强公共资源交易活动管控，推进平台信息化建设进程，投标保证金系统账户服务扩容升级，投标报名电子化系统及标书购买网上支付系统上线运行，政府采购、工程建设类项目实现网上电子化开评标，同步远程异地电子开评标，保障市级重点项目交易活动有序推进。至年底，完成交易5078.6宗，交易金额1348.27亿元，比照拍卖底价增收金额1498万元，比照招标控制价节约金额23.66亿元，交易宗数和交易金额位于全省前列。市公共资源交易中心被评为驻村帮扶先进单位、市级文明单位，中心机关党委被授予先进基层党组织。

【交易项目进场】 2017年，市公共资源交易中心严格执行国、省、市公共资源交易平台整合文件要求，实现工程建设交易、政府采购交易、国土资源交易、国有产权交易、医疗器械及耗材交易五大类项目进场交易，对特殊车牌号拍卖、罚没品拍卖、户外广告经营权出让、排污权出让等项目进场交易。3月，实现岳阳市国土资源矿业权首次进入市公共资源交易中心挂网交易。4月，实现岳阳市排污权出让项目首次进入市公共资源交易中心挂网交易。其中，碳排放交易、农村综合产权交易等项目进场加速推进。12月，撤销平江县、汨罗市分支机构，全面完成岳阳市统一的公共资源交易平台整合。至年底，完成交易5078.6宗，交易金额1348.27亿元，比照拍卖底价增收金额1498万元，比照招标控制价节约金额23.66亿元。

【重点项目服务保障】　2017年，市公共资源交易中心主动对接项目业主，优化服务需求，增设“背靠背”评标硬件，实行标室滚动安排改善交易服务条件，满足洞庭湖博物馆施工勘察工程、华容田家湖公园设计方案采购、全市2017年度农村土地整治项目等重点项目交易需求。通过实行全程实时监测工作制确保岳阳市国土资源网上竞价交易系统稳定运行，7月14—15日，历时17小时经915轮竞价，成功完成岳土网挂〔2017〕12、13宗土地交易，该区块土地由恒大子公司岳阳金碧置业有限公司以15.413亿元摘得，溢价187.4%，创造土地交易最高成交价。

【公车拍卖】　2017年，市公共资源交易中心通过精心组织，广泛宣传，严控各交易环节，确保公车拍卖合法、规范、透明、有序进行。至年底，组织市直党政机关公车拍卖5场，成交车辆492台，成交总价2093.99万元，增值金额1235.61万元，平均溢价率143.9%，公车流拍率为“零”。主动对接华能电厂等企业，启动中央、省属驻岳企业公车拍卖，成交车辆20台，成交总价168.02万元，增值金额76.06万元，溢价率82.7%。

【公共资源交易管控】　2017年，市公共资源交易中心加强交易管控，规范完善流程，优化服务环节，制定《交易服务内部工作流程》《交易项目限时办结制度》《交易服务异常事件登记制度》《突发事件应急预案》《门户网站管理制度》等系列工作制度，确保交易服务工作的有序开展。对公共资源交易廉政风险进一步进行梳理，针对性出台系列防控措施，加强交易监控，制定《交易员管理制度》《中介代理机构进场考核管理办法》等制度，加强专家抽取、中介代理机构管理。开展“听建议、提意见、暖民意”活动，设置意见箱和公开举报电话，解决群众反映强烈的问题。

【交易平台信息化建设】　2017年，市公共资源交易中心加强交易平台信息化建设，提升服务水平。3月，投标保证金系统账户服务进一步扩容升级，在交通银行、工商银行、农业银行、华融湘江银行、兴业银行开通服务账户，增强投标信息保密性。6月，投标报名电子化系统及标书购买网上支付系统完成开发、测试并上线运行。政府采购项目交易系统完成开发、测试，实现首次网上电子化开评标。9月，工程建设项目交易系统完成开发、测试，实现首次网上电子化开评标。11月，岳阳市公共资源交易中心与湖南省公共资源交易中心实行同步异地远程开评标，首次实现交易项目跨市、跨平台在不同地域抽取本地专家，实现同步远程异地电子开评标，中心门户网站与省公共资源交易中心网站的数据对接进一步完善。至年底，完成投标保证金收退14486笔，金额73.8亿元，中心门户网站点击量突破300万次，为市场主体办理CA数字证书突破6000个。

（向　阳）

岳阳华能电厂公车处置　（市公共资源交易中心　供稿）

档案工作

【概况】　2017年，岳阳市档案局（简称市档案局）按照“强队伍、优环境、重实干、创一流”的整体工作思路，突出重点，攻坚克难，各项工作成效显著。市档案新馆正式投入使用，国家级项目《岳阳府县志档案汇编》和省重点档案项目《岳州关档案——岳州近代历史记录》完成样书初稿。接待档案查阅利用者2.3万人次。市档案局被评为全省档案工作先进单位、2015—2017年《中国档案》宣传工作先进单位和市文明标兵单位、市扶贫工作先进单位、群众满意度调查优胜单位。

【档案执法检查】　2017年，市档案局加大档案执法检查力度，对1500多家单位开展档案行政执法检查，下发整改通知书67份，立案查处35件。其中，市档案局对全市212家单位进行年度执法检查，对照年初下发的考核细则，重点检查库房保障条件、信息化建设、重点项目档案管理等档案内容，检查结果进行全市通报。汨罗市由市人大常委会、市政府法制办和市档案局组成联合检查组对部分市直单位、乡镇开展档案行政执法检查。对市血防办遗失档案的违法行为给予严肃查处，同时，针对一些单位档案整理不及时、不规范等违规行为下发监督检查通知书8份，责令限期进行整改。临湘市立案查处单位25家，行政罚款10多万元。

【档案资源建设】 2017年，市档案局加强档案资源建设，广泛收集特色档案。通过接收、重大活动同步采集等方式，征集档案资料36000卷（册、件），其中，市档案局接收市纪委案件档案300卷，收集南下干部档案27件，采集两会资料、照片300余张。面向市民开展“百姓家训家规档案”征集活动，征得“百姓家训家规档案”70条。湘阴县从李时山（华国锋任湘阴县委书记时县委办干事）手中征集复制华国锋工作照片12张。君山区征集温家宝总理考察君山图片资料，2块明朝南京城墙砖，征集皮影戏、降魔舞等民间艺术资料，并进行录像录音，形成音像档案收藏进馆。发挥优势创新管理，利用市档案局新馆库房和专业人员管理优势，将不具备档案保管保护条件的单位档案提前接收进馆进行专业化管理并提供利用。其中，与岳阳经开区达成长期合作协议，划出专门库房及专柜保存该区从成立起至2012年（含）以前所有文书、业务、基建、照片等各类档案，并提供查询利用服务。接收市直单位到期档案，通过前三年的“进馆档案质量建设年”活动，全市150多个单位完成45万多卷（件）的1990年后到期档案整理，达到国家一级档案馆进馆标准，将分批次接收进馆。

【档案安全工作】 2017年，市档案局注重档案安全工作，用近2个月时间完成老馆搬迁工作，在高度保密和精确有序下，“零”差错完成近20万卷（册）馆藏档案资料打包下架、途中押运、卸车点数、拆包上架等工作。针对岳阳汛期，及时制发《关于加强汛期档案安全保管工作的紧急通知》，迅速发到各单位，同时在市政府门户网站进行发布，组织4个督查组到各县市区开展汛期档案安全保管工作督查，检查县市区档案馆库房、设备运转情况和临湖、靠山乡镇档案保管情况等，全市汛期档案安全保管工作落到实处，各档案馆室未发生任何水毁档案等事故。《中国档案报》在头版对市档案局汛期档案安全工作进行推介。

【“四大会战”重点项目档案管理工作】 2017年9月8日，市档案局召开全市“四大会战”档案管理暨重点项目档案管理工作会议，下发《岳阳市“四大会战”档案管理相关业务标准与文件汇编》，开展“四大会战”档案管理工作的实施培训。要求全市各级档案部门紧贴中心、服务大局、突出重点，根据本单位实际，确定“四大会战”档案的收集归档范围，确保“四大会战”过程中形成的各种门类、各种载体文件材料的收集齐全、完整、准确、及时。市档案局把“四大会战”档案管理工作纳入年度档案执法检查考核内容，加强督促检查与协调服务，确保工作落到实处。对开发区档案、重点项目档案、精准扶贫档案管理进行具体的业务指导，指导三荷机场等全市45家重点项目建设责任单位进行重点项目档案建档。

【重点档案保护与开发】 2017年，岳阳市1个项目入选国家级重点档案抢救与保护开发项目，2个项目入选省级重点档案抢救与保护开发项目。其中，国家级项目《岳阳府县志档案汇编》形成初稿；为编纂出版省重点档案项目《岳州关档案——岳州近代历史记录》一书，4个档案征集工作小组分别到南京、北京、天津、广州、上海等地收集整理相关档案资料249卷，征集到“奏报岳州关开办日期事”“岳州口华洋贸易情形论略”、岳州关进出口各项贸易数据等档案800多页，近百余件，完成样书初稿；投资496万余元的《岳阳记忆》固定展览完成设计审查和财政评审。

【档案信息化建设】 2017年，市档案信息化建设规划被列入市政府年度重点工作。市档案新馆的投用，形成智能监控、智能管理线网。推进存量档案数字化和增量档案电子化工作，市档案信息共享平台和馆藏档案数字化建设完成规划编制。市档案馆和平江县、湘阴县、华容县、岳阳县、岳阳楼区、云溪区等各县市区档案馆均推进纸质档案数字化，全市130家单位使用档案管理软件，75家单位基本建立档案目录数据库，40家单位进行全文数据库扫描，一些单位实行档案的计算机检索。全市扫描档案资料430多万页。其中，湘阴县完成馆藏20个全宗10148卷档案实体166.24万页的全文扫描。岳阳楼区完成55万页扫描。华容县启动档案数字化外包政府采购项目，计划在半年内完成50万条的档案目录著录及100万页的纸质非涉密档案扫描。市直单位档案信息化方面，市检察院建院以来所有文书档案目录、全文数据库完成。市中级人民法院投入70万元开展业务档案信息化建设，先扫描2012—2016年业务档案，扫描120万页。巴陵石化录入机读目录37.4万条，扫描文件78.9万页，电子档案管理初见成效；洞庭湖生态经济区专题档案资源数据库建设进展顺利。全市各相关单位按要求移交2017年洞庭湖生态经济区专题数据库数据1.22万条，扫描8.79万页，数据67.6G。

【档案新馆正式面向社会公众开放】 2017年11月3日，位于岳阳市经开区梅子柿北路、市体育中心西侧的岳阳市档案新馆完成竣工验收，12月8日，正式投用。新馆集档案保管、展览、阅览、信息技术处理等功能，融档案安全保管基地、爱国主义教育基地、档案利用服务中心、政府信息公开中心、电子文件管理中心“五位一体”，属于国家市级一类综合档案馆。

（田丽群）

移民工作

【概况】 2017年，全市移民人均可支配收入持续增长，移民生产生活条件进一步改善，库区和移民安置区社会大局和谐稳定。9月30日，岳阳市移民开发局（简称市移民局）顺利完成机构改革，市移民局撤销，职责和人员整体并入市水务局。全市移民工作成效显著，市移民局被评为省移民工作优秀单位、内审工作先进单位和市计划生育工作先进单位。

【移民整村推进和避险解困工作】

2017年，岳阳市确定26个整村推进村，投入资金4950万元，其中，岳阳县小港村、平江县凤凰山村、湘阴县源谭村、华容县华一村、君山区牛奶湖村5个为省级试点村，安排专项资金1240万元，至年底，各重点项目工程建设顺利。全市承担特困移民避险解困任务6504人，市移民局严格按照省移民局工作部署，规范工作程序，稳步有序推进。至年底，完成避险解困建房和安置4769人，其中省政府考核的3157人全部通过统计部门的评估认定。

【移民就业增收帮扶】　2017年，市移民局抓产业发展，促进移民收入增长，投入资金103万元，在铁山库区建成红心柚水果产业基地73.33公顷，猕猴桃水果基地33.33公顷，对原有产业基地实行挖潜改造，使产品适应市场需求。抓就业培训，促进移民转移就业，开展月嫂、按摩推拿等特色培训班，培训贫困移民210人，全部安排就业。至年底，投入培训资金330余万元，完成移民就业技能培训1189人，农业实用技术培训3324人。结对帮扶困难移民家庭203户，全市移民部门安排脱贫攻坚资金3300万元，其中，产业开发718万元，技能培训169万元，美丽家园建设2367万元，教育医疗救助资金56万元，实现出列摘帽的贫困移民村111个，建档立卡贫困移民脱贫4935人。

【移民项目资金管理】　2017年，市移民局加强移民项目专项资金管理，采取资金内审、后扶稽查、监测评估、绩效评价等“四位一体”监管模式，对项目资金全方位监管。完成汨罗市、湘阴县、临湘市、华容县、岳阳楼区、屈原管理区的资金财务内审，完成平江县、岳阳县、君山区、云溪区4个单位的后扶工作全面稽查。其中，岳阳县顺利通过水利部长江委、黄河委2016年度后扶政策实施情况的监测评估和2016年度后扶资金使用的绩效评价。

【移民权益维护】　2017年，市移民局加强移民权益维护，落实国家直补资金发放政策，移民直补资金全部实现按季度“一卡通”如期足额兑现给移民，至年底，打卡发放直补资金8921.83万元。落实计划生育奖励政策，扶持大中型水库移民独生子女和计划生育二女户家庭455户，发放奖励资金50.87万元。化解移民难题，抓好信访维稳工作，市、县移民部门接待移民来访164批543人次，收到移民来信46件，没有出现非正常上访与群体性事件，保障库区和移民安置区稳定。

（杨彩霞）

政协岳阳市委员会

C.P.P.C.C.YUEYANG
MUNICIPAL
PARTY COMMITTEE

责任编辑·曹春友

综　述

【概况】　2017年，在中共岳阳市委的领导和省政协的指导下，市政协常委会以助力“一个目标、两大战略、三条底线、四大会战”作为最大担当，忠实履行职责，较好地发挥政治协商、民主监督、参政议政等职能，政协各项工作站位高、亮点多、实效好，为加快岳阳“城、堡、极”建设作出较大贡献。

服务中心工作。聚力开放崛起，高质量完成“开放崛起在岳阳”首位课题调研；提出湖南实施“双核驱动”（长株潭、岳阳）和“双港并举”（长沙空港、岳阳水港）的开放发展思路建议；通过“红网”，宣传推介岳阳开放崛起的优势、目标、路径和措施，引起网友特别关注；率团参加系列经贸活动，推动岳阳融入“一带一路”倡议。助力“四大会战”，牵头负责脱贫攻坚大会战，参加交通建设大会战；出台《关于开展“聚力‘四大会战’、强化履职担当”主题活动的意见》，推动各级政协组织、参加单位和广大委员投身到“四大会战”之中。发力重点工作，在招商引资、产业培育、重点工程、急难任务等方面有所作。

参政议政。开展专题调研，组织开展“打造交通物流枢纽”等5个重点课题和“教育扶贫”等6个自选课题调研；各党派团体委员参与“大岳阳城市圈建设”等7个课题调研，形成一批有见解、有价值的调研成果。推动各类协商，以调研为基础和原点，开展专题协商、界别协商、对口协商、提案办理协商。开展专题调研15次、协商活动31次、视察监督27次，形成调研视察报告20篇、建议案11件，提出建议459条，市委、市政府领导27次作出批示。加强民主监督，组织开展产业扶贫、港口会战等视察监督活动，提高民主监督的组织化程度。组织政协委员走进法检两院和纪委，探索刚性执纪监督与柔性民主监督的互融、互鉴、互促机制。改进提案办理，优化升级“互联网+提案”平台，探索建立提案办理“一案三双”制度，全年审查立案的308件提案全部办复。

创新工作机制。创新履职机制，增补各类规章制度30多项，机关事务和履职活动均有章可循；出台《健全县级政协工作指导机制的意见》，明确县级政协工作指导10项机制；强化委员联络，完善“四联”制度等常态机制。创新履职平台，对接省政协云平台，加速岳阳“1116”智慧政协建设。创新履职方法，坚持调研协商监督“三位一体”，坚持省、市、县“三级联动”，实现三级政协同频共振。创新履职载体，出台“委员‘十个一’活动”实施方案，将委员履职活动具体化。建立委员帮扶台账，便于管理、评价和考核；拓展“三个一”主题活动，开展“三送三助”和“六送六帮”等主题活动，彰显岳阳特色。

重要会议

【市政协八届一次会议】　2017年1月3—7日，岳阳市政协八届一次会议在市会展中心召开。343名市政协委员与会，市委、市人大常委会、市政府、市政协、岳阳军分区领导，市中级人民法院、市人民检察院，中央、省属驻岳有关单位主要负责人，在岳高等院校、岳阳经开区、市委党校主要负责人和部分离退休老同志、副厅级干部应邀出席会议或列席会议。会议通过《市政协八届一次会议政治决议》《市政协七届常委会工作报告的决议》《市政协七届常委会提案工作报告的决议》《市政协八届一次会议提案审查委员会关于提案审查情况的报告》，选举产生新一届市政协领导班子。会议表彰七届市政协优秀政协委员，市政协七届四次会议以来优秀提案和提案办理先进单位。

【市政协主席会议】　2017年1月12日，市政协八届一次主席会议召开。会议研究市政协领导班子成员分工，安排部署当前工作。

3月14日，市政协八届二次主席会议召开。会议审议通过《“五个政协”建设实施方案》《市政协委员“十个一”履职践责活动实施方案》《委员“三个一”扶贫行动实施方案》《市政协各委室联系界别及各界别正副组长人员名单》《市政协八届一次会议重点提案》《市政协2017年工作要点》《市政协2017年度调研协商监督计划》《关于健全县级政协工作指导机制的意见》和《市政协优化非公经济发展法治环境调研协商监督方案》。

3月30日，市政协八届三次主席会议召开。会议审议通过“开放崛起在岳阳”调研报告、“开放崛起在岳阳”建议案和市政协八届二次常委会议方案。

6月29日，市政协八届四次主席会议召开。会议听取《加强食品安全监管体系建设，合力保障舌尖上的安全》《优化非公经济发展法治环境》《科学推进金融扶贫，助力脱贫攻坚行动》调研情况汇报，审议《聚力四大会战、强化履职担当》活动实施意见、市政协重要规章制度和专委会兼职副主任人员名单，传达学习省政协宣传工作会议精神。

7月13日，市政协八届五次主席会议召开。会议审议提交市政协常委会议协商的履职类规章制度、《市政协食品安全委员集中视察活动方案》和《市政协八届三次常委会议议程》，听取委员“三个一”扶贫行动推进情况和市政协上半年工作情况汇报。

9月14日，市政协八届六次主席会议召开。会议审议通过“关于规范村民建房，建设美丽乡村”和“关于打造交通物流枢纽，加快现代物流发展”课题调研方案、市政协“四联”活动人员分解名单、“政协委员走进纪委”活动方案、“我为扶贫做件事”宣讲暨委员“三个一”扶贫行动推进视频会议方案、精准扶贫和环保突出问题整改民主监督活动方案以及“加强食品安全监管体系建设，合理保障舌尖上的安全”“优化非公经济发展法治环境”“科学推进金融扶贫，助推脱贫攻坚行动”3个重点课题的调研报告和建议案。

11月24日，市政协八届七次主席会议召开。会议审议通过市政协

市政协主席徐新楚深入湘阴县金龙镇调研精准扶贫工作

（市政协　供稿）

八届二次会议筹备方案（草案）、市政协八届二次会议议程（草案）和日程（草案），听取委员履职考核情况、委员履职报告会筹备方案和委员、常委动态调整对接协调等有关工作的汇报、大会筹备重点工作推进情况汇报。

12月15日，市政协八届八次主席会议召开。会议协商通过届中辞免、增补委员（常委）建议方案（草案）；审议通过关于召开市政协八届二次会议的决定（草案），议程、日程（草案）和会议有关名单（草案），市政协八届常委会工作报告（审议稿）及提案工作报告（审议稿），优秀提案及提案先进承办单位名单（草案），委室联界别以及部分界别组长调整建议名单（草案），委员参与“三个一”扶贫行动表彰名单（草案）、八届六次常委会会议方案（草案）、“打造长江中游交通物流枢纽，加快现代物流业发展”建议案（草案）；听取大会筹备处各组工作情况汇报。

【市政协常委会议】 2017年1月8日，市政协八届常委会第一次会议召开。会议学习传达市委书记、市人大常委会主任胡忠雄的讲话精神，协商通过市政协副秘书长、各专委员会主任和副主任人员名单，审议通过《岳阳市政协常委会工作规则》。

3月31日，市政协八届常委会第二次会议召开。会议就“实施开放崛起战略，推动岳阳跨越发展”开展专题协商。

7月18日，市政协八届常委会第三次会议召开。会议协商通过《关于在全市政协组织和委员中开展“聚力四大会战，强化履职担当”活动的意见（草案）》、6项履职类重要规章制度（草案）、市政协各专委会兼职副主任建议名单，报告市政协上半年度工作情况和报告委员“三个一”扶贫行动推进情况。

10月19日，市政协八届常委会第四次会议召开。会议通报委员参与“三个一”扶贫行动情况，就“我为扶贫做件事”主题13位政协委员作典型发言。

11月13日，市政协八届常委会第五次会议召开。会议听取市委系统、市政府系统提案办理工作和重点提案主办单位办理情况汇报，对提案质量和提案办理情况开展民主评议和测评。

12月18日，市政协八届常委会第六次会议召开。会议协商决定届中辞免、增补市政协委员；协商届中辞免、增补常委建议名单；协商通过市政协八届二次会议各次大会执行主席建议名单（草案），大会秘书长、副秘书长名单（草案），秘书处各组负责人名单（草案）；审议通过《关于召开市政协八届二次会议的决定》、市政协八届二次会议议程和日程（草案）、市政协八届常务委员会工作报告（草案）及提案工作报告（草案）；听取各专委会2017年度工作情况书面汇报。

12月31日，市政协八届常委会第七次会议召开。会议听取有关人事调整的说明；通过有关人事任免事项，酝酿候选人名单；协商选举办法（草案）、选举工作人员建议名单（草案）；协商讨论3个决议（草案）。

【市政协专题协商会议】 2017年3月31日，市政协组织召开“实施开放崛起战略，推动岳阳跨越发展”专题协商会议。市政协全体领导，副市长邱虹，各县市区政协主席、屈原管理区政协工委主任，岳阳经开区、湖南城陵矶新港区、南湖风景区、市直相关部门负责人，调研组成员，部分省、市政协委员参加会议。任浩波、张世思等省市政协委员，临湘市政协、湘阴县政协，市发改委、市商务粮食局、湖南城陵矶新港区等负责人发言，市领导徐新楚、邱虹讲话。

7月24日，市政协组织召开“加强食品安全监管体系建设，合力保障舌尖上的安全”专题协商会议。市政协全体领导，市委常委、常务副市长唐道明，市直相关单位负责人，部分省、市政协委员参加会议。任为、姚正国等7名市政协委员代表发言，鲁兴旺、曾伟作特邀发言，市农委、市财政局等4名相关部门负责人交流发言，市领导徐新楚、唐道明讲话。

8月9日，市政协组织召开“优化非公经济发展法治环境”专题协商会议。市政协全体领导，市领导唐道明、李挚、王小中，市直相关负责人，各县市区政协主席、屈原管理区政协工委主任，部分市政协常委、委员，相关专家参加会议。郑德、安丽娣等6名市政协常委、委员代表发言，市公安局、市检察院等5名相关负责人互动发言，市领导徐新楚、唐道明、李挚、王小中讲话。

8月29日，市政协组织召开“科学推进金融扶贫，助推脱贫攻坚行动”专题协商会议。全体市政协领导，市委常委、副市长胡小闽，市直相关部门负责人，各县市区政协主席、屈原管理区政协工委主任，岳阳经济技术开发区、湖南城陵矶新港区、南湖风景区主要负责人，调研组成员，部分市政协常委、委员参加会议。洪建军、袁正宏等4名委员代表发言，冯艳、兰红梅特邀发言，市扶贫办、市人民银行负责人发言，市领导徐新楚、胡小闽讲话。

11月10日，市政协组织召开“打造长江中游交通物流枢纽，加快现代物流业发展”专题协商会议。全体市政协领导，副市长杨昆，市直单位相关负责人，部分市政协常委、委员，相关专家参加会议。王志龙、霍益辉等10名市政协常委、委员代表发言，市发改委、市交通运输局等3名相关负责人互动发言，市领导徐新楚、杨昆讲话。

12月6日，市政协组织召开“全面规范村民建房，建设生态宜居美丽乡村”专题协商会议。市委副书记、市长刘和生，副市长喻昌，全体市政协领导，市直相关单位主要负责人，县市区政协主席，部分市政协常委、委员等参加会议。李立平、王毅夫等5名市政协委员代表发言，市农委、市国土局等3个单位互动发言，市领导刘和生、徐新楚、喻昌讲话。

主要工作和重大活动

【提案办理】 2017年，市政协落实市委书记胡忠雄“交办要精准、办理要务实、督办要及时、考评要严格”提案工作要求，优化升级“互联网+提案”平台，探索建立提案办理“一案三双”制度，将提案办理民主评议结果作为“社会评价”板块的重要内容纳入全市综合绩效考评，促进提案工作创新创优、见行见效。市政协委员、市政协各参加单位运用提案履行职能，通过提案办理软件系统提交提案410件，经审查立案308件（其中，市政协大会提案401件，立案302件；平时提案9件，立案6件），立案率75%。立案提案中经济建设类101件，政治建设类8件，文化建设类67件，社会建设类106件，生态文明建设类26件。至11月，所有提案全部办复。从办理结果来看，所提问题解决或基本解决的占67%；正在解决或列入计划逐步解决的占27%；因客观条件所限暂时不能解决或留作参考的占6%。

【专题协商】 2017年，市政协围绕市委、市政府中心工作，聚焦民生热点、经济难点，务实推进专题协商。以调研为基础和原点，从议题的高度、调研的深度、发言的准度、转化的力度等环节入手，以专题协商为主，辅以界别协商、对口协商、提案办理协商，形成“三位一体”的职能聚焦、闭环管理和成果叠加。年内，市政协开展专题协商活动31次。“开放崛起在岳阳”专题协商会，充分肯定课题调研组战略站位高、问题导向明、调查研究深、谋篇布局新、数据内容实、可鉴可用强，具有重要的决策参考价值和实践指导作用。食品安全监管专题协商会强调，食品安全是重大民生问题，一定要抓实抓严抓好；要正确处理“管安全”和“扶产业”的关系，将全市食品产业打造成两千亿支柱产业。“优化非公经济发展法治环境”协商会上，部分政协委员作协商建言，相关部门负责人作现场回应，形成非公经济是岳阳经济发展的主力军和强力支撑，优化非公经济发展法治环境势在必行的共识。“科学推进金融扶贫、助推脱贫攻坚行动”专题协商会要求，金融扶贫要强化责任。金融机构和部门要提高政治站位，把社会责任摆在第一位，商业利益放在其次，将金融扶贫作为“首责”“主业”和“天职”，不断创新金融扶贫产品、模式和服务，让金融扶贫成为服务“三农”、助力扶贫的重大举措和强力支撑。“打造交通物流枢纽，加快现代物流业发展”专题协商会上，市领导强调要顺势而为、乘势而上，全力打造长江中游交通物流枢纽，加快岳阳物流业发展；充分利用区域性中心城市定位、国家四大战略叠加和岳阳“城、堡、极”的优势，精准发力，尽早将岳阳现代物流推上千亿产业台阶。“全面规范村民建房，建设生态宜居美丽乡村”专题协商会上，市政协委员，市农委、市国土局、市规划局负责人踊跃发言。市长刘和生肯定专题调研选题精准科学、调研深入扎实，调研成果富有针对性和可操作性；他要求相关部门要认真吸收报告中的好思路及对策建议，抓好落实，将调研成果从纸上落到地上，加大空心房和危旧房的拆除整治力度，为实施乡村振兴战略打下坚实基础。

【调研视察】 2017年，市政协按照省政协三级联动和市委点题交办要求，高质量完成“开放崛起在岳阳”首位课题调研。该课题分析全市开放崛起的战略背景、现状短

“全面规范村民建房，建议生态宜居美丽乡村”专题协商会议

（市政协 供稿）

板，提出打造“一极三区两中心”的开放定位和发展对策，谋划178个、总投资3754亿元的重大项目，通过清单报送、专题宣讲、党校授课、走进红网、集中视察等方式促进调研成果转化。组织开展“打造交通物流枢纽”“优化非公经济发展法治环境”等5个重点课题和“教育扶贫”“历史街区保护”“特色小镇建设”“地方戏曲传承发展”“基层宗教场所公共安全”“有色金属固废循环利用”6个自选课题调研；各民主党派团体委员主动参与“大岳阳城市圈建设”“河湖连通工程”“园区经济发展”等7个课题调研，形成一批有见解、有价值的调研成果。开展视察监督27次，形成调研视察报告20篇、建议案11件，提出建议459条，市委、市政府领导作出批示27次。

【协力重点工作】 2017年，市政协围绕市委、市政府中心工作，推动岳阳经济社会快速发展，开展招商引资，帮助引进经阁铝材等近30亿元的园区产业和文化旅游项目，负责3个投资10亿元以上重大项目的“一对一”推进。实施产业培育，牵头负责或参与指导全市九大重点产业帮扶。推进重点工程，一名市政协领导专职负责棚户区改造、“两湖”连通、洞庭新城和东风湖新区开发等重点项目建设。一线指挥督导防汛抢险，组织市、县两级政协委员组成抢险突击队、志愿服务团，开展“洪灾无情、政协有爱”救灾捐赠活动，所捐款物800多万元。

【政协推进脱贫攻坚】 2017年，市政协出台《关于开展“聚力‘四大会战’、强化履职担当”主题活动的意见》，确定全年工作的主攻方向。市政协主席徐新楚出任市脱贫攻坚大会战指挥长，协助市委、市政府全力攻坚。通过推进产业、行业、社会扶贫和基础设施、服务平台建设，紧扣“两不愁、三保障”和“三率一度”等核心指标，超额完成省定目标任务，6.6万人摆脱贫困、187个村脱贫出列，得到省

2017年度优秀提案一览表

表4

序号	提案者	提　　案
1	民建岳阳市委	《加快构建综合交通枢纽体系，充分发挥通江达海桥头堡作用》
2	蒋勇委员	《关于扎实推进洞庭湖生态环境保护与治理的建议》
3	民革岳阳市委	《关于环南湖旅游核发展的几点建议》
4	民盟岳阳市委	《多措并举处理城市垃圾，建设洁净宜居美好家园》
5	民进岳阳市委	《多措并举，综合施策，缓解城市交通压力》
6	农工党岳阳市委	《关于全面推进城陵矶港对外开放大通关水平的建议》
7	致公党岳阳市委	《关于优化义务制教育办学环境，促进教育均衡发展的建议》
8	九三学社岳阳市委、市政协文教卫体委员会等	《全力打造湖南省新港经济先导区，助推全省开放型经济跨越发展》
9	岳阳市工商联	《关于降低实体经济成本，促进非公经济健康发展的建议》
10	岳阳市政协文史和学习委员会	《大力创建“联合国人居环境奖”，推进宜居城市建设的建议》
11	周义军委员	《关于将左宗棠文化作为湖湘文化重要内容加强宣传推介的建议》
12	陈平委员	《关于利用“互联网+”发展智慧养老服务业的提案》
13	李其报委员	《关于临湘工业园滨江产业区与临港新区抱团发展的建议》
14	姜其胜委员	《关于授权湖南岳阳绿色化工产业园管委会实施部分市级行政审批事项的建议》
15	洪志凡委员	《关于要求加大对重点县非贫困村贫困人口扶持力度的提案》
16	蒋雄波委员	《关于建立城市垃圾终端处理设施区域生态补偿机制的建议》
17	向阳委员	《关于建设智慧城市的建议》
18	唐明辉委员	《关于鼓励引导民营企业参与精准扶贫的提案》
19	罗先涛委员	《关于在全市统一开展农村住房和自然灾害责任保险的提案》
20	胡建兵委员	《加强岳阳市医保基金管理统筹的提案》

实地考核组充分肯定和较高评价。将省市脱贫攻坚活动有机结合、共谋推进，确定平江县扶贫村、岳阳县铁山库区贫困户列为委员主要帮扶对象。为每名委员建立帮扶台账，要求委员填写好帮扶信息表、走访日志，签订承诺书。各民主党派、市工商联将“三个一”融入“同心行动”主题活动中，县市区政协分别将“三个一”行动拓展为“三送三助”和“六送六帮”等主题活动，彰显岳阳特色。市政协机关和3名副主席示范性办好4个联点贫困村，为贫困村发展产业扶贫项目14个、建成基础设施和公共服务项目25个，多渠道争取项目资金2173万元。全市2243名市、县两级政协委员结对帮扶贫困户2897户，资助贫困学子574名，提供就业岗位405个，帮助1400多户贫困家庭实现增收，捐款捐物1200多万元，委员“三个一”扶贫行动成为社会扶贫的重要力量。

【政协团结联谊】 2017年，市政协注重对外联络联谊，推动岳阳扩大开放和对外广交朋友。至年底，市政协率（参）团参加“湖南走进美洲”、2017阿斯塔纳世博会及俄罗斯、蒙古系列经贸活动，促进岳阳融入“一带一路”，扩大岳阳对外开放。对内加强与新经济组织和新社会组织从业人员的团结工作，密切联系“三胞三属”和海外同乡会，为他们投资岳阳牵线搭桥。扩大政协系统交流交往，先后组织16批次政协委员、机关干部到外地调研，有40余批次外地政协组织到岳考察，互相交流学习创新经验，讲好岳阳故事，提升岳阳知名度、美誉度。

【社情民意】 2017年，市政协加强社情民意信息工作，确保社情民意反馈渠道迅捷、通畅。围绕群众所忧、所急、所盼，开展城区防涝排渍、静态交通治堵、农贸市场建管提质、公厕合理布点等“民生热、切口小”的事项调研和协商。至年底，各界委员反映社情民意信息230余条，编发24期，其中12期得到市委、市政府领导批示，成为决策参考。

（史 吏）

中共岳阳市纪律检查委员会

YUEYANG DISCIPLINE
LNSPECTION COMMITTEEE OF
THE COMMUNIST PARTY
OF CHINA

责任编辑·李　幸

综 述

【概况】 2017年，全市各级党组织和纪检监察机关履行管党治党的政治责任，推动全面从严治党向纵深发展、向基层延伸，党风政风、社风民风不断好转并巩固发展。中共岳阳市纪律检查委员会（简称市纪委）推进党风廉政建设和反腐败工作，以严格的问责追究倒逼责任落实，至年底，问责党风廉政建设“两个责任”不到位问题79件，给予组织处理和纪律处分119人。加强对中央环保督查交办问题整改落实情况的监督检查，开展“四大会战”监督执纪问责工作，约谈责任人463人，问责处理128人，给予党纪政纪处分35人。率先在全省开展国家公职人员违规参与涉砂经营活动专项整治，405人应退尽退，立案查处38人，移送司法机关9人。聚焦扶贫攻坚工作，密集开展专项检查、暗访督查和专项巡察，上线运行“互联网+监督”平台，推进农村信访举报集中办理专项行动，深化“雁过拔毛”式腐败问题专项整治，查处扶贫领域违纪问题107起，党纪政纪处分117人，移送司法机关3人。严肃村（社区）“两委”换届纪律，立案查处违纪问题41件，给予党纪政纪处分50人，取消候选人资格5人。集中开展防汛工作督查，问责党员干部159人，其中给予党纪政纪处分36人。驰而不息纠治“四风”，查处违反中央八项规定精神问题 254件，给予党纪政纪处分231人。开展“刹人情歪风、治婚丧陋习、树文明新风”专项工作，创建示范乡镇74个、示范村（社区）1212个，立案查处党员干部违规操办婚丧喜庆事宜案件32件，通报曝光20件。从严执纪审查，全市纪检监察机关立案1888件，结案2000件（含上年结转），给予党纪政纪处分1952人。科学运用监督执纪“四种形态”，处理党员干部3697人次。组织对21个市管单位党组织开展两轮常规巡察和一轮专项巡察，移交问题线索51件，立案查处39人，创新开展县级交叉巡察，对70个基层党组织开展“政治体检”，收集信访反映和问题线索706件，立案查处58人。率先在全省完成派驻机构全覆盖改革，市本级设派驻纪检组26个。

【市纪委派驻机构实现全覆盖】 2017年6月30日，市纪委在全省率先召开派驻机构全覆盖工作会议，26家市纪委派驻纪检组集中授牌，标志岳阳市纪委实现对80家市一级党和国家机关的派驻全覆盖，在全省14个市州中率先完成派驻机构改革工作任务。岳阳市新设的26家派驻纪检组中，综合派驻的有20家，单独派驻的有6家。在职数配备方面，各派驻机构配备纪检组长26名，配备副组长53名，除驻市公安局纪检组设3名副组长外，其他均设副组长2名，配备编制135名，到位103人。市委常委、纪委书记李挚要求各派驻机构提高政治站位，全面履行党章赋予的职责，发挥“探头”“前哨”作用，从严监督执纪问责，当好“常驻不走的巡察组”。9月底，各县市区均完成派驻机构改革任务，成立派驻机构102家，配备编制423名，市县、两级纪委实行“人、财、物”统一管理。

【70位“实权”科长被重点监督】 2017年7月，岳阳市出台《关于加强市直单位职能科室负责人重点监督管理的办法》，把市发改委、市经信委、市财政局等27家市直单位的70个行政审批、行政执法权相对集中且与群众办事密切相关的业务科室负责人作为重点监督对象，从严格依法行政、提高工作效能、优化服务质量、加强廉政建设、健全长效机制等五个方面对70名“实权”科长进行重点监督，进一步加强干部监督管理，贯彻全面从严治党的要求。《岳阳日报》、“江湖那些事”等市级媒体对27家市直单位的70名职能科室负责人进行集中公示并公开举报电话“12380”，加强对公示对象依法行政、廉政建设等情况的社会监督，对“不作为、慢作为、乱作为”的典型一旦发现，市纪委监委严肃问责。

【“政协委员走进纪委”活动】 2017年9月27日，市政协、市纪委共同举办“政协委员走进市纪委”活动。市政协主席徐新楚，市委常委、纪委书记李挚，市政协和市纪委领导、政协委员、媒体记者等50多人参加活动。“政协委员走进市纪委”活动在岳阳市尚属首次，走在全省前列。委员们实地参观市纪委工作现场、图文展示、现场讲解、座谈交流等方式，了解党的十八大以来全市党风廉政建设和反腐败斗争工作的新理念、新进展、新成就，进一步接受廉政教育、了解执纪规范、宣传反腐成果、增进监督合作。座谈会上，8名政协委员现场与市纪委领导班子成员就如何

“政协委员走进纪委”活动 （市纪委 供稿）

加强执纪监督和民主监督的有机结合，如何发挥派驻的探头作用和巡察的利剑作用等问题进行探讨和交流，现场发布《市政协、市纪委关于建立政协民主监督与纪委执纪监督工作联系机制的有关意见》。

重要会议及活动

【中国共产党岳阳市第七届纪律检查委员会第二次全体会议】 2017年1月20日，中国共产党岳阳市第七届纪律检查委员会第二次全体会议在市文化艺术会展中心召开。会议的主题是：认真落实中央纪委七次全会、省纪委二次全会和市委要求，总结2016年纪律检查工作，部署2017年纪检工作。市委书记、市人大常委会主任胡忠雄讲话，对贯彻中央纪委和省纪委全会精神，做好岳阳市2017年党风廉政建设和反腐败工作，推进全面从严治党向纵深发展，提出明确和具体的要求。市委常委、市纪委书记李挚作题为《永远在路上、坚定向前行、不断推动全面从严治党向纵深发展》的工作报告。报告提出，全市各级党组织和纪检监察机关要牢固树立政治意识、大局意识、核心意识、看齐意识，全面贯彻党的十八届六中全会以及中央纪委七次全会、省纪委二次全会、市第七次党代会和市委经济工作会议精神，严肃党内政治生活，强化党内监督，狠抓责任落实，深化纪律建设和作风建设，始终保持惩治腐败的高压态势，从严管好纪检监察干部队伍，深入推进党风廉政建设和反腐败斗争，不断取得全面从严治党新成效，交上让党和人民满意的答卷。

【县市区纪检监察工作一体化现场推进会】 2017年2月，市纪委推进县市区纪检监察工作一体化建设部署，选定平江县先试先行，3月正式启动县乡纪检监察工作一体化建设，构建起乡镇分片、县直单位分组的一体化工作格局。7月26日，岳阳市县市区纪检监察工作一体化现场推进会在平江县召开，集中观看平江县一体化建设工作专题片，平江县作经验介绍。会议解读市纪委监察局《关于推进县市区纪检监察工作一体化建设的指导意见（试行）》《关于加强县市区纪委派驻机构建设的指导意见》文件，总结分析全市办信处访、执纪审查工作，并明确后段工作要求。

【服务保障“四大会战”监督执纪问责工作调度会】 2017年5月27日，市纪委监察局召开服务保障“四大会战”监督执纪问责工作调度会。会议听取服务保障“四大会战”监督执纪问责各工作小组的情况汇报，对前段工作情况进行总结梳理，对后段工作进行研究部署。会议要求，做好服务保障“四大会战”监督执纪问责工作要认识再提高，“四大会战”事关全市经济发展、社会稳定，把服务保障工作作为当前工作的头等大事抓好；服务再精准，监督执纪问责工作组要认清职责定位，立足于监督执纪问责主业，精准问责、精准执纪，以点带面推动“四大会战”顺利实施；责任再强化，把服务保障“四大会战”监督执纪问责工作摆在重要位置，强化工作责任，主动对接，把监督执纪问责落到实处；查处再加压，进一步明确目标任务，执纪监督问责工作组要查处一批问责案件，通报曝光典型问题，为“四大会战”营造良好舆论氛围。

【“刹人情歪风、治婚丧陋习、树文明新风”专项工作调度会】 2017年6月29日，岳阳市“刹人情歪风、治婚丧陋习、树文明新风”专项工作调度会在平江县举行。市委书记、市人大常委会主任胡忠雄强调，抓顶层设计、高位推动、重点突破、纵深发展，坚决打好这场攻坚战、持久战，切实为老百姓减负。市委常委、纪委书记李挚主持会议，市委常委、宣传部部长马娜，市委常委、市委秘书长谈正红等领导参加会议。李挚要求，要认真领会落实好此次会议精神，抓宣传贯彻、抓工作举措、抓结合文章、抓督查考核，以严肃的追责问责倒逼工作落实。

【“互联网+监督”平台上线运行】 2017年11月14日，省、市、县三级“互联网+监督”平台正式上线运行。市委常委、常务副市长唐道明在市移动公司电视电话会议室集中收看平台上线仪式启动会，并出席岳阳市“互联网+监督”平台启动工作推进会。市纪委领导、市“互联网+监督”工作协调领导小组成员、市直有关单位负责人等参加。“互联网+监督”工作是省委、省政府推进全面从严治党，加强对权力制约监督，深化“雁过拔毛”式腐败问题专项整治的一项创新举措。该平台围绕“钱从哪里来、花到哪里去、干了什么事、效果怎么样、有没有问题”这条主线，将各类民生资金特别是扶贫资金的拨付、发放和使用情况全面公开，实现对每

“互联网+监督”平台上线运行 （市纪委　供稿）

笔资金从上至下、从部门到农户到个人到项目的全程监督。群众可通过平台门户网站、移动APP、微信公众号等途径，可对民生、扶贫资金使用、发放情况进行实时监督，倒逼职能部门及时发现、纠正问题。

巡视巡察工作

【概况】 2017年，市委巡察办列入市委工作序列，作为市委工作部门，为正处级机构，列编10名，5个巡察组列编9名。全市9个县市区巡察机构全部设立，列编巡察干部81名。建立健全《中共岳阳市委巡察工作办法》《巡察工作领导小组工作规则》《巡察工作领导小组办公室工作规则》等制度，研究制定《被巡察单位配合市委巡察工作暂行规定》《市委巡察组管理办法》《规范市县巡察工作的意见》等文件，严格实行巡察回避制度，出台“十不准”规定，落实“三个不固定”要求，推进巡察干部管理规范化、科学化。开展本届市委第二轮、第三轮集中巡察，围绕市委、市政府中心工作开展专项巡察，指导12个县市区开展交叉巡察，66个巡察组对70个部门单位和乡镇开展两轮集中巡察，创新“四位一体”的联合督查机制。10月，全省巡视巡察工作电视电话会对岳阳市巡察工作做法进行推介。

【常规巡察】 2017年，市委组织开展本届市委第二轮、第三轮集中巡察，覆盖市直单位、市属国有企业21个。上半年市委第二轮巡察圆满完成，覆盖市直单位10个，发现各类信访反映、问题线索388条，指出立行立改问题31个。按照问题线索分类处置规则，向有关部门交办信访反映问题20个；向被巡察单位交办自行整改的一般性问题276个；向纪检监察和组织等部门交办线索类问题70条，立案查处26人，其中处级干部11人，发挥巡察“利剑”作用。下半年市委第三轮巡察完成情况汇总，覆盖市直单位、市属国有企业11个，发现各类问题线索302条，指出立行立改问题61个。

【专项巡察】 2017年，市委巡察办围绕市委、市政府中心工作，特别是社会关注的焦点、群众反映的热点开展专项巡察。重点启动实施为期两个月的扶贫领域专项巡察，从市纪委、市审计局、市财政局、市公共资源交易中心等部门抽调8人组成专项巡察组，突出围绕执行政策走样变形、资金跑冒滴漏、项目管理疏漏、雁过拔毛、以权谋私等违法违纪行为，到基层一线延伸巡察。截至巡察结束，走访群众155人，电话访谈125户，实地查看项目59个，调取账目凭证1628本，收到信访反映6条，发现一般性问题54个，问题线索36条。指导各县市区同步开展扶贫领域专项巡察，市、县两级呈现上下联动、纵深推进的良好态势。

【县市区交叉巡察】 2017年，市委巡察办坚持全覆盖、无盲区，推动巡视巡察工作向县市区一线延伸。指导12个县市区开展交叉巡察，66个巡察组对70个部门单位和乡镇开展两轮集中巡察。至年底，上半年第一轮县市区交叉完成，覆盖31个县市区直部门单位、4个乡镇，发现信访举报、问题线索446个，向纪检监察机关交办线索345条，现立案58件、涉及科局级干部48人；给予诫勉谈话、组织处理307人；向被巡察单位下达整改意见337条，督促整改即知即改问题110个，立行立改98个。下半年第二轮县市区交叉巡察于11月启动，交叉巡察35个县市区直部门单位和乡镇。

【主体责任抓整改】 2017年，市委巡察办实行问题整改“一把手”负责制，明确书记抓、抓书记，压紧压实被巡察单位党组特别是“一把手”责任。2015年以来，23家被巡察单位对巡察反馈的问题端正态度打收条，认真制定问题清单、整改清单、责任清单，将502个问题进一步细化为965项具体整改任务，现整改完成878项，到位率超过90%。至年底，相关单位轮岗干部472人次，清退临聘人员185人，纠正混编混岗人员152人，消化超编人员26人，消化超职数领导干部77人；清收清缴退缴各类资金8.7727亿元；补缴党费6448人167.43万元；退缴违规发放的津补贴、补助及应由个人承担的招待费200.9万元，清收个人借款44人187.94万元；清退办公用房3703平方米，清理违规租借车辆35台。同时，建立规章制度263个；内部通报批评71人，约谈299人，诫勉谈话41人，形成强大的震慑效应。

【“一岗双责”抓整改】 2017年，市委巡察办针对巡察中发现的共性问题，及时向分管市级领导和主管部门通报，发挥市级分管领导和主管职能部门的督促责任，至年底，向7位市级分管领导通报巡察情况，向5个职能部门下达巡察建议，形成齐抓共管的工作合力。其中，市委编办针对巡察移交的8家单位42人“吃空饷”问题线索，在逐一上门查核、督促整改的基础上，在全市部署开展为期半年的“吃空饷”专项治理行动，市直单位督促返岗438人，规范停薪留职、病假事假等手续664人，辞职辞退和解除人事关系142人，移交纪委调查处理19起，查实8起，处理责任人13人，追回财政资金67.3万元，清退借调人员218人，清退临聘人员1535人，专项治理取得阶段性成效。市财政局针对巡察移交的国有资产管理、专项资金和“三公”经费方面的情况，开展非税收入征缴、行政事业单位资产出租出借、预决算公开及“三公”经费专项检查，挖潜非税收入9000多万元，补缴非税收入4600多万元。市国资委针对巡察移交的市属国有企业资产及权益流失风险的问题，开展自查自纠，切实杜绝国有资产流失。

【“四位一体”创新监督机制抓整改】 2017年，市委巡察办发挥考核“指挥棒”，建立市委巡察组、市纪委派驻纪检组、市委督查室市政府督查室、市委问责办“四位一体”的联合督查机制，督查结果与被巡察单位党政综合绩效考核、领导班子和领导干部实绩考核、党风廉洁建设“一岗双责”直接挂钩，推动问题整改落在实处、取得实效。10月25日至11月3日，针对有的单位整改工作不重视、效果不明显等问题，市委巡察办牵头，抽调18名业务骨干组成3个专项督查组，对2015年以来市委三轮18组次23家市直单位党组织巡察反馈问题整改情况和线索办理情况进行专项督查，重点督查什么问题未整改、什么原因未整改、什么人未落实整改责任。通过专项督查，对有关问题线索再交办、再督促，推动有关部门办理问题线索139件，立案查处30人，给予党纪处分23人，组织处理38人。

（陈拓新）

监察体制改革

【市县两级监委完成组建】 2017年，岳阳市本级和9个县市区完成监委组建工作，选举产生市、县两级第一届监委班子成员。市、县两级划转编制193名，第一批转隶165人（含以选调方式从同级检察院调入11人）。其中，市本级划转编制35名，第一批转隶32人；9个县市区划转编制158名，第一批转隶133人（含以选调方式从同级检察院调入11人）。市、县两级移交案件线索338件，其中，市本级移交案件线索211件，9个县市区移交案件线索127件。市本级和9个县市区内设机构调整均完成。市本级原有内设机构16个，调整后内设机构19个，增加3个；9个县市区原有内设机构总数为78个，调整后内设机构总数为105个，每个县市区分别增加3个。有效运用谈话、查询、询问、讯问、扣押、调取等6项调查措施。市本级和9个县市区均保障办公场所，实现纪委、监委合署集中办公。市级将以前“办案点”悟园管理中心作为留置场所，并拟在湘阴县或汨罗市设立一个留置场所分点。留置场所由市纪委直接管理，陪护力量由市公安局巡特警支队承担。岳阳市没有县一级留置场所。

【县乡纪检监察一体化建设】

2017年，市纪委谋划部署县乡纪检监察一体化建设工作，组织到长沙宁乡、常德等地学习取经，在平江县召开现场推进会，在全市范围内强力调度，强势推进。全市乡镇纪委划分为41个片区、18个联组，以片区和联组为单位联合办访办案、交叉检查，有效解决基层纪委人手不足、力量分散等问题。

【纪检监察系统开展内部巡察】

2017年，市纪委按照“打铁必须自身硬”的要求，推进纪检监察系统内部巡察，有效纯洁队伍，确保肌体健康。至年底，对华容县纪委、临湘市纪委、岳阳经开区纪工委、汨罗市纪委、南湖新区纪工委、屈原管理区纪委6个单位开展内部巡察，通过召开动员大会、民主测评、个别座谈、接受举报、查阅资料、突击检查、走访调查、延伸巡察等方式开展巡察，查出班子建设、队伍作风、机关管理、财务管理、执纪审查、基础建设等七个方面问题，并列出清单，及时反馈相关县市区纪（工）委。按照“五定”（定时间、定人员、定措施、定目标、定事项）原则督促整改，确保巡察工作取得实效。通过内部巡察，发现有关问题219个，收到信访举报6件，交办问题线索3个，建议调整岗位6人，立案查处2人。

纪律审查

【概况】 2017年，全市纪检监察机关立案1888件，结案2000件（含上年结转），给予党纪政纪处分1952人，其中处级干部立案55人，同比分别增长49.7%、68.2%、59.7%、83.3%，其中，党纪处分1541人，政纪处分551人，双重处理140人。市纪委监察局自办案件62件，其中涉及处级干部55人，与上年同期相比增加83.33%。严肃查处刘岳华、许永、严银辉、袁文、蔡智、刘吉伟等典型案件，形成重遏制、强高压、长震慑的态势。加强追逃追赃工作，成功追回、劝返潜逃国内外人员8人。

【纪检信访举报受理】 2017年，市纪委重视信访举报受理和办理，做好信访举报的受理、办理、服务和分析等工作，建立健全信访举报受理办理工作制度，推进信访举报受理规范化、办理精细化。坚持归口受理，把好登记入口关，畅通“信、访、网、电”主渠道，至年底，受理信访举报1425件次，其中，中央纪委下转337件次，省纪委下转366件次，自收722件次。接待业务范围内来访254批424人次，接待业务范围外来访466批1398人次，接听举报电话1250人次。所有信访举报件从“收”到“发”，均在5个工作日之内完成。坚持分级办理，把好分流转办关，分类规范移送件、转送件以及交办件的办理方式、办理时限和审批程序，细化重复件、“挂牌件”判定标准和处置方式，确保分流转办及时，可查可控。坚持创新举措，把好重标件办结关，规范重要信访举报件办理，率先在全省出台《岳阳市纪委监察局重要信访举报件办理实施暂行办法》，建立重标台账，明确重点承办部门，规范重要审批环节，市县重拳督办等手段，办理重要信访举报件92件，办结82件，在规定时限内的办结率100%。

【重点违纪案件查处】 2017年，市纪委在纪律审查中坚定反腐败的决心和意志，以“零容忍”的态度严查严处腐败行为，对严重违纪违法涉嫌犯罪的党员干部，坚决给予开除党籍、开除公职处分，移送司法机关依法追究法律责任。至年底，全市纪检监察机关立案审查的案件中，移送司法机关36人，其中，处级干部9人，科级干部12人。查处的典型案件有：市委原副秘书长刘岳华严重违纪违法案，市经济和信息化委员会原党组书记，主任许永严重违纪违法案，云溪区委原副书记严银辉严重违纪违法案，华容县原副县长蔡智严重违纪违法案，岳阳县人大原副主任袁文严重违纪违法案，临湘市工业园原党工委书记，主任谢继川严重违纪违法案，市公安局交警支队君山大队车驾管中心原中队长左亮严重违纪违法案。

【追逃追赃和防逃工作】 2017年，市纪委提高政治站位，将追逃追赃和防逃工作作为重要政治任务，推进全市追逃追赃工作，扎牢防逃网络和制度笼子，牢牢盯住个案强化组织协调和督办督导，围绕防逃建立健全制度和开展监督。加强与市委组织部、市外事侨务旅游办、市台办、市公安局人口出入境管理支队、网技支队等的工作联络，印发《关于调整岳阳市建立健全惩治预防腐败体系和反腐败协调工作领导小组国际追逃追赃工作办公室有关事项的通知》，调整国际追逃追赃工作办公室组成单位及相关人员，进一步明确责任与要求，健全沟通协作和追逃追赃等工作机制。以省追逃办督办“廖和平案”为突破口，督促办案单位调整成立追逃专案组、制定追逃方案。注重工作策略，抓春节前后这个时间节点，协调公安机关技侦部门进行抓捕。至年底，全市追回外逃犯罪嫌疑人8人，收缴赃款 145万元，成功将潜逃20年的廖和平抓捕归案。防逃方面，办理市管干部因私出国（境）备案241人次、因公出国（境）46批次166人，经严格审查并建议暂缓办理出国（境）证件2人次，根据纪律审查工作需要，协调公安机关对6名被调查对象采取限制出国（境）措施，制止1名有外逃倾向的国家公职人员出国（境）。向相关案件责任单位发出督办函12件、约谈案件责任分管领导10余人次、电话督办30余次，召开个案劝返工作调度会8次，组织协调和参与到境外（法国）劝返工作1次、省外劝返和调查工作6次。

【监督执纪“四种形态”】　2017年，市纪委科学运用监督执纪“四种形态”，综合考虑违纪行为的性质、情节、后果、时间节点以及违纪人员的态度、表现等因素，在形态转化上进行相关探索。至年底，市纪检监察机关运用监督执纪“四种形态”处理党员干部3697人次，其中，第一种形态处理1721人次，占比46.6%；第二种形态处理1464人次，占比39.6%；第三种形态处理437人次，占比11.8%；第四种形态处理75人次，占比2%。其中，依纪依规依程序对岳阳县政协原副主席、县民政局原局长陈明和汨罗市纪委原委员、市民政局原正科级干部付铁辉等2名严重违纪但如实向组织讲清问题、认错态度诚恳的干部进行“断崖式降级”。对市经济和信息化委员会原党组书记、主任许永和云溪区委原副书记严银辉等2名在“走读式”谈话期间，组织给予机会但仍我行我素、不如实说明情况，或是说明情况后多次出现反复，企图欺骗组织蒙混过关的干部进行严肃查处，最终都成为“第四种形态”对象。

【创新运用“第一种形态”】

2017年，市纪委进一步健全谈话函询工作机制，强化谈话函询结果运用，使红脸出汗、咬耳扯袖成为常态，制定《岳阳市纪检监察机关谈话函询实施细则》《关于对谈话函询实行“两反馈一说明”的通知》，对谈话函询的适用条件、审批程序、办理方式、情况说明、签字背书、采信结反馈等作出详细规定。工作中，探索“谈话函询+核查+两反馈一说明”模式，对比较具体的问题线索，要求在实施谈话函询后，及时开展复核复查，对谈话函询对象作出说明的加以印证。通过复核，对情况属实的予以了结，并及时向谈话函询对象本人和单位主要负责人以及纪检组组长反馈结果，同时要求谈话函询对象在本单位民主生活会上就谈话函询问题进行说明或者检讨。至年底，全市运用谈话函询处置问题线索1333件，对采信并予以了结的800余件谈话函询件进行及时反馈，对谈话函询中不如实向组织说明问题的2人进行严肃查处。岳阳市谈话函询“两反馈一说明”工作经验被省纪委三湘风纪网和人民网刊载予以推介。

监督检查

【纠治“四风”】　2017年，市纪委突出隐形变异“四风”问题，严格正风肃纪，紧盯“人情歪风”等顽疾恶习，开展纠治“四风”专项行动。严明纪律要求，下发《关于重申和严明有关作风纪律要求的通知》，对公务接待、会议活动、领导考察调研等5个方面提出明确要求，着重强调全市范围内所有公务接待一律不准饮酒、工作日中餐不得饮酒等，执行岳阳“史上最严禁酒令”；联合下发《关于进一步规范市直机关事业单位地方性奖金福利发放工作的指导意见》，规范发放津补贴；下发《关于严禁党和国家工作人员违规操办或参与“升学宴”“谢师宴”的通知》，重申和严明有关纪律要求。强化监督检查，在检查方式上，采取县与市直交叉或市县联合交叉、“四不两直”明察暗访的方式；在组织协调上，实行组无定员、人无定态、权有定期，成员一次一抽调、单位一次一抽取、内容一次一授权、培训一次一开展；在工作机制上，紧盯元旦、春节、“五一”、端午、中秋、国庆等重要时间节点，按照每季度一次的要求，持续开展交叉检查，形成市县协同、上下一体的常态化机制。至年底，开展监督检查2次，发现和交办问题线索455条。

【重点问题整治】　2017年，市纪委围绕重点问题整治，开展违规公款购买消费高档白酒问题集中排查整治，发现问题线索107件，处理责任人17人，其中，党纪立案3人，重点查处和通报湘阴县水务局违规使用公款购买消费高档烟酒典型案件。协调公安机关查处公职人员涉赌涉毒案件246起，给予党政纪处分246人。借力科技手段，查实公车私用问题26起，处理29人，给予党政纪处分18人。查处党员干部违规操办婚丧喜庆事宜案件38件，公开通报20件。至年底，查处违反中央八项规定精神问题254件，组织处理62人，给予党纪政纪处分231人，同比分别增长104.8%、158.3%和71.1%。

【换届纪律监督】　2017年，市纪委建立健全“四零”（对换届风气监督实行“零距离”，对换届信息报告实行“零时差”，对换届问题查处实行“零容忍”，对换届结果疏导实行“零隐患”）机制，加强换届风气监督。市人大、政协会议驻团会风会纪监督组按照“三人小组”模式，每组明确2名监督员和1名临时纪检员，与代表同吃同住，全程参与代表团各环节活动，实行24小时“零距离”驻会监督。派出驻团监督员36人，聘请驻团临时纪检员18人、巡回督查员9人。对换届

“刹人情歪风、治婚丧陋习、树文明新风”专项整治

（市纪委 供稿）

监督工作实行日报告，每天情况在代表团团长“签字背书”后，于当晚7时前书面报告监督情况，保证一有情况能及时处置。同时，成立2个暗访组，每天对城区酒店、宾馆、商场等地方开展暗访，重点查纠违纪违规问题，确保换届风清气正。

【扶贫领域监督执纪问责】 2017年，市纪委建立“五个一批”（集中办理一批信访举报，挂牌督办一批问题线索，重点巡察一批职能部门，查处通报一批典型案件，直接约谈一批责任人员）工作机制，加强扶贫领域监督执纪问责力度。至年底，市纪委监察局班子成员2次带队组织16个督查组采取“四不两直”的方式开展暗访督查，发现问题273起，对83起问题线索挂牌督办，对6名县市区纪委书记集中约谈。查处扶贫领域违纪问题105起，处理127人，其中，给予党政纪处分117人，移送司法机关3人，下发4期通报，集中曝光22起典型案件。

【公职人员涉砂涉矿等经营性活动专项整治】 2017年，市纪委开展公职人员涉砂、涉矿等经营性活动专项整治。各级召开动员会、填报自查表、签订承诺书，在全市党员干部中开展严格自查自纠，限期主动退出。制定违规参与涉砂经营行为具体适用党纪政纪规定的指导意见，运用政策引导，加大宣传力度。在严明纪律要求下，全市716名公职人员向组织报告本人、近亲属或特定关系人参与情况，其中405人应退尽退。加大典型案件查办力度，把逾期不报告、不退出的党员干部作为重点，加大执纪审查力度，强化警示震慑作用。至年底，全市立案查处违规参与涉砂经营活动的党员干部38人，其中，处级干部3人，移送司法机关9人。重点查处市地方海事局原局长刘岳华、岳阳县人大常委会原副主任袁文等严重违纪案件。督促水利、海事、国土等业务管理部门加大执法力度，查处各类涉砂行政违法案件128起。省委书记杜家毫在岳阳市整治情况通报上作肯定性批示，省纪委予以通报。按照全省统一部署和要求，将整治内容扩展为涉矿、涉渔、涉小水电、涉烟花爆竹、涉危险化学品等六类经营性项目，全市受理公职人员违规参与涉矿经营活动问题线索32起，立案22人。

【“雁过拔毛”式腐败问题专项整治】 2017年，市纪委通过落实“两个责任”，加强协调调度，坚持“一案三查”，将整治重点进一步“下沉”，对问题突出、工作被动的县乡和部门，列为重点对象，强化现场调度、约谈督促，推动专项整治工作加力。牵头制定《关于加强村务监督委员会规范化建设的实施办法》，建成“互联网+监督”大数据平台，核查发现9个县市区26家单位28条线索和36个问题，涉及资金1.7708亿元。至年底，发现“雁过拔毛”式腐败问题线索869件，受理信访举报397件，立案889起，处理961人，给予党纪政纪处分768人，移送司法机关59人，追缴资金4071.9万元，市、县下发曝光典型案例221件，分别同比增长61.5%、143.5%、183.1%、158.3%、159.4%。

党风廉政建设

【概况】 2017年，市纪委发挥党风廉政建设责任制工作领导小组办公室的组织协调作用，推动“两个责任”落实。协助市委加强党风廉政建设，对市委、市政府领导班子成员2017年党风廉政建设责任进行分解，市委常委会集中听取市人大、市政府、市政协和市中级人民法院、市检察院党组履行主体责任的情况汇报，组织全市副处以上单位主要负责人向市委递交党风廉政建设责任状，层层传导责任压力，通过监督责任的履行推进主体责任的落实。履行党风廉政建设监督责任，组织开展对严肃党内政治生活的监督检查，将“三重一大”事项、请示报告等制度落实情况纳入监督检查市、县巡察范畴，督促各级党组织落实“三会一课”、民主生活会、领导干部双重组织生活等制度，促进制度有效执行。组织开展全市落实党风廉政建设136家单位的2016年度、2017年度主体责任和监督责任的检查考核。履行综合协调、督促检查、执纪问责、调研指导的职责，全面深入推进党风政风监督工作。至年底，开展全市性专项监督检查12次，发现基层“四风”和“雁过拔毛”式腐败问题线索777件，通报案件18期，曝光典型案件76件。其中，国家公职人员涉砂经营性活动专项整治工作得到省委书记杜家毫的肯定，省纪委予以专题通报，“刹人情歪风、治婚丧陋习、树文明新风”专项工作经验在中央电视台《新闻联播》和《人民日报》予以推介。

【“两个责任”督导】 2017年，市纪委加强党风廉政建设“两个责任”（即党委主体责任，纪委监督责任）的情况督导，持续释放有责必问、问责必严的强烈信号。至年底，对“两个责任”落实不到位的问题问责79起，给予组织处理和纪律处分119人，其中涉及县处级干部19人。

【重大决策部署督导】 2017年，市纪委开展服务保障“四大会战”监督执纪问责，现场督促整改问题35个，约谈责任人员6人。开展突出环境问题整改落实情况问责工作，约谈责任人457人，问责处理128人，给予党纪政纪处分35人。严肃村（社区）“两委”换届纪律，立案查处“两委”换届违纪问题41件，给予党纪政纪处分50人，取消5名候选人资格，对10件典型案件予以通报曝光。开展全市中小学校违规征订教辅资料专项整治工作，立案34件，给予党纪政纪处分28人。开展全市机关事业单位“吃空饷”问题监督执纪问责工作，查实问题线索80多件，对10人作出解聘、核销编制、追缴工资、通报批评等处理，党纪政纪立案3人。开展防汛工作纪律督查，问责党员干部159人，给予党纪政纪处分36人。

【党风廉政新闻宣传】 2017年，市纪委加强党风廉政新闻宣传工作，至年底，向市级以上主流媒体报送党风廉政新闻宣传稿件3158篇。其中，在中央级媒体刊发稿件83篇，在省级媒体刊发稿件1226篇，在市本级媒体刊载、发布稿件1849篇（条）。加大“刹人情歪风、治婚丧陋习、树文明新风”和涉砂经营专项整治等中心工作及家风家规家训等特色亮点工作的宣传报道力度，在《人民日报》、中央电视台、《中国纪检监察报》、人民网、新华网、《湖南新闻联播》《湖南日报》、三湘风纪网等中央级、省级主流媒体宣传推介，其中《姑娘别哭，纪委书记为你“做主”！》稿件在三湘风纪微信公众号上的点击量超过5万次。

【“刹人情歪风、治婚丧陋习、树文明新风”专项行动】 2017年，市纪委开展“刹人情歪风、治婚丧陋习、树文明新风”专项行动，以“村规民约倡导、党员干部带头”为重点，规范操办婚丧喜庆事宜，倡导移风易俗，弘扬“婚事新办、丧事简办、其他不办”新风。至年底，抓住党员干部、公职人员和“两代表一委员”重点人群，立案查处党员干部违规操办婚丧喜庆事宜案件32件，通报曝光20起，全市创建74个示范乡镇、1212个示范村（社区）把文明节俭操办写入村规民约，各村成立红白理事会、劝导队，引导群众自我约束、自我监督。市中心城区各大酒店推出的“谢师宴”“升学宴”同比下降近7成，群众人情负担减轻。

【岳阳市反腐倡廉警示教育基地建设】 2017年，市纪委按照建设“优质工程、阳光工程、安全工程、示范工程”的要求，推进岳阳市反腐倡廉警示教育基地建设。制定《岳阳市反腐倡廉警示教育基地项目建设的内部分工方案》，成立岳阳市反腐倡廉警示教育基地项目建设指挥部，设置综合协调组、基建组和后勤保障组，强化警示教育基地建设的组织保障。坚持质量至上标准，安排专人负责工程质量监管，坚持每周实地了解工作进展和工程质量情况，安排专人对项目文案内容审核把关，听取各界意见建议，工程设计方案从初稿到定稿修改10多次，对相关细节修改完善，确保项目工艺、质量符合要求。保障程序规范，在工程施工招投标、设施设备采购、工程款支付等严格依纪依规进行。历时近8个月，岳阳市反腐倡廉警示教育基地建设完成。

（罗旭飞）

民主党派

DEMOCRATIC PARTY
ASSOCIATION OF INDUSTRY

责任编辑 · 刘兴汉

中国国民党革命委员会岳阳市委员会

【概况】 2017年，中国国民党革命委员会岳阳市委员会（简称民革市委），围绕中共岳阳市委、市政府中心工作，坚持在团结和谐中求发展，在工作活动中求创新，履行参政党职能，不断加强自身建设，各项工作取得新成绩。被民革中央评为“全国社会服务工作先进集体”。

【思想建设】 2017年，民革市委高度重视思想建设工作，始终把思想建设作为加强自身建设的重点来抓，不断提高全体党员自觉履行参政党职能的使命感和责任感。加强理论学习，提升思想认识。民革市委通过主委会议、市委会和其他各类学习活动，认真学习中共中央、民革中央和省、市重大会议及有关文件精神。组织学习总书记习近平“7·26”重要讲话精神、民革湖南省委第十五次代表大会精神、中共十九大会议精神、民革中央十三大会议精神，把全体党员的智慧和力量统一到中共十九大精神上来，不断夯实多党合作的共同思想政治基础。开展专题活动，增强学习效果。持续开展“薪火相传、圆多党合作之梦”“不忘合作初心，继续携手前进”等主题学教活动。邀请全国政协委员、省政协原副主席刘晓为全体党员作全国“两会”精神报告。组织开展“不忘合作初心，继续携手前进—纪念民革成立70周年知识抢答赛，选手们克服工作和生活困难，认真备赛，在参加民革省委的复赛中充分展示风采。6月，民革界别20名市政协委员参加为期3天的委员培训班。8月，民革市委领导班子参加市委统战部组织的到天津、河北等地暑期谈心活动。选送33名党员参加省、市社会主义学院学习培训班。

【组织建设】 2017年，民革市委不断优化市委会、专委会和基层支部组织建设，健全规章制度，着力发挥骨干党员作用，加强后备干部队伍建设，为切实履行参政党职能奠定牢固的组织基础。

换届选举工作。2017年是民革中央和省委会换届之年，6月，民革市委8名代表到长沙市参加民革湖南省第十五次代表大会。会上，主委任浩波当选民革湖南省第十四届委员会常务委员和出席民革第十三次全国代表大会代表。12月，民革第十三次全国代表大会在北京召开，主委参加会议。会议审议通过《中国国民党革命委员会党章（修正案）》，选举产生民革第十三届中央委员会。

干部交流。民革市委领导班子坚持以《民革章程》作为工作和行为准则，建立集体领导和个人分工负责相结合的制度。领导班子以身作则，率先垂范，在坚持民主集中制原则的基础上，充分发扬民主，形成坚强有力、团结和谐的领导集体。在民革省委和中共岳阳市委的关心下，专职副主委陈立新在湖南城陵矶新港区管委会任副主任，挂职交流一年；副主委袁正宏在中国进出口银行湖南分行授信处任副处长，挂职交流一年；副主委范泽容升任中国国际贸易促进委员会岳阳市支会会长。

组织发展。民革市委注重做好组织发展的基础性工作，制定《民革岳阳市委党员发展实施细则》，组织发展工作更加规范化、程序化和标准化。各级组织严格按照党员发展程序，严把政治素质关，抓好党员发展工作。全年发展新党员20名，其中，有高中级职称2人，公务员6人，教师5人，律师3人。全市有民革党员427人，平均年龄50岁，副高以上职称58人。

专委会作用发挥。民革市委各专委会承办“三八”妇女节、“九九”重阳节等大型活动。社会与法制委员会、参政议政委员会组织开展“建设法治社会，关注基层法律服务工作者的现状与未来”“加强标准化建设，助推我市全域旅游发展”等课题的调研与撰写；祖统委员会接待台胞李志荣到岳参观访谈；经济委员会到君山区发改工信委就君山区2017年国民经济和社会发展情况开展调研；科教文卫委员会到巴陵戏剧团就巴陵戏的传承与发展开展调研。

基层组织建设。民革市委各支部主动作为，不断创新活动形式，焕发出新的活力。直属一支部到城陵矶临港产业新区、城陵矶国际集装箱码头参观调研，岳阳县支部组织党员开展“揽巴陵胜状，观洞庭美景”为主题的洞庭湖考察活动，五支部在九九重阳节专程看望关怀老党员，巴陵石化一支部在单位争取党员活动室，岳阳楼区总支在冷水铺小学启动“同心·博爱，牵手留守儿童”为主题的系列社会服务活动等。

【参政议政】 2017年，民革市委围绕中共岳阳市委、市政府的中心工作，带领全体民革党员深入调研，参政议政，取得较好成绩，在民革湖南省委2016—2017年度参政议政工作目标管理量化考核评比中获得第三名。

参与政治协商。民革市委主要领导参加中共岳阳市委、市政府和有关部门举行的协商会、座谈会、情况通报会30余次，建言献策，就岳阳市开放崛起、非公经济发展等方面提出建设性意见和建议。民革市委会履行参政党民主监督的职能，民革组织的各级人大代表、政协委员、特约监督员认真履行民主监督职责，在全市政治生活中发挥应有作用。主委任浩波参加市政协组织的全市食品安全工作、环南湖旅游发展等视察活动，并在市政协常委会作“加强源头监管，筑牢食品安全防控体系”的发言；专职副主委陈立新多次参加市人大常委会组织的岳阳市山体水体保护的调研视察活动。副主委袁正宏参加市政协组织的金融精准扶贫调研活动，并在政协协商会上作“打好金融扶贫组合拳，助力脱贫攻坚大会战”书面发言；副主委范泽容在省政协十一届五次会议联组讨论会上作“加快构建现代公共文化服务体系，助力‘文化强省’建设”的发言，并参加省政协组织的“我们身边的古建筑”视察活动；副主委侯练兵参加市政协组织的“洞庭湖生态补偿”等调研视察活动。

开展调查研究。民革市委多次召开参政议政工作会议，围绕市委、市政府中心工作，集思广益，深入调研。调研组由主委牵头，走访市旅游外事侨务办、市质监局、岳阳县、临湘市等市直单位和县区，了解第一手资料，完成《推进“1+4+2”大岳阳城市圈建设的建议》《加强标准化建设，助推我市全域旅游发展》两篇调研报告。《大力发展分享经济 促进供给侧结构性改革》《加强农业物联网建设 助推我市互联网+现代农业发展》两篇调研报告分别获得民革省委调研报告评比一等奖、三等奖。通过竞标，与民革省委合作完成1个省级调研课题。民革市委还多次协助配合民革省委开展“全省检察机关公益诉讼情况”等多项调研。

“两会”议政。在市政协八届一次全会上，全市民革党员中的政协委员提交提案36件，其中，集体提案10件，个人提案26件，大多数建议得到有关领导的高度重视和相关部门的采纳实施。《关于加强环南湖旅游核发展的建议》得到市长刘和生批示，并被确定为2017年市级领导牵头督办的重点提案。在全会上，民革市委会作题为“大力发展分享经济，促进供给侧结构性改革”的大会发言。在市人大会上，陈立新等人大代表提出的《关于加快发展文化产业的建议》《关于正确解读民办教育法，促进民办教育》等建议案受到热议，产生良好的社会影响。在2017年省政协会议上，省委副书记乌兰就民革岳阳市委执笔与民革湖南省委共同完成的调研课题，所转化的《关于加强农业物联网建设的建议》提案作出批示；任浩波主委代表民革省委作题为“给未污染耕地穿上‘防护衣’”的大会发言，并获得时任湖南省副省长戴道晋的批示。《加强智库建设，促进岳阳可持续发展》《加强公共设施建设，提升君山旅游品牌》《关于加强我市城市交通管理的建议》《进一步关注农村留守儿童问题》《优化岳阳市内公交服务》等集体和个人提案，得到承办单位高度重视，取得较好效果。

【社会服务】 2017年，民革市委坚持服务群众，整合党内资源，开展社会服务。

投身脱贫攻坚。民革市委多次组织到湘阴县杨林寨太合围村开展扶贫工作，民革界别20名市政协委员，在月田镇月田村，开展“三个一”结对帮扶活动，每位政协委员帮扶1名困难群众，委员们深入帮扶对象家中座谈，了解情况，分别以产业、医疗、教育等多种形式帮扶，取得明显效果。通过市文广新局的支持，向太合围村和月田村的学校，分别赠送乐器一套。

参与抗洪抢险。6—7月，岳阳市迎来较大洪水灾情。民革市委号召广大党员立足本职工作，投身抗洪抢险第一线。市委购买慰问物资、组织到南津港大堤和湘阴沙田垸，看望在抗洪一线的干部群众。有关活动情况，民革湖南省委、《团结报》分别予以报道。

关爱抗战老兵。民革市委连续4年与湖南老兵协会、岳阳市清风义工等社会志愿者团队合作，把关爱抗战老兵作为常态化工作。慰问多名抗战老兵，与他们亲切交谈，送上温暖。争取市慈善总会重视，为每位抗战老兵落实年度扶助资金5000元。南湖新区支部部分党员开展一对一慰问老兵活动。

（李园平）

中国民主同盟岳阳市委员会

【概况】 2017年，中国民主同盟岳阳市委员会（简称民盟市委），认真学习贯彻中共十九大、全国“两会”和民盟十二大精神，围绕湖南新增长极和区域性中心城市建设大局，凝心汇智聚力“四大会战”，突出民盟特点、把握工作重点、打造工作亮点，彰显民盟担当，在思想建设、参政议政、服务发展、自身建设等方面取得长足发展。被中国民主同盟湖南省委员会（简称民盟省委）评为全省盟务工作先进集体综合奖、参政议政工作先进集体、反映社情民意信息工作先进集体、组织工作先进集体、思想宣传工作先进集体和社会服务工作先进集体，实现“大满贯”。并获得岳阳市委统战工作创新实践成果奖、岳阳市委统战调研工作先进单位、岳阳市委统战系统绩效考评优秀奖。

【思想建设】 2017年，民盟市委通过举办专题报告会、主题活动、培训班，开展多形式、多层次的学习活动，进一步坚定全市盟员走中国特色社会主义道路的信心和决心。组织盟员以支部为单位集体收看中共十九大开幕式现场直播，第一时间召开民盟市委（扩大）会议专题学习传达中共十九大会议精神，民盟市委委员下基层组织学习传达中共十九大精神，在“岳阳民盟”网站开辟专栏，宣传会议精神、盟员学习心得以及结合民盟十九大精神开展的各项工作情况。

民盟大讲堂第五期精彩开讲

（民盟市委 供稿）

邀请全国人大代表、中国化学工程第四建设有限公司董事长刘德辉作全国人大十二届五次会议精神宣讲报告。深入开展“不忘合作初心，继续携手前进”专题教育活动。盟市委制定专题教育年度计划，在岳阳民盟网站开设学习实践活动专版；举办第五期“民盟大讲堂”，邀请全国政协委员、中国政治学会副会长张献生主讲“多党合作与政治协商”，盟员、统战系统、市直机关干部、市社院培训班学员400多人聆听讲座。选送67名盟员参加省、市社会主义学院和党校的学习。盟市委3名副主委分别参加省社院、中共岳阳市委党校1~2个月脱产学习，26名盟员人大代表、政协委员参加专题培训，9名支部主委参加“岳阳市民主党派基层组织负责人培训班”，4名青年盟员参加“党外中青年干部培训班”。岳阳民盟网站、微信公众号，全年推送消息325条。《岳阳日报》、岳阳电视台、《洞庭之声报》等媒体刊发岳阳民盟新闻9条，全年三湘统战网报道8条，省政协网7条，湖南民盟网103条，民盟中央网14条。

【参政议政】 2017年，民盟市委主要负责人13次参加省人大、省政协、省委统战领导到岳调研座谈会，中共岳阳市委、市政府、市政协、市纪委、市法检两院主要负责人工作协商会、情况通报会，就省、市发展大局提出建议意见30多条；盟员参加市、区两级各类协商会议9次，建言20多条。其中，在省政协十一届委员会上提交的《关于切实加强固体废弃物污染治理的建议》，引起省政协领导高度重视，应邀参加调研，出席“加快发展我省有色金属固废循环利用产业”专题协商会，作“大力推动有色金属固体废弃物循环利用产业走园区化发展之路”的协商发言。组织盟员人大代表、政协委员履职建言。“两会”期间提交盟市委集体提案8件、盟员政协委员个人提案40件，人大建议10件。盟市委在八届一次政协全会上所作的“多措并举处理城市垃圾建设洁净宜居美好家园”的发言，转化为市政协重点提案，市政府召开专题会议，出台《岳阳市区域生活垃圾焚烧发电工作方案》，完成可研报告和规划选址等，该提案被评为市政协2017年优秀提案。市政府对盟员代表提出的《关于不动产登记工作的建议》，被市人大常委会列入2018年评议范围。

开展调查研究。2月3日接受中共岳阳市委书记胡忠雄交办的“岳阳城区河湖连通”调研课题，民盟市委主要负责人牵头挂帅，组织精干力量，开展实地调查，收集大量翔实资料，12次召开市直部门、区、乡、社区、盟内外专家学者座谈会，向中共岳阳市委提交《加快河湖连通工程建设，打造人水相依魅力水城》调研报告，得到胡忠雄充分肯定。

建言献策。认真组织报送社情民意信息。向盟中央、省委统战部、盟省委、市政协、市委统战部报送信息160条，《解决民事案件“执行难”必须建立多部门联合协同机制》等35条被省委统战部、民盟省委、市政协采纳。为岳阳市地方立法建言，就《岳阳市城市规划区山体水体保护条例》组织盟内外专家多次举行专题研讨，提出30多条修改建议，为《条例》的出台贡献民盟的智慧。全体盟员人大代表联名，向市八届人大二次会议提交《关于制定〈岳阳市机动车停车条例〉的议案》。

【社会服务】 2017年，民盟市委参与中共岳阳市委、市人民政府交办的项目建设任务，盟市委主要负责人督办调度牵头项目的推进工作，在170天时间完成土地依法征收、781户569栋拆迁、土地出让工作，高质高效完成中共岳阳市委、市政府交办的项目攻坚任务。静脉产业园建设是中共岳阳市委、市政府重点工程项目之一，盟市委主要负责人多次调度项目，协调处理园区规划、项目建设、风险稳控等多方面的矛盾和问题，确保静脉产业园垃圾焚烧发电项目加快推进、医疗固废集中处理项目如期开工。盟市委主要负责人还率队调研湖南天欣科技股份有限公司等5家帮扶企业，落实帮扶措施，解决企业难题。

开展招商引资。民盟市委围绕中共岳阳市委“四大会战”，发挥自身优势，开展招商引资。正式签约项目3个，签约资金1.9亿元。

投身赈灾帮困。6—7月，全市遭遇特大暴雨洪灾，民盟市委向全体盟员发起抗洪救灾号召，全盟158人次参与抗洪救灾，为帮助灾区重建，捐赠物款84.7万元，组织盟内专家开展义诊和灾后卫生防疫工作，接诊村民214人次，发放免费药品价值1万余元。

开展教育扶贫。民盟市委致力教育扶贫扶智，打造“走出大山看世界”社会服务品牌。组织10名来自革命老区平江县贫困家庭优秀学生利用暑假时间，走进省会长沙，激发孩子们发奋学习、励志改变家乡的志向。该项目被市委统战部推荐申报省委统战部创新实践项目。民盟市委还联手巾帼志愿者协会，组织14名平江山区孩子到岳阳市进行为期两天的科技、教育和参观之旅。继续做好做实“张曼珠教育奖”，召开2017年度“张曼珠教育奖”颁奖大会，奖励6名德艺双馨的教师和11名品学兼优且家庭困难的学生。助推民盟省委“烛光行动千校计划”项目落户华容县操军中学。

【组织建设】 2017年，民盟市委推进基层组织建设，根据基层组织现状及发展的需要，完成部分支部换届及调整工作。将湖南理工学院支部升格为总支委员会，市一中、市四中、市医卫系统、岳阳楼区、巴陵石化等支部顺利完成换届，基层组织领导班子结构更加优化。全年发展盟员20人，其中，研究生4人，本科生14人，大学教授1人、市人大代表2人、市政协常委1人，平均年龄32岁，进一步改善盟员年龄结构、界别结构、能力结构。出台《民盟岳阳市委委员工作考核办法》《民盟岳阳市委基层支部考核办法（暂行）》。根据考核办法，民盟市委主要负责人和民盟市委委员在全市基层组织主要负责人会议上公开述职测评。民盟市委强力推进市委委员联点基层和机关干部分工联系基层制度，完成16个基层组织走访。抓关爱老盟员工作，开展重阳节等重大节日慰问活动，推行“一对一”联系制度，每个支部的在职盟员都与退休老盟员建立“一对一”的联系。首次举办盟员趣味运动会，22个支部组队，盟市委班子成员带头参加，200名盟员角逐比赛；开展“盟员之家”创建活动，完成岳阳楼区支部、君山区支部、市政府机关二支部和岳阳市南湖支部“盟员之家”创建工作，岳阳楼区支部获得民盟省委优秀“盟员之家”二等奖。

（李　湘）

中国民主建国会岳阳市委员会

【概况】　2017年，中国民主建国会岳阳市委员会（简称民建市委）全面学习贯彻中共十九大精神和民建全国十一大精神，大力加强自身建设，认真履行参政党职能，服务社会，为岳阳经济社会发展作出贡献。被民建省委评为反映社情民意工作一等奖，理论研究工作先进单位特等奖，被中共岳阳市委统战部评为统战信息工作先进单位。

【组织建设】　2017年，民建市委强化政治引领，在自身建设中不断提升素质。抓培训学习，提升政治站位。在民建市委班子、基层组织和全体会员中深入开展学习中共十八届三中、四中、五中、六中全会和十九大会议精神活动，专题学习总书记习近平“7·26”重要讲话、民建湖南省第九次代表大会精神、民建全国十一大会议精神。民建市委领导班子参加中共岳阳市委主办的暑期谈心活动和民建省委主办的中共十九大精神专题学习。全体机关干部在延安参加民建省委组织的干部培训班。全年选送12名会员分别在省、市社会主义学院参加领导班子成员进修班、党派骨干成员培训班、中青班等各类培训班的学习。全体市政协委员参加市政协组织的为期3天委员培训班。中共十九大召开后，民建市委把学习宣传贯彻中共十九大精神作为首要政治任务来抓，扎实开展大学习、大宣讲、大培训，掀起各支部集中组织会员学习中共十九大报告的热潮；组织会员分别参加民建省委、中共岳阳市委统战部、市政协、民主党派机关开展的各种主题讲座。突出“四个意识”，增进“四个自信”，坚定用习近平新时代中国特色社会主义思想武装头脑的信念，引导广大会员切实把思想和行动统一到中共十九大精神上来。突出政治交接主题，强化时代担当。民建市委会把政治交接主题与“两学一助”学习教育、“凝心聚力‘十三五’”行动紧密结合起来，组织班子成员、骨干会员到外地开展学习活动，引导全体会员特别是班子成员继承和发扬民建的优良传统，在思想上政治上行动上同以习近平为核心的中共中央保持高度一致，坚决维护总书记习近平核心地位和中共中央集中统一领导，坚持走中国特色社会主义政治发展道路。2017年是民建中央和民建省委换届之年。民建省委换届后，民建市委会主要领导在《湖南民建》发表题为《深化政治交接，全面推动民建事业发展》的评论文章，在会内营造弘扬优良传统、勇于时代担当的浓厚氛围。开展“不忘合作初心，继续携手前进”主题征文活动，向民建省委上报征文20篇。全年向民建省委、市政协、市统战系统的不同平台上报宣传信息稿件360多篇；在“岳阳民建”微信公众号发布稿件40余篇；编印《岳阳民建》会刊4期；全面完成岳阳民建网站改版，发布宣传信息稿件80篇。推进组织发展，优化队伍结构。民建市委会按照“三个为主”的方针，严格会员发展程序，严把政治素质关，认真做好组织发展工作，不断优化会员队伍结构。全年发展新会员16名。其中高中级职称8人，经济界人士8人，新社会阶层4人。

【参政议政】　2017年，民建市委服务中心大局，在履行职能中不断扩大影响。围绕中共岳阳市委、市政府中心工作和人民群众普遍关心的热点难点问题，结合自身实际，探索形成中共岳阳市委命题、会内课题招标和省市联动三种调研模式。承接中共岳阳市委书记胡忠雄到民主党派机关调研交办的棚户区改造课题。通过2个月的走访、考察、认证，完成《关于推进我市棚户区改造的调查与建议》的调研报告。在全市各民主党派专题调研成果汇报会上，主委所作汇报得到胡忠雄的高度点赞。市“两会”期间，民建市委中的市级人大代表、政协委员提交提案建议50件，其中民建市委集中提案10件。在市政协八届二次全会上，民建市委集体提案《激活双港驱动引擎，加快岳阳发展》得到胡忠雄指示并亲自督办。民建市委会试行重点课题招标，岳阳职院支部申报的课题中标，7月完成《深化城陵矶综保区改革，加快岳阳开放型经济发展》的调研报告。该课题经市委会上报民建省委，引起省政府重视，纳入民建省委年度重点课题，以民建省、市两级联动方式完成，调研成果为省委、省政府对综保区的改革提供决策依据。反映社情民意。推行“微调研”模式，抓好业务培训。发挥基层组织能动性，抓好落实责任。民建市委会通过与支部签订责任书、按月督促通报、专干定点指导等措施，督促支部创新工作思路，制订年度工作计划，按月分派工作任务，进一步激发会员参与参政议政热情。民建市委会向民建省委和市委统战部、政协云编报报送社情民意、统战信息稿件205篇，被市政协采用60余篇、民建省委采用41篇，被中央统战部《零讯》采用2篇。被民建省委评为反映社情民意工作一等奖。

【社会服务】　2017年，民建市委发挥界别优势，在社会服务中不断打造品牌。民建市委会持续加强对“同心助残”社会服务基地的建设和指导，以该基地为平台，发动基层支部和广大会员开展助残活动。5月25日，在岳阳市第27次全国助残日活动中，巴陵支部等6个支部15名会员参加爱心助残活动，巴陵支部、华中环保公司被岳阳市残联授予“爱心单位”。巴陵支部主委方小东被民建中央授予“民建湖南省委社会服务先进个人”称号。岳阳楼区支部为100多位智障群体提供普惠智障家庭的公益性保险项目——“安心工程”的政策咨询指导服务。海联支部利用同心助残社会服务基地平台，为10多名残疾人安排就业，解决家庭生活实际困难。爱心助残活动逐步打造成岳阳民建服务社会的品牌活动，被评为全市“统战实践创新奖”，并申报省级“同心项目”。完成扶贫帮扶任务。民建市委会按照市政协关于《委员参与“三个一”扶贫行动结对帮扶安排意见》，三次召开“助力脱贫攻坚三个一行动”工作会。会内21名市政协委员在平江县虹桥镇开展一对一结对帮扶，充分发挥在各条战线上的优势，采取出钱出力、联系就业、推销土特产等方式，6次入村入户，开展结对扶贫工作。此外，市委会还联系湘阴县杨林镇结对贫困户，历经4个月，完成移民搬迁建房。参与抗洪抢险。自6月22日以来，岳阳市多地遭受特大暴雨，面对持续暴雨带来的灾情，岳阳民建各级组织和会员参与抗洪抢险。民建市委购买1万元食品等应急生活物资，送往全省抗洪形势最严峻的湘阴县沙田垸一线。会员企业湖南天欣集团派出2000吨级以上“天欣染号”大船一条支援麻塘大堤抢险救援工作，运载沙石5700多吨，价值达40余万元。岳阳楼区支部主委蔡莉主动对接全国、省、市红十字会，争取到中国红十字基金会援助岳阳楼区400个配备有急需生活用品的赈济家庭箱，总价值10万余元。民建会员、岳阳县总商会麻塘商会会长刘百灵组织华中天地环保等企业携价值近万元的物资慰问麻塘大堤防汛一线武警官兵和干部群众。

【承办民建全省第二届运动会】 2017年9月8—10日，民建市委承办民建全省第二届运动会，组织11个代表团举行6个运动项目的比赛，展示岳阳民建的良好形象，得到民建省委的高度评价。湖南省政协原副主席、民建省委原主委龙国键，民建省委专职副主委罗亚军，中共岳阳市委常委、统战部部长熊炜，市政协副主席、民建市委主委方争奇等出席运动会，熊炜在开幕式上致辞。民建市委获得射击、乒乓球等4个单项奖和优秀组织奖。

【出席民建省委第九次代表大会】 2017年6月23—25日，中国民主建国会湖南省委员会第九次代表大会在湖南宾馆召开，民建岳阳市委9名代表出席会议。25日，经民建省委九届一次会议选举，岳阳市政协副主席、民建岳阳市委主委方争奇当选为民建省委第九届委员、常委，民建岳阳专职副主委郝纯当选为民建省委第九届委员、民建省委监督委委员。

（罗琪美）

中国民主促进会岳阳市委员会

【参政议政】 2017年，中国民主促进会岳阳市委员会（简称民进市委）围绕中共岳阳市委、市政府中心工作，服务社会大局，助力“四大会战”彰显新作为。坚持以服务发展为新时代使命，持续推进参政议政课题招标模式创新，在议政调研、政治协商、民主监督活动中，不断提高参政议政的能力和水平。

专题调研。民进市委围绕中共岳阳市委、市政府“四大会战”“1+4+2”大岳阳城市圈建设、河湖连通工程、棚户区改造等7个课题进行专题调研。以交通建设大会战为题，由主委班子牵头成立调研组，重点围绕建设成网成环道路，进行一个多月的实地调研。调研组从社会价值、生态价值、经济价值多方面，全面剖析岳阳交通建设的现状与问题，提出打造便捷快捷岳阳的战略与对策，明确交通大会战的措施与保障。调研成果在各民主党派专题汇报会上，得到中共岳阳市委领导和政府职能部门的充分肯定。继交通大会战专题调研之后，又以“停车场建设”为题，进行深入调查研究，并与市政协到常德市等地开展联合调研，完成“加强静态交通治理，缓解城市交通拥堵”的调研报告，得到中共岳阳市委、市政府和市政协领导的高度肯定。

招标课题。开展课题招标工作，参政议政，得到全市基层组织和广大会员的纷纷响应。全年收到14个支部申报的课题18项，选题涉及“产业扶贫、文化产业发展、师资结构优化、幼儿园发展和统战理论研究”等多个方面，与民进的界别特色、省市的重点工作紧密贴合。经过初审和推荐申报，民进市委在民进省委、中共岳阳市委统战部立项10个课题。调研过程中，各调研组多方调查研究，自发加强横向工作交流，探索课题调研的新方式和新方法。截至年底，10个立项课题全部结题，完成高质量的调研报告10篇。云溪区支部自主进行“关于加强文艺队伍建设，丰富群众文化生活”的课题研究，开创支部自主课题研究的先河。全年支部完成的调研成果11篇。全市基层组织参与课题调研的积极性高，课题组调研过程规范，调研报告的质量得到稳步提升。

政治协商。民进市委善于把握各种政治协商机会和两会议政平台建言发声。民进市委领导班子成员参加中共岳阳市委、市政府、市政协召开的各类协商会议，围绕“统一战线凝心聚力十三五行动”“学习贯彻落实中共十九大”等主题，参加省委统战部调研座谈，围绕“建立健全中小学生法治教育机制”开展调研，参加省政协界别协商，围绕“打造交通物流枢纽，加快现代物流业发展”，参加市政协专题协商，主委班子和部分市政协委员参加“走进法院”“走进纪委”专题协商活动，针对法检、纪委工作情况协商发言。发言突出针对性和建议可操作性，对于推进民主协商进程和促进多党合作事业起到积极作用。市人大、市政协两会期间，会内各级人大代表、政协委员提交建议、提案39份，提案质量不断提高。

【组织建设】 2017年，民进市委深入开展“不忘合作初心，继续携手前进”主题教育活动，抓住领导班子建设、组织发展、代表人士和后备干部队伍建设、基层组织建设四个重点，全面提高自身综合素质。

政治共识。民进市委领导班子团结民主，严格落实议事制度和学习制度。全年组织召开五次主委会、五次市委会，学习全国两会、中共十九大、民进十二大和民进省委八大会议精神，结合自身建设、参政议政和社会服务等工作研究部署、统筹推进。班子成员以身作则、认真履职，自觉担当本行业和专业领域的先锋代表。认真组织开展“不忘合作初心继续携手前进”主题教育活动，以优秀会员和会史会章为宣传重点，加大思想引导力度。岳阳民进微信公众号发布消息59条次，向《民主杂志》《团结报》和楚帆等各级媒体投稿80余篇，其中，11篇稿件被国家级媒体刊发，52篇被省级媒体刊发，全会政治共识进一步深化、四个意识进一步增强。

支部建设。利用全市基层组织换届的契机，调整合并7个基层组织。全市基层组织数为33个（包括2个总支和31个支部）组织网络进一步完善。严格按照支部换届方案的程序和要求，组织民主推荐和投票选举，实现支委班子新老交替，一批综合素质高、热心会务工作的骨干会员充实到支委班子队伍中来。争取财政支持，逐年加大基层组织建设经费，基层组织建设经费达到每人每年100元，为支部开展活动提供经费保障。同时，明确并落实民进市委委员、机关专干对口指导制度，制定下发《基层组织工作手册》，完善支委班子职责分工、支委工作制度等，进一步加强基层组织工作指导，支部工作进一步规范。

会务活动。坚持以活动聚人心，以活动促活力。组织37名老同志参加重阳节游南湖活动，汇报民进市委工作情况，得到与会老领导、老会员的肯定。支部活动呈现出经常化、多样化，组织凝聚力和向心力不断增强。一批会务活动办得有特色、有影响，得到国家级主流媒体关注。站前小学支部、民进市委机关三支部、朝阳小学支部和东升小学支部，关注中国诗歌文化，组织开展“少儿诗歌创作乡村行”、教师节朗诵、现场创作大赛和文化惠民等多次大型活动，邀请全国政协委员、民进湖南省委副主委汤素兰、岳阳市文联主席余三定等领导出席，活动在新华网上报道获得社会广泛好评。一批先进基层组织和优秀会员获得各级各类表彰，市医卫支部被民进中央授予“民进坚持和发展中国特色社会主义学习实践活动先进集体”荣誉称号。民进中央机关刊物《民主》增刊，以《一位优秀的接棒者》为题，向全会推荐医卫支部主委赵小青。岳阳楼区教育局机关支部副主委刘萍领衔成立“岳阳刘萍少先队名师工作室”，在德育工作岗位上成绩突出，获得湖南青年五四奖章提名奖，成为全省表彰的50名奖章获得者和10名提名奖之一。岳阳经开区支部副主委梁洁被评为2017年巴陵青年英才。

组织发展创新推进。民进市委高度重视组织发展工作，主动加强与市区统战部门和高等院校等单位的联系，拓宽组织发展的视野。严格审核入会审批事项，主委会和民进市委会多次听取组织发展工作情况汇报，对申请入会人员的学历、界别、社会职务和专业代表性的要求，形成统一意见，最终确定15名发展对象。按照会章和组织程序要求，由民进市委委员、支部主委和机关专干组成考察小组，赴申请人单位进行考察，充分听取所在单位中共党组织、人事政工部门负责人的意见，保证组织发展工作稳妥顺利。全年发展新会员15名，其中，博士生1名，区级人大、政协委员3名，优才人数占到发展总数的27%，成为组织发展工作的一个亮点。

【社会服务】　2017年，民进市委始终坚持微公益社会服务理念，立足发挥民进教育界别资源优势，持之以恒地开展精准扶贫、同心助学、同心校园和同心社区创建工作。

打造同心助学品牌。发动全市基层组织和骨干会员广泛开展同心助学活动。通过与会员创办的志愿者协会和民办学校合作，与岳阳县一中、君山区黄金小学、岳阳经开区高城完小、华夏教育集团等多所学校建立长期联系，形成“点对点联系，专注贫困地区；面对面走访，实现精准助学；一对一帮扶，创新长效助学”的品牌经验。民进市委机关二支部多年参与山水有爱志愿者协会助学活动，为95名贫困学生联系、捐赠助学款20万元。岳阳楼区机关总支筹资3.5万元，为平江县三墩乡汇龙村龙板学校捐赠篮球等文体用品。站前小学支部、湖南理工学院支部、民进市委机关三支部等组织到岳阳县、平江县送教助学、捐赠图书，帮助贫困地区学校师生解决实际困难。

承办西部教师培训班。西部教师培训班是民进湖南省委发挥全省民进资源优势，对口支援贵州毕节的社会服务品牌。湖南民进第12期西部教师培训班在岳阳市举办，为办好这次培训班，民进市委主动对接中共岳阳市委统战部、中共岳阳楼区统战部和岳阳楼区教育局。根据贵州毕节参训教师全部来自农村学校，学生多为留守儿童的实际情况，与岳阳楼区东方红小学共同确定“留守儿童关爱与家庭教育指导能力提升”的培训主题，并邀请湖南省国培办的专家为学员授课。民进市委为参训学员所在学校捐赠1万元的体育和教学用品。由于培训主题选择精准、课程教学水平高超，得到民进省委和毕节参训教师的一致肯定。

开展精准扶贫工作。民进市委副主委李国武从2016年开始建设“同心果园”项目，在临湘市各扶贫点建立上百个“家庭果园”。2017年为临湘市羊楼司镇和聂市镇贫困群众免费送去1.2万株果树苗，价值10万元。响应市政协“三个一”扶贫号召，组织民进界别22位市政协委员，与毛田镇英桥村18个贫困家庭结对帮扶。15位市政协委员参加三个一走访活动，与贫困户面对面交流拉家常，为贫困户捐款5000元。会员、市政协委员胡骥出资5.4万元，在岳阳县筻口镇设立专项助学金，会员、市政协委员丁先波出资1万元，资助岳阳市五中高三的贫困学子。政协委员成为民进会参与精准扶贫的新生力量。

参与防汛抗洪救灾。6月—7月，岳阳市遭遇强降雨袭击，造成历史罕见的特大暴雨洪水。按照中共岳阳市委关于全市各级组织立即投身抗洪抢险救灾工作的要求，民进市委第一时间在会内发起动员，得到积极响应，岳阳经开区支部、民进市委机关一支部、民进市委机关二支部等基层组织，梁洁、陈丽萍、张普翔等会员踊跃捐款捐物。7月5日，筹措2万余元物资，送往灾情较为严重的湘阴县沙田垸和三塘镇，为驻守一线的武警水电部队官兵解决生活物资紧缺的困难。

（李　情）

中国农工民主党岳阳市委员会

【概况】 2017年，中国农工民主党岳阳市委员会（简称农工党市委）围绕中共岳阳市委、市政府“四大会战”“一极三宜”江湖名城建设中心工作，以“自身建设主题年”为契机，结合农工党岳阳市委成立三十周年庆典活动，深入开展政治思想教育学习活动，不断加强自身建设，切实履行参政党职能，服务社会，为岳阳经济社会发展作出贡献。被评为农工党中央开展坚持和发展中国特色社会主义学习实践活动先进集体。被农工党省委评为2017年度组织工作先进单位。

【参政议政】 2017年，农工党市委在市政协八届二次会上提交大会发言2件，集体提案5件，代表、委员个人提交提案、议案、建议32件。根据中共岳阳市委书记胡忠雄要求撰写的《扩容提质园区经济，吹响“工业强市”集结号》调研报告，受到中共岳阳市委主要领导的充分肯定。农工党市委对岳阳市养老产业及中心城区医疗器械行业进行走访，形成《关于加快我市养老产业发展的建议》《关于规范我市医疗器械市场建设与管理的建议》等调研报告。向市委统战部报送社情民意信息19篇，向农工党省委报送17篇，其中2篇被农工党省委采纳，《关于完善医疗器械淘汰报废相关法规的建议》被农工党中央采纳报送全国政协。

【社会服务】 2017年，农工党市委充分利用各方面资源，全市各基层组织围绕定点帮扶、同心助医、同心助学、同心社区创建等开展社会服务。定点帮扶工作。农工党市委主委李为联点平江县大洲乡民主村精准扶贫，筹集资金40万元用于该村基础设施建设，市委派出机关专干长驻湘阴杨林寨扶贫，多次组织农工党届别政协委员及基层支部到岳阳县月田镇大界村开展“三个一”精准扶贫活动，捐助贫困户1.6万元。同心助学活动。组织农工党二医院总支、市直机关支部到月田镇中小学进行捐书助学活动，捐赠各类书籍1000本。融合支部党员李榜文联合中国悍马会在平江县稻田村、民主村举办“2017平江公益行”活动，捐助资金40万元，并组织捐赠平江县“希望工程”20万元。同心工程。农工党市委在岳阳楼区吕仙亭社区成立关爱居民、热情服务、维护稳定、共创平安的“同心工作室”，并组织开展食品安全知识讲座；在华容县景港镇开展“同心·共铸中国心”送医送药送健康义诊活动，赠送上万元的药品。联合市广新局组织在岳阳监狱开展“文化进高墙、知识促改造”文化志愿服务活动启动仪式并建立“同心法律援助站”。同心助医。组织省血防所支部在畔湖湾开展以“妇女健康宣传日”为主题的义诊活动，在湖畔新村开展以重阳节关注老年人健康为主题的医疗及义诊活动；岳纸支委与岳纸医院特邀市二医院内科专家团队在城陵矶骆家坡社区举行义诊活动；市中医院支部组织多次参加爱民义诊及新墙义诊、平江安定义诊，岳阳经开区支部组织医疗人员在康王乡卫生院对村民进行义诊活动。同心抗洪救灾。响应农工党省委“支持和投身抗洪救灾”倡议和中共岳阳市委统战部“关于全市统一战线踊跃投身抗洪救灾”的倡议，采购瓶装水、八宝粥、药品等3万余元物资，送到驻扎在湘阴沙田垸岭北镇铁角嘴中学的武警水电第四支队官兵手上，并组织各基层组织、党员开展送医送药送降暑用品，捐款捐衣支援抗洪救灾工作。同心助力“四大会战”。农工党市委成立助力“四大会战”招商领导小组，10月与中核集团通过3P合作，引进资金10万元建设市儿童医院，12月6日正式开工。

【农工党市委举行成立三十周年纪念大会】 2017年8月16日，农工党市委在岳阳市会展中心举行成立30周年纪念大会。农工党省委副主委陈松岭，中共岳阳市委常委、统战部部长熊炜，副市长、农工党市委主委李为，市人大常委会副主任赵岳平，市政协副主席秧励，老同志刘应凯等出席。李为代表第七届市委会向大会作工作报告，全面回顾农工党岳阳市委30年的辉煌发展历程。致公党市委主委丁湘平代表兄弟党派、工商联和知联会致贺词。

【文化进高墙活动启动仪式】 2017年9月26日，由岳阳市文化广电新闻出版局、湖南省岳阳监狱、岳阳市司法局、农工党岳阳市委联合主办的湖南省岳阳市“文化进高墙，知识促改造”文化志愿服务活动启动仪式在岳阳监狱教育楼广场举行。市人民政府副市长、农工党市委主委李为，市文广新局党组书记、局长费荣新，湖南省岳阳监狱

副市长李为一行参加爱在高墙活动 （农工党市委 供稿）

党组书记、监狱长彭锋，农工党市委专职副主委周波等领导出席启动仪式。此次文化志愿服务活动中，志愿单位与岳阳监狱签订《“文化进高墙，知识促改造”文化志愿服务活动社会帮教协议》，并举行授牌仪式，农工党市委授牌湖南省岳阳监狱“爱在高墙·同心法律援助站”。市文广新局赠送爱心图书1000册。

（梁　颖）

致公党岳阳市委员会

【概况】　2017年，致公党岳阳市委员会（简称致公党市委）团结和带领全市各级组织和广大党员，围绕“创新引领、开放崛起”战略，努力学习践行习近平新时代中国特色社会主义思想，全面加强自身建设，履行参政党职能，各项工作取得新的成绩。

【组织建设】　2017年，致公党市委坚持“结构更合理、班子更团结、管理更规范、队伍更优秀”的原则，严格按致公党省委要求对标对表，在自身建设上主动作为。为完善治理结构体系，致公党市委多次与市区两级统战部协商，成立市直工委、岳阳楼区工委。君山区等4个区以及高校系统成立总支，借助工委平台，更好地聚集优势资源，整合党员力量，提高党派履职的针对性与实效性。

班子建设。全年召开主委办公会议7次、致公党市委扩大会议4次，将会议纪要下发至各基层组织。着重抓好致公党市委班子成员的教育和培训，全年组织致公党市委班子参加省市社院培训4人次，组织全体市委班子参加中共岳阳市委统战部组织的暑期谈心活动，进一步巩固政治交接成果。

基层组织管理。致公党市委以基层组织目标管理考核为依据，结合年初工作计划，加强对基层组织的管理和指导。向各基层组织发放会议记录本，要求严格按照致公党市委要求，召开会议、开展活动，做到考核有依据。成立党内监督委员会，出台《致公党岳阳市委党内监督委员会工作规则》，强化党内监督，定期督导各级组织履职情况，为基层组织规范管理提供制度保障。

党员发展培养。致公党市委严格执行新党员预审发展程序，严把入口关，提高新党员发展质量。全年发展致公党员15人，其中，行政、事业单位10人，新阶层1人，非公经济人士2人，具有中高级职称5人，具有侨海关系7人。截至年底，党员总数达到281人，有工委2个，总支6个，支部1个。党员中各级人大代表、政协委员55人，占党员总数的19%。

【思想宣传】　2017年，致公党市委以“两学一助”学习教育为引领，结合学习贯彻落实中共十九大精神，开展“不忘合作初心，继续携手前进”专题教育，不断创新宣传方法，丰富宣传内容，整合宣传平台，增强宣传实效与社会影响。在致公党中央坚持和发展中国特色社会主义学习实践活动总结大会上，南湖新区总支部被评为学习实践活动先进集体。

学习教育开展。高度重视“不忘合作初心、继续携手前进”专题教育活动，出台方案，制订工作计划，召开动员大会，成立学习教育领导小组。组织骨干党员到长沙、汨罗等地开展“不忘合作初心、继续携手前进”专题教育，参观杨开慧纪念馆与任弼时纪念馆；选派党员参加致公党省委“不忘合作初心、继续携手前进”主题宣讲活动。并参加“中国梦·侨海情”全国巡讲，得到致公党中央领导的接见；中共十九大召开后，致公党市委组织骨干党员专题学习中共十九大精神，请中共岳阳市委党校教授为岳阳楼区工委、市直一支部、致公党市委机关等专题宣讲中共十九大精神，并鼓励党员参加各种形式的学习会、座谈会、宣讲会。

宣传格局。精心打造覆盖手机、电脑和报纸刊物等多渠道的宣传平台，构建“大宣传、大教育”的格局。致力于互联网+致公党建设，同步抓好网站建设与微信公众号的管理维护。反映党派动态的新闻稿件纷纷被各级网站、媒体刊发，其中，致公党中央刊发78篇，湖南致公刊发146篇，岳阳致公上稿146篇，三湘统战网、红网、《岳阳日报》等刊发20篇。致公党市委的重大活动、中心工作均得到媒体的宣传报道。致公党市委被中共岳阳市委统战部评为全市统战信息工作先进单位、岳阳统战宣传工作先进单位。

【参政议政】　2017年，致公党市委围绕中共岳阳市委、市政府中心工作，聚焦“四大会战”，忠诚履职，参政议政成效明显。“两会”期间，致公党市委向各级两会提交提议案90个，向全国人大提交建议案12个；向省政协提交提案5个，向市政协八届一次全会提交提案51个，其中，团体提案21个，委员个人提案30个。《关于优化义务制教育办学环境，促进教育均衡发展的建议》《关于鼓励我市青年创新创业的建议》被市政协评为优秀提案。《关于洞庭湖水域生态修复和湿地保护的建议》被致公党省委转化为省政协提案，得到中共湖南省委常委、常务副省长陈向群批示。

专题调研工作。致公党市委围绕岳阳“四大会战”等重点工作，深入开展调研，形成《关于我市脱贫攻坚工作情况的调研》《关于我市产业扶贫的调研报告》2篇调研成果。《关于我市脱贫攻坚工作情况的调研》得到中共岳阳市委书记胡忠雄与市政协主席徐新楚的高度肯定，并促成出台全市脱贫攻坚问题整改责任清单，为全市脱贫攻坚工作提供理论参考。

社情民意工作。全年报送社情民意80余篇，有20篇被全国政协、致公党中央等采纳，其中，全国政协采纳2篇，中共省委办公厅1篇、中央统战部零讯采纳1篇，致公党中央15篇。《关于防范扶贫小额贷款中大户带动相关风险的建议》《危化品运输对公路安全防护的影响不容忽视》被全国政协采纳，《基层血透中心发展面临安全和风险管控的困境》被中央统战部《零讯》采纳。

【社会服务】　2017年，致公党市委以“同心思想”为指导，坚持

"建基地，创品牌"的工作思路，充分发挥骨干党员优势，开展社会服务工作，取得较好的成效。全年开展各类社会服务活动30余次，服务对象1500余人次，各类活动中捐款捐物价值40余万元。谢模满、何勇坚被致公党中央评为全国社会服务工作先进个人。

四同创建。同心社区成果巩固。东升社区于2015年被评为省级同心社区，建成同心阅览室、同心大讲堂、同心超市、同心活动室等。指导岳阳楼区工委"保牌争优"。开展慰问老人、关心弱势群体、帮助失足青年社区矫正、科普知识进社区等系列活动，岳阳楼区工委主委李微微为东升社区争取科普资金10万元，同心园区兴办培训。市级同心园区——湖南洋利生态农业产业园位于屈原区凤凰乡，致公党市委支持该产业园区创建省级"同心园区"。园区全年组织农民进行栀子种植技术、信息服务、市场营销、农产品质量标准与认证等培训800多人次。同心乡村基地建设。致公党市委主要负责人率队多次前往岳阳县鸣山村联点扶贫，组织党员开展入户扶贫60余人次，捐赠款物6万余元，帮助争取路面硬化和渠道疏浚项目，解决资金15万元，组织医卫委员会在鸣山村开展"致福送诊"活动，免费为村民提供体检服务160人次。

助学活动。致公党市委组织市直一支部向省市助学点平江县阜山小学捐赠课桌、校服等物资。爱心妈妈活动。组织女党员以爱心妈妈身份多次开展关爱留守儿童活动，市直一支部联合社会服务工作委员会，为岳阳职业技术学院致公班的学生们送去食品，并开展爱心妈妈活动。一家一助学。致公党市委联合岳阳市住房公积金管理中心、岳阳职业技术学院联合出资20万元，在岳阳职业技术学院成功签约"致公·岳阳职院班"，以定期发放助学金的方式帮助学生完成学业。"致公蓓蕾书屋"。组织南湖新区总支部筹集善款2万元，在平江县三阳乡石坪小学，捐建"致公蓓蕾书屋"，捐赠图书1000余册，桌椅若干，改善该校学生的阅读环境。市直三支部在岳阳县毛田镇云山学校捐建"致公蓓蕾书屋"。

（周　静）

九三学社岳阳市委员会

【概况】 2017年，九三学社岳阳市委员会（简称九三学社市委）围绕中共岳阳市委、市政府的"一个目标总揽、两大战略引领、三条底线筑牢、四大会战发力"决策部署，团结和带领全市社员，切实加强自身建设，坚持在团结和谐中求发展，在工作活动中求创新，履行参政党职能，各项工作取得新的成绩。被九三学社中央评为"2013—2017年度参政议政工作先进集体"，被九三学社省委评为宣传工作先进单位。

【组织建设】 2017年，九三学社市委在工作中主动顺应新时代新要求，以创新意识带队伍，密切结合九三实际，扎实推进自身建设，履职水平提升有实际成效。

思想理论建设。九三学社市委自觉加强政治思想教育，认真学习贯彻中共"十八大""十九大"、社中央和社省委重要会议精神，深入推进"两学一助"学习教育活动。落实社中央和省委的工作部署，组织社员参与"'五四运动'与九三学社缘起"研讨会和第四届"九三学社中央坚持和发展中国特色社会主义论坛"征文活动，有6名社员撰稿，有3篇文章被社中央和社省委采用。还在各类网站和报刊及时报道社的主题活动、社务工作、履职成果等新闻信息近50篇。

领导班子建设。召开社市委主委办公会6次，在讨论工作的同时组织集中学习。领导班子成员参加社中央、社省委重要会议，省、市社院举办的主题班学习，中共岳阳市委统战部组织的暑期谈心和学习考察活动，全面提高班子成员政治理论素质。加强制度建设，建立健全完善各项规章制度，着力提升履职制度化、规范化、程序化水平，使各项工作有章可循，服务保障能力和工作效率明显提高。

组织发展工作。社市委贯彻落实人才强社战略，为适应参政党履职需要，发展一批经济、法律、金融、管理等领域的专家学者、优秀人才、代表人士。发展新社员26名，均有本科以上学历，其中，研究生6人，中级以上职称16人，平均年龄35岁。全市社员总数达到444名。

基层组织建设。社市委以落实《基层组织目标管理考核细则》为抓手，进一步加强基层组织建设，举办"庆'三八'保护长江环保行活动""重阳节健康知识讲座"等活动。市农科所支社组织社员到江西省考察学习，深入了解民族文化。岳阳经开区支社举办纪念九三学社成立72周年"讲九三人、说九三事"演讲会。市医卫支社、市三医院支社分别组织社员开展义诊、送医送药活动。湖南理工学院支社参加湖南省2017暑期大学生"情牵脱贫攻坚"主题实践活动。长炼支社为湖南绿色化工产业园区招商引资牵线搭桥，完成航天新材料项目进入园区。

【参政议政】 2017年，九三学社市委围绕中共岳阳市委、市政府中心工作和经济社会发展大局，认真开展调查研究，建言献策。政治协商有效果。社市委主要负责人出席和参加中共岳阳市委、市政府、市政协等组织的座谈会、协商会以及视察活动15次，就全市大政方略、人事安排、经济工作等发表意见、提出建议。方三午等10名社员受聘担任纪委、法院、工商等部门的特约监督员和行风评议员，他们参加各种调查、视察、评议活动，得到有关部门充分肯定。"两会"议政有影响。社市委向市政协八届一次会议提交提案32件，其中，集体提案8件，个人提案24件。吴鹏涛代表社市委作题为"稳步推进PPP项目运作规范性和科学性的建议"在政协大会上发言。《全力打造湖南省新港经济先导区，助推全省开放型经济跨越发展》的提案，得到中共岳阳市委书记胡忠雄的批示，被列为市政府、市政协重点督办提案，并上升为省政协重点提案，得到中共湖南省委常委、常务副省长陈向群的批示。专题调研有成果。社市委充分发挥参政议政委员会的作用，调动各支社积极参与，开展"以港口大会战，推动港口经济大发展”专题调研，形成调研报告，得到市委、市政府的充分肯定。服务发展履行监督职能。向社中央、省政协、社省委报送社情民意信息，推动一批民生问题的解决。全年报送信息30多条，《应加强水产养殖中抗菌素类用药管理》等2篇信息被中央统战部采纳，有10多篇信息被社中央、社省委采纳。

【社会服务】 2017年，九三学社市委坚持把助推脱贫攻坚和民生福祉改善贯穿于社会服务工作之中，广聚资源助力脱贫攻坚，在产业扶贫、医疗扶贫、教育扶贫等方面倾情出力，广泛凝聚助推脱贫攻坚的强大合力。

爱心助学。“六一”前夕，社市委组织市政协委员和爱心企业负责人到平江县庄楼村小学，开展“情系庄楼村，关爱下一代”献爱心活动，捐赠校服、书包、体育器材等物品8万多元。9月，与省青基会、团市委、市妇联、岳阳日报社、市广播电视台联合，主办湖南希望工程助力脱贫攻坚大型公益行动走进岳阳暨岳阳市“情暖童心”关爱保护农村留守儿童活动，全市社员捐款41万元。

扶贫帮困。社市委组织社内市政协委员参与“三个一”扶贫行动，6月到岳阳县铁山湖村，开展结对帮扶活动，帮助21户80人，送上扶贫资金2万元，启动扶贫项目5个，助力该村贫困户脱贫。

产业帮扶。上半年与社省委机关在平江县塅坪村建立社会服务扶贫联系点，落实2个扶贫项目。即稻田养鱼项目，建立稻田混养鱼虾基地，投入资金10万元。生态土猪养殖项目，发放帮扶资金4.4万元。

“微心愿”活动。观音阁同心社区的“微心愿”活动，成为社市委社会服务的“同心”实践品牌，受到社会各界的肯定。组织社员开展“关注脊椎健康”系列讲座，“同心社区送医药”等“四送”进社区活动，确保居民健康，开展科普活动进社区、进学校，扩大科普面，开展大走访活动，为民代言，向岳阳楼区人大、区政协提交提案建议，为社区改造下水道和路灯亮化，开展帮扶困难居民和孤寡老人的志愿服务，送去米、油等物品和慰问金。

（杨　波）

人民团体

PEOPLE'S ORGANIZATION

责任编辑・刘兴汉

岳阳市总工会

【概况】 2017年，岳阳市总工会以“两学一做”学习教育常态化制度化为统揽，认真学习贯彻党的十九大和习近平新时代中国特色社会主义思想，紧扣全市“四大会战”战略部署，在服务发展、服务职工、自身建设等方面取得显著成效。被评为全国文明单位、全国市级工会财务先进单位、全省“十行状元、百优工匠”竞赛活动优秀组织奖、全省工会女职工素质教育优秀成果展示赛优秀组织奖、全省工会财务会计工作竞赛特等奖、全省市级工会经审工作规范化建设特等奖、全市防汛救灾先进集体。全省工会职代会工作经验交流会在岳阳市举行，劳动竞赛、解困脱困、基层组织建设、女职工权益维护等工作，在全省作典型发言。

【服务发展】 2017年，市总工会全力服务全市经济社会发展。

开展“四大会战”和重点工程劳动竞赛。4月27日，市委、市政府召开岳阳市庆“五一”暨“巴陵工匠”职业技能大赛表彰和“四大会战”、重点工程劳动竞赛动员大会，5名市级领导出席。以市政府办名义下发劳动竞赛活动实施方案，以“当好主力军、建功岳阳新发展”为主题，精心打造“四大会战”和重点工程建设等五大主赛场：在园区建设大会战中，推动建立产学研联盟，促进企业节能降耗提升效益；在交通建设大会战中，以项目一线、窗口单位为主阵地，掀起“比、学、赶、超”劳动竞赛热潮；在港口建设大会战中，通过“六比六赛”劳动竞赛，城陵矶口岸集装箱吞吐量同比增长5成；在脱贫攻坚大会战中，深化创新扶贫思路模式，落实200多个“引老乡回故乡建家乡”项目；在重点工程建设中，长炼公司将劳动竞赛分为“打好攻坚战，建功大检修”和“节能降耗，挖潜增效”两个主战区，激发竞赛单元生产力。全市有7000多家企事业单位、80多万名职工群众参赛，实现增效17亿元，全面激发职工群众劳动热情和创新活力。3月，市总工会作为湖南省唯一的长江经济带引领性劳动竞赛组织单位代表，出席全国总工会劳动竞赛研讨会。

选树巴陵工匠。以学习贯彻“四种精神”为引领，创新开展“巴陵工匠”培养选树活动，推动“巴陵工匠”评选工作纳入市委“巴陵人才工程”，健全完善“巴陵工匠”培育、遴选、奖励和待遇机制。通过层层筛选，优中选优，评选产生2017年“巴陵工匠”39名，激励职工群众奋发有为、创先争优。在全国庆“五一”暨先进模范人物表彰大会上，3517公司的蒋绮云作为湖南省发言代表，在大会上作典型事迹发言。扎实开展“湘字号”传统技艺工匠竞赛活动，发挥牵头单位作用，与市人社局、市经信委、市茶业协会、市工艺美术协会等行业部门联手，精心组织“湘字号”传统技艺工匠竞赛30多场次，126名基层优秀选手入围市级竞赛，5名选手在省级决赛中进入前十名。湖南卫视、《湖南工人报》《岳阳日报》等媒体对全市巴陵工匠培育活动予以报道，生动诠释岳阳新时代劳模精神和工匠精神。

劳动保护。坚持“贴近中心促发展，贴近职工办实事，贴近基层搞服务”工作思路，把“安康杯”评比竞赛活动作为工会参与维护职工劳动权益的重要手段，开展全市一线产业工人健康状况调研，督促企业改善用工环境，让职工体面劳动，巩固和扩大职业健康监护管理的覆盖面。加强工会安全生产源头参与力度，根据市安全生产委员会安排，认真参与安全生产执法检查和事故调查处理。精心组织“清凉一夏、关爱同行”活动，省总工会副主席、巡视员周乐红，市人大常委会副主任、市总工会主席彭先政，市政府副市长杨昆分别带队，深入全市部分企业、重点项目建设工地、一线工人工作场所等高温作业场所，开展走访慰问和监督检查，为奋战在“四大会战”和重点工程的一线职工，送去防暑降温物资和关爱。

【服务职工】 2017年，市总工会贴心服务职工，在服务上做文章。

民主管理。打造行业工资集体协商“一县一品”，引导职工代表发挥作用，全市签订工资集体协议71717份，覆盖企业3352家；深入推进职代会规范化建设，推广“职工代表问·总经理答”工作质询机制，开展劳资对话会50多场次，湖南省工会职代会工作经验交流会在岳阳市召开。

维护合法权益。坚持工会领导班子带班接访处访轮值制度，扎实开展职工诉求“大接访”“大排查”“大化解”工作，发挥律师志愿服务团队、“12351”职工热线功能，为职工提供法律咨询、劳动争议调解等服务120多场次，免费办理法律援助案件327件，挽回经济损失1820万元。

提升技能素质。把“双联”和精准扶贫有机结合，扎实开展困难职工与农民工就业培训，建立培训站点110多个，选树“一户一产业工人”培养工程示范基地10家，免费培训困难职工、农民工1.2万多人次，帮助8500多名困难职工和农民工实现“家门口培训、家门口就业”。

真心关爱职工。筹集资金4500多万元，深入开展“四送关爱”和职工医疗互助等活动，惠及困难职工、农民工2万多名，帮助1800名困难学子圆大学梦。实施职工关怀计划，免费开办心理咨询师成长培训，全年开展培训23场次，建立120人的职工心理咨询团队，新建20家职工“心理咨询（减压）室”和“母婴关爱室”，深受社会各界好评。参与抗洪救灾，全市各级工会筹集救灾资金、物资2800多万元，慰问一线官兵、职工和农民工。

【基层基础建设】 2017年，市总工会全面夯实基层基础，建家建会建队伍同步推进，以“党建带工建”为抓手，全力推进非公企业、社会组织，以及服务行业建会工作，重点抓好新生代职工、农民工等群体入会工作，实现建会入会广覆盖。新成立基层工会组织401家，基层工会组织涵盖单位1099家，新增工会会员41073人，新增农民工会员35116人。示范推动全面突破，打造市级“七个一”和县级“1+2”的示范工程，选树党工共建示范点32个，模范职工之家培育对象41个，工资集体协商典型13个。强化基层工会组织规范化建设，培育推荐省级先进工业园区工会1个、省级“六好”乡镇（街道）4家，有效带动基层工会组织建起来、活起来、强起来。

【全省工会职代会工作经验交流会】 2017年12月12日，全省工会职代会工作现场经验交流会在岳阳市南湖宾馆召开，各市州总工会、省直机关工会的分管领导、部门负责人，省产业工会、省直属基层工会工作委员会有关负责人等100余人参加会议。岳阳市总工会以“加强规范化建设，彰显职代会职权”为题作现场经验发言。巴陵石化公司质询会作为会议唯一现场观摩内容，赢得与会者高度肯定。

【庆“五一”暨“巴陵工匠”职业技能大赛表彰会】 2017年4月27日，岳阳市庆“五一”暨“巴陵工匠”职业技能大赛表彰和“四大会战”、重点工程劳动竞赛动员大会在岳阳市会展中心召开。“巴陵工匠”职业技能大赛组委会和参赛代表，各县市区总工会、人社系统、重点办负责人，中央和省驻岳企业工会负责人，市系统产业工会负责人，市各级培训机构负责人，市总工会机关和市人社局机关有关人员近450人参加会议。市委副书记李爱武出席会议并讲话，市委常委、组织部部长王瑰曙主持大会，市人大常委会副主任、市总工会主席彭先政作“巴陵工匠”技能大赛总结和“四大会战”、重点工程劳动竞赛动员报告，市政府副市长杨昆宣读《关于表彰岳阳市2016年“巴陵工匠”职业技能大赛获奖单位和个人的通报》。会议通报表彰2016年“巴陵工匠”职业技能大赛先进集体和个人，并现场组织部分先进个人和集体代表颁奖、授牌。会议倡议全市广大参与“四大会战”和重点工程建设劳动者，抢抓机遇，撸起袖子加油干；追求卓越，内强素质展风采；勇当先锋，建功立业做贡献。会上，岳阳市园区建设、交通建设、港口建设、脱贫攻坚“四大会战”和市重点工程劳动竞赛5名代表作表态发言。

【市总工会第六届委员会第五次全体（扩大）会议】 2017年3月13日，岳阳市总工会第六届委员会第五次全体（扩大）会议召开。会议认真学习党的十八届六中全会和总书记习近平系列重要讲话精神，传达学习全总十六届五次执委会、省总十五届六次全会和市委经济工作会议精神，回顾总结2016年全市工会工作，研究部署2017年工会工作。市委副书记李爱武，市人大常委会副主任、市总工会主席彭先政，市人民政府副市长杨昆出席会议，市总工会党组书记、副主席谭志兰作工作报告。会议履行有关人事任免事项，并通报2016年度工作考核结果。市总工会六届委员会委员、六届经费审查委员会委员，拟增补的市总工会委员，部分基层工会负责人和市总工会全体机关干部职工120余人参加会议。

【“书香岳阳·为您读书”职工大赛】 2017年11月20日，由岳阳市总工会、岳阳市文明办主办，岳阳人民广播电台承办的首届“书香岳阳·为您读书”职工大赛正式启动。本次活动以广播读书节目的方式，在岳阳人民广播电台，每天由各单位推荐5名左右选手参加岳阳人民广播电台“书香岳阳·为您读书”专场直播节目，以“我与书的故事”为主要内容，通过讲故事、诵经典、谈感悟等多种形式参与。

【“湘字号”传统技艺工匠竞赛活动】 2017年，市总工会在全市范围内广泛开展“湘字号”传统技艺工匠竞赛活动，成立由市人大常委会副主任、市总工会主席彭先政任主任，市总工会、市人社局、市经信委等单位负责人为成员的竞赛活动组委会。126名优秀选手参加全市湘茶、湘竹、湘瓷、湘酒、湘绣等行业技艺决赛，选拔10名选手参加湖南省“湘字号”传统技艺工匠竞赛活动，有5名选手进入湖南省竞赛前10名。

（谢冯平）

岳阳市庆“五一”暨“巴陵工匠”职业技能大赛表彰和“四大会战”、重点工程劳动竞赛动员大会

（市总工会 供稿）

共青团岳阳市委员会

【概况】 2017年，在市委和团省委的领导下，共青团岳阳市委员会（简称团市委）围绕中心、服务大局，开展一系列特色鲜明、内涵丰富的主题活动和工作，推动全市共青团事业稳步发展。

【共青团改革】 2017年，团市委结合全市共青团工作实际，贯彻落实全团改革精神和要求，起草制定改革实施方案。前期调研。组织全市32所高、中职院校以及市直中学学校团委书记召开学校战线工作会议，深入各联点县市区进行调研，并集中组织各县市区、学校、企业团干部进行座谈，全面听取各方意见建议。方案起草。组织召开县市区、学校、企事业单位团组织负责人会议专题征求收集各类意见10余条，进行梳理后对方案进行反复修改完善，11月23日报市改革办审议。完善落实。按照程序分别向市委组织部、市委编办、市人社局、市财政局征求并收集反馈意见4条；报团省委审核，收集修改意见12条；向分管联系共青团工作的市委副书记李爱武、市政府副市长黎作凤汇报改革方案。最终根据各部门反馈的意见和领导的指示要求进一步修改完善方案，并于12月25日通过市委常委会审核通过。实行专、挂、兼相结合班子配置。团市委配备挂职副书记1名，兼职副书记1名，充分发挥挂职、兼职领导班子成员在作出重大决策、实施重要事务中的作用。

【青少年思想引领】 2017年，团市委组织开展学习党的十九大精神系列活动，10月底，市委书记胡忠雄与高校学生代表、共青团干部等50余人开展党的十九大精神宣讲的主题座谈会。11月8日，举办“学习党的十九大 青春建功新时代”宣讲座谈会，邀请市委讲师团教授李卫兵授课。12月6—7日，举行全市共青团系统党的十九大精神学习研讨班，邀请市委组织部常务副部长张赟，市纪委常委、秘书长、监察局副局长刘建民，十九大代表邓伟为学员们讲课。争做新时代向上向善好青年，5月，团市委表彰全市“青年文明号”和“青年岗位能手”，掀起学习先进典型的热潮。完成新一届湖南省青年联合会岳阳地区29名候选人的推选工作。开展各类思想教育实践活动，编印下发《习总书记近年来关于青年工作重要讲话》《图解共青团重点工作》等资料，组织团员深入学习习近平新时代中国特色社会主义思想。

【志愿服务活动】 2017年，团市委开展“暖冬行动”，为春运期间提供引导咨询、秩序维护、应急医疗、预防踩踏等志愿服务，累计志愿服务时间2015个小时。开展“保平安、保畅通”行动，组织青年志愿者440人次参与全市主要交通拥堵路口文明劝导活动。开展抗洪救灾工作，筹集救援物资总价值达159万余元，分别运往平江县、君山区、屈原管理区、湘阴县、岳阳县等受灾区域。全市组织动员青年志愿者3700多人次参与一线救灾物资发放等志愿服务活动，组建青年突击队40多支、800余人战斗在防汛救灾一线。

【驻村扶贫工作】 2017年，团市委党组成员深入驻点村14次，解决扶贫资金14万元，争取相关单位30万元用于基础设施建设，申请村支部和文化广场建设项目，主体建设完工；完成产业扶贫立项，成立农村合作社，由全国农村致富带头人万伟与合作社共同兴建中草药种植基地20公顷；投入近百万元建设柘溪村小学综合楼。筹资180万元完成村、组级公路硬化10千米；清退情况不真实贫困户5户，新增一户，现有建档立卡贫困户11户。针对每户贫困户制定脱贫方案，并根据他们实际情况进行3000~3万元不等的助学、看病、产业、住房等有针对性的帮扶；组织全面完成村支两委换届选举工作，大力开展希望工程精准助学项目，将全村留守困难儿童、困难家庭子女全部纳入教育扶贫。

【希望工程项目】 2017年，团市委精心策划希望工程救灾助学、“情暖童心”关爱留守儿童等10多项助学活动，着力实施“芙蓉学子”“国酒茅台”“华融湘江银行绿色助学”“富基春晖班”等10多个品牌项目，全年累计募集各类捐助资金和物资1570万元，受益人次11900人；确定4所希望小学建设，年底前开工建设2所，另外2所正在筹备建设。

（张铁军）

岳阳市妇女联合会

【概况】 2017年，岳阳市妇女联合会（简称市妇联）认真学习贯彻党的十九大精神，按照市委第七次党代会的部署要求，团结带领全市广大妇女投身“四大会战”。市妇联被全国妇联授予全国维护妇女儿童权益先进集体，湖南省农村适龄妇女“两癌”免费检查全省排名第一，连续5年获得综合绩效考评先进单位，群众满意度测评全市排名第一。中央电视台、《中国监察报》《湖南日报》等中央、省级媒体推介。

【服务经济发展】 2017年，市妇联召开“我为‘四大会战’建新功”动员会、举办到岳阳挂职女性专家联谊会，邀请中国人民大学专家到岳阳举办高端培训，启动开通96580家庭服务网络呼叫中心，成立市农产品女经纪人专业委员会。打造“绣娘”“浮标娘子军”“巴陵嫂”等一大批“妇”字号特色品牌。发放妇女小额担保贷款6018万元，为600多人解决创业资金难题，带动近万名妇女就业。市女企业家队伍不断壮大，一大批企业成为全市出口创汇、纳税、安排就业的大户。市女企业家协会的作用不断凸显，成功加入中国女企业家协会。

【家庭教育水平提高】 2017年，市妇联贯彻落实总书记习近平“三个注重”要求，在全市中小学校开展优秀家规家训评选，收到各类县（市）区推荐家风、家规、家训材料1260条。组织开展“书香飘万家”“家书抵万金”等活动，21人次在省里获奖。联合教育部门评选“双合格”家庭教育学校20多所，在全市中小学生中举办“阳光校园，我们是好伙伴”主题教育读书和亲子诵读经典等活动，受益家长达2万人次。响应“刹人情歪风、治婚丧陋习、树文明新风”的号召，引导女同胞树立勤俭节约、文明高尚的社会新风。汨罗市、华容县、屈原管理区等地举办集体婚礼，中央电视台《新闻联播》对岳阳市除陋习、树新风活动进行报道。联合市纪委开展“树清廉家风·创美好家庭”主题活动，中纪委网、《中国监察报》对活动进行宣传报道。张洁、郑觉群2人当选中国家庭教育公益人物。汨罗市黄素萍和云溪区杨其凡家庭获评“全国最美家庭”。

【妇联组织改革】　2017年，按照中央、省、市委群团工作会议精神，着力“强三性”“去四化”，妇联组织改革充满活力。成功召开岳阳市第七次妇女代表大会，选举产生新一届妇联班子，表彰一批三八红旗集体和个人，妇女同胞的荣誉感、归属感和妇联组织的凝聚力、向心力进一步增强。争取市委组织部重视支持，出台《党建带妇建　妇建促党建的实施意见》，全市139个乡镇（街道）、村（社区）完成“会改联”，新增兼职副主席4359名，执委30500人，一大批致富带头人、妇女事业热心者、女大学生村官等进入妇联组织。开展“专兼挂”改革，市妇联率先从高校、央企、社团选配3名兼职副主席，从基层选调2名优秀干部到机关挂职，妇联组织实现由过去的“一根线”到现在“一张网”的转变。深入开展“示范妇女之家”创建工作，下发《岳阳市妇女之家规范化建设指导手册》，按照“六有”标准开展创建工作，申报华容县三封寺镇华一村、湘阴县金龙镇燎原村、临湘市长安街道荆竹山村为省级“示范妇女之家”示范点。岳阳楼区郭镇乡被评为“湖南省区域化党建带妇建示范点”荣誉称号。

【妇女干部素质提升】　2017年，市妇联把提升全市女性综合素养放在首位，争取市委组织部重视将妇联干部培训纳入全市干部教育总体规划，更新县处级女干部信息资料库。实施“伊人成长计划”，开设立魅力、亲子、优雅和智慧四个学堂，举办各类公益讲座、联谊沙龙40余期。在市委党校举办乡镇妇联主席培训班，组织干部到清华大学进行专题培训，妇联系统4名干部交流到重要岗位任职，选调2人到市妇联机关跟班学习，下派1名干部到扶贫点长期驻点，持续开展“下基层、访妇情、办实事”活动，妇联工作贴近实际，贴近妇女，干部能力素质进一步提升。

（刘小平）

岳阳市文学艺术界联合会

【概况】　2017年，岳阳市文学艺术界联合会（简称市文联）贯彻落实习近平新时代中国特色社会主义思想，助力“四大会战”，弘扬“四种精神”，文艺创作成果丰硕，其中，报告文学《亲爱的女儿》、巴陵戏《远在江湖》、歌曲《水灵灵的洞庭湖》获第十三届省委宣传部“五个一工程奖”；摄影作品《“东方之星”大援救》《千树万树梨花开》《竞技赛场》《梦境》入选第26届全国摄影艺术展览。全年出版各类文艺作品专集20多部，在省以上刊物发表文学作品800余篇，有50余人次作品入选全国作品展览，获奖作品130余篇（件）。市文联获得2017年度湖南省文联系统先进单位称号。

【文艺惠民活动】　2017年，市文联继续开展“文艺六进”“到人民中去”等文艺惠民活动。春节期间，开展送春联活动，为社区居民义务书写春联2万幅。5月10日，深入贫困村开展“到人民中去”文艺惠民演出活动，为农民朋友们送上一台精彩纷呈的文艺演出。4月9—15日承办中国舞蹈家协会主办的“阳光计划——湖南基层舞蹈志愿者师资培训课程”；6月9日晚，“送欢笑下基层”惠民演出在岳阳花鼓戏剧院举行。据统计，市文联系统全年开展各类活动900多场次，重要活动80余场次，受惠群众达6万人。丰富多彩的文艺活动，丰富和活跃群众精神生活，取得良好的社会效益。

【“美丽湖南·三湘巨变”美术精品巡回展】　2017年9月21—26日，为贯彻落实总书记习近平在文艺座谈会上的重要讲话精神和中国文联十大、中国作协九大开幕式上的重要讲话精神，庆祝中国共产党成立96周年，迎接党的十九大召开，湖南省文联、省美协、省评协主办的“美丽湖南·三湘巨变”——湖南省现实题材美术创作工程美术精品展在岳阳巡展，岳阳市文联为巡展的协办单位之一。此次美展充分展现三湘儿女蓬勃向上、昂扬奋发的精神风貌，展示出富饶、美丽、幸福新湖南的宏伟画卷。

【市文联换届工作】　2017年12月20—21日，岳阳市文联第五次代表大会在市文化会展中心召开。市委副书记、市长刘和生出席开幕式并讲话，市委副书记李爱武主持，市领导徐新楚、向伟雄、唐道明、王瑰曙、李挚、胡小闽、王小中、马娜、李为、李平参加。湖南省文联党组书记、副主席夏义生代表省文联讲话，全市304名文艺界代表参加。审议通过岳阳市文联第四届委员会工作报告，修订《岳阳市文学艺术界联合会章程》，选举产生岳阳市文学艺术界联合会新一届领导机构。市杂技魔术家协会、市音乐家协会、市舞蹈家协会、市企事业文联、市民间文艺家协会、市楹联学会、市美术家协会、市书法家协会8个文艺家协会年内完成换届工作。

【文艺扶贫】　2017年9月，市文联组织13名专业创作人员深入3县市、13个乡镇、28个贫困村，采访优秀扶贫队员93名，贫困户128户，创作扶贫题材作品35篇，其中，11篇作品在省级以上刊物发表，2部作品排成戏剧演出。作品《城里来的钻山豹》被《中国报告文学》杂志刊发、作品《告别》列入文化部戏曲剧本孵化计划项目30个小戏项目之一。

（邓　炜）

岳阳市科学技术协会

【概况】　2017，岳阳市科学技术协会（简称市科协）围绕中心，服务大局，按照总书记习近平提出的科协组织要“坚持政治性、先进性、群众性，为科学技术工作者服务、为创新驱动发展服务、为提升全民科学素质服务、为党和政府科学决策服务”的职责定位，全面加强开放型、枢纽型、平台型群团组织建设，团结引领广大科技工作者投身科技创新和经济建设主战场，为岳阳市全面实施“两个战略”、推进“四大会战”作出贡献。市科协被中国科协表彰为全国科普日活动优秀组织单位，在全省市州科协绩效评估中评为一类地区优秀等次（第二名），被市委、市政府表彰为驻村帮扶工作先进单位。

【全市科技创新奖励大会和市科协第七次全市代表大会】 2017年3月22日，岳阳市科技创新暨科学技术奖励大会和岳阳市科学技术协会第七次全市代表大会召开。市委书记胡忠雄出席会议并讲话，他鼓励广大科技工作者，提振精神，勇担重任，扎实工作，大力实施“创新引领在岳阳”战略，为加快岳阳发展提供强大动力。市长刘和生，市人大常委会党组书记向伟雄，市领导唐道明、王瑰曙、谈正红、彭先政、李为、黎四清、万五龙等出席。湖南省科协党组副书记、副主席王玉立出席开幕式并讲话。李为致开幕词。本届市科协兼职副主席增加至10名，委员增加至120名，超往年规模。大会期间，375名与会代表共商岳阳科技、科协事业发展大计。大会对一批优秀科技工作者、巴陵青年英才和15个全市科协工作先进集体进行表彰，选举市科协新一届领导班子。此次市科协七大与全市科技创新暨科学技术奖励大会合并召开，在全市尚属首次。

【岳阳市科技工作者创新创业服务中心挂牌】 2017年5月9日，中国科协创新驱动科技成果转化服务中心岳阳市分中心启动暨岳阳市科技工作者创新创业服务中心正式挂牌运行，省科协党组书记、副主席刘小明，中国科协中关村天合转促中心主任朱希铎，市委常委、市委组织部部长王瑰曙，副市长李为，同济大学教授、博士生导师沈军，湖南理工学院院长卢先明等领导，以及有关部门和单位负责人出席。会上，华容县人民政府与中关村天合转促中心签署《华容县智慧防汛综合平台项目合作协议》，湖南天欣集团与同济大学签署《新材料项目合作协议》，湖南理工学院与市科协签署《高校科技服务地方战略合作框架协议》。

【创新驱动助力工程实施】 2017年，市科协推进重大创新项目落地。围绕企业发展需求，形成重大科研合作项目6个，其中，重点促成华容智慧防汛综合管理平台、天欣科技新材料、华文食品卤制技术创新3个科技成果转移转化的好项目；湖南黄金洞矿业的尾矿胶合结充填技术和井巷掘进机项目进入中试阶段。中科电气、科美达电气、新泰和农业、尤特尔生物化工等一批科技创新企业与科研院所达成产学研合作。搭建科技成果转化远程服务系统平台，3月29日，市科协科技成果转化远程服务系统平台启动运行，实现岳阳与北京中关村的互联互通，能够实时开展产业前沿技术大讲堂、科技成果评价会、企业需求对接会等活动。通过远程视频系统服务平台，共享产业前沿技术大讲堂5次，开展科技成果评价1次、科技需求对接1次。9月20日，利用平台开展市自来水公司“岳阳‘供水水务通’”科技成果评价，中关村6名专家和市自来水公司3名科技人员通过远程视频系统对科技成果进行评价，成为全国第一例远程视频评价的典型范例。推动企业营造创新氛围。指导19家企业科协深入开展创新争先活动，发挥企业科协在创新驱动发展中的主体作用，全市企业科协攻克技术难题52个，申报专利201项，引进创新专利60项，推动企业的创新发展。继续推进科技信息企业推广应用工作，建立免费使用平台，向115家企业推送国外科技信息，信息量约2500万条，有效促进企业二次创新。其中湖南奥力斯电梯公司通过使用本平台，申报发明专利3个，典型经验被湖南省科协向全省推广。联系组织中国科技大学、同济大学、中国农科院、中国轻工业环境保护研究所、中科院工程研究所、兰州大学、中科院高能物理所等100余名高端专家团队为成成油化、中岭化工、向红机械等企业提供服务。组织湖南理工学院教授专家对接企业进行深度服务，帮助岳阳新华达制药有限公司等5家企业攻克技术难题11项。指导巴陵石化、新泰和绿色农业成功获批省级院士专家工作站，长岭炼化公司获批省级院士专家示范站。

市科技工作者创新创业服务中心挂牌　（市科协　供稿）

【青少年科技教育】 2017年，市科协举办市第18届青少年模型竞赛、市青少年机器人大赛、市第39届青少年科技创新大赛等。组队参加省机器人大赛，岳阳市选手获得7块金牌、6块银牌、11块铜牌的好成绩，市科技馆获得湖南省青少年机器人竞赛优秀组织奖。选送青少年优秀作品参加第38届湖南省青少年科技创新大赛，获得一等奖7项、二等奖11项、三等奖21项，市科技馆获得优秀组织奖。实施岳阳市巴陵千名小院士孵化工程，以馆校结合的模式，在12所中小学校、近700名学生中免费开设“培育青少年综合创新思维系列训练课程”，受到中国科普研究所、省科协普及部及有关领导的充分肯定。

【全国科普日活动】　2017年，市科协组织开展以“创新驱动发展，科学破除愚昧”为主题的全国科普日活动。活动现场，有岳阳市、岳阳楼区11个全民科学素质纲要单位、12个学会（协会）、8家企业参加展出，展出展板105块、科技产品40多种、发放科普资料和书籍2万册。活动还创新性利用小院士孵化工程课题，现场给两个班的学生上一堂动手公开课，在科普岳阳微信公众号开展科普有奖竞答等特色活动。科普日期间，各级科协组织举办报告会6场次、科普讲座200余场次、科普展览27次、发送科普短信5000条、分发科普资料10万份，全市参与科普日活动的市民达15万余人次。岳阳市科协被中国科协表彰为全国科普日活动优秀组织单位。

【“中国流动科技馆”湖南巡展岳阳站点活动】　2017年，市科协以“体验科学”为主题，设声光体验、电磁探秘等7个主题展区，50余件经典互动展品与机器人等科学表演、科普活动相结合，免费为青少年及广大观众提供丰富的科普资源，在汨罗市、湘阴县、华容县、临湘市、岳阳县巡展，观展中小学生15万人次。市科协在两年内顺利完成全市巡展任务，巡展工作排全省前列。

【“科普大讲堂”品牌活动】

2017年，市科协举办科普报告4场次。10月10—12日，特邀中国科技馆原馆长、国务院政府特殊津贴专家王渝生到岳阳市，在湖南理工学院、岳阳县一中、岳阳市委党校，为2300余名高校师生、党员干部作“科技革命改变世界发展格局”专题科普报告。其中，岳阳县一中的科普报告会，由市科协与岳阳县委宣传部联合主办，作为岳阳县“巴陵大讲堂”授课安排，县直单位相关负责人参加；市委党校的科普报告会，由市委组织部、市科协联合主办，作为第32期巴陵名师讲堂暨第10期科普大讲堂科普报告会，26家市全民科学素质纲要成员单位相关负责人和市委党校秋季主体班全体学员参加。此外，组织市科普讲师团成员开展科普报告“五进”（进机关、村、社区、学校、企业）活动，围绕食品安全、健康养生、应急避险、环境保护、气象知识等内容开展科普讲座102场次，受益群众达5000人次，营造良好科普氛围。

【首届全国科技工作者日活动】

2017年5月30日是全国首个“全国科技工作者日”，市科协围绕“精忠报国、敢为人先、拼搏奉献”主题，在全市广泛开展召开座谈会、走访看望基层一线科技工作者等系列活动，激励广大科技工作者牢记使命责任、创新争先。5月30日，市委常委、市委人才工作领导小组组长、市委组织部部长王瑰曙发表主题电视讲话，5月31日，市委、市政府在《岳阳日报》刊登《致全市广大科技工作者的慰问信》，《岳阳日报》于5月28日刊登评论员文章《用科技创新点亮美好的明天》，祝全市广大科技工作者节日快乐，向全市广大科技工作者吹响冲锋号角。与湖南理工学院联合举办全市首次科学道德和学风建设宣讲教育活动，以“弘扬科学精神，坚守科学道德，维护科学伦理，遵守科学规范”为主题，11月8日，邀请教育部科学技术委员会学部委员、湖南师范大学校党委委员、副校长、博士生导师匡乐满，在湖南理工学院作《科学道德与学风建设——高等学校科学技术学术规范》报告，市科协所属社会组织、高校科协代表、高校师生代表等近600人参加报告会。召开全市科技工作者学习贯彻党的十九大精神座谈会，全国劳模、农业科技专家周泉、湖南省工业技师学院院长张文兵等10多位科技工作者代表结合各自工作实际，畅谈学习党的十九大精神的体会。

（兰　岚）

岳阳市社会科学界联合会

【概况】　2017年，岳阳市社会科学界联合会（简称市社科联）围绕市委、市政府的工作大局，开展社科理论宣传、社科知识普及、社科课题研究、社科学会管理等工作。

深入宣传解读，普及党的最新理论成果。在总书记习近平发表“7·26”重要讲话和党的十九大召开后，市社科联迅速组织在全市社科理论界学习，两次召开座谈会，深入学习，畅谈体会，通过《岳阳日报》、岳阳广播电视台进行宣传解读。魏星、郑立新作为党的十九大精神市委宣讲团的成员，到市直机关和基层进行多次宣讲，反响热烈。同时，还组织社科联机关党支部和市社科联行业党委所属各党支部书记参加由社科联举办的学习贯彻党的十九大精神专题报告会，结合实际，以党的十九大精神为动力，推动社科工作迈上新台阶。

建言献策，开展社科课题组织与研究。市社科联围绕市委、市政府中心工作，建言献策，组织开展一系列社科课题研究活动。完成省级智库课题1项。《长沙岳阳经济协同发展战略研究》通过省社科联2018年重大课题评审正式批准立项。2017年全市立项市级重点社科课题13项，一般课题49项。社科联利用社科优势建言献策。在省社科联组织开展的“‘贯彻发展新理念转型升级补短板’社科理论湘军献金策活动”中，魏星撰写的“关于重视洞庭湖民俗文化资源旅游开发的建议”被采用并在红网、湖南社科网等媒体刊发。在市政协组织双周协商会上，魏星“关于重视我市公共文化服务体系建设规划研究成果转化”的发言，引起市领导的重视。市政协委员张萍，在“两会”期间，提交关于重视加强全市“菜篮子”工程建设方面的提案。

努力创新形式，扩大社科普及影响力。全市的特色社科普及活动和参与全省传统文化知识竞赛组织工作，得到省社科联的肯定和奖励。市社科联组织承办以“弘扬中华优秀传统文化，建设富饶美丽幸福新湖南”为主题的2017年湖南省社科普及主题活动周启动式和全省社科普及工作现场会。岳阳市社科普及工作大胆创新，形式新颖，得到省市领导的肯定，省市媒体广泛报道，市民反响好。根据《湖南省社会科学普及条例》，市社科联注重社科普及制度建设、基地建设等常态化工作，全年确定8个具备良好基础和特色的社科普及基地并给予适当资助，经市政府同意，市社科联发起建立岳阳市社科普及联席会议制度，由市政府副市长担任召集人，市委宣传部、市委党校、市教育体育局、市财政局等16家单位组成联席会议成员单位。

【“巴陵人才”工程】 2017年，市社科优秀人才支持计划进入“巴陵人才”工程。社科优秀人才支持计划采取课题招标、择优扶持的形式，选拔优秀社科专家学者6人，每人给予5万元专项课题资助，此项工作在全市社科界反响好，鼓舞全市社科工作者为岳阳经济社会发展献计出力。

【社科课题组织与研究】 2017年，市社科联围绕市委、市政府中心工作，组织开展一系列社科课题研究活动。组织完成省级智库课题1项，并顺利结题。由市社科联组织申报、市委书记胡忠雄担任主持人的课题“长沙岳阳经济协同发展战略研究”通过省社科联2018年重大课题评审正式批准立项。由魏星担任主持人的课题“‘乡村振兴’背景下构建湖南新乡贤文化对策研究”作为湖南省社科联2018年第一批智库课题立项。通过广泛宣传发动，全市立项重点社科课题13项，一般课题49项，均进入结题评审阶段。这批社科研究课题将为岳阳经济社会发展提供学理支撑和智力服务。

【社科普及基地评定】 2017年，市社科联根据《湖南省社会科学普及条例》，严把质量关，经过申报、初审、考察、党组研究等程序，在13家申报单位中，正式评定8个具备良好基础和特色的社科普及基地，每个基地资助1万元，进一步扩大社科普及工作的广泛性和参与度。

【湖南省社科普及宣传周启动仪式】

2017年5月，市社科联组织承办以“弘扬中华优秀传统文化，建设富饶美丽幸福新湖南”为主题的2017年湖南省社科普及主题活动周启动式和全省社科普及工作现场会。经过精心策划，周密部署，社科联创新性开展社科普及知识现场有奖答题、优秀中华传统文化现场展示展演等活动，并组织与会代表参观社科普及基地，观看昆剧《白罗衫》等，以群众喜闻乐见的形式，普及中华传统文化知识，扩大社科普及的受众面和影响力。得到省市领导、各市州代表、社科志愿者及市民一致好评。

【社科组织管理】 2017年10月13日，市社科联召开社科类社会组织工作现场交流会，传达上级会议精神、表彰先进，部署工作。根据中央、省、市有关社会组织管理的精神，把握正确导向，完善管理制度，严格规范社科类社会组织，督促按时年检换届，按要求开展党建工作和评估工作。通过审核新成立4家社科类社会组织。

【社科普及联席会议制度建立】

2017年，市社科联根据《湖南省社会科学普及条例》有关规定，为统筹协调全市社会科学普及工作，对全市社会科学普及工作进行宏观指导，经市政府同意，发起建立岳阳市社科普及联席会议制度，由市政府分管副市长担任召集人，市委宣传部、市委党校、市教育体育局、市财政局等16家单位组成联席会议成员单位，对每家成员单位明确任务分工。

（郭小龙）

岳阳市归国华侨联合会

【概况】 2017年，岳阳市归国华侨联合会（简称市侨联）围绕市委、市政府工作大局和省侨联年初制定的绩效考核任务，规划好工作计划与方案，抓好重点难点工作，扎实推进各项工作任务，不断凝侨心、汇侨力，努力为岳阳经济社会发展做贡献。

【基层组织建设】 2017年，市委、市政府高度重视侨联工作，组织全市侨联系统认真贯彻《进一步加强和改进新形势下侨联工作的意见》，6月，市委将侨联组织机构作为正处级群团组织单列。根据省编办和市委常委会、市编委会议精神，同意市侨联设置办公室、经济联络科2个内设机构和1个事业机构（权益保障中心）。核定编制人数为8名，其中，行政编制5名，事业编制3名。市委、市政府主要领导多次听取侨联专题工作汇报，并对新组建过程中存在的实际困难和问题，有计划、分阶段地加以解决和落实。

12月21—22日，全市第六次归侨侨眷代表大会召开，选举产生新一届侨联班子。市侨联单列后，全市开展推行大统战工作格局的模式，所辖六县三区侨联组织相继单列，各县市区组织部门根据《侨联章程》选举符合归侨侨眷身份人担任侨联主席或者专职副主席。基层侨联组织由原来的“三无”状态变成有机构、有人员、有编制，将更加有利于侨联工作的开展。

【侨资捐赠】 2017年，市侨联关爱社会贫困弱势群体，努力促成侨务公益捐赠项目。归侨侨眷热心服务社会、主动参与扶贫，全年捐赠额160万元。省侨联牵线的全市两个珍珠班项目即湘阴县五中珍珠班与临湘市一中珍珠班2017年度37.5万元资助款申请到位，惠及155名贫困优秀学子。继续组织开展澳大利亚籍华人魏基成2017年度捐赠过冬衣物的活动，向部分县市区发放棉衣800件，老花眼镜500副，折合人民币8万元。组织配合省华侨公益基金会“千侨帮千户”的扶贫工程，捐赠60万元用于华容县插旗镇敬老院部分危房改扩建和配套公路建设。该活动受到省侨联、市人大常委会等省市领导及省侨商会部分会长的亲临指导。省华侨公益基金会捐资10万元用于修建岳阳县筻口镇游岗村的公路建设。省侨联和香港吴星可慈善基金会在市残联组织捐赠200辆轮椅，在岳阳县麻塘村、麻布山村、金珑村现场慰问低保户和残疾人120余户，在临湘市羊楼司敬老院、聂市敬老院慰问五保户110余人，慰问经费15万余元。捐赠岳阳县麻塘镇卫生院一台价值10万元的彩超机，促成越南湖南总商会捐助岳阳楼区1名贫困学子0.8万元。

【侨联专题调研】 2017年，市侨联开展两次专题调研。针对侨商会的基本情况调研。按照省侨联的统一部署和活动要求，以充分掌握侨商会基本情况和解决主要问题为导向开展调研活动。通过查阅资料、会议交流和个别座谈，深入了解侨商会的基本情况及存在问题，就如何加强商会管理提出相关意见建议，及时完成调研报告并报省侨联。6月初，按照省人大民外侨委的统一工作部署和市人大教科文卫委的具体安排，组织开展全市的华侨权益保护调研。市人大常委会、市政协及省侨联、省侨商会领导及相关人员参加调研活动，此次调研的重点侨资企业是岳阳奔驰4S店和岳阳惠邦生态农业科技有限公司。调研组通过上门深入了解和座谈，对权益保护有关情况进行收集整理，并就一些实际问题和有关部门协商争取政策上的支持。

【涉侨合法权益维护】 2017年，市侨联按照来信来访办理工作程序，认真做好接访和接待工作，了解来访诉求，及时与相关单位或县区做好解释对接工作，做好后续跟踪，推动权保工作进展。如临湘市美籍华人王生忠诉黄盖镇镇政府涉嫌强拆等涉侨信访，接到省侨联的督办通知后，市侨联第一时间联系王生忠了解掌握相关情况和诉求，并责成临湘市侨联与分管领导汇报争取重视，并及时整理反馈，经临湘市侨联的争取，最终该信访事件得到妥善处理。另临湘市香港侨眷李芳诉原单位临湘市规划局离职费、岳阳市马来西亚侨眷钱孟武诉原单位拖欠工资等涉侨信访事件也相继得到妥善处理。

【侨联参政议政】 2017年，市侨联推动侨联界人士参与政治协商，为侨界群众服务。在年初市政协人大换届中，推选侨联界市人大候选代表1人，侨联友好界市政协候选委员13人，市侨联领导多次就推荐代表、委员情况到市人大常委会和市政协汇报相关工作。政协岳阳市第八届委员会侨联界别有8人当选为侨联委员。组织侨联委员围绕全市经济社会发展建言献策，交办提案7件。市侨联组织侨界政协委员多次前往岳阳县月田乡、毛田镇等地开展扶贫慰问和一对一帮扶活动，为群众做实事，为政府分忧，取得较好效果。

（廖涛涛）

岳阳市工商业联合会（总商会）

【概况】 2017年，岳阳市工商业联合会（简称市工商联）全面落实各项工作任务，力促“两个健康”发展。被省工商联评为综合绩效考评优秀单位，被市委、市政府评为综合绩效考评先进单位、群众满意度调查考核优胜单位、人口和计划生育工作优秀单位、驻村帮扶先进单位，被市委统战部评为全市统战调研工作先进单位。

【党建工作】 2017年，市工商联坚持党对工商联工作的集中统一领导，把学习贯彻习近平新时代中国特色社会主义思想和党的十九大精神，作为重要政治任务来抓，深入推进党风廉政建设，机关作风进一步加强。认真开展“党支部建设年”活动，坚持开展“三会一课”、党组书记讲党课、“巴陵先锋党员活动日”活动，机关党支部被评为全市“先进基层党组织”。成立中共岳阳市工商联商会协会委员会，辖18个党支部，其中，非公企业8家，社会组织10家，党员158名。对各基层党组织信息和党员的信息进行采集，3次进行党建业务辅导和检查，对18名入党积极分子进行集中培训，吸收新党员16名。通过推行“党员责任区”“党员先锋岗”等举措，引导党员在促进企业发展中树标杆、做表率、当先锋，破解企业发展难题380多个，实现技术创新140多项，节约项目成本6600多万元。

【参政议政】 2017年，市工商联完成非公经济发展“四个一”“开放崛起在岳阳”“环洞庭湖生态经济圈”等课题调研，参与制定《非公十条》，受到省、市领导的高度评价。《关于弘扬企业家精神，推动我市非公经济创新发展的建议》在市政协八届二次会议上作参政发言。《关于洞庭湖区现代农业发展的调查与思考》获得省工商联优秀调研成果一等奖。完成2016年度非公经济发展调研报告，负责承办市政协八届一次会议第224号提案，

岳阳市“迎老乡、回故乡、建家乡”招商推介会 （市工商联 供稿）

对市工商联在市政协八届一次会议上的二个重点提案进行督办。《关于降低实体经济成本，促进非公经济发展的建议》被评为优秀提案，阮炎林、唐洪、胡晓珊、林才金、胡骥等5人被评为岳阳市优秀政协委员。

【社会服务】 2017年，市工商联大力宣传“非公十条”，帮助企业了解、掌握和运用政策。组织召开市委书记与民营企业家座谈会，12月19日，市委书记胡忠雄主持召开民营企业家座谈会，听取全市民营企业家代表的意见建议，收集问题和建议40多件，并逐一督办到位。开展重点民营企业帮扶，帮助企业依法维权，加强与省、市建设银行合作，缓解融资难题。湖南晨威高科有限公司等企业一批难题得到有效缓解。举办“迎老乡、回故乡、建家乡”招商推介会，组织岳阳代表团参加第八届湘商大会，市人民政府市长刘和生与会并与部分岳商代表座谈。他充分肯定广大岳阳籍客商多年来为岳阳经济社会发展所做出的巨大贡献，并介绍岳阳市的招商政策。全年完成招商引资任务10.72亿元。开展“市政府特殊津贴”“创新团队”“科技创新创业”人才申报工作，湖南中科电气股份有限公司、湖南道道全有限公司等6家企业专家入选市政府特殊津补贴。湖南中科电气股份有限公司、湖南省中晟热能科技有限公司分别获得全国工商联科技进步二、三等奖。组织参加第14届世界华商大会、第14届中国—东盟博览会，到浙江省义乌市、广西壮族自治区南宁市开展经贸考察，拓展交流合作新渠道。

【组织建设】 2017年，市工商联扎实开展基层工商联组织建设，云溪、华容、平江、汨罗、临湘5个县市区被评为全国“五好”县级工商联。加强商会建设，妥善处理好工商联所属商协会不纳入脱钩范畴。全市有商会组织147个，其中，行业组织55个，市场商会8个，在岳异地商会4个，在外异地商会30个，乡镇（街道）商会43个，其他商会7个。会员14162名，企业会员6949个。进一步提升企业会员和团体会员比重，扩大工商联会员的覆盖面。制定下发《兼职副主席（副会长）轮值制度的实施办法》《兼职副主席（副会长）履职情况考核制度》等文件，制度建设得到进一步加强。

（卢盛勇）

岳阳市残疾人联合会

【残疾人脱贫工作】 2017年，全市残联系统继续开展残疾人精准扶贫攻坚行动，制定下发《2017年全市农村贫困残疾人精准扶贫行动实施报告》，投入资金4075.22万元，开展农村残疾人实用技术和职业技能培训、创业扶持、康复救助、辅助器具配送和无障碍改造项目等八大类扶贫项目，为3.62万人次农村贫困残疾人提供基本公共服务。全年建档立卡持证农村贫困残疾人实现脱贫8200人。

【残疾人教育就业工作】 2017年，市地税局、市残联联合开展残保金征收工作专题调研，全市残保金入库5665万元，较2016增长22.16%。加强残疾人就业服务工作，开展残疾人就业援助月活动，举办残疾人专场就业招聘会两场。强化造血机制，扶持残疾人创业就业，完成残疾人职业技能培训890人，新增就业创业1296人，其中新增居家就业创业900人。召开城区残疾儿童康复培训机构座谈会，落实残疾学生及贫困残疾人家庭子女就学资助政策，为442名高中、大学阶段学生发放助学资金98万元，为6名残疾学生参加高考申请考试便利，完成省特教中专招生任务25名。

【市残联第六次代表大会】 2017年11月30日，市残联第六次代表大会在南湖宾馆召开。市委书记胡忠雄、市委副书记李爱武，省残联党组成员、副理事长侯建斌等领导出席会议。大会全面总结市残联五代会以来岳阳残疾人事业取得的成绩，科学描绘今后五年发展蓝图，选举产生新一届市残联主席团、执行理事会和各专门协会班子，圆满完成市级换届任务。

【开展全市农村贫困残疾人扶贫工作调研】 2017年7月13日，市八届人大常委会第11次主任会议听取市残联关于全市残疾人权益保障工作情况的报告。市委书记、市人大常委会主任胡忠雄高度关注贫困残疾人扶贫工作，要求市人大常委会对全市贫困残疾人的扶贫工作情况开展全面深入调研。由市人大常委会7名副主任和秘书长带队，市残联参加，成立8个调研组，深入12个县市区、14个乡镇（街道）、15个村（社区）、87户贫困残疾人家庭，采取入户走访、查阅资料、听取汇报和座谈等方式调研，召开部门单位座谈会、工作情况汇报会和调研报告会商会14次，发放政策宣传口袋书等资料570份，对全市贫困残疾人脱贫工作了解更加全面。

【残联工作暨残联系统党风廉政建设会议】 2017年4月21日，全市残联工作暨残联系统党风廉政建设会议在岳阳阿波罗大酒店召开。市残联全体班子成员及各科室、中心负责人，各县市区残联理事长、分管纪检监察工作班子成员、办公室主任，南湖新区民政局相关负责人和各专门协会主席出席会议。岳阳市残联党组书记、理事长方欲林作主题报告，市残联党组成员、副理事长邹湖平作党风廉政建设工作报告，各县市区残联理事长向市残联理事长递交党风廉政建设和计划生育综合治理目标管理责任书，市残联机关各科室、直属各单位负责人递交党风廉政建设责任书。岳阳县、岳阳楼区残联在会上分别就残疾人康复和托养工作作典型发言。

【全市残疾人基本服务和需求信息动态更新工作】 2017年，市残联组织全市12个县市区、156个乡镇、2464个村（社区）、3585名工作人员参与全市残疾人基本服务和需求信息动态更新调查工作。入户调查残疾人信息10.98万人次，电话调查3255人，查无此人的280人，已搬迁的858人，空挂户的53人，死亡注销4081人，调查率100%，入户率97.12%。

【第27个全国助残日主题活动】

2017年5月21日，岳阳市以“与爱同行，携手残疾人共奔小康”为主题，在南湖广场隆重举行第27次全国助残日主题活动。市委、市人大、市政府、市政协等部门单位领导，市政府残工委成员单位负责人，爱心企业代表、爱心人士，全市残疾人专门协会负责人，残疾人代表，爱心助残志愿者和省市新闻媒体记者等近1000人参加活动。现场演出“春天的芭蕾”“轮椅上的军魂梦”“选择坚强”“怒放的生命”等残疾人文艺节目，展示岳阳残疾人自强不息良好的精神风貌。湖南广泰房地产开发公司、岳阳市城瑞投资有限公司、岳阳天伦房地产开发有限公司、湖南拓福家纺有限公司等14家爱心企业和个人，捐款金额达161万元。

（杨　笑）

岳阳市关心下一代工作委员会

【概况】　2017年，岳阳市关心下一代工作委员会（简称市关工委）在市委、市政府的领导和省关工委的指导下，以党的十九大精神为指导，以培育和践行社会主义核心价值观为主线，坚持服务青少年的正确方向，各项工作扎实推进，取得较好的成绩。

【市关工委成立30周年纪念活动】

2017年，市关工委在成立30周年之际，组织开展一系列有影响的纪念活动。编写“薪火相传——岳阳市关工委成立30周年回眸”文集。该书有领导题词和图片60多幅，文章150多篇50多万字。从6月至10月上旬，在《岳阳日报》、岳阳电视台开辟专栏专题节目，开展《薪火相传——岳阳市关工委成立30周年巡礼》新闻宣传活动。系统展示全市关心下一代工作的亮点工程和工作品牌，推出18期，《岳阳日报》头版刊登。9月22日，在《岳阳日报》组织“市关工委成立30周年——薪火相传，关爱未来”专版。评选表彰一批先进典型。经过基层推荐、评选，以市委组织部、市委老干局、市关工委联合发文，表彰全市关心下一代工作20个先进单位，授予4名老关工人关心下一代工作荣誉奖、21名关心下一代工作“最美五老”、10名“最美少年”、10个“最美家庭”和10名“最美爱心人士”。组织“在灿烂的阳光下”文艺演出。老少同台表演8个文艺节目，300多人参与演出，充分展示“五老”和青少年的精神风貌和才艺，文艺演出获得好评。组织市关工委成立30周年纪念大会。9月23日，纪念大会在市文化艺术会展中心大剧场举行。省关工委主任杨泰波、名誉主任沈瑞庭，市委副书记李爱武，市委常委、常务副市长唐道明，市委常委、组织部部长王瑰曙等领导出席会议。杨泰波、李爱武分别致辞。

【推进党史国史教育】　2017年，全市各级关工委把青少年党史国史教育作为“铸魂补钙”工程来抓，取得明显成效。6月，市关工委与市委史志办在汨罗市召开全市关心下一代党史国史教育工作座谈会，对全市深入开展“两史”教育作出新的部署，并编印《青少年党史国史教育宣讲辅导资料》。会后，各地深度挖掘本地“两史”教育资源，平江县、岳阳县、汨罗市、华容县等利用平江起义馆、任弼时纪念馆、何长工纪念馆、屈子祠、岳阳楼、左宗棠故居等爱国主义教育基地，组织青少年参观397次，受教育青少年24.56万人次，编印《两史教育乡土读本》4.93万册。全市组织“五老”报告团94个，422名“五老”宣讲员进学校、进社区、进机关、进企业宣传党史国史1500多场次。

【推进传统文化教育】　2017年，全市各级关工委以“弘扬传统文化，传承中华美德”为主题，把传统教育寓教于校园、社区、乡村、家庭文化之中。市教体局关工委在学生中开展“阳光校园，我们是好伙伴”主题教育活动，全市举办演讲、朗诵比赛380多场次，有3名学生代表湖南参加全国演讲和朗诵总决赛，分别获得二、三等奖。岳阳经开区、岳阳南湖新区关工委，在青少年中开展国学经典教育，使经典文化生长于心。汨罗市关工委把“优秀传统文化进农家”与“家规家训进万家”活动结合起来，开展30余次主题活动，制作家规家训牌16万块，参与家庭12万个，受教育青少年4.2万人。云溪区镇、街道办事处2.11万户，除600多户征地拆迁外，其余都建立自己的家庭规训。君山区家规家训挂牌户3.27万户，全区实现村级农户全覆盖。

【关工委服务精准扶贫】　2017年，全市各级关工委把关心下一代工作与扶贫工作结合起来，全市建立各类基金组织119个，募集资金8000余万元（其中，2017年募集资金766万元，资助贫困学生9869人）。平江县继续推进“5+1”（“五老”加企业老板）帮扶模式，全县70%的乡镇建立关心下一代基金组织，资助贫困学生237名。华容县治河渡镇2016年溃垸后，镇关工委多方筹措资金为130多名学生解决入学难的问题。一批民营企业和民间社团组织，如湖南泰和集团公司、湖南长康集团公司、湖南十三村食品有限公司、云溪区长街办民营企业关工委，岳阳县“微水爱心社”志愿者协会等，参与扶贫助学，帮助一大批贫困家庭学生圆上学梦。

【关爱留守儿童工作】　2017年，全市各级关工委坚持“政府主导、家庭尽责、部门联动、社会参与、全民关爱”原则，加强对留守儿童心理健康教育和心理疏导，以及生活学习困难的帮扶。全市累计投入资金6029万元，入托学生34468人。湘阴县投入资金300多万元，新建托管中心2所，使全县托管中心达到18所，托管留守儿童5000多人。湖南理工学院“春行”义工团队，开展义务家教，让留守儿童愉快学习，健康成长。

（陈若琼　李成城）

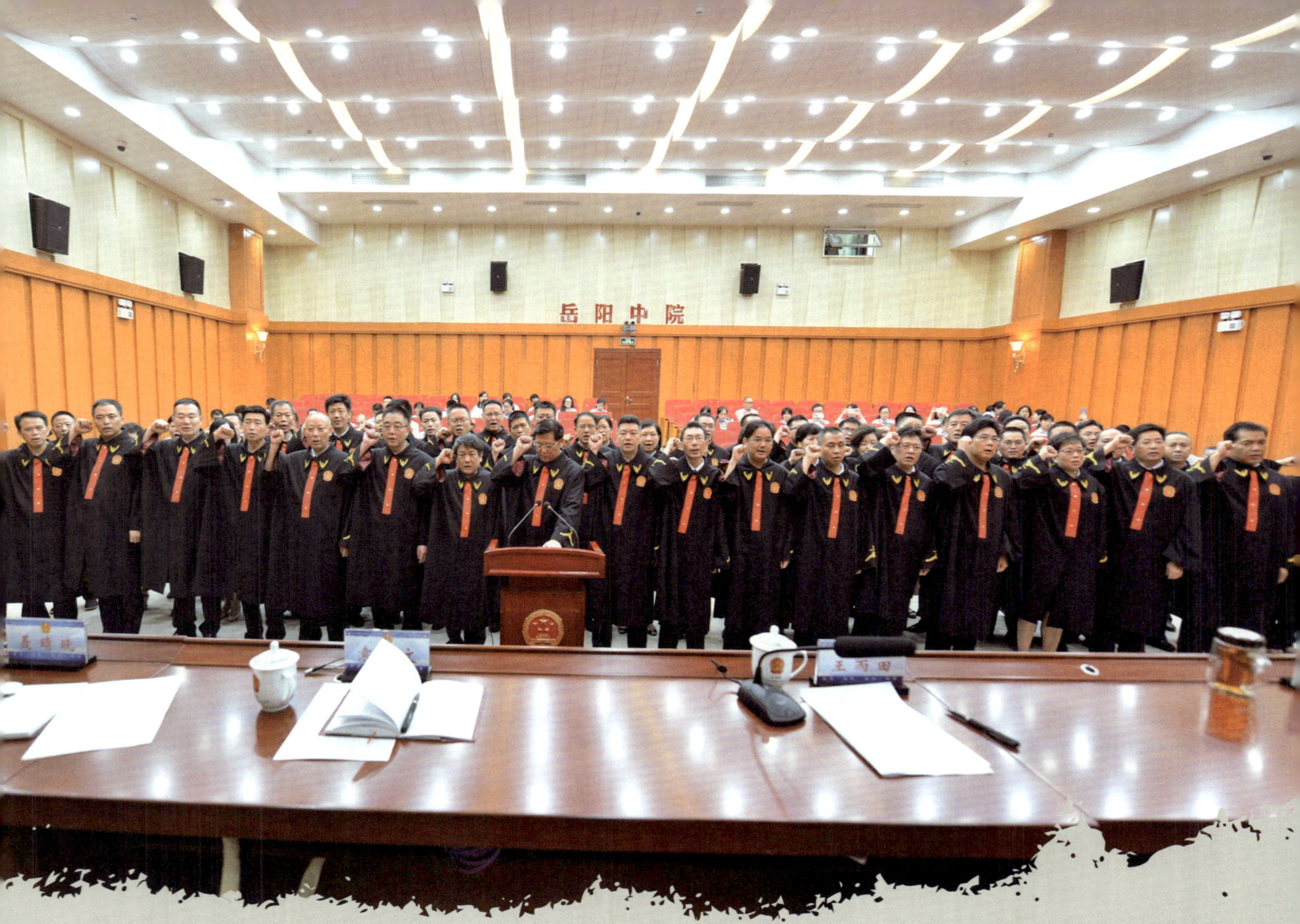

法 治

RULE OF LAW

责任编辑・刘兴汉

政法委及综合治理

【概况】 2017年，全市政法部门以中央、省委和市委政法工作会议精神为指南，以保障服务改革发展稳定大局为目标，以打造岳阳政法品牌为抓手，不断促进工作理念思路、体制机制、方法手段创新，确保全市社会大局持续稳定，人民群众安全感、幸福感、获得感进一步提升。岳阳市获得全国社会治安综合治理优秀市、全省社会治安综合治理先进市荣誉称号。

【维护社会和谐稳定】 2017年，全市政法部门确保社会大局持续稳定，实现“三个确保”“五个坚决防止”维稳工作目标，没有发生重大政治事件、重大非法聚集事件、现实暴力恐怖事件，进京非访、到省赴京集体访、个人极端事件、重特大安全生产事故、重大负面网络舆情事件得到有效防止。全国全省“两会”“一带一路”峰会、党的十九大等特护期安保维稳工作，均被省委政法委、省委维稳办评为先进单位。9月11日，经党中央批准、中央政法委交给岳阳市委政法委组织办理的彭宇华、李明哲颠覆国家政权案（“5·24”专案），在市中级人民法院公开审理、11月28日公开宣判。其间，接待境内媒体11家、境外媒体8家，台属旁听及与被告人见面情况正常，李净瑜在庭审结束后召开新闻发布会的企图以及在出境登记前拿走入境代办代持证件的闹剧，被依法及时化解。专案办理实现“三好六无”（法律效果好、政治效果好、社会效果好、庭审无差错、被告无反常、台属无失控、微博延时播报无瑕疵、安保无事故、舆情应对无失误）的目标要求，该案被评为2017年度全国人民法院十大刑事案件。

【平安岳阳建设】 2017年，岳阳市按照《健全落实社会治安综合治理领导责任制规定》要求，构建党委领导、政府主导、综治协调、各部门齐抓共管、社会力量参与的综治工作格局，推进专项治理与系统治理、综合治理、依法治理、源头治理工作有机结合，在坚决捍卫政治安全、严厉打击刑事犯罪、集中整治治安突出问题、加快社会治安防控体系建设、扎实推进“十大平安创建”等方面，实现综治责任落实、基层基础稳固、社会和谐稳定、人民群众满意的平安建设目标。9月19日，在全国社会治安综合治理表彰大会上，岳阳市获得“全国社会治安综合治理优秀市（2013—2016）”称号。同时，全市综治部门坚持改革创新和科技引领，以综治信息化建设为支撑，致力打造“网格化+12345+110”联动融合新机制，实现市、县（市区）、乡镇街道、村社区、网格五级联网应用。联动融合新机制依托高效成熟的“12345”政府公众热线和家喻户晓的公安110，实行“融三为一、统一受理、分类处置、各方联动、限时办结、评价考核”的科学运行机制，做到“问题上报”和“工作下派”双向循环，基本实现社情民意无遗漏、为民服务无缝隙、社区管理无盲点的目标，矛盾纠纷在网格内得到有效化解，“让数据多跑路、让群众少跑腿”成为现实。

【法治岳阳建设】 2017年，全市政法部门深化法治理念，坚持厉行法治，推进科学立法、严格执法、公正司法、全民守法。深化组织领导，从体制上机制上对法治岳阳建设提供坚强有力的保障和监督。深化法治宣传教育，抓好国家工作人员学法用法，落实国家机关“谁执法谁普法”责任制，推动法官、检察官、行政执法人员、律师等以案释法，加大全民普法力度。深化“关键少数”引领作用，推动各级党组织和全体党员要带头遵法学法守法用法。服务经济社会发展，及时出台《岳阳市政法机关服务保障“四大会战”十项措施》《岳阳市打击整治“三违三强”专项行动工作方案》，依法从快从严从重查办强揽工程、强买强卖、强行阻工犯罪69人，违法采砂、违法工程招投标职务犯罪41人。对市农行、市农发行、市中石油、岳阳威尔公司、岳阳百利达工贸有限公司等涉企重大疑难案件进行重点督办，依法保护企业产权、优化企业发展环境。

【政法队伍建设】 2017年，在市委大力支持下，由市委政法委、市纪委、市委组织部联合出台《岳阳市党委政法委纪律作风督查巡查工作试行办法》。依次完成对市中级人民法院、市司法局、市检察院、市公安局的例行巡查，其中，对市司法局的例行巡查与市委巡察合并进行。4个被巡查单位分别整改纪律作风问题15个、14个、11个、27个。8月，中央政法委在红旗渠干部学院举办全国省（市、区）党委政法委领导干部专题培训班，市委政法委以“探索督查巡查有效途径，形成正风肃纪长效机制”为题介绍经验。9月，首次举办全市政法领导干部政治培训班，及时组织党的十九大精神专题学习，持续开展“两学一做”“增强四个意识、做到三个看齐”学习教育。唱响政法好声音主旋律，创办《岳阳政法周刊》，实现新兴媒体和传统媒体联建、政法力量和社会力量联合，结合“十佳基层政法单位”“十佳基层政法干警”推选，引导政法机关、政法干警以实际行动践行忠诚干净担当。

（李　瑶）

立法工作

【《岳阳历史文化名城保护条例》颁布实施】 2017年3月31日，湖南省第十二届人民代表大会常务委员会第二十九次会议批准岳阳首部地方性法规《岳阳历史文化名城保护条例》；4月25日，市人大常委会公布该《条例》，自5月1日起施行。该《条例》分总则、保护对象、保护措施、法律责任、附则5章38条，规定市人民政府对历史城区、历史文化街区、历史风貌保护区、文物保护单位、历史建筑、非物质文化遗产、古树名木及法律、法规规定的其他保护对象建立保护名录，对保护现有历史文化资源，挖掘本地文化遗产具有深远意义，对历史文化资源的保护提供法治保障。

《岳阳历史文化名城保护条例》颁布实施新闻发布会　（市人大　供稿）

【《岳阳市城市规划区山体水体保护条例》颁布】　2017年9月22日，市八届人大常委会第五次会议审议通过岳阳第二部地方性法规《岳阳市城市规划区山体水体保护条例》。11月30日，湖南省第十二届人民代表大会常务委员会第三十三次会议批准；12月26日公布；2018年5月1日起施行。该《条例》分总则、保护规划、保护措施、法律责任、附则5章28条。《条例》明确界定保护对象，确定保护优先、科学规划等保护原则，并要求相关部门编制山体水体保护名录。对于不同级别的山体水体，采取不同的保护措施，《条例》根据山水格局特征、承载的历史文化价值和山体水体承担的功能将保护级别分为一级保护和二级保护。并对一级保护山体和一级保护水体规定更为严格的禁止行为，强化保护措施。

（曾岳林）

法治政府建设

【概况】　2017年，岳阳市人民政府法制办公室（简称市法制办）坚持以党的十八大及十八届四中、五中、六中全会精神和总书记习近平系列重要讲话精神为指引，贯彻落实中共中央、国务院《法治政府建设实施纲要（2015—2020年）》，围绕市委、市政府的中心工作和大局工作，坚持合法性、合理性和正当性原则，认真履行参谋助手和法律顾问职责，当好“四种角色”，推进法治政府建设，较好地完成各项工作任务。

【法治政府组织领导建设】　2017年，市委、市政府主要领导认真落实《党政主要负责人履行推进法治建设第一责任人职责规定》，切实履行第一责任人职责。8月23日，市委书记、市人大常委会主任胡忠雄专门听取市政府法制办的工作汇报；市委副书记、市长刘和生多次听取法制工作汇报，市政府常务会议多次讨论研究法治政府建设工作。市委常委、常务副市长唐道明分管法制办工作，研究解决班子和人员配备、工作机制等各种困难和问题。对法治政府建设的考核评价进一步强化。年度考核方案首次以市委办、市政府办文件印发执行，考核指标和分值更加科学合理，更加简明易操作，增加法治政府建设考核的分值权重，县市区的考核分数由2016年的4分增加到8分。学法用法制度进一步完善。制定市政府全体会议、常务会议学法制度，拟订年度学习计划，选定学习内容和授课人，市委组织部将领导干部法治专题讲座纳入“巴陵名师讲堂”计划，市委党校（行政学院）将宪法法律列入干部教育培训的必修课。

【规范性文件管理】　2017年，市法制办审查各类文件160件，同比增加12.5%，其中，市政府及其部门规范性文件71件、非规范性文件32件，会议纪要等其他公文57件。县市区政府（管委会）规范性文件备案审查180件，同比增加26.7%。办理公民异议申请2件，同比增加1件。开展规范性文件全面清理行动，对“放管服”改革涉及的规章、规范性文件，以及与环境保护法律法规相违背的“土政策”等进行专项清理，整改问题第一批在省销号。完成市人大常委会对市政府规范性文件管理工作的专项评议，获得好评。

【行政执法指导监督】　2017年，市政府法制办组织全市行政执法人员参加全省行政执法人员考试，健全全市行政执法人员管理台账，加强行政执法人员管理工作，开展执法检查、案卷评查、个案和类案指导，监督指导重点部门单位的行政执法活动。完成市政府兼职法律顾问的选聘工作，选聘兼职法律顾问9名，其中特聘法律顾问2名，全国知名专家、行政法学权威北京大学法学院教授姜明安应聘为市政府特聘法律顾问。

【行政复议和行政应诉工作】

2017年，市政府法制办建立重大疑难复杂案件集体会审、公开听证审理等工作机制，出台《行政复议应诉案件集体会审办法（试行）》。及时高效办理行政复议案件，加快审理节奏，杜绝超过法定期限问题。提出并推行“积极举证、积极主张、积极反驳”行政应诉工作法，出台《岳阳市人民政府办公室关于加强和改进行政应诉工作的实施细则》。推动行政机关负责人出庭应诉，杜绝仅委托社会律师出庭应诉等不负责任做法。加大对历史遗留问题和案件处理力度。受理各类案件259件，同比增长54%，其中，行政复议案件149件、行政应诉案件100件、民事应诉案件3件、行政复议答复案件7件。行政复议案件审结119件（含中止审理21件），审结率79.9%；在结案98件中，维持55件，撤销13件，确认违法1件，变更3件，责令履行4件，驳回6件，撤回8件，其他8件，综合纠错率为21.4%，同比增加10个百分点。法院审结行政应诉案件52件，其中，驳回起诉5件、驳回诉讼请求23件、撤回起诉6件、其他13件，判决确认违法1件、撤销4件，胜诉率为90.4%，为市政府及部门单位挽回或避免、减少经济损失约3.3亿元。市商务粮食局“红酒案”，在执行生效判决阶段，市政府领导批转市法制办，经过调查补充证据和争取，省高级法院决定立案再审，并中止原判决执行，收到较好的法律效果和社会效果。

（冯庆慧）

公安工作

【概况】 2017年，全市公安机关围绕党的十九大安保维稳主线，重点做好维护政权安全、社会治安秩序和安全管理等工作，确保全市政治大局和治安大局稳定。岳阳市被评为“全国社会治安综合治理优秀市”，市公安局被评为“2017年度全国‘扫黄打非’先进集体”“2017年度市州公安局绩效评估先进单位”“全省公安机关党风廉政建设先进单位”“全省公安机关侦破命案工作成绩突出单位”“全市绩效评估先进单位”“全市综治考评先进单位”“全市安全生产优秀单位”“全市信访工作优胜单位”“全市人口和计划生育工作优秀单位”，党的十九大安保维稳工作被省公安厅通报嘉奖，防汛救灾、驻村帮扶、文明创建等工作均进入省、市先进行列。全市公安机关涌现出一大批先进集体和个人，1人被授予二级英模，1人记一等功，胡光志被授予“特级优秀人民警察”称号。

确保社会政治大局稳定。全市公安机关以“政治安全保卫战”“反恐防恐保卫战”“社会稳定保卫战”“公共安全保卫战”四大战役为抓手，扎实开展“大排查、大研判、大管控、大演练”，实现“六个确保”工作目标。重点敏感时节稳定有序。坚持情报主导警务，分层分级分类稳控住涉稳重点人员，确保元旦、春节、“六四”“7·5”期间社会大局稳定。打赢全国“两会”“一带一路”高峰论坛、香港回归20周年庆祝活动、建军90周年纪念活动等安保维稳硬仗。群体性事件得以稳妥处置。妥善处置“善心汇”、出租车等群体集访事件，成功化解“4·10”“4·11”涉军群体组织策划规模到市集访及赴省进京集访10余起，依法将涉稳重点人兰某某刑事拘留。

营造安全有序的社会治安大局。持续开展“五打五整治”等专项行动，始终保持对刑事犯罪的高压态势，全市公安机关立刑事案件12551起，破案4571起，立案下降28.76%，破案率上升8.36%，刑事拘留4300人，移送起诉4565人。其中，命案发生15起，破案15起，连续三年实现命案全破；打掉涉黑涉恶团伙23个，起诉201人；侦破全市新中国成立以来涉案人数最多、缴毒数量最多的“12·11”武装贩毒案；成功侦破湖南网络直播平台传播淫秽物品牟利第一案——“7·4”案，成功斩断一个覆盖30省（直辖市、自治区）、注册会员17.7万人、涉案金额超千万的传播淫秽物品网络直播平台链条。此案被评为2017年度全国“扫黄打非”十大案件。1月，在湘阴县、华容县等地，一举抓获涉恐嫌疑人6名。党的十九大前夕，破获“10·15”暴恐专案，打掉一个潜藏多年的集“台比力克”“伊吉拉特”“圣战”于一体的暴恐团伙，抓获嫌疑人4名，新疆维吾尔自治区等地公安机关根据线索又抓获56人，及时消除现实危害。该案是全省首例主动发现、主动进攻的成功案例。时刻守护安全生产生命线。主动参与对烟花爆竹清剿行动，确保全市烟花爆竹生产行业整体退出市场。对全市烟花爆竹等危爆行业进行全面大排查，清查超量储存142家，取缔非法店面351家，打掉地下作坊2个，捣毁非法储存的黑窝点42个，收缴烟花爆竹28974件，查处烟花爆竹案件29起，行政拘留21人，查破刑事案件2起，刑事拘留9人。在全市开展集中整治重点交通违法行为“百日行动”，查处各类交通违法99.39万起，行政拘留1834人。全市交通事故数、死亡人数、受伤人数，较2016年同比分别下降29.14%、28.25%、33.16%，未发生一次死亡3人以上的较大道路交通事故。开展火灾隐患整治，检查单位2.7万余家，整改隐患5.4万余处，临时查封538家，三停294家，全市火灾数、直接财产损失数分别下降13.3%、27.1%。监管场所无安全事故。强力推进市委部署的“四大会战”。侦破重点工程“三强”领域刑事案件12起，刑事拘留22人，查处治安案件35起，治安拘留59人。立非法

全市公安机关集中打击整治突出犯罪斗争“冬春攻势”推进会

（市公安局 供稿）

采砂刑事案件25起，破案20起，涉案总金额达10亿多元，刑事拘留72人，起诉41人。

牢牢守住执法生命线。出台《岳阳市公安机关对领导干部插手具体案件、干预司法活动进行记录、通报和责任追究实施办法》《岳阳市公安机关执法档案管理工作暂行办法》等文件，为规范执法提供保障。巡查监督加力。组织开展3次以上集中执法质量考评，每月对各县市区（分）局办理的刑事、行政案件进行巡查，发现整改问题67处。创新突破加速。积极探索侦检一体化改革，与市检察院联合成立侦审指导办公室，在信息共享、相互监督配合、提前介入等方面探索出一套行之有效的工作机制，这种模式走在全国公安机关的前列。

锻造一支过硬的公安队伍。全市公安机关把讲规矩、讲法纪、讲担当、讲奉献作为民警灵魂深处的核心价值追求，以制度建设为抓手，集中推出并严格执行《党风廉政建设主体责任和监督责任追究制度》《车辆管理制度》等12项规章制度，由市公安局牵头对各单位落实制度的情况进行督导，严肃查处责任人5人。从严治警与从优待警两手抓。继续做强岳阳警察基金会，给全市公安机关75名困难民警发放帮扶救助金37.5万元，对全市8名公安烈士、已故英模家属进行慰问，发放慰问金8000元。查处违纪违规民警15人，其中禁闭6人，党内警告3人，记过处分6人。

【“7·4”传播淫秽物品牟利案】

2017年6月27日，岳阳市“扫黄打非”办接到湖南省“扫黄打非”办转来“关于核处‘狼友直播’APP涉嫌传播淫秽色情信息的通知”举报单。接到举报后，市委常委、市委宣传部部长、市“扫黄打非”工作小组组长马娜作出部署，由市“扫黄打非”办牵头，会同市公安局按照深挖犯罪源头、彻查利益链条，彻底摧毁上下游制售分销网络原则联合立案查处，做到除恶务尽。

该案主办单位岳阳市公安局治安支队在接到证据材料后，对湖南隆顺网络科技有限责任公司旗下APP直播软件“狼友直播”进行远程勘验，采取下载保存、屏幕内容截取、拍照和屏幕录像方式形成“远程勘验笔录”3份、“远程勘验截图”200份、录像资料60份，依法收集、调取和固定电子证据。经查，“狼友直播”APP涉嫌传播淫秽色情信息的情况属实，涉案视频存在淫秽表演内容，并于2017年7月4日依法进行立案侦查。

根据掌握的视频证据，上述直播平台的注册用户的数量达到17万之众，每个直播间平均观看人数在几十人甚至几百人不等，平台经营者传播淫秽表演视频文件信息预计超过20万个，实际被点击数达到30万人次以上，通过用户付费观看其淫秽表演获取的非法利益每个月达到50万元以上。

在岳阳市“扫黄打非”办“7·4”专案领导小组的统筹和指导下，专案民警历时3个多月时间落地查人，在全市开展4次“定点清除”行动，期间派出7个抓捕小组，辗转6省10余个州市，实施5次集中收网行动，行程3万多千米，抓获以微信群群主王某（男，岳阳县人）为首的12名骨干犯罪嫌疑人，彻底摧毁该犯罪团伙的上下游分销网络。同时查获大量的作案工具，查扣手机20部、电脑2台和银行卡20张，网络女主播家族经纪组织2个，涉案女主播1000余名，查明涉案金额1000万余元，彻底查清利用网站、社交平台、云存储等传播淫秽色情信息的营利模式。

“7·4”传播淫秽物品牟利案，捣毁涉黄直播平台4个，刑事拘留12人，成功斩断覆盖30省（直辖市、自治区）、注册会员17.7万人、涉案金额超千万的传播淫秽物品网络直播平台链条。此案被评为2017年度全国“扫黄打非”十大案件。

【“12·11”武装贩卖毒品案】

2016年12月11日，市公安局网技支队在工作中发现一个以聂某某为首的武装贩毒集团。该犯罪集团涉嫌贩卖毒品，非法持有枪支弹药，寻衅滋事，非法拘禁等多项罪名。以聂某某为首的犯罪集团作案时间长，成员较多并持有枪支、弹药，多次利用各种手段逃避公安机关打击。2017年3月6日，市公安局刑侦支队经审查后，立为“2016·12·11聂某某犯罪集团武装贩卖毒品案”专案进行侦查。3月12日，岳阳市人民政府副市长兼市公安局局长唐文发组织200余名警力开展集中收网行动，成功抓获聂祖峰、余其元、周亚、李钢等47名违法犯罪嫌疑人，并缴获冰毒、麻古等疑似毒品物30余公斤；查获高压气枪1条，仿制式手枪4把，子弹50余发，管制刀具3把，手铐1副，弓弩1把，涉案车辆10台；扣押、冻结涉毒资金160余万元。鉴于案情重大复杂，唐文发要求抽调精干力量，高效、快速、彻底查清以聂祖峰为首的犯罪集团全部违法犯罪事实。

110宣传日，市公安局开展系列活动　　（市公安局　供稿）

3月14日，市公安局成立专案组，专案组命名为“12·11”集团犯罪专案组（简称“12·11”专案组）。唐文发任专案领导小组组长，市公安局刑侦支队、网技支队、岳阳楼区公安分局、君山区公安分局、岳阳县公安局、汨罗市公安局抽调30余名精干警力组成专案组，该案正在进一步侦办中。

（王相婷 傅 胜）

检察工作

【概况】 2017年，岳阳市人民检察院（简称市检察院）围绕改革发展稳定大局，忠实履行维护国家政治安全、确保社会大局稳定、促进社会公平正义、保障人民安居乐业的职责使命，各项检察工作取得新进展。市检察院获得第五届“全国文明单位”称号，连续五年被市委、市政府评为综合绩效考评先进单位，连续两年被评为全市综治工作先进单位。

【检察服务经济社会发展】 2017年，市检察院主动融入全市工作大局，着力为经济社会持续健康发展营造良好法治环境。服务和保障“四大会战”。出台《岳阳市检察机关服务和保障“四大会战”实施意见》。深入开展优化经济发展环境专项监督活动，查办重大项目建设、专项资金管理、项目决策审批等领域职务犯罪53人。认真开展“三违三强”专项整治，依法批捕强揽工程、强买强卖、强行阻工等方面犯罪73人、起诉85人，依法批捕盗采砂石犯罪35人、起诉45人。立案查处扶贫开发领域职务犯罪15人。扎实推进驻村扶贫工作，如期实现脱贫目标。扶贫队长张雄兵被评为岳阳市“十大忧乐精神典型人物”。优化非公经济发展环境。努力减少司法办案对企业生产经营的影响，对20余名涉嫌犯罪的企业法定代表人、生产经营负责人、技术骨干慎用或变更羁押性强制措施；坚持既依法“治渎”，又法内“容错”，依法甄别工作失误与渎职犯罪，对10名涉嫌渎职犯罪但没有主观恶意、有积极挽回损

市食品药品监管局检察联络室、公安侦查室揭牌仪式

（市检察院 供稿）

失等悔改表现的国家机关工作人员依法作出不立案、不起诉司法决定。构建“亲”“清”检商关系，坚持既积极主动服务，又严守司法底线，选派优秀员额检察官到工商联驻会挂职，与工商联、商会、工业园建立常态化联系机制，主动对接和精准把握企业司法诉求。

【检察维稳】 2017年，全市检察机关牢固树立总体国家安全观，始终把维护国家政治安全特别是政权安全、制度安全全放在第一位，严密防范、坚决打击各种渗透颠覆破坏活动，坚决捍卫党的领导和社会主义制度，坚决维护新时代国家安全。依法办理彭宇华、李明哲颠覆国家政权案。充分发挥检察机关在审前的主导作用，提前介入引导侦查，梳理和审查1200余份证据材料，提出补充侦查意见50余条。在长达5个小时的直播庭审中，有力指控彭宇华、李明哲妄图颠覆国家政权的犯罪事实，两名被告人当庭认罪服法，维护国家政治安全，打造庭审实质化的实践样本，得到中央政法委、省委、市委和最高人民检察院、省检察院领导的高度评价。

2017年，全市检察机关批捕各类刑事犯罪嫌疑人2772人、起诉4341人。严惩故意杀人、抢劫、绑架、强奸等严重暴力犯罪，批捕131人、起诉147人；严惩盗窃、抢夺、诈骗等多发性侵财犯罪，批捕785人、起诉1064人；严惩黄赌毒犯罪，批捕751人，起诉1167人。严厉打击针对未成年人实施的性侵、伤害、敲诈勒索等犯罪，批捕99人、起诉140人。加强对涉罪未成年人的教育、感化和挽救，依法不捕55人，附条件不起诉24人。强化校园普法教育，开展“法治进校园巡讲”活动，选派11名检察官担任法制副校长，设立未成年人法治教育基地11个。建立风险评估、下访巡访、公开听证、检调对接、以案释法、司法救助等立体化涉检信访工作机制，妥善办理群众信访973件，申请司法救助金22万元。推行值班律师接访、律师参与化解和代理涉法涉诉信访案件制度，引导当事人合理表达诉求。岳阳楼区检察院被评为全国检察机关“文明接待示范窗口”，市检察院、华容县检察院、君山区检察院被评为全国检察机关“文明接待室”。

【检察促进社会公平正义】 2017年，全市检察机关监督公安机关立案62件、撤案30件，对侦查活动违法行为提出纠正意见286件，对不构成犯罪和证据不足的依法不捕448人，不诉84人，对应当逮捕而未提请逮捕、应当起诉而未移送起诉的依法追捕149人、追诉129人，对确有错误的刑事判决、裁定提出抗诉

16件。办理民事行政裁判结果监督案件58件，提请和提出抗诉11件，对民事行政审判、执行活动中的违法情形发出检察建议22件；督促有关行政机关履行职责235件，采纳并整改210件，为国家和集体挽回经济损失7000万元。纠正提请减刑、假释、暂予监外执行不当案件183件次，监督涉财判决执行2000余万元，纠正判处实刑未交付执行罪犯28人，监督收监违法违规社区矫正人员25人；岳阳县检察院办理的程某等4人羁押必要性审查案获评全国检察机关羁押必要性审查精品案件；荆剑地区检察院办理的何某涉财判决执行案，被评为全省检察机关优秀案件；集中精力抓派驻监管场所检察室规范化建设，其中荆剑地区检察院驻岳阳监狱检察室、汨罗市检察院驻看守所检察室、华容县检察院驻看守所检察室成功创建全国检察机关一级规范化检察室。

【民生领域执法监督】 2017年，全市检察机关深入开展“雁过拔毛”式腐败问题专项整治，切实加大对小官大贪、侵吞挪用、克扣强占等群众身边小腐败查处力度，立案查办征地拆迁、社保、医疗、教育、扶贫等民生领域职务犯罪68人。聚焦生态环境资源保护和食品药品安全，在环保、国土、食品药品等部门设立检察联络室21个，逐步构建行政执法监督网。开展饮用水源地环境保护行政执法督查和法律监督专项行动，督促整改不合格水源地42个。起诉滥采滥伐、滥捕滥猎、非法排污等破坏环境资源犯罪135人，起诉危害食品药品安全犯罪36人。

【查办和预防职务犯罪】 2017年，全市检察机关立案侦查贪污贿赂、渎职侵权等各类职务犯罪案件134件140人，在司法体制改革和国家监察体制改革叠加推进的特殊之年，岳阳市检察机关职务犯罪办案规模不降反升，与2016年同期相比，案件数量上升58%，立案人数上升63%。查办职务犯罪大案91件，要案14人，其中厅级领导干部要案1人，县处级领导干部要案13人。按照侦查一体化要求，集中力量查办“三湘第一案”长沙轨道交通集团原董事长彭旭峰（副厅级）特大受贿系列案，立案25件26人，扣押冻结涉案款物2亿元。依法查办刘岳华、白维国、许永、严银辉、袁文、蔡智、刘吉伟、胡国安等本地有影响有震动的大要案。“猎狐”专项行动战果丰硕，缉捕和劝返在逃职务犯罪嫌疑人7人。成功劝返潜逃法国13年的市二医院财务科原副科长周晓红投案自首。坚持惩治预防“两手抓”，开展职务犯罪预防，建立“双查双建”预防模式，开展预防调查61次，开展警示教育73场（次），完成犯罪分析52件，提出预防检察建议58件，提供行贿犯罪档案查询26880人次，开具无犯罪记录证明7725份。在市中心城区棚户区改造工作中同步开展专项预防，被最高人民检察院评为“全国100个重大工程专项预防项目”。

【全面开展公益诉讼】 2017年6月27日，全国人大常委会作出修改民事诉讼法和行政诉讼法的决定，正式以立法的形式确立检察机关提起公益诉讼制度。12月8日，岳阳市委常委会专门听取岳阳市检察院党组关于全面开展公益诉讼工作情况汇报，研究解决存在的困难和问题。7月1日以来，岳阳市检察机关聚焦在环境资源保护、食品药品安全、国有土地出让、国有资产保护等领域，摸排发现公益诉讼线索34件，立案26件，发出诉前检察建议31份，全部推动有关行政机关整改到位。岳阳楼区检察院在履职过程中发现金凤水库水源保护区（一级保护区）新建多处坟墓，遂向经开区民政局发出检察建议，督促整改拆除坟墓17座，修筑隔离墙500米，实行水污分流，确保饮用水水源安全。

【推进监察改革创新】 2017年，市检察院全力参与国家监察体制改革试点工作，顺利完成职务犯罪侦防部门职能、机构、人员转隶，做好案件结案、线索清理和移交工作，市、县两级检察机关转隶184人；华容县检察院以安全、高效、优质的办案成果完成改革过渡，其对监察体制改革支持拥护的经验做法，受到省检察院检察长游劝荣的肯定批示。主动对接以审判为中心的诉讼制度改革，与市中级人民法院召开党组联席会议，研究推动形成庭审实质化的各项机制；与市公安局协调联动率先在全省设立侦审指导办公室，构建检警一体化大控方诉讼工作机制，着力破解监督不到位、案件质量不高、诉讼效率低成本高、案多人少等难题，从源头上防范冤假错案。全面完成检察人员分类管理，按照“员额检察官+检察官助理+书记员”模式，组建办案组织，构建“谁办案谁负责，谁决定谁负责”的检察权运行机制。依托案件管理平台强化对案件统一受理、随机分案、流程监控和案件质量督查评查，完善对员额检察官考核、奖惩、退出和监督制约机制，确保放权不放任。

【检察队伍建设】 2017年，市检察院坚持正确用人导向，加大干部交流选拔力度，通过竞争上岗选拔和轮岗交流中层骨干40人，整个过程风平浪静、风清气正，其经验做法受到省检察院推介和市委组织部肯定。持之以恒正风肃纪，自觉接受市委政法委纪律作风督查巡查，坚决整改巡查中发现的问题；对11个基层检察院开展规范司法行为和纪律作风常态化督查；集中开展机关“慵懒散”专项整治，提振干警“精气神”；扎牢制度的笼子，建立党风廉政建设联席会议制度，制定实施《岳阳市人民检察院严禁以案谋私若干规定》。坚持挺纪在前，严肃处理违纪干警3人。大力开展岗位培训和实战练兵，组织和选送学习培训380余人次，办好岳检讲坛、岳检沙龙等学习交流平台，参加业务竞赛，19人在全国、全省业务竞赛中获奖，其中1人在全国检察机关警务技能三项竞赛中获得两个单项第一名、一个单项第二名，岳阳公诉队伍在湖南省检察机关公诉人团体论辩赛中获得一等奖，3人获得全省“十佳辩手”称号。弘扬司法办案“工匠精神”，组织开展优案评选和优秀法律文书评选活动。大力实施文化育检工程，开展“书香、有为、活力、品质”检察机关建设，成功举办全省检察机关首届书法美术艺术创作提高班和全市检察机关第二届“正义杯”男子篮球赛，在全省政法系统书画大赛、全省检察系统乒乓球赛、新闻摄影比赛中分别获得一等奖，君山区检察院被评为全省首届十个“读书风气最盛检察院”。岳阳县检察院被评为“全省检察文化建设示范院”。

（陈钢柱）

法院工作

【概况】 2017年，全市法院系统全面贯彻习近平新时代中国特色社会主义思想，忠实履行宪法法律赋予的职责，落实“四个十条”，服务“四大会战”，保障民生权益，各项工作取得新成效。受理案件63737件，办结50398件，同比分别上升8.11%和6.79%，结案率79.1%；其中，市中级人民法院受理7305件，办结5679件，结案率77.7%。市中级人民法院司法绩效考核连续四年全省排名第一，在全省三级法院院长会上作经验介绍；中央政法委书记孟建柱，省委书记杜家毫等领导考察市中级人民法院时给予充分肯定。

【依法惩治犯罪】 2017年，市中级人民法院严惩危害国家安全犯罪。依法审理全国首例中国台湾籍人员颠覆国家政权案，突出中国庭审中心地位，做到事实调查在法庭、证据展示在法庭、控诉辩护在法庭、裁判说理在法庭，分别判处被告人彭宇华、李明哲有期徒刑七年和五年。坚持公开透明彰显司法自信，通过官方微博用图文和视频全程播报庭审及宣判实况，清晰传送两被告人当庭认罪悔罪、服从判决不上诉以及与家属会见的画面，为全球媒体所聚焦，相关微博阅读量逾600万人次，接待境内外媒体记者47人次，数百家媒体报道此案，有力反击境内外敌对分子对中国大陆司法制度和人权制度的诽谤与抹黑，取得良好的政治效果、法律效果和社会效果，受到中央、省、市领导及社会各界的广泛赞誉。严惩贪污贿赂等职务犯罪。审结职务犯罪案件82件103人。通过国际司法协助，依法冻结长沙轨道交通集团原董事长彭旭峰夫妇转移至境外的非法所得844万元；依法审理省有色地质勘查局原局长王迪生受贿案，省国土资源厅原副巡视员刘会和滥用职权、受贿案，省煤业集团有限公司原董事长覃道雄受贿、贪污案，国有公司人员滥用职权案等大要案。加大对行贿犯罪惩治力度，判处22案36人，强化对腐败犯罪高压态势。严惩严重危害群众生命财产安全犯罪。审结杀人、抢劫、绑架、涉黑涉恶等严重危害社会治安犯罪案件101件，审结盗窃、诈骗等多发性侵财犯罪案件748件，对强奸杀害2名女学生案被告人邓方、抢劫杀害3名妇女案主犯冯鸿等执行死刑。坚决打击危害公共安全犯罪，审结461案；对“3·19”京港澳高速公路爆炸案中4名被告人分别判处无期徒刑和10年以上有期徒刑。坚决打击毒品犯罪，审结611案，判处10年以上有期徒刑直至死刑的128人，对贩卖、运输毒品数量巨大的吴雄权、蔡水顺、苏志明等罪犯执行死刑。坚决打击涉众型犯罪，审结非法吸收公众存款、集资诈骗、电信诈骗等案件28件；依法审理张小龙等22人组织、领导传销活动案，对信盈公司集资诈骗案被告人蒋乙菡、张新甫分别判处有期徒刑15年和13年。严格落实宽严相济刑事政策。对老年犯、未成年犯及具有自首、立功等情节的被告人，依法从轻、减轻或免除处罚。推动减刑假释案件审理信息平台建设，裁定减刑、假释792人，不予减刑、假释16人，对22名暂予监外执行犯重新收监。严格落实罪刑法定、疑罪从无等原则，以证据不足依法宣告1名公诉案件被告人和1名自诉案件被告人无罪。

【优化法治发展环境】 2017年，市中级人民法院全力助推“四大会战”。前移服务阵地，到行政执法机关和重点项目部调研走访、法律指导，完成重点调研课题，编写司法审查工作手册，统一裁判尺度，依法支持土地征收、棚户区改造和禁拆治违工作。建立快立、快审、快执“绿色通道”，妥善处理海棠社区19户居民不服房屋征收补偿决定、蒙华铁路建设工程临湘段18户违建户要求确认拆除行为违法等群体性案件，准予强制拆除涉及步行街南辅道片区、三五一七片区、皇姑塘立交桥等重大项目建设过程中的被征收房屋，依法清除涉及南湖核心风景区、洞庭湖风光带、洞庭新城等重点项目建设中7家破产企业土地上的租赁、抵押、权属不清等法律障碍，推进城市化进程。全面开展打击整治“三违三强”专项审判行动，依法审理谢中勇等4人强迫交易案、陈继响等8人非法采矿案。开展精准扶贫，因地制宜发展特色产业，帮助18户52人脱贫，帮扶的华容县万庾村退出贫困村序列。全力维护市场秩序。高度重视产权保护，平等、全面、依法保护各种所有制经济组织和公民的财产权。倡导诚信经营，审结合同纠纷案件13791件，依法制裁房屋租赁等领域的违约欺诈行为，维护市场公平交易。支持产业结构调整，审结破产、清算案件9件，清理企业债务23亿余元。促进金融秩序安全，审结借贷、证券、保险等案件6594件，标的65.39亿元；开展涉金融债权案件集中执行专项行动，执结431件，标的5.1亿元。服务“两大战略”，实施审结各类知识产权案件141件，审结涉外涉港澳台案件206件，助推创新引领、开放崛起。依法解决困扰台商陈某某多年的房屋租赁纠纷案。全力化解行政争议。坚持合法性审查标准，判决行政机关履行法定职责、确认行政行为违法或无效、撤销或变更的98件，因和解而撤诉的117件。强化非诉行政案件审查，裁定准予执行737件，不予执行13件，追缴行政罚款、住房公积金等1656万元。加强司法与行政的良性互动，提出规范行政执法的司法建议46份，应邀到行政机关培训讲座39场。推动行政首长出庭应诉，被诉行政机关负责人出庭应诉率为16.3%，同比上升16.7%，努力解决“告官不见官”的问题。

【民生权益保障】 2017年，市中级人民法院高度重视民生案件审理。推进家事审判改革，与市妇联联合设立婚姻家庭纠纷调解室，健全反家暴联动机制，审结婚姻家庭纠纷案件6023件，得到最高法院和全国妇联联合调研组的高度肯定。推进生态文明建设，严惩污染环境犯罪，岳阳县法院办理的汤某等12人非法捕捞水产品案，被列入最高法院发布的长江流域环境资源审判十大典型案例。审结交通事故、医疗纠纷等人身损害赔偿案件3758件，切实维护人身权益。审结劳动争议案件1780件，完善与调解、仲裁的衔接机制，平等维护劳资双方合法权益。审结土地流转等案件193件，维护农民合法权益。审结房地产案件1987件；审结生产销售有毒有害食品等犯罪案件6件，化解食品买卖、餐饮服务等民事纠纷314起，努力让群众住得安心、吃得放心。努力破解案件执行难题。实际执行率53.51%，执行标的到位率47.87%，执行到位资金13.57亿元。规范执行行为，执行案款管理实行“一案一账号”，引入基本解决执行难第三方评估指标体系。推进网上执行，在全省率先实现与国土等部门联网查控，查人找物更为便捷；加强网络司法拍卖，网拍187件，成交额2.43亿元，为当事人节省佣金589万余元；依法追缴的一套涉受贿案房屋网拍成交价1290万元，溢价率达43%。严惩拒执违法犯罪，司法拘留817人，移送追究刑事责任15人，753人迫于压力主动兑付1028万元。健全联合信用惩戒机制，将失信被执行人信息纳入“信用岳阳”网站，在最高法院失信名单发布平台公布失信被执行人3021名，通过微信、报纸、电视等形式曝光1233名，使其一处失信、处处受限。不断提升诉讼服务水平。巩固立案登记制改革成果，当场立案率达97%。优化诉讼服务，健全大学生志愿服务机制，增设离退休法官接待岗，由律师协会每天指派律师到法院接访。加大司法救助力度，发放司法救助金51万元，准予缓减免交诉讼费170余万元，确保困难群众打得起官司。深化诉访分离，规范申诉复查和申请再审审查工作，审结该类案件122件，提起再审61件；加强信访问题源头治理，畅通信访案件的入口和出口，妥善化解信访老案19件；坚持打击违法缠访闹访与化解矛盾纠纷并重，移送追究刑事责任1人。岳阳市涉诉信访工作继续位居全省法院前列，工作经验在全省法院推介。

【司法改革】 2017年，全市法院系统全面完成法官员额制改革。市中级人民法院64名、基层法院333名法官入额，完成入额法官向人大常委会备案工作，合理配置员额法官、法官助理和书记员，让优秀审判人才集中到办案一线。推进以法官员额制改革为重点的人员分类管理改革，未入额法官平稳过渡为法官助理或司法行政人员，法官助理及书记员的定岗、等级套改、报批等员额制改革配套工作有序推进。加大审判辅助人员配备力度，在市、县两级党委、政府支持下，全市法院公开招录工作人员56名，新增聘用制书记员153名。强力推进司法责任制改革。建立审判权运行新机制，制定审判团队组建办法和员额法官办案意见，市中级人民法院组建审判团队15个。推行主审法官、合议庭办案责任制，改革裁判文书签署机制，院庭长不再审核签发未直接参加审理案件的裁判文书；探索专业法官会议制度，统一司法尺度和裁判标准；明确各类司法人员在审判活动中的职责权限，所有入额法官均明确办案任务和考核要求，全市两级法院院领导参与办结4405案，实现“让审理者裁判，由裁判者负责”。不断拓展司法公开的广度和深度。深化审判流程、庭审活动、裁判文书、执行信息四大公开平台建设与运用，文书上网48244份，庭审网络视频直播59场次。着力打造“智慧法院”，深化数字法庭、12368诉讼服务热线等功能与应用，启动档案电子化和电子卷宗建设，推动网上办案办公，方便当事人查阅与诉讼。加大新闻发布力度，召开发布会12场次，发布减刑假释工作、土地房屋征收司法审查报告等白皮书；坚持全媒体宣传平台与巡回审判线上线下相结合，到学校、企业、社区、乡村开庭179场次，在省级以上各类媒体发稿1399篇，运用典型案例以案说法，制作微电影和公益广告，传播岳阳法治好声音。市中级人民法院司法宣传工作连续五年被最高法院通报表彰。扎实开展各项改革试点工作。加强专业化审判力度，组建环境资源审判庭，君山法院洞庭湖环境资源法庭正式办理环洞庭湖环境资源诉讼案件。加强对汨罗市法院审执分离改革、屈原法院内设机构“大部制”改革、岳阳楼区法院案件繁简分流改革等试点工作的指导，各项改革有序推进，岳阳楼区法院被评为全国法院案件繁简分流机制改革示范法院。

【审判队伍专业化建设】 2017年，市中级人民法院注重党建引

市人大代表、政协委员和特邀监督员开展听庭评庭活动

（市中级人民法院　供稿）

领。牢固树立“四个意识”，坚守“四无”底线，争创“五好”法院。加强对各基层法院领导班子的协管力度，抓好对基层法院司法巡查问题反馈及整改落实，帮助解决问题和困难。扎实开展“两学一做”学习教育，在全市法院开展集中教育整训活动，组织书记讲党课、党员先锋岗评选、拍摄党建专题宣传片、把支部建在庭上等活动，深入学习贯彻习近平新时代中国特色社会主义思想，做坚定信仰者和忠实践行者。提升能力素质。加强基层指导，在物质装备、信息化建设等方面向基层倾斜，湘阴县法院新审判大楼正式启用。落实“五个过硬”要求，举办全市法院诉讼服务、审判管理等培训，召开人民法庭流动现场经验交流会，组织第三批71名干警到北京大学培训，选派干警参加各类业务培训635人次。加大人民陪审员培训、参审及考评力度，全市陪审员参审21339人次13672案。开展案件质量评查、文书评选和庭审评议等“三评”活动，评查案件355件、文书168份、庭审55场，岳阳楼区法院审理的洞庭湖毒鸟案被最高法院评为环境资源刑事、民事、行政审判十大典型案例之一，该案判决书获首届全国法院环境资源优秀裁判文书一等奖。涌现柳春龙、李芬、汤洪清、付胜芳等全国法院先进个人，以及平江县法院立案庭、汨罗市法院立案庭、华容县法院东山法庭、岳阳县法院审管办等“全省法院先进集体”。

抓司法廉洁。坚持从严治院，严格执行“五个严禁”、任职回避、防止干预过问案件“两个规定”等制度，强化对审判权的常态化监督。严格落实“两个责任”和“一岗双责”，向省高院报告司法巡查反馈意见整改落实情况，认真开展国家公职人员涉砂、涉矿经营性活动等专项治理，不定期对全市法院司法作风明察暗访，加大查处力度，坚持季度通报、半年讲评，抓小抓早。基层法院有9名干警受到党纪政纪处分，市中级人民法院继续实现“零违纪”，营造风清气正的良好氛围。厚植法院文化。市中级人民法院升级院史陈列馆、图书馆和文化长廊，改造审判楼大厅，新建老干活动中心，大力弘扬忧乐精神、骆驼精神、求索精神和革命精神。建立全市法院调研人才库，组织论文竞赛、法官沙龙等活动。法学理论研讨取得好成绩。有6篇论文在全国法学研讨会上获奖，临湘市法院被省高级法院确立为青年应用法学研究基地。深化文明创建，治陋习、树新风，在市中级人民法院和君山区法院继续保留全国文明单位荣誉的基础上，岳阳县法院获评全国文明单位，云溪区法院、平江县法院被评为省级文明单位。主动接受监督。始终坚持党的绝对领导，市中级人民法院向市委专题报告履行党风廉政建设主体责任情况，认真接受市委政法委开展的纪律作风例行巡查。自觉接受人大监督，做好市人大常委会调研市中级人民法院司法改革情况的各项工作，配合市人大常委会开展禁毒法执法检查。认真接受民主监督，做好市政协开展的“政协委员走进法检两院”活动的相关工作，与市委统战部共同组织党外人士走进法院活动。加强人大代表、政协委员联络工作，办结代表建议4件、委员提案1件，通过邀请代表、委员旁听庭审、见证执行，每季度编辑并寄送《汇报专刊》等方式报告工作、听取意见。依法接受检察机关诉讼监督，广泛接受社会监督，安排专人搜集、阅评网络舆情，回复网民意见，畅通民意沟通渠道，做到和舆论良性互动。

（许 辉）

司法行政

【概况】 2017年，岳阳市司法行政工作在市委、市政府的领导下，充分发挥各项职能，全面服务“四大会战”，夯实基层基础，坚持改革创新，为岳阳市获得“全国社会治安综合治理先进市”作出贡献。

【普法宣传】 2017年，市司法局开展主题法治宣传教育活动。在全市大力开展青少年普法教育活动、农村法治宣传月活动，与市委宣传部等部门联合开展送法下乡活动。同时，深入开展“做法律明白人”法律进村（社区）组微宣讲活动，以身边的案例提高广大群众遇到事情找法、解决问题用法、化解矛盾靠法的法律意识。开展“谁执法谁普法”活动。下发《2017年度全市国家机关实行“谁执法谁普法”工作责任制实施方案的通知》《全市国家机关“谁执法谁普法”工作考评办法的通知》。49个责任主体单位上交“谁执法谁普法”年度责任清单，15个责任主体单位上交“做法律明白人”以案释法宣讲活动方案，收集100多个以案释法案例，为“谁执法谁普法”活动取得实效，奠定基础。开展“示范窗口”推广、评定工作。按照省司法厅部署，开展2016—2018年全省依法办事示范窗口单位评选活动。全市26个行政执法部门（33个单位）被评为2016—2018年全省依法办事示范窗口单位。开展法治文化阵地建设。全市80%的县市区完成法治主题公园长廊建设，各县市区都有一个法治文艺节目、一个法治电视栏目、一个电子显示屏。

【法律服务】 2017年，市司法局在法律服务上做好服务跟进工作，律师服务跟进。明确律师服务“四大会战”的主要内容和措施，以举办“家庭律师社区行”法治讲座为契机开展“以案释法”，创新工作方法服务中小微企业，网格布局推进“万名律师乡村行活动”。司法鉴定服务跟进。通过开展教育培训、司法鉴定机构规范性审查、司法鉴定文书质量评查评选等工作，全市司法鉴定机构和行业进一步规范。在省司法厅组织的全省司法鉴定机构年度考评中，全市司法鉴定机构的优秀率达30%、良好率达70%，无不达标机构，在全省优秀司法鉴定文书评选活动中岳阳市获得一等奖1篇，三等奖2篇的好成绩。基层法律服务跟进。举办2017年度全市基层法律服务工作者培训班，全市37个法律服务所100余名基层法律服务工作者参加培训；开展基层法律服务工作者党员登记工作，圆满完成省司法厅对岳阳市法律服务所进行的“双公开一随机”检查，获省公安厅好评。法律援助服务跟进。遵循“应援尽援、应援优援”原则，将法律援助覆盖人群拓展至低收入群体，将援助事项扩大到劳动合同、就学、就医、食品、药品等权益侵害纠纷案件。出台《关于加快推进城乡覆盖居民的公共法律服务体系建设的实施方案》，将公共法律服务体系平台建设和政府采购法律援助服务纳入年度综治考核内容，有7个考评项目、31个考评点，为工作落实提供考核依据。完成“12348”热线并入如法网升级改造工作。开展送法下乡、扶贫帮困、助残等法律援助宣传活动，提升人民群众对法律援助工作的知晓率。全市办理法律援助案件2629件，其中，办理市政府指派集团案件390件。“12348”法律热线咨询服务2135人次，接待来访咨询人9568人次。公证服务跟进。组织开展网络证据保全、《民法总则》等全新相关知识学习，提升公证员业务素质；拓展创新知识产权公证法律服务，为保护企业知识产权提供有力证据支撑；服务“一带一路”倡议，为涉外企业办理营业执照和相关的证照类公证，用于国外注册。开展为老、弱、病、残等弱势群体办理登门公证服务活动，全年上门办证30余件。市湘北公证处获得湖南省人民满意的公务员集体称号。

【强戒管理】 2017年，市强制戒毒隔离所（简称市强戒所）新收治戒毒人员369人，解除强制戒毒288人，所外就医3人，在所522人，全年实现场所16年“六无”和22年安全生产无事故，为全市综治工作作出贡献。提高教育戒治质量。落实所情动态分析制度，及时分析掌握涉危涉重戒毒人员动态，通过心理咨询、主题教育等活动教育转化此类人员。全年市强戒所排查、教育转化涉危涉重戒毒人员48人次。强化应急预案演练。在完善“六防”及其他突发事件应急预案的基础上，有计划地强化处突等演练，强化民警现场管控能力。市强戒所组织消防应急处置、突发事件处置、公共卫生事件处置等演练5次。获得全省应急预案演练集体三等奖。

【社区矫正工作】 2017年，市司法局培育发展社会组织。与岳阳市幸福心理研究所、岳阳市春雷学校、天恩辅仁心理机构联系，共同开展非执法类社区矫正工作，提高教育帮扶的效果。加强购买社会服务。与市财政局联合下文，出台《岳阳市政府购买“五项”服务的指导意见》，明确政府购买社区矫正社会服务的内容、方式和经费保障。汨罗市、湘阴县、岳阳楼区、平江县和岳阳县与相关社区组织签订购买协议。强化特殊人群管理。为加强社区服刑人员行为规范教育，全市选出50名社区矫正工作人员，在岳阳市强制隔离戒毒所开展为期两周的封闭式训练。6月中旬，汨罗市社区服刑人员行为规范教育试点验收通过省司法厅组织的验收，全市接收社区服刑人员10739人，解除社区服刑人员8186人，在册社区服刑人员2553人。

【人民调解工作】 2017年，市司法局加强基层基础建设。在完成71家省级规范化司法所建设基础上，新增37家省级规范化达标司法所，依托司法所和村社区调委会，建成69个公共法律服务站及790个公共法律服务点，完成80%以上站点建设任务。完善矛盾排查调处机制。开展“喜迎十九大 全力保平安”矛盾纠纷排查化解专项行动及“三调联动解纠纷、防控风险促发展”专项调解活动。全市排查出矛盾纠纷19971件，成功化解19546件，防止“民转刑”127起，防止群体性上访289起，防止群体性械斗43起。围绕服务“四大会战”开展矛盾纠纷专项排查调处活动，重点排查化解土地征用、房屋拆迁、劳动用工、环境污染等领域矛盾纠纷1498起，其中，岳阳县百森陶瓷厂由于经营不善导致破产，拖欠员工工资1200多万元，引发讨薪纠纷，当地调解组织通过主动调处，妥善解决问题，得到县委、县政府的肯定。规范基层调解工作。建成村（社区）调委会2041个，督促50%以上的调委会要达到“八有六统一”标准；建成人民调解组织派驻人民法院、公安派出所调解室61个，派驻工作室建设达100%；完成全市人民调解员信息登记，现有人民调解员6998人，发放人民调解员证书、徽章和胸牌；组织开展全市基层工作技能比武大赛，选拔出3名优秀调解员参加全省基层工作技能比武大赛获得三等奖。开展三调联动专项活动。大力开展企业改制、征地拆迁、医疗卫生、交通事故等领域矛盾纠纷排查调处工作，化解矛盾纠纷6500余起。临湘市、平江县、岳阳县、华容县、云溪区、君山区建立边界联防联调机制。岳阳市交通调解委员会工作情况作为先进经验，在全省行业性、专业性调委会上被推介。

【公证改革】 2017年，市司法局认真贯彻落实《关于加快推进全省公证机构体制改革的意见》精神，顺利完成全市公证机构体制改革，出台《关于岳阳市城区公证体制改革有关机构编制事项的通知》，撤销岳阳楼公证处、云溪公证处和君山公证处，保留岳阳市湘北公证处；由公务员单位转制为正科级差额拨款事业单位，核定差额拨款事业编制15名；新设立正科级岳阳市云溪公证处，核定差额拨款事业编制5名；将原核定的湘北公证处12名政法专项编制划归市司法局；沟通市编办、市人社局，出台公证机构三定方案和岗位设置方案；通过人员流动调配、公开选调和公开招聘方式补充新设公证处的工作人员，保证业务正常运转，完成4个公证处的资产清查、财务清算和档案整理工作。

（李　泉）

岳阳监狱

【概况】 2017年，湖南省岳阳监狱以党的十九大精神为指引，认真学习贯彻习近平新时代中国特色社会主义思想，按照上级司法部门部署要求，以补短板、强弱项、控风险、提质量为着力点，大力实施“11123”工程，全面推进监狱工作转型升级和内涵式发展。截至年底，岳阳监狱实现连续17年7个月无罪犯脱逃、无重大狱内案件、无重大疫情、无重大安全生产事故的“四无”目标，监狱经济实现平稳增长，班子队伍建设明显加强，监狱整体工作持续向好，为岳阳市及君山区经济社会发展和繁荣稳定作出新贡献。在省直监狱系统年度绩效考核中获评良好单位。

【岳阳监狱第十一次党员代表大会】　2017年7月28日，中共湖南省岳阳监狱第十一次党员代表大会召开，省司法厅、省监狱管理局有关负责人到会指导。监狱长彭锋代表第十届监狱党委作主题工作报告，监狱纪委书记彭立春作党风廉洁建设和反腐败工作报告，会议全面总结回顾过去五年工作成绩、主要经验及问题困难，分析研判当前监狱工作形势，提出未来五年工作指导思想、发展目标、工作任务和主要措施。会议指出，未来五年岳阳监狱将以党的十九大精神和习近平新时代中国特色社会主义思想为指导，以总体国家安全观和治本安全观为统领，贯彻落实司法部、省委省政府和省司法厅部署要求，坚持新发展理念，牢固树立“五种主体意识”，深化改革转型，加速基本建设，完善治理体系，推动监狱整体工作转型升级、提质发展，为决胜全面建成小康社会和平安湖南、法治湖南建设作出新贡献。会议强调，岳阳监狱将大力实施“四化三型二创一区”战略（即监狱制度标准化、管理法治化、队伍职业化、发展社会化，建设法治型、生态型、智能型监狱，创建“部级现代化文明监狱”和“省直文明单位”，打造湖南监狱工作样板示范区），努力把岳阳监狱建成执法严明、管理规范、保障有力、安全文明、特色鲜明的社会主义现代化监狱。会议选举产生以彭锋为书记的新一届监狱党委班子和以彭立春为书记的新一届监狱纪委班子。

【防汛抗洪】　2017年6—7月，洞庭湖流域遭受多轮特大暴雨袭击，湘、资、沅三水暴涨，入湖水流量超过历史极值，岳阳监狱所担负的15.87千米洞庭湖大堤相继突破警戒水位和保证水位，辖区及周边数十万人民群众生命财产安全遭受严重威胁。岳阳监狱党委在省司法厅省监狱局和省市防汛指挥部的督导指挥下，将防汛抗洪主战场作为检验“两学一做”的大考场，将临时支部建在防汛一线，将党旗插在防汛大堤，数百名共产党员团结带领全狱警察职工，一手抓前方防汛抗洪，一手抓后方监狱日常管理教育，通过半个多月的连续作战，夺取防汛抗洪工作的全面胜利，实现前方、后方的全面安全。省司法厅党组书记范运田，厅党组成员、副厅长方华堂，岳阳市委书记胡忠雄等领导到防汛一线督导检查和慰问。岳阳监狱被评为岳阳市防汛抗灾工作先进集体，防汛抢险队队长刘光宙被评为全省防汛抗灾工作先进个人。

【中共十九大特护期安保工作】

2017年，岳阳监狱以“为迎接党的十九大胜利召开营造安全稳定的政治社会环境”作为工作主线，全力确保监狱和辖区持续安全稳定。9月22日起，监狱启动党的十九大特别防护期。9月25日举行“喜迎十九大、忠诚保平安”升国旗誓师仪式，吹响迎接党的十九大维稳安保工作“集结号”。9月27日，监狱召开“迎接十九大、全力保平安”动员大会，全面部署动员党的十九大期间安全稳定工作。按照特别防护期要求，监狱严格落实各项工作措施，实行监狱、公司领导双岗值班，取消中层以上干部休假，加强各岗位值班防守和应急处突等工作。联合驻狱武警开展全狱性大清监，由监狱、公司领导带队对各单位、各岗位、各部位进行安全隐患大排查，每日由监狱、公司领导带队巡查并召开日碰头会，每周由监狱主要领导主持召开狱情犯情分析例会，及时研究解决影响安全稳定的各类问题。省监狱局工作组分两批进驻监狱全程督查指导党的十九大期间安全稳定，帮助解决实际困难和问题。通过各级共同努力，全狱未发生任何安全事故（件）和重大不稳定因素，保持监狱持续安全稳定，为党的十九大胜利召开作出贡献。

【岳阳监狱医院和监狱收押调遣中心建成启用】　2017年1月，岳阳监狱收押调遣（出入监教育）中心正式建成启用。负责收押来自岳阳市各看守所和长沙市部分看守所余刑在三个月以上的有期徒刑罪犯，截至年底分批收押新犯1500余人，经过不少于2个月的入监教育后分配到有关监狱单位服刑改造，为罪犯走好服刑改造路迈好“第一步”。5月，省监狱管理局三医院（岳阳监狱医院）精神病区正式启用，标志着全省监狱系统精神病犯开始实现集中收治关押。该医院设精神病犯治疗监区、康复监区和普通病犯监区3个监区，设立精神病床位300张。对全省精神病犯实行集中收治关押，既有利于推进罪犯分类关押改造的落实，减轻相关监狱单位的监管安全风险，提高全省监狱系统的安全保障水平，又有利于保护罪犯基本权益，让精神病犯得到更加科学有效的治疗，利于其回归后更好地适应社会，维护社会和谐安宁，推动治本安全观的落地生根。为管好治好精神病犯，岳阳监狱警察和医务人员时刻面临被辱骂、袭击等风险，付出大量的心血和汗水，确保病犯治疗、监管“两不误”，实现改造效益和医疗效益“双提升”。

【“转观念　正风纪　去陋习　促发展”专项活动】　为推进“两学一做”学习教育制度化常态化，全面促进监狱警察职工队伍思想作风转变，加速监狱管理转型升级，以便更好地适应新形势、新环境、新要求，2017年，岳阳监狱结合全国、全省和部厅局开展的一系列教育整治活动，采取整合打包的方式，在全狱警察职工队伍中开展“转观念、正风纪、去陋习、促发展”专项活动，通过深入学习讨论、认真查找梳理陋习清单、制定完善整改方案、加强督察考核问责，集中整治队伍思想、作风、工作等方面的突出问题，取得明显成效。组织400多名警察职工到上级机关、省内外先进单位、高等院校脱产培训或跟班学习，组织近千名党员到红色革命基地、传统文化基地或精准扶贫联系点开展主题党日活动，坚持每月党委中心组学习、每周政治学习日、支部“三会一课”等制度，并邀请省委党校、市委讲师团、知名高校专家教授到监狱授

"文化进高墙　知识促改造"志愿服务活动启动仪式

（岳阳监狱　供稿）

课指导，拓展全狱警察职工的思维视野，提升政治站位、理论素养和业务能力。推进监狱内设机构调整、警察"三定"、工人"四定"工作，通过公开竞争选拔方式，提拔正科职干部10名、副科职干部16名、科级非领导职务102名；完成建新实业公司400多名工人的岗位调整，从优秀工人中公开选拔中层管理人员4名，建立新的薪酬机制和考核机制，致力打造政治过硬、本领高强的新时代警察职工队伍。

【"文化进高墙　知识促改造"志愿服务活动】　2017年9月26日，岳阳监狱联合岳阳市文广新局、市司法局和农工党岳阳市委等单位部门举行"文化进高墙、知识促改造"志愿服务活动启动仪式，岳阳市人民政府副市长、农工党岳阳市委主委李为，省监狱局党委委员、副局长颜忠毅及各承办单位领导出席，岳阳监狱警察职工、服刑人员和社会各界人士近5000人参加。仪式上，岳阳监狱与相关单位签订帮教协议并进行授牌。有关单位现场向监狱捐赠图书，与会人员还欣赏由岳阳市文化志愿者和岳阳监狱服刑人员带来的文艺演出，组织观看岳阳市文化遗产保护暨优秀摄影作品展。此次活动是根据省司法厅和省文化厅统一部署开展的一项民心工程，以社会主义核心价值观为引领，坚持以文化人、以文育人，利用社会资源开展文化帮教，不断提高服刑人员改造质量，助推平安湖南、法治湖南建设。岳阳监狱还邀请北京市"心灵之声"残疾人艺术团、岳阳市图书馆、"感动中国人物"李丽等多家单位和社会爱心人士，到监狱开展送文艺、送图书、送春联、送讲座等活动，在丰富服刑人员改造生活的同时，为监狱教育改造和安全稳定注入新活力。

【监狱工作标准化建设】　按照省监狱管理局和监狱党委工作部署，自2017年上半年起，岳阳监狱全面推进监狱工作标准化建设。监狱成立标准化建设领导小组和各推进小组，召开动员会和推进会，举办专题培训班，制订工作方案和实施计划，突出狱政管理、生活卫生两个试点项目，全力推进标准化建设工作。截至年底，基本完成各单位、部门、岗位工作职责、工作标准的清理修订，各类工作管理标准清理制定与修订工作加速推进，汇编形成《岳阳监狱工作管理制度汇编（2017）》，收纳修订和新制定的工作制度规范性文件128份，其他各类工作标准正在加紧修订完善中。支部标准化建设加速推进，根据机构现状全狱设置 1个党总支和37个党支部，选举产生新的支部班子成员，健全党小组。建立完善党建工作制度机制20余项，按照"11个一"标准建立各支部党建活动室，统一规范"5+5+1"支部党建工作台账，深入推进"两学一做"学习教育制度化、常态化，大力学习宣传贯彻党的十九大精神，开展"戴党徽、树形象、受监督""主题党日""微党课竞赛""党员先锋岗""民主评议党员"等活动，顺利通过省监狱管理局党支部标准化建设达标验收。

（刘青山　杨振兴　赵　辉）

军 事

MILITARY

责任编辑 · 刘兴汉

岳阳军分区

【概况】 2017年，岳阳军分区贯彻党中央、中央军委决策部署，在省军区党委、岳阳市委的领导下，以习近平强军思想为引领，维护核心讲政治，聚焦主业谋发展，坚守底线保稳定，军分区部队和国防后备力量建设保持稳步发展的良好态势。

思想政治建设。扭住政治建军立军之本，围绕迎接和学习宣传党的十九大主线，强化维护核心、看齐追随的思想和行动自觉。突出学习贯彻党的十九大精神。以学习宣传贯彻党的十九大精神为首要政治任务，跟进上级统一学，融入地方集中学，协调驻军联动学，结合单位实际学，入心入脑自身学，以走在前列的标准要求持续掀起学习热潮。及时召开全区和驻岳部队学习贯彻党的十九大精神专题部署会，编印下发应知应会100题、宣传册和“口袋书”等学习资料，利用微信公众号实时刊发学习要点和活动信息，协调第一书记到驻岳部队集中宣讲，邀请市纪委领导为集训专武干部专题授课，组织民兵宣讲队深入乡镇街道社区和扶贫点走村入户进行宣讲，中央和省市媒体进行宣传报道。组织思想政治教育。深入学习贯彻军委主席习近平系列重要讲话精神，持续推进“民兵学习宣讲系列讲话”活动，精心组织党委中心组带机关3个专题理论学习。抓“维护核心、听从指挥”专题教育，推进“两学一做”学习教育常态化，引导广大官兵自觉增强政治意识、大局意识、核心意识、看齐意识，一切行动坚决听从党中央、中央军委和主席习近平指挥。组织“坚决服从改革、正确对待去留”“合编合心合力”专题教育，广泛开展“三新”大讨论和主题实践，汇聚推进改革的正能量。扎实开展调整改革思想教育，紧跟改革进程，严格落实干部和兵员文职人员等政策规定。始终坚持全面从严治党。认真组织“坚决贯彻主席训令，忠实履行神圣使命”专题教育，贯穿全年抓实肃清郭徐流毒影响“两个清理”。严格依据《准则》和《条例》加强党的建设和干部队伍建设，自上而下指导召开党委民主生活会，及时调整健全各类党组织，规范各级、各类党组织生活，组织8名新交流干部参加“非转专”培训，持续抓好岗位锻炼。严抓政治纪律规矩，围绕“70种”微腐败现象、“四风”问题隐形变异、严禁违规喝酒等问题，开展警示教育、述职述廉等活动，官兵政策意识、纪律观念、政治免疫力不断增强，新风正气逐步形成。

军事能力建设。适应调整改革要求，聚焦使命任务，持续加强战备训练工作。战备状态保持良好。认真贯彻战备制度要求，抓实战备教育，严格战备值班，结合节日和关键敏感时期，组织各级值班分队战备应急训练演练42次，常态化落实情况报告、随机检查抽查等制度，全年接受省军区以上电话、视频检查抽查39次，战备秩序良好。高标准完成中共十九大期间专项情报保障任务。军事训练扎实有效。全年组织首长机关训练4期48天，完成民兵训练51期、2928人，完成13996名高校新生和37167名高中新生军训任务。组织民兵舟桥营综合演练成效明显，组织2人参加省军区个人研究作业抽考取得较好成绩，高标准完成省军区赋予的新大纲试训任务，组织岳阳楼区民兵防空连参加省军区考核取得第一名，指导市人防办完成全省机动指挥通信演练。加强训练检查监督和相关保障，全年审批训练计划50份，抽查、考核训练情况36次，累计投入120余万元进行训练设施改造和教器材订购，军事训练效益不断提升。非战争军事行动任务完成出色。入汛以来，平江县、湘阴县、汨罗市等地相继发生严重洪涝灾害，军分区闻汛而动，累计组织出动现役官兵和民兵3200余人，并指挥协调到岳支援武警官兵、预备役部队1300余人投入防汛抢险救灾，转移群众1800余人，处理大小险情50余处，实现不溃垸、不垮堤的目标。平江县人武部奋力抗击山洪，争分夺秒转移群众；湘阴县人武部坚守沙田垸主战场，连续奋战14昼夜抢险护堤；汨罗市人武部转战磊石垸、三江镇，坚持群众利益至上守护一方平安；岳阳楼区、君山区、临湘市人武部在做好辖区防汛抢险的同时，遂行跨区机动支援任务，展现良好的团结协作精神和大局观念。平江县、湘阴县人武部被省军区表彰为抗洪救灾先进单位，湘阴县人武部部长姜开顺被省委、省政府表彰为抗洪救灾先进个人，还有3名先进个人受到省军区表彰。各单位还圆满完成社会维稳、治安巡逻、爆炸救援、活动安保等任务，受到军地各级领导充分肯定。

国防动员准备。以新职能任务为牵引，找准定位，聚力融合，强化国防动员主责主业地位。适应新体制机制。固化“党委主导、国动委主管、政府主抓、部门企业主办”国防动员工作格局，结合地方政府机构改革调整和军分区系统改革，完善国防动员组织领导体系。健全完善国防动员季度报告工作、工作述职以及定期召开国动委全会等制度，加大国防动员领导干部培训力度，优化国防动员建设考评方式。认真搞好动员潜力调查。落实军委国防动员部和省国防动员委员会要求，推广使用国防动员部潜力调查信息系统，精细组织国防动员潜力调查工作，及时更新完善潜力数据，初步形成潜力数据信息化管理和动态更新机制。不断加强后备力量建设。研究落实“十三五”后备力量建设规划，优化力量结构，压缩建强新型后备力量。高标准抓好应急队伍建设，坚持用“融合”的理念和办法组织教育、训练、管理，抓好装备配套建设，规范平时兵力运用与管理保障制度措施，实现应急力量规范化、常备化。加强专武干部和民兵营长培训力度，选送10名新任职基层武装部长参加全省集训，联合市委组织部、市人社局组织全市134名新任职专武干部集训，各人武部组织民兵营长分批轮训，提升岗位履职能力素质。

兵员征集。严格按照上级征兵命令和有关指示精神，圆满完成新兵和直招士官的征集任务。创新手段强势发动。以辖区高校大学生、本籍在外大学生、高中应届毕业生为重点，精选宣传内容，丰富宣传手段，在全市形成公共场所有标语、报纸有版面、电视有画面、广

【安全管理工作】 2017年，预备役三团党委坚持把安全工作摆在重要议事日程，抓各项工作落实，部队保持安全稳定的良好局面。抓教育强化意识。坚持常议常抓，常委会每季度、安全保密委员会每月分析工作形势，制定《安全工作责任追究实施细则》，逐级逐人签订《安全目标管理责任书》《安全工作承诺书》《保密承诺书》。针对部队转隶后面临的新情况新问题，及时研究部署，制定有力措施，结合“争创安全年”“安全大检查”主题教育及干部转业等时机，定期开展安全教育，组织谈心交心，逐级传导压力，以有力措施强势推进工作落实，形成人人、事事、时时、处处讲安全的良好氛围。抓思想凝神聚气。针对部队改革调整将动未动，干部转业多、领导力量薄弱、官兵思想活跃的实际，团党委高度重视掌握官兵思想，突出抓好两个经常性工作，开展“帮战友”活动，坚持在正面引导、人文关怀、培树典型上下功夫，及时掌握思想动态，全团官兵始终保持思想稳定，精神状态良好。抓管控突出重点。严格移动存储介质“朝发夕收”、印章使用、文件借阅、携密外出等审批制度，防微杜渐，确保涉密安全。严格落实严密防范网络泄密“十条禁令”，加强办公电脑和手机管控，团安全保密委员会落实周讲评、月通报制度，对发现的问题实行跟踪督查，及时消除隐患苗头。加强私家车管理，及时登记补充新购置车辆信息，对车辆购买保险情况进行严格核查，及时掌握官兵车辆行驶状态。加强营区巡查力度，值班干部每晚2次对营门哨兵执勤、战士在位和营院安全状况进行检查，并于交班时报告检查情况。安装更新营区巡更系统，通过人防和技防相结合，大大提高营区安全系数。抓整治固牢防线。严格落实战区陆军明确的“两控”“三停”“五清”以及“四查”“六落实”要求，组织开展安全隐患自查，以重要目标、武器装备、重大自然灾害、涉密军事信息、涉军敏感问题等方面和“6个严防”内容为重点，采取个人自查、组织普查、重点督查等方法，全面开展“七抓七查”活动，对照问题清单，及时召开会议，逐一明确整改责任人，确定整改完成时间表，采取挂账消号的方式逐条逐项抓好整改，做到问题不查清不放过，隐患不消除不放过，矛盾不解决不放过，确保改革期间安全稳定。

【后装保障工作】 2017年，预备役三团着力做好后勤保障和装备工作。后勤工作坚持聚焦战斗力，围绕中心抓保障，推进转隶融入，有效保证中心工作顺利展开。团党委着眼清理整治和迎接审计等任务，组织对2016年账目进行清理和结转，对生活费进行专项清查，按要求办理账户资金业务。严格落实“会计出纳分设、财务印章、支付密钥分管、审核结算分开”制度，修改完善团财务管理规定，对经费资产管理的全过程实施有效管控。坚持年度预算党委审定、大项开支集体研究、财务形势集体分析，把经费优先保障军事训练、基层建设需要；开展油料集中专项整治工作，对照战区陆军明确的36个问题，逐条逐项进行清查整改，确保问题归零。装备工作根据部队转隶工作安排，认真组织开展装备清查工作，整理上报装备清查实力实物数据。针对网络贩卖枪支案件和新疆弹药爆炸事故，认真开展清仓查库工作，规范团装备库房管理，严格落实装备弹药动用、运输、调拨要求，进一步完善正规使用手续和程序。定期组织对武器进行擦拭保养，确保武器装备状态良好。

（秦　亮）

武装警察

【思想政治建设】 2017年，中国人民武装警察部队湖南总队岳阳支队（简称武警岳阳支队）以保卫、学习、贯彻党的十九大工作为主线，牢固确立习近平强军思想指导地位，聚焦强军目标，按照“四个坚持”“四个突出”“两个确保”的思路目标，戮力同心、顽强拼搏，部队建设进步明显、亮点纷呈。通过精心组织改革强军主题教育，开展“日练百字、月写一文、季读一书”和“强军风采”系列文化活动，用活经常性思想工作载体，落实政治工作“八个到现场”，官兵思想纯洁可靠，政工干部队伍能力明显提升。2人被评为“武警部队优秀‘四会’政治教员”、总队“十佳‘四会’政治教员”。新闻宣传报道工作成果丰硕，参与创建“湖南武警”微信公众号品牌栏目“初见工作室”，2人获评优秀原创作者和优秀编辑，成功推出“践行强军目标十佳标兵”李寿武等先进典型。支队被武警湖南总队评为新闻宣传工作先进单位。

【执勤训练与反恐】 2017年，武警岳阳支队深入贯彻“两个会议”精神，周密筹划组织“三场维稳战役”，扎实开展“战备月”活动，出色完成“1·13”暴恐嫌犯和“3·12”特大贩毒团伙抓捕行动、抗洪抢险、湘阴洋沙湖国际旅游节安保等急难险重任务。贯彻落实武警部队科技强勤电视会议精神，严密组织“学规范、查隐患、找问题、补漏洞”执勤教育整顿、“两清六查”执勤专项整治，督导整治执勤隐患9处，全面优化执勤兵力部署，固定勤务连续8年安全无事故。岳阳中队被总队评为“执勤标兵中队”。贯彻怀化试点精神，组织召开编携配装和训练场地建设现场会，投入资金260余万元购置反恐特战装备。立足实战抓训练，组织3期特战集训和“魔鬼周”极限训练、3期勤训轮换、2期应急班集训，部队打赢能力显著提升。参加总队特战分队集训、“巅峰”比武竞赛，分别获得团体第二名、第四名，5名队员获单项前三名。2人被评为总队“优秀‘四会’教练员”，1人被评为总队“反恐特殊人才”，并被选拔备战武警总部比武竞赛集训。

【推进改革工作】 2017年，武警岳阳支队坚持起步抓教育、全程统思想，从“提振精气神、聚力迎大考”教育切入，紧跟改革进程抓教育引导、抓思想发动、抓政策解读，持续凝聚思想共识，强化改革认同。坚持精准筹划、稳步推进，成立两套班子强化统筹指导，紧盯后墙节点有力有序推进，把“6项纪律”“15个绝不允许”贯穿改革全过程，跟进开展“三转三学三规范”教育整顿，认真搞好组织清查移交，严格按政策规定搞好人员调整分流和落编定岗，严明纪律规矩确保政令军令畅通，支队规模结构和力量编成改革如期落地。严格执行新的领导指挥体制，抓好党中央关于调整武警部队领导指挥体制《决定》及相关配套文件的学习贯彻，加强工作对接，指挥关系更加顺畅、行动组织更加高效。

【武警基层建设】 2017年，武警岳阳支队运用“五种力量”、贯彻“六个大抓”，打好抓建基层“组合拳”。落实蹲点帮建、“三考一评”抓建机制，“三个一遍”精准帮建措施，全年党委机关下队蹲点帮建5批次60余天。选准配强基层党委（支部）班子，强力推进“四心”工程，每季评选表彰“双十佳”官兵并组织携家属疗养。向市委、市政府汇报，为34名无固定收入随军家属争取18万余元生活补助，为17名官兵发放特困救济补助12万余元，帮助部分官兵解决后顾之忧。全面落实安全工作八个规范，扎实开展群众性创安、安全大检查和百日安全竞赛活动，常态组织“拉网式”安全检查，刚性落实禁酒令，有力消除安全隐患。5个中队被总队评为基层建设先进中队，云溪中队、岳阳中队摘帽脱贫。

【后勤综合保障】 2017年，武警岳阳支队牢固树立“后勤变前勤”思想，修订完善九大类后勤保障预案，更新23处应急保障网点数据信息，与地方大型超市和医院签订保障协议，建立完善社会化保障体系。2次组织“一组五队”拉动演练，4次组织交通艇远航训练，10次组织司务长集体办公，培训各类专业技术兵63人，保障专业兵素质不断提升。全面停止对外有偿服务，严格落实新的伙食保障模式，探索推行主副食配送制度。投入645万元，推进作战指挥中心会议室、平江中队新营房配套设施建设，机动中队、岳阳中队、湘阴中队车库新建等6个工程项目，为船艇大队安装热水器，有力改善官兵住用环境。推动警地医疗协作深度发展，协调市人民医院开展“健康警营行”活动，全覆盖组织健康体检及血吸虫普查，“三个服务”质效不断增强。

【从严治党】 2017年，武警岳阳支队学习贯彻民主集中制，修订《党委议事决策细则》，严肃党内政治生活，精心组织专题民主生活会，扎实推进“两学一做”学习教育制度化常态化，加强党员领导干部政治能力训练，党委班子决策水平明显提升。认真贯彻“两准则三条例”，全面彻底肃清郭徐流毒影响，组织3波次清理清查；充分发挥纪委监督责任，参与大项工程建设、大宗物资采购、干部士官提职晋级考核等敏感事项32批次，全年调整使用干部59人、发展党员65人，部队反响好。主动配合总队党委巡察、扎实推进问题整改，严格追责问责，给予26人党纪、军纪处分，14人被通报批评，部队官兵受到强烈震慑和深刻教育，管党治党从宽松软走向严紧硬，政治生态建设不断加强。

【春运执勤】 2017年2月4日至3月15日，武警岳阳支队根据武警湖南总队春运执勤工作指示和岳阳市春运工作办公室统一部署，历时40天，圆满完成岳阳市火车站南站、岳阳东站、汨罗东站春运执勤和城市武装巡逻任务。

【处突维稳】 2017年1月13日，武警岳阳支队根据公安机关统一部署，紧急出动35名官兵，协助公安机关成功抓捕2016年新疆墨玉县“12·28”暴恐事件4号嫌疑人，参战官兵无一伤亡。3月11日20时至12日17时，在湖南省公安厅、岳阳市公安局统一部署下，岳阳支队出动90名兵力，协助配合公安机关成功抓捕“12·11”特大贩毒团伙24人，缴获毒品50余公斤、仿64式手枪5支、来福枪2支、高压猎枪1支、砍刀10把，支队参战官兵无人员伤亡。受到武警总部、武警湖南总队首长和地方党政领导的高度肯定。

【抢险救援】 2017年6月下旬，岳阳市平均降雨量达894.2毫米，比历年同期高1.6%。进入6月份，全市降雨频繁，出现6次强降雨天气过程，平均降雨量达683.5毫米，比历年同期高13.9%。截至6月30日，城陵矶站、汨罗站、平江站水位相继超警戒水位，久居不下。7月1日凌晨，平江县城经过24小时连续大暴雨，汨罗江水位猛涨，导致平江县三阳乡大西村、县城关刘家路等地相继发生洪涝灾害，根据省防指和总队命令，武警岳阳支队出动86名官兵，车辆5台，冲锋舟4艘，携带救援救生器材90余套（件），迅速赶赴现场，参与抢险救援，截至上午11时30分，经参战官兵5个多小时的全力奋战，疏散转移受灾群众412人，抢救各类物资235件，解救被困群众89名，为抢救人民群众生命财产做出重大贡献。7月1日20时30分，支队受领沙田垸抢险任务后，部队连夜向灾区开进，任务部队1小时内完成行动准备，3个半小时内到达任务地，成为第一支到达灾区的抢险救援部队，为处置湘阴县沙田垸险情赢得宝贵时间。针对沙田垸柳林江大堤堤身单薄，险情隐患多的实际，前指指挥员提出“分段驻守、定向处置、分组轮战”的战法，被联指采纳，任务部队成功处置出现塌陷和管涌等各类险情70余处，为确保沙田垸内8万多人民群众生命财产安全发挥主力军作用，受到武警总部、总队首长和省、市、县地方领导的充分肯定。7月11日5时30分，岳阳市南湖大桥地段发生管涌险情，支队接岳阳市防汛指挥部紧急通知后，出动30名官兵携带救生衣30件、救生绳、铁锹、铁铲、应急灯等相关抗洪抢险装备器材抵达南湖大桥，经过连续4小时奋战，装填、搬运沙袋4000余袋，险情被成功处置。

【安全保卫任务】 2017年5月13日，中国汨罗江第十三届国际龙舟节在汨罗市隆重开幕。根据岳阳市委、市政府和市公安局统一部署，并报请总队同意，岳阳支队出动兵力，携带95式自动步枪、防暴器材，圆满完成龙舟节安全保卫任务。9月30日，国家“烈士纪念日”，根据岳阳市委、市政府统一部署，报经总队批准，岳阳支队派出60名官兵圆满完成岳阳市公祭革命烈士活动敬献花篮及现场礼兵任务。

【警卫勤务】 2017年5月11—12日，中共中央政治局委员、全国人大常委会副委员长李建国一行到岳阳市考察调研，根据总队命令和岳阳市委、市政府统一部署，岳阳支队出动兵力，圆满完成首长住地警卫、专车警卫、全国防汛工作会议会场警卫和机动备勤等任务。

（任地宝）

公安消防

【概况】 2017年，岳阳市公安消防支队（简称市消防支队）始终坚持“高度稳定、高效发展”目标，紧扣“建过硬班子、带过硬队伍、创过硬业绩”主线，扛旗奋进、继承发展、固强补弱、创新创优，实现发展质量和地位形象“双提升”，消防工作和部队建设迈上新台阶、取得新成绩。全市部队有8个集体、317人立功受奖。支队被公安部消防局评为全国安全工作先进单位、法制宣传科被评为全国优秀消防法制部门、岳阳楼区消防中队被评为全国党的十九大安保先进单位，支队获得全省公安纪检监察工作成绩突出集体、全市国防教育先进单位、执法质量考评先进单位、全市文明单位，连续7年被评为全市政务服务先进窗口。

【消防队伍建设】 2017年，市消防支队始终坚持抓教育、铸警魂，厚植忠诚政治根基。开展“喜迎十九大、消防好声音”系列活动、“官兵成长感恩谁”专题教育，开设党员教育微平台，挂牌成立思想教育基地，建立一批“不关门的政治课堂”，牢固树立“四个意识”，积聚正能量，工作经验被公安部消防局推介；干部选拔任用工作坚持有为有位的用人导向，阳光透明、公平公正；全面推进“能力塑造工程”，蓄积人才发展优势，激发队伍生机活力，组织晋职培训、指挥员轮训、战训技战术培训、监督员培训等业务培训12期，举办战训讲堂、文化讲堂等专题授课6期，获得全省消防部队“精品课堂”一等奖；扎实抓管理、严纪律，纵深推进部队正规化达标和“法治警营”创建工作，开展“作风纪律整训”“条令条例学习月”活动，部队“四个秩序”更加正规，安全稳定格局更加巩固，支队正规化管理经验被公安部消防局简报推介。

【消防安全工作】 2017年，市消防支队坚持把做强消防主业作为兴警之要。制定《岳阳市“十三五”消防工作规划》，建立健全28个区域联防组织和572个微型消防站，大力开展冬春火灾防控、夏季消防检查、高层建筑、电气火灾等14类消防安全综合治理和专项整治，检查全市各有关单位2.7万余家，整改隐患5.4万余处；推行政府购买消防宣传“外包”模式，开展以“全民消防我代言”为主的四大主题活动，立体化消防宣传格局不断完善；举办首届微型消防站技能比武大赛，组建高层建筑和石化企业专业处置队伍，突出基地化、实战化、专业化练兵，部队核心战斗力大幅提升，全市消防部队接警出动3044次，出动车辆5039台次，出动警力35273人次，抢救和疏散遇险群众2000多人，挽回经济财产损失近3亿元，出色完成“1·24”中南大市场鞭炮仓库爆炸火灾、云溪“5·25”甲苯槽车火灾、“6·30”特大洪灾等一系列急难险重任务。在全国消防部队第四届消防搜救犬比武竞赛中，获得团体总分第10名的好成绩。

【消防综合保障建设】 2017年，市消防支队始终坚持以灭火救援实战牵引推进保障能力建设。经费总量持续增长。严格落实《湖南省地方消防经费管理办法》，完善消防经费保障机制，经费总量同比增长21%。项目建设稳步推进，屈原消防站、平江消防站全面建成；汨罗二站完成立项、选址；战保大队“两室一站”扩建工程完工；支队公寓房主体工程完成；培训基地完成立项；岳阳市金凤桥、奇家岭消防站建设即将启动。装备建设跨越发展。组织全市部队第三届装备实战化比武竞赛，建立常态化装备巡检机制，累计投入3300余万元，采购进口底盘登高平台、城市主战、抢险救援等消防车辆11台，购置个人防护装备、抢险救援装备5332件（套），装备结构进一步优化。信息体系支撑有力。以“三心”（指挥中心、信息中心、移动中心）“四网”（通信网、有线网、无线网、卫星网）“三联通”（支队、中队、企业队微型站联勤作战）为核心，构建“触控一体化”指挥调度信息平台，所有执勤中队配齐消防警务通，充分发挥科技支撑实战作用。

市人大常委会领导视察消防设施建设 （市消防支队 供稿）

【春节前消防安全大检查】 2017年1月18日，岳阳市人民政府副市长邱虹率工商、消防、食品药品监督等相关部门负责人开展春节前消防安全大检查。邱虹一行深入步步高商业广场、花板桥农贸市场、大润发超市等地开展检查，认真听取单位负责人关于消防安全管理工作汇报，仔细查看各单位消防控制室、疏散通道、安全出口、疏散指示标志、应急照明等消防设施设置情况。要求各级各部门时刻绷紧安全弦，坚决守住安全红线，强化安全责任落实，加大宣传力度，为全市创造良好的消防安全环境。1月22日，副市长黎作凤率安监、交通运输、质监、城管、消防等单位相关负责人深入企业、人员密集和易燃易爆场所，检查全市安全生产和冬春火灾防控工作。黎作凤一行对高铁岳阳东站、华润燃气金鹗路加气站、临湘汽车站、金桥烟花爆竹销售有限公司等单位场所进行检查，重点查看各单位防火安全责任制和各项消防安全制度落实情况，消防设施和器材的完好情况，并抽查工作人员消防常识掌握情况。要求各单位负责人牢固树立安全发展理念，采取扎实有效措施，坚决堵塞安全漏洞，坚决杜绝重大事故发生，为推动经济社会持续健康快速发展营造良好的消防安全环境。

【市消防支队党委（扩大）会议】 2017年2月27日，市消防支队党委召开2017年度党委（扩大）会议，总结2016年工作，表彰先进、安排部署2017年工作。省消防总队纪委书记、副政治委员李新华，市人民政府副市长、市公安局局长唐文发出席会议。会议指出，2016年，支队出色完成各项工作任务，确保火灾形势和队伍安全“双稳定”，支队被评为全国消防部队抗洪抢险先进单位、全省公安现役部队党风廉政建设先进单位、全省拥政爱民模范单位和夏季消防检查优秀单位，支队司令部、防火处被总队评为先进部门，多名个人被总队通报表彰。会议明确，2017年全市消防工作和部队建设要围绕十九大消防安保核心任务，攻坚“建强队伍，创新驱动，能力塑造，综合保障”四大系统工程，强化“消防责任，基层基础，科技支撑，攻坚打赢，服务效能”五项重点工作，努力实现“争创全省一流”的发展目标。会议要求，围绕“队伍建设”这一核心，确保部队安全稳定；紧盯“依法治火”这一关键，构建综合治理体系；聚焦“能打胜仗”这一标准，锤炼打赢制胜能力；紧抓“基层基础”这一根本，提升综合保障效能。唐文发代表市委、市政府和市公安局党委对支队持续打赢“3·19”京港澳高速货车爆炸救援、“7·10”华容新华垸大堤溃口险情救援等几场硬仗，为岳阳经济社会发展作出的贡献表示肯定。李新华着重从加强班子建设、加强党风廉政建设，确保“两个稳定”三个方面进行强调。

【全市消防工作会议】 2017年3月31日，市政府召开全市消防工作会议，总结表彰2016年全市消防工作，安排部署2017年工作。市人民政府副市长、市公安局局长唐文发，市人民政府副秘书长何四军，市公安局党委副书记、常务副局长喻伟民，市公安消防支队支队长黄超，市消防安全委员会成员单位负责人，各区县分管消防工作的政府领导，公安（分）局分管副局长，市消防支队全体干部，公安派出所所长参加会议。会议全面分析2016年全市火灾形势及2016年县市区政府、管委会消防工作考核情况，部署2017年消防工作重点任务，各区县政府分管领导、市消安委成员单位负责人递交2017年度消防工作责任状。

【国务院考核组考核消防工作】 2017年4月25—28日，公安部消防局副局长杜兰萍率国务院消防工作第十考核组，检查考核岳阳市政府2016年度消防工作。市委书记胡忠雄分别会见考核组一行。省人民政府副省长谢建辉、省政府副秘书长黎咸兴、省公安厅副厅长汤向荣和省公安消防总队军政主官等陪同检查考核。考核组听取市政府消防工作汇报，查阅两级政府有关工作资料台账，检查消防工作情况以及教育、民政、商务、文化、卫生计生、质监、安监、消防、文物等行业部门消防工作履职情况。随机抽查市级消防指挥中心、消防站、街道办事处、社区和学校、医院、大型城市综合体等14个基层组织、社会单位。考核组高度肯定岳阳市消防工作和消防部队建设取得的成绩，指出岳阳在经济快速发展，各类致灾因素增多的形势下，连续多年没有发生重大以上火灾事故，火灾四项指数稳中有降，成绩来之不易。建议岳阳市政府一定要增强忧患意识、风险意识，对消防安全形势保持清醒认识，要进一步健全责任体系，落实消防工作责任制，要针对存在的突出问题，采取行之有效的火灾防控措施，要加快公共消防设施建设，着力提高抗御火灾能力，要加强多种形式消防力量建设，公安消防部门要严格依法履职。

【国务院督察组专项督查油气输送管道安全】 2017年5月16日，国务院督察组一行到岳阳市，专项督查岳阳市油气输送管道安全隐患整治攻坚成果。市委常委、常务副市长唐道明，副市长黎作凤，市政协副主席、市发改委主任刘晓英参加督查。岳阳市通过3年强力整治攻坚，全市498处油气输送管道安全隐患，包括185处火灾隐患整治任务全面完成。市消防支队开展5次油气输送管道火灾隐患专项治理，联合安监、城管、工商、公安等部门开展安全检查，督促相关部门严格按照“一线一策、一管一策、一段一策”原则，强化消防安全监督管理，强力推动燃气管线隐患整改，全市投入2000多万元整改隐患185处，强制关停3家不达标企业。

【云溪区甲苯槽罐车爆炸事故处置】 2017年5月25日，云溪区绿色工业园一辆运输甲苯的槽罐车在装卸过程中发生爆炸起火，火势蔓延至树脂油漆仓库，现场黑烟滚滚，火焰滔天，小型爆炸此起彼伏，情况十分危急。市消防支队调派12个现役消防队、3个专职消防队，25台车137名官兵，以及4台洒水车辆前往现场处置。经过4个小时的艰苦鏖战，成功扑灭火灾，有效保护毗邻仓库和附近的天然气加气站，最大限度地保护人民群众生命财产安全。

【全省危险化学品跨区域灭火救援演练】 2017年6月23日，省消防总队调集岳阳、长沙、株洲、常德、衡阳5个支队和长岭炼化、巴陵石化、泰格林纸3个企业专职消防队共计27个作战编队、65台消防车、340余人，以及公安、海事、环保、医疗、供水等联动力量，在岳阳市恒阳化工厂和中海油油库开展危险化学品跨区域灭火救援演练。省消防总队总队长万志祥、政委卢安生等在总队指挥中心指挥，副总队长宋利军、参谋长陈建强和岳阳市副市长、市公安局局长唐文发在现场组织指挥。此次演练结合近几年来发生的多起重大危险化学品事故战例，合理设置灾害情景，并按照“全过程、全要素”的要求，突出演练的实战性，针对不同灾害现场严格处置程序，采取“演、练、考、教、学”等方法，磨炼参战人员临场处置能力，通过演练发现问题，研究查找原因，破解危险化学品事故处置难点，逐步提高全省消防部队跨区域、多力量联合作战水平。

【“119”消防安全宣传月启动仪式】 2017年11月9日，市人民政府在岳阳市南湖广场举办“安全共享消防我代言”共享单车骑行暨119消防安全宣传月启动仪式。副市长、市公安局局长唐文发，各县市区消防公益宣传大使代表，社区居民及学生代表，公安消防官兵和省市新闻媒体500余人参加启动仪式。启动仪式现场还设置消防常识展示区、装备器材展示区、政府购买服务展示区和安全疏散体验区四大展区，全方位、多角度展现消防安全知识及消防部队风采。

【市长办公会专题研究消防工作】

2017年12月1日，市人民政府市长刘和生主持召开市长办公会专题听取全市消防工作情况汇报，研究解决主城区消防队站建设和政府专职消防员保障等消防难题。常务副市长唐道明，岳阳军分区政委吴晓波，副市长、市公安局局长唐文发，市政府秘书长刘传汉等参加会议。会议决定启动奇家岭消防站和金凤桥消防站建设，政府专职消防员保障标准纳入同级财政保障，明确政府专职消防员编制、保障、考核的权责划分和相关标准。

（黄伟光）

人民防空

【概况】 2017年，岳阳市人民防空办公室（简称市人防办）以习近平新时代中国特色社会主义思想和党的十八届六中、七中全会和十九大精神为指导，按照“一极三宜”江湖名城建设战略部署，围绕“一个中心”开展“三项活动”，推动全市人防事业发展。3月，被省委宣传部评为2016年度省级文明标兵单位。

【人防工程建设】 2017年，市人防办启动人防疏散基地二期项目建设，“1506”工程信息系统及配套工程完成行政审批及技术审查。市中心城区报建项目70个，审批结建防空地下室项目29个。全市竣工验收结建项目7个，新受监人防工程建设项目17个，圆满完成省人防办下达的建设任务。严格执行市政府关于中心城区早期人防工程隐患排查整治的文件精神，此项工作县市区同步展开。

【人防行政执法】 2017年，市人防办抓好省政府第270号令和湘发改价费1187号文件的贯彻执行，除少数因条件限制不宜修建防空地下室外，凡有地下室建设任务的项目都审批结建防空地下室，做到应建尽建。审批保障性住房项目3个，结建防空地下室12778平方米，工程建设率达到100%。坚持“以建为主、以收促建”的原则，对报建面积小，确实因地形、地质条件限制不能结建的，批准为易地建设项目。为规范指导全市人防工作，解决好人防工作的重点难点问题，按照中央、省委要求，以市委、市政府和军分区的名义出台《关于加强人民防空建设的实施意见》。

【人防宣传教育】 2017年，市人防办采取召开党组会、干部职工大会和中心组理论学习等形式，认真学习贯彻第七次全国人民防空会议和全省人民防空会议精神，并向市委、市政府和军分区主要领导作专题汇报，召开县市区人防办主任座谈会，主要领导带队深入县市区调研人防工作。在“进学校”工作中，结合“5·12”“11·1”等日，组织中小学校开展防空防灾疏散演练。在少年军校开设人防课堂，培训青少年学生6000余人次。组织“公众开放日”活动，岳阳民院附小师生及家长120余人走进市人防办参观体验，接受人防知识教

市人防办开展“5·12”防灾减灾宣传 （市人防办 供稿）

育。9月，金鹗公园开放式人防宣教基地向市民全面开放。12月，被《中国人民防空》杂志社评为通讯报道先进单位。

【人防指挥通信】　2017年6月19—22日，市人防办牵头组织全省人防机动指挥通信系统岳阳片区（岳阳、长沙、常德、益阳）联合训练。110余人参训，出动指挥车17台次，完成5个训练科目，设置3个人防专业队训练现场。通过此次联合训练，锻炼人防队伍，检验人防装备，展示人防形象。建立防空警报器台账，对警报器实行“一器一档”式管理，落实警报器“定人、定责、定档案”和警报设施检修制度。全年组织对市中心城区74台警报器进行4次全面检修，对有锈迹的警报器支架进行喷漆防锈处理，对警报器主机进行除尘，对裸露电源线进行更换，确保防空警报器处于良好的战备状态。全市新增警报器6台，防空警报器达82台，基本覆盖城区的每个角落。11月1日，成功组织防空警报试鸣活动，鸣响率达100%。

（李铭玮）

边防检查

【概况】　2017年，岳阳边防检查站（简称岳阳边检站）围绕服务岳阳口岸扩大开放，助推岳阳“一极三宜”江湖名城发展战略，以增强驻地人民群众安全感和满意度为着力点，不断加强班子自身建设和队伍整体素质，不断提升部队正规化管理水平，大力提高边检服务水平，全面履行边防职能，牢牢把握维护稳定服务发展这根主线不动摇，不断强化职能作用，基础业务建设取得新突破，边检服务水平大幅度提高，全力维护口岸地区的安全稳定，服务对象的满意度明显提升，圆满完成党的“十九大”“两会”安保等重大安全保卫任务。

【中共十九大边防安保工作】

2017年，岳阳边检站始终把做好党的十九大边防安保工作作为全年首要政治任务和头等大事，以“只能胜利不能失利，只能有经验不能有教训”为目标，全力以赴做好党的十九大边防安保工作。站党委召开党委会、中心组学习会、专题研讨会等10余次，及时传达学习上级精神、总结讲评工作、分析研判形势、研提举措要求。在实施安保勤务、处突演练和专项行动时，各级领导干部带头推进落实、带头排查整改、带头执行纪律，用实际行动鼓舞士气，激励官兵，以关键少数带动绝大多数。抽调1/3警力到长沙边检站支援勤务，坚持班子成员全程在岗在位，分居干部取消周末轮休、本地干部全程留营住宿，特别是在进入安保决胜阶段后的不到一个月时间里，边检站在职11名干部完成150余人次值班备勤任务，人均值班备勤超过14天。全体参战官兵克服种种困难，全力以赴，忠诚履职，用实际行动坚决做到维护核心、听从指挥。在思想发动上，强化官兵理想信念和职责使命教育，扎实做好“一人一事”的经常性思想工作，切实统一思想、凝聚力量；在组织引导上，着力发挥战时支部堡垒和党员先锋模范作用，注重挖掘先进典型，以身边人和身边事激励官兵、带动官兵；在压力调节方面，适时组织开展篮球、棋牌、拔河等文娱活动，以健康向上的“小比赛”发挥缓解压力的“大作用”；在医疗保障上，发放常用药物，做到有备无患。

【边防党建引领】　2017年，岳阳边检站在“两学一做”常态化、制度化集中发力，以“转作风，求实效，领导干部要带头”为基本要求，不断提升党委班子谋篇布局、从严治党、依法治军和协调统筹“四种核心能力”。组织开展中心组学习10次（其中民主集中制专题学习3次），参加各类辅导讲座8次，班子成员全部走上讲台，为官兵讲党课。优化调整班子成员挂钩联系点，班子成员严格落实双重组织生活制度和下基层当兵制度，10余次到基层当兵蹲点、接地气，研究出台并落实“党委爱警惠警八件实事”，以扎实作风取信官兵，强化党委贴近基层、务实干事的行动自觉。推行领导干部权力责任清单制，对56项年度重点工作试行项目管理，纪委全程督办问责，每月量身定制“任务清单”，每月督查列出“整改清单”，进一步压实责任主体，提升工作效率，形成统一领导、分级管理、分工负责的良好格局。改进和完善干部选拔、干部量化考评机制，坚持奖优罚劣、奖惩分明，对2人进行谈话提醒，1人被提拔到正营职领导岗位，真正做到为敢于担当的干部担当，为敢于负责的干部负责，坚持凭实绩、重实干、求实效的用人导向。

【边防政治建警】　2017年，岳阳边检站坚持把“四个牢固立起来”作为基本导向，着力打造部队官兵的精神高地、着力营造风清气正的政治生态，以政治工作的创新发展凝聚强警兴警的巨大能量。统筹推进“五项活动”，以党建专家专题辅导、班子成员集中上大课、支部主题小课堂、一人一课、周教育日、“政工夜校”等形式为主，配套授予武警警衔、老兵复退、国庆节升旗等仪式教育，牢牢占据思想教育的主阵地，将学习成果转化为增强党性意识、激发工作干劲的实效。研究出台《岳阳边检站2017年部队党建工作要点》，明确两级党组织及成员的党建责任清单，从上至下提升党建规范化水平；下发《关于从严规范支部党的组织生活的意见》，全面规范基层支部七项组织生活制度，从落实“三会一课”、主动交纳党费、党内互称同志等基本动作抓起，切实把党内政治生活做细做深做实。坚持“铁规管人，铁面无私，铁石心肠”，高悬从严治警利剑，对顶风违纪违规的坚决查处，坚决不搞法不责众、姑息迁就；研究出台《落实监督执纪“第一种形态”工作措施》，对苗头性问题做到抓早抓小，防微杜渐，从源头堵塞漏洞、化解风险、消除隐患；常态化开展廉政法纪教育，部队集中开展《准则》《条例》及各类案件通报文件专题学习10余次，观看《警钟》等警示教育片14部，进一步筑牢官兵拒腐防变的意识，部队“讲纪律、守规矩”蔚然成风。

【服务经济建设】 2017年，岳阳边检站精准对接市委、市政府“四大会战”战略部署，准确把握新形势新任务对边检工作的新要求，全力推进口岸反恐维稳工作，全面提升执法队伍能力素质，边检主业以更加有为的姿态赢得更为广阔的发展。充分利用市“政协委员”“政法委员”两个平台，参政议政，推介边检工作；持续深化“大走访”活动，定期向市、区两级政府汇报工作，争取支持；出台《船舶申报管理规定》，与口岸联建单位联合制定“岳阳城陵矶口岸联合登临检查机制”，进一步规范口岸限定区域管理。通过邀请口岸联检单位、涉边企业“进警营”以及“送法进校园”“送法进企业”等活动，以“走出去”和“请进来”的方式，让更多的人了解边检、支持边检，边检工作的社会认知度和群众满意度得到明显提升。继续深化与市公安局、市国安局、长江航道公安局、岳阳海关等单位联络协作，进一步完善“口岸反恐维稳立体防护体系”建设，全面加强信息情报共享、快速应急支援、信息联查研判等方面合作。排查整改指挥中心、机房等重点部位的强电线路，整合梳理公安网、梅沙网、监控网、电话网等弱电线路，升级改造营区骨干网络设备，确保日常办公的快捷性和安全性，提升重大安保执勤处突任务的通信保障能力。全年检查出入境船舶3艘次，人员37人次。建站20年来，城陵矶口岸未发生一起执法执勤事故，未发生一起涉暴涉恐事件。

【边检保障建设】 2017年，岳阳边检站围绕后勤建设“巩固提升年”要求，严格执行贯彻后勤财务管理两项规定，全力以赴，攻坚克难，解决制约部队长远发展的根本性、瓶颈性、基础性问题，不断积蓄部队发展后劲。细化完善《集中采购管理暂行规定》《公务接待费管理规定》等规章制度，做到按制度办事、按权限审批、按预算花钱，切实规范经费管理使用。扎实推进“四个专项工作”。以打铁必须自身硬的要求，通过警示教育课堂、专题剖析会、撰写调研报告等形式，扎实开展后勤“四个专题教育”。强化后勤岗位技能练兵，选送3人参加部局财务人员培训、总队集中采购业务培训，全面提升后勤人员能力素质和专业化水平。投入20余万元，通过采取“私人订制”年度体检、邀请医疗专家到站宣讲、全员参与地方医保，全面提升官兵医疗保障水平，为1名官兵办理残疾等级评定工作并按规定解决相应住院治疗费用。投入25万元，开展营区绿化带提质改造、营区排污管网疏通、空调集中深度清洗、监护中队综合楼零星防水、晒衣棚建设及空调外机护栏更换、财务室改造项目等营房工作，全力为官兵创造设施配套、安全舒适的工作生活环境。

【边防品牌建设】 2017年，岳阳边检站始终坚持践行“小站敢作为、小站要作为、小站有作为”的工作目标，主动想事、谋事、干事，全面彰显边检站的使命担当。联创联建工作。经历四年多时间的沉淀和积累，联创联建工作拓展到更广领域、站上更高平台。岳阳边检站与市民政局、市康复医院、市消防支队君山大队、“多背一公斤”自愿者协会签订共建协议，共建单位由原来的12家增加到15家，涵盖岳阳市党、政、军、企、校等各个领域。与10余家共建单位开展清明公祭、慰问特殊学校、扶贫助学、主题党日、抗战老兵进警营、义务军训等活动20余次，吸引近2000余名官兵、干部职工、学生和退役军人参加，通过共建交流，官兵的党性觉悟和纪律作风得到锤炼，部队社会知名度和影响力进一步提升。培训基地建设。边检站受领省边检总队培训基地建设任务以来，站党委不断总结基地建设的经验和不足，选送10余名骨干外出取经，投入48万元改善基础设施建设，承训人员克服困难，迅速掌握相关技能，师资力量逐步改善，综合保障能力全面提升，承办重大培训任务的底气更足，能力更强，培训基地工作成效逐渐彰显。同时，立足边检勤务少、人员集中等实际，着重发挥总队警力支援“预备队”作用，支援长沙边检站警力近30人次，选派5名干部到省边检总队机关帮助工作。文化建设。做深做实“文化育警、文化强警和文化励警”工程，不断深化“五位一体”的岳阳边检文化品牌形式和内涵。“活力警营，幸福边检”趣味运动会形成常态，讲述身边的故事、主题演讲比赛、乐器演奏、军民联谊会等成为新亮点，官兵的文化自觉和文化自信明显增强。选派1人代表总队参加公安边防部队华中华南片区、湖南省公安厅主题演讲比赛，分别获得三等奖、二等奖，实现湖南边防总队在同类竞赛中的新突破。

（杨　明）

经济监督与管理

ECONOMIC SUPERVISION
AND ADMINISTRATION

责任编辑 · 曹春友

宏观经济管理

【概况】 2017年，岳阳市发展和改革委员会（简称市发改委）围绕市委、市政府决策部署，突出当高参、争项目、善协调的工作导向，保持责任意识和使命担当，较好地发挥参谋部、项目部、协调部作用，为全市经济社会持续健康发展作贡献。全年完成地区生产总值3258.03亿元，同比增长7%；完成固定资产投资2633.55亿元，同比增长13.6%。市发改委被评为全市综合绩效考评先进单位、综治工作先进单位、安全生产优秀单位、人口和计划生育工作优秀单位。

宏观规划。在打造长江中游交通物流枢纽城市、加快建设国家区域性中心城市、设立产业发展基金、严控政府性债务等方面形成一批研究成果。牵头编制军民融合深度发展“十三五”规划，参与岳阳市城市总体规划修改工作，组织开展“十三五”规划纲要目标任务落实情况年度监测评估和洞庭湖生态经济区规划实施中期评估。围绕降低实体经济企业成本、贯彻落实创新引领开放崛起战略、建设生态强市、加快实体经济发展等方面，制订出台系列政策意见。加强部门协调联动，分析研判经济运行态势，适时提出工作建议，为市委、市政府科学调控经济运行提供重要参考。

项目建设。争取一批重大项目列入全省“5个100”项目单，数量位居全省前列。争取中央和省预算内资金16.3亿元，核准发行企业债券29亿元。牵头对“双百工程”重大项目、预算内投资项目建设情况进行调度，会同市政府重点办举行重大项目集中开工仪式三批次，集中开工重大项目98个，总投资548.2亿元。全市102个重大前期项目有26个开工。牵头抓好石化、物流、能源等重点产业帮扶，制定出台打造千亿现代物流产业行动方案，组织开展石化产业发展布局研究，对接中石化350万吨化工型炼油、三鼎集团己内酰胺、浙江传化公路港物流、中邮航速递物流、电镀中心等重大项目，协调推进平江抽水蓄能电站、华电平江电厂、神华国华华容电厂、中石化催化剂二期等重大项目。

生态环境。制定培育环境治理和生态保护市场主体实施意见、健全生态保护补偿机制实施意见，实施能耗总量和强度“双控”行动。严格落实节能审查，全年审查项目124个，年能耗量净核减3191吨标准煤。牵头推进洞庭湖水环境综合治理，成功组织全省长江经济带洞庭湖水环境综合治理“五大专项行动”现场推进会，开展中央环保督查交办问题整改和洞庭湖突出环境问题整治月行动。开展长江沿岸非法码头专项整治，长江岸线非法砂石码头全部拆除到位并按要求复绿。岳阳长江经济带建设“共抓大保护”工作得到中央媒体的采访报道。成功争取10个单位纳入省级两型创建单位范畴。岳阳获批国家气候适应型城市建设试点。

【宏观服务谋发展】 2017年，市发改委加强宏观服务，为岳阳市经济社会谋发展。抓改革促落实。统筹协调全市62项经济体制改革事项、14项社会体制改革事项以及该委承担的改革事项的责任落实，每月编制任务进度表，对各项任务实行台账式管理。对重要改革事项定期调度，多次召开改革工作推进会，集中力量重点攻关突破，有力推动改革事项落地落实。创新平台建设。注重扶持企业创新研发平台建设，新增1个省级企业技术中心和1个省级工程研究中心，岳阳经开区获批第二批省级“双创”示范基地，岳阳市“双创”工作得到省政府通报表扬。加快社会信用体系建设。出台加快推进社会信用体系建设意见、建立完善守信联合激励和失信联合惩戒制度实施意见，加快信用信息平台建设，全市各类法人和其他组织存量代码转换率整体超过70%，“信用岳阳”网站收录信用信息100多万条，月访问量1万人次以上。打造千亿物流产业。出台打造千亿现代物流产业行动方案，建立专题会议、部门联络员协调、督查考核等工作机制，推进物流信息管理服务平台及物流数据统计体系建设。组织赴西安、上海、杭州等地进行专题考察招商，协调推进临港国际汽车城、海吉星农产品物流园、空港产业园等重大物流项目。帮扶石化产业。多次协请省市领导对接国家发改委、中石化高层，促请中石化加快350万吨化工型炼油项目前期工作进程，完成项目建设方案研究，并对方案多次优化，中石化炼油事业部已专题研究，待中石化总部批准。通过现场调研，牵头解决湖南凯美特特种气体、东方雨虹三期、中石化催化剂二期等项目建设中的困难，较好解决“两厂”项目立项问题。

【优化经济发展环境】 2017年，市发改委切实优化经济发展环境，筑巢引凤，助推全市经济社会发展。清理规范行政审批中介服务事项，集中整治违规招投标问题，开展打击“三违三强”专项行动，及时协调解决岳望高速、蒙华铁路等80多个重点项目建设环境问题。实施监督问责，受理举报投诉和交办件500多件次，下发交办、督办函80多件次，问责干部30多人，促进经济发展环境不断优化。推进企业减负工作，对全市的行政事业性收费进行全面的清理，涉企行政事业性收费项目取消7项，停征16项，减轻企业和消费者负担8600多万元。两次下调全市一般工商业用电价格，实行城乡工商业用电同价，减轻企业负担1.15亿元。降低非居民、车用管道天然气价格每立方米0.13元，减轻企业负担470万元。

【加强价格调控】 2017年，市发改委发挥价格调控管理和监督服务职能，加大清费减负力度，保障价格总水平基本稳定。对40余种重要商品和有关行业的价格进行严格监测，及时做好预警预报。全年全市居民消费价格累计上涨1.3%，低于全省平均水平0.1个百分点。强化物价日常监管，对医疗、教育、客运、驾校、停车场、房地产、超市、农贸市场等热点行业和领域价格行为的监督检查，遏制和打击垄断经营、哄抬物价等违法行为，受理价格举报投诉案件1865件，办结率100%，有效维护市场价格秩序。降低民生价格，完成市第二社会福利院床位费、护理费等成本监审任务，核减不合理成本3500多万元。组织开展公立医院医药价格改革效果考核评估，规范医疗机构收费政策，加速殡葬服务回归公益，全面降低殡仪服务收费。

【园区建设大会战】 2017年，市发改委统筹抓好定期调度、协调服务、绩效考核、体制改革等工作，较好地发挥园区建设大会战指挥部作用。全市10个产业园区实现技工贸总收入4072亿元，增长11.6%，全市产业园区累计签约产业项目336个，签约投资额808.2亿元；新增规模以上企业157家，园区规模工业增加值占比72.1%，同比提高2.3个百分点。

【推进脱贫攻坚】 2017年，岳阳市建立全市易地扶贫搬迁联席会议制度，制订易地扶贫年度搬迁计划，实行挂图作战，督促推进项目开工建设，组织召开现场推进会，对问题进行全面督查整改，全年25个搬迁安置项目开工率100%，完成投资12.56亿元，建成住房6982套，搬迁入住6684套23800人。市发改委实施精准扶贫。利用多方资源，为扶贫点平江县松山村争取项目资金600万元，争取扶贫帮扶资金100万元，建立猕猴桃种植基地和黑山羊养殖基地，新建60千瓦光伏发电站3座，贫困户每年可稳定增收3000元以上。对通组道路进行硬化，对危桥维修加固，为村级主干道安装节能路灯，实施易地搬迁安置33户112人，危房改造11户，除险加固水库3座、修建河堤渠道20处。牵头开展光伏扶贫工作，下达省级光伏扶贫资金810万元，全市建成并网村级光伏扶贫电站119个，在建项目132个。

（姜　华）

国有资产监督管理

【概况】 2017年，岳阳市人民政府国有资产监督管理委员会（简称市国资委）贯彻落实中央、省、市的战略部署，发挥国资国企在四大会战中的引领带动作用，加大改革力度，提升监管水平，优化资本运营，推进党的建设，为岳阳经济社会发展作出较大贡献。至年底，市属国有企业实现营业收入10.4亿元，资产总额为1103亿元，负债总额740亿，所有者权益363亿元。

【临湖公路建设】 2017年，市国资委落实市委、市政府交通建设大会战有关部署，推动融入长株潭城市群和武汉都市圈，建设湖南新增长极关键通道，支撑沿线县市区经济社会发展。临湖公路是岳阳市自行投资建设规模最大的交通基础设施项目，连结国道107、S306、S201等国省干线和连港路、沿江大道、巴陵东路等道路，是城市东南环线的重要组成部分，全长60.01千米，总投资约55亿元。临湖公路全线按一级公路标准建设，其中龙山路段按46米宽的城市I级主干道建设、冷水铺互通至康王段按60米宽的城市快速路建设，投资21.4亿元。市国资委和交建投竭力为临湖公路建设开辟绿色通道，搞好服务。5月，市人大常委会党组书记、市交通建设大会战指挥部指挥长向伟雄到临湖公路的赶山东路段、长康路段督查调研工程进展情况，对工程建设表示肯定。

【市国资委收购城陵矶老港】 2017年，市国资委助力城陵矶新港区建设，战略投资港口建设和新港区路网工程。港建投（占股65%）与市国资公司（35%）收购城陵矶老港100%股权，实现港务集团快速发展。集团公司“硬件”和“软件”双提质，优化港口方案布局，建设增效，做好配套，打造现代化大港口。港务集团全年完成57万标箱，超额完成任务9万标箱。港建投重点做好港口大会战9个项目的建设工作，新港区路网工程全面启动。8月，市委副书记李爱武考察调研港务集团新港集装箱码头，有关部门负责人、港务集团、港建投等公司主要负责人陪同。

【三供一业分离移交推进】 2017年，市国资委加快“三供一业”分离移交工作，落实改善民生、服务民众的惠民之举。4月，岳阳市召开长岭炼化、巴陵石化驻厂单位“三供一业”分离移交工作推进会。市政府副市长杨昆、市政府副巡视员苏耀辉及有关部门负责人出席会议。至年底，市国资委重点帮助解决巴陵石化、长岭炼化、国网岳阳供电公司、泰格林纸、华能电厂的供水、供电、供气分离移交工作。国网岳阳供电等四家企业签订“三供一业”物业分离移交的框架协议。

【市国资公司参股航发长动】 2017年，市国资公司落实市委、市政府加强军民融合、支持航空事业发展的战略部署，为实现航空航天梦、富国强军梦尽绵薄之力。6月12日，市国资委负责人赴北京中国航空发动机集团总部参加市国资公司投资中航发长江动力机械厂改制协议签约仪式，市国资公司投资5000万元参与中航发长江动力机械厂改制工作。

【国企融资平台融资】 2017年，市国资委加大国企融资力度，切实解决企业融资难、融资贵、过桥资金运营困难等问题。5月，市国资委负责人率市国资公司相关负责人前往常德市国资委进行考察学习。双方交流探讨国企融资难点、关键性问题，吸取常德市国资委提供的宝贵经验。至年底，市国资企业融资平台融资296亿元，其中，市城投集团融资208亿元，市国资公司2.7亿元，市交建投11.7亿元，三荷机场公司2亿元，惠华公司20.6亿元，惠临公司32亿元，君山城投19亿元。

【国企党组织建设】 2017年，市国资委着力国有企业基层党建工作，确保党对国有企业绝对领导。11月，岳阳市召开城市基层党建工作暨国有企业党建工作会议，市委副书记李爱武，市委常委、组织部部长王瑰曙出席会议。至年底，市国资委系统完成市国资公司、市教建投换届，调整湖南金叶党组织班子，协调云南水务成立洞庭水务党支部，完成市自来水公司7个基层党支部换届。

（贺　楼）

工商行政管理

【概况】 2017年，岳阳市工商系统以中共十九大精神统揽全局，以“新要求、新使命、新形象”理念为指引，以商事制度“放管服”改革为主线，以服务“四大会战”为主题，以市场监管为主业，干字当头，实字为本，各项工作亮点纷呈。无照经营查处、烟草市场整治、消委等工作被评为全省先进，综治、安全生产、信访维稳、法治、计划生育等被评为全市先进，工商志愿者获全市最美公益团队称号。

【商事登记制度改革】 2017年，岳阳市工商行政管理局（简称市工商局）以提高行政效能、方便市场主体、降低营商成本为目标，探索改革商事登记制度。实施“多证合一”，落实企业“五证合一、一照一码”和个体工商户“两证整合”登记制度改革。5月18日，出台《岳阳市加快推进“多证合一、一照一码”登记制度改革工作方案》。6月22日，岳阳市颁发首张“多证合一”营业执照，为湖南省“多证合一”改革提供“岳阳样本”。9月28日，实行更大范围“多证合一”改革，扩大到20个部门30个证照事项。“多证合一”改革以来，对39687户企业核发加载统一社会信用代码的营业执照，颁发个体工商户“两证整合”执照55113户。试点电子营业执照和全程电子化登记，出台《岳阳市推行电子营业执照和全程电子化登记改革试点的实施方案》，抓好改革试点工作。4月18日，岳阳首批10户企业的电子营业执照在岳阳经开区分局登记窗口同步发出。全市核发电子营业执照4892户。6月9日，岳阳发出全省首张全程电子化登记的企业营业执照，实现执照办理“面对面”模式向“键对键”模式转变。从10月16日开始，全程电子化登记和电子营业执照签发、管理在全省应用推广。推进工商登记便利化关联改革，在城区创新推行工商登记“局所联动”“同城通办”让市场主体在“家门口”享受到工商登记优质服务，全市通过“局所联动”方式办理企业登记3968户，通过“同城通办”方式办理个体工商户设立登记485户。出台《岳阳市企业集群注册登记管理试行办法》，推行企业集群注册；推行企业名称自主申报登记管理改革，方便企业自主拟定名称；启动市场主体简易注销登记改革，办结简易注销登记312户，占同期企业注销总量的21.93%。至年底，全市新登记注册市场主体44463户，同比增长34.15%；其中各类企业10388户，同比增长21.47%；个体工商户34075户，同比增长38.55%。各类市场主体268258户（居全省第二），较上年净增33584户，新增就业人员9万余人。岳阳商事制度改革试点工作得到省政府领导肯定，并在《湖南日报》推介。

【市场秩序监管】 2017年，市工商局强化事中事后监管，实现市场秩序“放而不乱”“活而有序”。创新监管平台。启用“市场主体许可审批监管信息共享交换平台”和“商事登记经营范围自助服务系统”，实现部门间市场主体信息互联互通、有序共享。开发“N+1”案件管理系统，实现对县级工商、质监、食药“三合一”后不同类别行政处罚案件的统一管理，有效提升基层执法效能。该系统于6月6日在全市工商和市场监管系统上线运行，全年录入三个部门的行政处罚案件2061件。全员配备移动执法终端，启用“岳阳工商E通”。在岳阳楼区共建共享社区治理和服务创新工作平台，将工商工作融入社区综合管理，实现市场管理“全覆盖”、工商服务“零距离”。加强信用监管。推进“全国一张网”的应用，稳步实行“双随机、一公开”，建立企业“红黑榜”，加强违法信息公示，及时曝光失信违法企业，公示行政处罚信息4939条，经营异常名录信息9629条，在政府采购、工程招投标、授予荣誉称号、“两代表一委员”等方面予以禁止或者限制。强化联合惩戒，与市检察院、市中级人民法院等13个单位签署合作备忘录，联动惩戒失信者，实现“一处违法、处处受限”。强化市场监管。开展整治网络市场、整治虚假违法广告、红盾质量维权、打击传销、“红盾护农”、打击商标侵权、整治合同霸王条款、整治无照经营八大专项整治行动。市直工商系统查办各类违法违规案件2009件，罚没入库300余万元，案值5000余万元。其中，查处各类竞争案件68件、网络违法案件92件、广告违法案件128件、涉农案件54件、商标侵权案件55件、合同违法案件27件、无照经营案件334件、假冒伪劣案件211件，查处传销和违规直销案件11件，取缔传销窝点34个。创设“传销人员教育劝返中心”，得到中央综治委、国家工商总局和省市各级领导的肯定。

【消费者维权】 2017年，市工商局开展“网络诚信、消费无忧”年主题活动，网络购物消费体验活动，放心消费创建活动，互联网消费教育进社区、进企业、进学校、进商厦、进农村的“五进”活动。探索推动经营者首问和赔偿先付制度，纵深推进红盾维权行动，大消保、大维权工作处于全省领先行列。8月22日，湖南省消委系统基层组织建设经验交流会在湘阴召开，向全省推介岳阳经验。全年承办咨询、投诉和举报件19171件，处理率100%，满意率99.60%，为消费者挽回直接经济损失300余万元。

【商标品牌战略】 2017年，市工商局发挥基层商标指导服务站平台作用，推行商标注册“六员”服务。指导市场主体申请认定中国驰名商标2件，注册地理标志商标1件、马德里国际商标7件、普通商标3100件。全市有效注册商标总量（18100件）居全省第三，中国驰名商标（47件）、马德里国际商标（86件）均居全省第二；地理标志商标（15件）居全省第一，商标综合实力在全省排名第二。7月28日，国家工商总局在山东召开“运用马德里体系现场经验交流会”，岳阳市工商局作为全国七个先进典型之一（全省唯一）在会上作经验介绍。

【支持创新创业】 2017年，市工商局建立帮扶联络员制度，确定500

2017年岳阳市新增中国驰名商标目录

表5

商标名称	注册人	所在地
RUNKUN	湖南康润药业有限公司	岳阳经开区
食为先	湖南省永和食品有限公司	平江县

2017年岳阳市新增地理标志商标目录

表6

商标名称	注册人	所在地
岳州青瓷	湘阴县岳州窑青瓷研究会	湘阴县

2017年岳阳市新增马德里国际商标目录

表7

商标名称	注册人	所在地
四汇	岳阳县长信农业开发有限公司	岳阳县
童哥	岳阳县升远食品有限公司	岳阳县
张谷英	岳阳县惠民养蜂专业合作社	岳阳县
湘科	湖南湘科米业有限公司	湘阴县
兴科阳	吴　攀	岳阳市屈原区
CAIYOULE	邓京玲	平江县
金垒	湖南省金垒安防设备有限公司	汨罗市
洞庭鱼赤	湖南君乐米业有限公司	临湘市
劲仔	湖南省华文食品有限公司	岳阳经开区
爱婴童	符罗珍	华容县
湘满天	湖南洞庭明珠食品有限公司	华容县

名工商干部为双创指导服务。建立创新创业入库培育机制，设立创新创业专项扶持资金，主要用于财政贴息、创业补助、以奖代投等，帮助初创企业破解融资难题，撬动银行发放创业担保免息贷款4.53亿元，受益初创企业1200余家。优化资产抵押、权利质押等融资服务，帮助企业办理抵押贷款5.28亿元，登记出质股权数额25.29亿元，被担保债权数额38.11亿元。助力转型升级，推行“个转企”。引导成长性好，规模较大，发展前景广的个体户，转型升级为企业，新转型302户。聘请创新创业导师，定期开展讲座培训和上门指导服务。开展“创新创业进校园”活动，举办初创企业创新创业大赛、创新创业成果展，发掘先进典型，激励创新创业。

【服务园区建设】 2017年，市工商局对于政府招商引资企业，特别是入驻工业园区的企业，开设绿色通道，跟踪服务重点项目建设。全力支持城陵矶新港区经济建设，出台专题会议纪要，明确6条扶持措施，引导港区企业规范经营。城陵矶综合保税区新登记从事进出口贸易的企业47户，企业注册资本总额2.14亿元。成立4家创新企业指导服务基地，主动汇报协调，推进岳阳广告产业园申报国家级和省级广告产业园。

【非公党组织建设】 2017年，市工商局率先成立中共岳阳市非公有制经济组织综合委员会，以两个“全面覆盖”核心要求为目标，开展非公党委书记带队调研活动，“非公党建示范点”创建活动和“百日攻坚行动”，取得良好成效。依托工商成立非公综合党委、支部102个，依托工商非公党组织组建率87%，组建率在全省工商系统处于领先；新建非公有制经济组织党组织151个，非公企业党员人数526人，岳阳非公党建新建党组织数在全省排前列。创新开展党建带团建活动，引导湖南中创化工股份有限公司乙酸仲丁酯生产车间被评为全国青年文明号，湖南中创化工股份有限公司团委被评为湖南省五四红旗团委，6家企业被评为岳阳市青年文明号。10月

31日，君山非公团工委工作经验在全省非公团工委交流会上获推介。

（任旭刚）

统计管理

【概况】 2017年，岳阳市统计系统按照“强班子、优环境、重实干、创一流”的整体工作思路，突出重点，攻坚克难，真抓实干，各项工作取得较好成效。市统计局获得全省统计工作优秀单位、全市社会治安综合治理先进单位、岳阳市法治政府建设先进单位、全市综治民调先进单位、防汛救灾工作先进单位、脱贫攻坚先进单位、党委督查工作先进单位、政府网站建设先进单位等荣誉，平江县统计局获得全国统计系统先进集体称号。

优化统计发展环境。市委、市政府重视统计工作，将统计法治建设列为法治政府建设的重要内容，并纳入“十三五”全市普法计划，将统计工作纳入年度综合绩效考核。市委、市人大常委会、市政府领导定期听取《中华人民共和国统计法》执行情况的专题汇报，市长刘和生到市统计局专题调研，要求统计部门为政府部门科学决策提供有力支撑。市政府召开专题会议，确定建立部门联席制度；组织召开全市统计工作暨大样本轮换工作大会，营造党政领导高度重视、统计部门主动作为、社会各界大力支持的良好社会氛围，形成部门统计、专业统计、综合统计相结合的“大统计”格局。

提升统计服务水平。紧贴市委、市政府工作大局，提升统计服务水平，为市委、市政府领导实施科学决策和管理提供依据。强化监测预警。做好经济运行、小康社会建设、省市重点民生实事办理和书记履行党建第一责任制、社会治安综合治理、党风廉政建设三大民意调查的统计监测服务。参加市政府经济运行分析会，提高对各部门GDP主要指标走势分析精准度，有效进行预测预警，做好290多种经济社会事业发展各项统计报表的填报报送工作。全年各项联网直报工作的上报率、审核率均为100%。强化分析研究。围绕“四大会战”、小康社会建设、民生实事等市委、市政府和社会关注的重点热点开展统计分析研究，撰写各类统计分析报告200余篇，获得2017年度全省统计科研课题一等奖、第十一届全省统计科研优秀成果奖各1篇，受到市委、市政府领导的高度评价。精编统计产品。在《岳阳日报》及时发布2016年《统计公报》，编印《岳阳统计年鉴2017》《数据岳阳》《岳阳市国民经济运行情况分析报告》《岳阳经济动态》等统计资料4700多册，印发《统计知识小读本》2000多份，树立统计奋发有为形象。

加强统计基建。开展“统计基层基础建设年”活动，夯实全市统计基层基础。着力提高规范化水平。定期对乡镇（街道）统计基础工作进行督查指导和业务培训。各乡镇基本实现统计工作法制化、手段现代化、管理制度化、资料档案化、台账规范化、人员专业化等“六化”目标，建立信息汇集中心、咨询服务中心和人才培养中心。平江、华容、岳阳县被评为湖南省县级统计工作规范化建设先进单位，多个乡镇统计站被评为省级“乡镇示范统计站”。云溪区、君山区独立设置统计局，全市下辖的9个县市区均依法独立成立统计局。多举措搞好“四上”单位申报。按照市政府《关于进一步做好“四上”单位申报工作的通知》要求，做好“四上”单位申报工作。全市累计新增“四上”单位494家，同比增加224家。其中，工业135家、建筑业40家、贸易106家、房地产32家、服务业120家、投资业61家。岳阳市联网直报单位在库3075家。加强名录库管理工作。开展“一套表”单位清理工作，全市全年退出“四上”单位378家，临湘市作为建档立卡先进单位的经验在全省进行推广。建立文化产业单位名录库、四新企业预备库、小微企业名录库、“四上“企业培育库等4种名录库，实现18个相关部门在平台报送名录数据和进行“四上”申报名录预处理。完成基本单位名录库更新维护节点延伸工作，开展临时码全面清理整顿工作，提高名录库质量，为应统尽统和全国第四次经济普查顺利实施奠定良好基础。开展统计业务培训。分专业完成9个业务科室18项1100余人次的业务培训，市统计局180余人次参加省统计局组织的专题业务培训，市及县市区有7000余人次参加统计专业知识培训。

推进统计法治。开展普法宣传教育。以宪法日、统计法颁布纪念日和统计开放日为契机，举办“走进统计”法治宣传系列活动，扎实推进统计法规进党校、入企业和机关干部普法学习考试等活动，邀请25个市直部门负责人举行“岳阳市统计学法用法”座谈会，提升各级领导、统计人员和全社会的统计

市统计局庆祝建党96周年党员主题活动 （市统计局 供稿）

法治意识。加强统计执法检查。出台《统计执法检查方案》，建立部门联合统计执法制度，采取“双随机”模式，对300多个企事业单位进行执法检查，查处违法案件15起，维护《统计法》的权威。组织全局干部参加“网上学法考法”活动，考试合格率100%。5名干部通过国家执法证考试，194人办理统计调查证。开展统计巡查，组织对50多个单位进行统计巡查。对巡查中发现的问题，及时向被巡查单位发出《统计工作巡查意见书》，并督促整改到位。

统计重点改革。落实核算制度改革，规范GDP核算方法，测算调整全市及各县市区核算数据。推进“三新”统计工作，实施“三新”重点领域专项调查，摸清全市“三新”产业真实情况。做好全市绿色发展指数测算，完成全市绿色发展评价工作。探索构建部门统计信息共享数据库，扎实做好“多证合一、一照一码”登记制度改革相关工作，初步建立多部门基本信息共享机制，推进信息共享。建立岳阳市物流产业名录库，确定物流业统计调查方法和指标体系，为打造千亿物流产业提供优质统计保障。正式实施农村统计一套表及联网直报运行，从2017年年报开始，农村统计报表通过联网直报平台上报。

【第三次全国农业普查完成】 2017年，岳阳市按照国务院农普办和市政府统一部署，各级普查机构精心组织，科学规划，全市2.1万名普查员高质量完成105.3万户农户的现场登记，收集数据21060万笔，PDA录入上报后，核实修改错误280万笔，如期按质完成全市第三次全国农业普查，获得巨量反映全市“三农”最新“家底”的基础数据。4月下旬，岳阳市代表湖南省接受国务院农普办农业普查质量抽查，“三农普”工作和农普数据质量得到国务院农普办的充分肯定，《中国信息报》进行专题推介。

【民意调查】 2017年，市统计局完成4大类6个专项调查，完成省统计局部署1个专项调查。其中，上、下半年成功开展136个乡镇街道办事处社会治安综治民意调查、168个市直及中央、省驻岳单位群众满意度调查、岳阳市2017年度县市区和市直单位综合绩效考评民意调查、县市区小康达标民意认可度、县市区委书记履行基层党建工作责任情况、非公经济发展法治环境等调查，调查有效样本3万多个，完成9期8万余字的民意调查报告。岳阳市综治民调工作位居全省前列，受到市委、市政府的肯定。

【统计信息化建设】 2017年，市统计局规范网站管理，提高政府门户网站信息质量。在门户网站上报送各类统计信息663条，向市政府门户网站报送政务信息172条。岳阳统计网站新增各类统计信息436万字，其中，新增1997—2017年《岳阳统计年鉴》全部信息计400多万字，网站总容量700多万字。加强县市区联网直报中心建设，强化平台全程监控管理，为各专业和县市区提供全方位的技术支持和保障。

【省市重点民生实事统计监测】

2017年，市统计局落实市委、市政府重点民生实事项目工作各项部署，每月25日前及时调度省市重点民生实事工作进展情况，建立和完善为民办实事统计基础工作台账。不定期开展为民办实事工作检查、抽查，确保实事工作落到实处，严格按照全市重点民生实事考核数据评估认定工作要求和抽查比例进行实地抽查验收，为省市重点民生实事圆满完成提供强有力的统计保障和服务。

【小康社会统计监测】 2017年，市统计局每季参加由市委书记主持召开的小康建设协调推进会，协调市、县两级相关部门共同做好小康建设数据采集、审核、测算、提供利用等工作，及时测算，及时预警分析；配合市委督查室，开展2轮次全面督查，对相关市直单位开展专项检查40多次，召开相关部门小康工作会议10多场次，指导部门和县市区加强小康监测考核。举办小康建设多个专项培训班，培训人员1000多人次。加强与上级对口厅局处室的联系，争取及时指导支持，为岳阳市小康社会建设提供优质统计保障服务。

（苏　蔚）

统计调查

【概况】 2017年，国家统计局岳阳调查队（简称岳阳国调队）以基层党建为抓手，以苦练内功为基础，以提升业务质量为目标，各项工作稳步推进，取得较好成效。党建工作务实见效，得到省总队、市直机关工委的肯定；统计调查基础筑实巩固，数据质量又有提升；住户样本轮换顺利，记账质量得到保障；统计服务精准快捷，品牌建设风头正劲；教育培训制度约束双管齐下，队伍活力激情迸发。岳阳国调队继续保持省级文明单位、岳阳市文明标兵单位、档案工作规范化管理省一级单位称号，被评为全市档案管理工作、全市综合调研政务信息工作先进单位，获得全省调查队系统篮球邀请赛第一名，张琴获得全省调查队系统微党课优胜奖。

【夯实统计调查基础】 2017年，岳阳调查队多管齐下，夯实统计调查基础，提升统计调查数据质量。加强对调查网点、调查户变更审批，落实回访制度，各专业回访检查300多次。实行痕迹管理，规范统计报表报送流程，健全统计调查台账制度。提升调查人员统计调查能力，组织全队队员开展12次集中培训，召开各类辅调员培训会81次。加大统计基础工作检查督导力度，采取多种方式开展数据质量检查。2月，开展“数据造假、买数卖数、以数谋私”专项治理，形成问题清单，限期整改。8月，开展主要调查数据质量检查，对存在问题的要求11月底前整改到位。加强统计宣传，联合市统计局开展岳阳市统计调查“六五”普法总结暨“七五”普法启动大会，通过视频宣传车、悬挂横幅、摆放宣传展板、发放《统计法律知识》《统计业务知识》宣传册5000份等宣传统计法规。组织干部职工参加法制培训学习，并考试全部合格通过，6名干部通过国家统计局考试取得统计执法资格证。对岳阳楼区统计局、君山区发改和工信局相关人员不作为行为严肃问责，建议进行轮岗处理。

【完成住户样本轮换】 2017年，岳阳调查队全力以赴，成功抽选出代表性强、配合度高的两个轮转组记账户，圆满完成住户样本轮换，记账数据质量得到保证。市政府高度重视住户样本轮换工作，下发《关于做好2017年全市住户调查样本轮换工作的通知》，明确工作目标责任和工作要求。地方主流媒体开展专题宣传，社会各界对此工作加深了解，积极配合。确保车辆、经费等及时到位到位。严格现场调查，严格工作督查，发现问题及时纠正，确保工作质量和进度。

【提升统计服务品质】 2017年，岳阳国调队以省总队、岳阳市委政府信息报送要点为指挥棒，紧跟经济社会热点难点问题，组织快速调查、快速反映，着力提升统计服务品质。全年撰写并向湖南总队上报重要信息30篇、调研分析22篇，被总队内网合用36篇、全文采用10篇，其中《岳阳：农村最低生活保障制度与扶贫开发政策有效衔接》被湖南调查总队《调查信息》第3期全文采用；《岳阳："三园"建设有力推进农业供给侧改革带动农民增收》被国家统计局内网全文采用，信息分析上报采用数量在全省调查队系统均处于前列。上报《岳阳调查》10期、《领导参阅》12期，为市级主要领导提供统计信息服务。撰写《岳阳经济发展状况调研报告》《第三产业发展状况调研报告》，受到市委常委、常务副市长唐道明肯定。参加市政府经济讲评会、经济形势分析会，提供的统计服务得到有关部门肯定。中标完成总队"洞庭湖区居民收入增长动力研究"课题，完成专题调研报告《优化营商环境 助力经济提质》，参加总队经济形势分析会发言。调研撰写《民企和国企享受同等待遇问题》，成为市政府出台《优化营商环境十条》的重要依据。开展国有企业党风廉政建设民意调查、全省绩效考核民意调查、文明城市测评。印制《岳阳经济信息快报》，满足企业经营决策需要。

（张　鹏）

国土资源管理

【概况】 2017年，全市国土资源管理系统围绕全市经济社会发展大局，以保障发展为核心，以保护资源为主线，以改革创新为动力，以改善民生为根本，突出实干担当，落实守土之责，圆满完成各项工作任务。岳阳市国土资源局（简称市国土局）被省国土厅评为绩效考核先进单位，被市委、市政府评为全市综合绩效考评先进单位，成功创建市级文明标兵单位。

【建设用地供应】 2017年，市国土局扎实推进市城区土地依法征收行动，配合抓好棚户（旧城）区改造工程，市城区拆迁或签约5423户132万平方米，78个项目1333公顷土地清零；全年处置闲置土地和批而未供土地169宗666.67公顷，超过省政府验收标准。合理确定土地储备总体规模，全年市本级收储土地31宗145.93公顷。在用好年度用地计划的同时，充分利用低丘缓坡试点和增减挂钩试点指标，全年审批项目或批次212个146.67公顷。强化计划调控、预审把关和科学选址，把握好土地供应的结构、时序和节奏，全年有效供应建设用地452宗1333公顷，供地率考核全面达标，实现土地价款99.4亿元，其中市本级（岳阳楼区、南湖新区）56.4亿元，有效保障全市"四大会战"发展战略顺利推进。

【耕地保护】 2017年，市国土局加大耕地保护力度，注重耕地数量、质量、生态"三位一体"保护、管控和建设，多管齐下落实最严格的耕地保护政策。全域永久性基本农田划定面积29万公顷，全市耕地面积35.32万公顷，均高于省政府下达的控制数。严格落实占补平衡制度，引导县市区向市本级流转耕地指标333.33公顷，建设占用耕地近600公顷全部得到补充。湘阴县农村"空心房"整治经验在全市推广，屈原农村宅基地退出复垦成效明显。投入1.23亿元，实施高标准农田建设项目44个，建设规模5533.33公顷；实施市县级耕地开发项目76个，面积1160公顷；华容县2400公顷"旱改水"项目有序推进；环洞庭湖基本农田建设重大工程（第一期）高标准通过验收，全市耕地质量进一步提升。

【服务民生】 2017年，市国土局以服务民生为中心，守护好人民的资源权益。地质灾害防治得到加强，建设完成市地质灾害应急指挥场所，组织突发性地质灾害避险应急演练12场次，核实威胁100人以上隐患点34个，持续保持隐患点"零伤亡"，市国土局获得全市防汛救灾先进集体称号。生态建设稳步推进，3个位于东洞庭湖自然保护区

市城区土地储备与出让委员会2017年第一次会议　（市国土局　供稿）

的采矿权清理工作有序展开，矿业权监管持续加强，妥善处置一批遗留问题，岳阳市获得第五届中国（湖南）国际矿物宝石博览会自然资源推荐展评比二等奖。脱贫攻坚取得实效，投入资金3600余万元，实施土地整治、耕地开发等项目20余个，帮助对口帮扶村——湘阴县西堤村修建完善道路桥梁、水利灌溉等基础设施，引进光伏发电、特色种养殖等产业项目，88户贫困户脱贫摘帽，市国土局被市政府评为2017年度市驻村帮扶工作先进单位和2017年行业扶贫优胜单位。

【推进改革创新】　2017年，市国土局稳步推进改革创新，以改革促工作，向创新要效率。实施不动产统一登记改革，系统平台智能化、数字化日趋完善，“互联网+不动产”便民服务升级改造，房、地档案馆全面整合，办证速度、办事效率进一步加快，全市累计发放不动产权证书（证明）近13万本（份）。深化行政审批制度改革，依法下放行政审批权限、简化工作程序，征地拆迁“三公告”缩短到3个工作日，供地程序简化到9个流程20个工作日。信息化建设创新引领，在全省系统率先建成“四全”服务模式，市国土局获得2017年中国地理信息产业优秀工程银奖。测绘地理信息事业转型升级。“数字岳阳”建设加快推进，地理空间框架推广应用有序铺开，岳阳市在全省测绘地理信息工作会议上作典型发言。汨罗市测绘地理信息示范县试点工作稳步推进。市城区禁拆治违大飞机高清航摄监测项目顺利推进。

【基础工作夯实】　2017年，市国土局转变机关工作作风，倡导实干担当，各项基础工作压严压实。建立健全巡查工作制度，加大执法监察力度，强化基层动态巡查责任，各县市区巡查工作得到全面规范。全年立案查处国土资源违法行为441起，卫片执法检查顺利通过省检验收。安全生产工作扎实有效，市国土局获得市安委会优秀成员单位称号。历时6年全面完成农村集体土地所有权确权登记发证，为促进农村土地制度改革奠定坚实基础。加强普法宣传，利用“4·22”“6·25”“8·29”等主题宣传日，对土地法、矿产法、测绘法、不动产登记暂行条例等广泛宣传，让国土政策家喻户晓、深入人心。履行社会治安综合治理职责，市国土局被评为全市综治工作先进单位。统筹做好信访工作，全年受理重点信访事项19件，市政府“12345”热线、市长信箱来电转办560件，直接来电来访15件，做到100%办结；办理人大代表建议、政协委员提案16件，见面率、答复率、满意率均达到100%，市国土局被评为提案办理先进单位。

（易正南）

质量技术监督管理

【概况】　2017年，岳阳市质量技术监督系统应对业务繁重、收费停征等不利局面，围绕“提升大质量、助推大产业、服务大市场”，专注实干，各项工作取得较好成效。助力市委、市政府“四大会战”，实施质量强市战略，攻坚小康质量指标，开展质量工作考核和质量提升行动，岳阳市质量整体水平稳步提升；切实保障质量安全，全年没有发生一起质量安全事件，特种设备连续18年无大的安全事件，产品质量监督抽查合格率达到96.4%；开展脱贫攻坚，市质量技术监督管理局（简称市质监局）负责的湘阴县东塘镇湖湾村20户贫困户全部脱贫，并通过省、市考核验收；质量基础、技术保障能力不断提升，班子队伍建设、基层党建得到加强，日常工作与业务工作齐头并进，市质监局机关继续保持省级文明单位称号。

【实施质量强市战略】　2017年，岳阳市政府调整市质量强市领导小组成员，全市6县（市）4区均成立质量强县市区领导小组，形成大质量工作格局。岳阳经开区、云溪区、华容县等地开展质量强县市、区活动，质量工作责任得到层层传导落实。3月，第三届市长质量奖颁奖暨岳阳市质量工作推进会议在岳阳市召开。市长刘和生作书面讲话，副市长杨昆出席并讲话，东方雨虹等3家企业、2名个人及2家提名奖企业获得表彰奖励。市主流媒体推出7期市长质量奖系列报道，宣传典型企业经验，树立质量标杆。落实市委、市政府指示要求，制定《小康短板指标攻坚方案》，加强省级产品质量监督抽查协调配合，努力确保抽查合格率早日全面达标。制定出台《岳阳市质量工作考核办法》，首次将质量工作指标纳入2017年市委、市政府综合绩效考评体系，牵头做好迎接省政府质量工作考核和对12县市区政府质量工作考核，并得到省考核组肯定。

【支持企业品牌创建】　2017年，全市质量技术监督系统支持企业开展品牌创建，全市23家企业生产的24个产品获得2017年湖南省名牌产品称号，培育评选岳阳市名牌产品22个。临湘市质监局围绕打造中国浮标之乡，推进“临湘浮标”申报国家地理标志产品保护，《临湘浮标》地方标准通过审查。汨罗市质监局推进实施《长乐甜酒地理标志产品保护管理办法》，加快“汨罗粽子”申报国家地理标志产品保护，申报工作进展顺利。

【涉质安全监管】　2017年，全市质量技术监督系统沉着应对安全生产事故多发的严峻形势，加强涉质安全产品和领域质量安全监管，守住质量安全底线。加大重要工业产品抽查力度。市质监局下达实施市级重点工业产品监督抽查计划，监督抽查重点工业产品11大类570批次，产品合格率96.8%，监督抽查覆盖率和针对性明显增强。吸取西安“问题电缆”教训，开展3轮电线电缆产品专项整治，对4家生产企业和重点用户进行全面排查备案、产品抽检和执法检查，严格清查问题电缆和“缩水瘦身”电缆违法行为，立案查处案件6起，没收问题电缆5900米。开展“双打”“质监利剑”及农资、建材、日用消费品、涉安产品和领域等7个专项执法打假行动，市级立案查处案件39起，大要案9起，稽查执法弱化趋势得到逐步扭转。开展特种设备现场监管。突出重点单位、重点设备、重点时段和重大风险，制订实施市、县两级监管部门现场监督检查计划，检查特种设备生产、使用和维保单位405家，下达《安全监察指令书》293份，整改到位率达97%。深入推进电梯隐患治理、油气输送管道隐患治理、燃煤锅炉节能整治3个攻坚战，整改“三无电梯”118台，推广改造生物质燃料锅炉23台，中心城区10吨以下燃煤锅炉全部实现停用和退出。集中检查车检机构。市质监局联合公安、环保部门对岳阳市12家车辆安检机构进行集中检查，召开联席会议、联合约谈会议，下达安检、环检整改意见40余条，下发督办函6份，车检机构检测行为明显改观。

【民生计量检定】 2017年，全市质量技术监督系统维护重点民生领域计量公平，网络化监管城区农贸市场44个，免费检定农贸市场衡器3065台件，免费检定医疗器具3792台件，首轮强检“民用三表”16万余只，督促有关单位周期检定和到期轮换3万余只，强检加油机、出租车计价器2000余台次。4月1日起停征计量强制检定收费后，继续做好全市强检计量器具备案和免费检定工作，办理备案受检企业349家，指定市计量所强检市、县两级计量器具5.9万余台件，减轻企业负担1200多万元。

【标准化服务】 2017年，全市质量技术监督系统落实《岳阳市打造千亿现代物流产业行动方案（2017—2020）》，开展服务标准化试点项目申报，岳阳市科德商贸成功申报国家级服务业标准化试点，森凯物流获得省级服务业试点立项；加大工业、农业标准化力度，推进企业采用标准网站声明公开700余项；依托磁力设备国检中心和标准化工作组两个国家级平台，开展标准科研，《电磁搅拌器通用技术条件》和《起重电磁铁通用技术条件》两项国家标准正式批准发布，《磁力分选试验方法》和《磁选设备磁场强度检测方法》两项国家标准完成起草和征求意见，汨罗市质监局参与起草的《工业园区循环经济评价规范》1项国家标准正式批准发布；岳阳县肉鸽养殖、绿色葡萄2个标准化示范区获批国家农业标准化示范项目，顺利通过年度验收。

【认证认可工作】 2017年，市质监局网上受理完成检验检测机构复查换证9家，省质监局直接受理复查和变更计划2家。根据《机动车安全技术检验项目和方法》国家标准，及时完成岳阳市机动车辆检测标准变更；落实国家质监总局和认监委检验检测统计报表制度，指导全市92家认证机构按时填报并进行数据审核把关，数据完成率100%，审核通过率100%。开展认证活动专项监督检查，完成省质监局下达的自愿性认证抽查和有机产品企业巡查工作。

岳阳市质监局开展深化特种设备“打非治违百日行动”

（市质监局　供稿）

【技术保障服务】 2017年，市质监局组织申报《起重电磁铁或永磁铁拉脱力检测装置》等2个检验装置获国家新型实用专利，《霍尔效应磁强计检定校准装置研究》等2个科研项目获省级立项。完成HVI棉检实验室改造，完善食品包装项目检验能力，新增社会公用计量标准9项，到期复查计量标准46项，培育认证检验机构6家，复查评审11家，岳阳市计量考评员档案和专家库初步建立。专业技术人员素质明显提升，在中纤局组织的全国苎麻检验交流比对中，市质监局纤检局获评优胜单位，1人名列物检项目第二名，1人名列化检项目第三名。全国棉花检验技术能力测评中，2人被评为优秀个人，并入选中纤局棉花、苎麻公证检验监督抽验专家库。至年底，国储棉轮出现场公检21810吨，实验室公检57747吨，新疆监管棉现场公检13.45万吨，公检苎麻精干麻3844吨，公检数量超历史最高水平，检验质量受到中纤局肯定。推进技术帮扶服务，对100余家企业开展技术帮扶，培训企业产品检验和计量检定人员240余人次，帮扶企业解决质量问题220多个。

（周志勇）

食品药品监督管理

【概况】 2017年，岳阳市食品药品监管系统贯彻“四个最严”，全面落实“四有两责”，投身“四大会战”，忠诚履行监管职责，倾力助推经济发展，用最严举措守牢食品药品安全底线，广大人民群众食品药品安全的获得感和满意度明显提升，为维护全市改革、发展、稳定大局作出贡献。市食品药品监督管理局（简称市食品药品监管局）获得全省2017年食品药品监管业务综合考评和市委、市政府2017年度综合绩效考核“双先进”称号，社会治安综合治理、信访维稳、计划生育、政协提案办理等工作均进入全市先进行列。

【食品安全整治】 2017年，市食品药品监管局开展食品安全“扫雷”“护苗”“护老”三大行动，组织开展食品生产企业飞行检查，全面扫除风险隐患，检查食品生产经营单位54743家次，其中，学校食堂2100多家次，午托机构食堂200多家次，学校及周边食品经营店8439家次，小食品摊贩631个，督促办理食品经营许可证1812份，责令停业整顿102家，查处食品类违法案件998起，其中黑作坊、黑窝点、违法添加、生产经营病、毒死肉制品等案件142起，捣毁非法保健食品会议营销窝点4个。在“扫雷”行动中，湘阴县、岳阳县、岳阳楼区局提请公安部门行政拘留、刑事拘留案件5起；岳阳经开区分局、汨罗市局各办理生产经营病死、毒死、死因不明动物肉类及制品案件3起，平江县局办理毒豆芽案件2起。在“护苗”行动中，湘阴县局、华容县局与当地的教体局紧密联系，协同作战，工作推进有力。岳阳楼区局、岳阳经开区分局克服困难，保障中心城区校园食品安全。在“护老”行动中，岳阳楼区局、岳阳经开区分局、湘阴县局、临湘市局、汨罗市局落实上级工作部署到位，关停取缔一批违法会议营销场所，查办一批夸大食品、保健食品功效、虚假宣传欺诈老年消费者的案件。

【药械安全整治】 2017年，市食品药品监管局加强药品生产源头质量管控，开展城乡结合部、农村地区药品质量安全专项整治和小药店、小诊所药品安全专项整治。组织全市药品生产经营企业飞行检查，全年检查各类药品经营企业1432家次、药品生产企业28家次，责令整改677家，撤销药品GSP证书8家，查处药品违法案件503起。平江县局、湘阴县局组织本辖区的药品经营企业飞行检查。岳阳经开区分局、南湖新区分局创新飞行检查方式，开展交叉飞行检查，收效明显。岳阳县局对医疗机构药品使用开展专项整治，探索加强乡镇卫生院、村卫生室的药品安全日常监管。加快推进全市医疗器械生产经营企业GSP、GMP认证，开展医疗器械生产经营和使用单位的诚信体系建设，对全市24家公立医疗机构和200多家医疗器械生产经营单位进行诚信等级评定。完成药品、医疗器械、化妆品、药物滥用监测报告10609份。

执法人员开展零售药店日常巡查 （市食品药品监管局 供稿）

【实施专项整治】 2017年，市食品药品监管局针对群众反映和舆论关注的热点、焦点问题，实施多项专项整治回应民众关切。开展农村食品市场整治、夏季餐饮食品安全整治、食药领域环保整治、午托机构餐饮食品安全、辣条食品生产企业、湿面米粉加工小作坊等20多次专项整治，以实际行动回应百姓关切。岳阳楼区局、南湖新区分局、经开区分局在食药领域环保整治中，行动迅速，依法关停取缔吉家湖、东风湖、王家河沿线的豆制品加工“黑作坊”22家，环南湖直排烧烤店、餐饮店84家。平江县局扎实推进辣条生产企业专项整治，收效明显。

【食品药品监督抽验】 2017年，市食品药品监管局结合辖区内饮食用药现状和监管特点，针对重点领域、重点品种进行重点监督检验，对基本药物和主要食品品种实现全覆盖。全年监督抽检食品药品9217批次，合格率97.5%，其中市本级完成3409批次，岳阳楼区局、湘阴县局超过1000批次，汨罗市局、华容县局超过700批次。对不合格的232批次产品，全部进行核查处置。

【打击食药违法行为】 2017年，市食品药品监管局加大打击食品药品违法行为，维护食药业内良好发展环境。全市立案查办食品药品违法案件1635件，同比增长49%，查办案件数量名列全省第三位，其中市本级案件查办数排名全省各市州第二位，平江县局、临湘市局、华容县局、岳阳楼区局、岳阳县局查办案件数量进入全省各县市区局排名前三十位。市局和各县市区局均成立相应的驻局检察联络室、公安侦查室，进一步加强部门联动，畅通行刑衔接，全年移送涉刑案件11起，刑事拘留39人，其中“岳阳楼区郭某等人经营有毒有害狗肉案”由公安部挂牌督办、“11·9”杨某制售假酒案由省食品药品监管局和省公安厅挂牌督办，岳阳县“8·22”非法经营药品案，“汨罗厨味村公司虚假标注生产日期案”由省食品药品监管局和省检察院挂牌督办，始终保持严惩重处违法行为的高压态势。

【帮扶食品生物医药产业】 2017年，市食品药品监管局履行生物医药产业帮扶牵头部门、食品产业帮扶主要成员单位职责，为产业发展排忧解难。定帮扶重点、细化帮扶责任、明确帮扶任务、强化帮扶督导；立足职能，从简化许可审批、助推技改升级、助推标准升级、优惠检验收费、开展信用分类监管、组织企业培训等方面加大帮扶力度；帮助岳阳医药健康产业园加快园区建设，推介项目进园集聚。至年底，两大产业发展形势良好。全市生物医药行业工业总产值201.77亿元，累计增长17.8%，工业增长值43.4亿元，同比增长11.2%；食品行业工业总产值1156.52亿元，累计增长8.7%。

【市政府出台《关于加强食品安全工作的实施意见》】 2017年11月13日，市人民政府出台《关于加强食品安全工作的实施意见》，明确要求加快完善统一权威的食品安全监管体制，实施食品安全“一把手”工程；强化考核问责，将食品安全工作纳入综合绩效考核，对考核不合格的地方政府（管委会）的主要负责人和分管负责人进行约谈；市各级人民政府（管委会）要根据本地实际，抓紧制定具体实施细则，认真组织实施。《实施意见》的出台，为岳阳市进一步全面落实食品安全责任、完善食品安全监管体制、加强食品安全监管能力建设、开展食品安全综合治理、推动食品产业健康发展和强化食品安全工作保障，提供强有力的政策支持。

【李建国到岳执法检查】 2017年5月11—12日，中共中央政治局委员、全国人大常委会副委员长李建国带队深入岳阳市开展药品管理法执法检查，视察岳阳市药品生产、流通企业和医疗机构，召开基层监管人员座谈会和市政府及部门工作汇报会。全国人大常委会执法检查组和省委、省政府领导对岳阳市贯彻实施《中华人民共和国药品管理法》和药品监管工作成绩给予肯定。

【药品安全突发事件应急演练在岳举办】 2017年11月8日，湖南省首次Ⅲ级药品安全突发事件应急演练在岳阳市会展中心成功举办。市人大常委会副主任彭先政、副市长李为、市政协副主席李平等出席，相关部门单位人员900余人参加观摩。此次演练活动由省食品药品监管局、市人民政府主办，市人民政府应急办、市食品药品监管局承办，是全省首次开展以药品安全为主题的省级示范性应急演练活动，对锻炼队伍，提升应急处置能力大有裨益。省政府应急办、省食品药品监督局、市委、市政府领导表示肯定，国家食品药品监督总局网站、省政府官网、《中国医药报》和省局网站均作报道推介。

【全省大型食企在岳共商食品安全】 2017年9月29日，全省大型食品企业落实食品安全主体责任暨追溯体系试点现场推进会在岳阳市召开。省食品药品监管局副局长李赤群、副市长李为出席，来自全省14个地州市的60多家大型食品生产企业负责人和省局、各市州食品药品监管部门分管负责人，汇聚在洞庭湖畔，共商食品生产安全大计。道道全粮油股份有限公司、湖南临武舜华鸭业发展有限责任公司等10家企业负责人作典型经验交流发言。与会人员现场参观岳阳华文食品有限公司和道道全粮油食品股份有限公司，向全省推介岳阳市强化食品生产企业监管、企业加强产品质量管控、开展溯源体系建设的先进经验。

（康云华）

安全生产监督管理

【概况】 2017年，岳阳市有危险化学品生产经营单位1020家，油气输送管线1020.99千米，分别占全省的50%和42%；非煤矿山251座，其中尾矿库71座；烟花爆竹批发企业证照在有效期内的17家，正常经营14家；道路危险货物运输企业47家；建筑施工企业378家；民爆物品生产企业3家；公路总里程2.04万千米；管辖东洞庭湖64%的水域和长江163千米航道，渡口231道、渡船274艘；机动车保有量67.3万辆；特种设备2.8万台（套）；消防安全管理重点单位800家。岳阳市为全省安全监管任务最为繁重的市州之一，其中危险化学品、油气管道和水上安全监管任务尤显突出。面对保安全、保稳定的严峻形势，市安全生产监督管理局（简称市安监局）以“落实企业安全生产主体责任年”为主线，着力夯实基层基础，强化监管执法，开展“打非治违”和专项整治，保持安全生产形势持续稳定向好，完成两次“国检”，岳阳市被省委、省政府评为全省安全生产工作优秀市。全年发生各类生产经营性安全事故50起、死亡62人、受伤21人，直接经济损失1762.5万元，同比分别下降64.5%、45.6%、81.4%、45.8%，为历史最好水平；党的十九大期间实现安全生产“零事故”。

【安全生产监管】 2017年，市委、市政府高度重视安全生产工作。市委、市政府主要领导坚持每月调度安全生产工作，亲自部署、亲自督查。安全生产国检和党的十九大期间，全体市级领导带队开展安全督查；全市安全生产会议安排重点县市区和市直部门主要负责人在大会上作安全生产述职，推动形成安全生产齐抓共管格局。市政府常务会议专题研究安全生产基层基础工作，规范乡镇安监站设立，建立村组安监员、信息员制，在岳阳楼区推行网格化管理试点。市安监局举办全市企业主要负责人培训班，公示《企业主要负责人安全生产承诺书》，增强其履行安全生产法定职责的意识；出台《安全生产领域失信行为联合惩戒规定》《安全生产有奖举报办法》，印发宣传册、设立公告牌，推动有奖举报进村组、进社区、进企业，营造“全民参与，共护平安”大氛围。开展安全生产示范创建工作，创建一批示范县、示范乡镇、示范企业。

【安全监管执法】 2017年，市安监局实施安全生产监管执法月讲评会制度，每月召开会议，对各地各部门执法情况按“立案起数、罚款数量、行政拘留和刑事拘留人数”实行积分制通报排名并纳入年度考核。防患于未然，淘汰落后不安全产能。完成36家烟花爆竹生产企业关停任务，提前实现全市烟花爆竹“零生产”，对安全生产许可证过期的77家非煤矿山企业和12家危险化学品生产企业全部注销关闭。国家安监总局对岳阳市烟

市安委办、市安监局和岳阳楼区政府负责人现场督导、指挥“老巴陵”冷库关闭行动
（市安监局　供稿）

花爆竹生产企业整体退出的经验予以推介。坚持安全监管铁腕执法，依法查处云溪区道仁矾溶剂化工厂等55起典型违法案件，治理消除湖南普丰冷链公司液氨储罐老化等162个重大安全隐患，关闭取缔岳阳经开区八字门冰厂等255家非法生产经营单位，在岳阳电视台、《岳阳日报》、岳阳安监公众号曝光违法违规企业和重大安全隐患20批次。

【安全专项整治】　2017年，市安监局开展“三大行动”和安全生产大检查。市政府出台《岳阳市城区禁止燃放烟花爆竹管理办法》，自8月1日起在城区全面实施禁炮，安监部门开展为期3年的烟花爆竹打非治违专项行动。突出抓好非煤矿山整治，严控非煤矿山企业新批与延期，非煤矿山领域连续9个月未发生生产安全事故，创历史最好记录。开展危险化学品综合治理，危险化学品领域保持全年“零事故、零死亡”。协调推进有限空间、涉氨制冷、道路和水上交通、建筑施工、特种设备、油气管道、城镇燃气、消防、旅游等重点行业专项整治，保持全市安全生产大局稳定。

【安全问题整改】　2017年，市安监局推进隐患治理“一单四制”（建立隐患清单，落实交办制、台账制、销号制、通报制管理措施），在全市18个重点行业分级实施。全市183个隐患列入整改清单，其中，市本级93个，整改销号84个，整改率90.3%。落实挂牌隐患治理，省级挂牌督办隐患2处，市级挂牌督办隐患13处，11月底全面完成整改验收销号。落实国务院安委会综合督查和“回头看”检查反馈问题隐患整改，明确责任书、路线图、时间表，通过召开现场办公会、点对点下发督办函、联合市委、市政府督查室专项督查、严格事前问责等措施，推动综合督查反馈的41项问题和“回头看”检查反馈的5项问题全部整改到位。

（范成功）

口岸管理

【概况】　2017年，岳阳市人民政府口岸管理办公室（简称市口岸办）致力将岳阳市打造成为湖南省“通江达海的新增长极”，主动融入长江经济带建设，促进“一区一港四口岸”高效运营，推进“港口建设大会战”，全面或超额完成年度目标任务。至年底，城陵矶口岸进出口货物2420万吨，同比增长12.6%，集装箱吞吐量42.28万标箱，同比增长43.7%。

【“一区一港四口岸”运营】
2017年，“一区一港四口岸”实现高效运营，发挥良好带动效益。至年底，综合保税区签约和注册入区项目198个，平行进口汽车456台，同比增长70.79%；进口冻品4456吨，同比增长22.33%，排全国内河口岸第三位；进口固体废物16.1万吨，同比下降5.70%；城陵矶新港进口集装箱粮食20.42万吨，同比增长97.64%，散货类粮食超过100万吨，进口粮食成为岳阳口岸大宗进口业务之一。

【城陵矶口岸通关效率提质】
2017年，市政府口岸办发挥口岸协调管理职能，牵头岳阳海事、海关、检验检疫、边防等4家联检单位，联合制定《国际航行船舶进出城陵矶口岸联合登临检查实施办法（暂行）》，建立健全“三互”“三个一”联系沟通和实体运作工作机制。4月21日，岳阳海事、边检、海关、检验检疫等部门的执法人员一起登上装载62个标准集装箱烟花鞭炮的“岳港017”船舶，首次完成对港澳直航船舶联合登临检查。城陵矶口岸全面实现“一次申报、一次查验、一次放行”，企业无纸化通关率95%以上，企业可自主选择向经营单位注册地、货物实际进出境地海关，或其直属海关集中报关点办理申报、纳税和单证放行手续，不需再次申请报关，形成口岸“大通关”模式。海关监管出口通关时间缩短到3分钟，出口通关速度全省最快，进口通关时间缩短1小时。查验没有问题的外贸企业吊装移位仓储费用等，协调推进落实中央部委关于促进进出口贸易相关优惠政策，组织开展探索制定口岸装卸、仓储、运输、移箱、掏箱等生产作业时限标准和监管通关时限标准，优化通关环境，提高通关效率。

【岳阳电子口岸暨“单一窗口”建设】　2017年，岳阳城陵矶联检大楼修缮改造工程竣工，岳阳电子口岸信息中心展厅完成布展设置，平台信息化建设完成招投标程序。12月1日，市口岸办在市南湖宾馆组织召开全市国际贸易“单一窗口”标准版推广培训会议，邀请省电子口岸中心专家组到海益通等10多家企业上门服务，现场指导企业操作使用“单一窗口”，为下一步实践操作奠定坚实基础。

【岳阳（汨罗）公路口岸暨固废后续监管区建设】 2017年，岳阳（汨罗）公路口岸暨固废进口后续监管区完成建设，总投资5207万元，建设监管区11840平方米，查验区8880平方米，扣留仓库500平方米，隔离仓库300平方米，隔离区1000平方米，分拣区1200平方米，停车区2000平方米，隔离围栅500米，完成电子卡口、门式起重机、强电弱电通信、美化亮化绿化工程、计算机远程监管系统、办公系统、后勤保障系统等建设。至年底，岳阳（汨罗）公路口岸暨固废进口后续监管区建设全面竣工，具备运营条件。

（郭柒军）

海 关

【概况】 2017年，岳阳海关强化监管、优化服务，主动服务地方开放型经济。至年底，岳阳海关进出口报关单结关2.63万票，同比增长93.4%，其中，进口3012票、同比增长42.5%，出口2.33万票、同比增长1倍；集装箱8.56万个标箱，同比增长37.4%；进出口货运量156.07万吨，同比增长43.9%；进出口货值27.79亿美元，同比增长96.3%，其中，进口6.20亿美元，同比增长82.1%，出口21.59亿美元，同比增长1倍；办理加工贸易备案合同20个，备案金额9492.24万美元，同比减少3.7%。税款入库5.72亿元，同比增长58.8%。

【对外贸易持续增长】 2017年，岳阳市对外贸易持续高速增长，进出口总值153.31亿元，同比增长68.09%，进出口总量185.37万吨，同比增长55.95%。其中，进口值39.80亿元，同比增长71.37%；进口量98.58万吨，同比增长62.94%；出口值123.51亿元，同比增长66.96%；出口量86.79万吨，同比增长58.7%。全市进出口主要为一般贸易（145.17亿元，同比增长74.28%，占比94.69%），水路运输为最主要运输方式（150.05亿元，同比增长74.17%，占比97.87%）。对外贸易额中，美国贸易额位居第一位，为30.5亿元，同比增长2倍，占总贸易额的19.89%。主要进口商品为大豆、木浆、精金矿、废纸、冻品、整车，主要出口商品为鞋靴、玩具、运动用品、乙酸酯、蔬菜罐头、硫酸铵。

【海关通关效率提升】 2017年，岳阳海关以“通关时间缩短1/3”为目标，全面梳理任务清单、理顺岗位操作流程，对每票报关单实施全流程专人“盯梢”并及时处置“卡壳”事项，向管理要效率。推行“顺势监管、先期机检”试点，树立业务“不过午、不过夜”目标，加班加点验放货物，向改革要效率。及时联系监管、技术部门解决电子运抵报告发送问题，实现出口报关单“秒放”，向科技要效率。加强内、外业务培训，提高关员业务素质和企业经办人员操作技能，实时解答企业难题，指导企业合理准确申报、缴税，将可能影响通关效率的问题解决在报关申报前，减少企业返工比例和职能部门人工干预比例，压缩无效操作时间，以能力换效率。加强与风险防控中心、区域审单中心、口岸海关、联检单位及相关企业的沟通，及时协调处置疑难问题，以配合换效率。至年底，出口平均通关时间为1.48小时，同比减少7.5%，进口平均通关时间为12.26小时，同比减少83.54%，整体缩减幅度远超1/3。

【海关打私综合治理】 2017年，岳阳海关强化打私综合治理，突出“大协同”机制，主动联合市打私办开展专项行动，形成打私合力。探索“智慧缉私”方法，开展“国门利剑2017”“蓝天”等专项行动，打私成果显著。至年底，刑事立案1起，行政立案10起。其中，指定侦办涉嫌走私毒品案1起，抓获犯罪嫌疑人2名，查获大麻460余克，吸食毒品工具一批，实现侦办毒品案件零的突破。与湖南省某海关缉私分局联合侦办“0414”走私武器弹药案，查获火药长枪2支、手枪3支及部分枪支配件、火药子弹400发。

【打击“洋垃圾”走私专项行动】

2017年，岳阳海关贯彻落实固体废物“三个100%”的查验要求及固体废物转关工作规定，成立打击“洋垃圾”走私工作领导小组，制定“国门利剑2017”联合专项行动方案，明确工作目标和责任分工。召开专题会议部署打击“洋垃圾”走私“蓝天”行动，全面开展监管场所、查验作业场地“大排查”行动，及时完成视频监控和查验平台改造升级。加强对直航进境空箱的抽查力度，防范利用空箱夹藏走私

口岸码头一角 （市口岸办 供稿）

固体废物，重点开展“洋垃圾”专项打私行动，严厉打击货运渠道藏匿、伪报、假借或倒卖他人许可证等方式走私固体废物违法活动，坚决将有毒有害物品拦截在国门之外。全年查获固废案件7起。

（时　悦）

出入境检验检疫

【概况】　2017年，岳阳出入境检验检疫局受理出入境货物报检7331批4.88亿美元，同比分别增长11.7%和103.1%，其中，出境2.27亿美元，增长120.9%；入境2.60亿美元，增长89.8%。监管进出境集装箱5.03万标箱，增长14.8%。签证1230份、5811.98万美元，同比分别增长14.1%和13.9%。城陵矶口岸截获进境植物有害生物134种708种次，同比增长109.4%和152.9%，其中，检疫性有害生物8种161种次，占全省38.1%和70.9%。

【汽车整车进口指定口岸建设】　2017年，岳阳出入境检验检疫局加快放行速度，指导推进汽车口岸二期建设，引导汽车从上海转关进口，大幅提高口岸通关效率。至年底，实现进口放行453台2080.4万美元，同比分别增长69.7%、112.2%，汽车进口基本步入“常态化”。

【农产品示范区建设】　2017年，岳阳出入境检验检疫局推动出口食品农产品质量安全示范区建设，华容县、临湘市成功创建省级示范区，推动湖南华文食品、湖南十三村、中粮岳阳米业等企业取得出口食品生产企业资质。至年底，岳阳地区报检出口食品3681.5万美元，货值同比增长47.5%，涉及产品包括水果蔬菜罐头、大米、茶叶、蜂蜜和酒类等，其中，湖南海日出口蔬菜罐头、中粮岳阳米业出口大米突破千万美元，湖南云龙菜业、湖南华文2家企业破零，增加自有品牌出口3个，分别是“中粮”大米、“劲仔”风味鱼和“玺蜂”蜂蜜。

【国门安全防线保障】　2017年，岳阳出入境检验检疫局优化人员配置，瞄准关键产品，优化把关举措，加强实验室技术合作，筑牢国门安全防线。保障口岸公共卫生安全，开展口岸病媒有害生物监测，加强对来自疫区的集装箱和货物的检疫监管，全面上线口岸公共卫生风险监测预警决策系统（PROSAS），城陵矶口岸核心能力建设持续推进。保障口岸国门生物安全，城陵矶口岸截获进境植物有害生物134种708种次，同比增长109.4%和152.9%，其中，检疫性有害生物8种161种次，占全省38.1%和70.9%。其中，在美国玉米中截获的曼陀罗草籽、活体牧场腐蝇均系湖南省首次。保障进出口食品安全，查获腐败变质进口椰果24吨，及时防止流入生产消费市场；检出2批标注“英国生产”的出口酒涉嫌欺诈、虚假宣传；在H7N9禽流感流行期间，截获202.92吨含禽源性成分的禁止进口牛羊肉骨粉。保障进出口商品质量安全，检出固废、汽车等进出境不合格货物208批、2994万美元，同比分别增长38.7%和407.5%；立案查处进出口木质包装未如实申报案件2起，对企业分别处以2000元的罚款，维护进出口秩序；退运固体废物2批90吨，处置进口危化品口岸泄露2批，发布相关警示通报3期。

【城陵矶进口肉类指定口岸运营三周年】　2017年，岳阳出入境检验检疫局采取查验“零等待”、放行“门对门”、证书“一日签”举措，大幅提高放行效率、降低通关成本，实现冻肉进口3931吨、983.7万美元，同比分别增长28.6%、110.6%，进口总量稳居长江内河口岸第三位。自2014年11月获批至2017年年底，城陵矶进口肉类指定口岸运营3周年。3年来，口岸累计进口冻肉7350.3吨，货值9640.5万元，包括猪、牛、羊、禽肉、骨等20余个品种，来自13个贸易国家。

【城陵矶港打造“百万粮港”】　2017年，岳阳出入境检验检疫局精准施策，助推进境粮食口岸平台外贸增量，支持打造“百万粮港”。对进境粮食实行“区港查验一体化”，减少货物周转，联合口岸局对“道道全粮油”实施精准服务，保障6万吨大豆顺利进口。至年底，进口粮食及其制品104.4万吨，“百万粮港”目标顺利实现，其中，直接进口18.6万吨，同比增长37.8%，间接进口85.8万吨。

【帮扶平江竹火把出口】　2017年，岳阳出入境检验检疫局发挥职能优势，到岳阳县区调研开放型经济建设，鼓励当地企业利用天然优势，拓展特色产品加工出口业务，宣讲出口美国植物检验检疫要求和指导加强风险防控，引导企业开展自检自控，突破输美检疫贸易壁垒。在服务方面快速通关，协调相关单位，重点解决竹木草制品出口熏蒸周期问题，精准帮扶竹火把出口“破零翻番”。至年底，岳阳平江连云竹火把出口32批141.3万美元，同比出口货值增长3.24倍，远超2016年全年出口。将“小产品”做成“大产业”，在出口创汇连续翻番的同时，带动当地贫困家庭增收及周边乡村脱贫致富。

【岳阳导爆管首次出口东南亚】　2017，岳阳出入境检验检疫局针对湖南南岭澳瑞凯民用爆破器材有限责任公司首次出口货物、包装安全要求高等特点，提供“一企一品一策”的具体帮扶措施，加强对企业危险货物包装采购、验收及管理的指导，帮助企业完善验收制度，建立规范台账，加强对企业包装使用鉴定作业人员的现场培训，提高工厂对正确使用包装及质量自检自控的能力，主动宣贯国外有关危险货物安全运输政策要求，指导企业开展货物危险特性分类等方面专业鉴定，完善应急预案，保障货物运输安全。9月，经岳阳出入境检验检疫局包装使用鉴定合格，湖南南岭澳瑞凯民用爆破器材有限责任公司一批塑料导爆管顺利出口泰国，实现岳阳民用爆破品首次出口东南亚国家。

（谭　婷）

人力资源和社会保障

HUMAN RESOURCES
AND SOCIAL SECURITY

责任编辑·李　幸

综 述

【概况】 2017年，岳阳市人力资源和社会保障局（以下简称市人社局）围绕“民生为本，人才优先”工作主线，服务“四大会战”，各项业务指标全面完成或超额完成。至年底，全市新增就业5.49万人，新增创业主体4.39万人，城镇登记失业率控制在3.48%；社会保险征缴总额74.64亿元，基本社保保险参保率99.4%；引进人才1055人，人才总量达57.11万人。市人社局系统被评为全省人民满意公务员集体、全省依法行政示范窗口和市综合绩效考评、综合治理、信访维稳、人口计生、安全生产、文明创建、建议提案办理先进单位等。

【张义珍调研人社工作】 2017年5月18日，人社部副部长张义珍一行到岳阳市就人力资源和社会保障工作开展调研，在王家河街道办事处、东升社区、汴河街创客基地、市人社局等地考察。省委组织部副部长、省人社厅党组书记、厅长贺安杰，市委常委、常务副市长唐道明，市委常委、组织部部长王瑰曙陪同。在汴河街创客基地，张义珍一行听取就业创业情况介绍，详细了解就业创业方面遇到的问题和困难，以及相关意见建议。张义珍表示，党中央、国务院对高校毕业生、农民工返乡就业创业工作高度重视，就业创业系列政策在岳阳市得到很好落实。张义珍还听取岳阳市人社工作情况汇报。张义珍希望岳阳市人社工作进一步梳理和总结，进一步宣传和推介，让老百姓更多地感受到实实在在的获得感，进一步提高工作规范化和科学化，使人社工作平稳有序进行。

【接受市委第二巡察组巡察】 2017年10月20日，市委第二巡察组进驻市人社局开展巡察。本次巡察突出政治巡察，紧盯党的领导弱化、党的建设缺失、全面从严治党不力，紧抓重点人、重点事、重点问题，对被巡察单位领导班子及其成员进行巡察监督。市人社局党组书记、局长尹家辉在巡察动员会上就党组班子和个人情况作客观评价，其他班子成员均对党组班子和个人情况作书面客观评价。巡察组进驻后，公布举报电话和信箱，在局机关设立接访室，集中在三楼办公，通过个别谈话、查阅资料、实地检查、接受举报投诉等方式，对市人社局进行为期1个月的集中巡察。

【人社服务园区大会战】 2017年，市人社局优化服务职能，助推园区大会战。在园区及企业开展调研，及时了解实际需求，采取问卷调查、企业走访、当面座谈等方式，对全市13家重点产业园区和100家中小微型企业的用工情况、服务需求、问题和建议进行抽样调查，有针对性地解决企业集中反映的招工难、培训难和规范用工难等问题。协助搭建企业科研平台，通过政策宣传、协助申报、优化服务，在全市各级各类园区中，岳阳林纸、际华3517等企业设立博士后工作站或博士后流动工作站协作研发中心7个，累计进站博士25人，推动企业产学研一体化。组织开展人才引进招聘活动，通过开展“四海揽才”活动和组织部分企业到深圳参加第十五届中国国际人才交流会，为园区企业搭建选人平台，市本级为岳阳经开区引进各类高层次人才123人。举办园区企业用工专场招聘会14场，为企业招聘技能人才3000余人。减轻企业社保费率负担，落实中央和省、市降低实体经济企业用工成本的系列政策措施，及时下调企业养老、失业、工伤和生育保险缴费费率，为园区参保企业减轻负担1000多万元。

【人社领域改革】 2017年，市人社局推进人社领域改革工作，至年底，承担的11项改革任务全部按要求完成。其中，生育医保合并试点基本完成，按照“统一参保、统一基金收支、统一医疗服务管理、统一经办和信息系统、确保待遇”的“四统一、一确保”要求，生育保险与职工基本医疗保险合并基本完成，基金共济能力和管理效率有效提高，生育保险报销待遇提高10%。岳阳市合并试点经验在全国生育保险和基本医疗保险合并实施试点工作会议作典型发言。城乡医保制度整合到位，市人社局出台《城乡居民基本医疗保险实施细则》，做好城乡居民医保制度整合和政策衔接工作，建立起基本医疗保险、大病保险、医疗救助和健康兜底保障“四位一体”的城乡居民医疗保障体系，统一城乡居民医保政策，均衡城乡待遇水平。跨省异地联网结算全域开通，全市开通跨省异地就医直接联网结算医院28家（市本级14家，县市区14家）。备案符合转诊规定人员4908人次，办理跨省异地就医联网结算273人次、省内异地就医住院直接结算6806人次。岳阳市跨省异地就医直接联网结算工作进度居全省第一位，代表湖南省接受国务院督查并获得好评。付费方式改革日趋完善，市人社局出台《岳阳市医保支付方式改革实施方案》和《2017年度定点医院协议支付方案》，在总额预算的基础上，重点推行按单病种付费和总额控制下的多元复合式付费并存的支付方式改革，促使定点医院主动缩短住院时间，减少弹性收费。与69家定点医院签订年度医疗服务协议，基金支付1.7亿元，医保次均费用和次均费用增长率均低于湖南省其他地市。五险统一征缴改革推进，按照“四统一”的经办模式，对已在各险种分别参保的单位，按照“逐步消化存量”原则，260家单位试点先行，逐步纳入，对新增参保单位，按照“一步到位”原则直接实施五险统一征缴。省人社厅向全省推介岳阳市五险统一征缴改革经验。职称制度改革实施，将原有教师系列职称按改革方案进行过渡，统一职称（职务）等级和职务名称。创新评审机制，评审工作实行分级管理和实施，评审时采取实地考核和集中评审相结合的方式进行，初步形成以能力和业绩为导向的评价机制。向县市区下放教师中级职称评审权，对中级职称评审计算机模块、职称英语不再作要求。引导和鼓励大学生到基层工作、国有企业负责人薪酬制度改革、落实城乡养老保险制度衔接办法、深化机关事业单位养老保险制度改革、深化供销合作社改革等改革项目均取得明显成效。

【就业扶贫通过国家抽检和省级检查】 2017年，市委、市政府将“培训就业脱贫攻坚行动”纳入“四大攻坚”范畴，市人社局将培训就业作为推动脱贫攻坚行动的主抓手和原动力，发挥职能优势，严格工作举措，取得明显成效，顺利通过国家抽检和省政府实地考核。市人社局核实贫困劳动力数量基础，采取“包干责任、包片走访”方式，对63546名建档立卡劳动力的基本情况、就业意愿、培训需求等58项信息，逐一登记，将398万条信息全部录入部省级平台，同时录入适合贫困劳动力就业的岗位10986个，在全省率先建成实名制数据库。开展职业培训，推动贫困人口脱贫致富，在充分尊重贫困劳动力意愿的基础上，针对湖区和山区不同特征，组织稻田养虾、林下经济、水产养殖等农业实用技术培训，实现“培训一人、成才一人、就业一人、脱贫一户”目标。围绕人岗相配，拓展贫困人口实现快速脱贫的渠道，举办就业扶贫劳务交流活动18场，利用信息平台为1922人进行人岗匹配，实现县内就业6240人、县外市内就业2597人。建立10个劳务协作基地，引导跨市跨省就业，实现省内转移就业6077人、跨省转移就业8069人。至年底，全市新增农村贫困劳动力转移就业1.08万人，完成贫困家庭“两后生”培训846人，分别完成年度指标任务的161.2%和112.8%。

（何 龙）

人事管理

【公务员管理】 2017年，市人社局将严字当头，抓实公务员管理。严格进人管理，坚持做好公务员招录计划申报，要求用人单位出现编制空缺必须优先用于考试录用，公开招录公务员453人。严格职位管理，建立完善全市行政机关公务员信息电子和纸质两套台账，包括编制、人员和职位信息，严控职数管理，实行任职“预审制”，办理科级领导非领导职务晋升104批437人次。严格调任管理，从严审核单位编制、职数和个人资格条件，凡没有经过预审开列的名单，一律不受理，凡预审不合格的名单一律不办理。至年底，市直行政机关从基层单位公开选调工作人员13人、调任16人。严格信息管理，会同市委组织部对市直行政机关6067名公务员信息进行全方位采集，完成年度全市行政系列18605名公务员年报统计工作。

【事业单位人事管理】 2017年，市人社局规范事业单位人事管理，把握岗位管理原则，实施岗位动态管理。至年底，完成345家事业单位岗位设置审批，其中，市直73家、县市区272家。针对县市区尤其是乡镇单位编制少、人员少的现状，经报请省人社厅同意，对性质、职能相近的单位，采取合并进行岗位设置的办法，较大程度上增加岗位等级和基数。对教育系统178家中小学和幼儿园的岗位设置方案进行动态调整。规范晋升程序，严格实行人员条件和岗位情况“双审核”。累计办理新进、调动、内部调整、政策性安置等人员定岗手续613人，办理管理、专技岗位晋升手续1063人。其中，对医院、高校等人数多、材料较复杂的单位提供上门审核服务，为用人单位提供便利。按照人岗相适原则和竞聘上岗办法，对管理、专技、工勤三类岗位之间的流动转换从严把关，全年通过审核办理176人的转岗手续。严格进出管理，做好事业单位公开招聘方案审核备案工作，其中县市区公开举办招聘18场次。做好市水务局、市国资委公开选调工作，面向市直单位选调9人。做好巴陵戏传承院花鼓戏、巴陵戏等特殊岗位公开招聘3名专业演员。建立人员“出口”即时办结制度，要求在3个工作日内办理完全部手续。办理事业单位工作人员辞职、辞退手续62人。

（何 龙）

市人社局在平江县举办就业扶贫专场招聘会 （市人社局 供稿）

人才服务

【概况】 2017年，市人社局围绕岳阳市作为湖南沿江开放城市“桥头堡”的战略定位，竭力为人才服务，发挥人才智力支撑经济社会发展作用。推出优惠政策揽才，推进巴陵人才工程，承办“四海揽才”活动。推出创业扶持、创新资助、引智补贴、政府奖励、绿色通道等“五大优惠政策”，给予最高500万元的创业启动资金、100万元安家补助、50万元工作补助、100万元的政策奖励等，对于事业单位引进高层次创新人才，经组织、人社、编制部门同意，可以采取直接考核的方式进行招聘。根据全市企事业单位用人需求状况，主动加强与武汉等地高校对接，两次组织全市364家企事业单位到武汉市参加春、冬季人才招聘活动，组织部分企业到深圳市参加第十五届中国国际人才交流会，提供岗位3216个，引进人才1055人，其中博士94人（含市委两批柔性引进博士63名在岳阳市挂职），2780余名高校毕业生与用人单位达成就业意向（其中，博士研究生45人，硕士研究生120人）。完成高层次创新创业人才申报评选工作，8名高层次人才入选。助推产业发展引智，择优推荐申报引智项目，全市获批引智项目17项，争取资金94万元。建立引进国外智力成果示范基地，推动引智成果社会化、产业化。其中，湘阴县水产科学研究所向全县示范推广“鱼类改良与健康养殖”，发展带动专业养殖户2000多户，户均增收2万多元。湖南博达隆科技发展有限公司培育的西瓜甜瓜新品种示范推广43.33万公顷，累计创造经济社会效益165亿元以上。注重引进外国专家智力支持，每年到岳阳市工作交流的外国专家达180人次，常年工作生活的20人。全面推行“凡进必考，公开录用”，创设公平公正竞争环境，完成公务员公开招录、事业单位公开招聘、“三支一扶”高校毕业生公开招募任务等42374科（人）次考试组考任务。简化调配手续，建立流转台账，及时反馈信息，畅通绿色通道，顺利办理招录（聘）、人员流动调配手续1110人次。采取“考试考核、自主选择与双向选择相结合”办法，妥善安置军转干部137人，随调家属9人。完成公务员初任培训和“三支一扶”志愿者上岗培训。公开评选享受市政府特殊津贴专家30名。发挥考核奖励正向激励作用，报批记二等功27人，办理记三等功487人，40名个人、21家集体受到省以上先进表彰。开展享受市政府特殊津贴专家选拔工作，与市委组织部联合下发《关于开展2017年享受市政府特殊津贴专家选拔工作的通知》，受理有效申报推荐人数91人，通过专家评审30名专家入选。充实完善岳阳人才信息库，新增收录人才信息14.33万人，更新人才信息7000多人次，累计录入人才信息57.11万人，实有入库人才数量跃居全省第二位，基本完成中央、省属、市属、县区四级人才层次分类和岳阳市重点特色行业人才分类工作。人才信息库全省首创，为全市经济社会发展和领导决策提供强劲人才信息支撑。全面调整全市机关事业单位工作人员的津补贴和绩效工资，人均每月增加300元。完成市本级611家单位3.13万人的津补贴调标工作。规范地方性补贴奖金福利发放工作。市属国有企业负责人薪酬标准重新明确，全市最低工资标准稳步提标。

【“四海揽才”活动】　2017年，市人社局根据市委组织部统一安排部署，分别于3月22日、11月19日组织364家企事业单位到湖北省武汉市开展“四海揽才”活动。市委常委、组织部部长王瑰曙和市政府副市长李为参加。岳阳市继续推出绿色通道、安家补助、工作补助、政府奖励、生活补贴、创业扶持、配套服务七大优惠政策，吸引更多优秀人才去发展创业，符合条件的引进人才最高可享受100万元安家补助或50万元的工作补助，还可享受为期3年的生活补贴，有重大贡献者最高可给予100万元的政府奖励，对于创业人才和有志创业的高校毕业生将享受创业启动资金资助、创业贴息担保贷款等扶持政策。两次招聘活动引进人才1055人，其中博士94人（含市委两批柔性引进挂职博士63人），2780名2018届高校毕业生与用人单位达成就业意向。

【教师系列中级职称评审权下放至县市区】　2017年，按照省人社厅《关于做好2017年度职称评审工作的通知》文件精神，市人社局及时落实下放中小学一级教师职称评审和下文权限，赋予各县市区自主评审和下文权。同时，市人社局认真落实省政府办公厅《关于深化职称改革制度的实施意见》，对职称外语、职称计算机不作统一要求，引导专业技术人员向重能力、重业绩转变。至年底，各县市区对1240名参评对象全部自主评审或自主委托进行评审，其中委托市人社局评审中小学一级教师职称1173人，通过891人。

（何　龙）

劳动就业创业

【概况】　2017年，市人社局按照“就业是最大民生”的定位，引导创新生发创业，支持创业带动就业，基本形成生动活泼的创新创业局面，《湖南日报》7次报道岳阳市创业就业等工作。市人社局落实政策促进就业，推动《岳阳市创新创业带动就业扶持资金管理办法》《岳阳市创新创业项目征集管理办法》等系列文件出台，落实各类就业创业奖补资金1.7亿元。至年底，全市实现城镇新增就业5.49万人，完成省定民生实事任务的106%；新增农村劳动力转移就业3.62万人，完成116.6%；失业人员再就业2.79万人，完成103%。鼓励创业带动就业，创业活动对就业的贡献率持续上升，全市新增创业主体4.39万人，创业带动城乡就业7.88万人，带动城镇就业2.85万人，均超额完成年度任务。升级改造“湖南江湖名城众创空间”，吸纳有创业梦想的高校毕业生和创客入驻。举办创客沙龙和创意市集22期、创业培训班271期。湖南卫视对岳阳市创客沙龙和创意市集的“双创”服务品牌进行重点推介。加强劳动技能鉴定工作，组织75场次15830人次职业技能鉴定，获证人数13623人。注重资金帮扶，开展“助万人创基业、送贷款到基层”活动，首次将符合条件的网络商户、返乡创业农民工、大学生村官等群体纳入创业担保贷款政策扶持范围。全年新增创业担保贷款2.7亿元，完成135.4%，成功扶持创业2900多人。承办全省创业担保贷款工作会议，并作典型经验发言。创建省级创业示范平台3家，“湖南江湖名城众创空间”跻身国家级众创空间，全市“国字号”创业平台4家。重点帮扶稳定就业，全年实现就业困难对象再就业1.07万人，完成118%，城镇登记失业率控制在3.48%，零就业家庭100%动态清零。利用湘北人才市场搭建用工需求平台拓展就业，举办招聘会48场，吸引8.8万多人次进场求职，达成就业意向1.9万多人次。举办“就业援助月”“春风行动”“民企招聘周”等活动，为就业困难对象联系用工单位560家，匹配就业岗位1.2万多个。发展家庭服务业吸纳就业，3916人实现“家门口”就业，全市家政从业人员累计达4.5万人。

【就业扶贫招聘会】 2017年，市人社局发挥职能优势，开展就业扶贫，分别在平江县和中心城区举办两场就业扶贫专场招聘会，实现大批有就业意愿的贫困劳动者顺利就业。9月22日，岳阳市精准扶贫专场招聘会在平江县天岳广场举行，吸引来自平江县24个乡镇9400余名城乡劳动者入场求职，其中，2613名求职者现场与用人单位达成用工意向，建档立卡贫困劳动力占1225人。为进一步促进该县贫困家庭劳动力转移就业，市人社局搭建适合贫困劳动力与用工企业需求的对接平台。招聘会精心筛选用工规范、待遇较高的企业，招聘岗位以普工为主，适合文化程度偏低、年龄偏大的精准扶贫对象和返乡农民工就业，工作地点主要分布在平江县本地、岳阳市和长沙市等地，提供近800个职位1万多个岗位，涉及房地产、酒店业、家政服务、食品、机械制造等行业60余个工种。平江县各乡镇安排分管就业的专干，租用72台招聘“直通车”免费接送，并向贫困户发放中餐补助。11月4日，岳阳市“就业扶贫送温暖”大型专场招聘会在南湖广场举行，500余家企业提供8000多个工作岗位，涵盖金融、通信、医药、教育、制造、广告、保险、餐饮等30多个行业，重点为贫困人员送岗位、送技能、送服务，现场免费发放宣传资料3万多份，政策咨询224人次，入场求职人数逾1万人，与用工单位现场达成求职意向3500余人。招聘会现场，设有城镇社区就业援助服务、就业政策服务、技能培训服务、医疗保险、养老保险劳动维权和工伤保险等咨询区。湖南理工学院、湖南民族学院、岳阳职院、中南职院四大院校为解决毕业生就业问题，组织本院校1025名毕业生参加应聘活动。

【全省创业担保贷款工作会议】

2017年9月26日，全省创业担保贷款工作业务培训班在岳阳市举办，省人社厅和全省各市州人社部门相关负责人参加会议。省人社厅党组成员、副厅长蔡畅元出席开班仪式，市委常委、常务副市长唐道明出席并致辞。岳阳市把就业当成最大的民生工程，全力推动“大众创业，万众创新”，通过出台创新创业带动就业扶持资金管理办法等优惠政策，激发全社会创新热情，形成全民创业热潮。至年底，全市累计发放创业担保贷款15亿多元，落实贴息资金1.2亿元，全民创业指数18%，带动就业4.86万人，岳阳市被评为全省首批创业型城市。

（何　龙）

劳动关系协调

【劳动权益依法保障】 2017年，市人社局劳动监察执法遵循“支持经营者依法用工，维护劳动者合法权益”的用工理念，构建和谐稳定的劳动关系。在全省率先建立非公企业劳动用工“双维护”（维护用人单位合法权益、维护劳动者合法权益）联席会议制度和“岳阳市劳动保障监察支队法律援助工作站”，健全“横向到边、纵向到底、管理到位、责任到人”的网格化监察工作体系，畅通农民工欠薪举报投诉渠道，基本实现“一点举报投诉、全网联动处理”，做到欠薪案件限时清零。坚持日常巡查，将隐患排查作为日常巡查的主要工作，要求对欠薪问题进行常态化全面排查，年底在全市范围组织开展“送上一封信，问上一声好，今年工资少没少”的拖欠农民工工资排查专项行动。加强失信惩戒，强化社会舆论监督，对恶意欠薪符合刑事处罚条件的案件，及时移送司法机关处置，形成司法打击震慑。对拖欠农民工工资且拒不整改的用工企业，列入拖欠工资企业“黑名单”，对群体性重大投诉案件和拖欠农民工工资单位实行通报和曝光，追究相关法律责任。至年底，在本地主流媒体公开曝光拖欠农民工工资案件4起，受理涉农民工工资案件225件，涉及农民工3910人，成功追回农民工工资3052万元。市人社局仲裁调解严格依法办案，在提升服务水平的同时抓办案质量。至年底，累计收到劳动人事争议仲裁申请2146件，其中集体案件25件，立案受理1957件，不予受理189件，涉及劳动者当事人2608余人，涉案金额7558多万元，结案1930件，调解处理1262件，裁决处理361件，其他方式处理334件，结案率98%，没有一起仲裁案件处理不当被投诉，没有因一起仲裁案件处理不妥而引发上访或群体性事件，收到良好的法律效果和社会效果。

【合法劳动用工】 2017年，市人社局坚持劳动合同备案制度，重点抓劳动合同备案信息系统建设，推广劳动用工备案信息系统，实现“信息网上走，数据网上流，业务联动办”，确保企业合法劳动。指导企业根据单位用工实际规范劳动合同约定，免费为企业提供样本合同6万多份，加强对标准的劳动合同文本的示范推广，提高劳动合同的签订规范率。特别是在劳动合同变更、解除、终止等容易出现劳动争议纠纷的环节，帮助企业重视程序、重视证据、重视管理书面化工作。通过对劳动合同规范化和动态化管理，规范劳动用工秩序，进一步夯实劳动关系基础，企业劳动合同签订、备案率都有所提高。至年底，全市网上有3892家企业进行备案登记，备案劳动合同17.7万份，劳动合同签订率达99%，备案人数为18.3人，居全省第一位。开展特殊工时许可，按照严格标准、规范程序、实地调查、督促落实的工作程序和要求，对市本级13家单位275个岗位进行特殊工时许可，涉及职工1599人，保障职工休息的权力。开展劳务派遣许可，以促进下岗失业人员再就业、城镇新增劳动力就业、大中专毕业生就业以及农村富余劳动力转移就业为重点，引导劳务派遣用工，拓宽城乡就业渠道，全市劳务派许可单位59家，劳务派遣促进就业4.18万人。加强劳务派遣工作监管，进行劳务派遣年度核验，核验情况通过政府门户网站进行公布，载入企业信用记录，并作为是否准予劳务派遣企业延续的主要的依据，建立劳务派遣准入和退出机制，退出企业2家，劳务派遣向制度化、规范化、法治化方向发展。开展工资集体协商，通过集中培训、交流经验、典型示范等措施，提高工资集体协商水平，印发宣传资料1.6万余份（册）、播发相关报道1300多次，举办培训班30多次。联合市总工会从规范协商程序、规范协商文本、规范协商落实等三个方面对各县市区工资集体协商工作进行回头看，纠正和落实问题20多个，指导全市已建工会681家企业签订工资集体协商协议，涵盖职工125695万人，其中，签订行业性工资集体协商协议23份，签订区域性工资集体协商协议133份，涵盖企业3138家，涵盖职工6.2万人，全市已建工会工资集体协商协议签订率92%，超额完成省绩效考核目标任务。

【信访投诉案件处理】 2017年，市人社局出台《市人社局信访工作制度》，建立信访事项由局信访办牵头协调、业务科室（经办机构）参与接访、局领导信访包案的处理机制。设置信访接待室，安排专人接访。现场接待来访群众反映问题或咨询政策1100余人次，出具各类信访文书245份。出台《信访问题源头治理专项行动工作方案》，实行带案下访，成功化解2家单位200多人因社保等问题进京到省上访计划。在全省人社系统信访维稳工作大会上，市人社局作典型发言。落实企业军转干部解困政策，确保企业退休军转干部养老金和生活困难补助发放到位，多次召开与企业军转干部代表座谈会，组织到红色革命教育基地进行学习教育，适度提高节日慰问标准，确保岳阳市企业军转干部整体稳定。7月21日，全省做好军队退役人员工作研讨会上，市人社局作典型发言。

（何　龙）

社会保障

【概况】 2017年，市人社局按照社会保险制度“广覆盖、保基本、多层次、可持续”的方针，推动社会保险由制度覆盖向全民覆盖转变，全市基本社会保险覆盖率99.4%，社会幸福指数和群众满意指数持续上升。社会保险全面覆盖，利用“12333”社会政策宣传月等活动，组织养老、医疗、生育、工伤、就业五大社会保险政策宣传进园区、进企业、进社区、进村组、进家庭“五进”活动，全社会参加社会保险自觉意识明显提高。完成全民登记参保任务，社会保障卡覆盖406万人。全市基本社会保险参保率99.4%，其中，基本养老保险参保率98.8%，城乡医保参保率100%，社会保险由制度覆盖向全民享有转变，完成年度小康目标任务。按照“先试点，再铺开”要求，启动市本级五险统一征缴试点工作，首批260家新增参保单位实现五险统一征缴。五大险种均实现应保尽保、应征尽征，提前超额完成年度任务。至年底，全市企业养老保险征缴基金32亿元，完成118.5%，企业养老保险同级财政补助4478万元，完成101.77%，城乡居民养老保险征缴2.26亿元，完成128.69%，机关事业单位养老保险基金征缴19.5亿元，完成115%，在职参保12.9万人，完成116%，基金规范运作和安全完整率100%；城镇职工（含生育保险）和城乡居民医疗保险参保人数分别为62.58万人和515.6万人，城镇职工医保基金（含生育保险）征缴基金16.39亿元，完成142.5%；工伤保险参保77.77万人，完成100.7%，征缴基金3亿元，完成157.9%，新开工项目工伤建设保险参保率达到100%；在三次下调失业保险费率降至1%的前提下，失业保险基金征缴1.1亿元，完成171.4%，参保总人数38.14万人，完成101.7%。

（何　龙）

【医疗生育保险合并全国试点】 2017年1月19日，根据国务院办公厅印发的《生育保险和职工基本医疗保险合并实施试点方案的通知》，岳阳市被确定为全国12个生育保险和职工基本医疗保险合并实施试点城市之一，为湖南省唯一试点城市。市人社局按照“统一参保登记、统一基金征缴和管理、统一医疗服务管理、统一经办和信息服务、职工生育期间的生育保险待遇不变”要求，制定试点实施方案，经省人社厅审批并报人社部备案后组织实施。至年底，基本完成生育保险与职工基本医疗保险合并，基金共济能力和管理效率有效提高。岳阳市合并试点经验在全国生育保险和基本医疗保险合并实施试点工作会议作典型发言。

（何　龙）

【机关事业单位养老保险制度改革】 2017年1月，机关事业单位养老保险制度改革正式实施。市本级按新制度全面启动养老保险基金征缴、职业年金归集、社会化发放养老金等业务经办工作。市政府将深化机关事业单位养老保险制度改革工作列入市重点民生实事。至年底，全市实现2395家机关事业单位在职参保13.12万人、退休4.59万人，征缴基本养老保险基金19.5亿元，归集职业年金5.74亿元。其中，市本级参保单位379家，征缴基金3.96亿元，归集职业年金2.1亿元；市本级社会化发放养老金4.26亿元，单位代发养老金1.43亿元。全市13个统筹区于9月30日前全面启动新制度。

（彭汪波）

财政·税务·审计

FINANCE TAX AUDIT

责任编辑·曹春友

财　政

【概况】　2017年，市财政局以贯彻中共十九大精神总揽全局，落实市委、市政府决策部署，有效发挥财政职能，统筹做好稳增长、促改革、调结构、惠民生、防风险等各项工作，较好地服务全市经济社会发展大局。被中央文明委授予第五届全国文明单位称号，完成全国文明城市届满复查，获得全市综合绩效考评、综治工作、人口和计划生育、安全生产、法治政府建设、政务公开、防洪抗灾、文明交通我先行志愿服务、档案管理、无偿献血等先进单位称号。

收入质量实现提升。面对骨干税源短收、结构性减税降费、非税收入压减等实际困难，市委、市政府高度关注财税运行情况，财税部门强化重点税源征管，各协税护税部门加强综合治税，确保各项收入应收尽收。“四大会战”“四个十条”落地实施，有力拉动财政收入增长。一批园区重点税源企业来势较好，11个县市区财政收入增幅在10%以上。开展建筑施工企业、房地产税收和非税收入“三大清理”专项行动，挖潜增收效果明显。全市完成一般公共预算收入318.09亿元，同比下降3.8%，虽然收入增幅较2016年有下降，但质量得到提升：其中地方收入中税收增长12.3%，税收占比较2016年提高5.7个百分点。全市一般公共预算收入没有达到年初确定的预期目标，主要是受两个方面的因素影响：一是中石化长岭炼化、巴陵石化“两厂”周期性停产检修，入库收入同比减少26.1亿元，下降19.5%。二是落实省委、省政府非税收入压减要求，较2016年压减6.34亿元，控制在75.41亿元以内。剔除“两厂”和非税收入压减两个因素，全市一般公共预算收入增长19%。

助推地方发展。通过加大预算安排、整合资金、以奖代投、向上争资等措施，全力支持市委、市政府确定的发展战略和重点工作。落实“四大会战”“四个十条”，支持园区招商引资，安排“135”工程专项资金。落实开放型经济发展财政奖励政策，支持“一区一港四口岸”建设。筹措资金，支持干线公路、城建道路和农村公路等提质改造。整合安排经济发展专项资金，重点用于支持非公有制经济发展，实行重点产业和重点民营企业帮扶行动，出台《岳阳市重点帮扶企业和“专精特新”中小企业扶持资金管理办法》。安排“巴陵人才工程”专项资金，对人才引进给予专项资助和安家补助。支持供给侧结构性改革，全面清理行政事业性收费项目，降低实体经济用电、用地、用工、融资等综合成本。全市扶贫投入11.5亿元，市级财政专项扶贫资金同比增长50%。全市累计争取中央、省转移支付资金265.6亿元、地方政府新增债券45亿元，在保障重点项目建设、民生政策到位、弥补财力缺口等方面发挥关键作用。

民生支出大幅增长。坚持用公共财政的钱办老百姓关心的事。全市一般公共预算支出完成490.3亿元，增长13.7%。其中，直接用于民生领域支出360.4亿元，占财政支出比重70%以上。农林水事业支出55.1亿元，支持脱贫攻坚、现代农业发展、铁山水资源“两保”、引导农村规范建房、水利“百千万”工程、美丽乡村、防汛抗旱等。教育支出65亿元，主要用于学校基础设施建设，支持薄弱学校提质改造，提高教育经费保障水平，健全家庭困难学生资助政策体系等。社保就业支出82.9亿元，连续13年提高企业退休人员基本养老金，进一步提高城乡低保指导标准、居民养老保险基础养老金，支持实施“五险”统一征缴试点、创新创业和就业工作等。按政策落实行政事业单位人员工资和绩效待遇。医疗卫生支出42.7亿元，进一步提高城乡居民医保、基本公共卫生服务项目、独生子女伤残死亡家庭财政补助，支持城市公立医院改革、城乡居民医保整合、开展生育保险与职工基本医疗保险合并试点等。文体事业支出9.9亿元，支持公共文化服务体系建设，支持全民健身体育活动等。环保支出11.9亿元，支持中央、省环保督查反馈问题整改、洞庭湖水环境综合治理“五大专项行动”、湘江保护和治理省“一号工程”。

财政改革稳步推进。全面推开“营改增”改革，落实简并增值税税率政策。推进资源税从价计征改革，做好环境保护税开征准备工作，财政事权和支出责任划分改革在水利领域破题。加强全口径预算管理，实现“四本预算”统筹、统编、统批、统管。预算绩效管理扩面提质，对10个专项开展重点绩效评价，以市政府名义出台评价结果应用办法。政府购买服务试点在8个领域深入推进。创新财政资金金撬动金融和社会资本投入农业农村机制。全市入选省级以上PPP示范项目40个（其中国家级4个），落地项目

政府采购培训会　　（市财政局　供稿）

13个，全市PPP工作被中央电视台推介报道。强化资金保障，支持经济体制、生态文明、司法、纪律检查等其他领域的各项改革。

财政管理规范科学。坚持依法理财、科学理财，财政管理日趋规范科学。加强债务管理，推进存量债务置换，把好PPP项目准入关、审核关、操作关，坚决制止以政府购买服务名义违规融资，全市综合债务率逐年下降。加强财政监督，开展扶贫资金、“吃空饷”“三公”经费、资金安全、政府采购、资产出租出借等专项检查，维护财经秩序，保障资金安全。落实市委巡察组移交问题，以及财政预算执行审计、债务审计、收入质量核查等发现问题整改工作。将民生资金支出使用情况、惠农补贴数据纳入“互联网+监督”平台、“岳农网”平台公开。从严控制一般性行政开支，全市“三公”经费支出下降9%。推进法治财政建设，坚持依法行政。规范资产配置与处置管理，完成公车改革处置车辆公开拍卖。推进内控建设，出台12个专项防控办法。全市清理撤销各类财政专户63个。进一步加强和规范政府采购管理，全市完成政府采购预算金额269.8亿元，实际采购金额264.9亿元，节约资金4.9亿元。不断拓宽评审范围，受理完成财政投资评审项目8293个，送审金额375.3亿元，审减资金49.9亿元。财政信息化稳步推进，实现各级财政部门间数据交换模式的规范统一。

【三大专项清理行动】 2017年，市财政局在全市组织开展建筑、房地产、砂石行业及非税收入税费征管专项清理行。中心城区“三大专项清理行动”清理房地产项目90个、施工企业11个、行政事业单位88家。累计清理各项欠缴税费近5亿元。在专项清理欠税同时，加大对新楼盘税收的监管和催缴划转，通过房产部门监管账户划缴各项税收6亿多元。在“三大专项清理行动”的带动效应下，全市入库耕地占用税、土地增值税、契税、印花税、个人所得税同比分别增长53.7%、60.2%、51%、28.2%、34.2%。针对“营改增”税制改革中存在的普遍问题，特别是外来建安企业税费征管难、建安市场规范监管难、欠税清缴难、信息资源和人员整合难等问题，市综合治税（费）办公室坚持问题导向，突出抓好组织领导、部门联动、精细管理和整章建制4个关键环节，确保“三大专项清理行动”全面落地。

【供给侧结构性改革】 2017年，市财政局按照“放管服”要求，主动发挥职能，支持供给侧结构性改革，助推全市经济迈向高质量发展。放权活园。依法下放财政行政许可审批权限，支持园区建立一级独立财政，用好信贷、基金、债券、PPP等模式，做大做强园区投融资平台，激活园区发展的“蓄水池”“资金池”。降税减费。“营改增”改革为企业减负近20亿元。全面清理行政事业性收费项目，建立园区企业“缴费清单”制度，降低实体经济用电、用地、用工、融资等综合成本。至年底，全市涉企行政事业性收费降标35项、取消12项、停征6项，收费金额较三年前下降30%。严格兑现税收优惠或减免政策，全市办理退（免）税55.5亿元。帮扶助力。实行重点产业和重点非公有制企业帮扶行动，对重点帮扶企业和成长性好的“专精特新”中小企业给予扶持。落实新产品开发税收优惠政策。完善政府采购支持创新政策，加大初创企业新产品、新技术、新服务的采购力度，优先鼓励使用本地优质产品。搭台利民。筹措资金12.8亿元，高标准全覆盖建成1806个村（居）民服务中心，同步开发“岳农”互联网平台，整合党务、政务、村（居）务、商务、社务资源，构建8大类122项线上线下结合的便民服务超市，创建深化供销合作社综合改革示范市，为各类新型农业经营主体和广大农民提供现代化、信息化服务，有力促进乡村振兴战略实施。

【市财政奖励创新发展】 2017年，市财政局运用“以奖代投”“以奖代扶”手段，支持创新发展，引领开放崛起。奖园区，对园区绩效考核前三名，以及推进园区“135”工程给予奖励。同时，明确两条优惠政策：以园区内工业企业上年度实际缴纳的增值税、企业所得税市级留成部分为基数，超基数部分的50%用于扶持园区发展；对上缴的排污费市级留成部分重点用于支持园区环境保护和治理项目。奖企业，对世界500强、国内500强等战略投资者到岳新设立地区总部、研发中心、采购中心等功能性机构，实行“一事一议”奖励政策。市财政安排专项资金，对排前20名的民营企业纳税大户进行奖励。完善引进设立金融机构奖励机制，对在岳新设立的市级银行业机构、市级保险机构、证券机构给予100万元~200万元奖励。设立产品创新奖，对国际国内有影响力的新产品给予重奖。奖招商，对省级以上园区每引进一家世界、全国100强企业或实际投资达到一定额度的重点工商企业给予奖励，对每新增一家规模以上工商企业给予奖励。设立招商引资中介人奖，根据投资到位达产实际效果予以奖励。奖人才，对功勋企业家、优秀企业家、企业高管人才按个人当年缴纳所得税给予一定奖励。对财政增收作出重大贡献的人才，给予最高100万元政府奖励。安排巴陵人才工程专项资金，对科技创新创业人才团队、企业引进的高端人才、高成长性优秀青年人才，给予专项资助和安家补助。

【财政扶贫资金监管】 2017年，市财政局以脱贫攻坚为重要职责，树立精准导向，建立健全财政扶贫投入、使用和管理机制，提高资金使用效益。各县市区预算安排专项扶贫资金1.5亿元。市本级财政通过预算安排、预算追加、整合专项等办法，逐步增加财政专项扶贫资金，市级财政专项扶贫资金较同比增长50%。在落实中央和省级39项涉农资金整合外，市级财政统筹整合使用9项涉农资金。加大财政扶贫资金监管，将各类扶贫资金纳入“互联网+监督”范畴，实现资金监管范围覆盖所有贫困村和非贫困村贫困人口、所有年度扶贫资金。开展为期3个月的全市扶贫资金重点检查，对县市区扶贫项目资金使用管理的相关部门单位、重点乡镇和贫困村开展重点检查，对检查发现的问题列出清单、限期整改，处理问题资金6465万元。

【完善现代预算制度】 2017年，市财政局加强全口径预算管理，实现“四本预算”统筹、统编、统批、统管，并向市人大常委会报告全口径预算、地方政府债务等方面情况。市本级273个单位全部纳入部门预算，实行一个部门一本预算。加大政府性基金预算、国有资本经营预算与一般公共预算的统筹力度，将地方教育附加等16项基金转列一般公共预算统筹使用。31家市属国有独资企业全部纳入国有资本经营预算范围，国有资本经营收益上缴一般公共预算比例从19%提高到23%。清理压缩单位专项经费，提高行政事业单位公用经费标准。建立完善常态化公开机制，制定预决算信息公开制度和《预算管理工作涉密信息目录》，在市政府门户网站、市财政局网站和部门单位网站设立统一公开平台。市级预决算公开范围实行全覆盖，公开内容做到“非涉密、全公开”。预算绩效管理扩面提质，对教育信息化、电子政务、关停危害铁山库区水源企业等专项资金开展重点绩效评价，评价结果得到应用。

【严控政府债务风险】 2017年，岳阳市坚持问题导向，强化底线思维，全面防控化解政府债务，债务率指标持续走低，债务风险总体可控。市委、市政府成立由党政主要负责人牵头，市发改、财政、审计、国资、人民银行等部门参加的政府债务管理领导小组，负责领导政府债务管理工作。市委常委会、市政府常务会议、市长办公会议10多次专题研究政府债务管理工作，传达学习中共中央总书记习近平关于政府债务问题的重要批示精神，以及党中央、国务院和省委、省政府相关政策精神，部署对全市政府债务开展清理核查，研究加强债务管理的措施。暂缓一批非必要、非紧迫性、非公益性的项目。11月，市政府下发《关于暂缓建设市直30个政府投资项目的通知》，暂缓建设的30个项目涉及投资总额75亿元，有效管控新增债务。结合上级部署，组织相关部门全面摸底排查全市违法违规举债融资行为，并督促有关部门严格对照文件精神，对不规范融资项目进行全面整改落实。推进市直融资平台整合转型，支持平台公司自主融资，探索控制债务与促进发展“双赢”路径。实行融资平台资金账户“双控”管理，坚持逐笔审查资金结算，强化项目资金监管。结合全市重点项目建设需求，向上级争取债券资金，有力缓解财政压力。研究制定政府债务风险化解规划方案和政府债务风险应急处置预案，拟定债务风险化解目标，力争把政府债务率控制在警示线以下，确保不因债务防控出现资金链断裂的风险。

【非税收入征收管理】 2017年，市财政局加强非税收入征收管理，做到政策清晰明确、管理高效到位、征收及时足额、运行阳光透明。严明政策，严格落实中央及省有关非税收入停征、减征、免征、缓征等政策。及时调整非税收入项目、征收范围，清理、修订和补充现行规费制度，确保非税征管有法可依、有章可循、依法征收。强化管理。按照非税收入政策和政府预算分类科目，从严审核非税收入预算，做到应纳尽纳，提高预算编制的完整性和准确性。加强非税收入汇缴结算户管理，强化非税收入的核算职能，严格非税收入分成划解，依规办理资金退付，完善待查资金的清理办法，确保非税收入及时、足额入库。规范征收，对全市98家行政事业单位进行年度稽查和国有资产出租出借监督检查，查出应缴未缴非税收入8000多万元。开展建设项目优惠政策、河道砂石资源有偿使用收入专项稽查。开展票据专项稽查，对各级各单位票据的领、用、销、存、保管等情况进行检查。规范市直行政事业单位拆迁补偿收入缴款，强化执收单位依法征收、依法行政的意识。全面覆盖。推动县市区和市本级财政票据电子化管理的工作，全面实现“电子开票、自动核销、全程跟踪、源头控制”的改革目标。

【国库集中支付管理】 2017年，市财政局完善国库集中支付核算管理工作，推进国库集中支付电子化管理改革，确保财政资金支付安全、规范、高效、有序。至年底，市本级办理国库集中支付业务11.7万笔，集中支付总额158.6亿元，其中办理财政直接支付业务90842笔，直接支付总额156.77亿元，财政直接支付比重为98.84%；公务卡支出12530.77万元，公务卡支出占授权支付支出比重68.34%。执行国库集中支付制度和财政直接支付审核工作规程，严格执行直接支付限时办结制，确保资金及时支付。市级国库集中支付电子化系统正式上线运行，通过“电子凭证+电子签章”身份识别、自动留痕等控制机制，建立起动态校验、电子验章、全程动态跟踪的业务管理方式，资金支付“环环相扣、互相牵制、有始有终”，实现足不出户资金支付直达，缩短支付周期，节省人力物力，减少行政运行成本，提高财政资金使用效益，实现数据传送无纸化、业务处理标准化和资金拨付安全化。

【农业综合开发投入】 2017年，市财政局加大农业综合开发投入力度，提升项目工程质量和资金使用效益。至年底，全市争取农业综合开发财政资金18839万元，其中：土地治理项目财政投资14926万元；立项1个优势特色产业园项目，财政投资1000万元；立项21个产业化发展财政补助项目，财政投资1563万元；立项1个产业化发展贷款贴息项目，贴息300万元；部门项目财政资金投资1050万元。支持屈原管理区通过撬动金融资本进入高标准农田建设，争取国开行信贷资金2亿元。全市完成高标准农田5580公顷，其中，完成修建拦河坝4座，排灌站82座，衬砌渠道182.76千米，渠系建筑物57座，干道50.39千米，支路14.32千米；完成农田防护林建设66.67公顷，苗圃建设0.53公顷；完成农民技术培训4500人次，购置设备84台（套），示范推广246.67公顷。全市完成产业化经营项目29个。通过项目的实施，新增和改善灌溉面积3493.33公顷；新增和改善除涝面积1373.33公顷；新增节水

【领导干部经济责任审计】　2017年，市政府出台《岳阳市党政领导干部自然资源资产责任审计暂行办法》，强力推进生态文明建设。市审计局完成对市直单位21名主要负责人任期审计，查出各类违规金额3.5亿元，向有关部门移送案件线索17起，2人受到党纪政纪处分。参加益阳经责异地交叉审计，查出各类问题70个，出具问责建议函1份，两名责任人分别给予党内警告处分和诫勉谈话处理，对套取涉农资金等3起违纪问题建议有关部门问责。

【政府投资审计】　2017年，市审计局完成竣工结算项目审计157个，核减工程造价3540万元。完成三荷机场还建路网工程、京港澳高速岳阳连接线长康路立交桥工程等66个预算投审计，再次核减项目预算投资2097.84万元。联合市发改、财政、住建三部门，出台《关于加强对政府投资项目工程造价咨询服务监督管理的意见》，规范政府投资项目工程造价中介服务。

【民生保障资金审计】　2017年，市审计局对全市六县三区2016年保障性安居工程开展审计。查出问题金额3.8亿元，移送案件线索7起。列出12份整改清单，对未整改到位的下发整改督办函，促使取消或调整保障对象资格610户，清理收回和分配使用住房209套，将闲置保障性住房投入使用1160套。截至11月底，12份问题清单中的58个问题，全部整改到位，整改率100%。审计专报《保障性安居工程建设管理方面存在的问题应引起高度重视》，得到市委书记胡忠雄的书面批示。首次开展扶贫、计生、环保、就业等专项资金审计。扶贫资金审计抽查7个县市区的12个扶贫资金管理使用情况。查出扶贫资金分配不合理，资金用途不明确导致滞拨、挪用资金等问题并提出审计建议，促进提升扶贫资金使用效率、规范扶贫资金分配程序。

市本级预算执行审计现场

【交办事项审计】　2017年，市审计局完成市委、市政府临时交办的信访核查项目2个。完成对洞庭新城项目以及市中心城区棚户区改造项目的审计。对市政府批示的8项工程变更进行认真答复，提出具体处理意见。受市纪委委托对市广播电视台2013—2015年度财务收支情况进行审计。会同市财政评审办对金凤桥北路、置田庄路PPP项目概算进行联合审计。抽调4人参加省委巡视组的巡察工作，抽调10人参加省审计厅经责审计项目，抽调4人参加市委巡察组的专项巡察工作。

【审计能力提升】　2017年，市审计局推行审计管理新模式，改进审计组织方式，完善审计技术手段，提升审计能力，加快审计成果转化。实行“三权分离”“两项保障”“三条规定”的“三二三”审计业务管理模式，提高审计效率；落实“三会一巡”制度，着力解决审什么、怎么审的问题；采取现场跟踪审理、项目交叉审理新模式，严格把关审计质量；创新“三位一体”整改机制和“约谈”机制，打造政府、监察、审计“三位一体”的立体化整改机制；稳增长政策跟踪审计探索实施“六张清单”法，按单落实，切实规范操作流程。重大审计项目实行人员整合、资源整合，上下联动、交叉审计，财政预算执行审计、专项审计、经责审计相结合。强化对下级审计单位的指导。城镇保障性安居工程审计由市审计局牵头、县审计局配合，异地交叉开展审计；稳增长跟踪审计首次实行县市同步、业务科室同步，实现“五个全覆盖”；预算执行审计多次召开培训会、创立“四个规范”、出台6期工作指引，从计划管理、实施方案到现场跟踪实施等方面加强对县市区审计局的业务指导。至年底，审计成果转化成效明显。审计整改促进增收节支和挽回经济损失1.3亿元，制定和完善相关制度9项。全局以《审计要情》《审计专报》为市委、市政府献计献策25次，主要领导批示2篇。重视审计信息化建设，收集整理计算机审计成果25个，财务系统模板2个。强化完善审计信息宣传考核激励机制，引导审计干部总结提炼审计成果。审计信息被国家级媒体采用30余篇，被省审计厅网站采用101篇。

（戴　龙）

金　融

FINANCE

责任编辑・曹春友

综　述

【概况】　2017年，岳阳金融业保持平稳健康发展势头，金融总量不断壮大，金融服务水平有所提升，金融组织体系逐步健全，金融生态环境进一步优化。至年底，全市银行业机构各项存款余额2600.2亿元，比年初增加421.8亿元，同比增速19.36%，增量、增速分别居全省第二位、第一位；各项贷款余额1318.3亿元，比年初增加294.3亿元，同比增速28.74%，增量、增速分别居全省第三位、第二位。全市保险机构39家，实现保费收入72.5亿元，同比增长28.4%；证券期货营业部32家，完成证券交易额2896.9亿元，同比减少50.5%；融资性担保公司9家，累计担保金额18.9亿元；小额贷款公司19家，累计放贷23.1亿元；全市企业通过首发上市、上市公司再融资、发行公司债、私募股权融资、信托融资等方式，利用资本市场直接融资297.5亿元，同比增长119.1%，直接融资额创历史新高。

【市委市政府出台“金融十条”】

2017年8月31日，市委、市政府出台《关于加快金融业改革发展的实施意见》（“金融十条”），从引进金融机构、发展多层次资本市场、防范地方金融风险等方面明确具体措施，形成一套抓经济、活金融，促发展的政策支持体系。

【引进金融机构】　2017年，市金融办引进金融机构进驻岳阳拓业，实现经济金融良性循环、双活共赢。浦发银行、长沙银行、广发银行3家股份制银行岳阳分行开业，新设岳阳县湘江、湘阴星龙2家村镇银行；改制组建临湘、汨罗2家农商行，平安银行岳阳分行获批开展筹建工作，年内引进设立金融机构数创新高。

【股权融资添新军】　2017年，市金融办支持企业进行股权融资，取得较好实效。“道道全”公司在深圳证券交易所首发上市，全市上市企业达到10家。华南石化、长乐情甜酒等2家企业在新三板挂牌，全市新三板挂牌企业达到10家，枫树湾畜牧公司等4家企业在省股交所挂牌，全市股权挂牌企业50家。

【加强与金融机构战略合作】

2017年4月12日和5月10日，岳阳市政府分别与省国开行、省进出口银行签订战略合作协议，两行“十三五”期间将向岳阳市投放贷款800亿元。

【搭建银企对接平台】　2017年，市金融办举办金融支持小微企业发展洽谈会、重点民营企业帮扶银企合作推进会等2次银企洽谈会，220家企业签订20亿元贷款协议。

【农业政策性保险】　2017年，全市保险机构承保种植业面积152.93万公顷、牲畜319.2万头，农保产品8个，为219万户农户提供保险保障。

【两权抵押贷款试点】　2017年，金融部门在两权抵押贷款试点县岳阳县设立1500万元抵押贷款风险基金，并建立风险基金补充机制。截至年末，累计发放土地承包经营权抵押贷款586笔2.11亿元，余额1.52亿元。

【集中执行金融诉讼案件】　2017年，市金融办配合支持司法机关对全市314起重点金融案件、涉案金额18.7亿元进行集中执行，重拳打击恶意逃废银行债务行为。

【防范处置非法集资】　2017年，岳阳市开展2次大型防非宣传活动，集中宣传71场次，发放宣传手册6万余份，新闻电视报道110多次。对“海博网络咨询”“广润网络科技”2家P2P公司涉嫌集资诈骗予以及时处置，实现“打早打小”。

（袁彦文）

银行业

中国人民银行岳阳市中心支行

【概况】　2017年，中国人民银行岳阳市中心支行（简称人行岳阳市中支）发挥基层央行职能作用，以“夯基础、促规范、讲和谐、强履职、保平安”为总体工作思路，全面从严治党，强化内控规范管理，贯彻执行稳健中性货币政策，改善金融服务，加强金融管理，维护区域金融稳定，推进外汇管理与服务，支持地方经济社会快速发展。至年末，全市银行业金融机构存款余额2600.17亿元，比2016年年末增长19.36%，年内新增421.81亿元；贷款余额1318.28亿元，比2016年年末增长28.74%，年内新增294.27亿

人行岳阳市支行组织召开2016年度全市经济金融形势分析会

（人行岳阳市中支　供稿）

元。中支系统获得上级表彰授予的各类荣誉17项，协力实施世界银行普惠金融（平江）项目、基层央行法律风险防控体系建设、远程经理异地国库试点、金融精准扶贫、县域金融生态治理、中小企业信用体系建设等35项重点工作取得较好实效，15项工作参与上级竞赛获奖。

【支持地方经济社会发展】 2017年，人行岳阳市中支贯彻落实稳健中性的货币政策与宏观审慎管理要求，引导金融机构主动对接市委、市政府“四大会战”战略部署，支持地方经济社会发展。全年全市各项贷款余额1318.28亿元，同比增长28.74%，比2016年同期加快13.8个百分点，增速位居全省第二。重点支持交通水利、棚户区改造以及临港新区建设，全市新增上述领域相关贷款164.7亿元，同比多增76.0亿元，新增额在除长沙以外的市州中位居第一，占新增对公贷款的85.4%，高于全省平均水平12.2个百分点。建立健全金融精准扶贫工作机制，实现319个扶贫村金融扶贫服务站的“全覆盖”。完成金融扶贫服务站电子地图信息标注和视频上传工作。收集发布参与扶贫的新型农业经营主体名录清单139家，更新完善全市金融机构支农、支小和扶贫信贷产品名录库，引导金融机构创新扶贫特色信贷产品。推广“保险公司+农户”信贷模式，发放农户保险贷款5000万元。年末新增扶贫贷款59.7亿元，其中，扶贫小额贷款1.7亿元，圆满完成市委、市政府工作任务。用活再贷款、再贴现等货币政策工具，开展小微企业信贷政策导向效果评估、涉农信贷政策导向效果评估，重点支持小微企业和“三农”的发展。累计发放再贷款9.38亿元，办理再贴现2.51亿元，全市涉农贷款余额560亿元，同比增长21.36%，比上年同期加快3.4个百分点；1—12月新增106.1亿元，同比多增35.3亿元。1—12月，全市新增县域贷款147.4亿元，同比多增75.2亿元，占全市新增贷款的比重50.1%，近年来首次多于城区新增贷款。累放承包土地经营权抵押贷款483笔1.78亿元，余额1.28亿元，实现扩量增面的目标，其成功经验得到市委常委、副市长胡小闽的肯定，被《湖南日报》《金融时报》推介。稳步推进跨境人民币业务，辖内跨境人民币业务量继续稳居全省前列。

岳阳市涉外监管协作机制签约仪式　（人行岳阳市中支　供稿）

【维护区域金融稳定】 2017年，人行岳阳市中支加强金融监管，维护区域金融稳定。强化“两综合两管理”，通过“双随机”方式确定检查对象，开展各类检查24次，依法实施处罚72.3万元，受理重大事项报告25件，开业申请5件，监督与合规辅导相结合，促进金融机构的合规经营。及时整治2家法人机构在春节期间非理性利率定价行为，制止1起财政部门干预利率行为。保障金融消费者合法权益，做好区域金融消费权益保护环境评估和金融消费咨询投拆处置，全年受理各类咨询投诉223件，满意率99%。密切关注重点行业领域的风险，加强监测分析、排查与应对，撰写的《金融稳定报告》获得全省评比三等奖。2017年全市金融生态综合评估排名全省第四，全市5个县市入围全省排名前50名。加强对农信社改制的指导，推动临湘农信社完成农商行的组建工作。高质量完成辖内10家法人机构存保保费收缴、交叉督查、现场评级、存保评级回头看等工作，对3家机构开展存保评级现场核查，配合市政府加大打击非法集资力度，维护辖内金融秩序稳定。在全市范围内设立诚信文化教育基地7个，引进第三方机构，搭建大数据金融平台和社会信用平台，建立中小企业信用数据库，推进湘阴县工业园区小微企业信用体系建设，推进应收账款融资服务。组织全市反洗钱、禁毒知识竞赛，以赛促学，推动反洗钱新规落地。召开全市反洗钱、反假币工作会议，提升“两反”工作质效。

【完善金融服务】 2017年，人行岳阳市中支引导金融机构推进金融普惠，完善金融服务。建立电票推广长效工作机制，全年办理业务597笔金额21.02亿元。设立助农取款服务点5011个，实现全市银行卡助农取款服务行政村全覆盖，其中完成两站融合319个、三站融合78个。稳步推进账户实名制、分类管理等政策实施，预防电信诈骗犯罪取得明显成效。加大“互金”和“微盘”交易平台整治力度，维护全市支付市场安全稳定。强化国库运行监督，及时发现并制止1起财政工作人员挪用国库资金行为。做好国债发行工作，实现县区以上网点国债发行全覆盖。开展“远程经理+委托办理”异地国库试点工作，降低代理支库操作风险。制定《2017年反假货币综合治理考评实施细则》，深入推进反假货币综合治理，成功破获一起使用假币案件，对全市15家银行现金收付机具防伪性能检测。

圆满完成2017年普通贺岁、建军90周年等纪念币发行工作。开展“科技创新驱动金融普惠民生”主题宣传活动，向市民推广展示云闪付、快捷支付等最新金融科技成果，广泛宣传日常支付安全知识、个人信息保护及风险防范手段，受到《岳阳日报》等媒体高度关注。组织开展各类金融宣传18次、各类调研活动60多项，30余篇课题报告或论文在上级行获奖或被省部级以上刊物采用，建立区域房地产金融基础数据库，做好房地产市场监测及房地产金融指数编制工作。选取7家行业代表企业作为调查样本，开展服务行业企业景气调查试点工作。

【外汇管理改革】　2017年，人行岳阳市中支深化外汇管理“放管服”改革，推动直接投资外汇登记下放银行办理、外商投资企业资本金意愿结汇、境外发债募集资金调回、贸易收结汇便利化等措施完全落地。全市涉外收支规模11.43亿美元，同比增长30.18%。其中，涉外收入4.59亿美元，同比增长53.9%，对外付款6.84亿美元，同比增长17.8%。优质高效为城陵矶“一区一港四口岸”平台办理外汇业务，主动上门开展专项宣传与培训。参加全市开放型经济联合培训，为各类涉外主体进行外汇业务授课。关注综合保税区内企业出口不收汇情况，对20家企业采取通报、约谈、降级以及上门检查等综合措施，形成的出口不收汇调查报告获省政府领导批示。组织开展打击“逃骗汇、非法套汇”等外汇违法违规行为专项检查，集中力量查处银行、企业和个人流出项下外汇违规行为。会同岳阳海关、市国家税务局和市地方税务局签署《涉外监管合作备忘录》，召开涉外监管合作联系会议，共享企业分类监管结果。

（黄　佳　张　弛）

中国银行业监督管理委员会岳阳监管分局

【概况】　2017年，中国银行业监督管理委员会岳阳监管分局（简称岳阳银监分局）坚持“守底线、保平安、创亮点、有进步，稳中有为、稳中求进”工作总基调，依法履行监管职责，确保辖内银行业安全稳健运行和经济平稳较快发展。截至年末，全市银行业总资产2807亿元、总负债2760亿元，同比分别增长24.13%、23.88%；各项存款余额2600亿元、各项贷款余额1318亿元，同比分别增长19.36%、28.74%；实现利润总计28.3亿元，同比增长34.79%。

【提升银行业服务质效】　2017年，岳阳银监分局把国家金融方针政策与地方实际有机结合，督促银行业机构持续提升服务实体经济质效。加大有效资金供给。集中资金支持岳阳建设，至年末，全市银行业机构新增投放资金617亿元，其中：各类贷款新增294亿元，通过投资地方债、同业投资、表外理财、委托贷款等渠道新增资金投放275亿元，通过地方债置换、资产证券化、不良资产处置等渠道盘活存量贷款48亿元。助力供给侧结构性改革。支持重大战略重点项目建设，年末全市银行业机构中长期贷款余额950亿元，比年初增加278亿元，增长41.35%。其中，水利、环境和公共设施管理行业各项贷款余额192亿元，比年初增加113亿元，增长142.59%；交通运输、仓储和邮政业各项贷款余额207亿元，比年初增加34亿元，增长19.85%；保障性安居工程贷款余额106亿元，比年初增加90亿元，增长541.60%。持续加大县域资金投入，年末县域贷款余额619亿元，比年初增加147亿元，增长31.3%，县域新增贷款占全市银行业新增贷款的近50%。加强薄弱领域金融服务。持续加强和改进小微企业、“三农”、精准扶贫金融服务，实现小微企业“三个不低于”、扶贫贷款“两个不低于”，开展“送金融知识和金融服务下乡扶贫”“普及金融知识万里行”等活动，发放《湖南银行业消费者权益保护知识读本》《湖南省银行业校园金融服务手册》1.2万册，建立起“送金融知识和金融服务进校园”长效机制。

【推进银行业改革】　2017年，岳阳银监分局围绕增强银行体系活力、增加有效金融服务供给，进一步推进改革，不断充实银行业机构体系。推进“一县两行”建设。农信社股改基本完成。至年末，9家县级农村信用联社改制8家、组建农商行6家，余下的1家将于2018年上半年开业。村镇银行组建力度加大，组建村镇银行5家，临湘市确认由中银富登发起设立村镇银行。继续充实、丰富银行业机构体系。至年末，岳阳全国性、区域性银行地市级分行机构14家，地方性法人机构11家。全年新设城商行1家（长沙银行）、股份制银行2家（浦发银行、

岳阳银监分局开展送金融知识和金融服务下乡扶贫活动

（岳阳银监分局　供稿）

广发银行），平安银行正进行筹建前准备工作。

【防范化解金融风险】 2017年，岳阳银监分局坚持把防范化解金融风险放在更加重要的位置，守住不发生系统性风险底线。按照银监会统一部署安排，大力整治金融市场乱象，持续开展“三三四十”系列专项整治。“三违反”即违反金融法律、违反监管规则、违反内部规章；“三套利”即监管套利、空转套利、关联套利；“四不当”即不当创新、不当交易、不当激励、不当收费；“十乱象”即股权和对外投资、机构及高管、规章制度、业务、产品、人员行为、行业廉洁风险、监管履职、内外勾结违法、涉及非法金融活动等十个方面市场乱象。开展信用风险专项排查，督促准确分类、提足拨备；督促法人机构开展流动性风险压力测试，落实村镇银行流动性风险主发起行救助机制；严防案件风险，加大违纪违规行为处罚力度；严防声誉风险，督促银行业机构建立24×365舆情监测机制；严防外部转移风险，协同市金融办有效遏制P2P公司的风险外溢。全年对9家机构实施监管检查，对6家机构罚款250万元，处罚责任人19名，通过现场检查责成银行业机构内部问责146人次、内部经济处罚13.96万元。

（熊　黎）

中国农业发展银行岳阳市分行

【概况】 2017年，中国农业发展银行岳阳市分行（简称农发行岳阳市分行）以服务农业供给侧结构性改革为主线，围绕岳阳“四大会战”重大部署，主动应对宏观经济政策调整变化，扎实推进各项工作，取得较好成绩，为岳阳市经济社会发展和新农村建设作出贡献。全年累放贷款77.6亿元，年末贷款余额168.08亿元，比年初增加50.78亿元，增幅43%；年末存款余额64.16亿元，比年初增加21.91亿元，增幅52%，存款日均余额56.4亿元，比2016年增加16.8亿元；国际业务结算量1150万美元，比2016年增加571万美元。不良贷款大幅度“双降”，全年不良贷款净下降4.74亿元，年末不良贷款余额1.13亿元；不良贷款率0.67%，控制在总行不良贷款容忍度之内，比年初下降4.33个百分点。

【信贷支农】 2017年，农发行岳阳市分行以开展“春天行动”“棚改专项营销活动”为契机，加大贷款投放力度，支持地方农业农村经济发展。该行按政策向全市6个县市区累计投放易地扶贫搬迁专项基金1.58亿元、贷款4.86亿元，承接专项债券资金1.18亿元，支持已建档立卡易地扶贫搬迁的3.1万贫困人口“挪穷窝”。持续加大对国贫县——平江县脱贫攻坚的支持力度，全年向该县累放棚户区改造、农村路网、水利建设、龙头加工企业等贷款11亿元，特别是下半年分别投放交通扶贫贷款、教育扶贫贷款、健康扶贫贷款各1.1亿元、1.18亿元、1.2亿元，在全省率先对贫困县贫困人口住房安全、义务教育、基本医疗“三保障”实施全方位信贷支持。至年底，扶贫类贷款余额55亿元，占全行贷款余额的33%。全年投放中长期贷款66亿元，较年初净增56亿元。及时足额发放政策性支农贷款，累放早籼稻收购、储备、轮换贷款5.26亿元，支持收储粮食26万吨，收购量较2016年同期增加5倍，占全市收购总量的70%。发放中晚稻收购贷款2.13亿元，支持收购粮食7.8万吨。加强与市商务粮食局等职能部门的沟通联动，开展粮食库存检查，规范地方储备粮油管理。投放8.4亿元，支持涉农基础设施建设。调整思路，明确以棚改及扶贫贷款作为工作重点，全年累计获批棚改贷款41.9亿元，投放45.1亿元，全行棚改贷款年末余额52.7亿元。率先在全省实现首笔应急救灾贷款投放，发放2.9亿元贷款用于屈原管理区、华容县、君山区、岳阳县等地抗灾救灾。

【风险防控】 2017年，农发行岳阳市分行围绕不良贷款清降任务，市县两级行共同发力，综合运用多种手段清收不良贷款。参与市金融办举办的全市金融案件执行清理专项整治活动，邀请市中级人民法院执行局召开案件执行推进会，年末存量主诉案件9起全部结案。通过司法拍卖、担保代偿现金清收不良贷款909万元，通过批量债权转让方式清降不良贷款5.18亿元，呆账核销不良贷款2756万元。加强信贷客户风险预警监测，实施“穿透式”管理。开展全市押品管理情况自查，规范全市押品管理。管控好基金风险，对5家民营企业基金项目采取增信措施，有效防范基金风险。

【基础管理】 2017年，农发行

农发行岳阳市分行承办2018年全省夏季粮油收购信贷工作座谈会

（市农发行　供稿）

岳阳市分行开展“信贷队伍建设年”活动，实施“信贷人员月度培训”“支行分管行长、信贷主管授课制”等创新举措。建立市分行培训师资库，全年组织集中培训12次，培训285人次。制定《信贷队伍建设三年规划》，实行“一把手”负责制。加强内控评价、案防管理；加强财会核算，大力增收节支，集中费用办大事，投入费用375万元对5个支行的周转房维修及办公院落建设，投资200多万元完成机关办公楼改造，营造良好办公环境。加强对外宣传，在中央级主流媒体及《湖南日报》《岳阳日报》等地方媒体发稿130篇，宣传工作成效。组织全辖8个机构完成档案管理二级达标。完成机关综合布线改造，做好日常网络、系统运维管理。强化安保检查督导，全年未发生任何安全事故。

（兰 丹）

中国工商银行股份有限公司岳阳分行

【概况】 2017年，中国工商银行股份有限公司岳阳分行（简称工行岳阳分行）面对激烈业内竞争压力和经营发展困难，落实分行党委确定的“12345”发展战略，即坚持一个工作总基调（稳中求进），把握两个中心（质量和效益），实现3个提升（利润提升、员工收入提升、资产质量提升），聚焦四个着力点（党建工作、市场份额、队伍建设、风险控制），打好五大战役（优质市场争夺战、利润增长堡垒战、资产质量攻坚战、内控案防保卫战、作风建设持久战），各项业务稳定发展，较好完成全年工作任务。经营效益稳步提升。实现拨备前利润5亿元、完成全年计划的107.81%、同比增加8000万元，增幅19%；净利润2.51亿元，还原考核后实际实现净利润2.59亿元，增长2.74%。拨备前利润、净利润系统内排分别为第二位、第三位。本外币全部存款余额276.69亿元，系统内排名第四位；较年初增加33.1亿元，系统内排名第二。系统内占比7.07%，比年初上升0.28个百分点。发展基础得到夯实。不良贷款余额3.73亿元，比年初上升1.95亿元；不良率2.21%，比年初上升1.1个百分点。虽然不良贷款额率双升，全年计提拨备1.52亿元，同比增加0.67亿元。法人客户逾期贷款剪刀差690万元，比年初减少4000万元。从业务品种条线上看，机构存款余额53.37亿元，较年初增加12.74亿元，完成省行任务212.33%；日均余额45.81亿元，较年初增加4.64万元，完成省行全年任务116%；公司存款余额60.46亿元，较年初新增12.58亿元，完成省分行任务的210%；储蓄存款余额162.10亿元，较年初增加7.71亿元，完成省行任务62.16%，增量排名全省第六位，同业排名第四位。对公存款同业第一。渠道建设得到拓展。发展离行式自助银行，抢占市场空白点，全辖离行式自助银行31家；附行式自助银行41家，自助银行与物理网点比例1.76：1。推进智能化改造，实现智能化改造网点40家，网均减少柜台0.64个，网均减少柜员0.75个，智能业务个人非现金业务迁移率70.03%，审核类业务迁移率47.14%，促使网点由“业务受理型”向“服务营销型”转变。采用新型渠道助力产品营销，推广渠道二维码，逐步形成全员运用渠道二维码营销推介产品的局面；应用Wi-Fi构建线上线下一体化网络，全市所有网点开通Wi-Fi，新增Wi-Fi客户数11万人，Wi-Fi客户登陆数97万次，推广APP下载点击量9万次。风控能力得到提升。正确处理业务发展与风险防范的关系，促进全行端正发展观、业绩观、风险观，坚持从严治行，突出过程控制，完善内控机制，创新监测手段。健全内部控制体系，开展“寻找我身边的合规标兵”活动，举办“合规从高层做起”的合规文化宣讲、“熟知禁令、承诺执行”思想大讨论活动，扎实推进合规文化核心理念及新时期“十大禁令”根植落地；保持案件防范高压态势，查处违规违纪事件7起，对12人给予行政处分，违规违纪事件和处理人次较2016年明显减少。加强内控案防工作，实现全年无案件、无重大风险事件安全年。服务水平有所提升。开展‘服务口碑新变化、迎接党的十九大”活动，激发员工争当服务明星的热情。定期、不定期组织全覆盖网点现场服务大检查、非现场及暗访服务检查，及时通报发现服务问题并督促限期整改。以客为尊的服务意识明显提升，员工服务行为规范明显改善，“五声服务”、柜员服务营销“七步法”等规范服务操作得到落实，绝大多数支行负责人重营销、轻服务的惯性思维得到扭转。

【网点服务建设】 2017年，工行岳阳分行以客户为中心，着力打造客户满意银行，加强网点服务建设。开展提升网点竞争力活动，撤销低效的五类网点，全年装修改造网点4个，其中2个网点年内开业，2个网点将在2018年1月开业。对岳阳楼等4个支行实行智能化装修改造，至年底，全辖除德胜路支行因营业场地限制未完成外，实现智能化改造全覆盖。在农资市场和金湖小区新建两个自助渠道网点，自助渠道网点布局日趋合理。加快调整低效自助网点及自助设备改造布局，撤除17台达到报废期限或故障多、修理成本高的ATM；撤销搬迁2个低效离行式自助银行网点；新安装布设17台ATM，撤除39台达到报废年限的自助终端，调整低效离行式自助银行自动柜员机4台。渠道建设布局优化迈出坚实的步伐，夯实发展基础。围绕省分行党委“一年内实现服务口碑明显改善、三年时间打造客户满意银行”的客户服务管理工作总体目标推进，坚持从“精细化、规范化、常态化”三方面入手，做到严格服务管理，严明服务纪律，规范全行全员服务行为，明确各级服务责任，强化二线为一线、一线为客户的服务理念，表彰服务先进，严肃追究服务违规行为，推进服务规范的常态化管理，“五声服务”、柜员服务营销“七步法”等规范服务操作也逐步得到落实。网点超时等候客户占比下降9.6%。超时等候客户占比超过10%的网点减少4个，减幅23.5%。网点客户平均排队时间10.2分钟，降幅14.92%，提升服务温度，客户满意度98.8%。

【智慧银行建设】 2017年，工行岳阳分行加快智慧银行建设步伐，从场景、用户、平台、产品、模式、机制、系统、运营等方面，搭建智慧银行的基本框架。重点推进智慧银行的信息系统（ECOS）和智慧银行运营体系两个基础工程，推行内部账户管理系统和现金业务管理系统硬控制。按照上级行的部署，在“岗位兼容、人员通用、服务综合、运行安全”的原则下，构建由网点负责人、运营主管、客户经理、客服经理和柜员五大岗位分工协同、有机融合的全新岗位体系。在网点推广岗位设置与劳动组合优化改革，促进整体运营效能与客户体验的显著提升。

【打造电子工行】 2017年，工行岳阳分行推进E—ICBC战略，实施互联网金融转型发展。加快客户拓户和提质发展目标，推动全行电子银行业务再上新台阶。绝大部分产品超额完成目标任务，净增企业网上银行证书客户538户，完成年度任务119.6%，净增融e行客户73382户，完成年度任务118.2%，净增融e联客户145940户，完成年度任务115.8%，完成融e购月均活跃客户1508户，完成年度任务137.1%，实现融e购B2B非金融交易额54374万元，完成年度任务132.6%，实现B2C大宗商品交易额14304万元，完成年度任务102.2%，实现电子银行专属收入753万元，完成年度任务110.8%，实现电子银行交易额6044亿元，完成年度任务107.9%。加快大零售业务发展。以考核指挥棒引导全行真正认识客户重要性，从考核机制上为客户拓展提供保障。正确处理存款和其他金融资产的辨证转化关系，通过对客户金融资产的多元化配置，提升客户金融资产回报率，吸收更多客户资金。加快个贷营销，在全省率先成立个贷业务处理中心，实现城区行“集中录入、集中办抵、集中放款”。

（高正威）

中国农业银行股份有限公司岳阳分行

【概况】 2017年，中国农业银行股份有限公司岳阳分行（简称农行岳阳分行）直面激烈业态竞争和诸多历史遗留问题，主动对接“两大战略”和“四大会战”，主体业务工作取得明显进步。各项贷款净增25.08亿元，增量排名全省第五，完成省行计划的193%，比2016年多增14.6亿元，其中，非农个贷（不含卡透）净增11.37亿元，完成省行计划的186%，同比大幅多增9.01亿元，同比增幅384%。在全省个贷专业支行考核中，专业支行市分行营业部个贷计划完成率549%，排名全省第二位。中央电视台财经频道报道该行“农民安家贷”业务支持政府去库存战略。

【金融主体业务】 2017年，农行岳阳分行紧盯目标任务，聚焦金融主业，主体业务走势强劲。营业收入、拨备前利润、拨备后利润、净利润均比2016年增加，完成省行年度计划；各项存款时点增量37.8亿元、日均增量44.4亿元，计划完成率分别为102.5%、144%，在全省个人存款净增过亿元的8个网点中占据三席。各项贷款增量25.1亿元，比2016年增长14.6亿元，不良贷款余额比2016年末减少17804万元，不良贷款率下降2.6个百分点，贷款质量进一步提高。实现中间业务收入1.27亿元，同比增幅8.9%。“三农”和县域业务持续向好。县域整体贷存比38.5%，比年初提升4.4个百分点，7家县域支行贷存比全部达标，5家支行实现事业部达标；扶贫重点县平江支行贷款增量完成省行计划的606%。“惠农通”实现金融性交易193.7万笔，净增有效惠农卡5.7万张，惠农卡存款净增2.12亿元。农户贷款净增1092万元，遏止近年来持续负增长的态势。

【创新业务发展】 2017年，农行岳阳分行以创新拓业务，以业务求发展，取得较好成效。该行斩获3个“省行第一”，即全省系统首个五险统一征缴账户、首笔“光富贷”业务，首家上线“一案一账号”执行案款管理系统的二级分行。取得6个“市行第一”，即首个E商管家省级样板，首笔票据池置换业务、首笔车位分期业务、首笔预约开立澳洲联邦银行海外账户业务、首笔“湘汇贷”业务、首笔福费廷二级市场买入业务，实现地方债分销业务首单突破。同时，上线自助服务终端福彩投注功能和ATM“刷脸取款”功能。在省行产品创意大赛决赛中，该行《金穗“智”农贷》获一等奖。

【双基管理】 2017年，农行岳阳分行加强“双基”管理，确保全行平稳运行。开展“三化三铁”“三化三达标”创建活动并实现创建目标。梳理2013年以来各类检查发现问题1325个并督促整改，问题整改率为96.53%。成功堵截外部诈骗案件27起、涉及金额145.22万元，协助公安部门抓获犯罪嫌疑人2人。组织南湖毅行、君山植树等活动，鼓励员工参加系统内外竞赛活动并获得较好成绩，增强员工的获得感、幸福感，确保风险、案件“两个可控”。内控评价由“二类行”晋升“一类行”“三线一网格”系统运行情况得到省行肯定。

（丰国香）

中国银行股份有限公司岳阳分行

【概况】 2017年，中国银行股份有限公司岳阳分行（简称中行岳阳分行）以“担当社会责任做最好的银行”为引领，围绕“四大会战”总体部署，服务实体经济、注重风险防控，各项经营管理工作稳中有进。至年底，分行本部内设部门8个，辖属经营性网点33个，在岗员工613人。本外币各项存款187.88亿元，较年初新增28.35亿元，增速17.77%；各项贷款107.31亿元，较年初新增22.26亿元，增速26.17%。实现净收入（按中行口径）4.72亿元，同比增长17.05%，实现净利润（按中行口径）1.8亿元，同比增长28.31%；不良贷款余额4703万元，较年初增加866万元，不良率0.43%，较年初下降0.02%。

【助力“四大会战”】 2017年，中行岳阳分行主动对接市委、市政府战略部署，围绕“四大会战”

抓业务。特别是从上级行争取授信资源，扩大贷款投放，有力地为全市一批重大项目、重点企业提供授信支持。分行累计发放各项贷款46亿元，贷款余额较年初净增超22亿元，创近年新高。围绕交通、港口建设抓投放。分行在交通运输行业累计投放7.5亿元，在港口建设领域发放贷款2.1亿元，有力地促进岳阳市重点交通工程和城陵矶新港区港口基础设施建设。立足产业园区加大骨干企业投放。分行为城陵矶新港区工业园和云溪绿色化工产业园区多家骨干企业发放贷款累计约6.9亿元。关注民生领域加强授信支持。分行为多个重点制水企业和环境综合处理企业叙做公司“两供两治”项目贷款近2.2亿元。同时，分行扩大个人住房贷款投放，满足广大市民融资需求；中行岳阳分行住房按揭贷款累计投放13.73亿元，信用分期2.78亿元，创近年新高。

【普惠金融】　2017年，中行岳阳分行加强产品创新，维护消费者权益，推动个人金融服务。健全普惠金融组织架构。挂牌成立“普惠金融中心”，为普惠金融服务提供组织保障。分行在原“六大特色服务方案”的基础上推出“中银沃金融”“税融贷”等更具有针对性的战略衍生产品，开展信用培植、延伸金融服务。至年末，中行岳阳分行小微企业授信余额24.79亿元（按国标口径小微型企业），同比增长4.83亿元。服务“三农”。分行围绕农村水利基础设施、龙头企业叙做授信。为岳阳多家县域重点水利企业、特色农产品加工龙头企业等提供贷款近9000万元，为特色产业发展、壮大提供支持。分行与农业龙头企业岳阳正大合作，为其下游养殖农户开发出“福农专项分期”业务；在岳阳县探索“农民两权”抵押贷款，成功叙做1户；试点“益农贷”业务，联合岳阳正大、保险公司为养殖农户提供授信。此外，组织辖属县支行推广农村地区“手机代理取款点”和“惠富通”，为偏远农村地区提供基础金融服务。个人金融服务。分行重视客户体验，结合“智能化”“互联网金融”趋势，加大网点自助终端、智能设施配置投入，全面推广手机银行、网络银行等电子渠道产品。从7月开始，分批次在全辖网点上线“智能柜台”，营业网点智能化、客户自助化程度进一步提高；主动对接、代理国开行和农发行棚改业务，已覆盖岳阳市全境，累计承接棚改结算资金超过30亿元，为广大棚改居民提供便利、快捷的个人金融服务，为参与棚改的施工方提供优质、高效的公司金融服务。

【金融精准扶贫】　2017年，中行岳阳分行注重发挥金融机构特点，推动金融精准扶贫工作。着力产业扶贫。向国家级贫困县平江倾斜授信资源，做大当地企业、产业，助推经济社会发展。分行为平江地区湖南黄金洞、中南黄金等企业提供1.6亿元授信，支持以平风食品为代表的一批特色企业；特别是以湖南雄狮雕塑艺术品有限公司作为精准扶贫贷款对象，设计“速押通”产品为其提供500万元贷款，助力企业发展，带动当地近200个贫困家庭就业脱贫。推出金融精准扶贫产品和服务。辖属湘阴支行对接樟树镇文谊新村金融扶贫服务站，了解当地群众的金融需求和困难，协调村支两委一起帮助群众解决生产生活中遇到的难题，宣传扶贫金融服务政策和金融知识，并将在服务站安装惠户通等。辖属平江支行定期组织到乡镇居民点搭建宣传台，悬挂宣传条幅，发放宣传册，推广助农取款代办点、手机取款代理点、移动终端等多元化金融服务渠道。推进精准扶贫示范区建设。分行成立以行长为组长的金融精准扶贫工作领导小组，对口扶贫汨罗三江镇八景村。指导推动精准扶贫项目油茶专业合作社种植基地、蜂蜜养殖基地，探索以产业发展形式带动扶贫点村民有效脱贫；分行从上级行争取到20万元扶贫资金，全部用于扶贫点道路硬化建设、产业项目启动；开展深度贫困对象“一对一”帮扶。

（徐　斌）

中国建设银行股份有限公司岳阳市分行

【概况】　2017年，中国建设银行股份有限公司岳阳市分行（简称建行岳阳市分行）坚持基层党建与业务发展、社会责任与经济效益、合规管理与优质服务齐抓共促，稳步推进，各项工作取得较好成效。至年末，该行存款总额334.43亿元，比年初新增43.79亿元，增幅15.07%，贷款总额211.53亿元，比年初增长30.86亿元，增幅17.08%，存、贷款余额及新增额均在岳阳业内处领先地位；实现中间业务净收入2.83亿元，实现账面利润7.19亿元，在岳阳业内排名靠前。11月，

建行岳阳市分行专门设立老、弱、病、残、孕专柜，为客户提供贴心服务

（市建行　供稿）

该行被评为第五届分行级文明单位和全国文明单位。至年底，发展中共预备党员8名，评选表彰先进基层党组织3个、优秀共产党员64名。全年实现无重大违规、无重大安全责任事故、无案件的管理目标，连续13年零发案。

【服务实体经济】 2017年，建行岳阳市分行服务市委、市政府中心工作，扎实助推“四大会战”，推动地方经济社会发展的引擎作用得到发挥。该行主动对接岳阳中心城区十大片区旧城改造和岳阳经开区两个片区改造，累计投放基础设施建设贷款28.32亿元；投放建筑业贷款4.64亿元；投放工业贷款10.93亿元；投放绿色化工、电子信息、先进装备制造等重点新兴产业贷款3.6亿元，实体经济融资难的问题得到缓解。累计投放民生领域贷款12.66亿元，支持湘阴县人民医院、平江县妇幼保健院、平江县一人民医院等搬迁项目，深化岳阳地区综合二甲及以上医院客户和项目合作；成功上线湖南民族职业学院、市中医院、市财政局等银医通、银校通项目6个，社会效益明显。

【普惠金融贷款余额9.81亿元】 2017年，建行岳阳市分行围绕区域战略，发挥自身优势，通过信贷投入和产品创新，扶持一批中小企业。10月，该行成立普惠金融事业部，专司负责破解中小企业融资难题。至年底，该行普惠金融贷款（500万元以下）余额9.81亿元，比9月底增加2.28亿元，其中小微企业普惠金融贷款净新增1.28亿元，在全省系统内排名前列。四部委口径小微企业贷款余额为29.25亿元，较年初新增2.33亿元；小微企业客户数量515户，较年初新增21户；小微企业贷款申贷获得率95%，高于往年。

（方石奎）

交通银行股份有限公司岳阳分行

【概况】 2017年，交通银行股份有限公司岳阳分行（简称交行岳阳分行）贯彻落实“业务经营、风控先行”的理念，持续深化改革转型，扎实推进经营管理与党建工作有机融合，保持质量、效益、速度的协调发展。至年末，各项存款余额132.98亿元，较年初增长26.08亿元；各项贷款余额66.37亿元，较年初增长17.73亿元；不良贷款占比0.22%，较年初下降0.06%；实现经营利润2.65亿元，比2016年增长0.93亿元。消保服务获得2017年度省交通银行系统二等奖，府东支行被评为全国银行业协会文明规范服务四星级单位，另有8家支行被评为岳阳市银行业协会星级网点单位。

【服务地方经济社会发展】 2017年，交行岳阳分行主动对接市委、市政府战略部署，全力支持全市项目建设，扎实实施民生工程，尽力推进扶贫工作。该行为全市“四大会战”提供信贷支持，至年末，获批全融资项目10余个，信贷及非信贷总额77.7亿元；全年储备项目中信贷、非信贷投放约40亿元。与岳阳楼区人社局共建的岳阳楼区社保“一卡通”项目，覆盖中心城区的市、区、乡、村四级公共服务网络平台，真正畅通为民服务的“最后一公里”。推出的学费代缴系统，在岳阳市一中、二中、十中、十五中等10多所中学得到应用，为学生提供便捷的学费缴纳方式，为学校节约财务成本。对口帮扶平江县龙门镇泉水村，全年组织6批次100余人次开展进村走访慰问，投入到位扶贫物资、资金20多万元。帮扶期间，该行党员干部与当地村民建立长期帮扶关系，并派出1名干部长期驻村扶贫。

（何文鹏）

华融湘江银行岳阳分行

【概况】 2017年，华融湘江银行岳阳分行坚持稳健稳定、夯实基础、创新转型、合规发展”的思路，围绕各项目标任务，全员奋发图强，各项工作齐头并进，超额完成总行年度目标任务。年末各项存款200.36亿元，较年初增长25.17%；各项贷款余额102.72亿元，较年初增长27.85%；实现净利润3.43亿元。总行年度考评A类行排名第二。

【华融湘江银行获评银行业金融机构综合评价A等行】 2017年，华融湘江银行岳阳分行加大信贷投放，服务实体经济，提升金融服务水平，各项业务取得长足发展。年末各项存款比年初增长25.17%，各项贷款比年初增长27.85%。推进金融产品和服务方式创新，通过多渠道授信，对产业金融、全市重点领域基础设施建设、民生工程等重点领域、重大项目、重点企业、金融扶贫等进行支持。加强支付结算管理，开展金融消费者权益保护、反假货币、征信、反洗钱等金融知识宣传活动，不断提升金融服务水平，得到社会公众好评。华融湘江银行岳阳分行被人民银行岳阳市中心支行评为2017年度岳阳市银行业金融机构综合评价A等行。

（文传刚）

中国邮政储蓄银行岳阳市分行

【概况】 2017年，中国邮政储蓄银行股份有限公司岳阳市分行（简称岳阳邮储银行）力争“受人尊重、业内一流”，攻坚克难、开拓进取，经营管理持续优化、业务发展成效显著，各项工作取得长足的进步。年末各项存款310.8亿元，年净增41.64亿元；各项贷款60.4亿元，年净增3.15亿元。

【金融业务】 2017年，岳阳邮储银行以金融业务为中心，负债端、资产端、中间业务走势强劲。

稳固负债端盈利能力。以“抓发展、促规模”为主线，抓资源整合，在重点客群维护、综合营销、平台拓展等方面取得较大突破。综合营销效益较好，各支行在营销过程中能够利用移动展业，上门为客户办理综合性金融业务，引导客户关注该行微信公众号在爆点专区购物等，增加客户黏性。平台拓展实现良性循环，成功拓展重要项目平台，中标岳阳市烟草公司一般户，提升业务发展底气。

优化资产端业务。克服市场环境低迷、信贷资源配置极其紧张的困难，对零售信贷实施“强转型、促回归、调架构”，精准把控资产类业务的发展形势，对部分不符合目前风险偏好的行业及领域进行调整，实现向“风险可控、效益提升”的平稳过渡。向国家政策重点引导的行业倾斜。根据总行政策要求，挖掘适合本地市场的新产品，对相关贷款产品进行要素调整，形成“两重点、六支撑”营销体系。向呈现卖方市场为主要特点的行业进行过渡。加强对消费类贷款业务特别是额度类消费贷款业务的资源倾斜。在维护好存量合作楼盘的同时，拓展新楼盘，稳定房贷业务，重启汽车消费贷款，加快全员营销落实力度。向优质资源进行过渡。加强重点客户的合作关系，续贷成功率首次超过90%，有效稳定优质客户资源。向批发类业务稳步过渡。公司授信客户和授信金额较上年底有所增加。办理全省第一笔住房公积金授信业务，各重点公司客户授信工作正在进行之中。

中间业务强劲发展。通过“强培训、勤走访、抓重点”，转变发展方式，瞄准市场趋势，深度挖掘客户价值，迅速做大增长点，有力的推动中间业务的创收效益。理财业务提质进位，保险期缴大幅提升。理财板块以效益指标为中心，完成深度转型，实现收入翻番。电子银行加快转型，综合实力显著增强。电子银行业务深耕激活户数，形成较好的发展势头。深度挖掘成效显现，开拓公司业务新市场。重点对多家优质企事业单位进行走访，无缝对接客户需求，量身订制综合服务方案，全方位挖掘客户的综合效益，取得明显成效。

【风险防控】　2017年，岳阳邮储银行以措施落地厘定工作重心，以审慎检查引导业务发展，以体系建设提升风险管理能力。推进各项措施加速落地。明确主体责任，树立底线思维，切实将不良贷款压降工作纳入各单位工作日程，摆上重要位置，严格执行落实信贷资产质量管控责任制，以重奖重罚的形式确保活动各项措施强力推进实现。开展风险监测、预警和风险排查工作。跨部门联合组织辖内各单位开展风险后评估活动、评估中介机构管理专项检查、信贷资产风险分类偏离度检查工作，分别对各县市支行和部分后台部门进行评估和检查。强化风险政策的传导与落实。制定《中国邮政储蓄银行岳阳市分行2017年风险政策与风险限额方案》，明确年度风险政策目标和风险管理任务，细化风险政策与限额的落实工作，提升风险政策目标的指引作用。

【提升综合服务效能】　2017年，岳阳邮储银行以提升后台机关服务效能为目标，强化管理标准化，完善各项机制的长效化，增强后台服务能力、提高机关运行效率。授信管理抓时效。出台《2017年授信管理部专业绩效考核办法》，包括基层走访调研项，限时服务、一次性通过率加分项和民主评议扣分项等指标。绩效管理促转型。及时了解经营过程中的各种影响因素，分析各因素对收入、对经营管理的影响。开展各经营单位的业务收益情况的通报，强化对各经营单位业务发展方向的利益指引，确保内涵式增长，真正做到管理出效益。会计管理强支撑。根据日常业务处理情况，加大培训、督导力度，切实降低前台操作风险。有效压缩现金库存，加大出纳库存现金的上缴频次，减少现金占有率。安防管理保平安。以网点安防管理标准化建设为重点，全面提升全行安防能力。舆情管理树形象。市县两级快速联动，充分调动资源，妥善解决客户投诉，消除不良影响。通过删除负面文章、隐名处理等方式，最大限度降低新闻的转载率和曝光度。工会管理稳融合。相继开展喜迎党的十九大员工健步行、重阳节退休人员登山、“三八”节女职工踏青、志愿者送考、反洗钱防假币宣传等群团活动，深入贫困革命老区开展精准扶贫，累计捐赠爱心书包182个，金额21476元。

（吴　霄）

湖南省农村信用社联合社岳阳办事处

【概况】　湖南省农村信用社联合社岳阳办事处现辖7家法人行社（6家农村商业银行、1家农村信用合作联社）、262个营业网点，从业人员2664人；布设助农金融服务点55家，自助设备467台，建成金融扶贫服务站303个，实现市、县、乡村网点金融服务全覆盖。2017年，岳阳市农村商业银行（农村信用社）围绕既定目标，坚持真抓实干，各项工作呈现出“总体平稳、稳中有进、进中向好”的态势。年末，各项存款余额473亿元，较年初增加98亿元，同比多增13亿元，增速26%，增速居全省农信系统第一位；存款市场份额18.19%，较年初提高0.96个百分点，总量居全市金融机构第一位。各项贷款余额188亿元，实际比年初增加37.3亿元，同比多增19.8亿元，增速24%，增速居全省农信系统第二位。实现各项收入26.4亿元，同比增长6.3亿元，增幅12.5%；实现经营利润11.8亿元，同比增长4.8亿元，增幅68%。全市各法人行社全年纳税2.55亿元。

【支持地方经济发展】　2017年，省信用联社岳阳办事处加强金融服务，支持地方经济发展。增加贷款投放。开展信贷营销专项竞赛，全年累放贷款196亿元，同比多放贷33亿元，其中累放涉农贷款154亿元，重点支持农村种养殖大户、家庭农场、乡村旅游业等新型农业经营主体以及普惠型中小微企业，为地方经济发展提供强有力的支撑。深化银企合作。组织召开全市农村信用社（农商银行）银企洽谈会，现场与144家小微企业签订23.45亿元贷款意向书，至年底履约率98%以上。岳阳农商银行向友阿国际项目授信20亿元，平江农商银行向食品行业协会会员企业累放贷款1.6亿元，汨罗农商银行向安防产业投放信贷1.2亿元，临湘农商银行累计支持浮标、竹器行业商户信贷资金0.6亿元，支持当地县域特色制造业的发展。提升纳税贡献度。全市7家法人机构缴纳税收2.55亿元，比2016年度增加1.16亿元。

【提升金融服务质量】 2017年，省信用联社岳阳办事处以提升金融服务质量促业务，求发展。加强信贷服务。推出“流水贷”“工薪贷”“住房按揭贷款”“汽车按揭贷款”“两权抵押贷款”等30余个信贷产品。在平江县福寿山镇芦溪村开展评级授信示范点建设，引领全市开展“访问优”活动，建立信贷需求调研、产品宣传、贷款营销、服务回访、评级授信以及信用村组创建“六个全覆盖”的服务机制。坚持支农支小。至年末，涉农贷款余额170亿元，比年初增加27亿元，全年新增个人贷款客户4.49万户、法人贷款客户151户。组织召开银企洽谈会，对接企业143家，现场与94家签约，金额超过19亿元；组织辖内7家法人行社与省农担公司初步开展业务合作，探索解决农村融资难、融资贵的新路径。落实金融扶贫。对11.54万户建档立卡贫困农户进行评级，对6.5万户进行授信，授信金额16.1亿元。全年对1.68万户贫困农户发放扶贫小额信用贷款6.4亿元，占全市投放额的96.8%，完成全年任务的107%，余额10.52亿元，被市委、市政府评为2017年度行业扶贫工作优胜单位。试点开展金融扶贫服务站、助农取款服务点和农村电商平台“三站合一”，切实提高助农金融服务工作效率。截至年末，建成融合站点47家。加强基础设施建设。加强标杆网点、星级网点创建，全年有14个网点被银行业协会评为三星级以上文明规范服务星级网点，其中岳阳农商银行岳阳楼支行被评为全国五星级示范网点。

【转型发展提速增效】 2017年，省信用联社岳阳办事处实现转型发展提速增效。推进产权改革。汨罗、临湘2家农商银行挂牌开业，组建的6家农村商业银行按照现代商业银行目标，推动内部机制转换，各项管理和发展正朝着决策科学、管理规范、内控严密、服务优良、经营高效的方向转变。拓展电子银行业务。开展银联扫码支付推广竞赛，推进电子银行产品体验式营销，至年末，手机银行用户50.2万户，新增12.8万户；电子银行替代率65.25%，同比提高14.25个百分点；社保IC卡激活率90.29%。稳妥开展资金业务。强化管理，推动资金业务规范发展，实现资金业务收入10.78亿元，同比增长5.5亿元，非利息收入占比上升13.52个百分点，收入结构进一步优化。

【内控管理常态化】 2017年，省信用联社岳阳办事处坚持内控管理常态化、长效化。夯实案防长效机制。落实案防责任制，层层签订《社会治安综合治理和案防工作责任状》，制定《2017年案件防控考核办法》。充分利用监控联网报警和核心业务预警平台，强化日常监督，筑牢案防“防火墙”。加大稽核检查力度。开展整治金融乱象、资金业务及稽核检查问题整改“回头看”等专项检查，全面稽核网点76个，整体移位稽核网点8个，进行经济责任审计269人次。加强安全保卫。投入1590万元加强安防设施建设，临湘、湘阴、汨罗等行社全面完成视频监控中心的升级改造。开展安全生产常态化检查，组织安全保卫及消防安全培训7次，全年未发生“四类”案件和重大安全责任事故。

（范　睿）

岳阳市农村信用社（农村商业银行）银企洽谈会

（省农信联社岳阳办事处　供稿）

中信银行股份有限公司岳阳分行

【概况】 2017年，中信银行股份有限公司岳阳分行（中信银行岳阳分行）坚持“调结构、强管理、抓创新、控风险、夯基础”的工作思路，落实上级分行“科学发展，稳健经营”的要求，切实转型回归商业银行本源。突出重点客户，精心维护银企、银政关系；突出产品营销，提高综合回报；突出团队管理，提高工作效率；突出合规管理，强化风险防控。面对诸多不利因素，攻坚克难，砥砺前行，扭转业务下滑的局面，较好完成各项工作目标任务。各项存款时点余额59.48亿元，各项存款日均余额42.29亿元。

【提升服务质量】 2017年，中信银行岳阳分行围绕提升服务质量，加强内部管理。经长沙分行检查评估，认定岳阳分行评估等级为“优秀”，内部控制体系健全，经营效果显著，资产质量优良，主要业务指标及市场份额在系统内及当地商业银行中均处在领先地位，具有很强的发展后劲。岳阳分行分别于3月与11月组织两场银政、银企洽谈会，邀请岳阳市有关职能部门及知名企业进行业务项目洽谈。在11月的银政企洽谈会中，与岳阳经开区管委会正式签订战略合作协议，长沙分行相关部门，以及中信环境、中信建投证券、中信建设等7家协同部门参加会议。岳阳分行利用中信集团全牌照的优势，在未来3年内，利用多种融资渠道为岳阳经开区提供不低于人民币100亿元的资金支持，实现三方共赢，为长沙分行作出更多贡献。抓好客户服务，持续提高网点服务的软件及硬件水平。岳阳分行营业部获得中国银行业协会“五星级网点”荣誉称号和长沙分行“最有温暖网点”称号。

【加强合规管理】 2017年，中信银行岳阳分行完善风险管理体系，助推业务稳健发展。通过学习上级行各项制度，结合实际，及时制订、更新各项制度，有效促进风险管理工作的顺利开展。持续加强贷后检查督导，更新升级风险防范能力；组织开展合规学习与教育活动，增强全员合规意识。组织开展“平安中信”警示教育大会、“一把手讲案例风险警示会议”“给员工亲属的一封信”“中信银行岳阳分行员工行为排查”“征信业务知识培训”“员工家访全覆盖”等一系列合规活动，全面排查合规隐患，基本做到全员合规、全面合规、全程合规。

（陈桑桑）

中国光大银行股份有限公司岳阳分行

【概况】 2017年，中国光大银行岳阳分行克服经济下行、增速放缓、业内竞争加剧等诸多困难，保持强劲发展势头。自开业以来在岳阳投融资逾50亿元，提供优质金融服务，支持岳阳“四大会战”。12月，一般性存款77亿元，贷款规模超40亿元，不良贷款率为零，低于当地同业平均水平。业务发展平稳，经济效益良好，经营管理规范，各项工作有序推进。支持地方基础建设。加大县市基础设施、公共服务领域信贷投入，有关项目主要有：平江县供水枢纽工程建设项目（二期）、平江县汨罗江（江口电站至碧联大坝段）综合治理工程项目、华容县河湖连通及水生态修复工程项目、岳阳县园区污水处理厂及配套管网建设工程项目，对保护县域水环境促进县域经济发展有积极作用。支持小微企业发展。针对科技含量高、成长性好的小微企业，持续开展合作；小微授信客户数16户，授信余额1.79亿元，搭建3个风险补偿基金平台。加强阳光服务。推广阳光服务品牌，制定《2017年消费者权益保护工作暨阳光服务考核评价办法》，规范员工日常服务工作。岳阳分行营业部被评为五星级示范单位。履行社会责任。赴岳阳县张谷英镇、月田镇捐赠1266箱方便面，412件矿泉水的救灾物资，支持岳阳县抗洪抢险工作。到华容县章华镇凤形村开展送金融知识下乡和金融扶贫活动，为该村小学学生捐赠书包以及文具用品，员工爱心捐款1.6万余元。

（徐培芳）

兴业银行股份有限公司岳阳分行

【概况】 2017年，兴业银行股份有限公司岳阳分行（简称兴业银行岳阳分行）坚持“真诚服务，相伴成长”，力争“专业致胜，合规致胜，效率致胜”，各项业务实现高质量发展。至年末，各项存款和融资规模双双突破50亿元大关，实现经济值过亿元，为岳阳市经济社会的发展提供有力支持。

【发展企金业务】 2017年，兴业银行岳阳分行围绕“四大会战”，信贷投放向符合国家长期政策导向、具有发展空间的高新技术类、城镇化建设类、节能环保类行业倾斜，促进重点行业发展。发挥中小微企业业务优势，支持园区经济建设，围绕临港产业园、康王工业园、岳阳经开区高新技术及特色产业园区，提升中小微企业客户拓展，确保中小微企业信贷投放规模。

【推进零售业务】 2017年，兴业银行岳阳分行坚持大财富、大消费、网络化经营思路，依托先进的科技平台和丰富的零售产品，推广直销银行、电子银行、手机银行、微信银行等支付结算渠道，在岳阳地区率先推出兴业“兴E付”扫码支付、POS机二维码支付等新型支付产品；扩大个人客户贷款规模，支持个人生产经营、消费提质，扩大社会有效需求。

【提升服务质量】 2017年，兴业银行岳阳分行对一线员工开展“文明服务”培训，组织开展创建“美丽厅堂”，持续提升兴业银行的品牌形象和大众口碑。分行营业部被岳阳银行业协会评为五星级营业网点，扩大在岳阳地区的品牌影响力。

（李鸣名）

上海浦东发展银行岳阳分行

【概况】 2017年1月16日，上海浦东发展银行岳阳分行（简称浦发银行岳阳分行）正式开业运营，为在湘设立的第五家二级分行。开业以来，岳阳分行贯彻上级行发展战略，服务岳阳市委、市政府“两大战略”“四大会战”，投身地方经济建设。至年末，各项存款余额17.38亿元，贷款余额3.57亿元（不含直销银行），均为当年新增；表外投放余额9.8亿元。全年为岳阳地区授信250余亿元，表内外实际投放近30亿元，为岳阳社会经济发展作出应有贡献。作为一家新开行，岳阳分行被总行评为2017年度三等四级行，获评长沙分行先进分支行、红旗党支部，是辖内唯一获得这两项综合性荣誉的二级分行。同时，还获得人民银行2017年度人民币流通管理综合先进单位、反假货币工作先进单位、支付清算业务优秀开户单位等荣誉。

【金融业务创新发展】 2017年，浦发银行岳阳分行勇闯金融新路，以“新思维、心服务”为指引，与市国税局、航天信息公司共同创新开发银税贷产品，向近30家小微企业投放超过千万元贷款。创新开发公积金点贷，全年累计授信近6亿元，新增额在总行全辖名列前茅，为4000余户市民提供超过3亿元资金支持，促进居民生活水平的提高。提升客户服务水平，各项业务持续健康发展，赢得社会各界和广大客户的良好口碑。分行努力承担社会责任，在捐资助学、抗洪救灾、扶贫、金融服务等领域无偿捐助近30万元，力所能及投入慈善事业，致力于打造优秀企业公民。

【支持地方经济发展】 2017年，浦发银行岳阳分行对重大项目、重点行业授信252亿元。支持岳阳市中心城区棚户区（旧城）改造，授信批复项目贷款金额30亿元；支持岳阳基础设施建设，累计融资20.22亿元，年末余额9.8亿元，有效支持地方经济建设。支持“两高、六新”八大板块等实体经济，支持教育、高科技、装备制造和进出口贸易行业，累计授信4.3亿元，发放短期流动资金贷款5000万元，中长期流动资金贷款4700万元，美元贷款550万元，签发信用证6000万元，签发银行承兑汇票2000万元。完成2018—2020年“一行一策”方案，明确未来3年支持地方经济建设的发展规划。

【服务小微民生】 2017年，浦发银行岳阳分行开展金融产品创新，切入市场、服务客户。针对小微企业融资难、融资成本高等现象，创新推出“诺诺银税贷”，是一款专门缓解小微企业信息不对称、融资难、融资贵等问题的纯线上创新信贷产品，是业内首创的互联网银税合作小微贷款，可提供最高100万元额度的信用贷款。11月24日，成功举办银税贷产品发布会，开启“银税普惠金融湖南行—岳阳站”活动，有140余户小微企业主和5个商会及协会参会，活动现场授信1280万元，提款662万元。至年末，岳阳地区发放35户，累计授信近1500万元，实际发放贷款金额1200余万元，现有余额800多万元。同时对小微企业主发放经营性贷款，实际投放400多万元。对接符合线下授信条件的小型企业，对汨罗市场授信6400万元，实际用信1500万元。对于暂时不符合条件的小微企业，推出政采E贷、E企行等创新产品，探索推出E企融等产品。根据岳阳市场情况推出零售特色信贷产品，得到客户广泛好评。截至年末，零售贷款结余3.5亿元，全部为新增，增长较快，在同业中较为靠前。其中，公积金点贷业务持续增长，结余3亿元，为全市4000多户居民的各项消费需求提供资金支持，有力地促进居民生活水平的提高。

【合规经营防风险】 2017年，浦发银行岳阳分行风险基础管理逐步夯实，基础管理工作一直处于前列，取得全年综合考核在浦发银行长沙分行全辖第二名、异地分支行第一名的好成绩。强化评级授信管理，严把客户准入关。对于新准入法人授信客户和零售经营类客户都进行提前介入，把控风险。分行没有一户授信客户属于“带病”准入。强化中场支撑，推动业务合规有序开展。与上级行沟通，高效完成对法人客户的评级、授信、放款。实行全流程服务，全流程予以智力支撑，支撑信贷业务高效有序发展。加强基础管理，严格控制风险。对存量贷款开展“验证式”贷后管理检查，按月督促加强贷款利息的清收和货款归行，做到贷款利息归行无逾期现象发生，有效控制风险事件发生，对存量客户信用等级的评级更新工作做到准确、及时、有效，无一户客户出现评级授信过期的现象发生。组织开展各项排查。加强与金融管理部门的对接和协调，按月及时报送各项统计报表，组织参加各类金融宣传。组织开展信用风险自查以及员工非法集资排查，杜绝信用风险和案件发生。配合金融管理部门组织的“三违反、三套利”、理财“双录”、整治金融乱象等的合规自查工作；开展征信工作自查，顺利通过金融管理部门的执法检查。强化运营合规管理。及时贯彻执行国家有关法律法规和总分行的各项规章制度、核算办法和业务流程，确保机构运营业务正常运行、确保业务核算准确；服务和6S管理考核在长沙分行排名前三，员工整体主动服务意识强、服务标准流程执行规范。全年运营工作零风险、零事故，各项业务安全运行。加强基础管理，提升综合服务水平。逐步建立健全各条线业务制度。加强对全员各项业务制度的学习，提升业务水平，组织全行相关人员参加各业务条线的资格考试，均取得相关的资格证书。强化机要保密、安全管理，用印管理工作得到分行通报肯定；银行业机构安全评估工作得到检查组好评，工作经验在全市银行业机构安全评估工作总结会上交流。强化安全管理，全年无任何安全事故、案件。

（余志军）

长沙银行股份有限公司岳阳分行

【概况】 2017年3月7日，长沙银行股份有限公司岳阳分行（简称长沙银行岳阳分行）顺利开业。分行坚持稳中求进的总基调，遵循金融发展规律，把握服务实体经济、防控金融风险、深化金融改革“三位一体”的辩证关系，在服务实体经济的同时，各项业务得到迅速发展。至年底，有在职合同制员工69人，派遣制员工1人，合计70人，下辖一个营业网点。表内外投放贷款余额总计23.8亿元，一般性存款时点数为27亿元，利润4000万元，上缴各项税金450万元，取得较好的业绩。

【金融业务发展】 2017年，长沙银行岳阳分行以金融业务为核心，以服务经济社会发展为载体，实现公司业务稳中求进，零售业务稳健运行，银行自身得到良好发展。公司业务围绕岳阳三区六县积极对接各市、区、县的融资平台，成功实现岳阳市水建投、岳阳市旅游投、平江水建投、岳阳县东洞庭湖生态公司、临湘市惠临公司等一批重点客户投放，高层营销成效明显，实现项目对接。组织开展税e融营销，税e融客户18户，贷款余额225.9万元。引导税e融客户开户，为其提供信贷支持，实现中小微企业指标的突破。狠抓零售业务指标，确保金融产品稳健运行。对接政策性银行、对接岳阳当地重大拆迁项目、对接财政局、社保、公积金、房产局等相关政府部门，发展个人信贷业务，提升获客数量。顺利与岳阳市烟草局进行烟草智能终端项目的合作，开立账户193户，网银193户。

【普及金融知识】 2017年，长沙银行岳阳分行参与银行业协会及监管部门组织的普及金融知识活动，引导和帮助客户了解金融知识，提升分行综合服务素质和形象。采取运用横幅、电子屏、手册、折页等多种形式，走进社区、走进学校进行宣传，结合平时的业务拓展，将金融知识与业务相结合，开展“3·15”与征信知识、反假币、反电信诈骗、防范非法集资、金融知识万里行、进万家、普及月、反洗钱等多项主题宣传和普及活动8次，参与员工56人次，发放宣传资料700多份，受众消费者1000余人，被当地媒体公开报道1次，内部刊物报道1次。

【品牌宣传】 2017年，长沙银行岳阳分行加大宣传力度，扩大企业知名度、美誉度。总行快乐益家以分行开业名义向岳阳县毛田镇小港村捐赠50万元精准扶贫款，彰显社会担当。5月，分行向“岳阳最强音歌手大赛”赞助6万元，举办“长沙银行之夜”晚会专场，庆祝总行成立20周年。6月，向岳阳市直机关羽毛球赛赞助20万元，成为岳阳市全民健身重要贡献单位。7月，向平江灾区捐助1万元物资。8月，向平江县浯口镇喻公完小学捐赠30万元，用于修缮学校和建设运动场所。9月，向华容钢铁村小学捐赠助学。12月，向岳阳市围棋协会赞助8万元，襄办岳阳市首届围棋大赛。户外广告在岳阳火车站、岳阳东站、岳阳汽车站、五里牌转盘、市区公交车站台、岳阳县城区公交车站台、各大小区电梯间电子广告、小区灯箱、小区门禁等标志性建筑物全面铺开，投放星星国际影城的映前广告。

（文 雅）

保 险

【概况】 2017年，岳阳市保险行业贯彻落实关于加强社会组织建设的法规和政策精神，适应保险业改革和发展的新形势，按照协会五项职责的要求，为推动行业健康发展、维护会员权益、提升行业形象努力工作，得到较好发展。

市场主体有序发展。全市有市级保险机构39家，与2016年持平（其中财险19家，寿险20家）；县级机构128家（其中财险62家，寿险59家），净增8家，乡镇营销服务部86家，村级保险服务网点1239个。

保险收入持续增长。全年行业实现保费收入74.26亿元，同比增长27.56%，高出全省平均增幅2.34%。其中产险保费22.5亿元，同比增幅为14.26%，低于全省平均增幅2%；寿险保费51.76亿元，同比增幅为34.35%，超出全省平均增幅4.66%。另外，寿险公司未计入保险合同核算的保户投资款和独立账户本年新增交费两项，全市合计约6.88亿元。

理赔服务得到改善。全市赔、给付支出26.63亿元，同比增长8.95%，较2016年同期增加21865万元。其中，财产险赔款支出13.42亿元，较2016年同期增加2.18亿元；人身险赔、给付支出合计13.20亿元，较上年同期增加108万元。

市场运行整体良好。全市保险业得到较好发展，规模和增速在全省范围除长沙市外排名第四，保险深度2.2%，保险密度1290元/人，两项指标同比有较大进步，市场运行保持平稳，保险的社会作用日益明显，为经济社会发展、民生保障发挥应有作用。

【履行社会责任】 2017年，岳阳保险行业履行社会责任，较好地发挥社会稳定器的作用。支持地方经济发展。全年全市保险增速为27.56%，是岳阳GDP增速的4倍以上，金融增加值6.34亿元，上缴税费3.42亿元（含代收车船税1.39亿元），扶贫、抗洪和公益捐款842.7万元，保单质押贷款4.13亿元，其他形式引进资金1.8亿元，安排人员就业6500人，为岳阳568万人提供商业保险服务。参与精准扶贫。全行业有10家市级保险机构、25家县级保险机构参与精准扶贫工作，安排驻村扶贫专员25人，确定对口扶贫村（组）27个，438名部门经理以上“一对一”结对帮扶438户，有1265人次开展慰问、走访等扶贫活动，全行业开发特色扶贫保险产品37个，投入扶贫资金497.6万元。参与抗洪救灾。在5月、6月洪灾中，全行业成立抗洪救灾应急小组56个，出动人员1566人次，车辆227台，投入资金428.9万元，受理报案856起，及时赔付1.1亿多元。参与社会管理。新增快处快赔服务点4个，实现城区快处快赔全覆盖。全年处理案件24756起，为“治堵保畅”、文明交通做出贡献。全市8家公司承接大病保险、城乡居民医疗意外保险，年保费规模超过2亿元。通过保险专业服务、规范管理，节约医疗费用5000多万元，充分体现保险参与社会管理的效益。此外，保险行业有9名市、县两级人大代表和政协委员，他们参政提案、建言献策，提升保险业参与社会管理的地位。

（杨丹丹）

中国人民财产保险股份有限公司岳阳市分公司

【概况】 2017年，中国人民财产保险股份有限公司岳阳市分公司（简称人保财险岳阳市分公司）下辖11家区县支公司、4个直属业务部、21家乡镇三农营销服务部、94个乡镇服务站、1050个村级服务点。该公司现有在职员工415人，外包人员146人，营销员和三农协保员各1300余人。至年末，分公司通过对标市场、细化管理、狠抓服务，各项工作稳步推进，经营取得一定成效。全年实现保费收入6.89亿元，提供各类保险保障6494亿元，上缴税金6652万元（含代收车船税），支付保险赔款3.93亿元。

【提升服务品质】 2017年，人保财险岳阳市分公司坚持“做人民满意的保险公司”，完善管理机制，优化服务流程，创新工作方式，扎实推进以“优质的标准化服务、高效的后援保障服务、丰富的差异化服务”为目标的客户服务体系建设。公司高度重视客户服务工作，落实出单、理赔服务流程，根据不同客户群需求，通过24小时“95518”客户服务热线、e-picc电子商务服务平台、人保V盟微信公众号等，建立和完善针对性强的分类服务体系建设，着力提升个性化客户服务能力。公司着力打造空地一体救援服务体系，率先在全国开展直升机救援服务，做到“以客户为先，以人民为本”，得到广大客户的认可与信赖。

【助推地方经济社会发展】 2017年，人保财险岳阳市分公司引领行业服务岳阳经济社会发展，在经济建设、民生保障、扶贫攻坚等方面发挥较好作用。参与各级政府主导的扶贫攻坚项目，参与8个驻村扶贫点的扶贫工作，确定扶助对象143户，参与扶贫工作人数111人，个人助资总额12.35万元，单位扶贫资金总计48.09万元。结合保险特色，开创“保险跟着扶贫走”模式，充分发挥保险在脱贫攻坚中的作用，开发专属扶贫保险产品32个，涵盖特色农险、房屋、医疗、助学、意外健康等多个领域。公司对市本级、岳阳楼区、君山区、岳阳经开区、汨罗市、华容县、临湘市的城乡居民大病医疗保险服务实现提标升级，为222万名群众承担最高4440亿元的大病医疗保险保障。启动巨灾保险项目，按照“应赔尽赔，应赔快赔”原则，开展抢险救灾和现场查勘理赔服务工作，为遭受洪涝灾害的291户农户支付巨灾房屋倒塌赔款143.55万元，为3338户农户提供巨灾农业保险赔款481.47万元，得到各级政府和人民群众的高度评价，彰显大型国有骨干保险公司勇担社会责任，助推经济发展，保障民生，促进社会和谐的良好形象。

（余正南）

中国人寿保险股份有限公司岳阳分公司

【概况】 中国人寿保险股份有限公司岳阳分公司（以下简称中国人寿岳阳分公司）内设综合管理部等11个部门，辖9个县市区支公司，54个农村营销服务部。2017年，公司实现保费收入15.31亿元，赔付支出28.84亿元（死、伤、医疗、赔款），缴纳各种税金3802.21万元，捐赠50.35万元。岳阳分公司首次被中国人寿集团公司评为“个险业务发展奖”先进单位，获得省公司授予的“转型升级发展先锋奖”“价值贡献奖”“市场竞争卓越奖”“互动业务先进集体奖”“农网建设领先奖”等21项奖励。

【核心业务超额完成】 2017年，中国人寿岳阳分公司发挥个险引领、宏观调控、整体协同、均衡发展的优势，在中国人寿湖南省系统33项核心指标监控中，增长率和达成率都高于系统均值。总保费收入15.31亿元，完成率为117.51%，同比增长40.18%。保费收入预算执行19项考核指标中有17项提前一个季度超额完成全年任务。19项指标中有15项指标排名居全省系统前三，4项居前六，预算执行实现正增长，最高增长率91.24%，平均增长率为48.53%。

【大病保险】 2017年，中国人寿岳阳分公司在平江县、岳阳县、湘阴县、屈原管理区、云溪区城乡居民开展大病保险服务，上半年追补2016年大病7289人次，补偿4339.35万元，下半年完成本年度大病保险补偿工作，服务3330人次，补偿金额2659.25万元。

【业务队伍建设】 2017年，中国人寿岳阳分公司个险渠道全年新增6924人，净增1293人；全年月均三晋率54.42%，位列全省第一，季均有效人力2975人，达成率111.01%，排名全省第一；银保渠道年度人力目标达成率114%；团险渠道新增有效人力274人，较好地完成省公司下达的目标。坚持“培训质量胜于一切”的理念，为提升销售队伍素质，将规范经营理念贯穿整个销售队伍展业活动的始终，提高合规意识，提升展业技能。全年举行各种培训班260多期，参训1.5万多人次。

（张　雨）

中国平安财产保险股份有限公司岳阳中心支公司

【概况】 2017年，中国平安财产保险股份有限公司岳阳中心支公司（简称平安财险岳阳中心支公司）围绕上级公司的经营发展主线，秉承稳品质、促增长、持续双优的经营策略，强化成本管控，狠抓合规经营，转变工作观念，全年实现保费收入4.4亿元，缴纳各项税费6700多万元。全年解决1800多人就业，投入资金20多万元，参与精准扶贫工作，较好地履行企业的社会责任。

（罗玲燕）

中国平安人寿保险股份有限公司岳阳中心支公司

【概况】 2017年，中国平安人寿保险股份有限公司岳阳中心支公司（简称平安人寿岳阳中心支公司）提升服务水平，维护保险双方权益，搭建交流平台，加强保险宣传，全年保费收入4.5亿多元，个人客户30多万名，代理人近3000名。公司设5个管理部门，管理人员84名；市区有28个营业部（课），下辖汨罗、临湘、湘阴、平江、华容等网点。

【诚信合规经营】 2017年，平安人寿岳阳中心支公司开展“治乱打非”专项自查行动，推进防风险、治乱象工作，切实保护保险消费者合法权益。公司有2800名员工参与，自查率94%。对销售乱象、渠道乱象、产品乱象、非法经营等违法违规问题进行自查，对发现的问题，公司督导小组责令立即限期整改，每个月最后一个星期五定为合规日，宣讲国家相关法律法规及公司规章制度，定期开展自查自纠，及时发现问题，解决问题。为全面贯彻落实监管部门相关要求，规范信访工作，畅通信访渠道，保障保险消费者的合法权益，公司实行总经理接待日制度，认真做好信访案件的处理工作。

【基础建设】 2017年，平安人寿岳阳中心支公司抓好基础建设，促进业务发展。以城区为主战场，逐步开拓县域市场。城区代理人由2000人发展到2700人，营业部由16个发展到28个。开发新业务，扩展新领域。以五大核心技术（人工智能、大数据、区块链、云计算、网络安全）为基础，推出多项科技创新服务，从客户、用户的健康、出行、理财三大生活场景出发，用“科技创新”和“服务速度”，为用户提供智能化服务和极致化体验。推出“APP”“金管家”“AI客户”等综合金融理财平台，将国际化管理经验和本土实际有机契合，保持和增强公司在销售、精算、产品、品牌、培训等领域的优势地位。开展保险宣传，扩大影响力。公司举办“3·15”国际消费者权益保护日和“7·8”全国保险公众宣传日活动，加大保险宣传力度，制作展板50余块，在LED电子显示屏及县区公交车投放“保险，让生活更美好”形象宣传片。

（黎艳萍）

中国太平洋财产保险股份有限公司岳阳中心支公司

【概况】 中国太平洋财产保险股份有限公司岳阳中心支公司（简称太平洋财险岳阳中心支公司）成立于1991年4月，现辖9家县域支公司，洪家洲营销服务部，15家三农服务站。公司有从业人员388人，其中正式员工166人。2017年，太平洋财险岳阳中心支公司围绕总公司“固化成果、深化转型、迎接挑战”工作方针，巩固业务结构优化和品质发展策略，推进转型发展和经营管理升级，开拓新兴领域，创新技术运用，圆满完成年度目标任务。全年实现保费收入2.75亿元，同比增长26.4%；赔付金额1.66亿元。全年缴纳各种税金（含代收车船税）2709万元。

【业务拓展】 2017年，太平洋财险岳阳中心支公司多措并举促业务，取得一定成效。车险工作重心注重渠道发展，非车险以新业务为突破口；农险重视防灾减损工作，政保业务深化对接沟通，强调成本管控，提升销售费用投入产出比。理赔推广新工具，推行减损措施；合规落到实处，始终诚信经营，党建、扶贫工作取得新成效。公司积极履行社会责任，组织员工参与抗洪救灾，开通绿色理赔通道，启动快速理赔方案，赔付457.6万元，并在平江“6·30”暴雨灾害后捐款81万元。全年向帮扶村组支付扶贫资金12.05万元，向员工募集资金3.5万元用于精准扶贫，各项公益捐款80万元。

（湛应根）

中国太平洋人寿保险股份有限公司岳阳中心支公司

【概况】 2017年，中国太平洋人寿保险股份有限公司（简称太平洋人寿岳阳中心支公司）坚持“居安思危、冷静思考、全景透视、审慎稳健、防控风险、协调发展”，圆满完成各项工作任务。全年实现保费收入5.04亿元，完成新保1.46亿元，完成全年目标任务的100.5%，同比增长32%。规模保费达成在公司系统内排名第三，当地市场排名第三。在全市设有7家分支机构，公司秉承“用心承诺，用爱负责”的服务理念，为全市50多万名客户提供优质的保险服务。全年向2349人次支付赔款2414.24万元，同比增长56%；给付支出6861万元，同比增长34.55%。公司目前在售险种200余个，覆盖人寿保险、年金保险、健康保险、意外伤害保险等多个领域。

【严合规促服务】 2017年，太平洋人寿岳阳中心支公司坚持审慎稳健、防控风险、协调发展，提高公司的合规操作技能、提升风险防范及处置能力，分类监管评级达到A类级别。业务品质持续改善，继续率指标92.6%，较同期增长1个百分点。“以客户为中心”，坚持微笑服务、贴心服务。不断完善科技个险流程，简化实操手续；提升理赔获赔率和理赔时效管理，解决“理赔难”问题。

（甘爱军）

新华人寿保险股份有限公司岳阳中心支公司

【概况】 2017年，新华人寿保险股份有限公司岳阳中心支公司（简称新华保险岳阳中心支公司）以“坚持稳中求进，深化转型发展”的指导思想，结构调整取得新进展，各类风险得到有效控制，业务保持平稳健康发展态势。全年实现保费收入1.93亿元，市场份额3.86%，位居当地市场第七位。为岳阳197476名市民提供72.98亿元的保险保障，赔付6243.12万元，为维护社会稳定，促进岳阳经济社会发展作出贡献。

【业务结构优化】 2017年，新华保险岳阳中心支公司整体业务呈现健康平稳增长，全年完成保费收入1.93亿元，同比增长3.48%，其中，期缴保费4364.84万元，任务达成102.26%，同比增长30.76%，全省系统中排名第七。保费结构持续优化，期缴保费占比当年新契约保费的92.53%，同比提升12.23个百分点；年期结构持续优化，个险十年期交占比为81.74%，同比提升8.95个百分点；产品结构合理，年金险占比47.56%，健康险占比34.32%。

【服务品质提升】 2017年，新华保险岳阳中心支公司举办丰富多彩的服务活动，提升服务品质。公司按月安需按年龄设计不同活动，以线上与线下相结合的方式，通过亲访与集体现场活动，为客户提供多元化服务，提升客户体验。开门红期间，举办6场健康主题讲座，参与客户800余名；二季度以“十里春风，健康金生”为主题，开展健步、风筝节、亲子活动、书画大赛等活动21场，覆盖600余名客户。

【风险管控】 2017年，新华保险岳阳中心支公司以合规经营为核心，全面管控风险。开展合规经营教育，每月组织各部门、各业务渠道、各县级机构同步举办1~2次合规经营教育培训，涵盖法律法规、案例教育、问责警示教育等内容，通过培训提升全员的诚信合规意识和法治意识，营造讲诚信、守规矩的文化氛围，使业务和合规两手抓、两手都要硬的管理理念深入人心。落实缺陷问题整改，对风险排查、风险监测、检查等缺陷问题实行挂牌整改，按照“风控合规主体责任”，让主责部门切实承担起缺陷整改责任，落实整改措施，提升整改时效，保证整改效果。

（杨　辉）

华安财产保险股份有限公司岳阳中心支公司

【概况】 2017年，华安财产保险股份有限公司岳阳中心支公司（简称华安财险岳阳中心支公司）多渠道开展业务，有效应对市场形势变化，加快业务发展进程，公司经营能力稳步提升，全年保费收入1493.04万元，同比增长39.95%。

【华安财险热心公益】 2017年，华安财险岳阳中心支公司在扩大业务规模、改善业务品质的同时，勇担社会责任，热心公益。年内，公司加大对公益活动及体育赛事的支持力度。参与岳阳蓝天救援队志愿者救援活动，助力“2017年中国杯国际定向越野巡回赛岳阳南湖站赛事”，为其提供意外险保障，树立起企业良好的社会形象。

（孙　昕）

天安保险股份有限公司岳阳中心支公司

【概况】 天安财产保险股份有限公司岳阳中心支公司（简称天安财险岳阳中心支公司）成立于2003年，内设业务部、理赔部等5个部门。2017年，公司坚持“打造奋勇争先的新型国际化金融保险集团”“为梦想护航，让人生天安”，坚持规范与效益经营，严把风险进入关口，完善管理。全年完成保费收入2337万元，支付赔款1165万元，综合赔付率56%。

【天安财险加强承保基础管理】 2017年，天安财险岳阳中心支公司制定差异化、合理化承保政策，加大承保管控力度。严把承保质量关，验车制度标准化，完善承保档案管理，实现责任到人；开展财产险、水险及营运车按私家车承保的防灾防损工作。优化整合客服队伍，加大培训力度，提高整体素质；完善各项客户制度，提高办事效率，缩短赔案结案周期，采取多项措施，加大“打假防骗，反保险欺诈”工作力度，服务客户的同时维护公司利益，查获骗赔案数起，为岳阳财产保险市场进一步规范作出贡献。

（任　佳）

中国大地财产保险股份有限公司岳阳中心支公司

【概况】 2017年，中国大地财产保险股份有限公司岳阳中心支公司（简称大地财险岳阳中心支公司）秉承“诚信为先、稳健经营、价值至上、服务社会”的经营理念，弘扬“立足大地、携手创业、共享未来”的企业精神，努力打造中国保险行业的百年老店和国字号品牌。全年实现保费收入1.06亿元，同比增速25.7%，预算达成107.8%，完成考核利润率5.4%，优于市场COR3.0个百分比；坚持渠道深化发展，成立专业队伍，提升专业水平；“降赔付”和“创服务”两方面打造双优理赔，为业务发展提供有力支撑；以创新谋发展，积极拥抱新科技、新产品、新模式、新渠道、新服务，为业务发展找到新方向，开辟新增量；做到依法合规，打造内外部健康和谐的发展环境，为公司发展保驾护航。

（徐　美）

中华联合财产保险股份有限公司岳阳中心支公司

【概况】 2017年，中华联合财产保险股份有限公司岳阳中心支公司（简称中华财险岳阳中心支公司）下辖平江县等10家经营机构，服务范围覆盖全市各行政区域。始终坚持“稳健、创新、持续、高效”的经营理念，以“团结、负责、勤奋、进取”的企业精神，狠抓依法合规、业务发展、队伍建设、服务改进和综合提质升级，公司得到稳健良性发展。至年末实现保费收入2.63亿元，支付赔款1.87亿元，缴纳各类税金1965.1万元（含代扣代缴）。

【中华财险提升客服能力】 2017年，中华财险岳阳中心支公司以“服务至上、信守承诺、回报社会”为服务宗旨，推出“中易保”“码上保”“共享保”等操作平台，满足客户24小时通过手机APP便捷出单的服务需求。受理报案13390件，其中车险9185件，车险及时立案率100%，车险报结案率90.6%，实现车险快速理赔。在“6·30”“8·12”特大暴雨洪灾中，公司建立应急机制，开通理赔服务通道，参与抗洪救灾，并加快农险大灾的理赔速度，支付赔款2429万元，得到当地政府及社会各界的一致肯定。

【中华财险担当社会责任】 2017年，中华财险岳阳中心支公司参加岳阳市文明创建、综合治理等政府中心工作，开展驻村帮扶、社会赈灾、残疾儿童慰问等社会公益活动。全年确定驻村帮扶村7个，帮扶对象73户计377人，设立扶贫工作领导小组2个，参与扶贫工作人员33人，派驻队员2人。组织员工扶贫捐款3.07万元，筹集扶贫资金155.2万元。中华财险岳阳中心支公司“扶贫财银保”“扶贫特惠保”为平江县15765户贫困户、55791名贫困人口提供综合性补充保障，做到公司产品与扶贫工作精准对接，实施系列“扶贫工程”，彰显中华保险的社会作为。

（黄惠平）

安邦财产保险股份有限公司岳阳中心支公司

【概况】 安邦财产保险股份有限公司岳阳中心支公司（简称安邦财险岳阳中心支公司）成立于2016年2月，下辖云溪区、岳阳县、汨罗市、湘阴县4家营销服务部，现有从业人员75人。2017年，公司以“帮助客户实现梦想”为发展愿景，践行“以客户为中心”的科学发展观，为客户提供“一个客户，综合服务”的全方位、定制化金融解决方案。全年完成保费收入1921万元，赔款1716.43万元，缴纳各种税金307.98万元。

【安邦财险提升服务质量】 2017年，安邦财险岳阳中心支公司完善管理体制，创新工作方式，不断推出快捷、新型服务和产品，提升企业竞争力和发展力。推出“微信自助理赔”平台为182名客户提供闪速理赔，平均结案时间降至一小时内；通过“展业保”微信平台推出“女神安”“男神安”等性价比高、针对性和市场性强的新型保险产品，较受市民欢迎。

（易雅静）

阳光财产保险股份有限公司岳阳市中心支公司

【概况】 阳光财产保险股份有限公司岳阳市中心支公司（简称阳光财险岳阳市中心支公司）于2006年9月15日挂牌营业，现设有中支本部和金鹗支公司，下辖云溪、汨罗、临湘、平江、湘阴等四级机构，有员工62人。2017年，公司围绕“一切为客户”的追求，发扬“战胜自我、创新变革”的企业精神，不断寻找发展机遇，把握市场发展脉博，调整发展策略，全年实现保费5092.81万元，缴纳税金748.51万元，赔款支出2898.04万元，增长率为22.91%。

【阳光财险打造闪赔直赔品牌】 2017年，阳光财险岳阳市中心支公司着力提升强大的市场拓展能力、卓越的客户服务能力，打造以“闪赔”和“直赔”的特色品牌服务。无人伤事故赔款24小时可直接赔付到位，增强客户对公司的信赖。实行“三个一工程”，即一杯水、一张报纸、一把伞，关心客户的人身安全，大雾、冰雪、高温等天气向客户发送温馨提醒，客户生日或重要节日给客户送去祝福。

【阳光财险构建特色渠道】 2017年，阳光财险岳阳市中心支公司实行多样化销售渠道，如直管、重客、经代、车商、综拓、网电等渠道，如保险师平台，能让客户更清楚地了解保险条款，选择险种，足不出户在电脑、手机上完成操作，给客户带来更大方便。产品的多样化，满足不同客户的需求。

【基础管理】 2017年，阳光财险岳阳市中心支公司强化内部管理，定期实行轮岗制度和岗位练兵，提升员工的工作能力和业务水平，提高工作效率。公司还定期对员工进行“反洗钱”等法律法规和内部制度的学习，提高员工的法律意识，保证公司合法合规经营。公司开展“进社区”活动，宣传阳光文化，帮扶弱势群体，树立良好的口碑。岳阳公司争取成为岳阳保险行业的一张“名片”，一柄标杆。

（余建辉）

中国人民人寿保险股份有限公司岳阳中心支公司

【概况】 2017年，中国人民人寿保险股份有限公司岳阳中心支公司（简称人保寿险岳阳中心支公司）推进“稳增长、重价值、强基础”的转型发展战略，全年保费稳健增长，业务结构持续改善，短险业务稳中有进，价值业务快速提升，主要经营指标表现良好，渠道建设、队伍建设和销售能力建设得到有效夯实，转型发展取得阶段性突破。获得总公司全国三级机构50强、湖南省分公司先进集体等荣誉称号。

【人保寿险业务增长】 2017年，人保寿险岳阳中心支公司实现保费收入5.75亿元，全省系统排名第一，同比增长18%，达成年度计划117%。其中，首年期交保费收入9722万元，全省系统排名第二，同比增长36%，达成年度计划108%；短险保费收入383万元，全省系统排名第一，同比增长56%，达成年度计划140%。承保保单62412件，赔付5895件，金额2124.56万元，平均结案时间2.13天。

【人保寿险合规经营】 2017年，人保寿险岳阳中心支公司强化合规工作，取得一定成效。设立合规专岗和兼岗，明确工作职责，加大力量投入；开展合规教育，利用经策会、视频会、早夕会和员工内训会等多种会议，加强相关法律、法规、政策的教育学习，提高全员的政策理论水平，增强合规意识和自觉性；通过行业协会组织的“防范和治理销售误导”自律检查、公司合规文化宣导月等活动，深化合规经营理念，防范和化解经营风险，切实保护保险消费者合法权益，支持和保障公司转型发展。

【人保寿险履行社会责任】 2017年，人保寿险岳阳中心支公司响应政府号召，勇担社会责任，参与全市扶贫攻坚工作。与市人力资源和社会保障局联合，定点对平江县梅仙镇张韩村的19户贫困户进行帮扶，采取中层以上管理干部与贫困户“一对一”结对帮扶，公司及个人投入帮扶资金24.5万元，已有8户帮扶对象成功脱贫。在定点扶贫的同时，参与保险扶贫，承担平江和湘阴县贫困户的意外伤害综合保险（扶贫特惠保），提供配套资金33.65万元，处置贫困户专项理赔案件500件，补偿金额163.29万元。

（邓爱平）

农银人寿保险股份有限公司岳阳中心支公司

【概况】 2017年，农银人寿保险股份有限公司岳阳中心支公司（简称农银人寿岳阳中心支公司）以“全面发展、全面提升”湘分总目标为指引，按照“更严格、更规范、更深入、更专业”的要求开展工作。深入融入母行，创新营销模式，各项工作取得较好成绩。业务经营全面完成年度任务，全年实现保费收入1.92亿元，超额完成考核，基本实现业务经营持续健康发展的目标。党风廉政建设、队伍建设、合规建设、文化建设成效明显，费用执行规范可控。

（曹 彬）

合众人寿保险股份有限公司岳阳中心支公司

【概况】 2017年，合众人寿保险股份有限公司岳阳中心支公司（简称合众人寿岳阳中心支公司）以中国传统文化精髓“和合”思想为企业理念的基石，以“和合各方利益，实现多赢共好”为核心价值理念，合规经营，加强各项基础管理，提升业务品质，取得一定成绩。全年实现保费收入1.08亿元。其中，个险首期规模保费1396万元，同比增长35%；银保首期规模保费7055万元，同比增长12%；团险保费22.7万元；续收完成个险、银保保费2372万元。提出“推陈出新、以客为尊、友善简单、扎实可靠、事捷功倍”的服务理念，提出“理赔不难”口号。全年结案164件，赔付87.19万元。部分案件当天结案，体现公司优质服务。

（王 剑）

太平人寿保险有限公司岳阳中心支公司

【概况】 2017年，太平人寿保险有限公司岳阳中心支公司（简称太平人寿岳阳中心支公司）内外勤总人数788人，为社会提供402个就业岗位，实现保费收入1.31亿元，赔付支出280.95万元，缴纳各种税金123万元。

【太平寿险管理经营】 2017年，太平人寿岳阳中心支公司主动响应监管部门回归保障、严防风险的监管导向，贯彻总、分公司“稳中求进”的要求，自觉对标系统与市场优秀机构，创新发展，力争上游，抓管理促业务。各项指标持续增长，总保费迈上新台阶。保费收入1.31亿元，同比增长29.7%，在全国三级机构中排名第五十六位，较2016年提升18位，在湖南分公司12家三级机构中贡献度排第二位，仅次于长沙中心支公司，被评为“分公司特殊贡献单位”。强化服务意识，创新服务手段。为特殊人群提供上门服务，开展VIP客户增值服务，增强客户体验；利用团队经纪人等项目推动，将服务前置到业务队伍中，解决运营疑难问题；保险服务密码和理赔免审核等创新化服务手段的逐步上线，进一步优化客户体验。合规经营防风险，内控管理建机制。公司利用合规例会、防范非法集资及反洗钱及销售误导现场巡查、合规日三个抓手推动合规工作，通过早夕会宣导、重点人员面谈、职场巡查及调查问卷和微信朋友圈检查等多种形式开展合规工作，构建并完善建体系、建队伍、建流程的合规工作框架，有效化解经营风险。

（胡辉军）

中国人寿财产保险股份有限公司岳阳市中心支公司

【概况】 2017年，中国人寿财产保险股份有限公司岳阳市中心支公司（简称国寿财险岳阳中心支公司）坚持又好又快发展，切实践行“用心服务，以客为尊”的服务宗旨，树立公司良好的社会形象。全年实现保费收入2.28亿元，同比增长15.91%，已决赔款14754万元，保费规模在全省系统和全行业均居第五位。公司履行社会责任，派专人到平江县童市镇合旺村驻村扶贫，投入扶贫资金15万余元，“6·30”特大洪灾后，向岳阳县、汨罗、平江等地投入帮扶及赔付资金2000余万元，结对帮扶受灾群众和客户恢复正常生产，为社会提供可靠的保险产品和优质服务。

【国寿财险合规管理】 2017年，国寿财险岳阳中心支公司重视强化合规工作的督导和监察力度，加强反洗钱工作，有效化解经营风险。开展合规培训，坚持依法合规经营，确保内控合规管理不留死角。不断完善内控制度和全面覆盖、全面管理、全员参与的风险管理体系，有力促进公司稳健发展。

（周丽霞）

中国人民健康保险股份有限公司岳阳中心支公司

【概况】 2017年，中国人民健康保险股份有限公司岳阳中心公司（简称人保健康岳阳中心支公司）秉承“让每一位中国人的健康更有保障、生活更加美好、生命更有尊严”为使命，坚持传统和新型销售渠道并举，为客户提供多层次、多样化健康保险和健康管理服务。全年实现规模保费2037.5万元，缴纳各种税金41.23万元，赔款支出689.71万元，期缴保费连续三年正增长。

【人保健康业务发展】 2017年，人保健康岳阳中心支公司统筹兼顾，推进三大板块6个渠道均衡发展。将政府委托业务作为基础性业务，将健康管理作为战略性业务，持续推动公司专业化发展，服务国家医疗保障体系建设。承保岳阳楼区城镇职工大病补充保险，社保业务保费收入525万元，服务客户2.32万人，理赔人数320人，支付大病赔款383.5万元。商业健康保险业务回归保障本源、优化业务结构。个险期缴保费1063.3万元，同比增长36%。团险业务稳步提升，全年保费146万元。银保渠道向期缴业务转型。新单保费234万元，同比下降89.6%。互动渠道与人保财险合作取得新成效。保费收入164.13万元，同比增长85%，全年在财险新建互动部3个。健康管理与电商业务快速发展。

（张明洲）

中英人寿保险有限公司湖南分公司岳阳中心支公司

【概况】 2017年，中英人寿保险有限公司湖南分公司岳阳中心支公司（简称中英人寿岳阳中心支公司）秉承“合规经营、诚信服务”的发展理念，倡导“内争贡献、外树形象”的竞争文化，全面推动各项工作的开展。全年实现保费收入1亿元，同比增长19.9%，其中，新单保费4982.9万元，同比增长28.3%，续期保费5023.8万元，同比增长12.6%。业务发展的同时，组织和参与“两个加强两个遏制”、非法集资、反洗钱等合规培训和宣传教育活动，扎实做好公司风险管理工作，防范影响恶劣的重大系统性风险事件发生。至年底，公司获得系统内最佳机构奖。

（熊芝玲）

民生人寿保险股份有限公司岳阳中心支公司

【概况】 民生人寿保险股份有限公司岳阳中心支公司（简称民生保险岳阳中心支公司）成立于2008年7月14日，现辖平江支公司和汨罗支公司2家县级机构，从业人员107人。2017年，公司深入贯彻各项监管要求和“保险姓保，为民而生”的保险行业核心价值观，坚持“以用户为中心”的经营理念，恪守“稳健经营、合规经营”的经营原则，充分发挥“保险姓保”的功能，扎实推进各项工作，取得良好经营效果。实现保费收入1440万元，其中，个险新单保费383.65万元，完成分公司下达的保底目标131.4%，挑战达成率101.2%，同比增长49.6%。新增从业人员64人，缴纳各种税收30.01万元，缴纳各种费用2.8万元，扶贫个人捐款0.5万元。

【经营服务】 2017年，民生保险岳阳中心支公司严格预算管控，在保证业务发展的前提下，努力降成本、增效益，百元标保固定费用率同比下降9.27个百分点。以全方位的互动服务，给客户更新鲜、更时尚、更贴心的服务体验。公司严格按照监管法律法规及总、分公司制度规范，有序开展合规工作，确保合规经营。全年累计组织反洗钱、防范和处置非法集资及打击销售误导等合规培训21次、宣传24次，开展合规现场及非现场检查5次，对发现的问题及时进行整改，全年未出现重大风险事件，未发生诉讼案件，无监管处罚情况。

（任 晓）

长安责任保险股份有限公司岳阳中心支公司

【概况】 长安责任保险股份有限公司岳阳中心支公司（以下简称长安保险岳阳中心支公司）于2008年11月4日经中国保险监督管理委员会湖南监管局批准成立，下设华容县支公司，有员工52名，其中，管理人员9名，销售人员18名，代理人25名。2017年，公司面对新变化、落实新机制、执行新规定、发展新网点、实现转型跨越发展。全年实现保费收入2116万元（含网销），达成率105.81%，全年上缴各项税金469.27万元。综合成本率90.9%，同比下降4%，其中，综合费用率39.2%，综合赔付率51.6%，发生赔案1637件，支付赔款1120万元，公司综合赔付情况持续改善，低于年度预算，整体经营状况持续改善，是湖南省分公司系统中实现保费、利润双达标的公司之一。公司被总公司评为2017年度优秀经营单位，被湖南省分公司评为2017年度优秀三级机构。

（易 旸）

阳光人寿保险股份有限公司岳阳中心支公司

【概况】 2017年，阳光人寿保险股份有限公司岳阳中心支公司（简称阳光人寿岳阳中心支公司）以打造有品质、有速度、有温度的典范性寿险公司为主题，以价值为核心，聚焦专业经营、队伍扩张、人才培养、客户服务、合规管理，向高成长、高价值中心支公司实现跨越式发展，全面完成经营考核各项指标。全年实现保费收入5883.38万元，发生理赔案件506件，给付金额221万元。公司加强内部管理，依法合规经营，打造学习型团队，提升业务服务水平和开拓能力，为持续健康发展奠定基础。

（方华光）

幸福人寿保险股份有限公司岳阳中心支公司

【概况】 幸福人寿保险股份有限公司岳阳中心支公司（简称幸福人寿岳阳中心支公司）于2009年5月10日成立，下设湘阴县、岳阳县、平江县3家支公司，从业人员416人。2017年，公司秉承“至善至诚、传递幸福”企业精神，围绕“严监管、防风险、抓服务、促发展”，加强和改善各项内部管理工作。坚持以改革创新为动力，以加快发展为主线，以效益为统领，以依法合规为基础的工作方针，管理与服务同步推进，业务发展稳中求进，个银团续齐头并进，保费平台步步攀升，全年实现保费收入7838.42万元，综合标保全省第一，继续率全面达标；受理理赔案件455件，结案449件，赔付金额318.34万元，满期给付1251.28万元。

（晏淑敏）

紫金财产保险股份有限公司岳阳中心支公司

【概况】 2017年，紫金财产保险股份有限公司岳阳中心支公司（简称紫金财险岳阳中心支公司）秉承“始于责任，成于精细”的核心价值理念，坚持创新驱动，打造活力紫金，坚持服务民生，打造责任紫金，坚持科学发展，打造实力紫金，加强管理体系、业务体系、保障体系建设，实现高起点组建、远战略规划、全国性布局、跨越式发展。通过对标市场、细化管理、狠抓服务，公司经营取得一定成效，全年实现保费收入1972万元，上缴各类税金183万元（含代收车船使用税），支付保险赔款910万元。

（刘 娟）

吉祥人寿保险股份有限公司岳阳中心支公司

【概况】 吉祥人寿保险股份有限公司岳阳中心支公司（简称吉祥人

寿岳阳中心支公司）于2013年7月19日开业，下辖岳阳县、汨罗市、临湘市3家县级支公司，现有从业人员478人，其中，内勤管理人员32人。2017年，公司实现原保费收入3.93亿元，同比增长73.32%，规模保费实现跨越式增长，迈上新平台。公司在发展业务、服务客户的同时，履行社会责任，参与抗洪救灾工作，组织全体工作人员进行捐款；参与精准扶贫，筹措5万元扶贫资金支持平江县三墩乡小塅村，结对帮扶8户贫困户。

（方庆华）

永诚财产保险股份有限公司岳阳中心支公司

【概况】 2017年，永诚财产保险股份有限公司岳阳中心支公司（简称永诚财险岳阳中心支公司）强化基础管理、建设业务团队、加强学习培训、改善业务品质、提升服务水平，实现保费收入1711.56万元，同比增长9.16%，占市场份额0.74%。被湖南分公司评为2017年度先进集体。保费规模稳定增长。车险保费1178.21万元，同比增长2.48%。非车险保费533.35万元，同比增长27.56%，满期赔付率下降2.04%，各项指标良好。提升客户服务水平。全年接报案1022件，已决案件941件，赔付金额669.36万元。打假减损金额约30万元。完善基础管理。每周固定培训时间，全面提升管理队伍与业务员的专业知识水平。建章建制，严格考核制度，执行优胜劣汰的用人机制，打造优秀团队，树立良好的品牌形象。

（刘文雯）

证 券

方正证券

【概况】 2017年，方正证券岳阳东茅岭营业部依托上市券商全牌照优势，坚持客户导向，打造一流服务、一流团队、一流管理、一流品牌，为岳阳客户提供交易、投融资、财富管理等全方位金融服务。面对金融监管趋严、证券市场震荡、业内竞争加剧的严峻形势，营业部迎难而上，实施高度市场化的激励机制，调动员工主观能动性，及时调整和改善收入结构、寻求多业务发力点；以客户为中心，加强投资者风险意识教育，严格合规营运，提升研究咨询服务水平，发布推广方正证券APP，方便客户投资，增强客户黏性。至年末，营业部各项业务均衡发展，总客户数14.67万户，同比增长9.8%；客户总资产60.51亿元，同比小幅下滑3.7%；股票、基金等证券交易量586.32亿元，同比下滑18.93%。

（易 能）

华泰证券

【概况】 2017年，华泰证券股份有限公司岳阳五里牌营业部在严监管的金融背景下，加速向金融服务本源回归、加大财富管理转型力度。营业部秉承以客户为中心、以涨乐财富通为平台打造新零售业务体系，同时以发展投资顾问为核心、以全业务链为依托提高业务人员的专业能力。产品销售规模显著增长，投资顾问队伍不断发展壮大。以全员、覆盖和穿透为核心理念，建立完善全面风险管理体系。在发展业务的同时，以合规经营、规范管理作为营业部的首要工作，不仅将合规工作推进到管理的第一线，更渗入到各项业务流程之中，并根据实际情况不断调整工作侧重点使合规工作更加到位，使所有员工都认识到只有在合法、合规的前提下才能更好的发展业务，创造更多财富价值，提升服务品牌。至年底，营业部股票基金交易量595亿元，托管市值20亿元（不含限售股），新开客户数1378户。

（姜 曼）

湘财证券股份有限公司岳阳五里牌证券营业部

【概况】 2017年，湘财证券股份有限公司岳阳五里牌证券营业部克服资本市场收缩、业内竞争加剧的困难，坚持转型财富管理型营业部，牢牢把握合规底线，严格落实公司的各项制度和要求，实现全年稳定运营。营业部收入较2016年下滑—8.29%，税前利润较2016年下降—25.77%。原因是三、四线城市客户结构以中小投资者为主，在2017年震荡行情之中，资产周转率普遍不高，营业部市场份额同比2016年仍小幅下滑13.71%；其次由于近两年来有新券商营业部不断入驻，低佣金搅客局面加剧，佣金水平继续下滑，营业部股基手续费收入较2016年度下降28.74%。

【湘财证券岳阳营业部20周年庆典】 2017年9月24日，湘财证券岳阳五里牌营业部成功举办成立20周年庆典活动。市政府及市政协领导出席，市金融办负责人为活动致辞，岳阳市内各银行个金业务负责人及岳阳地区上市公司董秘应邀参加庆典。营业部向岳阳楼区红十字会捐赠2万元，充分彰显公司和营业部的企业责任感和爱心。营业部20年开拓进取、20年不懈追求、20年砥砺前行，获得岳阳市广大投资者的认可，取得阶段性成就，为公司和金融行业发展做出应有的贡献，未来致力打造“岳阳占有率最高、专业水平最高、最受市民青睐的理财型证券营业部”。

（李杨丽）

首创证券岳阳营业部

【概况】 2017年，首创证券有限责任公司岳阳南湖大道证券营业部（简称首创证券岳阳营业部）在日常业务工作中，突出抓合规管理，逐渐形成营业部的合规经营文化。至年末，首创证券岳阳营业部全年完成股票基金交易量157.1亿元，代销金融产品5018万元，新增开户资产1625万元，新开股票账户936户。尽管全年业绩较2016年有所下滑，但通过规范办理业务，严密防范风险，全年无监管风险事项发生，确保营业部健康、稳定的持续发展。

（黄健民）

农业·水利

AGRICULTURAL AND
WATER CONSERVANCY

责任编辑·刘兴汉

综　述

【概况】　2017年，岳阳市农业委员会（简称市农委）全面完成机构改革任务。新成立的农委有29个行政科室，6个副处级单位（新组建4个，保留2个）。改革前23个事业单位，除原保留的4个单位（2个副处级、2个科级）外，其余19个整合为4个副处级事业单位。按改革方案核定市农委行政机关行政编制83名，事业编制302名（其中参公编制18名），总编制数减少101名；所属事业单位8家（其中参公单位2家），减少单位数15家。市农委围绕市委、市政府工作部署，以中央、省、市农村工作会议和文件精神为指导，加快发展现代农业、全面深化农村改革、建设美丽乡村、努力促进农民增收，全市农村经济社会稳步发展，安全生产年度目标任务全面完成，计划生育工作有效落实，综治工作成效突出。

主宗农产品稳步生产。全市粮食、油菜、蔬菜、茶叶、水果和畜禽、水产品产量不同程度增产，有效确保“米袋子”和“菜篮子”的供应。

农业效益持续增加。全市农林牧渔业总产值560.5亿元，同比增长3.8%，农业增加值367.6亿元，同比增长3.7%；农村居民人均可支配收入14265元，增长8.7%。

农村大局和谐稳定。针对2017年异常严峻的防汛抗灾形势，全市各级农业部门在市委、市政府领导下，全力投入抗洪抢险，组织受灾农民开展生产自救，取得明显成效。全市没有发生重大动植物流行疫情和重大农产品质量安全事故，也没有发生涉农群体性上访事件和涉农恶性案件，保持农村经济社会大局和谐稳定。

【美丽乡村建设】　2017年，全市25个省级美丽乡村绩效村年初规划创建项目总数170个，投资总额8.25亿元，全面完成目标任务。对照省定标准，全市25个省级绩效创建村全部认定为90分以上。优化实施方案，将原美丽乡村两级评选改为一级评选，增加美丽村庄创建。严格标准，市级美丽村庄申报38个，通过考核的23个，另有2个暂定为创建村。华容县获评省级先进县市区，汨罗市白水镇三星村等6个村为省级授牌村。

【村民规范建房】　2017年，全市22个市级规范村民建房试点乡镇建设任务全面完成，辐射带动104个乡镇（街道）启动1个以上集中建房点建设，原规划255个集中建房点增加到339个，超额完成目标任务。其中，初步建成103个、累计竣工6875户（含2017年4616户），新增开工建房点100个，规划启动136个。

【农村环境整治】　2017年，全市农业农村优化考评机制，增加考评内容，提升整治标准，实现由清洁层面向整洁整齐层面的转变。将南湖风景区纳入全市统一考评，核实中心城区因纳入考评的“城中村”对象，分管负责人到岳阳监狱，协调该单位参照市农村环境整治工作领导小组工作方案和相关工作要求，开展农村环境综合整治，实现全域覆盖。按照要求配合环保督查、湘江和洞庭湖流域环境治理、“河长制”等工作。全市整合投入资金1.8亿元，新建垃圾填埋场和焚烧炉1700个，新购垃圾清运车1400辆，新建污水处理设施1.9万个，改造卫生厕所4.5万个，农村环境面貌不断改善。

【休闲农业发展】　2017年，全市有休闲农庄1418家，其中，国家星级休闲农庄20家，省星级82家，成功创建全国休闲农业和乡村旅游示范县2个（君山区、平江县）、中国美丽休闲乡村3个（平江县安定镇茅田村、福寿山镇白寺村、岳阳县张谷英镇张谷英村）、全国十佳休闲农庄1个（虹宇生态园）、省级休闲农业示范园5个、省级示范点2个、全国精品休闲渔业示范基地1个（湖南顺天洋沙湖基地）、全国休闲渔业示范基地7个（湘阴县大湖生态农业休闲旅游开发有限责任公司、临湘市黄盖浒生态度假有限公司、湖南凯佳生态农业科技有限公司、湘阴县鹤龙湖农庄、岳阳县黄秀农耕文化园、岳阳市屈原管理区明昊生态农业科技发展有限公司、临湘市长安街道办事处临湘浮标特色小镇），带动从业人员3万多人，年接待游客1600万人次，综合收入26亿元，从业农民人均收入达到2.8万元。

【农村改革推进】　2017年，市农委牵头承担市委农村改革工作，各项改革任务均按计划顺利推进，进度位居全市前列。完善农村产权制度，制定全市《关于稳步推进农村集体产权制度改革的实施意见》《完善集体林权制度的实施细则》。完成土地承包经营权确权登记工作，为统一颁发“农村土地承包经营权证”作好准备。建立土地流转服务体系，全市耕地流转面积

华容县东山镇江洲新村建房点　（市农委　供稿）

12.82万公顷，占家庭承包耕地总面积的44.03%。推进岳阳县“两权”抵押贷款试点，累计发放“两权”抵押贷款237笔、金额1.29亿元。创新财政资金撬动金融和社会资本投入农业农村机制，带动相当于财政资金3~9倍的银行贷款投入。深化供销社综合改革，岳阳市被确定为全省唯一的创建示范市，并制定创建工作实施方案。加快推进农业水价综合改革，启动湘阴县试点工作，完成2018年华容县、君山区农业水价综合改革推进县申报工作。出台《岳阳市农产品品牌建设实施方案》，推荐“华容芥菜”参评2017年中国百强农产品区域公用品牌。推进屈原改革集中区建设，国家农业公园项目通过验收，成立屈原国新资源管理有限责任公司、湖南农信担保公司岳阳分公司屈原管理部，全面开展全省统筹城乡就业示范区建设。

【农村生态能源建设】 2017年，全市农村有户用沼气池27.4万口，小型沼气工程2337处，中型沼气工程33处，大型沼气工程70处，农村能源后续服务网点546个；投资6845万元的国家试点项目岳阳县枫树湾规模生物天然气工程投入运行，每年可处理秸秆2.8万吨，畜禽粪便5.8万吨。

【农村集体财务清查和审计工作】 2017年，全市农业部门对全市村级单位（居委会）进行“两委”换届经济责任审计，查出违规违纪金额344万元，退赔违规资金228万元，发现违规、违纪问题线索333件，移交立案件数51件，处理违纪违法人员数87人，移交司法机关处理12人。

【惠农减负政策落实】 2017年，全市农业部门开展三次惠农政策落实和涉农乱收费乱摊派专项检查，查出惠农减负问题线索345个，追缴、清退违规资金近1000万元，处理49人，其中，党纪政纪处分30人，移送司法机关4人，诫勉谈话15人。

【农业依法行政】 2017年，市农委依法审查文件34件、行政和民事合同4件，一般程序立案3起、结案3起，实现无行政投诉、无行政复议、无行政诉讼的目标，未出现执法过错。市农委连续多年被评为全省农业法治工作先进单位。岳阳县渔政监督管理局和岳阳市渔政管理站任卫作为“亮剑2017”渔政专项执法行动中取得突出成绩的集体和个人，被农业部给予通报表扬。全市各级综合执法机构出动人员3969人次，检查门店3943家次，依法立案查处违法行为147起，其中，一般程序案件404起、简易程序案件65起，罚没款158.98万元，挽回经济损失681万元。

（周湘益　张玛利）

种植业

【概况】 2017年，市农委全面贯彻落实中央一号文件、党的十九大精神，克服生产成本攀升加快、经济下行压力加大等困难，围绕中心，服务大局，较好的完成各项工作任务，确保大宗农产品有效供应，稳步提升农业种植效益，全年实现种植业产值265.79亿元，同比增长4.9%；种植业增加值177.11亿元，同比增长5.07%。

【主宗农产品】 2017年，全市农作物总播种面积90.87万公顷。其中，粮食播种面积56.31万公顷，同比增长0.1%，产量320.8万吨，同比增长1%；油料播种面积13.01万公顷，同比增长1%，产量22.4万吨，同比增长1.5%；棉花播种面积3.66万公顷，同比增长0.7%，产量5.6万吨，同比增长1.1%；蔬菜播种面积7106.67公顷，同比增长3%，产量350.6万吨，同比增加3.5%；茶园面积1.6万公顷，同比增长3.2%，茶叶产量1.9万吨，同比增长1.6%；果园面积1.75万公顷，同比增长5.8%，水果产量74.2万吨，同比增长3.7%。

【特色产业】 2017年，全市集中培育现代农业八大主导产业集群，包括优质稻米、优质蔬菜、良种生猪、双低油菜四大优势产业和品牌茶叶、名特水产、特色水果、优质棉花四大特色产业。全市“两区划定面积”24.72万公顷，占全省的9.63%。其中，油菜籽划定面积9.02万公顷，占全省的9.02%，棉花划定面积1.85万公顷，占全省的27.81%。华容芥菜：全市芥菜种植面积达到1.87万公顷（华容县1.47万公顷、君山区0.4万公顷），鲜菜年产量144万吨，新建千亩芥菜产业园，华容县成为全国最大的芥菜生产集中区，获评国家农产品地理标志保护产品、地理标志证明商标、中国特色农产品优势区、湖南省现代农业十大产业集聚区。岳阳黄茶：全市黄茶产量5300吨，综合产值近 40亿元；制定黄茶（散型）、黄茶（紧压型）2个企业标准，获评国家地理标志证明商标、地理标志保护产品、湖南省农业十大区域公用品牌、米兰百年世博中国名茶金奖；小龙虾：全市稻虾综合种养面积达到3万公顷，其中新增1.5万公顷，综合产值近20亿元；筹备成立岳阳市小龙虾协会和申报“岳阳稻虾米”“岳阳小龙虾”两个区域公用品牌。汨罗粽子：综合产值8000万元，完成糯稻种植优质品种筛选，建立优质糯稻生产基地1333.33公顷；汨罗粽子文化产业园成为集产品加工、旅游观光、农耕体验、文化展示于一体的特色民俗文化产业园区。平江酱干：平江县酱干加工户95家、产值8亿多元，申请专利10项，注册商标38例，“平江酱干”于2012年被评为“地理标志证明商标”。

【农产品加工】 2017年，全市农产品加工企业总数2714家，其中年销售收入过亿元的161家、过10亿元的8家，规模以上企业434家，占全市规模以上企业的32.4%。市级以上农业产业化龙头企业290家，其中，国家级3家、省级55家、市级232家。全市农产品加工业总产值1718亿元，同比增长9.7%，其中食品产业产值1156.52亿元，同比增长8.7%。全市农产品加工上市企业3家：湖南正虹科技发展股份有限公司、岳阳纸业股份有限公司、道道全粮油股份有限公司。还有21家农业产业化龙头企业在北京新三板及

湖南省农博会岳阳黄茶展馆

（市农委 供稿）

上海、天津、深圳、长沙等地股权交易中心挂牌。

【农产品品牌】 2017年，全市拥有31件涉农中国驰名商标，占全市驰名商标的79%，占全省涉农中国驰名商标的22%，居全省第一位。湖南省著名商标116件，湖南省名牌产品121个，国家地理标志证明商标注册15个。华容芥菜评选为“2017年中国百强农产品区域公用品牌”，岳阳黄茶获评“2017湖南十大农业区域品牌”，“道道全”、新泰和2个品牌获评“2017湖南十大农业企业品牌”。

【农产品质量安全】 2017年，全市农村完善标准化体系、检验检测体系、认证认可体系、执法体系、监管体系，形成对农产品质量安全综合监管的基本框架。基层农产品质量安全站全部规范化建设完成，君山区通过国家级农产品质量安全示范县验收，湘阴县正在建设省级示范县。全市按照“四有”要求建立11个农产品检验检测中心（站），104个乡镇安监站，初步建成以市级检测中心为龙头，县级检测站为骨干、乡镇安监站为基础，企业自律性检测为补充的检验检测体系；设立300个定点监测点，年开展例行监测与监督抽查13次，抽检蔬菜、水果、茶叶、大米等主要农产品3.1万批次，样品合格率达98%以上；市中心在全省能力验证考核中连续三年被评为优秀。全市农产品“三品一标”有效数达到252个，其中，有机食品17个，绿色食品140个，无公害农产品85个，农产品地理标志10个（华容芥菜、华容芦苇笋、华容黄白菜苔、华容潘家大辣椒、华容青豆角、华容道皱皮柑、华容大湖胖头鱼、华容道鸡蛋、樟树港辣椒、樟树港黄瓜）。

（周湘益 张玛利）

精准扶贫

【概况】 2017年，市委、市政府将脱贫攻坚工作为“四大会战”任务之一，集中精力，全力攻坚。实现187个贫困村退出，6.3万人减贫的工作目标。贫困发生率从2016年的3.79%下降到2.35%。接受国务院动态调整交叉检查、第三方评估、省际交叉实地考核以及省委、省政府三轮督查考核，充分验证全市扶贫工作成效。

【贫困户精准识别】 2017年，全市贫困户识别工作坚持“应进尽进、应退就退、实事求是”的原则，围绕贫困人口错评率、漏评率、错退率，在精准识别上下功夫。采取“回看”全覆盖。对所有农户逐一扫描、逐一检查、逐一把关，在非贫困户中找贫困户，确保无漏评；在贫困户中找非贫困户，确保无错评；在已脱贫户中找未脱贫户，确保无错退，确保不漏一户、不错一人。坚持过程全公开。每一个贫困户进退都经过小组评议、信息比对、名单公示等程序，确保整个识贫过程经得起历史的检验，让最终结果得到群众的公认。贫困户数据再核准。对照信息系统逐条清查问题数据，逐户摸清致贫原因，逐一制定帮扶措施。历经近4个月时间，全市清理错评人数6.68万人、漏评人数2.3万人，返贫纳入1.8万人，清查问题数据11万条，全面定制“一户一策”帮扶措施，在整个动态调整过程中，未发生一起因识别不准而导致的群体性信访事件。

【扶贫资金保障】 2017年，全市增加扶贫办工作人员44名，确保工作有人抓、事项有人管，市县两级财政专项扶贫资金投入达到1.76亿，增长50%，其中华容县、岳阳县、临湘市财政专项资金投入增幅超过80%；全市整合涉农资金近10亿元，增长48%。发动社会力量开展扶贫工作，全市各个层级、各个方面投入扶贫资金50亿元，为脱贫攻坚提供资金保障。

【结对帮扶】 2017年，市委、市政府把力量最强的“部队”派到脱贫攻坚的最“前线”，在全省率先组建市派驻村办，全市组建600支驻村工作队，派出驻村帮扶单位1173家，驻村帮扶队员1208名，实现296个贫困村和304个非贫困村全覆盖，新增五区对口帮扶，有效提高脱贫攻坚的战斗力。加强规范管理，召回撤换不胜任工作队员67名，进一步提升扶贫工作队员素质，优化人员结构。

【行业扶贫推进】 2017年，全市行业扶贫突出产业发展。坚持走“四跟四走”产业扶贫路子，实施“一县一业、一村一品”产业扶贫，探索专业合作社+扶贫、光伏产业+扶贫、旅游产业+扶贫、农村电商+扶贫等新模式。全市贫困村种养产业覆盖率达92.4%，有288家龙头企业、886个农业合作社与贫困户建立帮扶关系，建成村级光伏电站138个，运营电商服务站点107个，发展旅游项目10个，形成平江县生态旅游、岳阳县农村电商、临湘市光伏发电、华容芥菜等一批特色扶贫产业。小额信贷发放6.2亿元，超额完成省定任务。政策兜底。全面落实中央和省精准扶贫兜底政策，全力确保政策实施的统一性和精准性。着力提高保障标准，将全市农村低保标准提高到3120元/年，实现农村低保标准与国家扶贫标准“两线合一”。开展清理整顿，清理不符合条件的农村低保对象87601人、兜底脱贫对象6650人，精准识别出农村低保对象91150人、兜底对象17752人，实现应保尽保。安居扶贫。重点针对“一方水土养不活一方人”的问题，将易地扶贫搬迁与农村危房改造和规范农村建房、灾后重建、美丽乡村建设相结合，大胆探索贫困群众安居新模式。全年实施易地扶贫搬迁项目29个，项目开工率100%，住房开工率100%，7002户贫困户迁入新居，1.2万贫困户享受危房改造政策。健康扶贫。全面落实“大病集中救治一批、慢病签约服务管理一批、重病兜底保障一批”的工作要求，将健康扶贫落实到人、精准到病。全年整合下拨各县市区城乡医疗救助资金8133万元，建档立卡贫困人口医疗保险参合率达100%；确诊贫困人口大病人数7173人，救治6790人，救治完成率94.66%；贫困人口慢病签约服务管理37327人，重病兜底1066人。教育扶贫。把扶智和扶志摆在更加突出的位置，对贫困户精准实施“一对一”教育帮扶、“点对点”技能培训、“面对面”宣传宣教，不断增强贫困群众脱贫信心和决心，贫困人口实现就业2万人。着力提高入学率，降低辍学率，全市贫困家庭子女小学入学率稳定在100%，初中年度巩固率99.64%，全年发放教育资助资金1.4亿元，为一大批贫困家庭减轻教育负担。社会扶贫。为激活脱贫攻坚的社会力量，市人大、市政协创新开展“我为脱贫攻坚争贡献”系列竞赛活动和“三个一”委员扶贫行动，全市近万名各级人大代表、政协委员参与扶贫帮困；团市委启动“青春伙伴”精准扶贫计划，市妇联组织爱心女企业家开展精准扶贫“巾帼行动”。湘阴县开展“百会千商·同心结对”，岳阳县开展“精准扶贫、大爱巴陵”大型公益活动、募集资金5800万元，重点解决贫困户的就读、就医和住房问题；平江县坚持“社会发起、社会管理、政府支持、公众监督”原则，成立“大爱平江”扶贫助困慈善协会，募集资金1亿元，通过组织社会人士结对帮扶非贫困村贫困户3000户1万人。基础建设。重点围绕“两个基本完善”，全力推进贫困村基础设施和公共服务设施建设。解决5.03万贫困人口饮水问题，完成农村公路提质改造800千米，行政村通客运班车率达到100%，贫困村4G覆盖率、光纤通达率均为100%，296个贫困村综合服务平台建设全部竣工，第二批90个贫困村的电网改造全部开工，2018年所有贫困村将全部改造完成。

【平江县发展林下经济产业】 2017年，平江县通过致力发展林下经济产业，实现年产值达10亿元，参与林下经济开发的林农达5.2万户，其中精准扶贫户1.8万余户，户均年增收3500多元。由平江县楚昌森工林场牵头组织当地农民成立的兰家洞林业合作社，有入社农户553户，其中，精准贫困户48户153人，集约林地面积1364公顷，建成“千亩黄栀子中药材基地”“四季水果园”、林下养殖基地等林下产业基地200公顷，带动该县瓮江、浯口、南江、木金、伍市5个乡镇12个行政村的精准贫困户301户1020人，并助力162户贫困户脱贫。

（李鎏鑫）

农村经营管理

【概况】 2017年，岳阳市按照中央和省委农村工作会议要求，坚持以促进农业发展、农民增收和农村稳定为目标，以推进农业供给侧结构性改革为主线，着力深化农村土地制度改革，稳定和完善农村土地承包关系，大力培育新型农业经营主体，发展适度规模经营，健全农村经营管理体系，提升服务能力和水平。市农村经营服务站被省农委评为全省农村经营管理工作先进单位。

【确权登记颁证】 2017年，全市有10个县市区、104个乡镇（街道办）、1426个村（居委会）开展确权工作，涉及应确权面积29.84万公顷、承包农户97.03万户。按照中央、省出台的农村土地确权登记颁证实施意见和方案要求，制定具体实施意见，量化任务，细化措施，做到“五个到位”：领导到位。成立由市委副书记、分管副市长为召集人，市农委、市财政局、市国土局、市档案局等10个部门单位为成员的联席会议制度，统筹领导和协调确权登记颁证工作。调度到位。准确把控工作节奏，以市政府名义3次召开动员会、调度会、推进会，

省长许达哲调研平江县林下经济产业 （市农委 供稿）

市确权办15次召开会议专题调度，每季度以简报的形式通报1次各县区工作进度，有力推动土地确权工作。指导到位。抽调50余名业务骨干，成立土地确权专家库，划片包干，深入村、组，全程配合测绘单位进行实地业务指导，向农民宣传政策，充分调动广大村民参与积极性，确保工作流程不减，工作质量不降。监管到位。要求测绘单位严格履行测绘合同，在乡镇设立办公场所，测绘单位人员由乡镇进行日常考勤。各县市区的测绘专项经费拨付根据测绘服务情况，出具评审报告后方可拨付。经费到位。市、县两级将确权登记颁证工作所需经费纳入财政预算，除中央、省财政补贴外，配套财政经费4372万，确保全市确权登记颁证工作的有序开展。

全市完成确权登记颁证村（居委会）1426个，占应确权村（居委会）的100%；确权面积31.08万公顷，占应确权面积32.22万公顷的96.46%；颁证农户89.73万户，占应确权农户总数95.07万户的94.38%；确权登记农户建档率达100%。同时，初步建立确权登记颁证县级数据库，基本实现村级档案入柜、乡级档案入室、县级档案入馆。

【落实“三权分置”实施意见】

2017年，市委、市政府高度重视“三权分置”工作，召开专题研讨会。市农委落实工作任务，建立土地流转服务体系。各县市区建立县有流转服务中心、乡有土地流转服务窗口、村有土地流转信息员的流转服务体系；市级建立岳阳联合农村产权交易中心，县市区和乡镇建成土地流转服务中心；全市耕地流转面积13.43万公顷，占家庭承包耕地总面积的46.14%。不断完善农村土地仲裁体系。全市有9个县市区设立土地承包经营纠纷调解仲裁机构，成立乡镇调解委员会107个、村组调解小组1331个，配备各级调解员、仲裁员4700多人，全年调处承包土地纠纷1143件，没有因为农村土地问题发生大的群体性事件和恶性案件，在全省农村土地仲裁综治考评中名列全省第一。稳步推进岳阳县“两权”抵押贷款试点。指导岳阳县搭建产权交易流转平台，构建“政府主导推动、人行政策扶持、农经抵押登记、银行评估承贷、风险政银共担”的试点模式，至年底，累计发放“两权”抵押贷款586笔，累计金额2.11亿元，涉及土地流转抵押面积1333.33公顷，支持380余户农户及新型农业经营主体的快速发展。

【新型经营主体】 2017年，全市农经部门围绕帮助农民增收，在加快培育农民合作社、家庭农场等新型农业经营主体等方面下功夫。政策引导资金扶持。市农委、市财政局下发《关于做好2017年农民合作社市级示范社创建工作的通知》文件，在市财政支持农民专业合作社发展中，重点支持产业基础好、服务能力强、营运机制健全、辐射带动效应大的农民合作社，在区域经济中产业优势特色突出的合作社，优先支持产加销合作社及专业服务型、土地流转型、资金互助等新型合作社。创建典型示范带动。通过创建国家级、省级、市级和县级示范合作社，并逐年跟踪监测，使之不断规范，促进快速健康发展，并通过这些示范社带动大面，不断扩大示范带动效应，市政府及农村工作部门多次组织经验交流和流动现场会议，促进各县市区工作的平衡发展。开展技能培训，储备发展人才。采取市级培训示范合作社骨干、县市区培训所有合作社骨干、合作社培训成员的三级培训体系，培训合作社骨干、成员和合作社指导工作人员2.6万多人（次），培养一批懂技术、善经营、会管理，能够带领农民群众共同致富的合作社理事长、经营管理、财会和贸易市场营销人才，形成一支能够带动合作社发展的骨干队伍。全市发展2公顷以上种粮大户25994户，其中66.67公顷以上种粮大户102户；全市累计发展家庭农场3007个，其中农业部门认定2240个，工商部门注册登记1505个；新增注册农民合作社1416家，全市登记注册各类农民专业合作社6086家，通过监测合格的国家级示范社41家、省级示范社88家，发展市级示范社92家。

【农民培训】 2017年，全市农经部门主要抓好新型职业农民培育工程、超级稻示范推广、农业转基因生物安全管理等工作，并取得较好成绩。湘阴县李概明、麦友华被农业部评为全国“最美农技员”，平江县姚文被农业部评为风鹏行动·新型职业农民。全年培训新型职业农民2700人，其中，生产经营型2550人（包括现代青年农场主150人）、专业技能型和社会服务型150人。冬春科技大培训开展现场培训指导6026场次，举办培训班1445期，发放技术资料57万份。岳阳县被授予“田间学校示范县”，全市获省级授牌的“新型职业农民培育示范基地（农民田间学校）”有8家。

（周湘益　张玛利）

畜牧业

【概况】 2017年，岳阳市按照中央、省委、省政府环保工作要求，把养殖污染整治作为重点工作来抓。市农委牵头各有关单位、各县市区攻坚克难，多措并举，整治工作取得全面胜利，各地与各责任单位均按时间节点提前完成年度工作任务，基本达到“退得出、稳得住、可持续”的目标。在环保压力大的情况下，完成出栏生猪720.6万头，同比减少0.7%；出栏牛16.5万头，同比减少3.6%；出笼家禽3214万羽，同比减少2.7%。

【畜禽退养】 2017年，全市洞庭湖区内湖及农村集中式饮用水地下水源取水点周边1000米范围内畜禽规模养殖场应退2513户，栏舍建筑面积79.8万平方米，完成退养拆除任务的100%；禁养区内应退规模养殖场499家，栏舍建筑面积76.6万平方米，全部关停退养栏舍；畜禽规模养殖场弃物资源化利用设施建设配套率达到81.18%，超额完成工作任务（指标为70%）。关闭屈原管理区、钱粮湖镇2个生猪屠宰点，确立湖南海泰食品公司为临时过渡屠宰点；生猪“扫雷行动”取缔私屠滥宰26户，缴获屠宰工具1200多件套、销毁未经检疫检验的肉品5800多公斤，立案查处12起、移交公安部门查处3起、刑事拘留4人；屠宰企业更新电缆2100米，防护开关72个，淘汰废旧锅炉4台，计6吨。

【草食动物品种改良】 2017年，市农委配合省畜牧科学研究所推广草食动物品种改良，全年分15次集中配送液氮1.07万升、外来品种黄牛冷冻精液10.17万支，超额完成省畜牧部门下达的10万支冷冻精液的目标任务。冷冻精液能产生3.5万头以上优质黄牛犊，增加畜牧产值3500万元。

【饲料及兽药企业】 2017年，全市各类饲料生产持证企业82家，年单班饲料加工能力480万吨，年产10万吨饲料企业10家，各类饲料总产量365万吨，产值134亿元，产量和产值占全省1/3。兽药生产企业5家，其中渔药企业4家、畜禽兽药企业1家，从业人员200人、年产值4300万元；兽药经营企业198家、从业人员600人，年销售额2.5亿元。

【动物防疫监督】 2017年，全市农业部门调拨猪口蹄疫疫苗1288万毫升、牛羊口蹄疫疫苗182万毫升、禽流感疫苗1891万毫升、小反刍兽疫疫苗54万头份；免疫口蹄疫生猪470.16万头、牛49.73万头、羊41.21万只，免疫H5—H7禽流感鸡鸭鹅2998万羽，免疫羊小反刍41.21万只；畜禽群体免疫密度在90%以上，应免畜禽免疫密度达到100%。加强H7N9流感防控，处置阳性群家禽44732羽；出现6起山羊布鲁氏菌病疫情，扑杀及无害化处理羊881只。全市有9个兽医实验室（市本级1个，县级8个），全年监测H5亚型流感、H7N9流感、口蹄疫、布氏杆菌病、小反刍兽疫等动物疫病血清组织样13106份。检查动物血吸虫病49316头（其中，牛44927头、羊4389头），化疗70273头（其中，牛53552头、羊16721头）。岳阳县、屈原管理区病死畜禽无害化处理中心通过省级验收，君山区建成病死动物集中收储点，岳阳县、屈原管理区分别处理病死畜禽6万多头只、2万多头只。

（周湘益　张玛利）

水产业

【概况】 2017年，岳阳市水产养殖产业持续发展，产业规模不断扩大，成为农业增效、农民增收的重要途径，全市农业主管部门坚持从创建国家生态文明建设的高度出发，把水产养殖污染治理和推进水产生态健康养殖作为一项重要工作来抓。实现水产品产量52.2万吨，同比减少2.9%，连续29年位居全省第一；稻虾等综合种养面积达3万公顷，小龙虾产量3.6万吨，产值12亿元。

【水产退养】 2017年，全市农业部门深入开展洞庭湖区水环境综合治理“五大行动”，清除饮用水源一级保护区内网箱2360口、面积24.76万平方米，拆除矮围网围20处，0.65万公顷，全面完成洞庭湖河湖围网养殖清理专项行动任务。清除黄盖湖省级自然保护区内网箱6800个、围栏642.4公顷，清除华容河网箱255口，面积19320平方米，清除云溪松阳湖矮网、网围252.87公顷。

【水产科学】 2017年，全市水产养殖场生产各类苗种1.3亿尾，其中大规格鳜鱼苗种12万尾，实现销售收入48万元，圆满完成洞庭湖增殖放流工作，供应优良苗种4600万尾。市农业水产部门践行“科技下乡，服务渔民”的承诺，派科技特派员下乡为水产养殖户讲座培训多次，编制《特种养殖品种——水蛭》《特种养殖品种——青蛙》《小龙虾养殖技术》手册，无偿送给养殖户资料1000多份。

【水产品质量安全】 2017年，全市农业水产部门开展水产苗种生产企业的专项督查行动，对水产品药残情况进行抽检，宣讲水产品质量安全等相关知识，严控孔雀石绿、氯霉素等水产禁用药物的使用。依法对长江、洞庭湖、黄盖湖人工增殖放流的6批次水产苗种进行产地检疫。采集两批次30组活鱼样品送省检测机构，进行SVC、草鱼出血病和锦鲤疱疹病毒检测，检出3个样品锦鲤浮肿病，配合中国水产科学研究院长江所对3处锦鲤生产基地进行再次采样监测和疫病防控指导。

（周湘益　张玛利）

林　业

【概况】 2017年，全市林业系统深入学习贯彻党的十九大精神，全面落实市委、市政府和上级业务部门工作部署，各项工作任务全面完成。全市林地面积稳定在62.13万公顷，森林覆盖率稳定在45.31%，活立木蓄积量达2035万立方米，较2016年增长85万立方米。全市湿地面积24.53万公顷，湿地保护率达77.28%，高于全省平均水平1.84个百分点。全市林业产业总产值达350.4亿元，较2016年增长12.1%，获得全省林业建设目标管理考核优胜单位。

【城乡绿化统筹】 2017年，全市林业部门贯彻“绿水青山就是金山银山”的生态文明理念，坚持以重点项目为推手，统筹推进城乡绿化。市委、市政府出台城乡绿化三年行动方案，将道路绿化纳入新建公路验收范围。全年完成造林1.37万公顷，封山育林7333.33公顷，重点工程造林采用测土配方系统，良种壮苗使用率100%。启动天然林保护试点5.77万公顷。完成油茶新造1666.67公顷、低改2533.33公顷。完成退化林修复1.2万公顷、中幼林抚育2.65万公顷，完成率100%。全市344万人次参加义务植树，完成义务植树1080万株。组织实施农村绿化工程，启动建设环城周边“绿色村庄”60个、“森林小镇”33个，完成湘江流域宜林地绿化143.33公顷，完成高速、国省道红线外绿化面积261.53公顷。

【林业资源管护】 2017年，全市林业部门将资源管护摆在突出位置。森林防火上，以市人大常委会评议森林防火工作为契机，加大工作力度，全面落实各县市区森林防火行政首长负责制和“五包责任制”，开展“大规划、大宣传、强基层、强基础”活动，承办全省中北部片区森林防火业务培训班，举办市县乡三级森林防火指挥员业务培训班。全年排查整改森林火灾隐患2000多处，森林火灾受害率为0.23‰，火灾当日扑灭率100%，实现人员“零伤亡”，所有指标远低于省控指标，成绩排名全省前列。病虫害防治上，受2016年暖冬的影响，2017年全市林业有害生物大发生、思茅松毛虫大爆发，林业有害生物发生面积达5.20万公顷，同比上升85.7%。面对灾情，市委、市政府高度重视，平江县、岳阳县反应迅速，启动应急响应3次，防治面积4.7万公顷，其中飞防面积达到1.65万公顷，成灾面积2066.67公顷，成灾率3.46‰，低于省控4‰指标。因防控得力，全市没有出现大面积成灾现象，没有因为生物灾害引起社会不良反响，较好地维护森林生态安全。依法治林上，强化法制宣传、教育培训和制度建设，行政审批“两集中两到位”落实到位，“互联网+政务服务”一体化平台建设加快推进，“放管服”改革成效明显，全年办理证件508件。参与《岳阳城市规划区山体水体保护条例》立法工作，组织编制《城市规划区山体保护专项方案》。加强监督管理和巡护打击，开展“2017利剑”“积案集中清理”“环洞庭湖区域非法猎捕、经营野生动物违法犯罪”等专项行动7次。全市办理林业行政处罚案件628件，办理破坏野生动物案件16起，抓获涉案人员97人，刑拘62人，移送起诉33人，非法猎捕候鸟等野生动物重大案件查处率100%。

【湿地保护】 2017年，市林业局着力抓好中央环保督察涉林问题整改，牵头制定君山区后湖、采桑湖生态破坏问题专项整治方案、东洞庭湖自然保护区内大面积种植欧美黑杨问题专项整治方案和黄盖湖“网箱养殖、非法捕捞”问题专项整治方案，涉林突出环境问题整治任务全面完成。采桑湖生态修复情况和黄盖湖环境整治情况受到环保部、省人民政府领导的充分肯定。全力开展湘江流域退耕还林还湿试点。选定屈原管理区营田镇荷花村低洼田进行试点，完成24公顷退耕还林还湿试点任务，利用人工湿地净化功能，减少试点区域内农业面源污染对湘江屈原段的排放，保障湘江下游水源安全，每年可达标排放自然水1000万吨，为洞庭湖平原湖区利用湿地治理农业面源污染提供经验。推进东洞庭湖湿地保护。推动《东洞庭湖国家级自然保护区管理办法》出台，《管理办法》完成公示、专家评审等程序，待市政府常务会研究通过后即可实施。推进东洞庭湖相对集中行政处罚权试点，市政府常务会、市编委会研究同意设置东洞庭湖自然保护区综合执法机构，按程序报请省人民政府批准授权。承办“共享碧水蓝天”为主题的“2017洞庭湖观鸟赛”，吸引来自全国13支队伍参加。完成中国第一部湿地生态电影《洞庭情缘》的拍摄工作。观鸟赛、湿地生态电影弘扬湿地生态文化，展示岳阳市生态文明建设成果。

【林业产业发展】 2017年，全市林业部门以林农增收为目标，实施倍增计划，促进林业产业提质增效，保障和改善林农生活，提升林农获得感、幸福感。制定《岳阳市林地经济效益倍增（2017—2021年）行动方案》，林地效益年均增幅目标15%，全年投入资金11.2亿元用于林地经济发展，培育林下经济、楠竹低改与加工、油茶种植、森林旅游等13类示范点88个，全面完成林地经济效益年度增长目标。林场、森林公园发展不断加快。深化国有林场改革，平江县获得全国集体林权制度改革先进单位。开展国有林场质量管理评估，全市15个国有林场等级均在良好以上，塔市林场获得“全省十佳”荣誉。五尖山国有林场、玉池国有林场获得“湖南省秀美林场”称号。抓好森林公园质量管理，加强规划引领，平江县幕阜山国家森林公园总规修编通过省级评审，申请办理国家评审；临湘市五尖山森林公园获得“全省十佳公园”，华容县桃花山森林公园总规通过省级批复，岳阳楼区麻布山、云溪区清溪省级森林公园总规通过省级评审。汨罗市神鼎山省级森林公园完善管理机构、编制及人员全部到位。林业新业态不断拓展。加大林下经济扶持力度，申报林下经济省级扶持项目9个，全市林下经济总面积达到8.43万公顷，3个林业专业合作社获评省级林下经济示范基地。平江县福寿山森林康养专项规划通过省级批复。麻布山森林公园推进游步道绿化和林荫大道建设，带动乡村旅游发展。荆竹山、塔市驿林场林业碳汇试点签订协议。

【林业服务中心工作】 2017年，市林业局立足职能职责，配齐配优工作力量，主动服务“四大会

东洞庭湖保护区越冬候鸟 （市农委 供稿）

战”（港口、园区、交通、精准扶贫）。全力保障林地供给。建立重大项目林地使用服务机制，“两湖连通”、国道240线、新开连接线、临港新区产业园等一批重点项目征占用林地指标获得批准。全市申报办理林地项目149宗，使用林地面积496公顷，其中“四大会战”重点项目使用林地366公顷。开展脱贫攻坚。依托林业重点项目，在平江县、临湘市贫困地区发放天然林保护政策性补助952万元；在全市319个贫困村以14.5元/亩的标准打卡发放生态补偿资金1763万元；平江县将387名贫困户就地转化为生态护林员，打卡发放护林员工资387万元。依托贫困村森林资源发展林下经济3820公顷，带动建档立卡贫困户增收1100万元。做好港区服务工作。推进东洞庭湖保护区规划调整，全力服务港区建设大会战，保护区调规通过环保部公示，并呈报国务院办公厅批复。“两湖连通”生物多样性评价通过国家林业局行政许可。

（戴　冰）

农业机械化

【概况】　2017年，全市农业部门科学把握“三农”工作及农机化工作的新目标新任务，主动适应形势变化需要，为实施“乡村振兴战略”提供强大动力支撑。围绕“141工程”（1个目标，4大任务，1项保障），解放思想，转变作风，科学决策，抓好落实，坚持以服务“三农”大局为中心，以“环洞庭湖农机提升工程”“三减量”等行动为重点，围绕农业供给侧改革要求，推进全市农业机械化科学快速发展。全市农机总动力630万千瓦，同比增长6.78%；综合机械化水平达到73%，同比提高4个百分点；机插水稻面积突破14.8万公顷，机插水平超过33%；水稻生产综合机械化水平达到79%，同比提高3个百分点；机耕油菜面积10.33万公顷，机播面积1.39万公顷，机收面积5.55万公顷，油菜耕种收综合机械化水平超过54%。全市经工商注册登记的农机合作社527家，现代社总数达到238家，累计创建省级示范社29家，全国示范社4家，均处于全省领先地位。全市实施农机购置补贴资金8282.8万元，补贴机具4260台，受益农户2515户。新增拖拉机上户1022台、驾驶人908人，联合收割机上户1245台、操作人183人；发展农机互保会员6507人，会员收入235万元；全年没有发生较大以上农机安全生产事故。

【新机具新技术推广】　2017年，全市农机部门通过加大推广先进适用机具力度，达到用新机具、新技术武装现代农业，实现精细农业的目的。开展技术推广培训。3月8—10日，在汨罗市大荆镇举办全市农机合作社理事长暨水稻生产全程机械化技术推广培训班，培训农机合作社理事长、农机专干等120余人，岳阳电视台等媒体进行详细报道。开展机具演示。在汨罗市、君山区、平江县、临湘市等地开展农机具现场演示活动10余场次，现场展示无人植保机、高速插秧机、化肥同步深施机等先进机具。开展“推广百台机，少施千吨肥”活动，破解全市农业供给侧结构性调整壁垒的突破口。在全市设立示范点26家，推广化肥同步深施机47台，推广面积1066.67公顷。

【农机合作社样板区建设】　2017年，市农机部门依托“洞庭湖区农业机械化提升工程”，主动作为、抢抓机遇，推进全市农机工作出亮点、出经验、上台阶。完善项目示范县建设。督促湘阴县、君山区、屈原管理区对照实施方案做好“粮油生产全程机械化示范县区”创建工作，使之成为全省率先实现粮油生产全程机械化样板。做好新机具累计补贴工作。认真落实大型烘干机、自动化育秧设备、遥控飞行植保机等先进适用机具购置奖补工作，使机械化覆盖全市农业生产耕、种、收、植保、烘干等全部环节，落实奖补资金710.9万元。做好“千社”工程创建工作。通过验收现代农机合作社81家，涉及项目经费3000万元，全市农机合作社数量达到412家，作业覆盖面积占全市总粮油耕种面积55%以上；湘阴县、君山区、屈原管理区成为全省率先实现粮油生产全程机械化样板。

【农机强农惠农政策落实】　2017年，省农机局下拨岳阳市农机购置补贴资金8130万元，岳阳市严格按照“自主购机、定额补贴、县级结算、直补到卡”的原则，使用6157万元，涉及机具3025台，受益农户1655户。市县农机部门高度重视农机购置补贴工作，将其视为惠民利民的重要举措，成立领导小组，采取一系列工作措施，切实保证农机购置补贴工作按政策规范有序顺利开展。针对春耕生产农机购买高峰期，责令各县市区立足农机市场开辟购置补贴办理“一站式”绿色窗口，实现购机、牌证办理、补贴申请、现场核机、政策宣传一条龙式服务，减少农民群众误工时间。按照省农机局工作要求，逐步完善新机具演示制度、重点机具实地核查制度、市场风险评估制度、价格异常应急制度等。

（周湘益　张玛利）

农业科技

【概况】　2017年，岳阳市农业科学研究所（简称市农科所）充分发挥自身科研能力，利用本地自然资源优势，着力提高自主创新能力，开展农业应用型研究与公益性研究，1个品种通过湖南省审定，2个品种获得发明专利，7个品种获得实用专利。同时，在公益研究和重点项目实施方面取得好成绩，圆满完成年初既定目标。

【农作物研究】　2017年，市农科所在农作物研究上取得新进展。

水稻研究。高档优质稻育种进展顺利。高档优质中籼组合凤两优464通过湖南省审定（审定编号：湘审稻2017011），该组合是市农科所中籼首个米质达到二等优质稻标准的组合，熟期适中，抗性好，米质年际间稳定，再生能力强，推广应用前景广阔。红米三系不育系红晶A、优质两用核不育系君S、新株型优质三系不育系盛秀A定型稳定，均配组进入2018年湖南省预试，为高档优质杂交稻选配开辟新的系列。

经济作物研究。棉花主要在新疆等地开展研究，育种目标定为生产潜力在500公斤/亩，纤维品质在双31，黄萎病抗性好，适宜机收、抗盐碱、耐高低温的品种，2017年重点进行高强度抗病性筛选与丰产性和适应性筛选，筛选出18份抗性较好的材料，并引进91份新疆成熟材料用于改造为三系不育系，在海南新制不育系以及恢复系材料200份，在岳阳本地配置杂交组合83个。绿虎与泉蜜301两个西瓜品种获得发明专利，7个西瓜品种获得实用专利。

品种储备研究。15个品种参加国家和省级区试，8个品种参加省级预试。中两优华占晋级国家续试，中两优464晋级国家区试和湖南省联合体区试。龙两优018晋级国家联合体生产试验，凤两优464晋级国家绿超联盟续试生试。中两优018、川种优018晋级中种绿色通道区试。盛泰优626、丰晟优9113、中两优018晋级湖南省联合体续试生产试验，盛泰优216晋级湖南省区试。C两优018、盛泰优018晋级湖北省续试生产试验，盛泰优1002晋级江西省区试。恒丰优779、君两优464、川种优3364晋级和申报湖南省联合体区试。另常规优质稻课题的湘岳占晋级国家绿超联合体区试，金丝猫牙晋级湖南省区试。

【公益研究】 2017年，市农科所在公益研究方面取得一定成效。

农业部岳阳农业环境科学观测实验站。完成科研课题12项，科研实验27个，其中“十三五”国家重点研发计划2项，“十三五”湖南省重点研发计划1项，农业部国家土壤质量数据中心、国家农业环境数据中心观测监测任务8项，农业部农业环境学科群长期定位试验8个。采集上传气象、土壤、植株、水样等有效数据10万份，检测样品1500个，获得检测数据7500个，编写各种项目申报文件、汇报材料、实验总结报告38份，在《农业环境科学学报》《中国生态农业学报》《土壤与沉积物学报》发表论文5篇。

国家水稻产业技术体系岳阳综合试验站。开展4项重点任务，1项自选任务试验。在湘阴县、华容县建成水稻病虫草害绿色防控技术示范基地2个，面积73.33公顷，示范区内病虫害防治效果达95%以上；在平江县建立水稻抗病、抗虫品种示范基地1个，面积67.33公顷，农药用量下降30%以上；在岳阳县建立水稻生产应对气候变化的关键技术示范基地2个，面积180公顷，通过农艺农机技术集成，示范区生育期缩短；在汨罗市、岳阳县开展“米粉、米线加工专用稻”调研，在湘阴农科所建立镉中轻度污染区水稻综合治理示范基地，开展镉低积累水稻品种的筛选。在华容县举办“稻虾共生模式”现场培训会。

农业部植物新品种测试岳阳分中心。作为一个开放的农业部备案的第三方检测机构，对测试质量与公正性提出更高要求，2017年收到水稻DUS测试样品937份，为2016年测试任务量的3倍，全年对测试样品进行测试，从田间观测记载到室内考种与数据录入，完成数据记录6万条，拍摄照片2800余张，完成测试第二周期165份并完成测试报告。3月，在岳阳市举办农业植物已知品种数据库暨操作手册与拍摄技术培训班。全年参加体系内测试技术培训班、研讨会10余次。

长江中下游环洞庭湖流域国家级农作物品种综合区域试验站。该站是国家先试先行的重点项目。2017年区试站项目配套的新技术与新仪器设备在水稻区试中全面使用，水稻区试工作实现信息化、机械化、自动化，大幅度提高试验员的工作效率和承接试验任务的能力。全年水稻区试承担111个组，1356个品种，其中，国家区试12个组145个品种，省级区试7个组93个品种，省联合品比试验33个组422个品种，联合体试验58个组696个品种，并承担部分“开放周”活动，在开放周期间，接受任何管理部门、科研院所、种子企业现场自由参观考察，并可以提出质疑，试验员进行解答，提高区试工作的公正性与透明度。完成油菜国家区试5个组108个品种，棉花国家区试3个组24个品种。

【农科重点项目建设】 2017年3月，总投资393万元的岳阳市国家级农作物品种审定区域试验站建设项目竣工顺利通过验收，总投资187万元的岳阳市水稻原种扩繁基地建设项目于4月通过验收，总投资987万元的长江中下游环洞庭湖流域农作物品种综合区试站建设项目于年底全部完工，进入验收程序。

【农科重点项目申报】 2017年12月，由岳阳市农科所承担的农业部植物新品种测试分中心项目获得农业部批复，总投资1816万元，全部为国家投资，高档优质杂交稻育种研究团队获国家支持经费60万元。“洞庭湖区农业环境检测与修复技术研究”申报湖南省科技厅中央引导地方科技发展专项资金项目——地方科研基础条件和能力建设类项目，7月成功申报湖南省科技创新计划项目——湖南省稻田生态系统中金属污染源解析及消长规律研究。申报的“十三五”国家重点研发计划项目——长江中游双季稻区面源污染综合防治技术示范通过预审，“无子西瓜嫁接育苗技术研究”列入国家引进国外技术管理人才项目，“现代农业生物种业技术合作研发与应用”列入省科技厅国际与区域科技创新合作项目。

（李宇翔）

水　务

【概况】 2017年，岳阳市水务局围绕市委、市政府决策部署，围绕中心，服务大局，圆满完成年度各项工作任务，各项工作取得新成效，实现新发展。获得省防汛抗灾先进集体、省“芙蓉杯”水利建设优秀单位、市综合绩效考核先进单位等省级、市级荣誉15项。

【抗洪救灾】 2017年，岳阳市防汛抗灾形势异常严峻，遭受10次明显强降雨袭击，其中“6·22”“6·29”“8·12”三次特大暴雨中，部分区域降雨量超近15年历史极值。7月4日城陵矶站水位涨至34.63米，超保证水位0.08米，为建国以来第五高洪水位。全市58个堤垸有52个超警戒水位，35

个超保证水位，湘阴县沙田垸、岭北垸、城西垸超历史最高水位。暴雨高洪造成全市157.97万人受灾，受灾面积21.91万公顷，倒塌房屋4130间，直接经济损失67.77亿元。灾害面前，全市上下围绕“五个确保”的目标，履行参谋调度、联络协调等职能，确保防汛抗灾工作高效运转，打赢防汛抗灾持久战、平江救灾攻坚战、湘阴抗洪保卫战、城市内涝阵地战、江湖区域总体战以及暴雨山洪防御战六大战役，胜利实现“确保不溃一堤一垸，确保不发生群死群伤，确保重点堤垸和重要交通干线安全”的“三个确保”目标，取得防汛抗灾的全面胜利。

【水利建设】 2017年，全市投入水利建设资金30亿元、劳动工日4020万个，完成各类水利工程4万处，填筑土石方8200万立方米。汛期结束后，全市水务部门迅速制定“9936”水利工程建设方案，掀起新一轮水利秋冬修高潮。截至年底，全市投入资金35.28亿元，完成整体工程进度98%。防洪水利工程：华容县蓄洪安全区和分洪闸建设进度位列湖区4个项目县第一，被省洞工局称赞创造“华容经验”“华容速度”；黄盖湖综合治理工程完成投资3亿元，超额完成年度任务；湘阴县沙田垸堤防整治进度快、标准高，被作为全省水利建设现场推进会的现场点。民生水利工程：投资4.4亿元的洞庭湖北部补水工程出台市政府会议纪要，明确资金来源、管理方式、工程进度等事项；投资2.8亿元，完成沟渠清淤4052千米，塘坝3793处；投资4.23亿元，完成农村饮水安全巩固提升人数79.96万人，兴建工程179处，超额完成年度任务；全面完成中央财政农田水利重点县及项目县小农水年度建设任务，新增和恢复灌溉面积813.33公顷，改善灌溉面积3006.67公顷。生态水利工程：完成农发水保治理项目和国家革命老区水土保持重点治理项目，治理水土流失面积51.57平方千米；总投资9420万元，启动6个中小河流治理项目，其中临湘市洋溪湖撇洪渠杨桥河段治理工程基本完工；市本级争资2亿元，实现零的突破，其中王家河治理工程投资8049万元。水利工程管理：全年办理水利工程公开招标项目34个，中标金额2.35亿元，实现应招标工程进场交易率、招标代理率、公开招标率“三个100%”。同时，强化水利安全生产监管，全年抽查单位（场所）192个，督促1420个单位（场所）开展自查自纠，发现各类隐患2035处，全部整改到位。

【治水管水】 2017年，岳阳市全面推行“河长制”工作，全市市、县、乡、村四级河长体系全部建立，基本建立责任明确、制度健全、运转有效的河湖管理和保护体系。严格水资源“三条红线”管理，联合印发《岳阳市“十三五”水资源消耗总量和强度双控行动实施方案》，确定全市用水总量的分年度控制目标值。严格城市供水管理，现场抽样检测100家二次供水单位，对不合格单位下达整改通知书。对73个入河排污口开展监督性监测，抓入河排污口整治，严格审批监管，规范水资源论证及取水许可证换发。湘江保护与治理各项工作稳步推进，省管水功能区水质监测全年达到96%，省级重要饮用水源地水质达到100%。全年办理招投标项目34个，中标金额2.35亿元。抓水利风景区建设，华容县华一水库风景区被授予省级水利风景区。加强河湖水域保护，全市完成河道划界2070千米，完成河建项目清查登记。全年在城区开展执法巡查95起，现场制止处理水事违法行为61起，立案查处典型涉水违法案件2起。强化水利安全生产监管，全年抽查单位192个，自查抽查发现各类隐患2035处，全部按要求整改到位。抓中央环保督察整改，全市20项重点整改任务中7项与水务部门有关，任务繁重，压力大，市水务局严格落实整改要求，完成年度整改任务。

【水利行业能力提升】 2017年，市水务局始终坚持以创建“三型机关”为目标，以“两学一做”学习教育为载体，不断强化内部管理和队伍建设，行业能力实现全面提升。以“依法行政”为抓手，法治意识全面提升。干部学法考试参考率100%、合格率100%，执法证考试通过率95%。“世界水日”“中国水周”期间，大力开展水法律法规宣传教育。继续推行水行政审批改革，专家评审工作流程进一步规范，全年收审批件144件，按时办结率100%。以“党建活动”为抓手，党建质量全面提升。组织开展十九大精神宣讲、“推行河长制，保护华容河”志愿者活动、“两准则”“两条例”知识竞赛、水土保持法国策宣传教育进党校等活动，深入推进“两学一做”学习教育常态化制度化。以“廉政教育”为抓手，廉洁意识全面提升。全面完成中央巡察组反馈意见中提出的突出问题整改工作，制定出台相关制度

大堤外坡整修 （市水务局　供稿）

和措施，开展清理国家公职人员涉砂经营活动专项整治和涉矿经营性活动专项整治、刹人情歪风等专项整治行动。以“机构改革”为抓手，管理水平全面提升。将原市移民开发局合并到市水务局，将下属6家事业单位承担的8项行政许可划入机关，将原分散在机关科室和事业单位的行政执法权全部集中到水政综合执法支队。将6名自收自支编制人员通过竞聘方式转为全额编制。进一步规范财务及资金管理，加强接待费、办公费、会议费等监管。

【岳阳市全面推行“河长制”】

2017年，岳阳市全面推行“河长制”全市各级河道实现“河长制”全覆盖，“河长制”各项工作任务全面完成。工作部署到位。市本级、12个县、135个乡的“河长制”实施方案全部出台，提出“河畅、水清、堤固、岸绿、景美”的工作目标，签订责任书，全市明确并公示市、县、乡、村四级河长2428名，下发市河委会第1号令，号召各级河长在全市开展巡河行动。组织保障到位。成立“河长制”管理科，县市区“河长制”工作机构到位运行，16条市管河流实行“一河一长一办”，建立市县乡信息报送体系，印发6项工作制度，开办专栏、微信公众号、简报等宣传阵地，设置投诉举报信箱，设立市级河长公示牌24块。问题整治到位。加强依法治水，配合市人大常委会出台《岳阳市城市规划区山体水体保护条例》；涉水环保整改的2个河道采砂问题办结销号，东洞庭湖受损湿地修复并通过专家组验收，《岳阳市2017—2020年河道采砂规划》通过省水利厅技术性审查。39个长江沿江非法码头全部关停，复绿47.7万平方米，节约长江岸线7700米，华容河水质由劣五类改善为三类。

【采砂专项整治行动】　2017年，市水务局在全省率先启动涉砂经营活动专项整治，清理公职人员及其亲属716人、立案查处32人、双开9人、移送司法机关8人；联合公安部门，开展百名以上警力大规模行动20多次，单次涉案金额最高上亿元，抓获盗采船只143艘、刑拘57人、逮捕41人、判刑8人，多部门协作使打击非法采砂向刑事处罚为主转变；下沉责任，3个涉砂重点县组织300多人，开展巡查1000多次。岳阳市洞庭湖区域全面停采，所有采砂船全部集中停靠，非法采砂基本杜绝。国家环保督察办将岳阳市采砂整治典型经验上报党中央、国务院。

（杨彩霞）

水文水资源管理

【概况】　2017年，岳阳水文水资源勘测局（简称市水文局）圆满完成各项工作任务，获得全省水文系统绩效考核先进单位，社会管理综合治理先进单位，全省水文系统第五届职工羽毛球团体赛二等奖，全市防汛抗灾先进单位、全市“文明交通我先行”志愿服务活动优秀单位，平江县加义水文站获得“全国工人先锋号”先进集体。

【水文业务工作】　2017年，市水文局完成全年各项水文测验任务。全面完成水文测验工作，稳步推进测验方式改革，中小河流水文（位）站的洪水比测全面完成。开展水文应急监测，重点加强水文设施设备运行维护管理，确保安全生产无事故。做好水文预报方案编制、水文情报预报和枯水期监测与分析工作。全年编写雨水情信息20万条，发布《雨水情分析预测》63份，发布洪水预警7次，《水文预报》20多次，参与各级防汛会商70多次。修订《汨罗江洪水预报方案》，编制汨罗江“7·2”、昌江“8·12”、沙田垸乔口闸暴雨洪水调查报告。水资源管理、水环境监测不断深化。完成《岳阳市水资源保护规划》、2016年度《岳阳市水资源公报》《岳阳市南湖纳污能力分析》的编制，岳阳水环境监测分中心顺利通过国家认监委资质认定的评审。做好全市41个常规水质断面和重点水功能区的水质监测并及时发布水资源质量通报（或水源地）月报。完成城区三区范围内15个日供水量20吨以上的集中式供水工程的水质常规检测，对全市67个市级水功能区进行水资源质量监测，对全市范围内56处日供水规模在1000吨以上的农村饮水工程开展水质监督性检测，完成全市73个入河排污口的监督性监测，成立水资源调查评价工作领导小组。

【水文服务】　2017年，洞庭湖区发生近15年来最大洪水，城陵矶站超警时间长达13天，岳阳市58个重点堤垸有52个超警戒水位、35个超保障水位，特别是湘阴县沙田垸、岭北垸、城西垸均超历史最高水位。面对超警汛情，市水文局密切关注长江、湘资沅澧及洞庭湖区水情趋势，实时监测、发布汨罗江、沙田垸乔口闸水位流量资料，滚动预报城陵矶站的水位变化过程，并首次将《湖南省山洪灾害监测预警系统信息平台》接入岳阳市防指办会商室进行汇报。

【水文基础设施建设】　2017年，市水文局加强水文基础设施建设，站网建设得到完善。完成全市11个地下水监测站、6个土壤墒情站、2个防汛专用站、69个国控水质水量在线监测站的查勘建设任务。水文信息化建设步伐加快。完成水情分中心的触摸一体机等安装工程及水情分中心的装修改造工作，实现实时直观地展示雨水情等信息；做好更新水文要素统计信息、水文特征值统计入库工作，收集整理近30年各面雨量计算统计站点的水位流量、雨量等系列资料，并按格式要求导入数据库。县域水文机构建设稳步推进。6月22日，岳阳市城区水文水资源局挂牌成立，岳阳市4个县域水文局全部组建完成。做好国控点项目建设工作。完成国家水资源监控能力建设项目（2016—2018年）查勘工作；完成岳阳市44个国控建设项目非农取水户监测站的现场施工，配合承建方对全市12个国控建设项目灌区进行现场复勘。

（易湘芸）

防汛抗旱

【雨情、汛情、灾情】　2017年，

全市防汛形势复杂严峻。汛期内发生10次强降雨过程，部分地区降雨量均超历史记录极值，洞庭湖区发生新中国成立以来第五高洪水位洪水过程。一是降雨超常。1月1日8时至12月31日8时及汛期（4月1日8时至10月1日8时），全市平均降雨量分别为1792.7毫米、1296.6毫米，较历年均值1439.1毫米、958.4毫米分别略偏多24.6%和35.3%。6月下旬，岳阳市遭受“6·22”“6·29”两次特大暴雨过程。岳阳市区、临湘市、平江县、湘阴县达到重度气象洪涝标准。平江站6月30日降雨量236 毫米，突破当地历史记录极值。6月23日，岳阳市区降水量为239毫米，临湘市区降水量274.5毫米，均为当地有历史记录以来第二高值。二是洪水暴涨。湘、资、沅三水同时发生大洪水，洪峰在洞庭湖遭遇形成恶劣组合，入湖流量达81500立方米/秒，为有资料记录以来最大入湖流量，洞庭湖区水位迅猛上涨，7月1日0时城陵矶站水位达到32.5米警戒水位，7月4日13时出现34.63米洪峰水位，自6月25日8时的29.57米至7月4日13时出峰，上涨幅度达5.06米，日均涨幅约0.5米。7月5日14时退出保证水位，超保证水位时长达38小时。7月13日11时退出警戒水位，超警戒水位时长达312小时。汛情紧张时期，全市58个堤垸有52个超警戒水位，堤长786.3千米；超保证水位堤垸35个，堤长456.83千米。特别是湘阴县沙田垸、岭北垸、城西垸超历史最高水位，堤长84.84千米。三是险象环生。受持续强降雨和湖区高洪水位影响，全市发生大小险情431处，其中重大险情15处，均得到及时有效处置。“6·30”发生后，平江县5个乡镇41个村的道路、电力、用水、通信等中断，一度成为“孤岛”。7月2日，湘阴县沙田垸堤段水位高出堤顶0.1~0.3米，6.4千米大堤全线加筑1米子堤，发生特大管涌39处，柳林江大堤堤身险情密度达6~7个/100米。7月4日，省委书记杜家毫、省长许达哲在全省防汛视频会上指出，沙田垸的险情是全省最严重的，要把沙田垸作为全省抗洪的重中之重。四是灾损严重。暴雨高洪导致全市155.7万人受灾，紧急转移人口16.04万人，因灾死亡4人（其中，汨罗市2人，平江县2人），受灾面积13.48公顷，农作物成灾面积7.93万公顷，因灾减产粮食20万吨，死亡大牲畜2.49万头，水产养殖损失5893.33公顷，倒塌房屋5129间，直接经济损失59.82亿元，其中水利基础设施损失17.40亿元。全市损坏小型水库151座、堤防3554处337.75千米、护岸工程5967处、水闸425座、塘坝3663座、灌溉设施10550处、机电泵站276座、水电站8座、水文通信设施11处。停产工矿企业156个，公路中断1095条次，供电中断640条次，通信中断532条次。

【防汛抗灾持久战】 2017年6月下旬，岳阳市遭受“6·22”“6·29”两次特大暴雨，加之洪水暴涨，全市大部分地区超警戒水位，灾害面前，市委、市政府和市防汛抗旱指挥部（简称市防指）团结带领全市人民奋起抗灾，打赢防汛抗灾持久战、平江救灾攻坚战、湘阴抗洪保卫战、城市内涝阵地战、江湖区域总体战以及暴雨山洪大决战六大战役，实现“确保不溃一堤一垸，确保不发生群死群伤，确保重点堤垸和重要交通干线安全”的“三个确保”目标，夺取防汛抗灾的全面胜利。扎实备汛。做好打防汛抗灾持久战的准备，层层召开防汛抗灾工作动员大会，构建市、县、乡、村四级防汛抗灾组织体系，完善各类应急预案，落实巡逻队、守护队、抢险队“三队”人员3.03万人，小型水库、尾矿库安全管护员1800多人，储备编织袋488万条、砂卵块石53.1万立方米、钢筋笼200多个、混凝土四面体100多个、大型移动水泵20台（套）。全市15处破大堤和长江干流7处崩岸整治工程全部在主汛期前完工，108处度汛安全隐患全部整改到位，为后段工作打下坚实基础。精准调度。市委、市政府主要领导密切关注，靠前指挥，精准调度。气象、水文、水务、民政、军分区、武警等部门集中在防办办公，实时研判雨水情变化，组织调集抗救力量，确保防汛抗灾工作扎实有序开展。全市启动防汛Ⅳ级应急响应3次、Ⅲ级应急响应2次、Ⅱ级应急响应1次，湘阴县、屈原管理区、君山区、南湖新区等局部区域启动防汛Ⅰ级应急响应。市防指组织会商20多次，其中“点对点”视频会商4次，下发会商通报20期，防指指令、明传电报120多个。7月上旬请求国家防汛抗旱指挥部、长江水利委员会将三峡水库出库流量从3万立方米/秒调减至8000立方米/秒，实现长江来水与四水错峰，有效缓解洞庭湖压力。奋力抗救。暴雨高洪期间，全市发生险情431处，其中较大险情15处，投入巡堤查险抢险人员30万人次、机械设备6000余台（套），紧急转移群众13.08万人。6月30日，平江县山区降雨达236毫米，突破历史记录极值，全县5个乡镇41个村成为“孤岛”，市防指紧急调派周边县市公安、武警、电力和通信应急抢险等队伍驰援，出动冲锋舟、皮划艇500多艘，及时转移群众3.53万人，救出被困群众8000多人。7月3日凌晨，湘阴沙田垸柳林江最高水位达38.07米，超1998年历史最高水位0.72米，超保证水位2.07米，堤身千疮百孔，6.4千米大堤共发生跌窝、滑坡、管涌等各类险情80多处。市防指紧急调用大型载货车辆200余台、砂卵石15万立方米、块石5万立方米、编织袋260万个、彩条布32万平方米、三角钢筋笼20个、移动泵站30多台套支援湘阴县抗洪抢险第一线，奋战七天七夜，夺取沙田垸保卫战的胜利。严格督查。全体市级领导和包县防汛市直部门主要负责人第一时间下到各防汛责任区督导，市纪委出台《岳阳市防汛抗灾督查执纪工作方案》，市、县防指联合纪检监察和组织部门组成42个督查组，采取不打招呼、直奔一线的方式，围绕责任落实、巡堤查险、水库防守、险工值守等重点工作进行明察暗访，对受灾最为严重的平江县和防汛压力最大的湘阴县沙田垸进行24小时不间断督查。全市发现各类问题209个，通报批评单位20个，问责党员干部159人。救灾维稳。省、市民政部门下拨救灾资金4200万元，市财政紧急拨付救灾补损款2000万元，帮助平江县、湘阴县开展灾后重建，全市发放应急帐篷2100顶、棉被4200床、折叠床1350张、大米

200吨、方便面8000箱、矿泉水1.2万件，确保受灾群众有饭吃、有衣穿、有安全住处、有干净水喝、有基本医疗服务。同时，交通、卫计、公路、电力、电信、移动、联通等单位第一时间派工作队赶赴灾区抢修受损设施，迅速恢复通水、通路、通电、通信，受到社会各界好评。宣传部门统一报道口径，以最快速度、最准数据将岳阳抗洪救灾情况向外界通报，在新华网、搜狐网、新浪网、腾讯网、中国日报网等全国性网站发稿130余篇，传播正能量，营造防汛抗灾浓郁社会氛围。

【平江救灾攻坚战】 2017年6月30日，平江县山区降雨达236毫米，超历史记录极值，全县5个乡镇41个村受灾严重，灾情发生后，市防指迅速动员，调集社会各界力量开展救灾补损，确保灾区社会秩序和谐稳定。省、市民政部门下拨救灾资金4200万元，发放应急帐篷2100顶、毛毯800床、折叠床1350张、大米195吨、方便面6500箱、矿泉水10200件，确保受灾群众有饭吃、有衣穿、有安全住处、有干净水喝、有基本医疗服务；市防指连下5道指令，紧急调派周边县市公安、武警、民兵预备役、交通部门参与救灾，市电力、通信、武警、消防、公安等队伍，紧急驰援平江；平江县县乡党政领导全部下到村组，挺在抢险救援最前线，排除处置水库山塘重大险情7处，疏挖25座水库山塘溢洪道，出动冲锋舟、皮划艇500多艘，及时转移群众3.53万人，救出被困群众8000多人，杜绝群死群伤事故的发生。强降雨一过，市财政紧急拨付救灾补损款1000万元，帮助平江县开展灾后重建；平江县自筹资金3500万元，争取省财政下拨救灾资金1620万元，迅速开展灾后恢复重建。市发改、公安、交通、公路、供电、电信、移动、联通、广电、农委、科技、畜牧、商务、教体、国土、住建、卫计、林业、保险、扶贫等部门单位第一时间下到平江灾区，全力支持灾区重建，抢修受损设施，迅速恢复受灾村通水、通路、通电、通信问题。各民主党派、寓外乡友、社团组织全面发动爱心企业、社会爱心人士捐钱捐物，为灾区补损注入强劲动力。

湘阴县岭北镇沙田垸柳林江大堤管涌抢险现场　　（市水务局　供稿）

【沙田垸保卫战】 2017年7月1日8时，湘水资水猛涨，湘阴全线超警戒水位。6月29日8时至7月2日23时，沙田垸柳林江水猛涨4.27米，最高水位达38.07米，超1998年历史最高水位0.72米，超保证水位2.07米，3天时间防汛应急响应从Ⅲ级提升到Ⅰ级，沙田垸如若溃决，将直接关系到湘阴县岭北镇、新泉镇和益阳市赫山区近56万群众的生命财产安全；7月2日晚，沙田垸柳林江大堤出现重大滑坡险情，堤脚高度液化，泥浆外溢，长度达30米，随时有可能溃垸，当地采取动员群众自行转移、乡村组织集中转移两种方式，紧急转移和疏散沙田垸群众2.8万余人，防汛形势十分严峻。省、市领导高度关注，赶赴一线抗洪抢险。7月3日，市防指按照指令紧急召集20名技术干部当晚12点之前赶赴一线指导，并调派防汛抗洪经验丰富的老同志到一线督战，市县防指调度大型载货车辆200余台、砂卵石15万立方米、块石5万立方米、编织袋260万个、彩条布32万平方米、三角钢筋笼20个、移动泵站30多台套支援湘阴县抗洪抢险第一线，举全市之力确保抢险人员物资需求。7月1日，当沙田垸大堤出现直径2米、下塌最大深度3.5米跌窝重大险情时，在现场指挥抢险的副省长何报翔、市长刘和生等省市领导及现场党员干部、抢险官兵临危不乱、精准指导、全力抗救，有效化解险情，危难时刻彰显伟大的抗洪精神。7月9日14时，铁角嘴水位退至34.5米警戒水位，湘阴县抗洪抢险保卫战取得全面胜利。

【暴雨山洪大决战】 2017年8月11—14日，全市出现新一轮强降水天气过程，特大暴雨主要出现在岳阳县、平江县、汨罗市北部、临湘市、云溪区东北部，岳坊水库12日10~11时小时强降雨达113.3毫米，超过历史极值。强降雨发生后，全市上下迅速行动，应战暴雨山洪。市防指下发《关于迅速转移危险区群众确保人民群众生命财产安全的通知》和《关于做好汨罗江、新墙河流域洪水防御工作的紧急通知》，平江、岳阳、汨罗、临湘等强降雨县市迅速行动，采取果断措施，及时转移危险区域群众，有效避免人员伤亡。12日上午，市防指紧急从岳阳武警支队调集12艘冲锋舟并配备90多名操作人员赶到平江县南江镇、岳阳县张谷英镇等地支援抗洪抢险。12日，汨罗市三江镇出现特大暴雨，花桥村党支部书记李大元冒险抢救被洪水围困的群众，返回途中船只侧翻，被巨浪卷走，英勇牺牲。13日下午，岳阳县张谷英集镇笔架山疑似山体移动险情发生后，省市防指高度重视，迅速组织张谷英镇危险区群众紧急转移，由镇村两级做好群众安置工作。14日上午，由省地质环境监测总站、省第二测绘院、省地质矿产勘查开发局402队以及省核工业地质局311大队组成的联合调查组进入现场对疑似裂缝所在山体进行实地调查，确认疑似裂缝为村民砍柴破坏植被形成的线形通道，杜绝发生大规模山体滑坡的可能性后，组织当地群众有序返回原住地。

（冯　伟）

铁山供水

【概况】 2017年，岳阳市铁山供水工程管理局（简称铁山管理局）认真落实市委、市政府工作部署，围绕年初大会确定的目标任务，以铁山水资源保护为核心，以项目建设为重点，全力保障城乡供水安全，着力服务“四大会战”和“一极三宜”江湖名城建设，各项工作取得明显成效。

【铁山水资源保护】 2017年，铁山管理局按照市委、市政府要求，着力做好铁山水资源保护工作。做好各项基础性工作。完善铁山饮用水水源地水环境事故应急预案，组织进行大规模的铁山水资源保护宣传活动，在库区、渠道等周边乡镇发放张贴宣传资料5000多份，张贴固定标语500余条（幅）。同时按照铁山水源地保护区划分方案及相关技术要求，在5个水源地添加、更新界桩、标示牌、宣传牌、警示牌238块。严格实施水库“四禁”（禁止采砂、禁止违法建设、禁钓、禁游）。对库区周边涉砂问题进一步清理、排查，督促岳阳县月田、毛田镇政府对其上游洗沙等违法行为进行专项整治。配合岳阳县开展库区控建拆违执法行动。查处大小渔政案件227起，劝离钓鱼人员近万人，教育处罚近千人，水库垂钓、游泳等污染水质的现象得到有效扼制。有效防控水面污染。安排专职管理人员，对水面分区管理、责任到人，全天候、不间断的进行巡查，对饮用水源地内的浪渣垃圾等进行全面打捞，保持水库水面清洁；铁山管理局督促配合岳阳县抓好库区畜禽养殖污染整治，临库32户畜禽规模养殖全面退出。为进一步加强铁山水库水资源保护力度，确保工程安全、供水安全，根据中央、省、市工作要求，成立岳阳市铁山水库湖长制工作委员会办公室，负责该委员会的日常工作，就水资源保护、水污染防治、水岸线管理等方面工作按要求稳步推进。

【环保督查整改工作】 2017年，铁山管理局针对中央环保督查组督查任务，迁移铁山水库网鱼箱、拆除黄金库湾、桃洞库湾牲猪养殖场。制定铁山饮用水水源地环境保护专项整治方案，组织开展自查自纠，并与涉及到岳阳经济技术开发区、临湘市、岳阳县联系落实整治方案，对涉及到工矿企业、牲猪养殖场、居民生活污水污染等问题逐项督办，较好地完成中央环境保护的督查工作任务，进一步提高铁山水资源保护工作水平。

【防汛抗旱工作】 2017年，铁山管理局为确保该局管理的一座大型水库、两座中型水库、两条供水主渠道和3条城市供水原水管道安全运行与度汛安全，坚持早宣传、早发动、早动手，从早抓起，从细微处入手，以严肃认真的态度抓落实。在防汛抗旱工作中，严格落实防汛纪律做到“四个到位”：严格巡渠巡堤查险有记录，并进行拉网式排查，对强降雨造成的险情，第一时间迅速处理，做到查险处险到位；补充采购编织袋2万个，调运砂卵石2000立方米，抢险机械设备随时待命，做到防汛物资储备到位；加强铁山水库自备电源、溢洪道闸门、节制阀等设施设备的维修保养调试，做到设施维修调试到位；抓好“巡逻队、抢险队、预备队”队伍建设，同时发动群众，实行群防群治，保持与相关乡镇的紧密联系，做到队伍建设到位。由于行动迅速，工作认真，措施得力，取得防汛抗旱工作全面胜利。

【城乡供水安全保障工作】 2017年，铁山管理局为确保城乡供水安全，加大巡查督查力度。对水库、大坝、电站、渠道、坡脚、山体、渡槽、管道等工程进行全面排查，增加险工险段的巡查频率，同时加强督查考核、严格追责力度，以确保险情及时发现，保障供水安全。加大维护修复力度。在全局开展安全生产大检查活动，对3座水库枢纽工程、两条总干渠道及3条城市供水管（涵）的所有设施设备进行维修保养，完成清淤扫障、除锈刷漆、防渗堵漏、设备调试等维修工作，对存在隐患的险工险段进行整险加固，消除发现的安全隐患。同时在工程设施周边增设警示牌与报警电话，真正做到防微杜渐，有效提高工程管理水平和工程安全系

北总干渠枇林渡槽　　（市铁山管理局　供稿）

数。迅速处理突发险情。2017年，铁山管理局工程经受住严峻考验，发生因供水管道老化导致的管道破裂、因汛期暴雨导致的南北干渠内外滑坡、泥石流入渠等诸多突发险情，险情发生后，铁山管理局立即启动相关应急预案，迅速行动，全力奋战，抢险人员通宵达旦连续作业，用最短的时间将险情处理到位，确保全市供水安全。全年安全供水312天，完成城市供水量8700万吨。

【扶贫工作】 2017年，铁山水库库区岳阳县月田镇黄岸村为铁山管理局扶贫村，该村有人口2405人，贫困户65户。局领导多次深入扶贫点现场办公，研究落实扶贫措施，建立局党委班子联村，科室联组，党员干部帮扶到户的扶贫帮困机制。全局40名科、处级党员领导干部结队帮扶26户贫困户，为扶贫村争取和直接解决生产发展资金700多万元，其中启动80千瓦光伏发电项目，拓宽村级公路4.2千米，解决农村安全饮水260人，维修骨干山塘2口，维修衬砌供水渠道3600米，危房改造、易地搬迁44户。全年脱贫30户，铁山管理局干部刘申望任该村第一支部书记，被评为岳阳市最美扶贫人物。

（邹　阳）

长江修防

【概况】 2017年，岳阳市长江修防处（简称市修防处）贯彻落实中央、省、市决策部署，履行工作职责，推进城市防洪和长江护岸工程建设，全年完成工程投资5020万元，在建工程规模2.15亿元，新招标规模4.66亿元。征收水利建设基金3600万元，为推动全市经济建设平稳发展作出贡献。

【城市防汛保卫战】 2017年入汛以来，岳阳城区主汛期降雨量超过1998年，洞庭湖水位超过保证水位达到34.63米，为近15年来新高。南湖水位达30.81米，超保证水位1.31米，环南湖交通三圈大部分被淹，城区低洼地段受渍严重，排渍压力大。市修防处作为城市防汛指挥部常设机构，在市防汛指挥部的统一调度下，组织部署、指挥落实城市防汛工作，压实责任、强化举措、超前部署，调整防汛领导机构和防汛责任范围，落实防汛抢险队伍1200多人，抓好设备维护和物资储备。科学调控4个内湖水位，腾空库容，提前做好防大汛准备。6月下旬至7月中旬，城区4座电排站满负荷开机。受城区强降雨影响，南湖水位从6月底开始急剧上涨。为尽快降低南湖水位，最大限度减少城区淹没损失，市城市防汛指挥部指挥长、副市长黎作凤坚守南湖排渍现场调度指挥，市修防处牵头组织全处精干力量及各相关部门技术力量300多人，日夜抢装临时排渍设施，奋力抢排南湖渍水，投入移动电排、移动水泵26台（套）。历时半月，将南湖水位控制在安全范围内，受到省、市领导的高度肯定。防汛期间，城区没有出现重大灾害，市区生产、生活稳定。市修防处被市委、市政府评为2017年度防汛工作先进单位。

【长江护岸工程建设】 2017年，随着三峡后续工程全面启动，长江护岸工程建设进入一个新阶段。市修防处始终保持抓项目建设的坚定信心和定力，推动长江护岸工程向高标准、保安全方向跨越发展。全面启动三峡后续工程建设，落实三峡后续工程概算投资计划11.09亿元，其中国家投资6.68亿元全部到位。开工建设三峡后续一期工程，计划工程投资2.1亿元，设计整治岸线17.42千米，至年底完成整体形象工程进度37%。扎实推进全市重大前期项目三峡后续二期工程前期工作，按市政府工作要求，3月完成可研审查批复，5月完成初步设计审查批复，12月完成国家投资部分2.6亿元招标工作。同步推进熊家洲至城陵矶崩岸重点治理工程，实现当年立项、当年审批，当年完成年度项目招标，完成工程招标0.91亿元。全面完成长江崩岸七弓岭段应急治理工程建设任务，完成工程投资209万元，加固整治岸线3.22千米。三峡后续工程建设的全面实施，拉开新一轮长江护岸建设新序幕。

【城市防洪工程建设管理】 2017年，市修防处稳步推进南湖电排站扩容改造工程。南湖电排站扩容改造工程是重点防洪工作项目，投资规模1.4亿元，总装机7×1000千瓦。全年抓紧组织完成施工前期各种审批手续，明确工程建设资金来源，完成机电设备等5个标段的招投标工作。为进一步完善涵管穿堤方案，组织相关专业人员考察国内同类工程项目，为工程开工作好全面准备。组织实施城市防汛应急处险工程，完成湖滨月形湖堤、砖瓦厂堤、关门湖堤外坡护坡施工，完成工程投资340万元，为城市防汛发挥积极作用。着力强化城市堤防管理。加强涉堤事务管理，办理涉堤手续10项，整治涉堤违规违建事件11起，大堤侵权现象得到有效遏制。加强周边环保管理，做好南湖、东风湖水质改善和进水渠污泥清理工作。加强大堤日常管理，及时清理大堤杂草、白色垃圾及建筑垃圾，为市民提供良好休闲场所。抓好电排维修。汛前，全面完成城区4座电排站以及涵闸、穿堤建筑物的检查和年度维修，确保机电设备和工程设施安全运行。

【专项整治活动】 2017年，市修防处开展长江区域非法使用港口岸线等违法行为的专项整治活动，清理拆除长江华容、君山、云溪、临湘段各类非法占用岸线经营码头108处，关停非法砂石码头48处，完成长江干流河道（湖南段）建设项目核查以及复占码头的封闭拆除和复绿工作。

（欧阳凯）

工　业

INDUSTRY

责任编辑・曹春友

综 述

【概况】 2017年，岳阳市经济和信息化委员会（简称市经信委）系统牢固树立“工业强市、园区兴工、项目立园”发展理念，坚持新型工业化第一推动力不动摇，发力稳增长、调结构、促转型、增效益，较好完成各项工作任务，推动全市工业经济和信息化建设持续健康发展。

工业增速触底回升。科学应对两厂检修停产、规模企业退出较多等不利因素，经受地条钢整治、环保和统计执法检查等重重考验，全力以赴促进工业稳增长。组织经信、统计、税务等部门和企业召开月度碰头会，合力解决工业经济运行中存在的困难问题，督促稳增长举措落实。深入各县市区、工业园区、重点企业，开展稳增长、促转型、入园区、联企业调研督导，着力促进地方工业深入挖潜增效。加强统计工作培训，强化部门协作，跟踪对接工业用电、工业税收等支撑指标，真实反映工业发展成效。全年全市完成规模工业增加值增长5.6%，新增规模工业企业130余家，完成工业税收148亿元。

非公经济增长较快。市级领导牵头负责对全市九大产业和30家行业龙头企业实施重点帮扶，完成帮扶调研156次，解决困难问题500余个。出台实施《关于支持发展非公有制经济的若干意见》，在优化办事程序、加大金融和人才支持、营造发展氛围等方面出实招、见实效。支持企业降成本，下调大工业和一般工商业电价每千瓦时1.57分钱，节省企业电费支出8000万元。落实“放管服”改革精神，清理规范涉企收费和行政审批中介服务，严格落实惠企政策，办理退（免）税36.7亿元。加大人才支持，与武汉大学等知名高校合作举办企业家高级研修班，选派百名优秀干部、专家赴企业挂职帮扶，有效促进企业发展。非公经济增长7.4%，高于全市平均增速1.8个百分点，总量占全部规模工业的76.4%，成为富民强市的重要力量。

创新发展提质增效。对接新兴优势产业链计划，大力发展电磁装备、熔炼装备、石化装备、军民融合等产业，加快构建多点支撑、多元发力的产业格局。生物医药、装备制造产业实现两位数以上增长，带动全市新兴产业同比增长8.2%，拉动全市工业经济增长4个百分点。实施绿色生产，科创纺织等4家企业被评为湖南省绿色工厂，云溪绿色化工园被评为湖南省绿色园区，湘阴长康集团获得第一批湖南省“两型”工业企业认证。加强科技创新，新增省级院士工作站、省级科技企业孵化器和重点实验室17家，8家企业新产品获批湖南省首台套产品称号，4项专利入选“2017年度百项专利转化推进计划”，新增高新技术企业68家。全市高新技术产业实现增加值587.5亿元，占规模工业增加值的比重56.6%，比2016年提高1.4个百分点

项目建设走势强劲。坚持项目为大、为重、为先，组织开展点对点精准招商活动，全力跟踪服务重点工业项目，在全市产业招商月活动中发挥带头作用。全市签约产业项目325个，其中，工业项目投资10亿元以上的13个、5亿~10亿元以上的24个。湖南经阁投资控股集团年产20.5万吨工业铝型材项目完成土地平整等基础工作，巴陵石化年产2万吨SEPS工业化装置项目顺利投产。和润集团岳阳粮油深加工及物流产业园、哈工大机器人、年产10万吨丁二烯生产装置等一批优质项目成功落地。全市实施工业项目2093个，其中投资过亿元项目197个，完成工业投资907.9亿元。

产业集聚程度提高。推进园区建设大会战，通过发挥产业政策引导、环保督察监管和考核“指挥棒”作用，促进产业向园区集聚、企业向园区集中，实现协调互补发展。加大产业园区建设力度，完善生产生活配套服务设施，加快产城融合，促进要素集聚，提升承载能力，城陵矶新港区成功获批省内第一批军民融合产业示范基地。全市新开工建设标准厂房345万平方米，超额完成年度任务85万平方米，竣工245万平方米，引进企业184家，企业入驻率84%。全市园区规模工业增加值同比增长7.5%，高于全市规模工业增加值增速1.9个百分点。园区规模工业增加值占全部规模工业增加值比重74.6%，比2016年末提升4.8个百分点。

智慧岳阳建设加快。《智慧岳阳建设总体规划（2016—2020）》正式发布，完善信息化建设顶层设计，成立岳阳市“两化”融合服务联盟，启动“两化融合”园区行、“企企通”信息化建设等系列活动，着力打造信息化应用标杆，湖南科伦药业有限公司获评省“智能制造”示范企业称号。市政府与湖南电信签订战略合作协议，着力提升全市互联网基础支撑能力和社会信息化发展水平。国家级电信普遍服务试点城市建设完成投资3.54亿元，全市1181个行政村实现光纤宽带网络全覆盖。全市有固定宽带家庭用户数103.36万户，固定宽带家庭普及率为59.27%，有移动宽带用户数340.65万户，移动宽带普及率为59.42%。

（罗 平）

【地条钢排查整治工作会议】 2017年2月20日，岳阳市召开“地条钢”排查整治工作会议，副市长杨昆出席并讲话。会议传达学习全国、省、市关于排查整治“地条钢”和违法违规新增钢铁产能工作的要求，市经信委通报全市前段“地条钢”排查整治工作情况，安排部署下一步工作任务。会议要求，“地条钢”排查整治工作要强化责任，严肃问责；要认真排查，不留死角；要重拳整治，不留后患；要加强监管，确保长效。此次“地条钢”专项整治行动，要在3月底前整治到位。市直有关部门，各县市区政府（管委会）分管负责人及工信局长参加会议。

（罗 平）

【全市加速推进新型工业化工作会议】 2017年3月7日，全市加速推进新型工业化工作会议在南湖宾馆召开。市领导李爱武、陈志莲、杨昆、刘晓英等出席，市直有关单位负责人、各县市区委副书记、政府分管负责人、工信局局长、工业园区主任及12家重点企业负责人参

加。会上，市经信委汇报2016年全市推进新型工业化工作情况，要求全市加速推进新工化小组各成员单位在2017年工作中发挥好“六个作用”：在园区建设大会战中发挥先锋作用，在经济运行监测中发挥主体作用，在产业转型升级中发挥指导作用，在项目招商建设中发挥带头作用，在帮扶产业企业中发挥示范作用，在深度融合发展中发挥引领作用。市委副书记李爱武强调，推进新型工业化，认识要增加深度，强化问题导向，奋勇前行；推进要强化力度，要围绕项目、园区实干，开创新局面；帮扶要提高温度，要真心实意地帮，坚持“月调度、季讲评、年考核”优化经济发展环境；考核要保证强度，坚持“月调度、季讲评、年考核”，严格考核责任落实情况。副市长杨昆部署2017年五大工作任务，全市推进新型工业化要落实稳增长、促转型、上项目、兴园区、抓帮扶。

（罗 平）

【三鼎控股集团到岳阳对接项目】 2017年5月18—19日，三鼎控股集团有限公司（总部驻浙江义乌，注册资金50亿元，总资产200亿元，民营企业500强）常务副董事长丁尔民一行到岳阳考察，重点对接建设年产60万吨己内酰胺和60万吨聚酰胺切片一体化石化新材料项目，副市长杨昆，临湘市、云溪区以及市经信委、市发改委等相关部门负责人参加考察和座谈。丁尔民一行到城陵矶新港区、岳阳绿色化工产业园、巴陵石化公司等地考察参观，了解岳阳石化产业发展规划与布局、三鼎控股集团项目选址等情况。座谈会上，丁尔民介绍三鼎控股集团的经营和发展情况，对岳阳交通区位优势明显、生态环境优美、发展潜力巨大的投资环境表示满意，集团将进一步调查研究，加强沟通交流，加快合作步伐。副市长杨昆代表市委、市政府欢迎客人到岳阳考察，简要介绍全市当前经济社会发展情况，要求有关部门成立专门班子，由市经信委牵头负责跟踪推进，做好协调对接，促成项目早日落地，完善岳阳石化产业链，形成化纤产业集群，实现互利共赢。

（罗 平）

【市领导调研经信工作】 2017年，市委、市政府领导高度重视经信工作，从部署、调研、考察、调度等多方面倾心尽力，推进全市经济和信息化建设快速发展。6月1日，市委副书记李爱武就电子信息（含军民融合）产业发展和帮扶工作进行专题调研。走进长江动力机械厂、海凌科技园、千盟电子有限公司、国信军创（岳阳）6906科技有限公司等企业实地调研，主持召开企业负责人座谈会，听取企业家对全市电子信息产业（含军民融合）产业发展和帮扶的意见和建议，要求有关部门加大对产业的帮扶和支持力度，出实招，谋实效。6月8日，市委常委、统战部部长熊炜专题调研全市节能环保产业帮扶工作，市人大常委会副主任万岳斌参加。熊炜、万岳斌等考察中达换热、巴陵节能、中晟热能、钟鼎热工等企业，并与节能环保产业重点帮扶项目单位负责人座谈，要求帮扶单位要注重帮扶实效，为企业解决实际问题。6月14日，市委常委、组织部部长王瑰曙调研全市装备制造产业帮扶工作，并主持召开座谈会。市人大常委会副主任、市总工会主席彭先政等参加。王瑰曙、彭先政等实地调研高澜节能、科美达电气、雷勃电气（岳阳）公司、筑盛阀门、中科电气等企业，并召开座谈会听取相关情况汇报以及企业和部门负责人就产业发展和帮扶工作的意见和建议。王瑰曙要求各帮扶责任单位增强主动服务意识，提供优质服务，帮助企业解决发展难题；各企业要推动党建工作与生产经营深度融合，把党建工作成效转化为企业发展优势。12月19日，市委书记胡忠雄主持召开民营企业家座谈会，听取全市民营企业家代表的意见建议。市政协副主席罗陆平等参加。座谈中，与会民营企业家代表立足实际，踊跃发言。胡忠雄认真听仔细记，不时就具体问题与大家一同探讨研究。他要求，市工商联要充分运用好此次会议成果，认真梳理企业家们的建议，明确办理单位，下发办结清单。市委、市政府两办督查室要对照清单，严格督查落实。

（罗 平）

【工业质量品牌提升系列活动】 2017年5月16日，由工信部电子五所、市经信委联合举办的“岳阳市工业企业质量品牌提升活动”在岳阳市拉开帷幕。活动有3项内容：举办质量品牌知识培训班，重点工业企业质量品牌现场诊断服务，区域品牌建设和质量标杆、品牌培育示范企业培育指导服务。活动伊始举办为期2天的质量品牌知识培训班，参加培训的有岳阳市60余家重点工业企业质量品牌工作负责人，长沙、株洲、益阳市经信委相关科室负责人以及长沙湘绣、浏阳花炮、醴陵陶瓷、安化黑茶4个产业集群区域品牌建设组织实施单位负责人和部分骨干企业负责人，共计80多人参加。培训会上，华南理工大学、工信部品牌培育专家组、工信部电子五所等单位专家，分别就“如何打造品牌核心竞争力”“促企业转型升级”“构建企业品牌的核心要素”等主题作辅导讲课。工业质量品牌提升培训班结束后，工信部电子五所组织专家组到岳阳市电磁行业10家龙头骨干企业开展质量品牌建设现场诊断服务。同时，指导“岳阳电磁”加强区域品牌建设，培育成影响力大、竞争力强的产业集群区域品牌，并将湖南科美达电气股份有限公司等龙头骨干企业培育成全省、全国质量标杆和品牌培育示范企业。

（罗 平）

【武汉大学——岳阳市企业家高级研修班开班】 2017年7月6日，由市委、市政府主办，市委组织部、市经信委、市工商联联合武汉大学经济与管理学院承办的“武汉大学——岳阳市企业家高级研修班”举行开班仪式。市委常委、组织部部长王瑰曙出席并讲话，副市长杨昆主持。武汉大学经济与管理学院副院长沈仁霖，有关部门负责人等出席开班典礼。此次举办的第5期企业家高级研修班为期一年，有70名企业中高层管理人员参加，学员主要来自民营企业。王瑰曙要求学员静心参学，强调学员责任重大须担当，要立大志、干大事、创大业；机遇难得须珍惜，发展机遇难得，学习机会难得，提升自身素质，又好又快地发展企业。

（罗　平）

【巴陵石化万吨级SEPS成套技术通过鉴定】 2017年12月5日，中石化“十条龙”科技攻关项目“万吨级氢化苯乙烯/异戊二烯共聚物（SEPS）成套技术”，在巴陵石化通过中石化科技部组织的技术鉴定。该项目由巴陵石化与北京化工研究院联合承担，整体技术与产品达到国际先进水平，填补国内空白，具有显著的经济和社会效益。SEPS作为一种高性能高分子材料，有“绿色橡胶”美誉，是性能卓越高端环保产品。主要应用于光纤光缆油膏、润滑油粘度指数改进剂以及体育运动器械、防护用品、成人用品、线材膜材等。巴陵石化开发的万吨级SEPS成套技术完成工业应用试验，已申请中国发明专利10项、其中，获授权7项，形成专有技术7项。8月，年产2万吨SEPS工业化装置在巴陵石化建成投产，结束中国不能生产SEPS的历史，巴陵石化成为全球继美国、日本后第三家具有自主知识产权核心技术的SEPS生产商。11月5—7日，巴陵石化对有关装置进行标定，产能达标，产品质量合格，工艺指标受控，设备运行平稳，能耗物耗均在设计指标内，安全环保符合要求，装置产销态势良好。巴陵石化热塑橡胶系列产品年产能扩增到30万吨以上，继续居全球第二、亚洲第一。

（罗　平）

【城陵矶新港区列为省内第一批军民融合产业示范基地】 2017年11月，湖南省经信委下发《关于公布2017年军民融合产业示范基地的通知》。城陵矶新港区正式获批为湖南省第一批军民融合产业示范基地，标志着岳阳军民融合产业集聚、集约发展，促进产业结构优化升级迈上新台阶。2014年，市政府在城陵矶新港区白洋湖畔规划200公顷，成立湖南军民融合卫星应用产业园。2015年，省政府批准为“湖南省军民结合卫星应用产业园”。为鼓励、帮扶军民融合产业集聚发展，城陵矶新港区每年安排1000万军民融合产业发展引导资金，用于支持军民融合产业，强化聚集力、竞争力。2017年5月，根据《湖南省军民融合产业示范基地认定与管理办法》，省经信委组织开展2017年度湖南军民融合产业示范基地的认定工作，经省经信委的形式审查、现场初查和专家评审，获得通过。至年底，园区入驻航天科技、哈工大机器人集团、国信军创6906、中部创新集团、际华3517、上海臻恒光电、长沙图灵科技等50余家企业，园区发展走势强劲。

（罗　平）

【金叶众望生产经营】 2017年5月，湖南金叶众望科技股份有限公司（简称金叶众望）完成整体搬迁，7条生产线全部实现投产，日产能2000吨以上。公司以搬迁为契机，加强内部整合管理，加大专用肥产品研发力度，新开发出40多个专用肥品种，水溶肥产品实现零的突破；承办的3个省级科研项目，均获得有关部门验收通过；拓展农用肥市场，发展年销量1000吨以上的核心经销商15家，新增销售网点100个，农用肥销量同比增长143%。公司全年生产肥料15.15万吨，销售肥料17.68万吨，实现销售收入4.38亿元，利润总额7893万元，上缴税费2330万元。

（李忱靖）

石化工业

【概况】 石化产业是岳阳市第一个千亿产业。2017年，岳阳石化产业完成产值1228亿，完成规模工业增加值258.8亿元，形成以长岭炼化和巴陵石化两个百亿企业为龙头，以中创化工、瑞源石化等236家化工和配套企业为集群的产业体系，其锂系聚合物、己内酰胺等产品产量全国第一。长岭炼化全年完成产值333.59亿元，增速1.27%；实现税收84.69亿元，增速-15.78%；巴陵石化完成产值181.92亿元，增速17.3%；实现税收22.8亿元，增速-19.85%。长岭催化剂全年完成产值16.62亿元，增速21.39%；实现税收1.38亿元，增速-11.88%。

（罗　平）

【长岭炼化生产经营】 2017年，长岭炼化完成全厂性停工大检修，年产100万吨催化柴油改质项目建成投产一次成功，提前完成国Ⅴ普柴质量升级任务，实现炼油专业技术达标，实现安稳生产、优化生产。全年加工原料油711万吨，其中原油606万吨，实现营业收入332.7亿元，上缴税金84.6亿元，股份长岭分公司、资产长岭分公司全面完成总部下达的目标任务，实现盈利

岳阳市石化产业招商推介会暨产业发展论坛　（市经信委　供稿）

11.75亿元，连续2年效益突破10亿元，生产经营业绩持续稳定在历史高位水平。

（李 晓 肖 军）

【长岭炼化紧急支援九寨沟灾区】 2017年8月8日21时，四川九寨沟发生7级地震。长岭炼化油品销售华中分公司在接到紧急支援灾区油品供应的指令后，即与铁路部门联系，多方组织列车车皮、运输车次。长岭炼化在接到紧急抢运装车任务后，生产、计划、储运、销售等部门分专业职能落实相应责任，加班加点进行有关数据对接，用最短的时间完成油品装车、发运票据办理，储运、装油单位对发往四川灾区用油优先洗车装车，确保第一时间将油品正点发往灾区。8月9日，在保证市场油品正常供应的情况下调拨第一批40车皮2400吨柴油快速发往指定地点四川绵阳皂角油库。当月，长岭炼化炼油加工量2.26万吨/天，开大马力优化生产多产各类油品，并与油品销售华中分公司、铁路部门进行实时沟通联系，备足油品及运输资源随时为地震灾区发送往后批次油品。

（罗 平）

【长岭炼化安全生产】 2017年，长岭炼化坚持问题导向、闭环管理，推行大修现场"网格化"管理，开展全要素量化评价，实施承包商积分制考核，加大日常检查监督力度，严肃事故追究处理，整改隐患问题725项，避免各类事故200起，没有发生上报集团公司事故，获得湖南省安全生产工作先进单位、集团公司2017年度安全生产先进单位、环境保护先进单位称号。

（李 晓 肖 军）

【长岭炼化完成装置停工检修】 2017年，长岭炼化精心组织，抓安全、质量、环保、进度，顺利完成全厂性停工大检修，为公司生产经营再创佳绩夯实基础。此次检修历时52天，检修范围包括32套炼油装置、3个公用工程系统及5套化工装置，其中，大修项目1965项，更新项目176项，资本性支出项目36个，总投资5.32亿元。

（李 晓 肖 军）

【长岭炼化FD2G装置建成投产】 2017年7月15日，长岭炼化年产100万吨FD2G装置投料开车一次成功，汽柴油等产品全面达到国Ⅴ质量标准。该项目是公司新一轮油品质量升级的关键项目之一，总投资6.9亿元，建成投产后可生产高辛烷值的汽油以及低硫清洁柴油调和组分，可有效减少对大气的污染，具有较好的经济效益和社会效益。

（李 晓 肖 军）

【长岭炼化处僵治困】 2017年，长岭炼化建立处僵治困管理责任体系，成立10个专业工作组，抓好资产公司处僵治困顶层方案设计，出台67条扭亏措施，通过完善业务外包管理模式，推进"三供一业"分离移交，清理规范存量资产，启动人员分流安置，加快推进瘦身健体，加强改制企业往来业务管理，全面完成总部减亏指标。至年底，资产公司实现营业收入4.29亿元，同比增加1900万元；实现税金5690万元，同比增加314万元；实际亏损5874万元，比预算口径减亏426万元。

（李 晓 肖 军）

【长岭炼化推进分离移交】 2017年，长岭炼化加快推进"三供一业"及其他企业办社会职能分离移交，取得阶段性成果。其中，岳阳小区供水供电改造基本完成，长岭小区供气改造全面展开，物业分离移交前期准备基本完成，市政、社区管理职能分离移交与地方政府签订框架协议。

（李 晓 肖 军）

【长岭炼化获得国家新版排污许可证】 2017年年初，长岭炼化主动开展清洁生产活动，推动全面达标排放和区域环境质量改善，建设和升级改造硫磺回收、污水深度处理等多套环保装置，全流程梳理企业污染及治理情况，确保企业各项排放指标达到国家排污许可标准。6月，公司获得火电行业排污许可证。12月22日，公司获得石化行业排污许可证，此次获得的新版排污许可证有效期为3年。

（李 晓 肖 军）

【长岭炼化举办第七届科技论坛】 2017年10月26—27日，长岭炼化举办主题为"创新驱动与提质增效"第七届科技论坛，论坛聚焦企业生产经营实际，剖析问题、提出优化路径、探寻创新思路，促进专业管理提质增效。论坛邀请中国化工学会监事会主席杨元一、湖南省科协党组副书记王玉立等多名国内石化行业知名专家、企业家参加。

（李 晓 肖 军）

【巴陵石化获得多项荣誉】 2017年，巴陵石化顺利通过全国文明单位复查验收，继续保留"全国文明单位"荣誉称号，公司党建工作连续3年在中国石化年度考核中进入A档序列，工会工作在中国石化年度考核中被评为A档，公司纪委被评为中国石化纪检监察系统先进集体，公司被评为全国厂务公开民主管理示范单位、第四届全国石油和化工行业新闻宣传先进单位、中国石化保密工作先进单位、离退休宣传工作先进单位，公司团委被评为湖南省五四红旗团委，热电部被评为全国工会职工书屋示范点；公司总经理李大为当选中共十九大代表并出席大会，入选湖南省新一届政协委员名单，被评为湖南省优秀企业家；公司副总经理彭鸽威当选湖南省第十三届人大代表。

（贺致富 陈 搏）

【巴陵石化实现安全环保运行】 2017年，巴陵石化加强安全生产管理，着力环保治理，取得较好实效。全年直属单位级、公司级事故为零，车间级事故减少40%，连续66个月未发生上报事故，安全业绩创历史最优，连续3年获评中国石化安全生产先进单位，连续5年获评湖南省安全生产先进单位。依照国家新的环保标准，强化协同联动，从源头减排、过程控制、末端治理等多方同向发力，攻关解决城区片污水达标问题，按期实现"三废"达标排放。顺利完成公司史上规模最大、持续时间最长的大检修，为装置安稳运行打下良好基础。

（贺致富）

【巴陵石化生产经营】 2017年，巴陵石化通过优化采购、强化产品标杆比价与结构调整、优化闲置资产利用等措施，全年累计降本节支增收超过2亿元。通过装置安全、高效、环保运行，巴陵石化产品总量达412万吨；实现营业收入242亿元，同比增加38亿元，上缴税费23亿元。

（陈 搏）

【巴陵石化科技研发】 2017年，巴陵石化加大研发投入，持续强化科技创新，取得较好成效。SEPS成套工业技术开发项目顺利通过中国石化技术鉴定，填补国内空白，医用SEBS实现工业化生产，浆态床蒽醌法制双氧水项目正在建设工业化装置，环保型环氧氯丙烷项目正在编制年产5万吨工艺包，钼系橡胶项目中试进展顺利，轻石脑油制苯项目正在建设模试装置；全年开发新产品、新牌号18个，获得授权专利23件。

（贺致富）

【巴陵石化项目建设】 2017年，巴陵石化重点发展项目稳步推进。建成投用2万吨/年SEPS工业化装置，巴陵恒逸年产30万吨己内酰胺扩能改造等项目顺利投产，溶聚丁苯聚合单元改造、新“一炉一机”等在建项目进展基本顺利，完成投资10.7亿元。与此同时，年产5万吨SEBS装置建设及相关环保项目可研报告获得中国石化批复；化工型炼油改造项目得到中国石化集团公司党组领导明确支持，改造方案通过总部发展计划部、炼油事业部组织的评审；结合岳阳城市规划，提出城区己内酰胺产业链整体搬迁新思路。

（陈 搏）

【巴陵石化机制改革】 2017年，巴陵石化以改革增效率，向机制要活力。公司“3个1/3改革”于一季度末提前完成，电气、供应管理、公务用车等7项专业化重组顺利完成；组建分析检验中心、物资采购中心，整合两个电厂业务，组建热电部。扩大效益权重，优化经济责任制，加大对装置运行情况的考核力度，较好地发挥绩效考核的导向作用；完善干部考评机制，每季度通报中层管理人员绩效订单完成情况，激发工作积极性。完善隆兴环氧新材料中心、聚酰胺产品优化中心的运行，产销研用一体化成效逐步显现。积极推进JV公司股权受让工作，方案进入中国石化签批程序。强化与地方政府和相关接收方的沟通协调，扎实推进“三供一业”及其他办社会职能分离移交，在中国石化系统内率先完成“三供”业务移交协议的签订，现场施工全面铺开，市政、社区管理等职能移交签订框架协议。

（贺致富 陈 搏）

【熊维平李云鹏调研巴陵石化】

2017年3月30—31日，国务院派驻中国石化监事会主席熊维平到巴陵石化调研。熊维平深入企业己内酰胺、特种锂系聚合物、炼油、特种环氧树脂装置现场和社区进行实地考察，听取工作汇报。熊维平对企业近年来的工作、取得的进步表示充分肯定，要求企业客观看待历史，辩证地看待亏损，科学选择扭亏脱困方案，真正推动实现“本质脱困”。7月5日，中国石化集团公司党组副书记、副总经理李云鹏到巴陵石化调研。李云鹏到企业合成橡胶事业部、炼油事业部实地察看，了解生产经营、科技创新、深化改革、党的建设等工作情况。李云鹏充分肯定公司各项工作，要求打造扭亏脱困样板企业，以优异成绩迎接党的十九大胜利召开。

（贺致富 陈 搏）

【国内首套SEPS装置一次开车成功】 2017年9月8日，国内首套、世界第三套SEPS工业化装置在巴陵石化一次开车成功。该项目于2013年列入中国石化“十条龙”科研攻关项目，2016年3月16日开工建设，总投资3.1亿元。SEPS是苯乙烯类热塑性弹性体SIS加氢后的高端环保产品，享有“绿色橡胶”美誉，全球仅美国科腾、日本可乐丽两家企业具备SEPS工业化生产能力。公司SEPS装置开车成功后，产品填补国内空白，市场前景广阔。

（贺致富）

【巴陵石化兴办民生实事】 2017年，巴陵石化坚持惠民利民，为职工群众办实事。经集团公司批准，实施薪酬结构调整，保障绝大部分职工收入与企业效益、劳动生产率同步增长。公司社区投资进入历史上规模最大的时期，社区面貌进一步改善；结合“三供一业”分离移交，争取批复投资3.61亿元、完成投资8400万元，改善社区公用设施。在此基础上，公司投入6085万元实施老旧小区综合治理和维修改造，基本完成金盆四区棚户区改造。加强与地方政府的沟通协调，推动云溪区政府对公司云溪片区环己酮装置厂区道路实现封闭化管理，解决自建厂以来困扰公司的“马路工厂”问题。EAP服务工作全面启动，“幸福巴陵、健康同行”健步走活动成效良好，“走基层、访万家”活动基本完成。抓好精准帮扶，帮扶719户，总金额282.7万元；突出“事要解决”，抓好信访稳定工作，确保队伍稳定、企业稳定。

（陈 搏）

【四化建公司获得多项荣誉】

2017年2月，四化建公司被市委、市政府评为落实党风廉政建设“两个责任”工作优胜单位并予以通报表彰。3月，该公司工会被市总工会评为2016年度考核一等奖单位（红旗单位）。公司女职工高尚撰写的征文《致青春期的儿子》获得岳阳市女职工“写家书·传亲情”一封家书征文一等奖。公司或员工还被团市委、市妇联、市扶贫办等有关部门单位表彰。

（蔡亚玲）

【四化建公司科技创新】

2017年，四化建公司加大科研投入，激励科技创新，支撑企业持续、健康发展，取得较好成效。9月，该公司收到省科技厅、省财政厅、省国税局、省地税局四部门联合颁发的“高新技术企业证书”，继2011年被认定为高新技术企业后第二次通过复审。此后3年，该公司享受企业所得税税率降为15%的优惠政策，另外再减免120万元税收。是月，该公司自主研发，孙韵、毛广周、罗君华共同撰写的《低合金复合钢堆焊隔离层与奥氏体不锈钢焊接技术转化与产业化开发》科技报告被湖南省科技报告共享服务系统（www.hnstrs.cn）收录，该成果系省科技厅立项并提供经费资助的自主研发科技项目，研发成果向社会公开后，实现科技成果的开放共享。该公司申请的三项专利技术相继获得国家知识产权局授权并颁发专利证书。其中两项为发明专利，一项为实用新型专利，专利权期限分别是20年、10年。其中，张俊、姜杰、张琪发明的《更换飞灰过滤器内部滤芯的方法》获得发明专利，由董晋五、姚阮华发明的《一种大跨度钢结构吊装方法》获得发明专利，由谢金寿、缪用、余正全发明的《高压蒸汽管道吹扫打靶器》获得实用新型专利。

（蔡亚玲）

【四化建公司三项工程获奖】 2017年11月，由全国化工工程建设质量奖审定委员会组织评选的“2017年度全国化学工业建设工程奖”揭晓。由四化建公司华北分公司承建的青海盐湖金属镁一体化项目年产100万吨甲醇装置、中南分公司承建的榆林市榆阳区红墩污水处理厂项目、新疆分公司承建的伊犁新天年产20亿立方米煤制天然气项目等三项工程获得2017年度全国化学工业建设优质工程奖。同时，华北分公司吴世庆、原新疆分公司罗建军获得“2017年度全国化学工业建设工程奖突出贡献者”称号。

（蔡亚玲）

【四化建公司中标浙江石化安装工程】 2017年4月，四化建公司华东分公司中标浙江石油化工有限公司年产4000万吨炼油化工一体化项目（一期）6标段安装工程，该工程包括193万吨乙苯/120万吨苯乙烯装置、年产80万吨乙二醇装置、第四化工循环水场及界区内地管、管廊等，采用费率计价、不含主材，施工费4亿元，合同工期15个月。华东分公司自获悉项目信息以来，积极跟踪、主动对接，克服参与投标人员少、时间紧、任务重等困难，加班加点，优质高效完成4个标段的标书编制，按期递交业主。华东分公司新签合同及中标金额5.5亿元，圆满完成公司下达的新签合同额指标。

（蔡亚玲）

【四化建公司二程专业承包资质拓展升级】 2017年1月，四化建公司顺利通过环保工程专业承包资质升级和机电工程施工总承包资质审核。其中，环保工程专业承包资质由贰级升为壹级，同时首次获得机电工程施工总承包三级资质。7月，该公司申报的电力工程施工总承包三级和消防设施工程专业承包二级资质通过省市住建部门评审，颁发新证在即。两项资质的取得，扩大公司的施工资质覆盖范围，分别可承担单机容量10万千瓦以下发电工程、110千伏（含110千伏）以下送电线路和相同电压等级变电站工程的施工；单体建筑面积5万平方米以下的一类高层民用建筑以外的民用建筑、火灾危险性丙类以下的厂房（仓库、储罐、堆场）的消防工程施工。

（蔡亚玲）

市委书记胡忠雄到四化建公司承建的岳阳海吉星项目调研

（四化建公司 供稿）

【际华3517公司生产经营】 2017年，际华3517公司克服经营大环境持续低迷、行业市场急剧萎缩、企业内部矛盾凸显等诸多困难，实现企业转型升级，公司生产经营向好。全年完成营业收入13.57亿元，完成预算的105%；利润总额4611万元，完成预算的100.24%；完成经济增加值（EVA）1937万元，完成预算的94.42%；成本费用占营业收入比重99.26%，比预算增加2.84个百分点；经营活动净现金流量比率182.5%，比预算高166.22个百分点；货款回收率100%；存货净额1.5亿元，同比下降34.54%；应收预付款项4388万元，同比下降86.41%。

【际华3517公司技术研发投入2384万元】 2017年，际华3517公司整合技术资源，加大科技研发专项投入，年投入2384万元，同比增加68%。公司通过特种劳动防护用品安全标志认证，获批成立湖南省博士后科研流动站研发中心和博士后创新创业实践基地，与青岛科技大学教育部重点实验室建设联合实验室。公司主持制定中央军委后勤保障部军需能源局标准《耐酸胶围裙技术要求》，申报各类专利31项，其中发明专利8项，开发新产品74款，设计各类模具鞋楦7款。利用项目建设契机，财务部充分运用税收优惠政策减免契税375.98万元，技术开发部和规划发展部争取国家项目专项支持，获批湖南军民融合项目资金120万元，科技支持资金90万元。推进产品升级换代，开发高、低腰17野战鞋、DB综合保障系统作训鞋、功能性职业鞋靴和中高档休闲冷粘鞋20余款；橡胶制品向轨道交通类和实心轮胎延伸，生产实心轮胎500多条；生产高速动车外风挡300多片，并与中车集团合作研发空轨列车走行轮。高分子材料中间体向绿色混炼胶生产产品方向转型升级，研发生产高性能绿色混炼胶和特殊用途的军用混炼胶。

【洞庭3517文旅新城开工】 2017年，际华3517公司利用岳阳市核心城区企业“出城入园、退二进三”优惠政策，成功盘活老厂区的土地资源。通过招拍挂形式，成功竞得“洞庭3517文旅新城”项目内24.87公顷优质开发土地，土地价值1.3亿元。落实土地返还款和补偿款到账，为公司项目建设以及未来持续发展奠定坚实基础。“洞庭3517文旅新城”项目完成所在地块的控制性详规、概念性规划的调整，通过三年时间分五期对公司所有地块完成收储工作。5月26日，湖南首个军工文化园——3517军工文化园开工建设，作为“洞庭3517文旅新城”的一个重点项目正式开工，启动老厂区存量土地开发。该项目以军事、军需为主题，将打造创新型爱国主义教育基地，树立中国城市文化旅游商业综合体标杆，助力岳阳市“一极三宜”江湖名城建设。

【际华3517公司打造产业集群】 2017年，际华3517公司因势利导、顺势而为，在结构调整上提质升级，着力打造产业集群。公司第二产业向高分子材料、中高端橡胶制品等技术密集型转型。公司在新园区做大做强高分子材料产业链，重点打造制鞋、特种轮胎、橡胶制品、循环材料利用、塑料制品、高分子原材料进出口贸易六大产业集群，优化产业结构调整。按照上级集团要求，调优结构规模，转向橡胶产业，与老挝湖南橡胶产业园、泰国工业部以及泰国乌冬省工业局、三为泰国橡胶厂、柬埔寨橡胶局等东南亚国家签订天然橡胶进口战略合作协议，成功将“际华3517”品牌泰标混合胶投入市场，为综保区项目构建稳定的上游原材料供应平台。第三产业向文化旅游、国际贸易和仓储物流业转型。3月，国内自动化、信息化程度最高的高分子材料进出口加工仓储基地开工建设，年底成功试运营。为提升项目的技术和管理水平，增强项目产品国际市场的竞争力，在集团公司的指挥和参与下，项目引进欧洲领先的订制混炼胶公司德国PTE集团，经过30多轮谈判后达成合作共识并设立合资公司，共同投资生产高档混炼胶。5月26日，湖南首个军工文化园——3517军工文化园开工建设，启动老厂区存量土地开发。

际华三五一七博士后科研流动站协作研发中心授牌仪式

（际华三五一七公司 供稿）

【际华3517公司生产实现安全节能减排】 2017年，际华3517公司全面整顿生产现场，优化安全管理，加强安全培训、隐患排查。全年无重大安全事故，轻伤事故3起，举办各类安全培训班15场次，开展重点岗位安全生产知识培训与应急演练4期，新园区员工上岗前安全培训合格率100%。全年开展现场优化管理检查53次，排查事故隐患263起，整改完成率100%。新园区现场管理提升工作全面铺开，全年投入现场管理提升资金600多万元，新厂区环境美化、道路施工、生产设施设备改善等工作有序推进。推进节能减排改造。对锅炉进行“脱硫、脱硝、除尘项目改造”，实施“烟气连续在线监测系统安装”，改造后烟气达标排放，减少二氧化硫排放200吨，氮氧化物20吨。

（李　娟）

造纸工业

【概况】 2017年，岳阳市造纸产业完成产值221.6亿元，完成规模工业增加值40亿元。全市有造纸企业34家，主要集中在岳阳县、汨罗市、湘阴县和君山区等地，主要产品有精品文化用纸、复印用纸、包装和生活用纸等。岳阳林纸是业内龙头企业，完成产值99.89亿元，增速22%，实现税收1.88亿元，增速150%。

（罗　平）

【岳阳林纸发展】 2017年，岳阳林纸抢抓国家政策支持、纸业整体向好的机遇，弘扬“严、实、透、快”的工作作风，推进“四新”改革举措，管理向生产倾斜，生产由市场主导，实现“产销两旺”的喜人局面。年内，公司生产机制纸及纸浆98.25万吨，其中岳阳分公司产量为87万吨。实现营业收入61.44亿元，同比增长28.03%，其中园林业务营业收入6.36亿元；归属上市公司股东的净利润3.48亿元，同比增加3.20亿元，其中园林业务净利润1.39亿元；年末公司总资产154.40亿元，归属于上市公司股东所有者权益78.55亿元，资产负债率49.13%。

办公用纸覆盖全国。优化办公用纸生产关键流程，实行全新运作。做到通路销售覆盖全国，渠道遍布图文快印、IT行业、重点企事业单位；中央地方政府招投标，地级市分销，入围中央政府2017—2018年集体采购，产品打入北京大学、清华大学等知名高等院校。办公用纸全年实现中高档产品由年初的占比4%增长到年末的占比30%，经销商由2016年11家增加到2017年28家。PMO项目创效明显。公司重金引入麦肯锡和罗兰贝格的外脑咨询，移植和引进新方法、新理念。推进15个PMO项目累计创效3068万元。其中，扭转PM8故障频发、时间长的趋势，2016年机电仪故障时间为123小时，2017年为32.8小时，下降73%，其中有5个月达到设备零故障。生产系统高效运行。2017年系统总产量高于预算目标和同期水平，年总产量87万吨。产品综合优级品率较考核指标提高0.57个百分点。设备运转率和时间效率分别超预算值0.05%和0.61%。推进成本节降。技术联合采购部门，服务生产一线，在化学品优化上创新思维。8#机造纸淀粉成功国产化，价格较进口淀粉2016年均价下降23%。脱墨浆漂白剂通过引进竞争机制，成本下降12.6万元/年。

【岳阳林纸定增重组】 2017年，岳阳林纸成功定向增发融资近23亿元并购凯胜园林，步入“造纸+园林”双主业发展轨道。3月30日，公司非公开发行股票获得中国证监会正式核准批复。此次非公开发行将以6.46元/股的价格，发行股票不超过3.55亿股，募集资金总额不超过22.94亿元，用于收购浙江凯胜园林市政建设有限公司100%股权、补充流动资金及偿还银行贷款。5月18日，岳阳林纸（600963）公告并购凯胜园林的定增方案已经顺利实施完成，公司获得优质园林公司资源最终落地，成为国内第一家以生态景观园林为主业的央企上市公司，形成“造纸+园林”双主业格局，为公司带来业绩增长新引擎。

【岳阳林纸获得全国产学研创新成果奖】 2017年11月12日，第十一届中国产学研合作创新大会在山东济南市隆重举行。岳阳林纸研发的“化学机械浆节能减排关键技术研究与应用”成果获得2017年度全国产学研创新成果优秀奖。公司经过10年研发，发明一种化学机械浆压榨滤液的膜处理方法、一种化学机械浆H_2O_2+CBA接力助漂方法、一种高效渗透剂在高得率制浆中的应用等多项专利并全部应用在化学机械制浆生产线上。项目的实施对推动造纸行业木材纤维资源高效利用，促进清洁生产、节能减排、低碳经济，促进林农增产、增收具有重大示范作用。

【岳阳林纸亮相福州】 2017年11月14日，岳阳林纸参展福州2017年国际造纸与装备博览会。早在9月8日，“岳阳楼”牌60克胶版印刷纸成功中标，成为人民出版社“十九大文件专用纸”首选印刷纸之一。10月，“岳阳楼”胶版印刷纸再次被《中国共产党章程》选为内文首选用纸。公司展台区《毛泽东选集》《习近平系列重要讲话》等红色经典书籍，《大国复兴》《大国外交》《大国崛起》等社会图书，《百问百答》《查理九世》等少儿图书，提高展台的文化张力。国家级技术中心，世界先进的造纸生产线，优势的地理位置等核心竞争优势元素展示，提升魅力岳纸的形象传播力。精心准备的300本产品宣传册、500份文化纸包装纸纸样、100份办公用纸纸样，是会展活动中的抢手货，全部产品宣传册和纸样，在正式会展当天便被领取一空。

【岳阳楼胶版纸中标《求是》杂志专用纸】 2017年12月，岳阳林纸成功中标《求是》杂志专用纸。在北京2018年《求是》杂志专用纸采购项目公开招标会上，岳阳林纸经过与中国造纸行业前8强的多家公司激烈竞标，以“产品优势、品牌优势、物流优势、服务优势”等诸多优势，获得评委组的一致认同和肯定，公司“岳阳楼”品牌胶版纸一举成功中标2018年《求是》杂志专用纸项目，成为2017年收官时刻的“最优成绩单”。此次成功中标，对岳阳林纸“岳阳楼”品牌系列产品在华北地区，乃至全国范围的业务推广和拓展，具有较大正面影响，彰显岳阳林纸的产品力、品牌力、核心竞争力。

（李 珺）

电力工业

【概况】 2017年，岳阳市电力产业完成产值146亿元，同比增长约6%，完成能源项目投资28亿元，同比增长10%，新增电力装机41万千瓦。华能岳阳擂鼓台20兆瓦光伏电站、汨罗鹤巢湖20兆瓦渔光互补发电、湖南兴业光伏发电项目（一期工程）年内建成并网发电。神华国华岳阳电厂和华电平江电厂发电项目列入湖南省火电计划，因国家防止煤电产能过剩而暂缓开工。110千伏梅仙变新建项目竣工，110千伏思安变扩建以及35千伏鲇市变等10个项目按计划顺利实施。完成280个行政村配电网改造，302个行政村配电网改造项目全部竣工。

（罗 平）

【电网建设】 2017年，国网岳阳供电公司坚持电网规划与全市城市总体规划协调跟进，加快建设与长江经济带中心城市、湖南省“通江达海”新增长极定位相适应的智能电网。完成电网建设投资6.34亿元，列入2017年度市政府重点工作的项目全部圆满完成。完成220千伏峡山等3座变电站扩建，完成12个35千伏以上主网项目建设；竣工投产110千伏梅仙变新建项目以及110千伏思安变扩建项目，完成35千伏华容县鲇市变、岳阳县麻塘变、汨罗市长乐变等10个项目建设，竣工投产输变电项目12个；完成农网改造投资4.2万元，完成为民办实事90个村农配网改造，完成50万户智能化用电改造，实现岳阳地区智能化用电全覆盖，提前完成农网改造“两年攻坚”任务。

（胡 滔）

【电网服务地方经济】 2017年，国网岳阳供电公司以助推地方经济建设为己任，不断优化电力经营服务，取得明显成效。开展“园区会战、电力先行”专项活动，市公司以及各区县公司领导与10千伏及以上工商客户“一对一”结对，走访11个省级及以上工业园区、80家工商企业，梳理客户意见建议，为26家客户量身定制个性化的安全经济用电方案，实施“完善计划停电通知、园区电网设备巡视消缺、业扩项目全过程跟踪管理”等多项管理提升措施。落实国家“三去一降一补”政策，切实为企业降低电费成本，严格按照时间进度要求完成历次工业电价下调，为全市工业企业节约电费支出2.4亿元。配合全市“一区一港四口岸”建设，与新港区管委会签订供电服务合作框架协议，成立城陵矶新港区供电服务中心，完善供电服务“极速通道”，为客户提供业扩报装、设备检修、技术咨询等“一站式”服务。及时响应园区、港区发展需求，快速实施岳巴线、岳依线等线路迁改工程，为园区发展腾挪大批用地空间。

（胡　滔）

【国网岳阳公司践行社会责任】

2017年，国网岳阳供电公司树立人民电力为人民的服务宗旨，践行电力企业的社会责任担当。精心实施“阳光扶贫六大行动”，完成299个贫困村电网改造任务，牵头做好能源扶贫和平江县高桥村脱贫攻坚工作。完成81个光伏扶贫项目接入工作，领导班子10次进访高桥村，发动干部员工捐款40余万元，为3所小学建设“电骆驼”爱心图书室，捐献助学及大病帮扶慰问金17.9万元，帮助高桥村57户结对贫困户实现脱贫目标，贫困户满意率100%。全力支撑交通大会战，克服工期紧张、施工难度大、停电复杂等困难，严格按市委、市政府有关要求实施杆迁工程。完成临湖公路、望岳高速、学院路、金凤桥北路等多条公路高低压线路迁改任务，改造完成110千伏及以上线路17条、10千伏及以下低压线路79条。全力支持三荷机场建设，开辟“绿色通道”迅速完成供电方案批复，进入紧张施工阶段。

（胡　滔）

【电网改革创新】 2017年，国网岳阳供电公司应对电力市场改革，完成售电量93.02亿千瓦时、增长率6.72%；完成年度电力市场化交易电量6.31亿千瓦时，为企业用户减少电费成本2543万元。健全完善党建机构设置，整合财务机构和监察审计机构，成立二次检修室，完成供电所优化调整。推进集体企业瘦身健体，实现全部4家关联民营企业“五分开”，签订11个“两供一业”供水移交改造协议并正式实施，完成家属区物业管理社会化移交。保持全国文明单位荣誉，获得湖南省抗洪救灾先进集体、市绩效考评先进单位、市行业扶贫优胜单位、驻村扶贫先进单位等荣誉称号。1个项目获得湖南省企业管理现代化创新成果一等奖，2个项目获得第七届中国绩效改进最佳实践典范奖和最佳实践奖，“新进大学生培养管理实践”获得省公司管理创新奖。

（胡　滔）

【华能岳阳电厂安全生产】 2017年，华能岳阳电厂未发生人身轻伤及以上事故、未发生火灾事故、未发生设备损坏事故、未发生环境污染及破坏事件、未发生影响经营安全的事件、未发生影响政治形象安全的事件，实现安全生产零目标，连续3年被评为华能股份公司安全生产标兵单位，获得安全生产标兵单位永久纪念奖杯。落实机组防“非停”措施，未发生机组非计划停运事件，圆满完成中共十九大，全国“两会”，中秋、国庆双节等重要时段的保电任务。3号机组实现修后连续运行400天，获得2016年度全国电力可靠性指标30万千瓦级机组排名第一，为建厂以来首次取得机组可靠性国家级第一的荣誉。4台超低排放改造机组均实现修后一次性启动成功，1号、3号机组实现连续安全运行超100天，迎峰度夏期间，有效应对高温、高负荷的双重考验，6台机组连续运行累计28天。7月26日，全厂日发电量突破5426万千瓦时，创单日发电量历史最高纪录。抓好供热管道及设施的消缺检修，供热主管网连续稳定运行超720天。在2017年主汛期，全力做好防洪度汛工作，确保防汛安全，获得2017年岳阳市防汛救灾先进集体荣誉称号。

（唐　勇）

【华能岳阳电厂节能减排】 2017年，华能岳阳电厂克服时间紧、任务重、难题多等困难，仅用一年时间就完成一、二期4台机组超低排放改造，全部通过环保验收，获得奖励电量、电价补贴批复，实现“改造一台、验收一台、批复一台”，该厂成为“超低排放电厂”，同时也成为股份公司唯一一家全年度未被超排小时通报，并完成全部在役机组超低排放改造任务的电厂。通过研究机组低负荷、启停机过程脱硝试验，实现二期2台机组全负荷脱硝。全年全厂二氧化硫、氮氧化物、粉尘排放值均同比下降且低于绩效目标值，未发生被地方政府环保通报处罚的事件。按时取得排污许可证。中央环保督察组驻岳期间，未发生被通报、举报环保事件，确保企业形象安全。该厂获得2017年集团公司环保单项奖。

（唐　勇）

【华能岳阳电厂清洁能源项目】

2017年，华能岳阳电厂贯彻落实“五大发展理念”，走绿色发展转型道路，加大风电、光伏等清洁、低碳、高效新能源发电项目的推进力度。2月20日，华能岳阳新港开工，克服时间紧、资金、设备供货严重滞后等困难，仅耗时不到百天，就完成华能岳阳新港10兆瓦光伏、擂鼓台20兆瓦光伏“5·30”“6·19”提前高质量投产，全年累计完成发电量1638万千瓦，实现当年投产当年盈利。清洁能源项目开发储备取得新进展，适应绿色低碳清洁发展趋势，开发储备岳阳周边新能源资源，三灰湖60兆瓦水面光伏项目获得省发改委备案；岳阳绿色化工园和康王工业园屋顶光伏项目，正在协商合作协议。

（唐　勇）

【华能岳阳电厂供热市场开拓】

2017年，华能岳阳电厂响应市委、市政府号召，以实现热电联产为目标，不断加大供热改造力度，加快管网建设，加大热力用户开拓力度，开拓热力市场，供热市场规模不断扩大。全年开发新用户14家，新增用气量超过7万吨/年，供热在量、价、收入、利润上均实现同比较大幅度增长，全年供气量39.58万吨，同比增长73.48%。12月1日，全厂供气瞬时流量97.78吨/小时；12月18日，日供气量1746吨，平均每小时供气量72.75吨，均创历史新高。自2012年实现对外供热以来，累计供气100余万吨，至2017年年底建成主支管网30余千米，入网企业48家，促使关停小锅炉32套，产生较好的社会效益和经济效益。

（唐 勇）

【华能岳阳电厂企业文化建设】 2017年，华能岳阳电厂获得2017年度全国企业文化建设先进单位、2016—2017年湖南省创新企业文化建设优秀成果奖、湖南省2016年安全生产文化建设示范企业等荣誉；连续4年获得全国“安康杯”竞赛优胜单位。电厂职工陈昉和用业余时间参与蓝天救援队义务救援活动，参与完成各类灾难救援200余次，获得湖南省雷锋式青年志愿者和岳阳楼区建区20周年感动人物荣誉称号。

（唐 勇）

饲料工业

【概况】 2017年，岳阳市各类饲料和饲料添加剂持证企业80家，同比增加2家，其中，单一饲料生产企业12家，饲料添加剂生产企业9家，饲料加工生产企业59家，从业人员10200人，年单班饲料加工能力480万吨，年产10万吨饲料企业10家。有全国饲料企业50强企业3家，国家级农业产业化龙头企业3家，省级农业产业化龙头企业8家，市级农业产业化龙头企业18家。全市各类饲料总产量为365万吨，同比增加2.2%，饲料工业总产值为134亿元，同比增加2.3%。产量和产值占全省1/3。

特种水产料生产销售良好。岳阳市展翔生物科技有限公司、岳阳骆驼饲料有限公司等公司生产的泥鳅料、黄鳝、黄颡鱼、黑斑蛙、虾蟹料和草鱼膨化料市场销量增加，特别是岳阳市展翔生物科技有限公司攻下华中地区20%膨化料市场，以膨化料年销量6万吨的姿态独立华中的本土企业鳌头。其中华中泥鳅料市场销量1万多吨，展翔销量6000多吨。黄鳝料市场容量有1.3万~1.4万吨，展翔销量6000多吨。叉尾鮰两湖市场主要用膨化料是展翔的。黑斑蛙两湖总量8000吨左右，展翔销量3000多吨。另外虾蟹料和草鱼膨化料各销量1万多吨。产业融合发展加快。饲料企业持重金布局生猪产业链。2017年湖南正虹科技发展股份有限公司与湖北武汉金龙畜禽有限责任公司合作成立“湖南合一正虹农牧有限公司”，养殖母猪规模将达5000头，实现年出栏猪15万头。湖南九鼎科技集团进行无抗生猪养殖加工产业链建设，在岳阳市推广养殖户180户，年出栏无抗生猪12万头；每天可向岳阳城区提供无抗（抗生素）猪肉60头。扶持湖南宏岳科技股份有限公司与江西天邦生物联合建立6000头母猪养殖场，推广公司+农户养殖模式，每年可向社会提供优质肉猪12万头。汨罗塑奇生物科技有限公司利用生物发酵技术采取“公司+农户”的合作模式，发展种养一体化养殖，建立养殖示范基地2个，加盟农户20家，年出栏生猪近2万头。饲料生产总量有所增加。受人们饮食习惯的改变，优质水产品如小龙虾、黄鳝等消费量增加，市场特种水产料需求增加，加之饲料生产企业强力进军生猪养殖业导致猪料用量增加。2017年饲料生产总量有所增加。饲料质量安全有保障。岳阳市严格实施《饲料质量安全管理规范》，饲料企业强化原料采购，生产加工，产品检测，流通销售环节的管理控制，企业管理规范，质量安全责任增强，产品质量稳步提升。全年完成饲料质量安全抽样和免税抽样427个，其中，饲料安全抽样141份、饲料免税抽样286份全部合格，完成农业部（监督、预警、调研）抽样75份；其中不合格样1份，合格率99.80%。比2016年提高0.28%。全年没有出现重大质量安全事件。

【饲料行业监管】 2017年，岳阳市加强饲料行业监管，确保行业健康发展。严把饲料生产经营准入关。结合生产现场审核和安全生产大检查，开展年审备案审查实施工作。完成78家饲料生产企业的年审备案现场检查等工作，完成75家饲料生产企业防尘设备、设施、用电、消防安全排查。检查中发现存在检化验未正常开展、委托生产手续不完善、包装标识不符合规定、未严格执行安全生产等行为59起，其中生产安全隐患40起，下达整改通知40份。推进饲料质量安全管理。严格实施《饲料质量安全管理规范》，查处一家未实施饲料质量安全管理规范的企业。全市有79家饲料生产企业按要求实施《饲料质量安全管理规范》。湖南普爱生物饲料有限公司通过农业部专家组的现场验收，成为农业部饲料质量安全管理规范示范企业，成为湖南省2017年唯一的一个部级示范企业。至年底，全市有2家部级饲料质量安全管理规范示范企业，3家省级饲料质量安全管理规范示范企业。开展专项整治。1—9月，开展打击饲料生产和养殖环节中违法使用兽用抗菌行为的专项整治行动，组织县市区对全市生产经营使用兽用抗菌药物的饲料、兽药企业和养殖场500多家进行排查，未发现违法行为。5月和10月全市集中开展饲料行业安全生产“打非治违”专项整治行动，检查各饲料生产企业是否按《饲料质量安全管理规范》和生产许可条件要求配置防爆灯、防爆开关、灭火器、失尘防静电设施等及能否有效正常运行。全市重点检查饲料企业50家，对生产工艺设备防尘效果不达标等安全生产措施不到位的企业，约谈企业安全生产相关负责人责令限期改正，督促县市区饲料管理部门全力搞好企业安全生产管控工作。加大执法力度，确保企业合法生产。在年度备案现场检查和农资打假行动中发现的有违法生产行为的饲料生产厂6家全部立案查处，处罚金额75053元。全年查处饲料案件9起，处罚金额80053元。

【正虹集团与武汉金龙强强联手】 2017年，饲料、畜牧等相关行业大型集团迅速布局生猪产业链，生猪养殖朝着规模化、专业化、产业化的路线发展，落后、低效、单一的企业必将被市场所淘汰。正虹集团、武汉金龙两家公司审时度势，客观分析各自优势同时积极寻找战略合作伙伴弥补发展短板，双方通过数月的考察、商讨，于2月24日在正虹集团总部成功签订战略合作协议，未来正虹集团将凭借自己的饲料品牌等优势与武汉金龙专业养猪管理实现强强联合，实现生猪养殖与销售的共赢与发展。3月18日，双方践行战略合作协议，联手成立湖南合一正虹农牧有限公司，正虹科技董事长夏壮华与武汉金龙董事长雷贤忠分别代表两家公司在合作书上签字。合一正虹农牧有限公司一期合作养殖母猪规模将达5000头，预计实现年出栏生猪15万头。随着未来合作的深入，将实现年出栏生猪50万头的目标。

【正虹科技技术创新】 2017年，正虹科技加强技术创新，提升产品市场竞争力。公司依托正虹博士后科研工作站和正虹院士工作站的科研力量，优化产品配方技术，提升产品性价比。开展公司加农户高效饲养及关键技术研究、优质地方猪饲料营养调控技术、鲫鱼脂肪营养及健康养殖模式的研究、淀粉及脂肪在乳仔猪饲料中的高效应用四个项目，推出正虹“235”“2+5”仔猪营养套餐，市场反馈良好，提升产品的市场竞争力。

【正虹科技互联网经营】 2017年2月13日，正虹集团与农信互联湖南事业部在正虹集团办公大楼签署战略合作协议。正虹集团将借助农信集团打造的唯一国家级生猪市场——猪交所平台，实现公司生猪互联网运营与发展，双方合作共赢，正虹科技也据此步入互联网经营时代。

【喻昌调研岳阳九鼎集团】 2017年7月，市政府副市长喻昌到岳阳九鼎集团就项目建设等进行帮扶调研。2016年11月以来，九鼎集团启动湖南九鼎农牧项目，规划在岳阳临港产业新区新建一个占地13.33公顷，集无抗饲料生产、无抗生猪养殖、无抗肉食品销售于一体的无抗养殖总部。因其广阔的前景、无限的潜力及对食品安全的重要性，自项目启动以来，得到市政府的高度重视。在实地调研中，喻昌到九鼎科技新项目建设现场，了解项目的土地规划情况及项目推进进度；随后到王家畈工厂和化验室，重点参观王家畈工厂饲料成品仓库、生产中控室、原料仓库，并对化验室的设施环境以及人员的基本情况进行询问与了解。座谈会上，企业负责人就新建项目未来的发展规划作汇报，湖南九鼎农牧项目作为未来九鼎集团的无抗养殖总部，饲料年产能将60万吨，3年联盟无抗养猪300万头，迅速启动岳阳、长沙、武汉等地无抗猪肉的直销门店。对于目前新项目的困难，企业也作具体汇报。喻昌高度肯定岳阳九鼎的业绩和在产业发展、经济增长中的贡献，对于新建项目目前遇到的困难，将向上级汇报，做好协调工作，切实落实用地问题，确保项目的顺利实施与建成。市经信委、市畜牧兽医水产局等有关部门负责人参加调研。

【岳阳九鼎农牧多举措突围】

2017年，面对环保压力、猪价下行、业内竞争加剧等不利形势，岳阳九鼎农牧公司通过六大举措，实现逆势上扬，持续大突破增量，屡次刷新万吨销量新高。质量铸就品牌。公司后勤线开展“质量月”活动，严格把控产品质量关。开展增值服务。公司技术服务团队根据客户需求为客户提供稳定的增值服务，强化产品竞争力。多渠道营销。组织养殖经验交流会、技术培训会、产品培训会，为客户提供全面、深入的服务。公司还组织养殖户到现代化养殖标杆客户猪场学习参观，提升养殖水平，并认真做好每次实证，记录实证数据。实施“千百万人才工程”。建立“政府、银行等创业平台+企业基地”的高效互动机制，解决院校毕业生就业创业发展困境，丰富两湖大区后备人才。合作贷款助力市场开发与邮储银行的七方合作贷款，为参与联保的养殖户解决资金“瓶颈”，将养殖户的运营成本与风险降到最低，收益增大。随着合作的深入，公司与邮储银行七方合作贷款的办理流程不断优化，从资料提交到放款最快可在15个工作日内完成。核心区域产业链建设促发展。公司联盟旺森等规模母猪场，在岳阳及周边市场启动区域产业链建设，通过合作联盟、饲养一体化建设，有效带动饲料增长，提升经营效益，为九鼎无抗标准养殖场与无抗猪肉食品全供应链建设稳固基础。

（周　裕）

食品工业

【概况】 食品产业是岳阳市第二个千亿产业，工业总量居全省食品工业（不含烟草）第一位。2017年完成产值1156.5亿元，完成规模工业增加值223.4亿元。全市有规模以上食品工业企业258家，拥有正虹、九鼎、“道道全”、君山银针等22个中国驰名商标，正虹科技等4家企业被评为国家级龙头企业，插旗菜业等32家企业被评为省级龙头企业。湖南九鼎科技（集团）有限公司岳阳本部全年完成产值16.4亿元，增速2.8%；实现税收1232万元，增速5.3%。湖南省华文食品有限公司实现产值7.6亿元，税收2346万元。

（罗　平）

【“道道全”登陆中小板】 2017年3月10日，随着深圳证券交易所大厅内开市的钟声响起，“道道全”正式在深交所中小板挂牌上市，这是2017年岳阳市首家登录主板的企业。至此，A股“岳阳板块”扩容至10家上市公司。市领导刘和生、熊炜、刘晓英、文春方，市政府秘书长刘传汉，道道全粮油股份有限公司（简称“道道全”）董事长刘建军等出席仪式，共同见证“道道全”发展的重要时刻。市长刘和生在致辞中表示，“道道全”作为一家扎根岳阳本土的民营企业，凭借准确的市场定位、优质的产品质量、良好的品牌运作，逐步成长为粮油食品产业的一张亮丽名片。这次成功登陆A股市场，标志着企业发展站上新的更高起点。他衷心希望“道道全”能够抢抓机遇，在资

“道道全”粮油生产加工线 （“道道全”公司 供稿）

本市场的大潮里大显身手、再创辉煌，更好地回报社会和广大投资者。岳阳市委、市政府将秉承“重商、亲商、安商、富商”的理念，支持更多优秀企业通过资本市场做大做强，共同开创岳阳更加美好的明天。“道道全”是一家以油菜籽为主要原料，以菜籽油为主要产品的专业化食用油加工企业，年产值近30亿元，是湖南省乃至中南地区最大的油脂加工企业之一。“道道全”作为中国油脂细分市场菜籽油第一股登录深交所后，企业必将进入新一轮的快速发展轨道，有力促进国内粮油产业发展。“道道全”股票代码002852，本次公开发行股票数量为2500万股，发行价为每股47.3元。

（年建科）

【山润科技销售突破4.2亿元】 湖南山润油茶科技发展有限公司（简称山润科技）是一家专注油茶开发的民营高新技术企业，其注册的山润商标为中国驰名商标。2017年，公司有员工302名，其中研发人员44名、技术推广人员58名。公司抓生产、促销售，带动地方农民增收、脱贫致富，经济效益稳步增加，社会效益明显提升。至年底，公司总资产3亿元，其中固定资产5046万元，销售额4.2亿元，净利润4148万元。企业不欠税、不欠工资、不欠社会保险金、不欠折旧费、不亏损，无任何不良信用记录；资产负债率54.41%，银行信用等级为AA+。

（罗 平）

【插旗菜业生产销售】 2017年，插旗菜业公司引进职业经理人，充实经营管理团队力量。确立自主品牌营销战略，继续打造“插旗”金字招牌，挖掘“华容道”文化底蕴，开启“严大师”品牌推广，革新鲜菜腌制技术，提高菜品质量。华容芥菜获得中国地理标志产品的名优特产后，又被农业部评为“2017年全国百强农产品区域公用品牌”。全年新增芥菜高效绿色种植示范基地66.67公顷，通过订单农业的方式发展芥菜种植基地1666.67公顷，较2016年增加466.67公顷，增幅28%；全年实现销售收入2.8亿元，同比增长32%，其中出口业务收入2600万元，同比增长40%。

（易 文）

生物医药工业

【概况】 2017年，岳阳市生物医药产业完成产值201.8亿元，完成规模工业增加值43.4亿元，产业规模位居全省第二，是湖南省重要的生物医药产业基地。全市有医药产业及相关企业70家，其中，制药企业22家，药包材生产企业18家，医疗器械生产企业25家，保健食品生产企业2家，化妆品生产企业3家，生物医药行业从业人数1万余人。全市有原料药、冻干粉针剂、大容量注射剂、片剂、胶囊剂等14种药品剂型，药品批文463个。湖南科伦药业是中南地区最大的输液制品生产企业。

【科伦制药上缴税金1.7亿元】 湖南科伦制药有限公司（简称科伦制药）是一家以生产大容量注射剂为主，包括粉针、冻干、胶囊、片剂等12大剂型、136个品种、272个品规、56条生产线的综合性现代化医药企业，是中南地区规模最大、品种最齐的大型医药企业。大容量注射剂及抗生素的生产、销售规模均进入全国第一方阵。该公司拥有3个省级创新平台，专利249项，其中发明专利19项。2017年，湖南科伦在行业大洗牌的环境下，外争细分市场，内推智能制造，逆势而上。所辖8家分、子公司实现主营业务收入43亿元，同比增长38%；上缴税收2.8亿元，同比增长68%，实现利润3.1亿元，位居全省医药制造企业榜首。其中岳阳板块全年实现营业收入28亿元，同比增长40%；实现利润1.9亿元，同比增长67%；上缴税金1.7亿元，同比增长67%。

（罗 平）

建材工业

【概况】 2017年，岳阳市建材产业完成产值417.9亿元，形成以远大住工和远大可建为代表的住宅产业化企业，以临湘海螺、华新水泥、岳阳南方等为代表的水泥生产企业，以天欣科技、兆邦陶瓷为龙头的陶瓷生产企业，以建华管桩为龙头的水泥混凝土桩生产企业，以福湘木业、湖湘木业为龙头的木材深加工企业，还有一定规模的人造板材、化工建材制品、铝合金建材、中空玻璃、钢化玻璃和耐火防腐材料生产企业等。

（罗 平）

装备制造工业

【概况】　2017年，岳阳市装备制造业完成产值621.4亿元，有规模企业206家，形成以电磁装备、环保节能装备为特色，以石化装备、汽车零部件及工程机械为支撑，以食品装备、农机装备、电机、机床及智能装备为补充的产业体系。岳阳建有首个国家磁力设备标准化技术委员会和国家磁力设备质量监督检验中心，被誉为中国磁力设备产业化基地和起重电磁铁之都。中科电气是岳阳市第一家创业板上市企业，其自主研发的板坯连铸电磁搅拌成套装置和高压变频器属国内首创，具有国际领先水平。中天农机是一家以农机制造为主的民营高科技集团公司，“龙舟”牌商标获得中国驰名商标，联合收割机占省内市场份额的35%，行业排位第一。

（罗　平）

【中科电气营业收入增长】　2017年，中科电气以公司院士工作站、国家级博士后科研工作站、新型储能电池关键材料制备技术国家地方联合工程实验室、湖南省冶金电磁工程技术研究中心、湖南省锂离子电池负极材料工程技术研究中心、湖南省冶金电磁能量变换技术工程实验室、长沙市动力型锂电池负极材料工程技术研究中心等研发平台为依托，深耕以电磁冶金为核心的磁力装备产业，战略布局新能源锂离子电池负极材料产业领域，实现“磁力装备+锂电负极”双主营的营运格局。至年底，该公司营业收入突破4.21亿元，同比增长158%，净利润5195万元，同比增长129%，上缴税金5464万元。

（卢　炎）

【中科电气进军锂电池产业】
2017年2月，中科电气通过发行股份及支付现金方式收购位于长沙宁乡的锂离子电池负极材料知名企业湖南星城石墨科技股份有限公司99.99%股权，完成其资产过户。同时完成工商变更登记手续，星城石墨更名为湖南中科星城石墨有限公司。至此，国内电磁行业龙头企业湖南中科电气股份有限公司在原有磁力装备主营业务模式的基础上，战略布局新能源锂离子电池负极材料产业领域，形成“磁力装备+锂电负极”双主营的业务格局，打开岳阳市磁力装备产业转型升级的新局面。

（卢　炎）

【中科电气开拓北美市场】　2017年7月，中科电气控股子公司湖南中科星城石墨有限公司与加拿大NMG公司（NOUVEAU—MONDE GRAPHITE INC.）就开拓北美锂离子电池负极材料市场签订合作意向书，10月，湖南中科星城石墨有限公司全资公司中科星城（香港）有限公司与NMG公司在加拿大合资成立星诺联合有限公司（Shinzoom Nouveau United Corp.）作为在北美市场销售负极材料的主体，为北美锂离子电池制造商提供急需的、高品质和有竞争力价格的负极材料。湖南中科电气股份有限公司实施国际化发展战略，开拓锂电负极国际市场迈出坚实步伐。

（卢　炎）

【航发长动改制重组】　2017年，航发集团长江动力机械厂（简称航发长动）贯彻落实航发集团深化企业改革改制部署，推动企业经营机制转换。该厂规范劳动用工管理，用3个月的时间清理和处置在册离岗人员124名，平稳有序地予以妥善安置。加快推进“三供一业”移交工作，与地方签署供电和供水分离移交协议，签订物业和社区分离移交框架协议，为企业改制奠定基础。6月底，航发长动完成工商注册，由原全民所有制企业“中国航发集团长江动力机械厂”改制为国有控股的有限责任公司“中国航发集团长江动力有限公司”。7月14日，航发集团党组决定对改制后新公司领导班子的任命。次日，航发长动成立揭牌仪式在岳阳市举行。航发集团领导罗荣怀、解放军驻厂总军代表陈彦初，市领导谈正红、杨昆、刘晓英及在湘航发集团直属单位主要负责人出席揭牌仪式。

（谢春玲）

【航发长动扭亏为盈】　2017年，航发长动制定《2017年员工职位评定实施细则》，建立员工职位体系；引导干部转入管理、技术序列，发挥其专业特长；打破薪酬平均主义、拉开收入差距，提升员工工作积极性和生产效率。抓住军民融合的战略机遇，根据航发集团对公司的专业化定位及帮扶举措，围绕“改制脱困、提质增效”的年度工作主题，提前两个月完成航发集团下达的科研生产任务，实现全年营业收入5500万元，较2016年增长23.7%，实现利润101万元，结束23年的亏损局面。

（谢春玲）

岳阳中科电气　（中科电气　供稿）

【航发长动产品装进国产大型客机心脏】 2017年，航发长动接到长江1000机型封严环产品订单后，迅速成立项目组，抽调精兵强将研制符合大型客机的产品。为赶节点，航发长动科研、技术人员实行“五加一、白加黑、八加三”工作制，每周工作60小时以上，连续攻克多个技术难题，特别是面对W环中截面最复杂的技术难关，技术人员提出反向思维方法，大胆技术创新，改变滚轮型面结构，获得技术上的重大突破。12月25日，国产大型客机发动机验证机CJ—1000AX首台整机在上海完成装配，这颗国产的“中国心”上装配该公司自主研发的长江1000机型封严环产品，凸现该公司作为全国唯一一家航空发动机封严系列产品定点生产厂家的独特地位。

（谢春玲）

【金秋红日公司通过军工资质认证审查】 2017年，岳阳金秋红日工业有限公司加强保密工作。重新修订保密制度、培训涉密人员，推进保密载体管理、定密管理、涉密设施管理、保密要害部门部位的管理以及保密日常检查等工作。5月，以93分的成绩通过有关部门保密资格现场认证审查。11月，在湖南省国防科工局和岳阳市环保部门、消防部门的支持、配合下，以683分的总成绩顺利通过国家国防科工局武器装备科研生产许可延续现场审查；按照中国人民解放军装备发展部关于“两证合一”改革工作的要求，公司在完成保密资格认证、质量体系认证、安全标准化三级达标、环保评价、消防评价的基础上，根据军方的要求，于11月完成装备承制单位资格续审和扩项的申报工作。

（康苏高）

有色及循环工业

【概况】 2017年，岳阳市有色及循环产业完成产值339.8亿元，增长18.7%，实现工业增加值53.3亿元，增长2.5%，产业主要集中在汨罗市、平江县、屈原管理区等地，其中汨罗循环经济工业园是国家首批循环经济试点、全国首批“城市矿产”示范基地和中南五省最大的再生资源交易市场。

（罗 平）

纺织工业

【概况】 2017年，岳阳市纺织产业完成产值187.8亿元，完成规模工业增加值40.5亿元。湖南华升洞庭麻业有限公司是湖南华升集团的下属子公司，是原湖南苎麻纺织印染厂主业重组改制后成立的亚洲最大的苎麻纺织品生产企业。华容县是湖南省纺织基地县，初步形成以纺纱为主、织造、印染、服装互为补充的纺织工业生产新格局。湖南科创纺织股份有限公司、湖南科力嘉纺织股份有限公司现有纺织产能均为5万锭，两家企业正在扩建纺织产能，两家企业纺织产能均将扩充至10万锭。

（罗 平）

【洞庭麻业公司创新发展】 2017年，湖南华升洞庭麻业有限公司（简称洞庭麻业公司）在麻纺行业持续低迷、原料日渐枯竭、产品价格倒挂的严峻形势下，探索企业结构调整、产业转型升级的创新求变途径。该公司努力寻找苎麻原料的替代纤维，以应对原料危机。公司与北京汉麻集团携手，推进功能性新材料（汉麻）产品的研发，公司申报的“功能性水刺无纺材料及配套医卫产品创新项目”入围“湖南省五个100工程”，为企业结构调整产业转型提供技术支撑。抓住东风湖新区建设的契机，加快企业整体搬迁，实现企业的转型升级。开展技术创新，加快研发新产品，拓展营销渠道，确保企业的正常运行和职工队伍的稳定。该公司全年计开发新产品187个，多个产品投入批量生产，其中“黑白格·水墨画”“炫彩麻”两个新品种成功入围“中国流行面料”。创新营销模式，利用互联网+相继开通天猫、淘宝及京东洞庭旗舰店，开启全网运行模式，推行实体店与网络营销相结合的方式，延伸公司产业链。年内在岳阳市推出第一家洞庭麻坊生活馆加盟店，在校企合作、文创产品的开发上有探索。

（朱东红）

【科创纺织销售突破3亿元】 2017年，湖南科创纺织着力提质增效、扩规增容，生产经营向稳向好。公司启动无人值守纺纱车间各项装置、细纱助捻系统的测试，引进消化先进技术手段，继续保持在全球高端低支纱领域领先地位；按时铺开科创二期的各项建设，再上5万锭智能纺纱生产线。公司坚持产品质量第一不放松，继续保持全年零投诉和零赔付，成为新塘和平地牛仔用纱市场上过硬品牌。面对纺织市场疲软、业内竞争激烈的巨大压力，采取错位经营、内销和外销结合、新塘和平地两个市场平衡、收现金吐库和接长单保价等措施，保住企业均衡和满负荷生产，基本按计划收回2017年的全部货款，年底公司订单还有1000多吨。至年底，公司生产各类棉纱13503.69吨，实现销售收入首次突破3亿元，生产产量和销售收入均比上年增长38%以上。

（易 文）

电子信息工业

【概况】 2017年，岳阳市新增电子信息企业12家，电子信息产业完成产值151.11亿元，工业增加值32.11亿元，同比增长6.5%。全市主要规模企业集中在岳阳经开区和汨罗、华容、湘阴等县（市）区，形成软件产业、电子元器件制造业等电子信息产业集群；城陵矶新港区正围绕军民融合卫星应用产业园全力打造卫星导航应用产业集群，建立北斗卫星导航应用院士工作站，军民融合北斗卫星导航产业纳入省政府与中国航天科技集团战略合作框架协议中的核心内容。全市的软件和信息服务业涉及北斗卫星导航应用服务产业、电子商务服务业等产业类型，已形成一定的规模与特色，主要是从事嵌入式软件、工业控制系统研发及物联网应用服务，基本构成岳阳市软件和信息服务产业的主体部分。岳阳经开区和汨

湖南省地理信息产业协会成员参观北斗运营平台及展览厅

（国信军创　供稿）

罗、平江等地产业集聚效应凸显。龙头企业方正达、国信军创分别完成产值5.2亿元和2亿元。

（罗　平）

【方正达产值突破5.2亿元】　湖南省方正达电子科技有限公司（简称方正达公司）成立于2010年7月，位于平江伍市工业园区，注册资本3085.19万元。公司是一家集LED产品研发、制造、销售及服务于一体的高新技术企业，主营业务包括LED软线路板、FPC5050软线路板、3528软线路板、335软线路板等。2017年，公司有员工1100人，主产品为挠性印制电路、铝基印制电路，有4项发明专利，26项实用新型专利。以科技创新为依托，以人才管理为基点，创立品牌形象，打造国际一流现代企业，扎实筹划在深市中小板上市。全年实现产值5.2亿元，实现税收3127万元。

（罗　平）

【国信军创6906公司市场拓展】

2017年，国信军创6906公司对内部组织架构进行重大调整，精简管理部门，成立3个直接面向市场的通信事业部、北斗测绘事业部、业务拓展部，调动营销人员的工作积极性，增强市场开拓能力，取得较好成效。通信事业部全年累计签订合同50余份，组织完成现有展厅的规划建设；完成新工艺文件编制，旧工艺文件改进，测试平台搭建，试修组织等重要技术工作100余项。该部在巩固和各战区及总部机关良好关系的基础上，深入调研部队需求，熟悉装备维修保障系统业务流程，建立和发展新的关系。北斗测绘事业部全年累计签订合同10份，在时频项目、SS02项目、信息处理车项目、X1GG项目、DP15项目等方面取得重大进展。跟踪专装车辆维修项目，DPG17项目，争取进入产品配套序列。业务拓展部全年累计签订合同15份，完成省科技厅2014年战略新型项目、工程技术中心、长沙市科技计划项目的验收；获得省国防科技进步奖三等奖、国家军民融合创新技术大赛优胜奖、地理信息产业最具活力中小企业奖等。校车业务成功进入常德、邵阳等地，与市有关部门重新签订未来3年的公务车运营服务合同，关注省公务车项目及有关政策动态。相关技术支持开发团队努力工作，在确保系统正常运行的同时，还开发油补平台、统计平台等。

（欧阳俭朴）

【国信军创6906公司质量把关】

2017年，国信军创6906公司产品种类较多，质量管理任务繁重。公司完成质量管理体系文件换版和内审工作，顺利通过北斗民用分理服务资质、高新技术企业资格、职业健康、安全体系等资质的认证。完成测绘资质申请注册，完成增值电信业务月报工作并顺利通过年度检查，协助客户高效完成2017年度产品验收工作。加强产品检验，完成射频模块、电台大修、X1GG项目产品、SS02项目产品的过程质量监督、厂检和顾客验收。完成多批次通信车现场整治及军民一体化保障任务的过程质量监督和厂检。产品检验情况良好，产品生产过程中所发现的问题均整改落实到位。落实进厂通信车大修过程质量监督工作，并顺利完成通信车大修厂检和顾客质量监督检查。配合完成信息处理车部分项目厂检和军检，办理例外放行手续。

（欧阳俭朴）

【国信军创6906公司通过二级保密资质认证】　2017年，国信军创6906公司制订全年保密计划，每季度做好保密工作检查。对公司涉密人员和新进公司员工进行保密培训和学习，4月和12月，两次安排相关岗位员工参加省国防科工局组织的定密培训和新标培训。在临港基建和装修全过程中，保密部门参与统一规划和建设，确保新环境下保密工作安全到位。在搬迁过程中，保密办在各涉密部门配合下，做好各项保密防范工作，整个搬迁过程无失泄密事件发生。8月，公司顺利通过省保密局和国防科工局联合审定的二级保密资质现场认证。

（欧阳俭朴）

商贸服务业

BUSINESS SERVICE
INDUSTRY

责任编辑·李 幸

综　述

【概况】　2017年，岳阳市商务粮食局（简称市商务粮食局）推进商务粮食和开放型经济发展，至年底，全市进出口额22.7亿美元，同比增长65.4%。其中，对外工程承包和对外劳务合作3.2亿美元，同比增长34.9%；实际利用外资4.8亿美元，同比增长15.8%；内联引资项目597个，实际到位534.3亿元，同比增长15.7%；社会消费品总额1256.6亿元，同比增长10%；电子商务交易额251.8亿元，同比增长67%。实现粮油加工业总产值268亿元，收购粮食82.8万吨。市商务粮食局被评为省商务（外经）工作先进单位和市港口建设大会战先进单位、社会治安综合治理先进单位、文明创建红旗单位。

【内贸流通增长】　2017年，岳阳市完成社会消费品零售总额1256.6亿元，同比增长10%，总量居全省第二位。市商务粮食局组织企业参加省会展销活动，响应“湘品出湘”工程，参展企业数量居全省前列。组织参加湖南省第三届“全秋购物消费节”，获得优秀组织奖。推进“互联网+创新商贸”行动，全市从事网络市场主体企业3.8万户，占工商部门注册实有主体企业总数4.4万户的87.64%。电子商务持续快速发展，至年底，全市电子商务交易突破251.8亿元，同比增长67%，完成省政府边贸市场建设重点工作和市政府农贸市场标准化建设民生实事工作，平江县成功申报国家级电子商务进农村示范县。

【粮食产业发展】　2017年，市商务粮食局推进粮食项目建设，湘阴县、华容县成功获批“中国好粮油”国家示范县。至年底，完成地方储备粮轮换任务，收购粮食82.8万吨，轮换粮食18.3万吨。推进粮油产业品牌建设，全市粮油加工龙头企业国家级1家、省级13家，粮油中国驰名商标6个、湖南省著名商标13个，其中，道道全股份有限公司3月在深交所成功上市，成为全国菜籽油加工企业上市第一股。推进粮食产业转变型升级，实现粮油加工业总产值268亿元，成功入围粮食产业经济工业总产值全国地级市50强，居第二十一位。

【市场体系建设】　2017年，市商务粮食局启动新一轮商业网点规划，3个市级商业中心、10个特色专业批发市场、13条特色商业街建设稳步推进，岳阳新天地购物中心开业营运，友阿国际广场建设加快。形成一批有特色的市场体系，专业特色批发市场建设成效显著，居然之家岳阳店、茶博城、三荷水果市场建成营运，汽配专业市场加快建设。牵头推动市城区菜市场管理创新，推进市城区菜市场管理体制改革。深入推进农村市场体系建设，新建和标准化改造农贸市场10个。

【产品市场流通】　2017年，市商务粮食局落实市委、市政府确定的“打造千亿现代物流”行动计划，加快产品市场流通渠道建设。至年底，建成县级农村电子商务服务中心18个，仓储快件分拨中心27个，乡（村）电商综合服务站点1716个，城乡物流配送中心（含社区、村级服务站点）3200家，围绕全市特色农产品，进一步打通产品流通环节的“最后一公里”。

【行业安全生产监管】　2017年，市商务粮食局开展安全生产“大排查、大整治、打非治违”专项行动，严格落实安全生产责任，夯实安全生产基础，解决原冰厂储存液氨等安全隐患10多个。回应改制企业职工及困难人员的诉求，妥善化解一批历史遗留问题，解决信访矛盾纠纷。重点突出大型商超消防安全、成品油、粮食行业、商贸流通等领域和零售商促销、单用途预付卡、美容美发等行业，全面加强安全生产监督检查和执法检查力度。至年底，开展监督检查180次，受理投诉举报110起，办结率和回复率100%，其中，立案查处8起，上缴非税收入征收管理局罚没金额10.5万元。

【外贸外经入围“中国外贸百强城市”榜】　2017年，岳阳市外贸完成进出口额22.7亿美元，同比增长65.4%，超过年度目标任务13.5%，总量和增幅均创历史新高，首次入围“中国外贸百强城市”榜单，居第三十五位。全市外贸结构进一步优化，高新技术和机电产品出口额占总出口额比重42.7%，比市定小康指标目标任务高出4.7%。服务贸易实现突破，其中，文化贸易出口240万美元，技术贸易262万美元，服务外包完成执行金额3890万美元，实现外贸“货物进出口”与“服务进出口”双向并进局面。完成对外工程承包和劳务合作营业额3.2亿美

国家粮食局副局长曾丽瑛到岳阳调研召开粮食工作调研汇报会

（市商务粮食局　供稿）

元，同比增长34.9%，外经平台主体7家。

【招商引资获评省先进市】 2017年，市商务粮食局增强招商引资的针对性和实效性，围绕产业发展、园区建设定位，精心策划包装项目，编辑《岳阳投资促进重点项目册》，收集整理投资促进项目196个。组织开展“产业招商月”活动，新签约项目277个，合同引资1645亿元，洽谈和引进美盈森、和润集团、哈工大机器人、北京时代桃源环境科技等一批科技含量高、投资规模大的项目。至年底，实际利用外资4.8亿美元，同比增长15.8%；内联引资项目597个，实际到位534.3亿元，同比增长15.7%，总量居全省第三位，全省2018年筛选对接500强项目146个，岳阳市定20个，数量仅次于长沙市，招商引资工作被评为省先进市，获得奖励资金200万元。

（黄湘琪）

贸易促进

【概况】 2017年，岳阳市贸易促进会（简称市贸促会）发挥贸促工作特有的国际性、外向性、服务性优势，开展国际经贸活动、加强交流协作、扩大对外宣传、商事法律服务等方面工作，组织参加2017阿斯塔纳世博会、2017德国纽伦堡国际涂料展览会、2017中阿博览会等系列展会活动，对接阿拉木图贸易投资商会、莫斯科州工商会、蒙古国工商会、德国湖南商会等一批境外商协会机构，开展服务企业“四个100”活动，推动企业“走出去”，组织125家企业参加境内外展会及经贸活动34次，签订合同78份，销售订单3亿元，有效服务全市开放型经济发展。被评为2017年度全省贸促工作先进单位。

【阿斯塔纳世博会活动】 2017年7月，哈萨克斯坦阿斯塔纳世博会开幕，市贸促会组织临湘茶业、屈原茶业、海泰食品等企业，参加世博会湖南活动周开幕式及新能源、先进产业推介洽谈会，宣传岳阳市优势产业，分别在俄罗斯、蒙古举行产业推介对接洽谈会，重点推介茶叶系列产品。屈原茶业与莫斯科州工商会签署合作协议，加快进入俄罗斯市场，临湘茶业与蒙古塔王宝格德国际有限公司签订年供货1000万元正式合同。

【企业境外市场开拓】 2017年，市贸促会组织企业开拓境外市场，组织中创化工、岳阳科苑等5家行业龙头企业参加2017德国纽伦堡国际涂料展览会，与德国、荷兰、印度尼西亚、泰国等6个国家72家客户对接，与沙特阿拉伯、波兰、土耳其、瑞士等国贸易商达成合作关系。开发新客户260家，实际成交量220万美元，意向订单1000万美元。推动雪源空调进入迪拜市场，组织思博尔运动用品公司、国泰食品参加境外专业展会，签订订单100万美元。

【国际经贸交流】 2017年，市贸促会加强国际经贸交流与合作，与越南、马来西亚等4个国家驻广州总领事馆建立联系，与香港贸发局驻武汉办事处、广西中国贸易促进委员会等5家经贸服务机构对接，与阿拉木图贸易投资商会、莫斯科州工商会、蒙古国工商会、德国湖南商会等8家商协会达成合作。组织福尔康医卫、奇思环保等8家企业参加2017中美（华中）商务峰会，组织元亨科技等企业参加2017中国——拉美企业高峰会，组织湖南龙机、梓鑫生态参加东盟3国农机产品对接活动，梓鑫生态在老挝租用近万亩土地进行农业综合项目开发。

【重点展会活动】 2017年，岳阳市贸促系统组织全市企业参加重点展会活动，成效明显。组织地生工业、网尚电子商务、十三村食品、金正科技、湘沪现代农业等35家企业参加“中阿博览会”“中国东北亚博览会”“第20届北京科博会”“第6届广州食品展”，签订意向客户28家，意向合同3000多万元。组织中粮米业、拓曼节能等14家企业参加“第八届湘博会”，组织云天节能、金为新材料等6家企业参加“第八届湘商大会（郴州）国际五金工具暨铸造产业博览会”，组织福尔康卫材、洋利农林等6家企业参加“第二届武陵山（怀化）国际健康产业博览会”。

【“四个一百”活动】 2017年，全市贸促系统开展“四个一百”（联100家企业，交100名客商，扶100个项目，推100种产品）活动，到企业和市场一线，了解企业需求，把握市场动态，产品与市场有效对接。根据境外市场需求特点，制定企业“走出去”的路线图、流程图，为企业“走出去”保驾护航。推动实施“岳品进港”品牌活动，对接香港贸发局、三湘集团、香港裕华国货，玉峰食品、华文食品、明贡蜂业、长康实业、十三村食品、山润油茶等21家企业产品进入香港市场。

【岳阳市浮标产业展会活动】 2017年6月，全国垂钓俱乐部挑战赛（湖南临湘站）暨临湘游钓文化园开园活动在岳阳临湘市开幕。市贸促会与临湘市人民政府联合主办岳阳（临湘）特色旅游商品展，重点宣传推介岳阳市浮标产业，岳阳市及周边省市150多家浮标企业和近千名采购商参加，中央电视台第七频道、湖南都市等媒体进行专题报道。临湘市是“中国浮标之乡”，现有浮标生产企业500多家，电商主体200多家，从业人员2万多人，年产值突破17亿元，国内市场占有率80%，产品远销东南亚、欧美等20多个国家和地区，形成集原材料供应、机械制造、浮标生产、电商营销、商贸物流于一体较为完整的产业链。

【“互联网+会员”法律服务】 2017年，市贸促会主动回应企业开拓国际市场对法律服务的需求，在湖南省率先推出“互联网+会员”的法律服务模式，联合知名律师事务所，为113家会员企业开通专属服务页面，解答各类法律咨询200多次，帮助处理纠纷或涉外事务、审查法律文书70多起，涉及金额2000多万元。在湖南岳阳绿色化工产业园新设贸易摩擦预警点，为园区企业提供24小时全方位预警服务。规范高效开展出证认证工作，免费签发出口货物一般原产地证明书545份，优惠原产地证明书78份，办理加工装配证2份，签证出口金额4645万美元，企业享受关税减免近8万美元。加强后续跟踪服务，为天一奥星、湘沪现代农业等17家企业落实境外参展补贴资金68.1万元。

（贾　伟）

招商引资

【概况】　岳阳市投资促进事务局（简称市投促局）为副处级公益一类全额拨款事业单位，核定全额拨款事业编制14人，隶属市商务粮食局，主要承担着全市经济合作、招商引资和投资促进工作。根据单位主要职能职责，设综合科、联络交流科、投资服务科3个内设机构。2017年，市投促局突出招商引资和区域合作目标任务，发挥对外开放和招商引资窗口作用，全市投资促进工作稳步推进。至年底，实施内联引资项目个数597个，到位资金534.32亿元，总量居全省第三位，同比增长15.66%，完成全年计划的104.15%。

【项目引进】　2017年，市投促局服务“四大会战”，抓项目引进工作，引进和建设“三新”项目668个，总投资2370.1亿元。其中，新签约项目212个，总投资1104.7亿元；新开工项目205个，总投资885.9亿元；新投产项目251个，总投资379.5亿元。引进和润集团岳阳粮油深加工及物流产业园、哈工大机器人、10万吨每年丁二烯生产、经阁铝型材加工、数博环球电子产品研发生产基地、石膏建材产业园等一批重大产业项目。至年底，对接世界500强企业25家，其中，投产2家、开工8家、签约7家，在谈8家；对接中国500强19家，其中，开工2家、签约8家、在谈9家；对接民营500强5家，其中，开工1家、签约2家、在谈2家。

【大型招商活动】　2017年，市投促局参与省商务厅组织开展的系列招商活动，组织招商小分队到全国各地开展招商，对接当地的湖南省和岳阳市商会组织，加强联系，寻找客户资源，招商成效显著。其中，较大的招商活动有：

晋湘经贸洽谈会。7月30日，晋湘经贸洽谈会在山西太原举行，市人民政府副市长邱虹率市商务粮食局、市工商联、市投促局等单位部门，以及有关县市区、产业园区相关负责人参加洽谈会。会上，邱虹对岳阳市情进行详细介绍，对岳阳经开区、城陵矶新港区和云溪绿色化工产业园进行重点推介。实地考察河北省和天津市对卓达集团总部、天山集团总部、天山集团海世界项目和万乘汇金（天津）国际贸易有限公司。

岳阳市代表团参加第八届湘商大会暨第五届湘南投洽会　（市投促局　供稿）

厦门国际投资贸易洽谈会　9月18日，厦门国际投资贸易洽谈会在厦门国际会展中心开幕。市投促局及岳阳楼区、湘阴县招商主管部门负责人和部分企业代表参加。分别参加厦门国际投资贸易洽谈会开幕式、国际投资论坛主旨大会、“对接湘商会 建设新家乡”暨埃塞俄比亚——湖南工业园招商推介会。其间与马来西亚厦门总商会、福建省湖南商会进行探讨，并就相关事宜进行重点对接洽谈。

国外投资促进活动　9月20—28日，市投促局主要负责人参加湖南省北欧投资促进出访团，到芬兰、爱沙尼亚、瑞典开展系列招商引资活动。其间，参加湖南（芬兰）清洁能源、智能制造产业对接会，湖南（瑞典）文化创意和高新技术产业对接会。考察瑞典哥德堡VOLVO总部、瑞典马尔默市全球最大家居企业宜家家居总部。考察爱沙尼亚投资促进局和经济政策法规局，与爱沙尼亚商会组织和相关企业开展对接交流。11月7—16日，市投促局派员随团到德国、捷克、意大利进行先进装备制造产业招商活动。其间，考察德国杜塞尔多夫市市政府经济促进局、联合商会以及三一欧洲产业园等，并与相关企业负责人展开交流。

省内招商交流活动。11月2—3日，市投促局组织参加长沙园区地产招商展示大会，开辟专门展台，对岳阳市工业地产进行全面的展示。11月4—5日，市人民政府副市长邱虹率团参加湖南绿色化工及材料科技成果推介会。11月14—15日，市人民政府副市长邱虹率团参加湖南新能源汽车创新与发展峰会。11月16—17日，市投促局组织参加第十三届湘台经贸交流合作会。11月22日，第八届湘商大会暨第五届湘南投洽会在郴州开幕。大会期间，促成21个项目总投资130亿元落地，其中东方雨虹在岳阳经开区的项目代表岳阳市在现场签约。市委副书记、市长刘和生，副市长邱虹，岳阳经开区管委会主任谢春生等出席大会，并参加与世界500强等知名企业代表座谈、巡馆、大会开幕式、湘南承接产业转移示范区建设工作推进会等主题活动。

【邀请客商考察活动】 2017年，市投促局根据岳阳市产业布局，成功邀请和接洽客商40批次300人次，邀请泰国TCC集团、步长集团、中建钢构有限公司、德国沃利有限公司、中国民族特色小镇项目考察组、华凌集团、青岛九天集团、正大集团、河北天山集团、新城集团、兴旺集团、英鸿光大有限公司、中农联控、湖南建工集团、台湾中部汽车股份有限公司、杭萧钢构、湖南德旭新能源投资发展有限公司、九洲控股集团、中核集团、卓达集团等一批企业负责人到岳阳市开展考察活动。

【产业招商月活动】 2017年6月15—7月31日，市投促局组织开展为期一个半月的产业招商月活动。各县市区、工业园区及相关市直部门通过对接客商、主动走访乡友等形式，开展以商招商、乡友招商和小分队招商，举办招商对接活动200次，招商推介会119次，接待来访客商400批次，实现产业项目招大引强新突破，呈现出大项目、好项目签约的良好局面，新签约项目277个，合同引资1645.317亿元。其中，新签约二产项目202个，占1月至8月全市新签约二产业项目（270个）的74.8%，合同引资601.449亿元。

【湖南岳阳（香港）现代物流创新发展试点城市专题招商推介会】 2017年4月25—29日，湖南（香港）投资贸易洽谈周在香港举行，总投资120亿元的南湖新区洞庭·南湖国际文化休闲小镇项目代表岳阳市在4月25日的湖南省与香港地区工商界知名人士恳谈会上签约。4月26日，岳阳市单独举办湖南岳阳（香港）现代物流创新发展试点城市专题招商推介会，重点推介现代物流项目和石化产业项目，成功签约长江经济带国际电商产业园、民泰恒生商贸物流中心、华南石化仓储物流等7个项目，总投资424亿元。“港洽周”期间，岳阳市签约项目个数、与会客商人数、组团赴港人数均创历史新高，与会领导和客商127人，签约项目24个，合同引资627.3亿元。

（杨雅丽）

供销合作

【概况】 岳阳市供销合作联社（简称市供销合作社）是具有行政职能的正处级全额拨款参照公务员法管理事业单位，定编37名。科室9个，全额拨款二级机构1个（新农村服务网络中心），全资公司2家，参股、控股企业7家。9个县市区均设县级社，其中8个县级社为参公管理事业单位，岳阳楼区社为自收自支事业单位。2017年，市供销系统完成营业收入75.59亿元，实现利润9935万元，被湖南省供销合作社评为综合业绩考核一等奖。

【供销惠农服务】 2017年，市供销合作社以创建湖南省深化供销合作社综合改革示范市为契机，逐步形成“示范引路、打造标准、以点带面、全面铺开”的工作格局，全面提升供销惠农服务水平。市级成立惠农供销服务有限公司，各县市区均成立县级惠农服务公司，以农业社会化服务推动农业生产降成本、增效益。至年底，全市建设乡镇惠农服务中心34家，恢复重建基层社67家，组建农合联73家，建成村级惠农服务社532家，新成立专业合作社665家。其中，湘阴县鹤龙湖镇、汨罗市白水镇、华容县鲇鱼须镇、君山区钱粮湖镇、岳阳县筻口镇惠农服务中心先行先试样板逐步显现改革活力，发挥为农服务效益。平江县三旦坳村、汨罗市永青村、华容县宋市村等一批村级惠农综合服务社服务内容齐全，服务设施完善，贴近老百姓生活，打通服务农民的“最后一公里”。田园牧歌、隆平粮社、平江县三边土地流转中心等企业、合作社服务农业规模不断扩大，全市供销系统土地托（流）管4万公顷。建立县级农村电商综合服务中心13家、乡镇农村电商服务站49家、村级电子商务点527个，平江县电子商务运行中心、华容县新时代供销电子商务有限公司、临湘市梧桐居委会农产品电商特色馆等成功打开农产品上行局面。

【黄茶产业发展】 2017年，市供销合作社结合岳阳市实际，推动黄茶产业发展。聘请包小村等专家举办黄茶加工培训班，召开黄茶评审新闻发布会，邀请刘仲华等专家对20多家茶叶企业选送的39份黄茶样品进行等级评定，组织专家研究论证黄茶功效。组织企业参加省总工会牵头组织的手工制茶大赛，组织企业参加全国性茶叶竞赛，君山银针、连云金针获得全国性金奖，巴陵春黄茶获得湖南省首届“潇湘杯”名优茶评比金奖。建立岳阳黄茶微信公众号，整理编撰《岳阳黄茶》《君山银针》等宣传画册和书籍2万本，印发《全市品饮黄茶倡议书》，组织黄茶企业外出参加6次茶事活动。开展茶文旅融合建设。国家工商总局受理君山银针国家地理证明商标的申报资料。至年底，全市新扩茶园534公顷，低改茶园1228公顷，共计1582公顷，茶叶总产量35976吨，其中，黄茶产量5574吨，黄茶产品总数240个，新增黄茶产品38个，新增国家发明专利4项（其中，巴陵春3项，天岳种养殖合作社1项），获得省级以上科研成果1项（巴陵春）。

【茶博城茶叶实现线上销售】 2017年，岳阳茶博城成立电子商务有限公司，利用网络销售渠道，实现线上销售2000多万元。其中，平江九狮寨着力发展跨境电商，通过亚马逊网络平台销售日营业额1万多元；永巨、明伦等企业与俄罗斯、蒙古、乌克兰等国家的企业签订外贸订单660吨，约合人民币2000万元。

【创建省供销合作社综合改革示范市动员大会】 2017年9月29日，岳阳市召开创建湖南省深化供销合作社综合改革示范市动员大会。省深化供销合作社综合改革领导小组成员兼办公室主任、省供销合作总社党组书记、理事会主任曾震亚，市委书记、市创建湖南省深化供销合作社综合改革示范市领导小组组长胡忠雄出席会议并讲话，市委副书记、市创建湖南省深化供销合作社综合改革示范市领导小组常务副组长李爱武主持会议，市委常委、常务副市长唐道明作工作报告。

全市创建供销合作社综合改革示范市动员大会　　（市供销合作社　供稿）

【供销合作社综合改革示范市创建】　2017年，岳阳市站在全国供销合作社综合改革的高度推动改革创建，力求形成在湖南省乃至全国可推广、可复制的供销合作社综合改革的模式。出台《岳阳市创建湖南省深化供销合作社综合改革示范市工作方案（试行）》，突出属性定位、服务定位、机制定位“三个定位”，明确建设供销合作社组织机构和各级农民专业合作社联合社、惠农服务平台“两组织一平台”，统筹实施生产合作、供销合作、信用合作“三位一体”，全面实行联合社机关主导的行业指导体系和社有企业支撑的经营服务体系“双线”运行机制，科学搭建创建示范市的整体框架。坚持问题导向，梳理明确“两个清单”，对供销系统进行全面摸底，分类整理出历史遗留问题、服务平台建设、供销合作发展基金等方面需要解决的14项问题清单。根据问题清单明确16项任务清单，分别交由20个领导小组成员单位承办。

（刘江波）

石　油

【概况】　2017年，中国石化销售湖南岳阳石油分公司（简称岳阳石油分公司）按照建设“中而强的一流现代综合服务商”目标，提升服务质量，抓好安全生产，主动拓展市场，加强内部管理，各项工作稳步推进。至年底，销售成品油49.39万吨，完成年度目标任务的101%；加油卡日均沉淀资金1.37亿元，同比增长3%；非油品实现全口径营业额1.23亿元，同比增长43%。全年未发生安全环保质量上报等级事故，获得“比学赶帮超”活动红旗20面，获得红旗总数全省排名第五位。

【安全生产管控】　2017年，岳阳石油分公司强化基础，抓安全生产管控，确保全年安全环保质量上报等级“零”事故。压实安全生产责任制，严格执行HSE月度例会制度，推进“两库两站”作业现场工作标准化，督促落实油库罐区隐患整治攻坚战项目和加油站重点隐患治理，顺利通过销售公司环保督察组和集团公司HSE检查组的检查。倚重科技力量，数据更加精细，顺利完成液位仪项目建设工程和调校工作，引入激光扫描仪测量计算油罐容积表，使计量数据更加精确有效。统筹量效关系，落实优惠政策，确保量效平衡。严监控严管理，升级防范资金风险的手段，对公报销系统、增值税普票系统和资金监控系统陆续顺利上线，未发生一起资金事故。注重创新，资产盘活方式多样，其中，与政府协商置换闲置土地，为盘活资产积累典型经验做法。

【推进“三改”工作】　2017年，岳阳石油分公司规范基层机构和基层职数设置，加强干部队伍建设，机关机构合并缩减为9科室1直属公司，完成中层干部竞争上岗和组织选拔工作，调整县公司领导班子和支委成员，干部职数由原来的51人精减为47人，干部队伍平均年龄下降到43岁。规范用工管理，从严从紧配备用工，重新核定各部门、各单位用工控制数，严格按照标准确定编制，多措并举分流富余用工，精减自营用工63人。完善绩效考核方案，探索形成科学的绩效考核体系，在完善机关全员绩效考核办法、各条线绩效考核办法和推广加油站升油工资等方面进行探索，为制定岳阳公司新绩效考核体系做好前期准备。

（邓怡娟）

盐　业

【概况】　2017年，岳阳盐业以“打赢盐改攻坚战”为目标，重点抓“抢占市场份额、强化基础工作、推进内部改革、拓展生存空间”四大工作，公司实现稳步健康发展。至年底，销售各类盐8.14万吨，其中小包盐1.71万吨，全系统实现营业收入8638万元，完成非盐销售收入1929万元。完成股份（集团）公司下达的年度目标计划，原包盐和小包盐市场占有率90%，中高端盐占比小包盐销售总量37%。

【食盐安全管控】　2017年是全国盐业体制改革实施的第一年，盐业市场发生重大变化，各省盐业生产企业可进入岳阳市场，盐产品出现质量良莠不齐的情况。为维护盐业市场秩序，确保全市食盐安全，岳阳盐业重点突出“调结构、强质量、占终端、争效益”，加强食盐市场安全管控能力。严格贯彻落实国家发展改革委办公厅、工业和信息化部办公厅下发的《关于进一步落实盐业体制改革有关工作的通知》文件精神，完善与公安、工商联合办案机制，查堵不合格外省食用盐，净化食盐市场。按照“一抓五到位”的工作标准以及“抢市场、建网络、优结构、保目标”的工作要求，推进终端网络建设，以网络的“全覆盖”巩固小包盐销售的根基，保质保量供应。

【湖南盐业湘北食盐生产配送基地建设启动】 2017年，岳阳盐业启动湘北盐业物流配送中心基地建设，项目选址岳阳经开区木里港工业园，占地约2公倾，总投资6452.28万元。项目将建设标准化厂房与仓库，引入OMS供应链管理、TMS运输管理、WMS仓储管理三大系统，构建仓储配送一体化智能体系，实现盐业传统生产运输分销体系的提质升级，形成湖南盐业产销一体的连锁网络经营优势、岳阳经开区的区位交通和产业聚集优势有机结合，实现“强强联合，互惠共赢”的良好局面。经多次实地考察调研与洽谈，与岳阳清明面业初步达成互利共赢的销售合作关系，推进“盐+面”合作模式，加快综合商贸流通体的打造。

（李　爽）

烟草专卖

【概况】 2017年，岳阳市烟草专卖局（公司）（简称市烟草专卖局（公司）聚焦主责主业，各项工作有序推进，实现全市系统党组织关系垂直管理。至年底，销售卷烟21.69万箱，同比增长0.13%；单箱销售均价30182元，同比增长1014元/箱；实现销售收入55.97亿元，增幅3.64%；税利16.58亿元，增幅1.51%；税收11.97亿元，超额完成市政府下达的目标任务。市烟草专卖局（公司）顺利完成全国文明单位复查验收，被评为全国巾帼建功先进集体和市“交通文明我先行”志愿服务活动优秀单位、消费维权先进单位，获得省卷烟打假工作特殊贡献奖。

【烟草营销网络建设】 2017年市烟草专卖局（公司）推动营销信息化优化升级，开发客户经理移动办公平台、POS终端智慧营销平台、微信公众号及微信订货与支付平台、营销数据分析系统，建成零售户自律互助小组286个，覆盖客户5720人，占客户总数的25.1%，下半年客户满意度排名上升至全省第四位。至年底，全市建成和维护直营终端11家，体验终端200家，示范终端2028家，一般现代终端2577家。12月13—14日，全省烟草系统营销网建暨规范经营推进会在岳阳市召开，岳阳市营销网建工作得到国家烟草局和省烟草局肯定。

【烟草打假打私专项行动】 2017年，市烟草专卖局（公司）开展“春雷七号”“洞庭利剑1号、2号”烟草打假打私专项行动，成效显著。至年底，查获涉烟违法案件1693起，走私烟案件21起；查获违法卷烟2293.93万支，走私烟（含出口回流）29.92万支；破获国标案7起，省标案6起，打假成果居全省第一序列。创新运用全省首家互联网及新型涉烟案件监管平台，查获互联网及物流寄递环节涉烟违法案件1102起，查获涉案卷烟444.36万支，涉案金额544.93万元，成功破获5起利用微信等互联网手段销售假烟案。新办零售许可证1940户，变更48户，注销1101户，延续4143户。连续10年获得全省“卷烟打假特殊贡献奖”。

（彭京京）

信息业

INFORMATION
INDUSTRY

责任编辑·曹春友

综 述

【概况】 2017年，岳阳市新增电子信息企业12家，电子信息产业完成产值151.11亿元，工业增加值32.11亿元，同比增长6.5%。全市主要规模企业集中在岳阳经开区和汨罗、华容、湘阴等县市区，形成软件产业、电子元器件制造业等电子信息产业集群；城陵矶新港区围绕军民融合卫星应用产业园全力打造卫星导航应用产业集群，建立北斗卫星导航应用院士工作站，军民融合北斗卫星导航产业纳入省政府与中国航天科技集团战略合作框架协议中的核心内容。全市的软件和信息服务业涉及北斗卫星导航应用服务产业、电子商务服务业等产业类型，形成一定的规模与特色，主要是从事嵌入式软件、工业控制系统研发及物联网应用服务，基本构成岳阳市软件和信息服务产业的主体部分。岳阳经开区和汨罗市、平江县等地产业集聚效应凸显。至年底，龙头企业方正达、国信军创分别完成产值5.4亿元和2亿元。

（罗 平）

【宽带中国·智慧岳阳项目启动】 2017年4月，岳阳市政府与中国电信湖南公司就"宽带中国、智慧岳阳"电信基础设施建设及普遍服务试点战略合作协议签约，标志着宽带中国·智慧岳阳项目正式启动。市委副书记、市长刘和生，湖南省通信管理局副局长谢小鹏，中国电信湖南公司总经理廖仁斌、副总经理刘少阳等出席签约仪式。中国电信是岳阳通信基础设施的主要运营商，仅"十二五"期间在岳总投资10亿元，为岳阳通信基础设施和信息化建设做出较大贡献。此次签约后，中国电信将在"十三五"期间在岳阳再投资20亿元，进一步加大"互联网+"基础设施建设力度，助力"智慧岳阳"再上新台阶；将为岳阳普遍服务项目投资4亿多元，用于改善农村市场的通信环境。市政府及有关部门将强化服务意识，提高服务效能，为电信企业在岳阳的发展营造一流环境，扩大合作成果，实现互利共赢。

（刘 文）

【两化融合"企企通"活动启动】 2017年8月10日，由市经信委主办，中国联通岳阳分公司承办的两化融合"企企通"活动正式启动。为加快全市信息化和工业化的深度融合，提高中小型企业的市场竞争力，市政府决定由市经信委、岳阳联通联合推进"企企通"信息化建设。"企企通"以4G技术+网络打造国内领先的行业应用集约平台为基础，构建面向"万物互联"的新一代信息网络平台，为企业提供丰富完善、贴近企业需求的、最合适成本的一揽子信息化服务。活动现场，航天神州智慧系统技术有限公司等5家重点企业项目分别与岳阳联通签约"企企通"。

（李志强）

【电信普遍服务试点工程通过检查验收】 2017年，中国电信岳阳分公司投入2.36亿元，举全公司之力，攻坚克难、精准实施，提前3个月完成岳阳市"电信普遍服务试点工程"总体建设进度，累计投入总投资3.543亿元，完成六县市三区1181个农村村乡光纤宽带网络全覆盖，重点对370个行政村进行宽带网络升级改造，完成端口建设26.5万个，光网总端口数达到101.3万个，名列全省第三。10月，工信部电信普遍服务试点工作专项检查暨绩效评价组一行到岳阳对普遍服务试点工程项目进行检查。湖南省通信管理局副局长谢小鹏、副市长杨昆等领导和专家参与座谈交流。检查组一行深入湘阴县鹤龙湖仁合村、樟树镇柳主村，实地考察"电信普遍服务"工程建设的完成情况，参观村淘宝网店、村卫生室、村务公开栏等电信行业应用产品，走进当地的农户家中面对面进行沟通，现场体验"天翼想家"业务，了解村民的使用情况和真实感知，对此次专项检查表示认可。11月21—23日，岳阳"电信普遍服务"试点工程项目顺利通过湖南省通信管理局现场验收组的检查验收。验收组深入临湘、华容、岳阳县、汨罗、湘阴、平江、屈原管理区、君山区、云溪区等地实地考察"电信普遍服务"工程建设完成情况，并与当地村支两委和农户开展面对面沟通，了解村民对光纤宽带、ITV电视的使用情况和真实感知，检查共享纤芯预留情况，现场检测专用光猫网络测速效果。岳阳分公司承建的"电信普遍服务"试点项目的工程质量和各项能力指标得到验收组的认可和当地农户的好评。

（刘 文）

信息化建设

【概况】 2017年，市经信委贯彻落实国务院《关于深化"互联网+

2017年两化融合"企企通"启动会 （岳阳联通 供稿）

先进制造”发展工业互联网的指导意见》《中国制造2025》《关于大力推进信息化发展和切实保障信息安全的若干意见》等文件精神，以智能工厂建设为着力点，推动企业应用互联网、云计算、大数据、人工智能等现代技术手段，推进互联网与制造业深度融合，提升企业数字化、网络化、智能化水平和系统信息安全工作。信息化技术快速发展，互联网、大数据、物联网等技术应用得到推广。全市工业企业对信息化的重视程度逐步提升，部份企业已将信息化逐步应用到开发、生产、管理、销售、服务等各个环节。规模以上的中小企业普遍采用计算机进行财务管理、成本控制，利用网络报税、上报报表等，实行办公自动化，节约资源，简化工作流程，提升工作效率。泰格林纸、瑞源石化、凯美特气体、岳阳高澜等流程性生产企业，进入集成提升的阶段，普遍使用DCS系统（分散控制系统）等进行生产管理，并通过ERP（企业资源计划）等系统整合企业的供销、管理等流程。“道道全”、益海嘉里、海泰食品、正虹饲料、渔米之湘、科伦制药等食品药品龙头企业以互联网为依托，将信息化应用到生产控制和产品追溯流程上。岳阳云溪危货物流中心的危险化学品运输监管信息平台，实时将驾驶室及路况视频、音频传送至信息平台，安全监管部门可通过平台对车辆运输过程实行联网联控，统一监管。各县市区中小企业基本处于两化融合建设起步阶段，其信息化管理手段仅应用于办公、财务管理等单项领域，信息化集成应用水平较低。存在的困难和问题：创新能力不强、信息化水平落后，制约传统制造业做大做强、转型升级；管理团队观念陈旧，特别是互联网意识的滞后，信息化人才特别是复合型骨干人才严重缺乏阻碍战略性新兴产业增长潜能的释放；企业信息系统现状难以适应信息技术的快速发展，暴露出局限性，急需更新升级。

【《智慧岳阳建设总体规划（2016—2020年）》】 2017年，市经信委突出规划引领，完善顶层设计。编制出台《智慧岳阳建设总体规划（2016—2020年）》《岳阳市“十三五”工业发展规划》等总体性规划，以打通信息流、打造软实力为主线，实现以信息化驱动城市现代化。智慧岳阳建设总体规划提出以体系化技术整合、数据整合、业务整合、服务整合为着力点，全面推进信息基础设施建设，促进新一代信息技术在管理服务、生态人文、产业经济等领域的创新融合与应用。“十三五”工业发展规划明确“完成制造业数字化、网络化、智能化水平明显提升”的目标。

（张智慧）

【岳阳市两化融合服务联盟成立】 2017年6月16日，岳阳市两化融合服务联盟成立仪式暨两化融合座谈会在市经信委召开。会议通过《岳阳市两化融合服务联盟章程》，确定市两化融合服务联盟理事成员单位和组织架构，岳阳连线信息科技有限公司当选为联盟理事长单位；岳阳盟创信息科技有限公司当选为联盟秘书长单位；湖南理工学院经管学院、信息学院、计算机学院、岳阳百竞科技有限公司、中国联通岳阳分公司、深圳力拓众合投资有限公司、岳阳博兴企业管理咨询有限公司当选为联盟副理事长单位。该联盟系政府职能部门与企业之间、高校与企业之间、行业与企业之间的桥梁和纽带，据悉将配合市经信委开展有关活动，打造成服务商的支持平台、企业的服务平台、政府的助力平台，以及高校的人才孵化平台和产学研合作平台，全市两化融合的公共服务平台。

（罗　平）

无线电管理

【概况】 2017年，岳阳市无线电管理机构围绕“三管三服务一突出”，全面提升依法行政水平，提高无线电安全保障服务质量，各项工作取得较好成效。出台无线电管理行政许可服务指南，办理行政许可5起，发放电台执照937份，指配频率8个，年检无线电发射设备68台。查处涉嫌“黑广播”和“伪基站”案件11起，查实3起，查获设备3套；行政确认“伪基站”1例，查处利用无线电设备进行考试舞弊案件1起，强制扣押涉案设备。查处各类无线电干扰12起，责令3家广电单位限期技术整改，责令某银行自行拆除2台GPS干扰器，强制拆除“某贷网”擅自设置的3台GPS干扰器，及时消除对民航导航、移动通信等重要业务的干扰。对8家单位的频率台（站）执行行政检查。全年征缴频率占用费10.7万元。全年频谱监测时间累计为12830小时，出色完成重大活动特殊时段的无线电安全保障任务。为岳阳机场、“友阿”工程建设提高专业服务，对内部资产进行清查评估。启动三类固定监测站建设，岳阳市C级无线电监测网项目建设获得省无委办报国家立项。组织开展无线电管理条例专题宣传活动，编写“以案释法做法律明白人”稿10篇，在主要媒体用稿51篇，其中中国无线电管理网采稿5篇。

【打击黑广播】 2017年1月3日，市经信委无线电管理机构工作人员接到“12345”市民热线分派的工作任务：据市民举报，在市区收到96.6MHz广播电台播送淫秽性药广告，要求尽快联系当事人，并限期办结。无线电管理人员通过连续监测和测向，确定该黑广播播放时间段，并进行准确定位。1月9日傍晚，等待96.6MHz黑广播再次启动发射之后，执法人员迅速找到位于汇金国际大厦32层楼顶发射机天线及发射机，拆去并暂扣96.6MHz的发射机、电缆和发射天线。96.6MHz黑广播就此销声匿迹。

【伪基站查处】 2017年1月11日，市经信委无线电管理机构的工作人员接到市移动公司投诉电话，在岳阳市火车站附近突现疑似“伪基站”信号，该区域的手机通信受到严重影响，请求紧急查处。无线电管理人员通过技术手段仅20分钟找到在原中讯大酒店一楼的某商务茶座内正在发射的“伪基站”。执法人员随后通知站前路派出所前来联合执法，拆除、暂扣“伪基站”发射设备，并将该案件及后续工作移交给公安处理。12点55分该区域手机通信恢复正常。此次查处“伪基站”执法，前后仅用一个小时，快速反应能力得到市民好评。

【查处两起移动通信受干扰案】

2017年5月9日，岳阳市经信委无线电管理部门接到岳阳移动公司投诉，市区冷水铺区域基站受不明信号干扰，请求迅速查处。市无线电监测站技术人员经现场测查，干扰源系某银行保全物品汽车内违规设置使用的3台全频段GPS信号屏蔽器。执法人员当即责令其立即关闭所有屏蔽器，撤除相关设备，听候处理。前后不到3小时，移动通信信号即恢复正常，受到移动公司及周边群众的一致好评。12月8日，岳阳移动公司投诉“水泥厂片区通信受到严重干扰”。无线电管理执法人员立即前往调查，并将干扰源锁定在该厂机修车间内，但无法入内探查情况。12日，执法人员在业主配合下进入车间，找到此次移动通信干扰事件的“罪魁祸首”“某货网”非法设置的GPS汽车定位干扰器，当即依法强制拆除、暂扣。

【排除一起航空无线电干扰】

2017年5月11日，市经信委无线电管理机构接到民航湖南空管分局提出的干扰申诉：长沙黄花机场以北30千米附近，航空无线电信号受干扰，请求协助查处。5月15日，市无线电管理机构工作人员经技术分析并现场测试证实，干扰源来自汨罗达摩岭广播电视转播台104.5MHz调频广播发射机发射功率过大所致，随即责成该广播电视转播台降低发射功率，减小干扰，成功排除干扰。

【特殊时期无线电安全】 2017年，市经信委无线电管理机构负责保障特殊时期无线电安全，无一差错，得到有关部门的肯定。4月17日，市经信委召开会议，研究部署“一带一路”国际合作高峰论坛期间无线电安全保障工作。无线电管理科、站制定高峰论坛期间无线电安全保障工作方案和监测值班表，并立即实施。论坛期间，一切正常，圆满完成任务。4月22—23日，市经信委无线电管理机构派出8名专业技术人员，2台无线电监测车，1套信号管制系统设备和多套无线电监测设备，负责湖南省公务员考试岳阳考区（考点在市四中、市外国语学校、市十二中、市十五中、市第一职业中专）的无线电安全保障。考试期间，发现1个可疑信号，压制可疑信号1个，圆满完成任务。5月6—8日，市经信委无线电管理机构派出无线电监测车1台，保障人员4人，监测测向设备2套，参与2017年度国家护士执业资格考试（考点设湖南理工学院）的无线电保障工作，未发现不明信号和可疑作弊信号，圆满完成任务。5月14—15日，市经信委无线电管理机构安排派出无线电监测车和考试保障人员，参与2017年度全国会计专业技术资格考试（考点设岳阳电大）的无线电保障工作，未发现不明信号和可疑作弊信号，圆满完成无线电安全保障任务。5月20—21日，市经信委无线电管理机构派出无线电监测车1台，考试保障人员4人，监测测向及压制设备3套，参与2017年二级建造师执业资格考试的无线电保障工作（考点设岳阳技术职业学院）。此次考试期间，监测人员发现疑似作弊信号1个，压制可疑信号1个，圆满完成任务。

【气象雷达无线电台执照发放】

2017年6月26日，市经信委无线电管理部门根据《条例》、省经信委省属台站管理权限下放的有关规定，为市气象局发放无线电台执照，准予其在岳阳楼区湖滨风雨山使用安装新一代天气雷达。此次尝试在执照上增加无线电台（站）的台址经纬度、无线电发射设备型号核准代码、天线参数和使用要求等参数或事项。投入使用的新一代天气雷达气象观测系统采用CINRAD/SB类型多普勒天气雷达，气象探测能力强，对各类中小尺度灾害性天气的预报时效和准确率高，对全市经济社会发展和人民群众生命财产安全将起到十分重要的保障作用。

（陈 华）

通信业

电 信

【概况】 2017年，中国电信股份有限公司岳阳分公司（简称中国电信岳阳分公司）以基层党建为引擎，以变革创新求效率，以规模发展促突破，以规范管理优服务，全面落实省公司战略部署，企业经营实现稳中求进、进中向好的良好态势，其他各项工作取得较好成效。该公司被集团公司评为2017年双领先地市公司，获得2017年度中国电信湖南公司业绩考核达标奖荣誉，施宁堃获得2017年双领先地市公司总经理奖。公司在湖南电信《湖南

工信部电信普遍服务试点工作汇报会 （岳阳电信 供稿）

省通信条例》知识竞赛活动中获得团体一等奖。扎实开展基层党建，促进作风转变。“双进双联”结对帮扶岳阳县毛田镇芭蕉村贫困户21户、洞庭渔场残疾贫困户5户，帮扶16.2万元。组织中层管理人员和关键岗位人员50人赴岳阳监狱接受警示教育，举办49场反腐倡廉与业务知识宣讲培训，覆盖对象2654人，申报并公示党员干部和关键岗位员工婚丧喜庆事宜8人，问责处理12人。深化改革，打造企业良性生态和活力机制。

确定五级单位责权利，将承包落实到五级，7个县市分公司、7个收入类三级单位、196个收入类四级单位完成预算；在岗人员减少150人，中层干部队伍精减8人。转型3.0战略，推进“网络智能化、业务生态化、运营智慧化”，做大“2+5”规模。过网移动市场份额、收入市场份额稳步提升，移动用户、宽带用户有所增加；“普遍服务试点工程”进展快速，通过部、省检查验收；新兴业务收入增长较快，网络服务品质提升。

【电信业务发展】 2017年，中国电信岳阳分公司以电信业务发展为中心，在行业竞争中保持领先地位。全年完成收入预算（R0）102.71%，同比增长8.32%。收入市场份额提升0.37 %，过网移动市场份额提升4.98%、提升值全省排第一位，移动用户净增增幅全省排第一位、宽带用户净增绝对值全省排第七位、ITV用户净增绝对值全省排第四位。50兆以上光网用户占比提升15.7%、新兴业务收入占比提升2.4%。完成地域类承包目标136个，渠道拓展新建网点305个。以“普遍服务试点工程”为抓手，加快1181个行政村光网建设，申报示范村创建培优目标212个。全面打造精品网络，着力改善网络品质。新增光网端口9.38万个，新开通LTE1.8G基站112个、LTE800兆基站615个、4G室分信源163个、实现4G网络全覆盖。汇接局退网2个、端局退网1个、模块局退网37个、网络互联网化目标提前完成。7个专业维护技能竞赛获得15个奖项，“1832526”一点支撑热线接通率提升到92.3%。

【岳阳步入全智能通信时代】 2017年9月15日，在“岳阳云”大数据交换中心，岳阳最后一套“汇接交换局”设备断电，同时启用先进的“IP多媒体交换系统”（IMS），标志着岳阳彻底告别传统意义上的程控交换时代，进入全智能通信时代。近代电信最先是从岳阳进入湖南，到2005年，全市形成以市区中心汇接局为枢纽，378个交换局所组成的电话与数字交换本地网，电话交换容量曾达到110万门。到2017年，由于现代通信技术的快速发展，“交换局”“汇接局”“长途局”等设备，相继被更加先进、精致、智慧的OLT、MES、IMS设备替代。近5年来，岳阳电信总投资17亿多元，完成整个岳阳地区的全光网改造，光网覆盖率99%。中心机房组建全市容量最大、功能最全、速度最快“云”大数据中心，系统容量128T，单板接入能力400G，支持DCⅠ网络差异化服务，为打造智慧云骨干奠定重要基础，中国电信在岳阳的宽带网接入能力遥遥领先同城异网运营商，能满足未来10年发展需求。

（刘　文）

移　动

【概况】 2017年，中国移动通信集团湖南有限公司岳阳分公司（简称岳阳移动）主动适应发展新常态，实施“大连接”战略，立足本地实际，深化融合发展。至年底，拥有通话客户256万户，上缴税收1.92亿元。

【精品网络建设】 2017年，岳阳移动以优化客户感知为出发点，以打基础、利长远、可持续发展为目标，持续推进精品网络建设，网络支撑能力明显提升。4G网络规模进一步扩大，全年完成1500个站点的开通任务，在网运行4G站点超5600个。家庭宽带覆盖率进一步提升，全年新建家宽小区1400个，新增端口19万个，全市家客小区5300个；完成1047个行政村宽带接入，行政村通宽率75.2%。网络传输能力进一步加强，全年新建光缆线路2200皮长千米，投入运营的光缆里程超3.3万皮长千米。

【宽带中国示范城市建设】 2017年，岳阳移动响应“宽带中国”建设号召，推进“光纤到户”工程，不断提升家庭宽带用户感知，树立移动宽带优质口碑。坚持“服务便民”，加快宽带服务站建设，以健全丰富的渠道体系布点，让百姓用得上宽带服务。坚持“应用富民”，加大在农村及偏远地区的宽带网络建设，城乡数字鸿沟进一步缩小；加强“农信通”等农村信息资源建设和信息发布体系等建设，提供标准的数据库接口，实现信息采集、处理、发布一体化。坚持资费惠民。落实降费要求，通过挖潜增效，实现网络资费合理下降；坚持融合为主的发展思路，实现“宽带+手机+电视+智能家居”的融合发展，让客户以更低的价格享受更优质的服务。

【推动“智慧岳阳”战略落地】 2017年，岳阳移动主动把自身的发展纳入全市经济建设大局，深入拓展行业信息化应用，切实助力地方经济。推动行业智慧化快速发展。结合云计算、大数据等技术特点，科学规划“一个平台、三层架构”的智慧城市建设发展体系，以电子政务云平台为中心，以“网络层、平台层、应用层”三层架构建设为着力点，陆续开启平安城市、综治网格化、数字城管、雪亮工程监控、财政专线等项目建设，成为岳阳市政务信息化建设的中枢，推动智慧政务、智慧企业的快速发展。响应国家号召，扶持双创企业，大幅下降专线资费，政企专线存量用户规模将近1万条，为4300余家部办委局、企事业单位提供专线服务。发力政务、金融、交通、教育等重点领域，为岳阳市城市交通规划优化提供参考依据；全省“互联网+监督”项目的实施，推动电子政务外网向村级延伸的进程。推动集团信息化业务拓展。发挥4G网络优势，为客户提供基于4G优质网络的“船舶视频监控”“公交Wi-Fi”等无线应用，实现移动市场的高带宽实时视频传输。启动NB—IOT网络的建设，为电力远程抄表、水文水务监控、车载GPS等多行业提供优质的物联网服务，全市物联网卡的连接数量超20万户。

【移动通信服务地方发展】 2017年，岳阳移动严格落实实名制要求，在全网率先打造企业实名认证平台。强化不良信息、诈骗电话整治，垃圾短彩信投诉率同比下降20%。推进提速降费，提前取消手机国内长途和漫游费，以提速降费实效惠及地方民生。投入62万元、宽带建设费用260万元至全市精准扶贫工作中，完成25个贫困村移动4G信号覆盖，定点帮扶的临湘市官田村帮扶对象实现脱贫。圆满完成中共十九大等系列重大活动、特大洪涝灾害等自然灾害的网络与信息安全保障工作。

（钟艳汇）

联　通

【概况】 2017年，中国联合网络通信有限公司岳阳市分公司（简称岳阳联通）以“联通世界，创享美好智慧生活”为宗旨，坚持“一切为了客户，一切为了一线，一切为了市场”的经营管理理念，本着稳健发展、加快建设、服务地方经济的原则，全体干部职工团结拼搏，业务收入持续增长，收入结构不断优化，走上一条健康、和谐、可持续发展之路。公司累计建有3G/4G基站3000余个，完成光缆传输近1.5万皮长千米；岳阳地区3G/4G覆盖率97%以上，宽带覆盖公众住宅150万套以上，岳阳境内跨省高速、高铁实现全面覆盖。公司用户规模突破100万户，年收入规模近6亿元，上缴税收能力增强。

【拓展互联世界】 2017年，岳阳联通聚焦4G互联网+行业应用，助力经济社会发展。以拓展4G规模、扩大宽带覆盖为抓手，全面推进营销模式创新转型，市场占有率明显提升。“沃4G+”网络覆盖全市所有核心商圈、旅游景点、重点企事业单位和学校。推动“互联网+能源”“互联网+制造”“互联网+农业”“互联网+旅游”“互联网+环保”“互联网+金融”“互联网+医疗”“互联网+教育”及电子商务等产业发展。开展智慧园区、社区试点示范，在电子政务、智慧教育、智慧医疗、智慧物流、和智慧家居等领域探索创新应用，提升城市管理、公共服务和居民生活质量。岳阳联通开发的医保中心移动办公、“12345”热线政府执法、中石化长岭移动OA、巴陵石化智慧厂区、智慧楼区、城陵矶新港区以及数字校园监测监控等信息化合作项目，受到业主和市民的高度认同，社会效益成效显著。与湖南理工学院、岳阳职业技术学院等高校签署战略合作协议，实现湖南理工学院和职院校园内有线无线一体化以及现代教学与管理一体化，为广大师生提供多元、优质的校园信息化服务，推动和促进高校的教学、科研和管理工作。

【联通品牌营销】 2017年，岳阳联通注重企业品牌营销，向公众传递年轻化的品牌形象。公司相继开展街头快闪、匠心网络万里行、青春嘉年华等大型活动，取得较好成效。街头快闪主打时尚动感，向公众传递年轻不限量的理念，吸引无数市民驻足观看，不限量这一概念在用户心中萌芽。匠心网络万里行，主打安全绿色极速的匠心网络，活动采取大型通信车队游街和主题晚会的形式开展，吸引近2000名市民现场参与到活动之中，在市民心中树立良好的企业品牌形象。

【网络提速降费】 2017年，岳阳联通着力网络提速降费、通信惠民，建设“天上地下”两张精品网络。建设完成全国第一峰速率400兆的4G+无线网络，网络人口覆盖率97%。有线宽带基本实现村村通，城镇居民可以实现1000兆接入，乡镇居民可以实现100兆接入。适度超前建设光纤接入网，完成FTTH公众宽带项目近500个，新增端口10万余个。响应国家提速降费号召，自9月1日起全面取消手机国内长途和漫游费。全面开通LTE4G网络，部分地区率先开通4G+网络，提升用户通信速度；优化产品升级，聚焦“不限量”产品推广，升级“流量放心用”功能，降低用户通信费用。持续推进宽带提速降费，岳阳联通宽带速率由原来的最高10兆全面提升至50兆和100兆，部分城区项目实现千兆宽带上网，资费方面和其他运营商保持基本一致，优惠于民。

【重要活动通信保障】 2017年，岳阳联通得到市委、市政府和社会各界的大力支持，企业实现持续健康发展，践行社会责任和价值创造的意识不断增强。公司承担岳阳端午龙舟争霸赛、中国（岳阳）野生荷花旅游节开幕式、湖南省第八届少数民族传统体育运动会、湖南国际旅游节开幕式等重大赛事与活动通信保障。为长江沉船事故、京港澳高速岳阳段油罐车爆炸以及2017年夏季防汛抗洪等重大事故救援和抢险救灾工作提供有力的通信支持，网络应急保障能力和节能环保水平全面提升，通信服务得到有关部门的好评。

（李志强）

交通·邮政

TRAFFIC POST

责任编辑·刘兴汉

综 述

【概况】 2017年，全市交通运输系统聚焦交通建设大会战，强化行业监管，提升服务水平，获得全省交通运输发展目标管理考核一等奖和省重点民生实事农村公路建设目标管理优胜单位，交通运输工作站上新的发展起点。

交通会战成果丰硕。完成投资创新高。全年完成交通固定资产投资112亿元，额度居全省第二位，较2016年增长24%，为全市经济稳增长贡献交通力量。主干通道增程进位。杭瑞高速洞庭大桥建成通车，岳望高速岳阳至新开段和新开连接线开通。建成一级公路118千米，新增里程全省排名第一，通车总里程全省排名第二。国道240线岳阳县城至湘阴公路成为全省"十三五"首个实施、首个完工的干线公路项目，刷新全市一次性建成一级公路里程新纪录。省道308线平江县南江至岳阳县龙湾段升级改造、汨杨公路等项目开工建设。城市环线初步形成。临湖公路、皇姑塘立交桥建成通车，东环线主体工程完工；赶山东路建成通车，南环线全部拉通；西环线北段完工，北环线开工建设。同时，湘北大道北段、湖东路、枣子山路跨线桥等一批城市道路投入使用。农村路网延展优化。完成农村公路新改建834千米、安防工程1515千米、危桥改造149座。临湘市被评为省级"四好农村路"示范县，平江县、华容县、君山区被评为市级"四好农村路"示范县。

保障水平明显增强。全市公路水路客运量、旅客周转量、货运量、货物周转量分别完成0.94亿人次、49.3亿人千里、3.23亿吨、425.7亿吨千里，公路运输总周转量增速16.6%，居全省第四位。集装箱吞吐量42.3万标箱，同比增长43.7%。地方铁路完成运量1460万吨。圆满完成春运、防汛救灾等重点时段运输保障任务。全年新增通客车建制村26个，建制村通客车率达100%。全市新增纯电动公交车400台，新能源公交车达50%。全市邮政行业业务收入完成7.9亿元，同比增长24%；快递处理总量完成9800万件，同比增长41%。全面实现部、省"12328"热线与市"12345"热线无缝对接，是全省最早完成部、省、市三级平台联网运行的市州。

行业管理提档升级。整治运输市场秩序。开展"霹雳""猎狐"等打击非法营运集中整治行动，大力维护运输市场稳定。整治超限超载运输。查处超限超载车辆7115台次，卸载货物23万吨，查处非法改拼装车辆182台，查处超载船舶175艘次，强制卸载51艘次，卸载砂石3.8万吨。整治水域生态环境。开展长江干线非法码头、洞庭湖砂石码头堆场、采运砂船清理等专项整治行动，全市长江沿江39个非法砂石码头、洞庭湖区16个非法砂石码头堆场全部关停，岳阳港"绿色港口"示范项目加快推进。强化建设市场监管。严格执行基建程序，加强在建项目检查巡查，工程质量、安全、造价总体受控。

安全生产保障有力。扎实开展安全生产大检查、"隐患清零"、危货运输规范化管理试点等，全系统未发生较大以上安全生产事故。强化安全宣传教育。通过发放宣传资料、开设媒体专栏、组织施工现场应急救援和水上搜救演练等形式，宣传安全生产法律法规和知识。培训"两客一危"道路运输从业人员4146人次。扎实推进安全"隐患清零"。安全"隐患清零"实现全行业覆盖，注销驾驶员道路运输从业资格证5个，列入从业人员"黑名单"15人，停运整顿车辆40余台。保持安全监管高压态势。落实企业主体责任，强化事前责任追究，责令9家企业停产停业，对66名责任人给予行政或经济处罚。

【人大代表视察交通建设大会战】 2017年6月21日，市人大常委会组织部分全国、省、市人大代表，集中视察交通建设大会战。全国人大代表、市委书记、市人大常委会主任胡忠雄要求，人大代表要在"四大会战"中发挥更大作用，坚定不移打好交通大会战。省人大代表、市人大常委会党组书记向伟雄主持汇报会，全国人大代表刘德辉、杨莉，以及部分省、市人大代表，市人大常委会主任会议成员参加视察。市委常委、常务副市长唐道明作交通建设大会战情况汇报。

视察组一行实地查看杭瑞高速洞庭湖大桥、临湖公路长康段、赶山东路、国道240线岳阳县城至湘阴公路岳阳县和汨罗市段施工现场，随后召开会议，听取情况汇报。

全市交通建设大会战来势较好，在建项目进一步加速，前期项目进一步加力，质量安全进一步加强，1—5月，全市完成交通建设投资41.5亿元，比2016年同期增长22%，完成投资额居全省第二位。代表们一致认为，市人民政府以及相关部门在交通建设大会战工作中，思路清晰，作风硬朗，措施得力，阶段性成效明显，同时提出中肯的意见和建议。胡忠雄指出，交通建设大会战开局好，人大常委会组织代表集中视察活动好，代表提的建议好。他要求在下段工作中，坚定不移打好交通大会战。要全方位打，健全航空、水运、铁路、高速公路、国省干道、农村公路、城市道路体系，方便城乡居民出行；要加速打，各地各参战单位要集中精力，在确保质量的前提下，加速推进项目建设；要上下联动打，市县乡要统一思想，合力攻坚，确保各项工作措施落实到位。人大常委会要在"四大会战"中发挥更大作用。"两代表一委员"必须理解并参与交通建设大会战，采取多种形式，服务中心工作。打好交通建设大会战要解决几个关键问题：项目前期组织工作要更严谨细致，交通建设大会战指挥部要整合各部门力量，集思广益，完善设计方案；要解决好土地指标、征地、拆迁3个环节问题；创新思维推进资金等要素保障工作，确保项目开工不能有资金缺口；严格落实质量、安全生产责任，抓好质量不放松；严格考核，重奖重用敢于担当的干部，重罚重惩不作为的干部。各地各参战单位要卷起袖子加油干，迈开大步向前冲，坚决打赢交通建设攻坚战。

【刘和生调研考察交通大会战项目建设】 2017年7月24日，市人民政府市长刘和生率参加市政府全体（扩大）会议的县市区及市交通建设大会战指挥部成员单位主要负责人，调研考察赶山东路等全市多个交通大会战项目，现场办公把脉问诊，推进项目加快建设。市领导向伟雄、杨昆、刘晓英、谢春生，市政府秘书长刘传汉等参加。

在赶山东路施工现场，刘和生与调研人员交流，听取有关情况汇报，还沿线查看临湖公路长康段、云溪段和临湘段建设情况。临湖公路是全市“三纵四横”交通路网中的一主纵，对改善区域交通环境、优化城乡路网结构、加速临湘市、云溪区、临港产业新区融城步伐具有重要意义。该路段7月底可实现通车。刘和生详细了解该路段通车前的准备情况，叮嘱有关部门要做好标识牌指引，加强疏导工作。与会人员还到临湘市查看五尖山旅游公路、长忠公路、长桃公路、临港公路等项目现场。刘和生强调，根据交通大会战的要求，有关部门单位和属地政府要围绕通车目标，梳理出问题清单，按照时间节点逐步推进，下决心把违章建筑、用地问题解决好，坚决打赢交通大会战攻坚战。

【杭瑞高速洞庭湖大桥合龙】 2017年8月15日，全长2390米的杭瑞高速控制性工程洞庭湖大桥全桥合龙，标志着贯穿全国东西方向的杭瑞高速公路即将全线通车。

洞庭湖大桥主跨1480米，是国内最大跨径钢桁梁悬索桥。该桥首创轻型组合桥面形式，解决钢结构疲劳开裂和铺装层破损两大难题。悬索桥塔如同排箫竖管，采用“潇湘琴韵”的造型，与洞庭自然美景结合。

国道56线杭瑞高速是全国高速公路网中的一条东西主干线，起于浙江杭州，经安徽、江西、湖北、湖南、贵州，终于云南瑞丽，全程3404千米。截至8月，除洞庭湖大桥段外全部开通使用。大桥设计为双向六车道高速公路，预计年底通车。通车后杭瑞高速将实现全线通行，全程至少缩短2个小时车程。

【周海兵调研岳阳市交通重点工程建设】 2017年8月30日，省交通运输厅党组书记、厅长周海兵调研岳阳市交通重点工程建设并召开专题会议，强调要坚定目标，攻坚克难，确保交通重点项目顺利推进。省交通运输厅副厅长舒行钢、省高速公路管理局局长谢立新陪同调研，市领导刘和生、向伟雄、杨昆等参加。

周海兵一行到京港澳高速岳阳收费站，看望慰问奋战一线的工作人员，他希望大家继续发扬艰苦奋斗的精神，为广大人民群众出行提供优质服务。随后现场实地调研岳望高速公路岳阳经开区和岳阳县段、国道240岳阳县城至湘阴公路岳阳县段、杭瑞高速洞庭湖大桥A1标等施工现场。一年来，岳阳市始终把交通建设放在优先发展的位置，打响“交通建设大会战”，突出抓好交通规划引领、重点项目建设、物流产业发展、安全“隐患清零”等工作，截至2016年年底，全市公路通车总里程达20362千米，通航航道1276千米，等级航道357千米，泊位152个；铁路通车里程454千米；汽车客运等级站111个，客运班线1016条，交通运输行业保持快速增长的态势。

周海兵指出，要统一认识，坚定目标。各级各部门思想上要高度重视，勇于担当，主动作为，确保交通重点项目建设顺利推进。要加强力量，分类处理，进一步强化工作力量，细化工作任务，分类处理遗留问题。要定期会商，优先保障。定期组织有关成员单位开展项目现场督查，优先保障重点项目资金，确保交通重点项目顺利推进。要清醒认识全省干线公路等级率偏低、农村公路管养滞后和交通安全管理基础薄弱等问题，补齐短板，争当表率，高度重视交通运输安全生产，有效预防和遏制重特大安全事故发生。

（刘　端　梁　超）

铁路运输

【岳阳车站安全工作】 2017年，中国铁路广州局集团有限公司岳阳车站（简称岳阳车站）围绕“强基达标，提质增效”目标，以“安全好、秩序好、服务好、形象好、效益好”为重点，突出抓好安全管理、运输组织、基础管理、服务质量等重点工作，以强化管理规范化推动干部落责，以提升作业标准化推动职工落标，确保客运工作安全平稳有序。截至年底，实现无责任铁路交通事故3890天。

（唐　莺）

【岳阳车站运输生产】 2017年，岳阳车站组织优化客运运输，及时研究解决客运输中出现的问题，不断提升运输保障能力。严格预算管理，加强成本控制，优化岗位配置，完善收入分配办法，职工工作

杭瑞洞庭大桥通车

积极性、责任心进一步提高。全年旅客发送322.4万人，行包发送272.3万公斤，运输收入3.9亿元。

（唐 雲）

【岳阳车站服务质量】 2017年，岳阳车站创新企业文化，切实把“以服务为宗旨、待旅客如亲人”的理念和要求落到实处，通过客运文化的建设，打造服务品牌，创建良好的服务氛围，提升旅客的体验与感受。在春运、暑运、黄金周等重要运输任务期间，精心组织，严密卡控，强化协调配合，全方位做好安保工作，保证旅客出行安全平稳。

（唐 雲）

【岳阳车站春运工作】 2017年，岳阳车站春运工作全面贯彻落实铁路总公司“平安春运、有序春运、温馨春运”的总体目标，春运40天（1月13日至2月21日），春运节后开行广州方向临客111列，节后开行上海方向临客6列。发送旅客55.96万人，其中，节前15天发送9.05万人，节后25天发送46.9万人。车站在春运售票厅及候车室服务台增设互联网电脑2台，为返程的旅客提供免费视频聊天的平台，方便提前到达候车室候车的旅客给家人报平安、送问候，该服务举措得到中新网、《湖南日报》等媒体报道。

（唐 雲）

【岳阳东站运输生产】 2017年，广铁集团长沙南车站岳阳车站（简称岳阳东站）发送旅客429.9万人，日均发送1.18万人，到达旅客452.8万人。运输收入77564.97万元。

（龚飒虎）

【岳阳东站安全工作】 2017年，岳阳东站以安全优质标准线建设为载体，牢固树立“安全是生命线”“安全是政治责任”的理念，深化“强基达标、提质增效”工作主题，坚持预防为主，突出源头治理，着力改革创新，抓责任落实，推进人防、物防、技防“三位一体”安全保障体系建设，贯彻“安全第一，预防为主，综合治理”的方针，始终把高铁和旅客安全作为“生命线”和政治责任，确保高铁运输安全持续稳定，实现车站运输安全持续发展。至年底实现连续8年安全年目标。

（龚飒虎）

岳阳三荷机场 （柴立新 摄）

【岳阳东站春运工作】 2017年，岳阳东站在春运期间成立党员春运保畅通突击队，每天在站台、售票厅、进出站口等重点岗位，进行客流疏导组织、维持秩序，并为老、幼、病、残、孕等重点旅客提行李，推轮椅，提供咨询、导乘服务，以保证客流的畅通和秩序良好。加强乘降组织人员在岗到位，安全宣传到位，信息互控到位，服务质量进一步提升，保证客流安全平稳出行。

2017年春运时间自1月13日开始，至2月21日结束，春运期间，发送旅客48.27万人，运输收入7858.33万元。春运40天接“12306”预约重点服务旅客订单9人次，接受旅客救助361人次，转接移交旅客遗失物品42件。

（龚飒虎）

机场建设

【概况】 2017年，岳阳三荷机场公司以党的十九大精神为引领，贯彻落实市委、市政府“四大会战”战略部署，迎难而上，攻坚克难，基本完成机场项目主体工程，项目全年完成投资4.4亿元，累计完成投资12.39亿元，完成市委、市政府下达的目标任务。实现空港大道建成通车。全年完成土石方20多万立方米，完成主干道基础与道面施工，完成控制性工程三叉港大桥建设，实现空港大道通车目标。项目全年完成投资1.45亿元，累计完成投资2.72亿元。运营筹备工作稳步推进。机场命名、机场三字码、四字码、无线电频率申请获批复，塔台管制区确定，飞行程序竣工设计进入审批阶段，净空处理抓紧进行。

【岳阳三荷机场项目主体工程基本建成】 岳阳三荷机场位于岳阳经开区西塘镇与康王乡，根据可研批复，建设标准按“4D”规划、“4C”建设，项目建设用地151.53公顷，跑道长2600米，宽45米，一期航站楼6000平方米，并配套消防、通信、空管、综合办公等其他附属设施，总投资12.39亿元。以2020年为目标年，预测旅客吞吐量60万人次、货邮吞吐量1800吨，飞机起降量6450架次。1.5小时车程可覆盖环洞庭湖区、江汉平原和湘鄂赣毗邻地区2300多万人口。形成岳阳水陆空“三位一体”的立体交通格局，加速岳阳旅游、商贸、现代物流等产业的快速发展，为全市招商引资，发展临空产业创造有利条件，进一步提升岳阳城市品牌形象与综合竞争力。

三荷机场项目自2009年开始筹建，历经选址、立项、报批等复杂程序，于2016年5月正式动工建设。经过一年多的艰苦奋战，截至2017年底，机场飞行区工程建设全部完成，航站楼土建主体工程完成，进入上部钢索结构的制作、安装阶段；其他综合用房、特种车库等17个单体建筑全部转入装修与设备安装调试阶段。三荷机场项目主体工程基本建成。初期以客运运营为主，逐步发展为客、货并重，打造国内重要的航空货运枢纽。

【岳阳三荷机场空港大道建成通车】 三荷机场空港大道是国道353线岳阳东站至三荷机场快速通道的东段部分，与岳阳京港澳高速连接线相接，是进出岳阳三荷机场的城市主干道。道路全长2.83千米，总投资2.72亿元，道路规划宽度为55米，设计车速中间主路60千米/小时，两侧辅道40千米/小时，途经岳阳经开区西塘镇空港新村，用地面积21.02公顷，控制性工程为三汉港大桥。项目于2016年9月开工，2017年年底竣工通车。

空港大道作为进出岳阳机场的快捷通道，将市区与机场距离缩减至20分钟以内，方便旅客进出机场，也有利于打造岳阳东部城区快速交通圈，扩大机场辐射范围，服务空港经济区，为岳阳经济发展、城市东扩奠定坚实基础。

（李　明）

公路运输

【李爱武调研交通建设大会战重点项目建设】 2017年9月18日，市委副书记李爱武就交通建设大会战部分重点工程项目建设情况进行调研。市人大常委会党组书记、常务副主任、市交通建设大会战指挥长向伟雄，副市长、市交通建设大会战副指挥长杨昆，市人大常委会秘书长骆岳梨参加调研。

杭瑞高速洞庭湖大桥、临湖公路长康段、皇姑塘立交桥、赶山东路、国道240岳阳县城至湘阴公路施工工地上，工人们专注施工、机器高效运作，各项工作都在繁忙有序进行。李爱武详细了解各项目建设进度和相关配套设施建设等情况，对奋战一线的工作人员表示慰问。

李爱武充分肯定交通建设大会战取得的阶段性成果，她指出，交通建设大会战项目是推动岳阳经济社会发展的基础性项目，对岳阳市对接融入长株潭城市群和武汉都市圈、打造湖南新增长极的关键通道项目、支撑沿线县市区经济社会发展、促进区域融合发展具有重要意义。各级各部门及项目各参建单位要切实增强紧迫感和责任感，坚持会战目标不动摇，倒排工期，以安全、优质、高效的标准，抢抓进度、保证质量、合力攻坚，确保按时按质完成任务，用实实在在的行动创造“岳阳速度”，助推岳阳综合交通系统大提质。

（刘　端　梁　超）

【国道240岳阳县城至湘阴公路全线主线通车】 2017年9月20日，国道240岳阳县城至湘阴公路全线主线通车，国道240北起河北保定，南至广东台山，是全国又一条贯穿南北的干线公路，其中岳阳县城至湘阴县段全长64.634千米。2015年10月30日，市政府46次常务会议将国道240岳阳县城至湘阴县公路列为2016年重点工程，全线按一级公路标准设计建设，路基宽度25.5米，双向四车道，设计速度80千米/小时，预算总投资17.3亿元。这也是全省“十三五”第一个实施的干线公路建设项目。为推进项目建设，市交通运输局与勘察设计单位及湘阴县、汨罗市、岳阳县3个县（市）政府达成共识，密切配合，以半年时间完成前期工作。2016年7月1日，国道240岳阳县城至湘阴县公路开工典礼在岳阳县隆重举行，标志着该项目如期开工。市委、市政府领导高度重视该项目建设，市委书记胡忠雄，市长刘和生，市委副书记李爱武多次现场调研，并召开调度会，为项目建设解决实际问题。市人大常委会党组书记，市交通建设大会战指挥长向伟雄靠前指挥，密切关注工程进展，并多次前往现场进行督战。国道240岳阳县城至湘阴公路沿线三县（市）认真落实任务书、责任人、时间表，全力以赴，迅速行动，掀起大干快上的施工热潮。汨罗段长达34.2千米，预算投资10亿元，是全线任务最重的一段。汨罗市委、市政府靠前指挥抓落实、全力以赴抢进度、共享协作赶进度。为促进度、保质量、抓安全，汨罗市委、市政府多次召开专题调度会议，对项目进行调度，通过督促、检查，及时发现、解决问题和困难；岳阳县坚持进度、质量和材料供应“三管齐下”。以9月20日为目标期限，对提前完成建设任务的施工单位进行额外奖励。同时，所属3个标段各增加一座水稳拌和站和一台胶轮压路机；湘阴县强

国道240岳阳县城至湘阴公路全线主线通车　　（市公路局　供稿）

化激励措施，细化时间节点，按照每10天一个任务段进一步细化目标任务，加大奖罚力度，分时段开展工作讲评。县财政重点保证项目建设资金，支持施工单位备料，确保按计量进度全额支付施工单位工程款。从立项建设到主线通车不到两年时间，用速度和质量铸造岳阳交通品牌。

（刘　端　梁　超）

【周海兵调研临湘市四好农村路创建工作】　2017年12月18日，省交通运输厅党组书记、厅长周海兵调研临湘市“四好农村路”创建工作。市人大常委会党组书记、常务副主任、市交通建设大会战指挥长向伟雄参加。

周海兵一行实地调研临湘市五尖山北门、南门旅游公路、长桃公路、长忠公路、C062前晓公路、沮渡交管站、X018定源公路等地。临湘市坚持建设“精彩北大门、品质新临湘”的总体思路，不断加快基础设施建设进程。累计投资17亿多元，建设改造干线公路137千米、农村公路1895千米，全市农村公路总里程达到2032千米，全部乡镇、建制村和87%的村民小组通水泥路或沥青路。2016年以来，临湘市贯彻落实省交通运输厅和岳阳市决策部署，创新体制机制，深入开展“四好农村路”创建活动，实现农村公路“建、管、养、运”协调发展，被评为全省首批“四好农村路”示范县（市）。

周海兵对临湘市农村公路建设工作所取得的成绩给予充分肯定，希望各级各部门细化分工，落实责任，如质如期完成道路提质改造工程建设；进一步健全保障机制，切实“建好、管好、护好、运营好”农村公路，充分发挥临湘作全省首批“四好农村路”示范县的典型带头作用，带动全省农村公路建设掀开新篇章，为农村经济发展和群众安全便捷出行创造良好的交通环境。

（刘　端　梁　超）

【向伟雄调研调度全市交通建设重点项目】　市人大常委会党组书记、常务副主任、市交通建设大会战指挥长向伟雄注重搞好顶层设计，市委、市政府打响交通建设大会战后，他明确提出，市交通建设大会战指挥部主要职责是“组织、指挥、协调、督办”，要按照任务书、时间表、路线图、责任人加快推进项目建设。2017年，他带领有关负责人4次到省交通运输厅汇报、对接岳望高速等交通建设大会战重点项目，63次主持会议调度、深入现场督导全市交通建设大会战项目建设，为工程建设顺利推进解决一大批实际问题。2017年，杭瑞洞庭大桥、长康路、皇姑塘立交桥、国道240岳阳县城至湘阴公路、赶山东路等一批交通重点项目建成通车，平益高速、城陵矶高速、北环线、长康南路、省道308平江县三江至岳阳县龙湾公路、省道210汨相公路等重大项目加快推进，全市立体交通新格局初见雏形。

（刘　端　梁　超）

【全市重大建设项目集中竣工仪式】　2017年12月29日，全市2017年重大建设项目集中竣工仪式在赶山东路举行。市委书记胡忠雄宣布竣工，市人民政府市长刘和生讲话，市委副书记李爱武主持，市领导徐新楚、向伟雄、唐道明、李挚、胡小阆、王小中、谈正红、黄大军、杨民、刘晓英、文春方、谢春生等参加。

2017年，岳阳市推行重大项目市级直接调度制度、战略性项目市级领导“一对一”联系制度和产业园区项目建设问题派单整改制度等有力举措，有效化解项目建设难题，推动项目落地运营。此次竣工的40个重大项目，完成投资105.9亿元，其中基础设施项目10个、重大产业项目23个，民生保障项目5个，生态环保项目2个。此批集中竣工的项目突出投资拉动、基础先行，体现产业支撑、方式转变的特点，刷新近年来项目建设的“岳阳速度”，形成“大项目带动大投资、大投资推动大发展”的强劲发展态势。

刘和生指出，项目竣工不是项目工作的终点，而是新的起点，全市上下要牢牢抓住项目建设的“牛鼻子”，全力推动项目工作再上新台阶。对所有竣工项目，要加强后续管理；对所有意向项目，要抓紧跟踪对接；对所有在建项目，要坚决保进度、保安全、保质量，以一个个实实在在的项目推动“四大会战”落地见效，筑起岳阳新增长极建设的“万丈高楼”。

（刘　端　梁　超）

【交通建设大会战重大建设项目】　2017年，全市公路系统响应市委、市政府号召，主动投身市级交通建设大会战，承担重大建设项目6个，投资额占市级交通建设大会战总投资六成以上，成为全市交通大会战的主力军。市公路局成立交通建设大会战指挥部，调集精兵强将，集中全系统各方面力量，分进合击，确保重大项目建设稳步推进，全年完成项目投资14.216亿元，超额完成年度计划任务。其中，皇姑塘立交桥、赶山东路、湘北大道、吉湖大道等主干通道建成或即将建成通车。北港大桥工程施工进度全省排名第一，受到市委书记胡忠雄的充分肯定。国道240西环线洞庭湖大桥互通项目完成施工招标，具备开工条件，洞庭湖大桥至湖滨公路进入规划选址阶段。枣子山路工程、连接线跨线桥、京港澳高速岳阳连接线长康路立交桥、金凤桥南导道路新建工程等全面铺开，北环线路洛家山段建设工程于12月26日开工建设。

（余　彬）

【公路交通建设】　2017年，全市公路部门依托公建投，充分发挥行业优势，密切路地关系，加强与各县市区合作，全年公路建设落地项目18个，承接业务量27.16亿元，项目总里程达174.62千米。其中，与岳阳县、城陵矶新港区合作项目各1个，与岳阳经开区合作项目3个，与云溪区合作项目4个，与平江县合作项目10个。在公路交通建设中，全市公路部门主动作为，华电平江电厂配套公路项目推进，省道316平江县童市至城关公路4个月时间完成合同金额的52.4%。市公路局与岳阳县合作的国道240岳荣新公路路面大修工程两个半月时间完成投资2.39亿元，在建设工期内提前完工，被评为全省“最美公路”。市公路局与屈原管理区合作的屈汨路提质改造项目在全市第一次采用冷再生技术，既节约成本，又加快进度，提前半个月优质完工，成为全市交通建设大会战第一个完工通车的项目。

（余　彬）

【干线公路品质提升】　2017年，市公路局充分发挥公路垂直管理体制优势，突出养护工作主业，市、县公路部门11个养护管理单位步调一致推进公路养护水平实现大提升，全市干线公路养护跨入各市州第一方阵，成为全省标兵。

创建精品公路。市公路局在全市公路系统提出每一个养护管理单位至少要创一条精品路的要求，华容县省道202做到路肩平顺、水沟畅通、标志标牌刷新成线，并在全线实施清灌缝。平江县省道308路况常年保持优良，部分路段实行多层立体绿化。临湘市和云溪区共同管养的省道201、301线砌筑标准水沟和浆砌片石挡土墙，还在全线进行大清理、大扫除，弥补接养前遗留多年的历史欠账。

加大养护工程投入。全年投入养护资金2.76亿元，实施省道大修71.44千米。全年投入1.29亿元，改造危桥28座，实施生命安全防护工程56.99千米。国道106安防示范工程通过交通部验收。全市公路养护部门严格按标准化要求实施公路小修工程，全年投入960万元，完成局部破碎修复7.34万平方米，断角处治4.57万平方米，沥青路面挖补5.56万平方米，局部封面2100平方米，薄层罩面3.35万平方米。全市全年投入日常养护资金1000多万元，实施水泥路面清灌缝1300千米，实施板底灌注58万平方米，实施沥青路面层修补3.82万平方米，裂缝处治21.2万平方米。对预防性养护资金的投入，稳定公路路况，延长干线公路的使用寿命。

提升服务质量。在国道107新开镇路段高标准建成皇姑塘公路服务区，成为全省第一批建成并投入使用的公路服务区，为岳阳市第一个干线公路服务区，受到交通部和省交通运输厅、省公路局高度评价，省公路局将岳阳的做法作为湖南经验向交通部推介。同时，全市多个公路服务区和停车区的建设工作稳步推进，全市管养的干线公路服务水平和服务品质稳步提高。

（余　彬）

【雨季公路保畅救援工作】　2017年汛期，全市国道省干线路网受灾严重，受损线路78条，直接经济损失7亿多元。全市公路人在大灾面前沉着应战，按照先抢通后修复的原则，简化程序、快速反应、主动出击，平江县、岳阳县、临湘市公路部门抢险巡查实行24小时不间断。全市各公路管养单位短时间内投入抢险资金2900多万元，组织救援队伍45支2327人次，调用机械设备876台班，处置较大以上险情134起，确保管养路线上300多座大小桥梁和1000多个过路涵洞未出现重大险情，未发生一起因汛期公路设施损毁而引发的伤亡事故，保障全市干线公路安全畅通和人民群众的生命财产安全。

（余　彬）

【全市公路事业加快发展】　2017年，全市公路系统各单位立足自身实际，一心一意谋发展，成效显著。市路桥总公司全年收获26个项目，合同总价51亿元，业务总量创新高。通衢公司全年投标93个，中标9个，中标项目合同总价达到10.6亿元，刷新该公司纪录。岳阳县公路局承接项目近亿元，收效明显。市区公路局全年承接业务2.08亿元，完成产值5120万元，净利润达365万元。平江县公路局承接业务3亿元，完成产值7350万元。云溪区公路局接管省道301和201线，历经多年努力，成为公路管养单位。全年承接业务量600多万元，创利润近200万元。汨罗市公路局密切与地方政府的联系，得到汨罗市财政的大力支持，全年地方财政拨付县道日常养护经费200多万元。该局在不断完善白水公路站建设的同时，高标准建设红花公路站和公路种养基地，扩大汨罗公路的社会影响力。市公路局渡口所面对船舶租赁市场疲软的现实，紧盯季节性生产的区域性需求，在安徽、湘潭等地创造经济效益204.5万元。市监理公司全年中标项目8个，承接业务5670.5万元，为年度计划的141.9%。市物资供应站全年完成工程产值1.2亿元，进一步打响“岳阳盛利”公路品牌。岳兴所抢抓交通大会战机遇，全年完成安防工程产值900多万元，创利润近90万元，全市公路事业稳步发展。

（余　彬）

道路运输

【春运工作】　2017年春运自1月13日至2月21日，春运40天，全市发送旅客1003.33万人次，同比下降3.8%，其中：道路发送旅客896万人次，同比下降4.6%；铁路发送旅客104.31万人次（高铁48.27万人次，同比增长8.5%），同比增长3.7%；水路发送旅客3.02万人次，同比下降2.6%。全市各级各相关部门按照“安全第一、服务至上、方便快捷、保障有力”的总体要求，精心组织、周密布署、通力协作、克难奋进，圆满完成春运各项工作任务。春运期间，没有出现长时间、大面积的旅客滞留现象，没有发生重、特大交通运输事故，春运形势总体安全平稳有序。

（刘　端　梁　超）

【出租车营运】　2017年，岳阳市出租汽车行业有出租汽车经营单位11家，出租汽车1766台，出租车行驶总里程156007.19万千米，出租汽车行业从业人员3197人，其中，管理人员90人、驾驶员3107人。出租汽车经营模式为承包经营。日均客运量约69168人次，车均日运营里程318.6千米。

（张　湖）

【道路客运】　2017年，岳阳市拥有道路客运企业24家，二级以上客运站场9家（岳阳中心汽车站、岳阳洞庭车站、岳阳联运车站、临湘市长安汽车站、华容县中心汽车站、岳阳县城南汽车站、平江天岳汽车站、湘阴县高岭汽车站、汨罗中心车站）道路客运车辆2755辆，其中旅游运输车辆144辆。

（张　湖）

【省际市际长途客运班线实名制工作现场推进会】　2017年8月4日，岳阳市召开省际市际长途客运班线实名制工作现场推进会，市人民政府副市长杨昆参加。会议传达省相关会议精神，对全市省际市际长途客运班线实名制工作进行安排部署，运输企业代表作表态发言。杨昆要求，各级政府与职能部门、各有关客运企业务必在思想上再动员，充分认识实名制工作的重要性，必须加强领导、层层抓好落实。要主动推动实名制工作的全覆盖，协同推进。做好经费保障，扎实做好售票验票流程、安全检查等工作，加大监督检查力度。要优质完成实名制工作的规范化，宣传教育要到位、工作标准要到位、工作流程要到位。会议还就全市交通运输行业安全“隐患清零”工作作出强调，各级各有关部门要时刻紧绷安全这根弦，将“隐患清零”作为当前交通行业安全重中之重，落实好整治责任。

（刘　端　梁　超）

【道路运输安全“隐患清零”行动】　为全面消除道路运输安全隐患，有效防范和坚决遏制重特大事故的发生，2017年4月1日，省交通运输厅在全省统一部署道路运输安全“隐患清零”行动。市交通运输局高度重视，将此次行动作为当前工作的头等大事，精心组织，迅速行动，局主要负责人亲自安排部署，要求领导班子成员按照“党政同责、一岗双责”的要求参与，靠前指挥，强化调度；不断压实责任，组织市运管处分片包干参加各县市区的安全“隐患清零”行动见面交办会，现场对安全“隐患清零”行动工作进行指导；局领导按照分工，分头带队深入县市区和重要站场加强督查、督办。各县市区交通运输局以及道路运输管理机构结合各自实际，进一步细化行动推进措施，扎实抓好各项工作落实，高度重视隐患问题，迅速出台落实“隐患清零”行动的具体举措。至年底，全市完成隐患整改11353个，注销驾驶员道路运输从业资格证3个，11人列入从业人员“黑名单”，停运整顿车辆6台，停业整顿企业2家，行政处罚4万元。全市道路运输安全“隐患清零”行动阶段性成效显著。

（刘　端　梁　超）

【全市全面深化治超工作推进会】
2017年11月10日，市人民政府副市长杨昆主持召开全市全面深化治超工作推进会，通过再动员、再部署、再落实，抓好当前治超工作，确保完成年定目标。2017年，全市检测货运车辆20844台次，查处超限超载车辆5090台次，卸载货物23250吨，对超限超载现象给予有效打击。会议通报全市当前治超工作的有关情况，对下一步工作进行部署，各县市区就治超工作表态。杨昆指出，治超工作是省委、省政府部署的一项重要工作，是纳入全省绩效评估的一项重要内容，要认清形势，凝聚共识抓治超。要明确任务，突出重点抓治超，抓好源头控制、抓好路面整治、抓好硬件建设、抓好执法监管。要加强联动，形成合力抓治超，突出政府主导、坚持部门联动、强化经费保障、加强监督问责。

（刘　端　梁　超）

【全市交通运输系统安全生产形势稳定】　2017年，在市委、市政府的领导和省交通运输厅的指导下，全市交通运输系统坚持“抓认识、抓细节、抓流程、抓监管、抓处罚”的工作思路，依托“安全生产月”和安全文化“七进”等活动，开展安全生产宣传；从监管措施和企业达标升级入手，组织推介道路危险货物运输规范化管理试点行动；实施领导分片包干责任制，进一步加大安全生产监督检查力度。全市交通运输系统未发生较大以上安全生产事故，其中，道路运输行业发生行车责任事故2起、死亡2人，与同期相比均下降50%；营运公路桥梁、铁路专用线、公路水运工程建设等行业领域实现零责任事故报告。全市交通运输安全生产形势持续稳定。

（刘　端　梁　超）

【巡游出租车竞争力提升】　2017年，市交通运输综合执法支队为推动行业迅速融入“互联网+交通”，组织全市1270台出租车安装新的卫星定位系统设备、“合乘计价器”、内外高清的行车记录仪，开通微信召车、APP召车服务，加快推进“95128”出租车约车电话号码开通落实，化解网约车入市对出租车市场的冲击，进一步提升传统巡游车竞争力。

（张　湖）

【巡游车市场秩序规范】　2017年，市交通运输管理部门进一步规范巡游车市场秩序，市君兴出租车公司由于经营不善，挪用承包押金，导致20多名出租车驾驶员持续上访，市交通运输综合执法支队主动作为，有效化解矛盾。为确保出租车市场持续稳定，出台出租车行业自律公约，要求企业向承租车主收取的履约保证金、预交承包金等各种款项之和，不得超过车辆裸车价。同时，建立履约保证金账户，由企业、行业协会、银行共同监管，在当批次车辆经营期内，保证金只进不出，确保车辆到期后及时退还履约保证金。

（张　湖）

【危货安全监管平台建立】　2017年，市交通运输综合执法支队加强对危险货物运输的安全监管，全市1283台危货车辆100%安装卫星定位动态监控装置，46家危货企业建立监控平台，省、市、企业实现三级协同监管，可实时跟踪、查询车辆运行动态信息。云溪区推动进入岳阳市经营的外籍车辆4G视频动态监控设备和车辆IC卡备案管理工作，实现危货车辆痕迹管理、闭环管理，有效提升危货安全监管水平。

（张　湖）

【推动网约车管理制度实施】
2017年，市交通运输综合执法支队研究制定《岳阳市网络预约出租汽车经营服务管理实施细则（暂行）》。该《细则》明确各相关部门的监管职责，细化网约车平台公司、网约车车辆和驾驶员的许可条件，明确要求车辆须安装配置符合条件的车载卫星定位装置、应急报警装置，驾驶员须提供无交通肇事犯罪、危险驾驶犯罪记录，无吸毒记录，无饮酒后驾驶记录，最近连续3个记分周期内没有记满12分记录的证明材料，严把准入关，防止安全事故发生。

（张 湖）

【道路运输机构改革】 2017年，全市启动事业单位机构改革，在市编办和市交通运输局的指导下，市道路运输管理处严格制定方案、启动机构改革工作，整合原道路运输管理处、原市公路局和原市洞庭湖大桥管理局路政的执法职能，成立市交通运输综合执法支队。改革后，进一步理顺市场监管体制，统筹配置行政处罚职能和执法资源，形成执法合力，减少执法层级，推动执法力量下沉，完善执法程序，严格执法责任，真正发挥交通运输综合执法效能，提升执法水平。

（张 湖）

【洞庭湖大桥管理工作】 2017年，市洞庭湖大桥管理局坚持以桥梁的预防性病害检查为中心，全面压实各项桥梁养护管理工作。日常养护工作扎实。全年投入资金80多万元，按制度要求和养护计划，对桥梁重要部位进行精心养护，确保桥梁结构稳定，技术状态良好。注重工作手段创新，结合实际改进桥梁伸缩缝主要构件，加固全桥路灯灯罩和底座的密封性，延长设施设备使用寿命，节约养护经费。动态管理更加高效。依法处理路产路权案件5起，路损赔补金额达13万余元，检查车辆8300余台，查处超限车辆320余台，卸载吨位达320余吨，处罚金额120余万元，严重超载现象基本得到遏制，实现全年安全责任事故“零”目标。项目实施情况良好。加大与君山区政府协调力度，加快河西土地建设，前期工作稳步推进。做好河西道路拓宽与广告牌等设施的预算、测量、赔偿与谈判工作，做好河西超站建设项目的系列工作，做好全桥多处病害重点部位养护处治工程的前期准备工作。应急能力稳步提高。监控信息中心加强横向协调，实行信息共享。全年及时发现和通知相关部门处理大桥区域事件168次，其中，通报、协调处置紧急事件40余次，上桥高空维护设备96次。夯实员工技术素养，2次组织员工进行监控系统操作技能培训与操作竞赛，进一步提高员工技能。安全保障扎实。坚持开展桥梁安全隐患排查治理，组织进行14次全局安全生产隐患排查，安全法制科每月到安全生产一线检查安全生产工作10次以上。建立健全每季徒步检查等常规检查制度。及时发现和处置道路交通事故、施工安全隐患、群众遇困事件近200起，得到社会的一致好评。综合保障高效。按照“三提升”要求，主动与两办和市直职能部门加强工作联系，及时、准确传达贯彻有关工作部署。“12345”公众服务热线受理市民有效来电50件，办结率100%，妥善处置涉及大桥局的网络舆情。推进政务信息公开，将重要事项在局机关大厅、内部网站上予以公布，自觉接受全局干部职工监督。

（李华云）

【龙骧神驰机构改革工作】 湖南龙骧神驰运输集团有限责任公司（以下简称龙骧神驰）由原湘运岳阳公司演变而来，2010年6月实行招商改制后，由湖南龙骧交通发展集团控股组成股份制公司，公司下辖客运、站务、旅游、物流等10个分子公司，全司有在册职工1500余名。2017年3—5月，龙骧神驰全面启动机构人事改革，此次改革，公司将机关原有13个职能部室缩减调整为9个，司属13个基层单位调整为10个；相继举办中层干部竞聘演讲会6场次，252人次参与竞聘演讲。23名中层正职、34名中层副职和18名站队（分公司）负责人共75名中层干部通过竞聘上岗，相比改革前减少中层干部15名，占总职工人数的5%。6月底，集团公司下属各基层单位全面完成中层管理干部竞聘工作，有197名正副科长级干部竞聘上岗，科长级管理岗位比改革前减少95个。全司管理岗位职数下降15.8个百分点。通过机构改革和人事竞聘，实现机构人事大调整、队伍建设大提升、工作作风大转变的新局面，注入企业发展新动力。

（王 斌 陈 亮）

【全市各大汽车站实行长途客运实名制购票】 2017年6月以来，按照省市政府和交通运输部门要求，根据《岳阳市省际市际长途客运实名制实施方案》，在市公安局、市交通运输局的具体指导下，龙骧神驰集团成立组织机构、制定实施方案、加大设施投入、强化员工培训，规范服务流程，完善相关预案，在岳阳汽车站、洞庭汽车站、汽车东站、联运汽车站等市区四大站场全面推行长途客运“实名制购票”。实行实名制购票后，旅客出示二代身份证，可从窗口和自动售票机上购买实名登记的车票。旅客进站准备上车前，必须先通过实名制验证区闸机通道，经人脸识别、身份证核验、车票扫码，完成人、证、票三合一验证后，才能通过闸机进站。龙骧神驰在市区下辖6个客运站场，开设人工售票窗口30个，自助售票机15台，市内代售点10余个；乘客还可通过湘约出行、携程等网络渠道购票。“实名制购票”自9月16日正式启动，凡在岳阳中心汽车站、洞庭汽车站、联运汽车站、汽车东站搭乘跨省、跨市客运班线的旅客，均需出示有效身份证件实名制购票，通过实名查验后，才能进站乘车。旅客购买长途汽车票需有效证件包括身份证、驾驶证、护照、港澳台通行证、军官证等25种证件。针对乘客可能忘带或遗失有效证件的问题，旅客可在公安机关设置的车站“临时身份证明补办窗口”补办身份证明。旅客遗失客票的，经核实身份信息后，站场应免费为其补办客票。

（王 斌 陈 亮）

【龙骧神驰集团举办内保人员业务知识培训暨反恐应急演练】 2017年10月17日，龙骧神驰集团为进一步加强内保人员综合素质和提升突发及暴力事件的应对能力，在洞庭汽车站组织开展内保人员业务知识培训暨反恐应急演练。出席和参加这次培训和演练的有市公安局巡特警支队干警、龙骧神驰相关领导及内保人员、站务工作人员100余人。

在业务知识培训讲座开始前，集团公司副总经理许峰简单介绍在党的十九大召开前举办此期培训和反恐应急演练的目的和意义，并作具体要求。市公安局巡特警支队公交管理大队负责人结合运输企业特点对《中华人民共和国反恐怖主义法》相关条款进行解读，并就公共场所突发暴力事件应急处置方法、内保、站场安全等方面专业知识进行讲授。

演练设计洞庭汽车站售票厅和安检处，两名“歹徒”购票无身份证被拒，强行进站并拒绝接受三品检查，与站务人员发生争执，持刀砍伤站务人员后挟持旅客向站外逃窜，接到报警后，洞庭汽车站应急处置分队及驻站警务室干警立即启动反恐应急预案。随着一声枪响，一名‘歹徒’被驻站携枪警察击伤倒地。另外一名‘歹徒’被反恐应急分队反恐人员及警察制服，旅客安全解救；在现场，车站反恐应急分队队员和站务人员配合公安干警和医疗救护人员，维护好现场秩序、做好旅客疏散和伤员救治工作。整个演练从报警、启动突发事件应急处置预案到公安特警赶到现场，真枪实弹，用防暴器械将犯罪嫌疑人固定制服，及时将受伤人员送120救治等，在参与演习的干警以及应急分队成员的共同努力下，演习取得圆满成功。

（王 斌 陈 亮）

水路运输

【港口大会战实现吞吐量和效益增长】 2017年，湖南城陵矶国际港务集团有限公司（简称城陵矶港务集团）按照市委、市政府港口建设大会战要求，为打造岳阳城陵矶枢纽港，采取费率结构调整等措施，运用市场导向，以实施省内‘水水中转”模式为嵌入点，致力推进岳阳、长沙两港联动，重点提升城陵矶港集装箱吞吐量。至年底，岳阳新港、长沙集星码头两港吞吐量为57.13万标箱，同比增长37.5%。其中岳阳新港42.28万标箱，同比增长43.6%；长沙集星码头14.85万标箱，同比增长22.6%。由于规模效应，集团效益相应改善。岳阳新港公司全年主营业务净利润300万元，归还银行贷款2400万元，两年累计还款4000万元。

（黄洪晖）

【岳阳港影响力提升】 2017年，城陵矶港务集团重点解决船舶装卸效率、集卡收提箱效率问题，不断提升港口服务和效率，推出系列措施：抓24小时船舶计划兑现，实现船舶由无序开靠转变为有序开靠，以及生产全过程管控；优化船舶配载管理，船舶配载由无序发箱转变为有序发箱，提高装卸船舶效率；堆场结构调整，减少船舶作业与收提箱作业的冲撞，缩短外集卡在港等待时间。通过以上措施，码头装卸能力、作业效率得到进一步提升，有效作业时间缩短，装卸桥利用率在55%；船时量从原来的15自然箱/小时提升到27自然箱/小时；港口作业能力从原来的1000标箱/天提高到2000标箱/天；外来集卡车30分钟作业超时率控制在10%以内，岳阳港在长江中部的行业影响力逐渐形成，为未来业务向外突围奠定基础。

（黄洪晖）

【集装箱货源保障】 2017年，城陵矶港务集团，加大业务拓展力度，通过分析业务腹地、业务流向及业务形成的产业，制定大力扶持船公司内贸业务、配合船公司做好“散改集”、借助船公司业务结构调整三项业务拓展策略。同时，采取每月收集分析主要货种、新增货源、市场动态和走势；每季度走访客户，掌握客户货源情况，做好腹地货源的维护，重点保障汽配、烟花、纸品、粮食、化工等大宗货源；辅助船代、货代公司开发湖南腹地货源，促进“散改集”（如汽车、食盐等），引导本土货源“回头”（如丁戊二烯等）；扶持船公司重点开发衡阳、常德地区货源四项措施保障港口货源。

（黄洪晖）

【全省首条“水上高速”通行】 2017年11月1日，《岳阳城陵矶至扁山水域分道通航安全管理规则（试行）》正式实施，规则宣传贯彻、船员培训、航道疏浚、通告发布等相关工作有序推进，标志着全省首条“水上高速路”正式通行，解决多年通航安全隐患。

（刘 琦）

海事管理

国家海事管理

【概况】 2017年，岳阳海事局按照“争上游、创一流”的发展目标，在长江航务管理局、长江海事局的领导下，准确把握新时代岳阳海事发展改革的主动脉，大力实施长江海事“一流强局三步走”发展战略，全力推进“五大工程”，圆满完成全年目标任务，各项工作稳

城矶陵码头　　（城陵矶港务集团 供稿）

步提升，取得明显成效。获得湖南省级文明单位、岳阳市2017年度综合绩效考评先进单位、长江海事局“五好领导班子”等荣誉。

【重点船舶监管】 2017年，岳阳海事局渡船管理有提升。推动渡口安全管理主体责任落实，取缔渡口2处，合并渡口2处，优化渡线1条。推动湖北省重点渡口实施签单发航，推动湖南省全部渡口明确停航封渡水位线。严格落实渡船“116”机制，开展渡运安全隐患排查，查出并整改安全隐患363项；大力规范渡船航行行为，加大渡船违法行为整治力度，实施行政处罚10起。全年确保年均约150万人次、20万台车次的百姓平安出行，实现辖区渡运连续25个月“零死亡”“零事故”“零险情”。危防管理有力度。紧扣“长江不搞大开发，共抓大保护”主旋律，实施流动加油船专项整治，滞留一艘“三无”流动加油船并强制拆除其动力装置，有效遏制非法流动加油行为；由岳阳市政府主办，岳阳海事局联合辖区内17家溢油应急联动成员单位于11月28日开展长江干线船舶溢油应急联动演习，市人民政府副市长邱虹现场指导。通过演习，进一步提高长江岳阳段水上危化品应急和船舶污染处置水平，增强应急联动成员单位协同协作能力；开展船舶防污染专项检查，检查船舶1800余艘次，实施违规排污行政处罚8件，罚款5.9万元；船舶燃油质量抽样检测180余艘次，实施使用不合格燃油行政处罚7 件，罚款6.2万元，创下此类案件在长江干线“处罚最早、处罚最多、处罚最重”3项纪录。有效打击船舶污染违法行为，有力促进辖区水域环境清洁，为岳阳市大气污染防治工作补上水上关键一环，为岳阳市经济发展环境守住一方碧水蓝天；“四船”管理有重点。公司管理持续强化，约谈岳港船务公司等2家船公司，收回岳阳船务公司安全管理证书，完成公司体系审核11家次、船舶审核50艘次。船舶管理持续强化，全面推进船舶进出港报告制度，受理船舶进出港报告总计46681次，开展船舶现场核查5861艘次；办理船舶登记172艘次。船员管理持续强化，开展2期船员适任考试，12期基本安全知识考试，1期油船特殊培训考试，签发各类船员证书、证件750本（份）。船检管理持续强化，开展船舶吨位丈量复核44艘，实施船舶安全检查1283艘次，查出缺陷7569项，滞留船舶14艘次。

开展口岸单位联合检查 （岳阳海事局 供稿）

【航道专项治理】 2017年，岳阳海事局大力推动“两非”治理，强制驱离碍航锚泊运砂船舶300余艘次、碍航作业浮吊60余艘次。协助荆州、岳阳两地市政府取缔、规范非法码头68座；移交水务、公安部门立案查处非法碍航采砂船舶5艘，行政拘留非法采砂涉案人员53人。开展“三防一禁”“三保一创”“安全生产月”等专项活动，结合辖区实情及时制定细化方案，加强重点险、窄水域和在建大桥的通航秩序管理，排查安全隐患并督促整改，分阶段、有重点地对各类水上交通违法行为进行打击，辖区水上通航环境进一步净化。

【水域应急管理】 2017年，岳阳海事局推进电子巡航3.0系统运行，加强对重点船舶和重点水域的监控，跟踪维护客渡船12156艘次，旅游客船71艘次，一类危险品船舶124艘次，有效保证重点船舶通航安全；有效实施“四级预警三级发布”的安全预警机制，制定《安全信息平台使用管理规定》，建成涵盖317个预警对象的预警数据库，发布安全预警122次、安全提示156条。强化应急演练，组织开展船舶溢油应急联动演习、联合武汉海事局开展交界水域渡船跨辖区联合搜救演习；强化搜救实战，开展应急搜救行动10次，救助船舶13艘，救助遇险人员92人，人命救助成功率96.8%。

【水上行政执法】 2017年，岳阳海事局进一步完善权责清单、执法业务流程、政务公开指南和规范性文件动态管理制度，修改完善海事体系文件，实施运行3.6版海事管理体系，建立健全法律顾问制度，扎实推进执法公示制试点，出台《岳阳海事局行政执法公示制度试点工作实施方案》，完善公示平台，建设公示专栏。开展执法督察、执法评议自查和案卷评查，促进执法规范化，进一步规范水上交通事故调查处理工作程序，做到立案、调查和结案符合规范要求。全年实施行政处罚363件，罚款金额154万元；推进水上综合执法，完成2个水上警务室设置工作，配套建立相关管理制度，切实落实综合执法联席会议机制，提升综合执法协作能力，加强海事执法人员综合执法技能培训，规范综合执法行为，强化与水务、地方海事、航道、公安的联动执法，对“湘益挖0298”船舶损害通航安全等突出违法行为，开出10万元罚款的重罚。

【海事服务】　2017年，岳阳海事局配合市政府“两非”治理，开展大岳高速洞庭湖大桥等重点水工项目通航安全监管，有力优化港口环境。牵头制定《国际航行船舶进出城陵矶口岸联合登临检查实施办法（暂行）》，有效实施联合登临检查，实现单一项目“一家检查四家互认”，口岸通关办结时间由原来12小时缩短到1小时以内，货物通关效率和经济效益得到大幅提升，为“港口建设大会战”“交通建设大会战”的顺利实施提供坚实保障，有力推进岳阳市“一区一港四口岸”建设。大力推进政务服务标准化，推进政务网上受理，全面实现海船船员、船员培训、服务机构以及船公司安全管理证书的网上受理，开展网上受理751件次，提升服务能力，实施船员考试成绩微信推送和手机短信提醒服务，发送手机短信590条，全力打造电子政务品牌。

（陈　琴）

地方海事（港航）管理

【概况】　2017年，岳阳市地方海事局，在承担全市行政职能事业单位改革试点中升格为政府工作部门。局机关内设14个科室、11个垂直管理下属单位，全局在编在职职工153人，临聘人员77人，有行政审批（执法）等职能26项，主要承担辖区2300平方千米水域、107处乡镇渡口的水上交通安全监管，防止船舶污染水域，对船舶安全生产条件和水运企业安全管理体系实施监督管理，维护和改善水上交通通航秩序和通航环境；负责市辖湘江、洞庭湖、长江471千米港口岸线规划、建设管理，以及建成的100余座港口码头（包括14处危险品码头）的运营管理；负责除长江、湘江干线外的982千米地方航道规划、建设、维护管理；负责全市127.7万总吨、1200余艘在籍客货运输船舶登记检验和营运管理，以及2700余名船员培训考核发证等工作。

岳阳港是全国内河28个主要港口之一，是湖南水路通江达海的咽喉和枢纽，在全省乃至全国水运大格局中有着特殊的地位。船舶拥有量占全省45%、港口货物吞吐量和水路规费总量（取消前）占全省51%、千吨级深水码头占全省60%、深水岸线占全省70%、危险货物进出量占长江中上游地区80%。2017年，市地方海事局为落实市委、市政府“两大战略”“四大会战”决策部署，以“港口建设大会战”为主线，深入践行“五大发展理念”，着力开展规划修编、港口建设、航运安全、水域生态专项整治等重点工作，不断创新工作机制，出色完成国家、省长江办要求全面整治长江非法砂石码头的艰巨任务，顺利通过中央环保督察组及国家安全委员会的考核，开创“港口建设大会战”年度目标顺利完成、水上交通安全报事故为零、水域生态环境持续向好、港航经济发展环境更优、干部队伍风清气正的良好局面。非法码头整治工作的做法被作为典型经验在全省推介，在全省水运系统综合考评中获得第一名。

【港航联动发展势头强劲】　2017年，岳阳港务集团主动融入全市“港区建设大会战”，组织召开湖南区域港航物流发展研讨会，大力促进“路改水”和“散改集”等项目，确保集装箱运输市场的健康、有序发展。港口建设年度任务目标顺利完成，全市港航经济稳中向好，集装箱吞吐量达到42万标箱，比2016年增长24%，其中外贸吞吐量达400万吨，同比增长26%。

【《岳阳港总体规划》修编进展顺利】　2017年，市地方海事局领导多次向省、市领导专题汇报《岳阳港总体规划》修编工作，提请市政府组织召开调度会议加快项目进度。3月，邀请交通运输部规划研究院水科所、环科所领导到岳阳市洽谈修编事宜，开展前期调研工作，及时收集各种资料包括各县市区对规划编制的意见和建议向交通运输部规划研究院反馈。12月25日，交通部规划研究院完成《岳阳港总体规划》征求意见稿。

【港区重点建设项目】　2017年，岳阳市投资近7亿元用于港口码头工程建设，岳阳县鹿角1000吨级码头开始试运营，至年底，君山港区荆江门作业区（一期）、华容塔市驿长江作业区（一期）、湘阴港区漕溪港（二期）等一批重点项目全部顺利完工。“绿色港口”项目投入资金1.35亿元，完成城陵矶临港产业新区污水处理应用、水上过驳锚地建设、港口高效节能灯应用等13个项目。

【长江、洞庭湖非法砂石码头（堆场）整治】　2017年，全市港航部门通过“抓组织领导、抓动员部署、抓清理排查、抓整治规范、抓部门联动、抓成果巩固”等措施，将长江沿线39个非法砂石码头和洞庭湖区116个非法砂石码头（堆场）全部关停取缔并进行复绿。其间，出动执法人员8970余人次，清理移走砂石54.4万吨，节约长江黄金岸线10230米。

【船舶防污染工作】　2017年，市地方海事局针对“四大污染源”问题，加大对船舶用油的油品来源的追踪检查力度，严查船舶超载行为以杜绝船舶搅动金属底泥现象，全年处罚超载船舶175艘次，对751艘次船舶进行强制卸载，卸载砂石总量3.81万吨，严厉打击船舶污水和垃圾直排行为，查处此类案件134起（艘次）。

【涉砂船停泊秩序整治】　2017年，市地方海事局根据《岳阳市洞庭湖突出环境问题集中整治月行动方案》，集中开展对东洞庭湖范围内涉砂船停泊秩序的专项整治行动，将岳阳市中心城区水域停泊的742涉砂船舶全部按照要求进行分类处置，其中327艘到指定地点规范停泊，415艘船被劝离或是自主离开岳阳市水域。

【“战枯保畅”工作】　2017年，岳阳海事部门针对枯水季节提前制定应急预案，对湘江湘阴段“战枯保畅”工作进行周密部署，明确“分三段管控、分三级响应、确保三个目标”，按照湘阴湘江大桥水位持续走低的情况启动应急响应，合理调度，沿线联动，对重点物资、集装箱运输船实行“绿色通道”，累计组织通过运输船舶超过1.5万艘，实现枯水期航段的有序通航。

（刘　琦）

城市公共交通管理

【城市公交】　岳阳市公共交通总公司（简称市公交总公司）是岳阳市唯一一家国有中型客运企业，主要担负着城区公共交通客运任务。现有从业人员3800余人，其中驾驶员1800人，截至2017年年底，公司拥有营运公交车辆920台，比2016年增加4.1%；营运线路51条，同比增加2%；线路营运里程700千米，同比增加4.2%。全年完成营运产值1.29亿元，单车平均日产值747元，完成趟次131万趟。

【线网优化】　2017年，市公交总公司为优化线网布局，科学合理调整延伸7条线路：为落实市委“打造全域旅游”的指示精神，将15路延伸至火车东站，30路延伸至学府新城，打造“乘公交出行，游岳阳名城”的精彩名片；为配合殡仪馆回归公益模式改革，开通花板桥至市殡仪馆的公交新线，建树助力公益事业改革的风向标；以公交血脉滋润城市肌体，将7路延伸至岳阳职院，8路绕行岳阳楼区监申桥小区，11路、21路延伸至洞氮生活区，50路延伸至南翔万商，打通服务市民的“最后一公里”。

【场站建设】　2017年，市公交总公司通过艰辛努力，促成14.6公顷郭镇公交基地项目正式破土动工，完成郭镇公交基地土石方工程359653立方米，平整夯实90%；清表工作完成8.33公顷，清淤面积4580平方米；完成临时围墙等工程；完成三鑫驾校征拆腾地工作。配合相关部门启动第二轮道路微循环改造工程，改版8条城市主干道公交站牌信息，打造典雅、大方、靓丽、灵秀的城市名片。

【低碳环保纯电动车投入营运】

2017年，市公交总公司购置纯电动新车100台，新车主要采用全承载结构、气囊悬挂、无障碍翻板等先进配置，在安全性能方面更有保障，且运行平稳舒适，行驶无尾气排放，低碳环保。新车分别投放到6路、10路、11路、21路、25路等线路营运。

【文明品牌建设】　2017年，市公共交通总公司坚持外抓文明创建树形象，内抓安全强管理，大力提升企业软实力。创建提质美环境。实行车辆趟扫日洗、候车亭全天候保洁、公益广告全覆盖、公交志愿者活动持续增温。全年投入公益广告费用450万元，发布车身公益广告130台，候车亭公益广告1200幅，开展爱心让座、扶老携幼、文明劝导等一系列青年志愿者活动，建树靓丽的城市流动风景线。总公司被评为“文明交通我先行”志愿服务活动优秀单位。竞赛争先优服务。不断拓宽创争平台，广泛开展星级评比、“芙蓉杯”“安康杯”劳动竞赛等活动，全年投入星评资金540万元，评选出星级线路36条、星级驾驶员755名，评选出十大优秀青年、十大道德模范、四名企业劳模，全司上下掀起创争热潮，人人“争先创优”，个个“追星创模”。大力弘扬培育助人为乐新风，好人好事奖励机制与服务投诉处理机制双轨并行。全年发生好人好事1041起，收到锦旗30面，接收和处理“12345”工单1600件，有责工单14件，回复处理率100%。保证准点、快捷、舒适、安全的公交出行。品牌塑造向“高精尖”冲刺，不断加大含金量，增强集群效应。多层次创争，立体式推进，向全国、省、市三级荣誉称号进军。IC卡中心充值窗口被评为湖南省交通运输行业第八轮“芙蓉杯标兵岗”称号，35路线被评为市级青年文明号，52路线被评为市级工人先锋号。强力管控保安全。持续推进第四届“太平洋保险杯”安全生产竞赛活动，深入开展安全生产大检查大排查大整改活动，按照“全覆盖，零容忍，重实效”的总要求，全年重点检查车辆1.2万余台次，整改隐患车辆300余台次，教育处罚违章驾驶员200余名，安全间隔里程163.6万千米，事故起数下降38%，受伤人数下降10.4%。

（陈国阳）

现代物流

【千亿物流产业打造】　2017年，岳阳市培育壮大物流产业。全年新增4家A级以上物流企业，全市A级以上企业达30家，居全省第二位。全市物流业总产值约715亿元，同比增长14%。促进聚集发展。初步形成以城陵矶新港为依托的航运物流集聚区，以京港澳高速、国道107线为依托的公路物流集聚区和以京广铁路为依托的铁路物流集聚区。推动转型升级。成功争取“湖南城陵矶新港水公铁集装箱多式联运示范工程”落户岳阳市，全省仅此一家，获得交通运输部近亿元的资金支持，有效促进全市物流企业降本增效。

【岳阳市成功申报国家多式联运示范项目】　2017年，由市交通运输局牵头申报的全国多式联运示范项目10月通过交通运输部评审，这是继全国现代物流创新发展试点城市落户岳阳之后又一个全国试点项目在岳阳落户。该项目申报经过6个多月的准备，得到局主要领导的高度关注和具体指导，在市发改委、城陵矶新港区的大力支持下，该项目建设周期3年，将获得交通运输部近亿元的资金支持。

【推动物流企业提质升级】　2017年，岳阳弘昱物流产业发展有限公司、湖南新泰和绿色农业集团有限公司、岳阳森凯仓储物流有限公司、建华建材（湖南）有限公司4家物流企业成功申报国家A级物流企业，至年底，全市A级以上物流企业达30家，在全省位居前列。

【大型物流园区建设】　2017年，岳阳市根据“十三五”规划部署，全市综合货运枢纽建设项目有云溪森凯物流园、冷水铺集装箱物流中心、君山物流园、城陵矶综合物流园、城区物流配送中心等。通过交通基础设施网络的融合和综合货运枢纽体系的建立，将实现货物运输“无缝化衔接”。

（刘端　梁赱）

邮　政

【概况】　2017年，全市邮政行业业务收入（不包括邮政储蓄银行直接营业收入）累计完成7.9亿元，同比增长24%；业务总量累计突破10.7亿元，同比增长28%，占全省业务总量的5.6%，在全省排名第五位。其中，快递业务处理总量完成9800万件，同比增长44%，实现快递出港业务收入2.6亿元，同比增长45%。“双十一”期间，全市快递业务处理量突破600万件，最高日处理量突破70万件，是平日业务处理量的2.5倍。

【省邮政管理局领导到岳阳市调研】　2017年6月14—16日，湖南省邮政管理局党组书记、局长朱汉荣在岳阳调研时强调，要按照“打通上下游、拓展产业链、画大同心圆、构建生态圈”的总体思路，深化供给侧结构性改革，全面提升邮政企业创新服务能力，为经济社会发展提供有力支撑。朱汉荣深入岳阳市邮政公司中心局、湘阴县巨通快递电商培训基地、汨罗市邮政电子商务中心、汨罗市建设路邮政营业厅、汨罗市汨罗镇武夷山村电子商务服务中心，调研机关党建、快递下乡、服务三农、交通基础设施建设等情况，对岳阳市邮政快递企业建平台、讲奉献、助扶贫充分肯定，对岳阳市邮政管理局工作予以点赞。调研期间，朱汉荣观看岳阳市邮政体制改革发展五年纪实专题片，听取岳阳市邮政管理局工作汇报。朱汉荣要求，全市邮政行业要坚持正确的政治方向，深化落实从严治党要求，深入开展“两学一做”学习教育，强化为人民服务、以人民为中心的理想信念。要严格落实寄递安全要求，将管局属地责任落实得更好，把企业主体责任抓得更严，形成收寄验视、实名登记、过机安检的动作习惯。要充分利用交通枢纽优势，做好行业政策研究，当好地方政府邮政行业参谋角色，以工匠精神推动快递枢纽中心和陆路快件监管中心建设，为岳阳“江湖名城”建设贡献智慧力量。

【全市寄递渠道安全管理工作联席会议】　2017年8月18日，岳阳市召开寄递渠道安全管理工作联席会议，贯彻落实《湖南省人民政府办公厅关于加强寄递物流安全管理工作的实施意见》文件精神，回顾总结寄递物流安全管理工作，深入分析当前安全形势与存在的问题，研究加强寄递安全管理工作措施，全面部署党的十九大期间寄递渠道安全保障工作。会议由市政府副秘书长刘衡岳主持，市综治办副主任汤露出席并讲话，市寄递渠道安全管理工作办公室全体成员参会。市寄递渠道安全管理工作办公室主任胡荣满作工作报告。市综治办副主任汤露在讲话中对全市寄递渠道安全管理工作给予充分肯定，会议研究调整办公室成员名单，通报全省反恐督查及上半年安全监管类处罚案件，讨论《关于加强寄递物流安全管理工作的通知》《2017年全市寄递渠道安全生产联合督导检查方案》《寄递渠道安全生产监控预警平台建设方案》3个文件。刘衡岳传达8月16日副省长张剑飞到岳督查及全市安全生产整改部署工作会议精神，强调安全生产工作事关经济发展大局，事关社会和谐稳定。必须站在讲政治的高度，充分认识做好新形势下安全生产工作的极端重要性，切实维护好安全生产的良好秩序。

【全省首批县级寄递渠道安全管理工作办公室成立】　2017年，市邮政管理局通过汇报推动，市综治委印发《关于进一步健全县级综治委寄递渠道安全管理工作协调机构的通知》，全面推进县级寄递渠道安全管理工作办公室组建工作。根据通知要求，依托六县三区综治办组建县市区综治委护路护线联防专项组寄递渠道安全管理工作办公室。办公室实行“双主任”制，分别由县市区综治办主任和县市区政府办公室分管协调交通口的副主任担任主任，县市区公安、交通、工商、文化、邮政、商务等部门单位担任成员，市邮政管理局选派行政执法人员担任各县市区联络员。通知明确办公室工作职责：推动县级有关部门贯彻落实中央和省、市有关寄递渠道安全管理工作的决策部署，分析邮件、快件寄递安全形势，研究解决重大事项；建立完善寄递渠道安全管理工作机制，组织协调有关部门严厉打击寄递渠道违法犯罪活动，加强日常考核，落实工作职责；加强寄递渠道应急管理能力建设，强化应急演练，及时处置突发事件，确保寄递渠道安全运行。县级寄递渠道安全管理工作办公室的成立，是市邮政管理局在解决县级

岳阳市寄递渠道安全管理工作联席会议　　（市邮政管理局　供稿）

以下邮政管理机构缺失、监管力量不足问题，推进邮政管理工作向下延伸，全面落实监管责任，夯实行业安全基础的重要举措，有效加强与县级政府及相关部门的协调联动，推动工作重心下移，延伸监管工作触角，全市县级以下邮政监管体制建设取得重要突破。

【平江县“快递+电商”发展调研】 为贯彻落实《湖南省人民政府关于促进快递业发展的实施意见》及省邮政管理局有关通知精神，全面了解全市农村地区“快递+电商”协同发展情况，2017年11月，市邮政管理局就平江县“快递+电商”协同发展情况进行专题调研，进一步探索“快递+电商”协作共赢模式，培育接续地方经济发展动力。

平江县近年来现代服务业发展态势良好。调研组通过发函征询、实地走访、现场座谈等方式，深入了解当地政府电商扶持举措与思路，重点调研电商企业发展现状与远景规划，以及邮政、快递网点业务量收等详情。2016年，全县新增电商企业15家，电商交易额突破3亿元，比2014年翻一番；全县主要快递品牌于2016年完成业务量312万件，2017年预期突破800万件，年均增幅超过150%，远高于全市同期35%的平均增速，收派比逐年提升至1：1.2，趋向平衡。农村地区快递物流、电子商务发展迅猛。

调研组综合县情业态提出平江县要进一步加强行业治理，进一步促进同频共进，进一步加大基建投入。加快全市“快递+电商”协同发展，一要转变认识，全面推广“平江模式”。立足全市区位优势，要以农村和跨境两方面的业务为突破口，提高快递在服务农村电商和跨境电商的服务能力。二要争创试点，打造协同发展示范城市。加快全市“快递+电商”协同发展，依托区域性物流节点城市和地方产业优势，向国家邮政局、省邮政管理局争创试点。依托空港物流园区建设，引进国内大型知名邮政、快递企业设立区域总部、集散中心，并予以政策上的支持。三要整合资源，发展“互联网+集体经济”模式。在岳阳市大力发展电子商务，应该从现实出发，对电商资源进行整合，借助国家实施加快培育农业农村发展新动能的契机，积极融入，转变传统的生产和经营模式，发挥互联网优势，拓宽销售渠道和范围，完善快递服务物流网络，推动发展“互联网+集体经济”模式的农特产品电子商务。

（柳　毅）

【市邮政分公司转型升级】 2017年，中国邮政集团公司岳阳市分公司（以下简称市邮政分公司）以集团公司“一体两翼”发展战略为指引，贯彻落实省公司五大发展理念，以“做实基础、创新发展、借势融势、对标赶超”工作方针，动员全市邮政干部职工应对挑战、抢抓发展机遇、推进改革创新、加快转型升级，各项工作取得长足进展，全面推动企业改革创新发展。全市邮政累计实现业务收入5.2亿元，完成省公司预算的105.05%，超产2499万元，同比增幅16.63%，进度、增幅分别居全省第四位和第五位。在全省邮政年度绩效考核中被评为先进企业称号，被中国质量协会评为实施全国用户满意工程（企业类）先进单位，全国邮政系统仅5个单位获此荣誉，也是岳阳市唯一获此荣誉的服务企业。

【市邮政分公司金融业务】 2017年，市邮政分公司开展“新百亿”工程，以“答谢客户社区行”和“服务农民乡村行”两行走访活动贯穿始终，并重点谋划夯实代理金融基础工作，二季度重点围绕邮储余额“二季度不淡季、三季度不蕴育、四季度不冲刺”核心目标，扎实开展夯基础、强体系、建模式破题工作。“二三会战”期间，提出“要聚焦有魂、要增效降本、要创新融合、要转型显效”的口号，在各级领导高度重视、各个部门精心组织和全体人员真抓实干下，打响“二三会战”攻坚战，二、三季度全市新增储蓄余额18亿元，超计划3.44亿元，完成进度123.75%，进度在全省排名第五位，为金融业务降本增效、健康常态发展找到新路子。截至年底，全市储蓄余额规模达208.69亿元，全年新增32.64亿元，新增储蓄余额规模在全省排名第四位，增幅18.54%，在全省排名第二位。

【市邮政分公司包裹快递】 2017年，市邮政分公司加快融入地方经济，将邮政的“四流合一”优势与岳阳的“工艺产品、农业产品、旅游产品、生活服务业产品、建材家居产品以及名优特产”等优势资源相结合，全力以赴推进岳阳邮政寄递类业务超常规发展。树立“一极、三全、二十招”发展理念（“一极”：确立快递包裹发展业务发展作为新的增长极。“三全”：全员齐上阵、全面拓市场、全程抓管控。“二十招”：细分市场二十招），得到省邮政公司的高度认可，在全省复制推广。同时大力推行“336”工程（3包—3级—6层），持续开展快递包裹再亮剑、“大走访、大签单、大提质、大提量”活动，做大做强岳阳邮政包裹快递业务。全市累计完成包裹快递业务量740.22万件，完成收入5342万元，量收较2016年同比分别增长112.4%和37.4%。完成省邮政公司收入进度104.96%，收入规模全省排名第三位。其中，快递包裹累计完成701.8万件，年日均1.9万件，同比增幅115.5%；收入3764.8万元，同比增长40.6%。逐步走上规模化发展后，效益发展步入正轨，轻小件的揽收占比达90%以上。

【市邮政分公司农村电商】 2017年，市邮政分公司顺势而为，充分发挥行业优势，探索农村电商发展新模式，主动融合农村主导产业，大力实施农村电商精准脱贫工程，把“互联网+”新经济形态引入农村，依托电子商务新型业态推动贫困农民创业就业，成功打造多方共赢的农村电商综合服务平台。通过建优渠道、做实批销、线上线下、“平台+”等工作，发展模式日渐清晰。全市有高标准、全功能县级电商公共服务中心1个，一般功能县级电商公共服务中心5个，综平站点3257个，其中邮乐购实体店2170个。批销业务项目引领。通过“邮盐配”等大项目以点带面、客户节（“919扶贫助农”电商节和“邮乐

开展寄递渠道联合执法检查 （市邮政管理局 供稿）

双十一”电商节）以节造势，取得良好的效果。主动融入发展大势、紧跟热点冷门，借力党和政府精准扶贫政策，将邮政农村电商扶贫推上全新的台阶，企业品牌认知度和社会影响力进一步提升。全年累计完成渠道专业收入3323.13万元，完成省邮政公司计划的132.92%。其中，增值业务板块收入进度在全省排名第一位，同比增幅全省排名第一位。分销板块收入进度全省排名第四位。

【市邮政分公司文化传媒深度融合】 2017年，市邮政分公司借力驿路丝路·复兴路全国集邮巡展，将新邮首发与社会政治文化活动紧密联系在一起，充分融合集邮、函件业务，策划、开发“五个一”旅游项目、“四大会战”崛起新岳阳个性化邮票以及《开放崛起·岳阳》邮册产品，取得很好的社会与企业效益。4月“腾邮赢客中国行”营销峰会累计签订合同203份，签约金额311.64万元，峰会签单收入达到342%。板块间的联动以五一劳动节、端午节、六一儿童节、重阳节等主题活动为契机，将函件、集邮、报刊零售、渠道部等专业产品进行组合，开展投递员、营销员、营业员“比业绩、学先进、树榜样”竞赛。传统项目封片旺季营销快速推进，9月开展封片旺季营销战役，完成报印收入1350万元，完成计划进度的113%，规模和进度均在全省排名第一。大收订实施“错峰经营”，实现流转额6372万元，完成进度103%，在全省排名第六位，在线订阅完成1198.46万元，完成进度221.9%，在全省排名第一位，微信订阅完成1197.12万元，完成进度272.1%，在全省排名第二位。

【市邮政分公司营销体系协调】 2017年，市邮政分公司以破题邮务类业务为重点，充分对企业内部状况、竞争对手、合作伙伴、宏观环境等进行分析研究，并因地制宜的制定营销体系建设的配套措施，团队建设在“条块结合、点面结合、平战结合”的工作原则下日趋完善规范，团队营销实力稳步提升。邮务类业务完成收入7419万元，完成省邮政公司进度110%，增幅16%，进度全省排名第一位，营销体系建设工作领跑全省。

【市邮政分公司网路运营管控】 2017年，市邮政分公司邮件处理设备的新增及改造，网路运营中心邮件转运作业整体的外包，营揽投部的提质，智能包裹柜的全面布放使得内部处理时效大幅提升。多条外省邮路的组开，市内趟班及市内快递包裹盘驳专趟邮路的优化整合，促使邮件传递时限更加快速。农村投递网的优化升级和“私车公助”方案的运营，实现乡镇以下农村“周五班”100%覆盖。旺季邮件量的精准预测和应急预案的提前规划，确保“双十一”等旺季时间的邮件疏运平稳。

【市邮政分公司加大硬件投入】 2017年，市邮政分公司投入2950万元用于全市网点建设，其中，重建网点1个、新购置网点4个、装修改造网点17个。同时加大对各类设备设施的投入，全市投入990万元用于科技创新，充分发挥科学生产力的积极作用。

【市邮政分公司服务能力提升】 2017年，市邮政分公司严格履职检查，定期召开通信服务质量联席会议，开展“寄递之夜”、送教下基层、“对标学标，督学纠错”等教育培训活动，邮速联合组建客服管理中心，进一步提升服务水平，客诉明显减少、体验显著提升，投诉量同比下降1.45个百分点，邮政客户满意度86.37分，在全省排名第一位。机要通信通过“外树服务形象、内保安全质量”竞赛活动强化各项管理工作，连续24年无失密丢损事故和延误差错。

（罗焙文）

城乡建设与管理

URBAN—RURAL
CONSTRUCTION AND
MANAGEMENT

责任编辑 · 曹春友

综 述

【概况】 2017年，岳阳市住房城乡建设系统贯彻落实党的十九大精神，紧扣“国家区域性中心城市、湖南省域副中心城市、洞庭湖区生态示范城市和滨湖人文城市”以及“1+4+2”城市圈的战略目标，统筹谋划，全力攻坚，各项工作取得突破，一批项目超前推进。市住建局被评为全国住房城乡建设系统先进集体、全市综合绩效考评优秀单位、社会治安综合治理、文明创建先进单位，岳阳市城市黑臭水体治理、建筑管理、城建档案三项工作被评为全省先进。

【生态修复】 2017年，市住建局推进岳阳市生态修复，加速黑臭水体整治。市中心城区32处黑臭水体治理，提前1个月完成省定20处年度整治任务，公众评议满意率97%以上，得到副省长何报翔、隋忠诚以及省住建厅厅长鹿山的充分肯定。启动铺开“洞庭湖突出环境问题集中整治月”活动，整治工作加压提速。南湖新区任务最重但进度不减，城陵矶新港区由点到面扩展到芭蕉湖管网建设，岳阳经开区、市城建投提前启动2018—2019年整治项目。

加速黏土砖厂整治。在全省率先推出黏土砖瓦厂关停验收标准，全市列入计划的87家黏土砖瓦厂全部依法关停取缔。各县市区积极跟进，扩大战果。湘阴县、汨罗市超额关停30家以上，君山区妥善解决遣散人员务工及子女读书等问题，云溪区以奖促拆倒逼进度，屈原管理区加速复垦见绿。全市投入资金5013万元，实际关停242家，转移安置人员2220人，复垦土地26.67公顷。

加速污水处理项目建设。全省“两供两治”6个城镇污水处理设施项目中，岳阳经开区罗家坡二期、湘阴县二期、平江县天岳新区、华容县麻里泗等4个项目基本完工。14座乡镇污水处理设施项目启动7个，华容县注滋口镇等3个项目开工。临湘市桃林镇、平江县福寿山镇项目大力配套管网，湘阴县污水处理厂二期一级A提标正在实施。

【住房保障】 2017年，市住建局践行为民服务的根本宗旨，尽职尽责保障民众住有所居。棚户区改造助力宜居建设。全市完成棚改41936户，完成投资173亿元。其中，省定任务37873户全部完成，市中心城区完成棚改20395户。岳阳楼区作为中心城区主战场，打好“一事一议、一户一策”和公产公职带头等“组合拳”，棚改推进顺风顺水；南湖新区以基层党建为引领，形成快速有序、依法依规征拆的“天灯咀经验”。农村危房改造助力脱贫攻坚。全年向省住建厅争取年度危改指标7905户以及补助资金1.94亿元，实际完成危改12768户，超额完成省实事任务。其中，脱贫出列187个贫困村1332户改造全部完成。全市改造农村危房7.45万户，争取中央、省级补助资金7.5亿元。优化服务助力民生保障。完成公租房分配6511套，超额完成省定任务，完成公租房分配8.25万套。市中心城区启动5000套定向限价房建设，为棚改困难户带来福音。汨罗市突出棚改与市场调控两手抓、两手硬，去库存成效显著，房价涨幅控制在较低水平。

【城乡建设】 2017年，市住建局坚持城乡建设两手抓，两手都要硬的工作思路，加强城乡统筹，推进协调发展，全市城镇化率57.2%，比2016年提高1.53个百分点。

核心带动。市中心城区围绕“1+4+2”城市圈战略，紧扣“路网建设、水系整治、综合提质”三大要素，突出构建城市环线、打通关键枢纽、完善路网结构、提升循环能力、配套重大项目五大重点，实施城建项目1[illegible]5个，完成投资59.2亿元。其中，交通大会战十大基建项目完成投资25.3亿元。完成海绵城市专项规划编制，储备项目54个，概算投资25.63亿元。

基础建设。各县市区坚持基础先行，将城市路网、管网等市政基础设施建设作为主抓工作，不断提升城市功能。临湘市主动融入“1+4+2”，大力实施城建“2124”行动，特别是将湘北大道临湘段提质改造作为“一号工程”，建设成效突出。华容县投入城建资金近4亿元，县城聚集产业、吸纳人口、统筹城乡的综合承载能力明显增强。

村镇示范。创建“全国特色小镇”华容东山镇、“全省美丽乡镇示范”湘阴金龙镇、岳阳县张谷英镇、汨罗弼时镇。平江横冲村、岳阳县清水村作为“环境示范村”，岳阳县月田村、平江平安村、临湘梅池村作为“国家级传统村落”上报住建部。其中，岳阳县统筹推进重点镇、示范镇和乡村基础配套建设，村镇建设投入1.5亿元；平江县创新方法，规范村民集中建房形成示范式“集中连片”、整村式“安居扶贫”和搬迁式“移民安置”的特色。

【产业经济转型】 2017年，市住建局贴心服务经济建设，推进建筑业和房地产业协调发展。全市建筑业形成以525家施工企业为支撑，勘察设计、监理、检测、商品混凝土、装配式构件制造等企业为配套的体系，从业人员14万多人；房地产业形成以354家开发企业为龙头，物业、中介、装饰等企业为配套的产业链，从业人员4万多人。

推进建造方式变革。落实国家推进装配式建筑和绿色建筑的部署，编制“十三五”发展和生产基地布局两个规划，实施市委周转房、春兰家园公租房、岳阳机场航站楼等一批项目。推出建筑节能与新材（产品）58项，完成建筑节能工程验收57项。可再生能源建筑应用完成示范项目60个，即将迎接国家验收。

激发产业内生活力。出台建筑业、房地产业税费协控联管办法，并通过优化工程招投标、资质升级增项、提升从业人员素质等助推产业发展。“四上”企业申报在全市名列前茅。新增建筑业企业40家，房地产企业56家。全年完成建筑业总产值372.6亿元，比2016年增长20.5%；贡献税收20.3亿元，比2016年增长25.7%。全年完成商品房销售额241.65亿元，485.53万平方米；存量房成交额29.6亿元，111.75万平方米，办征税收14.19亿元，房地产从业人数和劳动薪酬总额同比分别增长31.9%和39.5%，增幅居全省第一。

加大房地产调控力度。出台加大住宅土地供应、盘活存量房市场、加强监管等“十条”措施，会同发改、财政、国土、规划等部门联合行动，全市在受控的70个大中城市房价环比排名从最高第四位下降至五十六位。

【行业监管服务】 2017年，市住建局以监管为抓手，以服务为目标，切实优化行业监管服务。

优化审批服务。实施“窗口一站式服务”，施工许可由规定时限15天压缩至8天，其他审批时限压缩1/3以上，争取省住建厅将三荷机场项目初步设计审批下放岳阳市。快办快结服务湘北大道提质改造、城市生活垃圾焚烧发电、洞庭湖博物馆、东客运枢纽等一批重点工程，助力重点项目建设。

质量安全监管。开展10次专项整治，查处违规项目30个，对5个项目10家企业纳入差别化管理，对40家企业和6名责任人红黄牌警告，并与诚信评价、安全认证、招投标等挂钩实行联合惩戒。年内，岳阳市代表湖南省顺利通过全国工程质量安全提升行动检查，全年创省芙蓉奖工程5个、省优工程18个，市优工程69个，为十年来最佳成绩。

完善管理机制。以绿色（装配式）建筑、海绵城市、城市排水（污）管网建设为突破口，出台联动监管工作机制，加强事中事后监管。全面推进智慧住建，启动智慧工地试点。城市地下管线建设管理在全省率先完成普查、建立系统和投入使用。推进行业信用体系建设，全市第二届诚信之星、诚信人物、诚信企业评定的27家企业和人物中，建筑业企业有8家及1人入选，占总数的1/3。

（任　勇）

城乡规划

【概况】 2017年，岳阳市规划局（简称市规划局）贯彻落实创新、开放、协调、绿色、共享的发展理念，围绕市委、市政府决策部署，发挥规划的战略引领和刚性控制作用，较好地完成全年预定的工作任务。住建部两次向全国推荐岳阳市的禁拆治违经验，负责起草的《岳阳市历史文化名城保护条例》《岳阳市城市规划区山体水体保护条例》均获得省人大常委会通过，正式成为地方法规；“一书两证”发放率、准确率均为100%；收取城市配套费2.3亿元；行政审批“两集中、两到位”改革经验被市委深改领导小组向全市推广；服务交通大会战工作在市政府全体（扩大）会议上作典型发言；《湖南日报》发表题为《生花妙笔绘胜状》的文章，将市规划局工作经验向全省推介。

【规划编制】 2017年，市规划局以规划编制为全局工作重点，精心开展规划编制，科学引领城乡发展。面对构建国家区域性中心城市的新形势、新任务、新要求，市规划局审时度势，及时启动总规修改。总规修改分为评估编制、战略编制、方案编制三个阶段，第一、二阶段的工作全面完成。召开对接会和部门协调会160多次，多次向省厅汇报，在扩大城市规模等关键问题上均取得省住建厅支持。总规修改方案初步完成后，根据中共十九大精神和总规改革新要求，及时对总体规划方案进行调整优化，规划成果顺利通过市级层面审查。自2016年4月启动的城市综合交通体系规划编制，现完成规划纲要审查，正全力进行规划成果编制，工作取得阶段性成果。开展岳阳市中心城区河湖连通规划编制，通过实地踏勘和征求意见，设计单位提出切实可行的河湖连通方案，现规划方案通过专家评审，规划成果报市政府审批。克服时间紧、要求高、任务重的困难，高效优质完成洞庭新城片区控制性详规编制任务，通过市规委会审查，住建部审批项目岳阳楼景区详规呈报住建厅和住建部审查。《岳阳空港经济区发展规划》《三叉港片区控制性详细规划》完成部门及专家审查，规划成果报市政府审批。督促和指导各领域、各部门全面开展专项规划编制，配合市水务局、市消防支队等部门开展《岳阳市城市水利规划》《岳阳市消防规划》等多个专项规划内部审查，组织完成市规委会专题会议审查。全市104个乡镇完成镇域布局规划94个，1413个村完成村庄规划468个；协助完成《屈原农村改革集中区总体规划》《羊楼司镇总体规划》等规划编制，并落实规划编制经费；对易地搬迁规划选址和规划实施进行专项督查，联合举办乡村规划编制暨规范村民建房骨干培训班，参与村民规范建房指导督查。

【规划审批】 2017年，市规划局稳步推进规划管理创新，不断优化规划服务举措，努力提升服务水平。推进“两集中、两到位”行政审批改革试点，按照国家“放、管、服”的要求，率先出台改革方案，创新“一站式服务平台”网上办理、修建性详细规划和建筑设计方案评审“两审合一”的服务形式。在试点过程中，结合上级要求和工作实际认真清理行政审批事项、修改审批流程、缩短审批时限、修订服务指南，出台《岳阳市规划局行政审批事项办理流程》《行政审批服务指南》《行政审批中介服务事项目录（一）》，并上报市、省改革办批准，“两集中、两到位”试点获市委深改领导小组的充分肯定，并在市直单位推广。组织召开规划委员会第一次全会，召开业务例会16次，研究议题130余个，全年核发“一书三证”298份，其中核发项目选址意见书51份，用地面积498.5万平方米，核发建设用地规划许可证157份，面积935.8万平方米，核发建设工程规划许可证90份，面积436.1万平方米，无一例出现差错。对建设工程放线定位、位置复查、主体工程验收、监管备案等重点环节实行全程跟踪监管，确保项目建设可控。全年监管项目58个，下发法律文书877份，办结违法案件9起，处罚19.1万平方米，罚款621万元。在应用“一站式规划管理平台”的基础上，开展“三维电子会商室”业务审批网络化管理建设，建立三维数据模型、搭建三维仿真辅助决策平台，实现二、三维联动；及时更新清理数据，完成925幅基础地形图、9个片区控制性详细规划坐标转换，扫描上传历史档案172本，发布信息365条，推送68条；无缝对接《湖南省投资项目在线审批监管平台》和《湖南省网上政务服务及电子监察系统》，对网上审批事项即办即登，受理办结236件，办结率100%。

【禁违拆违】 2017年，市规划局围绕“新增违建为零，存量违建清零”工作目标，立足“规划、协调、督导”职责职能，强力推进禁拆治违。牵头组织全市禁拆治违工作千人大会，坚持“周通报、月讲评、季考评”工作机制，及时部署、总结禁拆治违工作，将县市区禁拆治违纳入统一调度范围，确保禁拆治违工作同频共振，强势推进。综合运用航片监控、实地巡查、数字平台，完善禁违平台和私房普查系统，形成全方位、全天候、全覆盖的监管模式，禁拆治违工作效率明显提高。禁违干部忠于职守，实干担当，以铁一般的作风确保目标任务的完成。全市拆除各类违建5618处79.8万平方米，完成全国违法建设专项治理五年行动上报目标任务85%。依法拆除中南二手车市场违建车棚、王家河风光带5层700平方米大体量存量违建楼房等典型违章建筑25处，拆除芭南两湖连通、东风湖新区、中心城区棚改等重点区域违建864处10.2万平方米。禁拆治违经验两次在《全国城市建成区违法建设专项整治五年行动情况通报》专题刊发，并被上海城市规划学会、山东淄博市等收录转发，得到住建部充分肯定。

【规划服务中心工作】 2017年，市规划局紧扣市委、市政府决策部署，强化责任担当，发挥专业优势，全力服务中心，有效推动发展。重点项目规划服务又好又快，获得全市各界一致好评。开展天灯咀棚户区改造、“五个一”旅游、“三馆三中心”等重大项目的规划编制，完成洞庭新城控详规划和环球中心的选址论证，三荷机场相关规划编制和航站楼报建手续；启动《临港产业新区总体规划》编制，完成天灯咀水街规模论证报批、土地置换和规划方案审查；为洞庭湖博物馆、友阿国际商业广场、三家河景明园、白杨坡小学等项目加班加点服务，优化简化流程。制定交通大会战工作方案，形成全市交通发展“蓝本”；多次组织项目专题研究会，高标准、高起点规划交通项目；完成9条城市道路、2条干线道路、2条高速公路的规划设计方案审查、规划行政许可及市级规划意见审批；为交通建设项目审查审批开辟绿色通道，抽调专人负责，主动及时对接相关部门，确保交通项目尽快落地。服务交通大会战得到市委、市政府的充分肯定，市委通报第11期对市规划局推进国道353建设通报表扬。建立定期调度、联合审批等工作机制，加强巡查值守，制作高清航片，实行动态维护，完成2017年棚改项目及配套工程的调查摸底和征拆红线图，完成棚改策划方案、十大片区棚改概念性方案的审查与报批，对接棚改办做好旧城更新专项规划；按照土地出让计划，完成步行街南辅道、杨树塘等6宗地的出让红线及指标；全力配合限价房建设，协助制定限价房实施办法，对洞庭新城安置房、天正经济适用房、长寿延寿家园等项目下发设计条件通知，组织建筑方案评审。紧扣试点目标任务，坚持规划引领，着力在产业支撑、基础设施建设、公共服务保障上下功夫，“一对一”指导发展特色产业，建立试点重大项目清单，突出抓好试点进度督查和成员单位经验总结。新型城镇化试点工作稳步有序推进，在8月的中期评估和11月的年终检查中获得省住建厅检查组的高度评价。同时，科学编制保护规划，组织编制洞庭南路、鱼巷子、慈氏塔等整治保护规划，配合编制粤汉铁路英国专家楼保护规划，督促编制陆城南北街整治规划；组织历史文化名镇名村申报，临湘羊楼司镇，以及羊楼司镇的龙窖山村、梅驰村，湘阴县青草湖村被授予省级文化名镇和名村；开展历史建筑测绘，完成城区历史建筑普查工作，启动历史建筑测绘和挂牌工作；在岳阳电视台、《岳阳日报》分别设立专栏，宣传名城保护，特别是《岳阳历史文化名城保护条例》正式颁布实施，为历史文化名城保护提供根本遵循和法律保障。

（陈　思）

城市建设

【概况】 2017年，岳阳市城市建设投资集团有限公司（简称市城投集团）全体员工团结拼搏，敢于担当，圆满完成年度各项目标任务。年度工作得到市委、市政府主要领导的肯定和社会各界的好评。集团公司党风廉政建设工作得到市委通报表扬，集团公司被评为2017年度全市综治工作先进单位，安全生产工作、财务报表工作被市国资委评为2017年度先进单位。

融资筹资。集团公司（含市水建投、市旅游发展公司）年内完成授信380.15亿元，实际到账212.2亿元，其中，市城建投完成授信356.6亿元，实际到账185亿元，争取汴河园路、青康路、置田庄路资金到账4075万元；市水建投完成授信13亿元，实际到账18.6亿元，获得土地返还款3.6亿元；市旅游发展公司完成授信10.55亿元，实际到账4.6亿元。集团公司累计支付各类资金160多亿元，其中：按期还本付息65.83亿元、拨付棚改资金74亿元（累计拨付115.83亿元）、支付工程款及其他资金24.67亿元。全年实现投资收益6002万元、污水处理等经营收入1300万元、各项财政补贴1.6亿元。天灯咀、金凤桥片区土地收入返还工作正在推进。

项目建设。东风湖新区建设强力推进。润东路累计完成投资6000万元，东风湖上湖景观带建成800米，建设北路绿化提质完成。东风湖（含吉家湖）环境综合治理工程规划设计招标，召开方案设计技术审查会。马壕污水处理厂二期工程完成方案设计等前期工作，埋设临时排水管约100米，组织完成场内平整、外运土方约8万立方米，完成支护桩300根。12月7日，市政府第11次常务会议原则通过东风湖新区规划方案。《2017年市政府工作报告》给予肯定。芭南两湖连通工程全面推进。自6月30日开工以来，完成隧道出口清表、临建工作和隧道入口土石方、边坡维护部分工

岳阳市医疗废物集中处置项目在云溪区陆城镇正式开工建设

（市城管局 供稿）

程，累计完成投资1500万元。交通建设大会战稳步推进。奇康路完成总投资1.94亿元、汴河园路完成投资1.75亿元、金凤桥北路完成投资8883.25万元。重点项目有序推进。市图书馆新馆项目主体工程完工，白杨坡公园、市委周转房及地下停车场项目完成建设，年前正式交钥匙的目标全面实现；市委党校整体改造项目12月20日正式开工建设；巴陵东路大桥全面通车；分水垄路北段、开发中路顺利推进。积极做好由集团公司投资、市直部门单位实施的19个监管项目服务工作，完成投资14645万元。开发经营实现突破。房地产板块：恒大绿洲项目可实现净利润2亿元，返回公司土地成本1.7亿元，盈利到账4287.5万元；美的地产梧桐庄园项目2017年连续两次开盘，销售额9.33亿元；金凤桥片区17.6公顷土地2017年挂牌出让（挂牌价5.4亿元、出让价15.5亿元），为市财政增收10亿元。与碧桂园地产合作开发的奥体华府项目开工建设，预计2018年6月开盘。3624套定向限价商品房全面开建。旅游文化板块：君山岛君澜度假酒店累计接待客人2万多人，举办各类会议、活动60多场次；君山银针茶业公司投资近1亿元，52%控股湖南省君山银针茶业公司，全力打造“茶叶+文化+旅游”为一体的综合性产业园；天岳幕阜山国际度假旅游区通过国家AAAA级旅游景区景观质量评审，预计2018年9月完成新三板挂牌；与云溪区政府合作开发的清溪旅游项目取得明显进展；市体育中心场馆成功举办大型公益性和经营性活动30多场次。环保水务板块：黄梅港污水处理厂和马壕水质净化中心日处理能力8万吨，每年可获财政补贴3000万元。罗家坡污水处理厂二期工程（占股34%）主体工程完成，即将投入运营。城市公共资源经营板块：蛇皮套三大湖工程开工建设。建成并运营停车场7个，停车泊位1131个，完成经营收入376万余元，同比增长7.6%；在建停车场3个，计划新建停车场9个，可新增泊位近5000个。参股神华国华岳阳电厂15%，投资约20亿元。推进与中石化岳阳分公司合作建设城区加油站。金融投资板块：积极参股华润燃气、华融湘江银行、交通银行等项目。作为第一大股东，参股岳阳农商行20%，实现盈利。

（杨飞跃）

城市供水

【供水业务发展】 2017年，市自来水公司加快供水业务发展，取得历史性突破。全年完成供水量8941万立方米，售水量6272万立方米，实现主营业务收入1.63亿元，同比分别增长4.8%、3.3%和4%，水费当期回收率97.2%，量、价、费均创历史新高。实现主业利润252万元，子公司完成收入2.55亿元，实现利润1303万元。

【拓展完善供水布局】 2017年，市自来水公司推进“四大会战”配套供水项目建设，统筹城市供水空间布局，完善部分管网迁改。全年新敷设市政供水管线17条，管线延伸12246米，迁改管线12条6039米。临湖公路主管线启动施工，市政府统筹出资1.5亿元，开启城市供水东进北拓的新蓝图。完成长康路北段主管线建设6400余米，皇姑塘管线整体迁改，制水二厂出厂水向东、西、南、北4个方面建立供水路径，对市政供水中心和供水安全保障产生积极影响。完成巴陵东路王家河桥管线迁改，启动实施湘北大道管线迁改，完成求索路至岳兴花园管线建设1700余米，连接长康南路和湘北大道的赶山东路管线全面完成。统筹推进港口大会战、园区建设大会战，完成城陵矶路、云新大道、木里港路、中科路、金星路、瓦子坡路等管线建设2400余米，实施芝兰路、穆家坡路供水管线建设。

【提升供水品质】 2017年，市自来水公司开展供水设施提质改造、制水工艺的升级改造和供水设备的自动化改造，确保市民用水品质。全年投入1000余万元，完成制水一厂高压配电系统、一、二泵房水泵电机机组提质改造，4万、5万吨滤池虹吸管自动化改造，更换4万系统斜管，提升制水一厂生产运营保障能力。加强水质监测能力建设，添置恒温培养箱、电子分析天平等6台水质检测仪器设备，更换1台水质监测用车，出厂水水质达到或优于国家标准。

【实施供水分离】 2017年，市自来水公司加快推进“三供一业”供水分离移交。省、市重点供水分离移交单位中石化巴陵分公司、长炼分公司均按时间节点完成相关工作，受到中石化总部和市政府的肯定，巴陵分公司岳化片15776户签订供水分离产权移交协议；完成巴陵分公司城区115户和长炼分公司岳阳小区1374户供水分离移交水改施工。协调推进其他驻岳央企、省企供水分离移交，完成泰格林纸集团、长动、洞纺供水分离水改工程，启动华能电厂、国网公司水改施工，完成岳阳电信公司、市烟草公司、岳阳移动公司、城陵矶港务公司等单位供水分离设计1.38万余户。

【智慧水务建设】 2017年，市自来水公司推进“智慧水务”建设，强化大数据管理意识，推动供水管理的现代化。全面使用岳阳供水水务通，该项成果获得北京中关村天合科技成果转化促进中心评定B级。建立分区计量系统及分区远程采集系统，加快调度系统开发，启动公司模块化机房及无线Wi-Fi网络设计，完成管网地理信息系统官网节点录入32845个，水表附加点录入17961个，测量管线140余千米。

【供水服务】 2017年，市自来水公司规范窗口服务行为，制定《客户服务窗口标准规范》。微信、微博、网站、供水服务热线形成“四位一体”的对外服务平台，全方位24小时服务用户。成立城东、城南、城北3个供水分公司，实行分区供水管理，强化供水分公司抄表、催费、维修、巡线、联络、宣传、咨询职能职责，形成综合服务效应。打通供水服务“最后一公里”，改造湖滨月山片区、华菱融域、湘爱园等30多个社区管网3600余米。持续提升抢修效率，全年组织管网抢修6138处，抢修及时率90.5%。关注各种媒体发声，正确引导舆论舆情，全年在市内外新闻媒体刊发稿件22篇。建立有效的信访投诉机制，全年受理“12345”工单3820份，处理市长信箱52件，按期办结率100%。供水服务热线受理工单8650份，客户服务中心接待来访用户913人次，及时处理398次，现场落实515处，公司被评为2017年度市政府“12345”公众服务热线优秀单位。

（翟雪琪）

城市供电

【电力服务】2017年，岳阳市电力产业完成产值146亿元，同比增长约6%，完成能源项目投资28亿元，同比增长10%，新增电力装机4万千瓦。华能岳阳雷鼓台20兆瓦光伏电站、汨罗鹤集湖20兆瓦渔光互补发电、湖南兴业光伏发电项目（一期工程）建成并网发电。神华国华岳阳电厂、华电平江电厂发电项目列入湖南省火电计划，因国家防止煤电产能过剩而暂缓开工。110千伏梅仙变新建项目竣工，110千伏思安变扩建、35千伏鲇市变等10个项目顺利实施。完成280个行政村配电网改造，302个行政村配电网改造项目全部竣工。至年底，国网岳阳供电公司实现连续安全生产5432天，全年完成售电量93.02亿千瓦时，增长率6.72%。全年完成电网建设投资6.97亿元。竣工投产梅仙变、思安变等3个110千伏、10个35千伏新建扩建项目，完成337个小城镇（中心村）、78个村村通动力电建设任务。竣工投产35千伏及以上变电容量78万千伏安，输电线路27.94千米，集抄安装完成50万户。10千伏白西线获评国家电网公司百佳工程，5个10千伏工程分获国网湖南省电力有限公司流动红旗和优质工程。编制完成“十三五”电网滚动规划、电网设施布局规划，完成4个交通重点工程79条10千伏及以下线路迁改任务。

（罗 平 胡 滔）

【改进供电营销服务】 2017年，国网岳阳供电公司深化营销现代化体系建设。完成户表集抄全覆盖和关口计量智能化改造工程。推进电费智能核算与远程费控管理，低压集抄费控上线率99.61%，费控客户占比99.69%。深化“互联网+营销服务”，线上缴费占比51.6%，高、低压业扩报装线上受理率分别达到96.25%和98.86%。完成69个营业厅视频监控系统建设，2个营业厅获评五星级供电所。加快电能替代步伐，促成湖南首个港口岸电项目落户临港新区，完成替代电量3.71亿千瓦时，超年度目标16.05%。推进供电所创星级和“全能型”供电所建设，君山广兴洲供电所获评国网公司五星级供电所，晋升星级供电所33个。

（胡 滔）

城市供气

【燃气服务】 2017年，岳阳华润燃气有限公司（简称华润燃气）健全服务保障机制，配备精干的维修抢险队伍，呼叫中心、维抢中心做到有求必应、快速响应。服务的范围涵盖各类供气设施，拓展延伸到用户自有产权的燃气气具、计量表

电力抢修 （国网岳阳供电公司 供稿）

具服务等。公司加大城市供气设施建设投入，至2017年底累计投入资金10亿元，建成供气管网1000多千米，天然气门站2座、加气站10座，为城市燃气普及打下坚实的基础。通过形式多样的市场宣传推广，逐步转化市民观念，实现从“要我用气”到“我要用气”的转变，至2017年底拥有各类天然气用户40万户，同比增长33%；年用气量1.78亿立方米，同比增长11%。岳阳市民通过用气减少经济支出，城区空气环境质量得到改善。公司在提供优质燃气服务的同时，敢于担当社会责任。在2017年冬季中心城区天然气保供中，力顶压力，折本争取气源，通过高价采购管道气和液化天然气补充城市管网，弥补巨大的供需缺口，确保市中心城区居民用气平稳供应。还为灾区捐献钱物100万元，定点对岳阳经开区平地小学进行对口帮扶助学，扶助3000户特困伤残等社会弱势群体用上天然气，减免安装费用150万元，向全市低收入家庭赠气48立方米/户，赠气总金额100万元。

（彭　城）

【城区启动天然气供应二级应急响应】　2017年入冬以来，全国天然气供不应求，缺口持续扩大，导致岳阳中心城区天然气供应形势十分严峻。中心城区日总供气需求70万立方米，日供气缺口在25万立方米。华润燃气采取多方筹气源、高价抢气源、约谈工商户、全方位预警等多种形式保供，但随着上游指标的压缩和气温的逐渐降低，天然气供应上面临10年未遇的严峻形势。12月19日，市中心城区天然气迎峰度冬应急工作协调领导小组召开专题会议，就做好天然气迎峰度冬保供应急工作进行部署安排，明确以“保民生、保重点、可替代、保稳定、保安全”为原则，优先保障居民、学校、医院和公交车供气。22日，市政府下发《岳阳市中心城区天然气2017—2018年迎峰度冬保供应急工作方案》，提出应急状态下的供气措施，力求做到提前准备、科学调度、减停有序，最大限度减少天然气供气紧张状态下对用户造成的影响。27日，经市中心城区天然气迎峰度冬应急工作协调领导小组批准，从12月28日起，启动市中心城区天然气迎峰度冬保供二级应急响应。除启用LNG应急备用气源外，停供日用气量超过1000立方米的工业用户、社会车辆及公建用户，其中工业用户12家、公建用户16家；限供大型宾馆、酒店、商场等商业用户20家，全力确保市民群众生活等重点用气需求，全力保障市民安全过冬。

（徐　畅）

城市重点项目建设

【重大项目建设】　2017年，岳阳市列入省重点建设项目62个，其中单列项目18个，跨区域项目10个，省打捆项目29个，前期项目5个，纳入省考核的重点建设项目30个。全市围绕建设国家区域性中心城市和湖南新增长极、省区域副中心城市发展目标，推进重点项目建设“双百工程”“三个一批”“四大会战”活动，形成大抓项目、抓大项目的热潮，省考核项目完成投资178.90亿元，占年计划的145.83%，总量、数量、质量和体量呈现“四量齐升”态势，圆满完成省定任务。至年底，完成投资不纳入省考核的15个重点建设项目投资364.29亿元，占年计划的108.6%。全市纳入省考核的30个重大建设项目，其中2017年新开工的岳阳城陵矶新港二期、黄盖湖防洪治理、汨罗经阁铝型材、岳阳海吉星农产品物流产业园、汨罗市端午文产业整体开发、易地扶贫搬迁工程、火车站综合客货运枢纽、湖南铁塔建设等8个项目均已开工，项目计划开工率100%；年内竣工的杭瑞高速临湘（湘鄂界）至洞庭湖特大桥、科伦药业生产基地及研究院、易地扶贫搬迁工程等3个项目均已竣工，项目计划竣工率100%。岳阳城陵矶新港口岸车辆堆场陆域形成及地基处理全部完成，下游泊位进场道路整理完成，临时驻地、拌合站、滩涂区预制场建设完成，完成投资7.81亿元。洞庭洋沙湖国际旅游度假区欢乐水世界、湿地公园正式开园，完成湿地公园内构筑物、栈道工程；完成渔窑小镇博物馆及八大场景建设，完成投资5.52亿元。际华3517高分子材料产业园一期工程7.9万平方米全面开工，完工5万平方米，两条成型线试生产，预计完成投资4.8亿元。岳阳海吉星农产品物流产业园一期主体工程基本完成，建筑面积12万平方米，完成投资7.8亿元。岳阳城陵矶综保区国际商贸保税物流中心进出口商品展示交易大楼外墙装修完成，公共部位装修完成70%，正进行配套设施建设和设备安装，年底可竣工投用，完成投资8.5亿元。汨罗江端午文化产业整体开发项目启动核心景区、新市古镇风情街、沿江风光带二期等主体大项目及香草湖、环湖路改造等附

岳阳市城区2017年第一批重大项目集中开工仪式　　（市交建投　供稿）

属配套项目，完成投资9.5亿元。科伦药业生产基地及研究院完成建研发中心建设，研发临床急需的品牌仿制药、高端输液、新型给药系统（NDDS）、创新小分子和生物技术等新药约100余个，新建一条头孢粉针线，完成总投资2.43亿元。屈湘浮标特色小镇项目完成景观山体、垂钓区、生产区建设，完成投资8.5亿元。长沙经开区汨罗产业园完成区内市政道路、工业地产开发、安置区工程、自来水厂、污水厂等项目建设，完成投资7.5亿元。天岳幕阜山国际度假旅游区完成景区游步道70%，临时游客服务中心投入使用，平汝高速南江互通至天岳幕阜山游客服务中心公路建设中，完成投资8.33亿元。杭瑞高速临湘（湘鄂界）至岳阳洞庭湖特大桥完成两塔两锚、索鞍索夹安装和主缆架设、主缆紧缆，年底实现通车目标，完成投资6.93亿元。岳阳三荷机场飞行区跑道铺设、刻槽与灌缝工作全部完成，围界围场路、目视助航灯光等民航工程正在扫尾，综合用房、特种车库等17个单体建筑全部封顶，完成投资6.2亿元。黄盖湖防洪治理工程完成黄盖湖、中山湖、杨花咀和冶湖溃堤4处堤垸的应急处险工程，新建集中安置点2处，完成投资4.8亿元。洞庭湖博览园（含博物馆、洞庭湖湿地生态园、洞庭湖微缩景观区、水上游乐区、湖乡风情小镇、自驾车营地等）完成投资20.19亿元。全市重点推进“双百工程”重大建设项目113个，总投资2347.7亿元，计划投资653.8亿元，1—12月完成投资683.9亿元，占年计划的104.6%，完成投资同比增加39.6%。完成或超额完成年度计划任务的有蒙华铁路、三荷机场、际华3517工业升级入园项目、城陵矶综保区国际商贸保税物流中心等83个。年内实际竣工的有国道240公路建设、临湖公路（含皇姑塘立交桥）、湖南科伦研究院、岳阳卷烟物流配送中心等40个。重大项目建设虽成果丰硕，但也存在一些问题：用地指标趋紧，一批项目用地审批难，造成少数签约项目难以落地，成为项目建设推进最突出的瓶颈问题；生态保护区域标准过严，致使一批重大项目在规划修编、用地报批、审批流程、资金筹措方面遇到较大的困难，多矛盾问题、完成计划投资和实际进度难以掌控；重大项目在各区域间分布不平衡，具有行业引领性、实力雄厚的500强企业项目不多。

【推进四大会战项目建设】　2017年，岳阳市坚持精准发力，聚焦“园区建设、交通建设、港口建设、脱贫攻坚”四大会战，推进一批重大项目建设。园区建设大会战，以园区为主战场，突出“工业强市、园区兴工、项目立园”，推动项目向园区集中、产业向园区集聚。仅至11月底，全市12个省级以上产业园区实现技工贸总收入、固定资产投资、规模工业增加值分别增长15.8%、17%和7.1%，累计签约招商项目325个，合同引资787.1亿元，其中投资过5亿元的项目37个，投资过10亿元的项目13个，全市新开产业项目158个，完成投资77.1亿元。和润米油、哈工大机器人、东方雨虹、经阁铝型材、数博环球等一批重大产业项目落地。交通建设大会战，以国家区域性中心城市建设为契机，加快岳阳“1+3+2”城市组团发展，实施“5428”工程，即投资560亿元，推进4条高速公路，20条干线公路和城市道路，8728千米农村公路建设。平伍高速、平益高速、城陵矶高速、洞庭湖环湖路建设正快速推进。国道240、临湖公路、杭瑞高速岳阳洞庭湖特大桥空港大道全面竣工。港口建设大会战，以城陵矶新港区、三荷机场、空港产业园为依托，全力推进基础大建设、项目大招商，加快打造中部地区内陆开放的新高地、国际物流聚集的水空“双港”新基地和两型消费的新高地。脱贫攻坚大会战，按照“四个切实”“三个一批”“六个精准”要求，重点推进25个易地扶贫搬迁项目。

（雷　炽）

【岳阳楼区重大项目建设】　2017年，岳阳楼区“坚持项目为重、突出实干担当”，着力推进一批符合国家产业政策、市场潜力大、就业容量大、带动能力强的重大项目，城市产业提质升级，基础设施得到改善，城市品质大幅提升。全区实施重大项目100个，计划总投资890.85亿元；其中续建新建项目83个，年计划投资120亿元，实际完成投资138.5亿元，比2016年增长15%，国道107线改造与赶山东路及步步高商业综合体等25个5000万以上项目竣工，友谊阿波罗商业综合体、棚户区改造项目、“芭南两湖联通”和学院路交通大会战等重大项目优质快速高效推进，产业兴旺呈现蓬勃发展的良好势头。中心城区棚户（旧城）区改造项目九大片区完成签约9951户，全部完成征拆清零；2017年新上棚改项目完成签约1万户，超省定计划任务2301户。依法出让土地19宗57.09公顷，成交价23.8亿元，续建、新引进项目37个，协议引资260.4亿元，到位资金32.3亿元，新签约过10亿元项目2个。步步高商业综合体项目位于东茅岭步行街，总投资10亿元，年内超额完成总投资并盛装开业。万象瑞城国际金融港项目位于岳阳大道南侧，总投资10亿，已完成投资8.02亿元。友谊阿波罗商业综合体项目位于东茅岭步行街南辅道，总投资50亿元，完成投资及补偿款21.5亿元。凯美特电子特种气体项目，位于东风湖新区，总投资6亿元，完成投资3.01亿元。上海复星岳阳医院项目位于望岳路广济医院院内，总投资3.5亿元，完成投资1.8亿元。岳阳天正金海岸经济适用房项目位于望岳路东风湖新区，总投资6.5亿元，完成投资3.3亿元。中建·湖山壹号项目位于金鹗路西隧道口南侧，总投资10亿元，完成投资4.75亿元。岳阳“山水一城”项目位于通海北路与雷锋山路西北，总投资12亿元，完成投资6.34亿元。国际大厦地段旧城改造项目位于五里牌，总投资10亿元，完成108户征收补偿、完成资产重组和企业改制、规划、国土、设计手续。岳阳建筑材料大市场建设项目位于杭瑞高速以南、胥家桥片区，总投资5.3亿元，完成项目前期工作，土地正在报批之中。

（雷　炽）

【云溪区重大项目建设】　2017年，云溪区树立“项目为王”理念，以市“双百工程”、区“四大会战”和“五园”建设项目为重点，集中力量、集聚资源、集成政策，加大有效投入、加速推进重大项目建设。全区纳入市“双百工程”重大建设项目11个，其中，续建项目8个，新建项目3个，总投资29.8亿元，累计完成投资20.39亿元。全年计划完成12.98亿元，至年底完成投资12.79亿元，占年度计划任务98.54%。中石化裂化催化剂生产装置土建工程基本完成，年内可投产；恒忠新材料装置试生产，岳阳废旧化工（压力容器）设备循环利用项目竣工；金瀚高新新型植物油抽提溶剂制取装置项目已完成主体建设，储运部分完成基础建设；尼龙6聚合装置竣工，岳阳市康利医药完成投资年度计划投资5000万元；五氯丙烷装置项目完成投资4500万元，占年度计划150%；长炼兴长液化气站项目（置换项目）完成投资3500万元，占年度计划116%；人民医院异地新建（老年养护院、康馨颐养中心）整合项目完成投资8800万元，占年度计划103%；缤纷天地商业广场项目完成投资8115万元，占年度计划162%；岳阳市静脉产业园生活垃圾焚烧发电项目完成投资1.5亿元，占年度计划70.5%。

（雷　炽）

【君山区重点项目建设】　2017年，君山区始终坚持以项目建设为工作主抓手，推进重大项目引进和建设攻坚，项目建设取得较好成效。全区市级重大建设项目有3个，总投资7.9亿元，年计划完成投资3.8亿元，完成投资2.9亿元。省道304建新口至南堤拐公路项目，总投资1.47亿元，完成投资8000万元，占年计划的100%；柳毅路提质改造，总投资3.42亿元，完成立项及批复等前期工作；三角坪城市综合体（二期）项目，三角坪城市综合体项目，完成投入2.1亿元，顺利完成年度计划任务。

（雷　炽）

【岳阳经开区超额完成重点项目投资计划】　2017年，岳阳经开区年初编制年度财政性资金投资项目建设计划，成立项目督查考核领导小组，实行每周调度、每月通报、每季讲评制度，促进项目建设。加大土地报批、储备力度，多渠道、多途径破解耕地占补难题，全年完成土地报批400公顷，让项目进得来落得地。对项目的施工环境，白石岭公安分局建立专门的警务室，有警必出、有案必查，“严打三强”，切实维护项目施工的正常秩序。全区市重点建设项目21个，项目总投资311亿元，年度计划投资61.8亿元。至年底，累计完成投资65.9亿元，全面完成年度计划投资任务。其中，新建项目全年累计完成投资34.7亿元；续建项目全年累计完成投资31.2亿元。21个市重点项目中，恒大绿洲、南翔万商国际商贸物流城、岳阳干鲜水果市场、湖南科伦研究、装备制造园等一批项目完成投资较好较快，尤其水果市场项目9月提前完成全年建设计划，完成全年计划投资。

（雷　炽）

【南湖新区强力保障重点项目建设】
2017年，南湖新区抢抓城市南延战略机遇，坚持高起点规划，高质量建设，高标准管理，高效率推进推进重点项目建设。继续沿用“龙山速度”“天灯模式”的拆迁方式，加快项目拆迁进程，确保项目不因征地拆迁受阻而影响建设进程。通过向上争资、积极融资、设法节资等多种方式，筹集项目建设资金；创新融资模式，龙山花卉植物园、黄梅港湿地修复工程继续采用PPP模式进行建设，一定程度上缓解项目征拆、建设资金压力。采取4次行动对强行阻工行为进行处置，对8名涉事人员进行教育谈话，有效打击“三强”现象。至年底，南湖“13118”主体工程累计完成投资26亿元（含征地拆迁）；环南湖截污管网建设项目累计完成投资6500万元（含征地拆迁费用），因项目资金问题，暂处停工状态；黄梅港湿地修复工程累计完成投资3.5亿元（含征地拆迁费用），完成PPP招标；湘北女校搬迁项目累计完成投资2亿元（含征地拆迁），完成三通一平、校区基础施工。

（雷　炽）

【洞庭新城股权调整促发展】
2017年，岳阳市洞庭新城投资建设开发有限公司推进股权调整，促进项目建设。贯彻落实市委、市政府与云南城投集团关于洞庭新城公司股权结构调整达成的意见以及系列会议精神，与市委、市政府及相关职能部门协调，扎实推进公司股权结构调整工作。面对股权调整工作中纷繁复杂的各类矛盾和问题，市领导黎作凤、李可波21次组织召开专题会议，协调解决工作中存在的各类历史遗留问题，加大工作督查督办力度。市国资、财政、审计、住建、国土等职能能部门配合、支持，根据责任分解、任务分担的要求，确保股权结构调整工作有序推进。公司经营班子成员各负其责、密切配合，按照“月汇总、周调度”的工作节奏，全员参与、全力配合，对公司成立6年来，26个土地收储项目、11个公益建设项目、3个自营项目累计投资进行专项审计认定，为股权结构调整和公司今后转型发展奠定基础。在市委、市政府和云南城投集团的支持下，策划引进环球中心城市RBD项目、洞庭国际健康城项目、洞庭南路历史文化街区项目、未来城项目，4个项目总投资500多亿元。环球中心和梦云南·洞庭健康城项目基本完成规划、前期可研、前期指标评估设计等一系列工作，力争在年底完成部分20公顷土地的挂牌出让工作。巴陵古镇·洞庭南路历史街区项目由成都宽窄巷子的策划运营团队与清华团队联手，正进行相关项目策划和项目合作研究工作，严格按照省级PPP示范项目原则实施。岳阳未来城项目在云南城投统筹安排下，进行相关的项目研究策划以及环球中心项目的规划设计。拟定四大项目招商协议，正按程序报审，计划与股权调整协议一并签订。公司以解决民生保障，加快城市建设为重，稳步推进项目建设，着力改善人居环境，完成投资12.39亿元，其中，市政公益性项目0.66亿元，自营性项目1.47亿元，一级土地开发10.26亿元。

（邓　芳）

城市管理

【概况】 2017年，岳阳市城市管理和行政执法局围绕建设“美丽幸福岳阳”，践行“出门就是工作，上街就是管理”的工作理念，全面提升城市管理、服务和执法水平，城管事业实现较好发展。安全生产、综治、信访、人口和计划生育、政府热线办理等多项工作获评市级先进，连续第四年被市委、市政府评为综合绩效考评先进单位。

提升管理水平。将卫生质量标准细化为“无泥尘、烟蒂、油污”，推进机械清洗作业，实行快速保洁，垃圾滞地时间基本缩短至10分钟，街道路面全部见本色。清理平整城区积存垃圾渣土370处上万余立方米，实现建筑垃圾常态化监管。出台限炮通告，加强禁炮整治；整改扰民夜市100余家，整顿花板桥市场秩序，取缔洞庭大道马路市场；开展市容秩序整治百日会战、渣土运输集中整治月等行动，切实堵住污染源头；加强停车秩序管理，清理僵尸车百余台，施划停车泊位800多个，设置停车护栏200多米，有效缓解停车难题。调整岳阳大道、南湖大道主要节点花境结构，提升琵琶王立交桥、王家河大桥、太阳桥等地立体绿化效果，打造出繁花似锦的城市景观；完成部分路段老旧灯杆全面翻新刷漆和系统清洗、南湖周边重要楼宇亮化提质、南湖广场林下空间改造、中心城区“小树换大树”等工作；拆除违规广告招牌500余处，有效解决视觉污染。对巴陵中路等20余条道路进行维修维护，城区道路环境明显优化；定期实施桥面刷漆，精细修补栏杆，并对69条主涵全面开展清淤、疏浚，提升城市排涝防渍能力。火车站地区深入开展交通秩序、非法营运、喊客拉客三大整治，公园广场坚持便民服务，展示文明窗口形象。

项目建设。全年栽植乔木9500株，指导、督促“六区”和市直责任单位栽植92770株，城区新增乔木102270株，绿量分布进一步均衡，市民反响良好。完成下太子庙停车场和铁小路等7座垃圾站提质改造；按标准改造升级城区范围内的两个船舶垃圾收集点；投入4200余万元，提质改造花果畈垃圾填埋场防渗系统；基本完成垃圾焚烧发电项目开工手续，医疗废物处置中心建设项目破土动工。顺利实施蛇皮套调蓄池、“三大湖”及站北箱涵黑臭水体治理工程，完成华天——市委十字路口停车场建设并交付使用。启动王家河大咀堤和桥东、格兰云天、十四中、李家冲5个停车场建设，并完成5个公共服务中心停车场改造；数字城管二期建设顺利完工并投入运行，成为智慧城市建设的引领和标杆。

改革创新。制定城管体制改革实施方案，将园林、环卫承担的行政职能划入市城管局机关，保留其公益职能。市政府颁布实施《岳阳市城区禁止燃放烟花爆竹管理办法》，全面禁炮有据可依。启动《岳阳市城市综合管理条例》立法调研和起草，并纳入人大分项立法建议；出台户外公益广告管理、城市照明管理行业规范。盘活公共资源，将6处遗留广告位的公开拍卖。开展“市民随手拍、举报有奖励”活动，调动市民参与城市管理、共建文明城市的积极性，收集、处理城市顽疾问题。开通公共自行车“扫码租车”功能，为市民提供更加便捷的用车服务。更新新型环保智能渣土运输车69台，完成170辆“湘FZ”渣土运输车智能设备调试。新增许可经营企业30余家、城镇管输天燃气用户3.5万户。“五区”市容环卫局系统标准化考评督促解决各类顽疾近千个；监管触角延伸到城区46家菜市场，有效改善市场环境。12319城管热线全年办结市民来电1.3万余件，政府热线工作全年四季度考核等级均为A级；监督指挥平台立案处置24万件，结案率、处置率分别达99%、98%。

服务中心工作。市城管局督促五个县市区27个乡镇提前完成55个点、总量约9.5万吨生活垃圾清理整治工作，做到焚烧或填埋到位、无害化处理达标和日清日洁。推进长江经济带生态环境保护“五大整治”行动，确保垃圾场渗滤液处理系统运行稳定。道路扬尘污染源头得到有效控制，取缔无证照夜市餐饮45处，督促县市区新建乡镇垃圾中转站75座，清理“五湖一河”沿岸、滩涂、水面的生活垃圾、生物垃圾3万余吨。全员参与，全力以赴，顺利通过全国文明城市和国家园林城市复查。开展“地毯式”排查整改，完成国家级、省部级和市级重大接待活动保障任务32次76天，为接待活动营造最佳城市环境。围绕“保抽排、防隐患、保秩序”精准发力，确保城市在强降雨期间未出现大面积、长时间的渍水现象；及时启动二级响应，确保全市迎峰度冬时天然气有序供应；坚持以简朴、祥和为原则，努力为市民、游客打造“白天赏花、夜晚观灯”的节日大餐。

【洞庭湖生态环境综合治理现场推进会】 2017年4月，长江经济带洞庭湖水环境综合治理“五大专项行动”现场推进会在岳阳市举行。省领导陈向群、戴道晋，市领导胡忠雄、刘和生、唐道明、谈正红、刘晓英及常德市、益阳市、长沙市望城区主要负责人出席会议。会上，省洞庭湖生态经济区建设领导小组办汇报五大专项行动推进情况，岳阳市、省水利厅、长沙市望城区、常德市临澧县、益阳市沅江市作典型发言。五大专项行动开展以来，岳阳市行动迅速，成效明显。全市河湖水质达标率在90%以上，水质污染浓度均值大大降低。启动南湖—芭蕉湖连通工程，进一步改善南湖和王家河水质。会议期间，陈向群等领导实地调研君山区广兴洲镇沟渠清淤疏浚、岳阳经开区罗家坡污水处理厂和南湖畜禽养殖污染整治、围网拆除、水环境治理、河湖垃圾整治等工作，对岳阳市洞庭湖水环境综合治理成效表示肯定，要求再接再厉，攻坚克难，确保完成目标任务，为建设富饶、美丽、幸福的新湖南作出积极贡献。

【市领导调研城管工作】

2017年，市领导关注支持城市管理这一民生实事工程，为城管事业快速发展倾注心智。市委书记胡忠雄4次主持召开专题会议、工作调度会，听取城管工作汇报，研究部署相关工作。2月2日，他看望慰问火车站广场一线工作人员；3月21日，在岳阳楼区郭镇乡马安村参加义务植树时谈到“乔木进城”；6月15—16日，在宁夏回族自治区中卫市考察学习城市管理等工作；7月19日，与中国光大国际有限公司执行董事、总经理王天义一行就垃圾焚烧发电等环保项目进行进行座谈。市长刘和生5次主持召开市政府常务会议、市长办公会听取岳阳市城乡三年绿化行动方案等情况汇报，研究部署城区禁炮工作、市政工程PPP项目方案等事项。1月25日，刘和生走访慰问火车东站一线干部职工。9月22日、12月1日，市委副书记李爱武分别参加全市城乡绿化三年行动推进会、挂职专家调研风景园林工作座谈会，要求全市城乡打造绿色岳阳，建设风景园林城市。市领导唐道明、王小中、万岳斌、黎作凤、杨昆、喻昌等或主持出席相关会议，部署调度城管工作，督查调研落实情况，为城管工作尽职尽责。

【环卫女工当选党的十九大代表】

2017年5月，湖南省党代表会议选举产生出席中共十九大代表64名。其中，岳阳市劳动模范、湖南省巾帼建功标兵、湖南省先进工作者获得者邓伟全票当选为中共十九大代表。邓伟系岳阳市市容环境卫生管理局城南清扫保洁管理所女职工，作为全国环卫系统唯一的女性党代表，是全市人民的光荣，更是岳阳城管环卫人的骄傲。出席盛会她作为全市人民推选的一名基层代表，没有辜负组织的厚望和重托，在履行好代表职责的同时，踊跃发言，在加快环卫行业发展、努力改善生态环境等方面积极建言献策。

【市容市面貌美化】 2017年春节期间，市城管部门在广场、车站、公园、主干道路等多处，摆放10多个品种近20余万盆花卉造景迎春，在5个节点处分别摆设主题造型，并在城区沿街打造10个大型灯饰造型，同时将4000多个传统灯笼、中国结等装饰品悬挂在多条街道沿线路灯杆和树干上，通过主题造型和悬挂灯笼，为市民营造浓厚的佳节氛围，伴市民欢乐过大年。摆花、造型设计使用新型材料，为春节期间的市民、游客打造一份“白天赏花、夜晚观灯”的节日大餐。

【岳阳公共自行车开通扫码租车功能】 2017年7月16日，岳阳市中心城区386个自行车租赁站点、11000个锁桩上，全部张贴“网约租车”二维码，租赁单车的安装和技术测试工作也全部完成，岳阳市公共自行车服务系统正式启用“扫码租车”功能。市民只需通过手机下载“永安行”手机APP，使用手机扫一扫车位上的二维码，支付200元押金即可开通租车功能；如信用较好，可直接登录支付宝APP，使用“芝麻信用”担保，免租金用车。手机扫码租车计费方式与银行卡租车一致，收费标准是根据每次累计租用时间分段确定，即3小时以内（含3小时）不计费；3小时以上、4小时以内（含4小时），每车次1元；4小时以上每车次每小时2元；不足1小时部分，按1小时计费。

中共十九大代表邓伟载誉归来 （市环卫中心 供稿）

【城区禁炮办法颁布实施】 2017年8月2日，《岳阳市城区禁止燃放烟花爆竹管理办法》颁布实施新闻发布会在市城管局召开。作为2017年度市政府首部规章，以市政府第1号令发布，自8月起正式施行。该《办法》核心内容和特点有：禁炮区域扩大。为整个市城区范围（含岳阳楼区、岳阳经开区、南湖新区）、君山区、云溪区、城陵矶新港区。禁止内容完善。除燃放烟花爆竹外，生产、销售、储存烟花爆竹的行为均在禁炮区域内被禁止，“电子礼炮”（不含音响式电子鞭炮）也被列入禁放范围。禁炮工作职责拓展。除各级政府部门、职能部门外，社会各界在禁炮工作中的协管职责也被明确下来。四是法律责任具体。违规必纠，违法必罚，直至追究刑责，堪称史上最严禁炮令。《办法》的颁布实施，形成全民齐抓共管、各界共同禁炮的新局面。

【岳阳市医疗废物集中处置项目开工】 2017年12月18日，岳阳市医疗废物集中处置项目在云溪区陆城镇正式开工建设。市领导万岳斌、黎作凤出席项目仪式宣布开工。该项目占地3公顷，分两期建设，总投资5000万元，采取蒸煮工艺技术路线，日处理医疗废物24吨，日处理污水40吨，计划2018年7月建成并投入运营。届时，岳阳市将彻底告别医疗废物转运至外地处置的历史，实现医疗废物就近、高效、安全处置，为促进全市环保和卫生疾控事业健康发展奠定良好基础。

【“城市市民管随手拍一拍”活动】 2017年10月，市城管局面向社会公众启动“城市市民管，随手拍一拍”活动。市民通过关注“岳阳数字城管”微信公众号或扫码二维码，对中心城区范围内的市容环境、街面秩序、公共设施、施工管理等4大类城市管理问题进行网上“随手拍”，经查证属城管部门职责范围的，被岳阳智慧城管系统采用立案后，每件有效问题给予1元手机话费奖励，每人每月累计最高不超过300元，奖励按月结算后于次月充值到手机账户。该活动持续到12月31日，时间段为每天7：30至19：30。该活动，极大地提升市民参与城市管理、共建文明城市的积极性。

（徐　畅）

君山野生荷花世界爱莲园　（市园林局　供稿）

园林绿化

【概况】　2017年，岳阳市风景园林局（简称市园林局）改革创新、奋发作为，风景园林事业全面推进。园林建设。推进“乔木进城、绿化增量”示范路段建设，在洞庭路、巴陵东路、金凤桥路、岳阳大道、求索西路等路段栽植银杏、无患子、栾树、樟树1万余株。推进城建项目，完成后乐园建设，完成金鹗公园儒家文化营造、文昌阁与金鹗书院修缮、东门健身小广场提质、北门人防宣教基地绿化工程和太极广场建设等项目，金鹗公园游客服务中心、论语林、西门信义广场建设基本完成。用鲜花装扮城市，在金鹗中路、南湖大道等城市节点，采用生态花境种植形式进行鲜花栽植，全年更换鲜花90余万盆。重要节日期间，采用新工艺、新材料创新摆花形式、增加灯带设计，形成流光溢彩的城市景观。

园林管理。制定完善《公共绿地标准化管养考核办法》《绿地养护管理月历》，以考促管、以管促改，公园绿地管养制度化、规范化、常态化水平持续提升。加强行道树整形修剪，在巴陵中路、岳阳大道中、青年中路等路段，按规范抬高修剪行道树，增加通透性，提升景观效果。加强斑秃绿地整治，补植草坪、麦冬等地被植物15万平方米，裸露绿地实现动态清零。加快推进林下空间改造，在金鹗公园、南湖广场将残次灌木丛改造为市民健身休闲空间，增设石凳桌椅和运动设施，维修广场避雨廊架，公共服务更加便民。在南湖广场举办公益文化活动30余场，在金鹗公园东门及文昌阁实现免费无线Wi-Fi全覆盖。

行业监管。重点抓好景区规划编制与报批，历时10年完成《南湖景区详规》编制。8月3日，省住建厅组织召开《南湖景区详细规划》《岳阳楼景区详细规划》省级审查会，两个规划顺利通过。协调组织开展迎接国家园林城市复查工作，完成迎检资料并上报住建部。严格城市绿线管理，办理绿线划定项目41个，绿线验收项目32个，验收绿地33.5万平方米。推进“两集中、两到位”行政审批制度，办理行政审批事项116件。助力县域经济，协助指导汨罗市玉池山、平江县连云山和长寿等省级风景名胜区通过省住建厅执法检查。

【景区规划编制】　2017年，市园林局根据《岳阳楼—洞庭湖风景名胜区总体规划》，继续开展《南湖景区详细规划》《岳阳楼景区详细规划》编制工作，以解决城市发展过程中城市建设与景区建设的矛盾，促进社会经济协调发展。经过多方协作，精心努力，《南湖景区详细规划》《岳阳楼景区详细规划》历时多年编制完成，并于7月26日在市规委会第一次全会上审议通过。8月3日，顺利通过省住建厅组织召开的省级审查会。两个《规划》经定稿后，由住建厅上报住建部审批。

【国家园林城市复查迎检】　2017年，市园林局为巩固和深化创建国家园林城市的成果，做好国家园林城市复查迎检工作。8月24日，市政府召开国家园林城市复查市级协调部署会，对照国家园林城市复查迎检工作标准，细化责任分工，落实迎检任务。市园林局重点做好国家园林城市复查迎检的资料汇编工作，集中阐述近3年来城市绿地系统规划实施、修编及城市绿线管理、城市园林绿化建设管理、城市园林绿地及生态环境保护、节约型园林绿化建设以及市政基础设施建设运行等情况，完成迎检资料并上报住建部。

（刘　婷）

市容环卫

【概况】　2017年，岳阳市市容环境卫生中心（简称市环卫中心）以迎接中央环保督察和全国文明城市复审测评为主线，引导干部职工严格对照迎检和创建要求，主动作为，全面发力，精心打造“品质新环卫”，推动环卫事业实现跨越。市环卫中心获得岳阳市深化文明城市建设先进单位、2017年度城区市容和环境卫生考评优胜奖第一名、精准扶贫工作先进单位等多项荣誉；一线环卫工人邓伟当选中共十九大代表。

【市容卫生升级提质】 2017年，市环卫中心坚持从环卫作业的各个环节入手，在“基本功”上下功夫，对各项工作精益求精，推动市容卫生水平再上新台阶。修订、完善《环卫作业工种质量标准、作业流程及行为规范》，将卫生质量标准具体细化为“六无”：远看无白漂、无垃圾、无纸屑；近看无泥尘、无烟蒂、无油污。新标准带来新变化：洗扫保洁更精。严格执行“两扫全保”和快速巡回保洁法，使垃圾滞地时间不超过10分钟；同时大力发挥机械作业优势，将“人、车、路”相对捆绑，对车行道、人行道、边沿石及隔离护栏进行全方位清洗，使城区街道路见本色。垃圾收运更快。对临街门店坚持“零距离”服务，实行一处一策，无缝对接收集；对垃圾站重新统筹清运时间、路线和频次，提高转运效率，确保垃圾不积压、不滞留、不过夜。终端处置严格按照最新国家技术标准，对入场垃圾开展卫生填埋，做好平整和覆膜工作，强化雨污分流；大力规范渗滤液处理系统，进一步增强技术力量，调优生化系统，强化设备维护。全年处理生活垃圾31.4万吨、垃圾渗滤液8.16万吨。

【污染源头整治】 2017年，市环卫中心坚持标本兼治，突出对污染产生的源头整治。执法控污。重点加强周末排班，推进夜间错时管理，全年处置道路污染1447起，督促基建工地开展污染清洗982次，城市环境得到良好维护。清理治污。坚持定期对辖区范围内的卫生死角开展“地毯式”排查，清理城区路边、塌边、市场边等卫生死角建筑垃圾、生活垃圾2.6万立方米，市容环境更加干净、清爽、整洁。劝导防污。坚持“出门就是工作，上街就是管理”的工作理念，既做城市环境的美容师，又做净化心灵的引导者，随时随地劝阻教育不良卫生行为，有效净化环卫工作的外围环境。

【创新环卫管理】 2017年，市环卫中心坚持把创新作为推动环卫事业发展的新引擎、新动能，不断改进工作方式，完善内部管理，提升工作效能。责任落实网格化。将辖区范围的清扫保洁、垃圾收集、站厕管理等工作内容合理划分为若干个区域网格，实行责任人挂牌公示，主动接受社会监督，建立起责任到网格、监管到网格、奖罚到网格的管理新模式，压实工作责任。工作推动示范化。实行领导值班带队制度，中心和下属单位班子成员每人负责一条道路的卫生质量监管，主动走出机关，到市民意见多的地方去化解矛盾，到工作推不动的地方去解决问题；各基层单位的队长、质检员等中层骨干都走上街头，帮助一线职工推板车、扫垃圾、洗厕所。环卫队伍的观念明显转变，工作作风更加扎实硬朗。督查考评无缝化。改进考评方式，推行步行监督考评法。中心和下属单位两级考评人员坚持执行“全过程、全天候”24小时督查考核机制，每天严格检查质检员是否到岗到位、一线工人是否尽职尽责、卫生效果是否经得起近看、细看，现场指导、及时纠偏。坚持将考评结果与考评过程相结合、考评人与考评事相结合、传统考评与信息化考评相结合，建立起立体式、全方位、全覆盖的考评体系，使考评督查成为提升工作质量的重要抓手。解决问题高效化。建立每月工作例会制度，针对工作中存在的“疑难杂症”集中“会诊”，限时办结，有效提升工作效率；强化应急处理制度，针对市容卫生动态性、突发性、反复性等特点，建立起统一指挥、统一调度的应急处置队伍，配置快速处置装备，快速除污、保洁能力明显提升。特别是在暴雨汛期和雨雪冰冻等灾害性天气期间，全体工作人员放弃休息，加班加点，全力以赴开展防汛救灾、街道清淤、铲冰除雪、抢运垃圾等工作，以最快速度恢复市容卫生常态。

【中心城区水域环境治理】 2017年，市环卫中心将工作区域由传统的道路、小区、庭院向水域环境治理延伸，对河湖沿岸垃圾实行“零容忍”，租用船只、挖机、装载机等机械设备，对东风湖、洞庭湖东岸等责任水域开展定时普捞、巡回保洁，全年清理河湖沿岸、滩涂、水面积存的各类垃圾1万余吨，基本消除水域垃圾产生的视觉和嗅觉污染。对责任范围内的洞庭湖东岸27千米岸线、滩涂水域保洁进行公开招标，实行市场化外包，制定水域环境卫生工作体系和管理办法，并实行严格考评，推动中心城区水域环境常态整洁美观，水体功能明显改善。

【环卫设施设备建设】 2017年，市环卫中心加强环卫设施设备建设。完成铁小路、庙前街、新路口等7座垃圾站的提质改造工程；做好城西所办公楼搬迁和下太子庙停车场提质改造工作。推进花果畈垃圾场防渗提质改造、大型垃圾中转站建设、洞庭湖水域环卫码头建设等工作，所有环卫公厕、垃圾站实行专人管理，跟踪保洁，定期维护，环卫设施的服务功能更加完善。争取市政府出台《关于市中心城区棚户（旧城）区改造等项目建设拆建环卫设施有关问题的会议纪要》，明确环卫设施的拆除要严格执行“谁拆除谁建设”“先建后拆、拆一建一”的原则；大型小区、商场等综合性项目，要配建相关环卫设施，并将环卫设施的规划、建设等纳入到项目前置审批程序，有效扭转过去环卫设施只拆不建的局面，进一步规范城区公厕、垃圾站的拆除还建和配套新建工作。市环卫中心添置水域环卫垃圾运输车2台、大型清捞船、管理船2艘，购置一批垃圾清运车、洒水车、推土机、挖掘机等环卫设备，建设垃圾渗滤液处理在线检测监控系统并更换渗滤液处理系统中的超滤、纳滤膜管。

【推进环卫民生实事】 2017年，市环卫中心加强对弱势群体的关注和关心，大力推动环卫发展成果公平共享，广大市民获得感和幸福感提升。在中心城区新建、改造13个环卫工人休息室；对陈旧破损的机关大会议室进行维修改造，办公环境得到有效改善；按照政策标准，将环卫临聘人员的月工资由1250元调升为1450元，调动一线工作人员的积极性。开展"关爱环卫工人"活动，联谊社会爱心企业慰问环卫工人4100余人次，使全体职工都感受到环卫大家庭的温暖。以两大迎检为契机，将改制企业、困难社区、"城中村"等特殊区域纳入重点服务范围，义务为其提供清扫保洁和垃圾清运服务；开展垃圾场、垃圾站除臭灭蝇工作，有效改善周边群众居住环境；做好湘阴县岭北镇茶湖潭社区精准扶贫工作，落实帮扶资金15万余元，党委班子多次赴该村召开座谈会，为社区精准扶贫把脉献计，班子成员结帮扶的贫困户全部完成脱贫。

（张　颉）

勘测设计

【概况】 2017年，岳阳市规划勘测设计院全院干部职工围绕全市规划设计工作大局，凝心聚力，迎难而上，扎实推进规划设计事业转型发展，业务范围稳步扩张、设计理念逐步更新、设计质量强力提升，规划勘测设计事业保持平稳健康发展的良好态势。全年实现合同产值超5000万元，完成营业收入超5000万元，超额完成全年目标任务。

【勘测设计业务拓展】 2017年，市规划勘测设计院根据设计市场全面放开的实际，创新思维模式，加快转型步伐。依靠提升技术实力开拓市场，提供优质服务稳固市场，储备人才及技术更新适应长远发展，核心业务拓展成效明显。规划专业主动适应新常态，完成好岳阳市城市总体规划修改、临湘市总规、麻塘镇总规、空港产业园控规、洞庭新城控规调整等一系列常规业务。在此基础上，规划一室探索编制岳阳市区历史建筑普查和评估专项规划，规划二室编制眉原管理区农村改革集中区总体规划。两个科室通过努力，出色完成两个项目的规划工作，成功拓展业务范围，受到业主的肯定。排水室在继开拓海绵城市规划、黑臭水体等排水新项目领域之后，又在供水项目上取得零的突破，承接完成云溪供水工程和岳化供水可研项目。勘察室技术过硬，年内完成岳阳市静脉产业园垃圾焚烧发电项目、东风湖吉家湖截污工程、南湖交通三圈（木马汊—黄梅港段）道路工程等90多个勘察项目，总进尺4.5万多米，预算产值700多万元，实现产值翻两番的好成绩。同时，探索尝试开展岩土设计业务，在基坑支护设计、勘探实验上开拓市场。测量队抓创新转型，开拓管网测量、竣工测量、地籍测量等业务新领域。全年完成平江鲁肃西路纵横断面测量、岳阳三荷机场产业园地形图测绘以及望岳路地下管网普查等90多个项目，到账收入300多万元，圆满完成全年目标。项目管理公司成功挺进市政领域签订洞庭新城的法定规划及城市设计项目管理、东风湖片区规划和城市设计项目管理、新港区芭蕉湖广场项目管理、联港路项目管理等7个合同，合同总额1700多万元。开拓房地产项目，承接高大房地产公司107国道地块房地产开发、向阳水岸二期项目管理等业务。

【勘测设计质量管理】 2017年，岳阳市规划勘测设计院制定系列质量管理办法，对质量管理提出新要求、新标准。严格执行"三环节"管理制度。为50多个项目补充项目台账，新项目均建立档案。长康路道路工程、柳毅路提质改造工程设计、平江县甲山河风光带二期、田家湖公园设计、市人大停车场设计、学院路立面改造设计等项目中，均启用工序管理表、现场服务表等台账，确保任务按时、按质、按量完成，受到业主方肯定。建立业务案审会制度。针对质量上存在的问题，组织分管领导、技术骨干召开案审会，通报案情，对照案情分析原因，通过案例分析，解决质量上存在的具有普遍性、共性的问题，寻求应对之策。严格兑现奖惩制度。对为质量提升作出贡献的个人与团队进行奖励。在勘察协会组织的优秀工程勘察设计评奖活动中，王家河流域综合治理项目王家河水质保障工程获得二等奖；环南湖交通三圈道路工程设计获得三等奖。在湖南省优秀城乡规划设计评奖活动中，《梅溪港公园修建性详细规划设计》获二等奖；《岳阳市消防专项规划》《岳阳市主城区停车设施专项规划（2016—2030）》《湖南省岳阳市城陵矶产城融合示范区建设总体方案》3个项目获得表扬奖，规划院对获得奖项目组均进行经济奖励。对质量存在问题的个人及团队也相应做出实质性的惩罚。

（胡佳琪）

房地产业

【概况】 2017年，岳阳市房地产管理局（简称市房产局）坚持发展惠民，助力"四大会战"，落实《岳阳市供给侧结构性改革实施方案（2016—2018）》，执行市委、市政府对建筑、房地产和电子商务产业相关部署，实施产业培育、助力财政、住房保障、监管提升四大工程，房地产业呈现稳中有进、进中提质的发展态势。产业规模快速扩张，全市有房地产开发企业354家，相关企业发展到670多家，从业人员4万人。经济贡献持续增长，上交税收14.19亿元，同比增长50.38%。保障惠民合规到位，全面完成城市棚改任务，开工率为100%；完成公租房分配任务，分配入住率93.4%，居全省前列。监管调控稳定市场，提前实现去库存目标，实施"5个5"惠民工程，加强日常监管，规范市场，促进市场平稳有序发展。

【房地产业发展】 2017年，岳阳市制定下发《岳阳市房地产业发展实施方案》，明确2017—2020年房地产投资年均增幅12%以上，商品房销售面积年均增幅15%以上，2020年房地产增加值占GDP比重达到4%的发展目标。提出健全房地产稳定健康发展机制、推进住宅产业化、培育做优本土企业、规范优化房地产市场等具体措施。至年底，全市注册房地产开发企业354家，其中，"四上企业"330家，世界500强企业7家，上市企业13家，B级信用企业19家，建设10万平方米以上规模小区39个；物业服务、房产中介、装饰装修等相关企业发展到670

多家；全市房地产从业人员4万人。绩效考核数据中的房地产行业从业人员人数和房地产行业从业人员劳动薪酬总额同比分别增长31.9%和39.5%，增幅均排全省第一。

【房地产增收】 2017年，市房产局根据市政府统一部署，联合税务部门开展中心城区房地产税收清查行动。全年协征税收14.19亿元，同比增长50.38%，其中直接协征契税1.98亿元、增值税1.59亿元，督促59个房地产项目入库税收9700万元，从监管账户划拨入库税收9.65亿元。全局完成经济收入3469.44万元，市本级归集维修资金3亿元，累计归集金额15亿元，增值收益1000万元。完成房地产开发投资154.01亿元，同比增长15.84%，其中住宅完成投资116.7亿元，同比增长21.06%；完成新建商品房成交面积485.53万平方米，销售总额241.65亿元，同比分别增长12.27%、-9.11%，其中中心城区新建商品房成交面积276.23万平方米，其中商品住房成交240.97万平方米。

【房地产市场监管】 2017年，市房产局报请市政府出台《关于进一步加强房地产市场监管的通知》，全面实行新建商品住房销售价格申报制度，进一步强化项目建设监管，规范商品房交易秩序，强化项目交付管理，加强部门联动监管。全年查处违法违规案件16起，立案调查10起，市级主要媒体曝光1起，对6个楼盘做出暂不核发预售许可证的处理。规范新建小区家装行为，加大装修工地巡查力度，办理施工证3280本，家装检测1331户。完成危房鉴定3300余户。多措并举开展物业行业监督，建立健全物业纠纷多元化解机制。

（任　勇）

住房公积金管理

【概况】 2017年，岳阳市住房公积金管理中心强化服务意识，为民排忧解难，较好完成各项工作任务。全市缴存住房公积金35.3亿元，比2016年增长20.93%；提取住房公积金20.75亿元，同比增长10.78%；发放个人住房贷款31.3亿元，同比增长10.64%。至年底，全市住房公积金缴存总额211.54亿元，提取总额98.01亿元，归集余额113.53亿元；累计发放住房公积金贷款142.43亿元，个人贷款余额99.19亿元，个贷率为87.37%。市住房公积金管理中心被评为省级文明标兵单位，获得全市综治工作合格单位、市群众满意度排名进入市直单位前十强、“12345”公众服务热线优秀单位、驻村帮扶工作先进单位称号。

【市政府出台“两个办法”】

2017年，市住房公积金管理中心根据省住建厅及省监管办的相关要求，结合岳阳市实际，全面开展政策规范年活动，抓住住房公积金提取和贷款两个规范性文件到期需要修订的时机，报市住房公积金管委会同意后，广泛征求相关部门意见及建议，会同市政府法制办召开听证会，征求社会各界代表关于修订《岳阳市住房公积金提取管理办法》和《岳阳市住房公积金个人贷款管理办法》的意见和建议，经市政府同意，于10月和11月正式印发两个《办法》，为全市规范住房公积金管理和使用提供政策依据，及时有效地契合市委、市政府对房地产市场管控的要求。

【双贯标上线运行】 2017年11月6日，岳阳市住房公积金银行结算数据应用系统正式上线运行。11月20日，全新升级的住房公积金业务系统正式上线运行。根据住建部《关于贯彻落实住房公积金基础数据标准的通知》以及各地公积金管理中心和合作银行要同时接入全国统一的住房公积金银行结算数据应用系统的要求，市住房公积金管理中心推进“双贯标”工作的落地实施，经过近一年的精心论证、升级、开发、改进，新系统完成上线运行，实现全市住房公积金业务“统一决策、统一制度、统一核算、统一管理”，增强风险管控能力，提高服务水平。

【公积金归集扩面增量】 2017年，市住房公积金管理中心加大住房公积金宣传力度，有效提升住房公积金的社会认知度，提高全市广大职工群体和用人单位对住房公积金的缴交意识和维权意识。按“低门槛、高覆盖”和“突出重点、区别对待，分期分批，逐步到位”的原则，狠抓非公经济组织住房公积金建制工作。在各县（市）区政府的大力支持下全方位推进，充分发挥住房公积金制度“保民生、促和谐”的积极作用。通过行政执法推动归集扩面，完善市直及各县（市）区的应建未建台账，推出黑名单制度，对不建制的单位和企业开展行政执法。至年底，全市对188家单位开展行政执法，下达法律文书188份，其中有111家单位完成整改，全年新增非公企业308家汇缴单位，涉及人数5618人，缴交金额1935万元。

（杨明熙）

开发区·新区

DEVELOPMENT
ZONE · NEW ZONE

责任编辑·刘兴汉

岳阳经济技术开发区

红星美凯龙全球家居广场开工奠基仪式　　（岳阳经开区　供稿）

【概况】　2017年，岳阳经济技术开发区（简称岳阳经开区），强力推进“四大会战”，深入贯彻“四个十条”，大力弘扬“四种精神”，推动各项工作走在全市前列，全区经济社会发展稳进向好。全年完成技工贸总收入1021亿元，比2016年增长18%，正式跨入千亿园区行列。完成公共财政收入40.1亿元，同比增长17.6%；完成地区生产总值236.68亿元、规模工业增加值85亿元、固定资产投资216.39亿元、社会消费品零售总额120.15亿元、外贸进出口总额3亿美元，分别增长7%、5.5%、13.8%、10.1%、300%，均居全市前列，实现高新技术增加值71亿元，增长18%，外贸进出口总额增幅居全省首位。

【推进项目建设】　2017年，岳阳经开区项目引进四量齐升。集中签约引进项目73个，合同总投资339亿元，引进广汽集团、海大集团、海王生物、新奥集团、东方雨虹等一批世界500强、中国500强、民营500强企业和上市公司；引进数博环球总部及生产基地、中樱汽配、新华达生物制剂产业化、DAW 特种涂料等一批投资过10亿元的工业项目。引进项目的总量、数量、体量和质量显著提升。76个重大产业项目开工32个，总投资218.9亿元；竣工16个，总投资33.6亿元。科伦研究院三期、新华达生物制剂产业化、科美达先进轨道交通装备、雷勃电气高速驱动系统开发、岳阳鸿升电磁生产线及科研试验楼、才益精细化工高效除磷剂等一批重点技改项目和医药健康产业园、南翔万商风情街等一批重大产业项目加速推进。数博环球总部及生产基地、华邦建设、华润燃气总部及抢险调度中心、百利科技总部、海济生物总部、邮政储蓄银行岳阳总部、红星美凯龙7个重大签约项目相继开工。签约装备制造产业园的20个项目有16个项目入驻和生产。项目保障全面发力。报批国有建设用地250.67公顷，挂牌出让土地57.8公顷。完成土地收储33.93公顷。依法征收房屋1709栋，完成腾地262.13公顷。新建135工程标准厂房55.2万平方米，竣工50.2万平方米。获批授信70.8亿元，累计到位贷款资金36亿元。74项行政审批事项全部承接落地。

【产业转型升级】　2017年，岳阳经开区新兴产业来势好。岳阳航空港经济区、岳阳汽车产业园规划建设稳步推进，东龙科技汽车零配件、鸿博鑫汽车零配件等一批产业项目等待落地，汽车零部件、临空经济两大新兴产业有望成为新的经济增长点。科技创新攀新高。省级高新技术企业达到47家。实现高新技术增加值71亿元，增长18%。研发经费投入占GDP比重、技术市场合同交易额、有效发明专利总量、每万人发明专利拥有量均居全市首位。联手帮扶见成效。实施重点帮扶产业项目50个，解决企业突出问

2017年岳阳经济技术开发区乡镇、管理处简况

表8

名　称	国土面积（平方千米）	耕地面积（公顷）	年末总人口（人）	人均年收入（元）	书　记	乡（镇）长主任
康王乡	76.94	1708.7	27000	17160	徐　胜	吴昌华
西塘镇	141	1484.4	48000	23613	方　敏	周胜华
木里港管理处	15	280	40000	18975	周　雄	袁高翔
通海路管理处	9.8	0	178451	33452	黎　为	彭玉壶
金凤桥管理处	24.05	369.4	19268	21690	易朝晖	胡　勇

题40个。新增规模工业企业14家。"道道全"被评为全市唯一国家品牌示范企业、首届湖南十大农业企业品牌。湖南中科电气股份有限公司、湖南科美达电气股份有限公司等4家企业被评为部省级质量标杆企业。岳阳新华达制药有限公司、湖南巴陵炉窑节能股份有限公司等6家企业获批省"专精特新"企业。湖南科伦药业有限公司成长为中南地区最大制药企业。岳阳雷勃电气高速电机处于世界先进水平。

【城市建设】 2017年，岳阳经开区基础配套不断完善。实施交通路网建设大会战项目26个，总投资100亿元。临湖公路、连接线枣子山跨线桥、空港大道、赶山东路、苏家坡路、岳望高速经开区段竣工通车；金凤桥北路、国道353岳阳东站至四所段、奇康路、岳阳东站客运枢纽、蒙华铁路、三荷机场等重点工程征拆完成；太阳桥三通、枣子山路、金凤桥南路、新兴路等工程建设加快推进。实施区级城建基础项目63个，完成60个小街巷提质改造惠民工程。产城融合进程加快。南翔万商国际家居城、金悦兰商业公园、迅力商业广场及沃尔玛商店、岳阳千鲜水果批发交易市场等开业运营，恒大绿洲、美的梧桐、新辉国际城及福朋喜来登等一批城市综合体项目加快推进，岳阳妇女儿童医院动工建设，城市功能日趋完善。城乡环境治理有效。中央环保督查突出问题和洞庭湖水环境突出问题强力整改。珍珠山公园建设前期工作启动，"河长制"全面落实，黑臭水体整治超前推进。黏土砖厂关停、禁养区生猪退养、黄标车治理等任务全面完成。城区环境整治专项行动深入实施，禁鞭工作全域推进，全国文明城市复查顺利通过。京港澳高速连接线整治和农贸市场整治成效明显。城乡绿化三年行动扎实开展。规范农村村民建房有序推进，农村基础设施不断完善。禁拆治违扎实推进。拆除违法建设20.3万平方米，完成17个片区清零任务，拆除市级典型违法建设8万多平方米，拆除数量和面积均居全市前列。

【民生改善夯实】 2017年，岳阳经开区全面小康社会实现程度达到97%，民生支出占一般公共预算支出比重超过50%。脱贫攻坚成效显著。紧扣"两个确保、两个完善"和"两不愁、三保障"标准，强化驻村帮扶责任，提升行业扶贫水平，省定8个贫困村全部退出，58户171人脱贫。平江县凤凰山村对口扶贫工作得到省、市检查组高度肯定。社会保障全面发力。区工商新登记注册各类企业1137家。岳阳火炬创业中心获评省中小微企业核心服务机构，引进创新创业企业200多家。新增城镇就业人数26[illegible]人，城镇登记失业率3.7%。社保基金征缴突破2亿元，城乡低保救助水平分别提高13%和15%。社会事业协调发展。北港小学如期开学，珍珠山中学建设顺利。棚户区改造和保障性住房工程如期完成，安置房和限价房建设稳步推进。供销社改制工作全面启动。殡葬改革反响良好，公益性公墓加快建设。1.16万人安全饮水问题得到解决。

【法治建设】 2017年，岳阳经开区信访维稳形势好转。建立完善领导坐班接访、积案包案化解等制度规定，接待来访群众817批3311人次，27个市级交办重点信访事项、5个重点信访积案有力处置。全面加强法治建设，化解各类涉法涉诉纠纷106起，坚持依法依规处置花果山水果市场搬迁纠纷、吉祥石化农民工讨薪、岳望高速农民工欠薪等重大群体性事件35起，保持社会大局和谐稳定。持续推动安全生产"大排查、大管控、大整治"，突出抓好烟花爆竹"打非治违"和重点行业领域整治，严格执行重大生产事故"一单四制"管理制度，安全生产形势持续好转。平安创建深入开展。社区网格化、综治中心、雪亮工程、"四所一中心"建设加快推进。查处各类违法犯罪案件439起，协调纠纷825起。强制关停重大隐患食品经营户46家。有效应对"6·23""7·1"特大暴雨洪涝灾害和H7N9禽流感疫情。

【党建工作】 2017年，岳阳经开区开展"学习十九大，迈入新时代"主题活动，"两学一做""四种精神"学习见成效。新建或改扩建的45个村（社区）综合服务平台全部投入使用。"党建+六大服务"模式得到中央组织部充分肯定。城市党建工作代表岳阳在全省作经验交流发言。高标准建设基层党建示范点20个。队伍建设不断加强。圆满完成村（社区）两委换届选举，选优配强村（社区）两委班子。选拔任用干部32人，激发干部活力。精准引进高层次人才119名，缓解人才紧缺压力。执纪监督深入推进。扎实开展"吃空饷"、公职人员涉砂、雁过拔毛式腐败、"治陋习树新风"等专项整治行动，加大纪律审查力度，全年立案45起，给予党纪政纪处分45人。

（周立波）

城陵矶新港区

【概况】 2017年，城陵矶新港区深入贯彻"创新引领，开放崛起"战略，以"四大会战"为抓手，以"项目建设"为引擎，科学推进产城融合，高效运营口岸平台，引进培育优势产业，提质升级管理服务，各项工作取得新成绩。全年完成GDP120亿元，同比增长20.1%，完成公共财政预算收入9.17亿元，同比增长25.3%，完成全口径财政收入20亿元，完成规模工业增加值37.17亿元，同比增长8.5%，完成固定资产投资131.4亿元，同比增长33.8%。完成进出口贸易额签约21亿美元，进出口贸易额占全市总量的70%以上。

【口岸经济发展】 2017年，城陵矶新港区完成集装箱吞吐量58万标箱，其中城陵矶新港完成集装箱42.28万标箱，同比增长43.65%，超全年计划任务18%，继续领先九江、宜昌，增幅连8年保持长江内河港口第一，为岳阳连膺"中国外贸百强城市"做出贡献。高效运营"一区一港四口岸"，兑现奖励资金927[illegible]万元。进口肉类指定口岸全年进口各种肉类4200吨，进口总量仅次于张家港、南京，在全国11个内河港口中位居全国第三。进口

“一区一港四口岸”奖励资金发放仪式　　（城陵矶新港区　供稿）

粮食指定口岸进口粮食突破100万吨，实现“百万粮港”目标。成功促成省政府将新港区纳入中国（湖南）自贸区试验区范围，并支持申报国家级高新区和进口水果指定口岸。

【优势产业壮大】　2017年，城陵矶新港区贯彻“园区十条”“非公有制经济十条”，坚持项目为重、项目为先，率先在全市出台《招商引资优惠政策十条》等“1+3”系列优惠政策和招商引资办法，整合招商联络部、港口管理部、科创中心等精干力量，形成“大招商”格局。在年中、年末分别举办两次大规模集中签约活动，年中全市产业招商月签约和润粮油、哈工大机器人等4个项目，总投资达95.8亿元；年末成功签约岳阳新能源汽车产业园、泰格林纸210万吨包装纸、冠都（岳阳）置业五星级酒店、理想纳米新材料研发生产基地等16个项目，总投资达166.8亿元。同时，白杨湖总部经济港项目、九鼎岳阳产业服务园项目、临港汽车城二期等21个项目开工建设，“道道全”、3517一期、6906、湘江纸业等16个项目竣工投产，以“现代物流”和“开放型经济”两大板块为动力，以“创新升级”板块为核心的产业体系已具雏形。

【基础设施完善】　2017年，城陵矶新港区出台《城陵矶新港区配套设施建设规划（2018—2020）》，投入40多亿元，进一步完善园区配套设施。杭瑞高速连接线、城陵矶路、芭云路、兴港东路、云欣西路等主干道路竣工验收，云欣大道、云港路拓宽工程、北环线项目全面动工。启动4000套保障性住房建设，其中凌泊湖四期359套安置房全面封顶，弘元新港1200套、际华三五一七800套、港建投240套公租房全面开工。水、电、气、污水处理、绿化美化等市政配套设施建设同步跟进。开展征拆腾地百日攻坚行动，全年实现征收腾地367.07公顷，同比增长133%，拆迁房屋866栋。采取多种措施加快土地报批，切实保障入园项目用地需求。

【港口建设推进】　2017年，总投资11.8亿元的城陵矶新港二期工程开工建设，主要建设3个件杂货兼滚装功能多用途泊位和4个集装箱多用途泊位，建成后新港一、二期合计吞吐能力将达到100万标箱。新港区范围内岸线资源整合，完成城陵矶老港100%股权收购，老港改扩建工程抓紧推进。岳阳纸业、华能电厂等企业富余岸线资源整合形成框架协议，金叶众望、中长燃松阳湖加油站退出经营达成一致意见。促成上港集团同意以港务集团为主体组建湖南港口集团，整合全省港口资源，并控股经营，“港口大会战”战场由新港区拓展到全省，并初见成效。

【保障要素强化】　2017年，城陵矶新港区各平台公司主动作为，获得各金融机构授信达100亿元，到位21亿元，加大直接融资力度，成功发行中期票据，降低融资成本，为今后的直接融资工作树立标杆。进一步加强人才引进、培育、管理，落实“四海揽才计划”，畅通人才引进渠道，全年开展两批招聘，引进专业人才50多名；与湖南理工学院联合成立湖南省港口经济研究院，与哈工大机器人集团联合组建军民融合研究院，形成以中科院院士、武汉大学、中南大学等一批专家教授为主体的专家库；牵头举办“开放崛起大讲堂”“入职第一课”等培训活动，全年受益培训教育人员达到500人次，《招才引智走在前 智慧托举海洋梦》人才工作专题报道在红网等省级媒体宣传推介。制定《城陵矶新港区廉政风险防控手册》，查找廉政风险点500多项，持续推进“雁过拔毛”式腐败问题、“纠‘四风’、治陋习”、工程领域突出问题等专项整治工作，努力营造风清气正环境。

【陈向群专题调研城陵矶新港区建设与发展】　2017年7月27日，湖南省委常委、常务副省长陈向群率省直有关部门负责人到岳阳市，专题调研湖南省岳阳市城陵矶新港区建设与发展，并召开现场办公会，研究部署下阶段工作。岳阳市委书记胡忠雄，市长刘和生，市委副书记李爱武，市领导唐道明、谈正红、杨昆、邱虹、刘晓英和市政府秘书长刘传汉参加调研或出席会议。陈向群强调，要站在湖南加速融入长江经济带，加快实施“两大战略”，将岳阳打造成为全省发展新增长极的全局和战略高度，统一思想、提高认识，进一步加大对城陵矶新港区建设与发展的支持力度。岳阳要抢抓机遇，开拓创新，以大物流为引领，“双港”驱动，“三区”（港区、综保区、空港区）联动，着力培育新业态，集聚大产业，构筑开放大格局，精心打造大城市。要高起点高水平规划，高度重视吸纳和培养人才，认真研究政策红利，努力成为全省对外开放的窗口、象征和示范，在“两大战略”中率先崛起。

【“全省第一批军民融合产业示范基地”获批】　2017年11月21日，城陵矶新港区正式获批为湖南省第一批军民融合产业示范基地，标志着岳阳军民融合产业集聚、集约发展，促进产业结构优化升级迈上新台阶。2014年，岳阳市政府在城陵矶新港区白杨湖畔规划200公顷，成立湖南军民融合卫星应用产业园。借助岳阳北斗卫星应用示范城市优势，重点发展卫星应用、大数据、无人装备等军民融合产业。2015年1月，省政府批准为“湖南省军民结合卫星应用产业园”。2017年5月，根据《湖南省军民融合产业示范基地认定与管理办法》，湖南省经信委组织开展2017年度湖南军民融合产业示范基地的认定工作，经省经信委的形式审查、现场初查与专家评审，获得通过。

（易　兴）

岳阳市南湖城市综合体项目签约现场　（市南湖新区　供稿）

岳阳市南湖新区

【概况】　岳阳市南湖新区（又称湖南岳阳洞庭湖旅游度假区）位于岳阳中心城区南部，现辖面积约56平方千米，区直单位28个、上派驻单位15个，辖南湖、求索、湖滨3个街道办事处和龙山、月山2个管理处，22个社区、2个村。户籍人口8万人，管理人口14万人，常住人口19万人。新区是城市南延发展的主战场、主阵地、主力军，具有鲜明的宜居宜业宜游特征。南湖新区围绕“一个目标”总揽、“两大战略”引领、“三条底线”筑牢、“四大会战”发力的总体部署，发扬实干担当精神，集中精力抓落实，各项工作快速有序推进，年度综合绩效考评获得全市区级一等奖。

【经济运行发展】　2017年，南湖新区全年完成地区生产总值74.92亿元，同比增长8%，增速在全市排名第二；固定资产投资56.8亿元，同比增长14.2%，增速在全市排名第五；公共财政预算收入6.86亿元，同比增长22.3%，增速在全市排名第一；社会消费品零售总额21.79亿元，同比增长10.3%，增速在全市排名第二。三次产业结构比为0.8∶3.98∶95.22，三产服务业继续保持区域经济主导地位。

【重点项目建设】　2017年，南湖新区在全市产业招商月活动中，新签约投资5亿元以上的产业项目3

表9

2017年岳阳市南湖新区办事处、管理处简况

名　称	国土总面积（公顷）	耕地面积（公顷）	年末总人口（人）	人均纯收入（元）	书　记	主　任
湖滨办事处	1223	58	18301（常住） 33235（辖区）	23284	范朝阳	
南湖办事处	385	16	35710（常住） 71072（辖区）	32817	葛　明	张　勇
求索办事处	1[illegible]0 （包括水面1180公顷）	13	26500（常住） 29500（辖区）	32918	沈兰和	黎国和
龙山管理处	2[illegible]0	430	24100（常住） 15000（辖区）	24000	向　勇	易染红
月山管理处	1[illegible]7 （包括水面529公顷）	10	9765（常住） 4636（辖区）	29880	许湘群	

个，新开工、新投产项目2个，实现内联引资6.87亿元，同比增长40%。全力推进以刘山庙半岛游客服务中心、环南湖旅游交通三圈配套工程、黄梅港湿地生态修复工程、龙山花卉植物园等为代表的重点项目建设。通过“2017中国杯国际定向越野赛”“洞庭南湖首届全国高校湖畔挑战赛”等系列品牌文化体育赛事和全方位的媒体宣传，着力打造“洞庭南湖”生态文化旅游品牌。同时，总部经济发展势头强劲，建工集团、长炼油品公司等相继签约落户。科教新城初具规模，湘一南湖学校实现当年建设、当年招生、当年投入使用；湘北女校新校区建设进展顺利。棚改征拆创造“南湖速度”“天灯神话”，全年7个省级棚改项目任务全部完成清零，天灯咀（二期）棚改项目自7月10日启动征拆，仅用170天时间，全面完成75.4公顷范围内781户12万平方米建筑面积的房屋摸底、签约、倒房任务，创造全市拆迁工作的“南湖速度”，受到市委、市政府通报表扬。

【重点工作推进】 2017年，南湖新区深入推进突出环境问题整改，收到中央环保督察组交办信访件9个，办结率100%。8处黑臭水体整治工作任务全部完成。12月20日在全市率先和超额完成106台黄标车的淘汰任务（市定任务为63台）。开展“洞庭湖生态环境突出问题集中整治月”行动，组织相关部门开展联合执法，对直接污染洞庭湖水域的岳阳市牛羊定点屠宰场和太平咀、湖滨、飘尾3家砂石堆场实施强制关停并全部清理完成。全面执行“河（湖）长制”，制定《南湖河（湖）长制实施方案》，累计投入资金2000多万元。

【民生福祉改善】 2017年，南湖新区累计发放城乡低保、医疗、五保、临时救助资金1100万元。新增城镇就业人数934人，完成市定年度目标的101.5%，失业人员再就业450人，完成目标任务100%。投入资金9480万元对全区部分学校进行改扩建，如郭镇小学食堂改建、双塘小学教学楼提质改造、南湖幼儿园整体翻新等工程完成。顺利完成龙山管理处16户48人和对口帮扶的平江县加义镇咏生村77户258人的脱贫任务。汛期期间，及时处置垮塌、崩岸、管涌、倒灌等险情100多次，在全区干部群众的共同努力下，出色完成市委、市政府交办的防汛抗灾工作任务。

【党建工作加强】 2017年，南湖新区全面完成社区（村）“两委”换届。加快推进社区（村）综合服务平台创建，全年投入专项经费1000万元，新建社区综合服务平台10个，改扩建13个。开展“四风”专项督查37次，查处“四风”案件7件，对8个单位进行通报批评，对2个单位主要负责人进行诫勉谈话。始终保持反腐败工作的高压态势，全区立案7起，给予党纪政纪处分7人。

（皮文辉）

湖南平江高新技术产业园区

【概况】 2017年，湖南平江高新技术产业园区（简称平江高新区）以全市“产业园区建设大会战”为动力，以全速推进项目建设为中心，加快发展特色优势产业，推动园区转型升级，实现跨越发展，园区整体发展建设迈入“快车道”。园区技工贸总收入达324.35亿元，比2016年增长18.32%；完成规模工业增加值64.4亿元，同比增长29.98%；完成固定资产投资39.93亿元，同比增长25.56%；实缴税收2.24亿元，同比增长31.76%，税收超过1000万元的企业达到6家；争资3200万元，融资5.12亿元，园区综合发展绩效在全省140多个国家级、省级园区中名列第九位。

【招商引资工作】 2017年，平江高新区围绕绿色食品、石膏建材、云母制品三大主导产业，采取领导带头招商、驻点招商、政策洼地招商、以商招商、乡友招商、产业链招商等方式进行项目招商，全年引进产业项目30个，引资总额36.445亿元，1亿元以上的项目17个，5亿元以上项目2个，分别是金凤凰和矿牙轮钻项目。

【项目建设推进】 2017年，平江高新区为加快项目建设进度，开展项目建设“百日攻坚”和全市产业园区推进会项目筹备攻坚行动。3个月园区签约项目10个，其中，亿元项目5个，开工建设项目19个，竣工项目15个，项目建设提质提效成效明显。园区征收土地73.33公顷，新建标准厂房39.09万平方米，竣工厂房21.02万平方米，入驻率达83.49%；有国道536园区升级改造段、科技孵化中心C栋及综合楼等6个基础建设项目竣工，腾达、晟大等28个产业项目开工，润哥食品、泽恩食品、岳峰云母等15个项目竣工，可新增税收3000万以上，为2018年税收增长打下基础。11月27日，全市产业项目建设现场会在平江召开，平江高新区7个项目作为现场观摩点。

【企业服务提升】 2017年，平江高新区组建企业服务中心，安排专人12名，从启用“二号公章”到实行“派驻盖章”，承接县级各职能部门下放的34项行政审批权限，入园项目行政审批提速50%以上；成立人力资源服务中心、企业法律咨询服务中心、企业警务室等专业机构为企业提供对口服务；组织召开企业座谈会4次，银企洽谈会2次，与企业直面沟通解难题；从廉洁、诚信、守法、经营等方面对园区企业建立评价体系，为黄金冶炼、华文食品等多家廉洁诚信企业挂牌，着力构建“亲”“清”园企关系，企业对园区满意率达到100%。

【园区环境整治】 2017年，平江高新区新建占地1公顷的迎宾广场，新修主干道路1.2千米、支线道路2千米，对创新创业园和平伍公路沿线进行全面亮化、美化、绿化，着力打造美丽园区；开展园区环境综合整治，拆除违建棚亭和立式广告招牌80处，清理乱栽乱种50处，违建增长控制为零。

（李梦萦）

岳阳高新技术产业园区

【发展质量提升】 2017年，岳阳高新技术产业园区主动适应经济新常态，全面落实市委、市政府园区建设大会战决策部署，以“产业立园、开放兴园、科技强园、依法治园、科学办园”为方针，以党风廉政建设为抓手，推进作风建设，创新工作思路，推动产业转型升级，提升园区发展质量，加速园区创新发展。园区企业呈现良好发展势头，取得较好成绩。园区企业完成各类税收2.46亿元，较2016年稳步攀升，财税贡献能力进一步提升。

【招商引资工作】 2017年，岳阳高新技术产业园区将项目引进作为推动园区发展的主要推动力，在加大对外宣传、推介招商优惠政策的基础上，采取产业招商、以友招商、定点招商、以商招商等手段，多措并举，精准出击，放手招商，顶住实体经济下行压力，招商引资取得明显成效。全年引进工业项目25个，合同引资46.99亿元，其中，亿元及以上项目18个，过5亿元重大项目4个，分别是投资5.2亿元的健强医药制造项目、投资5.17亿元的农产品深加工产业化园项目、投资6亿元的宁波泰源年产1万吨特种氧化铝及2500吨分子筛微孔材料项目、投资6.5亿元的国储能源年产500万吨高纯石英砂加工项目。

【基础设施建设】 2017年，岳阳高新技术产业园区推进园区征拆“百日攻坚”行动，全力推进四、五期扩园工程，完成土地储备113.33公顷。四期征拆和平整工程基本完成，五期首批37.67公顷土地完成报批并启动土方平整工程。进一步完善园区水、电、路、气、集中供热、排污等配套设施建设，投资300万元的自来水增压泵投入使用，完成集中区标准化厂房和泽园路公租房附属工程建设，顺利推进科伦路、同华路道路工程和林冲路公租房施工，加速园区污水处理厂建设，即将投入运行。沉着应对“6·29”“8·12”强降暴雨洪涝灾害，大力开展抗灾救灾及后续协调和水毁工程修复工程。对园区主要排水管网进行大面的清淤、疏通、修复和挡土墙修筑工程。建材园完成亚泰前排污渠，启动亚泰前排污渠、泥丘垅排污渠、刘梓冲排污渠拓宽和取污工程等园区内及周边村组排灌沟渠建设等5项水系工程。

【项目建设加速】 2017年，岳阳高新技术产业园区严格对照项目投资合同，科学安排，促进签约项目早开工、开工项目早投产、投产项目早见效。重点产业项目进展顺利，多旺休闲食品项目和金诺医用包装材料项目竣工投产，鸿辉汽贸和腾辉汽车零部件项目标准化厂房主体竣工并投入使用，恒鑫能源集中供热供汽项目主要设备试运营，兴业光伏发电项目一期20兆瓦太阳能光伏面板建成并网发电，健强医药项目一期主体工程及附属配套设施建设竣工，设备安装调试完成，即将联动试生产，农产品深加工产业化园项目一期标准化厂房钢结构安装及主体工程竣工，正在进行装饰装修和地面硬化等附属工程施工，进厂主干道路建设完成，科技楼主体工程建设全面启动，宁波泰源特种氧化铝及分子筛微孔材料项目启动设备技改工程。加快标准化厂房建设，营造创新创业氛围。出台奖补政策鼓励企业自建标准化厂房，严格对照合同督促企业守信履约，兑现奖补政策，全力推动标准化厂房建设。园区新开工建设标准化厂房24.52万平方米，其中，在建面积5.93万平方米，竣工标准化厂房面积18.60万平方米，投入使用面积16.83万平方米，使用率90.5%。加快扩产改建步伐，促使企业转型升级。以做强主导产业、做大园区企业为目标，大力开展联手帮扶，引导生物医药、机械制造等企业进行产品升级和转型发展。新一步科技投资2000余万元对自动生产线进行全面升级改造，增效明显。金海科技加快科技研发投入，微光固化涂料生产线获得国家专利，处于行业领先地位，市场前景看好。富和科技、亚泰陶瓷和金城陶瓷等企业在节能降耗技改上下足功夫，进一步降低生产成本，提升市场占有率。慧璟科技与宁波复能新材料股份有限公司达成战略合作，计划在本县打造国内领先的分子筛与CA催化剂（特种氧化铝）等多孔与微孔材料的生产基地。利尔康计划新增用地3.33公顷，扩大优势产品产能。宏晨陶瓷投资1000多万元对二线进行重点技改，优化产品结构，更好地适应市场需求。天欣陶瓷通体大理石研发成功并正式生产，进一步丰富高附加值产品种类。加快僵尸企业处置，提高土地资产效益。大力开展“僵尸企业”清理，通过资产重组、破产等措施，盘活企业资产，提升土地效益。引进湖南多旺食品盘活原味冠天下公司，引进德丰陶瓷入驻原百森陶瓷，高知建材入驻德欧机械，促成东聚标识整体收购金博机床（破产），新购机器设备、新建生产线，并投产运营，引导双维生物工程与厦门国贸中顺集团开展深度战略投资，正在组织实施。力促华雄进入破产程序，全力做好破产前的维稳工作。促成岳阳县城建投完成对颐通管业的整体收购，园区会同相关部门开展对外招商。

【服务能力提升】 2017年，岳阳高新技术产业园区全面推行“一站式”“一条龙”服务机制，成立企业服务工作组，园区管委会主任挂帅，对投资商和入园企业从立项审批、登记注册、开工建设到投产经营实行全程代理服务，提高办事效率，加速项目建设步伐。同时，围绕“联手帮扶”扎实开展企业帮扶工作，争取联企县级领导支持，调动参联单位的力量，实行包干负责制，深入企业，解决实际困难和问题。通过“保姆式”服务，科伦制药、金海科技、慧璟科技、富和科技、天欣陶瓷等园区骨干龙头企业保持强劲发展势头，健强药业、农产品深加工产业化园等5亿元重大项目建设进度均达到园区大会战考核验收要求。通过不断提升服务水平和能力，园区生物医药、机械制造、新材料等主导优势产业发展势头看好。

【安全环保工作】 2017年，岳阳高新技术产业园区抓实抓牢企业安全生产。按照属地管理原则，加强企业安全生产教育，定期开展安全生产隐患排查，督促企业切实履行安全生产主体责任，做到责任到位、投入到位、培训到位、管理到位、应急救援到位，进一步夯实企业安全生产工作基础。尽管园区安全生产形势严峻，但安全生产基本面持续好转。抓紧抓严园区环境保护。园区审时度势，督促金城陶瓷等4家陶瓷企业累计投入1100多万元进行环保改造，主要新增或改造除尘设备，新建或改造脱硫装置，增加或改造工业废水和煤焦油处理设备，对原料仓库密封设施进行加固和完善，部分企业新购置洒水车等。园区生态文明指数大幅提升。启动首条“煤改气”试验线。根据县政府要求，陶瓷企业要完成一条陶瓷生产线的“煤改气”前期工作。园区认真落实，组织能源局、建材办与昆仑燃气公司、枫树湾公司等4个单位到陶瓷企业开展联合调研，并多次召开现场会、碰头会，确定在天欣科技启动全县陶瓷企业首条“煤改气”试验线，完成前期调研，抓紧组织实施。推进分散式燃煤锅炉淘汰工作。引进东莞怡鑫能源集中供热供汽项目落户园区，通过集中供热、供气，彻底淘汰分散燃煤小锅炉。怡鑫能源公司实现生态工业园二、三期企业集中供汽，一期集中供汽管道抓紧铺设，年底可实现集中供热供汽全覆盖。开展园区后环境影响评价。为破解园区整体环评对新入园项目以及现有企业无法扩产等一系列环保瓶颈制约，园区会同县环保局、县发改局加强与省市环保、发改等部门的沟通和对接。园区后环境影响评价报告编制工作启动，有序推进。

【科技创新工作】 2017年，岳阳高新技术产业园区通过加大政策扶持，园区企业科技创新活力全面激活，创新创业主体作用凸显。深化产学研协同创新发展。引导高新企业加强与科研院校和高校合作共建实验室或研发中心。组织参与创新创业大赛。推荐湖南金海科技有限公司、湖南利尔康生物股份有限公司参加第六届中国创新创业大赛（湖南赛区）暨第四届湖南省创新创业大赛，获得“优秀企业（成长组）”称号。同时，金海科技公司被推荐参加全国创新创业大赛材料类决赛获成长组“优秀奖”。通过以比赛树典型，营造重视创新人才的良好氛围，吸引更多的创新创业人才向高新区聚集。参加“四海揽才”工程。园区组织机关和园区9家企业参加岳阳市2017年四海揽才秋季人才武汉专场招聘会，成功接纳各类专业人才21人，其中园区管委会2人，为园区发展开辟一条人才引进新渠道。

【湖南贝特新能源公司投产运营】 2017年5月，湖南贝特新能源科技有限公司正式投产运营。该公司是一家集新能源电动汽车压缩机和空调系统研发、生产、销售为一体的专业制造商和服务商。该公司致力于新能源汽车空调压缩机核心部件研发和生产，组建一支实力雄厚的研发技术团队，投入巨资开展核心技术研究和开发，拥有发明专利2项，实用新型专利6项，外观设计专利2项。该公司主导产品电动涡旋压缩机拥有自主知识产权和品牌，制造工艺和性能处于国内同行业领先地位。

【石化新材料和资源精细化利用工程研发基地挂牌】 2017年6月5日，石化新材料和资源精细化利用国家地方联合工程实验室研发基地在岳阳高新技术产业园区湖南省金海科技有限公司挂牌成立。该研发基地由湖南师范大学国家联合工程实验室专家教授和金海科技公司研发团队共同组建。湖南师大国家地方联合实验室主任、化工学院原院长、博士生导师尹笃林担任研发基地首席科学家。金海科技公司系国家高新技术企业，近两年申请各类国家专利30余件，依托研发基地强大的产学研和科技成果转发能力，将进一步加快该县科技创新步伐，推动产业转型升级，带动新材料产业发展。

（李　岳）

华容工业集中区

【经济运行提速】 2017年，华容工业集中区实现技工贸总收入143.7亿元，同比增长18%，缴纳税收1.24亿元，同比增长30%，新增规模以上企业13家，完成规模工业增加值83.1亿元，完成固定资产投资58.6亿元，同比增长21.2%，高新技术产品增加值同比增长24%。

【基础设施建设】 2017年，华容工业集中区加快园区设施建设。三封园区完成污水处理厂尾水排放专管铺设工程、求索南南路路基土方和路面硬化工程；启动污水处理厂升级改造工程、雨污分流工程。石伏园区完成300吨/天的一体化污水集中处理设施建设；完成10.73公顷10万锭高端纺织项场地平整工程及其区域300米排水沟渠的开挖，铺设地下排水排污管网150米。洪山头园区完成污水处理厂项目立项、可研、环评等建设前期工作和项目建设用地征拆补偿工作，完成300吨/天的一体化污水集中处理设施建设及自动在线监控装置安装。

【项目建设】 2017年，华容工业集中区宝丽纺织染整生产线节能技改、福尔康甲壳素复合纤维水刺无纺布、星欣彩印、创鑫电子、乐尚电子、展强服饰、中振服装、大豆油生产等项目投产。鸿仁源油脂项目完成厂房、办公楼和综合楼等主体工程建设；恒兴建材新材料研究所基本投入运行，博士后流动站建设进展顺利；海济药业植物提取项目主体厂房竣工，设备完成订购；湘笙和食品项目完成设备的安装和调试；康杰淡水鱼深加工项目厂房装修到位，完成设备订购；华权电子、宏邦饰品项目启动厂房装修；丰硕医用有机硅项目和迷迭香项目建设前期工作完成；科创纺织和科力嘉纺织各5万锭高端纺织项目厂房启动基脚打桩，完成部分设备订购。

【园区建设】 2017年，华容工业集中区完成二期8栋8.8万平方米标准化厂房主体结构建设，基本完成墙体砌筑，总建筑面积4.35万平方米的电子商务综合大楼裙楼（4层）和主楼（21层）封顶，完成内部装修总工程量的80%；总建筑面积2000平方米的临时食堂建成并投入运行，解决园区企业员工的就餐难题。

【园区管理】 2017年，华容工业集中区管委会加强企业帮扶和管理，协调力博电源债务纠纷和破产，强力推进恒兴建材收购南阳橡胶、给力集团收购润华新能源，大力支持海济药业申报直销牌照，引导康杰食品、科创和科力嘉纺织等企业申报产业引导基金。对企业履约情况进行清理，监督企业严格履行合同，依法依规进行建设、生产和经营等活动。加强企业环保和安全生产管理，对企业的环保和安全生产进行大培训、大排查、大整改。加强内部管理，严格控制非生产性开支，园区"三公"经费大幅减少。抓作风建设，实行绩效考核，努力克服人手少、任务重、压力大等不利因素，做到人人有压力，个个有动力，作风大转变。

【芥菜产业园建设】 2017年，华容工业集中区完成首期35.2公顷项目建设用地场地平整总工程量的80%，启动4个厂区综合楼和宿舍楼的建设，启动4家拟入驻企业主体厂房设计工作；临时施工道路建成，主干道路造价通过财政评审，启动污水处理、自来水、供气、供热等配套设施建设的前期工作；与插旗菜业、道好道菜业、海霸菜业和开口爽菜业4家实力较强且以芥菜为主体的食品加工企业签订入驻协议。

（吴　鹏）

湘阴工业园

【项目建设】 2017，湘阴工业园按照年初工作目标和项目建设"百日攻坚"行动的具体要求，把项目建设作为工作的重中之重，扎实开展"项目攻坚年"活动，及时研究解决项目建设中存在的突出问题。自项目建设百日攻坚行动开展以来，园区将负责干部分配到重点项目，将任务层层分解，责任层层压实，对每个项目责任包干到人，对存在的问题对症施策，确保项目按既定时间节点顺利推进，实行一周一调度，一月一讲评，形成领导靠前指挥、高位推动的良好工作格局。至年底，项目建设各项工作稳步推进，蓝天豚硅藻泥、华鑫恒达、百尔泰克等12个项目建成投产，国网电力、丰硕科技、华伟汽车模型、建华建材二期、兴业太阳能、世杰铭涛等17个项目加速推进，华伟汽车模型、世杰铭涛等项目征地完成，并完成绝大部分拆迁工作，启动项目建设，项目大会战取得明显实效。

【基础设施建设】 2017年，湘阴工业园承载能力进一步增强，园区立足于"高起点规划、高标准建设、高效能管理"的指导思想，从水、电、路、管网等基础设施建设入手，营造良好的发展硬环境。强力推进园区道路建设工作。配合县城建投完成洋沙湖大道提质改造，文襄路加班加点建设，利用棚户区改造契机，全面完成长岭西路、曙光路的前期准备工作。燎原路、安康路完成初步设计；强力推进电网建设工作。完成袁泉线的110千伏高压线路的设计方案及预算财评。通过与县电力局对接，远大输变电工程建设选定岳阳市电力设计院为设计公司，启动初步设计及施工图设计，完成规划红线圈定和地质勘探，并与远大协调，争取远大总公司同步推进专电建设有关事项，力争年内完成工程建设；配套建设全面启动。基本完成许家垅安置小区第五排的道路硬化、下水管道安装和城南村电网项目南侧的抗旱管道安装，安置房二期年底竣工；集中安置房三期、再葬基地二期完成规划选址；园区第二污水处理厂提标改造工程顺利推进，截至年底，完成二污提标的整体设计，技改升级方案评审，招投标核准等相关工作。多次与首创水务公司沟通、协商合作方案。前期报批工作基本完成，计划年底开工建设并逐步完善相关报建手续。以确保提高湘江及洞庭湖水环境质量目标任务达标。第三污水处理厂及配套设施PPP项目签订咨询服务合同并进场开展工作，推动智慧园区建设。成立高新区科技孵化中心，筹备建设园区网络平台和数据中心。

【融资渠道拓展】 2017年，湘阴工业园结合园区工作实际，注重基础夯实，多点发力，在突破融资瓶颈上，积极争取、多方协调，取得明显成效。至年底，园区投资公司实现融资3.25亿元，并与农发行、华融湘江银行、湖南金交中心、湖南交通担保公司、天风证券公司等多家银行及金融机构洽谈达成合作意向。既创新思路加强平台公司建设，逐步提升投资公司市场化运作能力，又拓宽融资渠道，规范资产管理，增大资产规模，提升融资能力，为园区运转提供资金保障。园区安排500万元存入湘阴建行设立担保基金，采取"助融贷"方式，帮助有潜力民企业进行融资。同时加快征地拆迁、土地报批，全年征收土地126.57公顷，拆迁房屋132栋，清点补偿青苗55.67公顷，迁移坟墓2000余座，批回土地60公顷，融资难、落地难等问题得到较大破解。

【招商引资工作】 2017年，湘阴工业园在招商引资上，敞开引资大门，出台促进招商引资和鼓励总部经济发展等一系列政策措施，建立职能和利益匹配的全新招商机制，大力开展领导敲门招商、专业精准招商、商会节会招商，园区主要领导10多次带队到北京、上海、广东和深圳等地对接大企业，招引好项目。全年接待客商300余人，成功签约可孚医疗器械、远大环保新材料、元亨二期、中民筑友、建华建材二期等优质项目31个，协议引资41.45亿元。其中可孚智慧医疗项目投资6亿元、兴业太阳能光伏发电和琴海数码科技2个项目投资超过5亿元。7月25日，湘阴工业园在长沙成功举办高新区招商推介会，当天签约产业项目24个，合同引资75亿元。

【环保安全生产】 2017年，湘阴工业园抓好安全生产。开展安全生产大排查大整治活动，进一步落实企业安全生产主体责任，不断完善企业安全生产标准化建设，补齐

蓝天豚硅藻产业园一期 （湘阴工业园 供稿）

安全生产内务资料短板，制定《关于开展工业园区安全生产“大检查、大整治”专项行动》方案，检查企业83家，排查出一般安全隐患191条，条条得到整改落实。在危险区域或路段制作安全警示牌15块，并与43家企业建立一企一档的安全管理制度，签订“安全生产责任书”。同时，对涉及粉尘爆炸危险场所的正湘木业下发责令整改文书，对存有安全隐患的大金钢、金港混凝土、惠泽金属、鸿昌热能等下发责令整改文书，并按要求对其进行复查，填写“复查整改意见书”。10月，全国安全生产工作检查组检查园区斯派克企业，没有发现该企业任何问题，受到上级领导的充分肯定。抓好环保治理。成立国民环保站，充实力量，加大投入，配齐装备，认真整改落实中央环保督察组交办的问题整改清单，加强入园项目管理，加速推进第二污水处理厂污水收集管网建设，加速二污提标改造进程，对园区重点企业安装在线监控并实现联网。联合县直相关部门开展经常性的排查，对违规排放企业进行联合执法，并立案处罚，企业环保意识显著增强。依法取缔“地条钢”企业。4月18日，省经信委组织专家对园区鑫光新材料公司进行实地检查、检测，认定该公司为“地条钢”问题企业，必须坚决落实“四个彻底拆除”。根据4月25日县长办公会议纪要精神，园区制定工作方案，明确由园区一名副主任牵头，从当日开始，每天安排4名干部到企业，协助工信局、发改局、环保局、质监局等部门，按照“四个彻底拆除”的要求，督促湖南鑫光新材料科技有限公司对8个中频炉、7台变压器、4个除尘罩，轧钢部机械设备、操作平台及轨道等设备全部彻底拆除到位，7个变压器连接部全部拆除并进行封存，配合相关职能部门对该公司擅自恢复安装的所有设备予以拆除并当场销毁，对该公司生产厂房和设备、库存产品进行全面封存，配合联合调查组，对该公司擅自恢复部分设备的问题进行全面调查，依法依规对该公司进行顶格处罚。园区严格按照中央和省、市要求，抓紧抓实抓好问题彻底整改，并且举一反三、全面排查，确保已整治的“地条钢”问题企业不反弹，园区范围内不出现“地条钢”生产销售企业，确保上级决策部署落实到位。

【蓝天豚硅藻产业园一期工程竣工投产】 2017年6月28日，蓝天豚硅藻产业园一期工程在湖南省湘阴工业园竣工投产。该产业园是亚洲首个年产50万吨级建筑装饰涂覆建材工厂，项目规划面积66.67公顷，建筑面积31万平方米，总投资约35亿元。蓝天豚一期项目主营产品为水性硅藻泥，干粉硅藻泥等绿色建筑装饰涂覆材料，项目投资3.5亿元，建筑面积5万平方米，设备产能年产50万吨。园区设有职业学校、重点实验室、院士工作站、硅藻博物馆、产品展示中心。该项目系中国硅藻产业示范基地、国家发改委专项支持项目、湖南省政府新产业重点建设项目。来自全国多个高等院校及科研机构的50多位专家学者、100多家新闻媒体、各行业企业家1100多人参加湘阴蓝天豚硅藻产业园竣工投产仪式，中国民营科技促进会授予蓝天豚硅藻产业园“中国硅藻新材料应用科学研究基地”牌匾，中国建筑装饰装修材料协会授予产业园“中国硅藻产业示范基地”牌匾。仪式现场，来自澳大利亚（Zhilan Eco—tech Diatomite Materials Mr.Tony Cardew）芝兰硅藻科技材料有限责任公司的Tony与蓝天豚董事长童彬原签署硅藻保健食品技术合作协议，国内首个生产硅藻保健食品即将上市。

（彭拥军）

临湘工业园区

【园区发展加快】 2017年，临湘工业园区完成规模工业总产值297.2亿元，完成规模工业增加值64.9亿元，占全市规模工业增加值的比重达到71.4%，园区高新技术产业增加值完成50.48亿元，技工贸总收入330.2亿元，固定资产投资40.2亿元，完成税收2.16亿元。临湘工业园区现有入驻企业96家，其中，三湾产业区71家，滨江产业区25家；新入园项目17个，其中，滨江产业区5个，三湾产业区12个。新企业入园，为园区发展增加后劲。土地清理回购，取得新突破，争资融资，取得新进展，机构改革、体制创新，激发园区活力，全市目标管理分值排一类，岳阳市10个园区考核，前进4个名次，园区大会战，获得全市先进单位，产业项目建设，在岳阳市园区排名第五位，标准化厂房建设排名第四位，获得临湘市“2124行动”“四大会战”、综治工作和计划生育工作先进单位称号。

【基础设施建设】 2017年，临湘工业园区新开工基础设施项目10

个，总投资9.72亿元。占地27.73公顷，总投资7.23亿元，建筑总面积36万平方米的标准化厂房PPP项目快速推进，路、管、气安装到位。其中，投资4.867亿元的滨江产业区高新技术创业园，建筑总面积26万平方米，占地20.07公顷，建设28栋厂房及办公楼等相关配套设施；投资2.36亿元的三湾产业区二期标准化厂房，建筑总面积10万平方米，占地7.67公顷，建设15栋标准化厂房，主要是配套钓具（浮标）服装、休闲运动器材产业园建设。标准厂房PPP项目建设，8月份启动，项目报批的各项手续，4个月全部完成，11月进场施工，2018年6月竣工投入使用。2个总投资1.3亿元的中央环保督查项目进度快，按环保督察组回访的要求，7月底启动，10月1日开工建设，2018年4月竣工投产。其他设施项目同步推进，完成三湾绿化提质改造项目、滨江公墓山建设项目，12月施工的滨江精细化工区纬八路建设项目、康杆安置小区二期建设项目开工。完成滨江产业区总体规划和核心城市设计，重新编制修建性详规，完成滨江20.61平方千米区域总体概念性规划、核心区规划、控制性详规编制工作，征收土地80公顷。完成三湾产业区标准化厂房7.67公顷、滨江决业区标准化厂房26.67公顷、滨江项目用地20.67公顷和船形山土地6.67公顷4个项目66.67公顷土地平整。

【招商引资工作】 2017年，临湘工业园区总投资15.7亿元的8个产业项目快速推进。其中，投资1.2亿元的福尔程化工投入试生产，投资1亿元的比德二期主体工程完工，进行设备安装，投资5.2亿元的柳化岳阳中成、投资3.5亿元的宇恒二期、投资2亿元的蓝彬科技、投资9000万元的如虹制药开工建设，投资1亿元的裕昌再生资源项目、投资9000万元的吉象化工，前期工作进展顺利。招商引资签约项目35个，签约投资额50.61亿元。其中，1亿元以上项目19个，5亿元以上项目2个。钓具（浮标）休闲运动器材产业园，总投资8.7亿元的27家浮标企业签约入园，51家钓具企业申请入园；总投资20亿元的岳阳表面处理循环经济产业电镀中心建设项目，第一期投资5亿元，落户高新技术创业区，带动意向投资32亿元的21家企业，申请落户高新技术创业园，产业涉及电子电器、机械加工、建筑装饰、汽车、环保等行业。

【争资融资工作】 2017年，临湘工业园区融资、争资到位资金3.18亿元。从华融湘江银行、国家开发银行、临湘市保障性安居工程建设投资有限公司、光大银行岳阳分行和华夏银行长沙分行融资2.49亿元，从特色县域经济、长江经济带污染治理工程、株洲清水塘产业转移和棚改等方面争取资金6940万元。

（陆文军　谢清望）

湖南循环经济产业园区

【企业生产】 2017年，湖南循环经济产业园区（简称汨罗循环经济产业园区）为确保企业稳定生产，进一步加大企业帮扶力度，有效引导企业生产。全年完成工业总产值549亿元，同比增长24%，完成税收9.6亿元，同比增长46%。园区正常生产的企业达到90家，开工率达到73%。其他行业企业均运行良好，产值和税收较2016年同期均有上升。

【招商工作】2017年，汨罗循环经济产业园区把握招商方向，主动与符合园区产业方向的项目进行对接，做好招商文章。一方面把握产业链招商核心，做大做强再生材料制造业，成功引进经阁集团20.5万吨高档铝型材项目，总投资达15.5亿元，成为建园以来最大投资项目；另一方面出台一系列招商政策，出台《招商引资暂行办法》《园区二次创业优惠政策》《工业企业主板上市扶持政策》《支持工业企业十条措施》等政策，吸引大批先进制造及小微企业入驻园区。截至年底，落地项目30个，项目总投资50亿元，其中产业转型项目6个，产业升级项目9个，5亿元以上项目5个，亿元以上项目9个。

【项目建设】 2017年，汨罗循环经济产业园区抓好再生材料园的建设。完成征地226.67公顷、房屋拆迁182栋工作，创新大道完成土路基工程。立德铝业与万容固废处理项目作为上半年未开项目，万容固废完成设备安装，立德铝业加紧现代厂房安装，各项工作推进；给力达光电安装4条生产线运行。抓好塑料行业划行规市。4月对600多家“小乱散废”塑料加工作坊全面关停，为引导塑料行业科学、有序、可持续发展，塑料交易、分拣、破碎基地选料等功能版块规划设计成一个专业化的设计，该园启动开工建设。抓好标准厂房建设。围绕汨罗市委、市政府对园区下达的标准厂

汨罗循环经济产业园创新创业园　（汨罗循环经济产业园区　供稿）

房建设指标，园区严格按照时间节点，稳步扎实推进标准厂房建设。至年底，累计新建标准厂房31.4万平方米，其中，竣工标准厂房面积15.2万平方米，使用标准厂房面积11.7万平方米。

【科研创新工作】 2017年，汨罗循环经济产业园区围绕“创新引领、开放崛起”战略，大力鼓励企业开拓创新。以园区申报省级高新技术园区为契机，大力支持高新技术企业创建，新增高新技术企业4家，达到18家；支持三兴精密加快智能化设备改造升级，扶持中天农机自动化无人旋耕机及精准施肥机产线建设，提高产品市场竞争力；加快园区博士后科研站建设，将人才专项经费列入预算，为企业科研定向对接中南大学、湖南大学博士后人才库；加大科技创新培训，上半年开展专项培训2次，加大专利技术申请力度，全年申请专利63件，支持三兴精密、中天科技主板上市，围绕企业上市，帮助企业明晰资产，规范管理，并出台企业上市扶持政策。

【发展环境优化】 2017年，汨罗循环经济产业园区围绕“放管服”体制改革，以问题为导向，在园区设立行政审批服务中心，集中职能部门在园区办公，实行“一个窗口”接办件，“一个公章”管审批，“一个标尺”管全程，提高办事效率，简化行政审批程序；实行“围墙法则”，选派干部帮扶，协助解决企业围墙外的一切困难。园区在2016年基础上，梳理企业遗留问题21个，采取“一企一策”的方式逐个消化，解决问题18个。通过梳理企业诉求，明确责任领导和解决时间，取得企业理解，重新赢回公信，为以商招商打下基础。

（李海波）

岳阳楼区工业园

【工业转型升级】 2017年，岳阳楼区工业园贯彻落实市委、岳阳楼区委经济工作总思路，坚持绿色发展理念，充分结合东风湖新区未来建设发展的实际，加快工业转型发展，按照产业发展规划，围绕核心引领区建设目标，以实现工业基地转型升级为契机，始终以项目招商和建设为工作抓手，着力产业调整转型，注重推进新型工业化，谋划总部经济发展，引导生产性服务业入园入区发展，取得较好成效。全年新增工业投资3.4亿元，规模以上工业完成产值148.69 亿元，同比增长8.3 %，规模工业增幅 6.2%。全区工业生产转型升级力度加快，片区工业总量得到规模控制，质量提升较快，节能减排工作成效明显，各项环保排放控制指标达标。

【精准招商引资】 2017年，岳阳楼区工业园为进一步优化工业存量资源，淘汰减量落后产能，根据总部经济区和小试产业园区建设方向，计划招商引资19.4亿元，充分改造一批传统工业项目、重点建设一批绿色环保高科技型项目、延伸发展一批科研中心项目。根据七里山聚集区生态恢复与重建的紧迫形势，客观分析七里山老工业基地的环境容量，严格控制化工上下游产业链关联项目上马。对不符合产业发展方向和环保要求的招商项目，与市、区发改、建设、环保等部门齐抓共管，严把立项关、选址关和环境评估可行性论证关，建立门槛意识。按照去产能要求，探索绿色生态发展模式，围绕七里山产业转型升级，展开节能减排、淘汰落后产能政策宣传，配合有关部门关停搬迁一批高能耗、高污染、高投入、低产出的生产单位，盘活土地存量，着力优化产业结构，提升产业层级，谋划前期项目，加大新型产业项目及生产性服务业项目的招商引资力度。

【项目建设与服务】 2017年，岳阳楼区工业园建立腾笼换鸟观念，推动产业转型升级。按照区委经济工作思路主线，鼓励引导高污染高耗能生产企业制定搬迁、转型、转产计划，动员骨干民营企业启动产业升级计划，延伸下游产业链发展生产服务型产业项目，逐步推动生产性服务业入园入区发展。建立后工业时期工作发展思维，与重点企业共同探讨逐步剥离生产设施，发展总部经济中心、科技研发中心、教育培训中心、后勤服务中心、员工生活基地的设想。倡导企业走绿色环保路子，大力开展节能减排工作，加大七里山老工业区环保宣传，督促工业“三废”控制排放，特别是禁止填埋工业废渣、破坏内湖湖泊水体丘岗植被的行为。根据东风湖新区开发建设与环境保护的文件精神，配合有关部门，加大内湖湖泊和沿湖生态环境保护，禁止破坏性开发工程，注重生态性修复。按照岳阳楼区产业发展规划，注重抓好优势项目招商引入。计划投资11亿元氙气及总部科技研发项目纳入招商前期工作。充分发挥临港后勤服务产业功能配套作用，加大物流仓储产业培育，支持龙骧物流中心做大做强。经招商外联内引，神华集团与湖南电子特种气混配项目签订产业链上游基地合作协议，为该项目落户七里山绿色工业示范区提供有力支撑。同时加大项目续建与新建推进力度。打好产业保卫战与转型升级战，依靠项目带动，全力培育经济亮点和财税增长点，杜绝税收流失。确保续建项目扫尾。湖南气体工程技术研发中心项目开展节能评审工作，完善呈报资料清单，明确问题导向，在市发改委、市住建局等部门支持下，形成问题解决预案。环保遗留问题得到市、区环保部门支持，形成解决方案，有力地促进项目竣工验收与投产。在建项目推动有力。按照岳阳楼区政府部署，在区政府办、区经信局等部门支持下，园区牵头组织开展重点企业帮扶活动，着力解决投资6.2亿元的电子特种气项目一期的设备进口报关及政策优惠事务；争取市政府外事侨务旅游办公室的支持，召开市公安分局出入境管理中心、市外事办、项目单位、工业园管委会四方联席会议，着力解决该项目建设关联的9个美国专家入境服务问题，帮助申请市外国专家局办理注册登记手续。8—9月，为加快电子特种气项目部门联动，争取市政务中心支持，召开市直相关职能部门项目调度联席会，为项目注入强劲推动力。市住建局把该项目纳入市局审批办重点帮扶对象，为项目推进赢得宝贵时间，开辟项目办理绿色通道。市规划局领导带领相关科室负责人到项目现场办公，解决项目亟需的工程建设许可审批等问题。为拓宽夯实项目建设发展空间，园区向市城建投等单位汇报，加快对周边用地摸底调查，合理估量，形成用地预案。电子特种气项目完成外资类工商登记手续，实质性启动，进入建设报批报建流程。园区向骨干企业宣传贯彻落实省工业企业技术改造税收增量奖补政策，与市、区经信委等部门对口协调落实企业申报时限、门槛及资料准备事宜，鼓励园区重点企业尽快尽早进笼子、挣份额，加大争资发展的力度。推动企业走绿色发展路径，以技改为切入点，引导企业更新生产理念、更新技术装备，加强绿色环保安全改造。启动空分项目投资技改资金3500万元，着手升级改造，为项目适应东风湖新区发展创造有利条件。计划投资13亿元的气体循环利用项目科研总部基地提交用地设想与初步设计。

【项目协调服务】　2017年，岳阳楼区工业园加大企业新建项目的建设施工安全、质量安全教育，促进七里山工业基地平安建设。为落实区政府安全生产会议精神，园区多次与市、区发改部门业务会商，邀请发改部门专家到园区拿脉问诊，严把七里山工业区新上规模工业项目立项审批关，反复强调项目立项阶段的安全生产风险评估与论证。园区主要负责人深入走访七里山招商新建、续建项目，向新入园企业负责人通报安全生产形势，强化企业主体责任，强调招商新建项目上马前必须落实安评入口关责任，要求举一反三，规范项目建设手续流程，坚决杜绝未批先建行为。不搞无原则的园区保护主义，坚决支持市、区、街道安监部门对安全生产实现全天候、无死角监管，对不合理不合法的企业诉求明确不纳入项目帮扶工作内容。加强园区项目建设发展环境治理，尊重群众利益诉求，认真听取群众上访意见，妥善化解遗留问题136次。对拖欠民工工资堵门纠纷冲突现象，理顺关系，协调组织劳动监察等相关部门现场及时处置，确保事态不升级恶化，努力营造和谐稳定的经济发展环境。加大企业帮扶力度，着力解决企业生产经营发展难题，根据市政府安排部署，9月，岳阳楼区政府区长黄建文率区财政、工信、商务、发改、安监、国土、规划、环保、工商联等部门到园区企业项目现场办公，为企业经营发展系列问题排忧解难，取得较好成效。

【产业规划设计】　2017年，岳阳楼区工业园根据市政府第11次常务会议研究审定的相关产业政策与规划设计，吉家湖片区及周边七里山范围要建设成为岳阳最具人文关怀的创新创业湾、以发展创新创业产业、小试产业园、总部经济区为主，园区产业规划着重发展交通区位优势，融入长江经济带和洞庭湖经济生态圈，加快节能减排与去落后产能，加快传统工业片区的环保改造与生态恢复，充分谋划发展“后工业”的环境景观设计，以七里山、吉家湖公园建设为核心，招商布局安排产业项目，把创智软件、工业设计、“互联网+”工业技术研究服务、工业新型产品和新材料研发，工业物联网配套服务、企业总部办公基地、企业文化活动中心、产品技术会展中心、职工后勤生活服务基地、企业专家生活区、校企产业孵化基地等作为招商引资、项目建设主方向，构建铁路公路、内河港口配套的新型物流业、高新科技创新创业型新型工业、企业总部经济区为核心的业态体系，进一步打造七里山产业高地，走环境优化、可持续的发展之路。

（董　芳）

湖南岳阳绿色化工产业园

【园区发展提速】　2017年，湖南岳阳绿色化工产业园（简称岳阳绿色化工园）认真贯彻落实市委、市政府关于园区建设大会战的各项决策部署，全力推进产园融合，较好完成各项工作任务。园区获批为省级中小微企业创业创新基地、省级绿色园区和省高新区。园区实现技工贸收入1015亿元，同比增长12%，上缴税金6.48亿元，同比增长6.7%，完成规模工业增加值195亿元，同比增长10.9%；实现高新技术产业产值[illegible]0亿元，同比增长3.7%，完成高新技术产业增加值133亿元，同比增长[illegible].8%；主导产业主营业务收入占比[illegible]5%，固定资产投资增速20%；新增规模以上企业10家。

【基础配套建设】　2017年，岳阳绿色化工园坚持高起点规划、高标准建设，不断夯实发展平台，增强项目承载能力。全年开发土地53.33公顷，挖运土石方150万立方米，拉通硬化道路2.8万平方米，完成绿化1.6万平方米，铺设生产生活污水管网19[illegible]0米；由于受原材料价格上涨、气候以及施工环境等因素影响，重点工程建设进度相对缓慢。氢氮气管线完成5.3千米的土建施工和5千米的管架建设，完成工程量65%；第二套污水管网完成土建工程和主管安装，进入分段试水阶段；综合信息平台建设项目完成工程量的90%，设备、设施安装，软件开发进入关键阶段；污水排江管线建设与三陵公司协调好排江口共用问题，三扩园批复受阻，没有实质性启动。全年新建标准化厂房20万平方米，其中，竣工厂房14.20万平方米，在建厂房5.81万平方米，入驻企业[illegible]家，企业入住率100%。

【项目产业链延伸】　2017年，岳阳绿色化工园围绕碳一、碳四、丙烯、芳烃四条主产业链开发包装一批项目，制定出台《园区招商引资优惠政策暂行办法》，紧盯国际国内500强及行业龙头企业，瞄准石化下游产业精准招商。全年新签约项目31个，总投资63.81亿元。其中，签订意向合同投资15亿元碳酸二甲酯及下游产业系列项目，作为延伸环氧丙烷的下游产业链，填补该产业链在华中及西南地区的的战略布局空白；签约投资10.4亿元10万吨/年丁二烯项目填补园区碳四产业链空白。此外，投资150亿元的100万吨己内酰胺、年产60万吨聚酰胺切片一体化项目正在对接洽谈中。

【重点项目建设】　2017年，岳阳绿色化工园进一步提升时效意识，在保证安全和质量的前提下，立足于早、着眼于快，倒排时间和进度，确保项目建设快速推进。全年新开工项目22个，总投资32亿元，其中，新签约落地有投资2.8亿元的50万吨/年液化汽站建设以及投资2.2亿元的3万吨/年五氯丙烷等15个项目。投资1.1亿元的5万吨/年甲乙酮深加工等19个项目建成投产，总投资26.93亿元，岳化化工、中顺化工、天瀛化工、东晟利龙等6个项目进展较快，催化剂二期2018年4月可部分中交。

【安全环保工作】 2017年，岳阳绿色化工园顺利通过中央环保督察和安全检查。建立园区安全环保应急预案，长岭片区环保评估获得批复；签订“安全环保消防目标管理责任状”和承诺书，6次开展安全生产、应急知识宣传和反面警示教育，提升企业主体责任意识；建立企业“一企一档”制度，完成红线范围内企业资料档案整理；突出在事故中总结教训，特别是格瑞火灾事故发生后，园区举一反三，及时总结教训，要求各企业全面开展安全隐患排查和整改工作，防范各类安全事故的发生。开展突出环境问题整治“百日攻坚”行动，17家废水排放和18家废气排放企业全部完成整改任务；全力督促企业落实环评批复要求，进行自查自改，41家企业完成生活废水管网改造；加强对现有的公用环保设施的维护保养，确保污水收集处理系统正常运行。

（田径汉）

君山工业园

【园区发展】 君山区工业园是湖南省政府和岳阳市政府着力打造的国内一流高端食品制造基地和岳阳市千亿食品产业的龙头园区。2014年7月被湖南省人民政府批准为省级工业集中区，是岳阳市首个通过国家级审核的产业园区。规划面积6平方千米，主导产业为食品制造、农副食品加工、生物科技和电子信息。位于岳阳市城区以西，北靠长江、南临洞庭湖，有5000吨级货运码头，距园区2千米处设有杭瑞高速公路互通和蒙华铁路站场，距高铁站、107国道、国道4高速公路15千米，距三荷机场18千米、城陵矶港口15千米，与岳阳市实行同城规划、一体化管理。

园区按照“工业+旅游”和高起点规划、高标准设计建设的理念，投资20多亿元，完成水、电、路、气等配套设施建设，基本实现“九通一平”，生产生活配套设施健全，集中供热、污水处理、员工宿舍、公共食堂投入使用。在充分发挥厂区生产功能的同时，努力提升生活品质，厂区绿化覆盖率达到37%，容积率为1.2。园区采取标准化厂房招租和为企业量身代建厂房的形式推进发展。已建成标准化厂房41万平方米，在建21万平方米，有童记三利和休闲食品、雅美时电子、兴蒙生物等6家企业入驻投产，有近30家企业即将入驻。2017年，君山工业园完成技工贸总收入约122亿元，完成规模工业增加值29.6亿元，占全区规模增加值61.5%，产业集群占比为59.17%，高新技术产业增加值占比54%；完成税收0.55亿元，固定资产投资总量11.95亿元，所有指标完成市定目标。

【基础设施建设】 2017年，君山工业园基础设施坚持高起点、高标准规划建设，厂房设计与布局前瞻性、实用性兼备，配套设施规划集聚生产要素的同时，充分考虑员工休闲、购物、娱乐、子女就读等生活功能，逐步实现产城融合；绿化园林式园区渗透海绵城市雨水花园理念，微地形中文化与生态相融共生，宜居宜业的特色充分彰显。园区承载能力日益提升。与主导产业息息相关的分布式能源、冷链物流、污水处理、集中供热、公租房、行政服务（会展）中心等项目即将动工或已投入运营；与生产配套的六纵八横道路骨架网、管廊式水电设计、全覆盖式网络逐步健全；与企业生产密切相关的标准化厂房建成36万平方米，建设厂房面积为园区成立以来建设最多的一年。

【招商引资工作】 2017年，君山工业园密切与君山异地商会、寓外乡友联系沟通，大力实施领导招商、专业招商和以商招商，招商引资工作取得新突破。累计收集招商项目信息100多条，新签约引进招商项目21个，合同引资总额43亿元，开工项目15个，竣工投产项目7个，过5亿元的工业项目4个（庆胜新能源、格玛童车、华自新能源、华南仓储物流）。年度招商引资项目数量和质量不断提升。

【项目建设】 2017年，君山工业园在项目要素保障上，采取协议征地、流转土地征地等多种方式，解决征地难题，保障用地供给，完成征地33.33公顷。交流园区全部班子成员和部分干部，推行绩效考核机制，园区干部干事创业激情提高；大力实施人才工程，通过全区招考引进人才2名，参照城建投的人才引进模式拟引进人才7名，区城建投保障项目资金投入，全力配合支持，园区项目建设园区形成以绩效论英雄、以实干评优劣的良好氛围。项目调度上，实行“一个项目、一名领导、一套班子、一抓到底”的工作机制，坚持双周定期调度，及时解决庆胜新能源、雅美时、三利和、吉兴通等项目存在的困难和问题40多个，以重大项目健康发展推进园区产业的大跨越。服务方式上，优化项目入园审批流程，实行“一窗受理、联合踏勘、串并联审批、在线审批、一表收费、协同监管、联合验收”的运行机制，实行部门集中办公，对企业提出的问题逐一会诊，对急需审批的事项马上审批，办事效率提速50%以上。协税护税上，与国税地税部门一同深入企业调查税收情况，对税收征缴异常情况的企业，采取措施进行帮扶。

（周　旭　刘　阳）

环境保护

ENVIRONMENTAL
PROTECTION

责任编辑·刘兴汉

综述

【概况】 2017年，岳阳市环境保护局（简称市环保局）在市委、市政府的领导和省环保厅的指导下，全市环保系统攻坚克难，锐意进取，工作取得一定的实效。

环境质量改善。2017年，市城区空气质量优良率达到83.6%，同比提高6.3个百分点，优良天数增长率全省排名第一；地表水达到或好于三类水体比例为89.4%，同比提高2.6个百分点，没有劣Ⅴ类水质断面。城镇集中式饮用水水质达标率达100%。市区交通干线噪声和区域环境噪声达标。全年未发生较大以上环境安全事故，生态环境总体安全。

中央环保督察整改任务完成。2016年8月，省政府下达岳阳市中央环保督察整改任务20项，是全省市州整改任务任务最重的市。在市委、市政府高度重视下，全市各级各部门挂图作战、攻坚克难，整改工作取得较好的成效。年底省政府组织核查组对岳阳市整改情况进行现场核查，认定全市20项任务中，黏土砖窑取缔等14项任务可以销号，需坚持常态管理或加强监管；其余6项任务完成年度工作任务，351起信访件办理基本到位。省核查组指出，岳阳市整改工作在全省市州中属于整改抓得紧、抓得好的市。国家环保部华南督察局督察岳阳环保工作后也给予高度肯定。省核查组对岳阳市完成中央环保督察年度目标任务评价为100分，名列几个市州第一位。在中央环保督察整改中，市环保局切实履行牵头、调度、协调、督查职责，得到市委、市政府肯定。

【环境整治】 2017年，岳阳市推进水环境综合整治，开展饮用水源地保护。对全市日供水1000人以上的饮用水源地保护区进行划分；依法拆除关闭饮用水源地一级、二级保护区排污口12个。开展工业污染整治。排查重点入湖、入河排污口144个，发现超标排污口15个，关闭9个，完成整改6个。实施大气污染防治攻坚。中心城区依法实施黄标车限行，全年淘汰黄标车6710辆，超额完成年度任务；完成燃煤小锅炉淘汰及清洁能源改造90台；关停非法砖厂87家，完成餐饮油烟治理108家。大力开展土壤污染防治。对全市土壤污染源、污染地块进行全面调查，完成全市农用地土壤污染状况详查点位核实工作，确定43家土壤环境重点监管企业。组织划定全市生态保护红线。全市生态红线面积为3427.38平方千米，占国土面积比例23.03%。开展新版排污许可证核发，完成火电、造纸13个行业64家重点企业发放。

长江经济带洞庭湖水环境综合治理“五大专项行动”现场推进会

（市环保局　供稿）

【环境执法】 2017年，岳阳市在全省率先出台《关于深化公安、环保部门环境执法联动的指导意见》，将公安、环保联动执法制度化、规范化。全面推进环境执法与刑事司法有效衔接，检察驻环保联络室挂牌成立。大力开展执法行动，立案查处环境违法案件692起，罚款总额2412.73万元，均在全省排名第二，同比分别增长126.2%和167.19%。环湖利剑整治行动成效在洞庭湖三市中一直处于领先位置，多次受到省环保厅肯定。大力强化固废危废监管，开展岳阳市2017年危险废物规范化管理专项整改，现场检查779次，移送涉危违法案件7起。全面加强核与辐射监管。开展放射源安全检查专项行动，完成24枚放射源收贮与备案工作。

【环境保障能力提升】 2017年，市环保局大力服务经济社会发展。协助省环保厅审批建设项目12个，完成市本级审批项目52个，大力服务四大会战，服务重点企业发展。大力开展环境宣教。开展环保知识“五进”活动、专题宣传活动60多次。中央环保督察期间，在“一台一报一网”开展系列报道，产生良好的社会舆论反响。扎实开展环境监测。编制各类监测报告（报表）314份，启动岳阳市环境空气质量24小时预报工作，2017年全省环境监测技能竞赛中，岳阳市代表队夺得团体一等奖。开展业务培训。邀请专家就两法衔接等方面进行业务培训4场次，市、县两级业务骨干300多人参加培训。大力立项争资，全年争取资金2.3亿元。开展排污权交易。全市新增交易129笔，交易金额达1075.41万元，数量、金额同比明显增加。大力推进信息化建设，在广泛学习调研基础上，编制全局信息化建设总体方案（三年实施计划），制定全局“互联网+政务”信息化建设规划，为全面推进信息化建设作好规划。

【洞庭湖生态环境整治】 2017年9月26日至11月1日，全省洞庭湖治理专项会议和全省洞庭湖生态环境专项整治推进大会召开，岳阳市全面贯彻落实全省会议精神，市委三次召开常委会议研究部署相关工作，市委书记胡忠雄、市长刘和生分别3次调度、督查相关工作，抓好各项工作牵头单位责任落实。市委、市政府强势启动洞庭湖突出环境问题集中整治行动。抓好“四个一”：成立一个领导小组，明确一项整改目标，制定一项整改清单，确定一套整改机制。各县市区、各相关市直部门将整改摆在各项工作的优先位置，和中央环保督察整改工作紧密结合、一并推进，整治效果明显。相继开展洞庭湖非法采砂问题整改，砂石码头、堆场及采砂船、运砂船清理整治，城区生活污水、黑臭水体整治及环湖生活垃圾堆放点清理整治，沟渠塘坝清淤整治，畜禽养殖、矮围网围等农业面源污染整治，欧美黑杨生态影响问题整治，黏土砖窑依法取缔，华容河水环境整治，黄盖湖、采桑湖、君山公园后湖污染整治及生态修复，加快推进120万农村人口安全饮水问题整治，圆满完成中央环保督察整改和全省洞庭湖生态环境整治工作。

（廖从志）

环境质量

【环境空气质量】 2017年，市环保局按照省环保厅年度方案要求，岳阳市2017年PM_{10}（可吸入颗粒物）年均浓度71微克/立方米；$PM_{2.5}$（可吸入微小颗粒物）年均浓度49微克/立方米；环境空气质量综合指数4.5；优良天数为305天，环境空气质量优良率83.6%。按照《气十条》《湖南省2016—2017年度大气污染防治工作实施方案》的要求，印发《岳阳市2017年度大气污染防治实施方案》《岳阳市推进挥发性有机物污染整治工作总体方案》《岳阳市餐饮行业油烟整治工作方案》《岳阳市2017年淘汰黄标车工作实施方案》《2017年度岳阳市大气污染防治特护期实施方案》等一系列方案措施，明确大气污染防治工作任务、部门职责、整治内容、完成时间；草拟《岳阳市大气污染源排放清单编制工作实施方案》，年底进入报批程序。

【水环境质量】 2017年，市政府常务会议有4次涉及环保议题，2月6日，市政府第三次常务会议专题听取市环保局水污染防治、湘江污染防治等情况的汇报，会议要求强化各相关部门环保工作责任，有力地推动湘江污染防治工作。按照《2017年湖南省水污染防治计划》安排，2017年需完成水污染防治项目70个，主要为工业园区污水集中处理设施建设、十大重点行业整治、城镇污水处理设施建设改造、黑臭水体整治和水质较好湖泊（水库）保护等。截至年底，考核项目基本完成。

（廖从志）

生态环境保护

【大气环境保护】 2017年，岳阳市优化产业结构调整，针对黏土砖厂、造纸等行业开展淘汰落后产能工作，对石化化工、有色金属冶炼、印刷、水泥等重点行业企业进行升级整治改造，对城区内企业进行退二进三搬迁整治。燃煤小锅炉整治。全市淘汰及清洁能源改造燃煤小锅炉90台，合计约193蒸吨。工业大气污染治理。主要开展工业挥发性有机物治理。对全市范围内石化化工、包装印刷、工业涂装、家具制造、汽车维修等重点行业行业进行挥发性有机物治理49家。在石化行业逐步开展“泄漏检测与修复”技术的改造，并在新上石化项目中明确要求执行“泄漏检测与修复”技术。基本完成全市范围内加油站油气回收治理工作。大气面源污染治理。开展建筑道路施工扬尘治理，加强道路扬尘、收储地块扬尘的控制。完成108家餐饮业的餐饮油烟污染治理、1条餐饮无烟示范街的整治。机动车污染防治。全市建成13个环保检测站，市级机动车排污监控平台投入使用，13个站均实现与省环保厅的联网和检测数据的传输；参与省环保厅制定遥感检测地标的数据采集工作，配合公安交警部门制定黄标车限行政策，在各县市区82条路段实施黄标车禁行，设置禁行标牌112块，全市淘汰黄标车6710台。

【水环境保护】 2017年，市环保局抓实河湖水质污染治理。持续推进湘江保护和治理第一个、第二个“三年行动计划”以及洞庭湖水环境综合整治“五大专项行动”，圆满完成省环保整治工作任务。加强76个内湖及汨罗江等重点河道整治，持续推进铁山水库等县级以上集中式饮用水源地整治。

制定方案文件。根据《湖南省贯彻落实〈水污染防治行动计划〉实施方案（2016—2020年）》和《岳阳市湘江污染防治第二个“三年行动计划”实施方案》，市环保局组织编写《岳阳市2017年水污染防治行动计划》，明确全市2017年水污染防治的工作目标和工作措

东洞庭湖白鹤翔集 （市环保局 供稿）

施，对各部门的职责进行明确，并下发至各县市区。

压实环境保护责任。为确保环境质量得到改善，拟定岳阳市各地区环境保护目标责任书，对各地区水环境质量指标和环境保护具体工作提出明确要求，并以市政府名义与各地方政府（管委会）完成环境保护目标责任书的签订工作。

开展工业企业污染治理。洞庭湖工业污染源排查顺利完成，并得到省环保厅考核验收。2016年5月，岳阳市正式开展重点工业污染源排查专项行动，全市排查重点工业企业916家，入湖（河、江）排污口331个，关停超标排污企业64家，要求109家企业进行整改，41家企业整改基本到位。

开展“一河三湖”水环境综合整治。根据市政府第三次常务会议精神，市环保局加强城区内湖水环境综合整治，牵头起草《岳阳市中心城区内湖水环境综合整治总体方案》《岳阳市华容河水环境综合整治总体方案》《岳阳市东风湖暨吉家湖水环境综合整治总体方案》《岳阳市芭蕉湖水环境综合整治总体方案》《岳阳市松杨湖水环境综合整治总体方案》，并以市生态环境保护委员会的名义下发，由属地政府组织实施。在华容河、芭蕉湖、东风湖、松阳湖等“一河三湖”先行启动“河长制”，截至年底，全市各级河道实现“河长制”全覆盖，基本建立责任明确、制度健全、运转高效的河道管理体系。

集中式饮用水源地划定扎实开展。2017年，各县市区完成县级及以上“千吨万人”城镇集中式饮用水水源保护区划定方案，并通过市级审查，其中县级及以上城镇集中式饮用水水源保护区划定方案通过省政府审查并公示。联合市水务、法制部门制定《岳阳市饮用水水源保护管理办法》，以制度的形式强化饮用水源保护责任落实。

加强污染减排工作。圆满完成减排任务，进一步强化城镇污水处理厂减排绩效，加强农业源污染治理力度，开展养殖场达标治理，加大禁养区内畜禽养殖场关停力度。

【中央环保督察各项任务落实】

2017年，市环保局根据《中央环保督察全省危险废物专项执法检查工作方案的通知》和《中央环保督查反馈意见整改工作方案》的要求，制定《岳阳市关于危险废物超期贮存、非法转移、填埋、倾倒、处置的违法行为专项整改方案》，对辖区危险废物超期贮存、非法转移、填埋、倾倒、处置等问题进行全面排查和逐项清查，将临湘吉象精细化工有限责任公司、湖南比德生化科技股份有限公司、湖南省方正达电子科技有限公司等40家存在超期贮存行为企业（合计约195吨）列入重点监控名单，督促其倒排工作计划，以一家一挡的形式制定整改方案，实行“挂单销号”，至年底，全市13个县市区全部完成销号报告。下发《关于加强机动车维修、拆解行业危险废物管理的通知》和《关于加强实验室类危险废物管理的通知》，按照目标明确、组织健全、考核严格的总体要求，配合市交通运输局对全市汽车维修行业进行摸底排查，联合教育部门在全市范围内100余所学校、检验所等单位开展实验室危险废物清查，规范实验室类危险废物的分类收集、贮存和处置，消除实验污染类环境安全隐患；对岳阳市卫计委发函《关于加强医疗废物管理工作的函》，督促医疗机构开展污染治理设施建设，完善管理制度和台账；与市地方海事局对接，联合开展船舶污染洞庭湖生态环境整治，通过分工合作，市环保部门负责收集上岸的固体废物与危险废物利用和处置，海事部门负责严厉打击船舶非法排放污染物、污染物接收不规范等违法行为，确保船舶污染物去向明确，管理规范。通过以检查促管理，持续推动各级政府落实危险废物整治领导协调责任，督促相关部门、工业园区落实危险废物现场监管责任，强化企业落实危险废物管理主体责任。

中央环保督察期间，全市办结督察组交办信访件351件，责令整改企业174家，立案处罚150家，处罚金额865万；立案侦查19起，行政拘留15人，刑事拘留9人。在督察反馈问题后续跟进排查中，结合专项执法行动，逐月完成74个信访问题整改，完成 22项突出环境问题整改。较好地完成中央环保督察各项工作任务。

（廖从志）

环境综合整治

【“环湖利剑”环境执法专项行动】 2017年10—12月，全市开展“环湖利剑”环境执法专项行动，检查企业548家，发现环境污染问题323个，办理行政处罚案件253件，处罚经额725.19万元。办理限产停产案46件，查封扣押案19件，行政拘留案7件，移送公安案5件，按日计罚案1件。市、县两级环保部门领导高度重视“环湖利剑”专项行动，分别召开动员会，制定行动方案，对办案人员进行系统培训，市县联动、密切配合，出动检查人员1032余人次，运用环保法“四个配套办法”办理案件78件。湖南宝海再生资源科技有限公司非法排污导致汨罗江断面水污染事故一案，市环保监察支队及时调度，平江县环保局迅速启动应急预案，事发第二天就查明污染源，并在第一时间发现将污染源消除。在专项行动中，针对所发现的问题，市县环保部门严格要求企业立行立改，严格按照“五个不放过”（不查不放过、不查清不放过、不处理不放过、不整改不放过、不建立长效机制不放过）原则，实行一企一档、挂号跟踪、销号管理。岳阳丰利纸业有限公司突出环境问题整治效果明显，经市环境监察支队、岳阳县环保局多次现场核查，丰利公司全面停产，如期完成整改任务。

【工业污染源排查整治专项行动】

2017年，岳阳市成立工业污染源排查组织专项行动领导工作小组，制定《岳阳市工业污染源排查整治工作方案》《岳阳市工业污染源全面达标排放实施细则》，明确整体目标，制订达标计划，提出具体要求。同时，落实网格化监管制度，推行“网格长制”“河长制”，强化区域网格责任人、监管员责任。完善“双随机”抽查制度，采取日常巡查、突击检查、夜查暗查、交叉检查多种方式，充分利用在线监控、群众举报、媒体曝光等渠道提供的线索，组织监察、监测等部门深入调查，应查尽查。全市组织环境执法交叉检查5批次，对存在问题"发现一个、查处一个、公开一个、督促整改到位一个"。特别是对全市钢铁、火电、水泥、造纸、印染、污水处理厂、垃圾焚烧厂、有色金属等8个行业进行全面排查，排查重点监控企业103家，被查企业均建立"工业污染源企业排查台账"，一企一档落实到位。同时，进一步摸清全市重点工业企业入河入湖排污口的底子，掌握全市重点工业污染源水污染物排放基本情况。在专项行动中贯穿中央环保督察任务，结合岳阳市洞庭湖专项整治月行动，对全市重点排污企业开展"有计划、全覆盖、规范化"执法检查，全年出动环境监察人员8000多人次，检查企业3000多家次，对104家重点工业企业进行解剖式检查，对25家重点规模企业实施行政处罚，移送公安案件 件，确保全市生态环境安全。

【长江流域生态破坏环境违法专项行动】 2017年，岳阳市按照《开展联合打击我市长江流域破坏生态环境犯罪专项行动工作方案》要求，成立打击长江流域破坏环境违法行为专项行动领导小组，组织力量对辖区内企业开展排查，对辖区内工业园区、工业集中区、涉重涉化涉危环境风险企业、上级部门挂牌督办、媒体多次曝光、群众多次投诉上访企业进行重点排查。2月份，组织开展"长江经济带环境违法行为百日攻坚整治行动"，全市出动执法人员2000余人次，排查企业900余家；下达行政处罚决定书259份，罚款1038万元。岳阳楼区环境监察大队、岳阳经开区环境监察大队分别针对群众反映强烈的康洛街红房子喷漆污染、中南市场汽修美容门店喷漆污染问题开展集中整治，联合公安、经信、城管、工商、电力等部门对存在问题的汽修门店实施断电查封。云溪区环境监察大队为打击园区企业超标排污行为（特别是假期、夜间偷排），联合安监、工业园管委会组织"零点行动"，出动执法人员92人次，检查企业53家，对20家企业外排废水进行采样，对3家废水超标排放企业立案查处。临湘市环境监察大队集中力量对工业园区企业全面排查，关停17家非法竹器厂，取缔非法洗砂采矿企业34家，淘汰关闭21家黏土砖厂。平江县环境监察大队把开展联合打击长江流域破坏环境违法行为专项行动和配合中央环保督察工作有机结合起来，责令2家企业完善环评手续，责令未落实"三同时"制度的南岭民爆等4家企业停止生产，联合公安执法行政拘留1人，有力打击震慑环境违法行为。

【矿山、冶炼、化工企业环境隐患排查整治】 2017年，市环保局下发《岳阳市已关闭停产矿山、冶炼和化工企业环境隐患排查整治工作方案》，上报关闭停产企业174家。在6月份开展的排查整治中，全市排查企业102家，立案查处19家，排查、上报尾矿库27家。对巴陵石化己内酰胺厂生产废水总磷超标排放问题，市环境监察支队迅速立案查处，对企业罚款12.48万元，督促企业新建末端深度除磷装置，及时完成整改任务。

（廖从志）

环境监测与科研

【概况】 2017年，市环境监测中心处理各类数据374327个，其中环境质量数据363610个，各类委托、咨询、送检等监测数据3608个，重点污染源与环境应急监测数据7109个。编制各类监测报告（报表）314份，其中，环境质量监测报表86份，委托、咨询、送检监测报告228份。

【环境质量监测】 2017年，市环境监测中心开展空气质量自动监测。严格执行《岳阳市国家城市空气质量监测站第三方机构运维技术要求》。市区6个空气质量自动监测站实行"三方运维"后，中心进一步加强质量控制管理与数据审核工作。按湖南省环境空气质量考评与核查技术规定，每天开展岳阳地区省控自动监测数据的复审，及时与国家直管站运维人员和天虹公司专职数据审核人员进行沟通，保证上报总站数据准确有效；在装备硬件、技术软件均明显不足的条件下，从6月5日开始每天进行岳阳市环境空气质量24小时预报工作，11月预报准确率排全省首位；全年岳阳市发生两次（5月和11月）重污染天气情况，自动监测科密切持续关注实时监测数据，及时汇报情况，供领导决策，并与市环保局、市气象局联合会商，针对环境空气质量变化情况，商讨应急预案实施细节。全面加强对各县市环境空气质量监测站的质控管理。协助省环境监测站开展国家汨罗区域站试验收。协同省站或受省站委托及独立对省控县级空气自动站开展空气质量现场专项核查25次，并编写8份核查通报。6月和12月开展岳阳地区县级空气自动站的两次臭氧传递。参加6月由省环境监测站组织对常德地区10个县级空气自动站交叉核查工作，协调配合永州市站到岳阳市交叉核查。

地表水质量监测。全年按时完成16个水质监测断面（包括饮用水源）、31个水质监测点位、2个底质监测点位的采样、分析工作。每月严格按作业手册、明确任务细则和质控措施，确保采样规范和无错漏。10—12月，按照环保部的要求，配合第三方监测公司对荆江口、城陵矶进行联合采样。按照国家水质自动监测站管理要求，全部国控水站自2018年由国家指定第三方运维。在国控水站上收直管之前，严格执行"日监视、周核查、月比对"，按国家总站要求，完成鹿角国家水质自动站、岳阳楼国家水质自动站搬迁并正常运行，完成城陵矶国家水质自动站站房改造工作，进行汨罗市罗江镇水质自动站验收，全力配合厦门隆力德公司对岳阳市3个国家水质自动站进行运维移交。

土壤监测。遵照环保部《关于开展国家土壤环境质量监测国控点位布设工作通知》要求，在全市布设89个国控土壤点位。中心技术人员历经数月反复多次深入到每个点位，进行现场核实、采集相关信息，收集大量资料，整理编制方案，报省监测中心站通过专家论证。全部按时完成国控土壤点位的确认，样品采集、制备与分析（永久保存样品）。

环境噪声监测。按规范完成城考交通干线噪声84个点位的噪声监测、城市区域噪声103个点位的噪声监测，完成每季度的城市功能区噪声10个点位的24小时监测工作，并及时汇总填报。

【污染源监测】　2017年，市环境监测中心开展重点污染源监测。按季度完成66家重点污染源废水企业（122个废水点位）、15家重点污染源废气企业（32个废气点位）的监测工作，完成18套烟气在线系统、27家重点污染源废水在线监测系统的比对监测。为增强数据溯源性，坚持“一厂一册制”，完成所有重点污染源的监测、审核与上报，为环境执法提供强力支撑。污染源监督监测。全面完成市级2017年重点污染监控企业排污收费监测，多次参加国家、省、市环保督察现场监测工作，严格按照上级下达的工作任务，加班加点圆满完成现场监测工作。

【应急监测】　2017年，市环境监测中心全年进行2次应急监测工作。10月完成107国道临湘段油罐车翻车应急监测，11月完成汨罗江重金属检出异常应急监测。

【专项监测】　2017年，市环境监测中心为监控南湖水质变化情况，坚持每月对环南湖及周边排污口进行水质监测，7—10月南湖水体每周开展监测。为南湖水质治理和水质持续改善提供科学依据；6月两次参加国家水质监测断面采测分离试测工作，通过国家环境监测总站组织的总磷、化学需氧量、氨氮、高锰酸盐指数4个项目8个质控样品考核，并按时按质按量完成10—12月国家采测分离任务，完成844个样品的交接、数据审核和质控工作；开展2016年度饮用水源环境状况评估工作。包括地级以上城市集中式饮用水水源地环境状况评估、地级以下城市集中式饮用水水源地环境状况评估；开展农村环境质量监测试点工作。按照《全国农村环境质量试点监测工作方案》要求，开展全年4个季度的农村环境质量监测工作，并及时上报监测数据及相关资料。组织开展2017年岳阳市县域生态考核遥感野外核查工作。

（廖从志）

环境保护管理

【提升保障支撑能力】　2017年，市环保局主动服务经济社会发展。协助省环保厅审批建设项目12个，完成市本级审批项目52个，服务四大会战，服务重点企业发展。开展环境宣教。开展环保知识“五进”活动、专题宣传活动60多次。中央环保督察期间，在“一台一报一网”开展系列报道，产生良好的社会舆论反响。扎实开展环境监测。编制各类监测报告（报表）314份，启动岳阳市环境空气质量24小时预报工作，在全省环境监测技能竞赛中，岳阳市代表队夺得团体一等奖。开展业务培训。邀请专家就两法衔接等方面进行业务培训4场次，市、县两级300多名业务骨干参加培训。大力立项争资，全年争取专项资金2.3亿元。开展排污权交易。全市新增交易129笔，交易金额达1075.41万元，数量、金额同比明显增加。大力推进信息化建设，在广泛学习调研基础上，编制全局信息化建设总体方案（三年实施计划），制定全局“互联网+政务”信息化建设规划，为全面推进信息化建设作好规划。

【环境执法制度建设】　2017年，市环保局主动推进行政执法和刑事司法联动体制机制建立，执法效果明显。挂牌成立公安驻环保工作联络室，成立环境执法联动工作小组，确定一把手抓全局、分管领导抓主体、专人负责抓落实的工作机制。在省环保厅指导下，市环保局加大行政执法与刑事司法联动力度，出台《深化公安、环保联动执法指导意见》，建立完善执法联动联席会议、联动执法联络员和重大案件会商督办“三项制度”，以及案件移送、紧急案件联合调查、执法信息共享和执法联动奖惩“四项机制”，倒逼企业形成环境守法新常态。7月18日，市公安局治安支队对接市环保局、市环境监察支队，研讨如何进一步强化和创新公安机关与环保部门执法联动机制，促进环境执法和公安执法的深度融合，将案件办理合作从市级延伸到县级、乡镇，逐步实现公安、环保同步立案、同步调查、同步处罚的工作模式。8月15日，市人民检察院驻市环保局检察联络室成立，进一步加大对环境违法犯罪行为的打击力度。在饮用水源地环境整治行动中，市环保监察支队与检察机关密切配合，下发数份检察建议，推动问题整改，推进环境执法与刑事司法有效衔接。

全面推广“双随机”动态执法模式，执法形式灵活多样。市环保监察支队制定《岳阳市污染源日常环境监管双随机抽查制度实施方案》，利用移动执法系统，充分调配、利用监察、监测、辐射、总量、环评、污防等资源，“有计划、全覆盖、规范化”开展日常监管随机抽查。市县区13家环保部门建立“双随机”工作机制。市本级纳入污染源监管动态信息库企业数1094家，执法人员22人，检查企业196家次；区县纳入动态信息库企业数1012家，执法人员183人，检查企业1957家次。通过双随机执法检查，发现环境违法问题146个。

层层架构全市环境监管“网格化”体系，执法死角逐步封堵。印发《岳阳市网格化环境监管体系实施方案》，监管实行“五定”：定区域、定人员、定职责、定任务、定奖惩，运行实行“四步走”：巡查、查处、反馈、监督。建立三级环境监管网格体系，市级大网格1个、县级网格13个、乡镇级网格1574个，特殊监管网格9个。通过网格化监管，权责下沉延伸，相关部门履行环境保护责任的意识大大增强、齐抓共管措施得到落实。如建筑工地、道路交通设施建设项目扬尘管理、道路保洁洒水、污水管网维护及污水泵站运行等工作，通过职责划分，各相关部门密切配合，问题得到妥善解决。

（廖从志）

旅　游

TOURISM

责任编辑・刘兴汉

综述

【概况】 2017年，岳阳市旅游抢抓机遇，主动融入长江经济带和洞庭湖生态经济区发展战略，把旅游业作为三产业的“龙头”抓实抓细，以深化旅游机制体制改革为动力，以旅游项目和新业态建设为突破，以满足大众旅游需求为中心，大力实施全域旅游发展战略，提升旅游产品供给，健全旅游公共服务，规范旅游市场秩序，着力补齐旅游发展短板，进行大胆探索和有益尝试，全市通过项目建设、产品开发、营销创新、服务提升、产业融合等重点工作，全面提升旅游的可进入性、可驻足性、可消费性和可回头性，逐步推动全市旅游业从“景点旅游”向“全域旅游”发展模式转变，有效推动旅游业提速、提质、升级发展。截至年底，全市接待游客4892.8万人次，实现旅游收入427.8亿元。

坚持高位推动，全域旅游发展来势迅猛。岳阳市把旅游业发展转为经济发展的重要抓手。突出党政统筹，构建全域旅游发展新格局。市委、市政府主要负责人多次督查指导全域旅游创建工作，市直发改、交通、规划、国土、公安、财政、农业、林业、人社、安监、统计、城管等相关部门大力支持旅游规划、项目用地、经营权转让、市场秩序和旅游安全等工作，有力推动全市旅游业快速发展。市县财政预算旅游产业发展引导资金，将全域旅游创建工作落到实处。突出机制创新，形成推动全域旅游发展新合力。2017年，市级和相关县市推进市旅游部门“办”改“委”工作，推动探索建立“1+3”综合执法管理模式。市旅游、发改、财政、交通、统计、公安、安监等部门，针对全域旅游创建过程中的旅游项目立项争资、旅游交通、旅游基础数据普查、旅游安全等方面，大力支持配合，形成推动全域旅游发展新活力。突出基层基础，打牢全域旅游创建新基石。建设全域旅游基地，指导平江县、湘阴县、临湘市3个国家全域旅游示范区单位，探索“多规合一”。平江县持续抓好自在平江二期、碧龙峡景区等13个景区建设。临湘市突出抓好长安文化创意园、浮标产业园等项目。湘阴县强势推出顺天洋沙湖、青山岛等旅游拳头产品。全力推动岳阳县、汨罗市、君山区、南湖新区4家单位申报国家级全域旅游示范区。5月，平江县成功入选第二批“国家级旅游业改革创新先行区”行列。

发力项目建设，发展后劲不断增强。突出项目建设，全力打好全市旅游产业转型升级攻坚战。抓重点项目建设。全市各类在建旅游项目51个，平江天岳幕阜山进行AAAA景区创建，临湘市五尖山国家森林公园顺利通过国家AAAA级旅游景区景观质量评审。汨罗市屈子文化园、湘阴县洋沙湖国际旅游度假区、临湘市浮标小镇等项目陆续对外营运。抓中心城区项目。岳阳市突出抓好岳州古城、洞庭湖博览园、龙山旅游风情小镇等旅游综合体建设，全面加快中心城区的“楼、岛、湖、港、园”建设，岳阳楼—君山岛景区成功入围“全国港澳青少年游学基地”名单。抓项目策划和引进。洞庭湖博览园、汨罗江端午文化产业整体开发项目入围2017年全国优选旅游项目名录。临湘市浮标小镇入选第三批“湖湘风情文化旅游小镇”创建单位。华容县东山镇入围第二批全国特色小镇。与华侨城集团、湖南兴旺建设集团等战略投资者洽谈，岳阳旅游母港项目成功签约。

创新营销模式，品牌效应进一步凸显。突出节会效应。9月25日，2017中国湖南国际旅游节在湘阴县洋沙湖国际旅游度假区开幕，向世界隆重推介洋沙湖旅游休闲新产品，洋沙湖休闲度假目的地效应进一步彰显。成功举办2017中国汨罗江国际龙舟邀请赛，2017中国山地户外健身休闲大会，2017全国垂钓俱乐部挑战赛等活动，强化岳阳旅游品牌意识，形成宣传岳阳旅游整体形象的合力。强化区域营销。加强与长江沿岸、洞庭湖周边城市区域合作。在长江中游城市群第五届旅游会商会上，签署《长江中游城市群深化旅游合作暨促进自驾车房车露营旅游发展合作协议》。对接有关省、市旅游主管部门，策划联手创建“湘鄂赣幕阜山全域旅游示范新区”，努力打造长江中游区域精品线路。构建智慧旅游平台。大力推动岳阳智慧旅游平台建设，在9月份湖南国际旅游节开幕式期间，展示智慧旅游建设成果，推出智慧旅游平台与阿里巴巴飞猪旅行深度合作，效果明显。

强化市场监管，旅游环境不断优化。加强旅游市场监管，持续开展旅游市场整治活动和旅游安全专项行动，着力营造便捷、安全、舒适、文明的旅游环境。召开假期旅游市场秩序整治和安全保障工作暨文明旅游联席会议，中心城区岳阳楼景区假日期间交通、市场秩序和安全保障相比往年有明显改善。开展全市旅游企业主要负责人安全培训和应急救援演练，努力营造“文明旅游”活动氛围。全市旅游景区秩序良好，未发生一起安全事故，被评为全市安全生产红旗单位。

突出旅游扶贫，脱贫攻坚取得实效。全市旅游部门结合行业特点，开展旅游产业扶贫工作，制定《旅游产业扶贫攻坚专项行动方案》，筛选出具有乡村旅游发展潜力的平江县加义镇泊头村、岳阳县张谷英镇莲花湖村等10个贫困村，指导县市区制定相应的旅游扶贫村旅游发展专项规划；在全市旅游扶贫重点村开展“八个一”项目建设，组织乡村旅游扶贫重点村村官和乡村旅游专干培训和考察学习。平江县被评为湖南省旅游扶贫示范县，进入国家旅游局审评的“国家旅游改革先行区”行列。

【旅游新业态建设】 2017年，全市旅游新业态建设发展成果丰硕。平江县被评为国家级旅游业改革创新先行区，华容县东山镇被住房城乡建设部评为第二批全国特色小镇，惠众农庄、闽家新村休闲农庄、乡村之恋休闲农庄3家单位被评为2017年湖南省休闲农业示范点；湖南顺天洋沙湖基地被评为全国精品休闲渔业示范基地，岳阳县黄秀农耕文化园、屈原区明昊山庄、临湘浮标特色小镇被评为全国休闲渔业示范基地，华容县华一水库水利风景区被评为省级水利风景区，平江县福寿山国有林场被评为“湖南省秀美林场”，汨罗市弼时镇、湘阴县金龙镇和岳阳县张谷英镇被评为全省美丽乡镇。

【岳阳市获评全国厕所革命先进市】 2017年2月4日，在广州市举行的全国厕所革命工作现场会上，国家旅游局对2016年全国推进“厕所革命”的先进城市予以表扬。岳阳市位列其中，获得“2016年全国厕所革命先进市”称号。

【岳阳楼景区入选湖南十大“平安景区”】 2017年11月，湖南省旅游发展委员会（简称省旅发委）公布2017年“平安景区”创建示范单位，岳阳楼景区入选湖南十大“平安景区”。2017年湖南“平安景区”创建示范单位是首次评选，属于湖南省综治委在全省开展的十大平安创建活动之一。省旅发委按照各景区的资料完善度、设施设备情况等创建标准，确定13个候选景区名单，10月31日报送至省综治办，最终确定10个景区为2017年“平安景区”创建示范单位。

（万程亮）

旅游资源开发与保护

【清溪生态休闲旅游度假区共建】 2017年4月22日，云溪区与市城市建设投资集团举行岳阳清溪旅游项目签约仪式，共同开发建设清溪生态休闲区，全力打造以游客观光、休闲、度假和娱乐为旅游目的具有国际水准的综合性生态休闲旅

岳阳市AAA级及以上景区名录

表10

县市区	景区名称	景区等级	主题类型
岳阳楼区	岳阳楼—君山岛旅游区	AAAAA	历史文化
南湖新区	南湖圣安寺景区	AAAA	宗 教
君山区	君山野生荷花世界旅游区	AAAA	自然景观
平江县	平江石牛寨景区	AAAA	自然景观
	平江起义纪念馆	AAAA	红色旅游
汨罗市	任弼时纪念馆	AAAA	红色旅游
岳阳县	岳阳市张谷英旅游景区	AAAA	自然景观
岳阳楼区	华夏民俗风情园	AAA	主题游乐
平江县	平江连云山景区	AAA	自然景观
	沱龙峡生态旅游景区	AAA	度假休闲
	纯溪小镇生态旅游风景区	AAA	自然景观
	仙姑岩·长寿谷	AAA	自然景观
	天岳幕阜山旅游区	AAA	自然景观
	岳阳平江福寿山景区	AAA	自然景观
	亚马逊水上乐园	AAA	主题游乐
汨罗市	普德文化园	AAA	历史文化
临湘市	湖南五尖山国家森林公园	AAA	自然景观
	岳阳6501风景区	AAA	历史文化
	湖南省十三村食文化博览园	AAA	工业旅游
岳阳县	岳阳大云山国家森林公园	AAA	自然景观
	相思山旅游风景区	AAA	自然景观
湘阴县	岳阳左宗棠风景区	AAA	历史文化
	岳阳湘阴南泉寺景区	AAA	宗 教
华容县	岳阳华容县博物馆景区	AAA	红色旅游
	福尔康棉文化博览园	AAA	工业旅游

游胜地。余良勇和游志坚分别代表云溪区人民政府和市城市建设投资集团进行现场签约。岳阳市人民政府副市长邱虹，市政协副主席、市旅游外事侨务办主任方争奇，市城市建设投资集团董事长游志坚，云溪区领导张中于、余良勇、聂金华等人参加签约仪式。

【天岳幕阜山全域旅游示范新区创建】 2017年5月20日，平江县召开湘鄂赣联手创建“天岳幕阜山全域旅游示范新区”20县市区首次联席会，湘鄂赣三省五市20县旅游主管部门负责人共同商议，形成并发布《平江共识》，表决通过创建章程和任务。章程明确“湘鄂赣三省天岳幕阜山全域旅游示范新区”的创建名称，提出“同一座天岳、同一个梦想”的口号，共创主体范围为湘鄂赣三省天岳幕阜山区20个县市区，通过并设立天岳幕阜山全域旅游示范新区秘书处的工作机构，确立每年由20个县（市、区）轮流组织召开2次联席会议落实创建的工作机制。在《平江共识》中，通过天岳幕阜山全域旅游示范新区的创建“十统一”：统一制定创建方案、统一申报国家立项、统一编制总体规划、统一制定营销规划、统一设计旅游形象标识、统一设计精品旅游线路、统一推进交通互通网络、统一推出“旅游一卡通”、统一举办大型品牌节会活动、统一组织大型招商引资活动。

【云溪区与中惠旅签署合作协议】

2017年6月13日，岳阳市云溪区人民政府与中惠旅智慧景区管理股份有限公司在长沙市石燕湖旅游区共同签署《岳阳市陆城古镇文化旅游项目战略合作框架协议》《岳阳市陆城古镇文化旅游项目策划与修建性详细规划设计咨询合同》，双方将结成全面战略合作伙伴关系，谱写云溪区全域旅游开发新篇章。此次签约的陆城古镇文化旅游项目，主要是借助对岳阳市历史文化街区之一的陆城南北正街历史文化旅游资源要素的挖掘，在依法保护历史文化街区的同时，开发具有吸引力的旅游项目。

【湘阴洋沙湖国际旅游度假区举行开园仪式】 2017年6月16日，湘阴县洋沙湖国际旅游度假区举行开园仪式，省人大常委会原副主任陈叔红、蒋作斌，省旅游发展委员会副主任尚斌，市人民政府副市长邱虹，湘阴县主要领导及社会各界有关人士参加。在活动现场，岳州窑文化复兴计划正式启动，湖南顺天集团董事长苏松泉代表洋沙湖国际旅游度假区向岳州窑文化复兴基金会捐赠200万元专项公益基金。省博物馆党组书记李健毛为洋沙湖国际旅游度假区授牌“岳州窑文化复兴基地”。

【岳阳楼景区被评为首批港澳青少年游学基地】 7月25日，2017港澳青少年游学推广活动暨内地游学联盟大会在湖南省长沙市举办，会上发布24家首批港澳青少年游学基地，并为其颁发证书，岳阳楼景区名列其中。

湖南国际旅游节开幕式晚会 （市旅游发展和侨务委员会 供稿）

【参加中国湖南（第八届）旅游产业博览会】 2017年9月19—21日，中国湖南第八届旅游产业博览会在湘西土家族苗族自治州吉首市举办。岳阳市组织20家旅游相关单位60余人的代表团参加。在本次展会上，市人民政府旅游外事侨务办公室获得最佳展位奖，临湘市人人炙及云溪区“荷之恋”“御莲香”、野生大闸蟹获得湖南旅游商品大赛湖南特色旅游商品银奖，平江县的连云金针获得铜奖。

（万程亮）

旅游宣传营销

【2017中国湖南国际旅游节】 9月25日，由省旅游发展委员会和岳阳市人民政府主办的2017中国湖南国际旅游节，在湘阴县顺天洋沙湖国际旅游度假区开幕。全国政协常委、国际山地旅游联盟副主席、国家旅游局原局长邵琪伟，副省长何报翔，省旅游发展委员会主任陈献春，市委书记、市人大常委会主任胡忠雄在开幕式上共同开启“湖南国际旅游之花”。市委副书记、市长刘和生主持并宣布2017中国湖南国际旅游节开幕，市领导徐新楚、向伟雄、熊炜、马娜、谈正红等与外籍嘉宾、群众代表参加开幕式，共同感受“锦绣潇湘，天下洞庭，水韵湘阴”魅力。本次旅游节还推出省旅游产品推介会、洞庭湖休闲旅游高峰会、洋沙湖国际摩托艇大赛、岳州窑首届国际柴窑文化艺术节暨青瓷文化复兴研讨会等九大特色主题活动。其中既有集水景、音乐和异域风情于一体的视听盛宴，又有情景化集中展示湖南非物质文化遗产的民俗演绎，还有国际摩托艇、国际高尔夫等精彩体育赛事，给海内外游客带来耳目一新的体验。

【岳阳县举办第二届山地自行车挑战赛】 2017年7月30日，岳阳县举办“骑游淳美巴陵探访民间故宫”

岳阳市旅游节庆活动一览表

表11

活动名称	时间	地点
“金鸡纳湖”2017岳阳洞庭南湖元宵喜乐会	2月11日	南湖新区
君山良心堡油菜花节	3月6日	君山区
“骑行看巴陵”活动	4月7日	岳阳县
“悦动之水 春游南湖”随手拍颁奖仪式	4月22日	南湖新区
湘阴第二届樟树港辣椒文化旅游节	4月28日	湘阴县
第十三届汨罗江国际龙舟节龙舟邀请赛	5月13日	汨罗市
“5·19中国旅游日”大众旅游T台秀	5月19日	临湘市
第十二届中国湘菜美食文化节暨2017湘阴湖鲜美食节	6月9日	湘阴县
君山区山地户外健身休闲大会	6月9日	君山区
“金叶众望杯”2017全国垂钓俱乐部挑战赛（临湘分站赛）	6月25日	临湘市
湖南首届“乡村纳凉节”	7月15日	平江县
君山区乡村旅游节	7月15日	君山区
《南湖夜话》湖湘文化的长谈	7月23日	南湖新区
“欢乐潇湘·幸福岳阳·叠彩南湖”群众文艺会演	7月26日	南湖新区
2017岳阳县山地自行车挑战赛	7月30日	岳阳县
“岳阳楼、君山岛为您定制七夕约会指南”爱情节庆祝活动	8月21日	君山岛
2017中国湖南国际旅游节开幕式	9月25日	湘阴县
首届岳州窑国际文化艺术节	9月28日	湘阴县
2017“恒大杯”“奔跑吧！岳阳”千人环南湖公益跑	10月21日	南湖新区
君山区国际热气球节	10月26日	君山区
2017中国杯定向越野巡回赛“南湖壹号·茶博城”岳阳南湖站	10月28日	南湖新区

第二届山地自行车挑战赛活动。来自江西、湖北等地500多名选手参赛。人民网、新华网、中新网、《湖南日报》、湖南卫视、《潇湘晨报》《三湘都市报》等国家、省、市30多家媒体记者现场参与报道，70多家媒体对活动进行报道或转载。此次活动紧扣“做活生态旅游”宣传主线，突出民间故宫—张谷英村民俗文旅龙头景点，全方位推介东洞庭湖生态游、张谷英民俗文化游、铁山湖山水游、新墙河抗战文化游“四大旅游板块”。

【岳阳县启动“骑行看巴陵”活动】　2017年4月7日，以“逐梦湖光山色，骑看秀美巴陵”为主题的“骑行看巴陵”活动在岳阳县厚德广场启动，岳阳县县委常委、宣传部部长王卫兵出席并宣布活动正式启动。活动从4月开始至8月结束，以自行车协会为主，组建一支身体强壮、热爱骑行的专业队伍，利用休息日，骑行途经岳阳县14个乡镇、东洞庭湖管理局和各名胜景区，记录岳阳县独特的文化风貌、特色旅游、知名人物、历史故事、优秀企业和文明建设，宣传岳阳县特色，展示岳阳县风采。

【高山峡谷瀑布实景音乐剧亮相岳阳县相思山景区】　2017年8月24日，全国首台高山峡谷瀑布实景音乐剧《相思恋》亮相岳阳县相思山景区。《相思恋》由岳阳县相思山景区斥巨资打造，由百名演员同台倾情演绎。剧情来源于华夏家喻户晓的民间神话故事《牛郎织女》，以洞庭湖东岸相思山浓郁的原生态高腔山歌和民间民俗艺术为创作素材，把古老的民间艺术有机融入现代高科技元素的山水实景音乐剧，通过音乐、歌舞、戏剧、影像等表演形式，演绎天上人间悲、欢、离、合与喜、怒、哀、乐，再现千古人仙爱情。

【湖南首届“乡村纳凉节”】 2017年7月15日，湖南首届“乡村纳凉节”在平江县亚马逊水上乐园启动，平江县12家景区联动共同参加此次活动。本届乡村纳凉节由平江县人民政府主办，联合平江亚马逊水上乐园、天岳幕阜山、石牛寨景区、沱龙峡漂流、红军营、欢乐果世界亲子农场、福寿山森林公园、自在平江野奢度假酒店、连云山漂流、石牛寨蟒洞峡谷漂流、碧龙峡旅游区、平江起义纪念馆等12家景区开展10场大型活动，百名网红直播景区活动，邀请游客体验直播。纳凉节期间，12大景区推出主题产品及优惠活动，既有高空攀岩、激爽漂流、水上狂欢等探险体验游；星空房车、帐篷音乐、鲜果采摘等惬意休闲游，更有非遗文化欣赏、高山音乐节、纳凉狂欢夜等主题活动，让游客参与其中，释放盛夏激情，体会平江的山水魅力，享受自在快意的幸福时光。此外，活动依托平江独特的山水特色，借助攀岩、漂流、溯溪、水上乐园等平江特色旅游资源，围绕“体验平江、清凉一夏”开展一系列体验旅游活动，辅以乡村民宿体验、经典红色体验等体验旅游项目，打造平江“中国体验旅游第一县”的旅游新品牌。

【2017中国杯国际定向越野巡回赛】 10月28日，2017中国杯国际定向越野巡回赛“南湖壹号·茶博城”岳阳南湖站赛事在南湖新区渔人码头开赛，为南湖景区带来一场“旅游+体育+活动”的盛宴，打造的数条独具风格的定向越野赛道，让中外参赛选手感受岳阳南湖的独特魅力。开幕式上，赛事组委会授予南湖景区中国杯国际定向越野巡回赛“定向运动公园”称号。

【旅游新媒体营销活动】 2017年9月中旬，市旅游外事侨务办为宣传推介岳阳旅游，营造节会氛围，组织30多家知名自媒体，开展“我的国际范”新媒体营销活动。通过优乐岳阳快意楼岛湖、担当湘阴挥洒真性情、互联临湘新生蓑笠翁、求索汨罗香飘栀子花、实诚华容吃穿国际风、通达临港架构桥头堡、孝义巴陵传承进取心、真情君山正展乡村美、丹青平江正谱红绿蓝等9个篇章，大篇幅、多频次宣传推介平江、湘阴、君山等县市区的旅游亮点、拳头旅游产品。

（万程亮）

旅游行业管理

【岳阳宝中旅游国际旅行被评定为“湖南省五星级旅行社”】 根据《旅行社星级划分与评定》（DB43/T510—2010）标准，由该旅行社自行申请，通过资料审查、实地考核和专家评审，经岳阳市旅行社星级评定委员会初评和推荐，湖南省旅行社星级评定委员会评定，2017年12月26日批准岳阳宝中旅游国际旅行社有限公司为“湖南省五星级旅行社”。

【推动文明旅游】 2017年，全市旅游部门全力推动文明旅游工作，进一步规范旅游市场秩序，优化旅游环境、文明旅游意识有明显增强。4月21日、9月20日，市旅游外侨办与市文明办联合召开全市文明旅游工作联席会，3月15日开展旅游行业消费维权宣传活动，5月19日组织行业所有单位参加在岳阳楼民本广场举行的“5·19”中国旅游日旅游让生活更幸福暨岳阳市旅游扶贫志愿者服务队成立仪式活动；组织旅行社开展8次文明旅游进社区活动和5次对旅游行业公益广告的专项文明旅游督查；在春节、“五一”等重要节假日，组织志愿者在景区出入口发放文明旅游宣传资料，清理环境卫生，劝导游客爱护自然、遵守公共秩序、注意旅游安全等。

【旅游市场秩序规范】 2017年，全市旅游部门加强旅游市场监管，持续开展旅游市场整治活动和旅游安全专项行动，着力营造便捷、安全、舒适、文明的旅游环境。在黄金周、小长假和旅游旺季对市内各宾馆、旅行社、景点景区的安全制度、消防设施、安全通道、警示标志、娱乐项目等进行专项检查，在检查中对存在安全隐患的旅游企业提出整改要求和时限，从根本上消除安全隐患。开展安全生产月活动，开展旅游安全四大专项行动，开展全市旅游企业主要负责人安全培训，在岳阳大酒店举行岳阳市旅游安全警示教育暨应急救援演练观摩会。旅游市场秩序良好，全年未出现一例安全事故。

（万程亮）

科学技术

SCIENCE AND TECHNOLOGY

责任编辑・刘兴汉

综　述

【概况】　2017年，岳阳市科学技术局（简称市科技局）以党的十九大精神为指引，全面贯彻落实中央、省、市“十三五”规划的战略任务，围绕市委、市政府的工作部署，坚持发挥科技创新在全面创新中的引领作用，打造系列亮点工作。被评为2017年度全省科技统计工作先进单位、湖南省科技政务信息工作优胜单位、市综治工作优胜单位、市人口和计划生育工作优胜单位。

【科技项目建设】　2017年，市科技局累计争取中央引导地方科技发展专项资金项目、省战略性新兴产业发展和重大科技成果转化专项、省重点研发计划等科技项目79个、资金6150万元。争取省级专利资助项目146项，实施市级发明专利授权专利资助155件，发放资助补贴46.5万元。财政科技研发经费预算从1900万元增加至2300万元，增设知识产权补助专项经费。全市全年实现全社会研发投入经费60.3亿元。

【科技服务】　2017年，市科技局协助促进劳动就业，引导推荐岳阳临港科技创业服务中心申报国家级科技企业孵化器，至年底，该中心累计孵化企业120家，其中，留学生企业2家，毕业企业30家，提供就业岗位3122人，新增湖南省同力循环经济发展有限公司为省级科技企业孵化器，新认定湖南江湖名城众创空间、岳阳市拾火众创空间等2家省级众创空间，间接解决劳动就业岗位318个。开展平江县福寿山镇双义村精准扶贫，完成双义村9户贫困户35人的脱贫指标，该村未脱贫建档立卡贫困户从原来的31户减少为25户（新增3户返贫户）。完成双义村曾家组白水二级电站至金盆组太极庙段、灯芯组双江口至牛形组蛇形段5000米河道疏理和堰渠整治及垮塌部分和容易水毁部分的混凝土护砌，完成全村通组公路10千米沿线路灯安装，依托村合作社与湖南赵华文药业有限公司合作模式在全村推广种植中药材前胡20公顷，村公共服务中心主体工程接近完成，协调解决村级通信信号差等问题。引进海立方酷比克项目资金8000万元，超额完成内联引资任务。承办市人大代表建议、市政协提案7件，其中，市人大代表建议2件，市政协提案5件，满意率达100%。

【科技体制改革】　2017年，市科技局制定科技发展专项规划。出台《岳阳市“十三五”科技发展规划》。推进市级财政科技计划管理改革。在全省率先出台《岳阳市科技计划管理改革实施方案》，2016年出台《岳阳市科技发展计划专项资金管理办法》，全市科技计划管理改革的框架构建完成。推进科技成果转移转化改革。出台《岳阳市促进科技成果转移转化实施方案》，制定《湖南理工学院科技成果与知识产权管理办法》。

【知识产权战略实施】　2017年，全市科技部门争取省级专利资助项目146项，实施市级发明专利授权专利资助155件，发放资助补贴46.5万元。全市实现专利授权量1782件，有效发明专利达到1499件，万人有效发明专利拥有量达2.64件。加强知识产权执法和维权。全市出动专利行政执法人员198余人次，检查商场（超市）、药店99次，检查商品20362件，立案专利侵权纠纷案件20件，结案20件，按时结案率100%；查处假冒专利案件310件，结案率100%。全市完成专利权质押融资4200万元，超额完成省绩效考核指标。

【科技普及推广】　2017年，全市科技部门通过广泛发动、组织开展送科技下乡、科技活动周、创新创业大赛等主题活动，加强科学技术普及和创新文化建设，服务提升全民科学素养。棉文化科技及发展科普基地被认定为省级科普基地，新认定防震减灾、惠众青少年现代农业等市级科普基地2家。《安安带你躲地震》动漫图书获得2017年度省优秀科普图书奖。推进“岳阳市支柱产业科技服务与创新平台”应用，启动全市科研基础设施和大型科研仪器资源调查工作。推进科技精准脱贫攻坚。继续实施科技行业扶贫，组织各级科技特派员和科技人员185人到212个贫困村开展科技培训和科技服务，覆盖率达到71.6%，其中8个县市区覆盖率达到100%。开展科技培训553场次，培训新农业技术人员和农民1.6万余人次，发放科普资料2.5万余份、引进新品种13个、推广新技术6项、创业项目直接参与农户4120户，带动当地农民脱贫致富。

（朱　珊）

省科技厅党组书记童旭东到岳阳市调研临港高新区申报国家高新区、推进央企与地方科技创新合作等工作　（市科技局　供稿）

科技创新

【高新技术产业】 2017年，岳阳市高效推进科技园区建设，根据《产业园区建设大会战工作方案》安排，采取跟踪式督促、阶段性问效等措施，督促各县市区抓好“园区十条”政策落实。大力服务和推动大众创新创业，加大高新技术企业培育力度，落实高新技术企业研发费用加计扣除优惠政策，东方自控等11家企业58个研发项目享受研发费用加计扣除金额1.8亿元。新增高新技术企业66家，全市高新技术企业达192家。牵头超额完成全市节能环保重点产业和重点民营企业帮扶年度目标，全市节能环保产业实现总产值582.2亿元，同比增长12.9%。组织开展创新创业大赛等主题活动，润泽医疗“无线掌上彩超项目”、钟鼎热工“高能耗石化行业的高效绿色加热炉装置项目”获全国创新创业大赛总决赛优秀奖。12家企业38个产品被列入全省“两型”产品。全社会研发投入经费57.22亿元，财政科技支出经费5.35亿元；实现高新技术产业增加值618亿元，增加值占GDP的比重达到18.95%。

（朱　珊）

【产学研结合创新】 2017年，全市科技部门着力加强科技创新平台和人才队伍建设。高效推进科技园区建设，推动城陵矶临港国家高新区创建，引导汨罗循环经济产业园和云溪绿色化工产业园升级为省级高新产业园区。湖南岳阳国家农业科技园区顺利通过验收，平江县一里长坡农业科技园区成功创建省级农业科技园。新增省级院士专家工作站2家，市院士工作站1家，引进中国工程院院士颜龙安及其创新团队，新增市级重点实验室2家，市级工程技术研究中心7家。培育省级科技创新人才团队3个，评选市级科技创新创业人才团队20个、巴陵卓越工程师20名。实现技术合同交易额3.27亿元，同比增长13.9倍。

（朱　珊）

全市科技创新暨科学技术奖励大会　　（市科技局　供稿）

【岳阳市科技活动周活动】 2017年5月20—27日，岳阳市以“科技强国 创新圆梦”为主题，在全市范围内开展2017年岳阳市科技活动周活动。活动周期间，市直有关单位和各县市区以突出科技精准扶贫脱贫取得的主要成就，突出科技成果转移转化带来的新技术、新产品和新产业，突出科技创新发展的新进展、新成效为重点，在全市范围内广泛开展各行业、各领域、各地区的群众性科普活动30场次。重点组织开展8大主题活动。举行科技活动周启动仪式。5月22日，岳阳市人民政府主办，华容县人民政府协办，市科技局联合湖南福尔康医用卫生材料有限公司，在棉文化科技及发展科普基地举办岳阳市2017年科技活动周启动仪式，市人民政府副市长李为出席并讲话，举办知识产权培训和宣传。由市科技局、市科协联合开展知识产权战略宣讲进园区活动，引导企业合理借鉴、消化、利用国外专利信息资源，增强专利保护意识，全面提升全市中小企业的科技创新能力和核心竞争力。举办地震科普知识讲座和宣传。由市地震局牵头，在全市范围内举办以“减轻社区灾害风险，提升基层减灾能力”为主题地震科普及应急知识讲座，观看地震科普宣传片。开展青少年科普知识教育活动。由市科协和市科技馆负责，免费开放市科技馆，组织中小学生进行科技小发明竞赛，建立科普知识宣传微信平台。开展科技帮扶服务活动。在平江县福寿山镇双义村开展农村实用技术培训等送科技下乡活动。

（朱　珊）

【科技奖励工作】 2017年3月23日，岳阳市召开科技创新暨科学技术奖励大会，传达贯彻全国、全省科技创新大会精神，安排部署全市科技创新工作，表彰奖励2016年度市级科技奖获奖单位和个人。苯酚—甲醇烷基化选择性制高品质邻甲酚工艺技术开发与工业应用、乙酸异丙酯制备新工艺、防锈紧固锌钢型材制备关键技术的研发与应用等28项科技成果获评2016年度岳阳市科学技术进步奖；中国石化集团资产经营管理有限公司巴陵石化分公司首席专家教授级高级工程师梁红文，获评岳阳市科学技术突出贡献奖。市委书记胡忠雄，市人民政府市长刘和生，市委副书记李爱武，市人大常委会党组书记向伟雄，市领导唐道明、王瑰曙、谈正红、李[illegible]、万五龙等出席。2017年，全市9项目获得省科学技术奖，其中，湖南长岭石化科技开发有限公司等单位合作完成的“高活性载体裂化催化剂研究开发与应用”项目获得一等奖；湖南千盟工业智能系统股份有限公司与湖南理工学院合作完成的“基于感应无线的移动机车定位技术及智能库房管理系统研发与应用”等3个项目获得二等奖；湖南中创化工股份有限公司完成的“乙酸异丙酯制备新工艺”等5个项目获得三等奖。根据国务院《关于深化科技奖励制度改革的方案》文件精神，岳阳市于2017年取消市级科学技术奖评选。

（朱　珊）

【科技信息服务】 2017年，市科技信息管理办公室以服务科技为宗旨，扎实抓好技术合同认定登记、科技成果登记工作及其延伸服务，继续做好“一网两热线”服务。认真组织业务培训，努力提升登记机构业务团队素质、能力和服务水平，全面收集、梳理相关信息，找出提升登记量的突破点，由过去认定对象局限于法人，拓展到一切组织、个人，极大拓宽登记对象覆盖面。认真抓好宣传发动和推广培训，制作“优惠支持政策参考一览图”，方便用户使用、掌握，并开通服务微信公众号等新的宣传方式，加大对全市高新技术企业技术解读技术合同登记等相关优惠政策的宣传发动，主动上门对接中石化巴陵分公司、长岭分公司、湖南长岭石化科技有限公司等20家企事业单位。全年登记技术合同282份，合同金额3.27亿元，受理科技成果登记51项，其中48项获得成果登记。

（罗晓红）

【生产力促进中心工作】 2017年，市生产力促进中心开展送科技下乡活动5次，举办农业实用技术讲座7场，展出各类展板100余块，新增禁毒、消防和安全生产展板6块，培训农民技术骨干150人次，赠送种植、养殖科技书籍6000余册，发布实用科技信息390条，受惠农民群众1万余人。推进科技资源共享。认真开展全市科研基础设施和大型科研仪器资源调查工作，录入共享科研基础设施和大型科研仪器资源145台（套），进一步丰富完善科技基础条件资源数据库源，推进全市科技资源数据共享。推进“岳阳市支柱产业科技服务与创新平台”应用，与中国知网合作开发“岳阳市支柱产业科技信息服务平台”，平台企业注册用户达90家。发放免费账号101个，全年提供科技文献检索服务86916次，提供科技文献下载服务4537次。聘请中国知网专业培训讲师屈亚琴为全市100多家中小企业就“共享科技文献资源，助推企业科技创新”作专题讲座。落实“一企一策”，为中小企业排忧解难。与“飞天众智中国制造科技服务平台岳阳市协同创新中心”协同工作，实地调研市中小企业30家，帮助市中小企业解决技术难题1个。选派3人参加湖南省科技厅举办的第一期“湖南省科技报告指导人员研修班”，完成省科技厅分派的科技报告修改任务，获得“湖南省科技报告指导人员资格证书”，为全市科技体制改革、贯彻落实省政府办公厅《关于加快建立湖南省科技报告制度的实施意见》，储配一支科技报告咨询及培训人员队伍。

（黄　萍）

专利与知识产权

【概况】 2017年，全市专利与知识产权围绕科技创新，坚持抓增量提质、抓保护创新、抓转化运用，进一步提升知识产权综合管理能力，专利申请授权量稳步上升。1—12月全市专利申请量2801件，同比增长9.67%；专利授权量1782件，同比增长8.33%；发明专利申请607件，同比上升27.52%；发明专利授权215件，同比增长12.56%；有效发明专利1499件，其中职务发明1232件，占82.19%，万人有效发明专利拥有量为2.64件。

【知识产权管理】 2017年，市科技局抓好专利转化运用工作。组织全市2016年度知识产权战略专项6个项目验收工作，组织推荐2017年知识产权战略专项项目申报15个（其中8个项目获立项），专利奖项目申报5个（其中一个项目三等奖），专利质押评估费补贴项目3个。推进专利权质押融资工作，全市完成专利权质押融资4200万元，超额完成绩效考核指标。抓好重点发明专利跟踪管理和绩效评价工作。组织企业申报2017年度百项重点专利转化项目，湖南省金为新材料科技有限公司的“防锈紧固型锌钢防护产品的开发与产业化”、湖南福湘涂料化工科技有限公司的“水性防腐蚀涂料开发”、岳阳远东节能设备有限公司的“自动化低热值工业废气燃烧机专利转化项目”、湖南祥柏工业油脂有限公司的“病死动物无害化处理及油脂提取成套设备”等项目获得立项支持。抓好试点示范，岳阳林纸通过国家知识产权优势企业复核，湖南省金为新材料科技有限公司、湖南洞庭山科技发展有限公司2家企业获批国家知识产权优势企业。汨罗市一中成功进入首批湖南省中小学知识产权教育试点学校行列，岳阳县进入首批湖南省知识产权强县、湘阴县确定为第二批湖南省知识产权强县。组织企业做好国家知识产权优势示范企业的2016年度考核及2017年度申报工作。

【知识产权保护和维权】 2017年，市科技局持续开展专利行政执法工作，推进打击侵权假冒工作，进一步加强知识产权保护的力度，提高行政执法保护的效力和全社会“创新创造改变生活、知识产权竞争未来”的意识。全市专利行政执法出动执法人员198余人次，检查商场（超市）、药店99次，检查商品20362件，全市立案专利侵权纠纷案件20件，结案20件，按时结案率100%；查处假冒专利案件310件，结案率100%。及时在政府门户网站公开专利行政执法行政处罚案件信息。主动开展“双打”工作，强化“双打”工作措施，扭转过去全市“双打”工作在省综治考评扣分的局面。11月3日，岳阳市与咸宁、九江、荆州、黄冈、黄石、常德6市签订《长江中游城市群（咸、岳、九）打击侵权假冒工作协作联动框架协议》，加强“双打”工作跨区域、跨部门协调联动，提高新形势下打击侵权假冒工作水平。主动与企业及专利权人联络沟通，了解维权方面的问题和需求。

【科技宣传培训】 2017年，市科技局加大专利与知识产权法制宣传力度，在全市范围内开展“知识产权宣传周”活动，在岳阳市南湖广场举行“4·26”知识产权宣传活动

科技成果与奖励

2017年度岳阳市获得省科学技术奖励名单

表12

项目名称	获奖单位	获奖人员	获奖等级
高活性载体裂化催化剂研究开发与应用	湖南长岭石化科技开发有限公司、中国石油化工股份有限公司长岭分公司、中国石化催化剂有限公司长岭分公司、湖南师范大学	李　华　文　彬　王小驹　朱小顺　陈文良　朱华元　梁维军　伍欣华　佘喜春　尹笃林　黄深根　罗　伟	省科技进步一等奖
基于感应无线的移动机车定位技术及智能库房管理系统研发与应用	湖南千盟工业智能系统股份有限公司、湖南理工学院	陈勇波　张国云　李　武　潘　理　陈　进　毛晓华　童耀南　鲁成华　彭　鑫	省科技进步二等奖
SEBS纯化关键技术开发及工业应用	中国石化集团资产经营管理有限公司巴陵石化分公司	宁朝晖　佘振银　张红星　梁红文　王　旭　张君花　夏金魁	省科技进步三等奖
乙酸异丙酯制备新工艺	湖南中创化工股份有限公司	申文义　刘郁东　张小明　杨湘平　黄能武　刘良会　侯　杰	省科技进步三等奖
一种自动高效节能环保型家用燃气灶的研发与应用	湖南理工学院、湖南秦发电器科技有限公司	蔡安辉　胡优生　丁跃浇　李　锶	省科技进步三等奖
康复新液原药材美洲大蠊养殖技术与质量控制	湖南科伦制药有限公司、腾冲市福德生物资源开发有限公司	逯佩荣　黄　博　吴绍良　廖孝曙　沈纲要　尹春宝　刘　菊	省科技进步三等奖
高效环保型饲用酶制剂产业化关键技术创新及应用	湖南农业大学、湖南鸿鹰生物科技有限公司、湖南利尔康生物股份有限公司、湖南正虹科技发展股份有限公司、岳阳康利农生物科技有限公司	陈清华　伍小松　李洪兵　王昌建　鄢一笑　李　琦　朱华武　符晨星　吴德玮	省科技进步二等奖
北斗卫星导航抗干扰产品（专用项目）	国信军创（岳阳）六九零六科技有限公司	郭智俊　王　玲　言延云　杨　涛　周　真	省科技进步三等奖
次黎曼流形上的分析和非线性偏微分方程若干问题的研究	湖南理工学院	孙明保　张映辉	省自然科学三等奖

（何文军）

周启动仪式，开展现场宣传咨询活动。会同市科协、市科技活动管理中心、长沙智德知识产权代理有限公司，组织开展知识产权战略宣讲进园区、进企业活动。

【知识产权奖励和资助】　2017年，市科技局抓好专利资助申报。组织申报并审核省级专利资助项目146余项，组织开展市级授权发明专利资助工作，资助授权发明专利155件，发放资助费46.5万元。湖南省金为型材有限公司“一种管材紧固连接配件”专利获得2017年度湖南省专利奖三等奖。

（朱　珊）

防震减灾

【概况】　2017年，市地震局围绕服务和保障岳阳市经济社会发展大局，深化防灾减灾救灾理念，开展地震监测预报、地震灾害防御、地震应急救援、地震科普宣传等工作，全市防震减灾工作取得新的进步。被评为全省防震减灾工作综合考核优秀单位，湘阴县地震办被评为全国县级防震减灾工作综合考核先进单位，湘阴县地震办主任杨武被评为全国市县防震减灾先进工作者，汨罗市地震办被评为全省防震减灾工作综合考核先进单位。

【地震监测预报】 2017年，市地震台网年度数据运行连续率保持99.9%以上。在党的十九大召开期间、湖南汛期和重大节假日，做好突发情况的应急准备工作。科学处理岳阳地区地震宏观异常现象，测震台网精确定位全市及周边地震32次，及时准确地完成震情速报任务。严格落实震情会商制度，坚持周会商、月会商报告制度，参加湖南省半年、年度地震趋势会商会、鄂赣皖湘四省联防地震趋势会商会。配合湖南省地震局对岳阳县公田跨断层水准测线进行现场勘选，做好平江台恢复测试相关工作。

【地震震害防御】 2017年，市地震局完成建筑工程抗震设防审批监管8项，对步行街友阿广场建设项目等提供地震业务咨询服务。加大地震系统工作人员法律培训力度，做到县市区法治培训没有空白区。8月份湘阴县新泉镇农村民居地震安全示范工程顺利通过湖南省地震局专家组验收。制定《岳阳市中心城区建（构）筑物抗震性能普查工作实施方案》。

【地震应急救援】 2017年5月，市地震局组织县市区地震应急预案编制与修订培训班，全年在示范学校、示范社区等开展演练18次，参加全省桌面演练4次，7月和9月以市科技局名义向市政府提交请示，提请开展应急避难场所建设和全市地震应急演练。全市组建地震应急志愿者队伍6支，志愿者总人数达到236人，开展志愿者队伍培训4次。

【地震科普宣传】 2017年，全市地震部门开展地震科普宣传活动9场次，发放各类宣传材料1万份，播放滚动屏24小时，展出宣传展板79块，解答公众咨询870人次，开展“六进”地震科普宣传。湘阴县滨湖学校、汨罗市群合学校被湖南省地震局批准为湖南省科普示范学校，湘阴县江东社区被批准为湖南省地震安全科普示范社区。承办湖南省六市州中小学生防震减灾科普知识抢答赛。《安安带你躲地震》获得2017年湖南省优秀科普图书奖。向湖南省地震局网、岳阳日报网、岳阳市科技局网投稿47篇，及时报道全市防震减灾工作动态。

（陈　凯）

气　象

【概况】 2017年，市气象局全面完成省气象局和市委、市政府下达的各项工作要求，率先在环洞庭湖区基本实现气象现代化的目标。市城镇天气预报综合全省排名第四，其中一般性降水、最高气温预报质量全省排名第一。年度市州局地面观测质量综合指数99.845，全省排名第二。全市地面测报、农气测报质量保持零错情，酸雨考核连续11年优秀。国家级自动站资料传输及时率、区域站传输及时率均保持稳定，多普勒雷达、闪电定位、土壤水分、大气负氧离子、GPS/MET水气等综合探测设备运行良好。完成国家地面气象站第一批改造站点建设、地市级移动校准维修系统及智能式三维闪电探测设备建设。市气象台获得全市防汛救灾先进集体，全市气象部门5人分别获得省、市防汛救灾先进个人，1人获得“三八红旗手”称号。

【汛期气象服务】 2017年，岳阳市暴雨洪涝、雷暴大风、高温等各种灾害性天气频发，汛期共遭遇16次强降水天气过程袭击，其中有8次大范围暴雨天气过程。暴雨降水强度大、影响范围广、致灾风险高，部分县市的降水量超过1998年同期，特别是“6·22—7·2”持续暴雨、“8·12—8·14”特大暴雨，平江县日雨量刷新纪录，岳阳市区、临湘市日雨量达历史第二极值。全市气象部门坚持24小时双岗值守，严密监测天气变化，及时发布预报预警信息，为党委政府和相关部门提供《重大气象服务专报》《地质灾害风险预警》等各类气象服务材料389期，发布强降水监测实况警报275条，启动各级别气象灾害应急响应10次，向全市防汛责任人、气象信息员及社会公众发布各级别预警信号570县次90万人次。

【公共气象服务】 2017年，全市气象部门每天通过电视、广播、报纸、手机短信、“96121”、网络、电子显示屏、大喇叭等途径向社会公众发布最新天气预报，市气象局全年举行5次气象新闻发布会，全面完成春运、春节、清明节、中秋国庆节等一系列专题气象保障服务节假日和重大活动气象服务。每天2次向10万手机用户发送天气预报，制作7套天气预报影视节目每天7次播出，“96121”声讯天气预报每天3次及时更新，重大天气过程主动及时外呼；年内“岳阳气象”微信公众号正式上线，受到社会公众欢迎。开展为农气象服务，市县气象部门全年开展农事调查26次、联合农业局植保专家会商20余次，发布各种《农事关键期气象服务专报》《农产品产量趋势预报》等各种为农服务产品信息109期，并安排技术人员对农户开展点对点直通式服务。

【人工影响天气工作】 2017年，自7月12日开始，全市出现持续晴热高温天气，至30日出现首轮高温热害天气过程。8月2日高温天气再度发展，旱情迅速发展。按照市政府和市防指要求，市气象局全局动员，抓住7月28日至8月1日、8月4—5日、8月7—10日等有利时机开展人工增雨作业，开展人工增雨作业65次，发射火箭炮226枚，有效缓解高温旱情。

【气象现代化建设】 2017年，全市气象重点项目建设进展顺利。岳阳突发事件预警信息发布系统建设市县同步推进，市级平台建成。全市水陆空立体交通气象服务体系初步形成，岳阳水上交通安全气象保障系统一期建设全面完成，岳阳市“道安监管云”建设稳步开展，交通气象监测站点建设有序推进，市气象局与岳阳三荷机场签订气象服务协议，提供精细化的空中气象服务保障。市气象局增强融入地方经济发展大局观念，紧扣“四大会战”中各部门各行业的需求，开展专业专项气象服务。如大岳高速洞庭湖大桥建设，成立专业气象服务团队，为大桥建设主塔238米高度建立高空测风站，滚动及时发布桥位高空天气精细化预报。按照岳阳气候适应城市试点建设的要求，与长江修防处联合开展城市防汛气象预报预警系统，为城市内涝防御提供气象保障。与市环保局联合开展环境空气质量预报预警系统的建设，为岳阳市大气污染防治提供科学依据。同时在森林火险、道路交通安全、地质灾害区域、雷电防护等领域加强与旅游、林业、国土、交通、城管、巴陵石化等部门及企业的合作，为全市经济发展发挥气象支撑作用。华容县气象局从地方建设发展大局出发，按照地方政府意见实施整体搬迁，前期工作进展顺利，岳阳县成立地方气象机构的工作取得突破性进展。

【气象科普与宣传】　2017年市县两级气象部门举行或参加“3·23”世界气象日、“5·12”防灾减灾日、“安全生产月”等系列活动10次，全年举办“气象宣传进校园”“防灾知识走村入户”等气象科普宣传活动36次，发放各类宣传资料3万余份。市县两级气象部门在《中国气象报》、中国气象局网、湖南气象网、《岳阳日报》等各类新闻媒体发稿220篇，宣传报道量稳居全省第二位。

【气象法治和行政执法】　2017年，市气象局在继续做好“放”的同时，将工作重心转移到“管”和“服”上来，主动取消防雷装置设计技术评价服务费、新改扩建（构）筑物防雷装置检测服务费。贯彻落实省政府《关于整合优化建设工程防雷许可的实施意见》文件精神，市政府组织相关部门召开专题会议优化防雷行政许可流程。气象部门加强对危爆、化工等重点行业的雷电安全监管，对部门负责的防雷行政审批项目，均由市气象局委托市气象灾害防御技术中心免费开展，全年完成防雷装置设计审核43件，防雷装置竣工验收105件。利用自主开发的岳阳市气象行政监管平台，对全市所有的危爆、化工、旅游等行业防雷安全进行点对点监管。分别与市旅游局、市安监局联合对全市旅游行业、危化企业主要负责人进行防雷安全生产培训。组织举办施放气球企业主要负责人培训班。与市安监局联合印发《关于做好全市防雷防静电工作的通知》并联合开展安全检查。全年市气象局组织执法检查活动164次，出动执法人员524人次，检查生产经营单位193家。全市出具检测报告926份，其中危化场所占90%。新评审通过2家施放气球单位资质单位，完成7家单位施放气球资质延续。

（向　伟）

【雷电灾害】　2017年，全市气象部门统计上报雷电灾害4起。其中，3月19日发生雷电灾害3起，分别为：岳阳市桐子岭路166号岳阳市正飞饲料有限公司遭雷击，击坏电脑1台，经济损失2000元；岳阳市君山区钱粮湖镇岳阳远大文化传媒有限公司遭雷击，击坏50个放大器，3个光接收机，直接经济损失2万元；岳阳市经济技术开发区三荷乡湖南道岳高速实业有限公司遭雷击，击坏5段高速路10千伏线路及设施，直接经济损失9万元；4月16日汨罗市金碧华府酒店遭雷击，击坏变压器1台，直接经济损失3.9万元。

（阎　雍）

教育·体育

EDUCATION — SPORTS

责任编辑·曹春友

综　述

【概况】　2017年，岳阳市有各级各类学校和幼儿园2622所（含教学点367个），在校学生和幼儿831076名，教职工5.99万名。全市教育体育系统围绕大局，扎实推进“三园攻坚年”“质量提升年”“队伍建设年”“全民健身年”活动，教体工作成效显著。教育审计、关工委工作被评为全国先进。在全省市州教育行政部门综合考评、市委、市政府年度综合绩效考核中，市教体局再次被评为综合先进单位。

教育质量均衡发展。全市初中毕业生平均总分718.53分，合格率、优秀率分别为70.1%、29%，比2016年有新的提高。岳阳县、云溪区、屈原管理区、南湖新区上升幅度大。高考成绩稳中有升，全市优生比例有较大幅度提升，本科录取率59.73%，比2016年提升6.13个百分点。职业教育不断调结构，优专业、新创业，第三届“校企合作”大会成功举办，职校毕业生就业率95%。7名中职学生参加全国技能竞赛获奖，其中一等奖1个。学科均衡发展持续发力，音体美等短板学科得到加强；城镇教育布局加速加力调整，华容县教科苑整合力度大、建设起点高。湘阴县高中学校、屈原管理区初中学校向县城集中。市十八中一次性成功整合，市十六中（君山区）隆重开学，临湘市一中顺利搬迁。中心城区“六建六扩”强力推进，北港小学顺利完工，全市化解大班额1346个，超大班额366个。农村办学条件不断改善，全市投入1.77亿元，建设义务教育标准化教学点104所、农村公办幼儿园17所。继续实施2014—2018年全面改薄工程，累计使用资金12.49亿元，改造学校785所。全市新建、改扩建学校51所。县域义务教育一体化改革快速推进，全市学校债务大幅减少，有效减轻学校负担。全面落实《乡村教师支持计划》，农村教师“四险一金”和年体检基本落实，各项津补贴与公务员基本一致。岳阳县、湘阴县、华容县顺利通过国家义务教育均衡发展验收。

教育基础工作。岳阳市把关注的焦点放在基层，把工作的着力点放在打基础上，“三园”创建成为最有力的抓手。该项工作2015年启动，2016年推进，2017年攻坚，实现全覆盖。各学校将“三园”创建摆在突出位置，常抓不懈，“平安是底、清洁是脸、书香是魂”深入人心。全市“三节一会”（读书节、科技节、艺术节、运动会）向更高品质、更高品位提升，活动内涵和特色不断深化。《中国教育报》《湖南日报》《湖南教育》、湖南教育电视台进行系列报道。岳阳楼区东方红小学被评为第一届全国文明校园。学校体育有所突破。1月，市体育馆国民体质检测站成立。3月，市游泳学校列为国家高水平人才基地。体育竞技硕果累累，周倩获得全国第十三届运动会国际自由式摔跤女子75公斤级冠军，是岳阳市选手在全运会上获得的第一枚金牌。其他体育项目不断向高位推进。在省青少年足球锦标赛中，岳阳市女子乙组足球队力克长沙市十五中学队，获得全省第二名，取得突破性成绩。全省青少年锦标赛岳阳市获得130枚奖牌，其中，金牌45枚、银牌45枚、铜牌40枚。基础工作名列前茅。教育审计、关工委工作、群众体育被评为全国先进，学生合唱比赛、语言文字、扶贫、体育彩票等24项工作被评为全省先进。在全省体育工作会上，岳阳市作典型经验介绍。在全省市州教育行政部门综合考评中，市教体局连续5年获得先进，学校章程建设、创足球特色学校被评为全省特色创新项目。在市委、市政府年度综合绩效考核中，市教体局再次被评为综合先进单位。

规范风纪保平安。推进“治陋习、树新风”，倡议“禁止升学宴、杜绝谢师宴”。开展教辅教材、涉砂涉矿、涉金融专项治理，有效规范教风、行风。党风廉政建设整体推进，整体部署，政风、行风没有大的负面舆情。“两校”（校园、校车）、“两食”（食堂、食品）、“三大考”（高考、中考、学考）平安有序。特别是高考零误差，全市学生意外伤亡事故大幅度下降。阳光服务市县校联动，信访、综治、安全生产全市先进，教育体育系统保持平安稳定的大局。

（袁卫和）

【三园创建攻坚】　2017年岳阳市推进“三园”（平安校园、清洁校园、书香校园）创建攻坚，实现全覆盖。

建设清洁校园。3年来，市财政安排600多万元经费，市直学校（幼儿园）门卫室实现监控系统全覆盖，正规保安、“一键式”报警装置、保安器材配置率100%；每年还安排100万元用于“三园”创建活动奖励，各县市、区财政也安排20万元至100万元不等的创建奖励经费。

2017年全市教育体育工作会议　　（市教体局　供稿）

岳阳市2017年各级各类学校基本情况表

表13

项　目	校（园）数（所）	教学点数（个）	学生数（人）			教职工数（人）	专任教师数（人）	学校占地面积（平方米）	校舍建筑面积（平方米）	图书（册）	固定资产总值（万元）	
			毕业生数	招生数	在校生数						计	其中：仪器设备总值
总　计	2255	367	214515	227022	831076	59942	48699	24979335.62	9236941.91	18212945	1085756.762	97410.40164
学前教育	1213		66327	60153	175821	16768	7647	2195995.75	1216020.63	1108010	162468.21	7315.1600
义务教育	956	367	106041	115479	507416	32600	31443	16853766.28	5378802.07	13539019	585557.7953	54941.3462
小学	707	367	53283	61495	347230	17181	16944	9429154.31	2823996.62	7957593	289391.9046	26437.7778
其中：完全小学	707	367	46898	55099	311342	17181	16944	9429154.31	2823996.62	7957593	289391.9046	26437.7778
九年一贯制学校			6385	6396	35888							
初中	249		52758	53984	160186	15419	14499	7424611.97	2554805.45	5581426	296165.8907	28503.5684
其中：初级中学	181		41442	41498	125145	10905	10273	5204075.08	1738382.56	3995979	169886.4736	18800.1780
九年一贯制学校	68		9371	10522	29425	4514	4226	2220536.89	816422.89	1585447	126279.4171	9703.3904
完全中学			1945	1964	5616							
高中	46		27368	29245	85527	7727	6802	3894508.82	1770530.34	2239178	256308.9875	17451.0784
其中：完全中学	11		5497	6204	17156	1971	1766	797279.43	335081.45	529944	35670.6590	4375.4352
高级中学	35		21871	23041	68371	5756	5036	3097229.39	1435448.89	1709234	220638.3285	13075.6432
十二年一贯制学校												
特殊教育	6		67	108	1179	201	187	200632	28222	42646	5056.4770	534.8417
工读学校	1				228	40	28					
职业教育	33		14712	22037	60905	2606	2592	1834432.77	843366.87	1284092	76365.2918	17167.9753

截至2017年年底，岳阳楼区东方红小学被评为第一届全国文明校园，全市创建省级安全文明校园3所、市级安全文明校园29所。岳阳县被评为全国“平安校园建设先进县”。

打造清洁校园。各学校开展“不乱扔废弃物”“呵护一片绿”“多扫一次地”等行动。校园绿化体现文化内涵，“春有花，夏有荫，秋有香，冬有绿”“一校一景、一校一色”。3年来，涌现出岳阳市十六中、十八中、珍珠山中学等一批标准化学校。华容县马鞍山实验小学被联合国教科文组织授予“国际生态学校”称号。

塑造书香校园。举办“三节一会”（读书节、科技节、艺术节、运动会），推动图书资料进教室、活动载体进校园、心得体会进心灵、文明礼貌见言行。教师办沙龙、开微博、作讲座；学生开展读书演讲、征文比赛、优秀作品展、“三个共读”等活动。黄金村小学的国学教育、左宗棠中学的左宗棠文化、平地中学的诗楹文化，蜚声省内外。如今，“行走在故事里，栖居在诗意里，成长在感动里”成为岳阳校园的一道风景线。“三园”创建工作成效显著，《中国教育报》《湖南日报》《湖南教育》湖南教育电视台对此进行系列报道。

【教育扶贫】 2017年，市教体局加大教育扶贫力度，赢得社会各界好评。全市建档立卡助学扶贫实现全覆盖、全过程、全公开，发放助学金2亿元，惠及学生4万多名。控辍保学、职业技能培训，点子更清，力度更大。平江县大学生生源地助学贷款连续两年在全省排名第一，市五中代表湖南在全国高中学生资助工作会议上作典型推介。系统帮扶深入开展，城帮乡、强带弱、公助民，千名教师帮扶计划，充分展现教育体育人的人文情怀和责任担当。特别是市教体局深度参与的西藏山南市援教工作，得到西藏自治区和山南市党政高度认同、教育部充分肯定。岳阳市第一中学的援藏干部邹四雄出任山南市扎囊县的山南三高校长，该校首创“联校模式”，以资源共享为核心，以“互联网+教育”为支撑，以“联校班”为龙头，充分利用湖南省优质教育资源，办出一所藏族百姓家门口的优质特色校，其成功经验得到《中国教育报》推介。

市十八中举行揭牌仪式，市长刘和生致辞　（市教体局　供稿）

【教育人物志编纂工作】 2017年1月6日，湖南省教育厅原巡视员廖湘生等一行3人到岳阳指导人物志编纂工作。10日，岳阳市教体局在全省教育人物志编纂工作会上作典型发言。4月26日，全省市州《湖南教育人物志（1978—2015）》入志人物材料自审工作现场会在岳阳召开，省教育厅老领导陈飞跃、陈白玉、胡学军、张作功、廖湘生，省教育史志编纂委员会全体成员，各市州教育（教体）局办公室主任、史志专干参加会议，岳阳市教体局作典型发言。岳阳市编纂入志人物718人，其中，入传2人、入介9人、入表329人、入录378人。

【岳阳市第十八中学揭牌】 2017年9月1日，市十八中正式揭牌，市长刘和生出席并讲话。市教体局改善城区教育布局，将巴陵中学、鹰山中学、洞庭学校初中部合并为一所初中学校——岳阳市第十八中学，地址位于岳阳楼区望岳路638号。岳阳市第十八中学投资8000万元，可容纳60个班3000名学生。市十八中在原巴陵中学校区的硬件设施上进行整体规划、改造升级。

【岳阳华容湘阴跨入国家义务教育均衡发展县行列】 2017年12月，岳阳、华容、湘阴三县通过国家义务教育均衡发展县国检验收，其中岳阳县评为优秀等级，华容县、湘阴县评为合格等级。

【“四海揽才”招聘教师】 2017年3月24日，岳阳市教体局在武汉举行“四海揽才”招聘会，市一中等22所学校（教育体育单位）参与，有60多人报名应聘。26日，继续在岳阳人才市场举行招聘会，29所学校参与，近900人报名。经面试，318人参加市直学校试教，实际录用65人。

【市教体局巡察整改】 2017年4月17日，市委巡察组进驻市教体局，开展为期一个月的巡察工作。根据巡察组意见，市教体局立行立改：实现干部轮岗11人，清退借用人员5人，纠正混编混岗2人，消化超编13人、超职数30人，查处7人，清欠、追缴205万元。完善制度15项，建立健全工作机制6项。

【省高职语文教学专业委员会成立暨2016年学术年会】 2017年1月8—9日，省职业教育与成人教育高职语文教学专业委员会成立暨2016年学术年会在岳阳职院举行。学会会长田阳、秘书长卢嗣之、湖南省高职语文教学专业委员会主任、岳阳职院院长张建等出席开幕式，来自全省30余所高职院校的语文教师70余人参加会议。

【美国阿尔弗莱德大学代表团友好访问湖南理工学院】 2017年3月17日，美国阿尔弗莱德大学代表团友好访问湖南理工学院。双方初步确立两校本科交换生"2+2""3+1"，硕士交换生"1+1+1"的合作方案。

【全市学校安全现场观摩暨2017年度教育安全工作会】 2017年4月20日，全市学校安全现场观摩暨2017年度教育安全工作会在岳阳经开区东城小学召开。副市长李为出席，相关市直部门具体负责人及各县市区教育（教体）局分管安全的副局长，安全股长、食品安全管理负责人等110人参加会议。

【幼教骨干中小学英语教师赴国（境）外培训】 2017年5月8—12日，岳阳市28名幼儿园园长及骨干教师研修班赴中国香港研修。此次研修班由市教体局与中国香港教育研究发展中心共同举办。7月10日至8月3日，全市64名中小学英语教师参加为期25天的"中美暑期英语教师培训班"。

（袁卫和 袁 瑞）

学前教育

【概况】 2017年，岳阳市有各类学前教育机构1234所，其中，公办幼儿园277所，普惠性民办幼儿园639所，公办和普惠性民办园占比73.41%；全市3~5岁学龄前幼儿188457名，在园幼儿175529名。学前三年毛入园率93.14%，其中农村地区为79%，均高于全省平均水平；幼儿园专任幼儿教师9820名，在编教师811名，幼儿教师持证5560名，持证率为56.6%；全面完成18所为民办实事项目园建设任务。

【示范园创建】 2017年，全市有20所幼儿园新申报市示范性幼儿园，11月，组织考查认定，18所园通过。市教育体育局学前教育科协同市人民政府督查室，加强对通过认定的市示范性幼儿园进行三年一周期的督查评估工作，全市37所园接受复查，33所园通过评估。

【"金鹗奖"幼儿教师教学竞赛】 2017年10月28日至11月1日，岳阳市2017年金鹗奖幼儿教师教学竞赛决赛在市一幼举行。34位老师进入决赛，岳阳市一幼儿园张婷和汨罗市幼儿园彭莎莎分别获得决赛总成绩第一、第二名。

【保育员持证上岗培训】 2017年8月，全市1000多名保育员参加保育员任职资格培训。确保岳阳市保育员持证上岗，完成"岳阳市实施第二期学前教育三年行动计划"既定目标。

（朱彩虹）

基础教育

【概况】 2017年，全市有普通中小学1341所，其中，小学1019所，教学点345个，初级中学176所，九年一贯制学校91所，高级中学31所，完全中学17所，特殊教育学校6所；在校中小学生588163名，其中，小学在校学生342874名，初中学生158158名，高中学生85883名，特殊教育学校学生1214名。岳阳市基础教育坚持以立德树人为根本任务，围绕教育改革主题，合力推进教育均衡发展，着力规范教育教学行为，努力提升教育教学质量，进一步促进教育规范发展、内涵发展、优质发展、特色发展。

坚持育人方向，用心落实立德树人。组织学校参加教育部"传承的力量"学校体育艺术教育弘扬中华优秀传统文化节目征集活动，平江县时丰中学的"九龙舞"入选端午节主题活动节目集，在中国教育电视台端午节主题活动中播出；组织"阳光校园·我们是好伙伴"主题教育读书活动，选送的学生5人在全国比赛获奖；推荐5所青少年活动基地获得中央专项彩票公益金支持项目；选送的节目《平江谣》获得省级一等奖，市教体局获得优秀组织奖。

坚持教育惠民，有序推进教育均衡。精心组织实施"全面改薄"工程，推进教育小康，"平均受教育年限""高中毛入学率""公共体育设施面积"等三项考核指标逐年提升，岳阳、华容、湘阴三县通过国家义务教育均衡发展县国检验收。整合优质教育资源，开展市区学校布局调整工作，成功整合鹰山片区3所学校，稳妥组建市十八中，确保市教体局"一号工程"圆满顺利完成。

坚持规范管理，有效促进教育公平。全力推进阳光招生，最大限度的保障学生入学的公平，便捷百姓、遏制择校、端正风气，实现"零误差""零上访""零投诉"。努力化解大班额，市直学校大班额现象得到有效遏制，特大班额已基本消除，大班额班级数大幅减少。2017年秋季，市直学校起始年级平均班额控制在50人以内，中学55人以内。大力发展特殊教育，落实全省第二期特殊教育提升计划。加强组织建设，成立岳阳市特殊教育学会理事会，认真落实特教经费保障。规范管理教材教辅。严格执行有关要求，建立教材教辅资料长效检查监督机制，切实规范教材教辅资料的管理，切实减轻中小学生的课业负担和家长的经济负担。

坚持改革创新，有力跟进评价改革。深入开展中考改革研讨和教学能力培训，积极跟进、探索高考、学考、中考和综合素质评价改革。举办14场核心素养实践研修活动，全市1680余人参加。坚持初中毕业考试和高中招生考试"两考合一"，探索建立新型初中学业水平考试制度。进一步探索对高、初中学校的发展性评价办法，适当调整高考、中考评价方案。坚持研教结合、以研促教，探索、总结、推介一大批教研教改成果，课改实验校提前谋划，不断创新，努力抢抓课程改革先机。

（何坡根）

【教育民生实事办理】 2017年，岳阳市累计投入17741万元，建设义务教育标准化教学点104所，农村公办幼儿园17所。精心组织实施"全面改薄"工程，全市累计使用中央和地方资金135127.8万元，占比143.31%。项目覆盖义务教育学校1145所，其中，小学666所，教学点201所，初中学校278所，受益学生40万人。

（鲁启[illegible]）

【高考成绩稳中有升】 2017年6月7—8日，岳阳市有31564人报名（比2016年减少39人），2657[illegible]人参考（高职单招提前录取4986人）。全市设8个考区，20个考点，[illegible]25个考室。今年高考本科上线率有较大提升，平均分稳中有进，全市24475人参考，本科上线14530人，上线率59.37%，同比提升6.13%，高出省平11.89%。文科平均分418.79分，高出省平15.07分；理科平均分4[illegible].69分，高出省平4.5分。

教育教学工作先进县市区：平江县教育体育局、临湘市教育体育局、云溪区教育体育局；普通高中教育教学工作先进学校：岳阳市第一中学、岳阳县第一中学、岳阳市第十五中学、华容县第一中学、临湘市第一中学、平江县第二中学、平江县第三中学、临湘市第三中学、岳阳市第十三中学；普通高中教育教学质量提升优胜学校：临湘市第二中学、华容县第二中学、汨罗市第四中学、云溪区第一中学、岳阳市第五中学；初中教育教学工作先进学校：平江县思源实验学校、华容县红石中学、华容县实验初中、湘阴县湘临中学、汨罗市罗城学校、汨罗市火天乡中学、临湘市源潭中学、君山区许市中学、云溪区永济中学、岳阳市第九中学、岳阳市第十中学、岳阳市第十二中学；初中教育教学工作优胜学校：平江县三和中学、岳阳县雪八中学、湘阴县石塘中学、岳阳楼区北港中学、屈原管理区一中、岳阳经济技术开发区西塘中学。

（李嘉谊）

【2017年中小学研究性学习成果奖评选活动】 2017年，市教体局组织开展中小学研究性学习成果评选，全市评出一等奖9个、二等奖18个、三等奖17个，优秀指导教师17人，优秀组织奖8个，获得优秀组织奖的单位有：岳阳县教育体育局、平江县教育体育局、湘阴县教育局、平江县第一中学、岳阳县第一中学、湘阴县第一中学、汨罗市第一中学、岳阳市第一中学。全市推荐24件作品送省参评，有2件作品获得省二等奖，3件作品获得省三等奖，汨罗市第一中学获得全省优秀组织奖。

（李嘉谊）

【岳阳市中小学首届科技节】 2017年11月17—18日，市教体局举办全市中小学首届科技节，分为展演、竞赛和科普讲座等多个板块。全市有58支队伍、600多名学生和900多件作品参赛。精彩的航天模型、机器人、电脑制作作品、创客作品、科技创新作品展演令人大开眼界，模型及魔方、悠悠球竞赛和青少年科技创新大赛融体育竞技、科技和教育于一体，赛况热烈。

（廖 薇）

【岳阳市基础教育教学工作会】 2017年10月30日，全市基础教育教学工作会议暨新高考应对策略培训在岳阳市一中举行。会议采取会、训一体的形式，以岳阳市一中为现场，更贴近实际，更贴近教育教学一线。全市各县市区教育（体）局局长、分管基础教育的局领导、基教股长、教研室主任、全市各普通高中学校（含完全中学）校长；全市受表彰的初中学校及市直各初中学校校长参加会议。

（何坡根）

【岳阳市6个单位获第四届湖南省基础教育教学成果奖】 2017年，第四届湖南省基础教育教学成果奖评审揭晓。平江县教育局的“贫困地区县域整体推进学校文化建设的探索、临湘市第五中学“龙的传人”“中小学系列武术健身操研究与实践”获得二等奖，平江县汉昌学区汉昌学校、平江县第二中学、岳阳市教育科学技术研究院、华容县马鞍山实验学校的成果获得三等奖。

（李嘉谊）

【第三届校园文化艺术节】 2017年9月8日，岳阳市教育体育局在岳阳文化艺术会展中心举行岳阳市庆祝第33个教师节暨第三届校园文化艺术节“最美是你”优秀节目展演、“向美而行”师生艺术作品展览活动。活动坚持立德树人根本宗旨，面向全体师生，搭建体验美、表现美、创造美的平台；大力营造尊师重教氛围。各县市区和市直学校通过校际比赛、县区级比赛，推选出28个优胜班级参加现场展演。通过评委现场评分，东方红小学、岳阳楼小学、鹰山小学获得小学组前三名；岳阳市二中、岳阳经开区通海路中学、岳阳市十二中获得初中组前三名；平江县二中、岳阳市七中、华容县怀乡中学获得高中组前三名。

（廖 薇）

【德育先进单位个人表彰】 2017年，市教体局重视中小学德育工作，经推荐评选授予平江县教育体育局等32个单位德育工作先进单位称号；授予平江县第三中学李良和等39名个人德育工作先进个人称号；评选优秀德育案例特等奖6个、一等奖13个、二等奖20个、三等奖30个。

（廖 薇）

【“三园”建设现场会暨“读书节”展示活动】 2017年12月19日，岳阳市中小学校（幼儿园）“三园”建设现场会暨“读书节”展示活动在岳阳市第十六中学举行。各县市区教育（体）局局长、“三园”建设分管局领导、全市获得首批“三园”建设示范校（园）校（园）长、市直各中小学校（幼儿园）校（园）长参加活动。

（廖 薇）

特殊教育

【概况】 2017年，岳阳市有市、县特殊教育学校6所，占地面积20.06万平方米，建筑面积2.82万平方米，固定资产总值5056.48万元。在校学生1179名，教职工201名，其中专任教师187名。

【岳阳市首届特殊教育专任教师培训活动】 2017年8月28—29日，

市教育体育局举办首届特殊教育专任教师培训活动。岳阳市六所特校150余名教师参加活动，贯彻落实《残疾人教育条例》和教育扶贫政策，学习领会第二个特殊教育提升计划。特邀华中师范大学教育学院特殊教育系主任雷江华、副教授彭兴蓬、孙玉梅和长沙市教师发展中心特级教师刘亚雄授课，培训内容翔实、生动，受到学员的一致好评。

（李嘉谊）

中等职业教育

【概况】 2017年，全市有中等职业学校29所，其中，公办14所，民办15所。有国家级中等职业教育改革发展示范学校5所，国家级重点中等职业学校4所，省级示范性中等职业学校1所，省级重点建设专业（群）34个，省级示范性实训基地11个。在籍中职学生6.8万名，毕业生就业率保持98%以上，其中，对口就业率90%以上，就业稳定率巩固在80%以上。

（周有年）

【“职教宣传周”活动】 2017年5月8—12日，岳阳市职教宣传周活动在平江县职业技术学校举行。宣传周主题是“共谋职教发展，助推脱贫攻坚”，副市长李为出席并讲话，有关部门负责人、各县市区教育行政部门、全市各中等职业（院）校主要领导和分管负责人参会。

（周有年）

【中职德育】 2017年，市教体局组织开展优秀中职学生、优秀班集体评选活动，评选出市级三好学生60名、优秀学生干部31名、优秀实习生22名、先进班集体14个；获评省级三好学生22名、优秀学生干部9名、优秀实习生7名、先进班集体4个。举办中职学生文明风采大赛，收到作品300件，评选出一等奖28个、二等奖54个、三等奖88个。推荐参加省级竞赛作品148件，获一等奖2个、二等奖7个、三等奖19个，获得省级优秀运动员4人；推荐参加国赛作品9件，获得国赛二等奖1人、三等奖3人。中南工业学校等3所学校的作品参加全省展示展演。

（周有年）

【技能竞赛】 2017年，市教体局举办全市中职学校学生技能竞赛，设赛项30个，参与学校21所，学生431名，赛项数、参与学校数、参赛选手数均创新高。参加全省职业院校技能竞赛选手89名，获得一等奖6个、二等奖11个、三等奖27个；参加全国职业院校技能竞赛选手9名，3名选手获二等奖，3名选手获得三等奖。在全省职业院校技能大赛中，湖南省工业技师学院的焊接、数控、模具3个项目的选手囊括一等奖，4名学生代表湖南省参加全国职业院校技能大赛，均获得三等奖。

（周有年）

【中职学校建设投入】 2017年，市教体局加大中职学校建设投资力度，办学条件大为改善。建立高中阶段教育普及攻坚计划中等职业学校建设项目库，分学校确定达标建设项目。湘北女校新校园建设主体工程、汨罗职业中专新实训大楼主体工程、岳阳县职业中专提质改造项目、湘阴二职提质改造项目基本完工或已经完工；分别投资2.67亿元、1800万元、3000万元、1920万元；投资3.5亿元的华容县职业中专新校园建设进入收尾阶段；投资3.5亿元的平江县职业学校扩容提质工程，至年底，完成投资3500万元；投资3000万元的湘阴一职实训基地项目正在办理报建手续；投资4亿元的临湘职业中专新校园建设进入招投标阶段；投资4500万元的中南工校综合实训大楼进入开工建设阶段。投资1.7亿元的市网络工程职校提质项目开工建设；君山区新投入200多万元改造原区一中新办一所职业学校；投资1500万元的富岳外语职校新租用校园建设基本完成。

（周有年）

【第三届校企合作创新发展大会】

2017年12月26日，第三届校企合作创新发展大会在湖南民族职业学院举行。会议以“去形式、接地气、有成效”为宗旨，主动对接企业（园区），以邀请本土企事业单位（园区）为主，以市外企业（园区）为辅，彰显服务地方经济和社会发展的重点。现场签订校企合作协议37份，达成合作意向200多项。

（周有年）

【技能扶贫】 2017年，市教体局开展职业技能技术培训，助推脱贫攻坚。职业院校主动对接扶贫部门，及时掌握建档立卡贫困户动态信息，做到全市建档立卡贫困户家庭劳动力应培尽培，不漏一户、不漏一人。市、县两级利用财政专项和职业院校自筹调剂使用等渠道，安排使用培训经费1200万元。在调查论证的基础上，全年实施培训项目45个，培训14007人次。根据培训对象家庭情况、个人状况等因素，推荐就业11020人，推荐就业率79%。

（周有年）

【湖南省工业技师学院培训鉴定5500人】 2017年，湖南省工业技师学院完成5500余人的培训和鉴定任务，开办各类培训班56个，合作企业30家，其中，创业培训840人，社会特种作业培训及考试2488人，学生中、高级工鉴定708人，高技能培训644人，企业中级工培训和鉴定600人，国网岳阳公司电力培训46人，高校毕业生培训190人，为区域经济发展作出应有的贡献。

（龚娅娟）

【湖南省工业技师学院获得技能竞赛多项大奖】 2017年，湖南省工业技师学院教学质量明显提升，学生在省市技能大赛中取得较好成绩。参加“巴陵工匠”技能大赛，获得岳阳市“十行百优”巴陵工匠职业技能大赛优秀组织奖、岳阳市优秀技能人才培养基地奖，另有多位教师及学生获得个人一等奖三个、个人二等奖两个及三个优秀指导教师奖，成为本次大赛中获奖级别最高，获奖项目数量和奖金最多的单位。参加省教育厅技能竞赛，获得6个一等奖、7个二等奖、7个三等奖，同期获得国赛焊工、模具两个三等奖。在11月结束的岳阳市职业学校学生技能大赛中获得8个项目冠军，学校技能特色进一步体现。

（龚娅娟）

【湖南省工业技师学院举办《中国恐龙》邮票首发式】 2017年5月19日，由岳阳市集邮协会举办的《中国恐龙》邮票首发式暨集邮文化进校园活动在湖南省工业技师学院举行。本次发行的特种邮票《中国恐龙》，是中国邮政发行的第一套中国恐龙主题邮票，采用套票版张的设计方式，一套6枚，小型张1枚。邮票由著名雕刻师马丁·莫克携手国内6位年轻雕刻师联合创作雕刻。

（龚娅娟）

【湖南省工业技师学院举行第十四届校园技能节】 2017年4—6月，湖南省工业技师学院举行第十四届技能节活动。本届校园技能节活动内容丰富，设21个比赛项目，涵盖全校所有专业和班级，有2000余名学生参加比赛，最后有213名选手脱颖而出获得佳绩，其中，45名同学获得一等奖，67名同学获得二等奖，101名同学获得三等奖。整个技能节贯穿着"弘扬工匠精神，培养职业能力"的主题。参赛选手在比赛中奋力拼搏、精益求精，凸现精湛的技艺和素养。

（龚娅娟）

【湖南省工业技师学院与英国斯卓德学院校际交流】 2017年10月26日，英国萨默塞特郡斯卓德学院的14名师生到湖南省工业技师学院，开展为期一天的校际友好交流活动。双方师生互赠礼物，英国师生分别观摩学院的数控铣实训课"中国象棋棋子的制作"和会计班礼仪课，并兴致勃勃的来到学院的书法协会、迪乐棋社，他们学习中国书法，与棋社师生下棋互动。学院优美幽静的环境、干净整洁的校容、严谨务实的学风给客人留下深刻印象。

（龚娅娟）

成人教育

【概况】 2017年，岳阳市拥有社区教育服务指导中心1所，社区大学1所，社区学院6所，社区学校256所。其中，岳阳广播电视大学是全市成人高等教育的主力军，岳阳楼区为国家级社区教育实验区和全省社区教育示范区，岳阳社区大学为中央电大社区教育实验中心。社区大学及社区学院有力地推动岳阳市全民终身教育公共服务体系构建。

【全民终身学习活动】 2017年，市教体局等有关部门举办5个岳阳市干部网络教育专题班，参与在线学习领导干部近2万人。岳阳社区大学整合社区学校教师资源，组建讲师团，深入各社区（村），开展未成年人思想道德教育、家庭教育培训、市民素质教育、各种技能培训等活动200次，培训社区居民近5000人。学校创新工作载体，以岳阳社区大学老年学院、洞庭书画院、志愿者艺术学院、南湖学院、书法学院以及社区学校为中心，开办社区"文明市民学校""家长学校""亲子课堂""农家书屋""茶艺体验基地"等社区教育新载体。为社区居民提供中国画班、书法班、串珠艺术班、太极拳班、舞蹈班、茶艺、音乐等培训班260多个。岳阳社区大学举办"国学"进社区、走机关、进学校、进企业活动，在金鹗山公园举办岳阳市第一届祭孔拜师活动，联合市委老干部局举办全市离退休老干部合唱比赛，全年累计开展社区教育文化活动近千场。在2017年全民终身学习活动月中，岳阳社区大学梦飞艺术团、岳阳市鹰山社区"爱心故事亭"、岳阳楼街道志愿者文明和谐宣讲团等被评为2017年岳阳市"优秀终身学习品牌项目"。

【全民读书活动】 2017年，市图书馆、各机关单位、各社区、学校、协会等累计开展近千场全民读书活动。通过征集热爱阅读、热心公益、积极传播阅读理念的优秀阅读组织和阅读指导员，超过2万居民参加阅读活动。社区教育志愿者们深入各社区（村），协助开展未成年人思想道德教育、家庭教育培训、市民素质教育等活动6000余次。

（周有年）

民办教育

【概况】 2017年，岳阳市有各类民办教育机构1499个，其中，普通高中4所，中等职业学校14所，初中11所，小学12所，幼儿园980所，培训机构478个，专职教师13631名，在校学生（幼儿）127465人，培训机构年培训239826人次，固定资产40亿元，占地面积381.4公顷，校舍建筑面积190万多平方米。市直民办教育机构205个，其中，普通高中2所，中等职业学校9所，初中2所，小学1所，培训机构191个，专职教师3264名，在校学生15559名，培训机构年培训人数14万人次。岳阳市民办教育协会在创建"湖南省市（州）民办教育协会工作联动先进单位"活动中，获得一等奖；岳阳县杨林贝贝幼儿园7所幼儿园通过"十二五"省级骨干民办学校2014年度立项验收，启动民办学校分类登记管理工作，岳阳市山枫艺谷艺术培训学校有限公司正式通过岳阳市工商局预先核名，成为岳阳市第一家到工商部门核名登记的营利性民办学校。

（李　艳　汤小红）

【民办学校党建工作】 2017年，市教育体育局社会组织行业党委成立。市直14所学历学校161名党员，其中，有2名以上党员的13所学校全部成立党组织，182所培训学校建立3个联合党支部。"七一"期间发展新党员7名，评出1个先进基层党组织，4名优秀党员教师，各民办学校的争先创优意识更加高涨，工作取得实效。

（李　艳　汤小红）

【民办学校建设】 2017年，社会办学热情高涨，纷纷加大办学投入。岳阳县岳雅学校占地面积15.33公顷，投资近3.5亿元，办学规模5000人左右，初中部和小学部投入使用，高中部正在筹设之中。岳阳县政府在全县范围内选派17名优秀的公办骨干教师到岳雅学校支教。汨罗市彩虹学校增加投资近6000万元的初中部建成并于秋季顺利开学，学校规模600个学位。南湖新区湘一南湖学校投资6000多万元，占地3.8公顷，可设置初中、小学九个班级48个班的规模，极大地缓解南湖新区湖滨板块中、小学生学位紧张的现实问题。岳阳市湘北女子职业学校新征土地9.73公顷建设新校园，计划2018年投入使用，届时学校总资产达2.67亿元。

（李 艳 汤小红）

【民办学校办学评估】 2017年4月17日，市教体局对全市民办学校年度办学情况评估结果进行通报。评估结果是：一、示范学校：市弘毅新华中学等8所；二、优秀学校：岳阳市岳州中学等29所；三、单项先进学校32所；四、合格学校124所；五、整改学校4所；六、停止招生学校9所；七、停办学校1所。新审批机构岳阳市环球雅思培训学校等9所。

（方全胜 汤小红）

高等教育

【概况】 2017年，岳阳市有高等学校5所。一所普通高等学校，湖南理工学院。校园面积140公顷，校舍总建筑面积近70万平方米。学校设有16个教学院及1个独立学院——南湖学院，拥有学士学位专业54个，一级学科硕士学位授权点8个，硕士专业学位授权点8个，有5个省级重点建设学科，普通全日制本科生、研究生、留学生2.3万余名（含独立学院）。现有教职员工1273名，其中，教授139名，博士226名，硕士生导师180名，外籍教师23名，有国家“千人计划”特聘学者、国务院政府特殊津贴专家、教育部“新世纪优秀人才支持计划”人选、“国家友谊奖”获得者、省级教学名师等高层次人才150余名。三所职业技术学院：岳阳职业技术学院、湖南民族职业学院、湖南石化职院。岳阳职院校园面积66.67公顷，建筑面积29.35万平方米，开设有护理学院、医学院、机电工程学院等7个二级学院和基础医学部、公共基础部2个公共教学部，开办高职专业27个。学院拥有农科中心、附属医院（岳阳爱康医院）、国泰阳光颐养院（老年护理实训中心）3个二级法人单位，高职教育、老年护理、畜牧兽医、应用技术、张谷英民俗文化5个研究所。全院教职工850多名（其中，教授、副教授252名，博士、硕士190名，“双师”素质教师265名），全日制在校学生1.6万余人。湖南民院占地面积70.2公顷，建筑面积约19.55万平方米。现有教职工807名，其中，正副教授157名，硕士研究生156名，“双师型”教师221名。学校设有学前教育学院、初等教育学院、艺术系、旅游航空系等8个专业系部和成人教育学院、职业培训中心和岳阳市中小学教师继续教育中心3个成人教育和继续教育服务机构。开设有小学教育、学前教育、旅游管理、空中乘务等26个高职专业。在校高职学生9406名，分别来自全国24个省市，遍及26个民族。湖南石化职院占地面积25公顷，建筑面积12万平方米，固定资产8000多万元，建有47个校内实习实训场所和71个校外实习实训基地。现有教职工263名，专任教师167名。设有石化技术工程系、石化装备工程系、石化管理工程系、思政课部和培训中心等5个教学培训单位，16个职能部门（合署办公为11个）和4个教辅机构，开设19个专业，现有在校学生4207名。一所成人高校：岳阳电大。校园面积2.67公顷，建筑面积4万余平方米。现有各类在籍学生2.2万人，其中本部1.1万人，拥有能同时容纳3000名学生学习和生活的教学楼、宿舍楼和运动场地。校本部在岗职工142名，有正教授1名、副教授30名，讲师60名。同时，在全省高等院校和科研单位中聘请80余名兼职教师。学校下辖7个县（市）级电大分校和11个电大工作站。

（袁卫和）

【湖南理工学院办学环境改善】

2017年，湖南理工学院践行“至善穷理”校训、“三个为本”办学理念，坚持实施“严格要求、严格管理”的治校方略，以有为促有位，办学环境日趋改善。10月16日，副省长向力力到学校调研办学情况，实地考察校园，听取学校“十三五”基础设施建设的规划汇报，参观图书馆、岳州窑协同创新中心和历史建筑保护云监测平台。他表示，省委、省政府对办好湖南理工学院高度重视，省政府已经把学校纳入湖南省“十三五”期间更名为大学的教育规划；要求省、市进一步加强对湖南理工学院的支持力度，把学校办好。11月8日，经省人民政府学位委员会第15次全体会议审议通过，湖南理工学院获批成为第二批拟立项建设博士学位授予单位。同时，湖南理工学院新增应用经济学、新闻传播学、数学、化学、设计学5个一级学科硕士点，新增法律、体育、新闻与传播、会计、旅游管理等5个专业学位硕士点，形成具有8个一级学科硕士点和8个专业学位硕士点的研究生培养体系。11月13—16日，学院接受教育部普通高等学校本科教学工作审核评估。专家组进校考察期间，听课看课62节次；走访58人次，实现部门与院部的全覆盖；深入访谈46次，召开座谈会12次，参加教师代表、学生代表161人次；抽调25个专业毕业设计和毕业论文1307份，试卷及分析报告3896份；走访5个校外实习基地以及用人单位，对学校办学基本情况作详细了解。专家组对办学方向、办学定位、人才培养目标、学校发展水平、专业建设等给予充分肯定。11月21日，省人民政府向教育部报送《湖南省高等学校设置“十三五”规划》，明确将支持湖南理工学院等具备鲜明学科特色和较好办学条件的本科学院改办大学。湖南理工学院更名为湖南理工大学具有充分的必要性与切实的可行性，符合区域经济社会发展的需要，符合湖南省乃至中部地区关于高等教育布局与结构的总体规划。学校将以此为契机，抢抓机遇，建设“有较高社会影响力的特色鲜明的地方大学”。12月，学校收到中央精神文明建设指导委员会通知，继续保留“全国文明单位”荣誉称号，这是学校继2015年获得“全国文明单位”后，再次获此殊荣。近3年来，学校积极践行社会主义核心价值观，文明创建工作成为师生员工振奋精神、凝聚力量、改善办学环境的有效载体。

（张劲超）

【湖南理工学院推进产教融合工程】

2017年，湖南理工学院全面推进产教融合工程，优质教学科研资源得到整合。该院是全国100所“十三五”国家产教融合发展工程应用型本科规划高校，拥有3个省重点实验室，5个省级重点建设学科，1个省级协同创新中心，国家自科基金、国家社科基金立项16项，学科平台建设水平居省内同类高校前列。学校与城陵矶新港区、岳阳经开区、君山区、湘阴县人民政府等签订校地战略合作框架协议，与长岭炼化、巴陵石化等企业建立合作关系，开办“订单班”，派出17名教师参加派驻企业科技帮扶。主动融入地区优势产业和新兴业态发展，实现“校地合作，产学共赢”。整合优质教学科研资源，在科研平台建设上不断取得突破。学校与上海建为历保科技股份有限公司合作成立“文物建筑保护利用重点科研基地”，成立“湖南省港口经济研究中心”，组建岳阳市“云计算与大数据分析”重点实验室，岳州窑青瓷产品研发受到各界广泛关注。

（张劲超）

【湖南理工学院加大科研投入】

2017年，湖南理工学院加大科研投入，实现科研跨越式发展。全年获批国家自然科学基金项目9项，国家社会科学基金项目7项，国家基金项目立项数创历史新高；获批湖南省自然科学基金项目14项，同比增长133%，湖南省社会科学基金项目33项。全年实现科研进校经费3500万元，实现历史性突破。

（张劲超）

【湖南理工学院学生学科竞赛】

2017年，湖南理工学院教学质量不断提升，学生人才脱颖而出，在各级各类学科竞赛中捷报频传。9月，在全国大学生电子设计竞赛中，学校信息学院4支参赛队伍一举夺得4项国家一等奖，一等奖获奖数量居湖南省高校第一名，排名全国第13位。在全国挑战杯竞赛、化工设计大赛、物理教学技能大赛、全国大学生广告艺术大赛、程序设计竞赛、湖南省大学生艺术展演等国际国内学科竞赛中，学生获得省级以上奖励480余项。

（张劲超）

【湖南理工学院深化内部改革】

2017年，湖南理工学院全面深化改革工作不断推进，事业发展活力明显增强。学校保卫、后勤工作开始施行大保安和大保洁制度改革，一食堂成功招标引进社会餐饮企业进行托管；启动学校领军人才、青年英才计划，全年新增博士30名，引进高水平高层次人才，聘请新加坡南洋理工大学曾少华、武汉大学杨楚罗为学校“南湖学者”，学科团队和科研团队建设成效开始显现；启动院部调整、专业优化等工作，学校内部管理体制推出的系列改革措施，进一步激发办学活力。

（张劲超）

【湖南理工学院打造美丽校园】

2017年，湖南理工学院校园基础建设有效推进，“美丽校园”正在形成。教工108套棚改房正式交付使用，阳光草坪、西院环境整治及配套改造工程竣工，校园环南湖三圈建设完成，20号学生公寓开工建设，实验实训中心、体育及教学综合楼、运动场三大重点工程建设项目获得省发改委批准，师生工作生活学习舒适惬意，育人环境日趋文明秀美。

（张劲超）

【湖南理工学院开展国际交流合作】

2017年，湖南理工学院助力国家“一带一路”倡议，国际交流与合作取得新成效。学校与美国乔治福克斯大学达成开设基础教育管理与领导教育硕士班协议，与韩国湖西大学联合培养的首批3名博士启程赴韩学习，招收来自“一带一路”10个国家46名国际留学生。承担瓦努阿图、玻利维亚和缅甸三国国家队体育援助项目，在2017年太平洋小型运动会中，由该校培训的瓦努阿图国家田径队运动员获得4金、7银、12铜的优异成绩，取得该国奖牌榜历史的突破。

（张劲超）

【湖南理工学院深圳校友会成立】

2017年11月26日，主题为“深·爱”的深圳市湖南理工学院校友会成立大会在深圳市五洲宾馆举行。校领导李明、卢先明、邱绍雄、钟华等应邀出席成立大会。500多名校友齐济一堂，隆重庆祝校友会成立，见证母校全国第一个具有法人资格的校友会成立。

（张劲超）

湖南理工学院　（市教体局　供稿）

【大学生志愿服务西部计划】 2017年12月，2016—2017年度全国大学生志愿服务西部计划优秀项目名单出炉，湖南理工学院与湖南大学、吉首大学、湖南商学院、长沙民政职业技术学院5所高校获此殊荣。自2013年起，该校连续4年获评全国大学生志愿服务西部计划优秀项目。西部计划是由团中央、教育部、财政部、人力资源和社会保障部等部门自2003年起联合组织实施的青年志愿者扶贫接力计划全国示范项目和志愿服务育人工程。

（袁卫和）

【岳阳市“云计算与大数据分析”重点实验室通过评审】 2017年9月19日，岳阳市“云计算与大数据分析”重点实验室组建评审会在计算机学院举行。经过材料审查、筹建汇报、现场质疑和答辩等环节，专家组一致认为，重点实验室团队实力雄厚，研究方向明确、基础扎实、结合国家发展战略和地方经济特色，决定依托湖南理工学院正式组建岳阳市“云计算与大数据分析”重点实验室。

（陈绪清）

【湖南理工学院列为全省党的创新理论研究基地】 2017年9月，湖南省党的创新理论研究和学习服务中心下发《关于设立湖南省党的创新理论研究基地的通知》。经组织申报，该中心决定在湖南理工学院等10家单位设立湖南省党的创新理论研究基地。作为挂靠单位，湖南省党的创新理论研究湖南理工学院基地负责人为学校党委书记李明，首席专家为马克思主义学院教授李大健，基地主要研究方向是党中央治国理政新理念新思想新战略与高校思想政治教育。据悉，全省有8所高校和2个市委讲师团获批成立湖南省党的创新理论研究基地。

（陈绪清）

【湖南理工学院教学满意率上升】

2017年，湖南理工学院教学质量监测和评估中心负责教师教学满意率考核。该中心连续14年通过学生给教学打分，对课堂教学效果进行量化评分；依托校大学生课程咨询委员会，及时反馈课程改进建议意见；收集整理由426名学生组成的教学信息员反馈的课堂教学信息，交学校教务部门回复或处理；组织学生进入网上评课系统，开展“线上”教学评价。学校根据学生评价对任课教师奖优罚劣，教师对课堂教学的重视程度越来越高，教师教学测评满意率从前些年的不足90%，逐步提升到94.62%。

（张劲超）

【岳阳职院发展】 2017年，岳阳职院以立德树人为根本任务，以服务地方经济社会发展为抓手，有序推进省卓越高职院校建设，人才培养质量和综合实力稳步提升。完成卓越校建设任务中的35个院级优质核心课程的验收检查，在中国高职高专教育网公布的18个省293所优质专科高等职业院校中，学院进入湖南省重点建设的16所院校，并排名第11位。在《湖南省高等职业教育质量年度报告（2018）》中，学院进入湖南省高职院校服务贡献20强，并排名第12位。

（郭建慧）

【岳阳职院第一次党代会】 2017年7月23—24日，中共岳阳职院第一次党代会在学院体育馆学术报告厅召开。院党委书记喻岳兰等院党政负责人出席，市委组织部、市纪委派员到会指导，大会选举产生学院新一届党委委员、纪委委员。

（郭建慧）

【岳阳职院师资队伍建设】 2017年，岳阳职院坚持立德树人师资为先，抓实教师队伍建设。选送31名专业教师出国（境）培训，9名专业教师参加省高职院校专业骨干教师培训，190名专业教师参加国内院校有关业务培训、专业学术交流或年会，320名专业教师暑假到企业一线实践锻炼。邀请专家、学者到学院举办业务讲座，专任教师进行校本培训10批次，举办马鞍山大讲堂、辅导员业务能力培训、年轻教师培训、科研能力培训、思想政治培训、师德师风培训等培训班，培训教师2800多人次。注重新教师培养，采取师傅带徒弟的形式，由高级职称资深教师对新入职教师开展为期一年的对口带教，促进其业务成长。2016年招聘的21名教师，经考核业务能力验收合格。2017年招聘的13名教师，完成带教中期检查。引进优秀专业人才，择优公开招聘专业教师、辅导员等13名专业技术人才，柔性引进博导专家4名，分别建立相应的大师工作室。组织350人参加下企锻炼和社会调研，教师的业务能力和综合素质不断提升。学院护理专业、软件专业、中药材科研团队等实力雄厚，多次在全国全省获奖，孙鹏、石霞、戴日新等老师载誉而归。

（郭建慧）

【岳阳职院信息化建设】 2017年，岳阳职院适应信息化时代的新形势，着力推进学院信息化建设。加快信息化教学平台建设，构建基于微信的高职院校教学过程管理平台，拟实现从新生入学到毕业后跟踪各个阶段的全程无缝隙“触发式”管理，全面提高管理工作的现代信息化水平。年内完成招生就业管理、手机考勤、理论教学、素质测评系统的开发与应用，正在进行实训教学、毕业设计、顶岗实习系统的深度开发工作。开发信息化资源，在世界大学城，每位教师、三年制在籍学生均有专用空间，实现“网络空间人人通”。在大学城空间建有MOOC课程8门、MOOT课程520门，在超星网络平台建有MOOC课程8门，在教学资源平台新建《内科护理》《康复护理评定》《园林工程》等慕课220门，建设公共营养师、催乳师培训资源包8个，有80余门课程可满足学生在线学习需求。

（郭建慧）

【岳阳职院招生就业双丰收】

2017年，岳阳职院招生、就业齐头并进，双获丰收。全招收新生5478人，文科投档线307分，理科投档线260分。文科录取最高分474分，理科录取最高408分，居省内地方高职院校前列。三年制网招采用志愿调节的方式优化专业结构，各专业生源结构更加合理，非医和医学专业生源结构接近4∶6。10个非医卫类专业与8个企业和1个联盟单

岳阳职院组织2018届毕业生供需见面会 （岳阳职院 供稿）

位实质性合作，共建专业9个，开办订单班60个，订单培养在校学生达2480人，实现183家稳定的校外实习实训基地。学院设立创新创业基金，聘请200多名创业成功校友担任创业导师，组织1456名学生开展创新创业培训。2017届毕业生的离校就业率91%、初次就业率94.2%，毕业生在岳阳的就业率逐年攀升，达46%。学院连续四届被评为湖南省普通高校就业创业工作“一把手工程”督查优秀单位。

（郭建慧）

【岳阳职院开展校企合作】 2017年，岳阳职院立足服务社会经济发展，加强校企合作。与全国500强企业中的京东方、杭州娃哈哈、中联重科、三一重工、正大岳阳等签约，建立172家校外实习实训基地，接收学院应届毕业生见习实习1110人次。与东莞东启中微英才、武汉美斯坦福、湖南君悦等30多家企业（联盟）合作，对工业机器人技术、机电一体化（游乐设施方向）、软件技术等10个专业实行校企共建共管，在校受惠学生达2741人。推进“项目教学”“集中办班”“课程发包”“现代学徒制”等教学改革，开展订单培养。护理、软件技术、国际商务、工业机器人、机电一体化技术（游乐设施方向）等11个专业（方向）分别与湘雅二医院、深圳海兴船舶、深圳智邦、中国游乐设施产业联盟等多家企业（医院）合作，开办订单班57个，订单培养学生达2833人。与日本大阪国际培训学校、日本葵会医疗集团合作，深化“护士全额奖学金赴日留学就业”项目。年内有7名毕业生赴日留学就业，该项目在校生达100余名。与省商务厅和长沙明照实业公司合作，联合开办“赴德就业护士班”，在校学生33人。

（郭建慧）

【岳阳职院科研创新】 2017年，岳阳职院以科研创新求发展，以科研创新促教学，科研创新硕果累累。学院立项省级以上课题35个，比2016年增加16个。立项横向合作项目13项，比2016年增加7项，获得岳阳市科技进步奖2项。教师获得创新专利7项，其中发明专利1项、实用创新型专利4项、软件著作权2项。各类横向合作、创新发明，有效解决经济发展、产业转型、产品升级中的技术难题。“高温熔物流槽的创新改造”“中草药饲料添加剂开发”“药物中间体合成工艺开发”等项目应用生产实践，取得显著的经济效益和社会效益.“高温熔物流槽的创新改造”项目获得岳阳市科技进步二等奖。“职业院校学生职业素养培养公共资源开发教学管理平台”投入使用，提升教育管理水平。

（郭建慧）

【岳阳职院社会培训】 2017年，岳阳职院开展社会培训、技能鉴定8372人，培训人数比2016年略有增加，继续教育与社会培训实现收益965万元，同比增长490万元。主动对接西藏桑日县，举办一期农牧民汽车保养与美容技能培训班，受到市民族宗教局、桑日县农牧民赞扬。举办湖南省贫困村创业致富带头人培训班，2400多名贫困村创业致富带头人分6期办班，分种植技术、养殖技术、农村电商3个模块，来自吉首、凤凰、花垣、永顺、龙山、安乡、平江等7个县市537名致富带头人参训，为脱贫攻坚尽力。

（郭建慧）

【岳阳职院教师全国大赛获奖】

2017年12月，在全国职业院校护理专业教师教学能力大赛上，岳阳职院护理学院教师李乐、刘凯获得大赛团体三等奖，李乐获得大赛个人二等奖。此次大赛由全国卫生职业教育教学指导委员会、中国护理职业教育联盟主办，中国职教学会卫生教育专业委员会“标准化病人”（SP）实践教学指导委员会协办，来自全国28个省、市、区的116所院校、230余名选手参加比赛。大赛以“创新职教，与国际接轨”为主题，设置理论考试、操作技能考核和说课竞赛三个环节。

（孟朝晖）

【中草药添加剂应用技术研究中心挂牌成立】 2017年11月23日，中草药添加剂应用技术研究中心在岳阳职院挂牌成立。院党委书记喻岳兰，湖南盛东生物科技有限公司负责人等出席仪式。据悉，中草药添加剂应用技术研究中心系该院与湖南盛东生物科技有限公司校企合作成立的一个中草药添加剂研究开发中心。该中心研究的宗旨主要为开发新型的多用途的中草药添加剂替代饲料添加剂中的抗生素，为人类健康做出贡献。研究团队由尚云峰，胡还宁、李光等专业技术人员组成，负责产品开发与技术支持。

（孟朝晖）

【《岳阳职院学报》被评为全国职院十佳学报】 2017年10月31日，

全国高职院校学报研究会主办、唐山工业职业技术学院承办的全国高职院校学报研究会第四届第二次工作会议暨2017年学术年会在唐山召开。来自全国67所高职院校的100余名代表参加会议。会议开展全国高职院校学报研究会第四届评优活动，《岳阳职业技术学院学报》凭借办刊学术质量、数字化建设、标准化、规范化等方面的实力，特别是近年来“洞庭湖研究”“健康服务研究”等特色栏目所取得的成绩，获得“十佳学报”称号。

（孟朝晖）

【中共湖南民院第二次代表大会】2017年7月25日，中共湖南民院第二次代表大会。湖南民族职业学院（简称湖南民院）158名党员代表、学院领导参加，市纪委、市委组织部派员到会指导，学院各民主党派负责人和无党派代表人士、部分离退休老干部应邀列席会议。大会经过充分酝酿和民主选举，产生中国共产党湖南民族职业学院第二届委员会和纪律检查委员会。

（李　侃）

【湖南民院教学工作】2017年，湖南民院突出教学中心地位，完善教学制度体系，课程建设水平不断提高，教学质量明显提升。承办2017年湖南省职业院校技能竞赛学前教育专业技能赛项，包揽大赛全部3个一等奖。参加2017年省级技能竞赛，获得13个奖项，其中，一等奖3项，二等奖5项，三等奖5项。艺术系服装设计专业学生参加全国职业技能竞赛，获得全国二等奖。参加岳阳市第六届大中专院校创新创业就业系列大赛，获得2个一等奖、1个二等奖、3个三等奖。学校师范类学生参加首次教师资格证国考，笔试通过率75%（是岳阳市平均通过率的2倍）。2017届毕业生参加“专升本”考试录取88人，其中小学教育专业学生专升本录取率在省内市州院校同专业中名列前茅。学生参加计算机等级考试和全国高等学校英语应用能力考试5300人次，过级率居全省前列。2017届毕业生毕业设计在省教育厅抽查中合格率为96%，获得优秀等级。

（李　侃）

2017年12月26日，在湖南民族职业学院举办岳阳市第三届校企合作创新发展大会，图为签约仪式现场。（湖南民族职业学院　供稿）

【湖南民院聚集正能量】2017年，湖南民院党委落实立德树人根本任务，以社会主义核心价值观为核心，以学生全面发展为目标，聚集正能量。构建“四位一体”的德育体系，创新学生工作平台，加强对学生的思想引领、实施精细管理、加强典型引导、加大扶贫助困，关注学生职业成长，取得丰硕成果。学校团委获得2017年全国大中专学生志愿者暑期“三下乡”社会实践活动优秀单位、工程技术系团队获得优秀团队。共青团工作获得岳阳市红旗单位称号。1名学生获得“湖南省优秀团员”荣誉称号，艺术系音教1701班团支部被评为全省“活力团支部”，被团省委推荐参加全国遴选。学校学生资助工作获得湖南省“百佳学生资助工作单位典型”，资助工作典型材料《洞庭水爱洒格桑花，民院人情牵藏族娃》在全国资助工作会议上进行推介。学生无偿献血获湖南省高校先进单位；“心无旁骛 求知问学”主题教育活动获得全省优秀组织奖；3个学生社团获得全省“年度百优学生社团”荣誉称号。

（李　侃）

【湖南民院科研工作】2017年，湖南民院以科研强教学，以教学促科研，科研工作走势强劲。全年获省级以上课题30项，市级课题4项，其中，国家课题2项，省社科基金课题3项，省教育科学“十三五”规划课题8项；省教育厅科研资助项目16项，省语委课题1项。全校教师发表论文246篇，论文获得省级以上奖励67篇；主编教材18部，出版专著1部，获专利3个。成功承办岳阳市第三届创新发展大会，就校企合作和就创业工作先进典型作经验介绍。学校徐竟先入选湖南省首批70名创新创业导师人才库，是岳阳市职业院校唯一入选的创新创业指导教师。

（李　侃）

【湖南民院招生就业】2017年，湖南民院以招生强教学、以就业促招生，招生就业齐头并进。2017年实际报考湖南民院的考生有7000多名，位居湖南省高职院校前列。高职专科职高对口师范类、职高对口服装类，在全省73所高职院校中，录取分数线均名列前茅。学校2017招收新生3638名，学校本部停招五年制高职生，生源质量显著提高。招收成人教育专、本科学生2265名，同比增长42.8%，首次突破年招生2000人大关，为岳阳乃至湖南地区成人学历和素质提升工作做出较大的贡献。继续支持民族地区教育事业，招收来自西藏、青海的2017级111名藏族学生入学，以工业机器人为代表的13个驻校合作企业完成892个招生计划。学校毕业生总人数为3047人，灵活就业2351人，继续深造88人，国家、地方项目就业424人，自主或参与创业11人，总就业率97.77%，就业率稳居全省高职院校前列，其中612名学生参加湖南省特岗教师招录考试，录用552名学生，录用率91.8%，占全省录用人数的1/3强。

（李　倪）

【岳阳民院学生参加创新创业大赛】 2017年，岳阳民院学生组队参加全国第三届互联网+大学生创新创业大赛，申报参赛项目2685个，位居全省第一，获得2个省级三等奖和优秀组织奖。组织学生参加湖南省第八届黄炎培创业大赛获三等奖。参加岳阳市团市委举办的"创青春"创新创业大赛，获得1个一等奖和1个三等奖。组队参加岳阳市第六届大中专院校创新创业就业技能大赛，获得2个一等奖、1个二等奖、3个三等奖；全年申报实施国培项目12个，实施湖南省职业院校素质提升计划项目5个，学校培训中心被成功遴选为湖南省幼儿园教师培训基地，8位老师获得湖南省"优秀培训者"称号。

（李　倪）

【湖南石化职院以赛促学】 2017年，湖南石油化工职业以赛促学技术学院（简称湖南石化职院）以赛促学，参加各级各类竞赛，取得较好成绩。参加国家级比赛获得"博赫杯"全国职业院校石油化工技术技能大赛一等奖、全国化工安全生产技术技能竞赛团体二等奖及C赛项最佳团队奖、全国职业院校高职现代化工HSE科普知识竞赛团体二等奖、全国职业院校高职现代化工HSE应用技能竞赛团体二等奖；参加省级比赛获得湖南省职业院校技能竞赛三等奖2项、湖南省高职院校专业课教师说课竞赛一等奖及二等奖各1项、公共课教师说课竞赛二等奖及三等奖各1项、湖南省高职院校教师信息化教学竞赛二等奖4项及三等奖5项、湖南省教育教学信息化作品征集活动二等奖及三等奖各1项。

（万　琼）

【湖南石化职院校内精准扶贫助学】 2017年，湖南石化职院采取三方面的举措，确保"不让一个学生因家庭经济困难而失学"。落实国家关于学生奖、助、贷等相关政策，中职学生获得助学金239人次，金额23.9万元；免学费2080人次，金额249.6万元。高职学生获得助学金1694人次，金额254.1万元；获得奖学金115人次，金额58.1万元。应征入伍服兵役国家资助学费补偿人数42人，金额42.44万元；生源地助学贷款人数273人，金额165.77万元。帮助学生就业，2017届毕业生学生为1011人，就业率97.33%，其中生源地附近就业率22.14%。通过解决学生就业问题，有效缓解困难学生家庭经济状况。精准帮扶校内贫困学生，在图书馆、培训中心、食堂等处为学生提供勤工俭学岗位；对生活特别困难的学生，学院通过爱心基金进行生活补助，全年补助60人次1.8万元。石化职院为困难学生免费提供军训服装、过冬被褥，学生处、团委组织老师走访贫困学生家庭，为其建档立卡；学院出资3000元帮助困难学生购买回家车票。至年底，职院获得全省"百佳学生资助工作单位典型"荣誉称号，郭超荣获得全省"百名优秀学生资助工作者典型"称号。

（万　琼）

【湖南石化职院拓展服务市场】 2017年，湖南石化职院多元化办学，拓展服务市场。该院除保持原有的石化类企业职工培训市场和培训鉴定规模之外，着眼于市场开发，承办全省公安消防部队危险化学品事故处理技术培训班、云溪区贫困劳动力淡水水生动物养殖技术培训班、岳阳市重大项目管理培训班等培训项目，全年培训企业员工、消防官兵、涉农人员等2万余人次，充分发挥职业教育服务区域经济社会发展的功能，取得较好的社会效益和经济效益。开展校企合作，该院2015年申报立项成为教育部首批现代学徒制试点项目建设单位，与岳阳长炼机电工程技术有限公司、华润（珠海）包装材料有限公司、镇海石化建安工程有限公司3家企业签订合作协议，培训95人，收到较好效果。2017年，该院与福建永荣科技有限公司开展第二批现代学徒制培养模式的探索，共同合作培养石油化工技术专业学生48名。

（万　琼）

【岳阳电大实现招生"九连冠"】 2017年，岳阳广播电视大学（简称岳阳电大）以社会需求为导向，培养服务地方经济社会发展的实用型人才。在湖南电大系统召开的2017年度全省电大系统办学综合考评会议上，该校以全年完成开放教育招生8552人名列第一名，实现"九连冠"，办学综合考评被评为优秀分校，圆满实现"九连优"的目标，校党委书记陈美中连续第八年获得优秀党委书记的荣誉。

（魏　来）

【岳阳电大领标精准扶贫理论课题】 2017年，岳阳市委组织部对全社会进行六个重大理论与实践课题的招标，校党委书记陈美中竞得"我市精准扶贫进程中增强农民获得感的路径研究"课题成功立项，其个人被市委人才工作领导小组评为岳阳市优秀社会科学人才，研究成果将作为全市精准扶贫工作的重要政策参考。12月13日，《岳阳日报》以《凤凰涅槃的新型农民》为题，对该校助力脱贫攻坚大会战进行专版报道。经过市委常委会审定，该校作为全市仅有11家单位入围岳阳市"两学一做"学习教育展播名录。

（魏　来）

【中小学教师培训工作】 2017年，省教育厅作出战略规划，决定遴选教师发展转型试点单位。岳阳市中小学教师发展中心以总分第一名的成绩，成功获评湖南省2017—2019年教师发展中心转型发展试点单位。（全省14个市州仅有岳阳、湘潭两家单位入选）。该校形成以教师发展中心为核心，县级教师培训机构、高校、教科院、中小学校等多部门单位为支撑的"1+N"教师研训新体系，拥有108名本土化高级教师构成的培训师队伍。管理服务体系完善，构建八大培训课程体系，自主研发本土教师培训课程105门，出版1部教师培训专著，建设网络资源3000余个。全年开展主题活动20次，促进地方教育水平提升。中心已经发展成为湖南省2017—2019年教师发展中心转型发展试点单位、湖南省教师培训机构管理专业委员会、湖南省教育信息化专业委员会副理事单位，真正成为岳阳中小学教师的管家、专业培训的专家和广大教师的娘家。

（魏　来）

【岳阳电大创新培训教育方式】　2017年，岳阳电大面对全市2万多名专业技术人员公需培训和职称考核，面对各类人员的岗位需求和技能提升，创建岳阳市专业技术人员继续教育培训网络平台，线上注册培训人数12725人次；在专技人员公需科目培训，学校创新培训方式，通过自建资源、授权管理，首创网上培训，优化培训方式，节约培训成本，获得上级领导的肯定；组织会计人员从业资格考试、经济师考试，“12365”信息化系统执法管理和信息采集平台操作人员培训，累计服务、培训、考试各类人员2万多人。该校业成为“全国会计专业技术初级、中级资格无纸化考试”定点考点，成为“会计继续教育培训”唯一面授培训单位。

（魏　来）

【岳阳电大扩园】　2017年，岳阳电大成功申报“岳阳市公共实训基地建设和岳阳市网络工程职业技术学校生产性实训基地建设两个项目，完成对毗邻三鑫驾校的征收，解决办学面积狭窄的桎梏。该校通过政府采购招标，启动校园的规划修编，规划项目建设用地。学校项目到位政策性贷款3100万元，从市城建投融资6000万元，与生产性实训基地统筹建设湘北大道地下停车场。学校将按照地面18层楼，地下2层车库，总建筑面积3.1万平方米的标准，建设一栋配套设施齐全，服务功能完善的综合实训大楼，预计总投资2.3亿元。

（魏　来）

体　育

【概况】　2017年，市教体局争取中央预算内群体投资项目10个，中央体彩公益金项目8个，加快体育设施建设。组织开展全国舞蹈公开赛、“8·8”全民健身日、青年俱乐部篮球联赛、环洞庭湖新能源汽车拉力赛、中国山地户外健身休闲大赛（君山站）、中国（洋沙湖）国际摩托艇邀请赛、国际定向越野巡回赛（南湖站）、“我爱足球”中国足球民间争霸赛湖南赛区“岳阳站”海选赛等各类群众性赛事活动近百场，50万人次参与。10月15—16日，2017中国新能源汽车拉力锦标赛环洞庭湖站收官之战在岳阳打响，102名来自世界各地选手参赛。这次比赛历时5天，分别在长沙、益阳、常德、南县、岳阳五地举行，赛事全程680千米。岳阳市获得最美赛段奖、最具人气赛段奖。2017年，全市创建全国校园足球特色校25所。开展全运会、中运会训练，健美操小学普及组与中学竞赛组分别获得全省第一名、第三名；初中女足取得历史性突破，获得全省第二名；初中男篮在34个队伍中获得全省第五名。岳阳市19名运动员代表湖南参加全运会，周倩获全国国际自由式摔跤女子75公斤级冠

2017年岳阳市参加国家级及以上比赛成绩统计一览表

表14

比赛名称	姓名	性别	组别	项目	成绩	名次
世界女子水球联赛决赛	彭　林 熊敦翰	女	成年组	水球		第六名
第十三届全国运动会	周　倩	女	成年组	摔跤女子自由式75公斤级		第一名
	何寅钊 朱格林	男	成年组	男子水球		第三名
	彭　林 王晴薇 龚　珏 熊敦翰 杨丝雨	女	成年组	女子水球		第四名
	丁来仪	男	成年组	男子单人皮艇200米	35.911	第四名
				男子双人皮艇200米	33.324	第四名
	李　维	女	青少年组	女子铁饼	48米06	第三名
全国射击团体锦标赛	杨　唤	女	成年组	女子飞碟多向团体	207中	第一名
全国田径冠军赛（贵州贵阳）	钟沛丰	男	成年组	男子跳远	7米79	第四名
	何雨婷	女		女子800米	2：09.38	第五名

军，是岳阳市选手在全运会上获得的第一枚金牌。何寅钊、朱孝林所在的男子水球队在全运会上获第三名；彭林、熊敦翰所在的女子水球队在全运会上获第四名。丁义来在全运会上获得皮划艇单人、双人比赛的第四名。全国第十三届大学生运动会上，临湘市二中的李维、钟叶获得女子铁饼的第三、第四名，屈璟获得女子400米的第四名。市教育体育局被国家体育总局授予全国群众体育先进单位称号。

（袁工和）

学校体育

【校园足球】 2017年，市教体局重视校园足球运动的推广，校园足球日趋活跃。年内成功创建全国青少年校园足球特色学校25所，三年创建78所。举办岳阳市足球裁判员培训班和校园足球学生裁判员培训班，培训师生165名。11月中旬，举办岳阳市中小学生运动会暨“百战巴陵”中小学足球联赛，42支队伍参赛，多家媒体争相报道，网络平台点击率314万人次。12月12—18日，市教育体育局、省校足办联合承办2017国际足联Live Your Goals（追梦）女孩足球节。汨罗市体校、枫树小学、启明中学、云岭中学等7所学校近500名足球女孩参加足球节。岳阳市女子足球队乙组（汨罗体校）在2017年湖南省青少年校园足球初中组总决赛中获得第二名，为历史最好成绩。

（李　缘　魏　婷）

【国防教育特色示范学校】 2017年，全市获批全国国防教育特色学校9所，全国国防教育示范校3所。市教体局竞训科被评为全市国防教育先进单位。12月，岳阳县第三中学、岳阳县中洲乡中心学校、岳阳县荣家湾镇麻塘中心学校、通海路中学、云溪中学、云溪区路口中学、平江县思源实验学校、平江县启明中学、华容县第四中学等9所学校获批全国中小学国防教育特色学校；湘阴县第一职业中学、岳化三中、华容县实验小学等3所学校获批全国中小学国防教育示范校。

（李　缘　魏　婷）

学生运动会　（市教体局　供稿）

【湖南省第二届中学生运动会】 2017年10月，湖南省第二届中学生运动会在湘潭市举行。岳阳市派出10支队伍参加8个项目的比赛，其中，临湘二中的李维获得女子组铅球、铁饼金牌各1枚；湘阴一中的男子排球获得金牌。其他项目成绩有所提升，女子足球获第六名，较往年成绩提升2个名次；男子篮球第五名，较往年提升1个名次。

（李　缘　魏　婷）

【湖南省青少年锦标赛】 2017年，在省青少年锦标赛中，岳阳市参赛成绩：武术5金6银4铜、攀岩1金1银2铜，足球（乙组）女1银、射击步手枪6金4银6铜、飞碟1金4银1铜、健美操2银1铜、排球男子1铜、赛艇2金7银2铜、皮划艇4金2银5铜、体操2铜、跆拳道2银、田径8金8银4铜、蹦床1金1银1铜、水球女1金、柔道5金3铜、摔跤2金4银、游泳5金1银3铜、举重1金、拳击2金1银5铜、羽毛球1金1银。

（李　缘　魏　婷）

群众体育

【2017年岳阳市直机关环南湖健步行】 2017年5月13日，市教育体育局联合市直机关工委举办2017年度市直机关环南湖健步行活动。来自市直机关各单位、岳阳经开区、南湖新区、城陵矶新港区的2500余名干部职工参加比赛。

【岳阳市“太极拳健身活动月”展示活动】 2017年5月30日，市教育体育局组织市太极拳协会在南湖广场举行一场大型的太极拳展示活动。1000余名太极拳爱好者进行一个多小时的太极拳大型表演和展示，并进行现场讲解和讲授。

【中国山地户外健身休闲大赛（岳阳君山站）】 2017年6月9—11日，市教育体育局、君山区人民政府联合主办中国山地户外健身休闲大赛（君山站）。该赛事是面向全国举办的一项国家级体育赛事。来自全国各地的5000余名运动员参加微马联赛、钓鱼联赛、自行车联赛、环洞庭湖徒步毅行等比赛项目。

【市直机关羽毛球混合团体赛暨岳阳市县（市、区）羽毛球混合团体赛】 2017年6月17—18日，市教育体育局联合市直机关工委举办2017年岳阳市市直机关羽毛球混合团体赛暨岳阳市县（市、区）羽毛球混合团体赛，来自全市12个县市区及8个市直机关系统的400余名运动员参加比赛。

【“7·16”泳动岳阳城游泳纪念活动】 2017年7月23日，为纪念毛泽东“7·16”畅游长江51周年，市教育体育局组织岳阳冬泳协会在梅溪水库举行400米畅游和4×400米接力竞赛（3男1女）两项活动。来自临湘市、华容县、长岭炼化公司、岳纸集团、铁山管理局等单位和团队的110多人参加该活动。

【“8·8”全民健身日展示活动】
2017年8月8日，市教育体育局在市游泳学校、市体育馆、南湖广场等地组织开展一场丰富多彩的全民健身展示活动。在16个活动点全面展示太极拳、排舞、花式篮球、动感单车、游泳等10余个项目，并开展国民体质监测活动。

【岳阳市青年俱乐部篮球联赛】
2017年8月27日至9月3日，岳阳市青年俱乐部篮球联赛举行，来自全市12支青年篮球俱乐部参加，特邀美国篮球明星队和广州龙狮职业篮球队参加首场赛。

【2017“我爱足球”中国足球民间争霸赛湖南赛区“岳阳站”海选赛】 2017年9月8—9日，“我爱足球”中国足球民间争霸赛湖南赛区“岳阳站”海选赛举行，来自全市20余支业余足球俱乐部300余名运动员参加成人组11人制和成人组5人制的比赛。

【2017中国FHM（洋沙湖）国际摩托艇邀请赛】 2017年9月24—26日，市教育体育局联合湘阴县人民政府等多家单位和部门，在岳阳市湘阴县（洋沙湖）国际旅游度假区举行的“湖南（国际）旅游节开幕式上，举办“2017中国FHM（洋沙湖）国际摩托艇邀请赛”。

【岳阳市举办老年广场舞蹈赛】
2017年11月1—2日，市教育体育局在市体育馆举办岳阳市“红扇子杯”中老年人健身广场舞展示赛。来自全市各县市区及厂矿企业、社区的17支队伍300余名广场舞爱好者参加比赛。

【2017“全民健身挑战日”活动】
2017年11月19日，2017“全民健身挑战日”活动在南湖广场举行。活动由国家体育总局群众体育司发起，中华全国体育总会、湖南省体育局、岳阳市人民政府联合主办，岳阳市教育体育局承办；岳阳楼区政府、南湖新区管委会、市残疾人联合会、湖南理工学院体育学院、市登山户外运动协会共同协办。本次比赛设置男女众跑、融合关爱跑、健康跑、7项单项挑战王包括挑战呼啦圈王、挑战跳绳王、挑战踢毽王、挑战投篮王、挑战平板王、挑战颠球王（足球）、挑战垫球王（排球）等，参加活动的人员数万余人。

【组队参加群众性体育赛事】
2017年，岳阳市组队参加湖南省第六届“公仆杯”机关乒乓球赛。岳阳市的8人参赛队伍经过激烈角逐，获得市直机关混合团体第三名、厅级干部女子单打第三名的好成绩。组队参加湖南省第四届群众龙舟赛活动，选派汨罗市龙舟队参加湖南省千龙湖“端午——屈原杯”群众龙舟大赛，取得前十名的优异成绩。组队参加“纪念抗战胜利72周年”湖南省体育系统穿越雪峰山岩鹰洞大峡谷比赛。6月21—23日，市教育体育局选派各县市区文体（教体）局局长及分管副局长等人员，参加湖南省体育局举办的“纪念抗战胜利72周年”湖南省体育系统穿越雪峰山岩鹰洞大峡谷比赛。

（刘　刚）

竞技体育

【周倩全运会摘金】 2017年9月6日，岳阳籍摔跤运动员周倩在国际式摔跤女子自由式75公斤级摔跤决赛中不负众望，战胜湖北队许晴获得冠军，实现岳阳市在全运会上金牌“零”的突破。

（李　缘　魏　婷）

【“2017中国杯国际定向越野巡回赛（岳阳南湖站）”】 2017年10月28—30日，国家体育总局航空无线电模型运动管理中心、中国定向运动协会、湖南省体育局、岳阳市人民政府主办，岳阳市教育体育局、岳阳市南湖新区管理委员会、中国职工国际旅行社总社等单位承办的2017中国杯国际定向越野巡回赛岳阳南湖站激情开赛。岳阳南湖站作为继南京牛首山、辽宁鞍山的第三站，比赛分为专业组和业余组，吸引来自国内外的4000余名选手参与，包含专业组短距离赛、接力赛、中距离赛，大众组特色路线定向赛等多种赛事活动。

（刘　刚）

【2017年岳阳市体育舞蹈全国公开赛】 2017年4月22—25日，市教育体育局举办“中顺洁柔杯”2017中国·岳阳体育舞蹈全国公开赛暨岳阳市第八届体育舞蹈赛。比赛规模大、影响广，来自北京、湖北、贵州、湖南等省内外82支参赛队伍，近4000名选手参赛。

（刘　刚）

文 化

CULTURE

责任编辑 · 曹春友

社会文化

【公共文化基础设施建设】 2017年10月17日，市政府召开全市国家公共文化服务体系示范区后续建设工作推进会，下发《岳阳市国家公共文化服务体系示范区后续建设行动计划（2016—2020年）》，扎实开展示范区后续建设工作。通过整合资源，将基层综合文化服务中心建设作为市县“书记工程”，纳入村级综合服务平台建设内容，投入建设资金12.8亿元，全市1811个村和社区共建成村级综合文化服务中心1666个，覆盖率92%，位列全省第一。完成市群众艺术馆数字文化馆建设和线上、线下调试工作，进入试运行阶段，成为全省首个市级数字文化馆，“社区万家乐”文化志愿者送文化进社区、群众艺术课堂等群众文化活动品牌已利用数字化手段开展服务。市图书馆新馆和市美术馆建设稳步推进，主体工程封顶；中央广播电视节目无线数字化覆盖工程第一、二期9个台站建设基本完成。持续推进“村村响”“户户通”工程后续建设，实现全市全覆盖，安装“村村响”音柱11603套、开通“户户通”88030户。争取市委、市政府重视，将市群众艺术馆、市巴陵戏传承展演中心、市文学艺术研究所，纳入全市“三馆三中心”进行统一规划设计。临湘市省级现代公共文化服务体系示范区建设顺利通过验收，形成“文化屋场推动公共文化覆盖、文化品牌引领文化活动开展、文化众筹支撑创建工作保障、文化淘宝提升文化服务效能”的“临湘模式”。

【第三届岳阳文化艺术节】 2017年6月22日，第三届岳阳文化艺术节开幕式暨岳阳市历届“群星奖”获奖作品展演在岳阳文化艺术会展中心举行。该艺术节由市委宣传部、市文广新局以及各县市区党委、政府共同举办。活动从6月开始至12月结束，包括开幕式、闭幕式、专业舞台艺术活动、群众文化活动、书法美术摄影作品展览相关活动等六大板块，举办岳阳市历届“群星奖”获奖作品展演、全市新人新歌大赛、“欢乐潇湘·幸福岳阳”大型群众文艺会演等30项大型活动，集中展示近年来全市文艺创作的成果。

【文化惠民】 2017年，“欢乐潇湘幸福岳阳”群众文艺会演形成村村出节目、镇镇有演出、片区大会演、县城集中赛的火热景象，全年演出160余场，参演群众1.5万余人，观演群众120多万人次。市群众艺术馆举办13场“社区万家乐”系列活动；市美术馆创新建立6个“流动展厅”，举办21场美术作品展览。大力开展阳光娱乐活动，10月27日，全市2017年“阳光娱乐健康文化节”暨万人免费K歌活动启动式隆重举行，推动娱乐惠民进社区、进家庭、进企业，倡导健康文明生活方式。开展“六进五送”文化惠民活动，为376个村（社区）配备文化器材，全市免费送戏831场、送电影37132场、送书画作品6000余幅，为全市3097家“农家书屋”配送图书55万册，活动内容之全、数量之多，均创历史新高。创新开展文艺快闪、微演出等更接地气的文化惠民活动。文化志愿服务深入推进，岳阳市“文化进高墙知识促改造”文化志愿服务项目获得文化部文化志愿服务十佳项目之“最佳关爱奖”。

【对外文化交流】 2017年5月23—24日，由国务院参事室、中央文史研究馆、湖南省人民政府共同举办的“中华文化四海行——走进湖南”活动到访岳阳。国务院参事室文史业务司司长耿识博率全国各地文史专家、文艺界代表组成的代表团在岳阳市调研并出席相关活动。市长刘和生参加座谈，市领导唐道明、马娜、李为参加活动。邀请国内外顶级艺术团队在岳阳文化艺术会展中心开展音乐、舞蹈、戏剧类12场高雅艺术演出活动，场场爆满。邀请张信哲等港台歌星，在市体育馆举办“蓝色经典梦之蓝岳阳群星演唱会”，更是一票难求。组织接待以韩国艺术殿堂社长高鹤灿为团长的首尔中国文化中心合作伙伴考察团对岳阳市访问。根据国家中俄文化交流总体安排，应文化部、湖南省文化厅推荐和俄罗斯圣彼得堡市体育文化和体育运动委员会邀请，7月27—31日，组织文化交流代表团，赴俄参加“俄罗斯圣彼得堡夏季中国文化节”。文化节期间，岳阳市巴陵戏传承研究院表演的巴陵戏《贵妃醉酒》《樊梨花》《三岔口》、器乐演奏《音乐串烧》、花鼓戏《小砍樵》、女子群舞《乖乖花瑶寨》6个节目，得到中俄双方与会代表高度赞赏，现场观众掌声不息，真切感受巴陵戏的艺术魅力。同时，汨罗市龙舟代表队奋力拼搏，获得此次文化节龙舟赛第四名的较好成绩，并赢得主办方的称赞和尊重，充分展示湖湘人民

岳阳市“文化进高墙知识促改造”文化志愿服务活动

（市文广新局 供稿）

的龙舟精神和龙舟文化。

（杨如婧）

专业文化

【文艺精品创作】 2017年，市文广新局筹措资金120多万元，对巴陵戏《远在江湖》进行提质打磨，与舞蹈《水灵灵的洞庭湖》双双获得省委宣传部“五个一工程”奖。小戏《特别洞房》《赶种猪》和大戏《刘璈治台湾》入选文化部戏曲剧本孵化计划，全省仅4个剧目入选。汨罗市大型花鼓戏《甜酒谣》入选国家艺术基金资助项目。结合“脱贫攻坚”精准扶贫工作，新创花鼓小戏《晕鸡》《解坨》和小型花灯戏《同在蓝天下》、歌曲《情援云溪》等一批“精准扶贫”题材艺文艺作品，入编《湖南公共文化（精准扶贫群众文艺创作专刊）》。市巴陵戏传承研究院花鼓小戏《补票》和岳阳县花鼓小戏《补背褡》参加全国花鼓戏优秀剧目展演。由剧作家曹宪成编写的花鼓戏《桃花烟雨》已由省花鼓剧团编排成功上演。结合全市开展的“刹人情歪风、治婚丧陋习、树文明新风”专项行动，组织全市文艺工作者新创一大批以移风易俗为主题的文艺新作品。

【“文艺岳家军”人才扶持】 2017年，市文广新局争取市委组织部支持，编制资金预算，奖励戏剧名师收徒传艺。继续实施“文艺岳家军”人才支持计划选拔工作，择优扶持、资助文学艺术方面有突出贡献或有较大发展潜力的文艺人才16人。与湖南艺术职业学院签订协议，设立5年制30人巴陵戏大专班并招生开班，校团合作培养戏剧新苗，从根源上解决全市戏剧人才青黄不接的问题。

（杨如婧）

文化产业

【概况】 2017年，岳阳市因安全生产要求，关停28家烟花爆竹文化企业，减少60亿元文化产业总产值，全市面临文化产业年度GDP占比值锐减的严峻形势。为有效解决困难，主动与相关部门单位沟通协调，成立由市、县委宣传部牵头、文广新局具体承办、统计局汇总以及相关部门单位参与的文化产业及统计工作领导小组，多次召开党组会、全市文化产业工作部署会和文化产业工作统计会，专题研究部署工作措施，1次调度推进文化产业工作，7次督查县市区文化产业统计工作。组织30多个工作组深入全市898家文化企业，推动企业入规申报，新增规上企业72家，是2016年底前历年文化规上企业总数的45%。临湘市、岳阳楼区全力以赴，分别新增16家、11家。全市文化产业增加值GDP占比4.95%，实现历史性突破。

【文化产业项目建设】 2017年，全市文广新部门牵头加快推进岳阳文化创意产业园、汨罗屈子文化产业园、临湘浮标产业园等一批文化产业园区的建设。全市文化产业园区产值同比增长6%，逐步成为推动全市文化产业发展的中坚力量。开展编制规划、招商引资等工作，全面建成占地43.33公顷的君山印刷工业科技园，现有10家大型印刷企业入园。其中，岳阳大地印务有限公司已发展成为一家集印刷、食品、药品、包装、刊物出版、包装印刷等业务于一身的综合型企业，工业总产值每年平均增长5%，销售收入增长22%，2016年销售收入1.2亿元，年税收350多万元。发展绿色印刷，大地印务有限公司率先申报成功，被授予凹版印刷国家试点单位。在传统文化产业方兴未艾之时，全市数字影院、网络文化、演艺会展等一批新兴文化产业正在悄然萌生。特别是实体民营书店产业已逐步发展成为全市新型文化产业，以岳阳市“德兰书苑”、岳阳县“大家书店”等为龙头的实体民营书店正引领该产业的快速发展。

（杨如婧）

文化市场管理

【概况】 2017年，全市文化市场监管工作围绕全国文明城市复查迎检、综治民调、中共十九大召开等关键节点，加强对文化市场热点、焦点管控，清扫市场盲区，按照“全覆盖、零容忍、严执法、重实效”的要求，规范文化市场经营秩序，促进文化市场繁荣有序、健康发展。岳阳市文化市场综合执法局（简称市文化市场执法局）全年办理文化市场行政处罚案件199件，其中，网吧违规案件114件，娱乐场所违规案件43件，非法出版物案件22件，网络广电市场案件13件，版权案件7件。市文化市场执法局被评为全国扫黄打非工作先进集体，其查办的“4·25”专案被文化部列为2017年度全国文化市场十大案件，“7·4”专案被全国扫黄办列为2017年度全国扫黄打非十大案件，该局作为办案单位被通报表扬。

【文化市场综合执法改革】 2017年，市委、市政府印发《关于进一步深化文化市场综合执法改革的实施意见》。9月14日，以市委宣传部文改办名义向各县市区下发《关于加快推进文化市场综合执法改革的通知》。11月6—13日，由市委宣传部牵头，组织市文广新局和市文化市场综合执法局负责人组成联合督查组，对各县市区推进文化市场综合执法改革工作开展专项督查。至年底，除君山区等待市综合执法队伍收编外，均出台贯彻落实《实施意见》的实施文件，成立文化市场管理工作领导小组，华容县、屈原管理区和云溪区基本完成改革任务。

【“扫黄打非”行动】 2017年，市文化市场执法局以“秋风”“净网”“清源”“护苗”“固边”五大专项行动为重点，在追源头、端窝点、打团伙上下功夫，加大对线上线下出版物市场的监管和网络空间净化力度，相继破获一批大案要案。其中，于9月中旬成功告破的岳阳“7·4”网络传播淫秽视频牟利案，抓捕犯罪嫌疑人12名，200余名涉案人员上报公安部治安管理局，查扣手机20余部、电脑主机10台和银行卡20余张。全国扫黄打非办、公安部治安管理局，省文化厅，省扫黄打非办、省公安厅治安总队分别将此案列为全国和全省挂

学校周边网吧市场专项督查行动　　（市文化市场执法局　供稿）

牌督办案件。推动“扫黄打非”进基层，完善市、县“扫黄打非”工作网络，要求有办事机构、有专职人员、有办公条件、有工作机制、有执法队伍、有经费保障、有宣传专栏、有举报奖励制度、有监督网络、有工作台账。平江县安定镇创建为全国扫黄打非进基层示范点，湘阴县玉华镇凤形村、汨罗市白水镇西长村、临湘市桃矿街道、华容县治河渡镇、岳阳楼区东茅岭街道、岳阳楼街道岳阳楼社区6个基层点被评为湖南省扫黄打非进基层示范点。

【网吧市场监管】　2017年，市文化市场执法局加强网吧市场监管，实行分类管理、错时检查，着重解决网吧接纳未成年人上网等社会反映强烈的热点问题。根据巡查情况，突出重点监管对象，实行分区管理、包片巡查，针对网吧违规经营高发时段（放学、节假日、双休日），集中人员、错开时段对接纳未成年人的网吧进行重点查处。重点监管投诉举报网吧，对市民举报的网吧，按照投诉举报制度要求登记建档，采取大队长主动约谈网吧负责人与队员日常巡查相结合，及时化解矛盾，调查整改、回复反馈意见。重点监管学校及周边网吧，对市城区市三中、四中、十中、十二中、十四中、十五中、五里中学等附近网吧，进行地毯式巡查和严厉整治，保护未成年人合法权益，营造平安和谐的文化环境和健康文明的上网秩序。

【净化网络文化市场】　2017年，市文化市场执法局贯彻落实中共中央总书记习近平《在网络安全和信息化工作座谈会上的讲话》精神，营造“天朗气清、生态良好、符合人民利益”的网络空间。依法依规查办一批网络违法违规行为案件。查处湖南盛游网络科技有限公司、湖南融商网络科技有限公司和湖南乐玩网络科技有限公司违规运营网络游戏案，与公安部门共同查办湖南岳阳“7·4”网络传播淫秽物品牟利案等重点案件。其中办结的“4·25”网络传播淫秽物品牟利案被文化部评为2016至2017年度全国十大案件之一。查办湖南盛游网络科技有限公司案卷被评为湖南省优秀案卷。开展网络广电执法。按照有关部门要求，开展“净网”“清朗”“清源”等专项整治行动，对网络广电市场进行多次全面清查，检查卫星电视地面接收设施销售门店39家次、电影放映场所73家次、宾馆、酒店IPTV安装接收情况118家次、电视台及广播电台检查5家次，对互联网文化经营单位登记造册，并严格落实巡查工作，每周星期一、三、五上午9时至11时安排执法人员进行网上例行搜索巡查，对有群众举报、社会舆论关注的涉黄涉赌、无政府主义等不良文化内容及其它网络文化违规行为进行重点监测，维护网络广电文化市场的良好秩序。

【版权执法】　2017年，市文化市场执法局以打击侵权盗版行为和查处典型案件为抓手，推动企业使用正版软件。该局下发《关于印发岳阳市2017年推进使用正版软件的工作通知》，组织执法人员对有关企事业单位、社会团体进行检查，对25家安装使用计算机盗版软件的企业进行整改或分批整改，对拒不整改的2家企业进行行政处罚，另外8家正在走工作流程。查办源头案件及上级交办的典型案件。执法人员重点发现和挖掘电脑销售公司对企业非法销售预装软件行为，查处“长沙科美涉嫌非法复制计算机软件案”“陈亮未经著作权人许可，通过信息网络传播他人作品案”“岳阳市科畅网络办公设备有限公司非法复制计算机软件案”等源头典型案例及上级交办案件4起，立案结案3起，行政处罚7万多元。该局版权执法大队被国家版权局授予查处侵权盗版案件有功集体三等奖。

【演出娱乐市场整治】　2017年，市文化市场执法局对歌舞、游艺和演出等主要市场进行逐一走访调研，了解各业内现状、存在的问题和急需解决的困难等，建立详细台账。开展春节期间专项整治行动，营造节日平安、有序、健康的文化环境。3—6月，对湖南华艺文化艺术品交易有限公司开展文玩市场专项调查与“回头看”专项整治，严格规范艺术品市场经营管理。5—7月，在市内开展为期两个月的演出、娱乐市场“春雷”专项整治行动，不断加强演出、娱乐市场管理，维护演出市场健康发展。6月，联合环保、消防等单位，针对中高考开展噪声污染防控和消防安全整治大检查，保证广大考生有良好的学习和考试环境。6月中旬，启动查处取缔文娱市场无证无照经营专项整治工作，加强校园周边和城乡结合部的文娱环境治理。10月，以“喜庆十九大、共享文化成果”为主题，组织开展阳光娱乐健康文化节暨万人免费K歌唱活动，用市场方式拓宽文化消费渠道，以“繁荣”为目的，立足行业，服务群众，有效加强文化市场管理。

【出版物市场整治】 2017年，市文化市场执法局开展各项整治行动，严厉打击非法出版、印刷和发行行为，保障新闻出版市场健康有序。重点开展印刷企业清查、校园周边整治、出版物市场整治、问题地图整治等整治行动，检查经营单位200余家次，责令改正出版物经营场所19家，收缴各类非法出版物5000余册（张），得到省检查组的充分肯定。重点检查具有出版物印刷资质的印刷企业和书店，在节假日安排执法人员加大对人口密集地段游商地摊的巡查力度，坚决取缔印刷“黑窝点”，严格查处销售各类非法出版物案件。严格清查教辅市场，春秋两季对中小学校、大中院校教材教辅进行严格检查，并联合工商、城管等部门对校园周边进行定期整治。查办海韵文化、点燃生命文化传媒、鼎圣培训等销售使用不规范的教材教辅材案件，确保学生不受侵权盗版和非法教材教辅产品的侵害。查处政治性有害出版物。协助广东海关调查核实两起利用网络购买境外等涉政出版物情况；协助有关部门清查邪教组织“心灵法门”的非法出版物《萌宝修行记》。

【线上巡查监管】 2017年，市文化市场执法局采用“互联网+文化监管”的新模式对文化市场视频监管指挥中心进行升级改造，完成“文网卫士”安装工作，提升文化市场事中事后监管能力。针对中心城区重点文化市场300多家场所进行视频监管，其中包含出版物、印刷企业11家、影院8家、网吧232家、文艺娱乐场所49家。在市中心城区232家网吧，全面安装“文网卫士”技术监管软件和人脸识别摄像头，采用网络技术管理，达到过滤有害信息和杜绝未成年人超时上网问题，对提升文化市场执法监管能力、规范文化市场经营秩序。

【文化市场安全检查】 2017年，市文化市场执法局在两节、两会和中共十九大召开等重要节点期间，多次开展全市文化市场安全生产大检查工作。加强中共十九大期间文化市场的安全稳定，有效防范各类安全事故。组织检查组在城区各类文化市场进行重点督查、检查，查处违法违规文化市场经营活动和存在安全隐患的经营场所，确保不发生重大安全生产责任事故、不产生重大社会事件、不引发重大负面舆情，为保障党的十九大胜利召开营造良好文化市场环境。联合公安消防等部门，多次开展城区文艺娱乐场所、上网服务经营场所等专项集中整治行动和火灾防控工作，并在步行街迷你星KTV和城市英雄游艺厅等场所举行文化市场消防应急示范演练活动和消防安全知识讲座，加强文化单位安全生产宣传和从业人员的消防安全培训。

（马博文）

文博·图书

【文物保护】 2017年，岳阳市贯彻落实《国务院关于进一步加强文物工作的指导意见》和《湖南省关于进一步加强文物工作的实施意见》，强化文物安全责任制，全市初步建成文物安全四级责任体系和巡查体系，全年文物安全无事故。争资立项，全年争取中央、省级文物保护专项补助资金1.2亿元。启动11处国保和省保单位修缮工程，其中岳阳文庙古建筑群第一期修缮工程、慈氏塔主体修缮工程全面竣工；岳阳教会学校修缮工程完成85%的工程量。完成铜鼓山遗址、罗子国城址、湘阴文庙等国保单位的保护修缮方案编制工作。基本建设工地文物保护工作成果丰硕。全年完成“三建”工地考古调查、勘探项目41个，面积390万平方米，考古发掘面积400平方米，发掘墓葬58座，出土一批珍贵文物。持续开展全市博物馆馆藏文物征集和陈列展览提升工程，市博物馆馆藏文物数量增加到5419件（套），全市12家博物馆（纪念馆）年接待观众100多万人次。平江县探索政府主导、社会参与的文物保护利用机制，多渠道筹集资金近亿元，开展10多处文保单位的保护修缮。

【图书馆工作】 2017年，岳阳市图书馆被省文化厅评为“湖南省青少年党史国史主题教育活动先进集体”，并获得“书香湖南·红星闪闪耀童心”——2017年全省少年儿童系列读书活动组织奖。组织“岳州讲坛”8场，少儿绘本阅读推广系列活动63场，新建爱心图书室2个、图书漂流吧1个，对武警战士、岳阳楼区望月路社区居民、平江县贫困学子、岳阳监狱服刑人员等不同

新华书店夜景 （新华书店 供稿）

阶层群体开展送书上门活动，送书3281册。落实55万册图书配送到全市3097家“农家书屋”。

【非遗保护与传承】 2017年，市文广新局出台《岳阳市名师传艺支持计划管理办法》，对非遗名师的扶持与考核管理提出明确的要求。编纂《岳阳市非物质文化遗产丛书》，在岳阳日报开设《岳阳文化遗产》专栏。精心打造“巴陵戏小小传承人”品牌，持续深入开展“非遗进校园”活动，岳阳楼小学、临湘市第三完小、平江时丰中学被评为全国优秀传统文化传承示范学校。由市巴陵戏传承研究院辅导岳阳楼小学演出的巴陵戏《梨园代代欣》，作为湖南省唯一参赛曲目，获中国少儿戏曲小梅花荟萃“最佳集体节目”金奖，实现岳阳市获得小梅花奖的突破。华容县承办“国家级非遗保护项目湖南花鼓戏著名表演艺术家何冬保诞辰100周年系列活动闭幕式”，岳阳楼区举行首届“万人唱渔歌”比赛，湘阴县举办首届岳州窑国际文化艺术节，非遗保护形式丰富多彩。加快推动非遗文化产品市场转化，省级非遗项目岳州窑古法烧制产品，远销日本、韩国；君山区省级非遗项目君山黄茶占全国黄茶销量七成。2017年元宵节，在汨罗市长乐古镇组织举办全国首届抬阁故事文化节，3天内仅长乐镇非遗产品——“长乐甜酒”销售就近10万坛，后续订单近200万元。

（杨如婧）

广播·电视·电影

【广电工作】 2017年，岳阳市广播电视台贯彻落实中共十九大精神，围绕“四大会战”做亮主题报道，在“实、新、深”上下功夫，新闻宣传工作成效显著。廖岚、黄宇、沈琦主创的广播专题《卡车司机敢死队》，夺得全国广电最高奖——“中国广播影视大奖”，是全省广电系统唯一获此大奖的作品，也是全国11件专题类获奖作品中仅有的一个市级台。在全省广电宣传创优中，该台排名由第三位上升至第二位，有52件作品获奖。其中，湖南新闻奖一等奖2件，湖南广电奖一等奖7件，湖南电视广告信息奖一等奖5件，湖南播音主持论文作品一等奖奖1件，连续7年蝉联全省广电宣传创优先进单位。

（廖　岚）

【新闻宣传】 2017年，市广播电视台面对宣传任务多、责任重、压力大的局面，突出新闻宣传亮点打造。各媒体在认真做好日常宣传的前提下，集中打响13次大的宣传战役。其中，“四大会战”报道，《岳阳新闻》采写、播发近1000条会战动态报道，在9月中旬推出四组16条深度报道，展示会战所取得的丰硕成果。十九大宣传，《岳阳新闻》栏目在会前、会中、会后开设多个专栏，展示新成就、新发展，贯彻新思想、新部署，报道新作为、新成果。配合央视、湖南卫视完成《还看今朝·湖南篇》《我们看见的变化·岳阳篇》等主题报道。广播中心集中报道十八大以来全市取得的巨大成就，对各县市区立足当地特色、优势优先发展的经验和成就进行深度报道，播出稿件300多篇。岳阳新闻网开设多个专栏，充分展示岳阳的新变化和岳阳市民的获得感。“两会”报道，策划推出《代表委员访谈》《喜看岳阳新变化》《政府工作报告解读》等专栏，及时传达会议精神，展示代表委员建言献策的风采。在3月份的全国“两会”期间，岳阳新闻网刊发新闻稿100多条次。特别是对市委书记胡忠雄在两会期间传播岳阳声音、展示岳阳形象的重要新闻，新闻网除刊发自采的图片和文字外，还从中央电视台、湖南卫视等平台及时下载胡忠雄接受中央和省级媒体记者采访的新闻，迅速上传到智慧岳阳APP，产生很好的社会反响。防汛抗灾报道，以《岳阳新闻》栏目为主体、各媒体集中优势兵力，以全媒体、全天候、全覆盖的报道格局，营造众志成城、战胜洪灾的强大舆论氛围。其间，《岳阳新闻》增开《午间12点》《晚间10点》两档新闻，播发各类消息、特写320多条；完成向省防指汇报的《平江、湘阴灾情介绍电视专题片》《全市灾情介绍电视专题片》以及《众志成城战洪魔——岳阳抗击2017特大洪水纪实》等3部专题片；完成城区、平江、湘阴、汨罗等地的6次空中拍摄。投入力量、报道规模、发稿数量、播出时长，均刷新历史。广播中心开设专栏，及时报道全市各地的汛情、灾情，集中宣传防汛救灾中涌现出的英雄事迹，播出稿件280多篇。“治陋习树新风”宣传，5月初，《岳阳新闻》播发一组华容三封寺镇“刹人情歪风、治婚丧陋习、树文明新风”的报道，得到市领导和有关部门的高度重视，市委书记胡忠雄亲自前往

巴陵戏《梨园代代欣》获得“中国少儿戏曲小梅花荟萃最佳集体节目”金奖

（市文广新局　供稿）

华容调研。随后，《岳阳新闻》栏目持续发力，配合市纪委开辟专门窗口，对各县市区的典型做法和经验进行推介，在全市掀起一股“治陋习、树新风”的风暴。电视中心推出新闻访谈节目《新闻会客厅》，拓展新闻深度。播出节目30多期，其中“脱贫攻坚”“聚焦三荷机场”等节目被腾讯选定为当天网页推荐头条，被新华网转发，为政府与市民搭建沟通桥梁。公共频道、科教频道完成日常宣传任务，配合全市中心工作开展新闻宣传，策划、播发多起系列报道，一批优质稿件被中央和省级媒体刊发，收到良好的宣传效果。

（廖 岚）

【通联工作】 2017年，市广播电视台通联工作硕果累累。全台5家媒体共计上稿1375条，其中在央视上稿53条，央广上稿17条，湖南卫视上稿371条，湖南经视上稿116条，省广上稿158条，全部超额完成年度任务，上稿总数名列全省第一方阵。其中，《蒙华铁路洞庭湖特大桥合龙》《洞庭湖发现麋鹿群》等4条稿件在央视1套《新闻联播》中播出。岳阳新闻网在人民网、新华网、搜狐等国家级网站上稿239条，在红网、新湖南等省级网站上稿421条，被全国各网站转载3000多篇（次）。4月26日，在全省广播电视通联工作表彰会上，台长周泽柱获特殊贡献奖，严钦海、李铭虎获“十佳通联记者”称号，严钦海采编的《岳阳：接力救援两只小麋鹿》与“215工作室”荣辉等拍摄的《新华垸溃口合龙实时拍摄》获“优秀通联稿件”一等奖。

（廖 岚）

【舆论监督】 2017年，《岳阳新闻》栏目开设《文明曝光台》版块，通过热线电话投诉和街头随机拍摄等方式，对20多个问题进行曝光和跟踪报道，促使大多数问题得到解决。一时解决不了的，也得到相关部门的整改回复。广播电台《行风热线》共接到听众来电380多次，其中有效投诉96件，投诉回复率100%。针对群众关注的热点、难点问题，《记者调查》专栏进行深入、翔实的报道，为群众答疑解惑，解决实际问题。岳阳新闻网共上传舆论监督新闻稿12篇，评论稿27篇，对不良之风和丑恶现象形成强大的舆论压力。同时按照省、市网管中心要求，加强舆情监控，注重舆论引导，在网络和论坛上及时处理市民提出的热点问题10多个，帮助民众明辨是非、正本清源。

（廖 岚）

【产业经营】 2017年年初，市广播电视台克服广告法规出台、医疗药品广告下架、商业广告全面下滑、广告市场竞争激烈等重重困难，对媒体进行改革，优化资源配置，将原有的4个电视频道压缩为3个，为全年的业务工作奠定基础。全面细化创收任务，推动栏目创收、活动创收、宣传创收，各媒体共完成经营创收任务4139万元，超额完成年度目标任务3770万元近10%。网络公司克服有线电视基本用户严重流失、宽带互动发力不足、新业务增长缓慢等困难，全年完成收入6940万元，实现利润1513万元，在全省兄弟单位中名列前茅。

（廖 岚）

【广电播出安全】 2017年，岳阳广播电视台成立安全播出领导小组和网络与信息系统安全工作领导小组，负责日常特别是特护期的安全播出。该台下属各安全播出责任单位层层签订安全播出责任状，确保安全播出万无一失。十九大安播工作，从3月开始到10月底结束，各二级安全播出单位对各自的安全播出环节进行严格的自查自纠，制订切实可行的安全播出、安全保卫等应急预案，并进行多次演练，使各环节都有严格的管理制度和操作流程，确保规章制度及应急方案便于操作、切实可行。对安全播出中发现的各种问题及时处理，认真总结，举一反三。特护期间，所有台领导参与轮班，重要岗位实行双人双岗。与公安、电力等安全播出相关单位协调、对接，为安全播出提供必要的外部支持。技术中心、广播电视各媒体、电视转播台、网络公司等单位齐心协力，圆满完成全年安全播出任务，十九大安全播出工作被评为全省先进集体。

（廖 岚）

【专题专栏讲岳阳故事】 2017年，全市各级媒体深入宣传阐释总书记习近平系列重要讲话，围绕大事大势持续推出有重大影响力的专题专栏专版，讲好岳阳故事，传播岳阳声音。组织策划《喜迎十九大》《岳阳社会建设四大会战》《防汛抗灾》等20多个专题报道。《岳阳新闻》栏目播发党的十九大新闻稿件85条、防汛报道415条。省新闻出版广电局总结岳阳市工作经验，向蔡振红、向力力等省领导、省委宣传部和各市州进行推介《岳阳日报》、岳阳市广播电视台策划的多个专题专栏，分别获得市委、市政府和省新闻出版广电局领导的充分肯定。尤其是摄制的电视专题片《众志成城战洪魔——岳阳2017抗击特大洪灾纪实》，得到市委、市政府主要领导的高度赞誉。

（杨如婧）

【广电监管工作】 2017年，市文广新局组织专业人员24小时全天候对全市各媒体进行监测监看。全年监测并处理全市有线数字广播电视165套节目一般性安全播出故障130起，市广播电视台重大播出事故2起，建立监评专家团队，定期对全市广播电视开展监评。编印《岳阳文广新监评》12期（总41~46期），刊登监评文章110篇，发布安全播出监测数据182条、涉嫌违规广告监测数据65条，并下达违规广告督办函8份。开展“卫星地面接收设施清查”“虚假药品广告整治”“乡、镇、村广播电视小片网整治”等专项整治检查行动，收缴非法销售的卫星锅90口，接收天线1000多米，高频头8个，下发“广告整改督办函”26份。

（杨如婧）

【广电惠民工程】 2017年，全市湖南省中央广播电视节目无线数字化覆盖工程第一期建设的6个任务台站基础设施完成，市达摩岭、金鹗山、平江梧桐山、湘阴县电视发射台，华容禹山转播台开始试播。岳阳市第二批补点建设资金全部拨付到位。岳阳县电视台（电视类）、君山区电视台钱粮湖转播站（电视类）和临湘市五尖山电视发射台（广播类）技术实施方案编制完成，进入工程实施阶段。市广播电视监管中心二期工程建设年初启动，9月完成安装调试工作，启动试运行。该项目的建成运转将有力地加强全市广播电视、广电新媒体的监管。

（杨如婧）

【电影工作】 2017年，岳阳市有26家数字影院基地，年票房收入8766.4万元。市文广新局扎实开展公益放映文化惠民及电影市场监管工作，投资100万元用于更新农村流动放映设备，精选38部思想性、艺术性、观赏性较强的商业影片投放农村电影市场，开展“法治电影进校园”“喜剧电影专场”“戏曲电影专场”放映活动，重点策划“2017我的电影党课”主题活动等，完成农村公益电影3.7万场，城市广场电影2000场，取得较好的社会效益。

（杨如婧）

新闻出版管理

【出版物市场管理】 2017年，市文广新局重点开展“印刷企业清查”“出版物市场整治”等专项行动，责令改正出版物经营场所39家，收立案36件，收缴各类非法出版物5000余册（张）。推行审批+网络模式，完成全市44家内部资料性出版物、208家出版物经营单位和61家印刷企业首次网上年度核验。

【“农家书屋”延伸服务】 2017年，岳阳市抓住农家书屋试点契机，以农村留守儿童阅读为主题，制订“阅行者计划”，打造“我的书屋我的梦”农村儿童读书征文大赛等品牌活动，激发农村留守儿童的读书兴趣。李新宇《我带外公去读书》获得国家新闻出版广电总局小学组优秀征文奖，梅钥《农家书屋伴我成长》等3篇获得省新闻出版广电局小学组优秀征文奖，曹颖《山村也有黄金屋》获得省新闻出版广电局中学组优秀征文奖。以农家书屋图书资源共享为主题，实施农家书屋延伸服务工作，打造农家书屋“一家一户一证一书”图书漂流借阅活动品牌。

【“书香岳阳”建设】 2017年，市文广新局为全方位满足市民阅读文化生活需求，着力打造4大类20多个阅读活动的特色品牌，吸引超过50万人次的市民参与。以阅读、思考、创作、修养为主题的系列品牌。创办的“岳州讲坛”“巴陵名师讲堂”“国学讲坛”“岳阳文学讲坛”等系列讲座，内容涵盖国际国内形势、经济发展、德育修养、人文素养、社会交往、心理辅导等多方面，吸引3万多名市民广泛参与。以媒体为载体的系列品牌。岳阳广播电台建立的声音美文赏析栏目《方琳书香》，将经典诗文与优美音乐完美结合，诠释中国传统文化的博大精深，成为岳阳广播电视系统的品牌栏目。《岳阳日报》开辟“书氧空间”“新书锐读”等6个阅读专栏，内容涵盖人文素养、社会交往、心理辅导等方面，深受广大市民喜爱。以组织全国全省大型活动为目标的品牌。组织举办“岳阳楼记”为主题的全国性大型吟颂活动，来自世界各地的范仲淹研究会、岳阳楼国际诗会代表以及游客和本地市民10万余人，齐诵《岳阳楼记》，千古雄文余音绕梁，响彻岳阳大街小巷。9月，首次承办“书香湘鄂赣·同脉同承同梦”吟诵会，国家新闻出版广电总局、湘鄂赣三省新闻出版广电局领导、全省各地州市文化广电新闻出版局负责人以及社会各界代表1000多人参会。以大中小学校为主体的“书香校园”品牌。举办校园阅读节、成立校园读书会，开展丰富多彩的征文、演讲活动，营造浓厚读书氛围。《湖南日报》以“一脉书香远，校园墨痕香”为题对岳阳市全面实施“书香校园”建设进行专题报道。

【版权管理】 2017年，市文广新局深入开展著作权法“进机关、进校园、进企业”为主题的版权宣传活动，提高市民版权保护意识。推动企业使用正版软件，对办公场所中有计算机设备的33家企业、社会团体下发《关于印发岳阳市2017年推进使用正版软件的工作通知》。按要求对25家安装使用计算机盗版软件的企业进行整改或分批整改；对多次上门拒不整改的2家企业进行行政处罚。

（杨如婧）

报　纸

【《岳阳日报》着力舆论引导】

2017年，《岳阳日报》发挥党报主流宣传阵地作用，当好党和政府喉舌，引导正方向，聚集正能量。宣传中共十九大精神，围绕党的十九大组织报道200篇，第一时间刊发新闻、系列评论文章、专家系列解读，多角度、多层次把党的十九大精神传递给全市干部群众。宣讲“两学一做”和市委“刹、治、树”活动，开辟“践行两学一做、推进作风建设”专栏，各个版面推出相关报道200多篇，在一版《今日时评》《巴陵时话》和时评版面，推出关于作风建设的评论文章近80篇。开设“刹、治、树”专栏，跟踪报道各地各单位推进专项工作、正反典型情况等，营造良好的工作氛围。深入基层挖掘落实“刹、治、树”的典型，在一版推出重头报道。助力“四大会战”，一年来刊发相关报道近900篇，准确有力、生动鲜活的时政经济报道获得市委、市政府主要领导肯定和读者好评。给力经济转型升级和项目建设，全年刊发各类经济报道1000多篇，《我看岳阳新变化》等栏目，获得市委、市政府主要领导肯定。

【《岳阳日报》创新提质】 2017年，《岳阳日报》创新理念、创新方式、创新内容，新闻产品质量大幅提升。创新传播理念，强化互联思维。以市委书记胡忠雄4月5日在全市重点工作调度会上提出的“努力将‘主流声音’传送到每个岳阳人的手机上”为目标，通过转观念、换思维、找差异，从源头、渠道、终端上推动报社新闻产品的质量提升。报社由传统的新闻采编、经营两条线，发展到涉及全媒体的编辑中心、采访中心、运营中心、经营中心和大数据中心五大板块。“岳阳网”获批国家一级新闻资质，成为新的网络安全法颁布后湖南省第一家获批网站。PC端和移动端等数字终端看“报纸”的受众规模更大，日均浏览量超过60万人次。创新传播方式，发力移动终端。报社投资370多万元，启用北大方正的全媒体数字采编平台，自建新媒体传播平台6个。建立战略合作平台18个；再造新的采编流程；完善“中央厨房”式的采编体系；实现新闻的“一次采集、多次利用、多样呈现、梯级发布”。创新传播内容，专注内容生产。在全报推出“新闻供给侧改革”，引导鼓励记者编辑采编顺应新媒体传播规律和阅读习惯的新闻作品，在新媒体上形成“刷屏之效”，用优质的新闻产品“黏”住读者和用户。按照媒体融合的需要，对报社编务格局进行调整，形成1个编委会（专注内容生产），下设2个小组（编务改革领导小组、重点报道领导小组），3个中心（全媒体采编指挥中心、新媒体中心、时政新闻中心），建立新的稿件三审制（即到、即审、即发）。

【岳阳网获批国家一类新闻资质】

2017年11月28日，岳阳网获批国家一类新闻资质，成为与红网、华声在线等同列的全省8家重点新闻网站之一，是岳阳市唯一一家获批的国家一类新闻资质综合网站。岳阳网由岳阳日报社主办，是市委、市政府的新闻门户网，岳阳新兴主流媒体，该网获得“国家户口”，其新闻发布的权威性、公信度、传播力和影响力更高，百度搜索权重更大，外联平台更广，将壮大岳阳主流声音和提升岳阳美誉度。

【德馨蜗牛山庄试开园】 2017年9月27日，德馨蜗牛山庄试开园，首批18名心智障碍青少年顺利入园。该山庄系岳阳市德馨助残服务中心的一个助残项目，由岳阳日报社支持创办，《长江信息报》副总编韩章任法定代表人。山庄位于岳阳经开区康王乡茶园村，是全国首家由媒体人创建、岳阳第一家以智力残疾人为主要服务对象的助残托养机构。

（谭振华）

【长江信息报佳作频出】 2017年，《长江信息报》直面新兴媒体冲击，加大新型传播平台的建设与推广，调整优化栏目设计，弘扬社会正能量，提升办报质量，成为岳阳市城区发行量最大、覆盖最密集的都市报。发挥党报系列新闻媒体的主流舆论阵地作用，推出一批精品力作。如3月1日记者周小平的《大丰圈养麋鹿融入洞庭湖野生种群》一文，是近年来岳阳全社会对环境改善，追求人与自然和谐共处的真实体现。3月22日整版通讯稿《岳阳有群“洋雷锋”》以独特的视角讲述一群外国人在岳阳学雷锋的故事，弘扬社会正能量，将学雷锋月活动推向一个新高潮。4月12日记者赵芸的通讯《华容80后“鸭司令”年产值400万》，将视角对准广袤的农村，从乡村田间挖掘出一个农村创业青年带动他人共同致富的故事，展现岳阳新农村建设的美好图景。单人校是山村撤校并点形成的一种教育现象，为引起社会各界对单人校教师的关注，记者张小弓深入平江山区，分别走访全市95所单人校中的10余所，并选取其中数个较为典型的教师进行报道，于6月7日推出《一个人、一所学校，一生的坚守》一文，引起社会的广泛关注，并为单人校募集专项资金40多万元，在一定程度上改善单人校师生的教学和生活条件。6月15日推出《小龙虾去年助全市农民增收6亿元》，对稻虾连作这一政府部门为农民增收的重要举措进行报道，在促进农民致富方面具有一定的指导作用。7月5日，记者丁瑜的通讯稿《平江13岁男孩被父绑木梯沉塘》，真实还原事情经过，并采访心理专家，引发家长对教育方式的反思。7月24日，记者赵芸得知君山瓜农有西瓜滞销的消息后，立即赶到瓜地采访农户，推出《君山17农户60万斤西瓜滞销》的消息，报道刊发后，两天时间就有爱心市民和企业订购几吨西瓜。10月，湘阴农民胡大海在忍受中年丧子的巨大悲痛下，以大爱情怀将儿子器官全部捐献，记者赵芸接到线索后立即联系采访，并于10月18日推出《湘阴农民捐出去世儿子器官》一文，让大爱精神得以宣扬。推销保健品忽悠老年人的报道近年来并不鲜见，10月，记者周小平接到市民投诉后，迅速深入采访并于重阳节前推出舆论监督报道《买固元液就送免费港澳游？》，并联系食药监管部门及时查处，不仅保障当事老年人的合法权益，还提醒更多市民理性消费。12月21日，记者丁瑜的《5名岳阳籍维和警察获联合国表彰》讲述5名岳阳籍维和警察在利比里亚的生活和工作情况，让家乡人民近距离感受到维和警察为世界和平作出贡献背后的艰辛。12月22日，记者韩章的《万人爱心接力找回迷路“蜗牛”》，讲述记者发动全城市民寻找走失的智力残疾青年刘旭的全过程，充满正能量。诸如此类的新闻作品数不胜数，每一篇都体现《长江信息报》作为岳阳主流媒体的责任与担当。

（施 亮）

卫生·计划生育

SANITATION
FAMILY PLANNING

责任编辑·曹春友

综　述

【概况】 2017年，岳阳市卫生和计划生育委员会（简称市卫计委）坚持基本国策不动摇，以新时期卫生与健康方针为指引，以工作抓落实为主线，扎实推进健康岳阳建设，开创卫计事业发展新局面。市卫计委被评为全省文明单位，宣传工作、打击“两非”工作被评为全省先进，安全生产、综治维稳、脱贫攻坚、建议提案办理、法治政府建设等工作被评为全市先进。

【健康岳阳建设】 2017年4月1日，岳阳市召开全市卫生与健康大会，大力推进健康岳阳建设，让老百姓更多地共享“健康岳阳”建设带来的发展成果。8月31日，市委、市政府下发《岳阳市贯彻落实〈“健康中国2030”规划纲要〉实施方案》，明确建设健康岳阳的总体目标、主要任务和实施措施。出台《关于开展健康城市健康村镇建设促进健康产业发展的通知》，明确到2020年，把岳阳市建成健康城市示范市，着力推进医疗与养老、医疗与旅游、互联网与健康、体育与健康生活方式、食品与健康等融合发展。市政府出台《岳阳市区域卫生规划（2016—2030年）》，做到与城市总规同步发展。着力推进医疗机构、医师护士电子化注册管理。至年底，全市有医疗卫生机构4462家，执业医师和执业助理医师15339名，执业护士10495名，医疗机构床位21898张。

【医药卫生体制改革工作】 2017年，市委、市政府对综合医改高度重视，多次召开医改领导小组会议，部署改革任务，解决实际问题，建立医改办工作制度，形成整体联动的工作态势。举办公立医院改革全员培训，建立医改数据运行月通报制度。推进医联体建设，覆盖医疗机构107家，医联体内双向转诊患者1.3万人次，下转患者649人次，受到国务院第四次大督查督察组肯定。推行家庭医生签约服务，全市组建签约服务团队1225个，签约服务总人数132.89万人，重点人群签约率70.99%，贫困人口签约全覆盖。推行按病种收付费制度，确定全市公立医院首批106个病种收费和支付标准，实行定额包干制，严控医疗费用。全年全市医疗费用增长率14.5%，药占比28.7%，百元收入卫生材料消耗21.1元，医疗服务费用占比34.3%，医疗服务价格动态调整30个项目。公立医院全部实行药品采购“两票制”，基层医疗卫生机构实施国家基本药物制度率99.5%。

【健康扶贫工作】 2017年，市政府成立健康扶贫工作领导小组，负责统筹协调、督促落实健康扶贫工程实施工作。建立联席会议制度、一月一反馈、一日一通报等制度，下发《岳阳市健康扶贫工程“三个一批”行动计划实施方案细则》《岳阳市农村贫困住院患者县域内先诊疗后付费工作方案细则》《岳阳市农村贫困人口大病专项救治工作方案细则》等文件，明确“三提高、两补贴、一减免、一兜底”“建立向定点医疗机构预付医疗救治保障资金制度”等综合保障措施。至年底，全市确诊贫困人口大病人数6752人，救治完成率98.89%，其中确诊4类9种大病1660人，救治完成率99.04%。慢病签约管理服务率100%。市本级15个医院结对帮扶17个乡镇卫生院，全市派出各类专家66人次，捐赠设备45台件，指导基层手术900台次，帮助基层医院建设三类专科（急诊、产科、血透），培训医务人员300余人次，受到基层好评。建立预付制度，落实预拨经费1.03亿元，定点医疗机构与城乡居民基本保险、大病保险、商业保险、医疗救助等经办机构衔接，构建“一站式”结算平台。全市支付报销和救助资金2.266亿元，全病种实际报销比例83.78%，惠及25.69%的建档立卡贫困人口，受到群众好评。11个县市区通过省健康扶贫专项年终考核检查，评价结果均为满分，岳阳县和平江县分别接受国务院脱贫攻坚年度健康扶贫的现场考核检查和第三方调查，受到充分肯定。

【科教工作】 2017年，市卫计委系统招录住院医师54名，向省卫计委推荐住院医师规范化培训考核工作考官6名，2015级学员39人参加结业考核35人通过。市一医院被评为国家级住院医师培训基地。精选155人参加全市农村与社区卫生适宜技术培训班，组织600多名卫生技术人员通过“医教在线网”参加远程继教学习。推荐17个基层适宜技术省级继续医学教育项目，完成690人卫生专业技术人员继续医学教育学分周期验证工作，完成市直和县区40项科研课题的上报。年内申报省卫生计生委科研课题4个，获得科研经费4万元。推荐申报省科卫联合基金项目11个，省医疗技术创新引导项

岳阳市人口和计划生育工作大会　（市卫计委　供稿）

目1个，省医学科技奖1个，省血型基因研究重点实验室1个，推荐申报省市两级科研课题13个，参与市级课题评审3个，申报市级科技创新创业人才团队项目6个。全市构建6个国家级重点专科、19个省级重点专（学）科，15个市级重点学科，5个市级重点实验室，7个市级重点专科为依托的医学重点学（专）科体系，完成医学科研项目164项，其中，达到国际先进水平6项，国内先进水平53项。选拔21名医务人员作为科技特派员到10家乡镇卫生院开展科技帮扶，带动专科建设28个，投入器械资金259.1万元，举办骨干培训班54期，卫生培训85期，接诊病人29030人次，完成大小手术2788台，为乡镇卫生院增收2928万元，让群众得到看得见摸得着的实惠。

“5·12”全市卫生应急演练活动　　（市卫计委　供稿）

【依法行政】　2017年，市卫计委加强全市卫生计生系统法治建设，明确党组（委）书记是推进法治建设第一责任人，聘请专职律师担任市卫计委机关法律顾问，组织开展多种形式普法宣传，网上学法考法通过率100%。加强计划生育征信机制建设，对522名拒不缴纳社会抚养费的人员，向法院申请纳入失信人被执行名单，由银行依法对失信人员进行信用惩戒。深化卫生计生综合监督体系建设，推行“双随机、一公开”的监督检查制度。全市查处“两非”典型案件79起，取缔无证行医129户，查处非法行医案件86起，申请法院强制执行7起。畅通信访渠道，办理“12345”公众服务热线工单1146件次，市长信箱133件次，网上信访70件次，群众来电来信来访1000多件次。

【应急救援】　2017年，市卫计委联合市人社局、市总工会举行岳阳市卫生应急技能竞赛大赛，46支队伍300多人进行传染病防控、紧急医学救援、中毒处置三个项目多个环节的技能竞赛，对60名获奖个人、33个获奖单位进行通报表彰。组织“5·12”大型卫生应急宣传演练活动，进行处置人感染H7N9禽流感和京珠高速大爆炸紧急医学救援两个项目的演练，开展丰富多采的卫生应急宣传活动。配属市公安局进行反恐怖综合演练、市食品药品监管局进行药品中毒处置大型综合演练，提高处置突发公共卫生事件的综合能力。开展3场应急知识进企业、进学校、进机关、进社区等活动，进行卫生应急知识讲课和应急技能演示、传授，增强人民群众的卫生应急意识和能力。密切关注禽流感和寨卡病毒等重大传染病疫情，加强监测和防范工作。开展4期突发公共卫生事件和重大事故灾难紧急医学救援风险评估，强化卫生应急经费物资、药品器材的准备。成功处置9例人感染H7N9禽流感疫情，全力组织救治病人，8例在岳阳市救治的禽流感病人全部转阴，禽流感病例治愈率100%。高效处置6起学校流感疫情和3起食物中毒事件，疫情得到及时控制，病人得到有效救治。参加全省卫生应急技能竞赛，获得市州团体综合第二名，2个团体单项二等奖，2个个人二等奖和1个三等奖。组织参与全市防汛救灾工作，出动223批次910人次的医疗队和防疫队开展医疗救治和消毒防疫工作，及时收集上报灾情，筹措100多万元救灾经费、药品和物资，确保灾民得到有效救治，有灾情无疫情、大灾之后无大疫，市卫计委被市委、市政府表彰为2017年防汛救灾先进集体。

【红十字会工作】　2017年，岳阳市红十字会围绕“三救、三献”开展工作，举办博爱送万家慰问活动，发放价值40万元的慰问物资和50万元慰问款。6月14日，在市会展中心举行庆“6·14”世界献血者日岳阳市首届无偿献血公益摄影大赛暨志愿者表彰颁奖仪式，活动现场800多名志愿者参与无偿献血。开展应急救护培训，组织志愿者到社区、学校普及应急救护知识3万多人次，培训救护员300名。全年组织5万人参与无偿献血，完成造血干细胞志愿捐献者高分辨采样94人，高分辨采集动员率100%，体检37人，回访志愿者1600人次，成功完成造血干细胞捐献16例，累计实现捐献163例，稳居全国同等城市第一。加大人体器官捐献工作宣传力度，60名志愿者加入到人体器官捐献队伍中，实现成功捐献24例。

【中医药事业】　2017年，市卫计委不断夯实中医药发展基础，推进中医药事业健康发展。市中医医院基本医疗住院大楼正式奠基开工，申请到国家中医药传承创新工程建设项目资金1亿元。华容县中医医院改扩建项目二期工程，采用PPP模式投资1.2亿建设医养中心大楼。汨罗市将中医医院搬迁至原汨罗市人民医院，并在周边扩大用地面积至3.87公顷，土地平整工作完成。平江县中医医院新院主体建筑已竣工。乡镇卫生院中医馆建设成效明显，全年完成中医馆建设项目10个，岳阳市有100家基层医疗机构设立中医馆，能够开展中医门诊、针灸推拿、中药足浴、小针刀等10多种中医药服务。推动中医药健康旅游产业发展，启动国家中医药健康旅游示范区（基地、项目）建设。加强中医重点专科建设，全市15个专科成功申报为湖南省"十三五"中医重点建设专科。安排市级中医药专项资金115万元用于重点专科建设，40万元用于基层医疗卫生机构中医药能力建设，10万元用于市级非中医类医院创建中医药工作示范单位工作，20万元用于创建全国基层中医药工作先进单位工作。全面学习宣传贯彻中医药法，充分发挥媒体作用，全年在市级报刊发表中医药宣传报道10余篇，国家级媒体1篇，省级媒体1篇，扩大中医药工作社会影响。

【医学会工作】 2017年，市医学会批准成立临床营养、血管外科2个专业委员会，督促和指导病理、药学、放射、医学美容、口腔、妇产科6个专委会完成新旧更替，专业委员会数量达到42个，医学教育专委会下设专业学组1个。学会指导、协助各专业委员会、团体会员单位举办40余场学术交流活动，邀请近百名省内外知名专家到岳阳讲学，参会代表5000余人次。接到医疗事故技术鉴定申请115起，受理35例，其中，医患双方共同委托16例，司法部门委托14例，卫计部门移交5例。不予受理的80起中，当事人单方向医学会提出鉴定申请的70起，医疗事故争议已经人民法院判决的4起，医疗事故争议已经人民法院调解达成协议的1起。市医学会被市科协评为2017年全市学会工作先进集体。

（余定刚）

疾病预防控制

【急性传染病防控】 2017年，岳阳市无重大传染病疫情的暴发和蔓延，无甲类传染病发生。报告乙丙类传染病25种26877例，死亡40例，发病人数居前5位的分别为手足口病11743例、病毒性肝炎4352例、肺结核3507例、梅毒1933例和其他感染性腹泻病1771例。全市报告手足口病11743例，重症19例，无死亡病例。报告狂犬病死亡病例2例，全市动物咬伤就诊人数31434人次，全程接种狂犬疫苗31316人份。

【免疫规划】 2017年，全市常规疫苗接种率持续保持95%以上。继续保持无脊髓灰质炎状态，无乙脑、流脑病例报告，确诊麻疹51例。报告疑似预防接种异常反应312例，其中一般反应308例，异常反应4例。开展儿童入托入学接种证查验工作，进一步巩固免疫屏障。免疫规划信息系统实现全覆盖，疫苗接种扫码率、接种信息录入率不断提升，信息系统使用管理水平显著提升。

【艾滋病防控】 2017年，全市艾滋病整体疫情保持低流行，免费抗病毒治疗人数不断增加，因艾滋病死亡人数不断下降。全市报告艾滋病病毒感染者/艾滋病病人294例，抗病毒治疗覆盖率95%。处理艾滋病病毒职业性职业暴露6起，及时提供暴露后预防用药、心理访谈和HIV抗体检测。

【结核病防治】 2017年，全市结核病防治定点医院模式稳步推进，全年检出活动性肺结核病人2949例。其中，新发涂阳病人931例，复治涂阳病人158例，涂阴病人1849例。非结防机构网络直报有效传报卡3495例，总到位病人3346例，总体到位率为95.7%。

【职业卫生】 2017年，市疾控中心组织开展职业病防治法宣传周活动，顺利通过省安监局组织的资质续展考核，对49家企业进行职业病危害因素检测，检测作业点2314个，完成全市25家医疗单位辐射工作场所的放射防护监测工作。提高劳动者的职业健康监护意识，完成全市职业性体检4396人次，从业人员健康体检11837人次。

【卫生监测】 2017年，岳阳市城乡生活饮用水水质监测网络实现全覆盖，完成全市城市生活饮用水94个监测点和农村生活饮用水377个监测点的监测任务。食品安全风险监测顺利进行，采集食源性致病菌监测食品样品241份，化学污染物和有害因素监测食品样品141份，上报食源性疾病病例信息3808条，加强食品安全风险监测数据的汇总分析利用，做好食品安全宣传周等宣传教育工作。完成2017年国家公共场所健康有害因素监测项目，监测45家公共场所，调查从业人员健康状况1296人次。

【地方病防治】 2017年，全市报告4例输入性疟疾病例。碘盐监测工作顺利进行，采集碘盐2700份，碘盐覆盖率为99.78%，碘盐合格率为97.03%。规范血吸虫病的诊断及疫情报告程序，开展血吸虫查螺36607万平方米，药物灭螺灭蚴6704.61万平方米。开展岳阳市芭（芭蕉湖）南（南湖）两湖连通工程实地调查，完成血吸虫病卫生学评价。

【慢性病防治】 2017年，全市完成重点民生实事项目后续管理核查工作，全市累计检出重性精神疾病患者25958人，检出率4.61‰，患者管理率97.67%。大力推动全民健康生活方式行动，岳阳楼区第二次夺得全国"万步有约"职业人群健走大赛冠军。2017年上报粗死亡率为603.98/10万，报告及时性为97.73%。完成"肿瘤防治宣传周""全国高血压日""世界精神卫生日""世界糖尿病日"等系列宣传活动。

【学校卫生】 2017年，学生常见病和健康危险因素监测项目顺利完成，开展"健康学校行——传染病防治"主题活动，学校传染病防控得到加强。2016—2017学年学生体检后期工作顺利进行，完成6.7万名在校学生单项指标和63所学校单位指标分析，并出具区域性分析报告。

（李健勇）

卫生计生综合监督

【概况】 2017年，市卫生计生综合监督执法局探索监督执法工作新思路，创新工作机制，依法履行职责，各项工作呈现出蓬勃向上、齐头并进的良好发展势头。该局被省卫计委评为湖南省依法办事示范窗口单位。市本级调查查处的卫生行政案件25起，该局制作的《非法超声刀、激光美容案件查办技巧》获得国家2017年度卫生计生执法监督微课优秀作品评选活动鼓励奖。

【医疗机构卫生监督】 2017年，市卫生计生综合监督执法局检查各级各类医疗机构98家。3月，在全市范围内开展打击“黑诊所”专项整治行动，全市开展执法行动317次，出动执法人员3095人次，取缔无证行医户129家，行政处罚86家，强制执行7户，查扣药品340件，没收器械121件，拆除招牌123块，没收违法所得及行政罚款47万余元，发放宣传资料5万余份。对1390家医疗机构开展依法执业专项监督检查，现场书写检查笔录1342份，下达监督意见书1354份，查处违法行为50起，罚没款24.15万元。对13家市直医疗机构及部分行业管理医院的传染病防治工作进行专项督查，并提出书面整改意见。

【放射卫生和职业卫生监督】 2017年，市卫生计生综合监督执法局对全市58家市管放射诊疗单位进行监督检查，书写法律文书100余份，提出书面整改意见400多条，监督覆盖率100%。对全市196家放射工作单位834名工作人员进行个人剂量监测，覆盖率95.7%。对全市186家医疗卫生机构进行放射卫生督导检查、摸底，放射诊疗设备合格率93%。

【公共场所卫生监督】 2017年，市卫生计生综合监督执法局对辖区内18家游泳场馆、75家宾馆、商场、电影院等大型公共场所进行日常监督检查。2017年获得全市农贸市场治理先进单位。开展打击生活美容场所非法从事医疗美容活动专项整治行动，抽查医疗美容机构17家，生活美容机构70家。对中心城区18家取得卫生许可证的游泳场所进行卫生监督抽检，并进行培训，采集水样品72份。

【学校卫生监督】 2017年，市卫生计生综合监督执法局对辖区内22所市直中学、大专院校进行多轮日常监督检查。桃江突发公共卫生事件后，该局第一时间开展专项检查行动，检查全市中小学及托幼机构1371所，均下达监督意见书，并将检查情况及时反馈给教育行政部门。在省里组织的学校传染病防治工作督查中，对岳阳市给予较高评价。

【生活饮用水卫生监督】 2017年，市卫生计生综合监督执法局对辖区内的2家集中式供水、9家二次供水单位进行日常监督以及水质监测，完成监测计划样品100份，合格率98%。对全市农村集中式供水设施进行摸底排查，全市有日供水20吨或受益人口200人及以上的农村在用集中供水设施322处。

【消毒企业卫生监督】 2017年，市卫生计生综合监督执法局对辖区内的4家卫生纸巾生产单位、6家餐饮具消毒单位进行日常监督检查，抽检采集样品350份，合格率100%。对辖区范围内的消毒产品经营单位开展专项监督检查。

【计划生育监督】 2017年，市卫生计生综合监督执法局自4月起对全市范围内就奖励扶助与预防“两非”机制建设开展专项督查。7—8月开展全市范围内为期两个月的查处违法违规应用人类辅助生殖技术专项行动，检查技术准入机构2家，医疗机构21家，其他机构9家，在技术实施中无明显违规情况，未发现有违法违规应用人类辅助生殖技术的行为。

【文明城市创建】 2017年，市卫生计生综合监督执法局对照全国文明城市测评标准要求，9月上旬对岳阳楼区、岳阳经开区、南湖新区、云溪区和君山区50余家公共场所进行暗访督查，及时召开会议通报暗访督查情况，下达督办函督促立即整改落实，确保全面完成创建达标任务。

【医疗废物处置整治】 2017年，根据中央环保督查组反馈意见、按照省市交办的环保问题清单，市卫生计生综合监督执法局配合环保部门开展全市医疗机构医疗废物和医疗污水专项督查，召开动员会、调度会、讲评会、约谈会，下达督办函11份，问题整改通知93份，查处违法行为31起，与“方向固废”签订医疗废物集中处置协议328份。通过为期3个月的强力集中整治，全市医疗废物规范管理程度明显提升，统一集中转运处置实现全覆盖。

【灾后防疫】 2017年，岳阳市发生3次特大暴雨灾害和江湖汛情。市卫生计生综合监督执法局均第一时间派出应急队伍奔赴平江县、岳阳县、湘阴县、汨罗市等受灾严重地区，指导和支援灾区开展灾后消毒防疫及生活饮用水卫生监督，现场检查农村中小型水厂25家，整改问题19个，责令停水4家，保障受灾群众的饮水安全，无一起因饮用水安全导致的公共卫生事件。

（李　佳）

爱国卫生工作

【爱国卫生运动65周年活动】 2017年是“爱国卫生运动”开展65周年。4月15日，岳阳市在南湖广场开展以“历史与展望——为人民健康的65年”为主题的宣传活动，活动现场开展爱民义诊和健康教育宣传。

【城乡环境卫生整治行动】 2017年6月5日—12日，市爱卫办根据全国爱卫会和湖南省《2015—2020年城乡环境卫生整洁行动方案》，组织对全市12个县市区的城乡环境卫生整洁行动开展情况进行市级中期评估。

【农村改厕】 2017年10月23日—27日，市爱卫办对各县市区农村改厕工作进行督导检查。至年底，全市农村厕所卫生厕所普及率93.76%。

【基层爱卫创建】 2017年，岳阳市成功新创7个省级卫生镇、39个省级卫生村和11个省级文明卫生单位。湘阴县被正式命名“国家卫生县城”，汨罗市启动国家卫生县城创建工作。

【病媒生物防制】 2017年，市爱卫办加强病媒生物防制工作。组织、指导汨罗市鼠类C级达标复查和临湘市蜚蠊C级达标复查工作，两市分别在8月11日，9月27日顺利通过省级检查验收。12月20日，岳阳市卫生有害生物防制协会正式成立。

【美丽县城评选】 2017年12月11日至13日，由市政府组织城管、环保、爱卫有关专家，根据《美丽县城评分细则》对六县市进行现场考核评分，完成美丽县城评选工作，岳阳县被评为“美丽县城”

（余定刚）

血吸虫病防治

【概况】 2017年，岳阳市完成查螺面积36928.7万平方米，灭螺面积8160.07万平方米，人群查病400143人次，人群化疗229272人次，治疗慢性血吸虫病人8661名，救治晚期血吸虫病人1445名。年末，人群、家畜血吸虫病感染率均为零，连续6年没有急性血吸虫病报告病例。血防工作又一次夺取“抗大汛防大疫”的胜利。

（余定刚）

【国家血防“春查”】 2017年5月4日，国家林业局牵头，国家卫计委、水利部、农业部等四部委组成血防“春查组”，在岳阳县开展血吸虫病春季督查，现场查看岳阳县水利血防、林业血防、农业血防、卫生血防项目建设情况，乘坐全国血防唯一的血防公务船在洞庭湖走访水上渔船民，调研渔船民血防管理；5月5日，在湖南省政府血防“春查”情况反馈会上，“春查组”对岳阳市血防工作给予较好评价。

（余定刚）

【血防工作调研】 2017年11月22日，省人大常委会副主任李友志一行到君山区，现场视察淘汰牛羊后的长江洲滩、养殖户转产后创办的企业，听取岳阳市和君山区的血防工作情况汇报。李友志对岳阳市、君山区血防工作给予高度评价并提出工作新要求。市领导胡忠雄、彭先政、李为等陪同调研。

（余定刚）

【血防“四大工程”】 2017年，岳阳市落实《湖南省消除血吸虫病规划（2016—2020年）》和《湖南省消除血吸虫病规划（2016—2020年）实施方案》，实施家畜传染源控制工程、钉螺控制工程、人群传染源控制工程、血防能力建设工程。完成君山区、岳阳监狱、临湘市、华容县既定淘汰牛羊和有螺洲滩封洲禁牧任务。完成1.3万座疫区居民三格式无害化厕所改造；完成5个沿洞庭湖渔船码头建设，完成临湘市白云片垸内钉螺区域国土开发项目，实施南湖新区部分有螺洲滩生态改造灭螺工程；新建南湖新区、岳阳监狱血防站，完成15个基层血防站和血吸虫病网络实验室建设项目。四大工程将极大改善全市血吸虫病流行的客观因素，有利于控制疫情。

（余定刚）

【省血防所血防工作】 2017年，湖南省血吸虫病防治所（简称省血防所）坚持“防治立所、科研兴所、医疗强所”，扎实推进血防工作。

抓急感防控，落实常规防治。开展急血督导，严格执行急血周报制度；做好汛期防控工作强化应急物资储备，加强与中国武警血防所的汛期血吸虫病联防联控，杜绝出现汛期急性血吸虫感染；做好大疫情网急感防控监测工作，并及时依法响应，全年无急性血吸虫病网报病例。推进常规防治。全省查螺9亿平方米（113.2%），药物灭螺灭蚴2.5亿平方米（119.9%）；人群查病103.5万人次（122.9%），人群扩大化疗47.4万人次（110.5%）。开展健康宣教。继续发挥“血防知识宣传周”和《湖南血防通讯》的阵地作用，围绕“急感”防控、传染源控制等血防中心工作开展健康宣传教育。指导全省完成宣传标语刷写8795条，发放宣传单66.3万份，接受血防宣传教育人数达44.0万人次，编辑出版《湖南血防通讯》6期，疫区群众血防知识知晓率达95%以上。

实施监测预警，推进消除进程。按照血吸虫病控制和消除标准，完成对慈利等6个县消除达标及赫山、津城等2个县传播阻断达标的考核验收工作。完成对岳阳、益阳、常德三市的省级财政补助血防项目督导，重点开展对牛羊淘汰、渔船民码头建设、渔船卫生设施建设与实验室能力建设等项目工作资金到位情况、项目进展情况的现场督导。完成41个国家监测点工作，召开专题会议和培训，派出专家开展现场钉螺调查、人群和家畜病情监测、流动人群监测等技术指导。完成对沅江市五湖连通、岳阳市两湖连通、澧县河湖水网连通的卫生学评估及君山区“省财政厅血防联系点”项目的综合评估，并撰写评估报告。

规范工作机制，实施晚血救助。指导全省核查、救助晚血病人3630名，超额完成全年任务（113.4%）；落实救助费用1828万元。调整充实晚血救助领导小组和救助技术小组，及时将晚血鉴定结论登记建档、网上公示和审核，晚血救助程序进一步规范。

（邵志伟）

【省血防医院平安医院创建】 2017年，省血防医院提升医疗服务质量，开展创建平安医院活动。开展“医患矛盾纠纷综合整治专项行动”，落实“三防四室”建设，加大环节质量检查力度，及时发现医疗质量与安全隐患，有效防范、控制医疗风险；执行《医疗纠纷、医疗事故处理及责任追究制度》，落实责任追究。全年处理纠纷投诉26起，回复“12345”公众热线电话督办单17人次，无重大医疗事故和医闹发生。以省委巡视排查发现的问题为突破口，推进行风建设。落实巡查、点评、约谈、处罚、通报5项制度，对省委巡视排查问题的逐项整改落实，医疗卫生行风问题无反弹，无典型、重大行风案件发生。开展改善医疗服务行动计划，科学实施预约诊疗；推行临床路径和单病种工作；充分利用信息手段，实现医保省内与跨省异地医保结算，合并新农合与居民医保为城乡居民医保并完成医保系统升级，方便群众就医。注重社工志愿服务，由医保发展部联合工会、团委及各职能科室协同开展义诊活动14次，参诊专家206人次，接诊患者2000余人次。执行《抗菌药物临床应用指导原则（2015版）》相关要求，落实药品停/复用管理制度等七项制度，及时为临床提供安全、经济、有效的药品。优先配备使用基本药物，配备使用基本药物品规和金额比例分别为40%和35%，达到规范要求；严格按照《湖南省公立医疗机构药品采购“两票制”实施方案（试行）》规定，从2017年10月1日正式实施药品采购“两票制”。狠抓医疗核心制度的落实，把好人员、技术准入关，继续执行医疗质量管理绩效考核。通过组织参与院级急重症医学培训班、岳阳市应急救援演练、全省卫生应急技能大赛等活动提升人员素质，强化医疗安全，督促医务人员依法规范行医。加强院感管理，做好重点科室、重点环节、重点人群的管理，无院感暴发事件及传染病聚集病例发生。做好放射防护工作，按规定进行防护性能检测和配备防护用品。开展生物安全自查以及省级重点实验室年度工作，无实验室安全事故发生。

（邵志伟）

【省血防所血防科研工作】 2017年，省血防所依托课题和平台，扎实推进血防科研工作。申报省科技厅、省科卫基金、省卫计委、省外专局等科研项目9项，中标2项，签署合同2项，获课题项目资金42.4万元。在研项目10余项，横向合作3项，完成科研项目结题3项。发表核心期刊论文30余篇，其中SCI论文10篇。完成《非洲寄生虫病学》编撰组稿工作。依托现有平台，扩大对外合作交流。成立第一届湖南省预防医学会血吸虫病防治专业委员会，为全省血吸虫病防治提供学科建设与技术支撑，所长罗志红、副所长任光辉分别任该委主任委员和副主任委员。继续与澳大利亚昆士兰医学研究所等国际科研机构开展技术合作与交流，全年接待4名来自WHO、澳大利亚专家、教授，派出3人次赴瑞士、英国、澳大利亚等国家进行学术交流。

（邵志伟）

社区卫生

【概况】 2017年，全市乡镇卫生院（社区卫生服务中心）在新一轮并乡（镇）合村后，重新进行调整，现有建制乡镇卫生院104所（其中中心卫生院35所、一般卫生院69所），非建制乡镇卫生院、分院50所，社区卫生服务中心29所，社区卫生服务站63所。全市有17所乡镇卫生院成功获得全国群众满意的乡镇卫生院称号；华容县治河渡镇卫生院被评选为2017年全国百佳乡镇卫生院；岳阳楼区枫桥湖社区卫生服务中心获评为全国百强社区卫生服务中心；岳阳楼区站前路、三眼桥、城陵矶、奇家岭街道社区卫生服务中心获评为全国优质服务示范社区卫生服务中心；城陵矶、奇家岭街道社区卫生服务中心并被评选为2017年全国百强社区卫生服务中心。

【基本公共卫生服务】 2017年，全市卫计系统落实12类45项国家基本公共卫生服务项目，人均基本公共卫生服务经费提高至50元。至年底，累计建立居民健康档案511万份，建档率90.71%；孕产妇早孕建册59570份，孕产妇健康管理率、产后访视率97.42%；0~6岁儿童健康管理率91.20%，65岁以上老年人健康管理率75.25%。在管高血压患者341342人，高血压患者管理率56.15%，高血压患者规范管理率73.31%；在管糖尿病患者115586人，糖尿病患者管理率43.94%，糖尿病患者规范管理率73.73%。登记在册重性精神疾病患者26595名，在管的25493名，管理率95.86%，传染病及突发公共卫生事件报告和处置率100%，卫生监督协管服务率100%。家庭医生签约服务市民，至年底，组建家庭医生团队1277个，辖区内常住人口签约数为1693906人，常住人口签约率30.07%；重点人群1686228人，重点人群签约数为1138884人，重点人群签约率67.54%；计划生育特殊家庭自愿签约数、农村建档立卡贫困人口签约数、城乡低保五保人口签约数均100%。

（余定刚）

医疗服务

【医疗质量管理】 2017年，市卫计委加强医疗安全管理，组织对全市40多家医疗机构开展巡查，将巡查情况及时反馈和公开通报，对问题突出的单位进行约谈。开展抗菌药物临床应用管理，对2017年1~3季度全市各医疗机构抗菌药物管理情况进行通报，对超标的医疗机构负责人进行警示约谈；开展县级医院和基层医疗机构医院感染管理专项督导，组织院感专家对47家县级、行业管理和基层医疗机构实施专项督查，对存在的问题点名通报批评，并对下阶段工作提出具体要求。10月，组织对全市县级和基层医院近400人进行医院感染管理12项新规范的培训，参会人员进行扫二维码信息化考试，考试结果排名通报。

【医疗纠纷处置】 2017年，全市医疗安全形势较2016年有明显好转，未发生重大暴力伤医事件。市卫计部门接待医疗纠纷152起，其中经医学、法学解释后，患方自动撤销调解或诉讼48起；司法起诉11起；司法鉴定要求进行尸检6起；协商调解处置80起，另有7起去向不明。医疗机构保卫人员和保安员现场处理扰乱医疗机构正常秩序的事件112起，在公安等部门配合下，现场依法制止“医闹”3起，出动警力21次，维护正常的医疗秩序和医疗安全。

【120接警处警】 2017年，市医疗紧急救援中心接警处警108307次，救护车有效出车16936台次，接诊病人16051人次，其中“三无病人”147人次，做到零纠纷，无一例“三无病人”被拒接、拒收、拒治。参加大型会议、拆迁、上访等社会保障救护任务出车50多台次。

"1·24"中南大市场火灾事故后，组织8台救护车、28名医护人员赶赴现场，当晚救治伤者1人，转运遇难者遗体6具；"3·24"城陵矶沉船事故中，7人落水，5人获救，1人失踪，1人遇难；"5·13"康岳花园大蒙古烤羊民族餐厅发生群体性食物中毒事件和"5·25"云溪精细化工产业园危化品甲苯爆炸起火事故，该中心派员第一时间赶到现场，第一时间展开急救。8月25日，在全省急救大赛中，该中心和市二人民医院联合组成的岳阳代表队获得一等奖。

【医考工作】 2017年，全市完成2823名国家医师资格考试的考生资格现场审核工作，2580名考生参加国家医师资格考试的技能考试，1793名考生参加国家医师资格考试的综合笔试和计算机化考试。其中12名考生全部单元考试缺考，2名考生违纪取消当年考试成绩。

（余宝明）

医疗机构

岳阳市一人民医院

【概况】 2017年，岳阳市一人民医院（简称市一医院）干部职工围绕医院中心工作，以项目创新为抓手，以提高医疗质量为核心，加强管理，改进服务，规范行为，各项工作得以有序运行，业务数据呈现稳步攀升趋势。全年完成门急诊1027892人次，同比增长3.43%；住院78072人次，同比增长6.95%；住院手术27827台，同比增长5.43%；出院病人平均住院日8.1天，同比缩短0.5天。医院获国家卫计委评为全国卫生计生系统先进集体，获批成为国家级第二批住院医师规范化培训基地；顺利通过国家卫计委全国文明单位复查验收，在全国50家接受复查的医院中名列前茅。

【医院管理】 2017年，市一医院落实公立医院改革要求，探索医联体合作模式，开展扶贫救灾工作，提升信息化建设水平，推动医改各项工作。双向转诊见成效。医院与岳阳楼区人民医院联合病房实行双向转诊，向岳阳楼区医院转诊病人289人，岳阳楼区医院向医院转诊199人次。联合病房的模式使医院神经内科住院难的问题得到的缓解，同时提高基层医院的管理水平和诊疗水平。预约诊疗成常态。医院开展电话预约、网络预约、微信预约、自助机预约、现场预约、诊间预约等多种预约形式，门诊预约病人数约27万人次，同比增长39.1%，门诊预约率为33.4%，专家预约率为42.8%，较2016年同期均有所上升。便捷措施大改进。通过移动手机查房系统，可以在手机上查看患者的基本信息、诊疗信息、病例记录、医嘱信息等内容，方便临床医生随时关注和了解患者的病情，提高诊疗效率。优质护理现效果。胃肠外科被国家卫计委评为"全国优质护理服务表现突出的病房"。院感管理有加强。2016年医院院感科、护理部参加湖南省院感年会品管圈大赛，获得三等奖。

市一医院胸痛中心建设启动暨建设规范与认证培训会

（市一医院　供稿）

【医疗重点工作】 2017年，市一医院推进"项目创新年"活动，在医疗新技术、新项目上突飞猛进，取得良好成效。启动胸痛中心建设。医院正式组建胸痛中心，成立胸痛中心委员会。9月，市胸痛中心、市胸痛质量控制中心成立并挂靠医院；11月，医院顺利通过湖南省胸痛中心的验收。脑卒中工作受表彰。圆满完成国家卫计委下达的心脑血管病危险因素的综合干预任务，得到国家卫计委的肯定。9月，岳阳市卒中中心、卒中质量控制中心成立并挂靠医院，经过省卫计委认证医院被授予"湖南省卒中中心建设试点医院"资质。生殖医学中心工作进展顺利。2月，省卫计委对医院申请的试管婴儿技术进行现场评估，经审核同意医院正式开展该技术项目。至年底，医院生殖中心试管婴儿成功妊娠100例。相关诊疗中心和新技术颇有进展。9月，超声医学科湘雅名医周启昌教授博导工作站正式挂牌工作。10月，成立岳阳市影像诊断中心、岳阳市临床检验中心及岳阳市血液净化中心，各中心正在进行人才引进、设备添置和新项目建设。重症医学科完成ECMO计25例，完成数量和疗效居省先进行列。11月，女性泌尿外科单独成科，是市内建立最早、规模最大的女性泌尿外科专科之一。引进省首台具有国际先进水平的瑞典ElektaInfinity直线加速器及全套放疗设备，于12月正式投入使用。

【科教及学科建设】 2017年，市一医院在省科技厅立项自然科学基金项目1个，吴阶平基金课题1个，省卫计委立项3个，市科技局立项9

个。消化内科经省科技厅评审为湖南省医疗技术示范基地，麻醉科获准为“围术期舒适化镇静技术培训示范基地”，心内科被市委组织部评为岳阳市科技创新团队。

【市一医院“试管婴儿”技术通过国家卫计委评审】 2017年2月22日，国家卫计委在全国专家库随机抽调7位国家级辅助生殖技术专家，对市一医院IVF—ET/ICSI技术（俗称“试管婴儿”技术）进行现场评审。专家组听取生殖中心负责人专题汇报，通过材料审查、现场提问及实地考查论证等程序，从临床、实验室、男科技术、伦理管理四个方面，对生殖中心各项工作进行全面的评审与论证。专家组对生殖中心的工作给予肯定，一致认为市一医院生殖中心该项技术已达到国家人类辅助生殖技术的规范要求，全票通过项目评审，建议批准市一医院生殖中心继续运行常规体外受精—胚胎移植（IVF—ET）/卵胞浆内单精子显微注射（ICSI）技术。

【市一医院列为省卒中中心建设试点医院】 2017年10月28日，湖南省首期卒中建设培训班暨卒中中心建设试点医院授牌仪式在长沙举行。会上，省卫计委副主任龙开超对市一医院等4家医院颁发“湖南省卒中中心建设试点医院”牌匾。“湖南卒中中心”是指在卫生计生行政部门的组织与推动下，建立区域协同救治体系，通过规范的诊疗流程，使卒中患者能在尽可能短的时间内得到最有效的关键性治疗，最大限度地缩短救治时间。作为岳阳市唯一一家授牌医院，市一医院严格按照省卫计委要求，落实多学科融合工作，建立区域协同救治体系，急性卒中救治体系更加规范化和标准化。

【市一医胸痛中心通过省级认证】 2017年10月23日，省卫计委“湖南胸痛中心”认证专家组到市一人民医院对岳阳市胸痛中心进行现场认证。汇报会上，市胸痛中心医疗总监潘港介绍胸痛中心组建、发展情况。专家组通过听取汇报、查阅资料、现场考察科室等方式，对市一医院胸痛中心的建设和工作情况给予肯定，授权医院使用湖南胸痛中心标志。

【周启昌工作室落户市一医院】 2017年5月12日，湘雅名医、博士生导师周启昌工作室在市一医院揭牌成立。揭牌仪式上双方协议，暂定湘雅名医每月到该院坐诊一次，旨在为岳阳及周边地区疑难及危重病人提供会诊，免除患者舟车劳顿，惠及岳阳及周边地区患者，同时对提高医院的学术科研能力，提升超声疑难病例诊断水平大有裨益。到岳阳坐诊的湘雅名医周启昌，拥有医学博士学位、美国耶鲁大学博士后，任中南大学教授、一级主任医师、博士研究生导师、中南大学湘雅二医院超声诊断科主任，兼任中华医学会超声分会常务委员、妇产超声专业组副组长、中国医师协会超声分会常务委员、湖南省超声专业委员会主任委员、省产前诊断专家。获“全国优秀超声诊断专家”和“湘雅名医”称号。

（彭　令）

岳阳市二人民医院

【概况】 2017年，岳阳市二人民医院（简称市二医院）有在职职工1500名，高级职称258名，硕士生导师18名，硕士以上学历150余名。年内，医院接处门诊急诊病人64.3万人次，增长8.28%；出院病人4.8万人次，增长7.64%；手术1.57万台次，增长3.41%；出院患者平均住院日9.2天，缩短0.8天；病床使用率104.7%，增加6.8%。医院被正式授牌“国家三级甲等综合医院”，并获得“全国健康管理示范基地”、湖南省院前急救技能竞赛一等奖、“2015—2017年全省改善医疗服务行动示范医院”等荣誉。承建的国家项目“岳阳市全科医生临床培养大楼”主体工程如期竣工，争取到市城建投免息注资医院新建的门诊大楼，规划建设16层，建筑面积5万平方米，地下车位1500个。

【市二医院晋升三甲医院】 2017年3月，始建于1902年的市二医院被正式授牌“国家三级甲等综合医院”。在三甲创建评审过程中，市二医管理层、全体医护员工砥砺前行，开启白+黑、5+2工作模式，举全院之力、集全院之智，攻坚克难迎评审，一心一意晋三甲。医院取得医院管理制度化、预约诊疗信息化、门诊服务规范化、服务患者全程化、学科发展集约化等诸多的成功经验，被省卫计委向全省各地市级医院推荐，吸引常德市第一人民医院、益阳市中心医院等10多家大型三级医院到院参观学习，交流工作经验，在业内产生积极影响。

【成功接受6次大型检查】 2017年，市二医院成功接受国务院消防工作大检查、中央环保督查组医疗废物大督查、建设部工程项目质量大检查、国务院第十二督察组医改工作大检查。5月，中共中央政治局委员、全国人大常委会副委员长李建国在省委书记杜家毫、市委书记胡忠雄及市长刘和生的陪同下到医院考察，对医院的各项工作给予高度评价。7月，湖南省副省长向力力到医院考察，对各项工作给予充分肯定。

【推进学科建设】 2017年，市二医院依照“院有重点、科有特色、人有专长、突出优势、差异发展”的学科发展战略，新建产科VIP病区，列为“全国心肺复苏医教研基地”“腹部心肺复苏应用转化基地、“全国心肺复苏普及进亿家精准健康工程建设单位”。开展的全腹腔镜下胰十二指肠切除术、DPMAS（新型非生物型人工肝）技术、PH双腔血液透析滤过治疗技术、TIPSS（经颈静脉肝内门静脉分流术）手术等新技术项目填补岳阳市的空白，医院专科更具特色，更具核心竞争力。

【科研教学成果喜人】 2017年，市二医院成功申报1项湖南省自然科学基金项目；2个科研项目获得岳阳市科学技术进步奖；1项省级科研项目和7项省卫计委科研项目成功立项。圆满完成康复技术培训班等8个省级继续教育项目；推进住院医师规范化培训工作，10名住培学员、4名研究生全部一次性通过住培结业考核。2名教师分别获得湖南师范大学青年教师授课竞赛二、三等奖。全年接受医学院校实习医生353名、实习护士145名；在院培养的研究生22名，医院的教学能力和水平不断提升。承办2次省级学术会议和25次市级学术会议，为来自全省各地近2万人次的医务人员提供学术交流平台；新增4个市级质控中心；全院医务人员在医学期刊发表专业论文191篇。

【完成首例房颤绿色精准射频消融术】　2017年，市二医院成功实施首例三维电生理标测系统（Carto3）房颤绿色精准射频消融术，彻底治愈困扰市民吴先生多年的心脏顽疾，给湘北地区的房颤患者带来接受顶级治疗技术的福音。该台手术由国家卫计委心律失常介入培训基地导师、湖南省心脏介入治疗专家、岳阳市引进医学人才博士张志辉领衔，市二医院心内科汪杨、罗平两医师共同完成。据悉，绿色精准射频消融术是心血管介入手术中难度最大、技术含金量最高的术式，在医学界被誉为“皇冠上的明珠”，目前国内仅几名医师熟练掌握此技，主要集中在北京几所大医院。

（卢　华）

岳阳市三人民医院

【概况】　2017年，岳阳市三人民医院（简称市三医院）围绕公立医院医疗卫生体制改革发展主题，“保稳定，求生存、求突破”，各项工作有序推进。全院员工努力提升医疗服务能力，抓医疗质量、医疗安全和生产安全；迎接国家文明城市复评暗访，改造医院污水处理设施；血防预防科研综合楼项目完成网上招标，即将开工建设；启动并入市一医院的前期工作。

【提高医疗服务质量】　2017年，市三医院多措并举，切实提高医疗服务质量，满足民众健康需求。

开展医疗服务技能培训。坚持医师定期考核、医技人员三基考试，实施每月医疗质量评价、每周医院业务大查房、每天科主任护士长夜查房制度。医务科、护理部、院感科共同不定期对门诊、住院部进行现场检查，督促各项措施的落实；重新制定《禽流感防控方案》，组织有关人员进行禽流感相关知识考试。全院118名45岁以下医疗医技人员参加徒手心肺复苏培训与考核，全部顺利通过。

定期召开科主任、护士长联席会。会上重点解读《医疗质量管理办法》，强调质量与安全管理，开展医疗质量管理与风险防范专项整治，要求各科先行自查整改并报医务科，由医务科对整改效果进行评估。5月，再次召开科主任、护士长经验交流会，对在科室管理、医疗质量与安全控制较好、有亮点、有特色的科室及“岳阳名医”罗伏军进行表彰。

开展医院院感专项整治。3—5月，开展院感专项整治活动。对于自查和查房中存在的问题，大部分整改到位，各科室签订2017年院感责任状，院感工作管理更加规范化。8月，接受楼区疾控的督导检查，做好传染病的诊治及疫情上报工作，全年诊治及上报传染病6063例，其中手足口病5855例，水痘197例，流行性腮腺炎70例，流感15例。12月，完成157例住院病人现患率调查及上报工作。

提升护理质量。落实“贴近临床、贴近病人”的护理理念，“把基础护理做实、把专科护理做精”。举办护理理论讲座18次，理论考试11次，技能培训15次，技能考核16次。主动参加市卫计委组织的各项活动。策划与开展“5·12”护士节相关活动，评选表彰优秀护士、开展护理管理工作经验交流。9月，主办“护理健康教育情景赛”，获得市卫计委领导及专家评委的好评。全年医院无大的医疗纠纷和责任差错以及生产安全事件发生。

【市三医院医疗服务下沉】　2017年，市三医院拓展医疗市场，走出医院大门，拓展医疗服务范围。派出专家教授百余人次，深入笪口锹塘村、君山钱粮湖、郭镇畈中村等地开展医疗服务下乡、免费义诊、健康咨询等多种社会公益性活动37次；多名教授每周固定在当地社区医院或诊所坐诊一天，形成点对点的家庭医生直联方式，与前来就诊的患者建立一对一的长期跟踪服务，受到当地群众广泛好评。全年在公益性社会服务中接诊患者2200余人，收治来院患者200余人次。

【市三医院即将并入市一医院】　2017年12月6日，市长刘和生到市三医院现场调研。在听取市卫计委、市一医院和市三医院的情况汇报后，现场研究决定：以城市公立医院改革为契机，合理布局中心城区医疗资源，解决市一医院的发展瓶颈问题，解决市三医院的发展困难问题，决定将市三医院并入市一医院，组建医疗集团，形成统一的院务委员会，春节前落实到位。

（院　办）

岳阳市中医院

【概况】　2017年，岳阳市中医院始终以人民健康为中心，以持续提升健康服务能力为主线，扎实推进公立医院改革、党风廉洁建设、精准扶贫和履行社会公益职责等工作。诊疗服务人次同比增长11.04%，三级以上手术同比增长19.40%，危急重症患者比例提高6.78%，西成药占比下降3.9%。全年重大医疗责任事故、重大医疗纠纷群体事件、院感（传染病）不良事件均为零。市中医院被人社部、国家卫生计生委和国家中医药管理局评为全国卫生计生系统先进集体，被市委、市政府评为岳阳市群众满意度调查工作先进单位、岳阳市平安医院。

【项目建设】　2017年，市中医院加大项目建设力度，取得较好成效。7月，经国家发改委、国家中医药管理局组织专家评审，市中医院以湖南4家三甲中医院排名第二的成绩入选国家中医药传承创新工程重点中医医院项目单位，争取中央项目资金1亿元。9月28日，国家中医药传承创新项目实施工程、岳阳市重点民生工程——总建筑面积10万平方米的岳阳市中医院基本医疗住院大楼开工奠基，市领导刘和生、李为出席开工仪式。11月3日，国家中医药管理局副局长闫树江在岳阳市中医院专题调研，对中医药传承创新项目情况予以充分肯定，支持将岳阳市中医院纳入国家第一批下拨项目资金的项目单位。省卫计委党组副书记、副主任、省中医药管理局局长黄惠勇陪同。

【科技创新】 2017年，市中医院以科技创新引领医疗业务提质增效，促进医疗水平上台阶。全年立项各类科研项目6项，其中国家自然科学基金项目1项，厅局级5项。获得省中医药科技进步三等奖2项，岳阳市科技进步奖三等奖2项。肿瘤二科被市委组织部评为岳阳市中医药专长绝技创新团队。医院有国家级学术流派1个，国家级重点学科1个，国家级重点专科4个，省级重点专科6个，医疗技术力量雄厚。成功实施老年患者膝关节、肩关节置换术、腹腔镜下巨脾切除、腹腔镜大部分肝叶切除、重度多发伤患者施行骨盆前后骨折同时内固定术、首例小脑血管母细胞瘤切除术、85岁外阴癌病人行全外阴切除手术等一系列大型高难度手术。9月7日，中国工程院院士、国医大师石学敏工作站正式在岳阳市中医院揭牌成立，省卫计委党组副书记、副主任、省中医药管理局局长黄惠勇，市委常委、组织部部长王瑰曙亲临现场揭牌，标志着全省中医药系统首家院士工作站正式建立。

【学术交流】 2017年，市中医院开展业内学术交流，拓宽医疗业务人员眼界，提升医疗技术水平。举办湖南省中医药学会内分泌专业委员会第二次学术会议暨尚品洁名老中医学术思想研讨会、湖南省康复医学会工伤康复专业委员会暨湖南省残疾人康复协会中医康复专业委员会2017学术年会、湖南省颈肩腰腿痛高峰论坛暨岳阳市针灸学会成立大会、湖南中医药学会中药专业委员会2017年学术年会、湖南省神经康复专业委员会2017年学术年会暨神经康复高峰论坛、2017年湖南省脾胃病临床医疗技术示范基地推广培训班等省级学术会议6次。

【医改惠民】 2017年，市中医院推进公立医院改革进程中，特别关注基层，落实医改惠民，各项核心指标均达标。在市卫计委主导下，牵头组建岳阳市中医医院纵向医联体和跨区域的专科联盟。为医联体成员——平江县中医院派遣专家常驻平江帮扶，使该院康复科每日治疗病人由原来不足20人上升到80多人，并带动其他相关科室的发展。推动优质资源下沉，打通服务群众“零公里”。全年医院派遣227人次医务人员进乡村、进社区、进厂矿、进学校，开展健康知识宣传、讲座、义诊、扶贫46场次，服务群众3000多人次。发放资料5000余份，发放药品价值3.2万元。

（程　陈）

妇幼保健

【概况】 2017年，岳阳市妇幼保健院编制床位200张，在职职工692人，其中，卫生技术人员602名（正高23名，副高71名，博士4名、硕士研究生36名）。年内实现门急诊404741人次，住院13371人次，分娩4460人次，手术3305人次，药占比19.58%。市妇幼保健院被评为“中国出生缺陷干预救助基地”，成为岳阳市唯一、全省第三家国家级救助基地，儿童康复科被评为“十三五”省级中医重点专科。

【市妇幼保健院迁建】 2017年12月6日，岳阳市妇幼保健院迁建及岳阳市儿童医院新建项目正式开工。省卫计委副主任易露茜，市领导刘和生、李爱武、李为、谢春生，市政府秘书长刘传汉及有关部门负责人出席。新建项目位于巴陵东路梅溪河畔，占地6.53公顷，建筑面积17.5万平方米，停车位2300个，建设床位500张，项目总投资9.98亿元。该项目列为市政府重大民生实事项目，将打造一座现代化三级甲等妇幼保健院，书写全市妇幼卫生事业发展崭新的一页。

【确保母婴健康安全】 2017年，岳阳市妇幼保健院从夯实保健网络入手，关口前移，确保母婴健康安全。免费产前筛查任务42205例，实际完成47226例，完成率111.90%，两癌筛查任务101225例，实际完成105862例，完成率104.58%，两项指标均在全省排名第一，确保免费产前筛查和两癌普查两项民生实事圆满完成。控制孕产妇死亡率，全市高危孕产妇管理做到市级面访与诊断，落实分级住院分娩管理，做到高危管理心中有数。全年成功抢救急危重孕产妇211例，新生儿1327例。确保辖区母婴安全。院内每个高危重症孕产妇实行产科、麻醉科、新生儿科、输血科4个24小时制，确保5分钟急救圈。年内孕产妇死亡率控制在10.77/10万，再次刷新历史最低纪录。5岁以下儿童死亡率控制在3.89‰。两项指标在全省名列前茅，有力地保障母婴安全。

【试管婴儿技术业内领先】 2017年，市妇幼保健院集中优势资源，打造遗传生殖专科品牌，试管婴儿技术业内继续领先。4月23日，承办湖南省辅助生殖技术质量控制标准起草研讨会。6月1日，主办“百名试管宝宝回娘家”大型活动。7月12日，1名47岁产妇通过试管婴儿技术顺利产子，刷新全市“最高龄”试管妈妈纪录。12月25日，岳阳市首例“睾丸显微取精术”在院生殖医学中心取得成功，为第三代试管婴儿的顺利开展奠定基础，辅助生殖技术又一次突破。该院生殖医学中心试管婴儿周期数突破1200余例，助孕成功率稳定在60%以上。该院百万爱心助孕系列活动已资助试管婴儿治疗夫妇185对，并赴汨罗市、岳阳县、临湘市、岳阳楼区开展计生协会爱心助孕知识讲座。12月9日，主办湘北地区不孕不育专科医联体成立暨湘北地区生殖与遗传学术会议，申办2018年全省生殖医学年会取得成功。

【人才兴院布局】 2017年，市妇幼保健院重视高端人才引进，积极布局人才兴院。响应市委、市政府“百名博士进岳阳”高层次人才到岳柔性挂职引才行动计划，特聘华中科技大学教授、博士生导师、同济医学院生殖医学中心专科医院院长熊承良到院出任遗传生殖专科医院名誉院长，带领其12人博士团队指导该院生殖遗传工作。特聘湘雅二医院教授丁依玲为该院客座教授，特聘湖南省妇幼保健院"超声皇后"教授田艾军定期到院指导。岳阳引进的百名博士中有一名博士入职岳阳市妇幼保健院。岳阳市妇幼保健院生殖与遗传科技创新人才团队被市科技局纳入重点科研项目团队。

【承办学术交流研讨】 2017年7月8日，市妇幼保健院承办由中国妇幼保健协会妇科内分泌委员会主办的"全国基层妇产科医师培训工程"岳阳站培训活动。9月2—4日，举办全市妇幼保健机构等级评审标准培训班。11月24—25日，承办岳阳市医学会妇产科学专业委员会第四届换届选举暨学术年会。12月9日，承办2017年湘北地区不孕不育专科医联体成立暨湘北地区生殖与遗传学术会议等各科学术活动，并成功申办2018年全省生殖医学年会，承办湖南省辅助生殖技术质量控制标准起草研讨会，搭建岳阳市生殖医学、遗传优生、计划生育学术交流平台。市妇幼保健院跻身中国人口学会出生人口和儿童专业委员会成员单位（全国地级市唯一），院长陈卓当选为专业委员会委员。

（冯 丹）

血站工作

【概况】 2017年，岳阳市中心血站干部职工扎实工作，默默奉献，推动献血献髓工作发展。全年采血总量16.10吨，增长8.6%，有效保证全市医疗临床用血；血站再执业评审迎检综合考评成绩全省排名第一，国家"十三五"采供血业务用房及基础设施能力项目工程顺利开工建设；血液质量监管水平提升，参加国家、省级血液质控合格率均为100%。无偿献血工作纳入市政府综合绩效考评，献血献髓工作作为"全国文明城市"建设复审迎检获得3分加分，成为迎检工作的亮点之一。

【献血献髓宣传】 2017年，市中心血站组织开展"学雷锋月""5·8"世界红十字日、"6·14"世界献血者日和"最美无偿献血者"评选等系列公益活动，推进无偿献血进机关、进学校、进农村、进企业、进社区的"五进"活动。7月，市政府召开城区采血车停靠协调会，在城区划定流动采血车停靠点13个，方便市民无偿献血。8月，岳阳市承办全省血站文化管理暨无偿献血志愿服务工作研讨会，加强无偿献血典型人物、典型事例宣传报道，营造献血献髓良好社会氛围。

【志愿者服务】 2017年，市中心血站干部职工与近1400名社会志愿者开展献血献髓志愿服务，服务工时8700余个，展示出"我健康、我献血、我快乐"的精神风貌，被评为全市"文明交通我先行"志愿服务先进集体。开展"血站开放日"活动11次，社会各界近2000人走进血站，全方位了解献血献髓工作。全年为无偿献血者报销免费用血431例，报销血费52.3万元，为各医院送血5000余趟次，急诊送血600余趟次，有效保障全市人民群众的身体健康和患者的生命安全。

【加强血液质量安全管理】 2017年，市中心血站严格"五个一"的血液质量管理。设备运行状态每月监测一次，医用耗材每月抽检一次，场所环境卫生每月监测一次，综合技能每月考核一次，质量体系每月讲评一次。修订完善《岳阳市临床用血检查内容及标准》，加强工作督导。督查采供血车点、科室280余人次，抽检医用耗材182批次，抽检血液制品304袋次，全市二级以上医院用血督导全覆盖，发现和收集意见建议142条。推广安全输血理念与技术，邀请中南大学湘雅附一、附二医院专家教授专题授课，举办全市"临床安全合理用血管理"培训班，到各县（市）开展"科学合理用血"巡回讲座，2000余名医务工作者参加培训，提高血液管理工作水平。

【输血科研】 2017年，市中心血站加大血型基因科研与投入力度，开展省、市级输血科研项目2个，申报"湖南省血型基因重点实验室"科研立项。开展"四海揽才"，引进公共卫生研究生1名。聘请中南大学等院校的博士挂职指导，探索与武汉道培、长春博德等机构合作，扩大血型基因科研成果转化应用。完成中华骨髓总库3000人份造血干细胞分型任务，结果符合率100%。全年造血干细胞捐献成功15例，全市累计成功65例，工作成绩继续领跑全国地市级。血型基因研究实验室再次被世卫组织、中国输血协会授予I类实验室；输血科技创新团队入选2017年度巴陵人才工程"科技

"5·8"世界红十字日活动现场 （市中心血站 供稿）

创新人才团队”。

（陈宏伟　李肖雄）

人口和计划生育

【概况】　2017年，市卫计委实行“暗访调查”和“现场督查”相结合，开展4次人口数据暗访调查，打造具有特色的人口数据核查模式。据年终报表统计，岳阳市出生8.37万人，符合政策生育率96.24%，多孩率3.59%，出生人口性别108.06。岳阳市被评为全省计划生育工作良好单位，华容县、汨罗市、屈原区、云溪区、君山区被评为全省计划生育工作优秀单位，岳阳楼区、平江县、岳阳县被评为全省计划生育工作良好单位，湘阴县、临湘市被评为全省计划生育工作合格单位。

【落实计划生育家庭奖扶政策】

2017年，市卫计委继续落实计划生育家庭奖扶政策，促进其家庭健康发展。3.13万名农村奖励扶助对象，9.82万名城镇独生子女父母奖励资金全部兑现发放到位，免费救助治疗手术并发症1049人次，落实救助治疗资金254.16万元。8月30日，市政府下发《关于切实做好计划生育特殊困难家庭扶助工作的通知》，提高特殊困难家庭的扶助标准，独生子女伤残提高到每人每月500元，独生子女死亡提高到每人每月800元，增加对独生子女死亡的父母每人一次性发放抚慰金5000元。据统计，全市新增扶助资金1723.18万元，新增一次性抚慰金1434万元。抓出生人口性别比偏高问题的治理，岳阳市本级及岳阳楼区、云溪区、湘阴县和平江县被评为湖南省查处“两非”典型案件先进单位。

【出生缺陷防治】　2017年，市卫计系统以降低孕产妇和儿童死亡率、提高出生人口素质为目标，从提素质、强基础入手，落实妇幼保健管理。开展出生缺陷干预防治，落实免费孕前优生健康检查，免费产前筛查44245例，早孕及妊娠结局随访率均100%。开辟危重孕产妇抢救绿色通道，全市孕产妇死亡率10.77／10万，5岁以下儿童死亡率3.59‰。

【流动人口管理】　2017年，市卫计系统坚持以人为本，落实流动人口基本公共卫生计划生育服务均等化。流动人口信息反馈率、协查和通报处理率，均达到100%。拓展区域协作，岳阳市与广州市、惠州市签订区域协作协议，形成互动合作的良好氛围。完成国家流动人口动态监测，受到国家和省卫计委肯定。岳阳楼区学院路小学和君山区湖南国泰食品有限公司，成功入选国家第一批流动人口健康促进示范学校和示范企业。落实“情暖童心”关爱保护农村留守儿童活动，社会各界捐赠钱物1829万元。走访慰问流动人口困难家庭、留守老人和儿童4500多人，发放物资和慰问资金174.68万元。岳阳楼区三眼桥办事处、湘阴县文星镇成功创建全省示范单位。

【计生协会工作】　2017年，岳阳市计生协核定编制数7名，内设科室2个（综合科、业务指导科）。12个县级计生协纳入群团序列管理，其中“参公”单位8个。主动承接基层部分公共卫生服务，与市妇幼保健院联合开展“爱心助孕”行动，组织生殖健康专家赴县市区举办公益讲座，为广大计划生育群众提供生殖健康知识咨询，印发《生殖健康手册》3万余份。指导县区完成协会换届选举，配齐配优协会领导班子，优化性别、年龄结构。组织相关县区、乡镇（街道）计生协骨干进行保险工作、公卫常识等业务能力培训5次，提升基层计生协服务能力。开展基层群众自治，创建国家级、省级、市级计划生育基层群众自治示范单位123个，其中汨罗创建国家基层群众自治示范单位，华容县创建省级基层群众自治示范单位。承办由省计划生育协会和岳阳市政府共同主办的第19个计生协会“会员活动日”活动，得到省计生协会会长石玉珍肯定。活动期间，全市举办各类大型宣传活动106余场，出动宣传车100余辆，发放宣传资料20万份，慰问困难计划生育家庭8000余人，发放慰问金超过500万元，为群众义诊服务2万多人次。

（余定刚）

社会·民生

SOCIETY AND
PEOPLE'S LIVELIHOOD

责任编辑·李　幸

居民生活

【居民收入与支出】　2017年，岳阳市居民人均可支配收入22761元，同比名义增长9.5%，城镇居民人均可支配收入30009元，同比名义增长8.9%，扣除价格因素实际增长7.5%，名义增速快于全省0.4个百分点，在环洞庭湖经济圈三市中排第一，绝对值在全省14个市州中排名第五位，比全省平均水平低3939元。从城镇居民可支配收入结构来看，工资性收入18890元，同比增加1180元，增长6.7%；经营净收入3486元，同比增加203元，增长6.2%；财产净收入1931元，同比增加343元，增长21.6%；转移净收入5702元，同比增加737元，增长14.8%。农村居民人均可支配收入14265元，同比名义增长8.7%，扣除价格因素实际增长7.3%，名义增速快于全省0.3个百分点，在环洞庭湖经济圈三市中排第一位，绝对值在全省14个市州中排名第六位，比全省平均水平高1329元。从农村居民可支配收入结构来看，工资性收入7096元，同比增加492元，增长7.4%；经营净收入3961元，同比增加319元，增长8.8%；财产净收入254元，同比增加54元，增长27.3%；转移净收入2954元，同比增加281元，增长10.5%。居民人均消费支出17229元，同比增加1299元，增长8.2%，城镇居民人均消费支出20808元，同比增加1453元，增长7.5%，农村居民人均消费支出13033元，同比增加983元，增长8.2%。

【居民消费价格】　2017年，岳阳市居民消费价格同比上涨1.3%，呈现温和上涨态势。其中，居民消费价格八大类价格呈现“六涨二降”态势，其中，食品烟酒价格下降1.3%，衣着价格上涨0.7%，居住价格上涨1.3%，生活用品及服务价格上涨0.7%，交通和通信价格上涨2.6%，教育文化和娱乐价格上涨0.8%，医疗保健价格上涨11.6%，其他用品和服务价格下降0.1%。

【房地产市场】　2017年，岳阳市房地产市场在棚改拆迁、返乡置业、城镇化、刚性和改善性等因素下，持续稳定释放购房置业需求，全市房地产市场出现房源紧俏、供不应求的局面。至年底，岳阳市中心城区（含岳阳楼区、云溪区、君山区）新建商品住宅成交面积为219.7万平方米，同比增长53.7%。新建商品住宅和二手住宅销售价格均呈持续上涨态势。

【固定资产投资】　2017年，岳阳市固定资产投资价指数为103.6%。其中，人工费价格指数为102.8%；机械使用费价格指数为100%；材料费价格指数为108.5%，其中，钢材价格同比上涨9.6%，木材类价格同比上涨2.8%，水泥价格同比上涨8.8%，地方建筑材料价格同比上涨8.4%，化工材料价格同比上涨2.5%，电料价格上涨7.9%，其他材料价格同比上涨1.7%；其他费用价格指数为101.6%。

【生猪粮食生产】　2017年，岳阳市生猪大县存栏300.72万头，出栏461.86万头，同比分别下降0.57%、0.26%；能繁母猪29.53万头，同比下降1.73个百分点。岳阳市粮食生产保持平稳发展，粮食总产量稳中有升，粮食播种面积略有减少，岳阳市六个粮食大县（岳阳县、平江县、湘阴县、华容县、汨罗市和临湘市）粮食播种面积44.04万公顷，同比下降0.79%，粮食总产量为280.59万吨，同比增长1.02%，平均亩产为28.32公斤/公顷，同比增长1.83%。

（张　鹏）

婚姻·家庭

【概况】　2017年，岳阳市有婚姻登记机构9个。结婚登记，全年办理结婚登记39278对，同比下降9.4%，结婚登记率7.01‰。其中，国内结婚登记39271对；涉港澳地区结婚登记7对。国内结婚登记平均年龄30.3岁，男性31.5岁，女性29.1岁。初婚人数73694人，男性36817人，女性36877人；初婚平均年龄27岁.其中，男性28.3岁，女性25.8岁；再婚人数28248人，其中，男性14154人，女性14094人；再婚平均年龄42.9岁，男性43.1岁，女性42.4岁。离婚登记，全年办理离婚登记15982对，同比增长3.1%，离婚登记率2.8‰。其中，国内离婚登记15980对，增长3.4%；中国港澳地区离婚登记2对。国内离婚登记平均年龄39.6岁，其中，男性40.8岁，女性38.3岁。

全市各级婚姻登记机关补发结婚证13236对，补发离婚证1062对。

从整体上看，婚姻登记呈现两个明显的变化：涉港澳婚姻数量锐减。对比2007年，全市涉港澳婚姻登记137对，离婚仅3对。而2017年则锐减到7对，离婚2对，且结婚港澳男性与内地女性年龄由10年前相差20岁左右到现在年龄相差不大。内地婚姻呈现结婚数量不断降低，离婚数量不断攀高的现象。对比2015年、2016年和2017年全市结婚对数分别为47982对、43362对、39271对，而离婚对数则分别为14614对、15496对、15980对，离婚数量相对结婚数量，增幅明显。

【婚姻登记管理】　2017年，岳阳市民政局加强婚姻登记规范化建设，促进全市婚姻登记工作稳定发展，全市集中设立婚姻登记处9个，婚姻登记人员58人。其中，岳阳楼区、云溪区、临湘市、华容县、湘阴县5个婚姻登记处被评为AAA以上等级。推进婚姻登记管理硬件建设，全市9个县市区婚姻登记处均开通婚姻登记网上预约功能；全员持证上岗，规范文明服务，确保全市婚姻登记依法依规、便民利民。严格按照登记程序对每一条结婚登记、离婚登记、补发婚姻登记实行实时联网在线登记，做到每条记录系统可查，坚决杜绝“线外发证”。实施网上预约登记，婚姻登记历史数据实现补录。4月1日开始，全面停征婚姻登记费用。全市各婚姻登记提前做好情人节、七夕、“双十一”、5月20日、6月6日、8月8日、9月9日等“特殊日”婚姻登记预案，采取提前预约、延长工作时间、全员上岗、增加登记窗口及预审窗口、分流错峰等措施，为6234对新人办理结婚登记。

【婚姻服务】 2017年，岳阳市民政局推进婚姻登记颁证服务工作，推动文明婚俗改革，促进和谐婚姻家庭建设。响应民政部推广结婚登记颁证仪式，鼓励婚姻登记机关在登记处颁证大厅提供温馨简洁的颁证仪式服务，免费为1万对新人举行颁发结婚证仪式，促使新人树立"登记就是结婚"的法律意识。拓展婚姻登记服务内容，推动婚姻家庭辅导工作，协调心理专家与法律专业人士，提供婚姻相关讲座与咨询，提高市民婚姻家庭幸福指数，促进社会健康有序发展。各县市区婚姻登记处均在走廊悬挂婚姻、婚俗知识宣传板，介绍婚俗知识，起到宣传教育作用。岳阳楼区、临湘市等地婚姻登记处设立婚姻纠纷调解室，邀请法律专业调解人员参与调解，全年调解婚姻纠纷1600余起。

（赵大咏）

妇女·儿童

【概况】 2017年，岳阳市户籍女性为276.3万人，占全市人口比例48.19%，16周岁以下流动儿童7.42万人。市妇联推进妇女儿童工作，培树一批先进典型，市烟草专卖局被评为全国巾帼建功先进集体，平江县国税局纳税服务大厅等4家单位被评为全国巾帼文明岗，娄丽娣、李梅荣被评为全国巾帼建功标兵，黄素萍、杨其凡家庭被评为全国最美家庭，张洁、郑觉群当选中国家庭教育公益人物，杨莉被评为湖南省2017年百名最美扶贫人物，汨罗市爱行天下志愿者协会会长徐金娥获得2017年度"最美湘女"提名奖等。市妇联被评为全国维护妇女儿童权益先进集体，省"两癌"民生实事办理全省排名第一位，省"家书抵万金"优秀组织奖。组队参加"湖南省第二届家政服务职业技能大赛"，获得团体二等奖，佳佳好公司宋慧君获得家政服务员冠军，岳阳楼区郭镇乡被评为湖南省区域化党建带妇建示范点，华容县三封寺镇华一村、湘阴县金龙镇燎原村被评为省级"示范妇女之家"示范点，群众满意度测评连续排名全市第一位，驻村帮扶、信访维稳、计划生育、禁毒等工作被评为先进。

【妇女儿童合法权益维护】 2017年，市妇联加强妇女儿童合法权益维护，针对全省出生缺陷发生率有所上升的严峻形势，联合市卫计委等部门推动出台《岳阳市出生缺陷防治工作实施方案》，建立以政府主导、部门配合、群众参与的出生缺陷防治机制。保障农村妇女土地权益，市政府、市农委建立纠纷仲裁机制，印发《岳阳市〈农村土承包经营调解仲裁法〉实施方案》，细化女性在土地承包经营活动中的权益事项。在全省率先将"12338"妇女维权热线与市公众服务热线"12345"并线运行，接待来电200多次。探索多元化矛盾纠纷解决机制，在市中级人民法院设立婚姻家庭纠纷调解暨心理咨询室，引进女律师协会在市妇联定期指导，受理各类诉求472件，为3名信访妇女提供法律援助，为100多名妇女提供维权服务。联合市公安局、市司法局等单位举办《反家庭暴力法》实施一周年知识讲座及宣传月等活动，6月最高人民法院和全国妇联到岳阳市调研，对岳阳经验做法给予肯定。

【妇女儿童民生实事】 2017年，市妇联推进妇女儿童民生实事实施，免费为10.48万名农村适龄妇女进行"两癌"免费检查，提前超额完成任务，争取全国救助资金538万元，10月，平江县作为全省迎接第三方评估单位，工作获得肯定。发放妇女小额担保贷款616人6018万元。为岳阳县、君山区8个行政村争取价值80万元"儿童快乐家园"。联合团市委等部门开展"情暖童心"关爱保护农村留守儿童活动，30多家单位、企业和个人捐赠570多万元。携手女企业家在平江三里村小学开展留守儿童"一对一"帮扶活动，捐款捐物20多万元。引导郑红翠、朱立春、沈富荣在湖南理工学院、岳阳市一中设立奖学金，帮助贫困学生，捐款60多万元。7月，岳阳遭受特大暴雨，市妇联联合女企业家协会到湘阴县沙田垸开展防汛抗灾慰问活动，慰问物资价值10多万元，全市各级巾帼文明岗、女干部、女党员捐款捐物100多万元。

【岳阳市第七次妇女代表大会】 2017年12月28日，市第七次妇女代表大会在岳阳文化艺术会展中心召开。市委书记胡忠雄出席并讲话，他寄语全市广大妇女同胞，以新姿态拥抱新时代，以新思想融入新时代，以新作为建功新时代，在岳阳改革发展的火热实践中，努力创造优异业绩，书写精彩人生。省妇联副主席卢妹香，市长刘和生，市领导李爱武、涂新楚、向伟雄、唐道明、王瑰曙、马娜、谈正红、黄大军等出席。会议选举产生新一届妇联班子，表彰一批三八红旗集体和个人。

【湖南省"育娃娃·湘间公益行"新生儿出生缺陷防治启动仪式】 2017年5月27日，湖南省"育娃娃·湘间公益行"新生儿出生缺陷防治启动仪式在岳阳市平江县安定镇举行。仪式由省妇联、省卫生和计划生育委员会、省政府妇儿工委办公室主办，省妇女儿童发展基金会、育娃娃基金、岳阳市妇女联合会、平江县委、平江县人民政府协办。省妇联副主席卢妹香参加活动，并为1家医疗机构负责人授旗，各院专家代表上台宣读倡议书，标志"育娃娃·湘间公益行"新生儿出生缺陷防治工作正式启动。

（刘小平）

青　年

【概况】 2017年，团市委开展系列主题活动和工作，推动岳阳共青团事业发展。组织"不忘初心跟党走"集中入团仪式主题团日活动80余场次，参与学生人数10余万人次。举办学习党的十九大精神系列活动、"怎样做一名合格团员"基层团课等，覆盖青年近3000人；评选表彰"青年文明号""青年岗位能手"107人。开展"暖冬行动"，为春运期间提供志愿服务2015小时；开展"保平安、保畅通"行动，组织青年志愿者参与440人次；开展抗洪救灾工作，筹集救援物资总价值159万余元，组织动员青年志愿者参与3700多人次。开展“防溺水教育进校园”主题活动，覆盖300余所学校，近5万名学生。组织团市委党组成员进村14次，解决扶贫资金14万元；完成产业扶贫立项，成立农村合作社，由全国农村致富带头人万伟与合作社共同兴建20公顷左右的中草药种植基地；投入近百万元建设柘溪村小学综合楼；筹资180万元完成村、组级公路硬化10千米。开展希望工程救灾助学、“情暖童心”关爱留守儿童等10多项助学活动，实施“芙蓉学子”“国酒茅台”“华融湘江银行绿色助学”“富基春晖班”等10多个品牌项目，累计募集各类捐助资金和物资1570万元，受益1.19万人。

【第四届岳阳市青年创新创业大赛】 2017年8月4日，团市委联合城陵矶新港区、市人社局、市工商局等单位在城陵矶新港区举办第四届岳阳市青年创新创业大赛暨第二届初创企业创新创业大赛，并为临港新区青年创新创业孵化基地揭牌，与湖南江湖名城众创空间、阿里巴巴创新中心建立合作关系，助力推进港区大会战。大赛项目报名近120个，于12月3日完成创意组决赛的评选，为岳阳市创业青年6人争取团省委青年创业资金34万元。

【“情暖童心”关爱保护农村留守儿童活动】 2017年9月15日，团市委联合湖南省青基会、市妇联等单位联合主办湖南希望工程助力脱贫攻坚大型公益活动暨“情暖童心”关爱保护农村留守儿童活动，市领导胡忠雄、李爱武、谈正红出席活动。收到社会各界30多家单位、企业和个人捐赠的570余万元、暮天公益捐赠价值1000万元的图书。

（张铁军）

老年人生活

【概况】 2017年，岳阳市60岁及以上户籍老年人口101.13万人，占全市户籍人口的17.64%，同比提高1个百分点。其中，百岁及以上老年人162人（男性29人，女性133人），同比减少3人。发放高龄生活补贴638.4万元，其中，为百岁老人发放长寿保健金77.76万元，为80~89岁低保老人发放高龄生活补贴147.36万元，为90~99岁老人发放高龄生活补贴413.28万元。全市有老年活动站（协会、学校、室）707个，老年养老福利机构1484家，床位数达到35919张。

【社会化养老服务】 2017年，岳阳市推进养老事业健康持续发展，至年底，全市有各类社会养老机构1484家，养老床位3.59万张，每千名老人拥有养老床位35.63张，提前完成2020年目标值。市民政局持续加大各类养老机构护理人员专业培训力度，定期组织养老护理员市级培训2期200多人，各县（市）区以不同形式开展养老护理员培训工作。其中，岳阳职业技术学院开设老年护理专业，被列为市养老护理员培训基地，鼓励在校学生参加养老服务职业技能培训，储备专业护理人才；设立岳阳国泰阳光养老服务有限公司实习基地，组织集中脱产培训和半脱产培训，提高职业道德和业务技能水平。全市养老机构护理员持证上岗培训率为95%。培育各类养老社会组织和志愿服务组织100家，推行社会工作者引导志愿者开展养老服务的模式，建立健康老人参与志愿互助服务的工作机制，打造4支不同层次的专业人才队伍，即护理员、管理工作人员、服务志愿者、社会工作者，全市各类养老服务人员数量7000多人。联合制定《岳阳市城区社会办养老机构建设资助和运营补贴办法》，对市城区取得《养老机构设立许可证》的社会办养老机构发放建设资助和运营补贴，市财政按照实际投入使用的床位数一次性给予每张床位2000元的资助，养老机构所在地区财政一次性给予每张床位1000元的资助；每收住1名60岁以上的老人，由市、区财政各给予养老机构每月50元的运营补贴。探索智慧养老服务新模式，在全市建立居家养老信息呼叫平台13个。利用云数据和互联网，以社区为依托、以数据统计分析为手段、以呼叫中心为载体，整合市内养老服务、家政服务等信息资源，为老年人提供多项养老服务，开创岳阳市养老服务业发展新局面。推进村（社区）综合服务平台建设工作，1379个行政村和456个社区实现全覆盖，按照“7室1厅1广场”的硬件建设标准，将村级日间照料中心，养老服务中心和综合服务平台的医务室进行有效整合，城乡居家和社区养老服务设施覆盖率分别达到78%和56%。

【老年人政策关爱】 2017年1月开始，岳阳市全面实施高龄老人生活补贴制度，确保全市老年人优待

2017年岳阳市老龄人口构成情况表

表15

结构构成	数量
60岁及以上户籍老年人口	101.13万人
60~64岁	29.6259万人
65~79岁	53.789万人
80~89岁	13.2523万人
90~99岁	4.4466万人
100岁以上	162人

权益的落实，至年底，为2262名高龄老人发放补贴638.4万元。加强老年人意外伤害保险工作，全市意外伤害保险参保老年人32677人，总保费219万元，其中，政府出资为21855名“五类老人”提供意外伤害保险，参保率100%，总保费130万元；为10815名社会老人提供意外伤害保险，总保费89万元。

【“敬老月”活动】 2017年9月25日至10月30日，岳阳市开展以“敬老爱老，乐享银龄”为主题的“敬老月”活动，弘扬中华民族敬老、爱老、助老的传统美德，落实《中华人民共和国老年人权益保障法》，借助重阳节时机，引导各级政府、企事业单位、乡镇社区、爱心人士等为特殊困难老人、社会老人、单位退休老人献爱心、办实事。云溪区手机报专题宣传老年人防范电信网络诈骗知识，提高老年人防骗意识和能力，组织一场宣传活动，发放《老龄事务办理指南》宣传资料近5000份，宣传各项惠老和老年人优待政策。华容县、湘阴县、汨罗市、君山区、南湖新区等地重阳节开展孝亲敬老茶话会及慰问百岁老人、重点优抚对象、困难老人等活动。

（何哲明）

残疾人生活

【残疾人基本生活保障】 2017年，全市有持证残疾人12.61名，残疾人康复托养服务机构7家。加强残疾人基本生活保障，其中，残疾人纳入城乡低保4.3万人，纳入特困供养1.1万人，农村持证残疾人纳入贫困户建档立卡2.2万人，参加城乡居民养老保险7.8万人，参加城乡居民基本医疗保险10.1万人。参保费由政府部分或全额代缴。落实残疾人“两项补贴”制度，为6.6万名困难残疾人和5.7万名重度残疾人发放补贴资金1.05亿元。按每人1000元的标准，为845名常年在机构进行康复训练的残疾儿童发放生活交通补贴，为280户家庭进行无障碍改造，残疾人基本生活实现应保尽保。

【残疾人康复服务】 2017年，岳阳市精准推进残疾人康复服务，提供康复服务2.52万人，免费适配基本型辅助器具1.67万人，为贫困精神残疾人提供免费住院或服药救助2319人。完成市重点民生实事0~6岁残疾儿童抢救性康复项目任务385人，实施0~17岁残疾儿童康复845人。组队参加全省智力孤独症康复教师技能大赛成绩优异。全省康复工作绩效年度评价被定为一类单位，排名全省第二位。

【残疾人公共文化生活】 2017年，岳阳市开展“文化进社区”活动，为贫困残疾人家庭送电脑、书籍等物资。组织开展残疾人读书演讲比赛、残疾人专场文艺演出10多场次。选派参加第九届全国残疾人艺术会演，获得2个项目第一名。筹备全省第十届残疾人运动会，举办残疾人运动员选拔活动2次，发掘残疾人运动员49名，其中3人获省残联重点培养。组队代表湖南省参加2017年冬季十二省（自治区、直辖市）特奥联谊活动，7名运动员获得“七金四银两铜”奖牌。

（杨 笑）

民族·宗教

【概况】 2017年，岳阳市民族宗教局（简称市民宗局）全面落实党委政府主体责任，建立健全县市区、乡镇（办事处）、村（社区）三级工作网络和乡、村两级责任制，将流动少数民族综合治理考核及宗教工作绩效考核纳入年度考核。依法宗教事务管理，加强宗教团体建设，规范宗教场所管理，开展宗教教职人员的培训，主办各县市区统战部部长、民族宗教局局长、民族宗教干部培训班2期，选派新进民族宗教系统的县市区局长到国家宗教事务局培训基地学习2人。以问题为导向，解决民族宗教工作中出现的“假冒宗教教职人员承包经营、借机敛财”等重点、难点、焦点问题，全市民族团结、宗教和睦，民族宗教各项工作有序推进。

【民族宗教事务管理】 2017年，岳阳市加强民族宗教事务管理，全国、全省宗教工作会议后，市委常委会专题听取汇报并研究民族宗教工作。邀请国家宗教事务局原局长叶小文讲课。全市实现县级大统战格局，统战部同民宗局进行合署办公，各县民宗局长兼任县委统战部副部长。制定《岳阳市宗教教职人员出入境管理办法》，规范宗教教职人员的出入境管理。其中，岳阳县下发《关于加强宗教活动场所安全管理的通知》，按照属地管理原则，明确乡村两级责任。湘阴县出台《湘阴县关于加强县域宗教工作的意见》，规范宗教管理工作。华容县严格落实宗教活动场所负责人及宗教教职人员管理制度，强化宗教团体负责人、宗教教职人员外出请销假及主要教职备案管理。屈原管理区下发《关于建立健全民族宗教事务管理网络和责任制的通知》。云溪区把对宗教活动的管理作为“移风易俗、倡导乡风文明”建设的一项重要内容，纳入美丽乡村建设范畴，建立统一督查考核机制。岳阳楼区采取合理布局基督教联络组的方法满足信教群众的正常宗教生活需求。平江县将宗教活动场所参照人流密集场所（如车站、商场、酒店、KTV等）管理，实施消防、交通、治安、食品卫生等方面的全方位管理。

【涉教问题查处】 2017年，市民宗局按照中央、省委对宗教工作督查的要求，对积压的重点、难点、热点宗教问题，在全市范围广泛排查，重点突破，有效解决平江县石牛寨七仙殿“存在假冒宗教教职人员承包经营、借机敛财”的问题，君山公园相记寺、洞庭庙“假和尚”问题，岳阳县大云山祖师殿宗教内部纠纷问题，云溪区基督教非法传教问题，维护宗教领域和谐稳定。

（陈 成）

社会保障

【保险待遇提升】 2017年，岳阳市企业退休职工养老金实现十三连增，养老金待遇人均每月2061元，较2016年增加143元。机关事业单位退休人员待遇调整到位，人平增资150元。城镇职工和居民医保政策范围内平均报销比例达78%、58%，城乡居民大病保险最高补偿限额达20万元。医保目录新增36种药品，重特大疾病患者医疗费用负担有效降低。下达工伤认定决定书1233份，组织伤残职工劳动能力鉴定1773人，工伤职工伤残津贴人均达每月2596元。失业金待遇提高至每月1215元，给予126家单位稳岗补贴1226万元，受惠职工1.12万人，失业保险基金稳定就业、预防失业作用充分发挥。

（何　龙）

【五险统一征缴启动实施】 2017年，市人社局按照“先行试点，分批纳入”的办法，逐步推进五险统一征缴试点。至年底，纳入五险统一征缴试点的参保单位260家，征缴社会保险费8266万元，其中，新增参保单位113家，参保4212人次，征缴社会保险费333万元。岳阳市在全省率先实现社会保险公共业务的统一经办，工作做法被省人社厅以《五险统一征缴工作简讯》两次刊文推介。

（何　龙）

【城乡居民医保制度整合】 2017年，岳阳市推进城乡居民医保制度整合，出台《城乡居民基本医疗保险实施细则》，基本实现城乡居民医保政策的统一，均衡城乡待遇水平，建立起基本医疗保险、大病保险、医疗救助和健康兜底保障“四位一体”的城乡居民医疗保障体系。至年底，全市城镇职工参保63.34万人，城乡居民参保504.33万人，参保567.67万人，参保覆盖率达100%。

（黄正茂）

【医疗保险健康扶贫】 2017年，岳阳市完善医疗保险健康扶贫政策，出台《关于明确我市贫困人口参加城乡居民基本医疗保险有关政策的通知》，到县市区督促检查医保扶贫政策的落实情况，全市建档立卡贫困人口31.52万人，参加医保100%，全市贫困人口参加医保由财政、民政部门资助缴费2469.93万元；统筹基金支付24253名贫困人口医保报销费用6723.01万元，其中，报销比例提高10%后贫困群众多受益部分为850.15万元；大病保险制度覆盖所有贫困人口。

（黄正茂）

【医保付费方式改革】 2017年，岳阳市深入推进付费方式改革，市医保处在总额预算的基础上，重点推行按病种付费的医保支付方式改革和总额控制下的多元复合式付费并存的定点医院协议支付方案，促使定点医院主动缩短住院时间，减少弹性收费。实行按病种付费的病种106个，与全市69家定点医院签订2017年度医疗服务协议。完成全市定点医院住院结算费用6.5万多人次，基金支付3.61亿元。市直定点医院次均费用8250元，较同期仅增长4.80%，增长率远低于国务院改革要求的10%以内；全市医保次均费用和次均费用增长率均低于全省其他地市。岳阳市付费方式改革经验被省政府办公厅以文件形式进行推介。

（黄正茂）

【医保智能监控】 2017年，岳阳市推行“第三方支付评审服务”，引进第三方专业服务机构——广州中公网医疗信息科技有限公司，运用“互联网+”思维和“大数据”技术，利用“报销规则”“临床规则”检查日常诊疗和用药的合理性，排查不合理费用，对“过度医疗”“大处方”违规骗保等筑起“规则筛查”大网。至年底，审核单据19.92万余条，扣款金额1358万元，占医保支付总金额的1.4%；市本级医院各种违规情况逐月下降，部分中成药品用量相比2015年下降30%以上，捆绑检查套餐项目减少，居民医保次均住院费用下降5%。

（黄正茂）

【异地就医全国联网和直接结算】

2017年，岳阳市启动基本医疗保险跨省异地就医全国联网和费用直接结算工作，开通跨省异地就医全国联网直接结算医院28家，其中，市本级14家，县市区14家，确保每个县市区1~2家定点医院开通跨省异地就医直接结算经办业务，备案人数扩大到符合转诊规定的人员4908人次，成功办理跨省异地就医联网273人次，省内异地就医住院直接结算6806人次，涉及医疗费用1.58亿元。

（黄正茂）

住房保障

【概况】 2017年，岳阳市加强住房保障，全面实施中心城区十大片区棚户区改造，破解住房难题，提升居住环境。通过政府购买棚改服务实现协议融资235亿元，到位资金60亿元。安排棚改拆迁户申购经适房300户，测绘房屋1018栋，5346户，测绘面积77.8万平方米。完成5803户棚改项目红线范围内的房屋档案查询工作。至年底，全市城市棚改任务45741户，其中，省定计划37878户，完成签约41936户，签约率91.68%，开工率为100%；中心城区核实棚改任务24200户，完成签约20385户，签约率84.3%。加强公租房分配管理，完成公租房分配入住89340套，分配入住率93.4%，位于全省前列，超额完成省政府下达的公租房分配入住任务6482套。

【住房去库存】 2017年，岳阳市落实房地产调控政策，有序引导房地产市场，去库存目标提前实现，根据网签数据统计，至年底，岳阳市中心城区新建商品房库存237.39万平方米，去化周期从2016年1月的19个月下降为10.3个月，其中，库存商品住房102.77万平方米，同比下降45.89%，去化周期为5.1个月，原定三年（2016—2018年）去房地产库存工作目标提前一年完成。8月，中央电视台等主流媒体对岳阳市去库存工作经验予以报道推介。

【房地产市场调控】 2017年10月，岳阳市出台《关于进一步促进市中心城区房地产市场平稳健康发展的通知》，明确科学制定住房供应计划、加大土地供应、提高项目审批效率、大力推广绿色和装配式建筑、盘活存量房市场、发挥国有企业主力作用、加大经济适用住房货币补贴力度、加强市场监管、建立促进房地产市场平稳健康发展联席会议制度、坚持正确的舆论导向等十条具体措施。市房产局出台《关于进一步加强商品房预售管理和房地产市场监管的相关细则》，通过岳阳电视台、《岳阳日报》等主要媒体进行全方位的宣传，适时调控和稳定房地产市场。根据市统计局统计，1—12月全市房屋施工面积1723.04万平方米，同比增长12.30%，其中，本年新开工面积529.36万平方米，同比增长16.27%。商品住房价格较稳，据网签数据统计，1—12月中心城区商品房平均成交价格6225.76元/平方米，同比增长24.7%，其中，商品住房平均成交价格5887.6元/平方米，同比增长26.46%。8月、9月、10月，岳阳市在70个大中城市新建商品住宅销售价格环比分别排名第六位、第八和第四位，但在11月份排名开始回落至第三十二位。

【“5个5”惠民工程】 2017年，岳阳市突出住房安居保障。市委、市政府提出“五个5”惠民工程（即优惠5亿元、开发5宗地、建设5000套、限价5000元左右、工期500天），进一步平抑房价，保障房源供应，推进棚改进程。在天正金海岸、洛王乐诚小区安置点、长动延寿嘉园安置点、经开投安置点、东风湖御景湾安置点进行定向限价商品房建设，全市各级相关单位通力合作，加快地块上房屋征收等遗留问题处理，及时核定国土、规划技术指标，出台《关于进一步促进市中心城区房地产市场平稳健康发展的通知》，明确住房供应计划、加大土地供应、盘活存量房等十条措施，出台《市中心城区定向限价商品住房实施办法》，明确定向限价商品住房项目建设程序、销售对象及资格审核、分配与销售管理、价格管理和政策支持等内容，加快定向限价商品房建设。

（任 勇）

市场物价

【物价调控与监管】 2017年，市发改委发挥价格调控管理和监督服务职能，加大清费减负力度，保障价格总水平基本稳定。关注市场价格动态和走势，对40余种重要商品和有关行业的价格进行严格监测，及时做好预警预报。全市居民消费价格累计上涨1.3%，低于全省平均水平0.1个百分点。加强对医疗、教育、客运、驾校、停车场、房地产、超市、农贸市场等热点行业和领域价格行为的监督检查，坚决遏制和严厉打击垄断经营、哄抬物价等违法行为，受理价格举报投诉案件1865件，办结率100%，维护市场价格秩序。

【民生领域降费】 2017年，市发改委完成全市第二社会福利院床位费、护理费等成本监审任务，核减不合理成本3500多万元。组织开展公立医院医药价格改革效果考核评估，规范医疗机构临床诊疗行为，逐步实现以按病种收费为主、多种收费方式相结合的收费政策。加速殡葬服务回归公益，全面降低殡仪服务收费。

【企业减负】 2017年，市发改委对全市行政事业性收费进行全面清理，涉企行政事业性收费项目取消7项，停征16项，减轻企业和消费者负担8600多万元。下调岳阳市一般工商业用电价格2次，实行城乡工商业用电同价，减轻企业负担1.15亿元。降低非居民、车用管道天然气价格每立方米0.13元，减轻企业负担470万元。

（姜 华）

社会事务

【殡葬管理】 2017年，岳阳市进一步加强殡葬管理，深入开展殡葬改革，出台《关于推进全市殡葬改革工作的指导意见》，坚持把殡葬改革作为“治陋习、树新风”的突破口，统筹推进殡葬改革。通过政府划拨土地、财政奖补、试点带动，累计建成农村公益性公墓117处，启动建设172处，覆盖30%以上的行政村。新建平江县骨灰堂、云溪区骨灰堂、临湘市殡仪馆，投资1.5亿元的华容县殡仪馆正在规划设计之中。市殡仪馆收费下调48%，开通公交专线，各县市区对本地区殡葬服务进行公益性改造，降低殡仪服务收费，凸显公益本质。投入2000万元，将惠民殡葬政策享受范围扩大至低收入群众、支出型贫困家庭成员，其中，平江县、岳阳县、君山区实行弱势群体基本丧葬费全减免。执行生态奖补政策，对实行不占地或少占地葬式的市民予以奖励，至年底，发放惠民殡葬补助资金556.8万元，全市火化率同比提高24.2%，违规殡葬举报投诉下降49%，居民进馆治丧率达到90%。在“三沿六区”开展专项整治，启动市县联合执法，成立以民政为主体的文明执法队，一月一调度、一季一督查，通过劝说引导、强行拆毁等方式，严查搭棚治丧、乱埋乱葬行为，累计集中迁坟1.1万多座，拆除平毁“活人墓”、豪华墓6700多座，整改文墓近万座，复绿复耕17.72公顷。刹农村丧事办理过程中大操大办、大肆敛财的歪风，减轻农民人情负担，实行丧事简办1.08万起，节约人情开支12.6亿元。围绕“生态宜居”倡导绿色消费，出台史上最严“禁炮令”，中心城区殡仪服务场所全面禁炮，全市80%的乡镇实现无炮治丧。推广“禁塑令”，示范村（社区）以集体名义购买钢筷瓷杯瓷碗等，供村民办理红白喜事免费使用。至年底，全市烟花鞭炮消量下降80%，一次性碗筷销量下降40%，形成绿色消费的健康生活方式。围绕打击封建迷信活动，推行文明治丧，倡导文明祭祀，在农村地区推进移风易俗、文明进步，其中，华容县三封寺镇华一村、平江县月池塘社区等地，提供办理红白喜事的专门场所，引领社会新风尚。

【留守儿童关爱保护】 2017年，岳阳市加强对留守儿童关爱保护力度，出台《岳阳市加强农村留守儿童关爱保护工作实施方案》《岳阳市农村留守儿童关爱保护工作联席会议成员单位职责任务分工》，开展农村留守儿童“合力监护，相伴成长”专项行动，共同打造关爱体系，做好控辍保学、户口登记、临时监护等工作。至年底，全市农村留守儿童和困境儿童录入工作全部完成，全市有留守儿童33309人，困境儿童4920人。其中，4020名无人监护儿童全部安排监护人员，57名辍学儿童全部复学，1458名无户籍儿童全部上户，调处留守儿童权益保障事件26起，建立“农村留守儿童之家”212个，通过全省综治工作考评。各儿童福利机构开展各种养治教康项目，提升带养效率，市儿童福利院与北京春晖博爱儿童救助公益基金会、大同社工等公益组织合作，引入“全纳教育”“大同社工”和“红气球心理咨询”三个儿童专业服务项目，参与儿童总人数200余人，30余职工得到培训，全面提升“养、治、教、康”服务水平。平江县儿童福利院推进“明天计划”，实行整体搬迁，新院总建筑面积5900平方米，总投资1900万元。

【流浪乞讨人员救助管理】 2017年，岳阳市加强流浪乞讨人员救助管理，对全市16家救助托养机构、10家医疗救治医院开展拉网式全覆盖自查，对全市流浪滞留人员245人一次全部录入DNA，上传公安寻亲对比系统。6月19日，全市各救助站开展“关爱救助，让爱回家”主题活动，通过出动流动宣传车开展宣传，在流动人口较多的火车站、汽车站等地设立临时宣传点，接待近千名来自各界的社会人士，活动被岳阳电视台新闻综合频道、《岳阳日报》《长江信息报》等新闻媒体报道。

【老区建设】 2017年，岳阳市进一步提升老区建设水平，完成年度省老区扶贫项目资金拨付工作，下拨老区扶贫项目资金256万元，扶持项目98个，资金与项目逐年增加。加强对项目资金的管理，督促各县市区及项目单位按条例有关规定加强对专项资金的管理，督促各县市区配合财政部门，进一步做好统筹安排革命老区专项转移支付资金的工作。结合老区项目建设举办多期农村实用技术培训班和送科技下乡活动，为老区建设队伍输送新鲜血液，提高科技扶贫的质量。根据老区特点，发展优质、高产、高效、生态、安全的小型种养业等老区特色经济，推动老区经济社会发展。

（吴　伟）

社会福利与慈善事业

【社会福利事业】 2017年，岳阳市社会福利工作进一步发展，市民政局推进养老服务质量建设，联合市直5个部门，印发养老服务质量建设工作方案，成立养老服务质量建设专项行动领导小组，督促县市区严格按照要求，控制时间节点，精准把握检查内容，全面完成专项行动215家养老院的5大块115项内容填报和养老信息管理系统规定的8大块146项指标填报任务。针对整改中存在的问题，通过整合资源，加大投入，整改工作达到预期目标。岳阳市新增养老床位1550张被列为省级重点民生实事任务，至年底，全市完成新增养老服务床位1585张，超额完成35张，新增养老床位总数全省排名第三位，全市用于养老床位数达35919张，每千名老人拥有床位数达35.63张。各县市区严格按照《湖南省困难残疾人生活补贴和重度残疾人护理补贴发放操作办法（试行）》的文件要求，严格遵守发放程序，明确各县市区、乡镇、村（居）三级责任，明确申报、审核、审批和发放四个环节，确保“两项补贴”发放工作规范有序进行。至年底，全市发放残疾人“两项补贴”11.95万人次，发放资金7174.5万元。其中，重度残疾人护理补贴5.54万人次，困难残疾人生活补贴6.41万人。

【慈善事业】 2017年，岳阳市进一步推动慈善事业发展，服务全市“四大会战”，下发《2017年慈善精准扶贫实施方案》，在做好传统慈善救助项目的同时，增加对留守儿童、失独家庭等特殊人群的大病医疗救助。至年底，救助该特殊人群230人次，发放救助金70万元。对重点扶贫村实施对口帮扶，帮扶350人次，发放救助金122万元。创新慈善劝募方式，把行政推动与市场化运作有效结合起来，发挥市场资源配置的基础性作用，打造岳阳慈善网络平台，利用岳阳慈善微信公众号加大宣传力度，拓宽募捐渠道。在腾讯“99公益”等互联网募捐平台活动中推出“帮他看清黑板上的字”等公益项目，近500名白内障和近视患者收益。争取企业参与捐赠的同时，邀请企业参与后续的慈善救助活动，通过沟通、引导，岳阳市慈善总会各类冠名基金总额突破700万元。开展“送温暖、献爱心”“爱心改变命运”“关爱抗战老兵”等传统活动，坚持对特殊人群持续帮扶。市慈善总会发放救助金800余万元（不包括大病救助）。做实做优特困家庭大病医疗慈善救助品牌，进一步完善审批程序，实现应救尽救，及时施救，救助成效显著，特困家庭大病救助项目累计救助7513人次，发放救助金5628万元（其中，2017年累计救助近1500人次，发放救助金约606万元）。

（吴　伟）

县市区概况

SURVEY OF DISTRICT
COUNTY AND CITY

责任编辑·李　幸

平江县

中共平江县委员会

书　记　汪　涛
副书记　黄伟雄　肖湘晖
常　委　向风行　彭喜丰　胡　伟
舒葵阳　欧阳晓耀
陈　淼　周虎光　张满兰
熊江新　方　辉（挂职）
刘立刚
（挂职，2017年9月任）

县人大常委会

主　任　黎耀辉
副主任　戴领梅　童驾辉　刘裕凡
李　泓　吴娇娇

县人民政府

县　长　黄伟雄
副县长　陈　淼　徐教凡　潘如意
姜伟南　何洪武　艾志军
魏移宗　田　浩　汪　洋
梁金华
（挂职，2017年9月任）

县政协委员会

主　席　洪志凡
副主席　毛帅南　刘佑泉　向晓燕
谢淼泉　周晓辉

县人民武装部

部　　长　彭术光
政治委员　舒葵阳

县纪律检查委员会

书　记　向风行

县人民法院

院　长　李　明

县人民检察院

检察长　黄利军

【概况】 2017年，平江县土地面积4114.42平方千米，至年底，实现地区生产总值257.7亿元，增长7.8%，规模工业增加值累计增长7.9%；全社会固定资产投资273亿元，增长16%；公共财政收入12.7亿元，增长10%；社会消费品零售总额107.5亿元，增长11.5%；城乡居民人均可支配收入分别达到21941元和8761元，分别增长8.9%和9.6%；税收占公共财政收入比重83.9%，提高9.2个百分点；小康实现程度93.6%，提高5.3个百分点；县内银行机构存贷款余额分别达273.7亿元和141.2亿元，存贷款总量居全市第一位，其中，新增贷款40.2亿元，比年初增长39.8%，贷存比为51.6%，比年初提高7个百分点；金融保险机构财税贡献突破1亿元。组建电商产业园，入驻电商企业43家，预计全县电商交易额5.6亿元，增长30%以上。

县域经济。平江县园区新建标准厂房35万平方米，竣工17万平方米，企业入驻率88%，新引进产业项目32个，亿元以上项目18个，新建产业项目29个，其中，弘擎电子、岳峰云母等15个项目建成投产，5家企业启动上市筹备工作。平江高新园区入园企业120家，完成税收2.3亿元，增长40%以上，6家企业纳税过1000万元，其中华文食品税收超6000万元。编制全域旅游规划，签约旅游开发项目16个，石牛寨景区二期开发完成70%的工程量，天岳幕阜山通过AAAA级景区创建评审，自在平江度假区完成双溪书院等项目建设，碧龙峡、猴王谷竣工营业，盘石洲、亚马逊、沱龙峡启动二期开发，全年游客接待量和旅游收入均增长20%，入围国家标准化旅游示范区创建单位，被评为全省旅游扶贫示范县和旅游产业发展十佳县。完成0.45万公顷高标准农田建设，建成2万公顷优质稻生产基地，新增高山有机茶0.08万公顷，新造和低改油茶0.74万公顷，培育“三品”种植基地4个，创建省级农业产业示范园2个，被列为全国休闲农业与乡村旅游示范县、全省农村一、二、三产业融合试点县。“二号公章”改革推动园区项目审批时限提速50%以上，“1+6+N”旅游综合管理改革经验在全国推广，高标准农田建设、不动产登记工作创造平江模式，全市农村土地确权首证颁发仪式在平江县举行，各领域改革全面推进，发展具有动力活力。

民生实事。基础建设方面，58个交通建设大会战项目推进，一批窄路改造、危桥改造、水毁桥梁恢复工程竣工投用；平江供水枢纽工程二期向城关地区供水，449所学校饮水安全问题彻底解决；农网升级全面完成；所有行政村实现无线信号全覆盖，光纤入村率96.3%。社会事业方面，完成52所实事项目校（园）建设，实施农村义务教育学生营养改善计划，惠及10.3万名学生；招聘教师555名，送培免费师范生111名，高考一、二本上线1918人，教育教学质量居全市前列。启动县乡一体化医疗共同体建设，3.4万人享受健康扶贫政策，推行药品阳光采购，救助“两癌”患者460人，改扩建向家、大洲两所卫生院，县一人民医院、南江中心卫生院分别通过省三级预审和二级评审，疾病防控、健康教育、计划生育服务等工作水平进一步提升，成为全国首批健康促进县；农村应急广播村村响基本建成，“一村一书屋”全面覆盖；城乡居民基础养老金和失业保险待遇提标，城镇医保与新农合整合顺利推进，新增创业担保贷款2256万元；从严清理、规范农村低保，新增养老服务床位649张，城乡特困人员年供养标准分别提高到6864元和4056元。城乡居民基础养老金和失业保险待遇再次提标，甄别认定农村低保对象1.18万户2.05万人，改扩建敬老院1所、光荣院4所。率先在全省启动巨灾保险理赔，拨付救灾资金7756万元，完成灾后恢复重建任务。

社会大局。平江县开展烟花爆竹、非煤矿山、道路交通等专项整治，安全事故有效控制。实行县乡村三级网格化管理，建成县级综治指挥中心、公安合成作战中心、诉讼服务中心，执结案件1506件，化解信访积案60件，人民调解案件3385件，政法综治工作综合考核排名全市第一，保持全省平安县称号，成功创建全国法治先进县。有效应对“6·30”“8·12”特大暴雨灾害，及时转移受灾群众，有序组织灾后恢复重建，被评为全省抗洪救灾先进集体。

【平江县重大项目建设】 2017年，平江县重大项目建设有力推进，华电平江电厂完成安置区建设；全长23.5千米的省道208和省道322两条配套公路完成40%的工程量；平江抽水蓄能电站获得省发改委核准批复，国网湖南平江抽水蓄能有限公司正式进驻并举行开工仪式；全长12.48千米的省道202进场公路完成20%的工程量；过境100千米的平益高速完成BOT业主融资模式招标，项目公司进驻平江县；蒙华铁路平江段完成路基工程，启动轨道铺设；天岳幕阜山旅游开发启动20个项目建设，累计完成投资超过3亿元，其中一级公路完成40%的工程量。交通项目：实施交通建设大会战项目58个，项目数量、实施里程、投资额度均居全市第一位。国道536园区段完成升级改造，省道316童市—城关段春节前完成路基工程，连云山等5条旅游公路启动建设，完成窄路改造129千米、危桥改造62座、水毁桥梁恢复110座，安保工程597千米，“对外大畅通、对内大循环”的交通网络初具雏形。市政项目方面：三阳大道竣工通车，平江大道完成2.5千米“白改黑”，民建路、怀甫路等12条城区道路完成油化升级，提质改造背街小巷26条，甲山大道东西延伸线、中山路、蒙华铁路平江火车站连接线等项目开工建设。完成人民公园二期工程。大仙山公园、大众风光带、甲山河风光带二期工程动工建设。实施绿化提质项目15个，栽植乔木8630株，新增绿化面积3.76万平方米。金窝污水处理厂、人武部营院等项目完成主体工程，供水技术服务和防汛抗旱指挥中心、人防15064工程等项目顺利推进。15大棚改片区累计完成公产签约38处8.86万平方米、私产签约4314户40.98万平方米，首家垅、月池塘、鲁肃山、三犊源4个安居小区启动建设。民生项目：平江供水（黄金洞水库）枢纽二期工程完成60%的工程量，449所校园饮水安全问题得到解决。实施薄弱学校改造项目46个，建设实事项目校园52所，平江县一中续建工程推进顺利，平江县十中改扩建一期工程投入使用，全县新增学位1350个。妇幼保健院、中医院全面开展内部装饰装修，县二人民医院新建工程快速推进。“民政三院”一期工程竣工，汉昌老年公寓完成主体工程。启动平江起义纪念馆升级改造和毛简青故居保护修缮，长寿红军公园完成50%的工程量。农田水利、电力、通信等项目：除险加固小二型水库26座，改扩建骨干山塘150口，疏浚沟渠6.3万米。启

2017年平江县乡镇简况一览表

表16

名称	国土面积（平方千米）	耕地面积（公顷）	年末总人口（人）	党委书记	乡（镇）长
城关镇	63.10	11202	90842	张新年	陈　鑫
三阳乡	205.00	43568	68847	姚志红	李俊杰
安定镇	157.80	56199	74654	毛高贤	林石柏
福寿山镇	136.60	16452	22048	余刚要	余防根
三市镇	138.10	41240	58961	熊昭明	刘斌清
加义镇	138.50	46271	59000	张生才	黄明权
长寿镇	194.50	54042	82760	尹佑祥	吴友谊
龙门镇	203.40	28634	41548	谭晓峰	朱劲松
木金乡	118.90	20524	24498	罗今昔	王掌义
石牛寨镇	108.30	17802	26200	曾要军	翁方平
虹桥镇	133.20	27909	61492	李　明	周　李
南江镇	195.20	39799	83259	李三军	张创国
上塔市镇	59.90	13976	25055	刘长江	周红人
板江乡	70.20	5992	15506	欧阳吼	李想贵
梅仙镇	204.70	34144	69267	黄进军	丁创模
大洲乡	100.30	7736	22563	曹建春	江新华
童市镇	158.80	17873	30810	周阳波	王河生
三墩乡	117.50	18542	33068	唐杏桂	毛外东
余坪镇	132.10	24410	40994	张智鑫	吴敏思
岑川镇	52.10	16306	22367	彭小玲	童勋海
瓮江镇	253.90	37324	55707	赖　毅、徐鹏午	唐健明
浯口镇	139.90	24417	40443	黄益武	张　波
伍市镇	191.00	62347	73348	张　文	徐　莉
向家镇	41.30	21505	17049	徐鹏午	郑　崛

动城乡建设用地增减挂钩试点，三市、安定、加义、伍市、余坪、瓮江等乡镇实施耕地占补平衡项目新增耕地191.13公顷，长寿、木金、龙门等乡镇建设高标准农田0.45万公顷。新建梅仙110千伏和石牛寨35千伏变电站。新增通信基站50个，光纤入村率96.3%。

【平江县脱贫攻坚】 2017年，平江县推进脱贫攻坚大会战，争取86家省市单位和5个市辖区对口帮扶，安排117家县直单位驻村帮扶，动员2万多名爱心人士参与结对帮扶，实现贫困村和贫困户帮扶全覆盖。整合财政涉农资金5.51亿元，发放金融扶贫贷款2.47亿元，筹集“大爱平江”扶贫助困慈善基金1.03亿元，争取专项贷款和资金13亿元，全县筹集用于脱贫攻坚的资金超过20亿元。创新“三重三动”产业扶贫方式，发动1548个经济组织与11.6万名建档立卡对象建立利益联结机制，发展特色产业扶贫示范村53个，新增金融扶贫服务站88家、电商扶贫服务站50座，建成村级光伏扶贫发电站64座。启动惠及6474户2.21万人的易地扶贫搬迁和4159户危房改造，完成移民避险解困1276户4376人。出台生态扶贫、健康扶贫、教育扶贫、就业扶贫等专项方案，提供生态公益岗位4000个，医疗救助贫困人口15770人次3767万元，资助困难学生1.36万人次2431万元。建设贫困村综合文化服务活动中心38个，完成贫困村学校改造项目70个，新修、改造贫困村村级道路283千米，实施贫困村安全饮水工程60处。“三联三帮”开展大群团扶贫，“大爱平江”扶贫助困公益项目入选全省最佳志愿服务项目。至年底，全县35个贫困村脱贫出列，2.99万名建档立卡对象稳定脱贫，贫困发生率降至4.5%。

【环境保护综合整治】 2017年，平江县办结中央环保督察组交办件54件，实施重金属污染治理项目2个，拆除非法砂场110家、非法洗砂场13家，解体上岸船只159艘，退养拆除养殖场619家，问责22人，立案查处37起，生态环保状况明显改善。划定生态保护红线面积1651平方千米，成立环保志愿者协会，启动畜禽养殖粪污资源化利用试点，新建向家、三市、安定、加义、上塔市等18个乡镇垃圾转运站，建成集中式农村生活污水处理人工湿地公园8个，奖补农村生活污水处理净化池8240套，安定镇横冲村被评为全国改善农村人居环境示范村，全县空气优良率稳定在91%以上，被评为全省美丽乡村建设先进县。

（杨畅辉）

岳阳县

中共岳阳县委员会

书　记　田文静
副书记　曾平原　王保林
常　委　余泽世
吴光文（2017年6月任）
万　东（2017年6月免）
吴跃中
赵　瑾（2017年12月免）
陈绍东（2017年12月任）
周　鹏　洪国明　易新岳
王卫兵　苏红琳
邹志伟
（挂职，2017年9月任）

县人大常委会

主　任　汤小娥
副主任　刘小良　张艳生　胡海平
易治国　许吉程

县人民政府

县　长　曾平原
副县长　万　东（2017年6月免）
吴光文（2017年6月任）
邹志伟（挂职）
周　里　彭碧芳　付学文
胡秉阳　杨前进　张　奕
杨有凯
（挂职，2017年6月任）

县政协委员会

主　席　袁陆保
副主席　甘柏旺（兼）
彭荣欣（兼）
余望新（兼）　刘　岳

县人民武装部

部　长　洪国明
政治委员　马长林

县纪律检查委员会

书　记　赵　瑾（2017年12月免）
陈绍东（2017年12月任）

县人民法院

院　长　杨水平

县人民检察院

检察长　钟　沁

【概况】 2017年，岳阳县辖12个镇、2个乡，总面积2809.83平方千米，耕地面积4.99万公顷，总人口72.56万人，其中城镇人口19.39万人，占26.7%，人口出生率14.36‰，人口自然增长率8.27‰。境内年度最高气温37.3℃，最低气温0.9℃，年降水量1650.7毫米。

经济发展。岳阳县地区生产总值315.08亿元，同比增长7.5%；三次产业结构比为17.3∶46.1∶36.6；规模工业增加值增长7.4%；完成固定资产投资303.56亿元，增长13.5%；实现社会消费品零售总额104.58亿元，增长10.0%；完成公共财政预算收入9.67亿元，增长7.6%。156家规模企业完成工业总产值579.2亿元，同比增长11.5%。其中，园区企业完成工业总产值418.2亿元，同比增长26.1%；园区增加值同比增长10.4%，占规模工业比重70.6%。四大支柱产业生物医药、农副产品加工、机械制造、建筑建材完成总产值465.91亿元，增长10.5%，占全县规模工业总产值的80.4%。划定永久基本农田3.9万公顷，生产粮食52万吨。新增农民合作社88家，达到520家；新增中国地理标志证明商标5件，国家级标准化示范基地2个。举办岳台农业合作发展论坛，完成第三次全国农业普查。植树造林0.28万公顷，被评为全国防沙治沙先进集体。实施枫树湾规模化生物天然气工程，创新病死畜禽无害化处理和畜禽养殖废弃物资源化利用模式，被评为全国第一批畜牧业绿色发展示范县。成功举办第二届岳阳山地自行车挑战赛，东洞庭湖生态旅游项目进入规划阶段。新引进湘江村镇银行，组建巴陵农村商业银行。推进大众创业、万众创新，深化商事制度改革，新增市场主体3833户。

项目建设。争取国家重点投入项目78个，落实资金16.2亿元。省道308月田至新开段建设项目进入省级重点交通项目库，获得行业审批意见。创新招商引资机制，引进项目41个，到位资金51.6亿元。荣湾湖综合治理项目与省道308月田至新开段建设项目进入国家级、省级PPP示范库。推进土地依法征收与棚户区改造“百日攻坚”专项行动，依法征收土地303.33公顷，储备土地154.67公顷。投入8亿元完成国道240岳阳县段、岳荣新路一期提质改造，投资10亿元建设湘北大道岳阳县段，市县交通融城格局初步形成。推进省道312柏灰线段改造工程，推进东部山区水毁公路修复，8条干线公路前期工作取得突破。鹿角2000吨级兼顾3000吨级码头竣工运营。投入4.3亿元推进水利秋冬修。稳步推进小农水、中小河流治理等17个水利项目建设，推进城市防洪闭合圈一期、大坡水库除险加固等工程。实现县城供水输水管复线主管网供水。扩建3个千伏麻塘变，完成农网升级改造和电力智能信息采集工程，新增天然气用户2255户。新建通信基站45个，互联网覆盖率99.9%，被评为全国农业农村信息化示范基地。推进“六控一治”，全面加强铁山水库和新墙水库饮用水水源地保护。开展洞庭湖生态环境突出问题集中整治月行动，不断改善东洞庭湖生态环境。取缔关停涉砂场所128家，关闭非法黏土砖厂49家，清理落后非煤矿山企业9家，关闭烟花爆竹生产企业14家，退出环洞庭湖、铁山库区和新墙水库范围内规模养殖企业158家，淘汰黄标车780台。优化经济发展环境，查处破坏经济发展环境案件73起。县人民法院成功创建全国文明单位，荣家湾镇司法所被评为全国先进司法所，新墙镇清水村被评为全国民主法治示范村。

民生福祉。至年底，岳阳县城乡居民人均可支配收入分别增长9.6%、9.3%，达到26608元、15101元。民生支出26亿元，占一般公共预算总支出的71%。27项33件省市民生实事全面完成。全面建成小康社会实现程度96%。实施十大扶贫工程和“百千万”产业扶贫工程，29个贫困村如期摘帽，6990名贫困人口顺利脱贫。全力抗击“6·30”“8·12”洪涝灾害，确保安全度汛。落实防控责任，杜绝较大森林火灾，打赢H7N9禽流感立体防控战。完成3条城市主干道路建设、10条背街小巷改造。被评为全国文明城市提名城市（县城），成功创建省级园林城市和市级美丽县城。推进特色小镇创建，张谷英镇被评为湖南省美丽乡镇，新墙镇被评为省级卫生乡镇。顺利通过“两项”督导评估和国家义务教育基本均衡县省级评估验收。完成7所薄弱学校改造，推进公田镇中心小学异地新建一期工程。岳阳雅礼实验学校建成开学，筻口镇潼溪小学项目建成。新增非公立医疗机构两家，重点人群家庭医生签约服务率60%。医疗保险实现城乡并轨运行，各项社会保险归集保费9.91亿元，发放11.39亿元。改造农村危房2402户，特困移民避险解困搬迁795户。改造棚户区19个，改造面积42.2万平方米。192个村（社区）综合服务平台全面建成。新增农村饮用自来水人口5.7万人。新墙镇清水村被评为全国改善人居环境示范村。

【土地依法征收与棚户区改造“百日攻坚”专项行动】 2017年5月20日至8月30日，岳阳县在全县范围开展土地依法征收与棚户区改造“百日攻坚”专项行动，解决制约全县项目建设和经济发展的土地供应问题，涉及园区建设、棚户区改造、城市建设、交通建设、土地收储等19个重点征地拆迁项目。通过实施“四大包干”（县级领导包项目、

2017年岳阳县乡（镇）简况一览表

表17

名称	国土面积（平方千米）	耕地面积（公顷）	年末总人口（人）	农村居民人均可支配收入（元）	党委书记	乡（镇）长
荣家湾镇	217.41	6307.23	165037	16483	李德军	孙荣华
黄沙街镇	130.86	4736.11	55298	17296	吴旺兴	费时铭
新墙镇	75.97	2436.07	32288	16616	杨盛	周立雄
柏祥镇	100.00	3159.27	33473	15799	周仁建	吴进
筻口镇	139.38	5354.74	60159	15766	梁亿仲	刘炜
公田镇	146.47	3494.52	45540	14422	任传平	汤少文
毛田镇	183.67	3645.73	56631	12373	李林	刘三军
月田镇	175.40	2900.72	47176	11808	续广宁	付海苗
张谷英镇	177.37	1576.68	46322	14129	张文毅	毛绍波
新开镇	132.80	3702.89	39798	15851	孙肱	毛红波
中洲乡	72.90	3481.01	30861	14423	刘四兵	王勇
长湖乡	120.60	3396.60	40624	15496	童铮	王四平
步仙镇	103.66	2325.70	35193	13731	高兴球	黄海
杨林街镇	85.28	2986.70	33407	14463	程立斌	陈登高

负责干部包片区、乡村与县直干部包户、公职人员包亲友）的制度，各牵头县级领导包项目负总责，各项目指挥部将工作任务、完成时间节点倒排工期，实行挂图作战，各职能部门全力配合，攻坚克难。至年底，依法征收土地303.33公顷，储备土地154.67公顷，改造棚户区19处。

【岳阳县成功创建省级园林县城】 2017年，岳阳县通过强化组织领导，抓宣传发动，突出设施建设，提升管理水平，建立长效机制，游园绿化、道路绿化、庭院绿化、全民绿化实现突破，县城绿化指标稳步增长。至年底，绿地面积365.83万平方米，绿化覆盖面积400.55万平方米，绿地率32.37%，绿化覆盖率35.45%，人均公园面积7.12平方米，城市园林绿化各项指标均达到省级园林县城标准，顺利通过省住房和城乡建设厅考评验收。

【铁山水资源保护】 2017年，岳阳县做好控迁、控建、控伐、控采、控工、控养和污染治理的"六控一治"工作，保护铁山水资源。控迁方面，严格控制库区人口非自然增长，除婚育、退伍等法定政策原因外，库区人口"只出不进"，禁止外来人口迁入。控建方面，强力推进库区控建拆违，严查无审批建房、不按规范建房，对违规建设坚决予以拆除。至年底，严格依程序审批库区村民民生建房113户，强制执法停建92户，拆除违建房屋面积4200余平方米。控伐方面，严禁毁林开垦，推进退耕还林；一级保护区、二级保护区全面封山育林，准保护区限制采伐，严控抚育性间伐。控采方面，加强对采石、采矿、取土等活动的管理；禁止库区内一切采砂活动，库区原有28条采砂船全部解体上岸；严厉打击偷采、盗采、洗砂等违法行为，办理打击非法采砂采矿案件37件，全面杜绝违规采矿采砂现象。控工方面，禁止一切工业项目进入库区，强制关停木材加工厂2家、竹筷加工企业9家、大型石材厂3家。控养方面，启动库区一、二级保护区畜禽规模养殖一次性退出攻坚行动，全面完成134户规模养殖场的退养任务。污染治理，全面完成毛田、月田两个集镇污水处理厂建设，实现正常运营，集镇污水全面处理到位。完成3455户"四池净化"设施的建设，临水200米范围内40%以上农户的生活污水得到有效治理。改垃圾焚烧填埋处理方式为垃圾压缩中转、集中转运至库区外处理模式，所有垃圾实行无害化处理。

（赵文宇）

华容县

中共华容县委员会

书　记　刘铁健
副书记　陶伟军　钱丹青
常　委　黎朝晖　李学松　杨　景
　　　　石　剑　谢志辉　蔡吉伟
　　　　黎华平　胡　军
　　　　蒋南贵
　　　　（挂职，2017年3月任）

县人大常委会

主　任　付岳君
副主任　潘维新　张兴中　李东见
　　　　张昭林　陈绍汉

县人民政府

县　长　陶伟军
副县长　黎朝晖　张大宏　金　辉
　　　　赵群子　黄建明　范文科
　　　　周新建
　　　　周　玮
　　　　（挂职，2017年9月任）
　　　　蔡　智（2017年6月免）
　　　　李　勇（2017年6月任）

县政协委员会

主　席　徐康荣
副主席　文丽萍　蔡宜生　罗绍洪
　　　　刘云华　廖权赋

县人民武装部

部　　长　李立明
政治委员　吴　昊

县纪律检查委员会

书　记　李学松

县人民法院

院　长　郑　军

县人民检察院

检察长　彭　俊

【概况】 2017年，华容县辖镇12个、乡2个，居委会43个，村委会160个，土地总面积1597.1平方千米，绿化覆盖率40.5%。常住人口73.11万人，其中城镇人口35.47万人，城镇化率48.52%。出生9779人，人口出生率12.76‰；人口自然增长5064人，自然增长率6.61‰。日照时数1402.6小时，年平均气温18.2℃。华容县被评为全国法治先进县、"中国好粮油"行动示范县、省级出口食品农产品质量安全示范区、省安全生产先进县、省综合治理先进县，顺利通过国家卫生县城、省级园林县城复查验收，继续保持计划生育优质服务国优和省优、省平安县等荣誉。东山镇跻身全国第二批特色小镇。全县实现地区生产总值327.6亿元，同比增长7%。其中，第一产业增加值66.99亿元，增长2.4%；第二产业增加值144.19亿元，增长7.5%；第三产业增加值116.41亿元，增长8.7%。第一、二、三次产业对经济增长的贡献率分别为7.1%、51.2%和41.7%。全县公共财政预算收入完成9.15亿元，增长10.7%。

农林牧渔业总产值109.64亿元，同比增长2.6%，其中，农业产值55.16亿元，增长2.35%；林业产值1.04亿元，增长7.72%；畜牧业产值21.35亿元，增长0.25%；渔业产值30.44亿元，增长4.57%；农林牧渔服务业产值1.65亿元，增长8%。主要农产品产量：粮食总产量55.7万吨，同比增长0.94%；油料总产量7.52万吨，增长1.71%，棉花产量3.22万吨，增长0.5%；糖料产量1.77万吨，增长2.67%；蔬菜总产量66.49万吨，增长2.43%；水果产量5.95万吨，下降0.84%。全年肉类总产量6.34万吨，同比下降6.19%。其中，猪肉产量5.24万吨，下降6.18%；牛肉产量0.23万吨，下降2.76%；禽肉产量0.81万吨，下降6.4%。年末生猪存栏40万头，下降0.92%；生猪出栏77万头，下降4.94%；禽蛋产量1.55万吨，下降3.85%；水产品产量14.17万吨，下降6.17%。全年造林面积837公顷，同比下降37.21%；活立木蓄积量198.65万立方米，增长4.9%；苗木产量3203.5万株，同比下降0.53%；全县森林覆盖率为22.12%，同比下降0.05%。

全年全部工业增加值131亿元，同比增长7.2%。规模以上工业增加值增长7.5%。年末有规模以上工业企业115家，其中，本年新增16家。实现主营业务收入474.47亿元，下降3.63%；实现利润总额29.89亿元，增长47.8%。其中，国有企业实现利润0.2亿元，下降33%；集体企业实现利润0.14亿元，下降70%；私营企业实现利润16.8亿元，增长61%；外商及港澳台商投资企业实现利润0.8亿元，增长90%；其他内资企业实现利润1.95亿元，下降16%。在全部规模以上工业企业中，非公有制工业企业完成产值518.3亿元，增长11.6%。按产品性质分类，轻工业产值388.2亿元，增长8%；重工业产值153.4亿元，增长15.3%。利润总额居前五位的是农副食品加工业、纺织业、医药制造业、化学原料和化学制品制造业、非金属矿物制造业，分别实现利润5.39亿元、4.77亿元、1.68亿元、1.35亿元和1.31亿元。

完成全社会固定资产投资345.5亿元，增长15.9%。按产业划分，第一产业投资66.99亿元，增长347.79%，占全部投资的比重为19.4%，比重同比提高14.28个百分点；第二产业投资144.19亿元，增长61.5%，占全部投资的比重为41.73%，比重同比提高11.18个百分点；第三产业投资116.41亿元，下降38.07%，占全部投资的比重为33.7%，比重同比降低30.62个百分点。新增固定资产186.42亿元，下降18.2%，全年施工项目751个，新开工项目623个，投产项目399个。其中，5000万元以上项目104个，新开工38个，投产75个。房地产开发完成投资10.1亿元，增长80.4%。其中，住宅投资额7.35亿元，增长61.2%；商品房销售面积46.7万平方米，增长9.88%。其中，住宅销售面积44.78万平方米，增长34.47%。商品房销售额15.72亿元，下降4.4%。社会消费品零售总额105.41亿元，同比增长10.0%。分经营地看，城镇消费品零售总额92.02亿元，增长9.8%；乡村消费品零售总额13.39亿元，增长10.8%。分消费类型看，商品零售额97.14亿元，增长9.9%；餐饮收入额8.27亿元，增长10.6%。累计进出口总额（海关口径）1335万美元，同比下降5.6%。其中，出口额1200万美元，增长1.5%；进口额135万美元，下降41.7%。

实现交通运输、仓储和邮政业增加值15.7亿元，增长4.7%；全县有汽车客运站2个，公共汽车营运车辆80辆，民用营业性客车355辆，全年发送旅客量473万人。旅客公路周转量37325万人千米，下降16.2%。公路通车里程2955千米；公交车路数7条，出租汽车200辆。行政村客运班线通达率100%。全县民用汽车保有量111134辆（包括摩托车和低速货车345辆），同比增长6%。完成邮政业务总收入0.124亿元，同比下降29%。邮政业务完成邮政函件业务28900件，包裹业务22700件，快递业务量37.13万件，快递业务收入244.69万元。电信业务总收入2.41亿元，下降33%。固定电话用户53500户，下降17.69%；移动电话用户42万户，下降4.5%；互联网宽带用户6.2万户，新增8000户，增长14.8%。

广播电视机构1家，有线电视用户37000户，广播人口覆盖率100%，电视人口综合覆盖率100%。星级宾馆4个，旅行社1个，接待海内外游客720万人次，增长63.9%；实现旅游总收入11亿元，同比增长16%，旅游总收入占GDP比重3.36%。全年城镇新增就业6020人，其中，失业人员再就业3210人，新增农村劳动力转移就业5149人，援助零就业家庭成员41人，城镇登记

2017年华容县乡（镇）简况一览表

表18

名称	国土面积（平方千米）	耕地面积（公顷）	年末总人口（人）	人均纯收入（元）	党委书记	乡（镇）长
三封寺镇	75.8	2663	30913	11346	黎志良	谢绍峰
治河渡镇	43.92	2910	27801	15180	张水锋	张述军
北景港镇	75.5	3753	41908	16185	朱智华	万伟
新河乡	70.5	4266	41218	9480	钟勇军	李建新
鲇鱼须镇	107.2	6230	54648	13500	易斌	张哲军
万庾镇	98.5	4420	43433	10250	付春林	黎翳
东山镇	278	7849	86157	9054	谢光辉	付祖云
操军镇	104	5851	48549	11288	傅耀华	刘爱东
梅田湖镇	93	4692	38858	11186	夏季	严定维
禹山镇	141.61	5506	49740	18600	姚韦茂	胡先兵
插旗镇	52.3	3069	30651	12978	王鹏	方小雷
注滋口镇	125.4	7900	75968	12605	虢汉平	陈飞
团洲乡	50.15	3929	25453	9788	丁艺	卢进文
章华镇	122.7	5496	142351	11120	包金跃	蔡远鸣

失业率3.3%。全年城镇基本养老保险参保64545人，其中，职工参保35771人，离退休人员参保28774人；农村养老保险登记参保471590人；城镇基本医疗保险参保660610人，其中城镇居民基本医疗保险参保619712人，城镇职工基本医疗保险参保40898人；工伤保险参保62069人，新增747人；失业保险参保13408人，其中领取失业保险金职工245人；生育保险参保24689人，新型农村合作医疗参保619707人。全县有各级各类学校222所，其中小学91所，初中27所，高中5所，特殊教育学校1所，职业高中1所，幼儿教育97所。

全县有省级非物质文化遗产保护名录1个，艺术表演团体105个，群众艺术文化馆1家，公共图书馆1家，藏书总量15.6万册；影剧院1家，博物馆1家，文物藏品1237件，参观人数10万人次。体育场地353处，其中体育馆3家，运动场64个，游泳池2处，各种训练房10处。全县有各类医疗卫生机构565家，其中，医院5家，卫生院22所，妇幼保健院1家，专科疾病防治院（所、站）5家，疾病预防控制中心1个，卫生监督所1个，诊所、卫生所、医务室32个，村卫生室495个；完成查螺面积7169万平方米，查出垸内有螺乡镇7个，有螺村28个；查出有螺面积6290.45万平方米，其中垸内160.45万平方米，垸外易感地带4080万平方米。

【生态产业发展】　2017年，华容县推进生态产业发展，按照“四有”（有基地、有园区、有品牌、有龙头企业）发展思路，加速推动芥菜产业发展迈向中高端，力争5年内全县芥菜种植面积扩大到2万公顷，规模以上加工企业50家，带动食品加工企业发展，总产值300亿元。现拥有相关省级龙头企业3家、市级龙头企业4家。围绕现有纺织服装产业规模翻番的目标，在石伏生态纺织园启动科创、科立嘉各5万锭高端纺织项目，完成厂房建设、设备安装，进行试生产，推进洪山头纺织服装环保产业园建设，与广州增城等地进行多轮接洽。赛隆药业在深圳证券交易所成功上市，海济药业直销经营许可证公示。神华国华岳阳电厂正式注册运转，煤炭铁水联运储配基地前期快速推进。打造生态大米、稻田养虾、绿色蔬菜、中药材种植等农业特色产业，其中，水稻绿色高产高效创建面积2万公顷以上，小龙虾养殖面积1.67万公顷。

【华容县脱贫攻坚】　2017年，华容县推进脱贫攻坚，严格按照“应进尽进、应出尽出”原则，精准识贫、精准扶贫，清理不符合条件的对象15143人，新纳入贫困人口3649人。实行县级领导干部联点包村，进村入户解决贫困退出及扶贫领域相关问题，派驻22个工作队、57人，安排后盾单位45家，实现贫困村驻村帮扶全覆盖。县直单位安排96家3500人，各乡镇、村（社区）安排4000多名党员干部参与结对帮扶，全县建档立卡贫困户结对帮扶率100%。在种养产业、金融扶贫、电商扶贫等15个方面进行扶贫，财政专项扶贫资金投入总额5833万元。加大扶贫攻坚领域问责力度，对履责不到位的乡镇及县直单位主要责任人，进行约谈或问责处理，约谈乡镇及县直单位主要责任人6人，问责处理13名责任人和11个单位。至年底，全县28个贫困村按照标准整体退出，建档立卡贫困人口由2014年的37290人，下降到10400人，累计脱贫15447人，贫困发生率由2014年的3.25%，下降到1.73%。

【投融资平台建设】　2017年，华容县整合全县6家政府融资平台公司，完善城建投公司治理，城市建设投资管理中心更名为投融资管理中心，实现资金和业务归口管理。农建投正式投入运营，成功为泰平牧业、宏玉生物科技流转土地155.33公顷，投资5200万元，启动插旗芥菜集中腌制区等农业基础设施建设；完成对铭泰米业的股权投资。建立政府主导、市场化运营、专业化管理的运营模式，成立湖南泽华私募股权基金管理公司，通过中国证券投资基金业协会审核备案，为全省首家县级产业引导基金投入运作。首期基金规模2亿元，通过直投、间投方式对一批重点企业股权投资1.5亿元。

（易　文）

湘阴县

中共湘阴县委员会

书　记　汪　灿
副书记　李镇江　彭方建
常　委　邹国良（挂职）
　　　　周太平　李爱佳　李青松
　　　　姜开顺　邓　淼　林恒求
　　　　方卫兵　宋　华
　　　　肖　华（挂职）
　　　　文春华
　　　　（挂职，2017年9月任）

县人大常委会

主　任　熊检华
副主任　吴志辉　张亚玲　蔡　炜
　　　　刘海棠　李军良

县人民政府

县　长　李镇江
副县长　林恒求　肖　华（挂职）
　　　　文春华（挂职）
　　　　许　波（2017年9月免）
　　　　蒋世杰　范　征　余建新
　　　　刘映球　方腊初
　　　　李　峰（2017年9月任）
　　　　汤　静（挂职）

县政协委员会

主　席　周义军
副主席　吴星亮　甘文伟　陶　娜
　　　　熊国庭　甘　政

县人民武装部

部　长　姜开顺
政治委员　文　渊

县纪律检查委员会

书　记　邓　淼

县人民法院

院　长　李卫东

县人民检察院

检察长　何忠伟

【概况】　2017年，湘阴县辖14个乡镇和2个街道办事处，土地总面积1581.5平方千米，耕地面积4.22万公顷。年末总人口78.6万人，人口出生率14.22‰、自然增长率8.66‰。最高气温39.1℃，最低气温0.2℃，年降水量2058.2毫米。地区生产总值360.6亿元，完成公共预算收入15亿元，同比增长10.5%；城乡居民人均可支配收入分别增长8.6%、

8.2%；全面小康实现程度94.3%，提高2.4百分点。

现代农业。湘阴县农林牧渔业总产值86.15亿元，增长4.84%；粮食种植面积10.32万公顷，油料种植面积1.07万公顷，棉花种植面积0.03万公顷；粮食总产量60.75万吨；出栏生猪96.53万头，出笼家禽348.22万羽，水产品总量15.16万吨。流转土地0.37万公顷，新增百树山蔬菜、铁香有机茶等“三品一标”农产品22个，其中，樟树港辣椒、黄瓜获得国家地理标志农产品认证，创建部级水产健康养殖示范场2家、专业合作社120家，特色水产完成产值19.6亿元，鹤龙湖螃蟹实现线上线下销售额8000万元，增长25%。实施粮油全程机械化示范工程，粮食持续增产增收，被评为“中国好粮油行动”示范县。成功举办第十二届中国湘菜美食文化节，被评为全国首个“湖鲜美食之乡”。

新型工业。湘阴县实施“工业发展五年行动计划”，推动绿色建筑建材、绿色装备制造等支柱产业发展，全年引进项目53个。开展重大项目、重点工程50个，可孚医疗、卓达创新园等36个项目开工建设，鑫源新材料、元亨科技二期等8个项目加速推进，蓝天豚硅藻泥、苏德新材料等6个项目竣工投产，完成工业总产值385.9亿元。实施县域创新驱动发展战略，首次设立1000万元创新基金，争取上级科技投入1500万元，在全省率先出台引进科技人才促进科技成果转化“十条”，启动湖南省高等院校科技成果转移转化基地创建，与中南大学等18所省内外高校院所结成政产学研联盟，高新区科技孵化中心、同济大学技术转移湘阴分中心投入运营，新增高新技术企业13家、规模企业7家，总部经济完成税收400万元，增长160%，清退“三高一低”企业6家，成功创建远大可建、华康食品2家省级工程研究中心，获批全省知识产权建设强县。

第三产业。湘阴县社会销售零售总额105.64亿元，增长9.5 %。投资60亿元的洋沙湖国际旅游度假区正式开园营业，成功举办2017中国湖南国际旅游节，吸引14个国家和地区客商、数千名嘉宾参加，全年接待游客570万人次，旅游收入增长35%。商贸服务规模升级，新增线上商贸企业11家，建成农村电商服务站点451个，145家企业产品上线运营，电商交易额8.5亿元、增长106%。引进恒大地产、碧桂园等领军型房产项目，新开工商品房13.18万平方米，完成开发投资6.13亿元，增长9.5%。金融业创税8100万元，星龙村镇银行筹备开业。

城乡面貌。湘阴县完成社会固定资产投资246.63亿元，升级改造县乡公路57千米、实施农村公路安保工程153千米，临白线新干道竣工通车。国道240湘阴段一年建成通车，新乔线、武警机场公路全线通车，芙蓉大道湘阴段被评为“湖南最美绿色通道”，6.8千米洋沙湖大道和滨江南路高标准改造通车，漕溪港码头三期基本完工。秋冬修启动水利投资5.5亿元，实施沙田垸和义合垸等堤防加固工程，完成浩河口崩岸、仁山垸等险工隐患处置110多处，疏浚沟渠270千米，冬修水利工作被定为全省会议现场。

2017年湘阴县乡镇（街道）简况一览表

表19

名称	国土面积（平方千米）	耕地面积（公顷）	年末总人口（人）	人均纯收入（元）	党（工）委书记	乡镇长、主任
文星镇	30.85	270	21415	24837	熊　巍	易志杰
漕溪港街道办事处	85.61	2990	41823	15293	赵美前	甘　滋
洋沙湖街道办事处	89.55	2160	50973	15102	黄新凯	夏　胜
鹤龙湖镇	140.49	4650	73730	14321	秦献鹏	焦志勇
新泉镇	103.[illegible]8	6840	86322	15232	曾维光	阳　望
岭北镇	114.76	4080	83051	15239	任术海	杨建伟
湘滨镇	183.24	4530	62879	13294	左一峰	王　道
金龙镇	41.43	1020	18054	16226	焦洪桥	杨剑峰
玉华镇	45.91	1220	21945	13502	戴　翔	任治国
静河镇	60.92	1460	31475	14350	王献平	贺　立
樟树镇	55.19	1370	26940	14557	李　山	廖　昱
三塘镇	67.49	1530	25890	15336	戴卓伟	任　剑
东塘镇	43.09	2120	31691	15379	刘界雄	郑兵辉
六塘镇	35.12	1050	16588	15340	郑　剑	但　鹏
杨林寨乡	30.23	1740	26897	9042	何建平	刘慕文
南湖洲镇	150.09	4500	53015	14457	王　树	郭浩义

实施集镇污水处理设施建设三年行动，第一污水处理厂二期完工。推进治水、治气、治砂和洞庭湖综合治理，全县9河14湖全面建立“河长制”，拆除非法矮围网围0.22万公顷，清除欧美黑杨133.33公顷，关停退出畜禽养殖面积5.9万平方米，取缔非法砂场码头18座、入江排污口67处，关闭拆除砖瓦窑厂40家，节能减排任务超额完成，重点生态功能区县域环境质量年度考核排名全省第一。

社会民生。湘阴县推进精准脱贫，组织28个驻村工作队、3700多名干部到一线扶贫，28个贫困村整体退出，7800名贫困人口脱贫。启动棚改项目7个，农村危房改造2128户，移民避险解困搬迁820人。完成102个村电力网改升级，建成沼气连片示范点7处，“气化湖南”湘阴支线工程完工。新增就业再就业5331人，转移农村劳动力4746人，新增市场主体3620户，获批全国支持返乡人员创业试点县。率先在全市完成教育化债1.83亿元，建设合格学校27所，招聘农村教师200名，实施湘阴县一中、左宗棠中学提质改造，顺利通过第三轮全省教育督导评估。新建标准化村卫生室10个，改增一批村卫生室，血吸虫病防治年度达标任务超额完成，县老年康复院、精神病医院投入使用。郭嵩焘文化公园建成，岳州窑文化复兴工程启动，“体彩杯”湖南省第五届武术大赛散打比赛在湘阴县举行，举办群众性文体活动460场次，被评为全国群众体育先进县。严厉打击制假售假，被评为全国消费维权先进单位。社会大局和谐稳定，年度综治民调排名居全省前列。

【湘阴县防汛抗灾】 2017年6—7月，湘阴县在降雨、水位、汛情险情均为近年来之最的情况下，全县上下严防死守、奋力抢险，确保未溃一堤、未倒一垸、未因灾死亡一人，成功打赢沙田保卫战、湘阴保卫战。特别是在全省汛情最严峻、最复杂、最危急的沙田垸，洪水高峰最高超保证水位2.07米，因大堤年久失修、长期高水位浸泡，全线出现跌窝、堤脚液化、管涌群等重大险情，省委、省政府专门派省水利厅领导专家组到现场指导行洪，科学查险处险，守住大堤，保护岭北、新泉和益阳赫山区群众生命财产安全，取得湘阴县防汛抗灾史上的重大胜利。

【湘阴县获评省级安全生产示范县】 2017年，湘阴县树立安全发展理念，提高安全生产工作站位，以创建省级安全生产示范县为抓手，按照“县委总揽、政府主导、部门参与、社会联动、齐抓共管”的思路，全面强化安全监管，抓打非治违，筑牢基层基础，扎实开展“落实企业安全生产主体责任年”和安全生产大检查活动，安全生产形势持续稳定向好。安全生产大检查工作获得国务院安委会综合督查组肯定，至年底，经省安委办书面审查和现场考核验收，湘阴县被评为2017年度省级安全生产示范县（区）。

（胡　卫　徐再军）

临湘市

中共临湘市委员会

书　记　李美云
副书记　魏淑萍　余岳雄
常　委　凌晓明　李其报　易兴建
　　　　胥春华　李孟阳
　　　　吴光文（2017年6月免）
　　　　叶　罡（2017年6月任）
　　　　孙少游　周少华（挂职）

市人大常委会

主　任　魏新咏
副主任　王友华　陈长英
　　　　曹小光　李垂利
　　　　余　浩（2017年6月任）

市人民政府

市　长　魏淑萍
副市长　凌晓明　周少华（挂职）
　　　　彭海云　刘如乐　邓可杰
　　　　熊　丽　张国辉　吕　乐
　　　　李新宇（挂职）
　　　　谭世彬
　　　　（挂职，2017年3月任）

市政协委员会

主　席　廖祯祥
副主席　李征雷　马　榕　盛美华
　　　　陈步龙　刘伯凤

市人民武装部

部　长　郑　斌
政治委员　王国峰

市纪律检查委员会

书　记　易兴建（2017年6月免）
　　　　叶　罡（2017年6月任）

市人民法院

院　长　张　猛

市人民检察院

检察长　吴春生

【概况】 2017年，临湘市辖13个镇（街道办事处），土地面积1760平方千米，耕地面积3.83万公顷。年末总人口54.09万人，其中城镇人口15万人。人口出生率12.69‰，自然增长率7.09‰。最高气温40.6℃，最低气温-2.8℃，年降水量1874毫米。

实现地区生产总值255.65亿元，同比增长7.5%。其中，第一产业增加值32.81亿元，第二产业增加值134.68亿元，第三产业增加值88.17亿元，分别同比增长4.1%、7.0%、9.3%。一、二、三产业结构比为12.8∶52.7∶34.5，其中第三产业占比比2016年提高2.4个百分点。完成财政总收入9.02亿元，同比增长17.1%，税收占财政总收入比重为83%。

实现农林牧渔业总产值48.55亿元。其中农业产值22.9亿元，林业产值2.15亿元，牧业产值14.73亿元，渔业产值8.28亿元，农林牧渔服务业产值0.49亿元，分别同比增长13.3%、0.3%、2.2%、13.9%、8%。粮食种植面积5.86万公顷、产量32.11万吨，薯类播种面积0.14万公顷、产量0.64万吨，蔬菜种植面积1.03万公顷、产量29.82万吨，油料播种面积1.41万公顷、产量2.34万吨。茶园面积336.67公顷、产量1.5万吨，楠竹面积4万公顷，上市生猪85万头，水产品总量4.9万吨。全市浮标、茶叶、楠竹、特色农产品等电子商务年交易额7亿元，浮标企业实现直接出口破零目标。创建省级特色产业园2个、省级出口食品农产品质量安全示范区1个。17个浮标品牌被评为湖南省著名商标、湖南省名牌，12家浮标电商企业列入湖南省电子商务认定企业。临湘砖茶博物馆建成开馆，三湘四水被评为全省十大黑茶品牌金奖产品。中国竹艺城、竹类交易物流园开工，笋竹食品加工冷链物流园完成主体工程，现代林业（楠竹）综合产业园建设稳步推进。

临湘市规模工业企业152家，完成规模工业总产值475.92亿元、增加值90.96亿元，同比增长14.5%、7.6%。引导企业申报节能、技改、科技、信息化、特色县域等项目21个，争取项目资金5474万元。“十五小”企业关闭及淘汰落后产能工作基本完成，单位GDP能耗年均下降0.51%。东泰饲料机械、一叶舟钓具、东祥油脂等9家企业进入省级高新技术企业行列，高新技术产业增加值占GDP比重20.02%。精编滨江产业区20.16平方千米区域总体概念性规划及核心区规划，完成滨江产业区总规、核心城市设计、修建性详规；平整土地80公顷，回购土地17.83公顷；钓具服装产业园入驻企业27家，开工建设标准化厂房46万平方米；滨江工业园区上德生化二期、福尔程化工、宇恒二期、柳化岳阳中成、如虹制药、河南蓝彬和吉象化工7个化工朝阳项目开工建设；与武汉港发集团签订战略合作框架协议。产业发展势头更加强劲，园区形成化工、有色、建材、机械制造、浮标钓具等多元支撑的产业发展格局。实现固定资产投资95.8亿元；完成园区规模工业增加值64.9亿、同比增长9%，占到全市总量的71.4%；实缴税金2.33亿元，同比增长10.4%。

实现社会消费品零售总额74.7亿元，同比增长10%；完成外贸进出口2862万美元、外派劳务人员1428人次。实现商品房销售成交量3224套，成交面积39.58万平方米，销售金额14.3亿元。启动五尖山国家森林公园创国家AAAA级景区，十三村食品有限公司创全国工业旅游示范点，浮标小镇创国家AAA级景区等创建工作。临湘市被国际休闲经济促进会授予“中国健康养生休闲度假旅游最佳目的地”，浮标特色小镇被列入全国休闲渔业示范基地和湖湘文化风情小镇，国际垂钓中心成功举办全国垂钓俱乐部挑战赛等12场国家级赛事活动。累计包装、申报项目124个，争取各类上级政策性资金20.6亿元。引进金融机构5个，新增贷款27.91亿元，集中清收信用社不良贷款2521万元，金融机构各项存款、贷款余额分别达到159.4亿元和94.3亿元。

固定资产投资完成223.6亿元，同比增长15.9%。其中，获得国家发改委批准的黄盖湖防洪治理项目完成4处堤垸标准化改造，浮标特色小镇完成投资4亿元，长安文化创意园完成投资2亿元。总投资5.03亿元的金叶众望项目投产运行。临湘国际汽贸城、长安文化创意园、湘北国际商贸城、湘北风味美食城、金河汽车美容市场等项目开工建设，启动教体新城、交通路网工程、人民医院整体搬迁等项目前期工作。在交通领域，城中南路、芙蓉中路、麦坡东路、五尖山南门旅游公路、金太路建成通车，新发巷等15条背街小巷完成提质改造，长桃、坦定公路，羊楼司铁路跨线桥，临港公路一期改扩建工程全面竣工。在水利建设领域，完成龙源水库饮用水渠“明改暗”、10座小二型水库除险加固、游港河等3处河流治理，詹桥镇水土保持项目、聂市镇7村农田水利项目、26个贫困村安全饮水工程相继完工，幸福岭水厂管网延伸、铁山咀电排扩容等项目开工建设。城市建设方面。启动优化外环主干建设、背街小巷疏通循环、城区黑臭水治理、城市绿化亮化等基础设施建设，违法建设零增长。新增法治公园、西入口公园等8处绿地公园，启动小猫钓鱼乐园项目建设，完成全域旅游游客接待中心、五尖山南门公路、南门公园等基础设施主体工程建设。

城镇居民人均可支配收入26477元，同比增长10%；农村居民人均

2017年临湘市镇、街道办事处简况一览表

表20

名称	国土面积（平方千米）	耕地面积（公顷）	年末总人口（人）	人均纯收入（元）	党委书记	乡（镇）长
长安街道办事处	155.93	2113	82805	26513	何华光	汤勇刚
五里牌街道办事处	108.55	2153	71857	26441	李　瑜	汪　浪
忠防镇	101.73	1622	32746	14872	吴　斌	罗成英
聂市镇	267.56	6385	54960	14741	郑新宇	潘德明
江南镇	174.33	6278	42355	16129	陈彦斌	王文雄
羊楼司镇	281.11	3042	49961	16311	夏逢响	李志华
桃林镇	165.33	3072	58823	14083	戴季田	彭庆楚
长塘镇	57.67	2037	28690	14281	李开龙	张华
白羊田镇	80.99	1616	23100	13148	沈国齐	陆晖
詹桥镇	155.34	2089	41016	13113	李四海	袁胤
坦渡镇	153.75	5085	36167	14513	何卫华	陈云虎
黄盖镇	33.32	2810	10962	14699	郑娟（11月任）	郑娟（1—11）
桃矿街道办事处	11.4	—	7491	26477	刘庆明	沈凡力

纯收入14589元，同比增长9.2%。民生保障不断提高，办成省、市和本级民生实事28项，发放各项社保资金9.6亿元、民政资金1.65亿元，新增城镇就业5064人，新增农村劳动力转移就业5526人，社会福利中心10栋主体工程全部完工，完成棚改任务3527户。临湘市被评为“全国基层中医药工作先进县市”，流动人口动态监测工作在全国排名县市区第一名，桃林镇中心卫生院、聂市镇中心卫生院获得全国“2017年度群众满意乡镇卫生院”荣誉称号。教育布局继续调整，改扩建的市三中、新建的市六小投入使用，新市一中主体工程完工，新设立八小九小，扩建改造27所中小学薄弱环节，进一步全面缓解大班额问题。教学质量提升，理科本科上线率位居岳阳市第一位，录取北大学生1人，高考二本以上人数创近5年来新高。临湘市连续三年被教育部评为“先进集体”，市六中被评为全国家长学校示范校，市五小被评为全省教育信息化创新与应用示范学校，全面推进全市校园信息化、智慧化。扶贫攻坚取得阶段性成果，精准脱贫779户2389人，完成易地扶贫搬迁和危房改造578户。持续推进机构和行政体制改革，基本完成针织厂等4家企业改制工作，建成供销惠农服务机构45家，公车改革全面完成。防灾抗灾能力不断增强，人防工程总量2.4万平方米。社会事业不断进步，聂市古镇被评为中国历史文化名镇，羊楼司镇、龙窖山村、梅池村获得省级历史文化名镇、名村，临湘市被评为省家庭农场示范市，烟花爆竹企业退出工作经验在全省推介。城乡生态环境不断改善，黄盖湖水质升级到Ⅱ类，首批农村公益性公墓和村民建房集中建房点开工建设。获得国际国内体育赛事金牌69枚。信访形势稳中向好，社会治安明显好转，刑事发案率同比下降12.23%，综治民调工作在岳阳6县市排名第一位。

【全域旅游建设】 2017年，临湘市以“全景临湘、全域旅游”为目标，不断完善全域旅游规划布局和基础设施，着力打造集游乐、休闲、养生于一体的旅游型城市，取得良好成效，被国际休闲经济促进会授予“中国健康养生休闲度假旅游最佳目的地”。

【临湘浮标特色小镇建设】 2017年，临湘市以“浮标+”引领产镇融合，加快推进新型城镇化，初步建成全国首个浮标特色小镇。临湘浮标特色小镇被农业部评为全国休闲渔业示范基地，被湖南省旅游发展委员会、省文化改革发展领导小组列入第三批“湖湘风情文化旅游小镇”。

【临湘市获评全国基础中医药工作先进县市】 2017年，临湘市大力发展中医药事业，因地制宜搭平台，着力专业化、标准化、规范化建设，全面推动基层中医药特色服务能力建设，努力为群众提供多层次、多样化的医疗保障服务，取得良好成效，被国家中医药管理局评为全国基础中医药工作先进县市。

（黎建平）

汨罗市

中共汨罗市委员会

书　记　喻文
副书记　朱平波
　　　　李冯波（2017年12月任）
常　委　李冯波　林治学　陈培宏
　　　　向进良　王敏求　柳雁翔
　　　　杨　峰　舒文治
　　　　陈若杨
　　　　（挂职，2017年9月任）
　　　　陈双全
　　　　（挂职，2017年6月任）

市人大常委会

主　　任　闵秀明
党组副书记　倪运清
副 主 任　杨　勇　何中良
　　　　　许向云　易　红
　　　　　毛炼红

市人民政府

市　长　朱平波
副市长　林治学　陈若杨（挂职）
　　　　陈双全
　　　　（挂职，2017年6月任）
　　　　朱　苇　陈岭华　刘四清
　　　　仇正勇　吴高明　宋　辉
首席专家、市长助理
　　　　刘祚祥（挂职）

市政协委员会

主　席　彭千红
副主席　徐德元　周育林　何秀伟
　　　　彭国光　李才红

市人民武装部

部　　长　向进良
政治委员　刘　为

市纪律检查委员会

书　记　柳雁翔

市人民法院

院　长　孔　剑

市人民检察院

检察长　赵承卓

【概况】 2017年，汨罗市辖15个镇、1个办事处，土地面积1562平方千米，其中耕地面积4.1万公顷。年末总人口67.15万人，符合政策生育率97.19%，人口性别比例107.72，自然增长率8.69‰。年内最高气温39.4℃，最低气温-3.2℃，年降水量1729毫米。

完成地区生产总值378.7亿元，同比增长6.3%。其中，第一产业实现增加值43.6亿元，增长4.2%；第二产业实现增加值210.8亿元，增长5.0%；第三产业实现增加值124.3亿元，增长9.6%。三次产业结构比由12.3：58.5：29.2调整为11.5：55.7：32.8。完成一般公共预算收入18.1亿元，增长17.4%。

实现农林牧渔业总产值65.4亿元，增长4.6%，其中，农业产值31.6亿元，增长13.3%；林业产值1.4亿元，增长7.7%；牧业产值23.4亿元，增长8.1%；渔业产值7.9亿元，增长14.5 %；农林牧渔服务业产值1.1亿元，增长10.0%。农作物播种面积9.57万公顷，粮食总产量39.7万吨，其中稻谷产量35.7万吨。蔬菜产量35.5万吨，肉类产量8.6万吨，水产品产量3.9万吨，出栏生猪115万头。创建优质稻万亩示范片4个、特色种植基地20个，新增种养大户220个、农民专业合作社46家、家庭农场55个、省级农业特色产业园2家，农业机械化水平82.7%，长乐情公司在新三板挂牌，被评为全省粮食生产标兵县（市）。大面造林0.15万公顷，绿化通道186千米，森林覆盖率47.1%。

规模以上工业企业发展到212家，实现规模工业总产值756.5亿元，增长12.0%；规模工业增加值143亿元，增长5.5%。循环经济产业园完成工业总产值549亿元，实现税收9.63亿元，建成岳阳（汨罗）公路口岸，通过国家"城市矿产"示范基地验收，新增国家高新技术企业8家，完成高新技术产业增加值68亿元，增长15.3%，获批省级高新技术产业开发区。长沙经开区汨罗产业园基本建成3平方千米启动区框架，签约落地项目6个，湖南仁冠项目建成投产。

实现社会消费品零售总额[illegible]4.5亿元，增长9.6%。外贸进出口总额1000万美元，增长28.5%。开展"迎老乡、回故乡、建家乡"和产业招商月活动，引进项目72个，总投资171.43亿元，到位资金5[illegible]2亿元。实际利用外资3641万美元，增长26.2%。对外劳务合作营业额3035万美元，增长19%。完成3家外贸新备案企业进出口实绩"破零"和2家外贸实绩"倍增"，外贸经营资质企业发展到89家。电商企业增至1660家，实现交易额45.5亿元，增长24%，其中农产品上行交易额2360万元，增长195%。快递业务量1066.7万件，上行量增长54%。农村商业银行挂牌开业。推进供销社改革，组建市惠农服务公司1家、镇惠农服务中心4家、村综合服务社70家。推进土地承包经营权确权颁证，完善"三权分置"办法。推动殡葬改革，启动城市公益性公墓及4个镇农村公益性公墓建设。

完成社会固定资产投资 300.8亿元，增长13.5%。屈子生态湿地公园建成开放，高泉新城片区启动汨罗国际广场建设，商贸博览中心封顶，新汽车站一期竣工。新建小游园4个，新增停车位380个。国道240汨罗段建成通车，国道536汨罗段完成主路面工程，红屈线一期建成通车，山塘路跨铁路桥架梁施工，拉通山水路，提质汨罗江大道6千米，改造背街小巷7条，打通农村断头路11.1千米，加宽窄路33千米，完成安保工程156千米，改造维修危桥12座。除险加固水库58座，护坡整修大堤5.4千米，疏浚重点沟渠45.7千米，实施城市盲区供水工程、农村安全饮水巩固提升工程，解决10.1万居民饮水安全问题。升级33个行政村宽带，提质48个行政村农配网。建成178个村（社区）综合服务平台。

城乡居民人均可支配收入29392元、16552元，分别增长8.8%、8.3%。脱贫攻坚实施省级产业扶贫项目1个、县级项目227个，发放小额贷款5365.5万元，易地搬迁718户2416人，改造补助危房350户，退出贫困村15个，脱贫7682人。新增城镇就业5469人，转移农村劳动力就业5270人，城镇登记失业率控制在3.91%以内。教育工作被评为全国义务教育发展基本均衡县（市）、国家级农村职业教育与成人教育示范县（市），汨罗籍运动员周倩夺得第十三届全运会女子自由式75公斤级摔跤冠军。完成"村村响"数字化改造，放映公益电影4524场，送戏下乡85场，送书下乡6.9万本。计划生育工作创建新一轮"国优"。持续树新风、治陋习，举办首届集体婚礼。公交实现国有公营，添置新能源公交车81台，65岁以上本地老人免费乘车。公开分配公租房764套。建成投资过千万的乡镇敬老院2家，发放基本养老服务补贴76万元。各类社会组织发展到359家，爱心之家志愿者协会被评为湖南省最佳志愿服务组织。应对有记录以来最大的雨情汛情，处置水库险情10

2017年汨罗市乡镇简况一览表

表21

名称	国土面积（平方千米）	耕地面积（公顷）	年末总人口（人）	农村居民人均可支配收入（元）	党委书记	乡（镇）长
归义镇	26.62	899.30	85681	20880	黄　平	毛　利
汨罗镇	24.40	1901.31	27444	15339	胡亚运	郝　光
新市镇	34.45	1230.62	28011	19074	李亚江	周　田
罗江镇	155.96	5118.60	61113	16019	倪　勇	于　法
古培镇	58.45	2376.12	34440	16713	闵庆丰	郑　丰
弼时镇	156.00	3367.96	56931	18190	吴艳平	张保林
神鼎山镇	118.74	3253.20	48311	18199	许艳辉	刘成熟
白水镇	65.42	2086.33	36773	16038	周　振	熊细平
川山坪镇	143.00	3397.20	57528	15201	李尚兵	颜念龙
长乐镇	70.73	2033.92	32293	17049	凌红权	许　强
大荆镇	81.10	2534.12	26826	16601	赵　婷	郭永恒
三江镇	129.12	2033.65	31674	15468	仇文娟	黄光大
桃林寺镇	150.57	4937.67	70351	16012	陶文轩	黎安福
白塘镇	73.34	2588.22	28565	14411	李鲜艳	郭阳平
屈子祠镇	93.72	3194.40	45566	16612	廖升红	湛　虎

起、垸区险情28起，转移安置群众7967人，夺取防汛抗灾胜利。

【屈子文化园开园】 2017年5月30日，汨罗市屈子文化园开园。屈子文化园位于屈子祠镇，占地10平方千米，分为屈子祠核心景区、端午文化体验区、端午文化产业区、端午文化民俗区、屈原墓保护区、汨罗江湿地保护区。先期启动的2.5平方千米屈子祠核心景区初步建成，景区内有屈子祠、屈子书院、水仙湖、骚坛、濯缨桥、望爷墩、绣花墩、桃花洞、寿星台、剪刀池等纪念屈原的古迹。至年底，屈子文化园承办“爱我国家·圆梦中华”全国文明村镇文艺展演，举办屈原文化传承与区域文化创意产业发展高峰论坛、全省首届抬阁故事文化节、第13届汨罗江国际龙舟节，湖南省屈原文化研究基地落户园区，推出《屈原文化研究丛书》。

【全国首次高档优质稻田间拍卖】 2017年10月10日，全国首次高档优质稻田间拍卖活动在汨罗市举行，三个标的全部卖出，拍卖价分别达到每百斤182元、155元、156元，比市场价分别高出40%、19%、20%，进一步调动农民种优质稻的积极性，助推高档优质稻种植，实现品种、基地、企业三个轮子“扣齿转”。

（王海光）

岳阳楼区

中共岳阳楼区委员会

书　记　陈阁辉

副书记　黄建文　廖星辉

常　委　朱彦翼　李　峰　周岳雄
　　　　徐　平　彭　飞　王智勇
　　　　黎建欣　白铭科
　　　　罗　海（2017年3月任）

区人大常委会

主　任　漆　胜

副主任　周幺龙　施　敏　李建国
　　　　张雪梅　陈金星

区人民政府

区　长　黄建文

副区长　徐　平　余　昕
　　　　高鸽子（2017年6月免）
　　　　李尧瑶（2017年6月任）
　　　　唐露尧　方正春
　　　　严石龙　邓建华
　　　　央　拉
　　　　（挂职，2017年3月任）

区政协委员会

主　席　彭端生

副主席　吴怡红　邓群政　许国豪
　　　　刘　娟（兼）

区人民武装部

部　长　彭　飞

政治委员　黄柳清

区纪律检查委员会

书　记　周岳雄

区人民法院

院　长　夏常凯

区人民检察院

检察长　许建华

【概况】 2017年，岳阳楼区按照“1+4+2”大岳阳城市圈建设定位要求，坚持城市经济发展第一要务，全区实现地区生产总值619亿元，增长9.5%，占全市比重19%；完成社会固定资产投资229亿元，增长15.5%；实现社会消费品零售总额420亿元，增长12%；完成财政总收入26.2亿元，增长15%，主要经济指标稳居全市第一位。全力化解政府性债务，通过严控新上项目和安置房建设、改善贷款结构、盘活存量财政资金等，累计争取置换债券12.5亿元，化解债务9.25亿元，向上争资11.1亿元，财政风险得到有效化解。

棚户旧城改造。岳阳楼区坚持“一周一调度、一月一讲评”制度，从全区抽调1300多名干部到征拆一线，采取以搬促拆、以拆促签、司法助拆和公产公职公权配合等措施，推进棚户（旧城）区、东风湖新区和交通建设大会战、港口建设大会战征拆工作。中心城区九大棚户区征拆全面清零。至年底，完成棚改征拆、土地依法征收9660户160万平方米，腾地533.33公顷，有效拓展中心城区发展空间。全面加快土地出让步伐，申报出让土地20宗、59.6公顷，总价29多亿元。

民生社会事业。岳阳楼区推进社区治理与服务创新“三合一”工程，办理便民业务71万笔，办结网格事件1.2万多件，群众满意率99%。省市民生实事12大项17小项任务全部完成。推进脱贫攻坚大会战，在麻布山片区统筹实施精准扶贫、新农村建设和乡村休闲健身旅游开发，完成脱贫任务。均衡发展教育事业，投入资金1.2亿元，加快推进白杨坡小学建设，改扩建中小学、幼儿园9所，公开招考中小学教师80人。落实就业优先政策，新增城镇就业9000人，城镇登记失业率控制在4%以内，零就业家庭保持动态清零。

城市建设管理。围绕全国文明城市复查迎检，健全完善“大城管”工作机制，构建常态长效机制。开展市场秩序、“五小”门店等九大突出问题专项整治，改善花板湖路、白杨坡路等11条道路面貌，标准化建设东井岭等3家农贸市场，规范夜市秩序，解决占道经营、流动摊贩等城管“顽症”。开展环卫提质行动，提升中心城区环卫保洁水平，在同城五区环卫评比中，岳阳楼区全年每月排名第一。严格执行城乡规划，拆除违法建设1000多处、面积14.8万平方米。继续保持禁炮高压态势，中心城区禁炮工作取得明显成效。深化精神文明创建，打造一批文明社区和文明街巷，东方红小学获得第一届全国文明校园称号。

城乡生态环境。从严从实整改中央、省、市环保督察反馈的突出问题，全部完成阶段性销号。落实最严格的生态环境保护制度，执法检查企业200多家，实行限期治理43家，行政处罚32家，查封小作坊、小工厂65家。全面落实区、街道（乡）、社区（村）三级“河长制”，开展洞庭湖突出环境问题集中整治行动，打捞南湖、王家河等水域漂浮物1200多吨，完成望岳水库、洛王水塘、冷水铺村明沟等6处黑臭水体整治，规范化改造东风湖、吉家湖等内湖排污口8个，查处水事违法案件6件。实行空气质量24小时不间断监测，集中整治夏万路、书城街、国康花园等14处餐饮油烟污染，关停黏土砖厂10家。推进农村环境综合整治，建设磨刀村、建中村污水集中处理工程，完成农村改厕1100户。扎实开展乔木进城、绿化造林系列活动，面上造

2017年岳阳楼区乡、街道办事处简况一览表

表22

名称	国土面积（平方千米）	耕地面积（公顷）	年末总人口（人）	人均可支配收入	党（工）委书记	乡长（主任）
郭镇乡	20.[illegible]	287.13	13257	16542	李大汉	向　彪
岳阳楼	3.02		33081	30386	陈建明	万雁飞
三眼桥	2.22		32280	30386	周上青	何文辉
吕仙亭	3.168		32815	30386	柴石球	刘　勇
金鹗山	2.983		49816	30386	曹　陶	周智勇
东茅岭	1.71[illegible]		41232	30386	李小平	林　海
五里牌	3.17		59044	30386	李亚东	周七亿
望岳路	2.35		38516	30386	徐演铭	肖　永
城陵矶	6.09	10	30676	30386	任建国	兰寒松
枫桥湖	3.565	3	28679	30386	刘达鸿	任鸿初
洞　庭	6.84		5866	30386	徐　佳	刘卫华
奇家岭	13.245	170	38116	30386	彭宪会	蔡华坤
洛　王	31.2	431	84407	30386	许春龙	李立邦
王家河	2.35[illegible]	1	30891	30386	胡吉安	杨霞霞
站前路	1.18[illegible]		24044	30386	沈大庆	胡　定

林66.67公顷，义务植树10万株。

【平安楼区建设】 2017年，岳阳楼区加大人防、物防、技防标准化、规范化建设力度，推进平安楼区创建，中心城区接处警率下降10%，刑事发案率下降38.9%，破案率上升17.4%，"警网一体化"工作经验在全国推介。推进法治楼区建设，运用法治思维、法治方式开展工作、破解难题，营造公平正义的法治环境，区委书记陈阁辉被评为全省"十佳法治建设推进者"。实施信访积案清零行动，落实"五包一"管控措施，化解信访积案26件，信访总量、集访和非正常上访数量均明显下降。开展民间投融资行业风险排查整治，立案36起，为受害者追回资金8000多万元。开展全领域安全生产执法检查，完成33处省、市挂牌督办安全隐患整治，全年未发生较大以上安全责任事故。

【岳阳楼区重点项目建设】 2017年，岳阳楼区将2017年定为"项目建设年"，推进项目建设提质增效，至年底，实施重大建设项目100个，完成投资138.5亿元。编制《岳阳楼区产业发展规划》，通过市区两级评审并发布。重点聚焦现代商贸、金融保险、房地产等优势主导产业，开展精准招商，全区续建、新引进项目40个，协议引资330.4亿元，到位资金31.7亿元。做优做强东茅岭核心商圈，步步高·新天地开业，友阿城市商业综合体、万象瑞城国际会展港建设推进，武商、天虹、百盛等大型商场业态不断创新，浦发银行、长沙银行、广发银行进驻。推进交通建设大会战，临湖公路、赶山东路、学院路等城市主干道加快建设，奇康路、金凤桥北路、汴河园路等项目顺利实施。

【"五个一公里"公共服务圈建设】 2017年，岳阳楼区高标准规划、大力度投入，全面打造"一公里就近入学""一公里就近诊疗""一公里休闲健身""一公里社区警务""一公里政务服务"等五个"一公里公共服务圈"。完善教育、卫计、文体等基础设施，投入资金1.2亿元，推进白杨坡小学建设，改扩建中小学、幼儿园9所；完成东茅岭街道社区卫生服务中心新址搬迁、区疾控中心提质改造，推进区妇幼保健院改扩建，奇家岭、城陵矶街道社区卫生服务中心被评为"全国百强"；建成21个街道、社区文化活动阵地，组织开展"欢乐潇湘·幸福岳阳·核心楼区"等24场大型群众性文化活动，城市公共服务能力显著增强。

（徐志鑫）

云　溪　区

中共云溪区委员会

书　记　张中于

副书记　余良勇

　　　　严钜辉（2017年9月免）

　　　　潘宏军（2017年12月任）

常　委　杨　斌　胡　蝶　彭　明

　　　　王来平　姜其胜　吴健思

　　　　余　炯（2017年12月免）

　　　　邓岳生（2017年12月任）

　　　　黄达江（2017年12月任）

区人大常委会

主　任　聂金华

副主任　廖八谷　陈辉华　熊永初

　　　　刘中华　叶小平

区人民政府

区　长　余良勇

副区长　徐　利　刘庆雄　周拥军
刘绍文　何　喜
邓岳生（2017年9月免）
赖　毅
（挂职，2017年9月任）
魏　霞
（挂职，2017年3月任）

区政协委员会

主　席　蒋雄波
副主席　桂海波　周家冀
肖洋溢（兼）
刘小洲　曾海兵

区人民武装部

部　　长　杨　斌
政治委员　徐国华

区纪律检查委员会

书　记　吴健思

区人民法院

院　长　李伟辉

区人民检察院

检察长　何小山

【概况】　2017年，云溪区辖2个镇、2个街道，土地总面积396.2平方千米，耕地面积8700公顷。年末总人口为16.93万人，出生率为15‰，自然增长率为11.1‰。实现地区生产总值138亿元，增长7.1%；规模工业增加值64亿元，增长6.6%；实现消费品零售总额25.21亿元，增长10.2%；完成固定资产投资69.2亿元，增长16.2%；财政总收入10.54亿元，其中，税收收入增长8.6%，税收收入占总收入的比重提高10个百分点；城乡居民人均可支配收入分别为35019元、17860元，分别增长9.7%、8.6%。三次产业比重优化为6.8：48.3：44.9，第三产业比重持续提高。

改革发展。云溪区全面深化改革，激活经济发展动能，推进9大类36项改革任务。深化行政体制改革，全面梳理公共服务事项，推进行政许可标准化建设，“放管服”迈出大步伐，行政审批项目减至137项。深化经济体制改革，出台《岳阳市云溪区财政专项资金管理办法》，修订完善《政府性投资项目管理办法》，推进国库集中支付，整合政府投融资平台，政府债务、财政专项资金得到有效管理。深化农村综合体制改革，稳步推进农村土地确权登记颁证，全面启动供销合作社综合改革，出台《岳阳市云溪区农村集体资金资产资源管理办法》，释放农村经济发展潜力。持续深化大众创业万众创新，新增创业实体838个，高新技术产业增加值占GDP比重45%，高新企业增至59家，岳阳绿色化工产业园获得省级中小微企业创业创新基地、省级绿色园区和省高新区称号，东方雨虹、兴长集团获市长质量奖，高密度聚乙烯防水卷材（HDPE）等3个项目入选全省工业领域“百项重点新产品推进计划”。

城乡统筹。云溪区开展新一轮城镇提质改造，编制完善云溪片区排水工程专项规划，推进3大片区棚户区改造，启动新建垃圾中转站3座，大力实施“乔木进城、绿化增量”工程，提升城镇品质。统筹推进规范农村村民建房和农村危旧房改造，全面完成49个村庄简易规划编制，推进6个村民集中建房点建设，枧冲村成功创建“省级美丽乡村建设示范村”，八一村成功创建市级“美丽村庄”。强化农村基础设施建设，高标准改造农田253.33公顷，新建和提质改造农村公路26千米、危桥4座，小农水重点县3年建设计划、撇洪渠水毁修复工程全面完成，太平河清溪段治理基本结束，农村安全饮水工程顺利推进，解决7000名农村居民安全饮水问题。

项目建设。云溪区以项目大建设推动经济发展，新引进项目33个，引进资金71.81亿元，清溪生态旅游开发项目和年产10万吨丁二烯、年产5万吨SEBS、年产6万吨甲醛溶液等重大产业项目成功签约。项目建设快速推进，新开工项目20个，总投资29.77亿元，高模数水玻璃、SEPS、甲乙酮深加工等17个园区产业项目顺利投产；云港化工、济海一期、森凯等港口物流项目进入试运营；长炼技校北干道、官山路、石峰路、胜利路等升级改造项目竣工通车，道仁矶物流园路网基本完工，欣港东路、金桥路、云溪汽车站、道仁矶超限检测站等交通项目启动建设；缤纷天地商业街区、公租房主体工程等民生实事项目全面完工。要素保障供给有力，开展土地依法征收和禁拆治违工作，拆迁房屋99栋，8个项目全部清零，征收土地85.47公顷，拆除各类违法建设369处、48946平方米；新开工建设标准化厂房19.91万平方米，竣工15.43万平方米，入驻企业8家，使用率100%。

民生福祉。全年民生支出7.5亿元，占财政总支出的70%。新增城镇就业2736人，失业人员再就业1350人，新增农村劳动力转移就业1474人。开展脱贫攻坚大会战，结对帮扶、驻村帮扶、行业扶贫和平江福寿村对口帮扶取得明显成效，66户228人成功脱贫、4个贫困村全部退出。发展社会事业，城乡义务教育一体化改革发展全面推进，学前教育、普通高中教育、职业教育协调发展；新建区人民医院、永济卫生院主体工程基本完工，被评为全国基层中医药工作先进单位和全省人口与计划生育工作模范县区；大矶头遗址成功列入国家“万里茶道”遗产点正式名录，坪田牌坊保护修缮列为全省石质文物保护示范

2017年云溪区镇、街道办事处简况一览表

表23

名称	国土面积（平方千米）	耕地面积（公顷）	年末总人口（人）	城乡居民人均纯收入（元）	党（工）委书记	镇长主任
云溪镇	179.79	2822.7	86623	31995/14621	杨建勤	李　伟
路口镇	108.09	1930.8	22619	29800/16114	郑　匡	李新安
陆城镇	112.48	2916.7	21995	29873/15168	方　洪	张传英
长岭街道办事处	2.64	848.1	38084	30155/16313	丁平安	张文欢

工程。办好民生实事，新建和标准化改造农贸市场、农村宽带网络升级改造等14件22项省市实事全面完成。强化社会保障，低保补助、五保供养等救助标准持续提高，累计发放各类补助资金2280万元；城乡居民养老、医疗保险参保覆盖面持续扩大，分别达到100%、98%。开展安全生产大排查、大整治、大管控行动，顺利通过国务院安委会安全生产大检查综合督查。统筹抓好信访维稳、社会治安、防汛抗灾、森林防火、动物防疫等工作，营造和谐稳定的社会环境。

生态环境。强力整改中央环保督察反馈问题、省领导交办突出环境问题，立案查处环境违法案件38起，行政拘留4人；整治废水废气企业39家，关停园外小化工企业11家、关闭15家，取缔黏土砖厂5家，淘汰黄标车508辆，退养规模养殖场214家10.27万平方米，消减区域环境污染存量。严格落实“河长制”要求，统筹推进长江非法采砂治理和洞庭湖水环境综合整治“五大专项行动”，长江沿线非法砂石码头全部整治、绿化到位，饮用水源地及洞庭湖区生猪退养年度任务全部完成，松杨湖矮围网围拆除强力推进，松杨湖流域及云溪河综合治理工程一期项目和云溪河下游沿岸工业历史遗留固废渣处理项目完工，云溪河黑臭水体治理工作有序推进。全面启动城乡绿化三年行动，人工造林400公顷、森林抚育400公顷，绿化炼化路、道云路等道路37千米，区域生态环境质量持续改善。

【石化延链补链】 2017年，云溪区石化延链补链强链，重点围绕碳一、碳四、丙烯、芳烃四条主产业链开发包装一批产业项目，制订出台《园区招商引资优惠政策暂行办法》等一批政策文件，紧盯国际国内500强及行业龙头企业，瞄准石化下游产业精准招商，取得明显成效。至年底，区本级实现丢工贸收入1015亿元，同比增长12%，区本级实缴税金6.48亿元，同比增长6.7%。新签约项目31个，总投资63.81亿元，其中签订意向合同投资15亿元碳酸二甲酯及下游产业系列项目，填补环氧丙烷下游产业链在华中及西南地区的战略布局空白；签约投资10.4亿元10万吨每年丁二烯项目填补全市碳四产业链空白。

【云溪区获评综合治理工作先进单位】 2017年，云溪区坚持以改革推动社会治理创新，加快平安云溪、法治云溪建设，综治工作再创全省先进，民调保持全省一类方阵。深化网格化服务管理，推进“雪亮工程”建设，创新实施“995群防群治监控+视联入网格化”项目，云溪镇桃李村成为全市首个省级“雪亮村庄”示范村，危化品监管“雪亮工程”云溪经验获得全省推介。重点围绕影响社会稳定违法犯罪行为，开展“五打击五整治”专项行动，刑事破案率全市第一，近十年命案全部告破，命案逃犯全部缉拿归案。

（李 朋）

君山区

中共岳阳君山区委员会

书 记 谢 胜

副书记 李 勇 白再兴

常 委 罗 遥 李爱玲 马志光 傅大斌 彭志展 李力之 陈华生 周 峰 吴 波 朱雪红（挂职，2017年3月任）

区人大常委会

主 任 余 为

副主任 张跃芝 陈可娟 何欣平 秦国兴 朱 旗

区人民政府

区 长 李 勇

副区长 罗 遥 朱雪红（挂职，2017年3月任） 李卫兵 丰为民 彭红卫 唐域建 周志辉 吴国良

区长助理、区政府首席专家 李 海（2017年6月任）

区政协委员会

主 席 陈忠炎

副主席 杨文学 练 伟（2017年6月免） 唐本贻（兼） 杨再兴 曹志刚（兼）

副主席侯选人 杨 善（2017年6月任）

区人民武装部

部 长 彭志展

政 委 施文亮（2017年7月任）

区纪律检查委员会

书 记 李力之

区人民法院

院 长 陈 勇

区人民检察院

院 长 闵孚君

【概况】 2017年，君山区辖4镇1办2场，土地总面积627平方千米，耕地面积2.69万公顷。年末总人口24.62万，人口出生率11.33‰，自然增长率7.49‰。年内气温最高度35.6 ℃、最低-0.6℃、平均气温18.3℃，年降水量1650.7毫米。实现地区生产总值134.48亿元，增长6.6%；三次产业结构调整为20∶40∶40；完成财政总收入4.64亿元，增长10.5%。

实现农业总产值45.52亿元，增长2.14%。粮食、蔬菜、棉花（皮棉）总产量为16.07万吨、34.3万吨和1万吨，全年出栏生猪36.7万头、出栏牛0.45万头、羊0.7万头、出笼家禽25.8万羽，实现水产品总量3.61万吨。全面完成农田水利和国土整治项目年度目标任务，疏浚沟渠405千米，完成“旱改水”333.33公顷，新增耕地95公顷，建设高标准农田406.67公顷，建立新品种示范点10个，发展亩产值超万元农田0.6万公顷，马颈河村被农业部确定为全国一村一品示范村。全区流转土地1.13万公顷，落实订单生产面积2.67公顷，新增省级现代农业特色产业示范园4个、农民专业合作社66家、家庭农场27家。新创建农产品商标25件、省著名商标3件。在全市率先建成农产品“双认证”检测机构，正式授牌首批国家农产品质量安全县（区）。

实现规模工业产值225.6亿元，增长5.6%；完成规模工业增加值51.9亿元，增长5.5%；万元GDP能耗降低率为3.5%；全区工业用电量7480万度，增长−3.9%。取消或降低涉企经营服务性和行政事业性收费项目56个，企业登记全程电子化、“多证合一”“先照后证”等商事

2017年君山区镇（街道办事处）、场简况一览表

表24

名称	国土面积（平方千米）	耕地面积（公顷）	年末总人口（人）	农民人均可支配收入（元）	党委书记	镇（办）场长、主任
广兴洲镇	84.43	4492.51	38082	18974	龙世友	钟海波
许市镇	81.65	3535.07	31216	15253	李华平	许四海
柳林洲街道	171.59	4510.39	77249	18096	万　胜	李启明
钱粮湖镇	161.64	7956.43	65570	17539	张兴降	姚清文
良心堡镇	69.87	4048.37	30231	15363	黄正洲	李　伟
君山芦苇总场	64.17	13.26	3961	22471	周　勇	郑明军
水产养殖场	6.8	23.01	2769	27433	高君林	芦建文

制度全面落实，煤油气等主要生产要素供需总体平衡。童记三利和、国泰保健食品、兴蒙生物、雅美时电子等项目竣工投产；传统工业改造升级步伐加快，兴达化工顺利转型转产，金联星余热回收等技改项目顺利完成。31家入园企业实现产值87.8亿元，安排就业3500多人。

实现社会消费品零售总额28.54亿元，增长9.8%。全年旅游接待人数365.7万人次，实现旅游综合收入27.8亿元，同比增长5.7%。竣工商品房7.7万平方米。金融机构各项存款余额75.2亿元，增长14.6%，其中储蓄存款50.1亿元，增长9.9%，各项贷款余额16.1亿元，增长0.8%。神威电磁铁、致远电磁铁分别实现外贸进出口“破零”和“倍增”；电商服务中心挂牌成立，“智慧君山”商务服务平台上线运营，电商协会入会会员132家；中国人保财险、太平洋保险落户；LNG接收站成功纳入交通部长江干线液化天然气加注码头规划布点。成功举办中国（岳阳）山地户外健身休闲大会、首届中国（岳阳）国际热气球节等旅游节会。

完成固定资产投资141.21亿元，增长10.8%。坚持以项目建设为抓手，抓招商引资和项目建设，全年调度重大建设项目和前期项目36个，完成投资11.5亿元；认真落实“园区十条”，扎实开展招商引资月活动，全年新签约项目17个，完成招商引资额36亿元。实施推进洞庭湖博物馆、洞庭湖欢乐世界、金诚之星、柳毅路提质改造、洞庭大道西延、省道304全线拓宽改造、荆江门长江作业区、华容河及华洪运河治理、大中型沟渠疏浚等重大项目。建设标准化厂房20万平方米，园区标准化厂房规模37万平方米。

实现城镇居民人均可支配收入29455元、农民人均纯收入16670元，分别增长9.4%和9.2%。全面小康实现程度94.7%。10个贫困村全面脱贫出列，1552名贫困人口摆脱贫困，顺利通过省、市扶贫检查考核；按省示范性高中标准建设的十六中投入使用；血防“君山模式”在全省广泛推介；夺取防汛救灾的全面胜利。安全生产形势总体稳定，道路交通事故同比下降25%，死亡人数同比下降51.4%；从严打击违法犯罪，连续十二年保持全省社会治安综合治理先进单位，被评为全省“十大平安县（区）”创建示范单位。

【君山区授牌首批国家农产品质量安全县】 2017年，君山区以创建全国农产品质量安全县为契机，抓农产品质量安全，推进“生态+现代农业”发展战略，建设0.6万多公顷标准化农田，创建13家标准化农产品种养殖基地，全区有1万公顷基地获得无公害蔬菜、茶叶和健康水产品产地认证，建成以区农残检测中心为首，各乡镇（街道）和企业建立的18个农残快测室为辅的农产品检测体系。推进农产品质量安全追溯机制，全区186家经营主体全部建立落实农产品生产档案、进货查验、质量追溯和召回制度。可追溯种植业产品规模0.6万多公顷，可追溯肉类、鱼等养殖业产品产量500多吨。创建“三品一标”品牌42个，“赵大爷”放心菜、“彭激光”牌葡萄、“双伍村财鱼（乌鳢）”“濠河蟹”等38个省金奖名牌农产品。6月29日，全国首批103家国家农产品质量安全县正式授牌，君山区是湖南省仅有的4个获牌县区之一。

（熊　龙）

屈原管理区

中共屈原管理区委员会

书　记　黄岳山（2017年6月免）
　　　　金　晨（2017年6月任）
副书记　万　东（2017年6月任）
　　　　田明清
常　委　田　荣　沈小星　曹正平
　　　　欧明目　宋　为
　　　　彭　伟（2017年3月任）
　　　　许义中（2017年9月任）

区管理委员会

主　任　金　晨（2017年6月免）
　　　　万　东（2017年6月任）
副主任　田　荣
　　　　曹正平（2017年3月任）
　　　　刘柏荣　谢辉煌　韩德辉
　　　　余　宏（2017年9月任）

区人大政协工委

主　任　曾兰芝
副主任　周陆军　曹建赓

区纪律检查委员会

书　记　许义中

区人民法院

院　长　杜国伟

区人民检察院

检察长　戴敏波

【概况】 2017年，屈原管理区辖2个镇、1个乡、1个街道办事处，土地面积175平方千米，其中耕地面积9300公顷。年末总人口9.8万人，人口出生率12‰，自然增长率5.2‰。年内最高气温36℃，最低气温—9℃，年降水量1633毫米。全年实现地区生产总值89.96亿元，增长6.6%；固定资产投资57.66亿元，增长13.8%；社会消费品零售总额9.9亿元，增长10%；规模工业增加值57.54亿元，增长6.3%；农民人均纯收19377，增长8.6%；城镇居民可支配收入29447元，增长9%；完成公共财政收入1.89亿元，增长12.1%；地方公共财政收入1.28亿元，增长6.8%。获得全国农业先进集体、第一批国家农业可持续发展试验示范区，被评为全省防汛抗灾先进集体、省综治工作先进区，

【屈原管理区招商引资】 2017年，屈原管理区加大招商引资力度，举办重大招商签约活动3次，签约项目24个，协议总投资73.45亿元。其中，投资20亿的圆梦廊桥项目成功签约，投资2.7亿的亚欧水资源研究和利用中心洞庭湖研究院项目正式动工，投资1.5亿的栀子花精深加工厂完成厂房建设和设备安装，投资1.2亿元的联振电子厂开工建设，投资6000万元的新型职业农民培训中心大楼主体工程完工，投资5000万元的香草主体公园完成基本建设，德科工业园，进驻电子、纺织、医药等企业18家。

【重点民生实事办理】 2017年，屈原管理区加大重点民生实事办理力度，区老干活动中心建成并投入使用；德科广场公园建成；消防大队成立和30多名武警官兵的进驻，结束屈原管理区没有消防站和现役部队的历史；公安指挥中心建成，标志着屈原管理区治安防控体系步入规范化、现代化、信息化；完成建区以来规模最大的教育布局调整，整合教育资源；投入2亿多元，完成793户棚改、6185户危改任务，改善老纺织、糖厂、建材厂、水泥厂等破产企业下岗职工居住条件。

（易　可）

2017年屈原管理区乡镇、街道办事处简况一览表

表25

名称	国土面积（平方千米）	耕地面积（公顷）	年末总人口（人）	党委书记	乡（镇）长、主任
营田镇	40.28	2020.19	43200	湛　江	徐　伟
河市镇	66.93	3624.9	25916	刘建云	周晓明
凤凰乡	67.21	3653.88	18260	谢家旺	胡　鹤
天问街道办事处	0.57		10709	陈正勇	黄合平

人　物

FIGURES

责任编辑·李　幸

新任市级领导干部

刘和生

湖南省祁东县人，汉族，1962年1月出生，1984年11月加入中国共产党，1981年8月参加工作，大学学历。历任衡阳市祁东县洪桥区团委书记、共青团衡阳市祁东县委副书记、共青团湖南省委副主任科员、主任科员（其间：1989年10月至1992年6月获得湘潭大学法律专业文凭），省委组织部主任科员、副处级组织员、研究室副主任（其间：1996年11月至1997年11月在麻阳县新田村参加省委建整扶贫工作队任队长），中共攸县县委书记（1999年8月至2001年12月，在中央党校函授学院行政管理专业函授本科学习），省总工会副主席、党组成员（其间：2003年12月至2004年6月在美国巴尔的摩大学学习），娄底市委常委、市纪委书记、常务副市长、市政府党组副书记，中共郴州市委副书记、市委党校（市行政学院、市社会主义学院）校（院）长。2015年5月至2015年7月任中共岳阳市委副书记、提名岳阳市人民政府市长候选人，2015年7月至2018年1月任中共岳阳市委副书记，市人民政府市长，2018年1月任中共岳阳市委书记，2018年4月任中共岳阳市委书记、市人大常委会主任。

李爱武

女，湖南省临湘市人，汉族，1968年11月出生，1990年7月参加工作，1994年11月加入中国共产党，硕士研究生学历。历任省直团工委干部、副主任科员、办公室副主任、办公室主任，省直团工委副书记（其间：2001年9月至2002年2月被团中央选派到美国科罗拉多州立大学学习）、书记（其间：1999年2月至2002年7月在中国社会科学院研究生院财贸经济系应用经济学专业在职研究生学习，获得经济学硕士学位；2003年5月至2005年1月挂职任郴州市北湖区委副书记），省直工会常务副主席，省直属机关工作委员会工委委员、工委副书记、常务副书记。2016年12月任中共岳阳市委副书记、市委党校（市行政学院、市社会主义学院）校（院）长，湖南城陵矶新港区工委第一书记（兼）；2017年2月任中共岳阳市委副书记、市委党校（市行政学院、市社会主义学院）校（院）长、湖南城陵矶新港区工委第一书记（兼）；2018年1月任中共岳阳市委副书记、市人民政府市长提名人选，湖南城陵矶新港区工委第一书记（兼）；2018年2月任中共岳阳市委副书记、市人民政府代市长、党组书记，湖南城陵矶新港区工委第一书记（兼）；2018年4月任中共岳阳市委副书记、市人民政府市长、党组书记，湖南城陵矶新港区工委第一书记（兼）。

先进人物

李立华

女，湖南省湘阴县人，汉族，1953年6月出生，中共党员，湖南鸿达建筑有限公司董事长。2017年1月，入选助人为乐“中国好人榜”。获得省、市劳动模范，市双文明示范户、百岗明星、第五届道德模范等荣誉；被评为湖南省最美家庭、湖南好人、文明家庭。

下岗后，她和丈夫一同创办湖南鸿达建筑有限公司。经过多年打拼，公司发展成为国家一级建筑企业。在事业成功的同时，她投身公益慈善事业，慰问袁家铺镇敬老院、柳潭敬老院、静河乡敬老院、县福利院、光荣院等敬老院的老人2600多人次；捐赠玉华、长湖、鹅形、华光、新柳学校、黄金留守学校、樟树中学等7所学校学生书包、校服8000多套；资助贫困大学生、中小学生200多人次；带领公司成员开展精准扶贫，帮扶“五保户”、特困户、各敬老院、各学校等，累计捐资近1000万元。

王新文

岳阳楼区王家河街道枫树新村社区居民，汉族，1973年7月出生，中共党员，现任湖南省乐邦制药有限公司保安队长。2017年4月，入选见义勇为“中国好人榜”。获得市见义勇为先进个人，岳阳楼区第四届十佳公民道德建设标兵、学雷锋优秀志愿者、文明市民等荣誉。

2002年11月19日，冷水铺花果畈发生一起三名歹徒持枪抢劫财物并打伤一名女青年的恶性事件。正在附近的王新文听到呼救声后，奋不顾身奔向出事现场，盯住追赶其中一名逃亡的歹徒，却被这名歹徒用自制短枪连开三枪，但他仍然死抓住歹徒不放，被歹徒拖出40多米，直至昏迷倒在血泊中。2007年1月30日，他逆火而行，奋力扑灭店面大火，为店主挽回经济损失50多万元，确保楼上24户居民的生命和财产安全。2013年9月2日大雨倾盆，正在值班室休息的王新文面对出车祸生命危在旦夕的伤者，不顾个人安危为伤者挡雨、打油加气，直到120救援到来，因抢救及时，伤者挽回生命。

叶剑芝

湖南省平江县人，汉族，1965年4月出生，中共党员，现任岳阳市平江县扶贫办主任。2017年9月，入选敬业奉献

“中国好人榜”，被评为全国扶贫系统先进个人、湖南省百名最美扶贫人物，当选湖南省“敬业奉献好人”。2018年1月5日，当选湖南省第十三届人民代表大会代表。

叶剑芝18年如一日奋战在平江扶贫战线，他始终忧贫困群众之所忧，乐贫困群众之所乐，18年来平江扶贫工作351个贫困村实施整村推进，236个贫困村实现整体脱贫，29.2万贫困人口摘掉贫困帽，21万多贫困人口通过技能培训实现创业就业。他创新工作方法，主导推进的贫困农户危房改造“三定一帮”模式，以及“六定一看”贫困户精准识别方法、两项制度有效衔接等多项工作得到中央、省、市领导肯定。

湖南好人名单

表26

姓　名	主要事迹	入选时间	所属类别
肖治中	乡村“神医”行善积德55年	2017年1月	助人为乐
方全民	乡企老板诚信为先，自亏350万元保养殖户利益	2017年1月	诚实守信
黄新云	森林守护者26年投身林业生态建设，造福万千农户	2017年2月	敬业奉献
张　平	基层税官40年如一日，奉养两位母亲	2017年3月	孝老爱亲
方赛群	照顾植物人丈夫18年，起早贪黑还清债务	2017年4月	孝老爱亲
熊萍霞	悉心陪护1400多个日夜，让车祸母亲重拾生活信念	2017年4月	孝老爱亲
冯学文	面对“双重标准”，民营企业家舍利益保质量	2017年4月	诚实守信
曾确松	20年后再任“穷支书”，捐资300万元扶贫助困	2017年5月	助人为乐
简云英	奔忙城管环卫一线7年，只为城市更美	2017年5月	敬业奉献

岳阳市第六届道德模范及提名奖获得者名单

表27

姓　名	单位及职务	类　型
黄素萍（女）	湖南竹林集团党支部书记、湖南竹林电气设备有限公司董事长	助人为乐模范
陈　星	岳阳楼区郭亮社区居民	助人为乐模范
马丽萍（女）	华容县万庾镇鲁家村7组村民	见义勇为模范
张念新	岳阳县麻塘办事处畔湖新村村民	见义勇为模范
危　李	湖南拓福家纺有限公司总经理	诚实守信模范
瞿园园（女）	临湘市小家庭餐饮服务公司总经理	诚实守信模范
方全民	湖南全民鸽业有限公司董事长	诚实守信模范
叶剑芝	平江县扶贫办主任	敬业奉献模范
李望明	巴陵石化公司合成橡胶事业部橡塑中心科研副主任	敬业奉献模范
刘　佳（女）	岳阳市二人民医院产科主任	敬业奉献模范
方赛群（女）	君山区钱粮湖镇肖台村村民	孝老爱亲模范
邹伟芳（女）	岳阳楼区枫树小学教师	孝老爱亲模范
周六雄	岳阳市爽东鞋业公司经理	助人为乐模范提名奖
高　城	岳阳市公安局岳阳楼分局东茅岭派出所教导员	敬业奉献模范提名奖
易秋鹭（女）	湘阴县湾河中学一级教师	敬业奉献模范提名奖
徐学峰	屈原管理区凤凰乡凤凰村村民	孝老爱亲模范提名奖
张样春（女）	南湖新区求索街道办事处天灯社区居民	孝老爱亲模范提名奖

岳阳市首届忧乐精神典型人物

表28

姓　名	主要事迹	单位及职务
丁源源	为党的事业长期超负荷工作，积劳成疾，牺牲在工作岗位上	中共岳阳市委原副秘书长、小康办主任
王永林	“献血大户”，始终保持着一个军人的本色，一心想着为他人分忧解难	汨罗市卫生和计划生育局机关党委委员、团委书记
叶剑芝	17年如一日，坚守在扶贫工作岗位上，脚踏实地，时刻把群众的冷暖挂在心头	平江县政府扶贫办主任
朱再保	为了青山绿水，他守护洞庭湖40载，走着一个人的环保“长征”路。	岳阳市军队干休所退休干部
张雄兵	以村为家、无私奉献，将自己全部的心血投入在扶贫工作岗位上	岳阳市人民检察院副调研员
易朝晖	官小不畏难、一心为了街道的发展和群众的安宁	岳阳经济技术开发区金凤桥管理处工委书记
周平华	构筑百姓健康步步坚实，处置突发事件一马当先，为了人民群众的生命安全，时刻与死神“抢”时间	岳阳市卫生和计划生育委员会副处级干部、应急办主任
夏逢响	忠诚履职、开拓创新，带领人民奔小康，全镇面貌焕然一新	临湘市羊楼司镇党委书记
彭亮根	一辈子保持共产党人的本色，三度担任县委书记，廉洁奉公的“焦裕禄”式干部	岳阳市政治协商委员会原副主席
蒋建为	勇于克难，攀登不止，与水稻做了32年“朋友”的科技工作者	岳阳市农业科学研究所水稻研究室主任

（市文明办供稿）

新闻人物

刘锐，湖南省临湘市人，中共党员，特级飞行员，现任中国人民解放军空军航空兵某团团长。2017年9月6日，在解放军党代表大会上选举为出席党的十九大代表。2018年3月1日，当选感动中国2017年度人物。

刘锐是空军航空兵团一名团长，特级飞行员。他来自中国人民解放军首批改装轰—6K战机的部队，成为首批改装飞行员之一。所在团被确定为全军首家装备轰—6K的部队后，他作为“先行者”和“探路人”，既当“改装员”又当“试飞员”，仅用3个月就完成改装。随后，刘锐一鼓作气，创造性提出“课题牵引训练”新思路，形成一批战法、数十套突击方案，填补轰—6K作战使用的多项空白。

统计资料

STATISTICAL DATA

责任编辑 · 李　幸

2017年岳阳市行政区划统计表

表29

市县名称	街道办事处	镇	乡	村	社区
全市合计	24	89	14	1379	456
岳阳楼区	14		1	8	99
云 溪 区	2	2		36	23
君 山 区	1	4		53	23
岳 阳 县		12	2	161	33
华 容 县		12	2	160	43
湘 阴 县		12	2	153	57
平 江 县		19	5	496	47
汨 罗 市		15		146	35
临 湘 市	3	10		114	47
经济开发区		1	1	26	19
南湖新区	3			2	22
屈原管理区	1	2	1	24	8
城陵矶新港区					

2017年土地利用现状一级分类面积表

表30　　单位：公顷

市县名称	耕地	园地	林地	草地	城镇村及工矿用地	交通运输用地	水域及水利设施用地	其他土地	总计
岳阳市合计	353162.56	61286.71	585046.19	10079.59	105090.15	28530.89	316092.38	26490.26	1485778.73
岳阳楼区	8407.35	2376	11459.04	485.24	10466.84	1771.46	4769.98	1024.64	40760.55
云溪区	8627.23	1288.23	13267.32	288.88	4552.55	1122.98	7727.72	917.21	37792.12
君山区	26856.14	1067.01	4759.23	157.4	5486.73	2151.58	21869.54	361.99	62709.62
岳阳县	49929.38	3815.58	88282.49	3219.7	13607.24	3885.61	112494.84	5748.52	280983.36
华容县	72127.91	8710.7	18583.54	229.63	13127.95	3369.43	41919.63	1029.03	159097.82
湘阴县	42182.07	12604.21	17812.88	986.38	11440.45	3334.95	64639.57	1145.93	154146.44
平江县	56106.06	15343.28	283468.06	3393.37	21419.84	5226.14	16532.62	9953.62	411442.99
汨罗市	50697.61	6753.06	61077.92	384.43	16016.58	5019.62	24220.61	2815.22	166985.05
临湘市	38228.81	9328.64	86335.71	934.56	8971.97	2649.12	21917.87	3494.1	171860.78

2017年国民经济和社会发展总量指标表

表31

	2017年	2016年
人口与就业		
一、常住人口	573.33	568.11
# 城镇人口	327.98	315.98
农村人口	245.35	252.13
# 男性人口	297.03	294.28
女性人口	276.30	273.83
二、就业		
全部单位从业人员数（万人）	43.00	46.90
其中：在岗职工人数	35.57	39.47
城镇登记失业人员数	4.16	3.80
宏观经济		
一、国民经济核算（亿元）		
岳阳市生产总值	3119.74	3047.23
第一产业	304.06	292.20
第二产业	1344.93	1469.10
第三产业	1470.75	1285.94
国内支出总额	3119.74	3047.23
最终消费	1604.54	1535.85
居民消费	1193.83	1139.70
政府消费	410.71	396.15
资本形成总额	1441.49	1459.33
固定资本形成总额	1297.36	1258.39
存货增加	144.12	200.95
货物和服务净出口	73.71	52.05

2017年国民经济主要比例关系表

表32

	2017年	2016年
一、国内生产总值比例	100.0	100.0
第一产业	9.7	9.6
第二产业	43.1	48.2
其中：工业占GDP	37.8	43.4
建筑业占GDP	5.4	4.9
第三产业	47.1	42.2
其中：交通运输、仓储和邮政业	3.8	3.5
批零贸易住宿餐饮业	9.1	8.7
金融保险业	2.5	1.9
房地产业	3.2	2.9
其他服务业	28.5	25.2
二、国内支出总额比例	100.0	100.0
（一）资本形成总额	46.2	47.9
固定资产形成总额	41.6	41.3
存货增加	4.6	6.6
（二）最终消费	51.4	50.4
居民消费	38.3	37.4
政府消费	13.1	13.0
（三）货物和服务净出口	2.4	1.7

2017年国民经济和社会发展效益指标表

表33

	计量单位	2017年	2016年
人口			
人口出生率	‰	12.94	12.98
人口死亡率	‰	6.12	5.98
人口自然增长率	‰	6.82	7.00
宏观经济			
人均国内生产总值	元	54663	53884
财政收入相当于GDP	%	10.2	10.9
地方财政支出相当于GDP	%	15.7	14.1
金融存款余额相当于GDP	%	83.3	71.5
金融贷款余额相当于GDP	%	42.3	33.6
进出口总额相当于GDP	%	4.7	3.1

	计量单位	2017年	2016年
产　业			
农业人均耕地面积	公顷	0.143	0.140
农业从业者人均农业总产值	元	22113	21287
每公顷耕地农机总动力	千瓦	18.2	17.4
每公顷耕地化肥施用量（折纯量）	公斤	689.95	654.59
每公顷播种面积农产品产量			
粮食	公斤	6136	6087
棉花	公斤	1193	1216
油料	公斤	1709	1715
规模工业企业效益			
资产利税率	%	19.3	22.1
产值利税率	%	8.2	8.7
工业增加值率	%	23.0	23.1
工业产品销售率	%	98.2	98.4
全员劳动生产率（增加值）	元/人	317459	305510
每百元销售收入实现利税	元	8.2	8.7
流动资产周转天数	天	51.5	41.3
全市人均消费品零售额	元	22018	20210

2017年岳阳市生产总值构成项目表

表34　　单位：万元

项目	增加值	劳动者报酬	生产税净额	固定资产折旧	营业盈余
GDP	31197358	14181431	4846335	4051106	8118486
农林牧渔业	3215603	2466405	86052	318858	344288
农业	1562301	1371482	34378	142474	13967
林业	116206	77072	4903	7262	26969
畜牧业	799560	487761	17462	100375	193962
渔业	562543	404067	28291	49315	80870
农林牧渔服务业	174993	126023	1018	19432	28520
工业	11785248	4161230	2921334	1670126	3032558
采掘业	355691	108268	82419	17733	147271
制造业	10885602	3908514	2710503	1512756	2753829
电力、煤气及水的生产和供应业	543955	144448	128412	139637	131458

项目	增加值	劳动者报酬	生产税净额	固定资产折旧	营业盈余
建筑业	1687005	985632	232272	105528	363573
批发和零售业	2147397	687493	721736	115781	622387
交通运输、仓储和邮政业	1196746	728440	124565	145221	198520
交通运输和仓储业	1172801	716168	123461	135291	197881
邮政业	23945	12272	1104	9930	639
住宿和餐饮业	678892	423277	69234	39714	146667
信息传输、软件和信息技术服务业	920559	173337	78315	323367	345540
电信、广播电视和卫星传输服务	564262	96034	30665	280235	157328
其他信息活动	356297	77303	47650	43132	188212
金融业	766307	257940	63855	20171	424341
货币金融和资本市场服务业	636880	207809	50089	13366	360616
保险业	118055	40157	13311	1749	62838
其他金融活动	11372	9974	455	56	887
房地产业	1000911	125837	109057	589092	176925
房地产开发经营	385379	114146	101483	21971	147779
其他房地产活动	90739	11691	7574	42328	29146
自有房地产经营活动	524793			524793	
租赁和商务服务业	1551525	310174	161257	75651	1004443
科学研究和技术服务业	395246	139482	36284	33188	186292
水利、环境和公共设施管理业	225083	122962	6863	32863	62395
居民服务和其他服务业	1427873	684027	140948	83430	519468
教育	1062029	823621	15140	144083	79185
卫生和社会工作	1040221	581420	28195	98502	332104
文化、体育和娱乐业	541048	167922	44010	60763	268353
公共管理、社会保障和社会组织	1555665	1342232	7218	194768	11447
第一产业	3040610	2340382	85034	299426	315768
第二产业	13449279	5139576	3147907	1772405	3389391
第三产业	14707469	6701481	1613388	1979273	4413327

2017年分县市区年末人口统计表

表35

单位：万户、万人、%

市县名称	总户数	总人口	总人口中		总人口中		城镇化率	人口密度（人/平方千米）
			男	女	城镇	农村		
岳阳市	174.38	573.33	297.03	276.30	327.98	245.35	57.21	386
岳阳楼区	29.95	89.32	46.96	42.36	82.25	7.07	92.08	2191
云溪区	6.45	19.01	9.84	9.17	12.42	6.59	65.33	503
君山区	8.69	25.58	13.12	12.46	14.84	10.74	58.01	408
岳阳县	21.02	73.96	38.00	35.96	36.80	37.16	49.76	263
华容县	22.27	73.11	37.14	35.97	35.47	37.64	48.52	460
湘阴县	21.64	70.58	35.95	34.63	35.47	35.11	50.26	458
平江县	27.91	98.48	51.41	47.07	43.73	54.75	44.40	239
汨罗市	21.94	71.63	37.61	34.02	40.3	31.33	56.26	429
临湘市	14.51	51.66	27.00	24.66	26.70	24.96	51.68	301

2017年分行业从业人员年末数统计表

表36

指标名称	年末人数（人）			
	从业人员期末人数	在岗职工	劳务派遣人员	其他从业人员
全部单位合计	430035	355683	22744	51608
Ⅰ.国有单位	177347	152288	9956	15103
Ⅱ.城镇集体单位	12952	9558	1702	1692
Ⅲ.其他单位	239736	193837	11086	34813
一、按执行会计制度类别分组				
企业	280914	221398	14666	44850
事业	89844	79597	4749	5498
机关	42648	39165	2606	877
民间非营利组织	2214	2115	62	37
其他	14415	13408	661	346
二、按国民经济行业分组				
农、林、牧、渔业	7968	7744	82	142
采矿业	2076	1778	296	2
制造业	84332	79925	2204	2203
电力、燃气及水的生产和供应业	6516	6322	60	134
建筑业	86580	53402	8327	24851

指标名称	年末人数（人）			
	从业人员期末人数	在岗职工	劳务派遣人员	其他从业人员
批发和零售业	16728	15632	196	900
交通运输、仓储和邮政业	10408	9092	586	730
住宿和餐饮业	5142	4554	143	445
信息传输、计算机服务和软件业	6331	4861	325	1145
金融业	22678	9896	357	12425
房地产业	8590	7383	562	645
租赁和商务服务业	5782	4877	516	389
科学研究、技术服务和地质勘查业	13001	12124	403	474
水利、环境和公共设施管理业	6640	5117	279	1244
居民服务和其他服务业	1168	1079	46	43
教育	45701	41806	1739	2156
卫生、社会保障和社会福利业	24968	22132	2128	708
文化、体育和娱乐业	3125	2825	95	205
公共管理、社会保障和社会组织	72301	65134	4400	2767

2017年全部单位分行业从业人员工资总额和平均工资统计表

表37　　　　单位：千元、元

指标名称	工资总额（千元）					平均工资（元）				
	从业人员工资总额	1.在岗职工工资总额	2.劳务派遣人员工资总额	在岗劳务合计	3.其他从业人员工资总额	从业人员平均工资	1.在岗职工平均工资	2.劳务派遣人员平均工资	在岗劳务合计	3.其他从业人员平均工资
全部单位合计	22502773	9513888	962621	20576509	1926264	52992	55709	42267	54893	38685
Ⅰ.国有单位	9749239	3815656	352224	9167880	581359	55392	58253	36376	56937	38791
Ⅱ.城镇集体单位	12692	9331	1678	11009	1683	608012	466161	84575	550736	57276
Ⅲ.其他单位	12145522	0832071	525822	10857893	1287629	51476	53979	46068	53534	38874
一、按执行会计制度类别分组										
1.企业	14214200	1788704	696760	12485464	1728736	51499	54029	47257	53601	40134
2.事业	5081309	4768415	158600	4927015	154294	56786	60134	33630	58647	28212
3.机关	2382833	2271141	82023	2353164	29669	55985	58082	31632	56438	34220
4.民间非营利组织	94372	91329	1828	93157	1215	42644	43202	29484	42811	32838
5.其他	730059	694299	23410	717709	12350	50776	51922	35470	51148	35694

指标名称	工资总额（千元）					平均工资（元）				
	从业人员工资总额	1.在岗职工工资总额	2.劳务派遣人员工资总额	在岗劳务合计	3.其他从业人员工资总额	从业人员平均工资	1.在岗职工平均工资	2.劳务派遣人员平均工资	在岗劳务合计	3.其他从业人员平均工资
二、按国民经济行业分组										
（一）农、林、牧、渔业	273695	266883	2518	269401	4294	34632	34909	31873	34878	23989
（二）采矿业	103912	95213	8655	103868	44	50912	54532	29539	50941	22000
（三）制造业	4522271	4291220	137730	4428950	93321	52737	53028	61873	53265	35865
（四）电力、热力、燃气及水生产和供应业	422351	413844	2028	415872	6479	65471	66130	34373	65834	48351
（五）建筑业	4178302	2737925	356829	3094754	1083548	50987	54669	44958	53340	45280
（六）批发和零售业	652738	621890	8149	630039	22699	39079	39796	42443	39828	25678
（七）交通运输、仓储和邮政业	503961	452902	37420	490322	13639	49456	50916	63316	51689	19374
（八）住宿和餐饮业	192199	171350	5833	177183	15016	37422	37643	40790	37739	34050
（九）信息传输、软件和信息技术服务业	457407	361105	18346	379451	77956	71436	74516	55763	73324	63482
（十）金融业	1303974	947466	28402	975868	328106	60865	97566	37224	93171	29964
（十一）房地产业	451291	391357	26627	417984	33307	52702	54055	45054	53376	45501
（十二）租赁和商务服务业	221836	188702	14812	203514	18322	37567	37778	28761	36935	46385
（十三）科学研究和技术服务业	552274	513312	18400	531712	20562	42620	42844	43602	42870	37049
（十四）水利、环境和公共设施管理业	302657	267283	8888	276171	26486	45802	52398	32919	51419	21411
（十五）居民服务、修理和其他服务业	48470	44888	1873	46761	1709	41821	42030	36019	41751	43821
（十六）教育	2604123	2494850	49180	2544030	60093	57301	59987	28477	58731	28226
（十七）卫生和社会工作	1570386	1450294	95532	1545826	24560	63279	65985	44872	64121	34640
（十八）文化、体育和娱乐业	135787	124791	2967	127758	8029	43816	44158	35747	43918	42258
（十九）公共管理、社会保障和社会组织	4005139	3778613	138432	3917045	88094	55522	58124	31649	56455	31999

岳阳市2017年12月居民消费和商品零售价格指数一览表

表38

项目名称	上月=100	上年同月=100	上年同期=100	2015年=100
居民消费价格总指数	100.2	100.5	101.3	103.7
一、食品烟酒	100.4	99.6	98.7	102.9
粮　食	100.0	100.9	99.5	99.4
鲜　菜	101.2	97.8	91.4	103.0
畜　肉	100.6	95.2	94.6	105.3
水产品	98.1	100.5	104.3	107.7
蛋	100.0	103.8	93.6	94.7
鲜　果	103.1	102.0	99.4	97.0
二、衣着	100.0	100.1	100.7	101.7
三、居住	100.4	101.8	101.3	103.3
四、生活用品及服务	99.9	100.2	100.7	101.6
五、交通和通信	100.4	102.2	102.6	102.8
六、教育文化和娱乐	100.0	100.1	100.8	101.5
七、医疗保健	100.0	100.1	111.6	118.9
八、其他用品和服务	99.6	99.8	99.9	99.9
商品零售价格总指数	100.5	101.1	100.7	102.3
一、食品	100.4	99.3	98.0	102.6
二、饮料、烟酒	100.7	102.3	101.1	103.1
三、服装、鞋帽	100.0	100.1	100.8	101.6
四、纺织品	100.7	100.1	100.6	102.4
五、家用电器及音像器材	100.0	100.7	100.8	101.2
六、文化办公用品	100.4	100.3	100.5	101.8
七、日用品	100.3	101.0	101.3	102.7
八、体育娱乐用品	100.0	100.9	102.9	104.2
九、交通、通信用品	100.0	99.8	99.1	96.9
十、家具	100.0	98.9	99.0	97.4
十一、化妆品	100.0	101.1	99.8	100.7
十二、金银珠宝	98.3	99.6	99.3	97.0
十三、中西药品及医疗保健用品	100.0	100.4	101.3	105.5
十四、书报杂志及电子出版物	100.0	100.0	101.0	101.7
十五、燃料	103.0	109.6	108.0	110.4
十六、建筑材料及五金电料	100.2	101.1	101.2	102.4

岳阳市2017年住户收支与生活状况调查年报表（城镇）

表39

指标名称	岳阳市	岳阳楼区	云溪区	君山区	岳阳县	华容县	湘阴县	平江县	汨罗市	临湘市
第三部　分可支配收入（不含自产自用）	30198	33256	35029	30171	26894	27510	29137	21887	29508	26600
第四部分　现金可支配收入	28802	31150	33748	29420	26218	26505	28041	21085	28174	25383
第五部分　现金收入（未扣除生产费用）	32088	34099	38229	30663	28015	38009	29172	23599	30246	27157
第十一部　分可支配收入	30009	32918	35019	29455	26608	27202	28903	21898	29392	26477
一、工资性收入	18890	24156	21259	14644	16158	11805	16401	11828	17704	12345
二、经营净收入	3486	1971	1962	5768	6955	6643	4824	920	1881	3993
三、财产净收入	1931	2122	1130	867	1080	3636	1066	709	2136	2187
四、转移净收入	5702	4669	10668	8176	2415	5118	6612	8442	7671	7952
实物可支配收入	1207	1768	1271	36	390	697	862	814	1218	1094
第十二部分　总收入（未扣除生产费用）	33673	36286	39603	31414	28803	39713	30295	24423	31583	28708
第十三部分　总支出	31902	35496	36548	29166	20737	36700	29940	29994	27484	25896
一、消费支出	20808	26156	22921	19967	12376	14909	20455	17462	19062	18413
（一）食品烟酒	6229	7834	8149	6785	4477	4793	6127	5419	5197	6752
（二）衣着	1647	1941	2447	1707	978	1352	1731	1183	1614	1826
（三）居住	3461	4679	2599	2871	2600	2512	3179	2412	3357	2997
（四）生活用品及服务	1243	1336	1773	1560	808	905	1017	980	1518	870
（五）交通通信	2560	3116	2205	2391	944	1605	2929	1682	2342	1862
（六）教育文化娱乐	3617	4753	3743	3580	2027	2636	3908	3383	3784	2602
（七）医疗保健	1457	1652	1508	757	469	848	1204	2005	1016	1389
（八）其他用品和服务	593	846	496	317	73	259	361	397	235	116

岳阳市2017年住户收支与生活状况调查年报表（农村）

表40

指标名称	岳阳市	岳阳楼区	云溪区	君山区	岳阳县	华容县	湘阴县	平江县	汨罗市	临湘市
可支配收入（不含自产自用）	11408	17345	15841	15843	14146	13269	16173	7515	16124	13912
现金可支配收入	11062	16541	15264	15741	14007	13122	15728	7348	15825	13790
现金收入（未扣除生产费用）	13936	18343	24983	18070	15811	16768	20565	9711	18077	15322
可支配收入	14265	17860	17860	16670	15101	17890	16984	8690	16552	14589
一、工资性收入	7096	9069	12566	6275	7600	7083	6434	4688	8241	9060

指标名称	岳阳市	岳阳楼区	云溪区	君山区	岳阳县	华容县	湘阴县	平江县	汨罗市	临湘市
二、经营净收入	3961	648	4185	5110	4375	7488	4693	1089	3621	2855
三、财产净收入	254	34	132	220	113	1064	78	16	181	334
四、转移净收入	2955	8110	976	5065	3014	2256	5780	2897	4510	2341
总收入（未扣除生产费用）	17511	20550	28138	19361	17497	21746	22210	11279	19284	16410
消费支出	13033	14381	16231	12932	11847	12795	14978	9810	16513	10489
（一）食品烟酒	3783	4522	4803	3930	3761	4381	3979	3325	4562	3024
（二）衣着	580	876	981	659	760	624	781	589	1195	602
（三）居住	2792	3458	3386	3011	2775	2034	3699	1977	3432	2175
（四）生活用品及服务	868	640	863	715	662	884	1320	689	879	843
（五）交通通信	1437	1744	2309	1277	1122	1352	1059	926	2483	1149
（六）教育文化娱乐	2102	2605	3102	2077	2076	2327	2313	1105	1988	2054
（七）医疗保健	1113	439	695	1143	654	909	1649	988	1589	532
（八）其他用品和服务	257	97	93	121	37	284	178	210	385	110

2017年规模以上工业增加值增速统计表

表41　　　　　　　　　　　　　　　　　　　　　　　　　　　单位：个、万元

指标	单位个数		工业增加值		主营业务收入	
	2016年	2017年	2017年	增速（%）	2016年	2017年
总　计	1285	1186	10171377	5.6	50300480	44885339
一、按行政区划分						
岳阳楼区	32	27	323239	1.5	1387524	1313814
云溪区	90	87	2548245	4.9	7739798	8404445
君山区	70	59	339585	5.7	1748261	1410966
岳阳县	147	142	1115277	7.4	4996168	5181637
华容县	125	115	947047	7.5	4931922	4713796
湘阴县	154	124	631907	3.4	6487736	2520068
平江县	152	152	1095042	8.0	4084397	4452653
汨罗市	212	183	1161609	5.5	8261449	6903406
临湘市	144	139	888688	7.6	3723641	4337342
开发区	107	103	772393	5.5	5615647	4026687
临港新区	12	19	119340	8.5	355712	444600
南湖区	9	6	11140	−10.1	82634	64733

指标	单位个数		工业增加值		主营业务收入	
	2016年	2017年	2017年	增速（%）	2016年	2017年
屈原区	31	30	217865	6.3	835592	1111194
二、按轻重工业分						
轻工业	597	544	4138444	12.0	21960177	20046415
重工业	688	642	6032933	–3.3	28340303	24838924
三、按隶属关系分						
中央省属工业	21	23	2367894	–2.4	7525601	8157086
市属及以下工业	1264	1163	7803483	6.7	42774880	36728254
四、按企业规模分						
大中型工业	299	240	5655026	3.2	26693821	23689149
中小微型工业	1262	1168	7893485	6.1	41979564	37218293

2017年岳阳市固定资产投资完成情况表

表42 单位：万元；%

指标名称	本年完成	上年同期	增幅
全市固定资产投资	26335489	23173698	13.6
一、按经济类型分			
国有投资	12475274	8889820	40.3
非国有投资	13860215	14283878	–3
民间投资	13091774	12861581	1.8
二、按隶属关系分			
中央项目	346859	168688	105.6
地方项目	25988630	23005010	13
三、按产业分			
第一产业	1138645	1066763	6.7
第二产业	9536073	9261882	3
第三产业	15660771	12845053	21.9
四、按投资方向分			
工业投资	9078614	9157132	–0.9
民生工程	2568620	2417809	6.2
生态环境	2259103	1669043	35.4
基础设施	9065501	6100597	48.6
高新技术产业投资	1725880	1300324	32.7

指标名称	本年完成	上年同期	增幅
技改投资（含全部）		8374889	-100
战略性新兴产业	6179376	5757862	7.3
房地产开发投资	1540070	1329500	15.8
五、按结构分			
建筑工程	14753360	11480930	28.5
安装工程	3479211	2749064	26.6
设备工器具购置	4912003	5564651	-11.7
其他费用	3190915	3379053	-5.6

2017年地方财政收支情况表

表43　　单位：万元

科　　目	2017年	科　　目	2017年
一、税收收入	789409	一般公共服务支出	464129
增值税	340952	外交支出	
营业税	4769	国防支出	7633
企业所得税	57493	公共安全支出	227093
企业所得税退税		教育支出	650021
个人所得税	21989	科学技术支出	54559
资源税	364[illegible]	文化体育与传媒支出	98637
固定资产投资方向调节税		社会保障和就业支出	824849
城市维护建设税	96014	医疗卫生与计划生育支出	427132
房产税	25742	节能环保支出	118920
印花税	12679	城乡社区支出	651514
城镇土地使用税	32774	农林水支出	551300
土地增值税	52015	交通运输支出	311899
车船税	14614	资源勘探信息等支出	78880
耕地占用税	44113	商业服务业等支出	27490
契税	82614	金融支出	1085
烟叶税		援助其他地区支出	
其他税收收入		国土海洋气象等支出	78057
二、非税收入	731965	住房保障支出	223140
专项收入	118143	粮油物资储备支出	8681
行政事业性收费收入	98261	债务付息支出	65735

科　　目	2017年	科　　目	2017年
罚没收入	78224	其他支出	19875
国有资本经营收入	1156		
国有资源(资产)有偿使用收入	242034		
其他收入	194143		
地方公共财政预算收入	1521375		
上划中央收入	1493464		
上划省级收入	166015		
财政总收入	3180854	本年支出合计	4890629

2017年金融机构本外币信贷收支表

表44　　单位：万元

金融机构信贷情况	本年年末余额	年初余额	上年年末余额	比同期
一、各项存款	26001665	21783520	21783520	19.4%
（一）境内存款	25993774	21774682	21774682	19.4%
1.住户存款	14405572	12642259	12641749	13.9%
2.非金融企业存款	6616068	4841671	4846002	36.6%
3.广义政府存款	4934256	4261636	4257815	15.8%
4.非银行业金融机构存款	37878	29115	29115	30.1%
（二）境外存款	7890	8838	8838	-10.7%
二、各项贷款	13182808	10240070	10240070	28.7%
（一）境内贷款	13181963	10239513	10239513	28.7%
1.住户贷款	4723065	3623464	3622229	30.3%
2.非金融企业及机关团体贷款	8458898	6616049	6617284	27.9%
（二）境外贷款	845	556	556	51.9%
（三）短期贷款	3540731	3320050	3320050	6.6%
（四）中长期贷款	9518812	6763543	6763543	40.7%

2017年农作物播种面积、产量表

表45　　单位：千公顷、吨

指标名称	播种面积		总产量	
	2017年	2016年	2017年	2016年
农作物播种面积和产量	908.65	905.07		
一、粮食作物	498.51	495.91	3059022.88	3018742.63

指标名称	播种面积		总产量	
	2017年	2016年	2017年	2016年
（一）谷物	477.31	473.97	2990167.92	2945290.14
1.稻谷	445.61	444.20	2834700.26	2779573.79
（1）早稻	177.50	178.15	1012115.37	1006386.64
其中：优质早稻	97.33	125.18	516614.37	676975.41
（2）中稻及一季晚稻	83.14	81.39	623055.37	576108.64
（3）晚稻	184.77	184.16	1198604.77	1197078.51
其中：优质晚稻	139.44	138.87	909316.60	939347.31
2.小麦	6.85	3.93	24879.13	15459.13
3.玉米	24.84	25.12	130588.48	147062.30
4.高粱		0.30		1370.41
5.其他谷物		0.71		3194.92
（1）春夏收其他谷物		0.33		1533.56
（2）秋收其他谷物		0.33		1661.36
（二）豆类播种面积和产量	10.63	12.54	19611.34	24253.70
其中：1.大豆	7.09	6.56	13105.41	13739.60
2.杂豆		4.56		7417.85
（三）薯类（干）	10.57	9.41	49243.6	49198.79
二、经济作物				
（一）油料	115.42	112.42	197246.2	192794.68
其中：油菜籽	105.2	102.2	172883.29	165533.34
花生	5.58	5.35	20019.44	18847.8
（二）棉花	26.41	28.07	31510.36	34142.34
（三）麻类				
（四）甘蔗	0.45	0.43	21796	21796.78
（五）烟叶	0.07	0.16	21796.78	21286.4
（六）药材面积和产值（万元）	0.52	0.57	1815.51	1757.32
三、其他作物				
（一）蔬菜（含菜用瓜）	75.58	86.39	2435295.73	2719060.44
（二）水果	11.41	12	392288.11	404500.92
（三）青饲料	6.90	7.03		
（四）绿肥				

指标名称	播种面积		总产量	
	2017年	2016年	2017年	2016年
其中：留种面积、产量				
（五）其他				
（六）其他农作物产量				
其中：苇子				

2017年客货运输量与周转量表

表46

指标名称	运　输　量		周　转　量	
	货运（万吨）	客运（万人）	货运（万吨千米）	客运（万人千米）
合计	34083.70	10138.13	4261192.72	492862.48
铁路	1475.72	752.21	1033477.00	376220.00
公路	23379.09	9382.91	3574545.45	492795.34
水路	8925.63	3.01	682066.64	67.14
管道	303.26		4580.63	

2017年港口吞吐情况表

表47

	货物吞吐量（万吨）	旅客吞吐量（万人）	
		合计	其中：离港量
全市合计	11932.00	2.97	1.56
岳阳港	11932.00	2.97	1.56

2017年内河航运港口情况表

表48

	码头长度（米）	泊位数（个）	年综合吞吐能力	
			货物（万吨）	旅客（万人）
全市合计	11972	152	7000.00	12.00
岳阳港	11972	152	7000.00	12.00

2017年社会消费品零售总额表

表49 单位：万元

指标名称	全市	岳阳楼区	南湖风景区	经济技术开发区	云溪区	君山区	岳阳县	华容县	湘阴县	平江县	汨罗市	屈原区	临湘市	新港区
社会消费零售总额	12566128	435338[illegible]	[illegible]17893	1201522	252052	235378	1045780	1054053	1056398	1064164	945242	98965	746968	243833
一、按销售单位所在地分														
1.城镇	10916439	4136[illegible]89[illegible]	[illegible]92457	961218	212487	1[illegible]9008	880932	920129	863837	873284	753038	84019	673769	166073
2.乡村	1649689	21769[illegible]	[illegible]5436	240304	39565	85370	164848	133924	192561	190880	192204	14946	73199	77760
二、按行业分组														
1.批发业	2453628	65308[illegible]	[illegible]0636	350457	131067	55053	112046	12783[illegible]	465524	181408	230593	891	50891	73149
2.零售业	7148146	1915709	1[illegible]2915	430609	73095	[illegible]73064	833748	843527	437602	772083	669667	86702	601892	97533
3.住宿业	1334010	870777	[illegible]5211	156198	12602	25349	10115	20146	85479	50980	9351	1011	44093	31698
4.餐饮业	1630345	914315	29131	204258	35288	29912	89871	62549	67792	59693	3563[illegible]	10361	50092	41452

2017年对外经济贸易和旅游业表

表50

指标名称	计量单位	数　量
一、进出口总额	万美元	227343
进口	万美元	58978
出口	万美元	168365
二、对外签订利用外资协议项目	个	
外商直接投资项目	个	10
外商其他投资项目	个	
三、实际利用外资		
外商直接投资	万美元	
四、入境旅游人数	万人次	30
五、国内旅游人数	万人次	4862
六、旅游外汇收入	万美元	13949
七、国内旅游收入	亿元	418

（卢盛鸿）

附　录

APPENDIX

责任编辑 · 李　幸

文件目录

中共岳阳市委重要文件目录

△岳发〔2017〕3号　关于印发《岳阳市产业园区建设大会战工作方案》《岳阳市交通建设大会战工作方案》《岳阳市港口建设大会战工作方案》《岳阳市脱贫攻坚大会战工作方案》的通知（2017年2月6日）

△岳发〔2017〕5号　关于加强人民防空建设的实施意见（2017年5月11日）

△岳发〔2017〕6号　关于推进县市区大统战工作格局的实施意见（2017年6月25日）

△岳发〔2017〕7号　关于全力实施“四个十条”深入推进供给侧结构性改革的决议（2017年7月21日）

△岳发〔2017〕9号　关于印发《市管国有企业负责人薪酬制度改革的意见》的通知（2017年8月8日）

△岳发〔2017〕10号　关于加强和改进新形势下党校工作的实施意见（2017年8月31日）

△岳发〔2017〕11号　关于印发《岳阳市贯彻落实〈“健康中国2030”规划纲要〉实施方案》的通知（2017年8月31日）

△岳发〔2017〕13号　关于印发《岳阳市深化国家监察体制改革试点工作实施方案》的通知（2017年12月11日）

△岳发〔2017〕15号　印发《关于贯彻落实创新引领开放崛起战略的行动方案》的通知（2017年12月31日）

△岳发〔2017〕16号　关于加快绿色发展建设生态强市的实施意见（2017年12月31日）

△岳办发〔2017〕2号　印发《关于全面推进政务公开工作的实施意见》的通知（2017年1月13日）

△岳办发〔2017〕4号　关于印发《村务监督委员会规范化建设实施办法（试行）》的通知（2017年4月12日）

△岳办发〔2017〕6号　印发《关于全面推行“巴陵先锋党员活动日”的指导意见》《岳阳市“党支部建设年”工作实施方案》的通知（2017年4月26日）

△岳办发〔2017〕8号　关于进一步加强基层医疗卫生服务体系建设的实施意见（2017年5月31日）

△岳办发〔2017〕9号　印发《关于推进全市殡葬改革工作的指导意见》的通知（2017年6月26日）

△岳办发〔2017〕12号　关于支持发展非公有制经济的若干意见（2017年7月24日）

△岳办发〔2017〕13号　关于加快金融业改革发展的实施意见（试行）（2017年8月31日）

△岳办发〔2017〕14号　印发《关于加强新的社会阶层人士统战工作的实施意见》的通知（2017年9月7日）

△岳办发〔2017〕19号　印发《关于推进产业园区管理体制改革创新的指导意见》的通知（2017年12月7日）

△岳办发〔2017〕22号　印发《关于进一步把社会主义核心价值观融入法治岳阳的实施意见》的通知（2017年12月31日）

△岳办〔2017〕1号　印发《关于发展壮大村级集体经济提升农村基层组织服务力的实施方案（2016—2020年）》的通知（2017年1月10日）

△岳办〔2017〕2号　关于印发《岳阳市清理国家公职人员参与采砂、运砂、浮吊、砂石码头经营活动专项整治方案》的通知（2017年1月13日）

△岳办〔2017〕5号　关于印发《岳阳市创建全国社会治安综合治理先进市工作方案》《岳阳市城乡社区（村）网格化服务管理实施方案》的通知（2017年2月14日）

△岳办〔2017〕12号　关于印发《岳阳市城乡绿化三年行动总体方案（2017—2019年）》的通知（2017年3月11日）

△岳办〔2017〕18号　关于印发《岳阳市全面推行河长制实施方案》的通知（2017年4月5日）

△岳办〔2017〕25号　印发《关于加快推进“互联网+监督”工作实施方案》的通知（2017年5月31日）

△岳办〔2017〕27号　关于印发《岳阳市在农村开展“刹人情歪风、治婚丧陋习、树文明新风”专项工作实施方案》的通知（2017年6月7日）

△岳办〔2017〕45号　关于进一步加强全市村（居）民服务中心便民服务体系建设的通知（2017年11月6日）

△岳委〔2017〕18号　关于追授李大元、彭克昌同志“全市优秀共产党员”称号的决定（2017年8月21日）

△岳委〔2017〕27号　关于开展向优乐精神典型人物叶剑芝同志学习活动的决定（2017年9月15日）

△岳委〔2017〕33号　关于认真学习宣传贯彻党的十九大精神的通知（2017年11月8日）

（杨　滔）

岳阳市人民政府重要文件目录

△岳政发〔2017〕1号　关于公布规范性文件清理结果的决定（2017年1月6日）

△岳政发〔2017〕2号　关于印发《岳阳市人民政府工作规则》的通知（2017年1月20日）

△岳政发〔2017〕3号　关于降低实体经济企业成本的实施意见（2017年1月20日）

△岳政发〔2017〕6号　关于第一批清理规范55项市政府部门行政审批中介服务事项的决定（2017年2月4日）

△岳政发〔2017〕7号　关于印发《岳阳市妇女发展规划（2016—2020年）》和《岳阳市儿童发展规划（2016—2020年）》的通知（2017年5月3日）

△岳政发〔2017〕8号　关于印发《岳阳市城乡居民基本医疗保险实施细则》的通知（2017年8月9日）

△岳政发〔2017〕10号　关于建立完善守信联合激励和失信联合惩戒制度加快推进社会诚信建设的实施意见（2017年9月14日）

△岳政发〔2017〕11号　关于加快推进社会信用体系建设的意见（2017年9月14日）

△岳政发〔2017〕12号　关于印发《岳阳市全面推进“互联网+政务服务”工作实施方案》的通知（2017年9月14日）

△岳政告〔2017〕1号　关于市中心城区2017年元宵节限制燃放烟花爆竹的通告（2017年2月7日）

△岳政告〔2017〕2号　关于加强东风湖新区环境综合整治的通告（2017年7月11日）

△岳政办发〔2017〕1号　关于规范岳阳市中心城区公益类建设项目收费有关事项的通知（2017年1月18日）

△岳政办发〔2017〕2号　关于印发《岳阳市计划生育家庭奖励扶助办法》的通知（2017年1月20日）

△岳政办发〔2017〕3号　关于转发《岳阳市水务局水行政审批制度改革实施方案》的通知（2017年2月6日）

△岳政办发〔2017〕5号　关于印发《岳阳市城市重污染天气应急预案》的通知（2017年2月27日）

△岳政办发〔2017〕6号　关于印发《岳阳市城区海绵城市建设管理暂行办法》的通知（2017年3月13日）

△岳政办发〔2017〕9号　关于印发《岳阳市危险化学品安全综合治理实施方案》的通知（2017年5月1日）

△岳政办发〔2017〕13号　关于印发《岳阳市生育保险和职工基本医疗保险合并实施试点方案》的通知（2017年6月29日）

△岳政办发〔2017〕14号　关于印发《岳阳市中心城区城市照明管理办法》的通知（2017年7月18日）

△岳政办发〔2017〕15号　关于印发《岳阳市中心城区户外公益广告管理办法》的通知（2017年7月20日）

△岳政办发〔2017〕18号　关于加快推进医疗卫生与养老服务相结合的实施意见（2017年8月30日）

△岳政办发〔2017〕19号　关于切实做好计划生育特殊困难家庭扶助工作的通知（2017年8月30日）

△岳政办发〔2017〕22号　关于进一步推进装配式建筑发展的实施意见（2017年9月14日）

△岳政办发〔2017〕24号　关于印发《岳阳市住房公积金提取管理办法》的通知（2017年10月20日）

△岳政办发〔2017〕25号　关于印发《岳阳市住房公积金个人住房贷款管理办法》的通知（2017年10月30日）

△岳政办发〔2017〕26号　关于印发《岳阳市加强农村留守儿童关爱保护工作实施方案》的通知（2017年10月30日）

△岳政办发〔2017〕27号　关于印发《岳阳市财政支出绩效评价结果应用管理办法》的通知（2017年11月14日）

△岳政办发〔2017〕28号　关于加强建筑行业招商与协税工作的通知（2017年11月16日）

△岳政办发〔2017〕29号　关于妥善处理当前不动产登记中有关问题的通知（2017年11月23日）

△岳政办发〔2017〕30号　关于进一步做好“四上”单位申报工作的通知（2017年12月20日）

△岳政办发〔2017〕31号　关于健全生态保护补偿机制的实施意见（2017年12月20日）

△岳政办发〔2017〕32号　关于转发市财政局、市水务局《岳阳市水利财政事权与支出责任划分办法（试行）》的通知（2017年12月20日）

△岳政办发〔2017〕33号　印发《关于加强和改进行政应诉工作的实施细则》的通知（2017年12月26日）

△岳政办发〔2017〕34号　关于推进全市出租汽车行业健康发展的实施意见（2017年12月28日）

△岳政办发〔2017〕35号　关于进一步加强房地产市场监管的通知（2017年12月29日）

△岳政办发〔2017〕37号　关于印发《岳阳市促进科技成果转移转化实施方案》的通知（2017年12月28日）

（万　文）

法规选编

岳阳历史文化名城保护条例

第一章　总　则

第一条　为加强岳阳历史文化名城的保护与管理，继承和弘扬优秀历史文化，促进经济与社会文化协调发展，根据《中华人民共和国城乡规划法》《中华人民共和国文物保护法》《历史文化名城名镇名村保护条例》等有关法律、法规，结合本市实际，制定本条例。

第二条　岳阳市城市规划区范围内历史文化名城的规划、保护、利用和管理，适用本条例。

第三条　市人民政府负责历史文化名城的保护和监督管理。区人民政府负责本辖区内历史文化名城的保护和监督管理工作。镇（乡）人民政府、街道办事处负责历史文化名城保护的巡查、报告等工作。

第四条　市城乡规划主管部门会同文物主管部门负责历史文化名城保护和监督的具体工作。市、区文物主管部门负责历史文化名城不可移动文物的保护工作。市、区文化主管部门负责历史文化名城非物质文化遗产和优秀传统文化的保护和传承工作。市、区房屋行政管理部门负责历史文化名城保护范围内的历史建筑修缮与使用安全的监督管理工作。市、区发展和改革、财政、住房与城乡建设、国土资源、城市管理、林业等有关部门，应当按照各自职责协同做好历史文化名城的保护工作。

第五条　市人民政府成立岳阳市历史文化名城保护委员会，其主要职责为：

（一）审议历史文化名城的保护规划、历史文化街区和历史风貌保护区规划并督促落实；

（二）审议历史文化名城保护名录、历史建筑的认定和调整方案；

（三）审议历史文化名城保护工作的重要事项。

第六条　市、区人民政府应当将历史文化名城保护工作纳入国民经济和社会发展规划，并将保护资金列入本级财政预算。

第七条　历史文化名城保护资金使用范围包括：

（一）历史文化名城的各类保护规划、相关文物保护单位及历史建筑修缮方案的编制和修改；

（二）不可移动文物、历史建筑的维修经费补助；

（三）非物质文化遗产和优秀传统文化的资源普查、征集、保护和传承经费补助；

（四）用于历史文化名城保护的其他开支。

第八条　任何单位和个人都有保护历史文化名城的义务，有权对历史文化名城保护规划的制定和实施提出建议，对破坏历史文化名城的行为进行检举。

第九条　市、区人民政府应当组织开展历史文化名城保护的宣传教育，增强全体市民的保护意识；鼓励单位和个人以投资、赞助或者捐赠等方式参与历史文化名城的保护。

对在历史文化名城保护工作中做出突出成绩的单位和个人，由市、区人民政府及其有关部门予以表彰和奖励。

第十条　市、区人民政府应当严格执行保护规划，加强对有关行政管理部门落实保护规划情况的监督检查，对保护状况进行评估，并每两年向同级人民代表大会常务委员会报告历史文化名城保护工作情况。

第二章　保护对象

第十一条　历史文化名城保护对象包括历史城区、历史文化街区、历史风貌保护区、文物保护单位、历史建筑、非物质文化遗产、古树名木及法律、法规规定的其他保护对象。

市人民政府应当建立保护名录，载明保护对象的名称、权属、位置、类型、保护等级、历史沿革和历史价值等内容，并向社会公布。

第十二条　市人民政府应当将下列保护对象作为重点保护内容：

（一）历史城区。保护范围为以清代岳州府城、巴陵县城为核心，北至造船厂北侧边界，西至洞庭湖东岸，南至三角线铁路专用线，东至三五一七工厂铁路专用线西侧的区域，面积约1.98平方千米。重点保护：以洞庭湖、九华山、火庙山、文庙山、白鹤山为代表的古城山水形胜，以岳州府城、巴陵县城的城垣形制以及“府县双十字”所代表的古城传统空间结构，由岳阳楼、岳阳文庙、慈氏塔、吕仙亭构成的古城核心景观要素，鱼巷子、茶巷子、白榨岭巷、金家岭巷、街河口街、南岳巷、万寿宫巷、河巷子、上达巷、游击巷、上慈氏巷十一条历史街巷的名称、走向、尺度及传统风貌，城湖之间、重要公共建筑与自然山体之间，街巷与楼庙塔亭之间的景观视廊。

（二）历史文化街区。包括洞庭南路历史文化街区和陆城南北正街历史文化街区。重点保护重要城市轴线、城垣形制、历史街巷、历史建筑、文物保护单位、非物质文化遗产、重要公共建筑、景观视廊、历史环境要素等。洞庭南路历史文化街区范围为西临洞庭湖景区，东至洞庭南路东，北至鱼巷子，南至鄢家冲路的区域，总面积约15.72公顷。陆城历史文化街区范围为沿陆城南正街、北正街两侧，北至老西门，南至云溪区陆城镇中心小学南侧，东至201省道西侧路缘线的区域，总面积约13.7公顷。

（三）历史风貌保护区。包括洞庭北路历史风貌保护区、翰林街历史风貌保护区和粤汉铁路英国专家楼历史风貌保护区。重点保护历史街巷、历史建筑、景观视廊、文物保护单位及古树名木等环境要素。洞庭北路历史风貌保护区范围为南起巴陵西路北侧道路红线，北至九华山西麓，东起洞庭北路西侧道路红线，西至洞庭湖岸的区域，面积为21.1公顷。翰林街历史风貌保护区范围为东起菜园坡路，西至洞庭北路，南起巴陵西路，北至文庙山的区域，面积为7.4公顷。粤汉铁路英国专家楼历史风貌保护区范围为以粤汉铁路英国专家楼为核心，南起码头东侧道路，北至津港巷西段，西邻码头，东接长江木业实业公司的区域，总面积约2.37公顷。

（四）文物保护单位。重点保护岳阳楼、岳阳文庙、慈氏塔、岳阳教会学校、岳州关、铜鼓山遗址、大矶头遗址等文物保护单位。

（五）其他需要重点保护的对象。

第十三条　符合下列条件之一且未被确定为历史文化街区的区域，市人民政府可以确定为历史风貌保护区进行保护：

（一）历史建筑集中成片，具有一定规模的；

（二）空间布局、景观形态、建筑形式等较完整地体现岳阳某一历史时期地域文化特点的。

第十四条　符合下列条件之一且未被确定为不可移动文物的建筑物、构筑物，市人民政府可以确定为历史建筑进行保护：

（一）反映岳阳历史文化和民俗传统，具有特定时代特征和地域特色的；

（二）建筑风格、结构、材料和工程技术反映地域文化、艺术特色或者具有科学研究价值的；

（三）与重要政治、经济、文化、军事等历史事件或者著名历史人物相关的；

（四）近代建筑和工业遗产中能见证本市发展历史，具有地方特色的；

（五）其他具有历史文化意义的建筑物、构筑物。

第十五条　历史风貌保护区和历史建筑的认定和调整，由市城乡规划主管部门会同文物主管部门组织专家论证后提出方案，向社会公示，征求公众意见，并通过召开座谈会、听证会等形式征求有关部门和利害关系人的意见，经市历史文化名城保护委员会审议通过后，报市人民政府批准。

第三章　保护措施

第十六条　市人民政府负责组织编制本市历史文化名城、历史文化街区、历史风貌保护区保护规划等工作，区人民政府负责组织编制历史建筑保护规划和历史建筑修缮方案等工作。编制城市规划应当符合历史文化名城保护的要求，保持、延续城市传统格局和历史风貌，维护历史文化遗产的真实性和完整性。历史文化名城保护规划应当单独编制并纳入城市总体规划，规划深度应当符合国家有关规定要求。历史文化街区保护规划依据历史文化名城保护规划单独编制，规划深度应当达到街区控制性详细规划要求。历史风貌保护区和历史建筑保护规划，应当根据国家、省、市有关规定编制，规划深度应当达到地块控制性详细规划要求。

历史文化名城、历史文化街区、历史风貌保护区和历史建筑的保护规划，应当按照法定程序报批。

第十七条　在历史文化名城保护范围内禁止进行下列活动：

（一）开山、采石、开矿等破坏传统格局和历史风貌的活动；

（二）占用保护规划确定保留的园林绿地、河湖水系、道路等；

（三）修建生产、储存爆炸性、易燃性、放射性、毒害性、腐蚀性物品的工厂、仓库等；

（四）在历史建筑上刻划、涂污，设置不符合规划要求的户外广告等。

第十八条　在历史文化名城保护范围内进行下列活动，应当制订保护方案，经市城乡规划主管部门会同文物主管部门批准，并依照有关法律、法规的规定办理相关手续：

（一）改变园林绿地、河湖水系等自然状态的活动；

（二）在核心保护范围内进行影视摄制、举办大型群众性活动；

（三）其他影响传统格局、历史风貌或者历史建筑的活动。

第十九条　历史文化名城保护有关要求应当纳入建设项目规划条件。任何单位和个人在历史城区、历史文化街区、历史风貌保护区内进行建设，必须符合历史文化名城保护规划的要求，并依法取得规划、住建、文物等行政主管部门批准。未经依法批准，不得擅自开工建设。

第二十条　历史城区的保护应当坚持“整体控制，重点保护”的原则。依照保护规划划定保护范围，标示古城廓遗址；严格保护历史城区周边金鹗山、赶山、月山、君山、洞庭湖、南湖等山水景观要素，重点保护岳阳楼、洞庭湖构成的“楼湖大观”；禁止在九华山、火庙山、文庙山、白鹤山取土等破坏山体风貌的行为；保护历史城区“一水四山，府县双城”古城传统空间结构及历史街巷的传统格局，保持油榨岭巷、鱼巷子等十一条历史街巷的名称、走向、尺度及传统风貌；严格控制岳阳楼、岳阳文庙、慈氏塔等核心景观要素建设控制地带的建筑高度、体量、形式、色彩，保护历史建筑传统风貌及重要节点之间的视线通廊。

第二十一条　历史文化街区应当划定核心保护范围和建设控制地带。核心保护范围内，除确需建造的基础设施和公共服务设施外，不得进行新建、扩建活动。新建、扩建的基础设施和公共服务设施建筑层数不得超过两层，檐口高度不得超过七米。建设控制地带范围内的建筑，层数不得超过三层，檐口高度不得超过10米。

第二十二条　在历史风貌保护区范围内，新建、改建建筑物、构筑物应当在高度、体量、形式、色彩等方面与传统历史风貌相协调，新建、改建建筑，层数不得超过四层，檐口高度不得超过13米；新建、改建道路时，不得破坏道路原有格局和景观特征。

第二十三条　市、区文物主管部门应当加强对文物保护单位和其他不可移动文物的普查、登记、建档及管理，编制文物保护单位的保护规划。对具有突出价值并且未被列入文物保护单位的不可移动文物，应当逐步申报为各级文物保护单位。

第二十四条　在文物保护单位保护范围和建设控制地带进行建设的，建设单位应当根据文物保护单位的级别向同级文物主管部门提出申请，经法定程序审查同意后，方可办理规划建设审批手续。

第二十五条　历史建筑应当按照保护规划的要求进行维护和修缮；历史建筑的修缮不得改变原有高度、体量、形式、色彩等；历史建筑建设控制地带内新建建筑物、构筑物，应在体量、形式、色彩等与历史建筑本体相协调，其高度不得超过相邻历史建筑。对历史建筑进行外墙修缮装饰、添加设施以及改变历史建筑的结构或者使用性质的，应当经市城乡规划主管部门会同文物主管部门批准，并依照有关法律、法规的规定办理相关手续。

第二十六条　国有历史建筑，其代管人为保护责任人；没有代管人的，其使用权人为保护责任人。

非国有历史建筑，其所有权人为保护责任人；所有权人下落不明或者权属不清的，代管人为保护责任人；无代管人的，使用人为保护责任人。所有权人、使用权人或者代管人均不明确的，房屋行政管理部门为保护责任人。

第二十七条　历史建筑的所有权人或者使用人应当合理使用建筑，负责建筑物的保养和安全防范，保持建筑的原有风貌，接受有关部门的指导、检查和监督。历史建筑的维护和修缮由所有权人负责，维护和修缮应当按市城乡规划主管部门会同文物主管部门审定的保护方案实施。

第二十八条　历史建筑有损毁危险，所有权人不具备修缮能力的，由其所在地的区人民政府采取措施予以保护。

任何单位或者个人不得损坏或者擅自迁移、拆除历史建筑。

第二十九条　建设工程选址，应当避开历史建筑；因特殊情况不能避开的，应当尽可能实施原址保护。对历史建筑实施原址保护的，建设单位应当事先确定保护措施，报市城乡规划主管部门会同文物主管部门批准。因公共利益需要进行建设活动，对历史建筑无法实施原址保护、必须迁移异地保护或者拆除的，应当由市城乡规划主管部门会同文物主管部门，报省人民政府确定的保护主管部门及文物主管部门批准。本条规定的历史建筑原址保护、迁移、拆除所需费用，由建设单位列入建设工程预算。

第三十条　列入保护名录的保护对象应当设置保护标志。保护标志由市人民政府统一样式，区人民政府组织设置。

任何单位和个人不得擅自设置、移动、遮挡、涂改或者损毁保护标志。

第三十一条　市、区文化主管部门应当加强对非物质文化遗产和优秀传统文化的普查、征集、抢救、研究、传播、宣传和教育等工作，编制保护规划，建立名录体系。开发利用非物质文化遗产和优秀传统文化代表性项目的，应当保护属于该项目组成部分的实物和场所。

第三十二条　市、区人民政府应当对合理利用非物质文化遗产代表性项目的单位予以扶持。

非物质文化遗产代表性传承人，应当发掘、收集、整理非物质文化遗产的珍贵资料，培养传承人，积极组织和参与相关展示、展演活动。

第三十三条　市、区人民政府应当加强对古树名木的保护，林业、风景园林部门应当建立和完善古树名木档案，制定保护措施。

第四章　法律责任

第三十四条　市、区人民政府及其有关工作人员有下列行为之一的，对直接负责的主管人员和其他直接责任人员，依法给予行政处分；构成犯罪的，依法追究刑事责任：

（一）未按照本条例第六条规定将保护资金列入本级财政预算的；

（二）未按照本条例第八条规定组织开展历史文化名城保护宣传教育的；

（三）未按照本条例第十一条规定对历史文化名城保护情况进行监督检查和评估的；

（四）未按照本条例第十六条第一款规定组织编制历史建筑保护规划和历史建筑修缮方案的；

（五）未按照本条例第二十条规定组织设置保护标志的；

（六）未按照本条例第三十三条规定对辖区内的古树名木加强保护的；

（七）其他玩忽职守、滥用职权、徇私舞弊的行为。

第三十五条　有关行政管理部门及其工作人员违反本条例规定，有下列行为之一的，对直接负责的主管人员和其他直接责任人员，依法给予行政处分；构成犯罪的，依法追究刑事责任：

（一）城乡规划主管部门未按照本条例第十五条规定的程序对历史风貌保护区和历史建筑进行认定和调整的；

（二）城乡规划主管部门未按照本条例第二十九条第三款规定对需要迁移异地保护或者拆除的历史建筑按程序报批的；

（三）文物主管部门未按照本条例第四条第二款、第二十三条、第二十四条规定对历史文化名城保护范围内不可移动文物的保护履行职责的；

（四）文化主管部门未按照本条例第四条第三款、第三十一条、第三十二条规定对历史文化名城保护范围内非物质文化遗产和优秀传统文化的保护和传承履行职责的；

（五）房屋行政管理部门未按照本条例第四条第四款规定对历史文化名城保护范围内历史建筑的修缮与使用安全进行监督管理工作的；

（六）发展和改革、财政、住房与城乡建设、国土资源、城市管理、林业等有关部门未按照本条例第四条第五款规定依各自职责协同做好历史文化名城保护工作的；

（七）其他玩忽职守、滥用职权、徇私舞弊的行为。

第三十六条　公民、法人和其他组织违反本条例第十七条至第二十二条、第二十五条、第二十八条至第三十条等规定，由城市管理等部门依法处理；损害他人民事权益的，依法承担民事责任；构成违反治安管理行为的，由公安机关依法给予治安管理处罚；构成犯罪的，依法追究刑事责任。

第五章　附　则

第三十七条　岳阳市城市规划区范围内岳阳县、临湘市人民政府，岳阳经济技术开发区、湖南城陵矶新港区、岳阳市南湖新区管理委员会的历史文化名城保护工作按照区人民政府职责执行本条例。

第三十八条　本条例经湖南省人民代表大会常务委员会批准，自2017年5月1日起施行。

岳阳市城市规划区山体水体保护条例

（2017年9月22日，岳阳市第八届人民代表大会常务委员会第五次会议通过；2017年11月30日，湖南省第十二届人民代表大会常务委员会第三十三次会议批准。）

第一章　总　则

第一条　为了防止侵占、破坏山体水体，保护生态环境和自然景观，创造良好的人居环境，促进城市可持续发展，根据《中华人民共和国城乡规划法》《中华人民共和国森林法》《中华人民共和国水法》《中华人民共和国水土保持法》等法律和其他法规，制定本条例。

第二条　岳阳市城市规划区范围内的山体水体保护、管理和利用，适用本条例。

法律、法规对自然保护区、风景名胜区、湿地、饮用水水源地、城市公园、森林公园内山体水体的保护另有规定的，从其规定。

第三条　本条例所称山体水体是指符合下列条件之一的自然山脉、丘陵岗地等山体以及江河、湖泊、水库、水塘、干渠、水源涵养地、湿地等水体。

（一）构建城乡自然山水格局主要特征；

（二）承载城乡居民共同历史文化记忆；

（三）承担防洪排涝、饮用水水源、生态保护等功能；

（四）其他具有特殊生态、经济或者社会文化价值。

具体保护对象，由城市规划区山体水体保护规划确定。

第四条　山体水体保护应当坚持保护优先、科学规划、永续利用、公众参与、损害担责的原则。

第五条　市人民政府负责领导、统筹、组织、协调和督查山体水体保护工作。

区人民政府负责本辖区内山体水体保护、生态修复和整治等工作。

乡镇人民政府、街道办事处应当及时发现、制止本辖区内破坏山体水体的违法行为，并向相关行政主管部门和上级人民政府报告，配合相关行政主管部门依法处理。

村民委员会、居民委员会应当协助乡镇人民政府、街道办事处做好本辖区内山体水体保护的相关工作。

第六条　市城乡规划主管部门负责山体水体保护规划的编制和管理工作。

市、区林业、水务、国土资源、城市管理、环境保护、住房和城乡建设、民政、财政、农业、文化、旅游、公安等部门依据有关法律法规，按照各自职责做好山体水体保护的相关工作。

第七条　市人民政府建立山体水体保护工作联席会议制度。联席会议由市人民政府负责召集、组织。主要履行下列职责：

（一）研究、审议山体水体保护工作的规划、政策、方案；

（二）协调解决山体水体保护工作中的问题；

（三）督促、检查、评估有关山体水体保护工作开展情况；

（四）有关山体水体保护工作的其它事项。

第八条　任何单位和个人都有保护山体水体的义务，有权制止、检举侵占、破坏山体水体的行为。

市、区人民政府应当开展山体水体保护宣传教育工作，对山体水体保护工作中做出显著成绩的单位和个人给予表彰和奖励。

第二章　保护规划

第九条　市人民政府城乡规划主管部门应当会同林业、水务、国土资源、环境保护、城市绿化等相关行政主管部门编制城市规划区山体水体保护规划（以下简称山体水体保护规划）。

山体水体保护规划应当符合城市总体规划、土地利用总体规划，与环境保护规划、风景名胜区规划、历史文化名城保护规划等相衔接，并纳入国民经济和社会发展规划。

第十条　山体水体保护规划应当包括山体水体保护名录，主体功能，保护级别、范围、内容、标准、措施，责任单位，开发与利用的途径和方式。

根据山水格局特征、承载的历史文化价值和山体水体承担的功能将保护级别分为一级保护和二级保护。

第十一条　山体水体保护规划按以下程序编制和审批：

（一）市人民政府城乡规划主管部门组织编制山体水体保护规划时，应当征求相关行政主管部门及各级人民政府（含街道办事处）、村民委员会、居民委员会的意见，采取论证会、听证会等方式广泛征求专家和公众意见，并将草案向社会公示；

（二）市人民政府在批准山体水体保护规划前，应当先提请市人民代表大会常务委员会审议，对审议意见进行研究处理，并报告处理情况；

（三）市人民政府将批准的山体水体保护规划向社会公布，并报市人民代表大会常务委员会备案。

第十二条　经批准并公布实施的山体水体保护规划不得擅自修改。

因国家、省级重大基础设施建设等，确需占用一级保护山体水体的，市城乡规划主管部门应当在征求林业、城市绿化、水务主管部门意见之后修改山体水体保护规划，并由市人民政府提请市人民代表大会常务委员会审议后方可批准实施。

因国家、省级、市级重大项目建设等，确需占用二级保护山体水体的，市城乡规划主管部门在征求林业、城市绿化、水务主管部门意见之后修改山体水体保护规划并报市人民政府审批，市人民政府应当将修改的山体水体保护规划报市人民代表大会常务委员会备案。

第三章　保护措施

第十三条　市人民政府应当在山体水体保护区域的适当位置设立保护标识和界址标识，公示保护依据和主要规划内容，标明保护范围、责任人和举报电话。

任何单位和个人不得擅自设立、移动、涂改或者损毁保护标识和界址标识。

第十四条　在一级保护山体范围内禁止实施下列行为：

（一）倾倒或者堆放垃圾、工业废渣等废弃物；

（二）采伐、移植、毁坏林木，采挖重点保护野生植物，非法狩猎；

（三）修建储存爆炸性、易燃性、放射性、毒害性、腐蚀性物品的设施；

（四）在森林防火区内野外用火；

（五）挖山、开矿、采石、采砂、毁林开垦；

（六）擅自新建、改建、扩建建筑物、构筑物和设施；

（七）新建、改建、扩建墓地；

（八）其他破坏山体生态、景观的行为。

在二级保护山体范围内禁止实施上述规定的第三项、第四项和第五项行为；未经相关行政主管部门同意，不得实施上述规定的第一项、第二项、第六项、第七项和第八项行为。

第十五条　在一级保护水体范围内禁止实施下列行为：

（一）投肥、投饵养殖；

（二）倾倒垃圾、工业废渣等废弃物；

（三）排放未经处理或者处理未达标的废水和油类、酸液、碱液等有毒有害液体；

（四）丢弃动物尸体，排放未经处理的畜禽养殖废弃物；

（五）围填、采砂、挖泥；

（六）其他破坏水体生态、景观，影响水体（地下水）水质的行为。

在二级保护水体范围内禁止实施上述规定的第二项、第三项和第四项行为；未经相关行政主管部门同意，不得实施上述规定的第一项、第五项和第六项行为。

第十六条　山体水体保护规划范围内不得新设探矿权、采矿权和水域滩涂养殖等使用权。已设探矿权、采矿权和水域滩涂养殖等使用权的，许可期届满不得延续。

第十七条　对列入保护名录的山体水体进行开发利用时，应当按照山体水体保护级别编制整体保护利用修建性详细规划。

第十八条　山体水体保护规划范围内新建、改建、扩建建筑物、构筑物和设施，应当按照整体保护利用修建性详细规划实施。

山体水体保护规划范围内已有的建筑物、构筑物和设施，不符合山体水体整体保护利用修建性详细规划要求的，市、区人民政府应当组织迁出或者拆除，并依法给予补偿。

第十九条　山体水体保护规划范围内经许可的建设项目，建设单位在施工时，应当严格保护施工场地周围的山体水体，并接受相关行政主管部门的监督。

第二十条　建设单位在许可区域内开发、利用山体水体资源的，应当严格执行经批准的环境保护与修复治理方案、土地复垦方案、水土保持方案、湿地保护与恢复方案、环境影响评价报告、防洪影响评价报告等。

在山体水体修复治理过程中，不得对修复治理区域周边的生态环境造成新的破坏。

第二十一条　市、区人民政府应当建立山体水体修复机制，划定市级生态公益林，实行生态补偿，提升保护山体水体的生态功能。

第二十二条　市、区城乡规划、林业、水务、国土资源、环境保护和其他相关行政主管部门应当建立执法巡查制度，加强对山体水体的日常性保护管理，发现破坏山体水体的行为，应当责令停止并依法查处。

第二十三条　山体水体保护工作建立部门之间的联合执法机制。根据违法行为性质和严重程度，由山体水体保护工作联席会议确定牵头部门，负责联合执法的组织、协调工作。其他相关行政主管部门应当在职责范围内参与联合执法，并对各自的执法行为承担法律责任。

第二十四条　市人民政府应当对区人民政府山体水体的保护工作进行监督检查。

市人民政府每年在向本级人民代表大会常务委员会报告城乡规划的实施情况时，应当报告山体水体保护规划执行情况，并向社会公开。

第四章　法律责任

第二十五条　市、区人民政府及其工作部门，违反本条例规定，有下列行为之一的，对直接负责的主管人员和其他直接责任人员，依法给予处分；构成犯罪的，依法追究刑事责任：

（一）未按程序编制和修改山体水体保护规划的；

（二）在山体水体保护规划范围内违法批准建设项目的；

（三）未依法查处山体水体保护规划范围内违法行为的；

（四）其他滥用职权、玩忽职守、徇私舞弊行为导致山体水体遭到破坏的。

第二十六条　公民、法人及其他组织违反本条例规定，由相关行政主管部门依法处理；构成犯罪的，依法追究刑事责任。

第五章　附　则

第二十七条　岳阳市城市规划区范围内岳阳县、临湘市人民政府，岳阳经济技术开发区、岳阳市南湖新区、湖南城陵矶新港区管理委员会等在职权范围内履行山体水体保护职责。

第二十八条　本条例经省人民代表大会常务委员会批准后，由岳阳市人民代表大会常务委员会公布，自2018年5月1日起施行。

岳阳市城区海绵城市建设管理暂行办法

（岳政办发〔2017〕6号）

第一章　总　则

第一条　为加快推进海绵城市建设，完善城市功能，改善城市生态环境，提高抵御自然灾害的能力，根据《中共中央国务院关于进一步加强城市规划建设管理工作的若干意见》（中发〔2016〕6号）、《国务院关于深入推进新型城镇化建设的若干意见》（国发〔2016〕8号）、《国务院办公厅关于推进海绵城市建设的指导意见》（国办发〔2015〕75号）以及《湖南省人民政府办公厅关于推进海绵城市建设的实施意见》（湘政办发〔2016〕20号）等有关规定，结合我市实际，制定本办法。

第二条　本办法所称海绵城市，是指通过加强城市规划和建设管理，充分发挥建筑、道路、绿地、水系等生态系统对雨水的吸纳、蓄渗和缓释作用，有效控制雨水径流，实现自然积存、自然渗透和自然净化的城市发展方式。

第三条　市城区（含岳阳楼区、云溪区、君山区、岳阳经济技术开发区、城陵矶新港区、南湖新区）范围内所有新（改、扩）建建设项目，均应遵守本办法。

第四条　遵循规划引领、生态优先、安全为重、因地制宜、统筹建设的基本原则，通过综合采取“渗、滞、蓄、净、用、排”等措施，最大限度地减少城市开发建设对生态环境的影响，达到将70%的降雨就地消纳和利用的目标要求。到2020年，城市建成区20%以上的面积达到目标要求；到2030年，城市建成区80%以上的面积达到目标要求。

第五条　市政府成立市长任组长，分管副市长任副组长的岳阳市海绵城市建设领导小组，市发改委、市规划局、市财政局、市国土局、市住建局、市环保局、市水务局、市交通局、市城管局、市风景园林局、市城投集团以及各区人民政府（管委会）等为成员单位。领导小组办公室设在市住建局，具体负责海绵城市的统筹协调、计划编排、项目推进、督查考核和总结通报等日常工作。规划部门负责总体规划、详细规划和相关专项规划的编制、审查、监督管理等工作；从规划源头把控，负责指导和监督项目设计方案落实海绵城市建设要求。住建部门根据海绵城市建设相关技术指标规范标准和要求，负责做好项目初步设计审查、施工图审查备案、施工许可、工程监督和竣工验收等工作。发改部门负责指导项目建设单位按照海绵城市建设统一要求做好各项前期论证工作。财政部门负责积极争取上级专项建设资金支持，积极推进政府和社会资本合作（PPP）模式。负责牵头制定海绵城市建设资金管理办法和绩效评价办法，组织实施绩效评价。国土部门负责海绵城市建设项目的土地供给及相关地势、地形、地貌基础数据提供，并将海绵城市建设的各项指标列入供地指标体系。城管部门负责建成后的市政雨污管网、道路、透水铺装、道路洒水滞留等工作管理；负责公益性海绵城市设施建成后的管理，探索社会资金参与、政府付费管理的模式。园林部门负责将海绵城市建设相关要求落实到风景名胜区规划、项目绿线管理及园林绿化等设施维护等工作。水务（利）部门负责建设项目涉及河湖水系事项的审核并加强监督管理，参与划定城区水系蓝线，确保建设项目符合海绵城市建设要求。交通运输部门负责审核交通建设项目并加强监督管理，确保其符合海绵城市建设要求。市城投集团牵头负责建成区海绵城市改造项目具体实施的相关工作，负责海绵城市建设资金的筹措以及政府和社会资本合作（PPP）的具体细则拟定、合同签订。其他相关部门、区人民政府（管委会）在各自职责范围内配合做好海绵城市建设项目的立项、规划、建设、管理和运营维护等相关工作。

第六条 规划、国土、住建、城管、水务（利）、交通运输等部门应当相互配合、相互协调，各系统建设指标应符合省级海绵城市试点建设指标体系的相关规定，并达到规划确定的海绵城市建设标准。

第二章 项目前期

第七条 所有新（改、扩）建建设项目应积极落实海绵城市建设要求及其相关技术规范和标准。在项目可行性研究报告、方案设计、初步设计、施工图设计阶段，根据规划的相关技术指标要求，明确海绵城市设施的建设内容、规模、标准及技术参数等。

第八条 涉及海绵城市建设的市政基础设施建设项目，根据我市海绵城市建设相关规划，分年度列入城市建设投资计划，应优先落实建设资金。

第三章 规划管理

第九条 在编制城市总体规划和相关专项规划中，应全面、全域融入海绵城市理念，将雨水年径流总量控制率作为其刚性控制指标，并将海绵城市建设要求融入“多规合一”、生态保护、水资源、绿地系统、功能分区、环境保护、市政和交通基础设施等规划中统筹谋划、系统考虑。城市规划要充分考虑自然生态空间格局，应尊重自然地势地貌和天然沟渠湿地的走向，优先维持原自然河湖水系，保留自然蓄滞洪区。

第十条 海绵城市建设的理念、规划要求和相关措施应贯穿于城市总体规划、控制性详细规划、修建性详细规划和专项规划的全过程，海绵城市建设相关控制指标应通过不同层级的规划逐级落实。

第十一条 规划部门应组织编制不同层级的海绵城市专项规划。总体层面应编制海绵城市建设总体规划，片区层面应编制海绵城市建设专项规划。建设工程项目应编制雨水控制和利用率。

第十二条 已经出让或划拨但未建设的土地，鼓励通过设计变更、以奖代补等办法落实海绵城市建设的相关内容和要求；尚未出让或划拨的地块，规划部门应根据海绵城市建设相关指标体系，将相关刚性指标纳入该地块规划建设指标一并考虑。

第十三条 规划部门在审批建设用地规划许可证、建设工程规划许可证时，同时审批海绵城市项目的相关控制指标（屋顶绿地率、透水铺装率、下沉式绿地率、雨水径流率、固体悬浮物消减率、城市水体水质达到地表水标准、区域内年径流总量控制率以及中水回用利用率等）

第十四条 项目建设单位应在建设项目设计阶段向住建或相关行业主管部门报送相关设计文件，由住建或相关行业主管部门组织专家对该建设项目是否落实海绵城市建设要求进行评估，并出具评估意见。

第四章 土地开发利用管理

第十五条 建设项目用地在供地前，规划部门应当确定海绵城市建设相关刚性指标。规划、国土、住建等部门应监督土地使用权人在开发、利用土地的过程中落实相关刚性指标要求。

第十六条 未经依法批准不得违法改变公园、水系、绿地、广场等用地用途。加强对城市坑塘、河湖、湿地等水体自然形态的保护和恢复，禁止违法填湖造地、截弯取直、大规模河道硬化等破坏水生态环境的建设行为。恢复和保持河湖水系的自然连通，构建城市良性水循环系统，逐步改善水环境质量。加强河道系统整治，因势利导改造渠化河道，重塑健康自然的弯曲河岸线，恢复自然深潭浅滩和泛洪漫滩，实施生态修复，营造多样性生物生存环境。

第十七条 海绵城市建设试点项目应优先列入土地利用年度计划。

第五章 建设管理

第十八条 所有建设项目应当执行海绵城市建设的相关技术规范和标准。项目建设单位应确保项目的方案、设计和施工保持一致。设计单位在初步设计文件中必须编制海绵城市设计专篇（包括设计依据、设计原则、设计基本控制目标、设施规模的计算、规划方案审批文件等），同时在设计图纸中应提供按照规划审批的海绵城市设计方案的详细设计（包括海绵设施设计、技术选择等）。

第十九条 已建公共建筑应有计划地分年度进行海绵城市建设改造。鼓励已建住宅小区、商业区、单位庭院开展海绵城市建设改造；新建公共建筑应综合考虑并尽量融入屋顶绿化、雨水花园等海绵城市建设措施。

第二十条 旧城区、棚户区改造项目应按海绵城市建设标准进行建设。因项目实际情况不能完全按海绵城市建设标准建设的，由规划部门结合项目实际情况、区域平衡等在项目规划条件中按海绵城市建设最大化的原则明确具体的建设要求。

第二十一条 城市道路、立交、公园绿地、广场等基础设施的海绵城市建设，应遵循因地制宜、经济实用、方便易行的基本原则。道路绿化带和道路红线外绿地、下沉式绿地、生物滞留带、雨水湿地等应满足相关海绵城市建设的技术指标要求。施工图审查机构应根据海绵城市要求进行审查。城市绿地建设应注重利用适宜本地的生态设施，如植草沟、雨水花园、下沉式绿地、多功能调蓄水体等，并与园林景观和水体景观相结合。城市人行道应采用透水铺装，非机动车道宜优先选择透水沥青路面或透水混凝土路面，透水铺装设计应满足国家有关标准规范的要求。规划作为超标径流雨水行泄通道的城市道路，其断面及竖向设计应满足相应的设计要求，并与区域整体内涝防治系统相衔接。城市道路绿化带内海绵城市设施应采取必要的防渗措施，防止径流雨水下渗对道路路面及路基的强度和稳定性造成破坏。

第二十二条 城市径流雨水行泄通道和易发生内涝的路段、下沉式立交桥区，以及城市绿地中的湿塘、雨水湿地等采用海绵城市设施的区域，应配建必要的警示标志标识和预警系统，确保暴雨期间人员的安全，避免对公共安全造成危害。

第二十三条 城市道路路面排水要尽量采用生态排水的方式，也可利用道路及周边公共用地的地下空间设置调蓄设施。城市道路海绵城市设施应建设有效的溢流排放设施并与城市雨水管渠系统和超标径流雨水排放系统有效衔接。

第二十四条 加快给排水管网的更新改造，确保市政给水排水管网漏损率达到国家标准要求。城市道路雨水管道应采用具有拦污截污功能的雨水口，接入河道前宜设置调控排放设施。雨污合流管应在适当位置布设雨洪调蓄池和流量控制井，接入河道前应设置截污设施分离污染物，减少污染物排放。

第二十五条 公共建筑应采用节水设施，使污水减量化。有条件的建设项目鼓励配套建设再生水回收利用设施。鼓励采用雨水、再生水收集利用新技术、新材料、新工艺。

第二十六条 规划、国土、住建、交通运输、水务（利）、园林等部门按照各自职责对建设项目是否按照设计方案进行建设及是否落实海绵城市建设的相关技术规范、标准等方面进行重点审查。对于不符合相关要求的，应依法责令项目建设单位按有关规定进行整改。对于未经整改或整改后仍不合格的建设项目，不得通过验收。海绵城市设施建设的日常监督和竣工验收，应按照相关施工验收规范和标准执行，由项目建设单位组织设计、施工、工程监理等单位验收，建设主管部门监督验收合格后方可交付使用。

第六章 运营维护管理

第二十七条 海绵城市设施竣工验收合格后应随主体工程移交。城市道路、立交、公园绿地、广场等市政基础设施项目的海绵城市设施竣工验收合格后移交城管部门进行日常维护管理。公共建筑与住宅小区等其他类型项目的海绵城市设施竣工验收合格后，由该设施的所有者或其委托方负责日常维护管理。

第二十八条 海绵城市设施的维护管理单位应按相关规定，建立健全海绵城市设施的日常维护管理制度和操作规程，配备专人加强设施维护管理，利用先进的技术、监测手段，定期对设施进行监测评估，确保设施正常运行。

第二十九条 海绵城市设施的维护管理单位应加强海绵城市设施数据库的建立与信息技术应用，通过数字化信息技术手段，为海绵城市设施建设与运行提供科学支撑。

第三十条 积极推广运用政府和社会资本合作（PPP）模式，鼓励社会资本多渠道、多形式参与海绵城市项目建设及运营维护管理，通过政府购买服务等方式，引入社会资本，提高运营质量和效率，提升服务水平。鼓励有实力的科研设计单位、施工企业、制造企业与金融资本相结合，组建具备综合业务能力的企业集团或联合体，采用总承包等方式统筹组织实施海绵城市建设相关项目，发挥整体效益。

第七章 附 则

第三十一条 建设、设计、施工、监理、施工图审查等单位违反本办法的，由相关行政主管部门依法依规处理；各有关部门及其工作人员违反本办法的，依法依纪给予处理。

第三十二条 各县市及屈原管理区的海绵城市建设可参照本办法执行。

第三十三条 本办法自发布之日起施行。

索 引

说 明

一、本类目设主题索引和表2个分目。

二、主题索引中文标目按汉语拼音顺序排列，同音字按笔画数多少排列。首字为阿拉伯数字的主题词，排列在本索引之首。

索引名称后的阿拉伯数字表示内容所在的页码，拉丁字母a、b、c表示栏别左、中、右栏。

本年鉴的条目“特载”“大事记”“人物”“统计资料”“附录”均未做主题索引。

类目、专稿标题用蓝色字体表明。

三、表格按序号排列，仅标注所在页码，不标注分栏。

0~9

A

B

表　　格

岳阳市中级人民法院

1

1. 最高法院领导到岳调研洞庭湖区域环境资源审判工作

2. 2018年6月28日，岳阳中院开展纪念建党97周年系列活动

3. 2018年3月22日，岳阳中院公开宣判徐杰等10人涉恶团伙案

4. 岳阳中院将2018年作为“纪律作风建设年”，狠抓司法作风

5. 岳阳中院执行局干警对执行标的房屋中的物品进行查封、搬运

2

3

4

5

岳阳市经济和信息化委员会

市长李爱武在中航发长江动力有限公司调研

市经信委主任余国祥一行赴中航发长江动力有限公司调研

岳阳市"两化融合"企企通启动会

工业4.0与企业智能化转型——市经信委组织开展第二期岳州经济讲坛

市经信委联合国网岳阳供电公司举办电力迎峰度夏新闻发布会

市经信委到平江龙头村开展"结对共建党支部　精准帮扶贫困村"活动

组织召开2018年岳阳市石化产业招商推介会暨产业发展论坛

岳阳市教育体育局

2017年9月1日，市一人中举行揭牌仪式，市长刘和生致辞

岳阳市中小学校（幼儿园）“三园”建设现场会

2017年全市教育体育工作会议

第三届校企合作创新发展大会

岳阳市庆祝第33个教师节

岳阳市国土资源局

2017年5月26日，市长刘和生主持召开2017年市城区土地储备与出让委员会第一次会议

全省测绘地理信息工作会议在岳阳召开

组成“金地源”志愿者服务队到临湘市五尖山开展义务植树活动

传承革命精神　做共产主义接班人——开展庆祝建党96周年活动

岳阳市国土资源局党组书记、局长胡辉（中）赴扶贫联系点湘阴西堤村慰问困难群众

环洞庭湖基本农田建设重大项目（第一期），建设规模6.41万公顷，新增耕地6793.33公顷

岳阳市规划局

机关党委一行在社区扶贫

总规修订汇报会

机构编制工作汇报会

规划局党组一行在平江县扶贫点调研

规划局“两学一做”专题会

规划讲堂系列讲座

湖南陆军预备役步兵师第三团

市领导“八一”节到团慰问

开展扶贫工作

新入队训练动员大会

湘阴抗洪抢险

十九大精神进军营宣讲

组织升国旗仪式

应急分队骨干集训

中国人民武装警察部队岳阳市消防支队

1月1日，公安部消防局政治处主任梁志能慰问岳阳消防部队

1月22日，副省长何报翔督查指导岳阳市消防安全工作

9月11日，市长刘和生检查巴陵大桥市场消防安全隐患整改情况

11月9日，岳阳消防支队开展“关注消防　平安你我”119消防安全宣传月系列活动

6月23日，湖南省消防总队在岳阳云溪工业园举办全省石油化工事故处置跨区域演练

5月25日，岳阳消防支队成功处置“5·25”云溪工业园槽罐车泄露起火事故

9月22日，岳阳消防支队举办第三届全市消防部队装备技能比武竞赛

岳阳市国有资产监督管理委员会

2017年10月1日，市委书记胡忠雄到市自来水公司和市公交总公司慰问

2017年4月15日，市长刘和生调研交通建设大会战项目

2017年8月8日，市委副书记李爱武调研港口大会战重点项目建设

2017年4月26日，副市长杨昆出席“三供一业”分离移交工作推进会

2017年5月18日，市人大常委会党组书记、常务副主任、市交通建设大会战指挥长向伟雄现场调研四大会战

2017年6月12日，市国资委党委书记、主任陈琪钢一行参与中航发长江动力公司改制

岳阳市城市建设投资集团有限公司

市委书记刘和生考察东风湖新区上湖景观带

市长李爱武考察马壕污水处理厂二期建设现场

集团公司党委书记、董事长汤志坚现场督战得胜北路延伸段建设

马壕污水处理厂二期建设现场

奇康路跨北港河大桥施工现场

东风湖新区新修建的湖东路游步道

岳阳市食品药品监督管理局

2017年5月，市长刘和生调研市食品药品监管局工作

省食品药品监管局党组书记、局长刘湘凌在平江县电商基地调研食品产业发展情况

2017年10月29日，省食药监管局副局长李赤群带队在道道全粮油股份有限公司调研

局领导柳怀、王亚明、欧阳藏修、徐焕斌等在詹桥镇壁山村参加党员活动日活动

2017年12月29日，副市长李为出席食品药品安全工作新闻发布会

岳阳市一人民医院

胸痛中心建设启动暨建设规范与认证培训会

全国卫生计生系统先进集体

一医院党员主题日活动

学习十九大演讲比赛

乒乓球赛

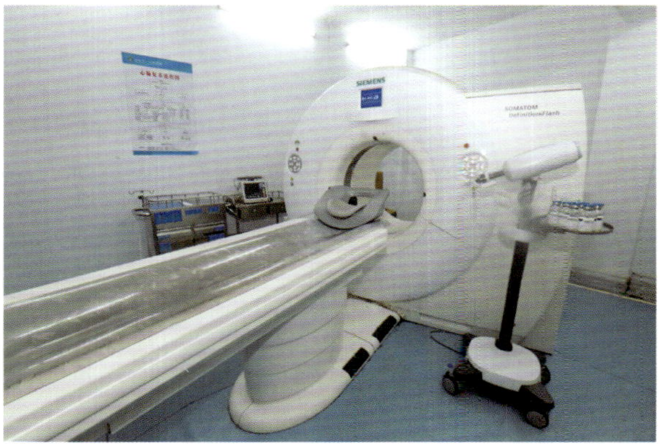

直线加速器

岳阳市供销合作联社

2017年10月，市社党组书记、理事会主任彭岳武带队在屈原管理区调研供销改革工作

2017年5月9日，全市黄茶产业发展工作会议

2017年9月29日，全市创建供销合作社综合改革示范市动员大会

市社党组书记、理事会主任彭岳武在平江县浯口镇阪陂村讲党课

岳阳市中心血站

1. 2017年11月14日，血站开放日活动，市政协医药卫生界委员考察血站

2. 2018年7月7日，全市临床安全合理用血管理培训暨输血专业委员会学术年会召开

3. 2017年6月14日，“6·14”世界献血者日大型公益活动，最美献血者代表与领导合影

4. 2017年10月17日，造血干细胞欢迎仪式暨献血座谈会召开

岳阳市太极拳运动训练中心

岳阳市健身太极拳运动训练中心前身为湖南省太极拳协会岳阳训练中心。为进一步规范全市太极拳运动管理，进一步发展全市太极拳运动，做好全民健身运动推广工作，为全市乃至全省太极拳事业做出贡献，2015年5月，湖南省太极拳运动协会、岳阳市教育体育局和岳阳市民政局备案批准，正式成立“岳阳市健身太极拳运动训练中心”。中心主任由湖南省太极拳协会常务理事、岳阳分会会长、湖南省十大太极拳名师、武术六段、国家一级裁判方奎明教授担任，其先后师从太极宗师陈发科著名弟子肖庆林学习陈式太极拳，拜北京陈氏太极大师田秀臣弟子康伟及长沙王孟川学习太极推手，拳艺精湛，尤擅杨式太极和推手，习武三十余年积累了丰富的太极拳理论研究与教学的经验。

中心宗旨：“弘扬太极拳运动，推广全民健身”；业务范围：“健身、养生、参赛、训练及培训”于一体的推广中心，下设三个分站（分别为中心城区辅导站、南湖辅导站和君山一号辅导站），拥有个体、团体会员近500人，并拥有一批优秀的教练员和社会体育指导员，其中武术七段一位，武术六段一位、武术四段两位、国家一级社会体育指导员1名，国家二级社会体育指导员三名。近年来，中心在方奎明主任的带领下参加了，分别参加了第三届、第六届“武当山国际演武大会”及“湖南省第八届太极拳锦标赛”等省内外多次大型太极拳赛事，分别获得15金、3银、5铜的好成绩。

站长方奎明参加六届武当国际演艺

技术指导方奎明，领队陈辉、贺文忠率领的岳阳太极代表团获得第三届武当演武大会集体项目金牌

岳阳市公路建设和养护中心

1. 市长李爱武调研岳望高速第C1合同段

2. 市人大常委会党组书记、常务副主任向伟雄督战北环线项目

3. 市建养中心主任彭旅京在皇古塘指导铲冰除雪工作

4. 南湖大桥顺利竣工

5. 竣工后的南湖大桥

岳阳市公路桥梁基建总公司

总经理钟勇在公司年度工作会上作报告

岳阳路桥承建的岳望高速施工现场

岳阳路桥承担杭瑞高速洞庭湖大桥路面摊铺任务

岳阳路桥承接的岳望高速

中国移动通信集团湖南有限公司岳阳分公司

省公司总经理黄立伟赴岳阳分公司督导调研

7月3日，省通管局副局长谢小鹏在岳阳分公司听取通信保障报告

临湘官田村村民委员会向岳阳移动赠送锦旗

省公司副总经理李威赴岳阳分公司指导应急演练工作

岳阳分公司工作人员热心办理服务

岳阳分公司开展应急疏散演练活动，提高突发事件应对能力

主题党日活动

中国邮政集团公司岳阳市分公司

2017年4月19日，省委副书记、省长许达哲在武夷山电子商务服务站详细了解邮掌柜功能项目

2017年3月31日，集团公司副总经理李丕征在岳阳市分公司视察调研

2017年2月24日，岳阳市分公司第十九次全市邮政工作会隆重召开

2017年4月26日，“‘腾邮赢客’中国行”营销峰会岳阳站正式启动

2017年4月28日，市邮政分公司首批“私车公助”车辆交车仪式

2017年10月18日，“驿路·丝路·复兴路——行走新丝路，喜迎十九大”2017全国集邮巡展暨湖南省第十二届集邮展览活动在岳阳会展中心隆重举行

岳阳经济技术开发区

岳阳经开区工委书记文春方调研技改项目现场

岳阳经开区工委副书记、管委会主任谢春生调研项目建设

2018年4月8日，东方雨虹·湖南德爱威生产基地项目开工

海济总部开工奠基

皇姑塘立交桥

岳阳经开区举办“产业招商月”集中签约活动

建设中的岳阳健康医药产业园

南翔万商十里洋场建设场景

岳阳经开区举办粤湘企业交流活动

湖南科美达生产现场

现代装备制造产业园

湖南城陵矶新港区

2017年7月27日，省委常委、常务副省长陈向群考察城陵矶新港区

2016年12月13日，市委书记胡忠雄考察城陵矶新港区

2017年10月10日，市长刘和生考察城陵矶新港区

市委副市记李爱武出席城陵矶“一区一港四口岸”奖励资金发放仪式

工委书记黄俊钧深入企业调研

管委会主任王文华现场调度重点产业项目建设

繁忙的城陵矶国际集装箱码头

鸟瞰湖南城陵矶新港区

南湖新区

2018年4月2日，省委常委、省委秘书长谢建辉调研黄梅港湿地项目建设

2018年4月18日，市委书记刘和生调研南湖项目建设

2018年3月10日，市委副书记、代市长李爱武调研南湖新区

2018年4月22日，全岳阳益起跑大型公益活动在南湖交通三圈举行

5月25日，2018全国黄茶斗茶大赛在茶博城举行

“创新创业　先锋先行”创业活动周

2016年圣安庙会开幕式现场

2016年12月11日，首届全国高校湖畔挑战赛举行，五省高校的运动精英齐聚美丽的南湖畔同场竞技，飞扬青春

2016年12月25日，“我是渔王”首届洞庭南湖起鱼节在渔人码头起网

岳阳市千亩湖风光带

南湖新区全域旅游投资运营战略合作项目签约仪式

平江县

奥运冠军在平江开展旅游扶贫活动

长株潭岳片党史惠民经验交流会在平江县召开

平江加义镇欢乐果世界

平江异地搬迁三市家塅安置区

改造后的平江石碧潭大桥

平江汨罗江人行景观桥

平江安定镇横冲村33.33公顷莲荷塘

岳阳县

2017年2月14日，省委常委、省委统战部部长黄兰香（前排右四）到岳阳县调研经济社会发展情况与统一战线工作

2017年8月2日，省军区司令员黄跃进（左二）到张谷英村调研前美丽乡村建设，县委书记田文静（左一）陪同调研

2018年7月9日，市委书记刘和生（右三）到岳阳县调研产业项目建设和农村“空心房"整治工作

2018年3月21日，市委副书记、代市长李爱武（左一）到铁山库区调研脱贫攻坚和水资源保护工作，县长曾平原（右一）等县领导陪同调研

2017年3月17日，县委书记田文静率县政府、县人大、县政协、县委办等主要领导调研城建工作

苇场晨韵

十万珍禽舞洞庭

绿水青山——看月归

四季茶香——洞庭春

恬静舒适——新农村

日新月异——荣家湾

临湘市

省委常委、宣传部部长蔡振红到临湘市调研文化工作

岳阳市委书记胡忠雄到临湘市调研

岳阳市人民政府市长刘和生到临湘市调研

临湘市市委书记李美云调研羊楼司2024项目建设

临湘市市长魏淑萍调研全市重点公路

临湘市新农村建设

临湘浮标生产车间

临湘市国际垂钓中心

临湘市白云湖公园

临湘市星河广场夜景

汨罗市

省长许达哲到汨罗市调研

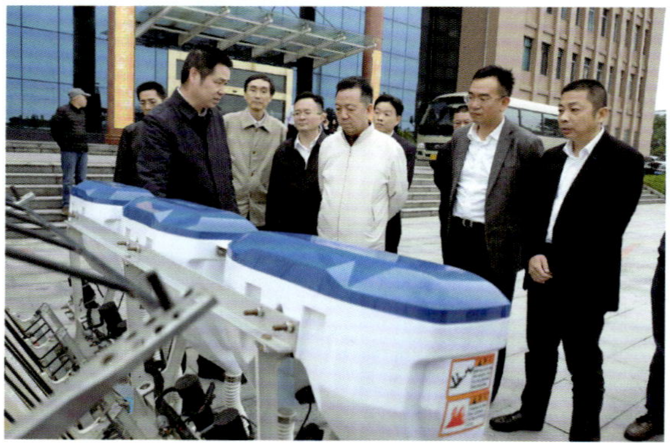

市委书记刘和生调研湖南中天龙舟

市长李爱武调研供销社改革工作

屈子文化园开园

爱我国家·圆梦中华——我们的节日·端午全国文明村镇文艺展演

今有韩大爹——韩少功先生创作40周年汨罗老乡见面会

全国首次优质稻田间拍卖活动在汨罗市举行

汨罗循环经济产业园创新创业园

汨罗客运总站

村民服务中心

省级森林公园神鼎山

G240汨罗段公路

岳阳楼区

国家信访局局长舒晓琴调研岳阳楼区信访工作

市委书记刘和生在岳阳楼区白杨坡小学调研

市长李爱武在东风湖新区调研

区委书记陈阁辉调研安全生产

区长黄建文看望慰问困难群众

区棚改征拆暨项目建设流动现场会

春风送岗招聘活动

步步高新天地开业

棚户区改造限价房开工仪式

岳阳楼全景

云溪区

2017年3月18日，湖南省人民政府副省长谢建辉（左二）在服务中心详细询问发展农村电商相关情况

2月20日，区委书记张中于调研交通项目建设工作

4月11日，区委书记张中于到路口镇南岳村和姜畈村，调研脱贫攻坚工作

3月23日，区委副书记、区长余良勇深入路口镇调研美丽乡村建设工作

岳阳绿色化工产业园一瞥

长岭炼化公司生产装置

岳阳绿色化工产业园鸟瞰图

巴陵石化公司生产装置

生态环境优美的云溪区白泥湖国家湿地公园

被绿色萦绕的云溪区

君山区

省人大常委会原副主任李友志调研血防工作

区委书记谢胜调研规范村民集中建设工作

区长李勇现场调研黑臭水体整治工作

君山野生荷花世界游客赏荷采莲

黄金小学国学教育

依法拆除洞庭湖网箱

洞庭湖绿色食品产业园生产车间

40万平方米标准化厂房一角

万亩油菜花基地

屈原管理区

时任市委书记胡忠雄在屈原调研

市委书记刘和生在屈原调研

市长李爱武在屈原调研

屈原大道大修

提质改造后的屈原大道